COMENTARIO MACARTHUR DEL NUEVO TESTAMENTO

MARCOS

Tomos del ***Comentario MacArthur del Nuevo Testamento***

Mateo
Marcos
Lucas
Juan
Hechos
Romanos
1 y 2 Corintios
Gálatas, Efesios
Filipenses, Colosenses y Filemón
1 y 2 Tesalonicenses, 1 y 2 Timoteo, Tito
Hebreos y Santiago
1 y 2 Pedro, 1, 2 y 3 Juan, Judas
Apocalipsis

COMENTARIO MACARTHUR DEL NUEVO TESTAMENTO

MARCOS

JOHN MACARTHUR

EDITORIAL
PORTAVOZ

La misión de *Editorial Portavoz* consiste en proporcionar productos de calidad —con integridad y excelencia—, desde una perspectiva bíblica y confiable, que animen a las personas a conocer y servir a Jesucristo.

Título del original: *The MacArthur New Testament Commentary: Mark 1-8* © 2015 por John MacArthur y publicado por Moody Publishers, 820 N. LaSalle Boulevard, Chicago, IL 60610. Traducido con permiso.

Título del original: *The MacArthur New Testament Commentary: Mark 9-16* © 2015 por John MacArthur y publicado por Moody Publishers, 820 N. LaSalle Boulevard, Chicago, IL 60610. Traducido con permiso.

Traducción: Ricardo Acosta

EDITORIAL PORTAVOZ
2450 Oak Industrial Drive NE
Grand Rapids, MI 49505 USA
Visítenos en: www.portavoz.com

ISBN 978-0-8254-1568-5

3 4 5 6 edición / año 29 28 27 26 25 24

Impreso en China
Printed in China

Dedicatoria

A Chris Hamilton,

hombre entre hombres,
amigo entre amigos,
y líder entre líderes.

A Dave Enos,

quien me ha oído predicar por más tres décadas y media. Durante los últimos dieciséis años ha editado mis sermones con cariño, esmero y fidelidad, y lo ha hecho con tan gran cuidado y visión que pude usarlos en la conformación de capítulos para los comentarios. Su aportación ha sido un servicio muy valioso para mí y para los lectores.

Contenido

Prólogo

Para mí sigue siendo una gratificante comunión divina predicar de manera expositiva a través del Nuevo Testamento. Mi objetivo es siempre tener un compañerismo profundo con el Señor en el entendimiento de su Palabra, y a partir de esa experiencia explicar a su pueblo lo que significa un pasaje bíblico. En las palabras de Nehemías 8:8, me esfuerzo por poner "el sentido" en las Escrituras para que las personas puedan oír realmente a Dios hablando, y que al hacerlo puedan a su vez contestarle.

Es evidente que el pueblo de Dios debe entenderle, lo cual exige conocer su Palabra de verdad (2 Ti. 2:15) y permitir que more en abundancia en nosotros (Col. 3:16). De ahí que la idea central de mi ministerio sea ayudar a hacer viva la Palabra de Dios a su pueblo. Se trata de una aventura reconfortante.

Esta serie de comentarios del Nuevo Testamento refleja el objetivo de explicar y aplicar las Escrituras. Primordialmente, algunos comentarios son lingüísticos, otros teológicos, y otros tienen que ver más con la homilética. En esencia, este comentario es explicativo o expositivo. No es lingüísticamente técnico, pero tiene que ver con la lingüística cuando parece ayudar a la adecuada interpretación. No es teológicamente extenso, pero se enfoca en las principales doctrinas de cada texto y en cómo estas se relacionan con toda la Biblia. Ante todo, no es homilético, aunque por lo general a cada unidad de pensamiento se la trata como un capítulo, con un claro esquema y flujo lógico de pensamiento. La mayoría de las verdades se ilustran y aplican con otras Escrituras. Después de establecer el contexto de un pasaje, he tratado de seguir de cerca el desarrollo y el razonamiento del escritor.

Pido a Dios que cada lector comprenda completamente lo que el Espíritu Santo está diciendo a través de este segmento de su Palabra, de modo que su revelación pueda alojarse en las mentes de los creyentes y así lograr una mayor obediencia y fidelidad para la gloria de nuestro gran Dios.

Introducción

"Principio del evangelio de Jesucristo, Hijo de Dios" (1:1). Esas palabras iniciales del Evangelio de Marcos no solo declaran el propósito que hay detrás de su redacción, sino que podrían haber servido como su título original. Sin embargo, al igual que los otros tres evangelios, la obra se ha conocido en la historia de la iglesia con el nombre de su autor.

Marcos aparece varias veces en el libro de Hechos, donde se le presenta como "Juan, el que tenía por sobrenombre Marcos" (Hch. 12:12, 25; cp. 15:37, 39). Era sobrino de Bernabé (Col. 4:10), y la casa de su madre en Jerusalén servía como lugar de reunión para la iglesia primitiva (Hch. 12:12). Como un hombre, según parece, joven, Juan Marcos acompañó a Pablo y Bernabé en su primer viaje misionero (Hch. 12:25; 13:5), pero los abandonó en Perge de Panfilia (Hch. 13:13). A causa de la falta inexcusable de Marcos, Pablo no quiso llevarlo en el siguiente viaje (Hch. 15:37-38). El asunto provocó tan fuerte desacuerdo entre Pablo y Bernabé que los llevó a separarse (Hch. 15:39). Bernabé se fue con Marcos a Chipre mientras Pablo se embarcaba en un segundo viaje misionero con Silas (Hch. 15:39-41).

A pesar de haber traicionado la confianza de Pablo en el primer viaje misionero, Juan Marcos se convirtió más tarde en un miembro valioso del equipo ministerial del apóstol. En Colosenses 4:10-11, Pablo pidió a sus lectores que recibieran a Marcos como uno de sus colaboradores "en el reino de Dios", y que le había servido de "consuelo" durante su primer encarcelamiento romano (cp. Flm. 24). Unos años después, casi al final de su vida, Pablo pidió a Timoteo: "Toma a Marcos y tráele contigo, porque me es útil para el ministerio" (2 Ti. 4:11).

Es probable que Juan Marcos fuera restaurado al ministerio cristiano, al menos en parte, por el respaldo de Pedro, quien como dirigente de la iglesia en Jerusalén estaba relacionado con la casa de la madre de Marcos (Hch. 12:12) y pudo haberle conocido a través de ella. La amistad entre Pedro y Marcos fue tal que el apóstol se convirtió en una figura paternal espiritual para el joven, a quien se refirió como "mi hijo" (1 P. 5:13). Si alguien entendía el proceso de restauración después de un fracaso, era Pedro, quien fue amorosamente restaurado por Cristo después que lo negara tres veces (cp. Jn. 18:15-17, 25-27;

21:15-17). Es indudable que la influencia de Pedro ayudó a Marcos a vencer las debilidades y vacilaciones de su juventud, de tal modo que pudiera llevar a cabo fielmente lo que Dios lo había llamado a hacer.

AUTOR

Al igual que los otros tres evangelios, el segundo tampoco incluye el nombre de su autor. Sin embargo, el testimonio universal de la iglesia primitiva confirma que fue escrito por Marcos. El padre de la iglesia primitiva Papías de Hierápolis, escribiendo en algún momento entre el 95 y el 140 d.C., explicó que el contenido de Marcos provenía de los sermones de Pedro, observación coherente con la relación cercana entre ellos. Según Papías:

> Marcos, que fue intérprete de Pedro, escribió con exactitud todo lo que recordaba, pero no en el orden preciso de lo que el Señor dijo e hizo. Porque él no oyó ni siguió personalmente al Señor, sino, como dije, después él siguió a Pedro. Éste impartía sus enseñanzas de acuerdo con las necesidades de los oyentes, pero no como quien va ordenando las palabras del Señor, más de modo que Marcos no se equivocó en absoluto cuando escribía ciertas cosas como las tenía en su memoria. Porque todo su empeño lo puso en no olvidar nada de lo que escuchó y en no escribir nada falso (Eusebio de Cesarea, *Historia eclesiástica,* 3.39.15-16, [Barcelona: Editorial CLIE, 2008]).

El apologista del siglo II Justino Mártir (c. 100-165) describió de modo similar el Evangelio de Marcos como las "memorias de Pedro" y sugirió que fue redactado por Marcos en Italia. Dirigentes cristianos posteriores como Ireneo, Orígenes y Clemente de Alejandría, repitieron creencias afines. El historiador de la iglesia en el siglo IV Eusebio de Cesarea (c. 263-339) sugirió que Marcos escribió su evangelio a petición de los oyentes de Pedro:

> La luz de la religión de Pedro resplandeció de tal modo en la mente de sus oyentes, que no se contentaban con escucharle una sola vez, ni con la enseñanza oral de la predicación divina, sino que suplicaban de todas maneras posibles a Marcos (quien se cree que escribió el Evangelio y era compañero de Pedro), e insistían para que por escrito les dejara un recuerdo de la enseñanza que habían recibido de palabra, y no le dejaron tranquilo hasta que hubo terminado; por ello vinieron a ser los responsables del texto llamado "Evangelio según Marcos". Se dice que también este apóstol, cuando por revelación del Espíritu tuvo consciencia de lo que había llevado a cabo, comprendió el ardor de

ellos y estableció el texto para el uso en las iglesias (*Historia eclesiástica*, 2.15.1-2).

Cualquiera que fuera el catalizador específico que motivara a Marcos a escribir su evangelio, el testimonio uniforme de la tradición inicial afirma que él es su autor, y que tal vez escribió su relato mientras se hallaba en Roma para beneficio de los creyentes que estaban allí.

FECHA Y DESTINATARIOS

Los padres de la iglesia no están de acuerdo en si Marcos escribió su evangelio antes o después del martirio de Pedro. (Pedro fue asesinado bajo Nerón, aprox. en 67-68 d.C.). Por lo general, los estudiosos evangélicos contemporáneos ubican la fecha de la escritura antes del año 70 d.C., ya que la declaración de Jesús en 13:2 sugiere claramente que el evangelio fue escrito antes de que el templo fuera destruido. Aunque muchos eruditos modernos afirman que Marcos terminó su evangelio antes que los de Mateo y Lucas, posibilitándoles que lo usaran como fuente para los de ellos, esa aseveración es dudosa. (Para más información sobre ese punto, véase el análisis posterior). En consecuencia, la fecha de los otros evangelios no es determinante para establecer la fecha de Marcos. Con toda probabilidad, Marcos terminó su evangelio mientras acompañaba a Pedro en Roma (a finales de los cincuenta o inicios de los sesenta), o después de la muerte del apóstol (a finales de los sesenta).

A diferencia del Evangelio de Mateo, que se dirigió a una audiencia judía, o del Evangelio de Lucas, que fue redactado para un individuo específico (Lc. 1:3), Marcos se escribió para los creyentes gentiles de Roma. Está claro que la audiencia de Marcos no era judía, como lo evidencia el hecho de que traduce términos arameos (3:17; 5:41; 7:11, 34; 14:36; 15:22, 34); ofrece explicaciones a costumbres judías (7:3-4; 14:12; 15:42); omite ciertos elementos de interés particular para lectores judíos, como los registros genealógicos de Jesús; incluye menos referencias al Antiguo Testamento que los otros evangelios sinópticos; y calcula el tiempo de acuerdo con el sistema romano (6:48; 13:35). Que el evangelio fue escrito para creyentes en Roma lo evidencia en particular el uso de expresiones latinas en lugar de sus equivalentes griegas (5:9; 6:27; 12:15, 42; 15:16, 39), y la mención de Rufo (15:21), el hijo de Simón de Cirene y miembro destacado de la iglesia romana (Ro. 16:13). Tales detalles refuerzan las afirmaciones de los padres de la iglesia primitiva de que el Evangelio de Marcos fue escrito desde Roma para los creyentes de allí. Como registro histórico divinamente inspirado y exacto de la vida y el ministerio del Señor Jesús, el Evangelio de Marcos se ha mantenido como una profunda bendición para innumerables cristianos a través de los siglos y como un poderoso testimonio para el mundo incrédulo.

PROPÓSITO Y TEMAS

El objetivo de Marcos al escribir lo indica el primer versículo: dar a conocer el "evangelio de Jesucristo, Hijo de Dios" (1:1). Dicho tema alcanza su punto culminante en la mitad de su obra de dieciséis capítulos. En 8:29, Pedro respondió a la pregunta de Jesús, "¿quién decís que soy?" declarando triunfalmente: "Tú eres el Cristo". Esa confesión marca el punto doctrinal concluyente del Evangelio de Marcos. La narración anterior le prepara el terreno, y el relato posterior fluye de ese punto y le sigue preparando el terreno. Los ocho primeros capítulos demuestran que Jesús es el Cristo basándose en sus palabras autorizadas y sus hechos milagrosos; los últimos ocho se basan en la muerte expiatoria y la gloriosa resurrección. Pero todo se centra en la verdad fundamental que Pedro proclamó: Jesús es el Cristo. Es el Hijo de Dios y el Salvador del mundo.

Al examinar esa verdad, Marcos presenta a Jesús como el siervo sufriente (10:45; cp. Is. 53:10-12). Hace hincapié en la humanidad de Jesús, e incluye tanto sus emociones humanas (1:41; 3:5; 6:34; 8:12; 9:36) como sus limitaciones humanas (4:38; 11:12; 13:32), pero también resalta la deidad de Jesús como el Hijo de Dios (1:11; 3:11; 5:7; 9:7; 12:6; 13:32; 14:61-62; 15:39). La autoridad divina de Cristo se evidencia en su poder sobre los demonios (1:24-27, 32, 34, 39; 3:11, 15; 5:13, 7:29; 9:25), la enfermedad (1:30-31, 40-42; 2:11; 3:5, 10; 5:29, 41-42; 6:5, 56; 7:32-35; 8:23-25; 10:46-52), el pecado (2:10), el día de reposo (2:28; cp. 7:1-13), y las fuerzas de la naturaleza (4:39; 6:41-43, 49-51; 11:14, 20).

Marcos avanza rápidamente a través de gran parte del ministerio de Cristo, usando las palabras "y luego" (o *euthus* en griego) más que los otros tres escritores combinados de los evangelios. En consecuencia, a menudo deja de lado los largos discursos incluidos en los demás evangelios y tan solo ofrece extractos cortos. También omite el relato del nacimiento de Jesús, decidiendo comenzar con el bautismo del Señor y el inicio de su ministerio público.

Al igual que los otros escritores de los evangelios, Marcos tiene claramente un propósito evangelizador. La declaración del propósito del Evangelio de Juan también se aplica al de Marcos: "Éstas se han escrito para que creáis que Jesús es el Cristo, el Hijo de Dios, y para que creyendo, tengáis vida en su nombre" (Jn. 20:31; cp. 1 Jn. 5:20). A los pecadores se les manda arrepentirse y creer en el Señor Jesucristo (1:15), así como abandonar la falsedad de la religión hipócrita (cp. 2:23-28; 7:1-13; 12:38-40) a fin de seguir al Señor en obediencia sincera (cp. 1:17-20; 2:14; 8:34-38; 10:21; 15:41; 16:19-20).

LA PRIORIDAD DE MARCOS Y EL PROBLEMA SINÓPTICO

Puesto que los evangelios sinópticos (Mateo, Marcos y Lucas) contienen semejanzas notables (p. ej., Mt. 9:2-8; Mr. 2:3-12; Lc. 5:18-26), algunos estudiosos modernos, que rechazan la verdad de la inspiración divina y por eso tienen que explicar las similitudes en los evangelios, insisten en que debieron haberse copiado mutuamente. Los defensores de tal dependencia literaria por lo general alegan que Marcos fue el primero en escribir su evangelio, y que Mateo y Lucas lo utilizaron después como fuente para redactar sus relatos. Además, alegan que el material que aparece en Mateo y Lucas pero no en Marcos se deriva de un segundo origen llamado "Q" (el cual representa la palabra alemana *Quelle,* que significa "fuente").

Una serie de razones rechazan la noción de la prioridad de Marcos y la hipótesis de las "dos fuentes" (es decir, que Marcos y Q fueron los dos orígenes usados por Mateo y Lucas). Primero, el abrumador testimonio de los primeros dieciocho siglos de la iglesia afirma que Mateo escribió primero su evangelio, no Marcos. Segundo, como testigo presencial apostólico de los acontecimientos descritos, Mateo no habría tenido ninguna razón para depender de alguien que no hubiera sido testigo presencial como sucedió con Marcos. Tercero, aunque Lucas investigó a fondo los recursos que tenía a disposición (Lc. 1:3), omitió una larga sección de material del Evangelio de Marcos (6:45—8:26), lo que sugiere que no estaba consciente de ese material cuando escribió su relato. Cuarto, hay importantes lugares en que Mateo y Lucas coinciden en contra de Marcos. Tales hechos no pueden explicarse de modo satisfactorio si tanto Mateo como Lucas dependieran de Marcos en la redacción de sus evangelios. Quinto, ninguna evidencia histórica se ha hallado alguna vez que verifique la existencia del supuesto documento Q. Sexto, las similitudes entre los evangelios sinópticos pueden explicarse mejor por el hecho de que estaban relatando los mismos acontecimientos históricos, por lo que coincidieron de manera natural. (El Evangelio de Juan se escribió después como complemento a los evangelios sinópticos, y por tanto se enfoca intencionalmente en material que los otros no incluyen). Además, la realidad de que Mateo, Marcos y Lucas giraran alrededor de los mismos círculos (entre los apóstoles y los primeros cristianos) y sin duda tuvieran algún contacto personal entre sí (cp. Flm. 24) hacen innecesarias las teorías modernas de dependencia literaria.

Al examinar a fondo la evidencia, se demuestra que, en realidad, no existe un problema sinóptico (cp. Eta Linnemann, *Is There a Synoptic Problem?* [Grand Rapids: Baker, 1992] y Robert L. Thomas y F. David Farnell, eds., *The Jesus Crisis* [Grand Rapids: Kregel, 1998], en especial los caps. 1, 3, 6). Lamentablemente, muchos evangélicos contemporáneos han rechazado el punto de vista tradicional con el fin de favorecer un documento Q imaginario y las especulaciones incrédulas de la erudición liberal. En vez de considerar las nociones escépticas de críticos superiores, los creyentes resultan más beneficiados cuando reconocen que el mismo Espíritu Santo inspiró a Mateo, Marcos y Lucas para que escribieran sus evangelios (2 P. 1:21; cp. Jn. 14:26), de manera que cualquier semejanza entre sus relatos debe atribuirse a la guía soberana del Espíritu en lugar de esas teorías modernas de dependencia literaria.

BOSQUEJO

I. Prólogo: En el desierto (1:1-13)
   A. Cristo es precedido por un precursor (1:1-8)
   B. Es bautizado por Juan (1:9-11)
   C. Es tentado por el diablo (1:12-13)
II. Comienzo del ministerio de Cristo: En Galilea y sus alrededores (1:14—7:23)
   A. Jesús proclama su mensaje del evangelio (1:14-15)
   B. Llama a sus primeros discípulos (1:16-20)
   C. Enseña y sana en Capernaúm (1:21-34)
   D. Extiende su ministerio a lo largo de Galilea (1:35-45)
   E. Defiende su ministerio de los dirigentes religiosos (2:1—3:6)
   F. Ministra a las multitudes (3:7-12)
   G. Nombra a los doce (3:13-19)
   H. Reprende la blasfemia de los escribas (3:20-30)
   I. Define a su familia espiritual (3:31-35)
   J. Comienza a enseñar en parábolas (4:1-34)
      1. El sembrador (4:1-8)
      2. Razón de las parábolas (4:9-12)
      3. La parábola del sembrador explicada (4:13-20)
      4. La lámpara (4:21-25)
      5. El crecimiento de la semilla (4:26-29)
      6. La semilla de mostaza (4:30-34)
   K. Jesús demuestra su poder divino (4:35—5:43)
      1. Calma una fuerte tormenta (4:35-41)
      2. Echa fuera una legión de demonios (5:1-20)
      3. Sana a una mujer de una enfermedad incurable (5:21-34)
      4. Resucita a una niña muerta (5:35-43)
   L. Cristo se sorprende ante la incredulidad de Nazaret (6:1-6)
   M. Envía a sus discípulos por toda Galilea (6:7-13)
   N. Se gana un poderoso enemigo en Herodes (6:14-29)
   O. Vuelve a reunirse con los discípulos (6:30-32)
   P. Alimenta a miles cerca de Betsaida (6:33-44)
   Q. Camina sobre el agua (6:45-52)
   R. Sana a muchas personas (6:53-56)
   S. Confronta las tradiciones de los fariseos (7:1-23)
III. Expansión del ministerio de Cristo: En varias regiones gentiles (7:24—9:50)
   A. Tiro y Sidón: Jesús libera a la hija de una mujer gentil (7:24-30)
   B. Decápolis: Sana a un hombre sordo (7:31-37)

C. La costa sureste de Galilea: Vuelve a alimentar a miles (8:1-9)
D. Dalmanuta: Enfrenta la incredulidad de los fariseos (8:10-12)
E. La otra orilla del lago: Reprende a los discípulos (8:13-21)
F. Betsaida: Devuelve la vista a un hombre ciego (8:22-26)
G. Cesarea de Filipo y Capernaúm: Instruye a los discípulos (8:27—9:50)
1. Pedro confiesa que Jesús es el Cristo (8:27-30)
2. Jesús anuncia su pasión y muerte (8:31-33)
3. Explica el costo del discipulado (8:34-38)
4. Es gloriosamente transfigurado (9:1-10)
5. Contesta una pregunta acerca de Elías (9:11-13)
6. Libera a un muchacho endemoniado (9:14-29)
7. Reitera la realidad de su próxima muerte (9:30-32)
8. Define la grandeza como servidumbre (9:33-37)
9. Identifica el verdadero fruto espiritual (9:38-41)
10. Advierte a quienes hacen tropezar a los creyentes (9:42-50)

IV. Conclusión del ministerio de Cristo: Camino a Jerusalén (10:1-52)
A. Da instrucción acerca del divorcio (10:1-12)
B. Bendice a los niños (10:13-16)
C. Reta a un joven rico (10:17-27)
D. Confirma la promesa de recompensa celestial (10:28-31)
E. Prepara a los discípulos para su pasión y muerte (10:32-34)
F. Llama a los discípulos a tener una actitud desinteresada de servicio (10:35-45)
G. Sana un ciego en Jericó (10:46-52)

V. Consumación del ministerio de Cristo: Jerusalén (11:1—16:20)
A. Entra triunfalmente a la ciudad (11:1-11)
B. Maldice una higuera (11:12-14)
C. Limpia el templo (11:15-19)
D. Enseña públicamente en el templo (11:20—12:44)
1. Preludio: La lección de la higuera (11:20-26)
2. Con respecto a su autoridad (11:27-33)
3. Con respecto a su rechazo (12:1-12)
4. Con respecto a pagar impuestos (12:13-17)
5. Con respecto a la resurrección (12:18-27)
6. Con respecto al gran mandamiento (12:28-34)
7. Con respecto a la identidad verdadera del Mesías (12:35-37)
8. Con respecto a los escribas (12:38-40)
9. Con respecto a la ofrenda de una viuda (12:41-44)
E. Enseña en el Monte de los Olivos acerca de los últimos tiempos (13:1-37)

F. Ungido, traicionado y arrestado (14:1-72)
   1. Judas conspira para traicionar a Jesús (14:1-2, 10-11)
   2. Cristo es ungido en Betania (14:3-9)
   3. Come la última cena con los discípulos en Jerusalén (14:12-31)
   4. Ora en Getsemaní (14:32-42)
   5. Traicionado en Getsemaní (14:43-52)
   6. Sometido a juicio en la casa del sumo sacerdote (14:53-72)

G. Juzgado ante Pilato y sentenciado a muerte (15:1-41)
   1. Le someten a juicio en el pretorio de Pilato (15:1-15)
   2. Lo llevan al Gólgota y le crucifican (15:16-41)

H. Lo entierran en la tumba de José de Arimatea (15:42-47)

I. Resucita de los muertos (16:1-8)

J. Epílogo al Evangelio de Marcos (16:9-20)

Precursor del nuevo Rey

1

Principio del evangelio de Jesucristo, Hijo de Dios. Como está escrito en Isaías el profeta: He aquí yo envío mi mensajero delante de tu faz, el cual preparará tu camino delante de ti. Voz del que clama en el desierto: Preparad el camino del Señor; enderezad sus sendas. Bautizaba Juan en el desierto, y predicaba el bautismo de arrepentimiento para perdón de pecados. Y salían a él toda la provincia de Judea, y todos los de Jerusalén; y eran bautizados por él en el río Jordán, confesando sus pecados. Y Juan estaba vestido de pelo de camello, y tenía un cinto de cuero alrededor de sus lomos; y comía langostas y miel silvestre. Y predicaba, diciendo: Viene tras mí el que es más poderoso que yo, a quien no soy digno de desatar encorvado la correa de su calzado. Yo a la verdad os he bautizado con agua; pero él os bautizará con Espíritu Santo. (1:1-8)

Ninguna narración es más convincente, y ningún mensaje más esencial, que el evangelio de Jesucristo. Esta es la historia más grandiosa jamás contada porque se centra en la persona más excelente que ha caminado sobre esta tierra. La historia de su ministerio terrenal está bien contada en cuatro relatos complementarios, escritos, bajo la inspiración del Espíritu Santo, por Mateo, Marcos, Lucas y Juan. Estos escritos, conocidos colectivamente como los cuatro evangelios, proporcionan un registro objetivo de la vida, muerte y resurrección de Jesús. Mateo y Juan fueron testigos presenciales de los sucesos de los que escribieron; Lucas investigó a fondo los detalles del ministerio de nuestro Señor con el fin de publicar su testimonio (cp. Lc. 1:3-4); y según la tradición de la iglesia primitiva, Marcos escribió su evangelio basándose en la predicación del apóstol Pedro. Aunque escritos por hombres diferentes, estos cuatro relatos armonizan a la perfección y proveen a sus lectores de una comprensión plena de la persona y la obra del Señor Jesucristo. (Para una armonía integral de los evangelios, véase John MacArthur, *Una vida perfecta:* [Nashville: Grupo Nelson, 2014]). De los cuatro escritores evangélicos, solo Marcos usó la palabra **evangelio** (*euangelion*) para presentar su historia del Señor Jesús. En armonía con su estilo rápido y entrecortado, Marcos inicia su relato con una breve frase introductoria: **Principio del evangelio de Jesucristo, Hijo de Dios.**

La palabra **evangelio** es conocida para nosotros, pues se ha usado a menudo para designar a los primeros cuatro libros del Nuevo Testamento. Pero no es así como los escritores bíblicos emplearon el término, ni es como lo usa Marcos en el primer versículo de su relato histórico. En el Nuevo Testamento, el **evangelio** nunca es una referencia a un libro; más bien, siempre se refiere al mensaje de salvación. Ese es el significado que Marcos tenía aquí en mente. Su audiencia del siglo I habría entendido que la palabra "evangelio" significaba "buenas noticias" o "buenas nuevas" de salvación. Sin embargo, el término tenía un significado aún más específico que en tiempos antiguos habrían conocido tanto judíos como gentiles.

Los judíos del primer siglo habrían conocido muy bien la palabra *euangelion* por su aparición en la Septuaginta (la traducción griega del Antiguo Testamento hebreo). Allí se usaba para hablar de victoria militar, triunfo político o rescate físico (cp. 1 S. 31:9; 2 S. 4:10; 18:20-27; 2 R. 7:9; Sal. 40:9). De manera significativa, el vocablo también se halla en un contexto mesiánico, en que señala hacia la salvación definitiva del pueblo de Dios por medio del Rey mesiánico. Al hablar de la liberación futura de Israel, el profeta Isaías proclamó:

> *Súbete sobre un monte alto, anunciadora de Sion; levanta fuertemente tu voz, anunciadora de Jerusalén; levántala, no temas; di a las ciudades de Judá: ¡Ved aquí al Dios vuestro! He aquí que Jehová el Señor vendrá con poder, y su brazo señoreará; he aquí que su recompensa viene con él, y su paga delante de su rostro (Is. 40:9-10).*

En esos versículos la Septuaginta traduce la palabra hebrea para "buenas nuevas" (*basar*) con formas de la expresión griega *euangelion*. En Isaías 40, estas "buenas nuevas" consistían en más que simples buenas noticias de victoria militar o rescate físico. Abarcaba un mensaje de victoria, triunfo definitivo, y rescate eterno, por lo que es la mejor noticia posible. Después de treinta y nueve capítulos de juicio y reproche, Isaías concluyó su obra maestra profética (en los capítulos 40-66) con promesas de esperanza y liberación. Tales promesas proclamaban la realidad del futuro reinado de Dios y la restauración de su pueblo.

En Isaías 52:7 encontramos otra conocida proclamación de esperanza:

> *Cuán hermosos son sobre los montes los pies del que trae alegres nuevas, del que anuncia la paz, del que trae nuevas del bien, del que publica salvación, del que dice a Sion: ¡Tu Dios reina!*

Al igual que en Isaías 40:9, el profeta usó el término hebreo *basar* o "buenas nuevas" (cp. Is. 61:1-2), el cual se volvió a traducir como *euangelion* en la Septuaginta. Cabe destacar que este pasaje precede al extenso análisis del siervo sufriente, el Mesías a través del cual vendría esta salvación prometida (Is.

52:13—53:12). Cuando Marcos declaró que este era el **evangelio de Jesucristo,** su uso de la palabra *Christos* (el equivalente griego del "Mesías" hebreo) habría hecho inconfundible esta relación en las mentes de aquellos que estaban familiarizados con la Septuaginta. El término **evangelio,** que estaba relacionado con el Mesías, era una palabra de entronización y exaltación real; las gloriosas buenas nuevas del Rey de reyes que venía a ocupar su legítimo trono.

El término *euangelion* también tenía significado especial para los de fuera del judaísmo. Aunque ignoraban gran parte de la historia judía, los romanos del siglo I habrían entendido igualmente que el término se refería a las buenas nuevas de un rey venidero. Una inscripción romana que data del 9 a.C. da una idea de cómo la palabra **evangelio** se entendía en un contexto gentil antiguo. Al hablar del nacimiento de César Augusto, parte de la inscripción reza:

> La Providencia… que ha ordenado toda nuestra vida mostrando preocupación y celo, ha dispuesto la más perfecta consumación de la vida humana al entregarla a Augusto, llenándolo de virtud para hacer la obra de un benefactor entre los hombres, y mediante su envío, pues así fue, [como] un salvador para nosotros y los que vienen después de nosotros, a fin de hacer que cese la guerra, establecer orden en todas partes… mientras que el nacimiento del Dios [Augusto] ha introducido en el mundo las buenas nuevas que han llegado a los hombres a través de él… (*Inscripción de Priene,* citada de Gene L. Gree, *The Letters to the Thessalonians*, Pillar New Testament Commentary [Grand Rapids: Eerdmans, 2002] p. 94).

La inscripción habla de "buenas nuevas" (una forma de *euangelion*) para describir el nacimiento y el reinado de César Augusto, un gobernante a quien los romanos consideraban como su liberador divino. Por tanto, la palabra **evangelio** actuaba como un término técnico, incluso en la sociedad secular, para referirse a la llegada, la ascendencia y el triunfo de un emperador.

Como ilustran estos ejemplos de fuentes judías y paganas, en el siglo I, los lectores del relato de Marcos habrían entendido el término **evangelio** como un pronunciamiento real en que se declaraba que un monarca poderoso había llegado: uno que marcaría el inicio de un nuevo orden de salvación, paz y bendición. Bajo la inspiración del Espíritu Santo, Marcos eligió esa palabra con el fin de comunicar de modo eficaz (a judíos y gentiles) que estaba presentando las buenas nuevas del Rey divino.

Marcos inicia su relato observando que este es el **principio** de su declaración real. Esto encabeza de modo natural su narración histórica. Sin embargo, también sirve como recordatorio de que lo que sigue no es el final de la historia. La historia de Jesucristo todavía se sigue escribiendo. El Rey no ha asumido por completo su trono. Un día regresará para establecer su reino y reinará como el soberano eterno. El relato de Marcos tan solo comienza a narrar la historia de la llegada, la ascendencia, el establecimiento y la entronización del nuevo Rey que es mucho más glorioso que todos los demás reyes.

De este modo, el relato de Marcos acerca de la vida del Señor Jesús empieza con un lenguaje que indicaría a sus lectores que ha venido el Rey más glorioso, y que no es el César. Es más, este Monarca divino se pone a sí mismo en contra de todos los demás rivales terrenales incluso César. Él es el tema, no solo de la historia de Marcos, sino de toda la historia. ¿Y cuál es el nombre de este Rey? Marcos no pierde tiempo en declarar de quién se trata: **Jesucristo,** el **Hijo de Dios.**

El nombre *Jesús* (gr., *Iesous*) es el nombre humano del Rey. Es la forma griega del nombre Josué (heb., *Yeshua*), que significa "Jehová es salvación". Así se lo explicó el ángel a José: "Llamarás su nombre JESÚS, porque él salvará a su pueblo de sus pecados" (Mt. 1:21). El término *Cristo* no es un nombre, sino un título. Es la traducción griega de la palabra hebrea traducida "mesías", que significa "ungido". Se trata de un título real, que se usaba en el Antiguo Testamento para referirse a los reyes divinamente ungidos de Israel (cp. 1 S. 2:10; 2 S. 22:51) y en última instancia al gran liberador y gobernador escatológico, el Mesías (Dn. 9:25-26; cp. Is. 9:1-7; 11:1-5; 61:1). Cualquier lector judío habría comprendido inmediatamente el significado del título: una referencia explícita al Salvador prometido de Israel.

El hombre **Hijo de Dios** habla del linaje y el derecho de gobernar de Jesús. Él es uno en naturaleza con Dios: coeterno e igual al Padre. Para aquellos romanos paganos que erróneamente consideraban al César como un dios, Marcos les presenta al verdadero Rey divino: el Señor Jesucristo. Como se lo manifestó Natanael a Jesús: "Tú eres el Hijo de Dios; tú eres el Rey de Israel" (Jn. 1:49). A lo largo de su ministerio terrenal Jesús demostró en varias ocasiones ser el Rey divino, y Marcos procura presentar el abrumador caso a sus lectores (cp. 3:11; 5:7; 9:7; 13:32; 15:39). En la primera mitad de su evangelio (caps. 1—8) Marcos resalta las asombrosas palabras y obras del Señor. En la segunda mitad (caps. 9—16), se enfoca en la muerte y resurrección de Jesús. Ambas secciones llegan a la misma conclusión inevitable: por medio de sus palabras, obras, muerte y resurrección, Jesús demostró ser el Rey mesiánico prometido, el Hijo de Dios y Salvador del mundo. La confesión de Pedro expresa este tema en un lenguaje inconfundible: "Tú eres el Cristo" (Mr. 8:29; cp. Mt. 16:16). Sin lugar a dudas, el hecho de que esta majestuosa confesión se encuentre en la mitad del libro no es accidental; representa el mismo centro del mensaje de Marcos: El Señor Jesús es exactamente quien afirmaba ser.

En este relato del **evangelio de Jesucristo,** Marcos está emocionado con la llegada del más grande Rey de todos los tiempos: el Monarca mesiánico que presentará su reino glorioso de salvación y marcará el inicio de una nueva era para el mundo. Pero el Evangelio de Marcos solo es el principio de las buenas nuevas, porque la historia del reino de Cristo continuará a través de la historia humana y dentro de la eternidad. Marcos presenta al soberano Salvador examinando tres facetas de la llegada real de Cristo: la promesa del nuevo Rey, el profeta del nuevo Rey, y la preeminencia del nuevo Rey.

LA PROMESA DEL NUEVO REY

Como está escrito en Isaías el profeta: He aquí yo envío mi mensajero delante de tu faz, el cual preparará tu camino delante de ti. Voz del que clama en el desierto: Preparad el camino del Señor; enderezad sus sendas. (1:2-3)

Tras presentar su relato como una proclamación real del Rey divino, Marcos continúa su narración presentando al precursor del Rey: Juan el Bautista. El enfoque inicial en Juan, y no en Jesús, puede parecer sorprendente a los lectores modernos. No obstante, está en perfecta armonía con el propósito de Marcos (presentar a Jesucristo como el Rey divino) y lo habría esperado su audiencia del siglo I. Los monarcas terrenales en el mundo antiguo invariablemente enviaban mensajeros oficiales delante de ellos a fin de preparar el camino, anunciar su llegada, y alistar al pueblo para recibirlos. Así también, la llegada del Rey divino fue precedida por un precursor real que anunció claramente la venida de Cristo.

Con el fin de presentar a Juan el Bautista, Marcos hace referencia a dos profecías del Antiguo Testamento: Malaquías 3:1 e Isaías 40:3, cada una de las cuales anunciaba el ministerio del precursor del Mesías. La frase **está escrito** era una manera normal en que los escritores del Nuevo Testamento señalaban citas del Antiguo Testamento (cp. 7:6; 9:13; 14:21, 27; Mt. 4:4, 6, 7; Lc. 2:23; 3:4; Jn. 6:45; 12:14; Hch. 1:20; 7:42; Ro. 3:4; 8:36; 1 Co. 1:31; 9:9; 2 Co. 8:15; 9:9; Gá. 3:10; 4:22; He. 10:7; 1 P. 1:16). El hecho de que Marcos no mencione el nombre de Malaquías, sino que presente a ambos con la frase **Como está escrito en Isaías el profeta**, no es problemático. No era extraño en esa época que cuando se citaban profetas del Antiguo Testamento se refirieran solo al más notable de ellos y pasaran por alto a los demás. Puesto que estas dos profecías encajan tan perfectamente y ambas se refieren a la misma persona, a menudo los primeros cristianos pudieron haberlas usado juntas. Los otros escritores de los evangelios también aplican estos pasajes del Antiguo Testamento a Juan (cp. Mt. 3:3; 11:10; Lc. 3:4-6; 7:27; Jn. 1:23).

La apelación de Marcos a los antiguos profetas hebreos es importante, lo que demuestra que la llegada del Rey no fue un plan secundario o una ocurrencia tardía. Este era el mismísimo plan que Dios había estado elaborando desde la eternidad pasada. En consonancia con tal plan, los antiguos profetas habían predicho la venida del precursor del Rey cientos de años antes de que este naciera.

Marcos empieza haciendo referencia a Malaquías 3:1: **He aquí yo envío mi mensajero delante de tu faz, el cual preparará tu camino delante de ti.** El mismo Señor Jesús declaró que este pasaje se refería a Juan el Bautista (Mt. 11:10; Lc. 7:27). Juan fue enviado por Dios **delante** del Mesías como un precursor real a fin de **preparar** el **camino** para la llegada del divino Rey. Tal preparación vino a través de la proclamación. Juan fue llamado a ser predicador y hacer un fuerte llamado a que el pueblo estuviera dispuesto para la llegada del nuevo Rey. Una traducción ampliada de Malaquías 3:1 podría expresar: "He aquí, yo Jehová envío mi mensajero Juan el Bautista como el precursor para ti, el Mesías, con el fin de preparar al pueblo para tu llegada".

El uso que Marcos hace de la profecía del Antiguo Testamento continúa con una referencia a Isaías 40:3: **Voz del que clama en el desierto: Preparad el camino del Señor; enderezad sus sendas.** Este pasaje amplía la misión del precursor del Mesías. Un precursor real en el mundo antiguo tenía la misión de preparar el camino para la llegada del rey. Sin embargo, ¿cómo iba Juan a hacer eso para el Mesías que vendría? En lugar de despejar de escombros físicos a caminos literales, Juan trató de quitar obstáculos de terca incredulidad de los corazones y las mentes de los pecadores. **El camino del Señor** es el sendero del arrepentimiento, de volverse del pecado a la justicia, y de convertir las **sendas** espirituales que están torcidas en unas que sean derechas y santas.

De acuerdo con su llamado, Juan predicó a las multitudes que venían a oírlo **en el desierto,** rogándoles con fervor que se arrepintieran. Con la **voz** vehemente de un profeta apasionado, Juan **clama** con gritos, gemidos y súplicas para que los pecadores abandonen su pecado y busquen al Salvador. Juan era tanto un profeta como el cumplimiento de la profecía. Fue el último de los profetas del Antiguo Testamento; pero también fue el precursor cuyo ministerio habían anunciado esos profetas. Como precursor personal del Rey divino, Juan recibió un incomparable privilegio. Debido a su eminente papel, y a estar tan íntimamente relacionado con el Mesías venidero, fue el profeta más grande que ha vivido (Mt. 11:11).

Al igual que ocurre con muchos pasajes del libro de Isaías, las profecías de Isaías 40 (incluso el versículo 3) anticiparon tanto un cumplimiento parcial a corto plazo como un cumplimiento total a largo plazo. En el de corto plazo, las palabras de Isaías 40 prometieron a los judíos del cautiverio babilónico que un día regresarían a Israel. Dios los llevaría de vuelta a su tierra natal después de siete décadas de esclavitud, haciendo un camino derecho de liberación para ellos. Cuando llegaran, el Señor estaría con los judíos (cp. Is. 40:9-11). Pero la profecía de Isaías iba más allá del cautiverio babilónico, ya que no todo lo que profetizó se cumplió durante el regreso de los judíos a Israel en el siglo VI a.C.

En el sentido a largo plazo, la profecía de Isaías señalaba hacia la venida del Rey mesiánico, y a aquel que lo precedería como su precursor.

Todo esto fue prometido en el Antiguo Testamento. Marcos destaca estas promesas porque sabe que van a resonar en sus lectores, ya sean judíos o gentiles. La llegada del Rey (siendo precedida de manera adecuada por su heraldo real) fue prometida por Dios a través de los profetas hebreos en siglos anteriores. Pero existe un aspecto adicional a aquellas profecías del Antiguo Testamento que no debe pasarse por alto. Estas no solo describen al precursor del Mesías, sino que también dan a conocer el carácter divino del Mesías mismo.

El texto completo de Malaquías 3:1 declara: "He aquí, yo envío mi mensajero, el cual preparará el camino delante de mí; y vendrá súbitamente a su templo el Señor a quien vosotros buscáis, y el ángel del pacto, a quien deseáis vosotros. He aquí viene, ha dicho Jehová de los ejércitos". Las consecuencias de esa profecía son profundas. En ese versículo, el Señor explicó que el Rey venidero, aquel delante del cual fuera enviado el precursor, es Dios mismo. La profecía sigue con una promesa de que el Señor llegaría de repente a su templo. No es casualidad que Cristo comenzara su ministerio público yendo al templo y purificándolo (Jn. 2:13-22). Marcos, desde luego, se refiere tan solo a la primera parte de Malaquías 3:1. Bajo la inspiración del Espíritu Santo la parafrasea levemente (cambiando el "mí" a "ti") con el fin de resaltar que el pronombre divino en Malaquías 3:1 se refiere al Señor Jesús. El uso que hace de este pasaje del Antiguo Testamento subraya la naturaleza divina del Mesías. El nuevo Rey no es otro que Dios mismo.

El testimonio de la deidad de Cristo también se ve en Isaías 40:3, donde Isaías profetizó acerca del precursor del Mesías: "Preparad camino a Jehová" en el desierto, y "enderezad calzada en la soledad a nuestro Dios". La palabra hebrea para "Jehová" es *Yahweh,* el nombre de pacto para Dios. La relación es inconfundible: el Mesías es uno en naturaleza con Jehová. El testimonio de esa realidad se expresaría claramente en el bautismo de Jesús. Tan solo unos versículos después, en Marcos 1:11, encontramos las palabras del Padre: "Tú eres mi Hijo amado; en ti tengo complacencia".

El mundo nunca había visto a un Rey como este. El Dios del universo irrumpió en la historia para brindar salvación, bendición y paz. Su llegada se había prometido desde hacía mucho tiempo, siendo precedida por un heraldo real que proclamó su venida. El nombre del Rey es Jesús, y Él es el Cristo, el Hijo de Dios.

PROFETA DEL NUEVO REY

Bautizaba Juan en el desierto, y predicaba el bautismo de arrepentimiento para perdón de pecados. Y salían a él toda la provincia de Judea, y todos los de

Jerusalén; y eran bautizados por él en el río Jordán, confesando sus pecados. Y Juan estaba vestido de pelo de camello, y tenía un cinto de cuero alrededor de sus lomos; y comía langostas y miel silvestre. (1:4-6)

Después de referirse a la profecía del Antiguo Testamento acerca del precursor del Mesías, Marcos pasa a revelar de quién se trata: **Juan el Bautista.** El nombre **Juan** era común en Israel del siglo I. Significa "el Señor es misericordioso" y es el equivalente griego del nombre hebreo "Johanán" (cp. 2 R. 25:23; 1 Cr. 3:15; Jer. 40:8). El título **el Bautista** significa literalmente "quien bautiza", un nombre que distinguía a **Juan** de otros que tenían el mismo nombre, y que lo identificaba con uno de los aspectos más reconocibles de su ministerio. **Bautizaba Juan en el desierto,** pasando todo su ministerio junto al río Jordán, a unos cuarenta y cinco kilómetros al sur del mar de Galilea (cp. Jn. 3:23). En realidad, Juan había crecido **en el desierto** (cp. Lc. 1:80) y es allí donde predicó y ministró, lejos del bullicio de las ciudades.

El **desierto** tenía gran importancia en la historia judía; era un recordatorio constante de la salida de Egipto y de la entrada a la tierra prometida. Esa importancia no la habrían olvidado fácilmente quienes viajaban para escuchar cómo **predicaba** Juan, atestiguando acerca de su ministerio cuando **bautizaba.** Así lo explica William Lane:

> El llamado para ser bautizado en el Jordán significaba que Israel debía volver una vez más al desierto. Así como mucho tiempo atrás la nación había sido separada de Egipto para tener un peregrinaje a través de las aguas del mar Rojo, se exhorta nuevamente a la nación a experimentar separación; las personas son llamadas a una segunda salida en preparación para un nuevo pacto con Dios... Cuando las personas hacían caso al llamado de Juan y acudían a él en el desierto, había algo más que contrición y confesión. Regresaban a un lugar de juicio, el desierto, donde la posición de Israel como hijos amados de Dios debía restablecerse en intercambio de arrogancia por humildad. La disposición de regresar al desierto significa reconocer la historia de Israel como de desobediencia y rebelión, y un deseo de comenzar una vez más (*The Gospel according to Mark,* New International Commentary on the New Testament [Grand Rapids: Zondervan, 1974], pp. 50-51).

El ministerio de Juan se centró en la predicación del **bautismo de arrepentimiento para perdón de pecados.** Según se indicó antes, en tiempos antiguos el enviado del rey que llegaba solía ir delante de él quitando todos los obstáculos en el sendero y asegurándose que el pueblo estuviera preparado para recibir a tal rey. No obstante, ¿cómo iban las personas a prepararse para la llegada del

Rey mesiánico? Debían abandonar el pecado y recibir el perdón de Dios. A fin de demostrar que estaban arrepentidas, Juan las llamó a bautizarse.

El **bautismo** de Juan era un acto de una sola vez, distinguiéndose de otros rituales judíos de lavamiento. En la costumbre judía el paralelismo más cercano al bautismo de Juan era el lavado de una sola vez de los prosélitos gentiles, un rito que simbolizaba su rechazo del paganismo y su aceptación de la fe verdadera. La ceremonia era la señal de que un forastero se convertía en parte del pueblo escogido de Dios. Que un prosélito gentil se bautizara no era nada extraordinario. Pero el llamado de Juan para que los judíos se bautizaran era radical. En esencia, requería que se vieran como extranjeros que debían reconocer que no eran más aptos para el reino del Mesías que los gentiles. El bautismo de Juan confrontaba directamente la hipocresía religiosa que impregnaba el judaísmo del siglo I. Juan desafiaba a sus oyentes a considerar la realidad de que ni ser descendientes físicos de Abraham ni observadores meticulosos de la ley farisaica eran razones suficientes por los cuales se pueda tener admisión dentro del reino de Dios.

En vez de eso, lo que se requería era un cambio interior del corazón, la mente y la voluntad del individuo. La palabra **arrepentimiento** (*metanoia*) implica volverse de veras del pecado y de sí mismo hacia Dios (cp. 1 Ts. 1:9). El verdadero **arrepentimiento** involucra una transformación de la naturaleza del individuo, a fin de que sea una obra misericordiosa de Dios (Hch. 11:18; 2 Ti. 2:25). El fruto (o subsiguiente evidencia) de esa transformación interior se ve en conducta cambiada. Así les dijo Juan el Bautista a las multitudes: "Haced, pues, frutos dignos de arrepentimiento, y no comencéis a decir dentro de vosotros mismos: Tenemos a Abraham por padre; porque os digo que Dios puede levantar hijos a Abraham aun de estas piedras" (Lc. 3:8; cp. Mt. 3:8-9).

Una evidencia inicial de esa genuina transformación de corazón era la disposición de bautizarse. Aquellos que mantenían su orgullo hipócrita nunca se someterían a un acto público tan humillante. Pero aquellos cuyas mentes habían cambiado de veras hasta el punto de estar dispuestos a abandonar su pecado y su arrogancia, declararían abiertamente no ser mejores que los gentiles (pecadores que reconocían su indignidad y su necesidad de andar rectamente delante de Dios). Por tanto, el bautismo marcaba la profesión externa del arrepentimiento interno; no generaba arrepentimiento, pero era su resultado (Mt. 3:7-8). Además, el acto del **bautismo** no producía **perdón de pecados** pero servía como símbolo externo del hecho de que, mediante la fe y el arrepentimiento, los pecadores son misericordiosamente perdonados por Dios (cp. Lc. 24:47; Hch. 3:19; 5:31; 2 Co. 7:10). Aunque el ministerio del bautismo de Juan precedía al bautismo cristiano (cp. Hch. 19:3-4), servía como un elemento vital en la preparación del pueblo para la llegada del Mesías. Así lo explicó muchos años después el apóstol Pablo: "Juan bautizó con bautismo de arrepentimiento, diciendo al pueblo que creyesen en aquel que vendría después de él, esto es, en Jesús el Cristo" (Hch. 19:4).

Juan proclamó un mensaje urgente de arrepentimiento en preparación para la venida del Rey mesiánico. En consecuencia, lo que **predicaba** se centró en la ira y el juicio de Dios. Confrontó a los dirigentes religiosos judíos con un lenguaje vívido: "¡Generación de víboras! ¿Quién os enseñó a huir de la ira venidera?" (Mt. 3:7). Al hablar del Mesías venidero, advirtió además al pueblo: "Su aventador está en su mano, y limpiará su era; y recogerá su trigo en el granero, y quemará la paja en fuego que nunca se apagará" (Mt. 3:12). Los vehementes sermones de Juan llevaron a las personas a enfrentar su pecado, al mismo tiempo que consideraban la posibilidad de ser excluidos del reino de Dios. Antes de que pudieran oír las buenas nuevas de salvación debían ser confrontados con las malas noticias relacionadas con su propia maldad. Sus pecados podían ser perdonados solo a través de una fe y un arrepentimiento genuinos.

Ningún judío del siglo I deseaba quedar fuera del reino mesiánico. Por eso el pueblo de Israel salía de las ciudades para ir al desierto, a fin de escuchar a este austero y contracultural profeta. Como lo explicara Marcos, **salían a él toda la provincia de Judea, y todos los de Jerusalén; y eran bautizados por él en el río Jordán, confesando sus pecados.** En palabras de un comentarista:

> Al realizar el peregrinaje al Jordán, aquellos que creían el mensaje de Juan mostraban que deseaban ser visiblemente separados de quienes estuvieran bajo juicio cuando el Señor viniera. Querían ser miembros del futuro Israel purificado. Experimentar el bautismo de Juan les ayudaba a anticipar que no solo formaban parte del pueblo del pacto de Dios, sino que permanecerían en ese pacto después que Dios echara fuera a los demás. A fin de asegurarse de que serían incluidos en el Israel futuro perdonado cuya iniquidad sería quitada, ahora debían arrepentirse y pedir perdón personal (Mark Horne, *The Victory According to Mark* [Moscow, ID: Canon Press, 2003], p. 27).

Multitudes de **Jerusalén,** Jericó y de **toda la provincia de Judea** llegaban para escuchar a Juan, confesar sus pecados, y ser bautizados por él. Al confesar **sus pecados,** las personas reconocían ante Dios que habían violado su ley y necesitaban ser perdonadas. Pero al final, este avivamiento resultó ser en gran medida superficial. Tristemente, la nación que acudió a Juan durante la mayor popularidad del profeta más tarde rechazaría al Mesías a quien señalaba todo el ministerio de Juan.

El territorio de **Judea** era la división del extremo sur del Israel del siglo I, con Samaria y Galilea al norte. Incluía la ciudad de **Jerusalén** y se extendía desde el mar Mediterráneo en el occidente hasta el río Jordán en el oriente, y desde Bet-el en el norte hasta Beerseba en el sur. El **río Jordán** sigue siendo la corriente de agua más importante de Israel, que fluye desde el mar de Galilea hacia el sur hasta el Mar Muerto. La tradición sugiere que Juan comenzó su ministerio de bautismo en los vados cercanos a Jericó.

Tras describir la naturaleza del ministerio de Juan (en vv. 4-5), Marcos continúa en el versículo 6 describiendo al mismo Juan. El Nuevo Testamento registra muchas historias maravillosas acerca de Juan el Bautista, desde su concepción sobrenatural por parte de padres de edad avanzada, hasta ser lleno del Espíritu Santo mientras estaba en el vientre de su madre, y hasta el hecho de que Jesús lo llamara el hombre más grande que había vivido hasta ese momento. Pero Marcos deja de lado esos detalles. Es más, la descripción que hace de Juan es corta y va al grano: **Y Juan estaba vestido de pelo de camello, y tenía un cinto de cuero alrededor de sus lomos; y comía langostas y miel silvestre** (1:6). La descripción física de Juan se ajusta a la de un hombre que vivía en el desierto, donde en favor de la durabilidad se pasaban por alto las modas de ropa, y donde las **langostas y** la **miel silvestre** proporcionaban un sustento viable.

No obstante, aquí hay más que una declaración superficial respecto al vestuario y los hábitos alimentarios de Juan. Una prenda peluda confeccionada de **pelo de camello,** ceñida por **un cinto de cuero alrededor de** los **lomos,** habría designado a Juan como un profeta. Es más, el profeta Elías usó un atavío parecido. En 2 Reyes 1:8 se describe a Elías como "un varón que tenía vestido de pelo, y ceñía sus lomos con un cinturón de cuero". La referencia a Elías como "un varón que tenía vestido de pelo" describe las peludas prendas de piel de animal que usaba. Esas prendas eran sujetadas por una correa de cuero alrededor de la cintura.

Las semejanzas entre Juan y Elías no son una coincidencia. La explicación del ángel Gabriel a Zacarías con relación a Juan es la siguiente:

> Será grande delante de Dios. No beberá vino ni sidra, y será lleno del Espíritu Santo, aun desde el vientre de su madre. Y hará que muchos de los hijos de Israel se conviertan al Señor Dios de ellos. E irá delante de él *con el espíritu y el poder de Elías,* para hacer volver los corazones de los padres a los hijos, y de los rebeldes a la prudencia de los justos, para preparar al Señor un pueblo bien dispuesto (Lc. 1:15-17, cursivas añadidas).

Jesús reiteró en Mateo 11:12-14 la relación entre Elías y Juan. Allí manifestó a las multitudes que lo seguían: "Desde los días de Juan el Bautista hasta ahora, el reino de los cielos sufre violencia, y los violentos lo arrebatan. Porque todos los profetas y la ley profetizaron hasta Juan. Y si queréis recibirlo, él es aquel Elías que había de venir" (cp. Mal. 4:5). El planteamiento del Señor era que si los judíos hubieran recibido el mensaje de Juan como mensaje de Dios, y hubieran recibido al Mesías que proclamaba, Juan habría sido en realidad el personaje parecido a Elías del que habló Malaquías. Pero ya que en última instancia Israel rechazó el testimonio de buenas nuevas de Juan, otro profeta como Elías todavía está por venir, quizás como uno de los dos testigos en Apocalipsis 11:1-19.

La dieta de Juan incluía **langostas,** que la ley mosaica permitía que los israelitas comieran (Lv. 11:22). Las **langostas** proporcionaban una buena fuente de proteína y podían prepararse de varias maneras. Una vez retiradas las alas y las patas, el cuerpo se podía asar, hervir, secar y hasta moler y hornear en pan. La **miel silvestre** también estaba a disposición (cp. Jue. 14:8-9; 1 S. 14:25-26), y proporcionaba una contraparte dulce a las langostas. La dieta sencilla de Juan estaba en armonía con su posición como nazareo de por vida (cp. Lc. 1:15).

Incluso la breve descripción que Marcos hace de Juan es suficiente para indicar que debió haber sido un personaje impactante para quienes lo veían. Juan afirmaba ser un mensajero de Dios, pero su estilo de vida era radicalmente distinto al de los demás líderes religiosos del judaísmo del siglo I. Dichos líderes (los saduceos y los fariseos) eran refinados, bien vestidos, y duchos en buenos modales. Era claro que a Juan no le importaban las comodidades mundanas, e incluso se empeñaba en rechazarlas. Su vestimenta, dieta y estilo de vida austeros eran en sí un reproche a la élite religiosa de Israel, que se dedicaba a la pompa y solemnidad de sus privilegiadas posiciones; también confrontaban a las personas comunes, ya que muchas de ellas admiraban los beneficios mundanos de sus líderes. De manera significativa, Juan no pidió al pueblo que viviera o se vistiera como él. Su objetivo no era convertir a otros en reclusos sociales o ascetas. Sin embargo, la apariencia física de Juan sirve como un recordatorio dramático de que los placeres y las actividades de este mundo pueden ser una piedra de tropiezo que impide que la gente rechace su pecado y se vuelva a Dios.

PREEMINENCIA DEL NUEVO REY

Y predicaba, diciendo: Viene tras mí el que es más poderoso que yo, a quien no soy digno de desatar encorvado la correa de su calzado. Yo a la verdad os he bautizado con agua; pero él os bautizará con Espíritu Santo. (1:7-8)

El resumen del ministerio de Juan se expresa en estos dos versículos. Todo su propósito cuando **predicaba** (literalmente, proclamaba) era hacer que sus oyentes miraran hacia **el que** venía **tras** él. Eso es lo que significaba ser el precursor, el heraldo que alejaba de él mismo la atención de todos para que la pusieran en el Rey que se acercaba. Así lo explicó más tarde Juan a sus propios discípulos: "Es necesario que él crezca, pero que yo mengüe" (Jn. 3:30). Juan entendió y aceptó correctamente su papel como el mensajero del Mesías.

Por eso indicó a las multitudes: **Viene tras mí el que es más poderoso que yo, a quien no soy digno de desatar encorvado la correa de su calzado.** El griego incluye un artículo definido que indica que Juan se refería a Aquel **que** estaba viniendo. El ministerio de Juan no precedía simplemente a algún rey o monarca. Al contrario, señalaba *al* Rey divino cuya venida fuera anunciada por los profetas del Antiguo Testamento. Juan admitió de inmediato que este Rey que venía era **más poderoso que** él mismo. El Mesías sería más grande en todo aspecto, por lo que Juan ni siquiera se consideró **digno de desatar encorvado la correa de su calzado.** Desatar las sandalias del amo y cuidar de limpiarle los pies empolvados era una tarea que realizaba el más bajo de los esclavos. Juan indica entonces que no se consideraba digno ni siquiera de ser el esclavo más bajo del Rey tan infinitamente exaltado.

Juan continuó distanciándose de Cristo al señalar la diferencia inmensurable entre sus dos ministerios: **Yo a la verdad os he bautizado con agua; pero él os bautizará con Espíritu Santo.** Es como si Juan estuviera diciendo: "Lo único que puedo hacer por ustedes es lavarlos por fuera con agua. Pero Él pude transformarlos y limpiarlos por dentro". Ser bautizados **con Espíritu Santo** se refiere a la obra regeneradora de salvación (cp. Ez. 36:24-27; Jn. 3:5-6). Esta no es una referencia a una experiencia extática posterior a la conversión, como algunos carismáticos contemporáneos afirman. Más bien se trata del lavamiento de regeneración y renovación por parte del Espíritu Santo que ocurre en el momento de la salvación (Hch. 1:5; 8:16-17; 1 Co. 12:13; Tit. 3:5-7). Esta es la purificación del nuevo pacto, y la transformación del nuevo nacimiento.

En el aposento alto el Señor Jesús prometió a sus discípulos que enviaría el **Espíritu Santo** como "otro Consolador, para que esté con vosotros para siempre: el Espíritu de verdad, al cual el mundo no puede recibir, porque no le ve, ni le conoce; pero vosotros le conocéis, porque mora con vosotros, y estará en vosotros" (Jn. 14:16-17). Esa promesa se cumplió inicialmente el día de Pentecostés (Hch. 2:1-4). A partir de entonces todo creyente experimenta la presencia interior del Espíritu Santo que empieza en el momento de la salvación (cp. 1 Co. 6:19).

La declaración de Juan relacionada con el Espíritu Santo debió haber emocionado los corazones de los judíos fieles que le oían predicar. En consonancia con las promesas del Antiguo Testamento, ellos esperaban el día en que Dios cumpliera esta promesa: "Esparciré sobre vosotros agua limpia, y seréis limpiados de todas vuestras inmundicias; y de todos vuestros ídolos os limpiaré. Os daré corazón nuevo, y pondré espíritu nuevo dentro de vosotros" (Ez. 36:25-26). En aquel día sus corazones al fin serían bautizados en el mismo poder y persona de Dios (cp. Jer. 31:33). Este poder sobrenatural distingue de cualquier otro al ministerio del nuevo Rey. Juan no podía otorgar el Espíritu Santo. Solo Dios puede hacerlo. El Rey venidero es Dios en cuerpo humano, y Él bautizará a los pecadores con el poder salvador de la obra regeneradora del Espíritu.

El mensaje de Juan resume el núcleo del evangelio, y nos lleva de vuelta al uso que Marcos hace del término en el versículo 1. El evangelio son buenas noticias, las buenas nuevas de un nuevo Rey que está trayendo un nuevo reino. El nuevo Rey es el tan esperado Mesías. Él es Dios mismo. Su reino es de perdón, bendición y salvación. Lo reciben aquellos que se arrepienten. Y quienes lo hacen serán bautizados con el Espíritu Santo. Este evangelio es la culminación de toda la historia redentora pasada y la puerta a toda la gloria futura. Y Juan el Bautista, el fiel heraldo y precursor, había venido para anunciar la llegada de ese nuevo Rey.

Significado del bautismo de Jesús

2

Aconteció en aquellos días, que Jesús vino de Nazaret de Galilea, y fue bautizado por Juan en el Jordán. Y luego, cuando subía del agua, vio abrirse los cielos, y al Espíritu como paloma que descendía sobre él. Y vino una voz de los cielos que decía: Tú eres mi Hijo amado; en ti tengo complacencia. (1:9-11)

Desde el primer versículo, el Evangelio de Marcos declara ser una proclamación gozosa del Rey divino: Jesucristo, el Hijo de Dios. La palabra *evangelio* (*euangelion*), en el contexto del siglo I, significaba la ascensión de un rey a su trono (1:1). Marcos está escribiendo acerca del gran Rey de Dios, el Soberano cuya venida señalaba el inicio de una nueva era para el mundo. Puesto que le estaba escribiendo a una audiencia romana, Marcos resaltó de modo intencional detalles que sabía que iban a demostrar la soberanía imperial de Cristo en las mentes de sus lectores gentiles. Comenzó con el precursor del Rey, Juan el Bautista (1:2-8). El Rey mesiánico, como cualquier monarca legítimo en el mundo antiguo, era precedido por un heraldo real que proclamó su venida y preparó el camino para la llegada del Rey. Como precursor profético, el ministerio de preparación de Juan se caracterizó por predicar arrepentimiento y señalar a sus oyentes el Rey que venía.

En esta sección (1:9-11) Marcos continúa resaltando el señorío divino de Cristo. Pero el enfoque cambia de anticipación a llegada, cuando el Rey aparece en escena para comenzar su ministerio público. En consonancia con su tema, Marcos presenta el bautismo de Jesús como una ceremonia de coronación real en la que la autoridad del Rey mesiánico es afirmada por el mismo cielo.

Probablemente era un día de verano del año 26 d.C. cuando, para sorpresa de Juan, Jesús estaba entre la multitud que había ido a ser bautizadas. Según lo explica Marcos, **aconteció en aquellos días, que Jesús vino de Nazaret de Galilea, y fue bautizado por Juan en el Jordán.** La frase **en aquellos días** se refiere a un momento específico durante el ministerio de Juan (cp. vv. 4-8). Es probable que él ya llevara predicando antes del bautismo de Jesús unos seis meses o más.

Mencionado por los cuatro evangelios (Mt. 3:13-17; Lc. 3:21-22; Jn. 1:29-34), este es el único encuentro entre Jesús y Juan registrado en el Nuevo Testamento. A pesar de que ellos estaban emparentados y más tarde relacionados entre sí a través de sus discípulos (cp. Mt. 11:2), no hay indicio de que se reunieran antes o después de esta ocasión. La reunión fue iniciada por **Jesús,** quien **vino** cuando llegó el momento adecuado para hacer su primera aparición pública (cp. Lc. 3:21). Según Lucas 3:23, Jesús tenía unos treinta años de edad cuando **vino de Nazaret de Galilea** para ser bautizado y comenzar su ministerio.

Por consideración a su audiencia no judía, Marcos explica que la pequeña aldea de **Nazaret** se hallaba en la región de **Galilea,** un territorio bastante poblado por gentiles. (**Nazaret** era una aldea tan desconocida que ni siquiera se mencionaba en la antigua literatura judía del siglo I). **Galilea** había sido conquistada por los israelitas durante el tiempo de Josué y formaba parte del reino del norte de Israel en la época del reino dividido. Pero cuando el reino del norte cayó ante Asiria (en el 722 a.C.), los asirios deportaron a los israelitas y muchos gentiles fueron llevados a vivir en la región. En consecuencia, los judíos de Judá veían a Galilea, e incluso a sus compañeros judíos que vivían allí, con cierto nivel de desprecio. Según Juan 7:41, para muchos era impensable que el Mesías pudiera provenir de Galilea. Con indignación preguntaban: "¿De Galilea ha de venir el Cristo?". Tal pregunta revelaba ignorancia de la profecía del Antiguo Testamento. En Isaías 9:1-2, el profeta declaró acerca del Mesías:

> *Mas no habrá siempre oscuridad para la que está ahora en angustia, tal como la aflicción que le vino en el tiempo que livianamente tocaron la primera vez a la tierra de Zabulón y a la tierra de Neftalí; pues al fin llenará de gloria el camino del mar, de aquel lado del Jordán, en Galilea de los gentiles. El pueblo que andaba en tinieblas vio gran luz; los que moraban en tierra de sombra de muerte, luz resplandeció sobre ellos.*

Claramente, el plan de Dios fue todo el tiempo que el Mesías, aunque nació en Belén de Judea (cp. Mi. 5:2), se criara en Galilea.

El hecho de que el Mesías viniera de una aldea insignificante en una región humilde al margen de la sociedad judía era en sí un reproche para el sistema religioso corrupto que dominaba el judaísmo en esa época. Los judíos del siglo I esperaban que el Mesías viniera de Jerusalén, el centro de la vida religiosa judía. En cambio, vino de los alrededores, muy lejos de la institución religiosa apóstata. Aunque el Mesías se crio en un medio desconocido, había llegado el momento de que hiciera su primera aparición pública. Por tanto, salió de Nazaret con el fin de ser **bautizado por Juan en el Jordán.**

El río **Jordán** es el principal río de Israel, que fluye hacia el sur desde el lago de Galilea (doscientos metros por debajo del nivel del mar) hacia el Mar Muerto (el punto más bajo de la tierra a cuatrocientos metros por debajo del nivel del mar). Se desconoce el lugar exacto donde Juan estaba bautizando en ese tiempo, aunque tal vez era hacia el extremo sur del río Jordán, cerca de Jericó y del Mar Muerto. El Evangelio de Juan informa que esto ocurrió cerca de "Betábara, al otro lado del Jordán" (Jn. 1:28), pero se debate la ubicación exacta de esa ciudad.

Marcos ya ha identificado a **Juan** como Juan el Bautista (v. 4), nombre que lo relacionaba directamente con su costumbre exclusiva de bautizar judíos. Aunque los rituales del judaísmo incluían varios lavados ceremoniales, el bautismo (por inmersión total en el agua) no formaba parte normal de la práctica religiosa judía. El paralelo más cercano era el bautismo de prosélitos gentiles, en el cual los gentiles convertidos al judaísmo se lavaban para indicar su entrada al judaísmo. Que Juan pidiera a los judíos que se bautizaran en una forma diseñada para los gentiles era algo chocante y asombroso. Para muchos judíos era indigno y ofensivo confesar que no eran mejores que los gentiles. Si el bautismo era algo desagradable para los pecadores santurrones de la audiencia de Juan, cuánto más inaceptable debió haber parecido que el Mesías mismo buscara bautizarse. El bautismo de Juan era una señal de arrepentimiento, diseñado para pecadores como una declaración de que habían abandonado sus malos caminos y se habían vuelto hacia Dios. Pero Jesús era el inmaculado Hijo de Dios. ¿Por qué debía bautizarse?

Sin duda, al haber aprendido en cuanto al Mesías de parte de sus padres Zacarías y Elisabet, Juan sabía todo acerca de Jesús. Desde su nacimiento Juan entendió que era el precursor del Mesías. También sabía que Jesús, hijo de María, era el Hijo de Dios, el Salvador prometido de Israel. No obstante, parece que Juan nunca había conocido personalmente a Jesús. Es probable que los padres de Juan, que eran ancianos cuando este nació, murieran siendo él relativamente joven. El mismo Juan creció en el desierto de Judea (Lc. 1:80), mientras que Jesús pasó su infancia en una desconocida aldea en Galilea. Y aunque todavía era bebé en el vientre de su madre, Juan "saltó de alegría" al estar en la presencia del Cristo aún no nacido (Lc. 1:44), no hay ninguna indicación en la Biblia de que Juan y Jesús se hubieran encontrado alguna vez antes del bautismo del Maestro. Esta conclusión la refuerza el comentario de Marcos en Juan 1:33. Hablando de Jesús, Juan explicó: "Yo no le conocía; pero el que me envió a bautizar con agua, aquél me dijo: Sobre quien veas descender el Espíritu y que permanece sobre él, ése es el que bautiza con el Espíritu Santo". La palabra "conocía" (*oida*) significa "reconocer con los propios ojos", y sugiere que Juan nunca antes había visto a Jesús, o al menos no en mucho tiempo. Por consiguiente, Juan no reconoció a Jesús porque no sabía cómo era.

Pero una vez que pasó el momento inicial de desconocimiento (y que de pronto Juan comprendió quién era este Hombre que se hallaba delante de él) todo lo que sabía acerca del Mesías le inundó la mente. Este era el inmaculado Cordero de Dios (Jn. 1:29). La vida de Jesús no requería confesión o arrepentimiento. No necesitaba conversión o transformación. ¿Por qué entonces venía a ser bautizado?

Al reconocer la evidente incongruencia, Juan respondió a Jesús en la manera que podríamos esperar. Según Mateo 3:14, "Juan se le oponía, diciendo: Yo necesito ser bautizado por ti, ¿y tú vienes a mí?". La frase "se le oponía" representa un solo verbo griego (*diekōluen*). El tiempo imperfecto indica que Juan trató continuamente de evitar a Jesús, resaltando cuán inapropiado parecía que el Señor recibiera un bautismo diseñado para pecadores. En vez de bautizar a Jesús, Juan buscaba ser bautizado por Él. Eso le parecía más apropiado, ya que Jesús era el Rey mesiánico sin pecado y Juan solo era su humilde siervo pecador (cp. Mr. 1:7).

La actitud de Juan hacia Jesús fue el polo opuesto de su respuesta a los fariseos y saduceos. Según Mateo 3:7-8, "al ver él que muchos de los fariseos y de los saduceos venían a su bautismo, les decía: ¡Generación de víboras! ¿Quién os enseñó a huir de la ira venidera? Haced, pues, frutos dignos de arrepentimiento". Cuando los dirigentes religiosos judíos llegaron, Juan denunció públicamente su hipocresía santurrona y les mandó arrepentirse. Se negó a bautizarlos debido al orgullo, la duplicidad y la impenitencia que exhibían. Cuando llegó Jesús, la reacción de Juan fue totalmente distinta. Su renuencia a bautizar a Jesús provenía de comprender que Él no tenía pecado. Si alguien no necesitaba ser bautizado, sin duda era Jesús.

Desde una perspectiva cristológica, la renuencia de Juan por bautizar a Jesús pone de relieve una verdad teológica fundamental en cuanto al carácter de Cristo. Esta es una de las más grandes afirmaciones de la impecabilidad de Cristo que se encuentran en los evangelios. Juan sabía que Jesús era santo, sin defecto, sin mancha, y sin pecado (cp. He. 4:15). Por eso dudó en bautizarlo. El bautismo de Juan era un bautismo para pecadores, y Jesús no estaba en esa categoría. Por tanto, incluso en su renuencia a bautizar a Jesús, Juan cumplió el papel de un heraldo al dar testimonio de la perfección del divino Rey mesiánico.

¿Cuál fue entonces el propósito de que Jesús fuera bautizado? La respuesta a esa pregunta ha sido tema de mucha especulación y conjeturas. Pero no tiene que serlo. Una comparación de los cuatro relatos del evangelio revela que Jesús llegó para ser bautizado por dos razones: primera, a fin de cumplir toda justicia, y segunda, como una certificación divina de su ministerio.

A FIN DE CUMPLIR TODA JUSTICIA

Según Mateo 3:15, Jesús respondió a Juan con estas palabras: "Deja ahora, porque así conviene que cumplamos toda justicia". Jesús no negó la evaluación que Juan hiciera acerca de su inmaculada perfección. Al contrario, explicó que lo que parecía inapropiado en realidad era necesario en esta ocasión especial ("deja ahora"). El Señor entendió que la renuencia de Juan estaba motivada por una reverencia humilde y lealtad profunda. En consecuencia, no reprendió a Juan por su reticencia, sino más bien le pidió que se sometiera a Él, confiando en que lo que le estaba pidiendo estaba de acuerdo con el plan perfecto de Dios.

Jesús respondió a las objeciones de Juan explicando que le era necesario y adecuado bautizarse, para así cumplir con todos los justos requerimientos de Dios. Era la voluntad divina que Juan bautizara al pueblo (cp. Jn. 1:33). Puesto que Jesús se sometió perfectamente a la voluntad de Dios en todo, convenía que también recibiera el bautismo de Juan. La obediencia de Jesús era coherente y total, ya que vivía en armonía perfecta con la voluntad de su Padre celestial (cp. Jn. 5:30). Cristo cumplió a la perfección los requerimientos de Dios en todo aspecto, y se sometió al bautismo de Juan porque Dios había autorizado este bautismo.

Además, a través de su bautismo, Jesús se identificó con los pecadores que había venido a salvar. Cumplió toda justicia, no solo mediante su vida de obediencia perfecta, sino también por medio de su muerte substitutiva en la cruz, en la cual Dios "al que no conoció pecado, por nosotros lo hizo pecado, para que nosotros fuésemos hechos justicia de Dios en él" (2 Co. 5:21). El justo requerimiento de la ley de Dios era muerte como pago por el pecado. La muerte de Cristo pagó por completo esa deuda (Col. 2:14). Siglos antes el profeta Isaías declaró que el Mesías sería "contado con los pecadores, habiendo él llevado el pecado de muchos, y orado por los transgresores" (Is. 53:12; cp. 1 P. 3:18). En el primer acto de su ministerio, Aquel que no tenía pecado se identificó públicamente con aquellos que no tenían justicia. El Cordero sin mancha se sometió a un bautismo diseñado para pecadores, un presagio del hecho de que pronto se sometería a la muerte merecida por los pecadores.

Simbólicamente, el bautismo de Jesús señaló hacia la cruz, así como el bautismo cristiano mira ahora atrás hacia ella. Así les dijo el Señor a sus discípulos en Lucas 12:50: "De un bautismo tengo que ser bautizado; y ¡cómo me angustio hasta que se cumpla!". En otra ocasión les comentó a Jacobo y Juan: "No sabéis lo que pedís. ¿Podéis beber del vaso que yo bebo, o ser bautizados con el bautismo con que yo soy bautizado?" (Mr. 10:38). Ser bajado al agua y luego ser levantado de nuevo simboliza la muerte y resurrección de Jesús, quien fue sumergido en el río de la muerte con el fin de llevar los pecados de quienes creerían en Él.

Por tanto, fue apropiado que Jesús fuera bautizado a fin de que pudiera cumplir toda justicia, como un acto de obediencia a la voluntad del Padre y como una manera de identificarse con los pecadores por quienes iba a morir como un sustituto justo.

COMO CERTIFICACIÓN DIVINA DE SU MINISTERIO

Y luego, cuando subía del agua, vio abrirse los cielos, y al Espíritu como paloma que descendía sobre él. Y vino una voz de los cielos que decía: Tú eres mi Hijo amado; en ti tengo complacencia. (1:10-11)

Marcos no incluye el diálogo que transmite Mateo que ocurrió entre Jesús y Juan. En cambio Marcos se enfoca en el acontecimiento espectacular que siguió **luego** del bautismo de Jesús: la coronación divina del Rey mesiánico. En consonancia con el acelerado estilo de su evangelio, Marcos emplea el adverbio *euthus* (que significa **luego** o "inmediatamente") más que los otros tres escritores combinados del evangelio, usándolo once veces tan solo en el primer capítulo (1:3 [donde está traducido como "enderezad"], 10, 12, 18, 20, 21 "enseguida" [LBLA], 28 "muy pronto", 29 "tan pronto como" [NVI], 30 "en seguida", 42 "al instante", 43).

Luego, cuando Jesús **subía del agua,** mientras oraba (Lc. 3:21), una escena solemne comenzó inmediatamente a desarrollarse. Este majestuoso acto trinitario podría describirse mejor como la comisión real del Mesías, un evento glorioso que abarcó la coronación oficial de Jesús y la inauguración divina de su ministerio público. La solemne ceremonia incluyó dos elementos: visiblemente, el Hijo fue ungido por el Espíritu Santo; audiblemente, fue afirmado por su Padre celestial. Charles Spurgeon, el famoso predicador británico del siglo XIX, resumió la importancia de este suceso con las siguientes palabras:

> Trate de imaginarse la escena que describe nuestro texto… Cuando Jesús sube del agua, el Espíritu de Dios desciende sobre Él en forma visible (con la apariencia de una paloma) y reposa en Él. Juan afirma que el Espíritu "permaneció sobre [Jesús]", como si estuviera allí para ser su compañero constante, y en realidad así fue. Al mismo tiempo que la paloma descendía e iluminaba a Cristo hubo una voz del cielo que decía: "Tú eres mi Hijo amado; en ti tengo complacencia". Esta era la voz de Dios el Padre, ¡quien no se reveló en forma corporal, sino que pronunció palabras maravillosas que los oídos mortales nunca antes habían escuchado. El Padre se reveló no a los ojos como hizo el Espíritu, sino a los oídos, y las palabras que pronunció claramente indicaban que era Dios el Padre quien daba testimonio de su Hijo amado. ¡De modo que la entrada de Cristo a su ministerio público en la tierra fue la oportunidad escogida para la manifestación pública de la unión íntima entre Dios el Padre, Dios el Hijo, y Dios el Espíritu Santo! (Charles Spurgeon, "Lecciones del bautismo de Cristo", sermón 3298, 4 de marzo de 1866).

La coronación del Mesías fue inconfundiblemente trinitaria; sin embargo, estuvo abierta a la vista pública. Cuando Jesús alzó la vista, **vio abrirse los cielos.** Pero esta no fue una visión privada ofrecida solo a Él. Juan el Bautista, a quien se le supone entre muchos otros espectadores, proveyó testimonio presencial de la realidad de estos gloriosos acontecimientos (Jn. 1:32).

La descripción que Marcos hace del cielo abriéndose es impresionante. Su palabra para **abrirse** es una forma de *schizō* ("desgarrar, romper"), el mismo verbo que más adelante usó para describir la rotura del velo en el templo después de la muerte de Jesús (Mr. 15:38). La imagen es reminiscencia de Isaías 64:1, donde el profeta Isaías clama al Señor: "¡Oh, si rompieses los cielos, y descendieras, y a tu presencia se escurriesen los montes!". La profecía de Isaías anticipa la llegada del Mesías. Llegaría el día en que el propio cielo se abriría y Dios descendería.

Dado el fascinante lenguaje de Marcos, podríamos esperar el desarrollo de una escena violenta, pero nada cayó a tierra atravesando las nubes. Al contrario, con gran belleza y dulzura, se vio **al Espíritu como paloma que descendía sobre él.** El tercer miembro de la Trinidad descendía con gracia para posarse sobre el Hijo, proveyendo un símbolo visible de bendición, certificación y fortalecimiento divinos en el comienzo del ministerio de Jesús. Es importante destacar que Marcos no dice que el **Espíritu** sea una **paloma,** ni debemos permitir que la imagen se lleve demasiado lejos (no sea que comencemos a imaginar al tercer miembro de la Trinidad como si existiera eternamente en la forma de un ave). Marcos quería mostrar que el **Espíritu** descendió sobre Cristo en forma visible con la misma delicada suavidad que una paloma se posa en su percha.

En su anticipación del Mesías, el Antiguo Testamento había prometido que "reposará sobre él el Espíritu de Jehová" (Is. 11:2). Esa promesa fue reiterada por Dios mismo: "He aquí mi siervo, yo le sostendré; mi escogido, en quien mi alma tiene contentamiento; he puesto sobre él mi Espíritu" (Is. 42:1). El nombre "Mesías" (o "Cristo") era un título real que significaba "Ungido". En el bautismo de Jesús, el Espíritu Santo lo ungió de modo visible como una declaración pública de su señorío mesiánico.

Jesús, por supuesto, era totalmente Dios. Aun en su encarnación no perdió su divinidad. En su deidad no necesitaba nada. Pero en su humanidad estaba siendo ungido para el servicio y fortalecido para ministrar por el Espíritu en una manera reminiscente de las palabras de Isaías 61:1:

> *El Espíritu de Jehová el Señor está sobre mí, porque me ungió Jehová; me ha enviado a predicar buenas nuevas a los abatidos, a vendar a los quebrantados de corazón, a publicar libertad a los cautivos, y a los presos apertura de la cárcel.*

En su encarnación, el Hijo de Dios puso a un lado voluntariamente el uso independiente de sus atributos divinos. Así lo explica el apóstol Pablo: "Siendo en forma de Dios, [Él] no estimó el ser igual a Dios como cosa a que aferrarse, sino que se despojó a sí mismo, tomando forma de siervo, hecho semejante a los hombres" (Fil. 2:6-7). El Hijo de Dios tomó forma humana, sometiéndose con humildad a la voluntad del Padre y al poder del Espíritu Santo (cp. Jn. 4:34). En cada punto importante del ministerio de Jesús, el Espíritu estaba obrando activamente: nacimiento (Lc. 1:35), bautismo (Mr. 1:10), tentación (Mr. 1:12), ministerio (Lc. 4:14), milagros (Mt. 12:28; Hch. 10:38), muerte (He. 9:14) y resurrección (Ro. 1:4). En cada momento y en todo sentido, Jesucristo estuvo siempre lleno con el Espíritu Santo. Él nunca resistió, afligió o contristó al Espíritu, sino que siempre actuó bajo el control total del Espíritu, andando en perfecta obediencia a la voluntad de su Padre.

La unción de Jesús con el Espíritu Santo fue única. El Espíritu se posó sobre Él a fin de fortalecerlo para el ministerio; el descenso del Espíritu también fue una señal visible para Juan el Bautista y todos los demás en la multitud vigilante de que Jesús era de verdad el Ungido cuya venida la habían predicho los profetas. Aquí estaba al fin el tan esperado Rey, el Hijo de Dios, Aquel a quien señalaba el ministerio de Juan.

El descenso visible del Espíritu Santo fue acompañado por la afirmación audible del Padre: **Y vino una voz de los cielos que decía: Tú eres mi Hijo amado; en ti tengo complacencia** (1:11). Cada miembro de la Trinidad estuvo presente en el bautismo de Jesús. El Hijo en su humanidad física parado en medio del agua, el Espíritu que descendió de modo visible sobre Él, y el Padre que desde el cielo expresó de manera audible su aprobación. Por lo menos en otras dos ocasiones el Padre confirmaría de igual forma la persona y la obra de su Hijo: en la transfiguración (Mt. 17:5) y mientras Jesús predicaba a una multitud poco antes de su muerte (Jn. 12:28). El elogio superlativo del Padre en el bautismo de Jesús subrayó la gloriosa verdad de la perfección absoluta del Hijo.

Hubo muchos que dieron testimonio del ministerio de Cristo: ángeles, Juan el Bautista, sus seguidores. Pero el testimonio del Padre fue el más importante de todos (cp. Jn. 5:32; 8:18). ¿Y cuál fue el testimonio del Padre? **Tú eres mi Hijo amado; en ti tengo complacencia.** De ningún profeta se dijo jamás eso. Los profetas fueron llamados amigos de Dios (Stg. 2:23), siervos de Dios (Dt. 34:5), u hombres de Dios (1 S. 2:27); pero a ningún profeta se le llamó alguna vez Hijo de Dios. No obstante, en los relatos del evangelio, a Jesucristo se le llama el Hijo de Dios más de cincuenta veces. En esta ocasión el testimonio vino del Padre mismo. Sus palabras son reminiscencia del Salmo 2:7, un pasaje que los judíos consideraban como mesiánico: "Yo publicaré el decreto; Jehová me ha dicho: Mi hijo eres tú; yo te engendré hoy".

La realidad de que Jesucristo es el Hijo de Dios, según el Padre declara aquí, es fundamental para el mensaje del evangelio. Pone de relieve la verdad de que Él es uno en esencia con Dios, poseyendo la misma naturaleza que el Padre.

Él es Dios y "con Dios" (Jn. 1:1). Él es "el resplandor de su gloria [de Dios], y la imagen misma de su sustancia" (He. 1:3), "la imagen de Dios" (2 Co. 4:4), y Aquel en quien "habita corporalmente toda la plenitud de la Deidad" (Col. 2:9). Debido a su deidad, Él es superior a los ángeles que lo adoran (He. 1:6-8). Incluso el título de Dios el Padre es una referencia a su relación esencial con Jesucristo, el Hijo (Mt. 11:27; Jn. 5:17-18; 10:29-33; 14:6-11; 17:1-5; Ro. 15:6; 2 Co. 1:3; Ef. 1:3, 17; Fil. 2:9-11; 1 P. 1:3; 2 Jn. 3). Cuando Jesús llamó "Padre" a Dios resaltó el hecho de que tenía la misma esencia y naturaleza del Padre. Según explica Juan 5:18, hasta los enemigos de Jesús estaban conscientes de que Él "decía que Dios era su propio Padre, haciéndose igual a Dios".

No solo el Hijo es igual a Dios en esencia, sino que también es **amado** por Dios. Desde la perspectiva del Padre, Él es **mi Hijo,** el único que tiene ese privilegio eterno. Únicamente Jesús es el objeto del afecto más alto del Padre (cp. Jn. 5:20), en manera que no lo comparte con ningún otro como Él. **Amado** (*agapētos*) expresa la relación profunda y eterna que el Padre disfruta con el Hijo. Aunque la misma palabra se usa para el amor del Padre por los creyentes (Ro. 1:7), el Padre ama a su Hijo de forma suprema sobre todos los demás. Es solo porque los creyentes están en el Hijo que tienen el privilegio de recibir completamente el amor del Padre (cp. Jn. 17:24-26; Ef. 1:6).

Después de haber "amado [al Hijo] desde antes de la fundación del mundo" (Jn. 17:24), el Padre tiene eterna y total **complacencia** en Él (cp. Is. 42:1). Jesucristo estaba complaciendo a su Padre en todo lo que hacía. En su encarnación, el Hijo se sometió perfectamente a la voluntad del Padre, y en su muerte satisfizo por completo la ira del Padre. El Hijo se ofrecería como el sacrificio definitivo por los pecadores, y el Padre estaba encantado de recibir tal sacrificio (Is. 53:10). En el Israel del Antiguo Testamento un sacrificio aceptable a Dios debía ser sin defecto y sin mancha (cp. Éx. 12:5; Lv. 1:3; Dt. 17:1). Solo el perfecto Cordero de Dios podía alguna vez satisfacer esos requisitos.

En la historia de Israel ningún sacrificio animal jamás había agradado definitivamente a Dios o satisfecho por completo su ira. Eso es así porque, como explica el autor de Hebreos, "la sangre de los toros y de los machos cabríos no puede quitar los pecados" (He. 10:4; cp. 9:12). Tales sacrificios solo apuntaban hacia la cruz, donde el Mesías mismo sería inmolado como el sustituto perfecto por los pecadores. Por eso el apóstol Pedro pudo decir a los creyentes a quienes escribió: "Fuisteis rescatados de vuestra vana manera de vivir, la cual recibisteis de vuestros padres, no con cosas corruptibles, como oro o plata, sino con la sangre preciosa de Cristo, como de un cordero sin mancha y sin contaminación" (1 P. 1:18-19). En la cruz, la justicia de Dios fue totalmente satisfecha por el sacrificio puro de su Hijo. De ahí que el Padre tuviera **complacencia** con el Hijo, tanto en su vida como en su muerte.

Ningún testimonio superior sobre la perfección de Jesucristo pudo haberse ofrecido jamás. La certificación definitiva del Hijo vino de la afirmación verbal del Padre acompañada por la manifestación visible del Espíritu. Esa realidad constituye la inauguración divina del nuevo Rey: el inmaculado y amado Hijo de Dios que fue ungido y fortalecido por el Espíritu Santo para salvar a pecadores y establecer el reino de Dios. Esta es la coronación del Mesías, una ceremonia en la cual participó toda la Trinidad.

Más adelante en el ministerio de Jesús, cuando los dirigentes religiosos le preguntaron: "¿Con qué autoridad haces estas cosas, y quién te dio autoridad para hacer estas cosas?" (Mr. 11:28), Jesús respondió señalándoles hacia el bautismo que recibiría:

> *Os haré yo también una pregunta; respondedme, y os diré con qué autoridad hago estas cosas. El bautismo de Juan, ¿era del cielo, o de los hombres? Respondedme. Entonces ellos discutían entre sí, diciendo: Si decimos, del cielo, dirá: ¿Por qué, pues, no le creísteis? ¿Y si decimos, de los hombres...? Pero temían al pueblo, pues todos tenían a Juan como un verdadero profeta. Así que, respondiendo, dijeron a Jesús: No sabemos. Entonces respondiendo Jesús, les dijo: Tampoco yo os digo con qué autoridad hago estas cosas (vv. 29-33).*

Puesto que los líderes religiosos no estaban dispuestos a reconocer la legitimidad del ministerio de bautizar de Juan (y por extensión el propio bautismo de Jesús) el Señor no tenía nada más que decirles. Si no ellos no reconocían su coronación, el debate había terminado incluso antes de que comenzara. En esencia, Jesús les estaba diciendo: "Si ustedes se niegan a admitir que Juan era un profeta de Dios, entonces no reconocerán la realidad de lo que ocurrió en mi bautismo, donde el Espíritu me ungió y el Padre me afirmó. Y si ustedes rechazan eso, entonces no hay nada más que yo pueda añadir para convencerlos acerca de la fuente de mi autoridad". Así de fundamental fue el bautismo de Jesús. Fue su coronación y el inicio divino de su ministerio público.

Autoridad de Jesucristo 3

Y luego el Espíritu le impulsó al desierto. Y estuvo allí en el desierto cuarenta días, y era tentado por Satanás, y estaba con las fieras; y los ángeles le servían. Después que Juan fue encarcelado, Jesús vino a Galilea predicando el evangelio del reino de Dios, diciendo: El tiempo se ha cumplido, y el reino de Dios se ha acercado; arrepentíos, y creed en el evangelio. Andando junto al mar de Galilea, vio a Simón y a Andrés su hermano, que echaban la red en el mar; porque eran pescadores. Y les dijo Jesús: Venid en pos de mí, y haré que seáis pescadores de hombres. Y dejando luego sus redes, le siguieron. Pasando de allí un poco más adelante, vio a Jacobo hijo de Zebedeo, y a Juan su hermano, también ellos en la barca, que remendaban las redes. Y luego los llamó; y dejando a su padre Zebedeo en la barca con los jornaleros, le siguieron. (1:12-20)

Las glorias del Señor Jesucristo son inagotables. La plenitud de su majestad y la maravilla de su persona no pueden concebirse o contenerse. Toda verdad comprensible acerca de Él enriquece profundamente a su pueblo, de modo que este anhela más. Aunque su historia humana es el tema de los cuatro evangelios, el Hijo eterno es el tema de toda la Biblia. Cada relato del evangelio es único, y refleja la perspectiva y el propósito de cada autor inspirado, por lo que los cuatro evangelios presentan una descripción de Jesús perfectamente armoniosa, históricamente exacta, y revelada por el Espíritu Santo.

En consonancia con su estilo condensado y de ritmo rápido, Marcos deja a Mateo y Lucas el relato del nacimiento de Jesús, y empieza su evangelio enfocando la atención en el ministerio de Juan el Bautista, el precursor de Jesús (1:2-8). Marcos no se detiene allí. Su breve estudio del ministerio de Juan cambia rápidamente al Ser divino del cual Juan predicó. Cuando llegó el momento de revelarse a Israel, Jesús dejó Nazaret y vino al río Jordán. Allí fue bautizado por Juan (1:9-11), el acontecimiento que constituyó su ceremonia de coronación divina y el inicio de su ministerio público.

En los versículos que siguen (1:12-20), Marcos continúa su ritmo rápido. Es correcto que la palabra **luego** aparezca tres veces en estos nueve versículos. Mientras que Mateo y Lucas proporcionan cada uno un relato detallado de la tentación de Jesús, la breve narración de Marcos se indica en dos versículos (vv. 12-13). Después se salta el ministerio inicial de Jesús en Judea (relatado en Jn. 2:13-4:2), junto con sus viajes a través de Samaria (Jn. 4:3-42), retomando la historia con la llegada de Jesús a Galilea (vv. 14-15). En los versículos 16-20, al parecer sin ninguna relación con los versículos anteriores, Marcos avanza para describir el llamado que hiciera a Pedro, Andrés, Jacobo y Juan. Una vez más, la naturaleza entrecortada y breve del Evangelio de Marcos se evidencia en la brevedad de estos resúmenes. ¿Por qué Marcos sigue este enfoque condensado, pasando rápidamente de un fragmento corto al siguiente? ¿Por qué los junta de esta manera?

La respuesta se remonta al versículo 1, donde Marcos anuncia que su relato era una proclamación real (o "evangelio") de Jesucristo, el Rey mesiánico e Hijo de Dios. Este propósito ajustado de Marcos es lo que mantiene ágil su narración. A fin de pasar a la parte principal de la historia avanza con rapidez hacia esos detalles que establecerán claramente las credenciales reales de Jesucristo. Los resúmenes que Marcos seleccionó en estos primeros versículos no son una mezcla al azar de detalles sin relación alguna, sino hechos muy bien relacionados que demuestran colectivamente que Jesús es el Rey mesiánico. La secuencia de Marcos está diseñada para mostrar que Jesús no solo fue precedido por un heraldo real (1:2-8), sino que tal como solía suceder con cualquier monarca antiguo, fue coronado y comisionado como un rey con una distinción muy importante: en su caso fue coronado por Dios mismo (vv. 9-11), algo que ningún otro rey podía reclamar. Después de su bautismo, Jesús demostró su autoridad real sobre todas las fuerzas del mal al derrotar a su archienemigo en el desierto (vv. 12-13). Luego ejerció su soberanía al predicar su mensaje del reino de salvación del pecado (vv. 14-15). En el último segmento mandó a sus siervos que lo siguieran (vv. 16-20).

Este hincapié en la autoridad real de Jesús provee el común denominador a través de estos breves episodios en Marcos 1:12-20. El alcance de esa autoridad se extiende a tres ámbitos: sobre Satanás y su reino (vv. 12-13), sobre el pecado y su dominio (vv. 14-15), y sobre los pecadores en su salvación y sumisión (vv. 16-20). Si el nuevo Rey había de asumir su legítimo trono debía demostrar su poder y derrotar al usurpador. Si iba a conquistar el reino del pecado y a liberar a sus cautivos debía tener poder total sobre el mal. Si había de rescatar a individuos perdidos debía tener la prerrogativa y el poder para transformarlos en sus siervos justos, de modo que por medio de ellos pueda hacer avanzar su reino de verdad y poder en el mundo. Es evidente que esa clase de autoridad —sobre Satanás, el pecado, y los pecadores— no solo es real, sino también divina.

EL PODER DEL REINO DE JESÚS: SU AUTORIDAD SOBRE SATANÁS

Y luego el Espíritu le impulsó al desierto. Y estuvo allí en el desierto cuarenta días, y era tentado por Satanás, y estaba con las fieras; y los ángeles le servían. (1:12-13)

En los tres evangelios sinópticos, el relato de la tentación de Jesús sigue a su bautismo. Los dos sucesos presentan un marcado contraste. Tras recibir los honores reales del cielo, Jesús enfrentó **luego** los violentos ataques del infierno. A su coronación por parte del Espíritu y la confirmación del Padre le siguen al instante su enfrentamiento con el diablo. Dada la majestad de su bautismo, los lectores podrían esperar una completa celebración gloriosa con coros angelicales y doxologías resonantes. En vez de eso son lanzados al desierto sin apenas un momento para recuperar el aliento. No hay tiempo para saborear el gozo y la gloria del bautismo. La descripción de Marcos ni siquiera incluye una frase de transición: **Y luego el Espíritu le impulsó al desierto.**

Una de las paradojas visibles a lo largo del ministerio terrenal de Jesús, todo el camino hasta la cruz, fue que vino a la tierra no solo como el Rey mesiánico, sino también como el Siervo sufriente. Como Rey fue exaltado y glorificado, algo ilustrado de manera majestuosa en su bautismo. Como el Siervo sufriente fue degradado y maltratado, una realidad vívidamente demostrada durante su tentación. El más exaltado fue también el más humillado. La yuxtaposición del bautismo de Jesús con su tentación manifestó desde el principio esas realidades contrastantes. El contraste final vendría en su muerte donde fue contado como malhechor mientras un cartel que lo declaraba Rey colgaba sobre su ensangrentada cabeza.

El **Espíritu** aquí es el Espíritu Santo. Según Lucas 4:1, "Jesús, lleno del Espíritu Santo, volvió del Jordán, y fue llevado por el Espíritu al desierto". Al estar lleno del Espíritu Santo, Jesús se sometió por completo al control de Espíritu. El tercer miembro de la Trinidad era el poder detrás de todo lo que Jesús hizo (cp. Lc. 4:14, 18). La palabra **impulsó** (*ekballō* en griego) es enfática, y significa "expulsar" u "obligar a alguien a salir". El verbo se ajusta al estilo dramático de Marcos y sin duda no sugiere que Jesús fuera resistente a la dirección del Espíritu. Más bien, pone de relieve la realidad de que el Espíritu estaba en control, llevando a Jesús a cumplir perfectamente cada elemento del plan del Padre.

Marcos no da a conocer la razón de por qué el Espíritu impulsó a Jesús a ir al desierto, pero Mateo 4:1 sí lo hace: "Jesús fue llevado por el Espíritu al desierto, para ser tentado por el diablo". Dentro de los propósitos de Dios era necesario que Jesús fuera tentado por el mismo Satanás... a fin de enfrentar al diablo en combate cara a cara y derrotarlo. La palabra griega para "tentado" (*peirazō*) es un término moralmente neutro que simplemente significa "probar". La prueba puede ser buena o mala, dependiendo de la intención de quien la elabora. Debido a que es Satanás quien hace la prueba en este caso, *peirazō* está bien traducido al español por la palabra "tentado".

Aunque el Espíritu llevó a Jesús al lugar en que sería tentado, es importante observar que Dios nunca es el tentador. Santiago 1:13 clarifica que Dios no puede tentar a nadie. Dios permitió que su Hijo fuera tentado con el único propósito de que por medio de su victoria Jesús pudiera demostrar su absoluto poder y autoridad sobre las artimañas del diablo. La tentación de Cristo no sucedió por voluntad de Satanás. En la voluntad de Dios, esta fue otra manera de certificar al Hijo.

Las apuestas no podían haber sido más altas, en especial después de la ceremonia de coronación mesiánica de Jesús. ¿Podría Él, como el Rey divinamente comisionado, enfrentar y conquistar a su archienemigo? ¿Soportaría los asaltos más seductores que el diablo podía concebir? Jesús nunca habría podido establecer su reino si no hubiera sido capaz de derrotar al usurpador. Era su deber real aplastar la cabeza de la serpiente (Gn. 3:15), "deshacer las obras del diablo" (1 Jn. 3:8), y deponer al ilegítimo "dios de este siglo" (2 Co. 4:4). Sin embargo, ¿sería Él capaz de hacer eso con firmeza cuando, después de ayunar durante cuarenta días, estaba físicamente débil, emocionalmente agotado, y totalmente aislado?

El escenario de la tentación de Jesús fue el **desierto,** un lugar de desolación donde estaba aislado de seres humanos y provisiones. En un tiempo muy corto sus circunstancias habían cambiado mucho. Había pasado de la exaltada experiencia de su coronación, entre las grandes multitudes que rodeaban a Juan el Bautista, al aislamiento total. En el río Jordán, el Padre le reconoció, el Espíritu descendió sobre Él, y Juan el Bautista declaró que se trataba del Mesías. Su ministerio público había sido inaugurado de manera sobrenatural desde el cielo. Después de esperar treinta años, Jesús había sido comisionado para iniciar su encargo terrenal. En ese momento de mayor encumbramiento, el Espíritu Santo le llevó al desierto para enfrentar un ataque severo y sobrenatural que vino desde el infierno mismo.

El **desierto** de Judea es un lugar árido e inhóspito que se extiende al occidente del Mar Muerto hacia Jerusalén, abarcando una superficie aproximada de cincuenta y cinco kilómetros de largo por veinticinco de ancho. El paisaje polvoriento, desolado y peligroso está dividido por picos rocosos, precipicios escarpados, y barrancos sorprendentes. El primer Adán, tentado por Satanás en el huerto del Edén (un paraíso exuberante en que todo era bueno) sucumbió a la tentación pecaminosa a pesar de ser inocente y habitar en un ambiente perfecto. El segundo Adán, perfectamente santo, enfrentó al diablo en medio de un apocalíptico desierto, un lugar muy distinto al Edén. Fue allí, en el calor reseco de un árido desierto, que Jesús se encontró solo y debilitado por el ayuno, acompañado por las serpientes y escorpiones que habitaban el lugar (cp. Dt. 8:15). La explicación que Marcos hace de que Jesús **estaba con las fieras** enfatiza la realidad de que se hallaba totalmente separado del cuidado humano. Esos animales salvajes podrían haber incluido leopardos, zorras, chacales y cerdos salvajes.

Marcos resumió en una frase breve el encuentro de Cristo con el diablo: **Y estuvo allí en el desierto cuarenta días, y era tentado por Satanás.** Tanto Mateo como Lucas indican que Jesús pasó sin comer todo el período de cuarenta días

(Mt. 4:2; Lc. 4:2). El ayuno de Jesús no fue el primer ayuno de cuarenta días registrado en la Biblia; tanto Moisés (Éx. 34:28) como Elías (1 R. 19:8) estuvieron sin comer esa cantidad de tiempo. Es interesante que fueran esos mismos dos santos del Antiguo Testamento quienes más tarde se reunieron con Jesús en la transfiguración (Mt. 17:3).

Casi seis semanas sin comer crea una condición desesperada, especialmente en el lugar en que Jesús se hallaba. Su estado físico habría comenzado a deteriorarse después de solo dos semanas, de modo que sin duda las fuerzas le habrían abandonado mucho antes de que la tentación alcanzara su asalto final. Sin embargo, aunque estuviera en su momento más débil, como el Hijo real y divino debía enfrentar y conquistar al más fuerte de sus enemigos. La descripción que Marcos hace de la tentación de Jesús sugiere que el Señor estuvo siendo tentado a lo largo de todo el período de seis semanas, un tiempo de prueba que culminó en la tentación final relatada en Mateo 4 y Lucas 4.

Los tres episodios relatados por Mateo y Lucas indican que Satanás atacó principalmente a Jesús en su papel como el Siervo sufriente. El diablo no sedujo a Jesús a renunciar a su prerrogativa soberana. Más bien lo instó a ejercer el poder y el privilegio inherentes a su posición divina, y por tanto a abandonar la humillación de su encarnación. Cuando Jesús tuvo hambre, Satanás le pidió que ejerciera su poder soberano y creara pan (Mt. 4:3-4; Lc. 4:3-4). Después que Jesús resistiera, el diablo lo llevó a una montaña elevada y le ofreció dominio sobre todas las naciones del mundo (Mt. 4:8-10; Lc. 4:5-8). Una vez más Jesús rechazó la estratagema de Satanás. Por último, el diablo lo llevó al pináculo del templo, instándolo a hacer una demostración pública de su condición mesiánica arrojándose al vacío (Mt. 4:5-7; Lc. 4:9-12). Jesús se volvió a negar. Frente a cada ataque, el Rey respondió con Escrituras de Deuteronomio.

En cada caso Satanás intentó persuadir a Cristo de que abandonara su humillación, ejerciendo su derecho divino aparte del poder que le confería el Espíritu y fuera de la voluntad del Padre. Hacer eso habría socavado los propósitos salvadores de Dios. El éxito de la misión terrenal de Jesús dependía de su humillación, que finalmente conduciría a la cruz. Pablo manifestó a los filipenses que Jesús "se humilló a sí mismo, haciéndose obediente hasta la muerte, y muerte de cruz" (Fil. 2:8). Si el Señor hubiera abandonado su humillación y desobedecido la voluntad del Padre, habría demostrado que era un impostor, otro falso mesías que nunca habría ido al Calvario a morir como el Cordero de Dios. La esperanza de redención habría acabado en fracaso y derrota. Por otra parte, la victoria de Cristo llevó a la salvación de los elegidos y a la definitiva exaltación del Señor (Fil. 2:9-10).

Se debe entender que, aunque en singular, esta no fue una experiencia única de tentación a Jesús. Hebreos 4:15 explica que Él fue "tentado en todo según nuestra semejanza, pero sin pecado". Desde la infancia enfrentó las mismas tentaciones a pecar que experimenta todo ser humano. Tampoco esta sería la última vez fuera tentado. En Lucas 22:28, Jesús dijo a sus discípulos que ellos eran los que habían "permanecido conmigo en mis pruebas". Él fue otra vez atacado en el huerto de Getsemaní como anticipo a la cruz (Lc. 22:53). Pero nunca fue tentado tan intensamente durante un período tan extendido como en el desierto. Este fue el principal intento de Satanás por hacer que Jesús pecara y por desacreditarlo como Mesías y Salvador.

Si el nuevo Rey iba a triunfar tendría que demostrar su victoria sobre el diablo en su esfuerzo más inteligente y oportuno. Él no podía reclamar poder absoluto y total sobre el mismo pecado si no demostraba poder personal para derrotar a Satanás. El llamado a liberar pecadores no habría tenido ningún sentido si Jesús no hubiera podido apagar los dardos de fuego del maligno. De ahí que el ministerio público de Cristo comenzara enfrentando directamente al gobernante demoníaco más poderoso que se opone a Dios y a sus propósitos.

Todo lo que el Hijo de Dios había conocido desde la eternidad era honor y poder infinito y privilegio divino. Aquí, como un hombre en el momento de su mayor debilidad, Satanás lo instó a que reclamara lo que le correspondía por ser Hijo de Dios, pero en una forma que era opuesta al plan del Padre. ¿Podría resistir Jesús tan intensas tentaciones? ¿Soportaría la prueba y reclamaría la victoria sobre las maquinaciones seductoras del diablo, demostrando así su deidad?

La frase con que Marcos concluye este segmento, **y los ángeles le servían,** sugiere lo que Mateo y Lucas expresan de modo explícito: que en realidad Jesús triunfó sobre toda tentación que Satanás le puso, emergiendo victorioso de su aislamiento de cuarenta días en el desierto. La palabra **servían** (*diakoneō*) indica que esos ángeles proveyeron alimento a Jesús. Pero **los ángeles** también **le servían** con la sola presencia, lo que era además una confirmación de que el Padre que los envió estaba muy complacido con su Hijo.

La vida y el ministerio posterior de Jesús prueban su santidad divina más allá de todo cuestionamiento. Fue aquí, durante su tentación en el desierto, que su santidad fue atacada de modo más intenso e implacable. No fue sino hasta "cuando el diablo hubo acabado toda tentación, [que] se apartó de él por un tiempo" (Lc. 4:13) y los ángeles llegaron. Jesús había entrado al desierto como el Rey recién comisionado, y salió como el Monarca conquistador. Jesús continuó dominando a Satanás y los demonios a lo largo de su ministerio.

EL MENSAJE DEL REINO DE JESÚS: SU AUTORIDAD SOBRE EL PECADO

Después que Juan fue encarcelado, Jesús vino a Galilea predicando el evangelio del reino de Dios, diciendo: El tiempo se ha cumplido, y el reino de Dios se ha acercado; arrepentíos, y creed en el evangelio. (1:14-15)

Marcos siguió su breve descripción de la tentación a Cristo con una introducción igualmente escueta del ministerio de predicación de Jesús. Habían pasado al menos seis meses desde el bautismo de Jesús. Él había estado en Judea, ministrando allí e incluso limpiando el templo (cp. Jn. 2:13—4:3). Marcos omite estos sucesos, junto con el viaje de Jesús a través de Samaria (Jn. 4:4-42), para enfocarse en los inicios del ministerio público de Jesús en Galilea. Marcos continúa el relato diciendo: **Después que Juan fue encarcelado,** un acontecimiento que describirá más detalladamente en 6:17. Fue después del arresto de Juan el Bautista que Jesús comenzó a predicar públicamente y a obrar milagros en Galilea. Antes de eso, Juan seguía bautizando en el Jordán y Jesús estaba ministrando en Judea, por lo que sus dos ministerios coinciden (cp. Jn. 3:24). Luego del arresto de Juan, Jesús regresó a Galilea para ampliar su ministerio allí (cp. Mt. 4:12).

Galilea era la región norte de la tierra de Israel. Desde una perspectiva judía del siglo I, se le consideraba como los suburbios, situada lejos del centro religioso de Jerusalén. El hecho de que Jesús iniciara su ministerio con todo poder en Galilea era en sí un reproche a la apostasía y la corrupción que existían en Jerusalén en esa época.

Cuando **Jesús vino a Galilea,** estuvo **predicando el evangelio del reino de Dios.** Viajando de pueblo en pueblo, de sinagoga en sinagoga, y por toda la región, Jesús predicaba la verdad de las buenas nuevas de Dios acerca de sí mismo y de su reino de salvación (cp. Lc. 4:14-30). El método del Padre de alcanzar el mundo en el siglo I fue por estar **predicando** (o proclamando) **el evangelio,** primero por medio del Señor Jesús. En la era moderna la predicación sigue siendo el medio que Dios ha ordenado, con fieles predicadores como voceros del reino de la verdad. Los ministros contemporáneos tienen el mismo mensaje divino para proclamar, y el ministerio fiel siempre expresa ese mensaje de forma clara y exclusiva. **El evangelio del reino de Dios** (un término común del Nuevo Testamento: Ro. 1:1; 15:16; 2 Co. 11:7; 1 Ts. 2:2, 8-9; 1 P. 4:17) se refiere a la verdad que viene de **Dios** mismo para el mundo, con relación a la salvación del pecado y el juicio disponible solo por medio de Jesucristo.

Al igual que en 1:1, el término **evangelio** lleva consigo la idea de pronunciamiento real: la llegada de un rey y de su reino. El **evangelio** de proclamación de Jesús no fue la excepción. Por tanto, Él estaba **diciendo: El tiempo se ha cumplido, y el reino de Dios se ha acercado; arrepentíos, y creed en el evangelio.** Cristo ofreció a sus oyentes un lugar en el reino eterno de salvación, la esfera del perdón y la redención, si se arrepentían de sus pecados y creían en Él como Señor y Salvador. La claridad y simplicidad del mensaje de Jesús se erige como un ejemplo para todos aquellos que hoy día buscan predicar y enseñar fielmente. Los predicadores no están llamados a analizar la cultura, dar discursos cargados políticamente, o diseñar nuevos trucos para persuadir a la audiencia.

Más bien están llamados a predicar el mismo mensaje que Jesús mismo proclamó: las buenas nuevas de salvación eterna que viene de parte de Dios.

El anuncio de Cristo de que **el tiempo se ha cumplido** indica que su venida marcó el punto culminante de la historia de la salvación. La palabra **tiempo** es *kairos*. No se refiere al tiempo del reloj o del calendario (como sí lo hace la palabra griega *chronos*), sino que habla del momento fijo en la historia para que un acontecimiento ocurra. Así lo explicó Pablo en Gálatas 4:4: "Cuando vino el cumplimiento del tiempo, Dios envió a su Hijo, nacido de mujer y nacido bajo la ley" (cp. Ef. 1:10). El ministerio de Jesús se llevó a cabo según el programa soberano de Dios. Esta era la hora por la que el mundo había estado esperando durante mucho tiempo; era el momento más importante de la historia terrenal. El Salvador había llegado con el fin de pagar por completo la pena por el pecado y proveer así salvación para todos los elegidos, desde el principio hasta el final de la historia.

Este fue el gran momento histórico de Dios. Las promesas del Antiguo Testamento relacionadas con el Mesías y su reino de salvación estaban a punto de cumplirse. Cristo había venido no solo para conquistar a Satanás, sino para destruir el pecado en sí, y sus consecuencias para el pueblo de Dios. El nuevo Rey había venido con el fin de iniciar su reino. El mensaje era inconfundible: **el reino de Dios se ha acercado.** En esencia Jesús estaba manifestando: "Debido a que soy el Rey, dondequiera que yo esté mi reino está presente".

El **reino** que Jesús proclamó debería entenderse en tres dimensiones: como un reino espiritual, como un reino milenial, y como un reino eterno. Aunque en el presente es invisible y espiritual, un día se manifestará como un reino físico y terrenal. En su primera venida el Rey predicó las buenas nuevas de salvación. En consecuencia, estableció su reino espiritual en los corazones de todos los que creen (Lc. 17:21). El reino de Cristo está avanzando incluso ahora, cuando los pecadores llegan a la fe salvadora en Él y son sacados del dominio de las tinieblas y llevados al reino gobernado por el Hijo de Dios (Col. 1:13). Seguir a Jesucristo es buscar la expresión y el honor de su reino y su justicia. Tal es el sentido espiritual e invisible del reino.

En su segunda venida, el Rey establecerá su reino en una forma visible y temporal aquí en la tierra. De acuerdo con Apocalipsis 20:1-6, ese reino durará mil años. Durante ese tiempo se cumplirán literalmente todas las promesas milenarias del Antiguo Testamento. Jesucristo reinará como el Rey en Jerusalén, y todo el mundo estará bajo su dominio. Después del reino milenial, Dios inaugurará el reino eterno definitivo creando nuevos cielos y nueva tierra, donde el Dios trino reinará por los siglos de los siglos (Ap. 22:1-5).

En la actualidad, el reino consta de todos los que aceptan a Jesucristo como su Señor y Salvador. El Rey gobierna y reside en los corazones de aquellos que le pertenecen. Su reino avanza un alma a la vez. Continuará hasta que Jesús regrese para establecer su reino terrenal seguido por su reinado eterno.

¿Cómo escapa un súbdito de Satanás de ese tirano y entra al reino de Cristo? La respuesta de Jesús es simple y directa: **arrepentíos, y creed en el evangelio.** La palabra **arrepentíos** (*metanoeō*) significa volverse al camino opuesto. Después de volverse de su pecado y de la incredulidad, los pecadores deben creer **en el evangelio,** es decir que se vuelven en fe al Señor Jesucristo, confiando en Él y en su obra concluida de redención del pecado y de victoria sobre la muerte. Así explicó Pablo en Romanos 10:9: "Si confesares con tu boca que Jesús es el Señor, y creyeres en tu corazón que Dios le levantó de los muertos, serás salvo". Ese tipo de creencia no es una fe nebulosa, sino una aceptación de todo corazón de la persona y la obra de Jesucristo.

Tras haber demostrado de modo concluyente su autoridad sobre Satanás en el desierto, y luego de haber anticipado su victoria definitiva sobre Satanás en la cruz, Jesús proclamó el mensaje de libertad del pecado para todos los que creen en Él. Al mundo entero se le ha hecho una invitación para entrar al reino de Dios por parte del Rey mismo.

LOS MEDIOS DEL REINO DE JESÚS: SU AUTORIDAD SOBRE PECADORES

Andando junto al mar de Galilea, vio a Simón y a Andrés su hermano, que echaban la red en el mar; porque eran pescadores. Y les dijo Jesús: Venid en pos de mí, y haré que seáis pescadores de hombres. Y dejando luego sus redes, le siguieron. Pasando de allí un poco más adelante, vio a Jacobo hijo de Zebedeo, y a Juan su hermano, también ellos en la barca, que remendaban las redes. Y luego los llamó; y dejando a su padre Zebedeo en la barca con los jornaleros, le siguieron. (1:16-20)

Jesús mostró en el desierto su autoridad sobre Satanás y declaró en el evangelio su autoridad sobre el pecado. Aquí Marcos muestra que Cristo demostró y delegó esa autoridad a través de las personas que transformó y facultó para usarlas en su reino.

Un día, cuando Jesús estaba **andando junto** a la orilla del **mar de Galilea, vio a Simón y a Andrés su hermano.** Jesús ya conocía a estos hombres. Según Juan 1:35-42, Andrés estaba con Juan el Bautista cuando Juan señaló a Jesús y declaró: "He aquí el Cordero de Dios" (Jn. 1:36). Después de pasar el día con Jesús, Andrés fue y halló a su hermano Simón Pedro, quien también vino a ver al Señor (vv. 40-42). Aunque habían pasado varios meses desde esa reunión introductoria, Jesús anduvo tras estos hermanos para llamarlos a abandonar su trabajo secular y seguirlo con el fin de participar de la obra eterna de Cristo.

El **mar de Galilea** es realmente un gran lago de agua dulce, asentado aproximadamente a 212 metros por debajo del nivel del mar, y mide veintiún kilómetros de largo por trece de ancho en sus puntos más amplios. En el Antiguo Testamento se le conocía como mar de Cineret (o *Genneseret* en griego), una variante de la palabra hebrea *kinnor* que significa "arpa" o "lira" (cp. Nm. 34:11; Jos. 13:27). El nombre era apropiado porque el lago tiene más o menos la forma de un arpa. También llegó a conocerse como mar de Tiberias (Jn. 6:1; 21:1), porque la ciudad de Tiberias (fundada por Herodes Antipas más o menos en el año 18 d.C.) estaba situada en la orilla occidental. Ese era el nombre preferido por quienes estaban influenciados por la lealtad al emperador romano (Tiberio) de quien la ciudad tomó el nombre.

Fue allí donde Jesús **vio a Simón y a Andrés su hermano, que echaban la red en el mar; porque eran pescadores.** Ellos evidentemente retomaron sus vidas normales como pescadores después del encarcelamiento de Juan. **La red** usada tal vez era grande y circular, hasta de seis metros de diámetro, con pesos colocados alrededor del perímetro. Como pescadores experimentados lanzarían la red de modo que se extendiera en el aire y cayera sobre la superficie del agua. A medida que los bordes comenzaban a hundirse hacia el fondo, la red capturaba cualquier pez que estuviera nadando por debajo. Los **pescadores** entonces se sumergían en el agua, donde cerraban el fondo de la red usando una cuerda que también recorría todo el perímetro. La red cargada se fijaba posteriormente a la barca de tal modo que los peces pudieran ser arrastrados a la orilla (cp. Jn. 21:8).

El lago sustentaba una próspera industria pesquera. Fuentes antiguas indican que se accedía al lugar desde por lo menos dieciséis puertos, con centenares de barcos de pesca. Puesto que el pescado era la comida predominante en el mundo Mediterráneo, la industria pesquera era un gran negocio. Todos los indicios sugieren que **Simón y Andrés** tenían una floreciente empresa pesquera, en sociedad con **Jacobo hijo de Zebedeo, y Juan su hermano** (Lc. 5:10). Ellos eran hombres prominentes, no jornaleros pobres. **Simón** Pedro, por ejemplo, poseía su propia casa en la ciudad de Capernaúm (Lc. 4:38), y **Juan** era conocido por el sumo sacerdote (Jn. 18:15).

Cuando encontró a **Simón y Andrés** junto a la orilla, **les dijo Jesús: Venid en pos de mí, y haré que seáis pescadores de hombres.** La declaración de Cristo era una orden, no una petición. A diferencia de los rabinos, quienes instruían a las personas a que siguieran sus tradiciones legalistas, Jesús ordenó a estos pescadores galileos que lo siguieran. Y lo hizo con gran autoridad, un poder que ningún escriba o fariseo poseía (cp. Mr. 1:22). Las implicaciones de esta orden eran radicales e inconfundibles: Abandonarlo todo, incluso sus profesiones como pescadores y seguir a Jesús. Este era un mandato único, no negociable, que abarcaba todo y provenía del Rey para sus primeros súbditos elegidos. El Señor más tarde repetiría ese mismo tipo de llamado en términos espirituales para todos los que llegarían a Él. En Marcos 8:34 expresó: "Si alguno quiere venir en pos de mí, niéguese a sí mismo, y tome su cruz, y sígame". Ese primer llamado a los discípulos fue una ilustración del llamamiento integral que nuestro Señor hace a todos los que entrarían en su reino: no tiene que ver con abandonar una carrera terrenal, sino a todos los demás amos.

Jesús prometió: **Haré que seáis pescadores de hombres,** una analogía que ellos habrían entendido al instante. En lugar de lanzar redes para pescar, estarían habilitados para predicar el evangelio con el propósito de reunir pecadores. Los prepararía el mismo Jesús para convertirlos en heraldos del reino a través de la proclamación del evangelio del reino de Dios. Con esta orden, Jesús estableció los medios por los cuales su reino avanzaría. Él utiliza pecadores transformados a quienes identifica y convoca de manera soberana. Tal autoridad absoluta detrás de esas convocaciones pertenece al Rey mesiánico, quien posee el derecho divino de exigir y ganar ese tipo de lealtad. Cabe destacar que estos hombres, **dejando luego sus redes, le siguieron.** Aunque no era nada fácil manejar a estos rudos pescadores, no hubo resistencia o vacilación de su parte. Al instante dejaron todo para seguir a Jesús. La respuesta que dieron demuestra tanto la autoridad del Señor como el poder que actúa en quienes Él llama a que le respondan.

La escena se repite esencialmente en los versículos 19-20, donde Jesús llamó y facultó a dos discípulos más para seguirlo: **Pasando de allí un poco más adelante, vio a Jacobo hijo de Zebedeo, y a Juan su hermano, también ellos en la barca, que remendaban las redes. Y luego los llamó; y dejando a su padre Zebedeo en la barca con los jornaleros, le siguieron.** Los hijos de Zebedeo eran cualquier cosa menos flojos e indecisos. Es más, se habían ganado el sobrenombre de "Hijos del trueno" (Mr. 3:17). En una ocasión, estando enojados sugirieron hacer descender fuego del cielo para destruir una aldea que se había negado a recibirlos (Lc. 9:54). Ubicados más lejos de la orilla, estos enérgicos hermanos **remendaban las redes,** parte fundamental de la reparación del equipo para la siguiente salida a pescar. **Su padre Zebedeo** y **los jornaleros** también estaban allí, trabajando todos como parte de una operación de pesca importante. Sin embargo, en un instante los "Hijos del trueno" se sintieron impulsados a dejarlo todo y a todos para seguir al Señor Jesucristo.

Ese tipo de obediencia increíble también se repetiría con el resto de los discípulos, como Leví, quien sin vacilar abandonó su mesa de recaudación de impuestos para seguir a Jesús (Mr. 2:14). La respuesta que dieron podría parecer impactante desde una perspectiva humana; pero desde un punto de vista divino no es sorprendente para nada. Así se lo explicó Jesús a sus discípulos en Juan 15:16: "No me elegisteis vosotros a mí, sino que yo os elegí a vosotros, y os he puesto para que vayáis y llevéis fruto, y vuestro fruto permanezca; para que todo lo que pidiereis al Padre en mi nombre, él os lo dé". Es evidente que el alcance de la autoridad de Jesús abarcó a los discípulos a quienes llamó a seguirlo. Fue por medio de tales pecadores regenerados y transformados, y de la proclamación que hicieron del evangelio, que Jesús haría avanzar los propósitos de su reino (cp. Mt. 28:18-20).

El poder del Señor sobre el pecado y Satanás sigue demostrándose hoy cada vez que un corazón no redimido recibe vida y liberación del dominio del diablo y del poder y el castigo del pecado (cp. Ef. 2:1-4). Después de rescatar del pecado a creyentes, el Rey los emplea en su servicio y los habilita por medio del Espíritu con el fin de que sean instrumentos para el avance del reino. Todo esto se lleva a cabo bajo la autoridad de la prerrogativa soberana del Señor (Ef. 1:18-23). Aquel que derrotó a Satanás, en el desierto y en la cruz, Aquel que declaró victoria sobre el pecado por medio de la predicación del evangelio, y Aquel que continuamente demuestra su poder en las vidas de los que salva y faculta, solo Él es el Rey mesiánico. Todo, gobierno, autoridad, poder y dominio le pertenecen (Ef. 1:21).

Para quienes conocen y aman al Señor Jesucristo no hay mayor gozo que ver avanzar el reino por medio de la fiel proclamación del evangelio. La promesa que hizo a Andrés y Pedro a orillas del lago de Galilea todavía se aplica a todos los que están dispuestos a predicar con decisión el mensaje divino: **Venid en pos de mí, y haré que seáis pescadores de hombres.** En un sermón sobre ese tema, Charles Spurgeon, el famoso predicador del siglo XIX, animó a sus oyentes con estas palabras:

> Cuando Cristo nos llama por su gracia, no solo debemos recordar lo que somos, sino que también debemos pensar en lo que Él puede hacer de nosotros... No parecía muy probable que pescadores humildes llegaran a desenvolverse bien como apóstoles; que hombres diestros con la red estarían tan a gusto predicando sermones e instruyendo a convertidos. Podríamos haber dicho: "¿Cómo puede ser esto? No es posible que campesinos de Galilea se conviertan en fundadores de iglesias". Eso es exactamente lo que Cristo hizo; y cuando somos humillados ante los ojos de Dios mediante una sensación de nuestra propia indignidad, podríamos sentirnos animados a seguir a Jesús debido a lo que Él puede hacer de nosotros... O podría ser que ustedes al momento no vean nada en sí mismos que sea deseable, vengan y sigan a Cristo por lo que Él puede hacer de ustedes. ¿No escuchan su dulce voz llamándolos y diciéndoles: "Venid en pos de mí, y haré que seáis pescadores de hombres"?

Más adelante en ese mismo sermón, Spurgeon equilibra sus palabras de ánimo con algunas expresiones apropiadas de advertencia:

> Jesús expresó: "Venid en pos de mí, y haré que seáis pescadores de hombres"; pero si vamos a nuestra manera, con nuestra propia red,

no conseguiremos nada, y el Señor no promete ayudarnos en eso. Las instrucciones del Señor hacen de Él mismo nuestro líder y ejemplo. Se trata de: "Vengan en pos de *mí.* Síganme*.* Prediquen *mi* evangelio. Prediquen lo que yo prediqué. Enseñen lo que enseñé, y guarden eso". Con esa bendita actitud de servicio que llega hasta alguien cuya ambición es ser un copista, y nunca ser un original, copiemos a Cristo incluso en las jotas y tildes. Hagámoslo, y Él hará de nosotros pescadores de hombres; pero si no lo hacemos, pescaremos en vano (Charles Spurgeon, "Cómo llegar a ser pescadores de hombres", sermón 1906).

Autoridad del divino Rey

4

Y entraron en Capernaum; y los días de reposo, entrando en la sinagoga, enseñaba. Y se admiraban de su doctrina; porque les enseñaba como quien tiene autoridad, y no como los escribas. Pero había en la sinagoga de ellos un hombre con espíritu inmundo, que dio voces, diciendo: ¡Ah! ¿qué tienes con nosotros, Jesús nazareno? ¿Has venido para destruirnos? Sé quién eres, el Santo de Dios. Pero Jesús le reprendió, diciendo: ¡Cállate, y sal de él! Y el espíritu inmundo, sacudiéndole con violencia, y clamando a gran voz, salió de él. Y todos se asombraron, de tal manera que discutían entre sí, diciendo: ¿Qué es esto? ¿Qué nueva doctrina es esta, que con autoridad manda aun a los espíritus inmundos, y le obedecen? Y muy pronto se difundió su fama por toda la provincia alrededor de Galilea. (1:21-28)

La pregunta más fundamental de la vida es: "¿Quién es Jesucristo?". La manera en que una persona responde a esa pregunta tiene implicaciones eternas. Nada es más esencial, sea para esta vida o para la venidera, que saber la verdad acerca de Jesús. Sin embargo, pocos parecen seriamente interesados en el entendimiento correcto de quién es Él y por qué vino. Es muy triste que muchas personas supongan de modo ciego que Jesús fue tan solo un buen maestro, un idealista moral, o un activista social incomprendido cuya vida terminó en tragedia hace dos mil años. Así no es como la Biblia lo presenta, ni tal cosa está de acuerdo con lo que Él declaró ser.

El Evangelio de Marcos (igual que los otros tres) proporciona una respuesta definitiva a esa pregunta en el mismo primer versículo. Marcos 1:1 declara que Jesús es el Cristo (el Rey mesiánico) y el Hijo de Dios. Él es el soberano divinamente ungido a quien le corresponden todas las prerrogativas de la realeza. Además, Jesús es Dios encarnado, digno de toda gloria, honor y alabanza. Él es el Señor de señores, que posee toda autoridad tanto en el cielo como en la tierra (cp. Mt. 28:18). En consecuencia, la única respuesta correcta a su dominio soberano es someterse y adorarle como el Rey eterno y el glorioso Hijo de Dios. Cualquier descripción de Jesús que socave o menosprecie su verdadera persona y posición no solo es inadecuada, sino blasfema. Aunque muchos lo humillan y desprecian ahora mismo, todos un día lo reconocerán por quién es realmente.

Esto es lo que el apóstol Pablo les dijo a los filipenses: "Para que en el nombre de Jesús se doble toda rodilla de los que están en los cielos, y en la tierra, y debajo de la tierra; y toda lengua confiese que Jesucristo es el Señor, para gloria de Dios Padre" (Fil. 2:10-11).

Marcos 1:21-28 es un pasaje que ilustra muy bien la autoridad soberana de Jesucristo y la obstinada renuencia de los pecadores incrédulos a reconocer esa autoridad y someterse a ella. El pasaje sigue a la introducción de Marcos (en vv. 1-20), en la cual presenta cinco pruebas para demostrar que Jesús es realmente el divino Rey: Jesús fue precedido por un precursor real (1:2-8), experimentó una divina ceremonia de coronación (1:9-11), derrotó a su archienemigo el príncipe de las tinieblas (1:12-13), proclamó el mensaje del reino de salvación (1:14-15), y ordenó a los ciudadanos del reino que le siguieran (1:16-20). Anunciado por Juan, comisionado por el Padre, lleno del Espíritu, victorioso sobre el pecado y Satanás, y acompañado por sus discípulos, el Señor Jesús comenzó su ministerio público con todas las credenciales necesarias demostradas. Así que de modo breve pero convincente, la introducción rápida, condensada y selectiva de Marcos establece el carácter mesiánico y la naturaleza divina del Señor Jesús. De aquí en adelante Marcos comienza a desarrollar el cuerpo del relato de su evangelio, aminorando su paso para centrarse más intensamente en sucesos específicos del ministerio del Rey mesiánico.

La historia empieza en el versículo 21 con el relato inspirado de un incidente en el que Jesús demostró su autoridad sobre el reino demoníaco. En los versículos 12-20 Marcos ya ha resaltado la autoridad de Cristo sobre Satanás, el pecado, y los pecadores. En esta sección (vv. 21-28) el escritor continúa ese tema, enfocándose específicamente en un enfrentamiento espectacular un día de reposo entre Jesús y un demonio. Una vez más, la autoridad cósmica de Jesús se mostró vívidamente, despejando cualquier duda acerca de la capacidad del Rey para dominar demonios y destruir la esclavitud satánica que mantiene cautivos a los pecadores todo el tiempo hasta el infierno.

El pasaje en sí revela un sorprendente contraste entre la respuesta del pueblo ante la autoridad de Jesús y la respuesta de los demonios. Por una parte, el pueblo estaba asombrado por el poder y la autoridad de Jesús (vv. 22, 27). Las personas reaccionaron con asombro, curiosidad y sorpresa porque Él enseñaba como ningún otro que hubieran escuchado antes. Por otra parte, los demonios estaban aterrados por Cristo. Respondieron con horror, terror y pánico. Esas reacciones divergentes yacen en el núcleo del entendimiento del significado de este pasaje. Todos, los demonios y la gente eran pecadores; no obstante, solamente los demonios chillaron de miedo. Ellos entendían que Jesús era su Juez que los arrojaría al infierno. Las personas sin duda no lo entendieron.

Irónicamente, en la primera mitad del Evangelio de Marcos los únicos seres seguros de la verdadera identidad de Jesús fueron los demonios. Los dirigentes judíos le rechazaron (3:6, 22); las multitudes se mostraban curiosas pero poco comprometidas (6:5-6; cp. Jn. 2:24); y hasta sus propios discípulos mostraron una persistente dureza de corazón (8:17). Pero los demonios lo sabían a ciencia cierta. Así lo explica Marcos: "Los espíritus inmundos, al verle, se postraban delante de él, y daban voces, diciendo: Tú eres el Hijo de Dios" (3:11). Puesto que sabían exactamente quién era Jesús y qué poder tenía, respondieron aterrados de que Él pudiera lanzarlos de inmediato al abismo (Lc. 8:31; cp. Ap. 9:1). Así clamó a gran voz un espíritu inmundo: "¿Qué tienes conmigo, Jesús, Hijo del Dios Altísimo? Te conjuro por Dios que no me atormentes" (5:7). Los demonios habían conocido al Hijo de Dios ya que Él los creó (Col. 1:16). Sus mentes antiguas estaban llenas de los detalles acerca de la rebelión celestial, la derrota y la expulsión que habían experimentado; estaban conscientes del castigo eterno que aún les espera en el lago de fuego (Mt. 25:41). Es comprensible que los demonios estuvieran aterrados en la presencia de Jesús. Ahora que el Hijo había venido a la tierra para comenzar a establecer su gobierno, los ángeles malignos tenían todo motivo para estar atormentados por el terror.

No hay salvación para los ángeles caídos (He. 2:16). Sin embargo, los pecadores que llegan a tener una verdadera comprensión de la autoridad del Hijo de Dios, y a quienes les aterra la amenaza del infierno están invitados a huir de la ira y acudir con temor santo a Cristo para recibir el perdón y la gracia de la salvación. No obstante, la gran mayoría de pecadores que oyen las buenas nuevas del cielo todavía se niegan a temer el infierno y llegar a Cristo a fin de obtener el don de la salvación. Tal es la gran ironía descrita en este pasaje. Los demonios reconocieron quién era Jesús; sin embargo, no tienen ninguna posibilidad de salvación. A las multitudes se les ofreció perdón divino, pero estas se negaron a reconocer al Único que puede proporcionarlo. Dicho de otro modo, los demonios estaban aterrados y no podían ser salvos; las personas estaban asombradas y no serían salvas. En consecuencia, las sorprendidas personas (que no creerían) y los aterrados demonios (que sí "creen, y tiemblan" [Stg. 2:19]) finalmente irán a parar al mismo lago eterno de fuego (Ap. 20:10-15).

Es importante destacar que durante el ministerio de Jesús, los demonios no le atacaron. Asaltaron las almas de individuos pecadores pero no a Jesús. Es más, siempre que ocurrió un enfrentamiento, fue Jesús quien los atacó. La misma presencia de Cristo les infundía pánico frenético. Aunque invisibles a simple vista, ellos no eran invisibles para Él. Los demonios podían ocultarse de las personas, disfrazándose como ángeles de luz (2 Co. 11:14) y morar cómodamente dentro de los límites de la religión apóstata, pero no podían esconderse de la mirada omnisciente de Cristo. Debido al poder limitante del temor que sentían, en presencia de Él se les caía el disfraz.

Durante todo su ministerio, el dominio de Jesús sobre los demonios fue absoluto e incuestionable, señal de que Él poseía poder absoluto sobre el diablo y sobre toda la fuerza de ángeles caídos dentro "de la potestad de las tinieblas" (Col. 1:13). Con el fin de liberar a pecadores (Jn. 8:36), Jesús puede apabullar a Satanás, quien controla este sistema mundano (1 Jn. 5:19) cegando a los pecadores (2 Co. 4:3-4) y manteniéndolos cautivos (He. 2:14-15). Así lo explicó el apóstol Juan: "Para esto apareció el Hijo de Dios, para deshacer las obras del diablo" (1 Jn. 3:8). El nuevo Rey debía demostrar su poder para destronar a Satanás y rescatar de su cautiverio a los pecadores. Sin lugar a dudas, los demonios sabían a qué había venido el Hijo de Dios. Sabían que el Rey de salvación había llegado, y el príncipe de las tinieblas necesitaba que sus fuerzas espirituales hicieran todo lo que estuviera a su alcance para oponérsele. Desde el principio del ministerio del Señor fue evidente que ellos no eran rivales para la autoridad soberana sin par de Jesús. Fue el poder divino el que los arrojó del cielo y el que un día los lanzará al infierno. Entre estos dos sucesos, durante el ministerio terrenal de Jesús la invencibilidad del Señor sobre el reino satánico se evidenció en cada encuentro con un demonio.

Este pasaje (1:21-28) relata uno de los muchos encuentros que debieron haber ocurrido. Aquí, mientras enseñaba en la sinagoga en Capernaúm, Jesús enfrentó a un demonio traumatizado y desenmascarado. En 1:23 Marcos explica que el demonio **dio voces** a Jesús. El verbo traducido "dio voces" (*anakrazō*) significa gritar o chillar con fuerte emoción, y describe los chillidos de alguien que experimenta agonía intensa. El clamor agudo del demonio fue abrupto, perturbador y sorprendente. Marcos relaciona el pánico del ángel de las tinieblas a tres aspectos de la autoridad de Jesús: autoridad de su palabra, autoridad de su juicio, y autoridad de su poder.

LA AUTORIDAD DE LA PALABRA DE JESÚS

Y entraron en Capernaum; y los días de reposo, entrando en la sinagoga, enseñaba. Y se admiraban de su doctrina; porque les enseñaba como quien tiene autoridad, y no como los escribas. (1:21-22)

Aunque no se habla de la reacción del demonio hasta el versículo 23, estos dos versículos describen la razón inicial para su arrebato. Su violenta protesta vino en respuesta inmediata a la enseñanza acreditada de Jesús. Las palabras de Cristo encendieron llamas de terror en la conciencia del demonio, que lo hicieron estallar con exclamaciones de terror y angustia.

Marcos presenta este episodio señalando que Jesús y sus recién llamados discípulos **entraron en Capernaum.** El nombre **Capernaum** significa "pueblo de Nahúm". Es probable que esta fuera una referencia al pueblo natal del profeta Nahúm del Antiguo Testamento. Pero Nahúm también significa "compasión", lo que indica tal vez que el pueblo fue llamado así por sus compasivos residentes.

Localizado en la orilla noroccidental del mar de Galilea, Capernaúm era una próspera población pesquera. Fue aquí que Pedro, Andrés, Jacobo y Juan tenían su empresa de pesca, y donde Mateo trabajaba como recaudador de impuestos (Mt. 9:9). Construida sobre una importante carretera romana, la Vía Maris, Capernaúm era una importante ciudad comercial. Según los historiadores, contaba con un paseo marítimo que se extendía casi ochocientos metros a lo largo y se asentaba sobre un muro de contención de tres metros. Desde allí se extendían dentro del agua muelles de unos treinta metros, lo que facilitaba el acceso a la ciudad de los barcos pesqueros. Contaba con una guarnición romana ubicada en la tetrarquía de Herodes Antipas, en la frontera del dominio de su hermano Felipe. Después que lo rechazaran en Nazaret (Mt. 4:13; Lc. 4:16-31), Jesús estableció allí su centro de operaciones durante su ministerio en Galilea (cp. Mr. 2:1).

Marcos sigue explicando que **los días de reposo,** Jesús, **entrando en la sinagoga, enseñaba.** Eso no era inusual, ya que Jesús siempre había tenido la costumbre de asistir a la sinagoga los días de reposo (cp. Lc. 4:16). El sistema judío de sinagogas se había desarrollado inicialmente en el siglo VI a.C., durante el exilio babilónico. Antes del exilio la adoración se centraba en un lugar, el templo en Jerusalén. Cuando el templo de Salomón fue destruido, y los judíos estuvieron en cautiverio durante setenta años, el pueblo comenzó a reunirse en pequeños grupos. Incluso después que los judíos regresaran a su tierra natal y reconstruyeran el templo, siguieron estructurando la vida comunitaria de aldeas y pueblos locales alrededor de lo que se habían vuelto sinagogas oficiales (la palabra griega traducida sinagoga significa "reunión" o "asamblea"). Como resultado, la sinagoga llegó a ser el centro de la vida comunitaria judía, un lugar de adoración local, una sala de reuniones, una escuela, y una sala de audiencias. Tradicionalmente, una sinagoga podía formarse en cualquier lugar donde hubiera por lo menos diez hombres judíos. En consecuencia, las ciudades más grandes en el mundo antiguo a menudo contaban con muchas sinagogas.

Una de las principales funciones de la sinagoga era la lectura pública y la explicación de las Escrituras, costumbre que se remonta al menos a la época de Nehemías. Una política conocida como "libertad de la sinagoga" permitía a cualquier hombre apto en la congregación ofrecer la explicación del pasaje del Antiguo Testamento. Ese privilegio se extendía con frecuencia a rabinos visitantes, como ocurrió en esta ocasión con Jesús. El apóstol Pablo también solía usar tales oportunidades para proclamar el evangelio en varias ciudades a lo largo del Imperio Romano (cp. Hch. 9:20; 13:5; 18:4; 19:8). Debido a que las noticias respecto a los milagros Jesús ya se habían extendido (cp. Lc. 4:14), los asistentes en Capernaúm habrían estado deseosos de oírle enseñar.

Marcos no da detalles del contenido del mensaje que Jesús predicó a la congregación ese día de reposo en Capernaúm. En vez de eso se centró en la respuesta de las personas. Estas **se admiraban de su doctrina; porque les enseñaba como quien tiene autoridad, y no como los escribas.** La gente estaba asombrada. Nunca antes habían escuchado a un rabino hablar con tal poder, exactitud y seriedad.

La palabra **autoridad** (*exousia*) habla de gobierno, dominio, jurisdicción, pleno derecho, poder, privilegio y prerrogativa. Jesús enseñaba con absoluta convicción, objetividad, dominio y claridad. Hablaba la verdad con la confianza inquebrantable del Rey divino, y la gente solo podía responder con asombro (cp. Mt. 7:28-29). Qué contrastantes eran las palabras tan penetrantes de Jesús con las esotéricas opiniones dogmáticas de los escribas, a quienes les encantaba citar los puntos de vista generales de otros rabinos. Ellos brindaban enseñanza en modos que resultaban místicos, confusos y a menudo centrados en minucias. Pero Jesús era claramente distinto. No derivaba su teología de las reflexiones de otras personas, ni ofrecía una variedad de posibles explicaciones. Su enseñanza era absoluta, no arbitraria; era lógica y concreta, no evasiva o esotérica. Sus argumentos eran razonables, ineludibles y centrados en asuntos esenciales.

Los **escribas** eran los principales maestros en la sociedad judía del primer siglo. Sus orígenes se remontan hasta Esdras quien, según Esdras 7:10 y Nehemías 8:4-8, leyó la ley y se la explicó al pueblo. La mayoría de personas tenían únicamente acceso limitado a las Escrituras, y las copias eran demasiado costosas para que individuos comunes y corrientes, y de la clase trabajadora, pudieran poseerlas. En consecuencia, iban a la sinagoga para escuchar las Escrituras leídas y explicadas por los escribas. Puesto que los escribas manejaban las Escrituras, llegaron a ser tan venerados que se les dio el título de "rabinos", que significa "honrado". A través de los siglos, desde la época de Esdras hasta el tiempo de Cristo, la enseñanza de los escribas se volvió menos centrada en el texto de las Escrituras y más enfocada en lo que rabinos anteriores habían dicho. Para el siglo I, los escribas se enorgullecían por conocer todos los puntos de vista posibles. En vez de explicar fielmente el significado sencillo de las Escrituras se deleitaban en reflexiones complejas, alegorías fantasiosas, ideas poco claras, nociones místicas, y las enseñanzas de los rabinos anteriores.

Cuando Jesús empezó a explicar el texto bíblico con claridad, convicción y autoridad, sus oyentes se quedaron perplejos. Nunca habían oído nada como eso. Su sorpresa está ligada a la palabra **admiraban** (*ekplessō*), que literalmente significa "estar profundamente afectado en el alma" con temor y asombro. Para usar la lengua vernácula, Jesús les transformó la manera de pensar. Hay una cantidad de palabras en el Nuevo Testamento que pueden traducirse "asombrado" o "sorprendido". Esta es una de las más fuertes y más intensas. El mensaje de Jesús era tan fascinante y poderoso que su audiencia se hallaba en total silencio, esperando cada palabra que Él pronunciaba (cp. Lc. 19:48).

El silencioso asombro fue interrumpido violentamente por los chillidos que venían a través de los labios de un hombre endemoniado. Se trataba del demonio que había entrado en pánico por la verdad de la predicación de Jesús y que no pudo mantenerse oculto dentro del hombre por más tiempo. Marcos presenta el demonio en el versículo 23, haciendo notar la inmediatez de la reacción de espíritu maligno ante la predicación de Jesús. Incapaz de contenerse, el demonio estalló en un ataque de gritos furiosos en respuesta a la verdad que el Hijo de Dios proclamaba.

No es sorprendente encontrar este espíritu maligno frecuentando la sinagoga. Los demonios habían desarrollado un falso sistema de religión hipócrita que tenía mucho éxito en el Israel del siglo I. Como es su naturaleza, los demonios se esconden en medio de la religión falsa, disfrazándose como ángeles de luz (2 Co. 11:14) y perpetuando el error y el engaño (cp. 1 Ti. 4:1). Al igual que su líder Satanás, son mentirosos y asesinos que buscan la condenación eterna de la gente. En Juan 8:44-45, Jesús les dijo a los fariseos: "Vosotros sois de vuestro padre el diablo, y los deseos de vuestro padre queréis hacer. Él ha sido homicida desde el principio, y no ha permanecido en la verdad, porque no hay verdad en él. Cuando habla mentira, de suyo habla; porque es mentiroso, y padre de mentira". Esos versículos resumen el meollo del conflicto. Satanás y sus huestes propagan mentiras con el propósito de perpetuar la muerte espiritual. Pero Jesús es el camino, la verdad y la vida (Jn. 14:6); cuando predicó la verdad ese día de reposo, el demonio que lo escuchaba fue desenmascarado de modo involuntario. Al ser confrontado con la autoridad de las palabras de Jesús, el ángel caído reaccionó con un grito aterrador.

LA AUTORIDAD DEL JUICIO DE JESÚS

Pero había en la sinagoga de ellos un hombre con espíritu inmundo, que dio voces, diciendo: ¡Ah! ¿qué tienes con nosotros, Jesús nazareno? ¿Has venido para destruirnos? Sé quién eres, el Santo de Dios. (1:23-24)

El uso que Marcos hace de la preposición **pero** (*euthus*) subraya la inmediatez de la reacción del demonio, que siguió directamente a la predicación de Jesús. Los gritos proporcionaron evidencia audible de que ángeles caídos tiemblan ante el poder de la palabra de Cristo. El contenido de tal exclamación, que está registrado en los versículos 23-24, indica que el demonio también estaba aterrorizado por la autoridad del juicio de Cristo.

La posesión demoníaca —siempre presente, por lo general oculta— fue expuesta de manera espectacular y única durante el ministerio de Jesucristo. Los ángeles rebeldes no podían permanecer ocultos en presencia de Jesús. En el Antiguo Testamento, fuera de Génesis 6:1-2 no existen casos registrados de posesión demoníaca. En el libro de Hechos solo hay dos (Hch. 16:16-18; 19:13-16). No obstante, en los evangelios abundan (Mt. 4:24; 8:28; 9:33; 10:8; 12:22-27; Mr. 1:23-27; 5:4-13; 9:25; Lc. 4:41; 8:2, 28; 9:39; 13:11). Frente a la gloria del mismo Hijo de Dios, los demonios revelaron su identidad, a menudo en manera violenta y sorprendente.

En esta ocasión, el hombre endemoniado respondió gritando a todo pulmón: el demonio en su interior usó prestadas las cuerdas vocales del individuo para expresar su terror. En una ráfaga de pánico mezclado con ira, el demonio preguntó: **¡Ah! ¿qué tienes con nosotros, Jesús nazareno? ¿Has venido para destruirnos? Sé quién eres, el Santo de Dios.** El uso del plural (**nosotros, destruirnos**) sugiere que este demonio particular estaba haciendo estas preguntas en nombre de los ángeles caídos en todos los lugares. Como aquellos que se habían unido en el fallido golpe de estado de Satanás (cp. Is. 14:12-17; Ez. 28:12-19), estos demonios una vez sirvieron en la presencia de Dios. De ahí que conocieran íntimamente a cada uno de los miembros de la Trinidad, y de inmediato reconocían a Jesús como Dios el Hijo siempre que se hallaban en su presencia. Ellos sabían que Él era **el Santo de Dios,** el Rey mesiánico que había venido a salvar al mundo del poder de Satanás (Lc. 4:41).

Al hablarle a Cristo, este espíritu demoníaco empleó dos nombres diferentes: uno de los cuales expresaba su antagonismo, el otro su temor. El primero, **Jesús nazareno,** tenía un tono de menosprecio y desdén. Nazaret era un pueblo desconocido, tenido en baja estima por otros israelitas (cp. Jn. 1:46). Los dirigentes judíos en particular usaban el término como despectivo, porque se burlaban de la idea que el Mesías viniera de tan humildes orígenes galileos (cp. Jn. 7:41, 52). Al referirse al pueblo natal de Jesús, el demonio se unió al desprecio de las multitudes incrédulas.

Al mismo tiempo, el espíritu maligno sabía exactamente quién era Jesús. En consecuencia, su desprecio está mezclado con terror. Al ser un miserable ángel caído, su respuesta fue de enemistad entreverada con temor. Llamó a Jesús **el Santo de Dios** porque estaba totalmente consciente de la autoridad divina del Señor. Este espíritu inmundo, un ser caracterizado por depravación total y maldad incurable, se encogió de miedo en la presencia de la virtud y santidad perfectas.

Los demonios sabían que "para esto apareció el Hijo de Dios, para deshacer las obras del diablo" (1 Jn. 3:8). Totalmente conscientes de que eran irredimibles, y de que algún día serán lanzados al lago de fuego (Mt. 25:41), temían que el momento de destrucción definitiva hubiera llegado. Más tarde en el ministerio de Jesús, otros demonios hicieron casi la misma pregunta: "¿Qué tienes con nosotros, Jesús, Hijo de Dios? ¿Has venido acá para atormentarnos antes de tiempo?" (Mt. 8:29). Los demonios reconocían exactamente quién era Jesús. Sabían que Él tenía total autoridad y poder para arrojarlos al castigo eterno el día del juicio señalado por Dios. Por eso en repetidas ocasiones respondieron con tal pánico y consternación (cp. Stg. 2:19).

La realidad inminente del juicio futuro explica la reacción del demonio ante Jesús ese día de reposo en Capernaúm. Como agente de Satanás, sin duda habría preferido permanecer sin ser detectado, oculto en las sombras de la religión hipócrita. En lugar de eso, abrumado por el terror y el pánico solo pudo descubrirse a sí mismo en un arrebato dramático.

LA AUTORIDAD DEL PODER DE JESÚS

Pero Jesús le reprendió, diciendo: ¡Cállate, y sal de él! Y el espíritu inmundo, sacudiéndole con violencia, y clamando a gran voz, salió de él. Y todos se asombraron, de tal manera que discutían entre sí, diciendo: ¿Qué es esto? ¿Qué nueva doctrina es esta, que con autoridad manda aun a los espíritus inmundos, y le obedecen? Y muy pronto se difundió su fama por toda la provincia alrededor de Galilea. (1:25-28)

Aunque el día escatológico del juicio eterno de Satanás y sus ángeles aún no ha llegado (cp. Ap. 20:10), a este demonio se le dio un anticipo de la autoridad absoluta de Cristo sobre él. Fue echado fuera por el mismo poder que un día lo arrojará al lago de fuego.

Sin inmutarse por las payasadas del demonio, **Jesús le reprendió.** Como el Rey divino poseía la autoridad inherente para ordenar a este ángel caído. No se necesitó diálogo, negociación o lucha. Los intentos de exorcismos en que participaban varias fórmulas y rituales eran comunes entre los judíos de la época del Nuevo Testamento, aunque sin éxito verdadero. No obstante, la tasa de éxito de Jesús fue perfecta. Nunca falló en expulsar a los demonios que enfrentó, ni confió en fórmulas o rituales especiales para hacerlo. Simplemente pronunció una orden y los demonios obedecieron.

El Señor delegó ese poder en sus apóstoles, quienes hicieron lo mismo (Lc. 9:1). Aparte de Jesús y los apóstoles, el Nuevo Testamento no presenta exorcismo como una práctica en la cual los creyentes deban participar. Es más, cuando personas distintas a los apóstoles trataron de usurpar ese tipo de autoridad, los resultados fueron desastrosos. Los siete hijos de Esceva aprendieron dolorosamente esa lección. Cuando trataron de echar fuera un espíritu maligno de un hombre por el poder de "Jesús, el que predica Pablo", se llevaron un chasco. Pues "respondiendo el espíritu malo, dijo: A Jesús conozco, y sé quién es Pablo; pero vosotros, ¿quiénes sois? Y el hombre en quien estaba el espíritu malo, saltando sobre ellos y dominándolos, pudo más que ellos, de tal manera que huyeron de aquella casa desnudos y heridos" (Hch. 19:13-16). En lugar de participar en exorcismos, los creyentes de hoy día están llamados a participar en la evangelización. Siempre que llevan el evangelio a no creyentes y estos ponen su fe en el Señor Jesucristo, el Espíritu Santo los limpia, establece allí su residencia, y los demonios son desalojados.

La reprensión de Jesús llegó en la forma de dos imperativos: **¡Cállate, y sal de él!** El demonio no tuvo otra alternativa que obedecer al instante. La primera orden lo acalló, la segunda lo echó fuera. A lo largo de su ministerio Jesús prohibió a los espíritus inmundos que atestiguaran acerca de Él (cp. Mr. 1:34). Aunque la identificación que hacían de Jesús era exacta, Él no necesitaba ninguna publicidad de parte de los agentes de Satanás. Tal como sucedió, los dirigentes religiosos lo acusaron de echar "fuera los demonios sino por Beelzebú, príncipe de los demonios" (Mt. 12:24). Permitir que los demonios siguieran hablando de Él solo habría apoyado las especulaciones burlonas de los fariseos. Por tanto, siempre que los demonios afirmaron la identidad de Jesús, Él los acalló (cp. Hch. 16:16-19).

El segundo mandato de Jesús, **sal de él,** dio como resultado la salida violenta del demonio. El espíritu prefería permanecer allí con el fin de mantener cautiva para el infierno el alma del individuo. No obstante, fue obligado a irse, de mala gana pero no en silencio. Así relata Marcos: **Y el espíritu inmundo, sacudiéndole con violencia, y clamando a gran voz, salió de él.** Con una última protesta dramática, haciendo que el cuerpo del hombre se convulsionara, el demonio dejó escapar un grito final mientras se iba.

La escena es un recordatorio de otro demonio que Jesús enfrentara más tarde en su ministerio, el día después de la transfiguración. Marcos relata esa experiencia en 9:25-27:

> *Y cuando Jesús vio que la multitud se agolpaba, reprendió al espíritu inmundo, diciéndole: Espíritu mudo y sordo, yo te mando, sal de él, y no entres más en él. Entonces el espíritu, clamando y sacudiéndole con violencia, salió; y él quedó como muerto, de modo que muchos decían: Está muerto. Pero Jesús, tomándole de la mano, le enderezó; y se levantó.*

Al igual que el espíritu inmundo descrito en Marcos 1:23, este demonio mostró su oposición rebelde a Cristo dándole una última sacudida violenta a su víctima. Pero solo se trató de un frenesí momentáneo. Como todo ángel caído, este no era rival para el poder soberano del Rey divino, y una vez que salió, el muchacho a quien había atormentado fue sanado. Aunque el hombre endemoniado en la sinagoga en Capernaúm fue atacado de igual modo con convulsiones, el demonio no le hizo daño. Así lo explica Lucas en el relato paralelo: "Entonces el demonio, derribándole en medio de ellos, salió de él, y no le hizo daño alguno" (Lc. 4:35).

Ni Marcos ni Lucas nos proporcionan información biográfica sobre el hombre que fue liberado. Pero la falta de detalles es intencional, pues el enfoque no está en él, sino en Aquel que lo liberó de la posesión demoníaca. Como corresponde, la atención se centra en el Hijo de Dios, quien volvió a mostrar en público su poder divino. Por su autoridad ordenó huir al demonio. Solamente el Rey divino tiene el poder necesario para terminar con la esclavitud de Satanás. Él puede destruir al diablo, desmantelar sus fuerzas y liberar almas cautivas.

El poder de Jesús era inconfundible, por lo que aquellos que se hallaban en la sinagoga, quienes ya habían sido maravillados por la enseñanza del Señor, **todos se asombraron** de la capacidad de Jesús para liberar a este endemoniado. No sabían cómo catalogar lo que acababan de presenciar, **de tal manera que discutían entre sí, diciendo: ¿Qué es esto? ¿Qué nueva doctrina es esta, que con autoridad manda aun a los espíritus inmundos, y le obedecen?** La multitud comenzó a cuchichear con entusiasmo acerca de lo que había ocurrido. Habían sido asombrados por la autoridad de la enseñanza, y luego quedaron igualmente impactados por el poder que Jesús ejerció sobre el espíritu inmundo. El debate no fue formal, sino más bien cháchara emocionada de asombro expresado por aquellos que estaban sorprendidos. Sin embargo, finalmente ese debate se polarizaría más. Aunque nadie podía negar la autoridad de Jesús sobre los demonios, los dirigentes religiosos comenzarían a cuestionar la fuente de esa autoridad (cp. Mt. 12:24).

Mientras tanto, las noticias acerca de Jesús comenzó a divulgarse. Según explica Marcos: **Y muy pronto se difundió su fama por toda la provincia alrededor de Galilea.** Este fue solo el principio. Marcos 1:39 informa que Jesús "predicaba en las sinagogas de ellos en toda Galilea, y echaba fuera los demonios". El Rey divino inició su ministerio público dando muestras de poder sobre espíritus malignos (cp. Mt. 9:33), algo nunca antes visto en Israel y el mundo. Él enseñaba como nadie más, y poseía y exteriorizaba un dinamismo que nadie más había visto jamás. Detrás de su poder estaba la autoridad de Jesús. Los demonios lo reconocían y estaban aterrados; las multitudes que lo veían quedaban admiradas. Los demonios creían en Él pero no podían ser salvos; las multitudes se negaban a creer en Él, y por consiguiente no serían salvas.

Una combinación de ambas respuestas es necesaria para la salvación. Los pecadores deben estar tanto aterrados como admirados: aterrados por un Juez de tal naturaleza y asombrados por un Salvador como Él. No basta con solo maravillarse ante Jesucristo. Él no se satisface con simple curiosidad, asombro o sorpresa. Cristo quiere pecadores que le teman como el Juez que es, y que luego acudan a Él como el Salvador.

Las personas que oyeron predicar a Jesús y que presenciaron su autoridad ese día de reposo en Capernaúm se quedaron sin excusas. Sin embargo, la población de esa ciudad finalmente le rechazó como su Señor y Salvador (Mt. 11:23; Lc. 10:15). Tal vez consideraron a Jesús un buen maestro, un idealista moral, o un activista social incomprendido. Ninguna de tales conclusiones era adecuada. Pudieron haberse quedado perplejos por Él en el momento, pero a menos que llegaran a aceptarlo con fe que salva (adorándole como el Hijo de Dios, confiando en Él como el Salvador del mundo, sometiéndose a Él como el Señor sobre todo) la perplejidad que sintieron al final no tendría ningún valor. Esta reacción no era mejor que el palpitante terror de los demonios. Así sucede con todos los que rechazan la verdadera persona y obra de Jesucristo.

Poder del reino

5

Al salir de la sinagoga, vinieron a casa de Simón y Andrés, con Jacobo y Juan. Y la suegra de Simón estaba acostada con fiebre; y en seguida le hablaron de ella. Entonces él se acercó, y la tomó de la mano y la levantó; e inmediatamente le dejó la fiebre, y ella les servía. Cuando llegó la noche, luego que el sol se puso, le trajeron todos los que tenían enfermedades, y a los endemoniados; y toda la ciudad se agolpó a la puerta. Y sanó a muchos que estaban enfermos de diversas enfermedades, y echó fuera muchos demonios; y no dejaba hablar a los demonios, porque le conocían. Levantándose muy de mañana, siendo aún muy oscuro, salió y se fue a un lugar desierto, y allí oraba. Y le buscó Simón, y los que con él estaban; y hallándole, le dijeron: Todos te buscan. Él les dijo: Vamos a los lugares vecinos, para que predique también allí; porque para esto he venido. Y predicaba en las sinagogas de ellos en toda Galilea, y echaba fuera los demonios. (1:29-39)

Vivimos en un mundo carcomido por la enfermedad, el sufrimiento y la muerte. No siempre fue así. Moisés explicó en Génesis 1:31 que después de la creación del universo, "vio Dios todo lo que había hecho, y he aquí que era bueno en gran manera". La creación no tenía mancha ni defecto, pues era un reflejo de Aquel que es perfecto y que le dio existencia con su palabra.

Cuando Adán y Eva desobedecieron a Dios, todo cambió. El pecado entró al mundo y trajo consigo enfermedad, decadencia y muerte. Toda la creación fue maldita (Gn. 3:17-19; Ro. 8:20), y Adán y Eva quedaron separados de Dios y desterrados del Edén. La enfermedad, el sufrimiento y la realidad de la muerte sirven como recordatorios dolorosos del hecho ineludible de que residimos en un planeta caído.

Ni siquiera todos los adelantos de la ciencia moderna pueden eliminar las plagas que nuestro mundo sufre. No obstante, hace dos mil años las condiciones estaban mucho peor. La tecnología médica era esencialmente inexistente, lo que significa que las personas languidecían bajo los efectos de la enfermedad y las lesiones.

Aunque Jesucristo vino para rescatar espiritualmente a pecadores que estaban muertos en sus transgresiones y que enfrentaban la ira de Dios (1 Ti. 1:15), prefirió demostrar ese poder para salvar, manifestando también su profundo amor y compasión por liberar al pueblo de sus enfermedades y demonios. La capacidad de liberar de Jesús también sirvió como una exhibición preliminar de las condiciones de su venidero reino terrenal, en el cual Satanás y sus demonios serán atados (Ap. 20:1-3), la maldición será mitigada, y sus efectos se reducirán en gran manera hasta que sean totalmente eliminados en la perfección justa del estado eterno en el cielo (Ap. 21:1—22:5).

El incidente relatado en Marcos 1:29-34 se llevó a cabo el mismo día de los acontecimientos narrados en los versículos 21-28, en que un hombre endemoniado fue liberado de manera espectacular en la sinagoga. Poco después Jesús y sus discípulos fueron a la casa de Pedro, donde Jesús demostró su autoridad sobre los efectos físicos del pecado. Los dos pasajes juntos resaltan la naturaleza sobrenatural del poder soberano de Jesús. Siempre que enfrentó a los demonios o a la enfermedad, estos huyeron ante su mandato. Ese tipo de dominio provee prueba innegable de la deidad de Jesús, corroborando la tesis de Marcos de que Jesús es el Rey mesiánico, el Hijo de Dios (1:1).

Como Salvador del mundo, el Mesías debía poder rescatar las almas tanto del pecado como de Satanás. Siendo la resurrección y la vida (Jn. 11:25), debía tener el poder sobre los efectos físicos y espirituales de la maldición. Al ser el Redentor debía poder redimir tanto el alma que estaba perdida como el cuerpo que estaba en decadencia (Ro. 8:23). Jesús demostró constantemente poder celestial necesario al expulsar demonios en varias ocasiones y sanar enfermedades, con el fin de mostrar dominio total sobre los reinos espiritual y físico, ambos devastados por el pecado. Por medio de estos milagros demostró que poseía el poder para impartir vida eterna a almas y cuerpos, haciéndolos aptos para la gloria resucitada en el cielo.

En esta sección (vv. 29-39) Jesús siguió evidenciando que era el divino y compasivo Hijo de Dios. El pasaje puede dividirse en tres secciones: La prueba de su persona (vv. 29-34), el poder de su acción (v. 35), y la prioridad de su misión (vv. 36-39).

LA PRUEBA DE SU PERSONA

Al salir de la sinagoga, vinieron a casa de Simón y Andrés, con Jacobo y Juan. Y la suegra de Simón estaba acostada con fiebre; y en seguida le hablaron de ella. Entonces él se acercó, y la tomó de la mano y la levantó; e inmediatamente le dejó la fiebre, y ella les servía. Cuando llegó la noche, luego que el sol se puso, le trajeron todos los que tenían enfermedades, y a los endemoniados; y toda la ciudad se agolpó a la puerta. Y sanó a muchos que estaban enfermos de diversas enfermedades, y echó fuera muchos demonios; y no dejaba hablar a los demonios, porque le conocían. (1:29-34)

Las reuniones en la **sinagoga** solían terminar al mediodía. Los primeros cuatro discípulos de Jesús, a quienes llamó solo poco tiempo antes (cp. Mr. 1:16-20), habrían asistido a la reunión de la sinagoga con Él y, junto con las multitudes se habrían asombrado por la predicación de Cristo (v. 22) y se habrían sorprendido por la autoridad de Cristo sobre el demonio al que enfrentó (v. 27). A medida que el bullicio se calmaba y se despedía a la gente, los cuatro ex pescadores salieron con Jesús **de la sinagoga,** sin duda hablando emocionados entre sí respecto a la espectacular liberación que acababan de presenciar.

Al salir de la sinagoga, vinieron a casa de Simón y Andrés, con Jacobo y Juan. Estos cuatro hombres habían estado en el negocio de la pesca en el lago de Galilea. No se trataba de rústicos ilusos, como a veces se les ha imaginado, sino de prósperos comerciantes que al parecer tenían una empresa bastante grande con sede en Capernaúm. El pescado era un alimento de primera necesidad en la antigüedad, y el mar de Galilea producía suficiente para exportar su producción a lo largo de toda esa región del mundo mediterráneo. Estos dos pares de hermanos habían abandonado las actividades terrenales para seguir a Jesús e ir tras el reino celestial (1:16-20). Aquella mañana en la sinagoga se les dio asientos en primera fila para observar la autoridad real de Jesús. Ese habría sido el tema de su conversación mientras caminaban.

Simón, también llamado Pedro (cp. Mt. 16:18; Jn. 1:42), y Andrés eran originarios de Betsaida, una ciudad en la orilla norte del lago de Galilea (cp. Jn. 1:44). Se habían reubicado en Capernaúm, sin duda por el interés del negocio. Primera de Corintios 9:5 indica que Simón Pedro estaba casado y que su esposa viajaba con él en sus viajes ministeriales posteriores. La tradición de la Iglesia sugiere además que Pedro y su esposa tenían al menos un hijo, aunque el Nuevo Testamento no dice nada al respecto.

En este momento, a inicios del ministerio de Jesús, Pedro vivía en Capernaúm con su familia extendida que incluía a su esposa e hijos, su suegra, su hermano Andrés, y la familia de este. Los arqueólogos han puesto al descubierto el sitio tradicional donde se ubicaba la casa de Pedro, solo a pocos pasos de las ruinas de la antigua sinagoga. Un comentarista la describe de este modo:

> A tiro de piedra de la sinagoga en Capernaúm se encuentra una estructura que puede identificarse razonablemente como la casa de Pedro. La edificación es parte de un complejo más grande en el que las puertas y ventanas dan a un patio interior y no hacia afuera a la calle. El patio, al que se accedía desde la calle por una puerta, era el centro de la vida de las viviendas alrededor, y contenía fogones, piedras de molino para el grano, prensas de mano, y escaleras hacia los techos de las viviendas. Estas estaban construidas de pesados muros de roca basáltica sobre los cuales se colocaba un techo plano de madera y paja (James R. Edwards,

The Gospel according to Mark, Pillar New Testament Commentary [Grand Rapids: Eerdmans, 2002], p. 59).

Al entrar en la residencia de Pedro, Jesús y sus discípulos se habrían encontrado en un gran patio rodeado por varias viviendas. Es evidente que Pedro era más que solo un trabajador no calificado con una caña de pescar. De modo significativo, las investigaciones arqueológicas han descubierto marcas devocionales escritas en la piedra y rayadas en el yeso. Los grabados indican que la casa de Pedro era un lugar inicial de reuniones para los cristianos, y más probablemente una iglesia que data de finales de siglo I o inicios del siglo II.

Como discípulos de Jesús y residentes de Capernaúm que vivían cerca de la sinagoga, habría sido natural para Pedro y Andrés invitar a Jesús a ir a la casa, junto con Jacobo y Juan, para la comida del mediodía. Pedro también tenía una motivación secundaria. Según lo explica Marcos, **la suegra de Simón estaba acostada con fiebre; y en seguida le hablaron de ella.** Lucas el médico provee el detalle añadido que se trataba una "gran fiebre" (Lc. 4:38), lo que sugiere que la condición estaba relacionada con una grave infección. Era evidente que la hija y el yerno estaban preocupados, hasta el punto que tan pronto como Jesús entró a la casa los familiares "le rogaron por ella" (Lc. 4:38). Después de haber visto en la sinagoga la demostración de poder de Jesús, y familiarizados con otros milagros que había realizado (cp. Lc. 4:23), apelaron a Él para que la sanara.

La fiebre era tan alta que la mujer se hallaba en cama, demasiado débil para levantarse y saludar a los invitados que habían llegado a casa. Las exigencias de la vida cotidiana en el siglo I no daban a la mayoría de personas el lujo de permanecer en cama solo por no sentirse bien. Aquello sería especialmente cierto cuando se tenían invitados. Es probable que la mujer estuviera muy enferma. Respondiendo con compasión, Jesús **se acercó** a ella mientras estaba acostada **y la tomó de la mano y la levantó.** La gravedad de la enfermedad fue irrelevante para Jesús, quien "reprendió a la fiebre" (Lc. 4:39), **e inmediatamente le dejó la fiebre.** Temprano esa mañana en la sinagoga, Jesús había reprendido a un espíritu inmundo, y el demonio salió. Ya sea en el reino espiritual o el físico, siempre que Jesús emitía una reprimenda los efectos eran inmediatos.

Al final del versículo 31, Marcos señala que después que la suegra de Pedro se levantó, **ella les servía.** La mujer estaba totalmente sana. Sus síntomas habían desaparecido. No hubo período de recuperación. En un momento había estado demasiado débil para hacer algo más que estar acostada, y al siguiente se hallaba de pie, llena de energía, y lista para ayudar a preparar la comida del día de reposo. Fue como si ella nunca hubiera estado enferma.

Los milagros de sanidad de Jesús, como este, están en marcado contraste con las supuestas sanidades de "curanderos" contemporáneos y tele-evangelistas carismáticos. El mundo siempre ha estado plagado de falsos curanderos que se aprovechan del sufrimiento físico de personas desesperadas, con el fin de sacarles dinero. A pesar de sus afirmaciones temerarias, los curanderos modernos no son más que estafadores espirituales. Quizás tengan la habilidad de manipular multitudes de personas susceptibles, pero no poseen el poder para curar realmente a nadie.

Las sanidades de Jesús no podían ser más diferentes de las falsificaciones contemporáneas. A diferencia de los curanderos, quienes supuestamente curan enfermedades invisibles, Jesús sanó personas con innegables enfermedades orgánicas y discapacidades físicas tales como sordera, ceguera, lepra y parálisis. En una ocasión Jesús volvió a unir una oreja cercenada de tal modo que quedó perfectamente restaurada (Lc. 22:50-51). Él llevó a cabo la más extrema forma de sanidad siempre que resucitaba a alguien de entre los muertos (Mr. 5:42; Lc. 7:14-15; Jn. 11:43-44).

Además, Jesús sanaba de manera instantánea y total, y quienes experimentaron su poder sanador no necesitaron tiempo para recuperarse. La suegra de Pedro es un excelente ejemplo de la inmediatez de las sanidades de Jesús. Ella no tuvo que esperar para sentirse mejor. El Señor no le dio instrucciones de que tomara las cosas con calma por algunas semanas para que su cuerpo se recuperara. La mujer pasó de languidecer en cama a actuar con todas sus fuerzas.

Con la finalidad de controlar la ilusión, los modernos curanderos de fe preseleccionan cuidadosamente a las personas que permiten en el escenario. Pero Jesús sanó de manera indiscriminada. Sanó a todos los que acudían a Él, sin importar la naturaleza de la enfermedad o condición. En el pasaje paralelo de Lucas 4:40, el evangelista explica que "al ponerse el sol, todos los que tenían enfermos de diversas enfermedades los traían a él; y él, poniendo las manos sobre cada uno de ellos, los sanaba". Como Lucas señala, Jesús ponía las manos "sobre cada uno de ellos", sanando a todos los que venían a Él. Las sanidades de Jesús no requerían la fe del participante, ya que la mayoría de individuos que sanó eran incrédulos. Aunque algunos de ellos llegaron a la fe como consecuencia de la sanidad, al igual que pasó con uno de los diez leprosos (Lc. 17:17-19), la mayoría no lo hizo, como fue el caso de los otros nueve.

Es importante observar que Jesús realizó sus milagros de sanidad a la vista del público, durante el curso normal de su ministerio diario mientras se movía a través de multitudes de personas de lugar en lugar. No requirió un ambiente altamente controlado con el fin de manipular las multitudes y las circunstancias. Al contrario, Él fue capaz de sanar de cualquier enfermedad a cualquier persona en cualquier momento y en cualquier lugar. No había categorías de malestares más allá de su poder. No en vano, cada vez que realizaba un milagro se extendía rápidamente la noticia por toda la ciudad o región donde estaba ministrando. La sanidad de la suegra de Pedro no fue la excepción. Desencadenó una respuesta en toda la ciudad.

Marcos describe lo que sucedió después: **Cuando llegó la noche, luego que el sol se puso, le trajeron todos los que tenían enfermedades, y a los endemoniados.** Al haber oído lo que sucedió, la gente decidió de inmediato ir a ver a Jesús. Tuvieron que esperar hasta después que **el sol se** pusiera porque la ley judía les prohibía cargar algo o alguien en el día de reposo. De acuerdo con el cálculo judío del tiempo, el día terminaba al atardecer (alrededor de las 6:00 de la tarde), cuando el cielo comenzaba a oscurecer y las primeras estrellas se hacían visibles. Una vez puesto el sol, los residentes de Capernaúm se apresuraron a llevar a sus amigos y parientes enfermos hasta Jesús. Es más, la multitud afuera de la casa de Pedro era tan grande que Marcos explica que **toda la ciudad se agolpó a la puerta.**

A pesar de la corriente constante de personas necesitadas (el tiempo imperfecto del verbo traducido **le trajeron** indica que seguían llegando sin cesar), Jesús con compasión infinita imponía las manos en cada una de ellas y las sanaba (Lc. 4:40). La declaración de Marcos, **sanó a muchos,** no sugiere que hubiera algunos que no sanaran. Más bien habla de la realidad de que sanó una gran cantidad de personas en esa ocasión. Muchas personas enfermas y sufrientes llegaron a verlo, y de las muchas que acudieron todas fueron sanadas (cp. Mt. 8:16).

A muchos que estaban enfermos de diversas enfermedades Jesús los sanó al instante y por completo. Otros estaban endemoniados, por lo que Cristo **echó fuera muchos demonios; y no dejaba hablar a los demonios, porque le conocían.** Jesús prohibió a los demonios que hablaran porque al parecer no quería que los agentes de Satanás confirmaran su identidad. El testimonio que daban de Él solo habría confundido el asunto. Esto es parecido a la experiencia de Pablo en Filipos, cuando una muchacha esclava endemoniada daba un testimonio afirmativo del apóstol.

> *Aconteció que mientras íbamos a la oración, nos salió al encuentro una muchacha que tenía espíritu de adivinación, la cual daba gran ganancia a sus amos, adivinando. Esta, siguiendo a Pablo y a nosotros, daba voces, diciendo: Estos hombres son siervos del Dios Altísimo, quienes os anuncian el camino de salvación. Y esto lo hacía por muchos días; mas desagradando a Pablo, éste se volvió y dijo al espíritu: Te mando en el nombre de Jesucristo, que salgas de ella. Y salió en aquella misma hora (Hch. 16:16-18).*

Pablo echó fuera al demonio para detener el engaño. Los demonios prefieren disfrazarse como ángeles de luz (cp. 2 Co. 11:14). En esta ocasión en Capernaúm, Jesús conocía las intenciones que tenían de confirmar su identidad, y los hizo callar. Ni el diablo mismo ni sus demonios pueden siquiera decir una palabra sin el permiso del Señor soberano.

Es de suponer que en esta ocasión fueron sanadas centenares de personas.

no fueron las únicas veces que oró; todo su ministerio se caracterizó por la comunicación continua con su Padre. Jesús oró antes de su bautismo (Lc. 3:21), antes de llamar a los doce (Lc. 6:12-13), antes de alimentar a las multitudes (Jn. 6:11), en su transfiguración (Lc. 9:28-29), antes de resucitar a Lázaro (Jn. 11:41-42), en el aposento alto (Mt. 26:26-27), en Getsemaní (Mt. 26:36-46), e incluso mientras colgaba en la cruz (Mt. 27:46). La unidad perfecta que existía entre Jesús y el Padre se resalta en Juan 17:1-26, donde se registra una extensa oración de Cristo. Él siempre oró porque se lograran todas esas cosas que estaban en la voluntad de Dios (cp. Mt. 26:39, 42), y enseñó a sus discípulos a hacer lo mismo (Mt. 6:10).

La vida de oración de Jesús era más que tan solo un modelo para que sus discípulos lo siguieran. Fue parte esencial de su obediencia y sumisión. En la encarnación, el Hijo de Dios dejó a un lado el uso independiente de sus atributos divinos (cp. Fil. 2:6-7). Él se humilló al encarnarse, confiando plenamente en el plan del Padre y en el poder del Espíritu. Por eso es que varias veces Jesús explicó que solo hacía lo que el Padre le había dicho que hiciera, y que incluso sus milagros los realizaba a través del poder del Espíritu Santo. En cada instante dependía por completo del Padre y del Espíritu. Confió en ellos a fin de obtener los medios para cumplir su misión. Jesús oraba debido a que siempre estuvo totalmente sometido y en dependencia.

LA PRIORIDAD DE SU MISIÓN

Y le buscó Simón, y los que con él estaban; y hallándole, le dijeron: Todos te buscan. Él les dijo: Vamos a los lugares vecinos, para que predique también allí; porque para esto he venido. Y predicaba en las sinagogas de ellos en toda Galilea, y echaba fuera los demonios. (1:36-39)

Simón Pedro despertó a la mañana siguiente y se dio cuenta de que Jesús se había ido. Al parecer, mucha gente se había vuelto a reunir cerca de la casa de Pedro, con la esperanza de que Jesús continuara su ministerio de sanidad de la jornada anterior. Cuando se enteraron que Él no estaba allí, las personas comenzaron a buscarlo (cp. Lc. 4:42). Pedro **y los que con él estaban** (tal vez Andrés, Jacobo y Juan entre ellos) se unieron a la búsqueda. Por fin, **hallándole, le dijeron: Todos te buscan.** Muchos de los habitantes de Capernaúm se unieron a la búsqueda para localizar a Jesús (Lc. 4:42). Sin embargo, al igual que las multitudes que esperaban un desayuno gratis la mañana siguiente en que Jesús alimentó a miles (cp. Jn. 6:24-26), y tantas otras (cp. Jn. 2:24-25), estas personas no tenían nada más que un interés personal superficial en Jesucristo.

Jesús había venido a predicar las buenas nuevas de su reino venidero (cp. Mr. 1:14-15). Su propósito final no era liberar personas de enfermedades temporales, sino salvarlas del pecado y del castigo eterno. Suplir las necesidades físicas de la gente fue una demostración de compasión y poder de lo alto, pero Él vino a redimir pecadores. Con eso en mente, era hora de ir y predicar el evangelio en pueblos y regiones de los alrededores. Jesús respondió a Pedro y los otros discípulos en una manera que quizás los sorprendió. En lugar de aprovechar su recién adquirida popularidad en Capernaúm, Jesús decidió irse. **Él les dijo: Vamos a los lugares vecinos, para que predique también allí; porque para esto he venido.** Aunque de manera compasiva sanó a los enfermos y alimentó a los hambrientos, Jesús definió su misión en estas palabras: "No he venido a llamar a justos, sino a pecadores al arrepentimiento" (Lc. 5:32). En otra ocasión, de igual modo manifestó a sus oyentes: "El Hijo del Hombre vino a buscar y a salvar lo que se había perdido" (Lc. 19:10). El Señor buscó pecadores perdidos y los llamó al arrepentimiento a través de la predicación del evangelio. Marcos explicó anteriormente: "Jesús vino a Galilea predicando el evangelio del reino de Dios, diciendo: El tiempo se ha cumplido, y el reino de Dios se ha acercado; arrepentíos, y creed en el evangelio" (1:14-15). Los milagros de Jesús validaron su mensaje del evangelio, pero estos mismos milagros no pudieron salvar a nadie. La salvación llegó solo cuando la gente respondió en fe con arrepentimiento a la predicación del evangelio.

En consonancia con esa prioridad, Jesús decidió no volver a Capernaúm ese día. Más bien, **predicaba en las sinagogas de ellos en toda Galilea, y echaba fuera los demonios** (v. 39). En ese solo versículo Marcos resume semanas, si no meses, en que Jesús seguía haciendo exactamente lo que había hecho en Capernaúm: predicar las buenas nuevas y doblegar a los demonios. De esta manera Jesús validó su identidad como el Rey mesiánico, al mismo tiempo que proclamaba que la salvación solo se puede encontrar por medio de la fe en su nombre (cp. Hch. 4:12). Cuando enseñaba en las sinagogas de Galilea, su énfasis estaba en la proclamación del evangelio. El apóstol Pablo expresaría más tarde la importancia de tal predicación en Romanos 10:13-15:

> *Porque todo aquel que invocare el nombre del Señor, será salvo. ¿Cómo, pues, invocarán a aquel en el cual no han creído? ¿Y cómo creerán en aquel de quien no han oído? ¿Y cómo oirán sin haber quien les predique? ¿Y cómo predicarán si no fueren enviados? Como está escrito: ¡Cuán hermosos son los pies de los que anuncian la paz, de los que anuncian buenas nuevas!*

En esta sección (1:29-39), Marcos reúne concisamente tres elementos del ministerio terrenal de Jesús. La prueba de su reinado divino estaba en sus milagros. El poder que sustentó su ministerio venía de su vida de oración, al mismo tiempo que se sometía al Padre y dependía del Espíritu. La prioridad de su ministerio era predicar el evangelio a los perdidos, para que a través de Él pudieran tener vida eterna.

El Señor y el leproso 6

Vino a él un leproso, rogándole; e hincada la rodilla, le dijo: Si quieres, puedes limpiarme. Y Jesús, teniendo misericordia de él, extendió la mano y le tocó, y le dijo: Quiero, sé limpio. Y así que él hubo hablado, al instante la lepra se fue de aquél, y quedó limpio. Entonces le encargó rigurosamente, y le despidió luego, y le dijo: Mira, no digas a nadie nada, sino ve, muéstrate al sacerdote, y ofrece por tu purificación lo que Moisés mandó, para testimonio a ellos. Pero ido él, comenzó a publicarlo mucho y a divulgar el hecho, de manera que ya Jesús no podía entrar abiertamente en la ciudad, sino que se quedaba fuera en los lugares desiertos; y venían a él de todas partes. (1:40-45)

Los evangelios no dejan constancia ni siquiera de forma aproximada de todo milagro de sanidad que Jesús realizó. Juan sugiere que ese registro completo sería imposible. Así lo explicó al final de su evangelio: "Hay también otras muchas cosas que hizo Jesús, las cuales si se escribieran una por una, pienso que ni aun en el mundo cabrían los libros que se habrían de escribir" (Jn. 21:25; cp. 20:30). La extensión del ministerio de sanidad de Cristo tal vez se capta mejor en las palabras de Lucas 6:19: "Y *toda la gente procuraba tocarle,* porque poder salía de él y *sanaba a todos*" (cursivas añadidas). Solo en ese día Jesús curó a todos los que acudieron a Él, lo que quiere decir que sus milagros de sanidad probablemente ascendieron a centenares o incluso miles. Los escritores de los evangelios proporcionan solo un ejemplo de las señales sobrenaturales que Jesús realizó.

Según se indicó en los capítulos anteriores de este volumen, el propósito de los milagros de Jesús fue validar el hecho de que Él realmente es quien afirmaba ser: el Rey mesiánico, el Hijo de Dios y el Salvador del mundo. Cada milagro, desde caminar sobre el agua hasta expulsar demonios y sanar enfermos, demostró su autoridad sobrenatural, ya sea sobre la naturaleza, Satanás, la enfermedad, o el pecado y la muerte. Sus milagros certifican la autenticidad de su afirmación y su mensaje. La prioridad en su ministerio no fue realizar milagros, sino predicar el evangelio (Mr. 1:38). Jesús vino a llamar a pecadores al arrepentimiento y a la fe que salva (1:15).

Mientras Jesús viajaba de un lugar a otro predicando el evangelio del reino, validaba esa predicación con innumerables muestras de poder divino. La esfera de su ministerio de realizar milagros fue tan extensa que básicamente desterró la enfermedad y la posesión demoníaca de la tierra de Israel durante los tres años y medio de su ministerio público (cp. Mt. 4:23-24; 8:16-17; 9:35; 14:14; 15:30; 19:2; 21:14). Lo que ocurrió fue un desencadenamiento masivo de poder divino sin paralelo en la historia. Esto hizo que los dirigentes judíos prestaran atención.

De manera significativa, aunque dichos líderes nunca negaron alguno de los milagros de Jesús, trataron de cambiar el origen del poder del Maestro de Dios al diablo. En vez de reconocer que Él estaba operando por medio del poder del Espíritu Santo, abiertamente lo acusaron de estar facultado por Satanás (Mt. 12:24). Esa no solo fue una acusación ridícula dado el perfecto carácter y la conducta sin pecado del Señor, sino que era irracional, ya que Él estaba continuamente echando fuera los demonios de Satanás. Jesús puso al descubierto la ceguera irrazonable de estos líderes por medio del simple axioma en Mateo 12:25-26: "Todo reino dividido contra sí mismo, es asolado, y toda ciudad o casa dividida contra sí misma, no permanecerá. Y si Satanás echa fuera a Satanás, contra sí mismo está dividido; ¿cómo, pues, permanecerá su reino?". No había excusa válida para negarse a creer el mensaje de Cristo (cp. Jn. 10:38; 14:31). El rechazo de los fariseos y saduceos no se debía a una falta de evidencia, sino solo al corazón endurecido que tenían. Con cada milagro que rechazaban, sus corazones se encallecían más y se hacían más culpables. Al final, ellos se negaron a creer a pesar de la abrumadora prueba de la resurrección de Jesús.

Dada la extensión del ministerio de sanidad de Jesús, es probable que sanara a muchos leprosos (cp. Mt. 11:5; Lc. 7:22). No obstante, los evangelios del Nuevo Testamento detallan solo dos ocasiones específicas en que leprosos fueron milagrosamente restaurados por Jesús. Este pasaje narra uno de esos casos (Mr. 1:40-45; cp. Mt. 8:1-4; Lc. 5:12-16). El otro involucró a diez leprosos, todos los cuales recibieron sanidad, pero solo uno de ellos regresó para dar las gracias (Lc. 17:12-19). Los evangelios también mencionan a un hombre llamado Simón el leproso (Mt. 26:6; Mr. 14:3), quien pudo haber sido curado por Jesús, aunque los evangelios no establecen explícitamente esa relación. Sin embargo, Marcos 1:40-45 debería verse como una de las muchas ocasiones en que Jesús encontró leprosos y los curó de su debilitante y aislante enfermedad.

No obstante, ¿qué hace que sea tan importante este relato que tres escritores de los evangelios lo escogieron para incluirlo en sus narraciones de la vida y el ministerio de Jesús? Parte de la respuesta a esa pregunta se encuentra en el efecto que esta sanidad tuvo en el ministerio público de Jesús. Como resultado de este milagro particular, su popularidad se disparó tanto que Él "no podía entrar abiertamente en la ciudad, sino que se quedaba fuera en los lugares desiertos" (Mr. 1:45; cp. Lc. 5:15). Pero existe otra razón para que este relato sea tan importante: sirve como una analogía poderosa de la verdad de la salvación, ilustrando la restauración espiritual que los pecadores experimentan cuando responden en fe al evangelio. Por otra parte, el leproso era un marginado a quien se le obligaba a permanecer en lugares aislados. No obstante, se aventuró a entrar a la ciudad, se encontró con Jesús, y fue sanado milagrosamente. Por otra parte, Jesús, quien al principio se hallaba en la ciudad, debió trasladarse a lugares aislados después de sanar al leproso. A fin de curar a este hombre de su lepra, el Señor debió cambiar lugares con él. El Salvador estuvo dispuesto a convertirse en un marginado para que un leproso paria, el máximo marginado, pudiera ser rescatado y restaurado. Eso representa la realidad del evangelio: Jesús cambió de lugar con los pecadores a fin de liberarlos del pecado. En la cruz, fuera de la ciudad, fue tratado como un marginado para que quienes estaban de verdad marginados pudieran reconciliarse con Dios y ser aceptados como ciudadanos de la ciudad celestial del Señor.

El pasaje se divide fácilmente en tres características importantes: la situación del leproso (v. 40), la provisión del Señor (vv. 41-44) y la situación del Señor (v. 45).

LA SITUACIÓN DEL LEPROSO

Vino a él un leproso, rogándole; e hincada la rodilla, le dijo: Si quieres, puedes limpiarme. (1:40)

Marcos no ofrece detalles acerca del hombre que **vino a** Jesús, excepto para explicar que se trataba de **un leproso.** Lucas agrega que él estaba "lleno de lepra" (Lc. 5:12). Como tal, su condición habría sido evidente para cualquiera que lo viera, convirtiéndole en un paria en el antiguo Israel. La palabra "lepra" se deriva de la expresión griega *lepros* ("escama") y se refiere al aspecto escamoso de la piel de un leproso.

En el antiguo Cercano Oriente, varias afecciones de la piel podrían haber dado a la piel un aspecto escamoso (desde inflamaciones crónicas como el eczema hasta infecciones por hongos en el cuero cabelludo). La palabra hebrea *tzaraath* (generalmente traducida como "lepra" en el Antiguo Testamento) es bastante amplia como para abarcar varios tipos de enfermedades de la piel, algunas más graves que otras. Pero es probable que el tipo más serio de lepra en los tiempos bíblicos consistiera en lo que hoy día se conoce como enfermedad de Hansen, una devastadora infección bacteriana que desfiguraba la apariencia de la persona y le debilitaba su sistema nervioso, lo que a menudo conducía a la muerte.

Historiadores médicos creen que la enfermedad de Hansen pudo haberse originado en Egipto, ya que la bacteria que la causa se ha descubierto en al menos una momia egipcia. Era una de las enfermedades más temidas en el mundo antiguo, y una infección contagiosa que podía propagarse tanto a través del aire como por contacto físico. Incluso hoy día no existe cura para la enfermedad, aunque se puede controlar con medicamentos. Los síntomas incluyen hinchazones esponjosas y tumorales que aparecen en el rostro y el cuerpo. Cuando la bacteria se vuelve sistémica empieza a afectar los órganos internos, al mismo tiempo que hace que los huesos comiencen a deteriorarse. Esta enfermedad también debilita el sistema inmunológico de la víctima, lo que hace sensibles a los leprosos a otras enfermedades como la tuberculosis.

El Señor dio instrucciones específicas y regulaciones estrictas con relación a la lepra a fin de proteger a su pueblo elegido (cp. Lv. 13). Cualquier persona sospechosa de tener la enfermedad tenía que ser examinada por un sacerdote. Si la condición parecía más que un problema superficial de la piel, se ponía a la víctima en cuarentena durante siete días. Si los síntomas empeoraban, se requería otra semana de aislamiento. Después de catorce días el sacerdote dictaminaría si la persona era pura o impura, dependiendo de si la erupción había seguido extendiéndose o no. En algunos casos, los síntomas eran tan obvios que no se requería un tiempo de espera, y a la persona se le declaraba impura. Levítico 13:12-17 también describe una forma menos grave de lepra que hace que toda la piel se vuelva blanca. En tales casos, la persona era declarada limpia después que la condición ya no fuera contagiosa. Esta forma menor de lepra probablemente consistía de psoriasis, eczema, vitíligo, lepra tuberculoide o quizás una enfermedad conocida ahora como albinismo en placas. Pero cuando a un individuo se le diagnosticaba la forma grave de lepra (es decir, la enfermedad de Hansen), las consecuencias eran inmediatas y severas.

Según Levítico 13:45-46, los leprosos debían aislarse de la sociedad:

> *Y el leproso en quien hubiere llaga llevará vestidos rasgados y su cabeza descubierta, y embozado pregonará: ¡Inmundo! ¡Inmundo! Todo el tiempo que la llaga estuviere en él, será inmundo; estará impuro, y habitará solo; fuera del campamento será su morada.*

Con el fin de evitar que contagiaran a otros, a los leprosos se los ponía en cuarentena, y legalmente se les prohibía vivir en cualquier comuna judía (cp. Nm. 5:2). Según el Talmud, lo más cerca que un leproso podía estar de alguien que no tuviera la enfermedad era dos metros. En días de mucho viento, la distancia se extendía a cincuenta metros. El exilio obligatorio hacía de la condición algo particularmente grave para quienes contraían lepra, porque agravaba el sufrimiento físico con el aislamiento social de todos, menos de otros leprosos.

Según los expertos médicos que han estudiado casos modernos de la enfermedad de Hansen, la lepra por lo general empieza con dolor y es seguida por entumecimiento a medida que el mal ataca progresivamente el sistema nervioso.

La piel en esas superficies pierde su color, volviéndose escamosa y gruesa, y con el tiempo se convierte en llagas. Los efectos son especialmente notables en el rostro, donde las cejas y las pestañas se caen mientras la piel se hincha y se frunce, en particular alrededor de los ojos y los oídos. La enfermedad también hace que las partes afectadas se infecten hasta emitir un olor fétido, por lo que la lepra es repulsiva tanto a la vista como al olfato (cp. William Hendriksen, *The Exposition of the Gospel according to Matthew,* New Testament Commentary [Grand Rapids: Baker, 1973], p. 388). No es de extrañar que esta fuera una de las enfermedades más temidas del mundo antiguo.

Puesto que la lepra entumece a sus víctimas, incapacitándolas para sentir dolor, quienes la poseen destruyen sin querer sus propios tejidos porque no pueden sentir el daño que se están haciendo. Así lo explica un autor:

> La cualidad adormecedora de la enfermedad de Hansen es precisamente la razón de que ocurra tan fabulosa destrucción y descomposición del tejido. Durante miles de años se pensó que este mal causaba las úlceras en manos, pies y cara que finalmente lleva a la putrefacción de la carne y pérdida de extremidades... [Por medio de la investigación médica moderna] se ha establecido que en el 99% de los casos este mal solo entumece las extremidades. La destrucción continúa únicamente porque desaparece el sistema de alerta del dolor.
>
> ¿Cómo sucede este decaimiento? En pueblos de África y Asia se ha sabido que alguien con la enfermedad de Hansen toca directamente carbón encendido para recuperar una papa caída. Nada en su cuerpo le dijo que no hiciera eso. Pacientes en el hospital Brand en India trabajarían todo el día con una pala que tuviera un clavo sobresaliente, apagarían con sus propias manos una mecha ardiente, o caminarían sobre vidrio quebrado... Las rutinas diarias de la vida hieren las manos y los pies de los pacientes de esta enfermedad, sin que ningún sistema de advertencia les alertara. Si un tobillo se disloca, desgarrando tendón y músculo, la víctima se adaptaría y caminaría con cojera. Si una rata le roe un dedo durante la noche, el enfermo no se daría cuenta de que lo habría perdido hasta la mañana siguiente (Philip Yancey, *Where Are You God When It Hurts?* [Grand Rapids: Zondervan, 1977], pp. 32-34).

Los leprosos no solo se encontraban físicamente desfigurados y socialmente rechazados, también estaban religiosamente contaminados. No podían ir al templo a adorar u ofrecer sacrificios. Ni siquiera se les permitía entrar a Jerusalén o a cualquier otra ciudad amurallada (cp. 2 R. 7:3). Aislados de todo y de todos, vivían sin familia, amigos, ocupaciones o esperanza. Su lastimosa condición era permanente, ya que no había cura en el mundo antiguo.

Ante los estigmas unidos a la lepra, el hecho de que este **leproso** acudiera a Jesús en un ambiente público habría sido aterrador para todos los que estaban allí. Motivado por la desesperación, y violando todas las normas necesarias de exclusión, el hombre se acercó al Gran Médico, **rogándole** e hincando **la rodilla.** Sus acciones habrían sido socialmente inaceptables, pero su actitud hacia Jesús fue tanto respetuosa como de reverencia (cp. Mt. 8:2). Lucas 5:12 indica que "se postró con el rostro en tierra". El hombre se tendió en tierra en adoración humilde delante de Jesús. Reconociendo su propia indignidad, el leproso llamó "Señor" a Jesús (Lc. 5:12), y confió en la soberana prerrogativa y el conocido poder del Salvador, y **le dijo: Si quieres, puedes limpiarme.**

El leproso se veía no solo como un ser despreciado por los hombres, sino también maldito por Dios (cp. 2 Cr. 26:17-21). Debido a que la teología común afirmaba que la enfermedad era consecuencia del pecado, sin duda este leproso se consideraba pecador. Por tanto, en medio de su desesperación llegó hasta Jesús para rogarle liberación. Sabía que no podía abusar de la misericordia de Jesús, de ahí el preámbulo: **Si quieres.** Sin embargo, su petición también irradiaba una fe basada en lo que sabía que Jesús había hecho. No tenía dudas en cuanto al poder de Jesús, así que con confianza declaró: **puedes limpiarme.**

Solo podemos imaginar la reacción de las personas al ver desarrollarse la dramática escena. El horror mezclado con indignación debió haberse extendido entre la multitud de curiosos. Algunos probablemente retrocedieron aterrados, cubriéndose la boca mientras se retiraban a toda prisa. Otros quizás miraron alrededor buscando piedras y palos para ahuyentar al indeseable marginado. Algunos otros seguramente se quedaron observando en silencio, preguntándose cómo reaccionaría Jesús.

LA PROVISIÓN DEL SEÑOR

Y Jesús, teniendo misericordia de él, extendió la mano y le tocó, y le dijo: Quiero, sé limpio. Y así que él hubo hablado, al instante la lepra se fue de aquél, y quedó limpio. Entonces le encargó rigurosamente, y le despidió luego, y le dijo: Mira, no digas a nadie nada, sino ve, muéstrate al sacerdote, y ofrece por tu purificación lo que Moisés mandó, para testimonio a ellos. (1:41-44)

Desde la perspectiva del judaísmo del siglo I, Jesús tenía todo el derecho a estar disgustado por el comportamiento del leproso. El hombre había hecho caso omiso a la salud pública y a las normas sociales, e incluso a estipulaciones de la ley mosaica. Pero el Señor no se enojó. Al contrario, tuvo **misericordia.** Simpatizó con la difícil situación del leproso, sintió la agonía del aislamiento y la angustia, y se apesadumbró por los efectos del pecado en este mundo (cp. Jn. 11:34). Motivado por genuina compasión, Jesús **extendió la mano y le tocó.** Desde que a este hombre le diagnosticaran lepra, nadie lo habría tocado. No obstante aquí, en un momento de vulnerabilidad total, mientras el leproso yacía en tierra suplicando liberación, el mismo Hijo de Dios extendió la mano y lo sanó con un toque.

En Levítico 5:3 la ley mosaica incluía una regulación que prohibía a los judíos contaminarse tocando algo o alguien que fuera inmundo, incluso un leproso. Pero a Jesús nada podía contaminarlo. Sin duda alguna pudo haber curado al hombre con una simple palabra. El Señor quería resaltar algo que dejaría una impresión duradera. La infinita compasión de Cristo fue dramáticamente ilustrada en esa profunda acción de bondad. Su amor fue tal que estuvo dispuesto a tocar a quienes nadie más ni siquiera se les habría acercado. Tocó a este excluido social **y le dijo: Quiero, sé limpio.**

La curación fue instantánea. **Y así que él hubo hablado, al instante la lepra se fue de aquél, y quedó limpio.** No hubo período de recuperación o rehabilitación. El que había llegado desfigurado, profanado y despreciado fue al instante transformado en un hombre lleno de salud, totalmente sano, y listo para ser restaurado a la sociedad. Sus llagas habían desaparecido. Sus miembros habían sanado. Su piel se veía como nueva. Su rostro estaba terso y sin cicatrices. Incluso en una era de maravillas médicas modernas, nada puede compararse a este tipo de curación milagrosa. Aunque los avances médicos han hecho posible controlar los síntomas de la lepra, no pueden curar la enfermedad ni revertir sus efectos. Jesús pudo hacerlo y lo hizo instantáneamente.

El antes leproso no solo fue curado totalmente de la enfermedad, sino que estaba en buena forma física. Si tenemos en cuenta que la lepra le había atormentado todo el cuerpo, daños de consideración debieron haber resultado, no solo a su apariencia externa, sino también interiormente. Sin embargo, cuando Jesús lo sanó, el hombre fue restaurado por completo. Que su recuperación fuera inmediata es evidente porque Jesús le dio instrucciones de ir a Jerusalén (aproximadamente a ciento sesenta kilómetros a pie) para que fuera declarado limpio por parte del sacerdote.

Jesús siguió su obra sanadora con instrucciones específicas. **Entonces le encargó rigurosamente, y le despidió luego, y le dijo: Mira, no digas a nadie nada, sino ve, muéstrate al sacerdote, y ofrece por tu purificación lo que Moisés mandó, para testimonio a ellos.** La prueba de la verdadera fe siempre es la obediencia, así que tan pronto como Jesús sanó a este hombre, Cristo le ofreció estas dos estipulaciones específicas a seguir. Primera, Jesús **le encargó rigurosamente** con estas palabras: **Mira, no digas a nadie nada.** Esta no fue una sugerencia, sino una orden. Es probable que Jesús emitiera advertencias como esta (cp. Mr. 5:43; 7:36; 8:26) para tratar de no añadir más leña al fuego de la histeria mesiánica que ya habían provocado sus milagros de sanidad (cp. Jn. 6:14-15).

Segunda, Jesús **le despidió** y le dijo: **ve, muéstrate al sacerdote, y ofrece por tu purificación lo que Moisés mandó, para testimonio a ellos.** Antes de asumir de nuevo su lugar en la sociedad, este hombre debía cumplir los requisitos de la ley mosaica en relación con las enfermedades contagiosas de la piel que se describen en Levítico 14. La fórmula requería llevar dos avecillas y matar una de ellas en una vasija de barro sobre aguas corrientes. La otra avecilla, junto con la madera de cedro, una cuerda de grana, y el hisopo, se sumergían entonces en la sangre del ave que habían matado. El antes leproso era rociado siete veces y declarado limpio por el sacerdote, y la avecilla viva era puesta en libertad en un campo abierto. A la persona se le exigía posteriormente lavar su ropa, afeitarse el cabello y las cejas, y bañarse en agua. Después de permanecer fuera de su tienda por siete días, al octavo debía llevar ofrendas apropiadas al sacerdote. Entonces, al ofrecer los sacrificios necesarios sería ungido con aceite por el sacerdote, lo que significaba que estaba limpio.

La declaración final de Jesús, en cuanto a que esto sería un **testimonio a ellos,** estaba principalmente dirigida a los sacerdotes que servían en el templo. Todos los sacerdotes implicados en declarar limpio a este exleproso se habrían confrontado con la realidad del innegable poder sanador de Cristo. Si bien ellos mismos podrían haber visto curadas algunas enfermedades de la piel, y habrían estado familiarizados con tal ritual requerido, esta demostración del milagroso poder de Jesús sería sorprendente para los sacerdotes. Por tanto, dicha curación en Galilea habría servido como un poderoso testimonio en Jerusalén. Las palabras de Jesús también sirvieron como testimonio para todos los espectadores de que Él no desatendía los requerimientos del Antiguo Testamento. Aunque detestaba la hipocresía farisaica de la religión cargada de tradición, Jesús siempre respaldó el Antiguo Testamento.

LA SITUACIÓN DEL SEÑOR

Pero ido él, comenzó a publicarlo mucho y a divulgar el hecho, de manera que ya Jesús no podía entrar abiertamente en la ciudad, sino que se quedaba fuera en los lugares desiertos; y venían a él de todas partes. (1:45)

Aunque la orden del Señor había sido clara e inequívoca, el exleproso demostró ser desobediente. A pesar de que había demostrado humildad y sumisión a Cristo al hacer su solicitud de curación, en medio de esta eufórica emoción **comenzó a publicarlo mucho y a divulgar el hecho.** Esto fue precisamente lo opuesto a lo que Jesús le había ordenado que hiciera.

Antes de ser curado, el leproso era un extraño obligado a vivir en lugares aislados de los centros de población de Israel. Ahora, por su desobediencia, el antiguo paria puso a Aquel que lo había sanado en una situación un tanto similar. Por su testimonio público de lo que le había acaecido, el hombre curado añadió frenesí a la multitud que rodeaba a Cristo **de manera que ya Jesús no**

podía entrar abiertamente en la ciudad, sino que se quedaba fuera en los lugares desiertos.

Josefo, un historiador judío del siglo I, informó que había unos 240 pueblos y ciudades en Galilea. Jesús había querido ir a todos ellos para predicar el evangelio (Mr. 1:38-39). La respuesta cada vez más abrumadora de la gente hizo eso imposible. Las multitudes se habían vuelto tan grandes y demandantes que Jesús no podía entrar públicamente a una población.

En consecuencia, el Señor comenzó a ministrar en **lugares desiertos,** ya sea en regiones deshabitadas o en la orilla del mar de Galilea. Siempre que se aventuraba a entrar otra vez en lugares como Capernaúm, las tremendas multitudes estaban esperando (Mr. 2:2) y Él se veía obligado a retirarse a zonas menos pobladas (2:13). Jesús estaba muy consciente de que su popularidad era resultado de deseos y expectativas superficiales y temporales (cp. Jn. 2:24-25). Las multitudes se entusiasmaban con las curaciones y los milagros que Jesús hacía, pero no estaban muy interesadas en el mensaje del evangelio (cp. Jn. 6:66), una realidad que finalmente culminaría en su crucifixión, ya que se volvieron contra Él en una manera mortal a pesar de sus milagros.

Incluso cuando Jesús permanecía lejos de las ciudades y los pueblos de Galilea, la gente no se quedaba lejos de Él. Es más, **venían a él de todas partes.** Aunque permaneciera en el desierto, las exigentes multitudes lo buscaban y lo seguían adondequiera que iba. Según Marcos registra más tarde en su evangelio, "Jesús se retiró al mar con sus discípulos, y le siguió gran multitud de Galilea. Y de Judea, de Jerusalén, de Idumea, del otro lado del Jordán, y de los alrededores de Tiro y de Sidón, oyendo cuán grandes cosas hacía, grandes multitudes vinieron a él" (Mr. 3:7-8).

Antes de dejar este pasaje, es de gran importancia tener en cuenta la relación de Jesús con el hombre a quien sanó. El leproso empezó en el desierto en aislamiento. Después del encuentro con Jesús, podía entremezclarse libremente en la ciudad. A la inversa, Jesús comenzó en la ciudad y, después de encontrarse con el leproso, debió irse al aislamiento del desierto. En ese sentido, Jesús tomó el lugar del leproso. Así lo explica un comentarista:

> Marcos empezó este relato con Jesús en el interior y el leproso en el exterior. Al final de la historia, Jesús "se quedaba fuera en los lugares desiertos". Jesús y el leproso habían intercambiado lugares. A inicios de su ministerio, Jesús ya es un forastero en la sociedad humana. Marcos lo pone en el papel de Siervo del Señor que lleva las iniquidades de otros (Is. 53:11) y que, por el comportamiento de ellos, Él llega a ser "contado con los pecadores" (Is. 53:12) (James R. Edwards, *The Gospel according to Mark,* Pillar New Testament Commentary [Grand Rapids: Eerdmans, 2002], p. 72).

El relato del leproso provee de este modo una maravillosa metáfora de lo que Jesús hizo en la cruz. Como pecadores, los creyentes fueron una vez leprosos espirituales que vivían en enemistad y aislamiento de Dios. Dios proveyó un camino de salvación por medio de su Hijo, Jesucristo. A fin de lograr ese plan de redención, el Hijo dejó la presencia de Dios y fue al aislamiento. En la cruz, Jesús fue abandonado. Fue rechazado por los hombres e incluso fue abandonado por el Padre (Mt. 27:46). Sin embargo, debido a que fue tratado como un extraño, los creyentes han sido aceptados y recibidos en la presencia de Dios.

Fue a causa de la desobediencia de la humanidad que Jesús padeció. No obstante, para aquellos que han llegado a Él en fe humilde, reconociendo su propia indignidad y pidiendo misericordia, Él ofrece limpieza total. Para el leproso espiritual que clama en fe: "Si quieres, puedes limpiarme" (Mr. 1:40), la misericordiosa respuesta del Señor siempre es la misma: "Quiero, sé limpio" (v. 41).

Autoridad de Jesús para perdonar el pecado

7

Entró Jesús otra vez en Capernaum después de algunos días; y se oyó que estaba en casa. E inmediatamente se juntaron muchos, de manera que ya no cabían ni aun a la puerta; y les predicaba la palabra. Entonces vinieron a él unos trayendo un paralítico, que era cargado por cuatro. Y como no podían acercarse a él a causa de la multitud, descubrieron el techo de donde estaba, y haciendo una abertura, bajaron el lecho en que yacía el paralítico. Al ver Jesús la fe de ellos, dijo al paralítico: Hijo, tus pecados te son perdonados. Estaban allí sentados algunos de los escribas, los cuales cavilaban en sus corazones: ¿Por qué habla éste así? Blasfemias dice. ¿Quién puede perdonar pecados, sino sólo Dios? Y conociendo luego Jesús en su espíritu que cavilaban de esta manera dentro de sí mismos, les dijo: ¿Por qué caviláis así en vuestros corazones? ¿Qué es más fácil, decir al paralítico: Tus pecados te son perdonados, o decirle: Levántate, toma tu lecho y anda? Pues para que sepáis que el Hijo del Hombre tiene potestad en la tierra para perdonar pecados (dijo al paralítico): A ti te digo: Levántate, toma tu lecho, y vete a tu casa. Entonces él se levantó en seguida, y tomando su lecho, salió delante de todos, de manera que todos se asombraron, y glorificaron a Dios, diciendo: Nunca hemos visto tal cosa. (2:1-12)

El beneficio más distintivo que el cristianismo ofrece al mundo no es un amor sacrificial por otros, una norma elevada de moralidad, o un sentido de propósito y de satisfacción en la vida. Todas esas virtudes son productos derivados del cristianismo bíblico, pero están muy lejos del don más grande a la humanidad. El evangelio brinda un beneficio incomparable que trasciende todos los demás y que no lo proporciona ninguna otra religión. Tiene que ver directamente con la necesidad más grande de la humanidad. Solo el cristianismo provee una solución al problema fundamental y trascendental de la humanidad, es decir, la realidad de que los pecadores son culpables delante del Dios santo, quien justamente los ha condenado al infierno eterno debido a la rebelión y la anarquía en sus vidas.

En última instancia, Dios no envía a la gente al infierno a causa del pecado, sino debido al pecado no perdonado. El infierno está poblado por individuos cuyos pecados nunca fueron perdonados. La diferencia entre aquellos que esperan la vida eterna en el cielo y los que experimentarán castigo eterno en el infierno no es un asunto de bondad personal, como otras religiones enseñan, sino que está vinculado totalmente en una palabra: perdón. Puesto que "todos pecaron" (Ro. 3:23), ambos destinos eternos están poblados por personas que fueron pecadoras en esta vida. Solo que a aquellos en el cielo se les concedió perdón divino y la acompañante justicia imputada que es apropiada por gracia a través de Jesucristo (cp. Ro. 5:9, 19). En pocas palabras, la mayor necesidad de todo individuo es el perdón del pecado. En consecuencia, el mayor beneficio del evangelio es su ofrecimiento de perdón divino a aquellos que creen. Ninguna otra religión proporciona el medio para el perdón total; por consiguiente, todas las demás religiones en realidad están recogiendo almas para el infierno.

Tanto el juicio divino como el perdón divino son coherentes con la naturaleza de Dios. Aunque su justicia exige que todo pecado sea castigado (cp. Éx. 23:7; Dt. 7:10; Job 10:14; Nah. 1:3), su misericordia retiene pacientemente su ira y hace provisión para que los pecadores sean perdonados (cp. Nm. 14:18; Dt. 4:31; Sal. 86:15; 103:8-12; 108:4; 145:8; Is. 43:25; Jl. 2:13). La justicia y la misericordia de Dios se yuxtaponen en repetidas ocasiones a lo largo de las Escrituras, y no existe sentido en el cual representen verdades irreconciliables (cp. Ro. 9:14-24). En Éxodo 34:6-7 Dios mismo se presentó con estas palabras:

> *¡Jehová! ¡Jehová! fuerte, misericordioso y piadoso; tardo para la ira, y grande en misericordia y verdad; que guarda misericordia a millares, que perdona la iniquidad, la rebelión y el pecado, y que de ningún modo tendrá por inocente al malvado; que visita la iniquidad de los padres sobre los hijos y sobre los hijos de los hijos, hasta la tercera y cuarta generación.*

Nehemías 9 reitera el mismo estribillo: "Tú eres Dios que perdonas, clemente y piadoso, tardo para la ira, y grande en misericordia, porque no los abandonaste" (vv. 17, 33). En Romanos 2:4-5, Pablo enfatiza tanto la misericordia como la justicia de Dios cuando advierte a los incrédulos lo que les ocurrirá si no se arrepienten: "¿O menosprecias las riquezas de su benignidad, paciencia y longanimidad, ignorando que su benignidad te guía al arrepentimiento? Pero por tu dureza y por tu corazón no arrepentido, atesoras para ti mismo ira para el día de la ira y de la revelación del justo juicio de Dios". Por una parte, no hay nada más ofensivo para la santidad de Dios que el pecado. Los pecadores no perdonados serán castigados por la ira divina. Por otra parte, en su misericordia, Dios encuentra gloria en ofrecer a todos el perdón y la absolución del pecado por medio del evangelio.

Dios puede reafirmar la justicia y a la vez perdonar a los pecadores porque su justicia ha sido satisfecha por su Hijo, quien murió como un sustituto por los pecadores (2 Co. 5:20-21; Col. 2:13-14). Ahí radica la esencia del mensaje cristiano: el Hijo de Dios se hizo hombre y murió por los pecadores para que la justicia de Dios fuera satisfecha y los pecadores pudieran ser reconciliados con Dios (cp. He. 2:14-18). El sacrificio de Cristo es el único medio por el cual Dios ofrece perdón al mundo (Jn. 3:16; 14:6). El apóstol Pablo lo declaró en este sentido en Hechos 13:38-39: "Sabed, pues, esto, varones hermanos: que por medio de él se os anuncia perdón de pecados, y que de todo aquello de que por la ley de Moisés no pudisteis ser justificados, en él es justificado todo aquel que cree". Efesios 1:7-8 repite esas palabras: "En quien tenemos redención por su sangre, el perdón de pecados según las riquezas de su gracia, que hizo sobreabundar para con nosotros en toda sabiduría e inteligencia". La buena noticia de la salvación es que Dios desea perdonar a todo el que cree de veras en la persona y obra del Señor Jesucristo.

El segundo capítulo de Marcos empieza con una historia acerca del perdón. En varias maneras el primer capítulo hace hincapié en la autoridad divina de Jesús. La proclamación que Él hace del evangelio tiene autoridad, al llamar a sus discípulos a dejar todo y seguirle (1:14-20). Su enseñanza también estaba llena de autoridad, hasta el punto que asombró a quienes lo oían (1:27). Sus sanidades también fueron realizadas con plena autoridad, cuando demostró su poder sobrenatural sobre los demonios y la enfermedad (1:25, 31, 34, 42). En este pasaje (2:1-12) Marcos destaca el aspecto más necesario del privilegio divino de Jesús: la autoridad para perdonar pecados. Ese énfasis es el núcleo de este milagro inolvidable.

El relato se centra en cuatro personajes distintos: los espectadores curiosos, el pecador lisiado, el Salvador misericordioso, y los escribas endurecidos. Tras seguir a cada uno de ellos, Marcos concluye este relato regresando a la multitud de espectadores y haciendo notar su sorpresa por todo lo que acababan de presenciar.

LOS ESPECTADORES CURIOSOS

Entró Jesús otra vez en Capernaum después de algunos días; y se oyó que estaba en casa. E inmediatamente se juntaron muchos, de manera que ya no cabían ni aun a la puerta; y les predicaba la palabra. (2:1-2)

Anteriormente, cuando Jesús salió de Capernaúm fue a predicar el evangelio en los pueblos y aldeas de los alrededores (1:38). Después de curar al hombre con lepra se extendió la noticia acerca de Él hasta el punto de que ya "no podía entrar abiertamente en la ciudad, sino que se quedaba fuera en los lugares desiertos; y venían a él de todas partes" (1:45). El comentario de Marcos de que habían pasado **algunos días** es una frase muy amplia que abarca un período indefinido (cp. Lc. 5:17). Por largo que este tiempo hubiera sido (tal vez semanas o incluso meses), cuando **Jesús** volvió **otra vez** a entrar en **Capernaum** debió hacerlo en silencio. La necesidad de una entrada discreta en Capernaúm está indicada por Marcos 1:45. Sin embargo, no pasó mucho tiempo antes de que se supiera que Él **estaba en casa.** Aunque había entrado en secreto, su presencia se hizo pública muy pronto, y una multitud entusiasta comenzó a juntarse. La referencia a la **casa** de Jesús estaba en consonancia con su decisión de hacer de Capernaúm su base de operaciones durante su ministerio en Galilea. Mientras estaba en Capernaúm es probable que se hubiera alojado en la casa de Pedro y Andrés (cp. 1:29).

La última vez que Jesús había estado en la casa de Pedro, los residentes de Capernaúm se reunieron en masa fuera de la vivienda cuando Jesús sanó a todos los enfermos que le llevaban (1:33-34). Como es habitual, en esta ocasión se extendió la noticia de que Jesús estaba allí, **e inmediatamente** una multitud comenzó a formarse. El comentario de Marcos de que **se juntaron muchos** es una descripción incompleta de lo que pasó. Las personas estaban hacinadas **de manera que ya no cabían ni aun a la puerta.**

Como siempre, las multitudes consistían sobre todo de espectadores curiosos y buscadores de milagros (Mt. 16:4), más interesados en ir tras sus propios deseos (Jn. 6:26) que en lamentarse y arrepentirse del pecado, y por tanto buscar salvación en Cristo. Desde luego, había algunos seguidores genuinos y verdaderos creyentes, pero representaban una pequeña minoría. En su mayor parte, las multitudes siguieron siendo espiritualmente indiferentes a Jesús, atraídas por su curiosidad y fascinación con las obras sobrenaturales de Jesús, pero en última instancia sin querer aceptar sus palabras salvadoras (Mr. 8:34-38; Jn. 6:66). A pesar de tal apatía y ambivalencia espiritual, el Señor siguió predicando a las multitudes, sabiendo que el Padre sacaría a los elegidos de entre ellos (Jn. 6:37, 44). En esta ocasión en la casa en Capernaúm, como era su costumbre, **les predicaba la palabra.**

La multitud incluía una cantidad de fariseos (Lc. 5:17), quienes eran los principales guardianes y defensores de las tradiciones y rituales legalistas que impregnaban el judaísmo del siglo I. El nombre "fariseo", que significa "separado", definía la filosofía detrás del movimiento. Quienes se unieron a la secta, que eran alrededor de seis mil, evitaban con gran diligencia cualquier interacción con gentiles, recaudadores de impuestos, o personas a quienes consideraban como "pecadores" (cp. Lc. 7:39). Incluso la actitud que tenían hacia el pueblo judío común era de desprecio y condescendencia (cp. Jn. 7:49). Se consideraban los más santos de todos los israelitas, pero su "santidad" era sobre todo externa y superficial (cp. Mt. 23:28). Consistía principalmente en adhesión a sus propias reglas y estatutos humanos, estipulaciones que ellos mismos habían añadido a través de los años a la ley de Moisés (cp. Mt. 15:2-9).

El origen preciso de los fariseos es desconocido. Es probable que esta secta judía se formara en algún momento antes de mediados del siglo II a.C. Para el tiempo del ministerio de Jesús, los fariseos componían el grupo religioso dominante en Israel. Fervientemente dedicados a mantener al pueblo leal tanto a la ley del Antiguo Testamento como, lo más importante, al conjunto complejo de tradiciones extrabíblicas que habían desarrollado alrededor de la ley, los fariseos eran muy apreciados por su aparente espiritualidad y fidelidad a las Escrituras.

Dentro de la secta estaban los escribas (2:6, 16), también conocidos como "intérpretes de la ley" (cp. Lc. 10:25), que eran teólogos y eruditos profesionales del Antiguo Testamento. Sus orígenes se remontan al tiempo de Esdras y Nehemías, cuando los israelitas regresaron a su patria después del cautiverio babilónico. Una antigua tradición judía aseguraba que Dios entregó la ley a los ángeles, quienes la pasaron a Moisés y Josué; estos a su vez la entregaron a los ancianos y estos la dieron a los profetas, los que a su vez la pusieron en manos de los escribas con el fin de dirigir y enseñar en las sinagogas. Los escribas eran responsables tanto de copiar como de preservar las Escrituras, así como de interpretarlas con la finalidad de instruir al pueblo. Debido a que no hubo más profetas del Antiguo Testamento después de Malaquías, los escribas cumplían el papel básico de enseñanza en Israel. Los escribas se podían hallar en varias sectas judías (tales como los saduceos o esenios), pero la mayoría de los escribas en la época de Jesús estaban asociados con los fariseos.

Aunque algunos fariseos llegarían a creer en Jesús (cp. Jn. 19:39; Hch. 15:5), en conjunto parecían oponérsele abiertamente. Los escribas y fariseos que aquel día se entremezclaron en la multitud no estaban allí para apoyar el ministerio de Jesús o aprender de Él. Más bien, estaban presentes porque veían a Jesús como una amenaza creciente. La mayoría de ellos ni siquiera era de Capernaúm, sino de otras ciudades de alrededor de Galilea y hasta de Jerusalén (Lc. 5:17). Se habían integrado a la multitud de espectadores curiosos para oír lo que Jesús tenía que decir, con el único propósito de encontrarle alguna falta para desacreditarlo y finalmente eliminarlo.

EL PECADOR LISIADO

Entonces vinieron a él unos trayendo un paralítico, que era cargado por cuatro. Y como no podían acercarse a él a causa de la multitud, descubrieron el techo de donde estaba, y haciendo una abertura, bajaron el lecho en que yacía el paralítico. (2:3-4)

El relato pasa de la multitud de espectadores curiosos a enfocarse en **un paralítico, que era cargado por cuatro** hombres. Su condición le hacía depender totalmente de otros. A diferencia de los leprosos (cp. 1:40-45), los que padecían parálisis no eran rechazados por la sociedad israelita, ya que su padecimiento no era contagioso. Sin embargo, debido a que se suponía que la enfermedad y la discapacidad en general eran consecuencia inmediata del pecado (cp. Jn. 9:2), es probable que este hombre fuera estigmatizado por muchos en su comunidad.

Según Mateo 4:24, Jesús sanó a muchos que sufrían de parálisis. Sin embargo, los tres evangelios sinópticos dirigieron la atención a este hombre en particular (cp. Mt. 9:1-8; Lc. 5:17-26). Su historia es notable no solo por la intrépida determinación mostrada por él y sus amigos para llegar hasta donde Jesús, sino más importante debido a lo que Cristo hizo por este hombre más allá de curarle el cuerpo.

Al llegar, los cinco se enfrentaron a una desbordante multitud de personas, tan apretadas en la casa y alrededor de ella, que **no podían acercarse a Jesús a causa de la multitud.** De acuerdo con Lucas 5:18, los cuatro amigos hicieron un esfuerzo fallido de entrar por la puerta. Al no querer darse por vencidos idearon un plan agresivo y extremo para llegar hasta donde Jesús. Lucas lo explica de este modo: "Pero no hallando cómo hacerlo a causa de la multitud, subieron encima de la casa" (5:19). Una vez allí, **descubrieron el techo de donde estaba Jesús; y haciendo una abertura, bajaron el lecho en que yacía el paralítico.**

Las casas judías típicamente eran de un piso y con una terraza-patio plana a la que se accedía por una escalera exterior. La típica azotea se construía utilizando grandes vigas de madera con piezas más pequeñas de madera en el medio, y las cubrían con un techo que constaba de paja, espigas, ramitas y barro. Después se instalaban baldosas en lo alto de ese techo. Los cuatro hombres cargaron a su amigo alrededor de la multitud y subieron la escalera hasta la azotea. Tras determinar dónde se hallaba Jesús en la sala que había debajo, comenzaron a quitar las baldosas, el barro, y el resto del techo en su esfuerzo por crear una abertura suficientemente grande para bajar **el lecho.**

La estrategia fue eficaz, aunque debió haber sido muy molesta. Sin duda Jesús estaba enseñando en la espaciosa sala central de la casa con personas apretujadas a su alrededor, cuando de repente los escombros comenzaron a caer del techo sobre las cabezas. Fácilmente podemos imaginarnos la conmoción y la consternación a medida que la abertura se agrandaba más y más, hasta que al final fue suficientemente grande para bajar la camilla. Con mucho cuidado, **bajaron el lecho en que yacía el paralítico.** Según Lucas 5:19, los cuatro hombres habían calculado bien porque su amigo bajó directamente frente a Jesús.

EL SALVADOR MISERICORDIOSO

Al ver Jesús la fe de ellos, dijo al paralítico: Hijo, tus pecados te son perdonados. (2:5)

A medida que bajaban al hombre y lo dejaban frente a Jesús y los asombrados espectadores se hizo evidente por qué habían hecho el enorme agujero en el que Él conociera los pensamientos de ellos probó su deidad, ya que solo Dios es omnisciente (1 S. 16:7; 1 R. 8:39; 1 Cr. 28:9; Jer. 17:10; Ez. 11:5). Jesús no necesitaba que expresaran lo que pensaban, "pues él sabía lo que había en el hombre" (Jn. 2:25).

Segundo, Jesús no les discutió la premisa teológica básica de ellos, de que solo Dios puede perdonar pecados. Más bien, afirmó esa verdad. Él sabía que los dirigentes religiosos estaban acusándolo de la blasfemia de afirmar ser igual a Dios. Ese fue su objetivo; su afirmación de poder perdonar pecados era nada menos que una afirmación de que era Dios.

Tercero, Jesús respaldó su afirmación demostrando poder divino. Después de poner al descubierto los pensamientos de ellos, **les dijo: ¿Por qué caviláis así en vuestros corazones? ¿Qué es más fácil, decir al paralítico: Tus pecados te son perdonados, o decirle: Levántate, toma tu lecho y anda?** Jesús no estaba diciendo qué es más fácil hacer, ya que ambas cosas están más allá de la capacidad humana. Más bien estaba preguntando **qué es más fácil** reclamar como una realidad convincente. Es obvio que es más fácil **decir** que los **pecados** de alguien le **son perdonados** ya que no hay manera empírica de confirmar o negar la realidad de esa afirmación. A la inversa, **decirle** a un hombre paralítico, **levántate y anda** es algo que se puede probar al instante.

Jesús esperó a propósito para dar sanidad al paralítico hasta después de haber declarado su autoridad para perdonar pecados. La enfermedad y la discapacidad son consecuencias de vivir en un mundo caído, lo que significa que los efectos penetrantes del pecado son la causa de toda enfermedad y padecimiento. Al curar al paralítico, en demostración de su poder sobre los efectos del pecado Jesús demostró su autoridad sobre el pecado mismo. Así pues, el Señor realizó el innegable milagro de curación física para que todos los que observaban supieran **que el Hijo del Hombre tiene potestad en la tierra para perdonar pecados.** El título **Hijo del Hombre** era una de las designaciones favoritas de Jesús para sí mismo. Lo usó más de ochenta veces en los evangelios (con catorce de esas ocurrencias en el libro de Marcos). El título no solo identificaba humildemente su humanidad, sino que tenía implicaciones mesiánicas (cp. Dn. 7:13-14).

Mirando con compasión al hombre que todavía se hallaba acostado en la camilla, **dijo al paralítico: A ti te digo: Levántate, toma tu lecho, y vete a tu casa.** Este milagro demostraría si Jesús tenía o no poder sobre el pecado y sus consecuencias. Es más, demostraría si Él tenía o no realmente la autoridad divina que afirmaba poseer. Los escribas acusaron a Jesús de ser un blasfemo, pero los blasfemos no pueden leer mentes; no pueden perdonar pecados, ni pueden validar sus afirmaciones sanando a personas que están paralizadas. Al realizar este milagro, Jesús demostró su poder para que todos vieran que no era un blasfemo. Si Él no era un blasfemo, entonces era Dios como afirmaba serlo.

SORPRESA DE LA MULTITUD

Entonces él se levantó en seguida, y tomando su lecho, salió delante de todos, de manera que todos se asombraron, y glorificaron a Dios, diciendo: Nunca hemos visto tal cosa. (2:12)

Jesús puso dramáticamente a prueba sus nobles afirmaciones diciéndole al paralítico que se levantara y caminara. La corroboración llegó al instante. El hombre **se levantó en seguida, y tomando su lecho, salió delante de todos.** Siempre que Jesús sanaba a alguna persona, esta experimentaba una recuperación completa e inmediata. No se necesitaba período de recuperación, ni quedaban efectos persistentes de la enfermedad. Este hombre no fue la excepción. El momento en que las palabras de Jesús salieron de la boca, el individuo recuperó la sensación, función y fortaleza plena en cada parte de su cuerpo. No necesitó meses de terapia física para volver a aprender a caminar. Al contrario, se enderezó, recogió su camilla, y se dirigió caminando a casa. Esta vez la multitud, totalmente asombrada por todo lo que acababa de ocurrir, se apartó para dejarlo pasar. Según Lucas 5:25, el hombre sanado "se fue a su casa, glorificando a Dios" porque no solo su cuerpo había sido curado, sino también porque sus pecados habían sido perdonados.

A diferencia de los endurecidos escribas y fariseos, que siguieron rechazando a Cristo a pesar de las innegables señales que realizaba (cp. Lc. 6:11; 11:15, 53; 13:17; 15:1-2; 19:47; Jn. 5:36; 10:37-38), las multitudes respondieron con sorpresa y asombro. Según lo explica Marcos, **todos se asombraron, y glorificaron a Dios, diciendo: Nunca hemos visto tal cosa.** La palabra griega para **asombraron** significa estar boquiabierto, confundido, o incluso perder el juicio. Las personas estaban absolutamente estupefactas por lo que acababan de presenciar. Lucas añade que "sobrecogidos de asombro, glorificaban a Dios; y llenos de temor, decían: Hoy hemos visto maravillas" (Lc. 5:26). La palabra que Lucas usa para asombro es *phobos,* que en este contexto describe la atemorizada reverencia que viene de estar expuestos a la persona, la presencia, y el poder de Dios (cp. Lc. 1:12, 65; 2:9; 7:16; 8:37; 21:26; Mt. 14:26; 28:4, 8; Mr. 4:41; Hch. 2:43; 5:5, 11; 9:31; 19:17). Ellos **glorificaron a Dios** como respuesta, sin duda ofreciendo conocidas expresiones de alabanza.

Para la mayoría de los espectadores, esta respuesta fue sin embargo reflejo de una fe superficial. Mateo 9:8 relata la reacción de ellos ante este mismo milagro con estas palabras: "Y la gente, al verlo, se maravilló y glorificó a Dios, que había dado tal potestad a los hombres". Aunque estaban atónitos, y aunque glorificaban a Dios, aún veían a Jesús solo como un hombre a quien Dios había otorgado autoridad. A pesar del milagro evidente y de la demostración sin precedentes de poder divino, muchos no estaban convencidos de la deidad de Cristo.

Presenciaron sus obras sobrenaturales, pero se negaban a creer en su divinidad. Así lo explicó Juan: "Pero a pesar de que había hecho tantas señales delante de ellos, no creían en él" (Jn. 12:37; cp. 1 Co. 1:22).

Los milagros de Jesús actuaron como señales que validaban su afirmación de que poseía autoridad divina para perdonar a pecadores. Además, Él no solo tenía el poder para perdonar a pecadores, sino que se convirtió en el sacrificio perfecto sobre el cual se basa el perdón divino. Las palabras que Jesús declaró a ese paralítico hace dos mil años son las mismas palabras que sigue pronunciando a todo aquel que viene a Él en fe genuina: "Tus pecados te son perdonados". El mayor beneficio que el cristianismo ofrece al mundo es el perdón de pecados. Jesucristo hizo posible el perdón por medio de su muerte en la cruz. Él ofrece ese perdón a todos aquellos que estén dispuestos a arrepentirse de sus pecados y creer en su nombre (cp. Ro. 10:9-10).

El escándalo de la gracia

8

Después volvió a salir al mar; y toda la gente venía a él, y les enseñaba. Y al pasar, vio a Leví hijo de Alfeo, sentado al banco de los tributos públicos, y le dijo: Sígueme. Y levantándose, le siguió. Aconteció que estando Jesús a la mesa en casa de él, muchos publicanos y pecadores estaban también a la mesa juntamente con Jesús y sus discípulos; porque había muchos que le habían seguido. Y los escribas y los fariseos, viéndole comer con los publicanos y con los pecadores, dijeron a los discípulos: ¿Qué es esto, que él come y bebe con los publicanos y pecadores? Al oír esto Jesús, les dijo: Los sanos no tienen necesidad de médico, sino los enfermos. No he venido a llamar a justos, sino a pecadores. (2:13-17)

La Biblia es clara en que la salvación no puede ganarse por medio de buenas obras, méritos personales, o cualquier forma de justicia propia (cp. Tit. 3:5-7). El logro humano no puede obtener la salvación, ya que hasta las mejores obras de las personas no redimidas son "como trapo de inmundicia" delante del Dios santo (Is. 64:6). Solo el poder del logro divino puede proporcionar perdón para el pecado y la esperanza de la vida eterna en el cielo (cp. Ro. 1:16). Lo que seres humanos pecadores no pueden hacer por medio de sus propios esfuerzos, Dios lo hizo al enviar "a su Hijo en semejanza de carne de pecado" (Ro. 8:3). El mensaje del evangelio se centra en la verdad de "que Cristo murió por nuestros pecados, conforme a las Escrituras" (1 Co. 15:3; cp. Gá 1:4; Ef. 1:7; 5:2; 1 P. 2:24; 3:18; 1 Jn. 2:2; Ap. 1:5), "para que todo aquel que en él cree, no se pierda, mas tenga vida eterna" (Jn. 3:16; cp. 11:25-26; 20:31; Hch. 16:31; Ro. 10:9). Por medio de su muerte en la cruz, el Señor Jesús pagó el castigo por el pecado de quienes habrían de creer en Él, a fin de que puedan ser reconciliados con Dios. Aquel que fue totalmente sin pecado se convirtió en el portador de pecado "para que nosotros fuésemos hechos justicia de Dios en él" (2 Co. 5:21). Los pecados de los redimidos fueron imputados a Cristo en la cruz, donde padeció por ellos como sacrificio sustitutivo (cp. 1 P. 2:24). Por el contrario, a través de la fe, la justicia de Cristo es imputada a los redimidos, de modo que son declarados justos por Dios mismo (cp. Ro. 4:5-6; 5:19). Los creyentes han sido "justificados gratuitamente por su gracia, mediante la redención que es en Cristo Jesús"

(Ro. 3:24). De ahí que la salvación sea totalmente "por gracia... por medio de la fe; y esto no de vosotros, pues es don de Dios; no por obras, para que nadie se gloríe" (Ef. 2:8-9; cp. 2 Ti. 1:9).

Aunque el mensaje de salvación está claramente expuesto en la Biblia, muchos falsos maestros a lo largo de la historia (empezando con los primeros legalistas como los judaizantes [cp. Hch. 15:1, 5]) han tratado de añadir obras humanas al evangelio de la gracia. Las obras de justicia no son compatibles con la obra misericordiosa de Dios del perdón divino. Refiriéndose a la salvación, así lo explicó Pablo en Romanos 11:6: "Si por gracia, ya no es por obras; de otra manera la gracia ya no es gracia". Quienes distorsionan el evangelio al insistir que las buenas obras son necesarias para la justificación se ponen fuera de la ortodoxia bíblica. En respuesta a tales individuos, Pablo advirtió a los Gálatas:

> *Estoy maravillado de que tan pronto os hayáis alejado del que os llamó por la gracia de Cristo, para seguir un evangelio diferente. No que haya otro, sino que hay algunos que os perturban y quieren pervertir el evangelio de Cristo. Mas si aun nosotros, o un ángel del cielo, os anunciare otro evangelio diferente del que os hemos anunciado, sea anatema. Como antes hemos dicho, también ahora lo repito: Si alguno os predica diferente evangelio del que habéis recibido, sea anatema (Gá. 1:6-9).*

En pocas palabras, un evangelio basado en logros humanos y en esfuerzos de justicia propia es un evangelio falso. La salvación viene solo de la justicia de Dios que nos justifica, disponible por medio de la obra suficiente de Cristo en la cruz.

Los escribas y fariseos representan la personificación de la justicia propia legalista de la época de Jesús. En gran manera como resultado de la influencia que tenían, la religión de Israel del siglo I se había deteriorado en un sistema basado en obras obsesionado con observar rituales externos y cumplir con tradiciones de creación humana. Los dirigentes religiosos apóstatas enseñaban que una posición justa delante de Dios debía ganarse con esfuerzo propio. El apóstol Pablo, él mismo un exfariseo, lamentó esa realidad en Romanos 9:31-32: "Israel, que iba tras una ley de justicia, no la alcanzó. ¿Por qué? Porque iban tras ella no por fe, sino como por obras de la ley, pues tropezaron en la piedra de tropiezo". Al confiar en su justicia propia, la élite religiosa de Israel se negó a reconocer su condición espiritual precaria, de que sufría bancarrota, esclavitud y ceguera espiritual (cp. Lc. 4:18).

La ironía de la justicia propia es que condena a la verdadera justicia. En ninguna parte se ilustra más claramente ese principio que en la acusación que los fariseos hicieron a Jesús. Ellos se medían espiritualmente no solo en cuanto a la adhesión externa a la ley del Antiguo Testamento, sino también a tradiciones de confección humana (Mr. 10:20). Cuando Jesús no mostró interés en conformarse a reglas y restricciones no bíblicas, los escribas y fariseos lo acusaron de no ser santo (cp. Mt. 12:22-24). Para defender su postura, se referían a Él burlonamente como "amigo de publicanos y de pecadores" (Mt. 11:19; Lc. 7:34; cp. 15:1-2). Ningún epíteto podía haber sido más sarcástico. Como aquellos que definían su santidad en términos de separación de los pecadores, los fariseos consideraban enemigos de Dios a cualquiera que se hiciera amigo de los pecadores (cp. Lc. 7:39). Entonces rechazaron a Jesús porque Él no temía relacionarse con aquellos a quienes ellos consideraban inmundos y repugnantes. Lo que los fariseos consideraban como un escándalo en realidad era la demostración definitiva de la gracia de Dios hacia pecadores totalmente indignos. De modo compasivo el Señor fue tras los injustos arrepentidos, mientras al mismo tiempo rechazaba la justicia de los fariseos no arrepentidos.

Al rechazar a Jesús como el amigo de pecadores los escribas y fariseos demostraron su deliberada ignorancia en cuanto a la misión del Mesías, la cual era buscar y salvar a los perdidos (Lc. 19:10). El Señor no aprueba acciones o actitudes pecaminosas. No se hizo amigo de pecadores a fin de respaldar su iniquidad o alentar sus deseos rebeldes. Más bien, vino a liberar a personas pecadoras de la esclavitud y la muerte espiritual. Sus propósitos no eran condonar el pecado, sino más bien rescatar de este a pecadores.

Jesús identificó a todas las personas como pecadoras, en especial a los escribas y fariseos (cp. Mt. 23). Cegados por su propia justicia, los dirigentes religiosos no quisieron reconocer su verdadera condición. Aferrándose a la noción de que eran justos, negaron su necesidad de un Salvador y posteriormente rechazaron al Mesías. Por el contrario, el mensaje del evangelio es para aquellos que reconocen y admiten que no son justos. Por esa razón el ministerio de Jesús se centró en aquellos que eran muy conscientes de su propia condición desesperada. Los "publicanos y pecadores" de la sociedad judía no se jactaban de ser justos. Sabían que estaban muy por debajo de la ley de Dios. En consecuencia, estaban maduros para el evangelio (cp. 1 Co. 1:26-31).

La gloria del evangelio es que Dios recibe a pecadores indignos. El perdón no se le concede a individuos que creen ser suficientemente buenos para ganárselo, sino a quienes saben que no lo son y creen en el Señor Jesucristo. El escándalo de la gracia es que Dios salva a aquellos que no lo merecen (cp. Ro. 5:6-11). Los sistemas de obras de justicia requieren que las personas obtengan el favor divino a través de sus propios esfuerzos. Pero esa es una tarea imposible (cp. Fil. 3:4-9). El verdadero evangelio declara que los pecadores no pueden hacer nada para merecer el perdón o ganarse la vida eterna; lo único que pueden hacer es clamar por misericordia a Dios, y Él por su gracia los salva (cp. Lc. 18:13-14). El reino de la salvación abre sus puertas a aquellos que lloran por su pecado y están hambrientos y sedientos de la justicia que saben que no poseen (cp. Mt. 5:3-6).

En 2:1-12 Marcos relata la historia del paralítico que fue curado por Jesús en una casa en Capernaúm. Ese milagro de sanidad validó la autoridad de Cristo para perdonar a pecadores (v. 10). Esta sección (2:13-17) da a conocer las personas a las que Jesús extiende ese perdón, es decir a pecadores arrepentidos. El incidente narrado en estos versículos ilustra el hecho de que ningún pecador está más allá del alcance de la gracia de Dios. Jesús estuvo dispuesto a salvar incluso al más vil de los pecadores, a un odiado recaudador de impuestos. El relato de Marcos acerca del llamado a Leví (Mateo) gira alrededor de cuatro puntos principales: el llamamiento a un marginado social (vv. 13-14), la comunidad de pecadores (v. 15), el desprecio de los que se creían justos y buenos (v. 16), y la condena de parte del Salvador (v. 17).

EL LLAMAMIENTO A UN MARGINADO SOCIAL

Después volvió a salir al mar; y toda la gente venía a él, y les enseñaba. Y al pasar, vio a Leví hijo de Alfeo, sentado al banco de los tributos públicos, y le dijo: Sígueme. Y levantándose, le siguió. (2:13-14)

Después de haber curado al paralítico (2:1-12), Jesús **volvió a salir** de la casa en Capernaúm y comenzó a enseñar otra vez a la orilla del **mar.** Gran parte del ministerio de enseñanza del Señor se llevó a cabo al aire libre porque era imposible meter a tanta gente dentro de una casa o edificio. El anterior relato de Marcos acerca del paralítico ilustra ese punto, ya que el hombre y sus cuatro amigos "no podían acercarse a [Jesús] a causa de la multitud" (v. 4). Por tanto, Jesús salió de la casa y fue a un lugar donde más personas pudieran oírle enseñar. No se fue para escapar del gentío, sino para que muchos más pudieran tener acceso a Él. Mientras Jesús viajaba a lo largo de la costa del mar de Galilea, **toda la gente venía a él, y les enseñaba.** A menudo Jesús ministraba cerca de las costas de Galilea (cp. Mt. 13:1-52; Mr. 3:7; 4:1; 5:21). En esta ocasión, el contenido de su enseñanza consistía sin duda del mensaje del evangelio. Así lo explicó Marcos en 1:14-15: "Jesús vino a Galilea predicando el evangelio del reino de Dios, diciendo: El tiempo se ha cumplido, y el reino de Dios se ha acercado; arrepentíos, y creed en el evangelio".

Cuando Jesús regresaba a la ciudad de Capernaúm, tras ministrar a lo largo de la costa, **al pasar** por el lugar donde se cobraban los impuestos **vio a Leví hijo de Alfeo, sentado al banco de los tributos públicos, y le dijo: Sígueme.** Las palabras de Jesús debieron haber enviado ondas expansivas por la multitud circundante. Ningún rabino respetable se dirigiría de ese modo solicitante a un recaudador de impuestos. Cualquier relación con tan despreciado miembro de la sociedad israelita sería escandalosa. Los judíos que se respetaban, y en especial los dirigentes religiosos, no querrían a un recaudador de impuestos como aliado o seguidor. Pero Jesús hizo añicos todos los estereotipos.

Leví, mejor conocido como Mateo, su nombre griego (cp. Mt. 9:9), era de descendencia judía, según indica tanto su nombre como el nombre de su padre: **Alfeo.** Al ser recaudador de impuestos en Capernaúm, la ciudad más grande a orillas del mar de Galilea y ubicada en una transitada ruta comercial, Mateo era parte de una operación económica lucrativa. Lo que ganaba en riqueza material le faltaba en cuanto a respetabilidad social. Los recaudadores de impuestos estaban entre la gente más odiada y despreciada en el Israel del siglo I. Se les consideraba la escoria de la sociedad y los peores pecadores (cp. Mt. 18:17; 21:31; Lc. 5:30; 7:34; 18:11). Que Jesús pidiera a un recaudador de impuestos que le siguiera era un acto inconcebible de impropiedad social, especialmente a los ojos de la élite religiosa.

Debido a la ocupación romana de Israel, al pueblo judío se le exigía pagar impuestos a Roma. En Galilea, la responsabilidad de recaudar esos impuestos recaía en Herodes Antipas, el tetrarca, quien vendía franquicias de recaudación al mejor postor. A quienes compraban una franquicia se les exigía cumplir una cuota mínima para Roma, pudiendo quedarse con todo lo que recaudaran de más (cp. Lc. 3:12-13). Ese arreglo hacía de la recaudación de impuestos un negocio rentable para cualquiera con elevadas aspiraciones financieras y bajas normas éticas. Los recaudadores buscaban continuamente maneras de exprimir dinero extra del pueblo, y se apoyaban por matones y gentuza del bajo mundo para hacer su recaudación. Más allá de los impuestos personales, del impuesto a la renta (sobre un 1 por ciento), y del impuesto a la tierra (la décima parte de todo el grano y la quinta parte de todo el vino y la fruta), se recaudaban impuestos por transporte de bienes y productos, por el uso de caminos, por el cruce de puentes, y por otras actividades diversas. Tan variados tributos y tarifas eran especialmente propensos a la corrupción, ya que podían inflarse fácilmente y recaudarse bajo amenazas. Los recaudadores de impuestos eran famosos por explotar a la gente, cobrando más de lo necesario o razonable. Además, a quienes no podían pagar les prestaban dinero a exorbitantes tasas de interés.

Peor aún, los recaudadores de impuestos eran vistos como traidores ante su propio pueblo. Extorsionaban dinero a sus compañeros judíos a fin de apoyar la infraestructura corrupta de la opresión extranjera, así como para llenar sus propios bolsillos. En consecuencia, se les consideraba impuros, se les impedía el ingreso a la sinagoga, y se les prohibía atestiguar en una corte judía. En resumen, los recaudadores de impuestos eran clasificados como ladrones, traidores y mentirosos, los pecadores más viles para los cuales se consideraba especialmente difícil el arrepentimiento. Así lo explica un comentarista:

> La Mishná y el Talmud (aunque escrito más tarde) registran juicios mordaces de los recaudadores de impuestos, agrupándolos con ladrones y asesinos. Un judío que recaudaba impuestos era descalificado como juez o testigo en la corte, expulsado de la sinagoga, y causante de desgracia para su familia (*b. Sanh.* 25b). El toque de un recaudador de impuestos hacía inmunda una casa (*m. Teh.* 7:6; *m. Hag.* 3:6). A los judíos se les prohibía recibir dinero e incluso limosnas de los recaudadores de impuestos, ya que los ingresos procedentes de impuestos se consideraban robo. El desprecio judío por los recaudadores de impuestos se caracteriza en que para los judíos era legal mentirles con impunidad (*m. Ned.* 3:4) (James R. Edwards, *The Gospel according to Mark,* Pillar New Testament Commentary [Grand Rapids: Eerdmans, 2002], p. 83).

Según el Talmud, había dos tipos de recaudadores de impuestos. Los *gabbai* eran responsables por cobrar los impuestos generales, como los personales, a la tierra, y a la renta. Los impuestos más especializados, como peajes para el uso de caminos y puentes, eran recaudados por los *mokhes* (véase Alfred Edersheim, *The Life and Times of Jesus the Messiah* [Grand Rapids: Eerdmans, 1974], I:515-518). Un banco de los tributos era propiedad de un *mokhes* principal que contrataba a un *mokhes* pequeño para que se sentara allí y realmente recaudara los impuestos. Por la descripción que Marcos hace, es claro que Mateo era un *mokhes* pequeño. Puesto que estaba en constante contacto con las personas, cobrándoles a diario cuando pasaban por su banco de los tributos, Mateo habría sido uno de los hombres más conocidos y odiados en Capernaúm. Un comentarista describe con estas palabras la ocupación de Mateo:

> Leví no es magnate de impuestos, sino alguien que está estacionado en una intersección de rutas comerciales para cobrar peajes, tarifas, impuestos y tributos, probablemente para Herodes Antipas. Los cobradores de peaje eran conocidos por su falta de honradez y extorsión. Habitualmente recaudaban más de lo que se debía, no siempre tenían las regulaciones a la vista de la gente, y hacían falsas valoraciones y acusaciones (véase Lc. 3:12-13). Los funcionarios fiscales difícilmente eran candidatos elegibles para ser discipulados, ya que la mayoría de judíos en la época de Jesús los desecharía como quienes ansían más el dinero que la respetabilidad o la justicia (David E. Garland, *Mark,* NIV Application Commentary [Grand Rapids: Zondervan, 1996], p. 103).

Según parece el banco de los tributos de Mateo estaba ubicado cerca de la costa, lo que significa que probablemente cobraba peajes y tarifas de quienes participaban en el próspero comercio de la pesca.

A Jesús no le frenó el estigma social relacionado con la profesión de Mateo. Al contrario, deteniéndose **vio a Leví** que estaba **sentado al banco de los tributos públicos, y le dijo: Sígueme.** El Señor ya había emitido antes este mismo llamado imperativo a sus cuatro primeros discípulos (Mr. 1:16-20). Mateo debió haber quedado tan sorprendido como todos aquellos que presenciaron esta invitación. Sin duda, Mateo sabía quién era Jesús. El Señor había hecho de Capernaúm la sede de su ministerio (Mt. 4:13), y los rumores acerca de Él se habrían extendido por toda la región (Lc. 4:37). Lo que Mateo sabía de Jesús no se puede comparar con lo que Jesús sabía en cuanto a él (cp. Jn. 2:25). El Señor vio un paria desventurado, miserable y profundamente afligido por el peso de su culpa, y listo para arrepentirse. Que **Leví** fuera el tipo preciso de individuo a quien Jesús había venido a salvar se hizo evidente cuando no dudó en responder al llamado del Señor. Sin pensarlo dos veces, **levantándose, le siguió.** La pronta respuesta fue milagrosa, un reflejo de la obra sobrenatural de regeneración que se había llevado a cabo en su corazón. Según Lucas 5:28, Mateo, "dejándolo todo, se levantó y le siguió". Había sido un hombre del mundo, que había vendido su alma por una carrera lucrativa en una profesión despreciada y deshonesta. En ese momento Mateo fue transformado de ser un recaudador de impuestos amante del dinero, a ser un seguidor de Cristo amante de Dios (cp. Mt. 6:24). Todo lo que le controlaba la vida hasta ese momento no tenía ningún sentido. El dinero, el poder, y los placeres del mundo perdieron todo control sobre su corazón. Lleno de convicción, lo único que deseaba era perdón, y sabía que Jesús era el único que podía proporcionárselo. Ahora tenía un corazón nuevo, anhelos nuevos, y deseos nuevos (cp. 2 Co. 5:17). A diferencia del joven rico que escogió las riquezas temporales por encima de la vida eterna (cp. Mr. 10:21-22), Mateo, con el fin de seguir al Hijo de Dios que perdonaba, abandonó su banco de los tributos y la fortuna que había hecho.

Al dejar su carrera, Mateo entendía que no había vuelta atrás. Puesto que su vida de pecado se relacionaba con su profesión, su arrepentimiento tuvo repercusiones significativas. Su medio de vida ya no podía venir a través de la recaudación ilícita de impuestos. Al igual que Pablo, Mateo comprendió que "cuantas cosas eran para [él], ganancia, las [había] estimado como pérdida por amor de Cristo. Y ciertamente, aun [estimaba] todas las cosas como pérdida por la excelencia del conocimiento de Cristo Jesús, [su] Señor" (Fil. 3:7-8). El antiguo extorsionista, traidor y paria fue transformado en un discípulo. Aunque perdió su carrera, ganó una recompensa eterna y "una herencia incorruptible, incontaminada e inmarcesible, reservada en los cielos" (1 P. 1:4). Perdió posesiones materiales pero ganó la vida espiritual; perdió seguridad terrenal pero ganó un futuro celestial; perdió recompensa económica pero ganó una corona incorruptible de gloria (cp. 1 P. 5:4). Mateo pudo haber sido excluido de la sinagoga, pero fue aceptado por Dios y se le concedió salvación.

LA COMUNIDAD DE PECADORES

Aconteció que estando Jesús a la mesa en casa de él, muchos publicanos y pecadores estaban también a la mesa juntamente con Jesús y sus discípulos; porque había muchos que le habían seguido. (2:15)

La transformación de Mateo fu motivo para una celebración. Por gratitud llevó a cabo en su casa una gran recepción para **Jesús** (cp. Lc. 5:29), por lo que **muchos publicanos y pecadores estaban también** allí. A fin de dar cabida a tan considerable reunión, la casa de Mateo debió haber sido grande, indicativo este de la lucrativa naturaleza de su profesión como recaudador de impuestos. La celebración se centró en una fiesta, en la que Jesús era el invitado de honor. El Señor estaba **a la mesa** en **casa** de Mateo, quien se hallaba rodeado de sus sórdidos amigos **juntamente con Jesús y sus discípulos.** Los compañeros de Mateo eran sobre todo **publicanos y pecadores.** El grupo habría incluido conocidos criminales, ladrones, matones, ejecutores y prostitutas, todos ellos parte de la cadena de parias de la que el mismo Mateo había formado parte. Desde la perspectiva de los farisaicos dirigentes religiosos, estas personas representaban la escoria de la sociedad. Desde el punto de vista de Jesús, componían el campo misionero. Eran pecadores y lo sabían, el mismo tipo de individuos a quienes Él había venido a buscar y a salvar.

El hecho de que Jesús estuviera **a la mesa** con ellos sugiere una prolongada comida en la cual habrían tenido bastante tiempo para conversar y debatir. Ningún rabino respetable habría partido jamás el pan con tal grupo de malhechores sociales y marginados religiosos, mucho menos hubiera asistido al evento. En Israel del siglo I, compartir una comida juntos era una declaración de aceptación social y amistad. Que el Mesías comiera con este tipo de sujetos era más que escandaloso en las mentes de los líderes religiosos.

El versículo 15 contiene la primera aparición de la palabra **discípulos** (*mathētēs* en griego) en el Evangelio de Marcos. La expresión significa "aprendiz" y puede aplicarse específicamente a los doce (cp. Mt. 10:1), o en un sentido más general a todos los seguidores de Jesús (cp. Mt. 8:21-22; Jn. 6:66; 8:31). En este caso incluía a Pedro, Andrés, Jacobo y Juan, a quienes el Señor llamó en 1:16-20, junto con Mateo. También había muchos otros que estaban comenzando a seguir a Jesús. Al hablar de aquellos que cenaban con el Señor en el banquete, Marcos explica que **había muchos que le habían seguido.** La dramática conversión de Mateo fue un ejemplo para muchos otros que creyeron en Jesús ese día. Al igual que Mateo el recaudador de impuestos, ellos vivían al margen de la sociedad y conformaban una comunidad de pillos pecadores. Sin embargo, por la gracia de Dios fueron transferidos del reino de las tinieblas al reino de la salvación (Col. 1:13).

El banquete en la casa de Mateo se convirtió en un avivamiento. Resultó ser una celebración realizada en honor a Jesús y para proclamar la historia de perdón, mientras Mateo contaba su historia y el Señor interactuaba personalmente con los amigos de su anfitrión. A esa multitud formada por los personajes más desagradables de la sociedad, considerados insalvables por el sistema religioso, Jesús les ofreció amistad con el propósito de salvarlos. Estos eran pecadores necesitados de la gracia de Dios. El Mesías mismo les extendió esa gracia, y muchos de ellos creyeron en Él.

EL DESPRECIO DE LOS QUE SE CREÍAN JUSTOS Y BUENOS

Y los escribas y los fariseos, viéndole comer con los publicanos y con los pecadores, dijeron a los discípulos: ¿Qué es esto, que él come y bebe con los publicanos y pecadores? (2:16)

Tras ser testigos de lo sucedido en el banco de los tributos (v. 14), **los fariseos** siguieron a Jesús cuando Él y sus discípulos se dirigían a casa de Mateo. Tuvieron mucho cuidado en asegurarse que nada de Jesús escapara al escrutinio que le estaban haciendo. Aunque ellos se negaban a contagiarse entrando, vieron a Jesús comiendo **con los publicanos y con los pecadores.** Sin poder reprimir la indignación ante tan escandalosa irregularidad, **los escribas y los fariseos** expresaban su desprecio desde el exterior de la casa. Al parecer esperaron hasta que el banquete acabara, entonces "murmuraban" (Lc. 5:30) y **dijeron a los discípulos: ¿Qué es esto, que él come y bebe con los publicanos y pecadores?**

Los escribas y los fariseos eran expertos en la ley mosaica y en las innumerables tradiciones humanas que su secta había desarrollado a lo largo de los siglos. (Para obtener información general sobre los escribas y fariseos, véase el capítulo 7 de este volumen). Ellos afirmaban ser santos, pero en realidad su moralidad solo era superficial. Su justicia no era consecuencia de la transformación del corazón realizada por Dios, sino que era una justicia externa e hipócrita que consistía tan solo en guardar reglas, juzgar a los demás, y hacer espectáculo externo. Los fariseos esperaban que Jesús y sus discípulos observaran sus prescripciones legalistas y regulaciones extrabíblicas. Al no hacerlo, reaccionaban con ira y resentimiento.

La pregunta que hicieron a los discípulos no nació de curiosidad, sino del desprecio. Su tono no fue inquisitivo, sino de acusación y venganza. Era claramente retórico, pensado como un acervo reproche por lo que veían como una conducta despreciable por parte de Jesús. La frase **come y bebe** simbolizaba aceptación, bienvenida y amistad. El hecho de que Jesús comiera con un grupo de tan mala reputación de reprobados inmundos enfurecía los corazones vengativos de estos líderes religiosos. Es más, los fariseos se enorgullecían de mantenerse estrictamente separados de toda esa gente.

Irónicamente, las actitudes críticas de los fariseos pusieron al descubierto la verdadera naturaleza de su religión hipócrita. Con gran arrogancia se consideraban espiritualmente íntegros, cuando en realidad estaban espiritualmente ciegos y desvalidos. Muchos de aquellos a los que condenaban como pecadores eran realmente los que habían recibido el regalo divino de salvación por medio de la fe en Cristo. Desprovistos de gracia, los fariseos se aferraban a un sistema espiritualmente muerto de legalismo superficial. En respuesta, Jesús rechazó su apostasía santurrona y en cambio se enfocó en personas que reconocían con humildad sus pecados y se arrepentían de estos.

LA CONDENA DE PARTE DEL SALVADOR

Al oír esto Jesús, les dijo: Los sanos no tienen necesidad de médico, sino los enfermos. No he venido a llamar a justos, sino a pecadores. (2:17)

Al oír la protesta de los escribas y fariseos, **Jesús les** contestó con un reproche punzante de su parte. **Les dijo: Los sanos no tienen necesidad de médico, sino los enfermos. No he venido a llamar a justos, sino a pecadores.** Lucas señala que Jesús agregó las palabras "al arrepentimiento" (Lc. 5:32) después de la expresión "pecadores". Mateo explica que Jesús también declaró: "Id, pues, y aprended lo que significa: Misericordia quiero, y no sacrificio" (Mt. 9:13). Al juntar los relatos de Mateo, Marcos y Lucas es evidente que la respuesta de Jesús constó de tres partes.

Primera, Jesús utilizó una analogía médica para ilustrar la naturaleza compasiva de su ministerio hacia personas pecadoras. Los fariseos fácilmente habrían estado de acuerdo en que los recaudadores de impuestos y los pecadores como Mateo estaban espiritualmente **enfermos.** A la luz de la condición que mostraban, era obvio que tales pecadores estaban necesitados de cuidados espirituales críticos. ¿Quién entonces podría argumentar que el Gran Médico no debería ayudarles en su desesperado estado? La ilustración de Jesús desenmascaró los corazones endurecidos de los fariseos, porque ellos habrían preferido que Él evitara a los pecadores en lugar de ayudarles. La analogía del Señor también puso al descubierto la ceguera espiritual de los fariseos al destacar el hecho evidente de que solo aquellos que reconocen que están **enfermos** buscan la ayuda de un **médico. Los** que creen estar **sanos** no ven ninguna razón para ver al **médico.** Debido a que los fariseos se habían engañado al pensar que disfrutaban de vitalidad espiritual, cuando en realidad estaban espiritualmente muertos (cp. Ef. 2:1-3), no estaban dispuestos a ver la verdadera vida en Cristo.

Segunda, Jesús contestó a los fariseos a partir de las Escrituras del Antiguo

Testamento. Según Mateo 9:13, les declaró a los escribas: "Id, pues, y aprended lo que significa: Misericordia quiero, y no sacrificio". La frase "Id, pues, y aprended" era una expresión rabínica usada para reprender la insensata ignorancia. La autoridad de esa frase no habría pasado desapercibida para los escribas, quienes eran rabinos. La cita bíblica "misericordia quiero, y no sacrificio" viene de Oseas 6:6, y establece la verdad de que a Dios le interesa más un corazón misericordioso que la observancia dura e hipócrita de rituales externos (cp. Pr. 21:3; Is. 1:11-17; Am. 5:21-24; Mi. 6:8). Dios le dijo a Samuel: "Jehová no mira lo que mira el hombre; pues el hombre mira lo que está delante de sus ojos, pero Jehová mira el corazón" (1 S. 16:7; cp. 15:22). El legalismo insensible puede parecer santo por fuera, pero no agrada a Dios que examina los pensamientos y las intenciones. En su falta de voluntad para mostrar misericordia a los demás, los fariseos dejaron ver la condición corrupta de sus corazones de piedra. Aunque afirmaban guardar de modo riguroso la ley, el uso que el Señor hizo de Oseas 6:6 puso al descubierto su incapacidad de hacerlo. Ellos se enorgullecían de observar la letra de la ley porque realizaban con diligencia sacrificios y ceremonias. Habían negado por completo el espíritu de la ley, como lo demostraba su renuencia a extender gracia y misericordia a aquellos que las necesitaban (cp. Mt. 5:7; Lc. 6:36; Stg. 2:13).

Tercera, Jesús reiteró el propósito de su ministerio cuando declaró: **No he venido a llamar a justos, sino a pecadores.** En otras palabras, la misión salvadora del Señor no estaba dirigida hacia los que eran autosuficientes, sino más bien hacia los que sabían que no eran justos. Jesús **no** había **venido a llamar a** legalistas hipócritas a su reino. Al contrario, vino para salvar a aquellos que sabían que eran **pecadores.** Los fariseos, por supuesto, se consideraban **justos,** en consecuencia suponían con arrogancia que no necesitaban arrepentirse (cp. Lc. 15:7). El autoengaño en que se hallaban dio lugar a un fatal diagnóstico erróneo que ellos mismos hicieran de su condición espiritual. En sus propias mentes eran santos, pero en realidad estaban más perdidos que los recaudadores de impuestos que sabían que eran rechazados por Dios. Jesús clarificó muy bien este punto a lo largo de su ministerio. En una ocasión diferente,

> *A unos que confiaban en sí mismos como justos, y menospreciaban a los otros, dijo también esta parábola: Dos hombres subieron al templo a orar: uno era fariseo, y el otro publicano. El fariseo, puesto en pie, oraba consigo mismo de esta manera: Dios, te doy gracias porque no soy como los otros hombres, ladrones, injustos, adúlteros, ni aun como este publicano; ayuno dos veces a la semana, doy diezmos de todo lo que gano. Mas el publicano, estando lejos, no quería ni aun alzar los ojos al cielo, sino que se golpeaba el pecho, diciendo: Dios, sé propicio a mí, pecador. Os digo que éste descendió a su casa justificado antes que el otro; porque cualquiera que se enaltece, será humillado; y el que se humilla será enaltecido (Lc. 18:9-14).*

Dios busca a aquellos que reconocen su pecaminosidad, claman por misericordia y dependen totalmente de la gracia divina. Al contrario, los fariseos estaban tan lejos de Dios que, aunque podían identificar a otras personas como pecadoras, no eran capaces de reconocer su propia condición miserable.

Mientras los líderes religiosos no tenían misericordia de aquellos a quienes consideraban menos santos que ellos, el Señor Jesús extendió la gracia de Dios a todos los que sinceramente lo buscaban en fe (cp. Jn. 6:37). Puesto que creían que eran justos, los fariseos se negaban a mostrar compasión hacia otros. Dado que Jesús es verdaderamente justo, demostró bondadosamente la compasión y el amor de Dios hacia los pecadores. Mientras que Jesús suplió las necesidades de los espiritualmente desesperados, los escribas y fariseos se enfurecieron con odio contra Él. Sin embargo, a pesar de las protestas que ellos hicieron, el compasivo Gran Médico extendió con gusto el perdón a pecadores arrepentidos y los recibió en su reino de salvación. Él sigue haciéndolo hoy día (cp. 2 Co. 6:2). Con Jesús, donde el pecado abunda la gracia abunda aún más.

La Iglesia de Jesucristo no está formada de gente perfecta, sino de pecadores perdonados. Los creyentes saben que no son justos y que no pueden llegar a serlo por su propio poder. Más bien, se les ha concedido la misma justicia de Dios como un don de gracia por medio de la fe en Cristo (cp. Ro. 3:21-26; 4:5; 2 Co. 5:21). Basándose en la obra consumada de Cristo han sido perdonados y aceptados por Dios, siendo trofeos de la gracia divina para toda la eternidad (cp. Ro. 9:23). Como Pablo dijera a los cristianos en Corinto:

> *¿No sabéis que los injustos no heredarán el reino de Dios? No erréis; ni los fornicarios, ni los idólatras, ni los adúlteros, ni los afeminados, ni los que se echan con varones, ni los ladrones, ni los avaros, ni los borrachos, ni los maldicientes, ni los estafadores, heredarán el reino de Dios. Y esto erais algunos; mas ya habéis sido lavados, ya habéis sido santificados, ya habéis sido justificados en el nombre del Señor Jesús, y por el Espíritu de nuestro Dios (1 Co. 6:9-11).*

Carácter distintivo y exclusivo del evangelio 9

Y los discípulos de Juan y los de los fariseos ayunaban; y vinieron, y le dijeron: ¿Por qué los discípulos de Juan y los de los fariseos ayunan, y tus discípulos no ayunan? Jesús les dijo: ¿Acaso pueden los que están de bodas ayunar mientras está con ellos el esposo? Entre tanto que tienen consigo al esposo, no pueden ayunar. Pero vendrán días cuando el esposo les será quitado, y entonces en aquellos días ayunarán. Nadie pone remiendo de paño nuevo en vestido viejo; de otra manera, el mismo remiendo nuevo tira de lo viejo, y se hace peor la rotura. Y nadie echa vino nuevo en odres viejos; de otra manera, el vino nuevo rompe los odres, y el vino se derrama, y los odres se pierden; pero el vino nuevo en odres nuevos se ha de echar. (2:18-22)

El evangelio del Señor Jesucristo es único, incomparable y exclusivo. No puede coexistir con ningún sistema religioso alternativo. De la misma manera que el agua no puede estar mezclada con veneno y seguir siendo segura para beber, así también el mensaje del agua de vida (cp. Jn. 4:14) no puede estar mezclado con el error y seguir reteniendo su carácter salvador. Charles Spurgeon, el reconocido pastor del siglo XIX, expresó la exclusividad del evangelio con estas palabras inimitables:

> ¿Ha notado usted alguna vez la intolerancia de la religión de Dios?... Mil errores podrían vivir en paz unos con otros, pero la verdad es el martillo que los rompe a todos en pedazos. Un centenar de religiones mentirosas pueden dormir en paz en una cama, pero siempre que la religión cristiana va como la verdad, es como una antorcha ardiendo, y no tolera nada que no sea más sustancial que la madera, el heno, y el rastrojo del error carnal. Todos los dioses de los paganos, y todas las demás religiones nacen del infierno, y por consiguiente, al ser hijos del mismo padre, parecería fuera de lugar que se enemistaran, se reprendieran y se pelearan; pero la religión de Cristo es algo de Dios. Su linaje es de lo alto, y, por tanto, una vez que es metida en medio de una

> generación impía y contradictoria no tiene paz, ni acuerdos verbales, ni tratados con la falsedad, porque es veraz y no puede darse el lujo de ser uncida con el error. Se sostiene en sus propios derechos, y da al error su merecido, declarando que no hay salvación sino en la verdad, y que solo en la verdad se encuentra salvación (Charles Spurgeon, "El camino de salvación", sermón no. 209, predicado el 15 de agosto de 1858).

La exclusividad absoluta del evangelio cristiano es contraria a la mentalidad pluralista de la cultura contemporánea. La diversidad religiosa, el relativismo y el ecumenismo son celebrados por el mundo. En consecuencia, lo más probable es que la gente de nuestra sociedad no tolere a quienes son suficientemente valientes para declarar que solo el cristianismo es irrefutable y que todas las demás religiones son falsas.

Donde la sociedad celebra ambigüedad, la Biblia exige certeza absoluta. La Biblia es clara en que solo hay un Dios, una revelación autorizada escrita, y un camino de salvación. Jesús mismo no pudo haberlo declarado más directamente de lo que hizo en Juan 14:6. Hablando de la salvación, manifestó: "Yo soy el camino, y la verdad, y la vida; *nadie viene al Padre, sino por mí*" (cursivas añadidas). El apóstol Pedro repitió esa verdad en Hechos 4:12: "Y en ningún otro hay salvación; porque no hay otro nombre bajo el cielo, dado a los hombres, en que podamos ser salvos". Muchos otros textos bíblicos resaltan la singularidad y exclusividad del evangelio cristiano (cp. Hch. 10:43; 1 Co. 16:22; Gá. 1:9; 1 Ti. 2:5), incluyendo esta sección del Evangelio de Marcos (2:18-22). Estos versículos proporcionan una declaración inequívoca de la estrechez del evangelio, más específicamente frente al contexto del judaísmo apóstata, pero por extensión en contraste con cualquier otro falso sistema de religión.

En la sección anterior (2:13-17), la invitación que el Señor le hiciera a Leví (Mateo) representó una violación incomprensible de la decencia cultural y el deber religioso, al menos en lo que atañía a los escribas y fariseos. Ellos se negaban a tener algo que ver con cobradores de impuestos, a quienes veían como traidores y marginados. Los fariseos adoptaron una religión de separación externa y de santidad superficial, asegurándose de no relacionarse con aquellos a quienes consideraban pecadores. Sin embargo, Jesús hizo caso omiso de tales estereotipos legalistas y estipulaciones artificiales. De modo deliberado tendió la mano a la escoria de la sociedad porque, como Él mismo afirmó, "los sanos no tienen necesidad de médico, sino los enfermos. No he venido a llamar a justos, sino a pecadores" (v. 17).

El llamamiento que hizo Jesús a un recaudador de impuestos para ser su discípulo produjo un irritante impacto, especialmente en los escribas y fariseos. Ya que la invitación del Señor a Mateo fue pública, teniendo lugar mientras Él pasaba por el banco de los tributos donde Mateo estaba sentado, constituyó una flagrante violación a la conducta rabínica apropiada, confirmando en las mentes de los líderes religiosos judíos que Jesús representaba una grave amenaza a la forma de judaísmo que exhibían. Convencidos de que su religión provenía de Dios, alegaron que Satanás facultaba a Jesús (cp. Mt. 12:24). La percepción que tenían no podía ser más opuesta. La verdadera religión del Antiguo Testamento se cumplía en el Señor Jesucristo. El judaísmo que rechazaba al Señor era una religión falsa. No obstante, a pesar de su autoengaño y apostasía, los escribas y fariseos entendían correctamente que el mensaje que Jesús predicaba era totalmente incompatible con el sistema que ellos promovían. Es más, sabían que Jesús era tan antagonista hacia ellos que debían terminar eliminándolo.

Los tres escritores de los sinópticos narraron esta conversación entre Jesús y aquellos que lo cuestionaban (cp. Mt. 9:14-17; Lc. 5:33-39), y los tres la ubican inmediatamente después del llamado a Mateo. La secuencia cronológica no es accidental. Poco antes de esto Jesús había sorprendido a la multitud cuando declaró que Él tenía la autoridad para perdonar pecados (Mr. 2:10). Entonces demostró su disposición a extender ese perdón a pecadores al llamar a un recaudador de impuestos a que lo siguiera como uno de los discípulos, e incluso al compartir una comida en la casa del publicano con sus compañeros (vv. 13-17). Por medio de sus acciones Jesús dejó en claro que el contenido de su predicación era diametralmente opuesto a todo lo que los escribas y fariseos representaban. Mientras estos expresaban un camino de salvación a través de esfuerzos de justicia propia y de obras legalistas, el evangelio de Jesucristo se centraba en la gracia divina que se otorgaba a quienes creían en Él, a aquellos que con humildad suplicaban misericordia y se arrepentían de su pecado (cp. Lc. 18:9-14). El mensaje de perdón y arrepentimiento de Jesús fue rechazado por los santurrones, que con arrogancia moral suponían que no lo necesitaban; pero fue recibido de buena gana por aquellos que sabían que no eran justos. Por tanto, Jesús centró su ministerio en ser amigo de pecadores (Mt. 11:19).

Es después de esos episodios anteriores que Jesús explica lo incompatible que su mensaje era con el judaísmo apóstata, y por extensión con cualquier sistema religioso de fabricación humana. El pasaje contiene tres elementos simples: una acusación crítica, una respuesta correctiva y unas analogías aclaratorias.

UNA ACUSACIÓN CRÍTICA

Y los discípulos de Juan y los de los fariseos ayunaban; y vinieron, y le dijeron: ¿Por qué los discípulos de Juan y los de los fariseos ayunan, y tus discípulos no ayunan? (2:18)

El conflicto entre los fariseos y Jesús giraba alrededor de preguntas relacionadas con la enseñanza o la conducta de Cristo. Cada vez que el Señor o sus discípulos decían o hacían algo opuesto a las tradiciones y reglamentos de ellos, los fariseos se apresuraban a lanzar su protesta en forma de una pregunta. En esta ocasión el grupo de inquisidores también incluía algunos de los discípulos de Juan el Bautista. El relato paralelo en Mateo se enfoca exclusivamente en los discípulos de Juan (Mt. 9:14), mientras que la narración de Lucas se centra en los fariseos (Lc. 5:33). Según explica Marcos, representantes de ambos grupos participaron en este encuentro con Jesús.

La presencia de **los discípulos de Juan** junto con **los fariseos** es sorprendente a la luz del firme testimonio de Juan con relación a Jesús (cp. Jn. 1:29; 3:28-30; 5:33). Como precursor del Mesías, Juan el Bautista audazmente señaló a sus seguidores hacia Jesús (cp. Mr. 1:7; Jn. 1:36-37), e incluso bautizó al Señor después de proclamar fielmente su llegada (1:9-11). En esa ocasión el profeta vio descender al Espíritu Santo y oyó la afirmación de la voz del Padre (Mt. 3:13-17). Además, Juan no había dudado en enfrentarse a los escribas y fariseos (cp. Mt. 3:7). ¿Por qué entonces en esta ocasión algunos de sus seguidores se unieron a los fariseos para cuestionar a Jesús?

La respuesta podría implicar una cantidad de factores. Quizás este grupo de discípulos ignoraba el hecho de que Jesús era aquel cuya venida Juan había predicho. Juan ministró a cientos de personas, cuando multitudes viajaban desde Jerusalén y de todo Israel para oírle predicar en el desierto y ser bautizados por él en el río Jordán (cp. 1:5). No todos sus seguidores habrían estado presentes cuando Juan bautizó a Jesús. Muchos no habrían presenciado ese milagroso acontecimiento, ni habrían oído el claro testimonio relacionado con Jesús ese día. Casi treinta años después del bautismo de Jesús, el apóstol Pablo encontró a un grupo de discípulos de Juan que aún no sabían que Jesús era aquel a quien apuntaba el ministerio de Juan (Hch. 19:1-7). También es posible que estos discípulos estuvieran motivados por sentimientos de celos hacia Jesús. Aunque Juan no sentía personalmente rivalidad hacia Jesús (cp. Jn. 3:30), algunos de los discípulos del profeta eran menos entusiastas acerca de la creciente popularidad de Jesús (Jn. 3:26; 4:1). Quizás sentimientos similares de contención motivaba a estos seguidores de Juan. Por su parte, Juan el Bautista ya estaba en prisión (Lc. 3:20), lo cual significaba que no estaba disponible para corregir la ignorancia equivocada o el celo inapropiado de los que le eran leales.

Cabe señalar que el bautismo de Juan era un bautismo de arrepentimiento que significaba un renovado compromiso espiritual. Los que respondieron al mensaje de Juan estaban testificando acerca de su deseo de volverse del pecado en preparación para la venida del Mesías. Después de ser bautizados por Juan en el desierto, regresaron a casa más conscientes en cuanto a asuntos espirituales y observancias religiosas (como el ayuno). Por tanto, algunos habrían gravitado de forma natural hacia los escribas y fariseos, que externamente parecían tomar en serio la religión.

Cualesquiera que fueran las razones específicas para relacionarse con los dirigentes religiosos en esta ocasión, algunos discípulos de Juan estaban presentes cuando los fariseos le hicieron una pregunta a Jesús. Ambos grupos observaban diligentemente las tradiciones religiosas con relación al ayuno; y los dos grupos se preocuparon cuando vieron que los seguidores de Jesús no **ayunaban.** El hecho de que Jesús y sus discípulos acabaran de asistir a un banquete en casa de Mateo (vv. 15-16) solo aumentó la consternación de los fariseos y de los discípulos de Juan. Comer con recaudadores de impuestos y pecadores, cuando la costumbre requería un ayuno, hizo más que dejarlos pensativos. Despertó serias dudas. Desde luego, es posible que los discípulos de Juan pudieran simplemente haber querido saber por qué Jesús aprobaba tal conducta de parte de sus seguidores. Pero era evidente que una cierta animosidad fue lo que motivó a los fariseos que los acompañaban. La pregunta que hicieron no expresa un deseo de información, más bien tenía como objetivo un punzante reproche. Indignados, **vinieron, y le dijeron: ¿Por qué los discípulos de Juan y los de los fariseos ayunan, y tus discípulos no ayunan?**

El ayuno, la oración y las limosnas eran expresiones comunes de piedad en el judaísmo, que muchos realizaban en público, lo que proporcionaba a los fariseos una plataforma para hacer alarde de su falsa y ostentosa devoción. Jesús había confrontado directamente tal espiritualidad superficial en el Sermón del Monte, donde enseñó que ayunar, orar y dar limosnas se debía hacer en secreto, para honrar a Dios y no para impresionar a los demás (cp. Mt. 6:2-6, 16-18).

Alardear con frecuencia mientras ayunaban era otro ejemplo de cómo los fariseos añadían sus propias tradiciones superficiales a la ley de Dios. La ley mosaica ordenaba solo un ayuno anual, pero los fariseos ayunaban con orgullo dos veces por semana (Lc. 18:12), los lunes y jueves. De acuerdo con Levítico 16:29-31, los israelitas debían afligir sus almas el día de la expiación. Tal acto de abnegación incluía abstenerse de comer, haciendo de este día el único día de ayuno obligatorio en el Antiguo Testamento. Debido a que el día de la expiación estaba reservado para lamentarse por el pecado, se consideraba inapropiado comer. Además, el Antiguo Testamento menciona otros ayunos no obligatorios (p. ej., Jue. 20:26; 1 S. 7:6; 31:13; 2 S. 1:12; 12:16; 1 R. 21:27; 2 Cr. 20:3; Esd. 8:21, 23; Neh. 1:4; 9:1; Est. 4:1-3; Sal. 69:10; Dn. 9:3; Jl. 1:13-14; 2:12, 15), que eran voluntarios y se relacionaban con el dolor y la tristeza por el pecado, y con la búsqueda sincera de comunión con Dios. Los ayunos motivados por fariseísmo orgulloso o por ritualismo insensible eran totalmente rechazados por Dios (cp. Is. 58:3-4).

El hecho de que los escribas y fariseos hubieran añadido su propia súper estructura superficial a la ley de Dios (cp. Mt. 15:9) quedó revelado por la pregunta que plantearon. El verdadero origen de su indignación no era que los discípulos de Jesús estuvieran violando la ley de Dios, sino que estaban dejando de observar tradiciones y reglas hechas por hombres. Fue hipocresía y legalismo, no santidad o amor por Dios, lo que motivó el enfrentamiento de los dirigentes religiosos.

UNA RESPUESTA CORRECTIVA

Jesús les dijo: ¿Acaso pueden los que están de bodas ayunar mientras está con ellos el esposo? Entre tanto que tienen consigo al esposo, no pueden ayunar. Pero vendrán días cuando el esposo les será quitado, y entonces en aquellos días ayunarán. (2:19-20)

La pregunta de reproche merecía una respuesta, que Jesús se apresuró a dar. En lugar de pedir disculpas por haber ocasionado un agravio, el Señor intensificó el conflicto con el fin de poner al descubierto la condición espiritual de quienes hacían la pregunta. La respuesta eliminó simultáneamente la ignorancia que pudo haber existido de parte de los discípulos de Juan, y enfrentó la indignación que motivaba a los fariseos y escribas. Los fariseos acusaban a Jesús de infringir las reglas y los rituales del judaísmo. Jesús respondió señalando que en realidad ellos eran los que infringían los propósitos salvadores de Dios. En primer lugar, si hubieran reconocido que Jesús era el Mesías, nunca habrían planteado su pregunta.

El Señor utilizó la ilustración de una fiesta de bodas para dar a conocer su opinión. **¿Acaso pueden los que están de bodas ayunar mientras está con ellos el esposo?** La pregunta retórica resaltaba una verdad espiritual incontrovertible. Ayunar era para momentos de dolor y afligida reflexión, pero una boda era un acaecimiento gozoso y festivo (cp. Mt. 9:15). **Los que están de bodas,** los amigos más cercanos del esposo, eran los responsables de la ejecución de los planes de boda. Una típica boda judía antigua duraba hasta siete días, con la celebración inicial una vez que llegaban el esposo y sus acompañantes. **Ayunar** en una boda habría sido inapropiado y ofensivo, hasta el punto en que antiguas reglas rabínicas prohibían esa práctica. Las palabras de Jesús fueron enfáticas: **Entre tanto que tienen consigo al esposo, no pueden ayunar.** Que un miembro de la fiesta de bodas llorara en tan gozosa ocasión habría sido tan ridículo como incorrecto. Por tanto, era igualmente ridículo pensar que los discípulos de Jesús deberían ayunar y lamentarse mientras el Mesías estuviera en medio de ellos.

Jesús usó la expectativa y la euforia que acompaña a una boda para ilustrar el gozo que rodea su propia presencia. Aunque habría sido aceptable ayunar en preparación y anticipación de la llegada del Mesías, no era apropiado hacerlo cuando Él llegara. Su tan esperada llegada debía ser un tiempo de celebración y regocijo. Aunque el Antiguo Testamento no se refiere directamente al Mesías como el esposo, sí lo hace de manera indirecta al referirse a Israel como la esposa del Señor (cp. Is. 62:4-5; Jer. 2:2; Os. 2:16-20). Jesús estaba enriqueciendo esa imagen refiriéndose a sí mismo como el esposo (cp. Mt. 9:15; 25:1-13; Lc. 5:34-35; Jn. 3:29). El Nuevo Testamento desarrolla aún más esa imagen de Jesús cuando describe a la Iglesia como la esposa de Cristo (cp. Ef. 5:32; Ap. 19:7; 21:2, 9; 22:17).

La declaración de Jesús acerca del gozo de una fiesta de bodas termina con una nota amenazante: **Pero vendrán días cuando el esposo les será quitado, y entonces en aquellos días ayunarán.** La celebración de los discípulos tendría un súbito final cuando el esposo fuera arrebatado inesperadamente. El verbo *apairō* (**quitado**) transmite la idea de una extirpación repentina y violenta, y sirve como una clara referencia a la crucifixión de Jesús (cp. Is. 53:8). En ese momento estarían justificados el lamento y el dolor. La noche antes de su muerte, en el aposento alto Jesús les dijo a sus discípulos:

> *De cierto, de cierto os digo, que vosotros lloraréis y lamentaréis, y el mundo se alegrará; pero aunque vosotros estéis tristes, vuestra tristeza se convertirá en gozo. La mujer cuando da a luz, tiene dolor, porque ha llegado su hora; pero después que ha dado a luz un niño, ya no se acuerda de la angustia, por el gozo de que haya nacido un hombre en el mundo. También vosotros ahora tenéis tristeza; pero os volveré a ver, y se gozará vuestro corazón, y nadie os quitará vuestro gozo (Jn. 16:20-22).*

La tristeza de los discípulos en la cruz fue profunda, pero se transformó en alegría inconmensurable exactamente tres días después cuando Jesús resucitó de la tumba. Después de la ascensión de Jesús al cielo, sus discípulos ayunaron, pero solo como un acto voluntario de humilde dependencia en Dios (cp. Hch. 13:2-3; 14:23).

Los discípulos inicialmente no entendieron las predicciones de Cristo en cuanto a su sufrimiento y su muerte (cp. Mr. 9:31-32), y esta es la primera de tales referencias en el Evangelio de Marcos. Sin embargo, el sacrificio expiatorio de Jesús en la cruz fue central para su misión terrenal: resultó en una parte integral del evangelio del perdón que Él predicó. Así lo explicó Pablo en 1 Corintios 15:1-4:

> *Os declaro, hermanos, el evangelio que os he predicado, el cual también recibisteis, en el cual también perseveráis; por el cual asimismo, si retenéis la palabra que os he predicado, sois salvos... Porque primeramente os he enseñado lo que asimismo recibí: Que Cristo murió por nuestros pecados, conforme a las Escrituras; y que fue sepultado, y que resucitó al tercer día, conforme a las Escrituras.*

La celebración experimentada por aquellos en la fiesta de bodas en el cielo solo es posible porque el esposo estuvo dispuesto a morir por sus amigos (cp. Jn. 10:11; Ro. 5:6-11).

La enseñanza de Jesús a sus interrogadores fue simplemente esta: el judaísmo en su nivel más devoto, como lo ilustraban los escribas y fariseos, estaba totalmente alejado del plan de salvación de Dios. Ellos lloraban cuando deberían haber estado regocijándose, porque habían rechazado a Jesús el Salvador y se aferraban a sus propias reglas y regulaciones para ganar la salvación. En consecuencia, no tenían nada en común con Él. Ellos estaban consumidos por la arrogancia moral; Jesús predicó gracia divina. Ellos negaron ser pecadores; Él predicó arrepentimiento del pecado. Ellos estaban orgullosos de su religiosidad; Él predicó humildad. Ellos se dedicaron a ceremonias y tradiciones externas; Él predicó un corazón transformado. Ellos buscaban el aplauso de los hombres; Él ofreció la aprobación de Dios. Ellos tenían rituales muertos; Él ofreció una relación dinámica. Ellos promovían un sistema; Él proporcionó salvación.

UNAS ANALOGÍAS ACLARATORIAS

Nadie pone remiendo de paño nuevo en vestido viejo; de otra manera, el mismo remiendo nuevo tira de lo viejo, y se hace peor la rotura. Y nadie echa vino nuevo en odres viejos; de otra manera, el vino nuevo rompe los odres, y el vino se derrama, y los odres se pierden; pero el vino nuevo en odres nuevos se ha de echar. (2:21-22)

El Señor ilustró aún más lo que estaba diciendo por medio de varias analogías o "parábolas" (Lc. 5:36). Mateo (9:16-17) y Marcos (2:21-22) relatan las primeras dos de estas metáforas, mientras Lucas incluye una tercera (cp. Lc. 5:39). Juntas ejemplifican la singularidad absoluta del evangelio, demostrando el hecho de que el verdadero mensaje de salvación es totalmente incompatible con cualquier sistema falso de obras de justicia, incluso el legalismo judaico.

Primero, Jesús explicó que **nadie pone remiendo de paño nuevo en vestido viejo; de otra manera, el mismo remiendo nuevo tira de lo viejo, y se hace peor la rotura.** Reparar una túnica vieja con un pedazo de tela nueva que no ha encogido sería poco aconsejable. No solo que el remiendo nuevo no coincidiría con el color desteñido de la tela vieja (cp. Lc. 5:36), sino que se encogería cuando la prenda se lavara y encogiera, provocando una rotura. El planteamiento de nuestro Señor era que su evangelio de arrepentimiento del pecado no se podía remendar con el tradicionalismo legalista del judaísmo farisaico. El verdadero evangelio no puede unirse con éxito a la prenda hecha jirones de la religión superficial usada tan orgullosamente por los escribas y fariseos. Los rituales y las ceremonias del judaísmo apóstata eran como trapos de inmundicia (Is. 64:6); estaban más allá de ser reparados. Jesús no vino con un mensaje para remendar el antiguo sistema, sino para reemplazarlo totalmente.

Es importaba señalar que el vestido viejo al que Jesús alude no es ni la ley mosaica ni el Antiguo Testamento como un todo. Jesús no vino para anular la ley, sino para cumplirla (Mt. 5:17-19). Además, el apóstol Pablo explica que la ley de Dios es justa y buena (Ro. 7:16). Los dirigentes judíos habían añadido sus propias estipulaciones y tradiciones rabínicas a la ley de Dios, hasta el punto en que el judaísmo tenía más que ver con guardar prescripciones extrabíblicas que con honrar los requerimientos divinos. El vestido viejo es el sistema legalista de la tradición rabínica que había ensombrecido la ley de Dios (cp. Mt. 15:3-6). Jesús no estaba interesado en reparar la religión de los fariseos. Las buenas nuevas de salvación por gracia mediante la fe en Él no se podía combinar con las obras de justicia del judaísmo.

La segunda analogía de Jesús repitió esa misma enseñanza. Les declaró a sus oyentes: **Y nadie echa vino nuevo en odres viejos; de otra manera, el vino nuevo rompe los odres, y el vino se derrama, y los odres se pierden; pero el vino nuevo en odres nuevos se ha de echar.** Así como un pedazo de tela nueva sin encogerse destruiría la prenda vieja, así también el vino destruiría los odres viejos. En el antiguo Israel el vino se añejaba en recipientes hechos de cuero de animal (cp. Jos. 9:4, 13). A menudo se utilizaban pieles de cabra. El cuero del animal no se cortaba excepto en las patas y el cuello, y a veces se volteaba al revés. Entonces se sellaban las aberturas de las patas y se utilizaba el cuello como un pico, por tanto el vino se podía verter fácilmente dentro o fuera. Cuando el vino nuevo comenzaba a fermentar liberaba gas que hacía que las pieles de cuero se expandieran. Un odre viejo, al haber perdido su elasticidad, se podía romper durante el proceso de fermentación. En consecuencia, el vino se derramaría y el envase se destruiría. Para evitar esto, el vino nuevo debía ponerse en odres nuevos, contenedores que tuvieran la fortaleza y la flexibilidad para mantenerse firmes durante la fermentación del vino.

Al igual que la primera ilustración, que demostraba que el verdadero evangelio no puede unirse a un sistema falso de obras de justicia, esta analogía ilustra el hecho de que el legalismo del judaísmo no podía contener el mensaje de salvación por gracia. De igual modo que el vino nuevo era incompatible con odres viejos, el verdadero evangelio es la antítesis de cualquier sistema de salvación por obras (Ro. 11:6; Gá. 5:4). El planteamiento de Jesús fue que las buenas nuevas de salvación no podían verterse dentro de los odres frágiles y agrietados del judaísmo apóstata. Estas buenas nuevas tampoco son compatibles con cualquier otra religión hecha por el hombre, o demoníaca.

Lucas 5:39 narra una tercera parábola que Jesús dio a conocer en esta ocasión: "Y ninguno que beba del añejo, quiere luego el nuevo; porque dice: El añejo es mejor". Esa última analogía describe la condición perdida de los escribas y fariseos, cuyas sensibilidades se habían amortiguado por los efectos embriagantes de su religión falsa. Aquellos que rechazan el verdadero evangelio por ir tras un sistema de obras de justicia son como borrachos espirituales: insensibilizados hasta el punto en que ya no les importa cómo sabe el vino. Embriagados por sus viejas costumbres, ya no desean el vino nuevo. Prefieren degustar los sabores viciados de la religión falsa antes que saciarse de la pureza fresca del verdadero evangelio. Con sus tradiciones antiguas transmitidas de una generación a otra, los judíos estaban tan arraigados en los rituales y ceremonias que les resultaba muy difícil renunciar a ellas. Habían cultivado tal hábito por su propio sistema superficial que, cuando se les ofreció algo muchísimo mejor, simplemente no estuvieron interesados.

En conjunto, estas tres metáforas ilustran la exclusividad del evangelio cristiano, y la tragedia resultante cuando se intenta sincretizar la verdad con un falso sistema religioso. El único mensaje verdadero de salvación es el evangelio de Jesucristo, que el perdón del pecado viene solo por gracia mediante la fe en Él. Cualquier otro es un evangelio falso que no lleva al cielo, sino al infierno (cp. Gá. 1:6-9). En una era en que reina el relativismo es necesario recordar a los creyentes que la verdad es exclusiva y absoluta. En vez de tratar de construir puentes de unidad artificial con religiones falsas, los cristianos deben prestar atención a las palabras del apóstol Pablo en 2 Corintios 6:14-18:

> *No os unáis en yugo desigual con los incrédulos; porque ¿qué compañerismo tiene la justicia con la injusticia? ¿Y qué comunión la luz con las tinieblas? ¿Y qué concordia Cristo con Belial? ¿O qué parte el creyente con el incrédulo? ¿Y qué acuerdo hay entre el templo de Dios y los ídolos? Porque vosotros sois el templo del Dios viviente, como Dios dijo: Habitaré y andaré entre ellos, y seré su Dios, y ellos serán mi pueblo. Por lo cual, salid de en medio de ellos, y apartaos, dice el Señor, y no toquéis lo inmundo; y yo os recibiré, y seré para vosotros por Padre, y vosotros me seréis hijos e hijas, dice el Señor Todopoderoso.*

El Señor del día de reposo—Primera parte

10

Aconteció que al pasar él por los sembrados un día de reposo, sus discípulos, andando, comenzaron a arrancar espigas. Entonces los fariseos le dijeron: Mira, ¿por qué hacen en el día de reposo lo que no es lícito? Pero él les dijo: ¿Nunca leísteis lo que hizo David cuando tuvo necesidad, y sintió hambre, él y los que con él estaban; cómo entró en la casa de Dios, siendo Abiatar sumo sacerdote, y comió los panes de la proposición, de los cuales no es lícito comer sino a los sacerdotes, y aun dio a los que con él estaban? También les dijo: El día de reposo fue hecho por causa del hombre, y no el hombre por causa del día de reposo. Por tanto, el Hijo del Hombre es Señor aun del día de reposo. (2:23-28)

Los evangelios bíblicos son algo más que simples relatos históricos de la vida terrenal del Señor Jesús; también son tratados cristológicos que revelan la trascendencia de su carácter celestial. Escritas bajo la inspiración del Espíritu Santo, las cuatro historias representan la mezcla perfecta de biografía y teología, una combinación magistral de precisión objetiva y profundidad doctrinal. No solo relatan con exactitud la historia de la vida y el ministerio de Jesús, sino que presentan simultáneamente las glorias infinitas de su persona divina a fin de que sus lectores puedan llegar a conocerlo por quién realmente es: el Hijo del hombre y el Hijo de Dios.

Al igual que los otros tres escritores, el propósito de Marcos fue revelar y declarar la verdad acerca de la persona y la obra del Señor Jesús. Marcos comenzó su evangelio declarando que Jesús es el divino Rey mesiánico, presentándolo con un título real: "Jesucristo, Hijo de Dios" (1:1). En los versículos posteriores se identifica a Jesús como "el Señor" (1:3), el que había de venir (1:7), el que bautiza con el Espíritu Santo (1:8), el "Hijo amado" del Padre (1:11), aquel que ofrece "el evangelio del reino de Dios" (1:14), y "el Santo de Dios" (1:24). Ya en el capítulo 2 está claro que Jesús gozaba del poder soberano para autenticar títulos tan elevados al demostrar inigualable autoridad sobre Satanás y la tentación (1:12-13), los demonios y la posesión demoníaca (1:25-26), la enfermedad

(1:29-34), el pecado y sus efectos (2:5-12), y hasta los estigmas sociales del judaísmo del siglo i (2:13-17). Sus obras validaron de modo convincente sus palabras, lo que demuestra más allá de toda duda legítima que Él era el Hijo de Dios, digno de todo título exaltado y superlativo glorioso que alguna vez se le otorgara.

En Marcos 2:23-28 se nos presenta otro de los títulos de Jesús: Señor del día de reposo (v. 28). Esa designación, procedente de los propios labios de Jesús, subraya su autoridad divina mientras lo pone de nuevo en conflicto directo con los hipócritas dirigentes religiosos del judaísmo. El conflicto era inevitable cada vez que Jesús interactuaba con los fariseos y escribas. Él encarnaba la verdad (Jn. 14:6); ellos representaban un sistema de actuación superficial y religión falsa. De la misma forma que la luz perfora la oscuridad, las palabras de Cristo iluminaron el sistema religioso corrupto de Israel, dando a conocer el tradicionalismo muerto que caracterizaba a sus más ardientes defensores. Jesús se negó a medir sus palabras, desenmascarando a los fariseos y escribas por lo que realmente eran: falsos maestros ciegos espiritualmente que convertían a sus discípulos en hijos del infierno (cp. Mt. 7:15-20; 15:14; 23:15). Las declaraciones dogmáticas del Señor no dejaban lugar a la ambigüedad o la ambivalencia. ¿Permanecerían sus oyentes atrapados como esclavos en un sistema de reglas y regulaciones extrabíblicas, o serían libres a través del evangelio de la gracia mediante la fe en el Salvador (cp. Jn. 8:31-36)?

Cuando Jesús declaró ser el Señor del día de reposo propinó un severo golpe a todo el sistema de mérito y obras de justicia que encontraba su punto clave en el día de reposo. El séptimo día de cada semana se había convertido en la plataforma para la exhibición del legalismo farisaico. La orden de observar el día de reposo, al igual que los otros nueve mandamientos, tenía la intención de promover el amor hacia Dios y los demás (cp. Éx. 20:1-17; Mr. 12:28-31). Lo que Dios estableció como un día de reverencia hacia Él y descanso del trabajo, los fariseos y escribas lo transformaron en un día de sofocante regulación y restricción. Así como Jesús enfrentó a los saduceos por hacer del templo una cueva de ladrones (Mt. 21:13), también criticó a los fariseos por convertir un día de adoración semanal en una carga rigurosa de guardar reglas extrañas. Al retar de manera abierta las tradiciones hechas por el hombre con relación al día de reposo, Jesús se puso en conflicto directo con los líderes religiosos en el punto más sensible para ellos.

Los dirigentes religiosos vieron a Jesús como una seria amenaza para su sistema religioso. Por el contrario, Él los reprendió por ser impostores. Con justa indignación los condenó por perpetuar un sistema oneroso de ritualismo externo. Ellos se consideraban santos; Jesús los llamó hipócritas (cp. Mt. 23). Pero en lugar de arrepentirse, endurecieron sus corazones contra Él. Mientras más predicaba Jesús, más profundo se hacía el resentimiento de ellos hacia Él.

El hecho de que Jesús se relacionara abiertamente con la escoria de la sociedad, llamando incluso a un recaudador de impuestos para que fuera uno de sus discípulos más cercanos (2:14), solo aumentó la tensión. Burlonamente lo llamaron amigo de pecadores (Mt. 11:19; Lc. 7:34). Jesús aceptó el título recordándoles que no había "venido a llamar a justos, sino a pecadores" al arrepentimiento (Mr. 2:17).

Al afirmar que era el Señor del día de reposo Jesús básicamente declaró su autoridad sobre toda la religión judía, porque la observancia del día de reposo era el punto más alto de esta. Las implicaciones de la afirmación de Cristo golpearon profundamente. La norma de un día de descanso fue establecida en la creación, cuando Dios mismo descansó el día séptimo (Gn. 2:2). Además, fue Dios quien escribió en las tablas de piedra en Éxodo 20:8: "Acuérdate del día de reposo para santificarlo" (cp. Éx. 31:12-17; Dt. 5:12-15). Fue Dios quien estableció el día de reposo. Por tanto, afirmar ser el Señor del día de reposo era reclamar deidad, una realidad que sin duda no pasó desapercibida para los fariseos y escribas, quienes se indignaron por lo que percibían que era una blasfemia.

Juan 5:9-18 narra un suceso que ocurrió en Judea poco antes de los hechos registrados en Marcos 2:23-28. (Para una armonía completa de los evangelios, véase John MacArthur, *Una vida perfecta* [Nashville: Grupo Nelson, 2014]). En esa ocasión, que se llevó a cabo en un día de reposo, Jesús sanó a un hombre que había estado enfermo durante treinta y ocho años. Los fariseos, en lugar de reaccionar con misericordia, se indignaron porque Jesús le dijo al hombre que tomara su lecho y se fuera a casa, un acto que violaba las regulaciones rabínicas para el día de reposo. Así lo explica Juan:

> *Y al instante aquel hombre fue sanado, y tomó su lecho, y anduvo. Y era día de reposo aquel día. Entonces los judíos dijeron a aquel que había sido sanado: Es día de reposo; no te es lícito llevar tu lecho. Él les respondió: El que me sanó, él mismo me dijo: Toma tu lecho y anda. Entonces le preguntaron: ¿Quién es el que te dijo: Toma tu lecho y anda? Y el que había sido sanado no sabía quién fuese, porque Jesús se había apartado de la gente que estaba en aquel lugar. Después le halló Jesús en el templo, y le dijo: Mira, has sido sanado; no peques más, para que no te venga alguna cosa peor. El hombre se fue, y dio aviso a los judíos, que Jesús era el que le había sanado. Y por esta causa los judíos perseguían a Jesús, y procuraban matarle, porque hacía estas cosas en el día de reposo. Y Jesús les respondió: Mi Padre hasta ahora trabaja, y yo trabajo. Por esto los judíos aun más procuraban matarle, porque no sólo quebrantaba el día de reposo, sino que también decía que Dios era su propio Padre, haciéndose igual a Dios.*

Los dirigentes religiosos judíos odiaron a Jesús porque quebrantó las regulaciones que ellos tenían para el día de reposo. Le aborrecieron aún más porque, en el proceso de hacer caso omiso de las reglas extrabíblicas de ellos, Él afirmaba ser igual a Dios. Cuando Jesús habló de sí mismo como el Señor del día de reposo no se estaba yendo por las ramas. Con esa simple afirmación asaltaba directamente al judaísmo apóstata, y al mismo tiempo declaraba su divinidad. Jesús invitó a Israel a volver a la verdadera intención del día de reposo: el propósito que Él mismo había establecido para ese día cuando dio el cuarto mandamiento a Moisés siglos antes (cp. Jn. 5:46; 8:58).

El día de reposo fue dado con la intención de que fuera un día de adoración y descanso para el pueblo de Dios bajo el antiguo pacto. La palabra traducida "día de reposo" se deriva del término hebreo *shabbat,* que quiere decir "descansar", "cesar", o "desistir". En el séptimo día de cada semana, los israelitas debían abstenerse de trabajar a fin de enfocar su atención en honrar al Señor. Durante los quince siglos siguientes, desde la época de Moisés hasta el ministerio de Jesús el día de reposo acumuló una enorme cantidad de reglas y regulaciones rabínicas adicionales, las cuales convertían la observancia del séptimo día en una carga insoportable (cp. Mt. 15:6, 9). No menos de veinticuatro capítulos del Talmud (el texto básico del judaísmo rabínico) se centran en regulaciones del día de reposo, definiendo meticulosamente los casi innumerables detalles de lo que constituía un comportamiento aceptable.

Casi ningún aspecto de la vida se salvó de las exigentes regulaciones rabínicas del día de reposo, las cuales estaban diseñadas para ganar el favor de Dios. Había leyes acerca del vino, de la miel, de la leche, de escupir, de escribir, y de quitar la suciedad de la ropa. Cualquier cosa que pudiera inventarse como trabajo estaba prohibida. Por tanto, en un día de reposo los escribas no podían portar sus plumas, los sastres sus agujas, o los estudiantes sus libros. Hacerlo podría tentarlos a trabajar en el día de reposo. En ese sentido, cargar cualquier cosa más pesada que un higo seco estaba prohibido; y si el objeto en cuestión debía recogerse en un lugar público, solo podía dejársele en un lugar privado. Si el objeto se lanzaba al aire, tenía que ser agarrado con la misma mano; agarrarlo con la otra mano constituiría trabajo, y por tanto sería una violación del día de reposo. No se podían matar insectos. Ninguna vela o llama podía prenderse o apagarse. Nada podía comprarse o venderse. No estaba permitido bañarse, ya que podía derramarse agua en el piso y lavarlo accidentalmente. No podía moverse ningún mueble dentro de la casa, ya que podía crear surcos en el piso de tierra, y podía considerarse un arado. Un huevo no se podía cocinar, aunque lo único que se hiciera fuera ponerlo en la arena caliente del desierto. No podía dejarse un rábano en sal porque se convertiría en encurtido, y encurtir era un trabajo. A los enfermos solo se les podía dar tratamiento para mantenerlos vivos. Todo tratamiento médico que les mejorara su condición se consideraba trabajo y por tanto estaba prohibido. Ni siquiera se permitía a las mujeres mirarse en un espejo, ya que podrían ser tentadas a quitarse alguna cana que vieran. Tampoco se les permitía usar joyas, pues estas pesaban más que un higo seco.

Otras actividades que estaba prohibido realizar en el día de reposo incluían lavar ropa, teñir lana, esquilar ovejas, hilar lana, hacer o deshacer nudos, sembrar semillas, arar un campo, recoger una cosecha, atar gavillas, trillar, moler, amasar, cazar un venado, o preparar su carne. Una de las restricciones más interesantes se relacionaba con la distancia que las personas podían recorrer el día de reposo. No se permitía ir más allá de novecientos metros de casa (o dar más de 1.999 pasos). Debido a inquietudes prácticas, los rabinos idearon formas creativas para desplazarse. Si ponían alimentos en el punto de los novecientos metros antes de que comenzara el día de reposo, ese punto se consideraba una extensión de la casa, por tanto permitía recorrer otros novecientos metros. O si se ponía una cuerda o se colocaba un pedazo de madera a través de una calle o un callejón estrecho, se consideraba una puerta, lo que la hacía parte de la casa y permitía que los novecientos metros comenzaran allí. Incluso en tiempos modernos los vecindarios judíos agrupan viviendas usando cuerdas (que se conocen como "eruv"). Al hacer eso, desde la perspectiva de la ley rabínica se crea un solo hogar de cada edificio conectado, y esto permite a las personas moverse libremente dentro del área definida sin estar limitadas a la restricción de novecientos metros, así como llevar ciertos artículos del hogar como llaves, medicinas, cochecitos, bastones, y hasta bebés. (Para un análisis detallado de las restricciones rabínicas para el día de reposo, véase Alfred Edersheim, "The Ordinances and Law of the Sabbath as Laid Down in the Mishnah and the Jerusalem Talmud", apéndice XVII en, *The Life and Times of Jesús the Messiah* [Grand Rapids: Eerdmans, 1974], 2:777-87).

Las tradiciones humanas perpetuadas por los fariseos y escribas ponían claramente un peso abrumador sobre el pueblo (cp. Mt. 15:3; 23:4; Lc. 11:46; Hch. 15:10). Por el contrario, Jesús recibió a sus oyentes con palabras liberadoras de verdadero alivio: "Venid a mí todos los que estáis trabajados y cargados, y yo os haré descansar. Llevad mi yugo sobre vosotros, y aprended de mí, que soy manso y humilde de corazón; y hallaréis descanso para vuestras almas; porque mi yugo es fácil, y ligera mi carga" (Mt. 11:28-30). El Señor no estaba hablando de aliviar el trabajo físico. Más bien, estaba ofreciendo libertad para los que se encontraban bajo la carga de un legalismo opresivo en cuanto al día de reposo, del cual no podían obtener alivio ni este podía darles salvación.

Como nota al margen, es importante entender que en la era de la Iglesia la observancia del día de reposo no se requiere de los creyentes (Col. 2:16; cp. Ro. 14:5-6; Gá. 4:9-10). La iglesia primitiva separó el domingo, el primer día de la semana, como el día en que se reunía para adorar, instruir y tener compañerismo (cp. Hch. 20:7; 1 Co. 16:2). Sin embargo, no es atinado igualar el "Día del Señor" (domingo) con el día de reposo del Antiguo Testamento, ya que el

Nuevo Testamento abroga por completo el día de reposo. Aun así esta instrucción de nuestro Señor con relación a ese día (en Marcos 2:23-28) contiene abundantes verdades cristológicas para la Iglesia.

Marcos relata en este pasaje el primero de dos incidentes en que Cristo retó directamente la falsa comprensión de los fariseos acerca del día de reposo. El segundo incidente (narrado en Marcos 3:1-6) tuvo lugar en la sinagoga. Este acontecimiento (2:23-28), que tal vez ocurrió una semana antes cuando Jesús y sus discípulos caminaban por algunos campos de cereales, se puede entender bajo cuatro encabezados: el incidente del día de reposo (v. 23), la acusación despectiva (v. 24), el ejemplo bíblico (vv. 25-26), el intérprete soberano (vv. 27-28).

EL INCIDENTE DEL DÍA DE REPOSO

Aconteció que al pasar él por los sembrados un día de reposo, sus discípulos, andando, comenzaron a arrancar espigas. (2:23)

En este particular día de reposo, Jesús y sus discípulos caminaban por campos donde crecía trigo. Los fariseos les seguían los pasos con cuidado. **Aconteció que al pasar él por los sembrados un día de reposo,** a **sus discípulos** les dio hambre (Mt. 12:1). Por tanto, **comenzaron a arrancar espigas.** Lucas agrega que ellos "arrancaban espigas y comían, restregándolas con las manos" (Lc. 6:1). El cultivo que crecía en esos campos probablemente era de trigo o cebada. El grano madura de abril a agosto en Israel, lo que indica que este suceso tal vez tuvo lugar en primavera o verano.

En el mundo antiguo era normal que los senderos cruzaran los campos, de modo que los viajeros atravesaban cultivos en forma rutinaria. Las carreteras eran escasas, especialmente en áreas rurales, así que por lo general los viajes se realizaban por caminos anchos que se extendían de un poblado al otro, pasando a través de campos y praderas. Cuando iban de camino, las personas viajaban junto a los cultivos que se alineaban a ambos lados del sendero. Teniendo esto en cuenta, Dios había prescrito una provisión para su pueblo. Según Deuteronomio 23:25, "cuando entres en la mies de tu prójimo, podrás arrancar espigas con tu mano; mas no aplicarás hoz a la mies de tu prójimo". Recoger la cosecha de grano de alguien más (con una hoz) no estaba permitido por obvias razones. Arrancar algunas espigas al caminar al lado de un campo maduro de trigo o cebada era una provisión hecha por Dios mismo.

Los discípulos de Jesús estaban haciendo exactamente lo que les permitía hacer el Antiguo Testamento. Al arrancar las espigas las frotaron con las manos para quitarles las cáscaras y luego poder comerse los granos. Sus acciones estaban perfectamente permitidas dentro de los propósitos de Dios, pero no dentro de las mentes de los judíos religiosos.

LA ACUSACIÓN DESPECTIVA

Entonces los fariseos le dijeron: Mira, ¿por qué hacen en el día de reposo lo que no es lícito? (2:24)

Es difícil imaginar cómo los fariseos podían estar siguiendo a Jesús a través de los campos de trigo mientras se hallaban dentro de los novecientos metros de sus casas. Cualquiera que fuera la justificación por sus propias transgresiones, se indignaron al observar que los discípulos de Jesús trasgredían la ley rabínica. Acusaron a los discípulos de hacer **lo que no es lícito.** Según se indicó, Jesús y sus seguidores no habían quebrantado ninguna ley bíblica. Los fariseos habían puesto su tradición humana por encima de las Escrituras (cp. Mt. 15:3, 6). Se pusieron a sí mismos como la autoridad sobre las observancias del día de reposo, usurpando así la posición que le corresponde al único y verdadero Señor del día de reposo, según Jesús les dejaría en claro más adelante.

Los fariseos se enfurecieron al ver lo que los discípulos estaban haciendo. Ofendidos porque Jesús permitía a sus seguidores cometer una violación tan fragrante, **le dijeron: Mira, ¿por qué hacen en el día de reposo lo que no es lícito?** Según Lucas 6:2, **los fariseos** no limitaron sus ataques solo a los discípulos, sino que también los dirigieron a Jesús. La única ley que se estaba transgrediendo era la de los fariseos. Según normas rabínicas, los discípulos eran culpables de varias acciones prohibidas: cosechar (al recoger el grano), cernir (al quitar la cáscara), trillar (al hacer rozar las espigas), aventar (al lanzar la paja al aire), y preparar alimentos (al comer el grano una vez que lo habían limpiado). Ninguna de estas actividades era permitida en el día de reposo.

Sin preocuparse por el hambre o el bienestar de los discípulos de Jesús, el único interés de los fariseos era proteger las regulaciones menores que conformaban su sistema hipócrita de religión externa. Siguieron a Jesús para examinar cómo se comportaba, con el único propósito de encontrar algo por lo cual acusarlo. La actitud del corazón detrás de la pregunta que le hicieron era de odio hacia Jesús, debido a que Él y sus seguidores vivían en tan abierta provocación del sistema de religión de ellos, en el cual el día de reposo era el fundamento.

EL EJEMPLO BÍBLICO

Pero él les dijo: ¿Nunca leísteis lo que hizo David cuando tuvo necesidad, y sintió hambre, él y los que con él estaban; cómo entró en la casa de Dios, siendo Abiatar sumo sacerdote, y comió los panes de la proposición, de los cuales no es lícito comer sino a los sacerdotes, y aun dio a los que con él estaban? (2:25-26)

Sin ningún tipo de disculpa, Jesús les respondió retando su autoridad y poniendo al descubierto la ignorancia que mostraban en cuanto al Antiguo Testamento. **Les dijo: ¿Nunca leísteis lo que hizo David cuando tuvo necesidad, y sintió hambre, él y los que con él estaban; cómo entró en la casa de Dios, siendo Abiatar sumo sacerdote, y comió los panes de la proposición, de los cuales no es lícito comer sino a los sacerdotes, y aun dio a los que con él estaban?** Obviamente, los fariseos habían leído la historia acerca de David. Pero las palabras de Jesús resaltaron que, aunque ellos conocían los hechos de la historia, eran ignorantes de su verdadero significado. Por tanto, Jesús respondió a la pregunta que le hicieron con una de su propiedad: **¿Nunca leísteis?** La pregunta retórica puso al descubierto la ignorancia de quienes se presentaban a sí mismos como expertos en las Escrituras y maestros de Israel (cp. Mt. 19:4; 21:42; 22:31; Mr. 12:10; Jn. 3:10). En realidad, Jesús estaba preguntándoles: "Si ustedes son tan exigentes estudiantes de la Biblia, ¿por qué no saben lo que esta dice?".

El relato al que se refirió Jesús se encuentra en 1 Samuel 21:1-6. David, huyendo con las manos vacías de Guibeá para escapar de Saúl, llegó al tabernáculo que estaba localizado en Nob, como a kilómetro y medio al norte de Jerusalén. Hambriento y sin adecuadas provisiones, David le pidió comida al sacerdote Ahimelec.

> *El sacerdote respondió a David y dijo: No tengo pan común a la mano, solamente tengo pan sagrado; pero lo daré si los criados se han guardado a lo menos de mujeres. Y David respondió al sacerdote, y le dijo: En verdad las mujeres han estado lejos de nosotros ayer y anteayer; cuando yo salí, ya los vasos de los jóvenes eran santos, aunque el viaje es profano; ¿cuánto más no serán santos hoy sus vasos? Así el sacerdote le dio el pan sagrado, porque allí no había otro pan sino los panes de la proposición, los cuales habían sido quitados de la presencia de Jehová, para poner panes calientes el día que aquéllos fueron quitados (1 S. 21:4-6).*

El único pan en el tabernáculo era "el pan de la proposición" (Éx. 25:30). Cada día de reposo se horneaban doce barras de pan sagrado y se ponían sobre la mesa de oro en el Lugar Santo. Después que se colocaban los panes frescos, a los sacerdotes se les permitía comer el pan de la semana anterior, pero a nadie más se le permitía comerlo (Lv. 24:9). Al ver la necesidad que ellos tenían, Ahimelec mostró compasión a David y sus hombres haciendo una excepción y dándoles el pan sagrado. La única condición que puso fue "si los criados se han guardado a lo menos de mujeres" de modo que estuvieran ceremonialmente puros. Es significativo que Dios no castigara ni a Ahimelec ni a David por sus acciones. Permitió que una ley ceremonial fuera violada por el bien de satisfacer una necesidad humana urgente. Es más, la única persona ofendida por el acto de bondad de Ahimelec fue el colérico rey Saúl (1 S. 22:11-18).

El propósito de Jesús, como lo ilustra el relato del Antiguo Testamento, fue que a los ojos de Dios mostrar compasión era más importante que el apego estricto al ritual y la ceremonia. Su ilustración empleó el conocido estilo rabínico de argumentar de menor a mayor. Si era permitido para Ahimelec, un sacerdote humano, hacer una excepción a la ley ceremonial de Dios a fin de ayudar a David y sus hombres, sin duda alguna era apropiado para el Hijo de Dios pasar por alto la tradición rabínica no bíblica para suplir la necesidad de sus discípulos. Los dirigentes religiosos estaban mucho más preocupados por preservar su propia autoridad que por las necesidades de alguien más. De igual manera en que Saúl persiguió a David para matarlo, los fariseos ya estaban buscando darle muerte al Hijo de David.

De acuerdo con el relato de Mateo (12:5-6), Jesús también dijo a los fariseos: "¿O no habéis leído en la ley, cómo en el día de reposo los sacerdotes en el templo profanan el día de reposo, y son sin culpa? Pues os digo que uno mayor que el templo está aquí". Al señalar el ejemplo de los sacerdotes, Jesús demostró la incongruencia de la propia norma legalista de los fariseos. Cada día de reposo se requería de los sacerdotes que estaban ministrando que encendieran fuego en el altar y mataran animales para el sacrificio (cp. Lv. 24:8-9; Nm. 28:9-10). Estas actividades violaban claramente las restricciones rabínicas de lo que era permisible en el día de reposo. Sin embargo, los fariseos exoneraban a los sacerdotes de cualquier maldad. Incluso bajo la propia norma súper legalista de los fariseos se permitían algunas violaciones al día de reposo y hasta se consideraban necesarias.

La afirmación de Señor de que "uno mayor que el templo está aquí" era nada menos que una declaración de su deidad. El único mayor que el templo (que simbolizaba la presencia de Dios entre su pueblo) era Dios mismo. Como Aquel mayor que el templo, Jesús ejerció la autoridad divina para condenar las prácticas de los fariseos.

EL INTÉRPRETE SOBERANO

También les dijo: El día de reposo fue hecho por causa del hombre, y no el hombre por causa del día de reposo. Por tanto, el Hijo del Hombre es Señor aun del día de reposo. (2:27-28)

Dios nunca quiso que la ceremonia, el ritual, y la tradición obstaculizaran el camino de la misericordia, la bondad, y la caridad hacia otros. Por tanto, Jesús explicó a los fariseos que incluso originalmente **el día de reposo fue hecho por causa del hombre, y no el hombre por causa del día de reposo.** El propósito de

Dios para el día de reposo fue dar a su pueblo un descanso semanal. Pero los fariseos habían convertido una bendición divina en una carga terrible.

Mateo 12:7 indica que Jesús también dijo a los fariseos: "Y si supieseis qué significa: Misericordia quiero, y no sacrificio, no condenaríais a los inocentes". Al citar una porción de Oseas 6:6, Jesús recordó a sus oyentes que Dios diseñó el día de reposo como una jornada de reflexión espiritual y recuperación física para el pueblo. Pero al convertirlo en un día agobiante de observación restrictiva, los fariseos empañaron el verdadero propósito. La realidad era que ellos eran los verdaderos violadores del día de reposo. Su indiferencia ante las necesidades de los discípulos de Jesús, y su indignación fingida por el hecho de que se habían quebrantado sus costumbres, demostraron la decadencia y la impiedad de su religión.

El conflicto ya había alcanzado un tono febril cuando Jesús agravó aún más la situación. En el versículo 28 les declaró: **Por tanto, el Hijo del Hombre es Señor aun del día de reposo.** Sin advertencia o excusas, Jesús afirmó ser el gobernante soberano sobre el día de reposo. Si hubiera habido alguna ambigüedad en cuanto a su anterior afirmación de que "uno mayor que el templo está aquí" (Mt. 12:6), esta desapareció. Jesús estaba afirmando claramente que era Dios, el Creador, y Aquel que diseñó el día de reposo en primer lugar y que era el soberano sobre este (cp. Jn. 1:1-3). Él era **el Hijo del Hombre,** un título mesiánico de Daniel 7:13-14, el Rey divino que creó el día de reposo y definió sus parámetros. Los fariseos se enorgullecían de ser los intérpretes autorizados del mensaje y la voluntad de Dios. En medio de ellos se hallaba Aquel cuya interpretación era infinitamente más autorizada: el mismo Hijo de Dios.

Como Dios en carne humana, Jesús condenó los intentos altaneros de los fariseos por agradar a Dios. Él se caracterizó por la gracia; ellos se enorgullecían de sus obras. Él demostró misericordia y compasión a las personas; ellos solo se interesaban en proteger sus mezquinas costumbres. Él ejemplificó el verdadero propósito del día de reposo; ellos torcieron una bendición divina en un triste día de ingrata tarea.

Para los fariseos, el día de reposo les pertenecía. Durante siglos habían estado elaborando sus reglas. Cuando Jesús se elevó por encima de ellos y de sus reglas declarándose el Señor del día de reposo, la hostilidad y el odio de ellos no podía satisfacerse hasta que lo hubieran asesinado.

El Señor del día de reposo—Segunda parte

11

Otra vez entró Jesús en la sinagoga; y había allí un hombre que tenía seca una mano. Y le acechaban para ver si en el día de reposo le sanaría, a fin de poder acusarle. Entonces dijo al hombre que tenía la mano seca: Levántate y ponte en medio. Y les dijo: ¿Es lícito en los días de reposo hacer bien, o hacer mal; salvar la vida, o quitarla? Pero ellos callaban. Entonces, mirándolos alrededor con enojo, entristecido por la dureza de sus corazones, dijo al hombre: Extiende tu mano. Y él la extendió, y la mano le fue restaurada sana. Y salidos los fariseos, tomaron consejo con los herodianos contra él para destruirle. (3:1-6)

Durante siglos la nación de Israel había esperado con anhelo la llegada del Mesías, la cual fue anticipada al principio y al final del Antiguo Testamento (Gn. 3:15; 49:10; Mal. 3:1-6; cp. 4:5-6), y en muchos lugares intermedios (cp. Sal. 2:1-12; 16:7-11; 22:1-31; 110:1-6; 118:22-23; Is. 7:14; 9:6-7; 11:1-10; 42:1-9; 49:1-7; 50:4-10; 52:13—53:12; Dn. 9:24-27; Mi. 5:2; Zac. 9:9; 12:10-13:1). No obstante, cuando el tan esperado Mesías llegó, Israel lo rechazó. Así lo explica el apóstol Juan: "A lo suyo vino, y los suyos no le recibieron" (Jn. 1:11). En lugar de aceptar a su tan esperado libertador, el pueblo se volvió contra Él, pidiendo finalmente a gritos su ejecución pública (Mt. 27:22-23).

Tal vez lo más sorprendente es que quienes dirigieron la campaña contra el Mesías fueron nada menos que los dirigentes religiosos de Israel, los que se declaraban a sí mismos expertos en el Ungido prometido. A pesar de los indiscutibles milagros que Jesús realizó, los líderes solo se ponían más y más resentidos contra Él. Lo odiaban, no porque sanara a las personas o echara fuera demonios, sino porque cuestionó la autoridad de ellos, desobedeció sus costumbres, y afirmó ser el Hijo de Dios. A ellos les enfureció especialmente que Jesús afirmara su deidad, una aseveración que consideraron blasfema y digna del castigo de muerte. Juan 10:31-33 relata la reacción que tuvieron hacia Jesús en una de tales ocasiones:

> *Entonces los judíos volvieron a tomar piedras para apedrearle. Jesús les respondió: Muchas buenas obras os he mostrado de mi Padre; ¿por cuál de ellas me apedreáis? Le respondieron los judíos, diciendo: Por buena obra no te apedreamos, sino por la blasfemia; porque tú, siendo hombre, te haces Dios.*

Sin embargo, Jesús confirmó su afirmación de ser Dios al demostrar en varias ocasiones su poder divino para que todos lo vieran. En Juan 10 les declaró a los judíos: "Si no hago las obras de mi Padre, no me creáis. Mas si las hago, aunque no me creáis a mí, creed a las obras, para que conozcáis y creáis que el Padre está en mí, y yo en el Padre" (vv. 37-38).

El Antiguo Testamento también estableció la necesidad de la exaltada demanda de Jesús al indicar que el Mesías sería divino (cp. Sal. 2:7-12; 110:1; Pr. 30:4; Dn. 7:13-14; Jer. 23:5-6; Mi. 5:2). Isaías 9:6 afirma sin reservas la deidad del Mesías: "Porque un niño nos es nacido, hijo nos es dado, y el principado sobre su hombro; y se llamará su nombre Admirable, Consejero, Dios Fuerte, Padre Eterno, Príncipe de Paz". A pesar de todo, cegados por sus propias tradiciones y por la dureza de sus corazones, los guardianes judíos de las Escrituras se negaron a aceptar lo que estaba justo frente a ellos (cp. Jn. 5:39-40). En lugar de reconocer los milagros de Jesús como señales de su deidad, los explicaron de la manera más extraña al sugerir que Él en realidad actuaba por medio de Satanás (Mt. 12:24).

El mensaje que Jesús proclamó era "el evangelio del reino de Dios" (Mr. 1:14), las buenas nuevas del cielo para perdonar, salvar y dar vida eterna por gracia divina. Este mensaje traía vista a los que eran ciegos espirituales, vida a los espiritualmente muertos, y libertad para quienes vivían en esclavitud espiritual (cp. Lc. 4:18). Ninguna invitación podía ser mejor: el reino de Dios estaba abierto a todos los que se arrepintieran y creyeran en el Señor Jesús. Esa era la mejor noticia que el mundo jamás recibiría y, sin embargo, llevó a los líderes religiosos a retroceder.

Jesús predicó la salvación concedida por la gracia de Dios a pecadores a quienes justificó, aunque no habían hecho nada para merecer el favor de Dios (cp. Lc. 18:9-14). La idea de justificación por gracia mediante la fe, aparte de las obras, era contraria al judaísmo apóstata. La religión de los fariseos se centraba en su propia habilidad para hacerse dignos de entrar al reino de Dios por medio de su propio legalismo meticuloso. Jesús atacó tal soberbia espiritual, explicando que la vida eterna en realidad viene a los que se humillan, es decir, quienes confiesan su indignidad y se vuelven de su pecado (cp. Mt. 5:3-10). Cuando los recaudadores de impuestos, las prostitutas, los delincuentes y otros marginados sociales aceptaron el evangelio predicado por Jesús, eso hizo que los dirigentes religiosos se resintieran aún más (cp. Mt. 9:10-11; 11:19; Lc. 15:1-2).

Por fuera, los fariseos y los escribas (junto con quienes los seguían) mantenían un apego superficial a la ley mosaica, evitando acciones externas de idolatría, asesinato y adulterio. No obstante, por dentro estaban llenos de pecado y vanidad (cp. Mt. 23:27). En sus corazones habían quebrantado todos los Diez Mandamientos, razón por la cual las palabras de Jesús en el Sermón del Monte dieron un golpe tan severo a la confianza que ellos tenían en su conducta externa:

> *Porque os digo que si vuestra justicia no fuere mayor que la de los escribas y fariseos, no entraréis en el reino de los cielos. Oísteis que fue dicho a los antiguos: No matarás; y cualquiera que matare será culpable de juicio. Pero yo os digo que cualquiera que se enoje contra su hermano, será culpable de juicio; y cualquiera que diga: Necio, a su hermano, será culpable ante el concilio; y cualquiera que le diga: Fatuo, quedará expuesto al infierno de fuego... Oísteis que fue dicho: No cometerás adulterio. Pero yo os digo que cualquiera que mira a una mujer para codiciarla, ya adulteró con ella en su corazón (Mt. 5:20-22, 27-28).*

La enseñanza esencial del Señor era que la verdadera justicia empieza por dentro. La conformidad exterior a la ley no es suficiente para salvar.

Antes de su conversión en el camino a Damasco, el apóstol Pablo había sido un fariseo dedicado y meticuloso. En cuanto a su apego externo a la ley, declaró que era irreprensible (Fil. 3:6). No obstante, en su interior estaba lleno de avaricia, orgullo espiritual e ira desenfocada (Hch. 9:1; Ro. 7:8; Fil. 3:4). Solo después que Dios le transformara el corazón, Pablo pudo comprender que la verdadera justicia no venía de sus propios logros religiosos, sino como un regalo de Dios por medio de la fe en Cristo. De este modo dejó en claro a los filipenses:

> *Y ciertamente, aun estimo todas las cosas como pérdida por la excelencia del conocimiento de Cristo Jesús, mi Señor, por amor del cual lo he perdido todo, y lo tengo por basura, para ganar a Cristo, y ser hallado en él, no teniendo mi propia justicia, que es por la ley, sino la que es por la fe de Cristo, la justicia que es de Dios por la fe; a fin de conocerle, y el poder de su resurrección, y la participación de sus padecimientos, llegando a ser semejante a él en su muerte, si en alguna manera llegase a la resurrección de entre los muertos (Fil. 3:8-11).*

Los fariseos odiaban a Jesús porque desenmascaró su hipocresía y los denunció como farsantes. Ellos eran falsos pastores, que llevaban al pueblo por el mal camino (cp. Ez. 34:1-10). Como el verdadero Pastor (Ez. 34:11-25; Jn. 10:7-16) repudió a los fariseos y la fachada espiritual que propagaban. Ellos eran paladines de las tinieblas espirituales (Jn. 3:19). Como la luz del mundo (Jn. 8:12), Jesús hizo que se destacara la luz de la verdad contra los notorios errores de los fariseos.

El apogeo de la manifestación de la soberbia espiritual y la hipocresía de los fariseos estuvo en el día de reposo. Toda su conducta externa santurrona alcanzaba su punto máximo en ese día. El problema no estaba en el día de reposo en sí; Dios lo había establecido como un día de adoración y descanso para Israel en el cuarto mandamiento (Éx. 20:8-11). Pero, con el paso de los siglos, los rabinos habían desarrollado docenas de reglas extrabíblicas de conducta para el día de reposo. Sobrepusieron leyes sobre leyes, rituales sobre rutinas, reglamentos sobre restricciones, y requerimientos sobre limitaciones. Rebosantes de orgullo santurrón, los fariseos usaron el día de reposo como una jornada para ostentar su justicia propia. Se elevaron por encima de las personas comunes haciendo alarde de su estricto apego a las tradiciones rabínicas. Mientras tanto, el pueblo se encontraba apabullado bajo el peso abrumador del legalismo farisaico. El laberinto rabínico de estipulaciones extrabíblicas y meticulosos detalles convertía en una carga insoportable al día de reposo (cp. Mt. 23:4). Tomaron un día diseñado para descanso y refrigerio y lo convirtieron en un día de ingrata tarea y opresión. (Para más información sobre los reglamentos y restricciones rabínicos relacionados con el día de reposo, véase el capítulo 10 de esta obra).

Ya que la versión distorsionada que los fariseos tenían acerca del día de reposo era fundamental para su sistema religioso, Jesús tuvo que abordar el séptimo día corrupto para desenmascarar el vacío espiritual y el error de los fariseos y escribas. Y eso es lo que hizo en palabra y en acciones. Públicamente desafió las reglas antibíblicas y las regulaciones artificiales inventadas por los rabinos, y los dirigentes religiosos se enojaron mucho con Él por esa razón.

Esta sección (Mr. 3:1-6) continúa el tema del pasaje anterior (Mr. 2:23-28). Ambas secciones se enfocan en el conflicto que se produjo entre Jesús y los fariseos con relación al comportamiento aceptable en el día de reposo. En el primer pasaje se vio a los discípulos de Jesús quebrantando reglamentos rabínicos. Cuando los fariseos protestaron, Jesús declaró ser el Señor del día de reposo (v. 28), lo cual era una afirmación de ser Dios. Según explica Juan, hablando de una ocasión anterior en el ministerio de Cristo: "Por esto los judíos aun más procuraban matarle, porque no sólo quebrantaba el día de reposo, sino que también decía que Dios era su propio Padre, haciéndose igual a Dios" (Jn. 5:18). Los fariseos y escribas se enfurecieron mucho con Cristo, pero Él decía la verdad. Como Dios en carne humana, Jesús era el Señor del día de reposo. Como Señor del día de reposo, Él estaba decidido a demostrar la adecuada observancia de este día ordenada en las Escrituras, al mismo tiempo que denunciaba las reglas de confección humana en que se apoyaban.

Dado que estos dos acontecimientos (Mr. 2:23-28 y 3:1-6) están relacionados en todos los tres evangelios sinópticos (Mt. 12:1-14; Lc. 6:1-11), es posible que ocurrieran en estrecha proximidad entre sí, quizás en dos días de reposo seguidos. El primero tuvo lugar en el campo, el segundo en la sinagoga. Este incidente (Mr. 3:1-6) puede dividirse en tres secciones: el contexto, el enfrentamiento y la conspiración.

EL CONTEXTO

Otra vez entró Jesús en la sinagoga; y había allí un hombre que tenía seca una mano. Y le acechaban para ver si en el día de reposo le sanaría, a fin de poder acusarle. (3:1-2)

En una ciudad de Galilea no especificada, **entró Jesús en la sinagoga** donde según Lucas 6:6, Él "enseñaba" como solía hacer (cp. Mr. 1:21; 2:2). La gente estaba continuamente asombrada por la enseñanza de Cristo (Mt. 7:29; Mr. 1:22; Lc. 4:32), y esta ocasión no habría sido la excepción. Jesús enseñaba con autoridad, a diferencia de los escribas y fariseos que estaban más interesados en citar opiniones de otros rabinos que en exponer claramente el texto bíblico (cp. Mt. 7:29). Además, el contenido del mensaje de Jesús era distinto a todo lo que el pueblo había oído antes. Él destacaba el arrepentimiento, la humildad, la fe y la verdadera justicia. ¡Su mensaje era muy diferente de las divagaciones esotéricas y alegóricas de los rabinos! No es de extrañar que en cualquier lugar en que Jesús predicaba, "todo el pueblo estaba suspenso oyéndole" (Lc. 19:48).

En medio de la congregación reunida ese día en la sinagoga, **había allí un hombre que tenía seca una mano.** Lucas, el médico, observa que se trataba de la mano derecha (Lc. 6:6). Puesto que la mayoría de personas son diestras, esta condición habría sido debilitante para el hombre. El texto no explica qué le ocasionó esta aflicción, si fue un accidente o una enfermedad. La palabra griega traducida **seca** (*xerainō*) es un término que se refiere a atrofia. Se usaba para plantas muertas que se habían secado y marchitado, lo que sugiere que la mano estaba neurológicamente sin vida o inhabilitada.

Puesto que habría sido difícil realizar hasta las tareas manuales normales, es probable que este hombre no pudiera ganarse la vida. Una antigua tradición sugiere que el individuo había sido cantero que perdió la capacidad para trabajar y quedó reducido a la mendicidad. Por improbable que fuera esa tradición, este hombre estaba experimentando una grave limitación. No obstante, al mismo tiempo su condición no le amenazaba la vida. Jesús pudo haber esperado hasta después del día de reposo para curarlo, pero quería resaltar un planteamiento espiritual. A propósito eligió no posponer la curación del individuo porque deseaba enfrentar las restricciones antibíblicas ideadas por los rabinos. Al igual que en otras ocasiones, intencionalmente sanó a este hombre en el día de reposo (Lc. 4:31-35; 13:10-17; 14:1-6; Jn. 5:1-9; 9:1-14).

Los fariseos y escribas, muy conscientes del antagonismo de Jesús hacia el sistema religioso que representaban, **le acechaban para ver si en el día de**

reposo le sanaría, a fin de poder acusarle. Este no era un acecho casual, sino un escrutinio intenso y siniestro. Quizás habían dispuesto que el hombre lisiado formara parte de la audiencia en la sinagoga ese día, esperando atrapar al Señor en el acto de quebrantar el día de reposo. Por fuera pretendían proteger el día de reposo; pero por dentro deseaban que Jesús quebrantara sus tradiciones del día de reposo para poder desacreditarlo.

Los fariseos y los escribas sabían lo que especificaba el Antiguo Testamento. Con el paso de los siglos habían desarrollado reglas y tradiciones adicionales, que incluían restricciones sobre qué nivel de cuidado debía darse a quienes estaban enfermos o lisiados. A menos que la vida de una persona estuviera en juego, los rabinos determinaron que el hecho de hacer cualquier cosa para mejorar la condición física de alguien constituía trabajo. Lo más que se le permitía hacer a un médico o pariente el día de reposo era mantener viva a la persona, o conservar el estado de la condición hasta el día siguiente. Cualquier otra cosa se consideraba como trabajo y, por consiguiente, era una infracción.

Sobre esa base, si Jesús sanaba al hombre, habría quebrantado las restricciones del día de reposo. Era evidente que a los fariseos y escribas les importaba muy poco el bienestar físico del discapacitado. Tampoco les interesaba el poder sobrenatural y sin precedentes que Jesús mostraría para curar la mano del hombre. Su única preocupación era si Él iba a trasgredir sus insignificantes tradiciones. Si lo hacía, le podían acusar de quebrantador del día de reposo, un blasfemo irreligioso que merecía ser condenado. Desde luego, Jesús percibió la hostilidad en los corazones de ellos. Según Lucas 6:8, "él conocía los pensamientos de ellos". Jesús se dio cuenta de que esta era una trampa; pero en lugar de evitar el conflicto, lo buscó.

EL ENFRENTAMIENTO

Entonces dijo al hombre que tenía la mano seca: Levántate y ponte en medio. Y les dijo: ¿Es lícito en los días de reposo hacer bien, o hacer mal; salvar la vida, o quitarla? Pero ellos callaban. Entonces, mirándolos alrededor con enojo, entristecido por la dureza de sus corazones, dijo al hombre: Extiende tu mano. Y él la extendió, y la mano le fue restaurada sana. (3:3-5)

Como sabía que los fariseos estaban conspirando en secreto, Jesús inició el enfrentamiento. No rehuyó ni dio marcha atrás. Él tenía el control total de la situación. No solo era el Señor del día de reposo en un sentido general (2:28), sino que era el Señor de ese día particular de reposo y de todo lo que sucedía en esa misma jornada.

Es importante notar que el hombre con la mano seca no inició el contacto con Jesús. Es más, no hay ningún indicio de que pidiera ser curado. Más bien, fue Jesús quien le pidió que saliera de la multitud. **Entonces dijo al hombre que tenía la mano seca: Levántate y ponte en medio.** Cuando terminó su enseñanza, Jesús ordenó al pobre lisiado que pasara al frente de la sinagoga. El hombre, tal vez sorprendido por la inesperada invitación, obedeció.

Según el relato de Mateo, fueron los fariseos quienes comenzaron a preguntarle a Jesús acerca de lo que Él pretendía hacer:

> *Y he aquí había allí uno que tenía seca una mano; y preguntaron a Jesús, para poder acusarle: ¿Es lícito sanar en el día de reposo? Él les dijo: ¿Qué hombre habrá de vosotros, que tenga una oveja, y si ésta cayere en un hoyo en día de reposo, no le eche mano, y la levante? Pues ¿cuánto más vale un hombre que una oveja? Por consiguiente, es lícito hacer el bien en los días de reposo (Mt. 12:10-12).*

Jesús respondió la pregunta con una analogía general, con el argumento de menor a mayor. Si es aceptable ayudar a una oveja en el día de reposo, ¿cómo podía estar mal ayudar a un ser humano, cuyo valor excede al de un animal? Ningún fariseo habría argumentado que las ovejas eran más valiosas que las personas, ya que los seres humanos fueron creados a imagen de Dios (Gn. 1:26-27). Sin embargo, en la práctica los fariseos trataban a su ganado con más misericordia que a otras personas. Es increíble que estuvieran más dispuestos a suspender sus tradiciones religiosas para ayudar a un animal que para auxiliar a otra persona.

Como era consciente de la hipocresía de la pregunta, Jesús dio la espalda a sus interrogadores. **Y les dijo: ¿Es lícito en los días de reposo hacer bien, o hacer mal; salvar la vida, o quitarla? Pero ellos callaban.** La pregunta era una poderosa acusación contra ellos por lo menos en tres niveles. Primero, desenmascaraba la naturaleza ilícita de las restricciones y tradiciones extrabíblicas de ellos. La ley del Antiguo Testamento animaba con claridad a las personas a hacer el bien y les prohibía causar daño. Pero las regulaciones rabínicas de los fariseos hacían daño a quienes intentaban seguirlas. Entonces eran los fariseos y no Jesús quienes estaban quebrantando la ley de Dios. Segundo, la pregunta puso al descubierto la endurecida actitud de los fariseos hacia el sufrimiento y el dolor. Ellos estaban más interesados en causarle daño a Jesús que en ayudar al hombre que sufría. Por último, la pregunta se enfocó en la maquinación de los fariseos contra el Señor. ¡Qué irónico que los autoproclamados protectores del día de reposo quisieran secretamente que el mismo Mesías quebrantara sus tradiciones rabínicas para que un día pudieran darle muerte!

La revelación de Dios dejó en claro que Jesús estaba más interesado en hacer el bien al pueblo mostrando compasión a otros, que en la meticulosa observancia de ceremonias y rituales religiosos. Isaías 1:11-17 clarifica ese punto:

> *¿Para qué me sirve, dice Jehová, la multitud de vuestros sacrificios? Hastiado estoy de holocaustos de carneros y de sebo de animales gordos; no quiero sangre de bueyes, ni de ovejas, ni de machos cabríos. ¿Quién demanda esto de vuestras manos, cuando venís a presentaros delante de mí para hollar mis atrios? No me traigáis más vana ofrenda; el incienso me es abominación; luna nueva y día de reposo, el convocar asambleas, no lo puedo sufrir; son iniquidad vuestras fiestas solemnes. Vuestras lunas nuevas y vuestras fiestas solemnes las tiene aborrecidas mi alma; me son gravosas; cansado estoy de soportarlas. Cuando extendáis vuestras manos, yo esconderé de vosotros mis ojos; asimismo cuando multipliquéis la oración, yo no oiré; llenas están de sangre vuestras manos. Lavaos y limpiaos; quitad la iniquidad de vuestras obras de delante de mis ojos; dejad de hacer lo malo; aprended a hacer el bien; buscad el juicio, restituid al agraviado, haced justicia al huérfano, amparad a la viuda.*

Dios no se complacía en los sacrificios o en los días de reposo de su pueblo cuando este se negaba a hacer el bien o mostrar bondad a otros (cp. Is. 58:6-14).

La pregunta de Jesús metió a sus enemigos en un dilema. ¿Qué podían decir? Si concordaban en que era ilícito hacer el bien y salvar una vida, entonces no podían acusarlo de nada malo. Reconocer esa verdad habría contradicho sus tradiciones rabínicas, mientras simultáneamente afirmaban que la acción de Jesús de sanar era algo aceptable. Por otra parte, si afirmaban que era lícito hacer el mal y matar, de lleno se habrían puesto en desacuerdo con el Antiguo Testamento. Además, públicamente habrían admitido su propia maldad despiadada. Los fariseos se hallaban atrapados en una contradicción lógica resultante de sus propias costumbres antibíblicas. Al final hicieron lo único que podían hacer. **Pero ellos callaban.**

Al enmarcar los extremos, Jesús obligó a los fariseos a callar. Ellos sabían lo que el Antiguo Testamento decretaba. Sabían que el propósito del día de reposo era para hacer el bien y no para dañar. La pregunta del Señor los obligó a lidiar con el verdadero problema. ¿Quién estaba honrando a Dios? ¿Aquel que deseaba mostrar misericordia y compasión hacia las personas, o aquellos que hacían caso omiso del sufrimiento de otros con el fin de mantener el apego estricto a sus propias regulaciones de creación humana?

Después de acorralarlos, Jesús resaltó su enseñanza con una acción espectacular. Hizo una pausa y **entonces** los obligó a bajar la mirada, **mirándolos alrededor con enojo.** A medida que el silencio de los fariseos inundaba el salón, sus conciencias debieron haber ardido bajo el peso de la mirada penetrante de Cristo. No era posible confundir el asunto. Ellos tampoco pudieron haber pasado por alto la justa indignación que llenó el corazón de Jesucristo y que le inundó el rostro. Aunque sin duda alguna Jesús se enojó en otras ocasiones (cp. Mt. 21:12-13; Jn. 2:15-17), este es el único lugar en los cuatro evangelios en que el texto declara específicamente que estaba enojado. De la misma manera que el Señor Dios estuvo enojado por la dureza de corazón de Israel en el Antiguo Testamento (cp. Nm. 11:10; Jos. 7:1; Sal. 2:1-6), Jesús se enojó por la insensible incredulidad de los fariseos. En particular, se hallaba **entristecido por la dureza de sus corazones.** Estaba lleno de ira por la dura incredulidad que mostraban. No obstante, esa ira estaba entremezclada con dolor y tristeza debido a la necesaria condenación que Él estaba seguro de que vendría sobre los fariseos. Aún en su enojo hacia ellos, Jesús se mostró lleno de piedad, pues estaba consciente de la destrucción eterna que les esperaba a causa de la rebelión obstinada que exhibían (cp. Mt. 23:37-38; Lc. 19:41-44).

Dolido por la incredulidad de los fariseos, Jesús le **dijo al hombre: Extiende tu mano. Y él la extendió, y la mano le fue restaurada sana.** Un murmullo de agitación debió haber salido de los miembros de la congregación, muchos de los cuales habrían conocido al hombre con la mano seca. No solo estaban asombrados por la predicación de Jesús y por su disposición de retar abiertamente a los fariseos, sino que también Él realizó un milagro innegable (cp. Mr. 1:27). En ese momento el hombre recuperó la sensación y la movilidad en su mano derecha, y su capacidad para usarla fue tan buena como nunca antes había sido.

LA CONSPIRACIÓN

Y salidos los fariseos, tomaron consejo con los herodianos contra él para destruirle. (3:6)

Se podría creer incluso que los fariseos habrían reaccionado en fe después de ser testigos de una curación sobrenatural como esa. Por lo menos, debieron ponerse a pensar. Pero, al contrario, la furia contra Jesús aumentó. De acuerdo con Lucas 6:11, "ellos se llenaron de furor, y hablaban entre sí qué podrían hacer contra Jesús". Furiosos porque había desafiado en público la autoridad de ellos, y poco dispuestos a tolerar tal amenaza, actuaron rápidamente: **salidos los fariseos, tomaron consejo con los herodianos contra él para destruirle.**

Los fariseos, impasibles ante el poder de Jesús, no quisieron convencerse. Al haber puesto su confianza en sus obras de justicia propia y en sus tradiciones rabínicas, cerraron sus corazones tanto a la Palabra de Dios como al Hijo de Dios. Al no poder refutar los argumentos de Jesús, e incapaces de negar la realidad del poder sanador de Cristo, salieron de la sinagoga avergonzados y furiosos. Con toda probabilidad habrían intentado matar a Jesús en el acto de no haber sido por la popularidad que Él disfrutaba con las personas. Además, la ley romana les prohibía ejercer la pena de muerte por su cuenta (cp. Jn. 18:31). No obstante, estaban decididos a encontrar una manera de eliminar a Jesús.

En su afán por matar al Mesías, **los fariseos** encontraron un interesante aliado en **los herodianos,** quienes conformaban un grupo político irreligioso y mundano que apoyaba la dinastía de Herodes el Grande y por extensión a Roma. A estos judíos seculares sus compatriotas los veían como leales a la cultura grecorromana y como traidores a su propia herencia religiosa. No podían haber sido más diferentes de los fariseos, a quienes normalmente consideraban como sus archienemigos. Estos dos grupos encontraron un enemigo común en Jesús. Los fariseos odiaban a Cristo porque abiertamente se oponía al hipócrita sistema de obras de justicia personal que ellos representaban. Los herodianos odiaban a Jesús porque su popularidad con el pueblo le convertía en una amenaza potencial para el poder de Herodes y de Roma (cp. Jn. 6:15; 19:12), que ellos apoyaban. En consecuencia, ambos grupos rechazaron al Hijo de Dios.

La misericordia que Jesús mostró hacia ese hombre en la sinagoga aparece en marcado contraste con el odio exhibido por los fariseos hacia su propio Mesías. Tan intensa era su ira hacia Él que unieron fuerzas con sus enemigos religiosos a fin de tramar la muerte del Señor. Estaban dispuestos a hacer cualquier cosa para deshacerse de Él. Según Mateo 12:15, el Señor sabía lo que estaban tramando: "Sabiendo esto Jesús, se apartó de allí". Sin embargo, nubes de tormenta habían comenzado a acumularse en el horizonte. Pronto ellos pondrían fin a su vida en una colina llamada Gólgota a las afueras de Jerusalén, donde Cristo entregaría su vida. Incluso en la muerte, Jesucristo triunfaría, pagando el castigo por el pecado y resucitando de los muertos en victoria. Debido a ese sacrificio, el Señor del día de reposo ofrece reposo celestial a todos los que creen en Él (He. 4:9).

Resumen profundo de Marcos del ministerio de Jesús

12

Mas Jesús se retiró al mar con sus discípulos, y le siguió gran multitud de Galilea. Y de Judea, de Jerusalén, de Idumea, del otro lado del Jordán, y de los alrededores de Tiro y de Sidón, oyendo cuán grandes cosas hacía, grandes multitudes vinieron a él. Y dijo a sus discípulos que le tuviesen siempre lista la barca, a causa del gentío, para que no le oprimiesen. Porque había sanado a muchos; de manera que por tocarle, cuantos tenían plagas caían sobre él. Y los espíritus inmundos, al verle, se postraban delante de él, y daban voces, diciendo: Tú eres el Hijo de Dios. Mas él les reprendía mucho para que no le descubriesen. Después subió al monte, y llamó a sí a los que él quiso; y vinieron a él. Y estableció a doce, para que estuviesen con él, y para enviarlos a predicar, y que tuviesen autoridad para sanar enfermedades y para echar fuera demonios: a Simón, a quien puso por sobrenombre Pedro; a Jacobo hijo de Zebedeo, y a Juan hermano de Jacobo, a quienes apellidó Boanerges, esto es, Hijos del trueno; a Andrés, Felipe, Bartolomé, Mateo, Tomás, Jacobo hijo de Alfeo, Tadeo, Simón el canonista, y Judas Iscariote, el que le entregó. Y vinieron a casa. (3:7-19)

Marcos presentó su relato del evangelio identificando a Jesucristo como el Hijo de Dios (1:1). Esa declaración fue certificada por el testimonio de los profetas del Antiguo Testamento (1:2-3), por Juan el Bautista (1:4-9), e incluso por Dios mismo (1:10-11). Fue además validado por las obras milagrosas que Jesús realizó. A lo largo de su ministerio, Jesucristo demostró reiteradamente su deidad por medio de manifestaciones visibles de poder divino: sobre Satanás (1:12-13), los demonios (1:23-27), la enfermedad (1:30-34), el pecado (2:5-12) y el día de reposo (2:23-3:6). Incluso, sus discípulos dejaron todo al instante para obedecer el llamamiento que les hizo (1:18, 20; 2:14). Vez tras vez, a medida que Jesús ejercía su poder divino, proporcionaba prueba incontrovertible de que era quien afirmaba ser: el encarnado Hijo de Dios y Salvador del mundo.

En esta sección (3:7-19) Marcos ofrece un profundo resumen del ministerio de Jesús, destacando en forma breve temas clave que ya había expresado. Estos versículos se enfocan específicamente en tres facetas del ministerio del Señor: su atracción popular con las multitudes (vv. 7-9), su poder y autoridad sobre los demonios (vv. 10-12), y su designación personal de los doce (vv. 13-19). Estos tres temas giran en torno, y añaden peso, a la verdad teológica básica del versículo 11, que declara de Jesús: "Tú eres el Hijo de Dios".

SU ATRACCIÓN POPULAR

Mas Jesús se retiró al mar con sus discípulos, y le siguió gran multitud de Galilea. Y de Judea, de Jerusalén, de Idumea, del otro lado del Jordán, y de los alrededores de Tiro y de Sidón, oyendo cuán grandes cosas hacía, grandes multitudes vinieron a él. Y dijo a sus discípulos que le tuviesen siempre lista la barca, a causa del gentío, para que no le oprimiesen. (3:7-9)

Después del enfrentamiento de Jesús con los fariseos en la sinagoga, Marcos 3:6 explica: "Y salidos los fariseos, tomaron consejo con los herodianos contra él para destruirle". Plenamente consciente de lo que tramaban, **Jesús se retiró al mar con sus discípulos,** sabiendo que todavía no era el tiempo de Dios para que fuera arrestado y crucificado (cp. Jn. 7:8, 30; 12:23). A fin de evitar a sus enemigos, se distanció de ellos viajando a un lugar aislado a lo largo del extremo norte del lago de Galilea.

En este momento, **sus discípulos** consistían de una cantidad desconocida de seguidores. La palabra griega *mathētēs* (discípulo) significa "aprendiz" o "estudiante", y se refiere a aquellos que habían pasado de un interés inicial en Jesús y que desearon seguirlo como su maestro. Durante su ministerio terrenal Jesús tuvo numerosos discípulos, muchos de los cuales eran superficiales y no permanecieron con Él (cp. Jn. 2:23-25; 6:66). Sin embargo, dispersos entre esta multitud estaban aquellos hombres que más tarde se convirtieron en los doce apóstoles. Jesús ya había llamado a Pedro, Andrés, Jacobo, Juan, Felipe, Natanael y Mateo para que fueran sus discípulos (1:16-20; 2:13-14; Jn. 1:35-51). Dentro de poco, Tomás, Jacobo el hijo de Alfeo, Tadeo, Simón el Zelote, y Judas Iscariote se añadirían a esa lista (3:18-19).

Al salir de la ciudad, por el momento Jesús escapó de sus enemigos, pero no de las incesantes muchedumbres. En realidad, **le siguió gran multitud de Galilea. Y de Judea, de Jerusalén, de Idumea, del otro lado del Jordán, y de los alrededores de Tiro y de Sidón, oyendo cuán grandes cosas hacía, grandes multitudes vinieron a él.** La utilización de **gran** y **grandes** podría indicar miles, si no decenas de miles de personas. La magnitud de la **multitud** era indicativo del hecho de que la fama de Jesús se había extendido por sobre la pequeña región de Galilea y a través de Israel (cp. 1:28). Su popularidad le hacía difícil ministrar públicamente en regiones urbanas (1:45). En consecuencia, a menudo enseñaba a orillas del mar de Galilea (2:13), lejos de los centros poblados. Aun así, tales multitudes lo encontraron.

Marcos resalta el alcance de la popularidad de Jesús observando las varias regiones geográficas representadas en la masa de gente que pugnaba por verlo. Algunos venían del sur, **de Judea, de Jerusalén,** e incluso de más al sur, **de Idumea.** Otros venían del oriente, **del otro lado del Jordán.** Algunos más viajaban **de los alrededores de Tiro y de Sidón** en el noroeste, una región predominantemente gentil, para unírsele con las fascinadas masas procedentes **de Galilea.** La popularidad de Jesús no tenía igual en la historia de Israel. Hasta el rey Herodes estaba intrigado por las noticias acerca de Cristo (Lc. 23:8; cp. Mt. 14:1-2).

Los que se aventuraron a salir para ver a Jesús experimentaron milagrosas demostraciones distintas a todo lo demás en la historia. Los ciegos recibían vista, los cojos caminaban, los sordos oían, los enfermos se ponían bien, y los leprosos quedaban limpios. Ocurría maravilla tras maravilla, más allá de lo que alguien pudiera imaginarse alguna vez. En una época casi dos mil años antes del desarrollo de la medicina moderna en el siglo XIX, Jesús desterró la enfermedad y sus efectos de la tierra de Israel por el tiempo que duró su ministerio. Tan solo con una palabra o un toque producía total e inmediata curación y restauración a quienes sufrían incluso de los defectos, enfermedades y discapacidades más debilitantes. Además, las almas poseídas por demonios quedaban liberadas al instante.

Gente de todas las regiones alrededor de Israel, incluso de las zonas gentiles fronterizas, inundaban Galilea, llevando a Jesús familiares enfermos y amigos necesitados. Los milagros del Señor eran públicos e innegables, razón por la que las personas seguían acudiendo a Él. Nadie cuestionaba sus milagros. No existe registro de algún esfuerzo por negarlos. Incluso sus enemigos, quienes en gran manera habrían deseado desacreditar la realidad de los milagros de Jesús, nunca sugirieron que no se hubieran hecho. Sin embargo, se negaron a creer en Él. Sin poder negar el poder de Jesús, estos obstinados incrédulos intentaron desacreditar su persona atribuyendo a Satanás el origen de su poder (3:22).

A pesar de tales acusaciones siniestras, los dirigentes religiosos no podían alejar de Jesús a las personas. A veces las multitudes eran tan densas que Él **dijo a sus discípulos que le tuviesen siempre lista la barca, a causa del gentío, para que no le oprimiesen.** A fin de tratar de no ser aplastado por los enjambres de personas, todas las cuales presionaban por acercársele, a veces Jesús entraba a una barca y se apartaba de la orilla. Marcos 4:1 relata uno de esos incidentes: "Otra vez comenzó Jesús a enseñar junto al mar, y se reunió alrededor de él mucha gente, tanto que entrando en una barca, se sentó en ella en el mar; y toda la gente estaba en tierra junto al mar". En tales ocasiones la separación le permitía llevar a cabo su prioridad de predicar las buenas nuevas del reino.

La mayoría de personas que componían los apiñados gentíos estaban anhelantes de experimentar los milagros de Jesús. Aunque eran atraídas por las poderosas obras de Cristo, se sentían a la vez ofendidas por las penetrantes palabras que Él expresaba. Incluso muchos de sus discípulos rechazaron finalmente su mensaje y le abandonaron de modo permanente (cp. Jn. 6:60-69). Es triste que al final Jesús mismo pronunciara juicio sobre la incredulidad de la gran mayoría que había experimentado sus milagros y que le oyeron predicar la verdad de Dios (cp. Mt. 7:13-14, 21-23; 11:21-24).

EL PODER Y AUTORIDAD

Porque había sanado a muchos; de manera que por tocarle, cuantos tenían plagas caían sobre él. Y los espíritus inmundos, al verle, se postraban delante de él, y daban voces, diciendo: Tú eres el Hijo de Dios. Mas él les reprendía mucho para que no le descubriesen. (3:10-12)

La atracción popular de Jesús con el pueblo estaba alimentada por sus milagros, aunque la popularidad no era su objetivo. Como manifestaciones de su poder divino, sus obras sobrenaturales eran señales que acreditaban su mensaje de salvación (cp. Jn. 5:36; 10:38) como el divino Rey mesiánico. La mayor parte de milagros realizados por Jesús fueron actos de curación (cp. Mt. 8:5-13; 9:32-33; Mr. 1:30-31, 40-44; 2:3-12; 5:25-34; 8:22-26; 9:17-29; 10:46-52; Lc. 13:10-17; 14:1-4; 17:11-19; 22:50-51; Jn. 4:46-54; 5:1-15; 9:1-41). Tales milagros creativos requirieron el cese inmediato de la enfermedad y la decadencia, y la instantánea restauración del cuerpo humano. Para Jesús, el Creador de universo (Jn. 1:3), ninguna condición o discapacidad demostraba ser demasiado difícil de curar. Creó al instante nuevos miembros y órganos, restaurando ojos, oídos, manos, pies y cuerpos a plena salud y funcionamiento.

De manera que por tocarle, cuantos tenían plagas caían sobre él. La palabra griega traducida **plagas** (*mastix*) literalmente se refiere a un flagelo o azote. Usado de forma figurada, los judíos empleaban la expresión para referirse a una calamidad o desgracia enviada por Dios como castigo. En el judaísmo del siglo I era común interpretar enfermedad y discapacidad como el juicio de Dios (Lc. 13:2; Jn. 9:2; Hch. 28:4). Muchos que padecían enfermedades físicas interpretaban sus adversidades como desagrado de Dios hacia ellos. Esa noción los hacía particularmente receptivos a las buenas nuevas de salvación. Jesús no solo les ofreció sanidad física, sino también espiritual: perdón de pecados, reconciliación con Dios y esperanza de vida eterna (cp. 2:1-12).

Las personas se apretujaban alrededor de Jesús con la esperanza de poder **tocarle** para ser sanados (cp. 1:41). Así lo indica Marcos 6:56 con relación a un momento posterior en el ministerio de Jesús: "Dondequiera que entraba, en aldeas, ciudades o campos, ponían en las calles a los que estaban enfermos, y le rogaban que les dejase tocar siquiera el borde de su manto; y todos los que le tocaban quedaban sanos". Esta gente se había enterado que el poder de Jesús estaba tan disponible y era tan eficaz, que solo poner una mano encima de Él podía producir curación instantánea y total.

Además de curar enfermedades Jesús también echaba fuera demonios. **Y los espíritus inmundos, al verle, se postraban delante de él, y daban voces, diciendo: Tú eres el Hijo de Dios. Mas él les reprendía mucho para que no le descubriesen.** Los agentes de Satanás estaban en todas partes, obrando como siempre en secreto para destruir las almas de los que estaban bajo su influencia. Aunque los demonios preferían esconderse, disfrazándose como ángeles de luz (cp. 2 Co. 11:14), no podían ocultarse de Jesús. En su presencia se llenaban de pánico, **se postraban delante de él,** revelando a grandes **voces** la identidad de Jesús (Mr. 1:24; cp. Stg. 2:19): **Tú eres el Hijo de Dios.** Llenos de temor lo reconocían por quien realmente era: el soberano del universo (cp. Mr. 6:6-7). Aunque la declaración que hacían de la identidad del Maestro era teológicamente correcta, Jesús no estaba buscando publicidad por parte de los demonios (cp. Hch. 16:16-18). No deseaba promoción ni testimonio del reino de Satanás, así que **les reprendía mucho para que no le descubriesen.** La autoridad de Jesús sobre los demonios pone de relieve la naturaleza divina. No solamente lo reconocían como el Hijo de Dios, sino que cuando los expulsaba huían bajo su autoridad. Cuando les ordenaba que callaran, obedecían. A pesar de que eran sus más feroces enemigos, estaban obligados a someterse a las órdenes de Cristo.

El poder inaudito y sin precedentes de Jesús sobre los demonios hizo que el pueblo se preguntara quién era Él (cp. 1:27). ¿Quién poseía tal autoridad? ¿Quién podía desterrar tanto los demonios como la enfermedad? ¿Quién era este hombre? La historia de Marcos ha contestado varias veces tales inquietudes: Él es nada menos que el Hijo de Dios. El Padre declaró esa realidad en el bautismo de Jesús (1:11), e incluso los demonios no podían dejar de reconocerlo cuando Él los confrontaba (3:11). Con el tiempo, los discípulos más cercanos de Jesús llegarían a entender esa misma verdad (8:29). La nación de Israel como un todo nunca lo hizo. Bajo la influencia de sus dirigentes religiosos apóstatas el pueblo rechazó a Jesús, negándose a confesarlo como el Mesías y Rey divino.

SUS NOMBRAMIENTOS PERSONALES

Después subió al monte, y llamó a sí a los que él quiso; y vinieron a él. Y estableció a doce, para que estuviesen con él, y para enviarlos a predicar, y que tuviesen autoridad para sanar enfermedades y para echar fuera demonios: a Simón, a quien puso por sobrenombre Pedro; a Jacobo hijo de Zebedeo, y a Juan hermano de Jacobo, a quienes apellidó Boanerges, esto es, Hijos del trueno; a Andrés, Felipe, Bartolomé, Mateo, Tomás, Jacobo hijo de Alfeo, Tadeo, Simón el canonista, y Judas Iscariote, el que le entregó. Y vinieron a casa. (3:13-19)

Marcos efectúa una transición de la popularidad y el poder de Jesús a enfocarse en un grupo selecto de sus discípulos. Estos doce hombres, algunos de los cuales Marcos ya ha presentado (1:16-20; 2:14-15), fueron personalmente escogidos por Jesús como sus apóstoles, quienes serían sus representantes legales y sus embajadores reales incluso después que Él se fuera.

Cuando Jesús seleccionó a los doce estaba haciendo una declaración de juicio sobre la incredulidad de Israel. Los guardianes del judaísmo apóstata lo habían rechazado por completo. Los saduceos se resintieron con Él por limpiar el templo y desenmascarar su sistema de avaricia y corrupción (Jn. 2:14-18). Los fariseos y escribas querían matarlo por oponerse a las observancias de su día de reposo y por afirmar igualdad con Dios (Jn. 5:18). Incluso los herodianos seculares estaban de acuerdo en que Jesús era un agitador que debía ser eliminado (Mr. 3:6). Cuando los dirigentes de Israel rechazaron al Hijo de Dios, Dios los rechazó. Los fariseos y escribas, junto con los saduceos, habían demostrado su indignidad como los pastores de Israel (cp. Ez. 34:1-10). La nobleza religiosa y la academia rabínica del judaísmo estaban totalmente descalificadas para representar a Dios. Malinterpretaban el Antiguo Testamento, corrompían al pueblo, y producían hijos del infierno (Mt. 23:15). Ellos creían que eran iluminados con relación a Dios, pero en realidad eran "ciegos guías de ciegos" (Mt. 15:14). Se percibían como los protectores y proveedores de la Palabra de Dios, cuando en verdad habían sustituido los mandamientos de Dios con tradiciones de hombres (Mr. 7:6-13). Aunque se habían convencido de que estaban agradando al Dios de sus padres, en realidad eran hijos "de [su] padre el diablo" (Jn. 8:44). No era Jesús quien pertenecía a Satanás, sino ellos.

Es evidente que debían ser retirados. Eso hizo Jesús al escoger un grupo de doce laicos nada especiales, ninguno de los cuales salió del sistema religioso, lo cual era un reproche a todo el sistema. El número doce no fue arbitrario o accidental. Representaba el hecho de que en el reino mesiánico estos doce hombres recibirían la responsabilidad de gobernar sobre cada una de las doce tribus de Israel (cp. Lc. 22:28-30; Ap. 21:12-14). Al escoger a doce apóstoles, Jesús estaba enviando un mensaje inconfundible a los líderes de Israel de que estos estaban espiritualmente descalificados, y por tanto excluidos del reino de Dios. Los enfrentó directa, pública y reiteradamente con tales denuncias. En lugar de arrepentirse, la determinación que tenían de matarlo se incrementó.

Jesús sabía que el odio de sus enemigos finalmente le llevaría a la muerte, como el Padre había planeado (Hch. 2:23-24; 4:27-28). La cruz era inminente. Cuando Jesús fijó su mirada en el Calvario también hizo preparativos para lo que sucedería después de su muerte. ¿Quiénes transmitirían el mensaje del evangelio al mundo después que Él, el Mesías, hubiera muerto? La respuesta a esa pregunta comenzó con estos doce hombres.

Ninguno de los doce entregó una solicitud ni presentó un currículo. Incluso si lo hubieran hecho, sus referencias habrían sido muy poco impresionantes. Religiosa, formativa y socialmente eran plebeyos no calificados, pero fueron los que Jesús mismo escogió. Por tanto, el poder y la gloria soberana de Jesús se exhibió no solo por medio de sus milagros, sino también en los hombres humildes a quienes eligió, entrenó y facultó para predicar el evangelio y establecer la Iglesia (cp. 1 Co. 1:26-31). Así lo observa Marcos: **Después** Jesús **subió al monte, y llamó a sí a los que él quiso.** Como sabía la importancia de este proceso de selección, Jesús mismo **subió al monte** y, según Lucas 6:12, "pasó la noche orando a Dios". Solo después de toda una noche de comunión total con su Padre **llamó a sí a los que él quiso.** De la misma manera que antes había llamado a Pedro, Andrés, Jacobo, Juan (1:16-20) y Mateo (2:14-15), Jesús ahora comisionaba a esos cinco hombres, junto con otros siete, para que fueran sus apóstoles. No fue que ellos se ofrecieran como voluntarios, aunque tampoco llegaron de mala gana (cp. Jn. 6:37). Más bien, Jesús tomó la iniciativa de buscarlos y elegirlos según su prerrogativa soberana. Más tarde Jesús les recordaría a sus discípulos, "No me elegisteis vosotros a mí, sino que yo os elegí a vosotros, y os he puesto para que vayáis y llevéis fruto, y vuestro fruto permanezca; para que todo lo que pidiereis al Padre en mi nombre, él os lo dé" (Jn. 15:16). Hasta este momento estos doce hombres habían seguido a Cristo como parte del grupo más amplio de discípulos (cp. 2:7). Había llegado el momento de ser sacados del grupo más grande para estar más cerca de Jesús. Durante los meses anteriores Jesús había dedicado gran parte de su tiempo a las multitudes. Al avanzar en su ministerio concentró cada vez más su atención en la formación de estos doce hombres.

Marcos expresa dos razones de por qué Jesús **estableció a doce.** La primera fue simplemente **para que estuviesen con él.** Al pasar cada día tiempo íntimo con Cristo, los doce serían orientados personalmente por el Mesías mismo. Serían capacitados como sus aprendices. Estos doce hombres iban a ser responsables por la difusión del evangelio, establecer sana doctrina, y sentar la base de la Iglesia (Ef. 2:20). Durante el resto de su ministerio terrenal, Jesús se invirtió intensamente en prepararlos. En segundo lugar, Jesús nombró a estos hombres **para enviarlos a predicar.** Ellos fueron instruidos como la primera generación de heraldos de las buenas nuevas de salvación, siguiendo los pasos de su Señor, quien proclamó el evangelio del reino de Dios (1:14). Jesús fue predicador, así como Juan el Bautista y los profetas del Antiguo Testamento antes que Él. Los discípulos debían seguir ese legado de predicar la verdad del evangelio.

Su llamamiento no iba a ser fácil (cp. Mt. 10:24-38). El sistema religioso de Israel solo tenía desprecio por ellos y los iba a perseguir. Incluso a menudo los doce carecían de la fe necesaria para realizar tan esencial tarea (cp. Mt. 8:25-26; 14:31; 16:8; Jn. 20:30-31). Sin embargo, estos doce hombres tuvieron una influencia más grande en el mundo que cualquier otro grupo en la historia.

En el día de Pentecostés cuando Pedro se levantó a predicar, tres mil personas llegaron a la fe que salva en Jesús (Hch. 2:41). En las semanas y meses siguientes, bajo su predicación decenas de miles más aceptaron al Salvador. La única explicación para tan inmediata y amplia influencia es que habían estado con Cristo y que el Espíritu Santo los había fortalecido (cp. Hch. 4:13).

Los doce hombres elegidos por Jesús recibirían la responsabilidad dc ser sus testigos "en Jerusalén, en toda Judea, en Samaria, y hasta lo último de la tierra" (Hch. 1:8). Como una generación inicial de misioneros, Él les encargaría: "Id, y haced discípulos a todas las naciones" (Mt. 28:19). La Iglesia misma sería edificada "sobre el fundamento de los apóstoles y profetas, siendo la principal piedra del ángulo Jesucristo mismo" (Ef. 2:20). Ellos cumplirían su tarea por medio del poder del Espíritu Santo, quien les recordaría las enseñanzas de Jesús (cp. Jn. 14:26) y les impartiría nueva revelación de parte de su Señor (cp. Jn. 16:12-15; Hch. 2:42). A través de ellos fue predicada, expresada y escrita la doctrina del nuevo pacto en las palabras divinas de las Escrituras del Nuevo Testamento para todas las generaciones posteriores.

Los doce no comenzaron siendo predicadores. Siete de ellos eran pescadores. Uno era cobrador de impuestos, otro luchaba por la libertad. Ninguno había recibido una formación teológica formal. Pero cuando Jesús se encargó de ellos, quienes habían empezado como aprendices, o discípulos, se convirtieron en enviados, o apóstoles. Ellos fueron sus embajadores, sus representantes, y sus heraldos. Jesús los seleccionó de manera soberana; les enseñó personalmente; los transformó radicalmente; y los facultó con su Espíritu. Como el Hijo de Dios, Jesús poseía autoridad absoluta sobre todas las cosas. Cuando eligió a sus doce apóstoles delegó en ellos su autoridad. En el pensamiento judío, a un apóstol se le consideraba un comisionado de aquel que lo envió. Al ser los emisarios de Cristo, estos hombres fueron dotados de la autoridad delegada del Mesías mismo. Al proclamar las palabras de Cristo fueron exaltados a actuar a nombre de Él en el ejercicio de su autoridad y para el beneficio de su reino.

De conformidad con el papel de delegados de Jesús, Él también les otorgó **autoridad para sanar enfermedades y para echar fuera demonios.** Mateo 10:1 añade que también se les concedió poder para "sanar... toda dolencia". A fin de certificarles la posición como sus representantes, Jesús los dotó de autoridad tanto en el reino físico (sobre la enfermedad) como en el reino espiritual (sobre los demonios). Igual que ocurrió con el mismo Jesús, el mensaje de ellos fue confirmado por las señales sobrenaturales que realizaron por el poder de Él (cp. Jn. 3:2; 2 Co. 12:11-12). Al hablar del mensaje de salvación, el autor de Hebreos explica: "Habiendo sido anunciada primeramente por el Señor, nos fue confirmada por los que oyeron [es decir, los apóstoles], testificando Dios juntamente con ellos, con señales y prodigios y diversos milagros y repartimientos del Espíritu Santo según su voluntad" (He. 2:3-4). Al igual que su Maestro, las palabras de ellos fueron validadas por las obras sobrenaturales que realizaron por medio del poder del Espíritu Santo.

Los nombres de los doce aparecen escritos en cuatro lugares del Nuevo Testamento (Mt. 10:2-4; Mr. 3:16-19; Lc. 6:13-16; Hch. 1:13; cp. v. 26). En cada lista, sus nombres están organizados en los mismos tres subgrupos de cuatro, dispuestos en orden de decreciente intimidad con Cristo. El primer grupo está compuesto de dos pares de hermanos: Pedro y Andrés, y Jacobo y Juan. El segundo incluye a Felipe, Natanael, Mateo y Tomás. El tercero consta de Jacobo el hijo de Alfeo, Tadeo, Simón el Zelote, y Judas Iscariote (quien fue reemplazado por Matías en Hch. 1:26). Aunque el orden de los nombres cambia ligeramente de lista en lista, siempre permanecen en el mismo subgrupo. Además, el nombre que empieza cada subgrupo también es constante: Pedro siempre encabeza el grupo uno, Felipe el grupo dos, y Jacobo el hijo de Alfeo el grupo tres. Esto sugiere que cada uno de estos subgrupos tenía su propio líder. Aunque se conoce mucho de los hombres en el primer grupo, hay cada vez menos información en cuanto a quienes conforman los grupos segundo y tercero.

Un examen detenido de cada uno de los doce resalta el carácter de este grupo variado. (Para un análisis completo de estos doce hombres, véanse los caps. 55-61 en *Comentario MacArthur del Nuevo Testamento: Mateo,* [Grand Rapids: Portavoz, 2017]; y también los caps. 31-37 en *Comentario MacArthur del Nuevo Testamento: Lucas* [Grand Rapids: Portavoz, 2016]; véase también, *Doce hombres comunes y corrientes* [Nashville: Caribe, 2004]). En cada lista de los doce apóstoles, **Simón** Pedro siempre aparece primero, indicando que fue el vocero de los otros once. Hombre de acción e impulsivo, Pedro a menudo hablaba antes de pensar, hábito que le metió en problemas en más de una ocasión (Mt. 16:22-23; 26:33-35). No obstante, el Señor transformaría a Pedro en el líder de los apóstoles bien cimentado y firme. Por eso es que Jesús le **puso por sobrenombre Pedro,** que significa "roca" (cp. Mt. 16:18; Jn. 1:42). Cuando Jesús conoció a Pedro, este era cualquier cosa menos una roca, pero llegaría a ser el predicador dominante entre los apóstoles (cp. Hch. 2:15-36; 3:12-26; 5:29-32) y un pilar de la iglesia primitiva (Gá. 2:9). Es probable que su predicación sirviera como base para el relato de Marcos acerca de la vida y el ministerio de Jesús. (Para más información sobre ese punto, véase la sección "Autor" en la introducción de esta obra). Las cartas de Pedro demuestran el profundo amor por Cristo que llegó a caracterizarlo como experimentado pastor y firme teólogo. De acuerdo con la tradición, Pedro fue ejecutado como mártir en Roma, siendo crucificado boca abajo por petición propia al sentirse indigno de ser crucificado del mismo modo que su Señor. Al igual que Pedro, **Jacobo hijo de Zebedeo, y Juan hermano de Jacobo** también tendrían sus vidas totalmente transformadas por Jesús. El Señor además los **apellidó Boanerges, esto es, Hijos del trueno.** En el caso de Pedro, su sobrenombre indicaba aquello en que Jesús quería que Pedro se convirtiera. Pero en el caso de Jacobo y Juan, su apodo representa una actitud fanática y crítica hacia otros que debían abandonar (cp. Lc. 9:54). Al llamarlos **Hijos del trueno,** Jesús les recordó una actitud injusta que debían evitar. Junto con Pedro, tanto Jacobo como Juan estuvieron presentes en la transfiguración de Jesús (Mr. 9:2). También estuvieron en el día de Pentecostés, reunidos con ciento veinte creyentes y entre ellos los demás apóstoles, cuando nació la Iglesia (Hch. 1—2). Jacobo fue martirizado a inicios de la historia de la Iglesia, siendo decapitado por Herodes Agripa I a mediados de la década de los cuarenta (Hch. 12:2). En cambio, Juan fue el miembro de los doce que sobrevivió más tiempo. Vivió hasta aproximadamente el año 100 d.C., escribiendo cinco libros del Nuevo Testamento y siendo exiliado casi al final de su vida. El hecho de que un tema importante de sus epístolas sea el amor (cp. 1 Jn. 3:14-20; 4:7-21; 5:1; 2 Jn. 6) resalta el cambio radical realizado en la vida de un antiguo "Hijo del Trueno". **Andrés** fue el último miembro de este primer grupo. El hermano de Pedro, Andrés, había sido discípulo de Juan el Bautista y comenzó a seguir a Jesús a principios de la vida pública del Señor (cp. Jn. 1:40). Las pocas veces que Andrés se destaca en los evangelios es a menudo llevando personas a Jesús, sea que se tratara de su hermano Pedro (Jn. 1:41-42), de un muchacho con cinco panes y dos peces (Jn. 6:8-10), o de un grupo de griegos que querían ver al Señor (Jn. 12:20-22). De acuerdo con la tradición, Andrés murió poco después de presentarle el evangelio de Jesucristo a la esposa de un gobernador provincial. Cuando ella se negó a retractarse de su fe, el furioso esposo hizo crucificar a Andrés en una cruz en forma de equis. Según los reportes, estuvo colgado allí por dos días, y predicaba el evangelio a todos los que pasaban hasta que murió.

Felipe fue el líder del segundo grupo. Según Juan 1:44, Felipe era de Betsaida, el mismo pueblo natal de Pedro y Andrés. Antes de la alimentación de los cinco mil, Felipe preguntó francamente dónde podían comprar pan para tantas personas (Jn. 6:5). En el aposento alto, fue Felipe quien le dijo a Jesús: "Señor, muéstranos el Padre, y nos basta" (Jn. 14:8). En respuesta, "Jesús le dijo: ¿Tanto tiempo hace que estoy con vosotros, y no me has conocido, Felipe? El que me ha visto a mí, ha visto al Padre; ¿cómo, pues, dices tú: Muéstranos el Padre?" (vv. 9). La torpeza de Felipe en ambas ocasiones era típica de todos los discípulos, quienes llegaron a entender por completo la verdad acerca de Jesús solo después de la resurrección de Cristo. **Bartolomé** comenzó a seguir a Jesús por medio de la influencia de Felipe (Jn. 1:45). Su nombre significa "hijo de Tolmai", y en realidad este era un apellido. Su primer nombre era Natanael, que significa "dado por Dios". Fue a Natanael a quien Jesús le dijo: "He aquí un verdadero israelita, en quien no hay engaño" (Jn. 1:47). **Mateo,** el exrecaudador de impuestos, fue presentado por Marcos en 2:14-15. Al igual que todos los que cobraban impuestos para Roma, se trataba de un individuo despreciado a quien el Salvador dio el privilegio de escribir el primer evangelio. **Tomás** completa el segundo grupo.

De acuerdo con Juan 11:16, su sobrenombre era Dídimo, que en griego significa "gemelo". Es en ese mismo versículo que Tomás de manera valiente, aunque pesimista, les dijo a los demás discípulos: "Vamos también nosotros, para que muramos con él". Ese pesimismo volvió a surgir después de la resurrección, cuando Tomás se negó a creer lo que decían los otros apóstoles que Jesús estaba vivo (Jn. 20:24-29). Pero cuando presenció al Cristo resucitado, la respuesta de Tomás fue definitiva: "¡Señor mío, y Dios mío!" (v. 28). La firme tradición de la historia de la Iglesia indica que Tomás llevó el evangelio a India, donde murió martirizado.

Jacobo el hijo de Alfeo lidera el tercer grupo. No se sabe mucho ni de Jacobo ni de su padre, Alfeo. Según Marcos 15:40, también se le llamó Jacobo el menor. Él tenía una madre llamada María quien también seguía a Jesús (cp. 16:1; Lc. 24:10). **Tadeo,** también llamado Judas hermano de Jacobo (Lc. 6:16; Hch. 1:13) o Judas "no el Iscariote" (cp. Jn. 14:22). Se sabe muy poco acerca de Tadeo. Aunque algunos comentaristas han sugerido que él es el autor de la epístola de Judas, es mejor asignar esa carta a Judas el medio hermano de Jesús (cp. Mr. 6:3). **Simón el zelote,** como su nombre sugiere, era un rebelde opuesto al dominio romano. El hecho de que él y Mateo, un exrecaudador de impuestos para Roma, fueran miembros de los doce ilustra la diversidad de este grupo. Antes de conocer a Jesús, sin duda alguna Simón no habría tenido reparos en matar a alguien como Mateo para hacer progresar su causa antiromana. El vergonzoso **Judas Iscariote** se menciona siempre de último en las listas de apóstoles porque **entregó** a Jesús. La deserción de Judas pudo haber sido una sorpresa para todos los demás, pero la traición de Judas Iscariote no engañó a Jesús. Así se lo manifestó el Señor a sus discípulos en Juan 6:70: "¿No os he escogido yo a vosotros los doce, y uno de vosotros es diablo?". Jesús supo todo el tiempo que Judas lo traicionaría. Es más, esa deserción fue parte del plan de Dios (cp. Hch. 1:15-26).

Desde un punto de vista humano, estos doce hombres fueron elecciones extrañas, porque no tenían educación, formación ni influencia. Sin embargo, desde el punto de vista de Dios fueron la elección perfecta: instrumentos débiles e imperfectos a través de quienes el poder divino se demostraría de forma gloriosa (cp. 1 Co. 1:26-31). Antes de que acabaran sus vidas, fueron usados por Dios para trastornar al mundo entero (cp. Hch. 17:6). Que nuestro Señor pudiera usar vasijas tan ordinarias para llevar a cabo sus grandes propósitos subraya el propósito sobrenatural de su poder soberano. Según ha mostrado el profundo resumen de Marcos, ese poder fue manifestado en los milagros que Jesús realizó. También se evidenció en los hombres a quienes eligió. Cristo escogió una docena de hombres comunes y corrientes y los transformó en el fundamento sólido de su Iglesia (cp. Ef. 2:20; Ap. 21:14).

Jesucristo: ¿Mentiroso, loco o Señor? 13

Y se agolpó de nuevo la gente, de modo que ellos ni aun podían comer pan. Cuando lo oyeron los suyos, vinieron para prenderle; porque decían: Está fuera de sí. Pero los escribas que habían venido de Jerusalén decían que tenía a Beelzebú, y que por el príncipe de los demonios echaba fuera los demonios. Y habiéndolos llamado, les decía en parábolas: ¿Cómo puede Satanás echar fuera a Satanás? Si un reino está dividido contra sí mismo, tal reino no puede permanecer. Y si una casa está dividida contra sí misma, tal casa no puede permanecer. Y si Satanás se levanta contra sí mismo, y se divide, no puede permanecer, sino que ha llegado su fin. Ninguno puede entrar en la casa de un hombre fuerte y saquear sus bienes, si antes no le ata, y entonces podrá saquear su casa. De cierto os digo que todos los pecados serán perdonados a los hijos de los hombres, y las blasfemias cualesquiera que sean; pero cualquiera que blasfeme contra el Espíritu Santo, no tiene jamás perdón, sino que es reo de juicio eterno. Porque ellos habían dicho: Tiene espíritu inmundo. Vienen después sus hermanos y su madre, y quedándose afuera, enviaron a llamarle. Y la gente que estaba sentada alrededor de él le dijo: Tu madre y tus hermanos están afuera, y te buscan. Él les respondió diciendo: ¿Quién es mi madre y mis hermanos? Y mirando a los que estaban sentados alrededor de él, dijo: He aquí mi madre y mis hermanos. Porque todo aquel que hace la voluntad de Dios, ése es mi hermano, y mi hermana, y mi madre. (3:20-35)

Clive Staples Lewis, nacido en 1898, se convirtió en una de las figuras literarias más conocidas del siglo XX. Aunque se crió en un hogar protestante irlandés, Lewis abandonó la fe de su infancia y adoptó el ateísmo cuando tenía quince años de edad. Creyó haber terminado con Dios, y paradójicamente "a la vez estaba furioso con Dios por no existir" (C. S. Lewis, *Sorprendido por la alegría* [Santiago de Chile: Editorial Andrés Bello, 1994], p. 111). Pero Dios no había terminado con él. Años más tarde, mientras enseñaba en la Universidad de Oxford, Lewis frecuentaba la compañía de amigos cristianos que retaron su ateísmo. El Señor usó la influencia de estos amigos para atraer a Lewis hacia Él.

Al reflexionar en su conversión, el ex ateo se comparó con el hijo pródigo: buscado por Dios a pesar de sus propios intentos de alejarse de Él. Lewis escribió:

> Deben imaginarme solo en esa habitación en Magdalen, noche tras noche, sintiendo, cada vez que mi mente se apartaba aunque fuera un segundo del trabajo, cómo Aquel, a quien con tanta ansiedad deseaba no encontrar, se acercaba continua e inexorablemente. Lo que temía profundamente, por fin me había atrapado. Hacia la fiesta de la Trinidad en 1929, me entregué, admití que Dios era Dios, me arrodillé y oré: quizás, aquella noche, el menos entusiasta y el más reacio converso de toda Inglaterra (*Ibíd.*, pp. 206-207).

Como pensador cristiano, apologista y escritor, C. S. Lewis llegó a tener gran influencia por medio de obras de ficción como *Las crónicas de Narnia* y *Cartas del diablo a su sobrino,* y por medio de escritos apologéticos como *El problema del dolor* y *Mero cristianismo.*

Una de las contribuciones más conocidas de Lewis al campo de la apologética cristiana fue el "trilema" que propuso con relación a las afirmaciones de Jesucristo. Aunque Lewis no lo inventó, sí le dio al "trilema" su expresión más popular. En respuesta a cualquiera que pudiera sugerir que Jesús era un buen maestro pero no divino, Lewis explicó por qué tal opinión no era lógicamente sostenible:

> Intento con esto impedir que alguien diga la auténtica estupidez que algunos dicen acerca de Él: "Estoy dispuesto a aceptar a Jesús como un gran maestro moral, pero no acepto su afirmación de que era Dios". Eso es precisamente lo que no debemos decir. Un hombre que fue meramente un hombre y que dijo las cosas que dijo Jesús no sería un gran maestro moral. Sería un lunático —en el mismo nivel del hombre que dice ser un huevo escalfado— o si no sería el mismísimo demonio. Tenéis que escoger. O ese hombre era, y es, el Hijo de Dios, o era un loco o algo mucho peor. Podéis hacerle callar por necio, podéis escupirle y matarle como si fuese un demonio, o podéis caer a sus pies y llamarlo Dios y Señor, pero no salgamos ahora con insensateces paternalistas acerca de que fue un gran maestro moral. Él no nos dejó abierta esa posibilidad. No quiso hacerlo... Bien: a mí me parece evidente que no era ni un lunático ni un monstruo y que, en consecuencia, por extraño o terrible o improbable que pueda parecer, tengo que aceptar la idea de que Él era y es Dios (C. S. Lewis, *Mero cristianismo* [Madrid: Rialp, 2005], pp. 69-70).

Al aseverar que es Dios (Mr. 2:5-10; 14:61-62; Jn. 1:1; 5:18; 8:58; 10:30, 33, 36; 14:9; cp. Mt. 1:23; Lc. 7:16), Jesucristo dejó a sus oyentes con solo tres opciones.

Podían descartarlo como desvariado, denunciarlo como endemoniado, o declarar que era divino. No había término medio (Mt. 12:30; Mr. 9:40; Lc. 11:23). Las multitudes que acudían en tropel para escucharlo o lo aceptarían como el Hijo de Dios y el Salvador del mundo (Mr. 8:29; Jn. 6:69; 20:28), o lo rechazarían como un megalómano peligroso y posiblemente loco al que era necesario silenciar (Mr. 3:6; Jn. 11:53).

Los evangelios del Nuevo Testamento fueron escritos para demostrar a cualquier lector que Jesucristo no era ni un lunático ni un mentiroso. Los lunáticos no pueden curar a personas enfermas ni resucitar muertos. Los farsantes no pueden realizar milagros innegables, ni alguien facultado por espíritus malignos usaría ese poder para echar fuera demonios (cp. Mt. 12:26-28; Jn. 10:21). La Biblia deja a sus lectores con solo una alternativa. El Señor Jesús es el Rey mesiánico, el "Hijo de Dios" (Mr. 1:1; cp. Mt. 16:16). Él es el Señor y Salvador a quien Dios el Padre resucitara "de los muertos y [sentara] a su diestra en los lugares celestiales, sobre todo principado y autoridad y poder y señorío, y sobre todo nombre que se nombra, no sólo en este siglo, sino también en el venidero" (Ef. 1:20-21).

A pesar de la enorme evidencia que confirma la deidad de Jesús (desde su asombrosa enseñanza hasta sus milagros espectaculares y su autoridad sobre los demonios), y a pesar del claro testimonio de otros que lo certificaron (desde los profetas del Antiguo Testamento hasta Juan el Bautista y Dios el Padre, cp. Mr. 1:2-11; Jn. 5:33-46), hubo muchos que con testarudez se negaron a creer en Él (cp. Jn. 12:37). Algunos creyeron que Jesús estaba loco, especialmente cuando le oyeron expresar el costo de ser su discípulo (cp. Lc. 9:57-62; Jn. 6:66); otros le acusaron de plano de estar endemoniado (Jn. 10:20). En este pasaje (Mr. 3:20-35) nos topamos con esas dos respuestas incorrectas a Jesucristo. Miembros de su propia familia habían sugerido que Él había perdido la razón y que estaba actuando como un lunático (vv. 20-21). Mientras tanto, los dirigentes religiosos alegaban que Él era un mentiroso cuyos innegables poderes provenían de Satanás, no de Dios (vv. 22-30). No obstante, hubo quienes genuinamente siguieron a Jesús, obedeciendo la voluntad del Padre al escuchar al Hijo (vv. 31-35). Estos creyentes verdaderos entendieron correctamente que Jesús es Señor y Dios.

LUNÁTICO: SUPOSICIÓN DE LA FAMILIA DE JESÚS

Y se agolpó de nuevo la gente, de modo que ellos ni aun podían comer pan. Cuando lo oyeron los suyos, vinieron para prenderle; porque decían: Está fuera de sí. (3:20-21)

Es difícil imaginar que alguien pudiera creer que Jesús se había vuelto loco. Su razón era la más perfecta; su lógica la más pura; y su predicación la más profunda. Nadie habló jamás como Él lo hizo: con tanta claridad o profundidad.

Cada vez que enseñaba, la reacción de la gente siempre era la misma: "Todo el pueblo estaba suspenso oyéndole" (Lc. 19:48). Pero a pesar de la recepción popular por parte de las multitudes que se agolpaban para oírlo, ciertos miembros de la familia de Jesús creían que se había vuelto loco.

Después que Jesús designara a los doce (Mr. 3:13-19), volvió **a casa** en Capernaúm, la sede de su ministerio. La frase **vinieron a casa** literalmente significa "vinieron a una casa", y podría referirse a la vivienda de Pedro y Andrés (1:29; cp. 2:1). Como normalmente sucedía cuando Jesús entraba en la ciudad (1:32, 37, 45; 2:1-2), **se agolpó de nuevo la gente, de modo que ellos,** refiriéndose a Jesús y sus discípulos, **ni aun podían comer pan.** Multitudes de personas trataban de entrar a la casa donde Jesús se alojaba. Su ministerio de sanidad no se parecía a nada que las muchedumbres hubieran visto alguna vez (cp. Mt. 9:33), atrayendo masivamente a gente de todo Israel para presenciar el poder sobrenatural de Jesús y oír su extraordinaria enseñanza (Mr. 3:7-12). No era extraño que los rabinos destacados tuvieran un pequeño grupo de seguidores, pero nadie se había aproximado alguna vez a rivalizar la gran popularidad de Jesús.

El tamaño del gentío creaba a menudo problemas logísticos incomparables. En más de una ocasión, de manera milagrosa Jesús creó alimentos para satisfacer el hambre de miles que lo seguían (Mt. 14:13-21; Mr. 8:1-10). Otras veces cuando la gente le acosaba a lo largo de la orilla del mar de Galilea, Jesús entraba a una pequeña embarcación para poder escapar del gentío y así hablarles retirado de la orilla (Lc. 5:1-3; Mr. 3:9). Poco antes, en la casa en Capernaúm donde Jesús estaba enseñando, la multitud era tanta que obligó a los amigos de un hombre paralítico a abrir un agujero en el techo solo para conseguir una audiencia con Cristo (Mr. 2:4). Los milagros de Jesús, como la curación de ese paralítico, solo acentuaron el fervor de las multitudes que abiertamente se preguntaban si Jesús era el Mesías (cp. Mt. 12:22-23). En esta ocasión el gentío se estaba agolpando de nuevo en la casa, **de** tal **modo que** Jesús y sus discípulos **ni aun podían comer pan.** La concurrencia era tan grande que Jesús y sus discípulos no podían ni siquiera llevar a cabo las funciones básicas de la vida, como comer.

Cuando la noticia acerca de la situación llegó a Nazaret, la familia de Jesús quedó impactada y preocupada por los rumores. Según Marcos explica, **cuando lo oyeron los suyos, vinieron para prenderle.** Que esa frase **los suyos** se refiere a su familia inmediata lo confirma el versículo 31, el cual hace saber que su madre y sus medios hermanos viajaron a Capernaúm para encontrarlo. Dada la opresiva naturaleza de las multitudes, es comprensible la preocupación de la familia de Jesús por la seguridad de Él. Temerosos de que Él pudiera estar en peligro, ellos habían salido de Nazaret y habían viajado los casi cincuenta kilómetros hasta Capernaúm **para prenderle.** El verbo traducido **prenderle** significa "apoderarse". De las quince veces que se usa en Marcos, ocho se refieren a que agarraron a Jesús, incluido su arresto. El término también se usa en la detención de Juan el Bautista en que fue arrestado y encarcelado (Mr. 6:17). La familia de Jesús estaba tratando de rescatarlo, por la fuerza si era necesario, de las agobiantes multitudes que amenazaban con asfixiarlo, así como de Él mismo.

El deseo de la familia de proteger a Jesús del peligro en que Él mismo se metía se refleja en las conclusiones a las que llegaron en cuanto a Él, **porque decían: Está fuera de sí.** María, por supuesto, no pensaba eso. Antes de que Jesús naciera, ella había oído decir al ángel: "Y ahora, concebirás en tu vientre, y darás a luz un hijo, y llamarás su nombre JESÚS. Este será grande, y será llamado Hijo del Altísimo; y el Señor Dios le dará el trono de David su padre; y reinará sobre la casa de Jacob para siempre, y su reino no tendrá fin" (Lc. 1:31-33). Por tanto, ella sabía exactamente quién era Él (cp. Lc. 2:19, 51).

No obstante, los hermanos de Jesús no creían en Él (cp. Jn. 7:5). Sin lugar a dudas José y María les habían hablado de su medio hermano mayor. Durante los primeros treinta años de su vida, mientras Jesús vivió en Nazaret, sus hermanos lo observaron día tras día. Todo lo que Él hacía era perfecto (cp. He. 4:15), una realidad que validaba su identidad pero que pudo haber frustrado a sus hermanos y hermanas menores (que nunca podrían igualar su impecable nivel). La narración bíblica supone que Jesús no comenzó a realizar milagros hasta después de iniciar su ministerio público (Jn. 2:11). Aparte de dejar asombrados a los estudiosos religiosos en Jerusalén cuando tenía doce años de edad (Lc. 2:46-47), Jesús se comportaba como otros jóvenes judíos (cp. vv. 51-52).

Los nombres de los medios hermanos de Jesús se enumeran en Marcos 6:3: Jacobo, José, Judas y Simón. Ese versículo también indica que Él tenía más de una media hermana, lo que significa que Jesús era uno de por lo menos siete hijos que le nacieron a María. (Cabe señalar que la doctrina católico romana de la virginidad perpetua de María es una patraña claramente rechazada por el registro del Nuevo Testamento, cp. Mt. 1:25; 13:55-56). Al haberse criado en la misma familia que Jesús, sus hermanos habían presenciado su perfecta obediencia, pero debido a la naturaleza al parecer normal de la infancia de Él, ellos sin embargo no creyeron que fuera el Mesías.

Cuando Jesús dejó a la familia en Nazaret como a los treinta años de edad, y se aventuró en su ministerio público, sus hermanos se debieron haber preguntado qué estaba haciendo. Cuando Jesús regresó a Nazaret y reprendió a sus antiguos vecinos, estos intentaron matarlo (Lc. 4:16-29), y sus hermanos y hermanas sin duda lo observaron aterrados. A medida que la reputación de Jesús se propagaba, y las noticias acerca de Él llegaron a Nazaret, la curiosidad de ellos quizás estuvo acompañada de una creciente preocupación y angustia. Después de oír hablar de la naturaleza agobiante de los gentíos, decidieron no esperar más. Era hora de rescatar a su hermano mayor de sí mismo.

La frase **está fuera de sí** se traduce de un solo término griego (*existēmi*), y significa enloquecer, estar descontrolado, o estar demente. Los miembros de la propia familia de Jesús estaban convencidos de que Él ya no estaba en control de sus sentidos racionales. En realidad, lo único irracional en cuanto a Jesús era que ellos habían llegado a una conclusión equivocada acerca de Él. Aunque sus hermanos no le creían, su incredulidad solo fue temporal. Llegarían a aceptarlo en fe después de su resurrección (Hch. 1:14; 1 Co. 15:7). Es más, Jacobo el hermano de Jesús se convertiría en un líder de la iglesia en Jerusalén (cp. Hch. 15:13-35; Gá. 1:19), y tanto Jacobo (Santiago) como Judas escribirían epístolas en el Nuevo Testamento. No obstante, en este momento, debido a la preocupación por Él quizás mezclada con una sensación de pena y deber familiar, decidieron ir a Capernaúm a fin de llevarlo sano y salvo otra vez a Nazaret.

MENTIROSO: LA ACUSACIÓN DE LOS ENEMIGOS DE JESÚS

Pero los escribas que habían venido de Jerusalén decían que tenía a Beelzebú, y que por el príncipe de los demonios echaba fuera los demonios. Y habiéndolos llamado, les decía en parábolas: ¿Cómo puede Satanás echar fuera a Satanás? Si un reino está dividido contra sí mismo, tal reino no puede permanecer. Y si una casa está dividida contra sí misma, tal casa no puede permanecer. Y si Satanás se levanta contra sí mismo, y se divide, no puede permanecer, sino que ha llegado su fin. Ninguno puede entrar en la casa de un hombre fuerte y saquear sus bienes, si antes no le ata, y entonces podrá saquear su casa. De cierto os digo que todos los pecados serán perdonados a los hijos de los hombres, y las blasfemias cualesquiera que sean; pero cualquiera que blasfeme contra el Espíritu Santo, no tiene jamás perdón, sino que es reo de juicio eterno. Porque ellos habían dicho: Tiene espíritu inmundo. (3:22-30)

Los miembros de la familia inmediata de Jesús no fueron los únicos que viajaron a Capernaúm para buscarlo. La élite religiosa de Israel, **los escribas que habían venido de Jerusalén,** también tenían gran interés en buscar a Jesús, aunque no con la intención de salvarle la vida. Su estrategia a corto plazo era calumniarlo con el fin de hacer volver la opinión pública contra Él; en última instancia lo querían muerto (Mr. 3:6). Como sabían que no podían negar la realidad de su poder milagroso y sobrenatural, tramaron una campaña de desprestigio que pondría en duda la fuente de tal poder.

Según Mateo 12:22-23, el pasaje paralelo a Marcos 3:22-30, la respuesta de **los escribas** y los fariseos, estaba específicamente relacionada con un milagro de sanidad realizado por Jesús. Mateo escribe: "Entonces fue traído a él un endemoniado, ciego y mudo; y le sanó, de tal manera que el ciego y mudo veía y hablaba. Y toda la gente estaba atónita, y decía: ¿Será éste aquel Hijo de David?". Según había hecho muchas veces antes, en este acto impresionante de sanidad

Jesús demostró su autoridad sobre el reino espiritual de los demonios y sobre el reino físico de la enfermedad. Los resultados fueron inmediatos, completos e innegables. Un hombre que había estado ciego, mudo y endemoniado fue curado al instante. La multitud, asombrada por la muestra de liberación sobrenatural, no pudo dejar de hacerse la pregunta obvia: deliberar abiertamente si Jesús era en realidad el "Hijo de David" (cp. 2 S. 7:12-16; Sal. 89:3; Is. 9:6-7). La reacción que tuvieron pronto llegó a oídos de los siempre vigilantes líderes religiosos. "Los fariseos, al oírlo, decían: Este no echa fuera los demonios sino por Beelzebú, príncipe de los demonios" (Mt. 12:24). Al no poder negar lo que Jesús acababa de hacer, los apóstatas dirigentes religiosos intentaron desacreditarlo atribuyéndole el poder a Satanás.

Marcos retoma la historia en ese punto, señalando que estos **escribas habían venido de Jerusalén.** Aunque Capernaúm estaba al norte de Judea, este pueblo de Galilea se hallaba a mucho menor elevación (casi doscientos cincuenta metros bajo el nivel del mar) que Jerusalén (como a ochocientos cincuenta metros sobre el nivel del mar), lo que significaba que la ruta a Capernaúm requería bajar desde **Jerusalén.** Conscientes de la popularidad de Jesús, y en busca de oportunidades para socavarle la credibilidad, una delegación de **escribas** viajó desde la capital de Israel para vigilar el ministerio de Cristo. La disposición que tuvieron para realizar el viaje de más de ciento sesenta kilómetros (viajando alrededor de Samaria) demuestra el profundo antagonismo que les causaba la oposición a Jesús. La popularidad sin precedentes del Señor (cp. Mr. 3:7-10, 20) lo convertía en una amenaza creciente para la propia autoridad de escribas y fariseos. Así que vinieron a Capernaúm para intentar destruirlo, siguiéndole los pasos con el fin de acumular pruebas contra Él (v. 6).

Al oír que las multitudes pensaban considerar seriamente la posibilidad de que Jesús pudiera ser el Mesías, **los escribas** y fariseos se quedaron muy preocupados. Atrapados en un dilema de su propia creación, resolvieron realizar ataques personales absurdos, diciendo **que** Jesús **tenía a Beelzebú, y que por el príncipe de los demonios echaba fuera los demonios.** Tan odiosas acusaciones, rebosantes de mala intención, estaban diseñadas para evitar que los judíos creyeran en Jesús. Si lograban posicionarlo como representante de Satanás, los dirigentes religiosos sabían que podían envenenar a las multitudes en contra de Él (cp. Mt. 27:20-23; Jn. 19:14). Los fariseos y escribas, cegados por su propia arrogancia, odiaban a Jesús porque les denunciaba abiertamente su hipócrita sistema de tradición y obras de justicia hechas por el hombre. Al considerarse los guardianes de la pureza doctrinal judía, no podían imaginarse que el Libertador tan largamente esperado por Israel se les opusiera con tal vigor. Por tanto, aunque la evidencia de la condición mesiánica de Jesús era obvia a la vista de todos, ellos lo rechazaron de modo obstinado, insistiendo rotundamente en que Él estaba poseído por Satanás.

En respuesta a la cuestión planteada por las multitudes, los enemigos de Jesús insistieron en que Él en realidad era la antítesis del Hijo de David. Dijeron que no era el Cristo, sino un siervo de **Beelzebú, el príncipe de los demonios.** El nombre **Beelzebú** se refería originalmente a Baal-Zebul (que significa "el príncipe Baal"), la deidad principal de la ciudad filistea de Ecrón. Para expresar su desprecio, los israelitas burlonamente lo denominaron Baal-Zebud, que significa "Señor de las moscas" (cp. 2 R. 1:2). Para el siglo I, **Beelzebú** (o Beelzebub) se había convertido en un nombre para Satanás, que es lo que los fariseos pretendieron cuando asociaron ese nombre con Jesús (cp. Mt. 10:25; Lc. 11:15). El poder de Jesús únicamente podía explicarse como si viniera de una de dos fuentes: Dios o Satanás. Cuando Jesús afirmó ser de Dios (cp. Jn. 10:30; 17:21), los líderes lo llamaron mentiroso, cuyo poder en realidad pertenecía al príncipe de las tinieblas. A pesar de que afirmaban ser los voceros autorizados de Dios, en realidad eran ellos quienes estaban bajo el poder de Satanás (Jn. 8:41, 44).

Puesto que sabía lo que los fariseos estaban diciendo acerca de Él (cp. Mt. 12:25), Jesús hizo un **llamado** a la multitud y **les decía en parábolas.** El Señor usó a menudo **parábolas** (analogías extensas usadas para mostrar una enseñanza espiritual específica) con el fin de bloquear la visión de los incrédulos (cp. Mt. 13:11-12). Sin embargo, en esta ocasión las analogías de Jesús fueron claras para que todos entendieran, a fin de desenmascarar la absurda naturaleza de las acusaciones de sus enemigos. Por tanto, preguntó retóricamente: **¿Cómo puede Satanás echar fuera a Satanás? Si un reino está dividido contra sí mismo, tal reino no puede permanecer. Y si una casa está dividida contra sí misma, tal casa no puede permanecer. Y si Satanás se levanta contra sí mismo, y se divide, no puede permanecer, sino que ha llegado su fin.** El argumento expuesto por los escribas era un absurdo lógico. Es indiscutible que cualquier **reino** o **casa** real que esté en guerra **contra sí misma** está destinada a hundirse. Ese principio es igualmente válido al aplicarlo al reino espiritual. Si **Satanás** estuviera echando fuera a sus propios agentes o destruyendo sus propias obras, entonces su **reino** estaría irremediablemente **dividido.** El planteamiento de Jesús era evidente: aunque el reino de las tinieblas es intrínsecamente caótico y desordenado, el diablo no despliega a sus agentes para que peleen entre sí. El hecho de que Jesús pasara su ministerio terrenal desenmascarando, enfrentando, reprendiendo y expulsando demonios (cp. Mt. 8:29; 10:1; 12:22; Mr. 3:11; 9:29; Lc. 8:2; 11:14) proporcionaba una prueba evidente de que no estaba facultado por **Satanás.** Todo lo que Jesús hizo, desde sus milagros de sanidad hasta la predicación del evangelio, se oponía a los intereses de Satanás ya que la misma razón de su venida fue destruir las obras del diablo (1 Jn. 3:8; cp. Lc. 10:18). Obviamente, **Satanás** nunca habría autorizado o permitido tan catastrófico ataque sobre su propio **reino.** Era ridículo que los fariseos y escribas hicieran esa afirmación.

La verdadera explicación de la autoridad de Jesús sobre los demonios no era que estaba facultado por Satanás, sino más bien que tenía poder sobre Satanás. Entonces Jesús siguió diciendo a las multitudes: **Ninguno puede entrar en la casa de un hombre fuerte y saquear sus bienes, si antes no le ata, y entonces podrá saquear su casa.** La analogía del Señor puede reflejar las palabras de Isaías 49:24-25:

> *¿Será quitado el botín al valiente? ¿Será rescatado el cautivo de un tirano? Pero así dice Jehová: Ciertamente el cautivo será rescatado del valiente, y el botín será arrebatado al tirano; y tu pleito yo lo defenderé, y yo salvaré a tus hijos.*

Ya sea que Jesús tuviera en mente este texto del Antiguo Testamento o no, el propósito de su ilustración habría sido obvia a sus oyentes. Si alguien quisiera **entrar en la casa de** un guerrero o tirano, primero debería dominarlo. En la analogía de Jesús, el **hombre fuerte** representa a Satanás, y su **casa** consiste de las fuerzas demoníacas y de los seres humanos oprimidos que están bajo su control. Solo alguien más fuerte que Satanás podría entrar en su dominio, atarlo, dispersar a sus agentes, y liberar los cautivos del reino de las tinieblas (Col. 1:13-14; cp. Ef. 2:1-4). El hecho de que Jesús ejerciera tal poder (cp. Ro. 16:20; He. 2:14-15) demostraba que le pertenecía a Dios, ya que solo Dios posee esa clase de autoridad absoluta.

Que los fariseos y escribas atribuyeran el poder de Jesús a Satanás y no al Espíritu Santo era la forma más elevada de blasfemia, y los puso en peligro eterno. La advertencia del Señor fue solemne y severa: **De cierto os digo que todos los pecados serán perdonados a los hijos de los hombres, y las blasfemias cualesquiera que sean; pero cualquiera que blasfeme contra el Espíritu Santo, no tiene jamás perdón, sino que es reo de juicio eterno.** Todo pecado es perdonable, incluso palabras irreverentes pronunciadas contra Dios y el Señor Jesús (cp. Mt. 12:32; 1 Ti. 1:13-14), con una notable excepción: blasfemar **contra el Espíritu Santo.**

Aunque estos versículos han sido el origen de mucha confusión innecesaria, el contexto deja en claro que Jesús tenía una transgresión específica en mente cuando advirtió a sus oyentes acerca de blasfemar **contra el Espíritu Santo.** En su encarnación, Jesús fue perfectamente sumiso a su Padre (Jn. 4:34; 5:19-30) y totalmente facultado por el Espíritu Santo (Mt. 4:1; Mr. 1:12; Lc. 4:1, 18; Jn. 3:34; Hch. 1:2; 10:38; Ro. 1:4). En todo momento del ministerio de Jesús, el Espíritu estuvo actuando activamente: en su nacimiento (Lc. 1:35), su bautismo (Mr. 1:10), su tentación (Mr. 1:12), su ministerio (Lc. 4:14), sus milagros (Mt. 12:28; Hch. 10:38), su muerte (He. 9:14), y su resurrección (Ro. 1:4). Jesús siempre operó bajo el pleno control del Espíritu, al mismo tiempo que anduvo en perfecta obediencia a su Padre. (Para más información sobre este punto, véase el capítulo 2 de esta obra).

No obstante, los que habían visto la abrumadora evidencia del poder del Espíritu en el ministerio de Jesús permanecieron totalmente renuentes a aceptar a Jesús como el Hijo de Dios, prefiriendo en cambio atribuir la poderosa obra del Espíritu a Satanás, por lo que fueron culpables de blasfemar **contra el Espíritu Santo.** Aunque habían sido testigos de que Él curó todo tipo de males, de que echó fuera decenas de demonios, y de que proclamó un evangelio de perdón divino, sin embargo, los enemigos de Jesús lo acusaron de ser un engañador endemoniado. **Ellos habían dicho: Tiene espíritu inmundo.** Sus enemigos se negaron tercamente a creer a pesar de toda evidencia posible de que el Espíritu estaba obrando a través de Jesús. Mantuvieron permanentemente endurecidos sus corazones contra su propio Mesías. En consecuencia, debido a que su rechazo fue definitivo ante toda la evidencia más que suficiente, no había posibilidad de perdón. Como lo explica un comentarista:

> En lugar de arrepentimiento tuvieron endurecimiento, y en lugar de confesión, hicieron maquinación. De este modo, mediante su propia insensibilidad criminal y totalmente inexcusable, se condenaron a sí mismos. Su pecado es imperdonable por no estar dispuestos a recorrer el sendero que conduce al perdón. Para un ladrón, un adúltero, y un asesino hay esperanza. El mensaje del evangelio puede hacerles clamar: "Oh, Dios, ten misericordia de mí, pecador". Pero cuando un individuo está endurecido, de modo que ha tomado la decisión de no prestar atención al llamado del Espíritu, y ni siquiera a escuchar la súplica y la voz de advertencia, se ha puesto a sí mismo en el camino que lleva a la perdición (William Hendriksen, *The Exposition of the Gospel according to Matthew* [Grand Rapids: Baker, 1973], p. 529).

El hecho de que los dirigentes religiosos de Israel llegaran a la conclusión de que el Mesías era un falsificador endemoniado significó el acto final de apostasía. Debido a que esa fue su conclusión definitiva acerca de Jesús, se convirtieron en reos **de juicio eterno.** (Incluso después de esta ocasión, a pesar de la advertencia de Jesús, los líderes religiosos siguieron sosteniendo que Él estaba facultado por Satanás [cp. Mt. 10:25; Lc. 11:15; Jn. 10:20]). Aquellos que blasfemaron **contra el Espíritu Santo** se aislaron de la gracia salvadora de Dios a través de su propia incredulidad motivada por sus corazones endurecidos.

Unos cuarenta años después el autor de Hebreos ofreció una severa advertencia similar a los que conocían la verdad acerca de Jesús y sin embargo de modo deliberado decidieron rechazarla: "¿Cómo escaparemos nosotros, si descuidamos una salvación tan grande? La cual, habiendo sido anunciada primeramente por el Señor, nos fue confirmada por los que oyeron [es decir, los apóstoles], testificando Dios juntamente con ellos, con señales y prodigios y diversos milagros y repartimientos del Espíritu Santo según su voluntad" (He. 2:3-4). Unos capítulos más adelante el escritor emitió una advertencia aún más severa sobre aquellos que podrían caer y apostatar: "Porque es imposible que los que una vez fueron iluminados y gustaron del don celestial, y fueron hechos partícipes del Espíritu Santo, y asimismo gustaron de la buena palabra de Dios y los poderes del siglo venidero, y recayeron, sean otra vez renovados para arrepentimiento, crucificando de nuevo para sí mismos al Hijo de Dios y exponiéndole a vituperio" (He. 6:4-6). (Para un análisis detallado de ese importante pasaje, véase *Comentario MacArthur del Nuevo Testamento: Hebreos y Santiago* [Grand Rapids: Portavoz, 2014]). Los apostatas, al igual que los incrédulos dirigentes religiosos de la época de Jesús, son aquellos que han estado totalmente expuestos a la verdad del evangelio y, sin embargo, se alejan de Cristo a pesar de la abrumadora evidencia que se les ha dado. En su núcleo, la apostasía es un repudio voluntario del testimonio del Espíritu Santo en la persona y la obra de Jesucristo. Entonces, la blasfemia **contra el Espíritu Santo** describe el corazón apóstata que con pleno conocimiento ha rechazado irrevocablemente a Aquel a quien el Espíritu señala. Por eso es que **no tiene jamás perdón,** porque ningún perdón es posible para quienes se niegan a dejar de rechazar a Cristo.

SEÑOR: RECONOCIMIENTO DE LOS SEGUIDORES DE JESÚS

Vienen después sus hermanos y su madre, y quedándose afuera, enviaron a llamarle. Y la gente que estaba sentada alrededor de él le dijo: Tu madre y tus hermanos están afuera, y te buscan. Él les respondió diciendo: ¿Quién es mi madre y mis hermanos? Y mirando a los que estaban sentados alrededor de él, dijo: He aquí mi madre y mis hermanos. Porque todo aquel que hace la voluntad de Dios, ése es mi hermano, y mi hermana, y mi madre. (3:31-35)

Después de salir de Nazaret para encontrar a Jesús (v. 21), **sus hermanos y su madre** finalmente llegaron a Capernaúm. Frente a la realidad de que María creía en Jesús, su venida tal vez estaba motivada por un deseo de proteger al Hijo de Dios. No obstante, los medios hermanos de Jesús estaban convencidos de que Él se había vuelto loco. Vinieron a rescatarlo de las multitudes que amenazaban con sofocarlo, y quizás con la intención de llevarlo de vuelta a Nazaret con ellos.

Quedándose afuera de la casa, **enviaron a llamarle.** Adentro, Jesús se dirigía a **la gente que estaba sentada alrededor de él,** cuando le dijeron: **Tu madre y tus hermanos están afuera, y te buscan.** Aceptando la interrupción, Jesús respondió de una manera totalmente inesperada y que debió haber sorprendido a quienes lo oían hablar. Él **les respondió diciendo: ¿Quién es mi madre y mis hermanos?** La pregunta de Jesús no nació del desconocimiento, ya que conocía bien la identidad de los miembros de su familia terrenal. Tampoco mostraba falta de respeto o antagonismo hacia su **madre y** sus **hermanos,** a quienes amaba sinceramente (cp. Jn. 19:26-27). Jesús simplemente utilizó esta interrupción en la vida real para enseñar una verdad espiritual trascendental a sus seguidores que se hallaban reunidos **alrededor de él.**

Respondiendo a su propia pregunta, Jesús, **mirando a los que estaban sentados alrededor de él, dijo: He aquí mi madre y mis hermanos. Porque todo aquel que hace la voluntad de Dios, ése es mi hermano, y mi hermana, y mi madre.** El planteamiento del Señor era que la única relación para Él que de verdad importa eternamente no es física, sino espiritual. Su familia espiritual se compone de aquellos que tienen una relación salvadora con Cristo por medio de la fe (cp. Jn. 1:12; Ro. 8:14-17; 1 Jn. 3:1-2). Según le había explicado antes a Nicodemo, no es el nacimiento terrenal el que nos hace parte de la familia de Dios, sino haber nacido de arriba (Jn. 3:3-8). A diferencia de los escribas y fariseos, quienes resistieron y blasfemaron del Espíritu Santo al rechazar al Hijo de Dios, los verdaderos discípulos tienen cuidado de hacer **la voluntad de Dios** honrando a Jesucristo como Salvador y Señor (cp. 1 Co. 12:3). Así explicó Jesús en Juan 6:40: "Esta es la voluntad del que me ha enviado: Que todo aquél que ve al Hijo, y cree en él, tenga vida eterna; y yo le resucitaré en el día postrero". En otra ocasión en Judea, cuando una mujer exclamó a Jesús: "Bienaventurado el vientre que te trajo, y los senos que mamaste." (Lc. 11:27), Él respondió de igual manera: "Antes bienaventurados los que oyen la palabra de Dios, y la guardan" (v. 28). Solo aquellos que prestan atención al mensaje de Dios serán bendecidos eternamente. Ese mensaje empieza con el testimonio del Padre: "Este es mi Hijo amado, en quien tengo complacencia; a él oíd" (Mt. 17:5).

Como Marcos ya ha señalado (v. 21), algunos de los miembros de la familia de Jesús lo veían como un loco. Mientras tanto, los miembros de la élite religiosa lo veían como un mentiroso, acusándolo de estar aliado con Satanás. Pero los seguidores de Jesús, aquellos que pertenecían a su familia espiritual, lo aceptaron como su Señor. Ellos obedecían la voluntad del Padre, la cual es que los pecadores crean en el Hijo de quien el Espíritu Santo da testimonio, y reciban vida eterna (cp. Jn. 3:16; 15:26; 16:13-15).

Aquellos que de veras reconocen que Jesús es el Señor responden con deseo de obedecerle. La verdadera conversión siempre se ha caracterizado por la obediencia a la Palabra de Dios y por la sumisión a la autoridad de Cristo. Así explicó Jesús en Juan 8:31: "Si vosotros permaneciereis en mi palabra, seréis verdaderamente mis discípulos". Algunos capítulos más adelante, Él repitió esa misma verdad: "Si me amáis, guardad mis mandamientos" (Jn. 14:15). Al contrario, "el que dice: Yo le conozco [a Jesús], y no guarda sus mandamientos, el tal es mentiroso, y la verdad no está en él" (1 Jn. 2:4; cp. 3:24). Aceptar el señorío de Jesucristo es más que simple palabrería (cp. Mt. 7:21). Es la esencia de la vida cristiana y una característica segura de aquellos que forman parte de la familia de Dios. John R. W. Stott lo explica de este modo:

> Con el fin de seguir a Cristo debemos negarnos a nosotros mismos, crucificarnos, perder nuestra identidad. La plena e inexorable demanda de Jesucristo está ahora al descubierto. Él no nos llama a una tibieza chapucera, sino a un compromiso vigoroso y absoluto. Nos llama a hacerlo nuestro Señor. La asombrosa idea actual en algunos círculos modernos es que podemos disfrutar los beneficios de la salvación de Cristo sin aceptar el reto de su señorío soberano. Tan desequilibrada noción no se encuentra en el Nuevo Testamento. "Jesús es el Señor" es la formulación más antigua conocida del credo de los cristianos. Estas palabras tenían un aire peligroso en días en que la Roma imperial presionaba a sus ciudadanos a declarar: "César es el Señor". Pero los cristianos no se amedrantaban. No podían dar al César su principal lealtad, porque ya se la habían entregado al Emperador Jesús. Dios había exaltado a su Hijo por sobre todo principado y poder, y lo había investido con un rango superior a cualquier rango, para que delante de Él "se doble toda rodilla... y toda lengua confiese que Jesucristo es el Señor" (John R. W. Stott, *Basic Christianity* [London, Inter-Varsity Press, 1971], pp. 112-13).

El destino eterno de todo pecador está determinado por lo que esa persona hace con Jesucristo. Los que finalmente lo consideran un lunático o un mentiroso pasarán la eternidad separados de Él en el infierno. Pero a quienes hacen la voluntad de Dios al aceptar a Jesucristo como Señor y Salvador se les ha prometido vida eterna en el cielo (Ro. 10:9). Allí, como miembros de la familia de Dios adorarán por siempre a su Rey resucitado.

Sobre terrenos y almas **14**

Otra vez comenzó Jesús a enseñar junto al mar, y se reunió alrededor de él mucha gente, tanto que entrando en una barca, se sentó en ella en el mar; y toda la gente estaba en tierra junto al mar. Y les enseñaba por parábolas muchas cosas, y les decía en su doctrina: Oíd: He aquí, el sembrador salió a sembrar; y al sembrar, aconteció que una parte cayó junto al camino, y vinieron las aves del cielo y la comieron. Otra parte cayó en pedregales, donde no tenía mucha tierra; y brotó pronto, porque no tenía profundidad de tierra. Pero salido el sol, se quemó; y porque no tenía raíz, se secó. Otra parte cayó entre espinos; y los espinos crecieron y la ahogaron, y no dio fruto. Pero otra parte cayó en buena tierra, y dio fruto, pues brotó y creció, y produjo a treinta, a sesenta, y a ciento por uno. Entonces les dijo: El que tiene oídos para oír, oiga. Cuando estuvo solo, los que estaban cerca de él con los doce le preguntaron sobre la parábola. Y les dijo: A vosotros os es dado saber el misterio del reino de Dios; mas a los que están fuera, por parábolas todas las cosas; para que viendo, vean y no perciban; y oyendo, oigan y no entiendan; para que no se conviertan, y les sean perdonados los pecados. Y les dijo: ¿No sabéis esta parábola? ¿Cómo, pues, entenderéis todas las parábolas? El sembrador es el que siembra la palabra. Y éstos son los de junto al camino: en quienes se siembra la palabra, pero después que la oyen, en seguida viene Satanás, y quita la palabra que se sembró en sus corazones. Estos son asimismo los que fueron sembrados en pedregales: los que cuando han oído la palabra, al momento la reciben con gozo; pero no tienen raíz en sí, sino que son de corta duración, porque cuando viene la tribulación o la persecución por causa de la palabra, luego tropiezan. Estos son los que fueron sembrados entre espinos: los que oyen la palabra, pero los afanes de este siglo, y el engaño de las riquezas, y las codicias de otras cosas, entran y ahogan la palabra, y se hace infructuosa. Y éstos son los que fueron sembrados en buena tierra: los que oyen la palabra y la reciben, y dan fruto a treinta, a sesenta, y a ciento por uno. (4:1-20)

Desde el inicio del siglo I la nación de Israel estuvo dominada por la expectativa mesiánica. El pueblo judío imaginaba un libertador que lo rescataría de la ocupación romana y restauraría a la gloria de Israel todo lo que se había perdido a manos de opresores extranjeros como los asirios, babilonios, griegos y romanos.

Como lectores dedicados del Antiguo Testamento, los judíos miraban hacia las amplias promesas del reino del Mesías con gran anticipación, convencidos de que Él restablecería el trono de David en Jerusalén y exaltaría a la nación por sobre todas las demás naciones. En tiempos del Nuevo Testamento la única dinastía real en Israel era la de los Herodes, que gobernaba por consentimiento de Roma. Sin embargo, Herodes el Grande y sus hijos eran edomitas, descendientes de Esaú, quienes reiteradamente ponían sus propios intereses por sobre los de los judíos. Bajo el dominio romano, el pueblo estaba obligado a pagar onerosos impuestos al César (cp. Mr. 2:13-17), un doloroso recordatorio de su agotadora esclavitud nacional. A menudo el objetivo de la brutalidad romana, en parte a causa del estricto monoteísmo judío, los israelitas se resentían cada vez más del yugo imperial que estaban obligados a soportar. A medida que el peso de la opresión extranjera aumentaba, las llamas de la anticipación mesiánica ardían cada vez con mayor brillo.

Cuando Juan el Bautista comenzó a predicar en el desierto, presentándose como el precursor del Mesías (cp. Mr. 1:2), la respuesta del pueblo fue entusiasta. Multitudes de todo Israel viajaban al desierto para oír lo que Juan tenía que decir. Rebosantes de anticipación, sus corazones sin duda se aceleraron cuando Juan les declaró: "Viene tras mí el que es más poderoso que yo, a quien no soy digno de desatar encorvado la correa de su calzado. Yo a la verdad os he bautizado con agua; pero él os bautizará con Espíritu Santo" (1:7-8).

Sin embargo, en trágica ironía cuando su tan esperado Mesías finalmente llegó, la nación lo rechazó. El apóstol Juan expresó esa realidad con estas conocidas palabras: "A lo suyo vino, y los suyos no le recibieron" (Jn. 1:11). Las mismas multitudes que esperaban su venida se volvieron contra Él, y al final pidieron a gritos su muerte. Como Pedro se lo manifestó a una audiencia judía en el templo: "El Dios de Abraham, de Isaac y de Jacob, el Dios de nuestros padres, ha glorificado a su Hijo Jesús, a quien vosotros entregasteis y negasteis delante de Pilato, cuando éste había resuelto ponerle en libertad. Mas vosotros negasteis al Santo y al Justo, y pedisteis que se os diese un homicida, y matasteis al Autor de la vida, a quien Dios ha resucitado de los muertos, de lo cual nosotros somos testigos" (Hch. 3:13-15). De modo inconcebible, Israel odió al ungido de Dios, al Mesías, incluso en una época en que la expectativa por su llegada nunca había sido más ferviente. Preocupado con la liberación política prometida en el Antiguo Testamento, el pueblo judío ciegamente pasó por alto el hecho de que el mismo Antiguo Testamento también predecía que el Mesías primero debía padecer y morir (cp. Sal. 22:1-18; Is. 52:13-53:12; Zac. 12:10). Pedro siguió explicando: "Dios ha cumplido así lo que había antes anunciado por boca de todos sus profetas, que su Cristo había de padecer" (Hch. 3:18).

Desde luego, el Señor Jesús regresará un día en el futuro para establecer su glorioso reino en Jerusalén (Ap. 19:11-20:6). En ese tiempo todas las promesas del Antiguo Testamento para su pueblo con relación a su reino terrenal se cumplirán a la perfección (p. ej., Is. 9:6-7; 11:4-5; 24:23; 33:17-22; 42:3-4; 49:22-23; 60:1-62:7; Jer. 33:14-21). Pero en su primera venida, Jesús vino como el Cordero sacrificial final que llevaría el castigo por el pecado al morir en la cruz (cp. Fil. 2:5-11; 1 P. 2:21-25). Jesús mismo declaró su misión con estas palabras: "El Hijo del Hombre no vino para ser servido, sino para servir, y para dar su vida en rescate por muchos" (Mr. 10:45). Está claro que su papel como el siervo sufriente no correspondía con las expectativas prevalecientes de un príncipe guerrero que derrocaría a los romanos. Aunque había un gran interés superficial en los milagros de Jesús, la cantidad de sus verdaderos discípulos era relativamente pequeña.

Debió haber sido difícil para los discípulos de Jesús entender por qué tan pocos en el pueblo judío, y en especial los dirigentes religiosos, creyeron en Él. En numerosas ocasiones habían sido testigos de cómo Jesús ejerció poder divino sobre los demonios, la enfermedad y hasta la muerte. Ellos sabían que Él era el Mesías (cp. Mr. 8:29). Jesús se refirió a ellos como miembros de su familia espiritual (Mr. 3:34), porque obedecían la voluntad del Padre al creer en el Hijo (Jn. 6:40). Pero estaban en minoría, y consistían solo de un pequeño rebaño (cp. Jn. 10:27).

Los dirigentes religiosos de Israel se esforzaron sin cesar por desacreditar a Jesús en las mentes de las personas. Declararon "que por el príncipe de los demonios echaba fuera los demonios" (Mr. 3:22). Las multitudes que habían venido a oír a Jesús se vieron atrapadas entre una curiosidad superficial en los milagros de Él y un deseo de no ofender a los dirigentes religiosos (cp. Jn. 2:24-25). Incluso algunos de los fariseos experimentaron esta misma tensión: "Con todo eso, aun de los gobernantes, muchos creyeron en él; pero a causa de los fariseos no lo confesaban, para no ser expulsados de la sinagoga. Porque amaban más la gloria de los hombres que la gloria de Dios" (Jn. 12:42-43). El temor al hombre, junto con el elevado costo del discipulado, hicieron que muchos que fueron atraídos inicialmente a Jesús al final se alejaran (cp. Jn. 6:66).

¿Por qué ocurrió esto? ¿Cómo pudo ser que el tan esperado Mesías fuera tan ampliamente rechazado por su propio pueblo? Sin lugar a dudas el poder de Jesús era divino. Sus enseñanzas eran con autoridad; sus milagros, maravillosamente sobrenaturales; su vida, sin pecado; su popularidad, sin precedentes. No obstante, al final de su ministerio terrenal su grupo de seguidores solo ascendía a quinientos, tal vez en Galilea, y ciento veinte en Jerusalén (cp. Hch. 1:15; 1 Co. 15:6). ¿Por qué eran tan pocos? Un seguidor anónimo de Cristo le hizo esa misma pregunta en Lucas 13:23: "Señor, ¿son pocos los que se salvan?". Jesús ya había contestado esa pregunta en el Sermón del Monte: "Entrad por la puerta estrecha; porque ancha es la puerta, y espacioso el camino que lleva a la perdición, y muchos son los que entran por ella; porque estrecha es la puerta, y angosto el camino que lleva a la vida, y pocos son los que la hallan" (Mt. 7:13-14). Era claro que Jesús hacía hincapié en la estrecha exclusividad del evangelio. Aun así, quienes creyeron en Él debieron preguntarse por qué la mayoría de sus compatriotas rechazaban al Mesías, incluso después que en un inicio respondieran a Él con entusiasmo y fascinación.

A fin de ayudar a sus discípulos a entender la causa del creciente rechazo por parte de Israel, Jesús creó una parábola aclaratoria sacada directamente del mundo agrícola del siglo I. En Marcos 4:1-9 describió sencillamente a las multitudes de oyentes la realidad de los diferentes tipos de tierra de cultivo. Luego expresó el propósito detrás de sus parábolas en los versículos 10-13, pero solo a sus seguidores. En los versículos 14-20 les explicó que el propósito de esta parábola era ilustrar la razón fundamental para las respuestas de las personas al evangelio.

LA PARÁBOLA: UNA HISTORIA ACERCA DE TERRENOS

Otra vez comenzó Jesús a enseñar junto al mar, y se reunió alrededor de él mucha gente, tanto que entrando en una barca, se sentó en ella en el mar; y toda la gente estaba en tierra junto al mar. Y les enseñaba por parábolas muchas cosas, y les decía en su doctrina: Oíd: He aquí, el sembrador salió a sembrar; y al sembrar, aconteció que una parte cayó junto al camino, y vinieron las aves del cielo y la comieron. Otra parte cayó en pedregales, donde no tenía mucha tierra; y brotó pronto, porque no tenía profundidad de tierra. Pero salido el sol, se quemó; y porque no tenía raíz, se secó. Otra parte cayó entre espinos; y los espinos crecieron y la ahogaron, y no dio fruto. Pero otra parte cayó en buena tierra, y dio fruto, pues brotó y creció, y produjo a treinta, a sesenta, y a ciento por uno. (4:1-8)

Después que su familia llegó buscándole con la aparente intención de llevárselo de vuelta a Nazaret (Mr. 3:21, 32), Jesús salió de la casa donde había estado ministrando y se retiró a las orillas del lago de Galilea. Allí, aún rodeado por muchas personas, **otra vez comenzó Jesús a enseñar junto al mar.** Más temprano ese mismo día (Mt. 13:1), después de curar a un ciego y mudo endemoniado, Jesús había sido acusado por los fariseos incrédulos de "que por el príncipe de los demonios echaba fuera los demonios" (Mr. 3:22). En respuesta, el Señor les advirtió del peligro eterno de blasfemar así del Espíritu Santo que estaba obrando por medio de Él (vv. 28-29).

Aunque había sido rechazado y repudiado por la élite religiosa de Israel debido a sus palabras, Jesús siguió siendo popular entre el pueblo común a causa de sus obras. Los enormes gentíos lo obligaban a pasar prolongados períodos en áreas rurales, lejos de las ciudades, con el fin de dar cabida a todos los que acudían a Él a causa de sus milagros (cp. 1:45). En esta ocasión, así como en otras (cp. 3:9), **se reunió alrededor de él mucha gente, tanto que entrando en una barca, se sentó en ella en el mar; y toda la gente estaba en tierra junto al mar.** Para hacer frente a toda la multitud Jesús entró **en una barca,** probablemente una pequeña embarcación pesquera que habían sacado a la orilla, poniendo de este modo algún espacio entre Él y el gentío que presionaba. En estilo típico rabínico, el Señor **se sentó** para enseñar. Hacer eso también le proporcionaba estabilidad debido al balanceo de la embarcación. Según Mateo 13:2, el gentío escuchaba mientras permanecía en la playa.

En esta ocasión, Jesús **les enseñaba por parábolas muchas cosas** (cp. Mt. 13:1-52). A partir de este momento las **parábolas** serían el medio principal de Jesús para enseñar a las multitudes (cp. Mt. 13:34). El propósito de las parábolas era clarificar la verdad a los creyentes y ocultarla de los incrédulos. En ese sentido eran una bendición y un juicio. El término *parabolē* (parábola) proviene de dos palabras griegas: *para,* que significa junto a, y *ballō,* que significa poner o colocar. La idea es hacer una comparación al colocar algo junto a otra cosa en aras de la ilustración o explicación. Como analogías o relatos cortos, las **parábolas** usaban prácticas u objetos conocidos para aclarar verdades espirituales desconocidas o complejas. Representaban una forma común de enseñanza rabínica, y el término aparece cuarenta y cinco veces en la Septuaginta (la versión griega del Antiguo Testamento).

Al presentar Jesús la parábola de los terrenos, **les decía en su doctrina: Oíd.** La orden de poner atención a sus palabras destaca la importancia de lo que estaba a punto de manifestar. El Señor eligió un escenario muy conocido como trasfondo de la parábola de los terrenos. Sin lugar a dudas, muchos de sus oyentes eran agricultores. Ellos sabían por experiencia de primera mano lo que significaba que **el sembrador** saliera **a sembrar** sus campos. Todos en esa sociedad predominantemente agraria de Israel del siglo I estaban muy familiarizados con la analogía que Jesús utilizó. Campos de cereales cubrían el paisaje de Galilea. Un hombre con un saco de semilla sobre los hombros esparciendo la semilla mientras atravesaba lentamente los surcos de su campo habría sido un espectáculo conocido.

Los oyentes de Jesús eran también conscientes de los tipos de terrenos sobre los que podía caer la semilla cuando **el sembrador salió a sembrar.** Esparcir la semilla a mano significaba que algunas de las semillas inevitablemente caían en varias clases de tierra pobre. **Aconteció que una parte** caería **junto al camino,** una referencia a los senderos estrechos que cruzaban el paisaje de Galilea, separando campos y proveyendo acceso a través de la campiña tanto a agricultores como viajeros. Jesús y sus discípulos habían andado anteriormente a lo largo de un camino cuando los fariseos los acusaron de recoger espigas en el día de reposo (Mr. 2:23-28). Tales sendas eran secas y no ofrecían protección contra el clima cálido y árido. Debido al constate tráfico a pie los caminos eran compactados, casi como pavimento, lo que hacía casi imposible que cualquier semilla que cayera allí penetrara la tierra y echara raíces. Debido a que la semilla que **cayó junto al camino** yacía expuesta a lo largo del polvoriento sendero, al poco tiempo **vinieron las aves del cielo y la comieron**. Estas aves seguían al sembrador, volando por detrás y esperando hasta que se hubiera ido a otra parte del campo con el fin de descender en picada y comerse la semilla fácilmente accesible. Cualquier semilla que las aves dejaran sería "hollada" (Lc. 8:5) por los viajeros que caminaban a lo largo del camino.

Otra parte cayó en un segundo tipo de tierra improductiva: **pedregales, donde no tenía mucha tierra.** Israel está conformado por terreno muy pedregoso, y muchas de las piedras yacían invisibles debajo de la superficie. Aunque los agricultores siempre quitaban las piedras sueltas de sus campos antes de plantar, inevitablemente había lugares en que la piedra subyacente, por lo general de piedra caliza, estaba cubierta solo por una capa superficial de tierra. La parábola muestra que cuando la semilla fue a caer en estas superficies, germinó **y brotó pronto** una planta porque la tierra era cálida y la roca subyacente ayudaba a atrapar humedad y nutrientes. Lo que en principio se veía bien en la superficie fue solo temporal. Aunque la planta inicialmente **brotó,** debido a que **no tenía profundidad de tierra** sus raíces no pudieron desarrollarse de modo adecuado. En consecuencia, una vez **salido el sol, se quemó** en el calor abrasador del desierto. Después que terminaban las lluvias de primavera, la planta en ciernes fue sometida a las duras condiciones de los meses de verano. **Porque no tenía raíz, se secó** rápidamente. Sin un sistema adecuado de raíces, la planta no podía obtener la humedad que necesitaba para llevar fruto (cp. Lc. 8:6).

Aún **otra parte cayó** en un tercer tipo de terreno: **entre** los **espinos.** Aunque esta tierra parecía buena después que fue labrada, en realidad estaba infestada de espinos, de modo que cuando el grano comenzó a brotar, un cultivo de malas hierbas creció junto con él, agobiando a la buena semilla hasta acabarle la vida. Los **espinos** chuparon el agua y los nutrientes de la planta buena, **crecieron** hasta tal punto que **la ahogaron, y** por tanto **no dio fruto.**

Finalmente, en contraste con los tres primeros suelos inútiles, **otra parte** de la semilla **cayó en buena tierra.** Este terreno no estaba compactado como el del camino, ni era superficial como el de la tierra rocosa, ni estaba infestado con malezas como el del terreno con espinos. Más bien era suave y profundo, libre de espinos, y rico en humedad y nutrientes. Cuando la semilla cayó en este suelo, **dio fruto, pues brotó y creció,** de tal modo que el cultivo **produjo a treinta, a sesenta, y a ciento por uno.** En el antiguo Israel, al segar los agricultores por lo general esperaban un rendimiento de seis a ocho veces. Un cultivo que rendía diez veces habría estado muy por encima del promedio. Cuando Jesús habló de cultivos que produjeron cosechas de **treinta, sesenta,** o **ciento**

por uno, porcentajes que eran inimaginablemente altos; sus oyentes se habrían quedado sorprendidos. Ese tipo de resultados habría sido inaudito.

EL PROPÓSITO: MOTIVO DE LAS PARÁBOLAS

Entonces les dijo: El que tiene oídos para oír, oiga. Cuando estuvo solo, los que estaban cerca de él con los doce le preguntaron sobre la parábola. Y les dijo: A vosotros os es dado saber el misterio del reino de Dios; mas a los que están fuera, por parábolas todas las cosas; para que viendo, vean y no perciban; y oyendo, oigan y no entiendan; para que no se conviertan, y les sean perdonados los pecados. Y les dijo: ¿No sabéis esta parábola? ¿Cómo, pues, entenderéis todas las parábolas? (4:9-13)

Jesús concluyó su parábola con una declaración de advertencia y juicio. No todos los que lo oyeron hablar pudieron entender la verdad que Él estaba explicando. El significado de la parábola sería revelado solo a aquellos cuyos corazones estaban listos a recibirlo; para los demás resultó ser un enigma irresoluble. **Entonces** Jesús **les dijo: El que tiene oídos para oír, oiga.** Los líderes religiosos, junto con muchos de los laicos en las multitudes, ya habían rechazado al Señor. El juicio sobre ellos fue que sus corazones y oídos estaban cerrados a sus enseñanzas. En consecuencia, no se les dio ninguna interpretación de las parábolas. Sin embargo, la declaración de Jesús sirvió como una invitación para los creyentes que estaban dispuestos a escuchar. A ellos les dio la explicación.

Cuando estuvo solo, es decir una vez que las multitudes se hubieron ido y Jesús quedó rodeado solo por sus discípulos más cercanos, **los que estaban cerca de él con los doce le preguntaron sobre la parábola.** Según Mateo 13:10, "acercándose los discípulos, le dijeron: ¿Por qué les hablas por parábolas?". Ellos no entendían por qué Jesús decidió dirigirse a las multitudes usando analogías inexplicables y enigmas espirituales. ¿Por qué contaba historias sin explicar el significado? En parte, la consternación de los discípulos estaba motivada por su propia falta de entendimiento (Mr. 4:13). Incluso ellos no supieron cómo interpretar la parábola hasta que el Señor les explicó el significado.

Jesús ofreció una explicación doble para usar parábolas: ocultar la verdad de los de corazón duro y revelarla a quienes creían. Por tanto, **les dijo: A vosotros** [que creéis en mí] **os es dado saber el misterio del reino de Dios; mas a los que están fuera** [que me han rechazado], reciben **por parábolas todas las cosas.** Los seguidores de Cristo tenían oídos para oír, y Jesús les reveló de buena gana el significado. Cuando el Señor contaba una parábola a los que creían, se trataba de una revelación de gracia que aclaraba esa verdad espiritual.

La palabra **misterio** (*musterion*) se refiere a la verdad espiritual que antes estuvo oculta pero que ahora se ha revelado. En tiempos modernos el vocablo "misterio" se usa a menudo para hablar de acontecimientos inexplicables, delitos sin resolver, o la trama intrigante de una novela de detectives. En la antigua Roma, los miembros de sectas paganas llamadas "religiones de misterio" realizaban ritos clandestinos y se enorgullecían de poseer conocimiento secreto. En las Escrituras, **misterio** no se refiere a ninguna de tales ideas. Los misterios del Nuevo Testamento consisten de revelaciones y explicaciones de verdad divina que los creyentes antes de la era del Nuevo Testamento no las entendían por completo.

En este contexto, **el misterio** es el **reino de Dios,** una referencia al reino de la salvación. Aunque Dios reina sobre todos y sobre todo, el reino de la salvación está conformado solo por aquellos que le pertenecen a través de la fe salvadora. Puesto que han aceptado genuinamente a Jesucristo como Salvador y Señor, los creyentes han sido rescatados por Dios "de la potestad de las tinieblas, y [han sido trasladados] al reino de su amado Hijo, en quien [tienen] redención por su sangre, el perdón de pecados" (Col. 1:13-14). Además, ellos han sido adoptados en la familia de Dios (Ro. 8:14-17); ya no pertenecen a este sistema del mundo (cp. 1 Jn. 2:16-17). En cambio, son ciudadanos del cielo (Fil. 3:20), su verdadero hogar.

Las parábolas de Jesús tienen un propósito totalmente distinto para los incrédulos: ocultarles la verdad. Para **los que están fuera** del reino, como los dirigentes religiosos que acababan de declarar que Jesús estaba endemoniado (Mr. 3:22), las parábolas quedaban sin explicación y, por tanto, parecían nada más que enigmas. Desde este momento en adelante las personas recibirían **por parábolas todas las cosas**, lo cual representaba una realidad de juicio divino por su persistente incredulidad (cp. Mt. 13:34-35). Jesús ilustró este punto refiriéndose a Isaías 6:9-10: **para que viendo, vean y no perciban; y oyendo, oigan y no entiendan; para que no se conviertan, y les sean perdonados los pecados.** Aunque escritas unos siete siglos antes, esas palabras de Isaías presentaron una descripción acertada de los israelitas incrédulos en la época de Jesús. Durante el ministerio de Isaías, el pueblo hacía reiteradamente caso omiso a las advertencias del profeta hasta que sus conciencias estuvieron tan cauterizadas, y sus sentidos espirituales tan embotados, que ya no tenían ninguna capacidad para entender o responder. Dios permitió que endurecieran el corazón hasta el punto en que ya no podían arrepentirse. En consecuencia, el juicio divino sobre Israel, ejecutado por medio del instrumento de los ejércitos invasores de Nabucodonosor, se volvió inevitable. Las parábolas de Jesús representan una forma parecida de juicio sobre la intransigente incredulidad que Él encontró en el siglo I. Debido al reiterado rechazo que el pueblo mostraba ante las claras enseñanzas de Jesús y sus innegables milagros, desde este momento en adelante el Maestro iría a enmarcar sus enseñanzas en una manera que ellos no pudieran entender. Al no poder comprender la verdad no podían convertirse ni les serían **perdonados los pecados.** Por tanto, enfrentarían la ira de Dios. Históricamente, el juicio divino llegó sobre la apóstata nación de Israel en el año 70 d.C, cuando

Jerusalén fue destruida por los romanos. Eternamente, ese juicio vino cuando los que habían rechazado a Jesús murieron y fueron arrojados a los tormentos eternos del infierno.

Tanto las curiosas multitudes como los dirigentes religiosos habían tenido tiempo y evidencia más que suficiente para concluir que Jesús era el Mesías. Su incredulidad persistía, haciéndose cada vez más acérrima hasta que pasó el punto de no retorno (cp. Mr. 3:28-30). En consecuencia, el juicio divino se había establecido. El rechazo voluntario que mostraran al Hijo de Dios había llevado al rechazo judicial que Dios les hizo, confirmándoles su decidida dureza de corazón y permitiéndoles permanecer cimentados en su propia incredulidad. Puesto que el rechazo de ellos fue definitivo, había llegado el momento en que el mensaje ya no se les entregaría.

Jesús volvió a enfocarse en sus discípulos cuando **les dijo: ¿No sabéis esta parábola?** Era evidente que no sabían su significado. El Señor continuó: **¿Cómo, pues, entenderéis todas las parábolas?** Al hacer esa segunda pregunta los motivó a escuchar con cuidado mientras explicaba su significado. Según indican las palabras de Jesús, entender la parábola de los terrenos era clave para interpretar todas las parábolas posteriores. Si los discípulos no lograban entender verdades tan fundamentales acerca de la salvación y el evangelio, más adelante no iban a poder captar verdades que se cimentaran sobre esa base. En un nivel práctico, era esencial para los discípulos de Jesús entender por qué el mensaje divino estaba siendo rechazado por muchos. Los discípulos también serían heraldos del evangelio que experimentarían un trato similar de parte de incrédulos. No obstante, sus esfuerzos de evangelización no serían en vano. Aunque no todos escucharían, algunos sí lo harían, y los que respondieran en fe llevarían fruto abundante.

LA ENSEÑANZA: SIGNIFICADO DE LA PARÁBOLA

El sembrador es el que siembra la palabra. Y éstos son los de junto al camino: en quienes se siembra la palabra, pero después que la oyen, en seguida viene Satanás, y quita la palabra que se sembró en sus corazones. Estos son asimismo los que fueron sembrados en pedregales: los que cuando han oído la palabra, al momento la reciben con gozo; pero no tienen raíz en sí, sino que son de corta duración, porque cuando viene la tribulación o la persecución por causa de la palabra, luego tropiezan. Estos son los que fueron sembrados entre espinos: los que oyen la palabra, pero los afanes de este siglo, y el engaño de las riquezas, y las codicias de otras cosas, entran y ahogan la palabra, y se hace infructuosa. Y éstos son los que fueron sembrados en buena tierra: los que oyen la palabra y la reciben, y dan fruto a treinta, a sesenta, y a ciento por uno. (4:14-20)

son afectados, pero sus corazones no son transformados. En consecuencia, **no tienen raíz en sí, sino que son de corta duración.** Por debajo de la fina capa de entusiasmo exterior yace una capa impenetrable de incredulidad no arrepentida, como una franja de lecho de roca que no es visible inmediatamente.

La superficialidad del compromiso de estos individuos se evidencia **cuando viene la tribulación o la persecución por causa de la palabra.** Obligados a calcular el costo de seguir a Cristo, la verdadera naturaleza de su interés en el evangelio se hace evidente. En lugar de soportar sufrimiento por el bien del evangelio, su fe decae a la primera señal de sacrificio y problema. Incapaces de perseverar, debido a que su fe en el evangelio no va más allá de la superficie, **luego tropiezan** bajo la presión de las dificultades.

La palabra **tropiezan** se traduce de una forma de la expresión griega *skandalizō,* que significa injuriar o causar un traspiés, de donde se deriva el vocablo "escandalizar" en español. Cuando la fe de estos individuos se pone a prueba (cp. Jn. 8:31; 1 Jn. 2:19), tropiezan, caen y se escandalizan por causa de la persecución que enfrentan. Puesto que su fe en Cristo carece de un verdadero abatimiento por el pecado, de un arrepentimiento veraz, de un deseo sincero de justicia, y de un amor profundo por el Salvador, en realidad esa fe nunca ha echado raíces. Es inevitable que cuando las cosas se ponen difíciles, estos individuos abandonen su compromiso superficial con el Señor. Por el contrario, los creyentes verdaderos poseen una fe que soporta la persecución y hasta el martirio por causa de seguir a Cristo (cp. Lc. 9:23-25; 2 Ti. 3:12).

LOS MUNDANOS: EL TERRENO ESPINOSO

Estos son los que fueron sembrados entre espinos: los que oyen la palabra, pero los afanes de este siglo, y el engaño de las riquezas, y las codicias de otras cosas, entran y ahogan la palabra, y se hace infructuosa. (4:18-19)

Los que fueron sembrados entre espinos, al igual que los del suelo pedregoso, parecen buenos por fuera, pero por debajo la tierra está contaminada por espinas y malezas ocultas. La palabra **espinos** (*akantha*) se refiere a una zarza espinosa común en la tierra de Israel que se encuentra a menudo en el terreno cultivado. (Esta misma palabra se usa en Mt. 27:29 para referirse a la corona de espinas colocada en la cabeza de Jesús durante su crucifixión). Cuando la semilla comienza a crecer, una maleza espinosa brota a su lado, asfixiando finalmente la planta buena para que no pueda llevar fruto. El suelo infestado de espinos representa a **los que oyen la palabra, pero los afanes de este siglo, y el engaño de las riquezas, y las codicias de otras cosas, entran y ahogan la palabra, y se hace infructuosa.** A diferencia del corazón resistente y duro de los del lado del camino, o del sentimentalismo superficial de los del suelo pedregoso, los representados por el suelo espinoso son de doble ánimo. En lugar de poseer un amor singular por Cristo, sus corazones permanecen cautivos por un amor hacia el mundo. Su preocupación por **los afanes de este siglo, y el engaño de las riquezas, y las codicias de otras cosas** pone al descubierto la verdadera lealtad de sus corazones. Como lo explicó Jesús en el Sermón del Monte:

> *No os hagáis tesoros en la tierra, donde la polilla y el orín corrompen, y donde ladrones minan y hurtan; sino haceos tesoros en el cielo, donde ni la polilla ni el orín corrompen, y donde ladrones no minan ni hurtan. Porque donde esté vuestro tesoro, allí estará también vuestro corazón (Mt. 6:19-21, 24; cp. Mr. 10:25; 1 Ti. 6:17).*

Pocas barreras para el evangelio son más engañosas o mortales que la atracción por lo mundano y el amor al dinero. El apóstol Pablo advirtió que "raíz de todos los males es el amor al dinero, el cual codiciando algunos, se extraviaron de la fe, y fueron traspasados de muchos dolores" (1 Ti. 6:10). El apóstol Juan expresó una amonestación similar:

> *No améis al mundo, ni las cosas que están en el mundo. Si alguno ama al mundo, el amor del Padre no está en él. Porque todo lo que hay en el mundo, los deseos de la carne, los deseos de los ojos, y la vanagloria de la vida, no proviene del Padre, sino del mundo. Y el mundo pasa, y sus deseos; pero el que hace la voluntad de Dios permanece para siempre (1 Jn. 2:15-17).*

El amor por el mundo y el amor por **la palabra** son incompatibles y mutuamente exclusivos; el uno ahoga al otro. Aquellos que aman de veras a Cristo abandonarán el mundo. Al contrario, los que aman el mundo abandonarán a Cristo y, por tanto, llegarán a ser espiritualmente infructuosos.

LOS BUENOS: EL TERRENO RECEPTIVO

Y éstos son los que fueron sembrados en buena tierra: los que oyen la palabra y la reciben, y dan fruto a treinta, a sesenta, y a ciento por uno. (4:20)

Jesús contrasta los tres tipos de tierra mala con la tierra suave, limpia y fértil de la fe verdadera. Él describe a los discípulos genuinos como **los que fueron sembrados en buena tierra.** Sus corazones han sido preparados por Dios mismo (cp. Jn. 6:44, 65), cultivados y labrados por el Espíritu Santo (cp. Jn. 16:8-11), por eso es que **oyen la palabra,** y **la reciben** (cp. las palabras de Pablo en 1 Ts. 2:13: "Por lo cual también nosotros sin cesar damos gracias a Dios, de que cuando recibisteis la palabra de Dios que oísteis de nosotros, la recibisteis no como palabra de hombres, sino según es en verdad, la palabra de Dios, la cual actúa en vosotros los creyentes"). La verdad de la Palabra de Dios se arraiga profundamente en ellos. Ni Satanás ni el mundo pueden frustrar el efecto salvador del evangelio cuando está depositado en un corazón preparado por Dios para recibirlo. Al incluir la **buena tierra** en su parábola, Jesús intentó animar a sus discípulos y, por extensión, a todos los demás creyentes que proclaman la verdad del evangelio de Cristo. Aunque muchos oyentes rechazarán el evangelio debido a dureza, superficialidad y mundanalidad, siempre habrá algunos a quienes Dios ha preparado para recibir las buenas nuevas de salvación (cp. Is. 6:8-13).

Los verdaderos creyentes, aquellos caracterizados por la **buena tierra,** no solo **reciben** el evangelio de manera mental, sino que son transformados por este a través del poder del Espíritu Santo. En consecuencia, inevitable y necesariamente **dan fruto.** Jesús explicó este tema a sus discípulos en Juan 15:5-8, usando una metáfora agrícola diferente:

> *Yo soy la vid, vosotros los pámpanos; el que permanece en mí, y yo en él, éste lleva mucho fruto; porque separados de mí nada podéis hacer. El que en mí no permanece, será echado fuera como pámpano, y se secará; y los recogen, y los echan en el fuego, y arden. Si permanecéis en mí, y mis palabras permanecen en vosotros, pedid todo lo que queréis, y os será hecho. En esto es glorificado mi Padre, en que llevéis mucho fruto, y seáis así mis discípulos.*

Como indican las palabras de Jesús, llevar fruto es la característica suprema de quienes creen de veras (Jn. 8:31; 14:15). Después de haber sido vivificados por el Espíritu de Dios (cp. Ef. 2:4-5), producen "frutos dignos de arrepentimiento" (Mt. 3:8), "frutos de justicia" (Fil. 1:11; cp. Col. 1:6), y "el fruto del Espíritu" (Gá. 5:22-23). Aunque los creyentes no son salvos por hacer buenas obras (Ef. 2:8-9), quienes son verdaderamente salvos darán evidencia de su nueva vida en Cristo por medio del fruto de la obediencia (Ef. 2:10; cp. Mt. 7:16-20; 2 Co. 5:17).

Jesús incluyó a menudo un elemento sorprendente en sus parábolas. La cosecha que describe aquí, de **treinta, sesenta, y ciento por uno,** superaba en gran manera cualquier resultado que los agricultores del siglo I experimentaran. Esas cifras representan rendimientos del 3.000, 6.000 y 10.000 por ciento. Como se indicó antes, los rendimientos naturales no superaban las ocho veces, y un cultivo que producía diez veces habría sido extraordinario. Sin embargo, los campos a los que Jesús se refiere son exponencialmente más productivos. Cuando el evangelio va por delante, fortalecido por el Espíritu de Dios, los resultados son sobrenaturales.

Todos los creyentes están llamados a ser testigos del evangelio de Jesucristo (cp. Mt. 28:18-20). No deben manipular la semilla, ni pueden cultivar la tierra. Más bien, deben lanzar fielmente el mensaje del evangelio. Cuando lo hacen pueden esperar que las respuestas que reciban caigan en una de estas tres categorías. Algunos lo rechazarán de plano, debido a la dureza de corazón. Otros demostrarán un interés superficial, solo para alejarse cuando lleguen las dificultades. Algunos más profesarán amor por Cristo mientras al mismo tiempo alimentarán un afecto mortal por el mundo. Por último, habrá algunos que recibirán de veras el evangelio. Humildemente se convertirán de sus pecados y de todo corazón aceptarán al Señor Jesús como su Salvador y Rey. La autenticidad de su profesión de fe se demostrará por el fruto abundante de sus vidas transformadas, mientras también andan en obediencia y fe.

Por una parte, saber que muchos rechazarán el evangelio permite a los creyentes enfocar la evangelización con expectativas apropiadas. Por otra parte, saber que algunos creerán realmente deberá servir como un gran estímulo. Al evangelizar, los cristianos son privilegiados de participar en una empresa que no puede fallar. Aquellos a quienes Dios está atrayendo de modo soberano hacia sí serán salvos. Si Él ha preparado la tierra de sus corazones, la semilla invariablemente echará raíces y llevará fruto abundante.

Aunque pueden haber muchas explicaciones de por qué la gente rechaza el evangelio de salvación, el verdadero arrepentimiento solo se puede explicar como una obra sobrenatural de Dios (cp. 2 Ti. 2:25). Todos los pecadores nacen con corazones que son duros, superficiales y mundanos. Al hablar del estado de pre conversión en que se hallaban, Pablo les dijo a los efesios:

> *Estabais muertos en vuestros delitos y pecados, en los cuales anduvisteis en otro tiempo, siguiendo la corriente de este mundo, conforme al príncipe de la potestad del aire, el espíritu que ahora opera en los hijos de desobediencia, entre los cuales también todos nosotros vivimos en otro tiempo en los deseos de nuestra carne, haciendo la voluntad de la carne y de los pensamientos, y éramos por naturaleza hijos de ira, lo mismo que los demás (Ef. 2:1-3).*

El corazón no redimido es incapaz de prepararse por sí mismo para recibir el evangelio. Solo Dios puede transformar lo que está frío, endurecido y muerto en algo vibrante, receptivo y pletórico de vida. Pablo continuó diciendo: "Dios, que es rico en misericordia, por su gran amor con que nos amó, aun estando nosotros muertos en pecados, nos dio vida juntamente con Cristo (por gracia sois salvos)" (vv. 4-5).

Qué gran consuelo es saber que la preparación del terreno es obra de Dios. Él suple tanto la semilla de su Palabra como el poder de su Espíritu. Prepara la tierra, obrando en los corazones de aquellos que está atrayendo hacia sí mismo. La tarea del evangelista es simplemente sembrar la semilla por medio de la predicación fiel del evangelio. Después de cumplir con esa responsabilidad, los creyentes pueden reposar en la soberanía de Dios, sabiendo que su Palabra llevará fruto en los corazones y vidas de aquellos a quienes Él ha llamado.

Oyentes fructíferos 15

También les dijo: ¿Acaso se trae la luz para ponerla debajo del almud, o debajo de la cama? ¿No es para ponerla en el candelero? Porque no hay nada oculto que no haya de ser manifestado; ni escondido, que no haya de salir a luz. Si alguno tiene oídos para oír, oiga. Les dijo también: Mirad lo que oís; porque con la medida con que medís, os será medido, y aun se os añadirá a vosotros los que oís. Porque al que tiene, se le dará; y al que no tiene, aun lo que tiene se le quitará. Decía además: Así es el reino de Dios, como cuando un hombre echa semilla en la tierra; y duerme y se levanta, de noche y de día, y la semilla brota y crece sin que él sepa cómo. Porque de suyo lleva fruto la tierra, primero hierba, luego espiga, después grano lleno en la espiga; y cuando el fruto está maduro, en seguida se mete la hoz, porque la siega ha llegado. Decía también: ¿A qué haremos semejante el reino de Dios, o con qué parábola lo compararemos? Es como el grano de mostaza, que cuando se siembra en tierra, es la más pequeña de todas las semillas que hay en la tierra; pero después de sembrado, crece, y se hace la mayor de todas las hortalizas, y echa grandes ramas, de tal manera que las aves del cielo pueden morar bajo su sombra. Con muchas parábolas como estas les hablaba la palabra, conforme a lo que podían oír. Y sin parábolas no les hablaba; aunque a sus discípulos en particular les declaraba todo. (4:21-34)

Nada se asemeja a la maravilla de las buenas nuevas de que Dios entregó a su Hijo para morir como ofrenda por el pecado a fin de que rebeldes indignos pudieran reconciliarse con Él a través de Cristo (2 Co. 5:18-21). El hecho de que la salvación sea totalmente una obra de la gracia de Dios aparte de cualquier esfuerzo de justicia propia solo hace que sea aún más admirable. Como explicara el apóstol Pablo en Efesios 2:8-9, "por gracia sois salvos por medio de la fe; y esto no de vosotros, pues es don de Dios; no por obras, para que nadie se gloríe". Juan Crisóstomo, el predicador del siglo IV, comparó esa extraordinaria realidad a un sueño que era tan asombroso que parecía demasiado bueno para ser real. Así lo explicó:

> Cuando reciben un gran bien, la gente se pregunta si no se trata de un sueño, como si no lo creyeran; así es también con relación a los dones

> de Dios. ¿Qué es entonces lo que parece tan increíble? Que quienes eran enemigos y pecadores, justificados ni por la ley ni por obras, puedan inmediatamente por medio de la fe avanzar hacia un favor muy superior... [Y] que una persona que había malgastado toda su vida anterior en acciones vanas y malvadas pueda después ser salva solo por su fe (Juan Crisóstomo, *Homily on 1 Timothy 1:15-16,* citado en Joel C. Elowsky, *We Believe in the Holy Spirit* [Downers Grove, IL: InterVarsity, 2009], p. 98).

Tal es la magnífica naturaleza del evangelio. Individuos que no lo merecían en absoluto son elevados a una posición del más alto privilegio, pero no por medio de sus propios méritos (cp. Ef. 2:4-7). Dios rescata del reino de las tinieblas a antiguos esclavos del pecado y los transfiere "al reino de su amado Hijo" (Col. 1:13). Estos se convierten en ciudadanos del cielo (Fil. 3:20), herederos de la vida eterna (Tit. 3:7), e hijos adoptados y amados de Dios mismo (Ro. 8:14-17).

Dado que ninguna noticia puede compararse a las buenas nuevas de la salvación, la realidad de que la mayoría se niegue a aceptarla es sorprendente y trágico. Jesús ilustró esa verdad al contar la parábola de los terrenos (Mr. 4:3-20). Algunas personas rechazan el evangelio tan pronto como lo oyen. Jesús comparó esa dureza de corazón con la tierra impenetrable del camino, dura como el pavimento (v. 15). Otros responden con euforia superficial. Cuando surgen tiempos de dificultad y persecución, y la emotividad inicial desaparece, se apartan. El Señor comparó a tales individuos con terreno superficial rocoso, en el cual la verdadera fe no echa raíces (vv. 16-17). Un tercer tipo de terreno también parece bueno en la superficie pero en realidad está infestado con espinos. Las personas en esta categoría también reaccionan al evangelio con interés inicial. Pero los afanes del mundo y la búsqueda de riquezas, como malezas sofocantes ahogan un amor genuino por Cristo (vv. 18-19). Por el contrario, la tierra buena representa a aquellos que aceptan el evangelio y llevan variadas cantidades de fruto: "a treinta, a sesenta, y a ciento por uno" (v. 20).

Al distinguir la tierra buena de la mala, Jesús resaltó una diferencia fundamental entre ellas. La tierra buena se compone de "los que oyen la palabra y la reciben, y dan fruto" (v. 20). En otras palabras, quienes oyen de veras el evangelio son los que lo aceptan y llevan fruto. Muchos pueden afirmar que "oyen" el mensaje de salvación, pero los verdaderos oyentes se caracterizan invariablemente por la obediencia fructífera. El tema de oír está presente en todas las parábolas narradas en Marcos 4:1-34. En el versículo 9 Jesús manifestó a su audiencia: "El que tiene oídos para oír, oiga", e hizo hincapié en la importancia de esa frase al repetirla en el versículo 23. Su planteamiento fue sencillo: los verdaderos discípulos escuchan con entusiasmo y obediencia. Como aquellos cuyos corazones y mentes se han abierto a la verdad por parte del Espíritu Santo, los verdaderos discípulos de Jesús aman oír y obedecer la Palabra (Jn. 8:32; cp. 10:3-4, 27). La verdad divina ha hallado un hogar en sus corazones. Se deleitan en ella, se someten a ella, y llevan fruto al ponerla en práctica y predicarla a otros.

La parábola de los terrenos enfatiza la importancia de ser un oyente fructífero al distinguir la tierra buena de la mala. Jesús expresó en este pasaje (4:21-34) tres parábolas adicionales que amplían el tema. El Señor indicó que entender la parábola de los suelos es clave para comprender estas parábolas posteriores (v. 13), las cuales entonces no deben considerarse historias no relacionadas. Más bien, son ilustraciones interrelacionadas organizadas por Jesús para aclarar una verdad divina. Una vez que sus discípulos fueron identificados como aquellos que pueden percibir la verdad divina y están preparados para proclamar esa verdad a otros, Jesús usó tres parábolas para identificar cuatro características de los oyentes fructíferos: dan testimonio con obediencia, actúan con expectación, esperan con dependencia, y caminan con confianza.

LOS OYENTES FRUCTÍFEROS DAN TESTIMONIO CON OBEDIENCIA

También les dijo: ¿Acaso se trae la luz para ponerla debajo del almud, o debajo de la cama? ¿No es para ponerla en el candelero? Porque no hay nada oculto que no haya de ser manifestado; ni escondido, que no haya de salir a luz. Si alguno tiene oídos para oír, oiga. (4:21-23)

En la parábola de los terrenos Jesús usa tierra buena para representar a creyentes que oyen el evangelio, lo reciben y, en consecuencia, llevan fruto duradero. Los cristianos demuestran vida espiritual arrepintiéndose y alejándose del pecado (Mt. 3:8) a fin de vivir en obediencia a Dios por medio del poder del Espíritu Santo (Ef. 5:18). Pablo delineó los elementos de las actitudes espirituales en su carta a los Gálatas: "El fruto del Espíritu es amor, gozo, paz, paciencia, benignidad, bondad, fe, mansedumbre, templanza; contra tales cosas no hay ley" (5:22-23). El apóstol enfocó de igual modo la conducta de los creyentes en su mandato a los colosenses: "Que andéis como es digno del Señor, agradándole en todo, llevando fruto en toda buena obra, y creciendo en el conocimiento de Dios" (Col. 1:10). Jesús mismo enseñó que los que permanecen en su amor y se someten a su Palabra serán fructíferos (Jn. 15:4-10). Aunque puede tomar muchas formas, el fruto espiritual siempre consiste de actitudes gozosas y de actos de obediencia para con el Señor (cp. Jn. 1:16; Ef. 1:3-8; 2:7-10; Fil. 1:11).

En este pasaje el énfasis específico del Señor está en el fruto que viene al ser testigos fieles de Él. La parábola de los terrenos se enfoca en los recipientes del evangelio, distinguiendo entre aquellos que en última instancia rechazarían el mensaje y quienes lo adoptarían de modo genuino. Por el contrario, estas parábolas posteriores (en vv. 21-32) destacan la responsabilidad del oyente fiel que sirve como evangelista. Como quienes han recibido el evangelio y lo han aceptado, los discípulos de Jesús serían ahora llamados a llevar fruto proclamando de forma obediente el mensaje de salvación a otras personas (cp. Ro. 1:13; Col. 1:3-6).

El Señor usa una sencilla analogía para resaltar este punto. **También les dijo: ¿Acaso se trae la luz para ponerla debajo del almud, o debajo de la cama? ¿No es para ponerla en el candelero?** Las lámparas de terracota consistían de un pequeño recipiente o platillo con un asa en un extremo. El recipiente se llenaba de aceite sobre el que se ponía una mecha flotante. A fin de maximizar su resplandor, las lámparas se fijaban en candeleros o sobre estantes que sobresalían de la pared, donde su brillo podía irradiar sin obstáculos en toda la habitación. Por obvias razones, nadie colocaría una **luz para ponerla debajo del almud, o debajo de la cama,** anulándole así su propósito.

El propósito de la analogía de Jesús es claro: Los que han recibido la luz del evangelio no deben ocultarla; más bien deben dejar que brille para que otros la vean. En las Escrituras la luz se usa de distinto modo como una metáfora para la verdad (Sal. 36:9; 119:105, 130; Pr. 6:23; Hch. 26:23; Ef. 5:9; 1 Ts. 5:5), la santidad (Ro. 13:12) y la vida espiritual en Cristo (Jn. 1:4). No obstante, en esta analogía Jesús usa la luz para ilustrar el mensaje del evangelio. A más de prestar atención al evangelio, los oyentes fieles tienen la obligación de proclamarlo al mundo de pecadores. Aquellos que han sido transformados por las buenas nuevas deben presentar esa verdad a los demás (cp. Ro. 1:8; 16:19; 1 Ts. 1:8). Jesús lo explicó de este modo en el Sermón del Monte:

> *Vosotros sois la luz del mundo; una ciudad asentada sobre un monte no se puede esconder. Ni se enciende una luz y se pone debajo de un almud, sino sobre el candelero, y alumbra a todos los que están en casa. Así alumbre vuestra luz delante de los hombres, para que vean vuestras buenas obras, y glorifiquen a vuestro Padre que está en los cielos (Mt. 5:14-16).*

Las palabras del Señor sirven como un mandato para los discípulos, quienes pudieron haberse preguntado si la predicación del evangelio seguía siendo parte de la estrategia de Jesús para alcanzar al mundo. Aunque Él había ido por toda Galilea predicando claramente el evangelio (cp. Mr. 1:14, 38), ahora estaba hablando en parábolas. A ellos les había dicho: "A vosotros os es dado saber el misterio del reino de Dios; mas a los que están fuera, por parábolas todas las cosas; para que viendo, vean y no perciban; y oyendo, oigan y no entiendan; para que no se conviertan, y les sean perdonados los pecados" (4:11-12). Según se indicó anteriormente, las parábolas de Jesús fueron un acto de juicio divino contra la obstinada incredulidad del pueblo, e incluso la declaración descabellada hecha por los dirigentes religiosos de que Él estaba facultado por Satanás (3:22; cp. Jn. 10:20). Reconociendo el carácter definitivo del rechazo que muchos mostraban, Jesús los aisló de cualquier verdad hablándoles en acertijos y enigmas inexplicables.

Tal vez, al observar el cambio en la estrategia de predicación de Jesús, los discípulos se preguntaban si también iría a disimular el mensaje del evangelio como un juicio sobre la incredulidad de Israel. Pero eso no era lo que el Señor había planeado que ellos hicieran. Dentro de poco tiempo los enviaría de dos en dos a predicar el evangelio (Mr. 6:7-13; cp. Lc. 9:1-6), lo cual formaba parte de la preparación para el encargo total que les haría después que resucitara (Mt. 28:18-20). Antes de la ascensión Jesús les declaró a sus discípulos: "Recibiréis poder, cuando haya venido sobre vosotros el Espíritu Santo, y me seréis testigos en Jerusalén, en toda Judea, en Samaria, y hasta lo último de la tierra" (Hch. 1:8).

Que el Señor no quería que el evangelio quedara permanentemente oculto se evidencia en el versículo 22. Según les dijo a sus discípulos, **no hay nada oculto que no haya de ser manifestado; ni escondido, que no haya de salir a luz.** En otras palabras, hubo una ocasión en que la verdad fue ocultada y velada a los obstinados que la rechazaron; llegaría una época en que lo que esté **oculto** iría a **ser manifestado,** y lo que esté **escondido** habrá de **salir a luz** en el mundo. Esa época para develar misterios comenzaría con el ministerio de predicación de los apóstoles (que se inició mientras Jesús aún estaba con ellos [cp. Mt. 10:26]), continuaría al otro lado de la Gran Comisión, y duraría hasta el regreso de Cristo (Mt. 24:14).

Las palabras de Jesús en el versículo 22 también podrían haber incluido una amonestación respecto a la realidad de la hipocresía espiritual. En Lucas 12:1-2 Jesús usa esta misma expresión como advertencia contra la hipocresía de los fariseos: "Guardaos de la levadura de los fariseos, que es la hipocresía. Porque nada hay encubierto, que no haya de descubrirse; ni oculto, que no haya de saberse". En la parábola de los terrenos, Jesús describió dos tipos de personas que inicialmente responden con entusiasmo al evangelio pero que después demuestran ser falsos convertidos. A esos individuos el Señor los asemejó a un terreno rocoso o un terreno infestado de espinos. Al pensar en su tarea de evangelización, los discípulos pudieron haberse preguntado cómo irían a distinguir entre los hipócritas espirituales y los verdaderos creyentes. Las palabras de Jesús les aseguraron que, con suficiente tiempo, la verdad saldría a la luz. En corto plazo los falsos convertidos podrían pasar sin ser detectados, pero en última instancia la realidad oculta de sus corazones se haría evidente.

Sea cual fuere la respuesta a la predicación del evangelio, los discípulos debían esparcir fielmente el mensaje. La semilla de fe salvadora en sus corazones produciría el fruto del testimonio evangélico. Ese mandato de evangelizar no terminó con los apóstoles. Comenzó con ellos y ha pasado a todos los creyentes, en cada generación de la historia de la Iglesia. Los cristianos están llamados a anunciar con entusiasmo "las virtudes de aquel que [los] llamó de las tinieblas a su luz admirable" (1 P. 2:9). La declaración de Jesús: **Si alguno tiene oídos para oír, oiga,** repite la verdad de Marcos 4:9 y destaca la importancia de lo que acababa de manifestar. Era imperativo que los discípulos consideraran con sumo cuidado las repercusiones de ser un oyente diligente y, por tanto, fructífero.

LOS OYENTES FRUCTÍFEROS ACTÚAN CON EXPECTACIÓN

Les dijo también: Mirad lo que oís; porque con la medida con que medís, os será medido, y aun se os añadirá a vosotros los que oís. Porque al que tiene, se le dará; y al que no tiene, aun lo que tiene se le quitará. (4:24-25)

Al seguir con el tema de ser oyentes atentos, Jesús **les dijo también: Mirad lo que oís.** Otra manera de expresar eso es: "Pongan atención a lo que oyen". Las verdades que Él les estaba explicando debían afirmarse en sus mentes.

Después de explicarles su responsabilidad evangelizadora, Jesús destacó la importancia de dedicarse con seriedad a la tarea debido a la promesa de recompensa eterna que tendrían por su fidelidad. El Señor les explicó a sus seguidores: **Porque con la medida con que medís, os será medido, y aun se os añadirá a vosotros.** En el tiempo de la cosecha el agricultor podía esperar que un campo le devolviera solamente lo que había invertido en dicho terreno. Iría a cosechar lo que había sembrado (cp. 2 Co. 9:6; Gá. 6:7). Si hubiera sido perezoso o negligente, su cosecha sería mínima. Si hubiera sido diligente y fiel a la tarea, podía esperar un cultivo fructífero. Los esfuerzos como sembrador serían premiados con el tamaño de su cosecha.

La enseñanza de Jesús era que quienes predican con fidelidad el evangelio pueden de igual modo esperar que Dios los recompense eternamente por los esfuerzos diligentes que hubieran hecho. Las recompensas eternas son privilegios que perduran para siempre (cp. 1 Co. 9:24-25; 1 Ts. 2:19-20; 2 Ti. 4:8; Ap. 22:12). Qué incomparable motivación debe ser esa para todos los creyentes. Jesús prometió que Dios bendeciría su obra, no solo de acuerdo con el nivel de esfuerzo que hubieran puesto (**la medida con que medís**), sino aún más allá (**aun se os añadirá a vosotros**). A medida que esparcen la semilla del evangelio todos los creyentes trabajan con expectativa, pues saben que su fidelidad a la tarea será premiada fructífera y abundantemente en el cielo (cp. Lc. 6:38).

Impulsados por un afán de agradar a su Maestro celestial (cp. 2 Co. 5:9-10), los oyentes fructíferos realizan esfuerzos perdurables, pues saben que **al que tiene, se le dará.** El relato paralelo de Mateo 13:12 añade la frase "y tendrá más".

A medida que los creyentes dispensan la verdad a otros, Dios los bendice con más poder, gozo, satisfacción y recompensa.

Por el contrario, los falsos discípulos se caracterizan porque no llevan fruto (Jn. 15:2, 6). Así advirtió Jesús a sus oyentes: **Y al que no tiene, aun lo que tiene se le quitará.** La declaración paralela en Lucas 8:18 aclara la intención de la afirmación de Jesús: "Y a todo el que no tiene, aun lo que piensa tener se le quitará". Los falsos convertidos (como lo ilustran los terrenos pedregoso y espinoso) pueden alegar que tienen vida espiritual, pero en realidad no la poseen. Pueden declarar que conocen a Dios, pero por medio de sus obras lo niegan (Tit. 1:16). Al no tener base alguna, en el día del juicio su casa se derrumbará (Mt. 7:26-27; cp. Fil. 3:8). El vacío de su fe superficial será expuesto (cp. Stg. 2:19), y el Señor les expresará: "Nunca os conocí; apartaos de mí, hacedores de maldad" (Mt. 7:23).

Las palabras de Jesús también sirven como advertencia para los falsos maestros que esparcen semilla corrompida. Así como existen falsos discípulos, también hay falsos evangelistas. Unos y otros serán juzgados por Dios. Por el contrario, los verdaderos creyentes se deleitan en proclamar a otros la verdad del evangelio, sabiendo que esa obediencia trae bendición divina tanto en este mundo como en el cielo.

LOS OYENTES FRUCTÍFEROS ESPERAN CON DEPENDENCIA

Decía además: Así es el reino de Dios, como cuando un hombre echa semilla en la tierra; y duerme y se levanta, de noche y de día, y la semilla brota y crece sin que él sepa cómo. Porque de suyo lleva fruto la tierra, primero hierba, luego espiga, después grano lleno en la espiga; y cuando el fruto está maduro, en seguida se mete la hoz, porque la siega ha llegado. (4:26-29)

Una tercera característica de los oyentes fructíferos es que han aprendido a esperar con dependencia en Dios, el único que puede producir resultados. Aunque los creyentes están llamados a dar testimonio con obediencia y a trabajar con expectativa, no pueden producir vida. Solo Dios puede dar vida espiritual (cp. Jn. 3:3-8; 2 Co. 4:5-7).

Jesús sacó otra analogía de la agricultura para ilustrar lo que decía. Esta breve parábola, exclusiva en el Evangelio de Marcos, complementa la ilustración de plantar en la parábola de los terrenos (cp. Mr. 4:2-20) al observar la forma en que la semilla crece. Como una referencia a la esfera de la salvación, la cual avanza por medio de la predicación del evangelio, en la parábola de los terrenos Jesús asemejó **el reino de Dios** a **un hombre** que **echa semilla en la tierra.** Después de terminar de sembrar la semilla se va a la cama en la noche y duerme. El agricultor no puede hacer que la semilla brote o forme nueva vida; en realidad ni siquiera puede comprender totalmente cómo esta llega a vivir. Sin embargo, planta la semilla y espera. Y mientras espera, aparte por completo de la participación del sembrador, la semilla en la tierra brota con vida. A medida que los días y las semanas pasan, mientras el agricultor **duerme y se levanta, de noche y de día,** y continúa con su rutina normal, pequeños brotes verdes comienzan a aparecer en la tierra. **La semilla brota y crece sin que él sepa cómo. Porque de suyo lleva fruto la tierra, primero hierba, luego espiga, después grano lleno en la espiga.** El sembrador no participa en el misterioso proceso por medio del cual la semilla oculta es transformada en una planta viva.

En la esfera espiritual, el evangelista (representado por el sembrador) esparce el mensaje del evangelio (la semilla). Algunos de los oyentes (la tierra buena) responden al evangelio en fe que salva y exhiben vida espiritual. Esta regeneración y transformación espiritual es la obra del Espíritu Santo (Jn. 3:5-8). Está claro que esta obra no depende del evangelista, sino solamente de Dios, quien imparte vida por medio del poder del evangelio (cp. Jn. 6:37-44; Ro. 1:16; 1 Ts. 1:5; 1 P. 1:23). El ingenio humano, la manipulación emocional, las técnicas centradas en el hombre, y las estrategias de mercado no pueden crear nueva vida en el corazón de un pecador. La regeneración se da únicamente por el Espíritu de Dios (cp. Ef. 2:1-4; Tit. 3:5). Aunque todos los creyentes están llamados a proclamar fielmente el mensaje, no pueden atribuirse el mérito cuando los incrédulos responden con arrepentimiento en fe (cp. 1 Co. 3:6-7).

El propósito de esta parábola es simple: de igual modo que el agricultor no es el poder detrás de la regeneración de la semilla, tampoco el evangelista es el poder detrás de la regeneración de las almas. Qué consuelo debió haber sido para los discípulos de Jesús haber oído esto. Quizás les preocupaba que la tarea de salvar pecadores reposara en sus hombros. Jesús contrarrestó esa idea recordándoles que solo Dios puede cambiar el corazón humano. La responsabilidad de ellos era predicar fielmente el mensaje. Después de hacerlo podían confiar a Dios los resultados. El evangelista diligente, cuyo mensaje corresponde al verdadero evangelio, puede dormir tranquilo en la noche, pues sabe que es Dios quien da el crecimiento (1 Co. 3:6). Lo único que el evangelista puede hacer es proclamar la Palabra (cp. Ro. 10:13-17). El resto es obra de Dios, y los creyentes pueden confiar totalmente en la prerrogativa soberana del Señor.

Jesús concluyó esta esclarecedora analogía señalando que aunque el sembrador no hace que el grano crezca, sin embargo se regocija con la cosecha (cp. 2 Ti. 2:6). **Y cuando el fruto está maduro, en seguida se mete la hoz, porque la siega ha llegado.** De igual manera, aunque el mensajero humano no juega ningún papel en la verdadera obra de regeneración, sin embargo se le da la bendición privilegiada de disfrutar la cosecha espiritual. Un aspecto primordial de esa bendición es la comunión añadida que viene cada vez que un nuevo creyente se añade al cuerpo de Cristo (cp. 2 Co. 4:15; 1 Ts. 2:19). Las riquezas de esa comunión perdurarán para siempre, cuando los santos glorificados (como una gran cosecha espiritual) se reúnan alrededor del trono para adorar a su Salvador y Rey.

LOS OYENTES FRUCTÍFEROS CAMINAN CON CONFIANZA

Decía también: ¿A qué haremos semejante el reino de Dios, o con qué parábola lo compararemos? Es como el grano de mostaza, que cuando se siembra en tierra, es la más pequeña de todas las semillas que hay en la tierra; pero después de sembrado, crece, y se hace la mayor de todas las hortalizas, y echa grandes ramas, de tal manera que las aves del cielo pueden morar bajo su sombra. Con muchas parábolas como estas les hablaba la palabra, conforme a lo que podían oír. Y sin parábolas no les hablaba; aunque a sus discípulos en particular les declaraba todo. (4:30-34)

Una cuarta característica de los oyentes fructíferos es que proclaman el evangelio con confianza. Debido a que Dios es quien bendice su Palabra y crea vida espiritual, los creyentes pueden cumplir su llamado a la evangelización con la certeza de saber que forman parte de una empresa que no puede fallar (cp. Mt. 16:18). Con esta última parábola Jesús aseguró a sus discípulos que la obra que emprenderían iba a producir una cosecha abundante mucho más allá de cualquier cosa que alguna vez hubieran imaginado (Ef. 3:20). Al hablar de la expansión del evangelio, Jesús dijo **también: ¿A qué haremos semejante el reino de Dios, o con qué parábola lo compararemos?** Para los discípulos, que todavía estaban en el proceso de formación como predicadores, la tarea pudo haber parecido abrumadora, dados unos inicios al parecer tan humildes. Pero Jesús quería que tuvieran confianza en el resultado final.

A fin de ilustrar esa enseñanza, el Señor les ofreció otra imagen agraria. **Es como el grano de mostaza, que cuando se siembra en tierra, es la más pequeña de todas las semillas que hay en la tierra; pero después de sembrado, crece, y se hace la mayor de todas las hortalizas, y echa grandes ramas, de tal manera que las aves del cielo pueden morar bajo su sombra.** El Señor Jesús comparó el progreso del evangelio con un **grano de mostaza, que cuando se siembra en tierra** empieza siendo pequeño pero crece hasta convertirse en un arbusto en forma de árbol.

Cuando Jesús afirmó que esta **es la más pequeña de todas las semillas que hay en la tierra,** no estaba diciendo que los granos de mostaza sean las semillas más pequeñas del planeta tierra. Las orquídeas silvestres, por ejemplo, tienen una semilla mucho más pequeña que la de la planta de mostaza. Más bien, Jesús estaba limitando su declaración a aquello que su audiencia habría conocido muy bien. De las plantas que con propósitos agrícolas crecían en el siglo I en

Israel, la de mostaza tenía la semilla más pequeña. Además, usar **el grano de mostaza** como una manera de referirse a cosas de muy poco tamaño era una expresión proverbial común (cp. Mt. 17:20) que cualquiera de los que escuchaban a Jesús habría reconocido al instante. Aunque el grano de mostaza es muy pequeño, **después de** haber sido **sembrado, crece, y se hace la mayor de todas las hortalizas, y echa grandes ramas.** Las plantas de mostaza en Israel crecían hasta cinco metros de altura, eran las más grandes del huerto, y tenían ramas en las que los pájaros hacían nidos.

El propósito de la parábola de Jesús habría sido muy evidente para los discípulos: aunque el reino del cielo en ese momento era diminuto, al igual que un grano de mostaza, crecería hasta abarcar el globo terráqueo generación tras generación. El Mesías mismo tuvo una crianza humilde: nació en un establo, lo pusieron en un pesebre, y se crió en un remoto pueblo en Galilea (cp. Jn. 1:46). Ninguno de los doce discípulos era altamente educado ni miembro de la élite social o religiosa de Israel. Lejos de ser líderes espirituales, a menudo eran temerosos, lentos para creer, y espiritualmente débiles (cp. Mt. 8:26; 14:31; 16:8). Cuando Jesús fue arrestado, ¡sus discípulos huyeron! (Mr. 14:50). Incluso después de la resurrección y ascensión, el grupo que se reunió en Jerusalén ascendía tan solo a ciento veinte seguidores (Hch. 1:5), con otros quinientos o más en Galilea (1 Co. 15:6). Aquellos modestos comienzos pronto crecerían. Tres mil almas se agregaron a los ciento veinte en Jerusalén el día de Pentecostés (Hch. 2:41). Desde entonces se han agregado cientos de millones.

La parábola del grano de mostaza también previó la realidad de que el reino de Dios (una referencia a la esfera de salvación) bendeciría a todo el mundo. La planta de mostaza, totalmente desarrollada, proporcionaba abrigo a **las aves del cielo** que **pueden morar bajo su sombra.** En el Antiguo Testamento se usaba la imagen de un árbol que proporcionaba refugio a las aves para clarificar reinos que eran tan poderosos que traían estabilidad y bendición a las naciones a su alrededor (cp. Dn. 4:10-12, 20-22; Ez. 31:3-6). A pesar de sus modestos comienzos, el reino de Dios se convertiría en un árbol poderoso que provee seguridad y bendición a toda la tierra.

En la era de la Iglesia esa bendición se extiende a las naciones por medio de la influencia de los cristianos en todo el mundo. Cuando los creyentes caminan fielmente son una bendición para quienes los rodean. La influencia social de la Iglesia ha beneficiado al mundo en muchas maneras: espiritual, económica, cultural y moralmente. Sin embargo, las repercusiones de esta parábola van más allá de la era de la Iglesia hasta el futuro reino milenial de Cristo (cp. Ez. 17:23). Durante su glorioso reinado el Señor Jesús regirá desde Jerusalén sobre todo el mundo, extendiendo bendiciones sin igual a todas las naciones.

A pesar de contar con tan pocos y de enfrentar fuerte oposición, los discípulos pudieron proclamar el evangelio confiando en que eran instrumentos en la edificación del invencible reino de Dios. Lo que les pareció muy pequeño se extendería en influencia hasta impregnar la tierra por siglos. Bajo el poder divino, lo que era débil y frágil fue el principio de la realización imparable y eterna del plan redentor de Dios a través de la Iglesia, a fin de reunir a los elegidos para la gloria.

Marcos concluye esta sección de la parábola de Jesús con una declaración de resumen final: **Con muchas parábolas como estas les hablaba la palabra, conforme a lo que podían oír. Y sin parábolas no les hablaba; aunque a sus discípulos en particular les declaraba todo.** La incredulidad de las multitudes fue juzgada por Jesús cuando ocultó la verdad y les enseñaba solo acertijos inexplicables (cp. Mt. 13:3-52). Incluso el rechazo era parte del plan soberano de Dios. El pasaje paralelo de Mateo 13:35 explica que Jesús hablaba en parábolas "para que se cumpliese lo dicho por el profeta, cuando dijo: Abriré en parábolas mi boca; declararé cosas escondidas desde la fundación del mundo". Estas palabras, escritas por el profeta Asaf (2 Cr. 29:30) en el Salmo 78:2, anticipaban tanto el rechazo del Mesías como su respuesta.

Juan nos transmite palabras similares de juicio de parte de Jesús, tomadas de Isaías 6:

> *Entonces Jesús les dijo: Aún por un poco está la luz entre vosotros; andad entre tanto que tenéis luz, para que no os sorprendan las tinieblas; porque el que anda en tinieblas, no sabe a dónde va. Entre tanto que tenéis la luz, creed en la luz, para que seáis hijos de luz. Estas cosas habló Jesús, y se fue y se ocultó de ellos. Pero a pesar de que había hecho tantas señales delante de ellos, no creían en él; para que se cumpliese la palabra del profeta Isaías, que dijo: Señor, ¿quién ha creído a nuestro anuncio? ¿Y a quién se ha revelado el brazo del Señor? Por esto no podían creer, porque también dijo Isaías: Cegó los ojos de ellos, y endureció su corazón; para que no vean con los ojos, y entiendan con el corazón, y se conviertan, y yo los sane (Jn. 12:35-40).*

Los seguidores de Jesús consistían de verdaderos oyentes que aceptaron el evangelio. Lo que era escondido **les hablaba** a los incrédulos, **aunque a sus discípulos en particular les declaraba todo.** Los creyentes de hoy día participan de ese mismo privilegio de conocer la verdad. Aunque el Señor Jesús ha ascendido al cielo, su Espíritu mora e ilumina los corazones de todos los que le pertenecen (cp. 1 Co. 2:10-14; 1 Jn. 2:27). De ahí que todo cristiano tenga el privilegio de conocer y entender la verdad, una realidad que les permite ser oyentes fructíferos.

Jesús calma la tormenta 16

Aquel día, cuando llegó la noche, les dijo: Pasemos al otro lado. Y despidiendo a la multitud, le tomaron como estaba, en la barca; y había también con él otras barcas. Pero se levantó una gran tempestad de viento, y echaba las olas en la barca, de tal manera que ya se anegaba. Y él estaba en la popa, durmiendo sobre un cabezal; y le despertaron, y le dijeron: Maestro, ¿no tienes cuidado que perecemos? Y levantándose, reprendió al viento, y dijo al mar: Calla, enmudece. Y cesó el viento, y se hizo grande bonanza. Y les dijo: ¿Por qué estáis así amedrentados? ¿Cómo no tenéis fe? Entonces temieron con gran temor, y se decían el uno al otro: ¿Quién es éste, que aun el viento y el mar le obedecen? (4:35-41)

Las Escrituras declaran sin reservas la deidad del Señor Jesucristo. El apóstol Juan revela con detalle esa verdad a inicios de su evangelio: "En el principio era el Verbo, y el Verbo era con Dios, y el Verbo era Dios. Este era en el principio con Dios" (Jn. 1:1-2; cp. v. 18). Siete siglos antes, el profeta Isaías declaró sobre el Mesías: "Se llamará su nombre Admirable, Consejero, Dios Fuerte, Padre Eterno, Príncipe de Paz" (Is. 9:6). Al relatar el nacimiento de Cristo, Mateo citó el Antiguo Testamento para explicar: "Llamarás su nombre Emanuel, que traducido es: Dios con nosotros" (Mt. 1:23). Después de la muerte y resurrección de Jesús, al ver al Salvador resucitado, Tomás se dirigió a Él con entusiasmo como, "¡Señor mío, y Dios mío!" (Jn. 20:28). El apóstol Pablo dijo de Jesús que "Él es la imagen del Dios invisible" (Col. 1:15) y que "en él habita corporalmente toda la plenitud de la Deidad" (Col. 2:9). En consecuencia, los creyentes son aquellos que con anhelo esperan el regreso "de nuestro gran Dios y Salvador Jesucristo" (Tit. 2:13).

Como el Verbo encarnado de Dios (cp. Jn. 1:14), en repetidas ocasiones Jesús mismo afirmó su divinidad. A menudo se refirió a sí mismo como "el Hijo del Hombre" (cp. Mt. 8:20; Mr. 2:28; Lc. 6:22; Jn. 9:35-37), un título mesiánico derivado de Daniel 7:13-14, en que "uno como un hijo de hombre" aparece como un igual al "Anciano de días" (cp. Mt. 25:31; 26:64). De igual modo se describió como el "Hijo de Dios", título que claramente indica su naturaleza divina y su unión eterna con Dios el Padre. Según explicó en Mateo 11:27, "todas las cosas me fueron entregadas por mi Padre; y nadie conoce al Hijo, sino el Padre, ni al Padre conoce alguno, sino el Hijo, y aquel a quien el Hijo lo quiera revelar". En Juan 5:25-26, hablando de su autoridad divina, Jesús declaró: "De cierto, de cierto os digo: Viene la hora, y ahora es, cuando los muertos oirán la voz del Hijo de Dios; y los que la oyeren vivirán. Porque como el Padre tiene vida en sí mismo, así también ha dado al Hijo el tener vida en sí mismo". Después de recibir la noticia de que Lázaro estaba gravemente enfermo, Jesús dijo a sus discípulos: "Esta enfermedad no es para muerte, sino para la gloria de Dios, para que el Hijo de Dios sea glorificado por ella" (Jn. 11:4). En su juicio, cuando sus enemigos le preguntaron: "¿Luego eres tú el Hijo de Dios?". Jesús contestó: "Vosotros decís que lo soy" (Lc. 22:70; cp. Mr. 14:61-62).

De igual manera Jesús aseveró que era de lo alto, habiendo preexistido eternamente en el cielo antes de nacer en Belén. Al día siguiente de haber alimentado a miles en Galilea, preguntó a las multitudes: "¿Pues qué, si viereis al Hijo del Hombre subir adonde estaba primero?" (Jn. 6:62). Poco tiempo después advirtió a sus enemigos: "Vosotros sois de abajo, yo soy de arriba; vosotros sois de este mundo, yo no soy de este mundo" (Jn. 8:23). En el aposento alto explicó esa misma verdad a sus discípulos: "Salí del Padre, y he venido al mundo; otra vez dejo el mundo, y voy al Padre" (Jn. 16:28). Su oración sacerdotal repite ese estribillo celestial: "Ahora pues, Padre, glorifícame tú al lado tuyo, con aquella gloria que tuve contigo antes que el mundo fuese" (Jn. 17:5).

Como Dios en carne humana, Jesús asumió de buen grado las prerrogativas de la deidad, afirmando hacer lo que solo Dios puede hacer. Mantuvo su soberanía absoluta sobre el destino eterno de toda alma humana (Jn. 8:24; cp. Lc. 12:8-9; Jn. 5:22, 27-29). Él mismo declaró ser el Señor del día de reposo (Mt. 12:8; Mr. 2:28; Lc. 6:5), y reclamó el poder para contestar la oración (Jn. 14:13-14; cp. Hch. 7:59; 9:10-17), el derecho de recibir adoración (Mt. 21:16; cp. Jn. 5:23), y la autoridad para perdonar pecados (Mr. 2:5-11). Se refirió a los ángeles de Dios como sus ángeles (Mt. 13:41; 24:30-31), a los elegidos de Dios como sus elegidos (Mt. 24:30-31), y al reino de Dios como su reino (Mt. 13:41; 16:28; cp. Lc. 1:33; 2 Ti. 4:1). Jesús incluso tomó el nombre de Dios en el pacto (Jehová o "Yo soy") y se lo aplicó a sí mismo. Uno de tales ejemplos se encuentra en Juan 8:58, donde declaró a una audiencia de dirigentes judíos hostiles: "De cierto, de cierto os digo: Antes que Abraham fuese, yo soy" (cp. Jn. 13:19; 18:5-8).

Los enemigos de Jesús sabían exactamente lo que Él estaba afirmando, y en consecuencia trataron de apedrearlo por blasfemo (Jn. 8:59; cp. 10:33). Así lo narró el apóstol Juan: "Por esto los judíos aun más procuraban matarle, porque no sólo quebrantaba el día de reposo, sino que también decía que Dios era su propio Padre, haciéndose igual a Dios" (Jn. 5:18). En realidad, fue la afirmación de Jesús de ser el Hijo de Dios lo que proporcionó a los líderes religiosos los motivos legales para ejecutarlo. A Pilato le explicaron: "Nosotros tenemos una ley, y según nuestra ley debe morir, porque se hizo a sí mismo Hijo de Dios" (Jn. 19:7; cp. Mt. 27:43). A pesar de las amenazas de sus enemigos, Jesús nunca se retractó de esa afirmación ni de sus repercusiones. Puesto que era Dios en carne humana, pudo declarar con valentía: "Yo y el Padre uno somos" (Jn. 10:30); "el que me ve, ve al que me envió" (12:45); y "el que me ha visto a mí, ha visto al Padre" (14:9-10).

Jesús no solo declaró su deidad, la demostró con poder a través de sus milagros. Las obras sobrenaturales de Cristo incluyen convertir agua en vino (Jn. 2:1-11), con frecuencia echar fuera demonios (Mr. 1:21-27; Lc. 4:31-36, etc.), organizar pescas milagrosas (Lc. 5:1-11; Jn. 21:4-11), crear alimentos para miles de personas (Mt. 14:13-21; Mr. 6:30-44; Lc. 9:10-17; Jn. 6:1-15), caminar sobre el agua (Mt. 14:22-33; Mr. 6:45-52; Jn. 6:16-21), hacer que una moneda apareciera en la boca de un pez (Mt. 17:24-27), y curar todo tipo de enfermedades y males (Mt. 8:16-17; Mr. 1:32-34; Lc. 4:40-41, etc.), desde parálisis (Mt. 9:1-8) hasta manos secas (Mt. 12:9-14; Mr. 3:1-6; Lc. 6:6-11), ceguera (Mt. 9:27-31; 20:29-34; Jn. 9:1-12), impedimentos del habla (Mt. 9:32-34), sordera (Mr. 7:31-37), lepra (Lc. 17:11-19) hasta restaurar una oreja cortada (Lc. 22:50-51). Jesús también devolvió la vida a personas muertas (Mt. 9:23-26; Mr. 5:35-43; Lc. 8:49-56; Lc. 7:11-17; Jn. 11:1-45). Aunque parezca increíble, esta lista es solo una muestra representativa. Es más, Jesús realizó tantas señales milagrosas que Juan concluyó su evangelio con estas palabras: "Y hay también otras muchas cosas que hizo Jesús, las cuales si se escribieran una por una, pienso que ni aun en el mundo cabrían los libros que se habrían de escribir. Amén" (Jn. 21:25; cp. 20:30).

Ese tipo de poder sobrenatural sobre la creación, demostrado varias veces por Jesús a lo largo de su ministerio, solo tiene una explicación: pertenece al Creador mismo. Así declara el Nuevo Testamento en cuanto a Jesucristo: "Todas las cosas por él fueron hechas, y sin él nada de lo que ha sido hecho, fue hecho" (Jn. 1:3). El apóstol Pablo repite esa verdad en Colosenses 1:16, donde expresó acerca de Cristo: "En él fueron creadas todas las cosas, las que hay en los cielos y las que hay en la tierra, visibles e invisibles; sean tronos, sean dominios, sean principados, sean potestades; todo fue creado por medio de él y para él" (cp. 1 Co. 8:6; He. 1:2). Los milagros de Jesús solo fueron una pequeña muestra del poder infinito que posee como el Hijo de Dios.

Este milagro (Mr. 4:35-41) incluye otra ocasión en que el poder sobrenatural de Jesús se mostró de manera impresionante. A pesar de que sus discípulos le habían visto curar a innumerables personas, y aunque cada curación fue en sí una demostración vívida de su poder divino, ellos nunca antes habían experimentado nada de esta magnitud. Sabían que Jesús tenía autoridad sobre los demonios y la enfermedad. No obstante, estaban totalmente desprevenidos para la gran demostración de omnipotencia que estaba a punto de manifestarse. El relato puede dividirse en cuatro partes: la calma antes de la tormenta, la calma durante la tormenta, la calma después de la tormenta, y la tormenta después de la calma.

LA CALMA ANTES DE LA TORMENTA

Aquel día, cuando llegó la noche, les dijo: Pasemos al otro lado. Y despidiendo a la multitud, le tomaron como estaba, en la barca; y había también con él otras barcas. (4:35-36)

Había sido un largo día de predicar a grandes multitudes junto a las orillas del lago de Galilea cerca de la ciudad de Capernaúm. Jesús había estado enseñando en parábolas, usando analogías acerca de terrenos (vv. 3-20), lámparas (vv. 21-22), y semillas de mostaza (vv. 30-32), a fin de explicar poderosas verdades sobre el reino de Dios. Aunque las muchedumbres no podían entender el significado de las parábolas de Jesús, debido a la incredulidad (cp. v. 13), el Señor "a sus discípulos en particular les declaraba todo" (v. 34).

Aquel día, cuando llegó la noche, Jesús **dijo** a sus discípulos: **Pasemos al otro lado.** De los alrededores de Capernaúm, en el extremo noroeste del lago de Galilea, Jesús y sus seguidores se dirigieron a la orilla oriental. La multitud que se había reunido para oírlo predicar temprano ese día era tan enorme que, a fin de dirigirse de manera eficaz a todos ellos, Jesús entró "en una barca, se sentó en ella en el mar; y toda la gente estaba en tierra junto al mar" (Mr. 4:1). Cuando la noche comenzó a caer, el Señor volvió a usar una barca para distanciarse de la multitud de personas aún reunidas en la orilla. Viajar hacia la costa oriental del lago de Galilea, donde no había ciudades importantes y, por tanto, había pocos habitantes, permitiría a Jesús y sus discípulos tener algún respiro de la muchedumbre. Sin embargo, había otra razón para que Jesús quisiera atravesar el lago: tenía que cumplir una cita divina en "la región de los gadarenos" (Mr. 5:1). Allí compasivamente liberaría a un hombre poseído por una legión de demonios (cp. 5:1-20). Por tanto, **despidiendo a la multitud,** los discípulos **le tomaron como estaba, en la barca.**

La barca tal vez era una pequeña embarcación pesquera abierta que pertenecía ya sea a Pedro y Andrés o a Jacobo y Juan. Aunque estos dos pares de hermanos habían dejado atrás la pesca para seguir a Jesús (1:16-20), conservaron sus barcas (cp. Jn. 21:3) y las usaban para servir a Jesús cuando las necesitaba (cp. Mr. 3:9). La barca no era tan grande como para transportar a todos los doce apóstoles y a otros más de los seguidores de Jesús, así que llevaron **otras barcas** para acomodar a quienes **había también con él.**

Cabe señalar que la palabra "discípulos" (*mathētēs*), usada en 4:34, es un término amplio que significa seguidor, aprendiz o alumno. Abarca a todos aquellos que habían mostrado algún interés en seguir a Jesús por un tiempo.

Aunque algunos de estos discípulos eran verdaderos creyentes, la mayoría finalmente se alejaría (Jn. 6:66; cp. Lc. 9:57-62). Jesús usó la ilustración de la tierra pedregosa y espinosa (Mr. 4:16-19) para demostrar que ese interés superficial en el evangelio no es suficiente para la salvación. La fe de los verdaderos discípulos, al igual que la semilla en buena tierra, echa raíces y produce fruto perdurable, lo que supone que la vida del verdadero creyente se caracteriza por la obediencia y la perseverancia. El Señor reiteraría más adelante ese punto "a los judíos que habían creído en él: Si vosotros permaneciereis en mi palabra, seréis verdaderamente mis discípulos" (Jn. 8:31). Los falsos discípulos son aquellos cuyo amor por Jesús "se enfriará. Mas el que persevere hasta el fin, éste será salvo" (Mt. 24:12-13). A estos discípulos que lo acompañaban en las barcas, Jesús estaba a punto de mostrar su sorprendente poder divino diseñado para llevarlos a tener una verdadera fe en Él.

Al lago de Galilea se le conoce hoy día como Yam Kinneret. En la Biblia se le conoce diferentemente como lago de Genesaret (Lc. 5:1), mar de Cineret (Nm. 34:11; Jos. 12:3; 13:27) o el mar de Tiberias (Jn. 6:1; 21:1), por la ciudad principal en su costa oeste que recibió el nombre de Tiberio César Augusto. El mar es en realidad un extenso lago de agua dulce que mide unos veinte kilómetros de largo por once de ancho. Ubicado como a doscientos treinta metros bajo el nivel del mar, es la masa de agua más baja del planeta y el accidente geográfico más importante de Galilea. Aunque alimentado en parte por manantiales subterráneos, el lago obtiene la mayor parte de su agua del río Jordán, que corre de norte a sur desde su nacimiento cerca del monte Hermón (a una altura de 2.814 metros sobre el nivel del mar) hasta su desembocadura en el Mar Muerto (a unos cuatrocientos metros bajo el nivel del mar). Incluso hoy día las inmaculadas aguas del lago no solo proporcionan agua potable a los residentes locales, sino que también respaldan una próspera industria pesquera.

En forma de arpa, el lago de Galilea se encuentra a unos cuarenta y ocho kilómetros al este del mar Mediterráneo. El valle del Jordán en que está ubicado es parte del Gran Valle del Rift de Jordania que recorre unos siete mil doscientos kilómetros desde Siria a través del mar Rojo y baja por la costa este del continente africano hasta Mozambique. Los empinados riscos y cuestas que rodean el mar de Galilea lo hacen vulnerable a fuertes vientos, los cuales pueden hacer que se desaten violentas tormentas sobre el lago. Cuando el aire frío baja desde los Altos del Golán choca con el aire cálido en la cuenca del lago, y crea condiciones turbulentas que se intensifican cuando el viento atraviesa los barrancos y cañones de la parte superior del valle del Jordán. En 1992, una de esas tormentas generó olas de tres metros en el lago, que ocasionaron inundaciones y daños en la ciudad de Tiberias.

Cuando Jesús y los discípulos comenzaron su viaje, las condiciones en el lago eran ideales. "Mientras navegaban" de Lucas 8:23 da a entender que una brisa constante impulsaba las barcas sin que tuvieran que remar. Comprensiblemente agotado después de un arduo día de enseñanza y ministración, Jesús "se durmió" (Lc. 8:23) en la popa de la embarcación. Aunque era totalmente Dios, Jesús también era totalmente humano. Tuvo hambre (Mt. 4:2; 21:18), sed (Jn. 4:7; 19:28) y se cansó (Jn. 4:6). Que Él necesitara dormir es una señal de su verdadera humanidad. Sin embargo, que el Señor cediera al sueño tenía un propósito más allá del descanso necesario.

LA CALMA DURANTE LA TORMENTA

Pero se levantó una gran tempestad de viento, y echaba las olas en la barca, de tal manera que ya se anegaba. Y él estaba en la popa, durmiendo sobre un cabezal; y le despertaron, y le dijeron: Maestro, ¿no tienes cuidado que perecemos? (4:37-38)

La tranquilidad del viaje a través del lago terminó cuando de repente **se levantó una gran tempestad de viento.** *Lailaps* (**tempestad de viento**) describe las violentas ráfagas de una fuerte tormenta. Marcos agrega el adjetivo *megas* ("**gran**") al sustantivo *lailaps* con el fin de intensificar su descripción de la tempestad como un huracán. En su relato del suceso, Lucas informó que "se desencadenó [el] viento en el lago" (8:23), hasta traspasar a toda velocidad las laderas y azotar con furia la superficie del agua. Mateo describe el violento impacto de la tormenta usando la palabra *seismos*, de la que se deriva la palabra española "sismología" (8:24). Los feroces vientos convirtieron rápidamente la superficie del lago en un mar rugiente y embravecido. La tormenta **echaba las olas en la barca, de tal manera que ya se anegaba.** Aunque sin duda alguna los discípulos achicaban el agua tan rápido como podían, "las olas cubrían la barca" (Mt. 8:24) de tal manera que "se anegaban y peligraban" (Lc. 8:23).

En medio de la violenta tempestad, Jesús **estaba en la popa, durmiendo sobre un cabezal.** Mientras la tormenta rugía a su alrededor, Él permanecía dormido. Ni siquiera el fuerte balanceo de la barca, el atronador rugido del viento, o el agua que entraba a raudales a la embarcación lo despertaron. Supuestamente empapado hasta los huesos, Cristo dormía plácidamente sobre las duras maderas con solo un pequeño cojín como almohada para la cabeza. Quizás en ninguna otra parte de las Escrituras la humanidad de Cristo se yuxtapone de modo más dramático con su deidad. Quien dormía en la popa de la barca, exhausto después de un día de intensa ministración, es el mismo que despertaría para detener la enorme tormenta con solo una orden.

Al menos siete de los discípulos eran pescadores, entre ellos Pedro, Andrés, Jacobo y Juan. Habían pasado sus vidas navegando el lago y estaban íntimamente familiarizados con lo que sus barcas podían soportar. El hecho de que en esta ocasión estuvieran aterrados por el viento y las olas resalta la naturaleza extrema de esta tormenta. Para estos veteranos pescadores con gran experiencia en las condiciones del lago, se hizo evidente que sus propios esfuerzos no podían enfrentar la poderosa tempestad, y se llenaron de pánico.

Frenéticos y temerosos, acudieron a Jesús, **le despertaron, y le dijeron: Maestro, ¿no tienes cuidado que perecemos?** Mateo observa que llamaron "Señor" a Jesús, y Lucas registra que se dirigieron dos veces a Él como "Maestro". Tales variaciones no implican ninguna contradicción entre los relatos del evangelio. Al contrario, reflejan lo caótico de la situación. Cuando los enloquecidos discípulos quisieron despertar a Jesús, tratando de hacerse oír por sobre los aullidos del viento y el fragor de las olas al chocar con la embarcación, algunos gritaron: "Maestro", otros lo llamaron "Señor", y aún otros gritaron: "¡Maestro!". Estaban sorprendidos, perplejos y nerviosos porque él seguía durmiendo, y no parecía que tuviera **cuidado** de las terribles circunstancias que amenazaban matarlos. Al reflexionar sobre la pregunta que los discípulos le hicieron a Jesús, el comentarista puritano Matthew Henry expuso:

> Que encararan a Cristo se expresa aquí muy enérgicamente; *Maestro, ¿no tienes cuidado que perecemos?* Confieso que esto parece un poco duro, más bien reprendiéndole por dormir que rogándole que despertara. No conozco ninguna excusa para ello, pero la gran familiaridad con que Él se complació en aceptarlos, y la libertad que les permitió, además del peligro real en que se hallaban y que los tenía aterrados, los dejó sin saber qué decir. *Ellos* pensaron mal de Cristo al sospechar que no le importaba su pueblo en angustia. El asunto no es así; Él no quiere que alguno de ellos perezca, mucho menos uno de los que le pertenecen (*Matthew Henry, An Exposition of the Old and New Testament*, 3 volúmenes [Londres: Joseph Ogle Robinson, 1828], 3:273, sobre Marcos 4:38).

Según Matthew Henry observa, los discípulos no tenían ninguna razón legítima para cuestionar el interés que Jesús tuviera por la situación de ellos. Habían sido testigos del poder divino de Cristo y lo habían seguido suficiente tiempo como para conocer el verdadero amor que les tenía (cp. Jn. 13:1). No obstante, en medio del terror, su fe y su determinación fueron reemplazadas por temor y duda.

En su desaliento, los discípulos habrían hecho bien en recordar las promesas del Antiguo Testamento. Una serie de salmos tiene especial importancia para la traumática situación en que se hallaban. En el Salmo 65:5-7, David escribió:

> *Con tremendas cosas nos responderás tú en justicia, oh Dios de nuestra salvación, esperanza de todos los términos de la tierra, y de los más remotos confines del mar. Tú, el que afirma los montes con su poder, ceñido de valentía; el que*

> *sosiega el estruendo de los mares, el estruendo de sus ondas, y el alboroto de las naciones.*

En el Salmo 89:9, Etán ezraíta expresó de igual modo:

> *Tú tienes dominio sobre la braveza del mar; cuando se levantan sus ondas, tú las sosiegas.*

El desconocido autor del Salmo 107 ofreció estas palabras de consuelo y alabanza:

> *Los que descienden al mar en naves, y hacen negocio en las muchas aguas, ellos han visto las obras de Jehová, y sus maravillas en las profundidades. Porque habló, e hizo levantar un viento tempestuoso, que encrespa sus ondas. Suben a los cielos, descienden a los abismos; sus almas se derriten con el mal. Tiemblan y titubean como ebrios, y toda su ciencia es inútil. Entonces claman a Jehová en su angustia, y los libra de sus aflicciones. Cambia la tempestad en sosiego, y se apaciguan sus ondas. Luego se alegran, porque se apaciguaron; y así los guía al puerto que deseaban. Alaben la misericordia de Jehová, y sus maravillas para con los hijos de los hombres (vv. 23-31).*

En respuesta a la desesperación de sus discípulos, Jesús estaba a punto de realizar el cumplimiento literal de esos versículos. Pronto quedaría bien claro que sí se interesaba por ellos y sus circunstancias.

LA CALMA DESPUÉS DE LA TORMENTA

Y levantándose, reprendió al viento, y dijo al mar: Calla, enmudece. Y cesó el viento, y se hizo grande bonanza. Y les dijo: ¿Por qué estáis así amedrentados? ¿Cómo no tenéis fe? (4:39-40)

Después de haber escuchado los frenéticos gritos de los discípulos, **levantándose** Jesús **reprendió al viento, y dijo al mar: Calla, enmudece.** En Génesis 1, el Cristo preencarnado estableció los límites de los mares con nada más que una orden (Gn. 1:9-10; cp. Jn. 1:3; Col. 1:16). En esta ocasión usó de igual modo una simple orden para frenar las olas y restaurar la calma en el lago. La palabra para **calla** viene de la misma expresión griega que Jesús usó antes cuando ordenó a un demonio: "¡Cállate, y sal de él!" (Mr. 1:25). De la misma manera que Jesús reprendió los poderes espirituales, y le obedecieron, así también los poderes naturales se sometieron al mandato de autoridad de su Creador.

El resultado fue instantáneo. En un instante **cesó el viento, y se hizo grande**

bonanza. Las olas altísimas desaparecieron, las ráfagas rugientes se silenciaron, y la superficie del lago quedó como vidrio. Charles Spurgeon lo explicó de este modo: "No hubo rastro de la tormenta al momento siguiente en que Él despertó. El más tempestuoso de los vientos, que zarandeaba la embarcación, durmió como un bebé en el regazo de su madre. Las olas quedaron como mármol" (Charles Spurgeon, "Cristo dormido en la barca", sermón no. 1121, 13 de julio de 1873). Cuando Cristo **reprendió al viento** y las olas, no desaparecieron poco a poco hasta que la calma se restauró. Tanto el viento como las olas desaparecieron al instante. La tormenta pudo haber surgido de repente, pero se esfumó aún más rápido de lo que llegó. El uso que Marcos hace de la palabra *megas* (que significa "grandioso", traducida **grande**) indica la calma absoluta que ahora caracterizaba al lago de Galilea.

Ya sin la tormenta, Jesús se volvió para dirigirse a los asombrados discípulos, quienes sin duda alguna le devolvieron la mirada, sorprendidos y boquiabiertos. Entonces el Señor **les dijo: ¿Por qué estáis así amedrentados? ¿Cómo no tenéis fe?** (cp. Mt. 6:30; 14:31; 16:8; 17:20; Lc. 12:28). Después de acallar la tempestad literal, Jesús dirigió su atención a los vientos del temor y las olas de falta de fe que habían estado rugiendo en sus corazones (cp. Stg. 1:6). La respuesta a la primera pregunta de Jesús está implícita en la segunda: ellos estaban **así amedrentados** (de la palabra griega *deilos*, que significa "cobardía" o "timidez") porque **no** tenían **fe.** Sabían que el Señor poseía poder divino, pues lo habían visto realizar milagrosas curaciones para muchos otros. Sin embargo, cuando sus propias vidas estuvieron en peligro, quedó al descubierto la insuficiencia de la fe que profesaban.

Está claro que Jesús quiso enseñar a los discípulos una lección fundamental: que podían confiar en Él hasta en las situaciones más peligrosas y desesperadas. Incluso después de la ascensión de Jesús, se les debió recordar esa verdad. El autor de Hebreos les recordó a sus lectores: "Él dijo: No te desampararé, ni te dejaré; de manera que podemos decir confiadamente: El Señor es mi ayudador; no temeré lo que me pueda hacer el hombre" (He. 13:5-6). El apóstol Pedro animó de igual modo a los creyentes a echar "toda [su] ansiedad sobre él, porque él tiene cuidado de [ellos]" (1 P. 5:7; cp. Sal. 55:22). Al escribir a los romanos, Pablo expresó ese mismo tipo de confianza en la permanencia del amor divino: "Estoy seguro de que ni la muerte, ni la vida, ni ángeles, ni principados, ni potestades, ni lo presente, ni lo por venir, ni lo alto, ni lo profundo, ni ninguna otra cosa creada nos podrá separar del amor de Dios, que es en Cristo Jesús Señor nuestro" (Ro. 8:38-39).

LA TORMENTA DESPUÉS DE LA CALMA

Entonces temieron con gran temor, y se decían el uno al otro: ¿Quién es éste, que aun el viento y el mar le obedecen? (4:41)

Es comprensible que los discípulos se maravillaran con profundo asombro (cp. Mt. 8:27). Solo había una explicación para lo que acababan de presenciar. La comprensión de ese hecho desató una tormenta de admiración en sus corazones que ensombreció en gran manera el terror momentáneo que experimentaron durante la tormenta en el lago. Estos hombres ya habían enfrentado tormentas en el lago de Galilea, pero ninguno de ellos estaba habituado al tipo de poder sobrenatural que Jesús exhibió ese día. La explicación de Marcos de que **temieron con gran temor** muestra la realidad de lo que sintieron, y hace hincapié en la intensidad del asombro que mostraron. La comprensión de que el Creador estaba en la barca fue mucho más aterradora que cualquier terror que pudieran enfrentar fuera de la embarcación.

Los discípulos sabían que solo Dios poseía tal poder. En medio de su conmoción se hicieron **el uno al otro** una pregunta para la que ya sabían la respuesta: **¿Quién es éste, que aun el viento y el mar le obedecen?** Más adelante en el ministerio de Jesús, después que Él caminara milagrosamente sobre el agua, los discípulos expresarían su respuesta: "Los que estaban en la barca vinieron y le adoraron, diciendo: Verdaderamente eres Hijo de Dios" (Mt. 14:33).

Miedo es la respuesta natural que los seres humanos pecadores muestran siempre que están en la presencia de Dios. Después de hablar con el Señor, Abraham reconoció: "Soy polvo y ceniza" (Gn. 18:27). Job respondió de igual modo después de presenciar el poder de Dios: "De oídas te había oído; mas ahora mis ojos te ven. Por tanto me aborrezco, y me arrepiento en polvo y ceniza" (Job 42:5-6). Cuando Manoa, el padre de Sansón, cayó en cuenta de que el Ángel del Señor se le había aparecido, indicó "a su mujer: Ciertamente moriremos, porque a Dios hemos visto" (Jue. 13:22). Al ver una visión de Dios, el profeta Isaías declaró su propia muerte:

> *¡Ay de mí! que soy muerto; porque siendo hombre inmundo de labios, y habitando en medio de pueblo que tiene labios inmundos, han visto mis ojos al Rey, Jehová de los ejércitos (Is. 6:5).*

Cuando Ezequiel tuvo una visión de la gloria del Señor, declaró: "Me postré sobre mi rostro" (Ez. 1:28). Daniel dio el mismo testimonio: "Caí sobre mi rostro en un profundo sueño, con mi rostro en tierra" (Dn. 10:9). En el Nuevo Testamento, Pedro "cayó de rodillas ante Jesús, diciendo: Apártate de mí, Señor, porque soy hombre pecador" (Lc. 5:8). El apóstol Pablo, confrontado por Cristo resucitado en el camino a Damasco, cayó "en tierra" y quedó temporalmente ciego por la gloria celestial de Jesús (Hch. 9:4, 9). Cuando el Cristo glorificado se le apareció a Juan en la isla de Patmos, el apóstol atestiguó: "Caí como muerto a sus pies" (Ap. 1:17). Según clarifican estos ejemplos, hasta el más pequeño atisbo de la gloria de Dios es abrumadora (cp. Éx. 33:19-21). Cuando los discípulos de Jesús comprendieron que Dios estaba presente con ellos en la barca, quedaron vencidos por el temor ante la idea del poder y la santidad del Señor.

Aunque este incidente es un ejemplo de la gloria divina de Cristo, como Creador y controlador del mundo natural, también deja ver su misericordioso cuidado. En medio de una aterradora tormenta en el lago, y a pesar de la falta de fe de los discípulos, el Salvador soberano rescató a sus seguidores. De manera igual y obvia, los creyentes hoy día pueden descansar con confianza en el hecho de que, a través de todas las tormentas de la vida, el Señor está dispuesto a liberar, y es capaz de hacerlo, a quienes confían en Él. Eso no significa que los cristianos nunca enfrentarán sufrimientos (cp. Stg. 1:2-3); pero cuando los están sufriendo pueden descansar confiadamente en la promesa de Romanos 8:28: "Y sabemos que a los que aman a Dios, todas las cosas les ayudan a bien, esto es, a los que conforme a su propósito son llamados". Armados con esa perspectiva repleta de fe, los creyentes pueden obedecer el mandamiento de Filipenses 4:6-7: "Por nada estéis afanosos, sino sean conocidas vuestras peticiones delante de Dios en toda oración y ruego, con acción de gracias. Y la paz de Dios, que sobrepasa todo entendimiento, guardará vuestros corazones y vuestros pensamientos en Cristo Jesús". El apóstol Pablo, quien escribió esas palabras, soportó muchísimos padecimientos en su ministerio con esa misma confianza. Por tanto, incluso cuando su vida llegaba a su fin, Pablo pudo declarar con decisión: "El Señor me librará de toda obra mala, y me preservará para su reino celestial. A él sea gloria por los siglos de los siglos. Amén" (2 Ti. 4:18). Así expresan con gran elocuencia las palabras del himno "Our Great Savior" [Nuestro gran Salvador] (escrito por John Wilbur Chapman in 1910):

¡Jesús! ¡Qué socorro en medio del dolor!
Aunque sobre mí las olas rueden,
aunque mi corazón partiéndose esté,
Él, mi consuelo, ayuda a mi alma es.

¡Jesús! ¡Qué gran guía y guardián!
Aunque aún en lo alto la tempestad esté,
las tormentas sobre mí, y la noche me supere,
Él mi piloto, oye mi lamento.

¡Aleluya! ¡Qué gran Salvador!
¡Aleluya! ¡Qué gran Amigo!
Salvador, Ayudador, Guardián, Amante,
hasta el final conmigo está.

Poderes dominantes 17

Vinieron al otro lado del mar, a la región de los gadarenos. Y cuando salió él de la barca, en seguida vino a su encuentro, de los sepulcros, un hombre con un espíritu inmundo, que tenía su morada en los sepulcros, y nadie podía atarle, ni aun con cadenas. Porque muchas veces había sido atado con grillos y cadenas, mas las cadenas habían sido hechas pedazos por él, y desmenuzados los grillos; y nadie le podía dominar. Y siempre, de día y de noche, andaba dando voces en los montes y en los sepulcros, e hiriéndose con piedras. Cuando vio, pues, a Jesús de lejos, corrió, y se arrodilló ante él. Y clamando a gran voz, dijo: ¿Qué tienes conmigo, Jesús, Hijo del Dios Altísimo? Te conjuro por Dios que no me atormentes. Porque le decía: Sal de este hombre, espíritu inmundo. Y le preguntó: ¿Cómo te llamas? Y respondió diciendo: Legión me llamo; porque somos muchos. Y le rogaba mucho que no los enviase fuera de aquella región. Estaba allí cerca del monte un gran hato de cerdos paciendo. Y le rogaron todos los demonios, diciendo: Envíanos a los cerdos para que entremos en ellos. Y luego Jesús les dio permiso. Y saliendo aquellos espíritus inmundos, entraron en los cerdos, los cuales eran como dos mil; y el hato se precipitó en el mar por un despeñadero, y en el mar se ahogaron. Y los que apacentaban los cerdos huyeron, y dieron aviso en la ciudad y en los campos. Y salieron a ver qué era aquello que había sucedido. Vienen a Jesús, y ven al que había sido atormentado del demonio, y que había tenido la legión, sentado, vestido y en su juicio cabal; y tuvieron miedo. Y les contaron los que lo habían visto, cómo le había acontecido al que había tenido el demonio, y lo de los cerdos. Y comenzaron a rogarle que se fuera de sus contornos. Al entrar él en la barca, el que había estado endemoniado le rogaba que le dejase estar con él. Mas Jesús no se lo permitió, sino que le dijo: Vete a tu casa, a los tuyos, y cuéntales cuán grandes cosas el Señor ha hecho contigo, y cómo ha tenido misericordia de ti. Y se fue, y comenzó a publicar en Decápolis cuán grandes cosas había hecho Jesús con él; y todos se maravillaban. (5:1-20)

¿Por qué vino el Señor Jesucristo a este mundo? El apóstol Juan contesta esa pregunta con esta breve declaración: "Para esto apareció el Hijo de Dios, para deshacer las obras del diablo" (1 Jn. 3:8). Por tanto, el Mesías vino a vencer a Satanás, el príncipe usurpador de este mundo, a fin de rescatar a pecadores de la esclavitud espiritual y llevarlos al reino de Dios (cp. Mr. 1:14-15; Lc. 19:10; Ef. 2:1-10; Col. 1:13-14). Ya en Génesis 3:15, a raíz de que la humanidad cayera en pecado, Dios había prometido enviar un libertador que un día aplastaría la cabeza de la serpiente. Esa promesa fue cumplida totalmente en la cruz, donde Cristo derrotó a la vez a Satanás, el pecado, y la muerte (Jn. 12:31-32; 16:11; Col. 2:14-15). El Señor Jesús murió, no como una víctima indefensa, sino como el vencedor heroico, "para destruir por medio de la muerte al que tenía el imperio de la muerte, esto es, al diablo, y librar a todos los que por el temor de la muerte estaban durante toda la vida sujetos a servidumbre" (He. 2:14-15; cp. 1 Co. 15:55-57). No obstante, la cruz no fue el único lugar en que Jesús demostró poder soberano sobre Satanás y su reino demoníaco. Al principio de su ministerio, cuando fue tentado por el diablo en el desierto, Cristo derrotó de manera contundente a su archienemigo (cp. Mr. 1:13; Lc. 4:1-13). Posteriormente, el Señor continuó su ofensiva contra los poderes de las tinieblas (cp. Mr. 1:32; Lc. 10:19). Su ministerio terrenal provocó un estallido de actividad demoníaca distinta a todo lo visto antes o después, cuando ángeles caídos gritaban de terror cada vez que se hallaban en la presencia del Señor (cp. Mr. 3:11). Jesús los dominó dondequiera que los encontraba. Ellos no le atacaron; Él los atacó, de modo directo y con fuerza, y los obligó a someterse sus órdenes. El poder que ejerció sobre ellos fue absoluto, por lo que a pesar del odio persistente que le tenían, estaban obligados a sucumbir inmediatamente a sus demandas.

Aunque algunos judíos del siglo I, al igual que otros a lo largo de la historia, trataron de realizar exorcismos a través de variados rituales y fórmulas, no tuvieron éxito verdadero (cp. Hch. 19:13-16). Que Jesús dominara a los demonios con tan invencible poder y sin falla, fue una realidad que las personas encontraron sorprendente. En Marcos 1:27 las multitudes exclamaron: "¿Qué es esto? ¿Qué nueva doctrina es esta, que con autoridad manda aun a los espíritus inmundos, y le obedecen?". La aparente facilidad con que expulsaba a las fuerzas de las tinieblas de los endemoniados llevó a sus enemigos a alegar que en realidad estaba aliado con Satanás (3:22). Jesús puso al descubierto la obvia insensatez de tales acusaciones explicando que su poder venía de parte de Dios:

> *Mas él, conociendo los pensamientos de ellos, les dijo: Todo reino dividido contra sí mismo, es asolado; y una casa dividida contra sí misma, cae. Y si también Satanás está dividido contra sí mismo, ¿cómo permanecerá su reino? ya que decís que por Beelzebú echo yo fuera los demonios. Pues si yo echo fuera los demonios por Beelzebú, ¿vuestros hijos por quién los echan? Por tanto, ellos serán vuestros jueces. Mas si por el dedo de Dios echo yo fuera los demonios, ciertamente el reino de Dios ha llegado a vosotros. Cuando el hombre fuerte armado guarda su palacio, en paz está lo que posee. Pero cuando viene otro más fuerte que él y le vence, le quita todas sus armas en que confiaba, y reparte el botín (Lc. 11:17-22).*

Las palabras de Jesús fueron muy acertadas: Si estuviera aliado con Satanás, no estaría atacando el reino del diablo. Él echaba fuera demonios, no porque estuviera confabulado con Satanás, sino porque tenía el poder del Aquel que es más fuerte que Satanás, es decir, Dios mismo. En Mateo 12:28 Jesús atribuyó su poder divino específicamente al Espíritu de Dios. Debido a que Él poseía poder divino pudo mostrar ese dominio tan absoluto sobre el reino de Satanás (El "dedo de Dios" era una referencia del Antiguo Testamento al poder de Dios [cp. Éx. 8:19]). La habilidad de Jesús para ejercer esa clase de autoridad provenía de ser el Rey mesiánico y el Hijo de Dios (cp. Mr. 1:1).

De todos los relatos en que se confrontan y se expulsan demonios, el más impresionante es sin duda alguna el escenario registrado en este pasaje (Mr. 5:1-20; cp. Mt. 8:28-34; Lc. 8:26-39). En la narración bíblica, desde que Dios expulsara del cielo a Satanás y sus ángeles rebeldes (cp. Ap. 12:7-12), no se habían desplazado de manera simultánea a tantos demonios por orden divina. Tal vez nada de esta magnitud volverá a ocurrir hasta que Satanás y su ejército sean atados por mil años y más tarde sean lanzados al lago de fuego (Ap. 20:2, 7-10; cp. Is. 24:21-23).

En el pasaje anterior (Mr. 4:35-41) Jesús demostró su poder sobre las fuerzas del mundo natural por su control total del viento y las olas. En este pasaje (5:1-20) ejerce su soberanía absoluta sobre las fuerzas del reino sobrenatural. La narración clarifica tres fuerzas espirituales en acción: el poder destructivo de los demonios, el poder liberador de la deidad, y el poder condenador de la depravación.

EL PODER DESTRUCTIVO DE LOS DEMONIOS

Vinieron al otro lado del mar, a la región de los gadarenos. Y cuando salió él de la barca, en seguida vino a su encuentro, de los sepulcros, un hombre con un espíritu inmundo, que tenía su morada en los sepulcros, y nadie podía atarle, ni aun con cadenas. Porque muchas veces había sido atado con grillos y cadenas, mas las cadenas habían sido hechas pedazos por él, y desmenuzados los grillos; y nadie le podía dominar. Y siempre, de día y de noche, andaba dando voces en los montes y en los sepulcros, e hiriéndose con piedras. Cuando vio, pues, a Jesús de lejos, corrió, y se arrodilló ante él. Y clamando a gran voz, dijo: ¿Qué tienes conmigo, Jesús, Hijo del Dios Altísimo? Te conjuro por Dios que no me atormentes. (5:1-7)

Había sido una noche tanto agotadora como vivificante para los discípulos de Jesús. Cuando salieron en sus embarcaciones desde Capernaúm la noche anterior, esperaban navegar tranquilamente a través del lago de Galilea. En lugar de eso, se toparon con la más inolvidable de las tormentas que jamás habían experimentado. Pero no fue la fuerza del viento ni la magnitud de las olas lo que hizo tan inolvidable el angustioso viaje. En medio de la tempestad, Jesús "reprendió al viento, y dijo al mar: Calla, enmudece. Y cesó el viento, y se hizo grande bonanza" (4:39). La furia de la tormenta les provocó pánico momentáneo, pero la omnipotencia soberana del Señor produjo un temor mucho más profundo en sus corazones. Estupefactos, hicieron una pregunta a la cual ellos ya conocían la respuesta: "¿Quién es éste, que aun el viento y el mar le obedecen?" (v. 41).

Los discípulos sin duda alguna aún se hallaban en un estado de conmoción y pavor cuando, temprano a la mañana siguiente, **vinieron al otro lado del mar, a la región de los gadarenos.** De acuerdo con Lucas, esta región de mayoría gentil estaba "en la ribera opuesta a Galilea" (Lc. 8:26), y recorría la costa este del lago. Marcos la llama **la región de los gadarenos** (Mr. 5:1), mientras que para Mateo y Lucas es "la tierra de los gadarenos" (Lc. 8:26; Mt. 8:28). Ambas designaciones son correctas, y los tres evangelistas están evidentemente refiriéndose tanto a la pequeña aldea de Gergesa (o Gergasa, en la actualidad Kersa), localizada a la orilla del lago de Galilea cerca del lugar en que Jesús y sus discípulos desembarcaron como a diez kilómetros de Capernaúm. Mateo se estaba refiriendo a la población más grande de Gadara, ubicada hacia el sureste de Gergesa, la cual dio a la región su nombre y pudo haber sido su ciudad principal.

Es probable que los discípulos creyeran que habían viajado a través del lago, como habían hecho antes, a fin de encontrar algún respiro de las implacables multitudes. Sin embargo, Jesús estaba consciente de que debía cumplir una cita divina. **Y cuando salió él de la barca, en seguida vino a su encuentro, de los sepulcros, un hombre con un espíritu inmundo.** Tan pronto como los discípulos llegaron a la orilla y atracaron las barcas, un lunático furioso bajó corriendo la ladera hasta el borde del lago para encontrarlos. Mateo 8:28 indica que en realidad eran dos hombres. Aunque Marcos y Lucas deciden enfocarse únicamente en el individuo con quien Jesús habló, nada en sus relatos contradice el material que se halla en Mateo. (Para un ejemplo de cómo los tres evangelios sinópticos pueden armonizar con relación a esta narración, véase John MacArthur, *Una vida perfecta* [Nashville: Grupo Nelson, 2014], cap. 70).

El hecho de que el hombre tuviera **un espíritu inmundo** indica que estaba endemoniado, lo que se reitera en el versículo 15. Cuando el Nuevo Testamento habla de aquellos "con espíritu inmundo" (cp. Mr. 1:23; 7:25), de los que tienen demonio (cp. Mt. 11:18; Mr. 3:22, Lc. 4:33; 7:33; 8:27; Jn. 7:20; 8:48, 49, 52; 10:20), o de "los endemoniados" (cp. Mt. 4:24; 8:16, 28, 33; 9:32; 12:22; 15:22; Mr. 1:32; 5:15-16, 18; Lc. 8:36; Jn. 10:21), está describiendo a personas que estaban habitadas, y por tanto controladas y atormentadas por el diablo o por ángeles caídos. Debido a que los demonios habitan en sus víctimas (cp. Lc. 8:30), Jesús los expulsaba a fin de liberar a la persona afligida (Mt. 8:16; 9:33; 12:24,

28; Mr. 1:34; cp. Mt. 8:32; Mr. 5:8, 13). Aunque los demonios por lo general obran en sociedad a través de promover error, mentiras, falsa religión (1 Ti. 4:1; cp. 1 Co. 10:20-21), y apostasía (1 Ti. 4:1-3; cp. Stg. 3:13-16), la posesión demoníaca es una forma extrema de subyugación individualizada, en que uno o más espíritus malignos controlan la mente, el cuerpo y la voz de la persona. Aunque la posesión demoníaca puede ocasionar síntomas físicos (cp. Mt. 9:32; 12:22; 17:14-15; Mr. 1:26; 5:5; Lc. 8:27; 9:42), se trata de un fenómeno sobrenatural que va más allá de toda explicación científica, psicológica o médica. Es necesario añadir que cuando la Biblia habla del poder de los ángeles caídos, lo hace para demostrar el poder infinitamente superior de Dios (cp. Ef. 1:21). Esto se aplica en especial al ministerio de Jesús, en que el énfasis está en el poder de Cristo sobre los espíritus de las tinieblas. Quienes pertenecen a Jesucristo están habitados por el Espíritu Santo. No deben tener miedo a la posesión demoníaca porque son el templo del Espíritu de Dios (1 Co. 6:19-20). Así declaró el apóstol Juan a sus lectores: "Mayor es el que está en vosotros, que el que está en el mundo" (1 Jn. 4:4).

Al describir al endemoniado, Marcos empieza señalando **que tenía su morada en los sepulcros.** En la antigüedad a menudo tallaban cámaras funerarias en las laderas de los montes; se han descubierto gran cantidad de esas tumbas cerca de Kersa. Por lo general los judíos evitaban permanecer cerca de tumbas por temor a quedare ceremonialmente impuros si tocaban un cadáver (cp. Nm. 19:11). Aquí, en una región gentil había un endemoniado que se hallaba más cómodo entre los muertos que entre los vivos. Lucas añade que este hombre "no vestía ropa" (Lc. 8:27). La desnudez del individuo no solo indicaba perversión sexual (cp. Lv. 18:16-19; 20:11, 17-21) y vergüenza (cp. Gn. 3:7; Ap. 3:18), sino que también ilustraba el tormento físico que padecía a manos de los demonios que lo poseían, ya que estaba constantemente expuesto a los elementos naturales. La estridente aproximación de este loco gentil, junto con su frenético compañero, debieron haber sorprendido en gran manera a los discípulos que estaban desembarcando. Después de una traumática noche en el lago, fueron una vez más sorprendidos e impactados por la repentina aparición de este demente peligroso y su amigo.

Al reconocer la evidente amenaza que este maniático representaba, los residentes locales habían tratado varias veces de controlarlos sin éxito, y **muchas veces había sido atado con grillos y cadenas, mas las cadenas habían sido hechas pedazos por él, y desmenuzados los grillos; y nadie le podía dominar. Y siempre, de día y de noche, andaba dando voces en los montes y en los sepulcros, e hiriéndose con piedras.** Bajo el dominio demoníaco, el hombre era un desequilibrado sobrenaturalmente fuerte, furioso, desviado y que se mutilaba. A esta sorprendente descripción, Lucas 8:29 agrega que el sujeto "era impelido por el demonio a los desiertos", y Mateo 8:28 señala que tanto el endemoniado como su compañero eran "feroces en gran manera, tanto que nadie podía pasar por aquel camino". Sentados en lo alto de la colina, observaron cómo Jesús y sus discípulos llegaban a la orilla y comenzaban a desembarcar. Tal vez pensando que tenían nuevas víctimas para aterrorizar, el hombre desnudo y su compañero bajaron corriendo la ladera hacia la orilla, gritando y vociferando.

Sin embargo, quien esta vez esperaba en la orilla era el Hijo de Dios. **Cuando vio, pues, a Jesús de lejos,** el demonio que habitaba en este hombre pudo sentir la presencia del glorioso Rey del universo, y entró en pánico. Expresó su temor a través de la voz de aquella alma torturada, que gritó aterrorizada (cp. Lc. 8:28) y entonces **corrió, y se arrodilló ante él.** La palabra para **arrodilló** (*proskuneō*) significa adorar. Esta reverencia no estaba motivada por arrepentimiento (ya que los demonios no pueden arrepentirse), sino por el terrible hecho de reconocer a su soberano celestial (cp. Stg. 2:19). Obligado por el puro terror, el demonio estaba completamente sometido delante de su Juez. Lo que ningún ser humano podía domar, ni siquiera con el uso de cuerdas y cadenas, Jesús lo contuvo tan solo con su presencia.

El demonio se dirigió a Jesús a través de la voz del hombre. **Y clamando a gran voz, dijo: ¿Qué tienes conmigo, Jesús, Hijo del Dios Altísimo? Te conjuro por Dios que no me atormentes.** Como ángeles caídos que sirvieron a Dios desde su creación hasta que se unieron a la rebelión de Satanás y fueron expulsados del cielo, los demonios sabían exactamente quién era Jesús: el **Hijo del Dios Altísimo.** El nombre **Dios Altísimo** es un título glorioso usado a lo largo de la Biblia para acentuar la soberanía absoluta de Dios sobre todos los demás poderes (cp. Gn. 14:19; Dt. 32:8; 2 S. 22:14; Sal. 18:13; 21:7; 47:2; 57:2; 78:35, 56; 97:9; Lm. 3:38; Dn. 3:26; 5:18, 21; Hch. 16:17; He. 7:1). Que **Jesús** es el **Hijo del Dios Altísimo** significa que posee la misma autoridad y esencia o naturaleza de su Padre (cp. Lc. 1:32, 35; Jn. 10:30).

Tembloroso en la presencia de su Juez divino, el demonio temía que Jesús lo arrojara inmediatamente al abismo donde están cautivos otros ángeles caídos (Lc. 8:31; cp. 2 P. 2:4; Jud. 6; Ap. 9:1-12). Pero también suponía que no estaba destinado al encarcelamiento definitivo, sino hasta el fin de la historia humana (cp. Ap. 20:7-10). Consciente de la programación escatológica de Dios, y creyendo que el día señalado para su castigo todavía estaría en el futuro, vociferó: **¿Qué tienes conmigo?,** y también: "¿Has venido acá para atormentarnos antes de tiempo?" (Mt. 8:29). Mientras se arrastraba delante de Jesús, lo único que podía hacer era suplicar un poco más de tiempo antes de ser sentenciado al abismo. Por tanto, el demonio clamó a todo pulmón: **Te conjuro por Dios que no me atormentes.** Aunque el momento del juicio final para los ángeles caídos todavía no ha llegado, su reinado de terror en la tierra ya concluyó. Un día Satanás y todas sus huestes serán lanzados al lago de fuego, en el cual sufrirán tormento eterno (cp. Mt. 25:41; Ap. 14:11).

EL PODER LIBERADOR DE LA DEIDAD

Porque le decía: Sal de este hombre, espíritu inmundo. Y le preguntó: ¿Cómo te llamas? Y respondió diciendo: Legión me llamo; porque somos muchos. Y le rogaba mucho que no los enviase fuera de aquella región. Estaba allí cerca del monte un gran hato de cerdos paciendo. Y le rogaron todos los demonios, diciendo: Envíanos a los cerdos para que entremos en ellos. Y luego Jesús les dio permiso. Y saliendo aquellos espíritus inmundos, entraron en los cerdos, los cuales eran como dos mil; y el hato se precipitó en el mar por un despeñadero, y en el mar se ahogaron. Y los que apacentaban los cerdos huyeron, y dieron aviso en la ciudad y en los campos. Y salieron a ver qué era aquello que había sucedido. Vienen a Jesús, y ven al que había sido atormentado del demonio, y que había tenido la legión, sentado, vestido y en su juicio cabal; y tuvieron miedo. Y les contaron los que lo habían visto, cómo le había acontecido al que había tenido el demonio, y lo de los cerdos. (5:8-16)

Los demonios conocían perfectamente al Hijo de Dios y eran conscientes de su imposibilidad de resistir su poder. No les quedaba más opción que salir de la víctima humana, **porque** Jesús **le decía: Sal de este hombre, espíritu inmundo** (esto es, al ángel caído que en el versículo 7 había hablado en nombre de todos). En el proceso de echar fuera al demonio, Jesús hizo una pausa **y le preguntó: ¿Cómo te llamas?** Entonces el demonio **respondió diciendo: Legión me llamo; porque somos muchos.** Desde luego, ese no era el nombre del individuo, sino el título tomado por las fuerzas demoníacas que habitaban en él. **Legión** es una designación militar usada para identificar a grupos de soldados. En ese tiempo una legión romana consistía hasta de seis mil soldados, lo que demuestra que "muchos demonios habían entrado en él" (Lc. 8:30; cp. Mt. 12:43-45). Jesús exigió saber el nombre de estos demonios por una sencilla razón: para demostrar la extensión de su poder sobre el reino de Satanás. No solo que tenía la autoridad para echar fuera a un demonio solitario, sino incluso a toda una horda. Los ángeles caídos, sea que fueran pocos o muchos, estaban bajo el control de la voluntad y el poder incomparable de Jesús.

El vocero de los demonios, después de divulgar su nombre, **le rogaba mucho** a Jesús **que no los enviase fuera de aquella región.** Lucas 8:31 agrega: "Y le rogaban que no los mandase ir al abismo". Jesús pudo haberlos exiliado a cualquier lugar que quisiera. El deseo de los demonios era permanecer en esa región gentil, obviamente para seguir actuando en y a través de la cultura local y las costumbres religiosas paganas. Al observar **allí cerca del monte un gran hato de cerdos paciendo,** vieron una posible vía de escape. **Y le rogaron todos los demonios, diciendo: Envíanos a los cerdos para que entremos en ellos.** La petición de los demonios era extraña, y refleja la desesperación causada tanto por comprender que no podían quedarse donde estaban, como por reconocer que podrían ser lanzados al abismo si no se les ocurría una rápida alternativa. Si ya no podían causar más estragos por medio del hombre, lo harían a través de un **hato de cerdos.** Eso sería temporal, tal vez pensaron ellos, hasta poder hallar otras víctimas humanas.

Es importante señalar que si Jesús lo hubiera querido, habría enviado al instante a esos demonios al abismo. Que decidiera no hacerlo no fue una señal de compromiso ni compasión hacia estos espíritus inmundos. El Señor **Jesús** tenía otro propósito que ellos debían cumplir, y por tanto **les dio permiso** de entrar a los cerdos. Por poderosos que sean, Satanás y sus fuerzas demoníacas no pueden hacer nada fuera de lo que Dios les ordene o les permita hacer (cp. Jue. 9:23; 1 S. 16:14; 1 R. 22:19-23; Job 1:9-11; 2:3-6; Is. 37:7; Lc. 22:31; 2 Co. 12:7-8; Ap. 20:1-3). Por supuesto, Dios no es el autor del mal (Stg. 1:13). Pero a pesar del caos y la corrupción que producen los espíritus malignos, esto encaja dentro de su plan soberano (cp. Pr. 16:4; Is. 45:7; Lm. 3:38) en que todas las cosas actúan tanto para su gloria como para el bien espiritual de los que le pertenecen (cp. Ro. 8:28). Al conceder permiso a estos demonios para entrar en el hato de cerdos, Jesús estaba permitiéndoles que dieran a conocer la verdadera magnitud de su fuerza destructiva y mortal. Al hacer eso, Jesucristo también resaltó la gloriosa superioridad de su gran poder.

Al tener el permiso, los demonios no dudaron en cambiar de sitio. **Y saliendo aquellos espíritus inmundos, entraron en los cerdos, los cuales eran como dos mil; y el hato se precipitó en el mar por un despeñadero, y en el mar se ahogaron.** La dramática escena proveyó una prueba impactante e innegable de que los espíritus malignos habían salido del hombre. Igualmente demostraron su poder destructor en gran manera; el hecho de que como dos mil cerdos fueran afectados sugiere que del hombre salió una cantidad equivalente de demonios. Más importante aún, demostró el alcance de la autoridad de Jesús sobre ellos. Los demonios no tuvieron más alternativa que cumplir el mandato soberano. Aunque los ángeles caídos son seres excepcionalmente poderosos (cp. 2 R. 19:35; Sal. 103:20; 2 P. 2:11), al instante se sometieron a la autoridad omnipotente del divino Hijo.

Por tanto, los espíritus malignos fueron arrojados a un hato de animales inmundos (Lv. 11:7; Dt. 14:8); una vez allí ocasionaron una enorme estampida, cuando los cerdos se desbocaron violentamente colina abajo y se ahogaron en el lago. Algunas personas se preguntan por qué Jesús habría permitido que tantos animales resultaran muertos de manera tan dramática. Podrían hacerse varias observaciones en respuesta. Primera, y lo más obvio, Jesús no mató a los cerdos; los demonios lo hicieron. Que Dios permita soberanamente que Satanás y sus agentes actúen con maldad no significa que sea responsable por las acciones pecaminosas de ellos (cp. Stg. 1:13). Segunda, el enfoque del Señor estaba en rescatar al hombre. La pérdida de los cerdos representó un sacrificio relativamente pequeño en comparación con la vida humana que fue recuperada cuando los demonios fueron expulsados. Tercera, de todas maneras con el tiempo todos los cerdos habrían sido sacrificados, ya que los estaban criando para el consumo. Aunque se les apresuró la muerte, el ahogamiento del hato no destruyó la carne. Sin duda los propietarios de los cerdos recuperaron gran parte de ella al recobrar del agua los animales muertos, y luego despedazar la carne y enviarla al mercado. Por último, fijarse en lo que pasó con los cerdos es caer muy por debajo del propósito de este suceso, el cual es que las fuerzas demoníacas eran tan numerosas y violentas que, a los pocos instantes de ser expulsadas del hombre, pudieron ocupar y ahogar a una multitud de bestias de otro modo impersonales. El único poder que podía controlarlas era el del Señor Jesús.

Horrorizados con razón por lo que acababan de presenciar, **los que apacentaban los cerdos huyeron, y dieron aviso en la ciudad y en los campos. Y salieron a ver qué era aquello que había sucedido.** De acuerdo con Mateo 8:33, "contaron todas las cosas", como indicio de que habían entendido la relación entre la liberación del hombre y la muerte traumática de la horda. El impresionante informe (desde la inclinación del loco indomable delante de Jesús hasta los cerdos lanzándose alocadamente al mar) despertó la curiosidad de los residentes locales, que corrieron a ver lo que había acontecido. Entonces **vienen a Jesús, y ven al que había sido atormentado del demonio, y que había tenido la legión.** Al llegar a la escena vieron al hombre que habían conocido como un loco endemoniado y una amenaza local, ya sin furia violenta como solía estar, sino **sentado, vestido y en su juicio cabal.** ¡Qué asombrosa evidencia de la transformación total que se había realizado en la vida del individuo! Sin lugar a dudas, Jesús le había explicado el evangelio, de modo que no solo resultó liberado de los demonios, sino también del pecado y el infierno. Los habitantes del lugar no hicieron ninguna mención de estar preocupados por los cerdos. Al contrario, su enfoque estuvo en Jesús y en el hombre que había sido liberado de una hueste demoníaca.

Dada la milagrosa liberación del hombre podríamos esperar que las personas reaccionaran con fe, gratitud y adoración. En realidad reaccionaron con pavor total. Anteriormente, su miedo se había enfocado en el endemoniado que aterrorizaba la región. Sin embargo, era evidente que este hombre ya no era una amenaza. ¿Por qué entonces estaban aterrados los pobladores? **Tuvieron miedo** cuando **les contaron los que lo habían visto, cómo le había acontecido al que había tenido el demonio, y lo de los cerdos. Miedo** se traduce de una forma de la palabra griega *phobeō*, que indica temor o pavor extremo (el sustantivo relacionado *phobos* es la raíz de la palabra española "fobia"). De igual modo los discípulos habían estado inicialmente aterrorizados por el enfurecido mar, solo para experimentar un temor mucho más fuerte cuando se dieron cuenta de que estaban ante la presencia de la deidad (Mr. 4:40); así también ocurrió con los habitantes de esta región. Su temor del hombre había desaparecido; en su lugar estaba el terrible miedo que acompaña al hecho de reconocer que se encontraban en la presencia de Dios, quien tiene poder sobre los seres espirituales. Los discípulos estuvieron aterrados por la tormenta, pero se aterraron aún más después que Jesús calmara la tormenta (cp. Lc. 8:25). Al día siguiente los habitantes de la localidad fueron inicialmente asustados por el endemoniado, pero se aterraron muchísimo más por causa de Jesús cuando comprendieron el poder sobrenatural que tenía.

EL PODER CONDENADOR DE LA DEPRAVACIÓN

Y comenzaron a rogarle que se fuera de sus contornos. Al entrar él en la barca, el que había estado endemoniado le rogaba que le dejase estar con él. Mas Jesús no se lo permitió, sino que le dijo: Vete a tu casa, a los tuyos, y cuéntales cuán grandes cosas el Señor ha hecho contigo, y cómo ha tenido misericordia de ti. Y se fue, y comenzó a publicar en Decápolis cuán grandes cosas había hecho Jesús con él; y todos se maravillaban. (5:17-20)

Sería de esperar que tan dramático milagro produjera un avivamiento espontáneo en esa región. En cambio, la respuesta de las personas fue rechazo inmediato. Motivados por el temor, **comenzaron a rogarle que se fuera de sus contornos.** La palabra **rogarle** se traduce de una forma del verbo griego *parakaleō,* que significa implorar o suplicar. En un trágico giro, los demonios le suplicaron a Jesús que los dejara quedarse en esa región (v. 10), mientras que los habitantes le rogaron que se fuera (v. 17). Esta reacción dio a conocer la endurecida depravación de su condición perdida (cp. Jn. 3:19; 2 Co. 4:4). Prefirieron la compañía de peligrosos demonios antes que la del divino Libertador.

Al rechazar al Señor Jesús, estos individuos se convirtieron en un claro ejemplo del poder de la incredulidad. El asombroso milagro que Jesús realizó no los llevó a la fe en Él como Señor y Mesías. En realidad tuvo el efecto contrario. Ninguno de ellos podía negar que Él hubiera exhibido poder divino. Tampoco podían dudar de la transformación del que había estado endemoniado (Mt. 8:33 sugiere que su compañero también fue liberado). Sin embargo, frente a tan innegable evidencia, sus corazones siguieron estando fríos e impenetrables. Ante la presencia de Dios el Hijo, y apresados por el terror, le rogaron que saliera inmediatamente de sus contornos. Antes, Jesús había hecho caso a la petición de los demonios, permitiéndoles entrar en los cerdos. Ahora cedió a los deseos de los aterrados residentes, concediéndoles su deseo de que se fuera del lugar.

Jesús y sus discípulos se dirigieron a sus barcas con el fin de volver a Capernaúm. **Al entrar él en la barca, el que había estado endemoniado le rogaba que**

le dejase estar con él. En contraste con los habitantes incrédulos, el antiguo endemoniado no quiso vivir otro día sin Jesús. Su atormentada alma había renacido, según demuestra claramente su ansia por dejar todo atrás y seguir a Cristo. Como nuevo creyente le suplicó al Señor que le permitiera acompañarlo. Pero el Señor tenía otros planes para este hombre. En consecuencia, **Jesús no se lo permitió, sino que le dijo: Vete a tu casa, a los tuyos, y cuéntales cuán grandes cosas el Señor ha hecho contigo, y cómo ha tenido misericordia de ti.** En lugar de llevarlo de regreso a Capernaúm, el Señor encomendó a este hombre que fuera un misionero en el lugar en que se hallaba. Jesús había explicado antes a sus discípulos: "¿Acaso se trae la luz para ponerla debajo del almud, o debajo de la cama? ¿No es para ponerla en el candelero?" (Mr. 4:21). Con la vida totalmente transformada, el antes endemoniado conocido por todos en la región irradiaría la gloria transformadora del evangelio simplemente estando allí y declarando lo que Cristo había hecho por él.

Aunque era comprensible que inicialmente quisiera acompañar a Cristo, el hombre se sometió fielmente a la directriz de Jesús. **Y se fue, y comenzó a publicar en Decápolis cuán grandes cosas había hecho Jesús con él; y todos se maravillaban.** Al viajar por toda la región gentil del oriente de Galilea, el hombre que estuvo endemoniado extendió a lo largo y ancho las buenas nuevas acerca de Jesús. Es importante reconocer la influencia que tuvo. Cuando Jesús volvió a visitar la región de Decápolis (Mr. 7:31—8:9), una enorme multitud acudió a oírle predicar motivada sin duda por los informes de este hombre. La respuesta a su testimonio fue que **todos se maravillaban.** La palabra **maravillaban** (una forma del verbo griego *thaumazo*) significa "admirarse" o "fascinarse de asombro". Sin duda muchos, al igual que los discípulos, se descubrieron preguntándose: "¿Quién es éste, que aun el viento y el mar le obedecen?" (cp. Mr. 4:41).

El propósito principal de este relato, así como el de la tormenta en el lago de Galilea, es resaltar la autoridad divina de Jesucristo. Como Dios encarnado, Él gobierna sobre los reinos natural y sobrenatural. Ningún poder angelical equivaldría a su soberanía absoluta (cp. Ef. 1:21). Por tanto, los que aman al Señor Jesús no tienen nada que temer de los poderes demoníacos (cp. Ro. 8:38). Esta narración también enseña una lección importante respecto a los requisitos necesarios para ser un evangelista fiel. El endemoniado liberado no tenía formación teológica, pero contaba con todo lo necesario para cumplir la comisión que Cristo le había hecho. Una vez liberado y transformado por el Señor Jesús se le dio la sencilla responsabilidad de relatar a otros lo maravilloso de su salvación transformadora. En esa misma responsabilidad participan todos los que pertenecen a Jesucristo. Cuando los creyentes cuentan a otros acerca de cómo el Salvador los liberó del pecado y les otorgó vida eterna, están igualmente cumpliendo la comisión dada por Dios para el mundo (cp. Mt. 28:18-19).

Poder y compasión de Jesús 18

Pasando otra vez Jesús en una barca a la otra orilla, se reunió alrededor de él una gran multitud; y él estaba junto al mar. Y vino uno de los principales de la sinagoga, llamado Jairo; y luego que le vio, se postró a sus pies, y le rogaba mucho, diciendo: Mi hija está agonizando; ven y pon las manos sobre ella para que sea salva, y vivirá. Fue, pues, con él; y le seguía una gran multitud, y le apretaban. Pero una mujer que desde hacía doce años padecía de flujo de sangre, y había sufrido mucho de muchos médicos, y gastado todo lo que tenía, y nada había aprovechado, antes le iba peor, cuando oyó hablar de Jesús, vino por detrás entre la multitud, y tocó su manto. Porque decía: Si tocare tan solamente su manto, seré salva. Y en seguida la fuente de su sangre se secó; y sintió en el cuerpo que estaba sana de aquel azote. Luego Jesús, conociendo en sí mismo el poder que había salido de él, volviéndose a la multitud, dijo: ¿Quién ha tocado mis vestidos? Sus discípulos le dijeron: Ves que la multitud te aprieta, y dices: ¿Quién me ha tocado? Pero él miraba alrededor para ver quién había hecho esto. Entonces la mujer, temiendo y temblando, sabiendo lo que en ella había sido hecho, vino y se postró delante de él, y le dijo toda la verdad. Y él le dijo: Hija, tu fe te ha hecho salva; ve en paz, y queda sana de tu azote. Mientras él aún hablaba, vinieron de casa del principal de la sinagoga, diciendo: Tu hija ha muerto; ¿para qué molestas más al Maestro? Pero Jesús, luego que oyó lo que se decía, dijo al principal de la sinagoga: No temas, cree solamente. Y no permitió que le siguiese nadie sino Pedro, Jacobo, y Juan hermano de Jacobo. Y vino a casa del principal de la sinagoga, y vio el alboroto y a los que lloraban y lamentaban mucho. Y entrando, les dijo: ¿Por qué alborotáis y lloráis? La niña no está muerta, sino duerme. Y se burlaban de él. Mas él, echando fuera a todos, tomó al padre y a la madre de la niña, y a los que estaban con él, y entró donde estaba la niña. Y tomando la mano de la niña, le dijo: Talita cumi; que traducido es: Niña, a ti te digo, levántate. Y luego la niña se levantó y andaba, pues tenía doce años. Y se espantaron grandemente. Pero él les mandó mucho que nadie lo supiese, y dijo que se le diese de comer. (5:21-43)

Al igual que un virus mortal, el pecado es una fuerza devastadora que infecta a todos los seres humanos (cp. Ro. 3:23). Su poder de corrupción es penetrante y destructivo, y provoca rápidamente en las personas enfermedad, sufrimiento y por último la muerte (cp. Ro. 6:23). La desobediencia de Adán en el huerto del Edén introdujo por primera vez la muerte en el mundo (Ro. 5:12), y todos sus descendientes han heredado su condición terminal.

El miedo a la muerte es una realidad humana universal (He. 2:15). Las metáforas populares sobre la muerte, desde la Parca hasta "la gran desconocida", reflejan el temor que se apodera de los corazones humanos. La Biblia también reconoce que la gente tiene miedo de morir. Por eso Job 18:14 se refiere a la muerte como "rey de los espantos", y Salmos 55:4 habla igualmente de "terrores de muerte". A lo largo de los siglos, las personas han tratado de escapar a la muerte, pero sin éxito. Incluso los adelantos de la ciencia médica moderna, por fantásticos que sean, solo pueden prolongar lo inevitable.

La realidad universal de la muerte plantea una pregunta fundamental: En toda la historia humana, ¿ha vencido alguien a la muerte, y al hacerlo ha hecho posible que otros triunfaran sobre ella? La Biblia contesta esa pregunta con un sí rotundo. Hay un libertador, y no es otro que el Señor Jesucristo, el Hijo de Dios (cp. Hch. 4:12). Jesús mismo expresó: "Yo soy la resurrección y la vida; el que cree en mí, aunque esté muerto, vivirá. Y todo aquel que vive y cree en mí, no morirá eternamente" (Jn. 11:25-26). El Señor reiteró esa verdad en otras partes: "Y esta es la voluntad del que me ha enviado: Que todo aquél que ve al Hijo, y cree en él, tenga vida eterna; y yo le resucitaré en el día postrero" (Jn. 6:40); "yo he venido para que tengan vida, y para que la tengan en abundancia" (10:10); "yo soy el camino, y la verdad, y la vida; nadie viene al Padre, sino por mí" (14:6); "porque yo vivo, vosotros también viviréis" (14:19).

La veracidad de tales afirmaciones fue demostrada por Jesús cuando derrotó personalmente a la muerte resucitando de la tumba (cp. Hch. 2:24-32; Ro. 1:4; 2 Ti. 1:10; He. 2:14; Ap. 1:18). La historicidad de la resurrección de Cristo está detallada en cada uno de los cuatro evangelios (Mt. 28:1-8; Mr. 16:1-8; Lc. 24:1-8; Jn. 20:1-10), una realidad corroborada por testigos presenciales, que incluyen a más de quinientos en una ocasión (1 Co. 15:6). El evangelio proclama la verdad de que el Señor Jesús, en su resurrección, venció a la muerte no solo para sí mismo, sino también para todos los que creerían en Él.

Como un anticipo de su propia resurrección, durante su ministerio Jesús resucitó de los muertos a varias personas, entre ellas al hijo de una viuda de Naín (Lc. 7:11-15), a un hombre de Betania llamado Lázaro (Jn. 11:1-44), y a la niña que se menciona en este pasaje (Mr. 5:21-43). Al hacerlo Jesús demostró su naturaleza y poder divinos sobre la muerte (cp. Jn. 5:28-29). Cuando los discípulos de Juan el Bautista le preguntaron: "¿Eres tú el que había de venir, o esperaremos a otro?" (Lc. 7:20) Cristo contestó señalando su poder sobre la enfermedad y la muerte: "Id, haced saber a Juan lo que habéis visto y oído: los ciegos ven, los cojos andan, los leprosos son limpiados, los sordos oyen, los muertos son resucitados, y a los pobres es anunciado el evangelio" (Lc. 7:22).

Los acontecimientos relatados en este pasaje constituyen dos anécdotas finales en una serie de historias que revelan el poder de Jesús. En Marcos 4:35-41, el Señor mostró su autoridad sobre el mundo natural cuando con una sola palabra calmó instantáneamente una tormenta en el lago de Galilea. Al día siguiente exhibió su soberanía sobre las fuerzas sobrenaturales al expulsar una legión de demonios (5:1-20). En esta sección (5:21-43), al regresar a Capernaúm, Jesús ejerció poder milagroso sobre la enfermedad y sobre la muerte. Estos versículos relatan un milagro doble. Él no solo curó a una mujer de un mal de doce años, sino que también resucitó de los muertos a una niña de doce años. Es evidente que el poder creativo de Jesús no tenía límites. Como el Creador mismo (cp. Jn. 1:1-3), podía restaurar no solo una parte del cuerpo, sino también restaurar la vida a un cuerpo.

Este pasaje no solo presenta el poder incomparable de Jesús, sino que también resalta su misericordia, ternura, sensibilidad y bondad. La grandeza de su poder milagroso aparece aquí, por tanto, junto a la bondad de su ministerio personal. El Hijo de Dios no solo tenía la capacidad creativa de curar y dar vida, sino que también tenía el deseo de hacerlo. A medida que se desarrolla el milagro se pueden identificar cuatro facetas de la compasión de Jesús: en la multitud, fue accesible; en medio de la conmoción, se le podía interrumpir; durante la crisis, fue imperturbable; y en la curación, fue caritativo.

EN LA MULTITUD, JESÚS FUE ACCESIBLE

Pasando otra vez Jesús en una barca a la otra orilla, se reunió alrededor de él una gran multitud; y él estaba junto al mar. Y vino uno de los principales de la sinagoga, llamado Jairo; y luego que le vio, se postró a sus pies, y le rogaba mucho, diciendo: Mi hija está agonizando; ven y pon las manos sobre ella para que sea salva, y vivirá. Fue, pues, con él; y le seguía una gran multitud, y le apretaban. (5:21-24)

A diferencia de muchos dirigentes religiosos, entre ellos los rabinos del judaísmo del siglo I, Jesús no se aislaba de las personas. Pasó todo su ministerio rodeado por las multitudes, con retiros solamente ocasionales en aislamiento con el propósito de dedicar tiempo a la oración, el descanso y la instrucción con sus discípulos. Ministrar entre las multitudes no era fácil, pues estas le acosaban sin cesar (cp. 1:37, 45) y le oprimían (cp. 2:4; 3:9, 20). No obstante, el Señor permaneció accesible a las personas.

En la sección anterior (5:1-20), Jesús expulsó una legión de demonios de un hombre en la costa oriental del lago de Galilea. Los residentes de la región, asustados por tan impresionante demostración de poder divino y revelando su incrédula indiferencia, le suplicaron al Señor que se fuera. Complaciéndoles en su petición, **otra vez Jesús** subió **en una barca** con el fin de dirigirse con sus discípulos **a la otra orilla,** viajando unos diez kilómetros a través del lago hacia la costa occidental cerca de Capernaúm. Cuando llegaron allí, **se reunió alrededor de él una gran multitud** hasta el punto en que Jesús debió quedarse **junto al mar.** Según Lucas 8:40, "cuando volvió Jesús, le recibió la multitud con gozo; porque todos le esperaban". Sin duda este gentío estaba compuesto de muchos que padecían de varias enfermedades y discapacidades. Con la esperanza de ser curados habían esperado esperanzados la llegada de Jesús.

El relato de Marcos se enfoca en dos individuos entre la enorme multitud que con desesperación necesitaban a Jesús. Tenían poco en común, aparte de la naturaleza extrema de sus circunstancias. Uno era un hombre, la otra una mujer; uno era acaudalado, la otra pobre; uno era respetado, la otra rechazada; uno era honrado, la otra avergonzada; uno dirigía la sinagoga, la otra fue excomulgada de la sinagoga; uno tenía una hija de doce años de edad, la otra llevaba doce años padeciendo una enfermedad. A pesar de no tener ninguna relación evidente entre sí, en la perfecta providencia de Dios las vidas de estas personas se cruzaron ese día en una manera inolvidable.

El primero de estos individuos era **uno de los principales de la sinagoga,** un hombre **llamado Jairo.** Dada la animosidad que Jesús había recibido de parte del sistema religioso de Israel (cp. 3:6, 22), los discípulos debieron sorprenderse cuando vieron a un respetado dirigente de la sinagoga abriéndose paso entre la multitud para toparse con Jesús. **Los principales de la sinagoga** conformaban un grupo de hombres (que por lo general eran entre tres y siete) en cada sinagoga local que actuaban como los cuidadores y administradores de la vida en la sinagoga. Protegían los rollos, cuidaban de las instalaciones, organizaban la escuela de la sinagoga, y supervisaban a los lectores, maestros y a los que oraban. Como uno de ellos, Jairo habría sido tanto religiosamente devoto como altamente respetado en la comunidad. Ninguno de los escritores de los evangelios identifica a Jairo como miembro de los fariseos. Aun así, su posición en la sinagoga significaba que estaba íntimamente relacionado con el sistema farisaico de Capernaúm. Sin duda él era consciente del odio que los dirigentes religiosos le tenían a Jesús. Sin embargo, estuvo dispuesto a buscar de manera muy pública la ayuda del Señor.

Como uno de los líderes principales en Capernaúm, Jairo habría estado muy consciente de las obras milagrosas que Jesús había efectuado allí. Es posible que la sinagoga en que el Señor echara a un demonio (en Mr. 1:21-28) fuera el lugar en que Jairo servía como dirigente. De ser así es probable que hubiera presenciado personalmente el poder sobrenatural de Jesús. Jairo también habría oído hablar de los muchos milagros de sanidad que el Señor realizara tanto en esa ciudad como en las regiones circundantes. Cuando la vida de su hija estuvo en peligro, Jairo sabía muy bien a quién buscar.

Abriéndose paso a través de la apretada multitud hacia Jesús, **luego que le vio,** Jairo **se postró a sus pies.** A diferencia de Nicodemo, quien se acercó en secreto al Señor al amparo de la noche (Jn. 3:2), Jairo se acercó audaz y abiertamente, e incluso al llegar **se postró a sus pies.** Mateo 9:18 manifiesta que Jairo "se postró ante él". Es significativo que Mateo usara la palabra griega *proskuneō*, que a menudo se traduce "adorar" (cp. Mt. 4:10; Jn. 4:21-24; 1 Co. 14:25; Ap. 4:10). Obligado tanto por la urgencia de su necesidad como por la esperanza de su fe, este hombre respetado se postró delante de Jesús en un acto de máximo homenaje y reverencia. Que Jairo creía que Jesús podía curarle la hija lo evidencia su conmovedora petición. **Y le rogaba mucho, diciendo: Mi hija está agonizando; ven y pon las manos sobre ella para que sea salva, y vivirá.** La autenticidad de la fe de Jairo en Cristo nunca fue cuestionada por los escritores de los evangelios. Es más, esa fe era tan fuerte que de acuerdo con Mateo 9:18, el hombre creía que Jesús no solo podía curar a la niña, sino que si era necesario incluso la resucitaría de los muertos.

Según Lucas 8:42, la **hija** de Jairo tenía doce años de edad, lo que de acuerdo con la costumbre judía significaba que había entrado al primer año de ser mujer. Por tanto era elegible para casarse y estaba lista para comenzar su vida como adulta. Sin embargo, desde la perspectiva de Jairo, comprensiblemente era una niña (vv. 40-41). El que debió haber sido el tiempo más esperado en la vida de esta jovencita, lleno de alegría y esperanza, en realidad estaba caracterizado por sufrimiento y tristeza. El florecimiento de la femineidad se había visto empañado por la sombra de la muerte.

Atrapado por el dolor y, sin embargo, alentado por la fe, Jairo buscó a Jesús en medio de la multitud. Qué agradecido debió haber estado cuando el Señor no solo escuchó la petición sincera del hombre, sino que accedió a ir a su casa. La accesibilidad de Jesús es obvia no solo en su disposición de entremezclarse con las multitudes, sino también en su disponibilidad para acompañar a un hombre desesperado que lo necesitaba. Puesto que Él era accesible, se le podía contactar, hablar y alcanzar en un momento de necesidad; al estar disponible, estaba dispuesto a dar de sí mismo para suplir la necesidad de un hombre. En consecuencia, Jesús **fue, pues, con él; y le seguía una gran multitud, y le apretaban,** mientras comenzaba el recorrido por las calles de Capernaúm hacia la casa de Jairo.

A pesar de las muchas exigencias que enfrentó en su ministerio terrenal, el Creador caminó con personas y se hizo accesible a ellas. El Rey de la creación, Señor de los ejércitos, y Soberano sobre todo no estaba demasiado ocupado para cuidar con compasión de los necesitados. Los evangelios están llenos de relatos de la misericordiosa disponibilidad de Jesús para con los seres humanos.

EN MEDIO DE LA CONMOCIÓN, PUDIERON INTERRUMPIR A JESÚS

Pero una mujer que desde hacía doce años padecía de flujo de sangre, y había sufrido mucho de muchos médicos, y gastado todo lo que tenía, y nada había aprovechado, antes le iba peor, cuando oyó hablar de Jesús, vino por detrás entre la multitud, y tocó su manto. Porque decía: Si tocare tan solamente su manto, seré salva. Y en seguida la fuente de su sangre se secó; y sintió en el cuerpo que estaba sana de aquel azote. Luego Jesús, conociendo en sí mismo el poder que había salido de él, volviéndose a la multitud, dijo: ¿Quién ha tocado mis vestidos? Sus discípulos le dijeron: Ves que la multitud te aprieta, y dices: ¿Quién me ha tocado? Pero él miraba alrededor para ver quién había hecho esto. Entonces la mujer, temiendo y temblando, sabiendo lo que en ella había sido hecho, vino y se postró delante de él, y le dijo toda la verdad. Y él le dijo: Hija, tu fe te ha hecho salva; ve en paz, y queda sana de tu azote. (5:25-34)

Mientras acompañaba a Jesús hacia su casa, el corazón de Jairo debió haber saltado de alegría ante la idea de que su hija pronto sanaría. Sin duda alguna el preocupado padre hizo todo lo posible por acelerar el trayecto. No obstante, la congestión de las multitudes (v. 24) hacía imposible caminar de prisa. Al menos se dirigían en la dirección correcta, avanzando a paso lento pero constante.

De repente, para la inevitable consternación de Jairo el recorrido fue interrumpido abruptamente. En medio de la multitud se hallaba **una mujer que desde hacía doce años padecía de flujo de sangre, y había sufrido mucho de muchos médicos, y gastado todo lo que tenía, y nada había aprovechado, antes le iba peor.** En cierto modo esta mujer era la antítesis de Jairo, quien era un dirigente muy respetado de la sinagoga. Ella era una marginada social que debido a su condición la habían condenado al ostracismo de la vida religiosa judía. Mientras que Jairo había conocido doce años de gozo y felicidad con su hija, esta mujer había experimentado doce años de angustia y rechazo debido a su padecimiento. Sin embargo, tanto ella como Jairo tenían en común que estaban conscientes de que Jesús era su única esperanza.

No se indica la causa del **flujo de sangre** de la mujer. Era evidente que no había tenido éxito en sus reiterados intentos de encontrar una cura eficaz. Ella **había sufrido** en gran manera tras haber consultado a **muchos médicos,** en los que había **gastado todo lo que tenía** tratando de hallar una solución, pero su condición tan solo empeoraba. En el Talmud judío aparecen once remedios posibles para tal enfermedad, los que incluían recetas supersticiosas como poner las cenizas de un huevo de avestruz en un saco de tela, o ir a todas partes con un grano de mostaza obtenido del excremento de una burra. Sin duda alguna, esta pobre mujer había intentado toda posible cura. Económicamente arruinada y emocionalmente agotada, ella sufría tanto el malestar físico como la humillación social ocasionada por muchos años de sangrado continuo.

Había aún mayores repercusiones para alguien en la condición de esta víctima. Según Levítico 15:25-27, una de tales secreciones volvía ceremonialmente impura a una mujer. Las mujeres debían esperar siete días después que se detuviera cualquier sangrado antes de que se les permitiera ofrecer los sacrificios prescritos (vv. 28-29). Durante más de una década, esta mujer no había experimentado ningún respiro, lo que significaba que en todos esos años no había podido participar de la adoración en el templo ni en la sinagoga. La habían condenado al ostracismo debido al estado perpetuo de su inmundicia. Su experiencia era casi como la de un leproso; incluso sus relaciones con familiares y amigos tenían que mantenerse a distancia.

Cuando oyó hablar de Jesús, la mujer decidió hallarlo, confiando en que Él podría liberarla de una condición de otra manera incurable (cp. Lc. 8:43). Llena de desesperación se abrió paso entre la multitud, violando claramente los límites aceptables para quienes estaban ceremonialmente impuros. Al encontrar a Jesús, ella **vino por detrás entre la multitud, y tocó su manto. Porque decía: Si tocare tan solamente su manto, seré salva.** A igual que Jairo, la mujer fue obligada a acercarse a Jesús tanto por la urgencia de su necesidad como por la fortaleza de su fe. Sin embargo, con la esperanza de pasar desapercibida, se acercó lo suficiente como para tocar "el borde de su manto" (Lc. 8:44). En Números 15:37-41, a los israelitas se les dio instrucciones de que cosieran borlas en los bordes de sus mantos como símbolo visible de que le pertenecían a Dios (cp. Dt. 22:12). Estas borlas tenían un propósito doble: recordaban a los judíos su compromiso de servir al Señor, y al mismo tiempo daban testimonio al mundo de que eran parte del pueblo escogido de Dios. Los hipócritas religiosos, como los fariseos, trataban de exaltarse alargando sus borlas (Mt. 23:5). Por el contrario, Jesús habría usado un manto con borlas tradicionales adheridas al borde inferior.

Con fe en que sería curada, la mujer alargó la mano para agarrar las borlas del manto del Señor. La fe de ella no estaba puesta en la ropa, como si el manto tuviera poder mágico, sino en Jesús. La enferma se había enterado de los milagros que Él había realizado, y por tanto no tenía dudas de que podía curarle su mal. Esa fe inquebrantable fue recompensada al instante. Marcos relata que **en seguida la fuente de su sangre se secó; y sintió en el cuerpo que estaba sana de aquel azote.** En el momento en que ella tocó el manto quedó restaurado su cuerpo. Lo que doce años de visitas médicas no pudieron sanar, el poder de Dios lo curó en un instante.

Para la vida de esta mujer, Jesús tenía un propósito que iba más allá de la sanidad física. Ella había llegado de incógnito, con la esperanza de luego retirarse pasando desapercibida entre la multitud. Pero Jesús tenía la intención de destacarla a fin de atraerla hacia sí mismo. **Luego Jesús, conociendo en sí**

mismo el poder que había salido de él, volviéndose a la multitud, dijo: ¿Quién ha tocado mis vestidos? El hecho de que el Señor percibiera **el poder que había salido de él** deja ver una importante verdad acerca de la naturaleza de Dios. El poder divino no es una fuerza cósmica impersonal separada de alguna manera de su fuente soberana. Al contrario, Dios participa personalmente en todo acto de poder, desde la creación hasta la redención y el sustento providencial del universo (cp. He. 1:3). Siente todo. La expresión personal del poder del Señor curó al instante la enfermedad física de esta mujer. Jesús sabía que aún era necesario abordar la condición espiritual de esta dama.

Con eso en mente, Jesús **volviéndose a la multitud, dijo: ¿Quién ha tocado mis vestidos?** Esta pregunta no estaba motivada por ignorancia (ya que Él sabía a quién había curado), sino para hacer notar a la mujer entre el gentío. Como siempre, sus seguidores no entendieron lo que Jesús estaba haciendo. Mirando alrededor, **sus discípulos le dijeron: Ves que la multitud te aprieta, y dices: ¿Quién me ha tocado?** El verbo traducido **aprieta** (*sunthlibō*) significa comprimir o empujar con fuerza. Indica que Jesús estaba apretujado por el gentío, siendo tocado y rodeado por personas en todo lado. Desde un punto humano de vista, los discípulos (a través de su portavoz Pedro, cp. Lc. 8:45) hicieron una pregunta obvia. Había mucha gente tan cerca de Jesús, que parecía imposible destacar a una sola persona. Desde la perspectiva divina, el Señor sabía exactamente a quién se estaba refiriendo. **Pero él miraba alrededor para ver quién había hecho esto.** La mujer había querido ocultarse, pero sabía que Jesús le estaba hablando directamente al oído. **Entonces la mujer, temiendo y temblando, sabiendo lo que en ella había sido hecho, vino y se postró delante de él, y le dijo toda la verdad.**

Durante los últimos doce años la mujer había enfrentado el temor de la vergüenza y el rechazo; pero el temor y el temblor que ahora sentía eran muy diferentes. Un temor santo se había apoderado de su corazón a medida que comenzaba a comprender la realidad de **lo que en ella había sido hecho** segundos antes. Al darse cuenta de que estaba en presencia de la Deidad, **vino y se postró delante de él, y** públicamente **dijo toda la verdad** acerca de la enfermedad y de su curación (cp. Lc. 8:47). El Señor respondió a la confesión pública de la mujer afirmándole la autenticidad de su fe. Jesús **le dijo: Hija, tu fe te ha hecho salva; ve en paz, y queda sana de tu azote.** La palabra **azote** (*masti*) literalmente quiere decir "látigo" o "plaga", e ilustra la naturaleza traumática del sufrimiento que esta mujer había soportado. No obstante, las palabras de Jesús trascendieron la condición física de la víctima, indicando que esta **hija** física de Abraham se había convertido en una **hija** espiritual de Dios (cp. Jn. 1:12). La palabra griega común para curación física era *iaomai,* que es el término que Marcos usó cuando escribió que la mujer había quedado **sana de** su **azote.** Lucas utilizó un término sinónimo, *therapeuō* (del cual se deriva la palabra española "terapéutico") cuando observó que esta mujer "por ninguno [de los médicos] había podido ser curada" (Lc. 8:43). Pero la palabra usada para ser **salva** en el versículo 34 (cp. Mt. 9:21-22; Lc. 8:48) es *sōzō*, un término generalmente usado en el Nuevo Testamento para ser salvado del pecado.

Los evangelios usan a menudo *sōzō* para demostrar una relación entre la fe de una persona y su salvación. Por ejemplo, cuando una prostituta arrepentida lavó con sus lágrimas los pies de Jesús, Él le dijo lo mismo que le declaró a esta otra mujer: "Tu fe te ha salvado" (Lc. 7:50; cp. Mr. 10:52; Lc. 17:19). El griego en ambas ocasiones es idéntico, aunque la mayoría de traducciones en español no lo traducen de la misma manera. A pesar de que Jesús curó a muchas personas que no mostraban fe verdadera (y por tanto fueron sanadas solo en un sentido físico), hubo también aquellos que expresaron fe salvadora en Él. En tales casos no solo fueron liberados sus cuerpos, sino también sus almas. La respuesta de Jesús a esta mujer, que relaciona la palabra *sōzō* con la fe de ella, sugiere que fue curada de algo más que solo de una aflicción física. Puesto que había sido salvada, ahora podía ir realmente **en paz.** Su curación corporal le permitía reunirse con su familia y ser restaurada a la sinagoga. Más importante aún, su salvación significaba que ahora estaba reconciliada con Dios.

Aunque Jesús se dirigía a la casa de Jairo, estuvo dispuesto a ser interrumpido a fin de ayudar a esta mujer. Desde una perspectiva humana, Él tenía necesidades más urgentes que atender. La hija de Jairo estaba en el umbral de la muerte, y la condición médica de esta mujer no le ponía en peligro la vida. La conmoción del gentío y la urgencia del momento hacían muy difícil detenerse. Sin embargo, desde la perspectiva divina Jesús sabía que ella era una de sus elegidas (cp. Jn. 6:37). En consecuencia recibió con agrado la interrupción, tomando el tiempo necesario para ministrarla, no solo curándole el cuerpo, sino también salvando su alma.

DURANTE LA CRISIS, JESÚS FUE IMPERTURBABLE

Mientras él aún hablaba, vinieron de casa del principal de la sinagoga, diciendo: Tu hija ha muerto; ¿para qué molestas más al Maestro? Pero Jesús, luego que oyó lo que se decía, dijo al principal de la sinagoga: No temas, cree solamente. Y no permitió que le siguiese nadie sino Pedro, Jacobo, y Juan hermano de Jacobo. Y vino a casa del principal de la sinagoga, y vio el alboroto y a los que lloraban y lamentaban mucho. Y entrando, les dijo: ¿Por qué alborotáis y lloráis? La niña no está muerta, sino duerme. Y se burlaban de él. Mas él, echando fuera a todos, tomó al padre y a la madre de la niña, y a los que estaban con él, y entró donde estaba la niña. (5:35-40)

Los escritores de los evangelios no indican cuánto tiempo tardó la interacción de Jesús con la mujer. Cualquiera que haya sido, duró el tiempo suficiente para que **mientras él aún hablaba** con ella llegaran mensajeros **de casa del principal de la sinagoga, diciendo: Tu hija ha muerto; ¿para qué molestas más al Maestro?** Para consternación y alarma de Jairo, la demora se había vuelto mortal. Cómo debió habérsele angustiado el corazón cuando los mensajeros de su casa le informaron de la triste noticia. La insinuación en el mensaje que dieron fue que Jesús había estado perdiendo tiempo, y que ya era demasiado tarde. Su desesperanza se refleja en la pregunta que hicieran a Jairo: **¿Para qué molestas más al Maestro?** Supusieron erróneamente que el poder de Jesús no podía hacer algo una vez llegada la muerte. Por tanto, la participación de Él se había vuelto inútil. María y Marta tendrían más adelante una reacción similar ante la muerte de su hermano Lázaro (Jn. 11:21, 32).

Rodeado por unos mensajeros llenos de pánico, un líder de la sinagoga muy preocupado y un tremendo gentío, el Señor siguió caminando a paso firme en los propósitos soberanos de su Padre. **Jesús, luego que oyó lo que se decía, dijo al principal de la sinagoga: No temas, cree solamente.** Como sabía que Jairo sería tentado a dudar, el Señor se enfocó directamente en los temores del principal de la sinagoga. La expresión griega se podría traducir: "Deja de estar asustado y sigue creyendo". Según Lucas 8:50, Jesús añadió la promesa: "Y será salva". Con tierna compasión, en lugar de esperar hasta llegar a casa de Jairo, el Señor reconfortó a este angustiado ser humano.

Cuando entraron a la casa (cp. Lc. 8:51), Jesús **no permitió que le siguiese nadie sino Pedro, Jacobo, y Juan hermano de Jacobo.** Por obvias razones, Él no dejó que toda la multitud le siguiera al interior de la casa de Jairo. Tampoco dejó entrar a los doce. En vez de eso tan solo llevó a su círculo íntimo compuesto por **Pedro, Jacobo, y Juan hermano de Jacobo.** Estos tres, junto con Andrés, formaban el grupo más cercano de discípulos de Jesús. (Para más información sobre los doce y su relación con Jesús, véase el capítulo 12 de esta obra).

Cuando Jesús, Jairo, y los tres discípulos entraron **a casa del principal de la sinagoga** descubrieron que el funeral ya había comenzado. El trayecto hasta la vivienda, retrasado por la interacción de Jesús con la mujer (vv. 25-34), había tardado el tiempo suficiente para que los dolientes se reunieran. En consecuencia, cuando Jesús entró a la casa, **vio el alboroto y a los que lloraban y lamentaban mucho.** Aunque los funerales modernos en el mundo occidental son por lo general reuniones solemnes y tranquilas, los funerales judíos antiguos no eran así. Tres elementos diferentes caracterizaban el suceso en el siglo I. Primero, los asistentes expresaban su dolor desgarrándose las vestiduras. La tradición judía incluía treinta y nueve regulaciones sobre cómo alguien debía rasgar la ropa. Por ejemplo, a los parientes del difunto se les exigía que rasgaran sus vestiduras directamente sobre el corazón. La rotura podía coserse ligeramente, pero debía usarse por un período de treinta días en señal de duelo prolongado. Segundo, se contrataban plañideras profesionales que vocalizaran y transmitieran sentimientos de tristeza. La agonía se magnificaba, no se mantenía en silencio; estas profesionales habían dominado el arte de aullar y gemir. Su triste dramatismo creaba el ambiente para todos los asistentes. Tercero, el funeral incluía la contratación de músicos, más comúnmente flautistas (cp. Mt. 9:23). Al igual que las plañideras, los flautistas tocaban sonidos fuertes y discordantes que simbolizaban la discordia y el sufrimiento emocional que se relacionaban con la muerte. De acuerdo con la tradición judía, hasta a los pobres se les exigía que tuvieran al menos dos flautistas y una plañidera. Era evidente que tales ocasiones no eran silenciosas ni tranquilas.

Así que cuando Jesús llegó a la casa de Jairo, la escena era caótica y deprimente. De conformidad con la posición de Jairo como dirigente de alto rango en la sinagoga, probablemente la cantidad de plañideras y músicos era numerosa. Aunque la cacofonía producida por tan heterogéneo grupo habría sido especialmente fuerte y bulliciosa, Jesús no se inmutó por el caos. **Y entrando, les dijo: ¿Por qué alborotáis y lloráis? La niña no está muerta, sino duerme.** Según los relatos paralelos en Mateo y Lucas, Jesús les dijo a las plañideras: "No lloréis" (Lc. 8:52) y "apartaos" (Mt. 9:24). Sin duda la inesperada interrupción detuvo el funeral cuando las plañideras se callaron y los asombrados músicos dejaron sus flautas. El drama del momento se intensificó por el repentino mutismo.

Jesús rompió el silencio haciendo una asombrosa declaración: **La niña no está muerta, sino duerme.** Desde luego que el Señor estaba muy consciente de que la hija de Jairo había muerto. En Juan 11:11, Jesús respondió de igual modo ante la muerte de Lázaro, diciéndoles a los discípulos: "Nuestro amigo Lázaro duerme; mas voy para despertarle". En esa ocasión ni siquiera los discípulos entendieron de inmediato la metáfora. Juan lo explica de esta manera:

> *Dijeron entonces sus discípulos: Señor, si duerme, sanará. Pero Jesús decía esto de la muerte de Lázaro; y ellos pensaron que hablaba del reposar del sueño. Entonces Jesús les dijo claramente: Lázaro ha muerto; y me alegro por vosotros, de no haber estado allí, para que creáis; mas vamos a él (Jn. 11:12-15).*

Este incidente proporcionó igualmente a Jesús la oportunidad de mostrar su poder vivificante. Al usar la metáfora de dormir, el Señor redefinió la muerte como un estado temporal. Esa misma descripción vívida se usa a lo largo del Nuevo Testamento para recordar a los creyentes que la muerte no es permanente y que les espera la resurrección futura (cp. Mt. 27:52; Hch. 7:60; 1 Co. 15:6, 20, 51; 1 Ts. 4:13-15; 5:10; 2 P. 3:4). Aunque el cuerpo duerme de manera temporal en estado de muerte, el alma no lo hace (cp. Lc. 16:19-31; 23:43; 2 Co. 5:8; Fil. 1:23; Ap. 6:9-11).

Cuando las plañideras oyeron lo que Jesús declaró, pasando por alto la verdadera intención del Señor, **se burlaban de él.** El supuesto duelo de ellas, que a las claras era superficial, se convirtió al instante en burlas desdeñosas. Las mujeres sabían que la niña estaba muerta (cp. Lc. 8:53) y les pareció ridícula la afirmación de que solo estaba dormida, lo que proporcionó de este modo prueba de que esta resultó ser una verdadera resurrección. Sin inmutarse por las risas burlonas, y **echando fuera** de la casa **a todos,** Jesús **tomó al padre y a la madre de la niña, y a los que estaban con él, y entró donde estaba la niña.** Una vez retirados los burladores, Jesús tomó a Jairo y su esposa y cariñosamente los llevó, junto con sus tres discípulos, al lugar donde se hallaba el cadáver de la chica. El hecho de que la casa tuviera varias habitaciones sugiere que Jairo era un hombre acaudalado. Después de restaurar el orden donde había habido caos, el Señor estaba a punto de restaurar vida donde había muerte.

EN LA CURACIÓN, JESÚS FUE CARITATIVO

Y tomando la mano de la niña, le dijo: Talita cumi; que traducido es: Niña, a ti te digo, levántate. Y luego la niña se levantó y andaba, pues tenía doce años. Y se espantaron grandemente. Pero él les mandó mucho que nadie lo supiese, y dijo que se le diese de comer. (5:41-43)

Jesús ya había demostrado su bondad a Jairo en varias maneras. Primera, le concedió una audiencia personal en medio de un gran gentío. Segunda, accedió a acompañarlo para ver a la enferma. Tercera, le consoló incluso después de muerta su hija. Cuarta, se hizo cargo de la situación en casa del principal de la sinagoga, sacando a las plañideras profesionales y trayendo la calma a una escena caótica. Quinta, el Señor llevó a Jairo y su esposa a la alcoba donde yacía el cuerpo de la niña. La expresión más notable de la compasión de Jesús hacia Jairo y su familia alcanzó su nivel más alto en este suceso: en el milagro y sus consecuencias inmediatas.

El Señor Jesús, quien siempre se caracterizó por compasión hacia el pueblo (cp. Mt. 9:36; 14:14; Mr. 1:41; 8:2), demostró tierna sensibilidad en el trato que le dio a esta jovencita y a su familia. Fácilmente pudo haberla curado desde lejos, sin hacer el viaje hasta su casa. La presencia personal y la promesa del Señor demostraron la infinita misericordia que motivó la ministración que brindó a las personas. Con un toque, **y tomando la mano de la niña, le dijo: Talita cumi; que traducido es: Niña, a ti te digo, levántate.** Solamente el Evangelio de Marcos relata el arameo original, el cual era el lenguaje hablado a diario por la mayoría de judíos en el siglo I. **Talita** significa juventud o cordero. En esencia, Jesús se refirió a ella como una "corderita", una expresión de cariño y bondad. Aunque culturalmente la chica había entrado ya a la edad de ser mujer, el Creador del universo la veía como una corderita, como es probable que también sus padres la vieran.

En ese momento el poder milagroso de Jesús se desató. "Entonces su espíritu volvió" (Lc. 8:55) **y luego la niña se levantó y andaba, pues tenía doce años.** La jovencita estaba muerta en un momento, y viva y llena de energía al siguiente. No fue necesario ningún tiempo de recuperación, rehabilitación o terapia física. Tan pronto como Jesús le dio vida, ella se levantó con toda energía y comenzó a recorrer la habitación. Al igual que todos los milagros de Jesús, esta fue una obra creativa. Sus efectos fueron inmediatos, completos e innegables. La reacción de los padres de la niña y de los tres discípulos fue de conmoción y pavor. Al instante **se espantaron grandemente.** El verbo **espantaron** (*existēmi*) literalmente significa estar fuera de sí o caer de espaldas (cp. Mr. 3:21; 2 Co. 5:13). No hay forma humana de explicar lo que acababa de suceder. Para Jairo y su esposa el duelo fue transformado al instante en gozo, y el dolor dio paso a la alabanza.

En medio de la celebración, **él les mandó mucho que nadie lo supiese, y dijo que se le diese de comer.** La misericordia del Señor se evidenció otra vez en su preocupación continua por esta jovencita. Sumidos en la emoción, nadie pensó en darle algo de comer. Ella había sido milagrosamente resucitada, pero todavía necesitaba alimento. Después de padecer una enfermedad terminal, tal vez por un período prolongado, pudieron haber pasado semanas o incluso meses desde la última comida completa de la chica. De modo compasivo Jesús reconoció la necesidad que ella tenía de alimento, y en consecuencia dio instrucciones a los padres de la niña.

El Señor además **les mandó mucho que nadie supiese** lo que había sucedido. También en otras ocasiones dio órdenes similares (Mt. 8:4; 9:30; 12:16; 17:9; Mr. 1:25, 34, 44; 3:12; 7:36; 8:26, 30; 9:9; Lc. 4:41; 9:21). ¿Por qué hizo esto? Hubo momentos en que Jesús insistió en el silencio porque sabía que el informe resaltaría el entusiasmo fanático de las multitudes, lo cual solamente obstaculizaría su ministerio (cp. Mr. 1:40-45; Jn. 6:14-15). En otras ocasiones este fue un acto de juicio con la intención de ocultar la verdad de aquellos que lo habían rechazado de modo permanente (cp. Lc. 9:21). Tales razones no son el motivo más importante de que Jesús pidiera de manera reiterada este tipo de silencio obligatorio. Marcos 8:30-31 revela el propósito principal: "Pero él les mandó que no dijesen esto de él a ninguno. Y comenzó a enseñarles que le era necesario al Hijo del Hombre padecer mucho, y ser desechado por los ancianos, por los principales sacerdotes y por los escribas, y ser muerto, y resucitar después de tres días". El Señor sabía que su misión terrenal no habría finalizado hasta después de su muerte y resurrección, y nadie, incluidos sus propios discípulos (cp. Mr. 9:32; Lc. 9:45; 18:34; Jn. 12:16), entenderían por completo su mensaje hasta entonces. Jesús no quería ser conocido simplemente como un obrador de milagros o maestro. Tales designaciones, aunque exactas, son incompletas porque Él vino para un propósito superior (cp. Lc. 19:10). Entonces Jesús insistió en el silencio porque la historia aún no había terminado.

El mensaje completo acerca de Jesús debe incluir la realidad de que Él es el Salvador crucificado y resucitado. Su muerte y resurrección son esenciales para las buenas nuevas del evangelio. Como Pablo se lo explicó a los corintios:

> *Además os declaro, hermanos, el evangelio que os he predicado, el cual también recibisteis, en el cual también perseveráis; por el cual asimismo, si retenéis la palabra que os he predicado, sois salvos... Porque primeramente os he enseñado lo que asimismo recibí: Que Cristo murió por nuestros pecados, conforme a las Escrituras; y que fue sepultado, y que resucitó al tercer día, conforme a las Escrituras (1 Co. 15:1-4).*

Jesús sabía que un milagro como la resurrección de la hija de Jairo solo podía apreciarse por completo a la luz de la cruz y la tumba vacía. En última instancia, fue su propia victoria sobre el pecado y la muerte lo que le permitió no solo otorgar vida temporal a la niña muerta, sino también ofrecer vida eterna a todos aquellos que creen en Él (cp. Ro. 8:11).

El relato de Marcos de estos dos milagros resalta el poder sobrenatural y la tierna misericordia de Jesús. Siete siglos antes del nacimiento de Jesús, el profeta Isaías describió la compasión del Mesías con estas palabras: "No quebrará la caña cascada, ni apagará el pábilo que humeare" (Is. 42:3). Desde un estimado dirigente de sinagoga hasta una pobre marginada social e innumerables más, Jesús demostró reiteradamente ese tipo de cuidado verdadero por las personas que sufren. Como el Hijo de Dios en carne humana, la grandeza de su poder creativo solo fue igualada por la bondad de su compasión.

Asombrosa incredulidad 19

Salió Jesús de allí y vino a su tierra, y le seguían sus discípulos. Y llegado el día de reposo, comenzó a enseñar en la sinagoga; y muchos, oyéndole, se admiraban, y decían: ¿De dónde tiene éste estas cosas? ¿Y qué sabiduría es esta que le es dada, y estos milagros que por sus manos son hechos? ¿No es éste el carpintero, hijo de María, hermano de Jacobo, de José, de Judas y de Simón? ¿No están también aquí con nosotros sus hermanas? Y se escandalizaban de él. Mas Jesús les decía: No hay profeta sin honra sino en su propia tierra, y entre sus parientes, y en su casa. Y no pudo hacer allí ningún milagro, salvo que sanó a unos pocos enfermos, poniendo sobre ellos las manos. Y estaba asombrado de la incredulidad de ellos. Y recorría las aldeas de alrededor, enseñando. (6:1-6)

Aunque la gente estaba siempre asombrada por Jesús, el Nuevo Testamento relata solo dos ocasiones en que Él se asombró por la gente. En ambos casos participó la fe. En el lado positivo, Jesús se maravilló ante la fuerte fe expresada por un centurión romano en Capernaúm. Según Lucas 7:9: "al oír esto, Jesús se maravilló de él, y volviéndose, dijo a la gente que le seguía: Os digo que ni aun en Israel he hallado tanta fe". En cambio, en su pueblo natal de Nazaret fue la total ausencia de fe lo que hizo que el Señor se asombrara. Según Marcos explica en este pasaje, Jesús "estaba asombrado de la incredulidad de ellos" (Mr. 6:6).

La incredulidad es una fuerza poderosa con repercusiones devastadoras, primero en esta vida y luego en la próxima. En el huerto del Edén, Satanás tentó a Eva para que dudara de la clara instrucción de Dios, y ella comió el fruto del árbol prohibido (cp. Gn. 3:1-7; 1 Ti. 2:14). Los habitantes de la época de Noé se negaron a creerle la advertencia, y más tarde se ahogaron en el diluvio (cp. Mt. 24:38-39; 2 P. 2:5; 3:3-6). Después de la salida de Egipto, la infidelidad de Aarón, encarnada en la forma de un becerro de oro, dio lugar a que murieran tres mil israelitas (cp. Éx. 32:28, 35). La duda cargada de miedo de los diez espías, representantes de la nación de Israel, ocasionó que toda la generación muriera en el desierto (Nm. 13:32; 14:20-23; cp. 1 Co. 10:1-10). La incredulidad de Acán, expresada en codicia, robo e intento de encubrimiento, produjo la ejecución de toda su familia (Jos. 7:25). Incluso después de establecerse en la tierra prometida, la endémica apostasía e incredulidad de los israelitas provocaron el juicio repetido de Dios (cp. Jue. 2:7-11).

Paradójicamente, los dirigentes religiosos judíos descritos en el Nuevo Testamento mostraron ese mismo nivel de incredulidad en su respuesta a Jesús. Esteban habló de este modo ante el sanedrín:

> *¡Duros de cerviz, e incircuncisos de corazón y de oídos! Vosotros resistís siempre al Espíritu Santo; como vuestros padres, así también vosotros. ¿A cuál de los profetas no persiguieron vuestros padres? Y mataron a los que anunciaron de antemano la venida del Justo, de quien vosotros ahora habéis sido entregadores y matadores; vosotros que recibisteis la ley por disposición de ángeles, y no la guardasteis (Hch. 7:51-53).*

Al igual que todos los incrédulos, la dureza de corazón de ellos resultó en que murieran en sus pecados y perdieran el cielo (cp. Jn. 8:24). La incredulidad mostrada hacia el Hijo de Dios activa la ira divina y catapulta almas en el infierno eterno. En las conocidas palabras de Juan 3:18, "el que en él cree, no es condenado; pero el que no cree, ya ha sido condenado, porque no ha creído en el nombre del unigénito Hijo de Dios" (cp. Jn. 8:24).

Este pasaje (Mr. 6:1-6) sigue a varios milagros importantes realizados por Jesús. En Marcos 4:35-41, el Señor calmó al instante una violenta tormenta en el lago de Galilea. Al día siguiente, en la costa oriental del lago envió una legión de demonios a un hato de cerdos (5:1-20). Al regresar a Capernaúm (5:21-24), Jesús curó a una mujer que había padecido de flujo de sangre durante más de una década (5:25-34). Luego devolvió a la vida a la hija de doce años de Jairo (5:35-43). Fascinado por la enseñanza de Jesús y asombrado por sus milagros, el gentío en Galilea en general respondió a Jesús con una actitud de entusiasmo. No obstante, la atónita curiosidad pronto quedó muy lejos de la fe salvadora (cp. Jn. 2:24; 6:66).

Por supuesto, la emoción popular de las multitudes estaba en marcado contraste con la abierta hostilidad de los fariseos y escribas, quienes odiaban a Jesús y ya estaban tramando matarlo (Mr. 3:6; cp. Mt. 12:14). En lugar de atribuir a Dios el poder sobrenatural de Jesús, lo acusaron de estar facultado por Satanás (3:22). Celosos de la popularidad del Señor, y furiosos porque Él se oponía a la hipocresía y a la tradición de los fariseos, estos lo acosaban adondequiera que iba. Incluso estuvieron dispuestos a unir fuerzas con sus enemigos políticos, los herodianos (3:6) y los saduceos (Jn. 11:47-53), para provocarle la muerte.

En este momento en el ministerio de Jesús la actitud de rechazo frontal de los líderes religiosos no era la misma que la de la mayoría del pueblo. Cuando Él viajaba por las ciudades y pueblos de Galilea (cp. Mt. 4:23; 9:35; Mr. 1:39), le recibían en general de modo favorable. Hubo una gran excepción: su propio pueblo natal de Nazaret. Los residentes de ese lugar conocían a Jesús solo como un carpintero local que había crecido y vivido en su pequeña comunidad durante la mayor parte de tres décadas (cp. Mr. 1:9, 24; 10:47; 14:67; 16:6). José y María se habían mudado a Nazaret después de su regreso de Egipto cuando Jesús aún era bebé (cp. Mt. 2:23; Lc. 2:39). Él había crecido allí, pasando por las etapas de joven a adulto (Lc. 2:40). Aunque había sido catapultado a la escena pública después del inicio de su ministerio público como a los treinta años de edad, sus antiguos vecinos le siguieron viendo nada más que como el hijo mayor de una conocida familia de la aldea.

El viaje a Nazaret relatado en este pasaje (6:1-6; cp. Mt. 13:54-58) fue la segunda visita registrada de Jesús a su pueblo natal desde el inicio de su ministerio público. La primera visita ocurrió poco después de sus tentaciones en el desierto (cp. Lc. 4:1-13). Lucas relata que "Jesús volvió en el poder del Espíritu a Galilea... Vino a Nazaret, donde se había criado; y en el día de reposo entró en la sinagoga, conforme a su costumbre, y se levantó a leer" (Lc. 4:14a, 16). A Jesús le habrían conocido muy bien las personas que asistían a la sinagoga ese día, ya que lo habían visto desde que era niño. Para estas, el Señor era un miembro común y corriente de su comunidad pueblerina. Sin embargo, ese día de reposo les iría a demostrar que estaba muy lejos de ser común y corriente.

Se acostumbraba que los rabinos itinerantes fueran invitados a la sinagoga local a leer las Escrituras y dirigirse a la congregación. Puesto que la noticia acerca de Jesús se había estado difundiendo, sin duda el pueblo de Nazaret estaba deseoso de oírlo predicar. Después de leer un pasaje mesiánico de Isaías 61:1-2, Jesús afirmó a sus amigos y vecinos conocidos: "Hoy se ha cumplido esta Escritura delante de vosotros" (Lc. 4:21). La insinuación era clara. Él estaba afirmando que era el Mesías. Inicialmente la respuesta de la congregación pareció bastante positiva: "Todos daban buen testimonio de él, y estaban maravillados de las palabras de gracia que salían de su boca, y decían: ¿No es éste el hijo de José?" (v. 22). Pero Jesús conocía sus corazones (cp. Jn. 2:24). Reconoció su respuesta por lo que era: un deseo superficial de verlo realizar milagros (cp. Lc. 4:23). Cuando Jesús les reprendió su falta de fe y su hipocresía, comparándolos con la generación apóstata de israelitas que vivieron durante la época de Elías y Eliseo (vv. 25-27), reaccionaron dando a conocer la verdadera condición de sus corazones. "Al oír estas cosas, todos en la sinagoga se llenaron de ira; y levantándose, le echaron fuera de la ciudad, y le llevaron hasta la cumbre del monte sobre el cual estaba edificada la ciudad de ellos, para despeñarle" (vv. 28-29). Después de solo un sermón, la gente que había conocido muy bien a Jesús quedó tan indignada por el mensaje que se convirtió en una turba que deseaba matarlo. Pero Él escapó, según nos cuenta Lucas, y "pasó por en medio de ellos, y se fue" (v. 30).

Pasaron meses antes que Jesús decidiera regresar a Nazaret por segunda y última vez. **Salió Jesús de** Capernaúm, **y vino a su tierra.** Hasta este momento Capernaúm había sido la sede del ministerio de Jesús en Galilea. De este momento en adelante ese ya no fue así. Los habitantes de la ciudad habían recibido más que suficiente revelación para creer y, por tanto, serían responsables por haberle rechazado (cp. Mt. 2:23). Además, la hostilidad de los dirigentes religiosos judíos y la proximidad del palacio de Herodes, situado en la cercana Tiberias, hacía demasiado peligroso que el Señor permaneciera en Capernaúm por períodos prolongados.

Nazaret, ubicada a cuarenta kilómetros al suroeste de Capernaúm, era un pueblo insignificante en la época de Jesús, con una población de unos quinientos habitantes. Era tan desconocido que no se menciona ni en el Antiguo Testamento ni en el Talmud judío. Sin embargo, había sido la **tierra** del Señor por casi tres décadas. El hecho de que **le** siguieran **sus discípulos** indica que esta no fue una visita familiar privada, sino que estaba destinada al ministerio público. Como parte de la propia formación ministerial de los discípulos (cp. 6:7-13), estos estarían expuestos al rechazo de corazones endurecidos que caracteriza a los incrédulos.

La respuesta de los habitantes de Nazaret a Jesús revela cuatro verdades acerca de la perniciosa naturaleza de la incredulidad: ensombrece lo obvio, exalta lo irrelevante, ataca al mensajero y rechaza lo sobrenatural.

LA INCREDULIDAD ENSOMBRECE LO OBVIO

Y llegado el día de reposo, comenzó a enseñar en la sinagoga; y muchos, oyéndole, se admiraban, y decían: ¿De dónde tiene éste estas cosas? ¿Y qué sabiduría es esta que le es dada, y estos milagros que por sus manos son hechos? (6:2)

A pesar de la violenta respuesta que le dieron a Jesús durante su anterior visita, **llegado el día de reposo** los residentes de Nazaret le invitaron **a enseñar en la sinagoga.** La creciente popularidad del Señor en toda Galilea sin duda les hizo sentir curiosidad por oírle de nuevo. En un nivel humano, ellos le conocían muy bien. También estaban plenamente conscientes de que desde que Jesús salió de Nazaret para comenzar a predicar y a realizar milagros había causado asombro y estupor en todo Israel. Aunque en esta ocasión no intentaron matarlo, como había ocurrido la primera vez (cp. Lc. 4:29), la recelosa disposición que tenían hacia Él no había cambiado.

Mientras el Señor Jesús enseñaba, **muchos, oyéndole, se admiraban.** A diferencia de la tortuosa divagación de los rabinos, la enseñanza del Señor era con autoridad (Mt. 7:28-29; Lc. 4:32), conocimiento (Jn. 7:15-16), e incomparable (Jn. 7:46). Es comprensible que la respuesta de la congregación fuera de total admiración. La palabra griega **admiraban** (*ekplessō*) significa "golpear" o "explotar". Si usamos lenguaje corriente, la enseñanza de Jesús era "alucinante" para los que la oían. (Para más información acerca de la naturaleza asombrosa de la enseñanza del Señor, véase el capítulo 4 de esta obra).

No obstante, la admiración de los oyentes no los llevó a poner su fe en Jesús como Señor y Mesías. Al contrario, endurecieron sus corazones en rechazo continuo. En lugar de reconocer lo obvio, que Jesús exhibía poder de parte de Dios, los ciudadanos de Nazaret le cuestionaron la fuente de su sabiduría y poder sobrenaturales, **y decían: ¿De dónde tiene éste estas cosas? ¿Y qué sabiduría es esta que le es dada, y estos milagros que por sus manos son hechos?** Los habitantes de Nazaret sabían que el Señor nunca había recibido formación para convertirse en rabino (cp. Jn. 7:15). Sin embargo, su enseñanza se caracterizaba por incomparable claridad, veracidad y profundidad para sorprender incluso a los escribas más eruditos de la época (cp. Mr. 11:18; Lc. 2:47). La experiencia que tuvieron con Él los dejó sin habla.

En realidad, las palabras (**sabiduría**) y las obras (**milagros**) de Jesús demostraban objetivamente, más allá de cualquier duda razonable, que Él venía de parte de Dios. El hecho de que su enseñanza cautivara los corazones y las mentes de las personas (cp. Mt. 7:28; 22:33; Mr. 1:22; Lc. 4:32) llenó de envidia y preocupación extrema a los orgullosos y falsos dirigentes religiosos. Según informa Lucas 19:47-48, en un momento posterior de su ministerio, Jesús "enseñaba cada día en el templo; pero los principales sacerdotes, los escribas y los principales del pueblo procuraban matarle. Y no hallaban nada que pudieran hacerle, porque todo el pueblo estaba suspenso oyéndole". De igual modo, los milagros de Jesús eran manifestaciones innegables de poder divino, pues Él restauraba la salud plena a quienes eran leprosos (Mr. 1:40), paralíticos (2:3), sordos (7:32), ciegos (10:46), endemoniados (5:2), e incluso a los que habían muerto (5:35). Los antiguos vecinos de Jesús obviamente habían oído hablar de los muchos milagros que Él había realizado, a medida que los informes acerca del Señor circulaban por toda Galilea y las regiones circundantes (cp. Mt. 4:24; 9:26, 31; 14:1; Mr. 1:28, 45; 6:14; Lc. 4:14, 37; 5:15). Esas grandes demostraciones de poder sobrenatural confirmaban su deidad. Así observó Nicodemo con toda razón: "Nadie puede hacer estas señales que tú haces, si no está Dios con él" (Jn. 3:2). El Señor mismo indicó a sus críticos que examinaran sus milagros: "Si no hago las obras de mi Padre, no me creáis. Mas si las hago, aunque no me creáis a mí, creed a las obras, para que conozcáis y creáis que el Padre está en mí, y yo en el Padre" (Jn. 10:37-38). Tiempo atrás explicó a los dirigentes religiosos en Jerusalén: "Yo tengo mayor testimonio que el de Juan; porque las obras que el Padre me dio para que cumpliese, las mismas obras que yo hago, dan testimonio de mí, que el Padre me ha enviado" (Jn. 5:36). Los enemigos de Jesús sabían que no podían negar la realidad de esos milagros (cp. Jn. 11:47). Así que más bien con obstinación negaron la fuente divina del poder de Jesús, alegando que en realidad estaba motivado por Beelzebú (cp. Mr. 3:22-30).

Los ciudadanos de Nazaret no acusaron a Jesús de estar facultado por Satanás, pero tampoco estuvieron dispuestos a reconocer que su poder venía de Dios. Su agnosticismo y escepticismo se manifestó en forma de una pregunta: **¿De dónde tiene éste estas cosas?** A fin de mantener su incredulidad buscaron cualquier explicación diferente a la obvia. A semejanza de la tierra compactada a lo largo del camino en la parábola de los terrenos (Mr. 4:15), sus corazones eran impenetrables y estaban endurecidos. Habían recibido evidencias más que suficientes; sin embargo, obstinadamente se negaron a creer en Jesús (cp. Jn. 3:18-20).

LA INCREDULIDAD EXALTA LO IRRELEVANTE

¿No es éste el carpintero, hijo de María, hermano de Jacobo, de José, de Judas y de Simón? ¿No están también aquí con nosotros sus hermanas? (6:3*a*)

En lugar de aceptar lo obvio, los antiguos vecinos de Jesús se enfocaron en lo irrelevante, levantando una cortina de humo acerca de información no relacionada para justificar su incredulidad. Aunque estaban de verdad admirados por las enseñanzas y sorprendidos por las noticias de los milagros del Señor, se negaron a creer que Jesús era Señor y Salvador. Estaban atónitos de que un obrero local de su propio pueblo, un artesano común y corriente sin formación teológica especializada ni credenciales religiosas, afirmara ser el tan esperado Mesías de Dios (cp. Lc. 4:18-21).

En armonía con su actitud de incredulidad plantearon asuntos irrelevantes al asunto en cuestión. Era verdad que Jesús fue carpintero de profesión, el hijo primogénito de María, y el medio hermano de sus hermanos; pero esos detalles no eran relevantes para el asunto de su mesianismo. Aunque los judíos del siglo I tenían muchos conceptos erróneos acerca de la venida del Mesías, no obstante entendían que nacería como hombre y que crecería en una familia judía en alguna parte de la nación de Israel. En lugar de aceptar a Jesús como ese Mesías prometido y probado, y de alabar a Dios por elegir su desconocida aldea para tan gran honor, los habitantes de Nazaret respondieron con resentimiento, burlas e incredulidad.

Preguntaron asombrados: **¿No es éste el carpintero?** Según Mateo 13:55, también aclararon: "¿No es éste el hijo del carpintero?". Era habitual que los padres enseñaran a sus hijos a seguir su oficio. Jesús aprendió a ser carpintero de parte de José, y es probable que dirigiera el negocio familiar después de la muerte de José. La palabra traducida **carpintero** (*tektōn*) es un término amplio que significa constructor o artesano. Se podría referir a un carpintero, albañil, herrero o constructor de barcos. Alguna tradición de la iglesia primitiva sugiere que José y Jesús se especializaban en la fabricación de yugos y arados. Al haberse criado en Nazaret, Jesús probablemente habría hecho muchos implementos agrícolas, y quizás trabajó en otros proyectos de construcción para sus vecinos. Esas mismas personas encontraron difícil creer que un carpintero de su humilde pueblo natal, que con anterioridad no había revelado su naturaleza divina, pudiera de repente exhibir tal profundidad y poder. Aunque muchas leyendas acerca de la infancia de Jesús surgieron más tarde en la historia de la iglesia, afirmando que Él realizó milagros siendo niño en Nazaret, son obviamente invenciones. Si algo de eso fuera verídico, los ciudadanos de Nazaret habrían respondido a Jesús de modo distinto. Pero su crianza pareció tan corriente y natural para sus vecinos y familiares, que les fue imposible creer que Él poseyera sabiduría divina y poder sobrenatural.

Además, los antiguos vecinos de Jesús señalaron que Él era el **hijo de María.** Este es el único lugar en los evangelios en que se hace referencia a Jesús por medio de ese título. La costumbre normal judía identificaba a un hijo por el hombre de su padre. (En el caso de Jesús habrían usado el nombre de su padre adoptivo, José [cp. Lc. 4:22; Jn. 6:42]). Quizás se refirieron a María porque José ya había muerto mientras que María aún seguía viviendo en Nazaret. También es posible que propusieran esto como un insulto, sugiriendo que Jesús había nacido de manera ilegítima (cp. Jn. 8:41; 9:29); cuando se desconocía el nombre del padre se llamaba a la persona como hijo de su madre. Esta falsa acusación es todavía propuesta por algunos que rechazan al Señor Jesucristo.

Los vecinos no solo sabían que Jesús era el hijo mayor de María, sino que también sabían que Él era el **hermano de Jacobo, de José, de Judas y de Simón.** Es probable que en ese pequeño pueblo la gente comprendiera cómo se sentían los hermanos de Jesús respecto a Él. De ser así, esto solo habría añadido más a la incredulidad de los ciudadanos, ya que en este momento "ni aun sus hermanos creían en él" (Jn. 7:5). Los hermanos creían que Él se hallaba "fuera de sí" (Mr. 3:21); sus conciudadanos pudieron haber tenido esa misma perspectiva. No fue sino hasta después de la muerte y resurrección de Jesús que sus medios hermanos se añadieron a la iglesia (Hch. 1:14; cp. 1 Co. 15:7). **Jacobo** (cuyo nombre es literalmente Jacob) se convirtió en el líder de la iglesia en Jerusalén (cp. Hch. 15:13) y escribió la epístola de Santiago. **Judas** también tuvo influencia en la iglesia primitiva al escribir la epístola de Judas. Para completar esta imagen familiar, los ciudadanos de Nazaret también cuestionaron: **¿No están también aquí con nosotros sus hermanas?** El hecho de que Jesús tuviera varios hermanos pone al descubierto la mentira de la doctrina católica romana de la virginidad perpetua de María (cp. Mt. 12:46-47; Lc. 2:7; Jn. 7:10; Hch. 1:14). Como indica este pasaje, María dio a luz a por lo menos seis hijos más después del nacimiento de Jesús.

Al mencionar la ocupación y la familia de Jesús, la gente de Nazaret convirtió asuntos irrelevantes en piedras de tropiezo para defender su incredulidad. Desviaron su atención de la verdad con el fin de justificar el rechazo hacia Jesús. Solamente le habían conocido como el hijo de un carpintero local. Por tanto, no estuvieron dispuestos a aceptarlo por quién realmente era: el Hijo de Dios.

Betesda (Jn. 5:13) ni siquiera conocía la identidad de Jesús cuando fue sanado; el hombre que nació ciego (Jn. 9:1, 7) no habló de su fe en Jesús hasta después que le fue concedida la vista (v. 38). Los endemoniados a quienes Jesús liberó (cp. Mr. 1:23-26; 5:1; cp. Mt. 12:22) tampoco hicieron profesión de fe antes de ser liberados. Cuando Jesús resucitó de los muertos a personas obviamente no lo hizo exigiendo primero fe de parte de ellas (Lc. 7:14; Jn. 11:43). Además, el Señor curó multitudes de individuos, aunque no todos ellos creyeron (cp. Mt. 9:35; 11:2-5; 12:15-21; 14:13-14, 34-36; 15:29-31; 19:2). Está claro que la incredulidad no disminuyó en absoluto el poder de Jesús. Sin embargo, el endurecido rechazo de Nazaret fue tal que no había motivo para hacer milagros allí.

Por otra parte, la decisión de Jesús fue misericordiosa. Si hubiera hecho milagros adicionales en Nazaret, la condenación que recibieron por rechazarlo solo habría empeorado. Para ellos el infierno eterno habría sido peor. La gente del pueblo natal de Jesús habría sido juzgada igual que las ciudades no arrepentidas de Corazín, Betsaida y Capernaúm. Así lo explicó Mateo:

> *Entonces comenzó a reconvenir a las ciudades en las cuales había hecho muchos de sus milagros, porque no se habían arrepentido, diciendo: ¡Ay de ti, Corazín! ¡Ay de ti, Betsaida! Porque si en Tiro y en Sidón se hubieran hecho los milagros que han sido hechos en vosotras, tiempo ha que se hubieran arrepentido en cilicio y en ceniza. Por tanto os digo que en el día del juicio, será más tolerable el castigo para Tiro y para Sidón, que para vosotras. Y tú, Capernaum, que eres levantada hasta el cielo, hasta el Hades serás abatida; porque si en Sodoma se hubieran hecho los milagros que han sido hechos en ti, habría permanecido hasta el día de hoy. Por tanto os digo que en el día del juicio, será más tolerable el castigo para la tierra de Sodoma, que para ti (Mt. 11:20-24).*

Sin embargo, que Jesús se negara a hacer más milagros fue también una señal de juicio (cp. Mt. 7:6). El propósito de los milagros nunca fue entretener a los endurecidos, sino conmover a quienes estaban abiertos al evangelio hacia la fe salvadora. Así les dijo Jesús a los fariseos: "La generación mala y adúltera demanda señal; pero señal no le será dada, sino la señal del profeta Jonás" (Mt. 12:39). Los milagros que hizo no fueron en beneficio espiritual para quienes se negaran a creer, pues Él no tenía interés en complacer la curiosidad de los impíos (cp. Lc. 23:8-9).

Este rechazo impactante y endurecido de la gente de Nazaret fue tan inamovible que incluso Jesús **estaba asombrado de la incredulidad de ellos.** La palabra **asombrado** indica que Jesús se estremeció por la falta de fe y la abierta hostilidad tan arraigadas que Él encontró allí. Durante toda su vida terrenal Él había sido la persona más ejemplar y asombrosa en medio de ellos. No sabían por qué Jesús era diferente, pero no pudieron pasar por alto las manifestaciones de la divina perfección del Señor. ¿Cómo podían aquellos que aseguraban conocer todo acerca de Él negarse de manera obstinada a aceptar la única explicación razonable relacionada con Jesús: que era el Hijo de Dios? No obstante, ese es el poder cegador de la incredulidad (cp. 2 Co. 4:3-4). Una vez que se hizo claro que los habitantes de Nazaret habían rechazado a Jesús, Él los rechazó. **Y recorría las aldeas de alrededor, enseñando.** El Salvador salió del lugar e inició un recorrido de enseñanza en otros pueblos más receptivos de Galilea. Para los habitantes de su pueblo natal el resultado fue horrible y trágico para siempre. "Icabod" fue escrito en Nazaret, diciendo de ella: "Traspasada es la gloria de Israel" (cp. 1 S. 4:21-22).

Hombres comunes y corrientes reciben un llamamiento extraordinario

20

Después llamó a los doce, y comenzó a enviarlos de dos en dos; y les dio autoridad sobre los espíritus inmundos. Y les mandó que no llevasen nada para el camino, sino solamente bordón; ni alforja, ni pan, ni dinero en el cinto, sino que calzasen sandalias, y no vistiesen dos túnicas. Y les dijo: Dondequiera que entréis en una casa, posad en ella hasta que salgáis de aquel lugar. Y si en algún lugar no os recibieren ni os oyeren, salid de allí, y sacudid el polvo que está debajo de vuestros pies, para testimonio a ellos. De cierto os digo que en el día del juicio, será más tolerable el castigo para los de Sodoma y Gomorra, que para aquella ciudad. Y saliendo, predicaban que los hombres se arrepintiesen. Y echaban fuera muchos demonios, y ungían con aceite a muchos enfermos, y los sanaban. (6:7-13)

Esta sección marca un momento crucial en el ministerio del Señor. Antes de esto, solo Jesús predicó el mensaje del evangelio, curó enfermedades, realizó milagros, y enfrentó la dura incredulidad del sistema religioso de Israel. Eso cambió con la aprobación de los doce apóstoles como predicadores oficiales. Sabiendo que su tiempo en Galilea era limitado (cp. Mr. 10:1), Jesús puso en marcha la estrategia de multiplicar la extensión de su ministerio enviando a los doce como sus heraldos por toda la región.

Los doce hombres escogidos por Jesús ya habían pasado incontables horas acompañándolo y aprendiendo de Él. Aunque ya los había nombrado apóstoles, aún no estaban apartados del grupo más grande de discípulos de Jesús para un servicio específico. El Señor les había prometido antes que los prepararía con el fin de que fueran "pescadores de hombres" (Mr. 1:17). Ahora había llegado el momento de que ellos empezaran el ministerio de evangelización. Aunque no estarían del todo adiestrados y capacitados para esa tarea hasta la venida del Espíritu Santo (Hch. 1:8), sus prácticas ministeriales comenzaron aquí.

En total hubo cinco fases culminantes en el envío final de los apóstoles, de las cuales esta es la cuarta. En la primera, fueron llamados a confesar a Jesús como Señor y Mesías (cp. Jn. 1:35-51), y atraídos por el Espíritu Santo a creer en el Señor. En la segunda, Jesús los llamó a seguirle de forma permanente en un ministerio a tiempo completo y a dejar sus actividades anteriores como la pesca y la recaudación de impuestos (cp. Mr. 1:16-20; 3:13-17; Lc. 5:1-11). En la rercera, Jesús elevó a estos doce al nivel de predicadores. Ellos no solo fueron llamados a seguir a Jesús, sino que fueron enviados por Él como sus delegados apostólicos (cp. Lc. 6:12-16). (Para más información sobre este aspecto del llamamiento a los doce, véase el capítulo 12 de esta obra). En la cuarta, Jesús los preparó para el ministerio enviándolos en una gira de predicación de corta duración. Es esta fase de preparación la que se describe en estos versículos. En la quinta, después de su resurrección y antes de su ascensión, Jesús finalmente los comisionó para hacer milagros y predicar el evangelio por toda Jerusalén, Judá, Samaria y hasta los confines de la tierra (cp. Hch. 1:8). En Mateo 28:19-20 Jesús les ordenó: "Id, y haced discípulos a todas las naciones, bautizándolos en el nombre del Padre, y del Hijo, y del Espíritu Santo; enseñándoles que guarden todas las cosas que os he mandado; y he aquí yo estoy con vosotros todos los días, hasta el fin del mundo".

Además de su propósito evangelizador, la elección de estos doce apóstoles también constituye un acto de juicio por parte de Jesús contra la apostasía y la incredulidad de Israel. Ninguno de los hombres elegidos por el Mesías formaba parte del sistema religioso de Israel. Los delegados de Cristo no eran sacerdotes, escribas, fariseos, saduceos o rabinos. Eran hombres comunes y corrientes (cp. 1 Co. 1:26) que conformaban un grupo en que había pescadores, obreros manuales, un recaudador de impuestos, e incluso un zelote antirromano. Y no fue por accidente que Jesús escogiera a doce. Mientras que por un lado eran doce tribus las que comprendían la nación apóstata de Israel, por otro lado Jesús eligió doce emisarios para predicar el verdadero mensaje de salvación. Estos hombres simbolizaban el nuevo liderazgo espiritual de la nación, elegido por el Mesías mismo (cp. Lc. 22:29-30).

Por supuesto, Jesús tenía más de doce seguidores. En un momento posterior eligió a otros setenta para ir en una misión similar de corto plazo (cp. Lc. 10). Sin embargo, los setenta deben distinguirse de los doce apóstoles. Aunque a los setenta se les dio poder temporal para cumplir su misión (cp. Lc. 10:9, 17), su ministerio no fue algo revelador como el de los doce. Los apóstoles de Jesucristo cumplieron un papel exclusivo e irrepetible en la historia de la Iglesia (cp. Ap. 21:14). Autenticados por milagros, recibieron autorización específica para entregar nueva revelación canónica a la Iglesia, el cuerpo de Cristo (cp. Jn. 16:12-15), por medio de la cual sentaron las bases de la Iglesia, "siendo la principal piedra del ángulo Jesucristo mismo" (Ef. 2:20).

Es significativo que Marcos relacione este relato con la narración de la muerte de Juan el Bautista (cp. Mr. 6:14-29). Cuando Herodes oyó hablar de la creciente popularidad de Jesús, debido en parte al éxito de su gira de predicación apostólica, supuso que en realidad Juan había vuelto de entre los muertos (v. 16). Aunque en principio los dos relatos podrían parecer incoherentes, es necesario notar una serie de vínculos importantes. Primero, Juan el Bautista fue el último de los profetas del Antiguo Testamento, mientras que los apóstoles fueron llamados a ser los primeros profetas del Nuevo Testamento. En cierto sentido los profetas del Antiguo Testamento pasaron la batuta de la fidelidad a los apóstoles. Segundo, Juan fue asesinado por defender con firmeza el mensaje del reino y predicar en contra del pecado; los apóstoles enfrentaron persecución similar mientras cumplían la tarea que Jesús les había encomendado (cp. Mt. 10:16-38). Tercero, el creciente interés de Herodes en Jesús significaba que el tiempo del Señor en el territorio de Herodes era necesariamente limitado (cp. Mr. 7:24, 31), ya que el rey habría detenido a Jesús y tal vez lo hubiera ejecutado si Él le hubiera dado la oportunidad (cp. Mr. 3:6; Lc. 13:31-32; 23:8).

Al comisionar a sus doce apóstoles, el Señor Jesús delegó su mensaje y su poder a la primera generación de predicadores del evangelio. Aunque los elementos milagrosos incluidos en este pasaje (tales como la capacidad sobrenatural de curar, realizar milagros y echar fuera demonios) fueron limitados a los apóstoles (2 Co. 12:12), los principios más amplios se aplican a todos los que predican el evangelio como ministros de Cristo. En particular, en este pasaje se demuestran seis características de los mensajeros fieles: proclaman salvación, manifiestan misericordia, viven de manera dependiente, muestran contentamiento, ejercen discernimiento, y responden en obediencia.

LOS MENSAJEROS FIELES PROCLAMAN SALVACIÓN

Después llamó a los doce, y comenzó a enviarlos de dos en dos; (6:7*a*)

Tras salir de su incrédulo pueblo natal de Nazaret, Jesús comenzó a predicar en las ciudades y aldeas de Galilea (v. 6). A fin de multiplicar el alcance de su ministerio en la región, así también como para instruir a sus discípulos en cuanto a sus responsabilidades futuras, **llamó a los doce, y comenzó a enviarlos de dos en dos.** Jesús los envió entonces como delegados con el propósito de llevar el mensaje del evangelio a otros lugares en toda la región de Galilea. Que **comenzó a enviarlos** sugiere que Jesús no los envió a todos a la vez, sino que escalonó su envío en un breve intervalo de tiempo. Es probable que hayan regresado de igual modo (cp. v. 30). El Señor los envió en parejas por obvias razones: para proveer mutuo apoyo y protección, para fortalecer el impacto de sus habilidades individuales, y para asegurar que el mensaje que proclamaban estuviera confirmado por dos testigos (cp. Dt. 19:15).

Según Lucas 9:2, Jesús "los envió a predicar el reino de Dios, y a sanar a los enfermos". La palabra "predicar" (*kērussō*) hace referencia al pronunciamiento autorizado y público de información vital por parte de un heraldo o precursor. En pueblo tras pueblo, los doce actuaron como heraldos personales de Cristo, imitando su ejemplo al predicar públicamente el evangelio del reino de Dios (cp. Mr. 1:14, 38; Lc. 4:43; 8:1), las buenas nuevas de que los pecadores podían reconciliarse con Dios y entrar a su reino de bendición, esperanza y salvación.

Marcos explica más tarde, en el versículo 12, que "saliendo, predicaban que los hombres se arrepintiesen". Tras anunciar que el reino de Dios estaba disponible resaltaron la necesidad de que sus oyentes respondieran con fe de arrepentimiento. Del mismo modo que Juan el Bautista (Mr. 1:4; cp. Mt. 3:2) y Jesús (Mr. 1:15; cp. Mt. 4:17) hicieron hincapié en el arrepentimiento, los apóstoles declararon que los pecadores deben renunciar al pecado y creer en el evangelio (cp. Hch. 3:19; 17:30). Solo aquellos que reconocían la ruina de su condición espiritual, que arrepentidos clamaban a Dios misericordia, y que aceptaban al Hijo de Dios en fe, serían salvos (cp. Lc. 18:13-14; Jn. 3:16; Hch. 4:12).

La implicación para los ministerios contemporáneos es clara: el mensajero fiel proclama exacta y urgentemente las buenas nuevas de salvación a los perdidos. El apóstol Pablo explicó a los corintios: "Somos embajadores en nombre de Cristo, como si Dios rogase por medio de nosotros; os rogamos en nombre de Cristo: Reconciliaos con Dios" (2 Co. 5:20). Pablo reiteró la importancia de la predicación evangelística en su carta a los Romanos:

> *Todo aquel que invocare el nombre del Señor, será salvo. ¿Cómo, pues, invocarán a aquel en el cual no han creído? ¿Y cómo creerán en aquel de quien no han oído? ¿Y cómo oirán sin haber quien les predique? ¿Y cómo predicarán si no fueren enviados? Como está escrito: ¡Cuán hermosos son los pies de los que anuncian la paz, de los que anuncian buenas nuevas! (Ro. 10:13-15).*

Proclamar el verdadero evangelio, en el que se destacan la fe y el arrepentimiento, es esencial para el llamado del ministro (2 Ti. 4:5). Predicar algo menos constituye una violación grave de la responsabilidad divinamente ordenada del heraldo (cp. Gá 1:6-9; 2 Ti. 4:1-2), y las repercusiones son severas (cp. Stg. 3:1).

LOS MENSAJEROS FIELES MANIFIESTAN MISERICORDIA

y les dio autoridad sobre los espíritus inmundos. (6:7*b*)

Cuando los apóstoles salieron a predicar, el Señor Jesús **les dio autoridad** (*exousia*) **sobre los espíritus inmundos.** Esta autoridad sobrenatural delegada los validó como verdaderos mensajeros que estaban facultados por Dios. No solo que tenían poder "sobre todos los demonios" (Lc. 9:1), sino que según Mateo 10:8, también se les dio autoridad para sanar enfermos y resucitar muertos (cp. Mr. 6:13). Al hablar de este poder milagroso dado a los apóstoles, el autor de Hebreos explicó a sus lectores:

> *¿Cómo escaparemos nosotros, si descuidamos una salvación tan grande? La cual, habiendo sido anunciada primeramente por el Señor, nos fue confirmada por los que oyeron, testificando Dios juntamente con ellos, con señales y prodigios y diversos milagros y repartimientos del Espíritu Santo según su voluntad (He. 2:3-4).*

Que pudieran realizar las mismas clases de señales que Jesús hacía demostraba que Él los había enviado (cp. Mr. 1:21-27; 32-34; 40-45; 2:1-12; 5:35-43). El Señor utilizó milagros para validar su mensaje (cp. Jn. 5:36; 10:37-38), y ellos también los harían (cp. 2 Co. 12:12). Con la finalización de la era apostólica y el canon de las Escrituras plenamente revelado, ya no existe necesidad de milagros que autentiquen. A todos los que afirman hablar la verdad de parte de Dios puede ser ahora probados según la norma infalible de la Palabra escrita de Dios (cp. 2 Ti. 3:16-17).

Por la naturaleza de los milagros que realizaban, el poder sobrenatural certificador dado a los apóstoles también demostraba la misericordia y la bondad de Dios. Jesús pudo haber demostrado su poder divino en muchas maneras que no habrían aliviado el sufrimiento humano (cp. Mt. 4:5-7), pero eligió hacer prodigios que liberaban principalmente de enfermedad y sufrimiento, reflejando así la compasión de Dios (cp. Job 36:5-6; Sal. 9:18; 12:5; 14:6; 35:10; 69:33; 140:12; Is. 41:17). En contraste con el legalismo endurecido de los dirigentes religiosos judíos (cp. Mt. 23:4), Jesús se mostraba continuamente comprensivo, tierno y misericordioso (cp. Mt. 11:28-30). A los doce les permitió seguir su ejemplo.

La Biblia describe a los falsos maestros como despiadados, crueles y sin compasión (Is. 56:10-12; Jer. 23:1-2; 50:6; Lm. 4:13; Ez. 22:25; Mi. 3:5, 11; Mt. 7:15; 23:2-4; Mr. 12:38-40; Jn. 10:8, 10; Hch. 20:29; 2 Co. 2:17; Ap. 2:20). Maltratan a las personas y se aprovechan de los pobres para enriquecerse y exaltarse atropellando al débil (cp. Job 4:4-10; Am. 2:6; 4:1). Por el contrario, los ministros fieles tienen la actitud del apóstol Pablo, quien explicó a los tesalonicenses:

> *Porque nunca usamos de palabras lisonjeras, como sabéis, ni encubrimos avaricia; Dios es testigo; ni buscamos gloria de los hombres; ni de vosotros, ni de otros, aunque podíamos seros carga como apóstoles de Cristo. Antes fuimos tiernos entre vosotros, como la nodriza que cuida con ternura a sus propios hijos. Tan grande es nuestro afecto por vosotros, que hubiéramos querido entregaros no sólo el evangelio de Dios, sino también nuestras propias vidas; porque habéis llegado a sernos muy queridos (1 Ts. 2:5-8).*

Tal atributo de compasión divina debería caracterizar a todos los que representan al Señor Jesucristo como sus ministros.

LOS MENSAJEROS FIELES VIVEN DE MANERA DEPENDIENTE

Y les mandó que no llevasen nada para el camino, sino solamente bordón; ni alforja, ni pan, ni dinero en el cinto, sino que calzasen sandalias, y no vistiesen dos túnicas. (6:8-9)

Jesús continuó describiendo una serie de estipulaciones para el viaje ministerial de corto plazo de los apóstoles. Cuando los israelitas salieron de Egipto durante el éxodo, el Señor Dios les ordenó comer así la cena de Pascua: "Ceñidos vuestros lomos, vuestro calzado en vuestros pies, y vuestro bordón en vuestra mano; y lo comeréis apresuradamente; es la Pascua de Jehová" (Éx. 12:11). De igual modo Jesús instruyó a los apóstoles que debían llevar solo un bordón, junto con la ropa y las sandalias que ya estaban usando. El paralelo con la Pascua pudo haber tenido la intención de demostrar que una nueva era en la historia redentora estaba a punto de comenzar, iniciándose con que el verdadero pueblo de Dios saliera de la apostasía.

Jesús **les mandó que no llevasen nada para el camino, sino solamente bordón,** el cual se usaba como bastón y como un medio de defensa personal contra ladrones y animales salvajes. Según el relato paralelo en Lucas 9:3, Jesús manifestó: "No toméis nada para el camino, ni bordón". Aunque inicialmente estos pasajes podrían parecer contradictorios, no lo son. Lucas (al igual que Mateo) resaltó la insistencia de Jesús de que los discípulos no llevaran nada extra para su viaje, como por ejemplo un bordón adicional o un par extra de sandalias (cp. Mt. 10:10). Debían estar listos para salir en cualquier momento, sin hacer preparativos ni reunir provisiones adicionales. Lo único que podían llevar consigo era lo que ya tenían en su posesión, incluyendo la vara en la mano, la ropa en su cuerpo, y las sandalias en los pies. Nada más debían llevar en el viaje. No debían llevar **pan, ni dinero en el cinto, sino que calzasen sandalias.** Entonces agregó que **no vistiesen dos túnicas.** Sin poder preparar o llevar provisiones, estaban obligados a depender totalmente de lo que el Señor les proveyera.

Jesús insistió en este nivel de austeridad para enseñar a los doce la importancia vital de confiar en la fidelidad de Dios y de su provisión para ellos. Debían saber por experiencia de primera mano la verdad de las palabras que Él pronunciara en el Sermón del Monte: "No os afanéis, pues, diciendo: ¿Qué comeremos, o qué beberemos, o qué vestiremos? Porque los gentiles buscan todas estas cosas; pero vuestro Padre celestial sabe que tenéis necesidad de todas estas cosas. Mas buscad primeramente el reino de Dios y su justicia, y todas estas cosas os serán añadidas" (Mt. 6:31-33). A medida que predicaban el mensaje del reino podían depender confiadamente en que Dios les proveyera para sus necesidades.

Cabe señalar que estas estrictas estipulaciones solo eran temporales. No representaban un voto permanente de pobreza, como Jesús mismo más adelante dejó en claro. En el aposento alto, cuando reflexionaba en este acontecimiento, el Señor explicó a sus discípulos:

> *Cuando os envié sin bolsa, sin alforja, y sin calzado, ¿os faltó algo? Ellos dijeron: Nada. Y les dijo: Pues ahora, el que tiene bolsa, tómela, y también la alforja; y el que no tiene espada, venda su capa y compre una. Porque os digo que es necesario que se cumpla todavía en mí aquello que está escrito: Y fue contado con los inicuos; porque lo que está escrito de mí, tiene cumplimiento (Lc. 22:35-37).*

Como indican las palabras de Jesús, la expectativa normal para los apóstoles era que debían planificar y prepararse sabiamente para el futuro. Por extensión, ese principio se aplica a pastores y evangelistas a lo largo de toda la historia de la Iglesia. Aunque el Nuevo Testamento permite a los ministros ganarse la vida de manera razonable por su trabajo en la Iglesia (cp. 1 Co. 9:5-14), siempre tienen que tener presente que deben depender en última instancia del Señor que cumplirá su promesa (cp. He. 13:5-6). Esa fue la lección que Jesús quería que los apóstoles aprendieran en esta ocasión (cp. Mt. 6:25-34).

LOS MENSAJEROS FIELES DEMUESTRAN CONTENTAMIENTO

Y les dijo: Dondequiera que entréis en una casa, posad en ella hasta que salgáis de aquel lugar. (6:10)

En una época en que los mesones a menudo eran sórdidos y hasta peligrosos, por lo general los viajeros se alojaban en casas de personas cuando viajaban de un lugar a otro, y los doce no eran la excepción. Pero Jesús añadió una advertencia importante a ese respecto: **Dondequiera que** fueran, una vez que decidieran entrar **en una casa** con el propósito de alojarse, debían posar **en ella hasta que** salieran **de aquel** pueblo o ciudad. Dado el poder que tenían para curar enfermedades y echar fuera demonios, es probable que recibieran invitaciones para mejorar su comodidad cambiándose de domicilio. Pero ellos no debían ir de casa en casa, como si fueran a recibir dinero de más personas. Después que hubieran aceptado una invitación inicial debían rechazar todas las demás.

Hacer eso los distinguiría de los falsos maestros itinerantes que solían ir de casa en casa, buscando dinero y aprovechándose de los recursos de huéspedes desprevenidos. El apóstol Pablo advirtió a Timoteo en cuanto a tales hombres, "que se meten en las casas y llevan cautivas a las mujercillas cargadas de pecados"

(2 Ti. 3:6). Los falsos maestros usaban sus hipócritas posiciones religiosas como un medio para obtener beneficios materiales (cp. 1 Ti. 6:5). Por el contrario, Timoteo debía evitar el amor al dinero y caracterizarse por el contentamiento:

> *Pero gran ganancia es la piedad acompañada de contentamiento; porque nada hemos traído a este mundo, y sin duda nada podremos sacar. Así que, teniendo sustento y abrigo, estemos contentos con esto. Porque los que quieren enriquecerse caen en tentación y lazo, y en muchas codicias necias y dañosas, que hunden a los hombres en destrucción y perdición; porque raíz de todos los males es el amor al dinero, el cual codiciando algunos, se extraviaron de la fe, y fueron traspasados de muchos dolores (1 Ti. 6:6-10).*

Al hablar de su propio contentamiento, que fue posible gracias a las fuerzas suministradas por Cristo, Pablo declaró a los filipenses:

> *No lo digo porque tenga escasez, pues he aprendido a contentarme, cualquiera que sea mi situación. Sé vivir humildemente, y sé tener abundancia; en todo y por todo estoy enseñado, así para estar saciado como para tener hambre, así para tener abundancia como para padecer necesidad. Todo lo puedo en Cristo que me fortalece (Fil. 4:11-13).*

La lección para los doce era que debían tener contentamiento. Una vez que posaran en la casa de alguien no debían buscar mejor alojamiento. Según Mateo 10:8-9, Jesús también les prohibió usar su ministerio para ganar dinero: "De gracia recibisteis, dad de gracia. No os proveáis de oro, ni plata, ni cobre en vuestros cintos". Una vez más, en contraste con los falsos maestros, los discípulos no debían ponerle precio a su ministerio. A ellos se les había dado poder extraordinario, pero no debían explotarlo en beneficio propio.

LOS MENSAJEROS FIELES EJERCEN DISCERNIMIENTO

Y si en algún lugar no os recibieren ni os oyeren, salid de allí, y sacudid el polvo que está debajo de vuestros pies, para testimonio a ellos. De cierto os digo que en el día del juicio, será más tolerable el castigo para los de Sodoma y Gomorra, que para aquella ciudad. (6:11)

Cuando terminó su instrucción, Jesús explicó cómo los doce debían responder a quienes inevitablemente los rechazarían. **Si en algún** pueblo **no** recibieran a los apóstoles ni oyeran su mensaje, debían salir **de allí y** sacudir **el polvo que está debajo de** sus **pies, para testimonio** contra ese lugar. Sacudir el polvo de los pies era una manera tradicional judía de expresar desprecio hacia los gentiles.

Cuando los viajeros se aventuraban a salir de Israel, al regresar a suelo judío debían sacudir el polvo de sus sandalias como un acto que simbolizaba que estaban dejando detrás la inmundicia y la contaminación de las tierras gentiles. Lo que los judíos entendían como una protesta simbólica contra paganos incircuncisos, Jesús lo aplica como una señal de juicio contra los judíos que rechazaban el evangelio (cp. Hch. 13:50-51). A los doce los estaban enviando "a las ovejas perdidas de la casa de Israel" (Mt. 10:6). Pero si las personas a quienes ministraban se negaban a recibir el mensaje que les llevaban, aún después que fuera validado por señales milagrosas, los apóstoles debían tratarlos como hacían con los gentiles. De acuerdo con el relato paralelo de Mateo, Jesús se explayó sobre este punto diciéndoles a los apóstoles:

> *Mas en cualquier ciudad o aldea donde entréis, informaos quién en ella sea digno, y posad allí hasta que salgáis. Y al entrar en la casa, saludadla. Y si la casa fuere digna, vuestra paz vendrá sobre ella; mas si no fuere digna, vuestra paz se volverá a vosotros. Y si alguno no os recibiere, ni oyere vuestras palabras, salid de aquella casa o ciudad, y sacudid el polvo de vuestros pies. De cierto os digo que en el día del juicio, será más tolerable el castigo para la tierra de Sodoma y de Gomorra, que para aquella ciudad (Mt. 10:11-15).*

Las palabras de Cristo resaltan las consecuencias eternas de rechazar el evangelio (cp. 1 Co. 16:22; 2 Ts. 1:6-9). Quienes han sido expuestos a la verdad de la salvación, y a sabiendas la rechazan, recibirán la forma más severa de castigo eterno (cp. He. 10:29).

Por supuesto, la realidad inevitable fue que los apóstoles serían tratados de la misma forma que habían tratado a Jesús (cp. Mt. 10:16-39). Incluso en su pueblo natal de Nazaret el Señor fue obligado a salir al ser repudiado por sus antiguos vecinos (Mr. 6:1-6). En consecuencia, los apóstoles tendrían que ejercer discernimiento acerca de cuánto tiempo debían quedarse en algún pueblo o aldea. Si los habitantes rechazaban el mensaje, los apóstoles debían mudarse a otro lugar.

Anteriormente, en el Sermón del Monte, Jesús explicó este principio con estas palabras: "No deis lo santo a los perros, ni echéis vuestras perlas delante de los cerdos, no sea que las pisoteen, y se vuelvan y os despedacen" (Mt. 7:6). Con toda razón los judíos se habrían horrorizado ante la idea de lanzar a los perros lo que había sido consagrado como santo a Dios. Se habrían disgustado igualmente por la idea de lanzar joyas valiosas dentro de un corral de cerdos inmundos. Jesús usó esa sorprendente analogía doble para describir a los que rechazaban el evangelio y lo trataban como algo común y sin valor. Mientras los doce atravesaban la región de Galilea, sin duda se tropezarían con aquellos que Cristo describió como perros y cerdos espirituales: judíos hipócritas y duros de corazón que con engreimiento despreciaban la santidad y la preciosidad de las buenas nuevas. Cuando se encontraran con tales individuos, los apóstoles debían ejercer discernimiento en reconocer la necesidad de salir y predicar a quienes fueran receptivos.

LOS MENSAJEROS FIELES RESPONDEN EN OBEDIENCIA

Y saliendo, predicaban que los hombres se arrepintiesen. Y echaban fuera muchos demonios, y ungían con aceite a muchos enfermos, y los sanaban. (6:12-13)

Enviados por Cristo a esta asignación temporal, los doce respondieron en obediencia. Predicaron el mensaje que se les había ordenado proclamar: **Y saliendo, predicaban que los hombres se arrepintiesen.** Realizaron las obras que se les instruyó que llevaran a cabo: **Y echaban fuera muchos demonios, y ungían con aceite a muchos enfermos, y los sanaban.** Ellos hicieron con sus palabras y acciones exactamente lo que Jesús les ordenó que hicieran.

A pesar de que no eran un grupo ilustre, humanamente hablando, fueron obedientes a la comisión del Señor. Su fiel sumisión es especialmente notable a la luz de la oposición que Jesús prometió que enfrentarían. En su relato paralelo, Mateo registra las palabras de advertencia del Señor:

> *He aquí, yo os envío como a ovejas en medio de lobos; sed, pues, prudentes como serpientes, y sencillos como palomas. Y guardaos de los hombres, porque os entregarán a los concilios, y en sus sinagogas os azotarán; y aun ante gobernadores y reyes seréis llevados por causa de mí, para testimonio a ellos y a los gentiles. Mas cuando os entreguen, no os preocupéis por cómo o qué hablaréis; porque en aquella hora os será dado lo que habéis de hablar. Porque no sois vosotros los que habláis, sino el Espíritu de vuestro Padre que habla en vosotros. El hermano entregará a la muerte al hermano, y el padre al hijo; y los hijos se levantarán contra los padres, y los harán morir. Y seréis aborrecidos de todos por causa de mi nombre; mas el que persevere hasta el fin, éste será salvo. Cuando os persigan en esta ciudad, huid a la otra; porque de cierto os digo, que no acabaréis de recorrer todas las ciudades de Israel, antes que venga el Hijo del Hombre. El discípulo no es más que su maestro, ni el siervo más que su señor. Bástale al discípulo ser como su maestro, y al siervo como su señor. Si al padre de familia llamaron Beelzebú, ¿cuánto más a los de su casa? (Mt. 10:16-25).*

A pesar de la persecución que los apóstoles sabían que iban a enfrentar, se sometieron y obedecieron. En consecuencia, el Señor los usó de manera poderosa (cp. 1 Co. 1:20-31).

Marcos observa que como parte del ministerio de sanidad de los apóstoles, estos **ungían con aceite a muchos enfermos, y los sanaban.** Los registros del evangelio no indican que Jesús ungiera con aceite a los enfermos, pero los apóstoles sí lo hicieron al menos en esta ocasión. Aunque el aceite de oliva se usaba a veces con propósitos medicinales (cp. Lc. 10:34), ese no fue su propósito aquí pues los apóstoles curaban de manera milagrosa a los enfermos y no mediante el uso de medicina (Mt. 10:8). ¿Por qué entonces ungían con aceite a los enfermos? En el Antiguo Testamento el aceite de oliva se usaba para simbolizar la presencia y la autoridad de Dios, especialmente en la unción de sacerdotes y reyes (cp. Éx. 30:22-33; 1 S. 16:13). Los apóstoles entonces ungían a los enfermos con aceite para simbolizar el hecho de que su autoridad venía de Dios y no de ellos mismos; estos no eran la fuente del poder que exhibían, solo eran canales de ese poder. Al usar un símbolo sencillo y conocido por los judíos del siglo I, los apóstoles devolvían la gloria al Señor mismo. Al ser Dios encarnado (cp. Col. 2:9), Jesús no necesitó tal símbolo cuando realizó sanidades.

En este punto de la narración, Marcos se detuvo para centrarse en el trato que Herodes dio a Juan el Bautista. Sin embargo, más tarde en el capítulo volvió a referirse al ministerio de los doce, dando informes de su regreso (v. 30). Cuando volvieron, "le contaron [a Jesús] todo lo que habían hecho, y lo que habían enseñado". Al igual que todo ministro de Jesucristo, con agrado rindieron cuentas al Señor por lo que dijeron e hicieron en nombre de Él (cp. 2 Co. 5:10; He. 13:17). (Para un mayor análisis del v. 30, véase el capítulo 22 de esta obra). A pesar de que a los pastores y predicadores contemporáneos no se les ha otorgado poder milagroso como el que les fue delegado a los apóstoles, los principios contenidos en este pasaje son claramente aplicables a todos los que tratan de servir fielmente al Señor Jesús. Lo hacen sabiendo, al igual que los doce, que pronto comparecerán delante de Cristo para rendirle cuentas (cp. 1 P. 5:4; Ro. 14:11-13; 2 Co. 10:5).

El asesinato del profeta más grande

21

Oyó el rey Herodes la fama de Jesús, porque su nombre se había hecho notorio; y dijo: Juan el Bautista ha resucitado de los muertos, y por eso actúan en él estos poderes. Otros decían: Es Elías. Y otros decían: Es un profeta, o alguno de los profetas. Al oír esto Herodes, dijo: Este es Juan, el que yo decapité, que ha resucitado de los muertos. Porque el mismo Herodes había enviado y prendido a Juan, y le había encadenado en la cárcel por causa de Herodías, mujer de Felipe su hermano; pues la había tomado por mujer. Porque Juan decía a Herodes: No te es lícito tener la mujer de tu hermano. Pero Herodías le acechaba, y deseaba matarle, y no podía; porque Herodes temía a Juan, sabiendo que era varón justo y santo, y le guardaba a salvo; y oyéndole, se quedaba muy perplejo, pero le escuchaba de buena gana. Pero venido un día oportuno, en que Herodes, en la fiesta de su cumpleaños, daba una cena a sus príncipes y tribunos y a los principales de Galilea, entrando la hija de Herodías, danzó, y agradó a Herodes y a los que estaban con él a la mesa; y el rey dijo a la muchacha: Pídeme lo que quieras, y yo te lo daré. Y le juró: Todo lo que me pidas te daré, hasta la mitad de mi reino. Saliendo ella, dijo a su madre: ¿Qué pediré? Y ella le dijo: La cabeza de Juan el Bautista. Entonces ella entró prontamente al rey, y pidió diciendo: Quiero que ahora mismo me des en un plato la cabeza de Juan el Bautista. Y el rey se entristeció mucho; pero a causa del juramento, y de los que estaban con él a la mesa, no quiso desecharla. Y en seguida el rey, enviando a uno de la guardia, mandó que fuese traída la cabeza de Juan. El guarda fue, le decapitó en la cárcel, y trajo su cabeza en un plato y la dio a la muchacha, y la muchacha la dio a su madre. Cuando oyeron esto sus discípulos, vinieron y tomaron su cuerpo, y lo pusieron en un sepulcro. (6:14-29)

Incluso un breve examen del Antiguo Testamento evidencia la manera trágica en que el pueblo de Dios rechazó y maltrató reiteradamente a los profetas que Él enviaba. A principios de la historia de Israel, profetas como Moisés (cp. Dt. 34:10) y Samuel (cp. 1 S. 3:20) enfrentaron repetidas críticas y murmuraciones de parte del pueblo (cp. Éx. 15:24; 1 S. 8:4-6; 10:18-19; Hch. 7:39). Más tarde, durante el período de la monarquía dividida, muchos profetas soportaron formas incluso más intensas de persecución. En la época de Elías, la malvada reina Jezabel asesinó a muchos profetas verdaderos del Señor (cp. 1 R. 18:4). Aunque Elías sobrevivió, sufrió la amenaza constante de Jezabel y su esposo, Acab (cp. 1 R. 18:17; 19:1-3). El profeta Miqueas fue encarcelado (1 R. 22:27); de Eliseo se burlaron (2 R. 2:23); es probable que a Isaías lo aserraran por la mitad (cp. He. 11:37); Urías fue matado a espada (Jer. 26:20-23); y a Zacarías, el hijo de Joiada, lo mataron a pedradas en el atrio del templo (2 Cr. 24:20-21). No hace falta buscar mucho para encontrar otros ejemplos de maltrato, persecución y rechazo. Así narra el autor de Hebreos acerca de los profetas: "Fueron apedreados, aserrados, puestos a prueba, muertos a filo de espada; anduvieron de acá para allá cubiertos de pieles de ovejas y de cabras, pobres, angustiados, maltratados; de los cuales el mundo no era digno; errando por los desiertos, por los montes, por las cuevas y por las cavernas de la tierra" (He. 11:37-38; cp. Hch. 7:52). Tal vez ningún personaje del Antiguo Testamento ilustra mejor la constante persecución que enfrentaron los profetas que Jeremías, el profeta llorón (Jer. 9:1; 13:17; 14:17). Durante su ministerio profético fue amenazado de muerte (11:18-23), le golpearon y le pusieron en el cepo (20:2), le arrestaron (26:7-24), le encarcelaron (37:15-16), le metieron en una cisterna para que muriera allí (38:6-7), le encadenaron (40:1), y públicamente le llamaron mentiroso (43:2).

Los dirigentes religiosos de la época de Jesús afirmaron que si ellos hubieran estado vivos en generaciones anteriores no habrían perseguido a los profetas como hicieron sus antepasados. La obvia hipocresía de esa afirmación se vio en el rechazo que hicieron tanto del Mesías (a quien señalaban todos los profetas del Antiguo Testamento) como de su precursor, Juan el Bautista. Jesús no dudó en poner al descubierto su duplicidad:

> *¡Ay de vosotros, escribas y fariseos, hipócritas! porque edificáis los sepulcros de los profetas, y adornáis los monumentos de los justos, y decís: Si hubiésemos vivido en los días de nuestros padres, no hubiéramos sido sus cómplices en la sangre de los profetas. Así que dais testimonio contra vosotros mismos, de que sois hijos de aquellos que mataron a los profetas. ¡Vosotros también llenad la medida de vuestros padres! ¡Serpientes, generación de víboras! ¿Cómo escaparéis de la condenación del infierno? Por tanto, he aquí yo os envío profetas y sabios y escribas; y de ellos, a unos mataréis y crucificaréis, y a otros azotaréis en vuestras sinagogas, y perseguiréis de ciudad en ciudad; para que venga sobre vosotros toda la sangre justa que se ha derramado sobre la tierra, desde la sangre de Abel el justo hasta la sangre de Zacarías hijo de Berequías, a quien matasteis entre el templo y el altar. De cierto os digo que todo esto vendrá sobre esta generación (Mt. 23:29-36).*

A todo lo largo de su historia, la nación había resultado culpable de insultar y maltratar a los portavoces de Dios (cp. Hch. 7:51-53). Como indican las palabras de Jesús, los líderes religiosos del primer siglo continuarían el endurecido legado de sus antepasados, rechazándole a Él y persiguiendo a los apóstoles y profetas a quienes envió. Para ilustrar de modo dramático esta realidad maligna del rechazo, el Señor contó una parábola acerca de un hombre que plantó una viña (Mr. 12:1-11; cp. Mt. 21:33-44; Lc. 20:9-18).

Esta sección (Mr. 6:14-29) relata la ejecución de Juan el Bautista, el precursor del Mesías, el último profeta del Antiguo Testamento, y aquel de quien Jesús manifestó: "De cierto os digo: Entre los que nacen de mujer no se ha levantado otro mayor que Juan el Bautista" (Mt. 11:11). (Para más información sobre el ministerio de Juan el Bautista, véase el estudio de Mr. 1:1-8). La predicación de Juan siempre señaló a Cristo, de quien declaró que es "el Cordero de Dios, que quita el pecado del mundo" (Jn. 1:29; cp. 3:30). Si los dirigentes religiosos hubieran recibido a Juan como un verdadero profeta se habrían visto obligados a recibir a Aquel de quien habló. Por el contrario, al rechazar a Jesús también rechazaron a Juan. Dados los reproches mordaces que Juan hizo respecto a la hipocresía de ellos (cp. Mt. 3:7), sin duda les hizo felices saber que lo habían silenciado de modo permanente. Como mártir, Juan anunció con antelación el tipo de persecución que los seguidores de Jesús enfrentarían por su fidelidad a Él. La historia del asesinato de Juan es una de las narraciones más dramáticas en el Nuevo Testamento, quizás tan solo superada por el relato de la crucifixión de Jesús. Aunque verdadera, parece una extraña novela de intriga, horrible iniquidad y vengativa crueldad.

En el centro de la historia se halla un monarca regional llamado Herodes Antipas. Su padre, Herodes el Grande (cp. Mt. 2:1, 19), gobernó la tierra de Israel bajo el dominio de Roma por treinta y seis años, durante los cuales amplió en gran manera el templo. Herodes el Grande no era judío, sino idumeo (un descendiente de Esaú, el mellizo rechazado). Como tal, tenía poco interés en el judaísmo más allá de cualquier relación superficial que fuera necesaria en aras del beneficio político. El pueblo judío estaba resentido por el gobierno de este individuo, no solo por ser un potentado gentil que representaba a la opresión romana, sino también a causa de su flagrante inmoralidad y brutalidad. Fue Herodes el Grande quien masacró a los bebés varones de Belén en un intento por matar a Jesús (cp. Mt. 2:16). También ordenó la ejecución de los miembros del sanedrín cuando se le opusieron, y hasta mató a dos de sus propios hijos.

Cuando Herodes el Grande murió (en el año 4 a.C.), su territorio fue dividido entre varios de sus hijos sobrevivientes, uno de los cuales fue Herodes Antipas (cp. Lc. 3:1). Los territorios del sur de Judea y Samaria fueron entregados a otro hijo, Arquelao (cp. Mt. 2:22), quien demostró ser un inepto. En el año 6 d.C. fue depuesto por Roma y reemplazado por una serie de gobernadores, uno de los cuales fue Poncio Pilato (quien gobernó desde el 26 hasta el 36 d.C.). Las regiones norteñas de Iturea y Traconite fueron dadas a otro hijo de Herodes el Grande, Felipe el tetrarca, a quien finalmente sucedió su sobrino Herodes Agripa (cp. Hch. 12:1-4, 20-23). El territorio que incluía Galilea y Perea pasó a manos de Herodes Antipas. De los hijos que sucedieron a Herodes el Grande, Herodes Antipas fue quien más sobrevivió, aferrándose al poder durante cuarenta y dos años. A la ciudad de Tiberias, que él construyó, le puso el nombre de Tiberio César, el emperador romano bajo el cual gobernó.

Aunque los hijos de Herodes el Grande no heredaron el nivel de poder y prestigio que disfrutó su padre, sí heredaron su carácter, por lo que fueron igualmente inmorales y crueles. No fueron monarcas absolutos, sino que gobernaron como vasallos de Roma. En consecuencia, tuvieron poca influencia o poder fuera de la región específica en la que Roma les permitió gobernar. No obstante, dentro de sus territorios ejercían autoridad para usar la fuerza militar y la pena capital, prerrogativas que emplearon sin dudarlo para mantener su soberanía. Como principal antagonista, Herodes Antipas representa un papel clave en este relato. Considerado desde su perspectiva, este pasaje podría dividirse en tres encabezados: fascinación, miedo e insensatez de Herodes.

LA FASCINACIÓN DE HERODES

Oyó el rey Herodes la fama de Jesús, porque su nombre se había hecho notorio; y dijo: Juan el Bautista ha resucitado de los muertos, y por eso actúan en él estos poderes. Otros decían: Es Elías. Y otros decían: Es un profeta, o alguno de los profetas. (6:14-15)

A medida que los apóstoles recorrían las ciudades y aldeas de Galilea, predicando el evangelio y realizando milagros (cp. Mr. 3:7-13), la noticia de sus ministerios se extendió tanto que incluso llegó a oídos del **rey Herodes.** Herodes Antipas vivía en medio de la lujuria, el lujo y la pereza. Por alguna razón solo ahora comenzó a interesarse en la influencia de Jesús. Quizás había estado viajando, o tal vez había sido indiferente ya que su palacio estaba ubicado en Tiberias, y Jesús al parecer nunca visitó esa ciudad, a pesar de que estaba a poca distancia tanto de Nazaret como de Capernaúm. Tiberias era una ciudad a la que la mayoría de los judíos del siglo I se negaba a ir; la consideraron impura desde el principio porque fue construida sobre un cementerio.

Que el **nombre** de Jesús **se había hecho notorio** indica que los apóstoles, a través de su ministerio, hicieron que el pueblo mirara hacia Él como la fuente del poder que exhibían y el único tema de lo que predicaban. La explosión de poder milagroso obrado a través de los apóstoles en el nombre de Jesús había hecho que las multitudes curiosas reconocieran que Él no era un profeta común y corriente. A medida que los rumores acerca de Él comenzaban a circular, algunos decían: **Juan el Bautista ha resucitado de los muertos, y por eso actúan en él estos poderes.** A causa del poder sobrenatural y la creciente popularidad de Jesús, y de la reciente ejecución de Juan, algunas personas especulaban que Jesús podría ser Juan el Bautista en forma resucitada.

Pero **otros decían: Es Elías.** Ellos sabían que, según el libro de Malaquías (cp. Mal. 4:5; Lc. 1:17), antes de la llegada del Mesías vendría uno como el profeta Elías. Irónicamente, no entendieron que ese papel ya lo había cumplido Juan el Bautista (Mt. 11:13-14). **Y otros** más **decían: Es un profeta, o alguno de los profetas.** Hubo quienes probablemente igualaran a Jesús con el profeta predicho por Moisés en Deuteronomio 18:15. Otros identificaban que Jesús seguía la línea de predicadores hacedores de milagros del Antiguo Testamento, como Elías y Eliseo. Aunque se esforzaban por identificarlo correctamente, las personas claramente entendían que el ministerio de Jesús era único y sobrenatural.

Cuando tales informes llegaron a Herodes, este puso la mirada en Jesús. Según Lucas 9:7-9:

> *Herodes el tetrarca oyó de todas las cosas que hacía Jesús; y estaba perplejo, porque decían algunos: Juan ha resucitado de los muertos; otros: Elías ha aparecido; y otros: Algún profeta de los antiguos ha resucitado. Y dijo Herodes: A Juan yo le hice decapitar; ¿quién, pues, es éste, de quien oigo tales cosas? Y procuraba verle.*

Aunque el rey deseaba mucho ver a Jesús, a diferencia de las multitudes que acudían a verlo por curiosidad o por un deseo de curación, la fascinación de Herodes con Jesús estaba motivada por el miedo culpable.

EL MIEDO DE HERODES

Al oír esto Herodes, dijo: Este es Juan, el que yo decapité, que ha resucitado de los muertos. Porque el mismo Herodes había enviado y prendido a Juan, y le había encadenado en la cárcel por causa de Herodías, mujer de Felipe su hermano; pues la había tomado por mujer. Porque Juan decía a Herodes: No te es lícito tener la mujer de tu hermano. Pero Herodías le acechaba, y deseaba matarle, y no podía; porque Herodes temía a Juan, sabiendo que era varón justo y santo, y le guardaba a salvo; y oyéndole, se quedaba muy perplejo, pero le escuchaba de buena gana. (6:16-20)

Es comprensible que Herodes se alarmara al recibir la noticia acerca de Jesús. **Al oír Herodes** los informes del pueblo, creyendo que Juan pudo haber regresado de entre los muertos, proyectó sus peores temores, y reiteradamente expresaba: **Este es Juan, el que yo decapité, que ha resucitado de los muertos.** La confusión interior de Herodes fue el resultado de sus propias acciones perversas hacia Juan el Bautista. Aunque sabía que Juan era un hombre justo, el malvado rey lo encarceló durante más de un año antes de decapitarlo en forma brutal. Atormentado por el terror y la superstición, ahora Herodes trataba de ver a Jesús a fin de saber con certeza si se trataba realmente de Juan (cp. Lc. 9:9). La actitud de este hombre no era de remordimiento, sino de siniestra turbación. Puesto que veía a un resucitado Juan el Bautista como una amenaza potencial para su poder, Herodes sin duda habría tratado de matar a Jesús si se le hubiera presentado la oportunidad (cp. Lc. 13:31).

Marcos relata la historia en la forma de una escena retrospectiva, repasando brevemente los detalles del arresto, encarcelamiento y ejecución de Juan. Que **el mismo Herodes había enviado y prendido a Juan** indica que la acción del rey contra Juan había sido profundamente personal. Su ira hacia el profeta del desierto no fue motivada tan solo por inestabilidad política, demanda popular, o por un decreto romano; surgió de una venganza profundamente arraigada.

Juan había estado bautizando en el río Jordán, "en Enón, junto a Salim" (cp. Jn. 3:22-24), donde predicaba un mensaje singular de arrepentimiento en preparación para la venida del Mesías (cp. Mt. 3:2). Multitudes acudían para oírlo (cp. Mt. 3:5), y muchos confesaban sus pecados, demostrando en público su deseo de vivir rectamente al ser bautizados. El llamado de Juan a arrepentirse del pecado era una acusación abierta a la vida inmoral, lujuriosa y corrupta de Herodes Antipas. Cuando el valiente profeta oyó que el rey estaba viviendo en incesto y adulterio, **por causa de Herodías, mujer de Felipe su hermano; pues la había tomado por mujer,** Juan no dudó en confrontar específicamente la iniquidad del monarca adúltero. No solo que Herodías era sobrina de Herodes (pues era hija de Aristóbulo, medio hermano de Herodes Antipas), sino que ella ya estaba casada con otro de los medio hermanos de Herodes, Herodes Felipe (o Herodes II, para no confundirlo con Felipe el tetrarca). Por otra parte, el propio Herodes Antipas ya estaba casado con la hija del rey Aretas, quien gobernaba la Arabia nabatea, hasta el sureste del Mar Muerto. Agravando su divorcio ilegal con adulterio e incesto, Herodes Antipas sedujo a su sobrina para que se divorciara de su medio hermano a fin de poder casarse con ella. La maldad de Herodes no solo enfureció a su exsuegro, el rey Aretas, quien envió un ejército contra Herodes y lo habría derrotado de no haber intervenido las tropas romanas; también indignó a Juan el Bautista, quien públicamente reprendió al monarca regional por su flagrante iniquidad (cp. Lv. 18:16; 20:21).

Marcos no indica cómo Juan confrontó primero a Herodes. Con toda probabilidad comenzó a predicar públicamente contra la conducta de Herodes, hasta que el iracundo rey respondió enviando soldados para arrestar a Juan y llevarlo de vuelta al palacio. Una vez allí, Juan le lanzó una mordaz reprimenda cara a cara, diciéndole **a Herodes: No te es lícito tener la mujer de tu hermano.** El hecho de que **Juan** le dijera estas palabras indica que repitió esta amonestación en varias ocasiones, incluso después que Herodes lo encarcelara. De acuerdo con Mateo 4:12 y Marcos 1:14, el encarcelamiento de Juan se llevó a cabo poco después del bautismo de Cristo y su posterior tentación en el desierto.

Más o menos durante el año siguiente es posible que Juan estuviera encarcelado en el calabozo del palacio de Herodes en Maqueronte, cerca del extremo noreste del Mar Muerto. La fortaleza estaba situada sobre una elevada colina, con vistas espectaculares de los alrededores. Abajo, en lo profundo de la tierra, la tenebrosa mazmorra no ofrecía luz natural ni aire fresco, y fue allí donde Herodes mantuvo cautivo a Juan. Después de haber pasado toda la vida en las extensiones abiertas del desierto de Judea, Juan terminó sus días en el aislamiento de un calabozo intolerable. Su único respiro fueron las visitas que le hicieran sus discípulos (cp. Lc. 7:18).

Como fiel profeta de Dios, Juan fue audaz en su disposición para confrontar el pecado, incluso en los líderes más poderosos y perversos. Cuando la élite religiosa judía llegó para oírle predicar, Juan les reprendió su hipocresía de manera franca, comparándolos con una camada de víboras (Mt. 3:7). La respuesta que le dio a Herodes se caracterizó igualmente por santa valentía, nacida de la convicción de hablar de parte de Dios en lugar de complacer a los hombres (cp. Hch. 5:29). Como resultado de los resueltos enfrentamientos de Juan, **Herodías le acechaba, y deseaba matarle, y no podía; porque Herodes temía a Juan, sabiendo que era varón justo y santo, y le guardaba a salvo.** Herodes protegía a Juan de la ira celosa de su nueva esposa, Herodías. De acuerdo con Mateo 14:5, al rey lo motivaba no solo temor a Juan, sino también miedo al pueblo debido a la popularidad del enviado de Dios: "Herodes quería matarle, pero temía al pueblo; porque tenían a Juan por profeta". La mente malvada de Herodes, como lo muestra con crudeza este relato, estaba dominada por el temor y el desasosiego. Al principio, temía a Juan. Luego, tras haberlo hecho matar, le aterró que Juan hubiera regresado de entre los muertos y viniera a vengarse. Contrario al terror de Herodes por Juan estaba la confianza de este último en el Señor.

Lo irónico del caso es que aunque Juan denunció repetidas veces a Herodes a causa de su inmoralidad, la curiosidad del rey se despertó por la predicación del profeta. En consecuencia, **oyéndole** Herodes **se quedaba muy perplejo, pero le escuchaba de buena gana.** Es evidente que Juan era un poderoso comunicador. En el mismo nivel superficial, Herodes se sentía intrigado por la apasionada oratoria de su invitado encarcelado. Una combinación excéntrica de curiosidad y temor le impedía a Herodes quitarle la vida a Juan.

LA INSENSATEZ DE HERODES

Pero venido un día oportuno, en que Herodes, en la fiesta de su cumpleaños, daba una cena a sus príncipes y tribunos y a los principales de Galilea, entrando la hija de Herodías, danzó, y agradó a Herodes y a los que estaban con él a la mesa; y el rey dijo a la muchacha: Pídeme lo que quieras, y yo te lo daré. Y le juró: Todo lo que me pidas te daré, hasta la mitad de mi reino. Saliendo ella, dijo a su madre: ¿Qué pediré? Y ella le dijo: La cabeza de Juan el Bautista. Entonces ella entró prontamente al rey, y pidió diciendo: Quiero que ahora mismo me des en un plato la cabeza de Juan el Bautista. Y el rey se entristeció mucho; pero a causa del juramento, y de los que estaban con él a la mesa, no quiso desecharla. Y en seguida el rey, enviando a uno de la guardia, mandó que fuese traída la cabeza de Juan. El guarda fue, le decapitó en la cárcel, y trajo su cabeza en un plato y la dio a la muchacha, y la muchacha la dio a su madre. Cuando oyeron esto sus discípulos, vinieron y tomaron su cuerpo, y lo pusieron en un sepulcro. (6:21-29)

A pesar de la curiosidad y el miedo del rey, el encarcelamiento de Juan en la fortaleza de Herodes tuvo un final forzado y violento. Marcos relata cómo sucedió: **Venido un día oportuno, en que Herodes, en la fiesta de su cumpleaños, daba una cena a sus príncipes y tribunos y a los principales de Galilea.** Los judíos veían las fiestas de cumpleaños como celebraciones paganas que por lo general evitaban. Sin embargo, los romanos consideraban tales fiestas de cumpleaños como excusas para tener juergas desenfrenadas, a menudo caracterizadas por excesos, glotonería, borracheras y desviaciones sexuales. Eso fue seguramente lo que sucedió en la fiesta orgiástica a la que Herodes invitó a los nobles, la élite política de Galilea. Sus invitados a la cena, limitada solo a hombres, incluían los individuos más poderosos, desde recaudadores de impuesto de nivel superior hasta comandantes militares de alto rango y aquellos a quienes Marcos 3:6 identifica como herodianos (partidarios de Herodes y de los romanos). La fiesta misma fue una aventura lujuriosa como lo evidencia el entretenimiento erótico que divirtió a los asistentes.

El libertinaje llegó a su punto más bajo cuando Herodes invitó a su propia hijastra, cuyo nombre según Josefo era Salomé, a danzar para él y sus amigos. **Entrando la hija de Herodías, danzó, y agradó a Herodes y a los que estaban con él a la mesa.** La danza provocativa de Salomé fue un acto muy sugestivo y erótico, comparable con el moderno striptease. En medio del letargo de la borrachera, la danza **agradó** (eufemismo por "se excitó sexualmente") **a Herodes y a** sus invitados, haciendo que **el rey** le prometiera neciamente **a la muchacha: Pídeme lo que quieras, y yo te lo daré. Y le juró: Todo lo que me pidas te daré, hasta la mitad de mi reino.** El magnánimo ofrecimiento de Herodes no era más que pura fanfarronería. En realidad no tenía nada que entregar, ya que gobernaba su territorio solo como representante de Roma. Motivado por ridículo orgullo y perversión sexual, Herodes hizo un juramento con sus invitados como testigos, y se ató a los caprichos de su hijastra.

Antes de dar una respuesta, la muchacha supo muy bien qué buscar. **Saliendo ella, dijo a su madre: ¿Qué pediré?** Al igual que una Jezabel del Nuevo Testamento, la madre de Salomé, Herodías, era malvada, astuta y vengativa. Le molestaba el incansable ataque de Juan el Bautista a causa de la vida inicua de la mujer, que no solamente le remordía la conciencia, sino que también provocaba discordia entre los súbditos de su esposo. Desde el momento del arresto de Juan, ella quiso hacerlo matar. El odio de la mujer era tan amargo que permitió que su hija realizara una danza lujuriosa para Herodes y los invitados a la fiesta, solo con el fin de poder llevar a cabo su venganza. Por tanto, cuando Salomé le preguntó a su madre qué debería pedir, Herodías no dudó. **Ella le dijo** a su hija: **La cabeza de Juan el Bautista.** A fin de honrar la petición de su madre, Salomé se apresuró a regresar antes de que el padrastro tuviera oportunidad de recuperar la sobriedad o de cambiar de opinión. **Entonces ella entró prontamente al rey, y pidió diciendo: Quiero que ahora mismo me des en un plato la cabeza de Juan el Bautista.**

Sin duda, la petición de Salomé agarró desprevenido a Herodes, quien quedó atrapado. No quería matar a Juan el Bautista (por las razones ya mencionadas). Después de haber hecho una promesa tan audaz frente a sus amigos no le quedó más remedio que mantener su orgullo. Por tanto, **el rey se entristeció mucho; pero a causa del juramento, y de los que estaban con él a la mesa, no quiso desecharla.** La motivación de Herodes en cumplir su promesa no tenía nada que ver con integridad personal y sí tuvo todo que ver con guardar las apariencias. En el antiguo Oriente Medio las promesas hechas con juramento se consideraban obligatorias e inviolables (cp. Mt. 5:33). Al haber hecho tal promesa en presencia de sus invitados (muchos de los cuales eran partidarios políticos y dignidades militares) Herodes no podía faltar a su promesa sin quedar mal. **El rey se entristeció mucho,** pero su temor a la vergüenza le impidió hacer lo que sabía que era lo correcto. Estaba lleno de pesar, pero su tristeza no tenía relación con el verdadero arrepentimiento (cp. 2 Co. 7:10). A pesar de que se dio cuenta de que su esposa lo había atrapado, Herodes se vio obligado a cumplir la malvada petición de su hijastra con el fin de evitar la humillación personal.

Por tanto, **en seguida el rey, enviando a uno de la guardia, mandó que fuese traída la cabeza de Juan.** A pesar de que no era más que un insignificante rey fingido que tan solo funcionaba como sirviente bajo la supervisión romana, Herodes tenía la autoridad para ejercer la pena de muerte dentro de su territorio. Una vez emitida la orden, esta se cumplió de inmediato. El verdugo **fue, decapitó** a Juan **en la cárcel, y trajo su cabeza en un plato y la dio a la**

muchacha, y la muchacha la dio a su madre. Aunque la escena de la cabeza de Juan en una bandeja era una presentación que encajaba con el canibalismo, tal acto no era extraño en el mundo bárbaro de la antigüedad porque garantizaba que la ejecución se había llevado a cabo. De acuerdo con el antiguo historiador romano Dion Casio Coceyano, cuando le fue llevada la cabeza de Cicerón (m. 43 a.C.) a Fulvia, la esposa de Marco Antonio, ella le sacó la lengua y la pinchó varias veces con su horquilla para el cabello. El violento ataque a la lengua del hombre fue concebido como un acto poético de venganza final contra Cicerón, porque había pronunciado poderosos discursos que atacaban a Marco Antonio. El padre de la iglesia del siglo v Jerónimo (m. 420) sugirió que Herodías mutiló de igual modo la cabeza decapitada de Juan el Bautista. Aunque tal acto no puede verificarse, sin duda encajaría con la furia rencorosa que caracterizaba a la vulgar reina.

Es de suponer que con un solo golpe de la espada del verdugo, Juan el Bautista entró en su glorioso descanso eterno a fin de recibir su recompensa por su completa fidelidad a Dios. Juan no solo fue el más grande y el último de los profetas del Antiguo Testamento, sino que también fue el primer mártir por Jesucristo. Toda su vida apuntó hacia el Mesías venidero. Incluso en la muerte permaneció fiel a su tarea dada por Dios. (Para un enfoque biográfico de Juan el Bautista, véase John MacArthur, *Doce héroes inconcebibles* [Nashville: Grupo Nelson, 2012]).

Cuando oyeron esto sus discípulos, vinieron y tomaron su cuerpo, y lo pusieron en un sepulcro. Es difícil imaginar la angustia que debieron haber sentido los discípulos de Juan cuando le dieron un entierro adecuado al cuerpo decapitado. Juan había sido tanto su maestro de parte de Dios como su líder. Dios había usado la vehemente predicación de Juan en sus vidas para convencerles de pecado en sus corazones y llevarlos al arrepentimiento. También les había dirigido al Mesías (cp. Jn. 1:35-37). No es de extrañar entonces que los discípulos de Juan fueran e informaran a Jesús de lo que había acontecido (Mt. 14:12).

Como se indicó antes, no fue hasta después de la muerte de Juan el Bautista que Herodes comenzó a prestar atención al ministerio de Cristo. Temeroso de que Juan pudiera haber regresado de entre los muertos, Herodes trataba de ver a Jesús. Pero esa reunión no se llevaría a cabo sino hasta unas pocas horas antes de la crucifixión del Señor. Según Lucas, Pilato envió a Jesús ante Herodes debido a que no pudo hallar ninguna culpa en el Señor.

> *Entonces Pilato, oyendo decir, Galilea, preguntó si el hombre era galileo. Y al saber que era de la jurisdicción de Herodes, le remitió a Herodes, que en aquellos días también estaba en Jerusalén. Herodes, viendo a Jesús, se alegró mucho, porque hacía tiempo que deseaba verle; porque había oído muchas cosas acerca de él, y esperaba verle hacer alguna señal. Y le hacía muchas preguntas, pero él nada*

le respondió. Y estaban los principales sacerdotes y los escribas acusándole con gran vehemencia. Entonces Herodes con sus soldados le menospreció y escarneció, vistiéndole de una ropa espléndida; y volvió a enviarle a Pilato (Lc. 23:6-11).

Al final, Herodes vio a Jesús. El rey sin duda quedó aliviado de que Él no fuera Juan que había resucitado de la tumba. En realidad, Jesús era mucho más, pero a Herodes le pareció mucho menos, nada más que una novedad a la que ridiculizó y envió de vuelta a Pilato.

En sus interacciones con Juan el Bautista y con Jesús, Herodes Antipas se destaca igual que Judas como un personaje monumentalmente trágico en la historia. Tenía en sus manos al hombre más grande que jamás había vivido, el más honrado profeta de Dios, y lo encerró en una mazmorra hasta que lo hizo ejecutar. Más importante aún, tuvo una audiencia con el Rey de reyes, y se burló de Él y le dio la espalda. Tal oportunidad perdida fue el resultado de su insidioso amor por el pecado, su arrogante indisposición para creer, y su cobarde temor a la verdad. Herodes pretendía gobernar sobre los demás, pero en realidad era un individuo controlado por el temor al hombre. Su miedo al pueblo inicialmente le impidió matar a Juan. Su temor a sus amigos finalmente le obligó a autorizar la ejecución del profeta. Su miedo a Juan le llenó de ansiedad cuando oyó hablar de Jesús. Pero su temor se convirtió en burla cuando finalmente tuvo una audiencia con el Hijo de Dios. Herodes temía a todo el mundo menos al Señor, y como resultado perdió el alma.

Horas después de ese encuentro con Herodes, Jesús sería clavado a la cruz. Su muerte cumplió la advertencia que el Señor había pronunciado antes a los dirigentes religiosos judíos: "¡Jerusalén, Jerusalén, que matas a los profetas, y apedreas a los que te son enviados! ¡Cuántas veces quise juntar a tus hijos, como la gallina junta sus polluelos debajo de las alas, y no quisiste!" (Mt. 23:37-38). Después de rechazar el ministerio de Juan, los líderes religiosos también rechazaron al Mesías, a quien Juan y todos los demás profetas del Antiguo Testamento señalaban. En consecuencia, cayeron bajo el severo y eterno juicio de Dios, junto con la nación apóstata que representaban (cp. Ro. 11:25, 28).

El Creador provee 22

Entonces los apóstoles se juntaron con Jesús, y le contaron todo lo que habían hecho, y lo que habían enseñado. Él les dijo: Venid vosotros aparte a un lugar desierto, y descansad un poco. Porque eran muchos los que iban y venían, de manera que ni aun tenían tiempo para comer. Y se fueron solos en una barca a un lugar desierto. Pero muchos los vieron ir, y le reconocieron; y muchos fueron allá a pie desde las ciudades, y llegaron antes que ellos, y se juntaron a él. Y salió Jesús y vio una gran multitud, y tuvo compasión de ellos, porque eran como ovejas que no tenían pastor; y comenzó a enseñarles muchas cosas. Cuando ya era muy avanzada la hora, sus discípulos se acercaron a él, diciendo: El lugar es desierto, y la hora ya muy avanzada. Despídelos para que vayan a los campos y aldeas de alrededor, y compren pan, pues no tienen qué comer. Respondiendo él, les dijo: Dadles vosotros de comer. Ellos le dijeron: ¿Que vayamos y compremos pan por doscientos denarios, y les demos de comer? Él les dijo: ¿Cuántos panes tenéis? Id y vedlo. Y al saberlo, dijeron: Cinco, y dos peces. Y les mandó que hiciesen recostar a todos por grupos sobre la hierba verde. Y se recostaron por grupos, de ciento en ciento, y de cincuenta en cincuenta. Entonces tomó los cinco panes y los dos peces, y levantando los ojos al cielo, bendijo, y partió los panes, y dio a sus discípulos para que los pusiesen delante; y repartió los dos peces entre todos. Y comieron todos, y se saciaron. Y recogieron de los pedazos doce cestas llenas, y de lo que sobró de los peces. Y los que comieron eran cinco mil hombres. (6:30-44)

Cabe destacar que de los innumerables milagros que ocurrieron durante el ministerio de Jesús (cp. Jn. 21:25), solo dos se encuentran en los cuatro evangelios: la resurrección de Cristo y el acontecimiento relatado en este pasaje (cp. Mt. 14:13-22; Lc. 9:10-17; Jn. 6:1-15). Comúnmente conocido como la alimentación de los cinco mil, este célebre milagro ocurrió casi al final del ministerio de Jesús en Galilea y sirvió como la piedra angular culminante de su tiempo allí. Según Juan 6:4, ocurrió poco después de la Pascua (probablemente en marzo o a principios de abril del año 29 d.C.).

Jesús se crió en Galilea (en el pueblo de Nazaret), pero esa no fue la razón principal para su extenso ministerio en esa región. Al enfocar su atención muy lejos del sistema religioso de Israel en Jerusalén, el Señor utilizó la geografía para resaltar una enseñanza espiritual. A no ser por medio del enfrentamiento y la condenación, el Mesías no tuvo nada que ver con el liderazgo de la nación apóstata. No obstante, el Señor no se quedaría indefinidamente en Galilea. Poco después de realizar este enorme milagro, Jesús viajó con sus discípulos a las regiones de mayoría gentil de Tiro y Sidón, y Decápolis, antes de viajar finalmente al sur de Judea y Jerusalén. A medida que la oposición de los escribas y fariseos aumentaba (cp. Mr. 3:6, 22), junto con un creciente interés del hostil rey Herodes (cp. Lc. 9:9), Jesús comenzó a pasar menos tiempo predicando en público y más tiempo instruyendo en privado a sus discípulos. Durante el último año de su ministerio, en la amenazante sombra de la cruz, su enfoque principal estuvo en preparar a los doce para la misión que les daría después de la resurrección (cp. Mt. 28:18-20).

En términos de evidente magnitud, la alimentación de los cinco mil fue el milagro más extenso de Jesús. El nombre que se da a esta acción es un poco engañoso ya que en realidad abarcó mucho más que solo cinco mil personas. Mateo lo explicó de este modo: "Y los que comieron fueron como cinco mil hombres, *sin contar las mujeres y los niños*" (Mt. 14:21, cursivas añadidas). Si suponemos que la cantidad de mujeres era más o menos igual al número de hombres, y que la cantidad de niños fuera al menos la misma que los adultos, es probable que un gentío de veinte mil personas o más estuviera presente en ese día de primavera en Galilea. Proveer de comida en un instante para veinte o veinticinco mil personas fue algo que solo el Creador del universo podía hacer (cp. Jn. 1:3).

Este milagro fue más que solo una demostración asombrosa de la naturaleza divina y del poder creativo de Jesús. También demostró su misericordiosa clemencia y su tierno cuidado. Dios el Hijo no solo poseía el poder para suplir enormes necesidades humanas, también tenía el sincero deseo de hacerlo. He aquí una imagen de Jehová-jireh (Gn. 22:14), un nombre para Dios en el Antiguo Testamento, que significa "el Señor proveerá". Por desgracia, la mayoría de personas en la multitud ese día en última instancia rechazaría a Jesús (cp. Jn. 6:66). Sin embargo, Él de todos modos las alimentó generosamente, proporcionando así una ilustración vívida de la gracia común de Dios en la cual Él "hace salir su sol sobre malos y buenos, y... hace llover sobre justos e injustos" (Mt. 5:45). Por tanto, esta sección (Mr. 6:30-44) destaca tanto el poder creativo como la provisión misericordiosa de Jesús. A medida que el pasaje se desarrolla, el Señor provee descanso para los cansados, verdad para los errantes, y alimento para quienes lo desean.

DESCANSO PARA LOS CANSADOS

Entonces los apóstoles se juntaron con Jesús, y le contaron todo lo que habían hecho, y lo que habían enseñado. Él les dijo: Venid vosotros aparte a un lugar desierto, y descansad un poco. Porque eran muchos los que iban y venían, de manera que ni aun tenían tiempo para comer. Y se fueron solos en una barca a un lugar desierto. (6:30-32)

Anteriormente Jesús había delegado su poder a los doce y los había preparado para predicar un mensaje de arrepentimiento a través de las ciudades de Galilea (Mr. 6:7-13). Eso le permitió multiplicar por seis el alcance de su ministerio, ya que los apóstoles fueron enviados de dos en dos. Cuando los comisionó para su tarea, el Señor los instruyó:

> *Sino id antes a las ovejas perdidas de la casa de Israel. Y yendo, predicad, diciendo: El reino de los cielos se ha acercado. Sanad enfermos, limpiad leprosos, resucitad muertos, echad fuera demonios; de gracia recibisteis, dad de gracia. No os proveáis de oro, ni plata, ni cobre en vuestros cintos; ni de alforja para el camino, ni de dos túnicas, ni de calzado, ni de bordón; porque el obrero es digno de su alimento. Mas en cualquier ciudad o aldea donde entréis, informaos quién en ella sea digno, y posad allí hasta que salgáis. Y al entrar en la casa, saludadla. Y si la casa fuere digna, vuestra paz vendrá sobre ella; mas si no fuere digna, vuestra paz se volverá a vosotros. Y si alguno no os recibiere, ni oyere vuestras palabras, salid de aquella casa o ciudad, y sacudid el polvo de vuestros pies. De cierto os digo que en el día del juicio, será más tolerable el castigo para la tierra de Sodoma y de Gomorra, que para aquella ciudad (Mt. 10:6-15).*

Todos **los apóstoles** con excepción de Judas Iscariote eran de Galilea y, por consiguiente, conocían las aldeas a las cuales viajaban para predicar el evangelio. Marcos no indica cuánto tiempo estuvieron los doce ministrando, pero es probable que su misión durara semanas, incluso quizás meses. Sus esfuerzos ministeriales crearon un rumor a través de Galilea, el cual hizo que hasta Herodes Antipas se percatara (cp. Mr. 6:14-16). (Para más información sobre la asignación ministerial de corto plazo dada a los apóstoles por parte de Jesús, véase el capítulo 20 de esta obra).

Cuando los doce regresaron, **se juntaron con Jesús,** tal vez en Capernaúm, **y le contaron todo lo que habían hecho, y lo que habían enseñado.** Después de una extensa gira ministerial, sin duda los apóstoles estaban fatigados por sus viajes, los cuales incluyeron persecución y rechazo (cp. Mt. 10:16-23). Además de estar agotados recibieron de los discípulos de Juan el Bautista la noticia de que no hacía mucho habían ejecutado a Juan, el más grande de todos los profetas (cp. Mt. 14:12). Cuando el Señor se enteró de la muerte de Juan (cp. Mt. 14:13), y a fin de dar a sus discípulos un respiro muy necesario, les dio instrucciones de entrar en una barca y zarparon a través del mar de Galilea. **Él les dijo: Venid vosotros aparte a un lugar desierto, y descansad un poco. Porque eran muchos los que iban y venían, de manera que ni aun tenían tiempo para comer.** El esfuerzo que el ministerio requería fue tan intenso que ellos ni siquiera podían encontrar algunos momentos para comer (cp. Mr. 3:20).

El Señor reconoció la necesidad de descanso que los discípulos tenían, y respondió con ternura. Siguiendo sus instrucciones, ellos **se fueron solos en una barca a un lugar desierto.** La embarcación probablemente pertenecía a algunos de los antiguos pescadores entre los doce (tales como Pedro y Andrés, o Jacobo y Juan). Incluso el trayecto a través del lago proporcionó a los discípulos una oportunidad de disfrutar un breve respiro de la presión del gentío. Según Lucas 9:10, Jesús y los doce navegaron a una región cerca de la ciudad de Betsaida. Los arqueólogos no conocen la ubicación exacta de esta población. Su nombre significa "casa de los peces", y sugiere que la "ciudad de la pesca" era una de las muchas aldeas que bordeaban el mar de Galilea. Tal vez estaba ubicada en la costa norte del lago, hacia el este del río Jordán. (Algunos estudiosos creen que había otra población con el mismo nombre en la costa oeste, cerca de Capernaúm [cp. Marcos 6:45]). Los evangelios indican que Pedro y Andrés eran originalmente de Betsaida (Jn. 1:44), aunque se reubicaron en Capernaúm (Lc. 4:31, 38). Felipe (Jn. 12:21) y tal vez Natanael (Jn. 1:45) también habían vivido antes en la ciudad.

En Lucas 10:13-14 Jesús reprendió a Betsaida, junto con Corazín, por su incredulidad: "¡Ay de ti, Corazín! Ay de ti, Betsaida! que si en Tiro y en Sidón se hubieran hecho los milagros que se han hecho en vosotras, tiempo ha que sentadas en cilicio y ceniza, se habrían arrepentido. Por tanto, en el juicio será más tolerable el castigo para Tiro y Sidón, que para vosotras". En la historia del Antiguo Testamento, las ciudades fenicias de Tiro y Sidón, situadas en la costa mediterránea al norte de Israel, se destacaban por su desenfrenada idolatría, inmoralidad, violencia, soberbia y codicia. En consecuencia, Dios juzgó ambas ciudades destruyéndolas por completo (Is. 23:1-18; Ez. 26-28; Am. 1:9-10; Zac. 9:3-4). Sin embargo, Betsaida, llena de habitantes externamente religiosos, fue marcada para un juicio incluso mayor que el de las fenicias paganas porque habían rechazado al Señor y Mesías a pesar de los extraordinarios milagros y de la revelación a la que fueron expuestos. (Es probable que algunos de los apóstoles hubieran predicado allí en su reciente gira ministerial). Por mucho que Tiro y Sidón merecieran la ira divina, los habitantes de esas ciudades se habrían arrepentido sentados en silicio y ceniza si hubieran presenciado los milagros que Betsaida experimentó (incluido el milagro relatado en este pasaje). Puesto que se negaron a creer frente a tan abrumadora revelación del Hijo de Dios, los legalistas santurrones judaizantes de Betsaida enfrentarían consecuencias eternas más duras que los paganos idólatras (cp. He. 10:26-31).

VERDAD PARA LOS ERRANTES

Pero muchos los vieron ir, y le reconocieron; y muchos fueron allá a pie desde las ciudades, y llegaron antes que ellos, y se juntaron a él. Y salió Jesús y vio una gran multitud, y tuvo compasión de ellos, porque eran como ovejas que no tenían pastor; y comenzó a enseñarles muchas cosas. (6:33-34)

Ante la infatigable persistencia de las multitudes que constantemente rodeaban a Jesús y sus discípulos, por lógica cuando ellos se aventuraron en el lago, **muchos los vieron ir, y le reconocieron.** Al ver que Jesús y sus discípulos salían en la barca, comenzaron a recorrer la orilla a pie con la finalidad de seguirlos. Según relata Juan, a Jesús "le seguía gran multitud, porque veían las señales que hacía en los enfermos" (Jn. 6:2). La mayoría de los que estaban en la multitud eran buscadores de emociones fuertes, motivados por el deseo de presenciar milagros y quizás experimentarlos personalmente. Los que estaban enfermos anhelaban ser curados, y los sanos querían que los entretuvieran. A algunos también los motivaban las ambiciones políticas, y esperaban presionar a Jesús para que se convirtiera en su libertador político (cp. Jn. 6:14-15). Al observar la dirección que tomaba la barca, supusieron el destino al que se dirigía **y muchos fueron allá a pie desde las ciudades, y llegaron antes que ellos, y se juntaron a él.**

Cuando Jesús y sus discípulos llegaron a su destino, la gente ya estaba esperándolos allí. Cuando **Jesús** llegó a la orilla **vio una gran multitud** que ya se había reunido. Pero a pesar de que estaban invadiéndole la privacidad, Jesús "les recibió" (Lc. 9:11). El Señor pudo haberles ignorado o despedirlos; pudo haber regresado a la barca y haber viajado a una población diferente. En lugar de hacer eso, **tuvo compasión de ellos, porque eran como ovejas que no tenían pastor; y comenzó a enseñarles muchas cosas.** El verbo traducido **tuvo compasión** (de la palabra griega *splanchnizomai*) literalmente significa "estar conmovido hasta las entrañas", donde se tienen las sensaciones de dolor, por lo que los antiguos las consideraban el asiento de las emociones. Jesús se conmovió profundamente con preocupación genuina por estas personas, ya que espiritualmente hablando andaban errantes **como ovejas que no tenían pastor** para sus almas.

En una sociedad agraria, donde las ovejas constituían uno de los pilares de la vida agrícola, se habrían entendido al instante los graves peligros que enfrentaban las **ovejas que no tenían pastor.** Sin ayuda de un guía, las ovejas están indefensas, no pueden limpiarse ellas mismas, y son propensas a perderse. En el Antiguo Testamento, a veces a la nación de Israel se la representaba como un rebaño sin pastor (Nm. 27:17; 1 R. 22:17; 2 Cr. 18:16; Ez. 34:5). La metáfora representaba a la nación como espiritualmente vulnerable a enemigos mortales y desnutridos, amenazada por el error y el pecado, y carente de protectores fieles y cuidadores espirituales. Al ser "el buen pastor" (Jn. 10:11), Jesús estaba deseoso de alimentar, limpiar y proteger a estas ovejas perdidas (cp. Mt. 10:6), y llevarlas a la seguridad eterna en el redil de la salvación. Por tanto **comenzó a enseñarles muchas cosas.** Según Lucas 9:11, el Señor "les hablaba del reino de Dios" (es decir, el reino de la salvación), el cual era el tema principal de su predicación (cp. Mr. 1:15; 4:11, 26-32; Lc. 4:43; 6:20; 8:1; 11:20; 17:20-21; 18:24-25; Jn. 3:3; Hch. 1:3).

Como solía hacer, Jesús no solo enseñaba a las personas, también las curaba. Así lo explica Mateo 14:14: "Saliendo Jesús, vio una gran multitud, y tuvo compasión de ellos, y sanó a los que de ellos estaban enfermos". La compasión del Señor se extendía más allá de las necesidades espirituales de las personas hasta incluir también sus enfermedades físicas. La capacidad que tenía de curarlas de males temporales era evidencia de su capacidad para ofrecerles ayuda espiritual: salvación no solo de los debilitantes efectos del pecado en esta vida, sino del efecto eterno del pecado mismo. La sanidad física que Jesús proporcionaba estaba limitada solo a esta vida, pero la vida eterna que Él ofrecía abunda en bendiciones y beneficios para este mundo y para el próximo.

ALIMENTO PARA QUIENES LO DESEAN

Cuando ya era muy avanzada la hora, sus discípulos se acercaron a él, diciendo: El lugar es desierto, y la hora ya muy avanzada. Despídelos para que vayan a los campos y aldeas de alrededor, y compren pan, pues no tienen qué comer. Respondiendo él, les dijo: Dadles vosotros de comer. Ellos le dijeron: ¿Que vayamos y compremos pan por doscientos denarios, y les demos de comer? Él les dijo: ¿Cuántos panes tenéis? Id y vedlo. Y al saberlo, dijeron: Cinco, y dos peces. Y les mandó que hiciesen recostar a todos por grupos sobre la hierba verde. Y se recostaron por grupos, de ciento en ciento, y de cincuenta en cincuenta. Entonces tomó los cinco panes y los dos peces, y levantando los ojos al cielo, bendijo, y partió los panes, y dio a sus discípulos para que los pusiesen delante; y repartió los dos peces entre todos. Y comieron todos, y se saciaron. Y recogieron de los pedazos doce cestas llenas, y de lo que sobró de los peces. Y los que comieron eran cinco mil hombres. (6:35-44)

Después de un día completo de enseñanza y sanidad, los discípulos se acercaron a Jesús porque habían determinado que las personas tenían hambre y necesitaban comida. **Cuando ya era muy avanzada la hora** se refiere al final de la tarde y principio de la noche (algún momento entre las tres y las seis), justo antes del anochecer (cp. Mt. 14:15). Debido a lo avanzado de la tarde, **sus discípulos se acercaron a él, diciendo: El lugar es desierto, y la hora ya muy avanzada. Despídelos para que vayan a los campos y aldeas de alrededor, y compren pan, pues no tienen qué comer.** Desde una perspectiva humana, la preocupación de los discípulos era razonable. No sabían dónde encontrar provisiones para tanta gente. Conscientes de la necesidad de las personas, y probablemente con hambre ellos mismos (cp. Mr. 6:31), animaron a Jesús a que despidiera a la multitud.

Cuando los discípulos notaron que **el lugar** estaba **desierto,** no supusieron que el sitio fuera un verdadero lugar desolado (como lo haría parecer la traducción). En primavera la campiña en Galilea es hermosa, y la gente se había sentado sobre hierba verde (v. 39). La observación de los discípulos simplemente indica que se hallaban en una zona aislada y despoblada, donde no era fácil conseguir alimentos. Por eso sugirieron a Jesús que despidiera a las personas para que pudieran dirigirse a sitios en que pudieran hallar comida por sí mismas.

Con seguridad Jesús sorprendió a sus discípulos cuando **les dijo: Dadles vosotros de comer.** Sus palabras tuvieron la intención de probar el nivel de fe que poseían, mientras que también los obligó a reconocer que no tenían solución humana para el problema. El apóstol Juan relata la interacción entre Jesús y sus discípulos con respecto a este dilema logístico:

> *Cuando alzó Jesús los ojos, y vio que había venido a él gran multitud, dijo a Felipe: ¿De dónde compraremos pan para que coman éstos? Pero esto decía para probarle; porque él sabía lo que había de hacer. Felipe le respondió: Doscientos denarios de pan no bastarían para que cada uno de ellos tomase un poco (Jn. 6:5-7).*

Doscientos denarios equivalían aproximadamente al salario de ocho meses de trabajo para un hombre. Incluso estaba claro que no bastaban para alimentar a un gentío de tantos miles. Por tanto, **ellos le dijeron: ¿Que vayamos y compremos pan por doscientos denarios, y les demos de comer?** La pregunta de los discípulos evidenció su incredulidad y escepticismo. Humanamente hablando, el problema parecía insuperable, mucho más allá de los recursos económicos con que contaban. Nunca se les cruzó por la mente la posibilidad de que Jesús pudiera crear la comida necesaria. Estaban tan enfocados en el problema, y en la necesidad de hallar una solución humana, que no consideraron el poder divino de su Señor.

Jesús **les dijo: ¿Cuántos panes tenéis? Id y vedlo. Y al saberlo, dijeron: Cinco, y dos peces.** Una vez más el relato de Juan afina los detalles: "Uno de sus discípulos, Andrés, hermano de Simón Pedro, le dijo: Aquí está un muchacho, que tiene cinco panes de cebada y dos pececillos; mas ¿qué es esto para tantos?"

(Jn. 6:8-9). La palabra **panes** podría traducirse literalmente como "tortillas de pan", y se refiere a obleas o galleta de pan plano. Es probable que los pececillos estuvieran adobados y destinados a comerse con el pan. Juntos, estos constituían un almuerzo normal para un muchacho pequeño. Nunca se imaginaron que esa única comida apta para un chico pudiera crear un milagro que alimentaría a decenas de miles.

Pero Jesús sabía lo que estaba a punto de hacer. Al hablar de Cristo respecto a esta ocasión, Charles Spurgeon declaró acertadamente:

> Fue él quien ideó el modo de alimentarlos; se trató de un diseño inventado y originado por él mismo. Sus seguidores habían visto la pequeña provisión de pan y pescado que tenían y renunciaron a la tarea como algo desesperanzador; pero Jesús, totalmente inmutable y sin nada de confusión, ya había considerado cómo dar un banquete a los miles y lograr que los que desfallecían cantaran de júbilo. El Señor de los ejércitos no necesitaba ninguna súplica para convertirse en el anfitrión de hombres hambrientos (Charles Spurgeon, "El milagro de los panes", sermón no. 1218).

Mirando el gentío, Jesús **les mandó** a sus discípulos **que hiciesen recostar a todos por grupos sobre la hierba verde. Y se recostaron por grupos, de ciento en ciento, y de cincuenta en cincuenta.** Las personas habían estado de pie mientras presionaban alrededor de Jesús para ser sanadas e instruidas por Él. Pero les ordenó sentarse en unidades nítidamente organizadas a fin de facilitar la distribución de comida, y para que la gente pudiera estar cómoda comiendo. Al hacer eso también acentuó la grandeza de aquel milagro porque así se hizo más fácil contar la enorme cantidad de personas. Con una simple orden, Jesús transformó la caótica muchedumbre en una asamblea bien coordinada.

Mientras la gente esperaba para ver lo que Jesús haría a continuación, Él **tomó los cinco panes y los dos peces, y levantando los ojos al cielo, bendijo** la comida dando gracias a su Padre celestial (Jn. 6:6, 11; cp. 1 Ti. 4:3-5). Luego **partió los panes, y dio a sus discípulos para que los pusiesen delante; y repartió los dos peces entre todos.** Debido a que no hay explicación humana para un milagro divino creativo, los evangelios no tratan de describir la forma en que este milagro se llevó a cabo. Según parece, implicó creación continua, pues Jesús se mantuvo creando alimento y dándoselo a los discípulos, quienes estuvieron distribuyéndolo a los asistentes hasta que todos se alimentaron.

En el proceso **comieron todos, y se saciaron** los miles de personas hambrientas. La palabra traducida "saciaron" (del griego *chortazō*) toma su significado del mundo de la cría de animales de granja y los describe comiendo hasta quedar totalmente llenos. Por tanto, habla de estar satisfechos hasta el punto de ya no querer más. Jesús usó esta misma palabra en las Bienaventuranzas para prometer a quienes tienen hambre y sed de justicia que "serán saciados" (Mt. 5:6). La comida que Jesús creó de la nada era perfecta, ya que no había sido manchada por la corrupción de un mundo caído; Él hizo más que suficiente por satisfacer a la multitud hambrienta. Por instrucciones de Jesús, los discípulos **recogieron** toda la comida sobrante (cp. Jn. 6:12), usando pequeñas canastas para recogerla. Que fueran exactamente **doce cestas llenas, y de lo que sobró de los peces** evidentemente no fue coincidencia. Como resultado de la perfecta precisión providencial de Jesús, cada uno de los apóstoles obtuvo su propia canasta de comida. Por supuesto, ellos hicieron partícipe de sus porciones a su Maestro que lo había creado todo.

Marcos concluye su relato de este extraordinario milagro observando que **los que comieron eran cinco mil hombres.** Como indicamos antes, Mateo 14:21 nos dice que allí también estaban presentes muchas mujeres y niños, lo cual significa que el número total de personas en el gentío ascendía a una cantidad muy superior a los cinco mil. Sorprendidos por el alcance de lo que acababan de ver (y la delicia de lo que acababan de comer), las personas exclamaron: "Este verdaderamente es el profeta [una referencia del Antiguo Testamento al Mesías] que había de venir al mundo" (Jn. 6:14). En medio de su euforia se dispusieron "a venir para apoderarse de él y hacerle rey" (v. 15). Obsesionadas con las sanidades y con el poder creativo de Jesús, las multitudes ansiaron que Jesús marcara el inicio del estado definitivo de bienestar, en el cual la enfermedad y el hambre desaparecerían para siempre. Aquí estaba un Hombre que también podía usar su poder divino ilimitado para derrocar a Herodes y los romanos, así como también para proveer para sus necesidades.

Las personas acertaron en identificar a Jesús como el Mesías, pero según habían hecho todo el tiempo, malentendieron el propósito de su venida. Aunque un día Él regresará para establecer su reino terrenal con todo poder, provisión, y protección que los profetas del Antiguo Testamento habían prometido, en su primera venida el Hijo de Dios "vino a buscar y a salvar lo que se había perdido" (Lc. 19:10) y a "dar su vida en rescate por muchos" (Mr. 10:45). A pesar de que quisieron convertirlo en su gobernante político, Jesús estaba dispuesto solamente a ser Rey espiritual de los que creyeran en Él. Como demuestra la generosidad que tuvo al crear la comida, Jesús quiso que la demostración visible de su poder y compasión en el mundo físico fuera un símbolo de su poderío en el reino espiritual. Su disposición de dar descanso físico fue un símbolo de su ofrecimiento de otorgar reposo espiritual (cp. Mt. 11:28). Su deseo de enseñar la verdad acentúa el hecho de que Él es la verdad (cp. Jn. 14:6). Y su disposición de crear pan y peces fue evidencia de su capacidad de proporcionar alimento espiritual para aquellos que tienen hambre y sed de justicia (cp. Mt. 5:6). Jesús es el Pan de Vida, de manera que quienes creen en Él estarán eternamente satisfechos (cp. Jn. 6:35).

Jesús se negó a ser una fuente permanente de comidas gratis, pero estaba dispuesto a ser una fuente eterna de sustento espiritual. Es lamentable que la mayoría de personas no estuviera interesada en eso. Al día siguiente casi todos los que habían sido alimentados de modo milagroso rechazaron a Jesús, y muchos de sus discípulos dejaron de seguirlo por completo (Jn. 6:66). Al alimentarlos de manera sobrenatural les había demostrado claramente que era el Creador misericordioso. Cuando lo rechazaron, obstinadamente evidenciaron la verdadera naturaleza de su endurecida incredulidad, por lo cual serían eternamente juzgados con severidad. Pero no todos exhibieron tan encallecida incredulidad. Incluso cuando muchos se estaban yendo, el apóstol Pedro expresó el clamor del corazón de todo creyente verdadero: "Señor, ¿a quién iremos? Tú tienes palabras de vida eterna. Y nosotros hemos creído y conocemos que tú eres el Cristo, el Hijo del Dios viviente" (vv. 68-69).

Jesús camina sobre el agua 23

En seguida hizo a sus discípulos entrar en la barca e ir delante de él a Betsaida, en la otra ribera, entre tanto que él despedía a la multitud. Y después que los hubo despedido, se fue al monte a orar; y al venir la noche, la barca estaba en medio del mar, y él solo en tierra. Y viéndoles remar con gran fatiga, porque el viento les era contrario, cerca de la cuarta vigilia de la noche vino a ellos andando sobre el mar, y quería adelantárseles. Viéndole ellos andar sobre el mar, pensaron que era un fantasma, y gritaron; porque todos le veían, y se turbaron. Pero en seguida habló con ellos, y les dijo: ¡Tened ánimo; yo soy, no temáis! Y subió a ellos en la barca, y se calmó el viento; y ellos se asombraron en gran manera, y se maravillaban. Porque aún no habían entendido lo de los panes, por cuanto estaban endurecidos sus corazones. Terminada la travesía, vinieron a tierra de Genesaret, y arribaron a la orilla. Y saliendo ellos de la barca, en seguida la gente le conoció. Y recorriendo toda la tierra de alrededor, comenzaron a traer de todas partes enfermos en lechos, a donde oían que estaba. Y dondequiera que entraba, en aldeas, ciudades o campos, ponían en las calles a los que estaban enfermos, y le rogaban que les dejase tocar siquiera el borde de su manto; y todos los que le tocaban quedaban sanos. (6:45-56)

Los extraordinarios acontecimientos narrados en esta sección siguieron inmediatamente a la milagrosa creación de una comida para de miles de personas en el costa noreste del lago de Galilea (cp. Mr. 6:33-44). Con precisión divina, Jesús creó suficiente alimento como para que el enorme gentío quedara saciado, y lo que sobró llenó doce canastas, una para cada uno de los apóstoles. La visible magnitud de tan sobrenatural demostración manifestó dramáticamente el poder y la misericordia del Hijo de Dios, atributos divinos que caracterizaron el ministerio de Jesús.

Con la creación de la comida Jesús alcanzó la cima de su popularidad. Había ministrado en toda Galilea durante más de un año, predicando y realizando innumerables milagros. También extendió su ministerio dando autoridad a los doce apóstoles para proclamar el mensaje del evangelio y exhibir el poder que les había delegado. Como resultado, la noticia acerca de Él se extendió por toda la región, llegando incluso a oídos de Herodes Antipas, quien nerviosamente temía que Jesús pudiera ser Juan el Bautista a quien Herodes había decapitado, que regresaba de los muertos.

Herodes tenía razón para estar preocupado. Cuando de modo milagroso Jesús creó comida de la nada sin ningún esfuerzo aparente, la multitud respondió con un eufórico intento de coronarlo rey (cp. Jn. 6:14-15). Esperaban que derrocara a Herodes y a los romanos, y marcara el inicio del reino milenial con todo el poder y la provisión que había exhibido. El entusiasmo de la gente estaba equivocado; sus intereses eran tan solo materiales y temporales. Por el contrario, el mensaje de Jesús se enfocaba en verdades que eran celestiales y eternas. Él insistía en una transformación espiritual, no en una revolución política (cp. Jn. 18:36). A pesar de que un día regresará para establecer su reino sobre la tierra (cp. Ap. 20:1-6), y cumplir con todo lo que los profetas vaticinaron en cuanto a las glorias del reino de Dios, ese no fue el objetivo de su primera venida (cp. Mr. 10:45; Lc. 19:10).

Los evangelios indican que en general los apóstoles tenían las mismas expectativas mesiánicas que el pueblo. Sin duda esperaban que Jesús derrotara a los enemigos de Israel y estableciera la sede del reino mesiánico en Jerusalén, en el cual ellos se sentarían a la derecha e izquierda del trono real (cp. Mt. 19:28; Mr. 10:37; Lc. 22:30). Sin embargo, había una diferencia fundamental entre los apóstoles y las multitudes incrédulas. Cuando el ministerio de Jesús no cumplió sus expectativas acerca del Mesías, el populacho le rechazó y más adelante pidió su muerte. Incluso muchos de sus seguidores le abandonaron (cp. Jn. 6:66). Por el contrario, los apóstoles siguieron creyendo. Mientras observaba cómo las multitudes se iban y los seguidores desertaban, justo un día después que milagrosamente los alimentara, "dijo entonces Jesús a los doce: ¿Queréis acaso iros también vosotros? Le respondió Simón Pedro: Señor, ¿a quién iremos? Tú tienes palabras de vida eterna. Y nosotros hemos creído y conocemos que tú eres el Cristo, el Hijo del Dios viviente" (Jn. 6:67-69). Es evidente que, a diferencia del gentío, los apóstoles miraban más allá de la vida física hacia la "vida eterna".

La gran confesión de Pedro hace surgir una pregunta importante: ¿Qué catalizador convenció a los doce para creer en Jesús cuando muchos otros lo rechazaron? El día anterior Él había creado pan y peces para alimentar a miles. No obstante, la mayoría de aquellos que experimentaron ese milagro rechazó al Señor. A continuación de ese suceso, incluso los discípulos que permanecieron con Jesús "aún no habían entendido lo de los panes, por cuanto estaban endurecidos sus corazones" (Mr. 6:52). La rápida transformación en su manera de pensar debió haber tenido una causa poderosa. Solamente los apóstoles experimentaron el asombroso incidente relatado en esta sección (vv. 45-56), el cual fue el catalizador por medio del cual por primera vez reconocieron a Jesús como el Hijo de Dios (cp. Mt. 14:33). El maravilloso acontecimiento se puede dividir en tres escenas: Intercesión privada de Jesús con el Padre, intervención poderosa a favor de los doce, e interacción personal con las multitudes. En cada escena el Señor Jesucristo ocupa el centro de la misma.

INTERCESIÓN PRIVADA CON EL PADRE

En seguida hizo a sus discípulos entrar en la barca e ir delante de él a Betsaida, en la otra ribera, entre tanto que él despedía a la multitud. Y después que los hubo despedido, se fue al monte a orar; (6:45-46)

El júbilo esperanzado se había apoderado de la multitud después que Jesús creara comida de forma milagrosa (cp. Mr. 6:33-44). Como sabía que incluso los doce eran susceptibles al cargado fervor político del pueblo, **en seguida hizo a sus discípulos entrar en la barca. Hizo** viene del griego *anagkazō*, que significa "obligar" o "insistir". Sin lugar a dudas ellos habrían querido quedarse y disfrutar la popularidad del momento, pero el Señor no les dejó. Les ordenó partir **en la barca e ir delante de él a Betsaida**

Algunos estudiosos se han preguntado qué quiso decir Marcos, ya que Juan 6:17 explica que el destino al que pretendían ir era Capernaúm. Dos soluciones propuestas y razonables merecen consideración. Primera, algunos han sugerido que había dos aldeas diferentes llamadas **Betsaida.** Puesto que el nombre significa "casa de los peces", es posible que más de una población de pescadores cerca del lago reclamara ese título. Los que sostienen este punto de vista diferencian entre "Betsaida Julias", ubicada en el noreste del lago de Galilea, y "Betsaida de Galilea", que según afirman estaba localizada en la costa occidental del lago cerca de Capernaúm (cp. Jn. 12:21). De acuerdo con esta opinión, la alimentación de la multitud se llevó a cabo cerca de Betsaida Julias. Al salir de esa zona, los discípulos navegaron hacia Betsaida de Galilea y la vecina Capernaúm. Una segunda opinión, y quizás menos convincente, asegura que había solo una aldea llamada Betsaida (es decir, Betsaida Julias), que se basa sobre todo en la falta de evidencia arqueológica para la segunda aldea con ese mismo nombre. Según este punto de vista, la alimentación de los cinco mil se llevó a cabo en un lugar remoto al sureste de Betsaida (cp. Mr. 6:35). Cuando Jesús ordenó a los discípulos **ir delante de él a Betsaida, en la otra ribera,** en realidad les estaba dando instrucciones de atravesar el lago viajando "hacia Betsaida", es decir al occidente. (La preposición griega *pros* [traducida **a**] puede significar "a", "hacia" o "rumbo a"). Cuando navegaron hacia la costa occidental del lago de Galilea pudieron haber ido inicialmente hacia Betsaida, pasándola finalmente en su camino. (Puede ser que Jesús pretendiera que ellos siguieran la línea costera mientras atravesaban el lago, navegando por tanto cerca de la aldea. Betsaida es parte de la gran llanura de Betsaida que se extiende por cerca de cinco kilómetros a lo largo del borde norte del lago de Galilea).

Tras ordenar a los discípulos que partieran, Jesús despidió **a la multitud.** Dispersar a decenas de miles de personas cautivadas por el milagro no habría sido una tarea fácil, humanamente hablando. Sin embargo, de igual manera que con autoridad les ordenó sentarse en grupos de cincuenta y de cien (cp. vv. 39-40), el Señor ejerció autoridad divina sobre la multitud y esta obedeció. A pesar de que con entusiasmo querían hacerlo rey para satisfacer sus propios fines, Él los despidió sin ponerse a debatir. Juan 6:22-24 sugiere que las personas no viajaron lejos. Al parecer pasaron la noche en la campiña cercana, despertaron a la mañana siguiente, y regresaron al lugar en que Jesús las había alimentado, solo para descubrir que Él ya no estaba allí.

El gentío pudo haber estado pidiendo una revolución pública, pero Jesús anhelaba un tiempo de intercesión privada con su Padre celestial. Por tanto, **después que los hubo despedido, se fue al monte a orar.** Al principio del ministerio de Jesús, Satanás le tentó ofreciéndole "todos los reinos del mundo y la gloria de ellos" (Mt. 4:8-9). Tal vez como consecuencia del entusiasmo de la gente, Jesús volvió a enfrentar la tentación de pasar por alto la cruz y reclamar de inmediato un trono terrenal. Pero esa no era la voluntad del Padre, algo que Jesús reiteró al día siguiente cuando volvió a dirigirse a la multitud en Capernaúm: "He descendido del cielo, no para hacer mi voluntad, sino la voluntad del que me envió" (Jn. 6:38; cp. Mr. 14:36; Jn. 4:34; 5:19). Sin ningún interés en la exuberancia superficial y emocional expresada por la gente, el Señor se retiró a un lugar de oración privada, como generalmente hacía (cp. Mt. 14:23; Mr. 1:35; Lc. 6:12; 22:41-44).

Sin duda alguna, la oración de Jesús esa noche incluyó un tiempo de petición por sus discípulos. Puesto que sabía lo que ellos estaban a punto de experimentar, los confió en las manos de su Padre. Es muy probable que como hiciera en otras ocasiones (cp. Lc. 22:32; Jn. 17:6-26), Jesús pidiera al Padre que les concediera fe verdadera y perdurable. El Padre contestó esa oración en forma poderosa, otorgándoles fe en respuesta a una maravilla inigualable.

INTERVENCIÓN PODEROSA A FAVOR DE LOS DOCE

y al venir la noche, la barca estaba en medio del mar, y él solo en tierra. Y viéndoles remar con gran fatiga, porque el viento les era contrario, cerca de la cuarta vigilia de la noche vino a ellos andando sobre el mar, y quería adelantárseles. Viéndole ellos andar sobre el mar, pensaron que era un fantasma, y gritaron; porque todos le veían, y se turbaron. Pero en seguida habló con ellos, y les dijo: ¡Tened ánimo; yo soy, no temáis! Y subió a ellos en la barca, y se calmó el viento; y ellos se asombraron en gran manera, y se maravillaban. Porque aún no habían entendido lo de los panes, por cuanto estaban endurecidos sus corazones. (6:47-52)

La frase **al venir la noche** se refiere a la segunda vigilia nocturna del día, entre las seis y las nueve de la noche. Jesús había alimentado antes a la multitud, durante la primera vigilia de la noche (cp. Mt. 14:15), la cual duraba de tres a seis. Ahora el sol se había puesto y el atardecer se había convertido en anochecer. Con el paso de cada hora, la distancia entre los discípulos y Jesús se ampliaba. Ellos se hallaban en **la barca,** la cual **estaba en medio del mar, y él solo en tierra.** Debido al estallido repentino de una aterradora tormenta, lo que por lo general habría sido un rutinario cruce del lago se había convertido en un trayecto peligroso. Fuertes vientos (Jn. 6:18) levantaban tremendas olas que azotaban la barca (Mt. 14:24). (Para más información sobre las fuertes tormentas que a veces se desatan en el lago de Galilea, véase el capítulo 16 de esta obra). Ya antes los discípulos habían experimentado una tormenta similar, pero Jesús había estado con ellos en esa ocasión (cp. Mr. 4:37-41). Esta vez estaban solos.

Como ya se indicó, Jesús se había quedado atrás para orar, retirándose a un monte cercano con el fin de estar a solas y tener comunión con su Padre. A pesar de que los discípulos estaban solos y a unos kilómetros de distancia, nunca estuvieron fuera del alcance de la protección divina. En una evidente demostración de omnisciencia divina, Jesús los vio **remar con gran fatiga, porque el viento les era contrario.** El Señor, consciente del apuro en que se hallaban incluso antes de que eso ocurriera, mantuvo el control de la situación en todo momento. Tanto la tempestad como los doce estaban en sus manos. A pesar de que estaba demasiado lejos como para ver físicamente la barca a través de las tormentosas tinieblas, Jesús siempre supo la ubicación exacta en que se hallaban. La omnisciencia de Dios es ilimitada en su alcance y universal en su vista. Así declara Proverbios 15:3: "Los ojos de Jehová están en todo lugar, mirando a los malos y a los buenos". Job reiteró esa verdad cuando preguntó: "¿No ve [el Señor] mis caminos, y cuenta todos mis pasos?" (Job 31:4; cp. Jer. 16:17). En 2 Crónicas 16:9 leemos que "los ojos de Jehová contemplan toda la tierra" (cp. Zac. 4:10). Y el autor de Hebreos repite esa realidad en estas palabras: "No hay cosa creada que no sea manifiesta en su presencia; antes bien todas las cosas están desnudas y abiertas a los ojos de aquel a quien tenemos que dar cuenta" (He. 4:13). Ni siquiera un mar tormentoso puede oscurecer la claridad de la mirada omnisciente de Dios. Como le inquirió David al Señor en su famosa pregunta: "¿A dónde me iré de tu Espíritu? ¿Y a dónde huiré de tu presencia?" (Sal. 139:7, 9-10). El omnisciente Hijo de Dios no había abandonado a sus discípulos en medio de la tormenta. Sabía dónde estaban y cómo iba a liberarlos.

Que los discípulos remaban **con gran fatiga** indica que se estaban esforzando mucho por sobrevivir. Al menos cuatro de ellos (y tal vez hasta siete) eran pescadores experimentados en ese lago, y solo una tormenta extrema les habría ocasionado tal dificultad. Debido a las condiciones, un viaje que normalmente habría durado solo una o dos horas se había convertido en una lucha de toda la noche tratando de no morir ahogados. Marcos indica que era **cerca de la cuarta vigilia** cuando Jesús finalmente llegó a ayudarlos (cp. Mt. 14:25). Los romanos dividían la noche en cuatro vigilias. La primera era de seis a nueve; la segunda, desde las nueve hasta medianoche; la tercera, desde la medianoche hasta las tres de la mañana; y la cuarta, desde las tres de la mañana hasta las seis. Los discípulos, que habían salido antes de las nueve de la noche, aún estaban en el lago en las horas antes del amanecer. En todo ese tiempo, probablemente unas nueve horas, solo habían podido remar unos pocos kilómetros cuando se vieron frustrados por la tremenda tempestad (cp. Jn. 6:19).

La situación parecía desesperada, e incluso imposible, cuando Jesús intervino de modo soberano. **Vino a ellos andando sobre el mar, y quería adelantárseles.** En las tinieblas, en medio de los vientos huracanados y del chapoteo de las olas, Jesús se dirigió hacia los discípulos **andando sobre el mar.** El Creador de las aguas y el viento se puso en pie sobre la agitada superficie como si fuera dura como la piedra y llana como el cristal, abriéndose paso hacia ellos en el momento en que estaban más necesitados. La frase **quería adelantárseles** puede entenderse mal y se debió traducir mejor como "deseaba ponerse junto a ellos". El Señor sabía exactamente dónde se encontraban y caminó sobre el lago hasta llegar junto a la barca.

Es comprensible que los discípulos se sorprendieran cuando vieron a Jesús **andar sobre el mar.** Sin duda la noche de total agotamiento y constante lucha añadió a la confusión, y ya que no podían creer lo que estaban viendo ni reconocer de quién se trataba, **ellos** se llenaron de pánico y **pensaron que era un fantasma.** La palabra **fantasma** (en griego *phantasma*), se refiere a aparición o espectro imaginario. La suposición popular del siglo I afirmaba que los espíritus de la noche producían desastres, y los discípulos supusieron lo peor. Después de horas de estar gritándose unos a otros en medio de la tormenta quedaron tan asombrados que a pesar de sus voces cansadas se encogieron de terror. Según explica Marcos, ellos **gritaron; porque todos le veían, y se turbaron** (una forma del verbo griego *tarassō*) que significa "entrar en pánico" o "atacado por el terror". Los discípulos estaban asustados por la tormenta; ver una aparición caminando hacia ellos sobre el agua les aumentó el temor hasta niveles superiores de intensidad.

En un intento por desechar este milagro, algunos críticos incrédulos alegan que Jesús solo estaba caminado a lo largo de la playa, y no sobre la superficie del lago. Esa interpretación del texto es insostenible por varias razones. Primera, la barca estaba a varios kilómetros de la costa, lo que hacía imposible que los discípulos hubieran visto a Jesús a través de la oscuridad de la tormenta y de la noche. Mateo 14:24 afirma literalmente que "la barca estaba en medio del mar". Segunda, los discípulos no se habrían llenado de miedo solo por haber visto a alguien caminando junto a la línea costera. Ningún pescador experimentado se habría engañado creyendo que un transeúnte en tierra estaría en realidad caminando sobre el agua. Tercera, si Jesús hubiera estado parado en la orilla, Pedro no habría comenzado a hundirse cuando salió de la barca (cp. Mt. 14:30). Después de todo, el apóstol salió en el mismo lugar en que Jesús estaba caminando (v. 31), y el agua era lo suficientemente profunda para que un hombre adulto pudiera ahogarse. Al igual que en todos sus milagros, que Jesús caminara sobre el agua demostró su deidad. Puesto que Él es el Creador del universo (cp. Jn. 1:3; Col. 1:16; He. 1:2), no solo controla el viento y las olas (cp. Mr. 4:41), sino que camina sobre ellos.

De modo compasivo, el Señor no dejó que el terror de los discípulos durara. **En seguida habló con ellos, y les dijo: ¡Tened ánimo; yo soy, no temáis!** La orden **Tened ánimo** (del verbo griego *tharseō*) quiere decir "sean valientes" o "anímense". Jesús lo usa para pedirle a su pueblo que dependa de Él como la fuente de la confianza que deben tener, incluso en medio de circunstancias insoportables (cp. Mt. 9:2, 22; 14:27; Mr. 10:49; Jn. 16:33; Hch. 23:11). Mientras estaban en medio del caos y la confusión, reconocieron la voz del Señor Jesús que los llamaba.

La frase **yo soy** no solo hizo que quien la pronunció se identificara como Jesús, sino que también refleja la revelación personal de Dios que se encuentra en el Antiguo Testamento (cp. Éx. 3:14). Jesús no solo demostró su deidad por medio de este poder sobrenatural, también afirmó ser Dios con las palabras que pronunció (cp. Jn. 5:18; 8:58; 10:30, 33). Al darse cuenta de que se trataba de Jesús, el temor de los discípulos se convirtió en alivio. Mateo relata que en un momento de euforia Pedro tomó la palabra y le dijo a Jesús:

> *Señor, si eres tú, manda que yo vaya a ti sobre las aguas. Y él dijo: Ven. Y descendiendo Pedro de la barca, andaba sobre las aguas para ir a Jesús. Pero al ver el fuerte viento, tuvo miedo; y comenzando a hundirse, dio voces, diciendo: ¡Señor, sálvame! Al momento Jesús, extendiendo la mano, asió de él, y le dijo: ¡Hombre de poca fe! ¿Por qué dudaste? (Mt. 14:28-31).*

La fe débil de Pedro es típica de todos los discípulos e ilustraba la razón por qué este milagro era necesario: para fortalecerles la fe. Aunque el reproche de Jesús estaba sobre todo dirigido a Pedro, se aplica de modo adecuado a todo el grupo. Que el Señor extendiera la mano de manera compasiva y rescatara a Pedro, a pesar de las dudas de este, es una imagen maravillosa del modo en que Él ayuda a los suyos en momentos de necesidad, a pesar de las debilidades que tengan (cp. He. 13:6). (A veces los estudiosos se preguntan por qué Marcos no incluyó en este relato el episodio acerca de Pedro. Podría ser que debido a que Marcos escribió su evangelio bajo la influencia de Pedro, y a que Pedro era un hombre humilde, quiso que el enfoque estuviera en Cristo y no en sí mismo, e hizo que de manera intencional Marcos omitiera esos detalles. Cualquiera que sea la explicación, la respuesta final es que el Espíritu Santo inspiró a Mateo a incluir esa característica solamente).

Después de rescatar a Pedro, el Señor **subió a ellos en la barca, y se calmó el viento; y ellos se asombraron en gran manera.** Los discípulos habían visto a Jesús caminar sobre el agua y calmar al instante una fuerte tormenta. Incluso habían observado a Pedro pararse sobre la superficie del lago. Tras todo eso, Jesús subió a la barca, los fuertes vientos desaparecieron con rapidez, y la tormenta se desvaneció. Después de servir a su propósito divinamente señalado, la tempestad desapareció. En ese mismo instante, de modo milagroso Jesús impulsó la barca hacia el destino en la costa occidental. Juan 6:21 lo informa de este modo: "Ellos entonces con gusto le recibieron en la barca, la cual llegó en seguida a la tierra adonde iban". En un momento se hallaban batallando con una rugiente tormenta en medio del lago, y al siguiente el viento y las olas estaban en calma y la barca había llegado a la orilla. Es comprensible que los discípulos reaccionaran con asombro. La palabra **asombraron** proviene de la expresión griega *existēmi*, y significa "estar fuera de sí". El milagro que acababan de experimentar los dejó boquiabiertos.

De acuerdo con Mateo 14:33, la respuesta de los discípulos se convirtió en adoración: "Entonces los que estaban en la barca vinieron y le adoraron, diciendo: Verdaderamente eres Hijo de Dios". Reconocieron que se hallaban en la presencia del Creador (cp. Job 26:14), de Aquel que controla los vientos y las olas (cp. Mr. 4:41). Tal vez sus mentes se inundaron con pasajes del Antiguo Testamentos como Salmos 77:19: "En el mar fue tu camino, y tus sendas en las muchas aguas; y tus pisadas no fueron conocidas". Puede que ellos recordaran las palabras de Habacuc 3:15: "Caminaste en el mar con tus caballos, sobre la mole de las grandes aguas". O quizás pensaron en Job 9:8: "Y anda sobre las olas del mar".

En su adoración, el asombro de los discípulos trascendió el simple arrebato de las multitudes. Mucha gente se maravilló con Jesús (Mt. 7:28; 12:23; 22:33; Mr. 1:22; 9:15; Lc. 2:47; 4:32; 11:14; Jn. 7:46), pero pocos lo adoraron de veras. Los discípulos habían comenzado a entender la verdad que desde el principio habían mostrado los milagros del Señor: que Él era el Mesías, el Hijo de Dios (cp. Mr. 1:1). Ese reconocimiento los llevó a arrodillarse mientras de buen grado confesaban la realidad teológica expresada en todo el Nuevo Testamento, es decir, "que Jesucristo es el Señor, para gloria de Dios Padre" (Fil. 2:11).

Adoración debió haber sido la reacción anterior de los discípulos cuando Jesús alimentó milagrosamente a la multitud de miles de personas. No obstante, en vez de postrarse en reverencia, al parecer se dejaron contagiar por el entusiasmo del gentío. Esta aparición de Jesús en el agua era, por tanto, necesaria para fortalecerles la fe, **porque aún no habían entendido lo de los panes, por cuanto estaban endurecidos sus corazones.** Debido a su propia torpeza espiritual, los discípulos no habían entendido el verdadero significado de esa demostración anterior de divino poder creativo. A salvo en la costa ante la presencia de su Salvador todopoderoso, se convencieron de la deidad de Jesús y se postraron de rodillas en adoración y alabanza.

INTERACCIÓN PERSONAL CON LAS MULTITUDES

Terminada la travesía, vinieron a tierra de Genesaret, y arribaron a la orilla. Y saliendo ellos de la barca, en seguida la gente le conoció. Y recorriendo toda la tierra de alrededor, comenzaron a traer de todas partes enfermos en lechos, a donde oían que estaba. Y dondequiera que entraba, en aldeas, ciudades o campos, ponían en las calles a los que estaban enfermos, y le rogaban que les dejase tocar siquiera el borde de su manto; y todos los que le tocaban quedaban sanos. (6:53-56)

El relato de la caminata de Jesús sobre el agua contiene mucho más que un simple milagro. Primero, fue precedido por la alimentación sobrenatural de miles de personas (vv. 33-44). Segundo, de forma omnisciente Jesús vio a los discípulos en medio de la tormenta (v. 48). Tercero, suspendió la gravedad al caminar sobre la superficie del tempestuoso lago (v. 48). Cuarto, permitió que Pedro anduviera sobre el agua (cp. Mt. 14:29). Quinto, tan pronto como Jesús entró a la barca, el viento se detuvo y la tormenta se evaporó (Mr. 6:51). Sexto, la embarcación llegó inmediatamente a la costa donde se dirigían (Jn. 6:21). Por último, una vez en tierra Jesús comenzó a curar a los enfermos que le llevaron (Mr. 6:53-55). Abrumados por toda esta maravilla, los discípulos respondieron con reverente reconocimiento de que el Maestro era el Hijo de Dios.

Marcos continúa su relato observando que una vez **terminada la travesía, vinieron a tierra de Genesaret, y arribaron a la orilla.** La llanura de Genesaret se halla al suroeste de Capernaúm. Según se reveló antes, Juan 6:17 indica que los discípulos atravesaban el lago hacia Capernaúm; sin embargo, arribaron a Genesaret. Los críticos afirman a veces que esto representa una discrepancia en los relatos de los evangelios. En realidad no es así. Aunque los discípulos pudieron haber querido ir originalmente a Capernaúm, de manera sobrenatural e instantánea el Señor dirigió la barca hacia Genesaret. Sin duda ellos se habían desviado del rumbo debido al fuerte viento, lo cual explica que la embarcación ya no se dirigiera hacia su destino original. Con tormenta o sin ella, fueron a parar exactamente donde Jesús quería que ellos fueran. La cercana proximidad de Capernaúm y Genesaret significa que Jesús y los discípulos caminaron fácilmente hacia Capernaúm después que salieron **de la barca.** Capernaúm era el destino final, y fue allí en la sinagoga que Jesús predicó su sermón sobre el pan de vida (cp. Jn. 6:24, 59).

Una vez en tierra, **en seguida la gente le conoció. Y recorriendo toda la tierra de alrededor, comenzaron a traer de todas partes enfermos en lechos, a donde oían que estaba.** Mientras Jesús y los discípulos caminaban desde Genesaret a Capernaúm, el Señor siguió mostrando compasión por las personas necesitadas, tanto a lo largo del camino como una vez que finalmente llegaron a Capernaúm. El Evangelio de Juan retoma la historia en ese momento, completando los detalles de lo que Jesús predicó ese día en Capernaúm (cp. Jn. 6:26-58). Sin embargo, el relato de Marcos no se detiene en esos detalles y proporciona un resumen final del ministerio de Jesús en Galilea. **Y dondequiera que entraba, en aldeas, ciudades o campos, ponían en las calles a los que estaban enfermos, y le rogaban que les dejase tocar siquiera el borde de su manto; y todos los que le tocaban quedaban sanos.** Adondequiera que Jesús iba, curaba de manera compasiva a todos los enfermos que le llevaban. Su poder sanador y su misericordia no tenían límites. De manera personal y clemente atendía a todos los que le buscaban. Al igual que la mujer en Marcos 5:28-29, personas desesperadas que padecían de todo tipo de enfermedades y discapacidades incurables eran curadas simplemente tocando el borde del manto de Jesús. La demostración, el alcance, y la intención de su incomparable poder, desde crear una enorme comida hasta calmar una fuerte tormenta, o curar innumerables enfermedades, fueron acompañados por la demostración de su abundante misericordia divina.

Aunque muchos que experimentaron los milagros de Jesús nunca llegarían a aceptarle con fe salvadora genuina, los verdaderos creyentes como los discípulos en la barca, sí fueron más allá del simple asombro hasta la experiencia de adoración sincera. Así como hizo el apóstol Juan en la isla de Patmos, ellos se postraron delante del Hijo de Dios, brindando homenaje a

> *Jesucristo el testigo fiel, el primogénito de los muertos, y el soberano de los reyes de la tierra. Al que nos amó, y nos lavó de nuestros pecados con su sangre, y nos hizo reyes y sacerdotes para Dios, su Padre; a él sea gloria e imperio por los siglos de los siglos. Amén (Ap. 1:5-6; cp. v. 17).*

Tradición que distorsiona las Escrituras 24

Se juntaron a Jesús los fariseos, y algunos de los escribas, que habían venido de Jerusalén; los cuales, viendo a algunos de los discípulos de Jesús comer pan con manos inmundas, esto es, no lavadas, los condenaban. Porque los fariseos y todos los judíos, aferrándose a la tradición de los ancianos, si muchas veces no se lavan las manos, no comen. Y volviendo de la plaza, si no se lavan, no comen. Y otras muchas cosas hay que tomaron para guardar, como los lavamientos de los vasos de beber, y de los jarros, y de los utensilios de metal, y de los lechos. Le preguntaron, pues, los fariseos y los escribas: ¿Por qué tus discípulos no andan conforme a la tradición de los ancianos, sino que comen pan con manos inmundas? Respondiendo él, les dijo: Hipócritas, bien profetizó de vosotros Isaías, como está escrito: Este pueblo de labios me honra, mas su corazón está lejos de mí. Pues en vano me honran, enseñando como doctrinas mandamientos de hombres. Porque dejando el mandamiento de Dios, os aferráis a la tradición de los hombres: los lavamientos de los jarros y de los vasos de beber; y hacéis otras muchas cosas semejantes. Les decía también: Bien invalidáis el mandamiento de Dios para guardar vuestra tradición. Porque Moisés dijo: Honra a tu padre y a tu madre; y: El que maldiga al padre o a la madre, muera irremisiblemente. Pero vosotros decís: Basta que diga un hombre al padre o a la madre: Es Corbán (que quiere decir, mi ofrenda a Dios) todo aquello con que pudiera ayudarte, y no le dejáis hacer más por su padre o por su madre, invalidando la palabra de Dios con vuestra tradición que habéis transmitido. Y muchas cosas hacéis semejantes a estas. (7:1-13)

Como declara varias veces el Antiguo Testamento, la única adoración que agrada a Dios es la que fluye de un corazón que le ama sinceramente y procura obedecer su Palabra (cp. Dt. 10:12; 11:13; 13:13; 26:16; 30:2, 6, 10; Jos. 22:5; 1 S. 7:3; 12:20; 12:24). Moisés expresó bien ese conocido principio a los israelitas cuando estaban listos para entrar a la tierra prometida: "Oye, Israel: Jehová nuestro Dios, Jehová uno es. Y amarás a Jehová tu Dios de todo tu corazón, y de toda tu alma, y con todas tus fuerzas" (Dt. 6:4-5). La verdadera adoración incluye la totalidad de la persona: corazón, alma y fuerzas. La simple adoración externa no es aceptable a Dios (cp. 1 S. 15:22). Como el Señor le dijo al profeta Samuel con relación a David: "Jehová no mira lo que mira el hombre; pues el hombre mira lo que está delante de sus ojos, pero Jehová mira el corazón" (1 S. 16:7; cp. 13:14; 1 R. 8:39). Cuando David dejó el reino a Salomón le dio a su hijo esta instrucción similar: "Tú, Salomón, hijo mío, reconoce al Dios de tu padre, y sírvele con corazón perfecto y con ánimo voluntario; porque Jehová escudriña los corazones de todos, y entiende todo intento de los pensamientos" (1 Cr. 28:9). En la dedicación del templo, Salomón reiteró esas palabras a toda la nación: "Sea, pues, perfecto vuestro corazón para con Jehová nuestro Dios, andando en sus estatutos y guardando sus mandamientos, como en el día de hoy" (1 R. 8:61; cp. 2 R. 20:3).

A pesar de instrucciones tan claras, la nación cayó varias veces en la adoración externa, la hipocresía y la apostasía. Incluso Salomón, dotado de sabiduría sobrenatural (1 R. 3:12), no fue inmune a permitir que el corazón se le descarriara (cp. 11:4). En respuesta a la endurecida incredulidad de Israel, Dios levantó profetas que llamaron al pueblo a volver a la adoración y obediencia de todo corazón. El Señor declaró por medio del profeta Jeremías (29:13): "Me buscaréis y me hallaréis, porque me buscaréis *de todo vuestro corazón*" (cursivas añadidas). El profeta Joel proclamó de igual manera:

> *Por eso pues, ahora, dice Jehová, convertíos a mí con todo vuestro corazón, con ayuno y lloro y lamento. Rasgad vuestro corazón, y no vuestros vestidos, y convertíos a Jehová vuestro Dios; porque misericordioso es y clemente, tardo para la ira y grande en misericordia, y que se duele del castigo (Jl. 2:12-13; cp. Am. 5:21-24).*

El Señor no está interesado en símbolos externos de tristeza, como rasgarse las vestiduras, a menos que realmente representen genuino arrepentimiento y sincero remordimiento. El profeta Isaías reprendió igualmente a los israelitas de su época por la religión fría y vacía que practicaban. Aunque el pueblo ofrecía los sacrificios correctos (Is. 1:11), observaba fiestas religiosas (vv. 13-14), y elevaba continuas oraciones (v. 15), lo hacía con corazones rebeldes y no arrepentidos (vv. 16-17). Eran buenos en cumplir con las tradiciones, pero sus corazones se hallaban lejos de Dios (cp. 29:13). Si se negaban a arrepentirse enfrentarían juicio divino a manos de los babilonios.

Siete siglos después, el judaísmo de la época de Jesús se caracterizaba por una forma similar de adoración vacía, sin vida e hipócrita. Con el paso de los siglos la tradición judía había creado una religión legalista de santurronería externa, propagada sobre todo por los fariseos y escribas. Aunque su religión estaba enfocada en el Dios verdadero, la practicaban en la manera equivocada (cp. Ro. 10:2) y, por tanto, no era aceptable para Él.

Jesús confrontó la adoración hipócrita de su tiempo en la misma forma que los profetas antes que Él la habían denunciado en sus épocas. Él vino a traer la verdadera religión del corazón (Mt. 5:8, 21-48; 6:19-21). En consecuencia, se enfrentó enérgicamente con los líderes religiosos de Israel del siglo I. Los llamó víboras (Mt. 12:34), los condenó como falsos pastores (Jn. 10:8; cp. Ez. 34:1-10), y los maldijo como hipócritas (cp. Mt. 23:13, 15, 23, 25, 27, 29). Aunque Jesús mostró mansedumbre, humildad y compasión hacia las multitudes (cp. Mr. 6:34), nunca dudó en reprender abiertamente a los proveedores de falsa religión.

Los acontecimientos descritos en Marcos 6, desde el comienzo del ministerio de los doce (vv. 7-13, 30-32) hasta la alimentación de miles (vv. 33-44) y la caminata de Jesús sobre el agua (vv. 45-52), representan la cumbre de la popularidad de Jesús y la culminación de su ministerio en Galilea. Las personas a las que milagrosamente alimentó estaban tan asombradas "que iban a venir para apoderarse de él y hacerle rey" (Jn. 6:15). Pero la motivación que tenían era tan solo nacionalista y materialista. Al día siguiente, cuando Jesús expresó realidades espirituales relacionadas con el reino, el gentío se desencantó rápidamente. Muchos de sus seguidores le abandonaron (cp. v. 66), y su popularidad comenzó a declinar. A partir de ese momento, Jesús enfocó cada vez más su atención en instruir a los doce, preparándolos para que su ministerio comenzara después de la crucifixión y resurrección del Señor.

Contribuyó a la declinación de la popularidad la propaganda difundida por los fariseos y escribas, quienes intentaron desacreditar a Jesús atribuyéndole el poder a Satanás (cp. Mr. 3:22). Según se indicó antes, el Señor se enfrentó a menudo con los dirigentes religiosos judíos. Esta sección describe uno de tales episodios, en el cual el Juez mesiánico condenó la flagrante hipocresía del judaísmo apóstata. El pasaje puede dividirse en tres segmentos: el interrogatorio, la condenación y la ilustración.

EL INTERROGATORIO

Se juntaron a Jesús los fariseos, y algunos de los escribas, que habían venido de Jerusalén; los cuales, viendo a algunos de los discípulos de Jesús comer pan con manos inmundas, esto es, no lavadas, los condenaban. Porque los fariseos y todos los judíos, aferrándose a la tradición de los ancianos, si muchas veces no se lavan las manos, no comen. Y volviendo de la plaza, si no se lavan, no comen. Y otras muchas cosas hay que tomaron para guardar, como los lavamientos de los vasos de beber, y de los jarros, y de los utensilios de metal, y de los lechos. Le preguntaron, pues, los fariseos y los escribas: ¿Por qué tus discípulos no andan conforme a la tradición de los ancianos, sino que comen pan con manos inmundas? (7:1-5)

Según Juan 6:4, la alimentación de los miles se llevó a cabo cerca del tiempo de la Pascua judía, un año antes de que Jesús muriera en la cruz. El episodio descrito en esta sección (Mr. 7:1-13), que ocurrió en Galilea poco después de la milagrosa alimentación, se realizó más o menos al mismo tiempo. (Para una armonía de los evangelios, véase John MacArthur, *Una vida perfecta* [Nashville: Grupo Nelson, 2014]). **Se juntaron a Jesús los fariseos, y algunos de los escribas, que habían venido de Jerusalén.** Al igual que un grupo anterior (cp. Mr. 3:22), esta delegación de clérigos había **venido de Jerusalén** a Galilea. (Para mayor información sobre los fariseos y escribas, véase el capítulo 7 de esta obra). Lo más probable es que llegaran a petición de los líderes judíos en Galilea para que les ayudaran a confrontar a Jesús a la luz de su amplia y amenazante popularidad. Ya que Jerusalén era la sede de la religión judía, pues allí era donde estaba el templo y funcionaba el sanedrín, esta delegación representaba importante autoridad eclesiástica. Como expertos reconocidos de la ley del Antiguo Testamento y de la tradición rabínica, los fariseos eran defensores de la forma popular de judaísmo legalista que dominaba a Israel en el siglo I. Desde el inicio del ministerio de Jesús, los fariseos y escribas sabían que el mensaje que predicaba era un ataque directo contra el sistema de obras de justicia que ellos representaban. En consecuencia, siempre buscaban maneras de desacreditar su ministerio ante los ojos del pueblo, con la meta última de eliminarlo (cp. Mr. 3:6).

Una posible oportunidad surgió para los enemigos de Jesús cuando vieron **a algunos de los discípulos de Jesús comer pan con manos inmundas, esto es, no lavadas.** Aunque la ley mosaica prescribía lavamientos ceremoniales para los sacerdotes (Lv. 22:6-7), no requería que los demás se lavaran las manos en ninguna forma particular antes de comer. Los fariseos insistían en que el pueblo judío realizara lavamientos ceremoniales específicos, no porque estas acciones estuvieran ordenadas bíblicamente, sino porque formaban parte de la enseñanza rabínica. A ellos no les interesaba la higiene, sino que estaban obsesionados con una tradición ritual. Según explica Marcos en su observación incidental, **los fariseos y todos los judíos, aferrándose a la tradición de los ancianos, si muchas veces no se lavan las manos, no comen. Y volviendo de la plaza, si no se lavan, no comen.** El lavamiento ceremonial prescrito por la práctica rabínica implicaba varios pasos. Primero, se vertía agua de una jarra sobre ambas manos con los dedos señalando hacia arriba, de tal modo que el agua corriera por las muñecas. Luego se vertía otra vez agua con los dedos hacia abajo. Por último, cada mano se frotaba con el puño de la otra mano. Los judíos estrictos seguían estas regulaciones antes de cada comida y entre cada plato durante la comida. (Para un análisis más completo de estos lavamientos ceremoniales, véase Alfred Edersheim, *The Life and Times of Jesus the Messiah* [Grand Rapids: Eerdmans, 1972], 2:10-13).

Los lavamientos se volvían más elaborados cuando los judíos regresaban a casa después de estar afuera, porque podían haberse contaminado por contacto con un samaritano, un gentil, o incluso un compañero judío que estuviera ceremonialmente impuro. Por tanto, según observa Marcos, **si muchas veces no se lavan las manos, no comen. Y volviendo de la plaza, si no se lavan, no comen.** Además de este lavado tradicional de manos estaba la cuidadosa limpieza de instrumentos de cocina y utensilios para comer. Es más, **otras muchas cosas hay que tomaron para guardar, como los lavamientos de los vasos de beber, y de los jarros, y de los utensilios de metal.** Estos lavamientos ritualistas hechos en conjunto en cada comida los convertían en un asunto elaborado y meticuloso.

La tradición de los ancianos consistía de regulaciones extrabíblicas que se habían transmitido desde la época del cautiverio babilónico (605-535 a.C.). Estas tradiciones orales, que impregnaban el judaísmo de la época de Jesús, finalmente fueron escritas en la Mishná más o menos a finales del siglo II d.C. La Mishná, junto con el comentario rabínico adicional llamado la Guemará, constituye el Talmud (colección de tradición judía que en forma impresa abarca miles de páginas de material extrabíblico). De acuerdo con el Talmud, Dios entregó a Moisés la ley oral, la cual transmitió a otros grandes hombres de Israel. A estos individuos se les encargó apropiarse personalmente de la ley en sus propias vidas, preparar a otros para que enseñaran la ley a generaciones posteriores, y construir un muro de protección alrededor de la ley a fin de preservarla. Ese muro de protección consistía de regulaciones extrabíblicas que tenían la intención de asegurar que el pueblo nunca estuviera cerca de romper la ley. Sin embargo, en realidad esas reglas rabínicas socavaban y empañaban la ley que pretendían proteger. Con el tiempo, el pueblo judío comenzó a medir su condición espiritual en términos de conformidad externa a requisitos tradicionales y rituales ceremoniales, y no en términos de amor sincero por Dios y humilde obediencia a su Palabra (cp. Is. 66:2).

Cuando el pueblo judío regresó a su patria después del cautiverio babilónico, los escribas (el primero de los cuales fue Esdras) comenzaron a copiar y enseñar las Escrituras para instruir al pueblo en la Palabra de Dios (cp. Neh. 8:8). A medida que explicaban estos escritos hacían comentarios sobre el texto, acumulando finalmente un enorme cuerpo de material interpretativo. Con el paso de los siglos se hizo borrosa la distinción entre las Escrituras y las tradiciones rabínicas basadas en interpretaciones que los escribas hacían de esas Escrituras. Para la época de Jesús, **la tradición de los ancianos** había eclipsado y suplantado la Palabra de Dios. La verdad divina se había perdido, sepultada bajo montañas de tradición. En consecuencia, los rituales del judaísmo se podían practicar externamente sin tener en cuenta la condición del corazón delante de Dios.

Los fariseos y escribas tomaban muy en serio sus tradiciones, que incluían el lavamiento de manos. Algunos rabinos sugerían que un demonio llamado

Shiba se sentaba sobre las manos de las personas mientras estas dormían. Si no retiraban al demonio por medio del lavado ceremonial antes de comer, pasaría así a la boca y podía entrar al cuerpo. Otros rabinos convirtieron el lavamiento de manos en un asunto de salvación. Así afirma el Talmud de Jerusalén: "El que está firmemente implantado en la tierra de Israel, que habla la lengua sagrada, *que come su comida en la pureza* [como es requerido por los rituales de lavado de manos], y recita el *Shemá* en la mañana y la noche, tiene asegurada la vida en el mundo venidero" (*Shabbat* 1:3, cursivas añadidas). No es de extrañar entonces que los dirigentes religiosos acusaran a los discípulos de Jesús de cometer un delito grave. Expresando su acusación en forma de pregunta, con incredulidad **le preguntaron** a Jesús: **¿Por qué tus discípulos no andan conforme a la tradición de los ancianos, sino que comen pan con manos inmundas?** La indagación que hicieron no estaba motivaba por curiosidad, sino por indignación. Les enfurecía que de modo tan abierto Jesús permitiera a sus discípulos pasar por alto un ritual que ellos consideraban tan obligatorio.

LA CONDENACIÓN

Respondiendo él, les dijo: Hipócritas, bien profetizó de vosotros Isaías, como está escrito: Este pueblo de labios me honra, mas su corazón está lejos de mí. Pues en vano me honran, enseñando como doctrinas mandamientos de hombres. Porque dejando el mandamiento de Dios, os aferráis a la tradición de los hombres: los lavamientos de los jarros y de los vasos de beber; y hacéis otras muchas cosas semejantes. Les decía también: Bien invalidáis el mandamiento de Dios para guardar vuestra tradición. (7:6-9)

Jesús respondió, no para contestar la pregunta de los fariseos, sino para acusarlos por su hipocresía. Más tarde les daría una respuesta a sus discípulos (vv. 17-23), pero a los dirigentes religiosos apóstatas no les ofreció explicación o excusa. En lugar de eso confrontó la endurecida incredulidad que caracterizaba al falso sistema que habían adoptado.

Llevándolos directo a las Escrituras, Jesús empezó citando al profeta Isaías. **Les dijo: Hipócritas, bien profetizó de vosotros Isaías.** Los fariseos eran **hipócritas** porque aunque parecían santos por fuera, sus corazones no estaban arrepentidos y eran corruptos. Jesús les declaró en una ocasión posterior: "¡Ay de vosotros, escribas y fariseos, hipócritas! porque sois semejantes a sepulcros blanqueados, que por fuera, a la verdad, se muestran hermosos, mas por dentro están llenos de huesos de muertos y de toda inmundicia. Así también vosotros por fuera, a la verdad, os mostráis justos a los hombres, pero por dentro estáis llenos de hipocresía e iniquidad" (Mt. 23:27-28). Al igual que los israelitas de la época de Isaías, los fariseos y escribas resaltaban los rituales externos y las regulaciones extrabíblicas mientras negaban por completo un verdadero amor por Dios. Jesús citó a Isaías 29:13, expresando: **Como está escrito: Este pueblo de labios me honra, mas su corazón está lejos de mí. Pues en vano me honran, enseñando como doctrinas mandamientos de hombres.** Las palabras de Isaías golpeaban el centro del sistema farisaico, mediante el cual ellos fingían amar a Dios, pero le adoraban en una manera superficial, artificial, antibíblica e inaceptable. Por si no hubieran entendido, Jesús añadió: **Porque dejando el mandamiento de Dios, os aferráis a la tradición de los hombres.** Los fariseos y escribas estaban más interesados en defender las costumbres rabínicas que en obedecer la ley de Dios.

El judaísmo del primer siglo, al igual que todas las formas de religión apóstata, elevaba las tradiciones de confección humana por sobre las enseñanzas de la Biblia. Los fariseos apreciaban sus ritos, rituales y regulaciones, y permitían que lo que tan solo era externo tomara el lugar de la adoración verdadera y la sincera obediencia. Por fuera rendían homenaje a Dios con sus **labios,** pero por dentro sus corazones endurecidos estaban **lejos de** Él. Debido a que nunca habían sido transformados por dentro, sus intentos de adorar a Dios eran inevitablemente hipócritas. Por el contrario, la verdadera adoración fluye de un alma que ha sido regenerada y busca ardientemente honrar la voluntad de Dios y someterse a ella. Jesús explicó en Juan 4:24 que la única adoración que Dios acepta es la que se hace "en espíritu" [de corazón] y "en verdad" [según la sana doctrina]. Al ser hipócritas santurrones que rechazaban al Mesías, los fariseos fallaron en ambos casos.

A estos farsantes les indignó que Jesús pasara por alto sus tradiciones. Pero el Señor sabía que ni Él ni sus discípulos estaban sujetos a seguir costumbres rabínicas. Solo aquello que venía de las Escrituras tenía autoridad; donde la tradición entraba en conflicto con la Palabra de Dios, la tradición debía ser anulada y sus proveedores desenmascarados abiertamente. En consecuencia, Jesús **les decía también: Bien invalidáis el mandamiento de Dios para guardar vuestra tradición.** Los fariseos y escribas acusaron a los discípulos de Jesús de cometer un delito grave, cuando en realidad los dirigentes mismos eran los culpables de cometer verdaderos delitos contra Dios. Ellos estaban invalidando **el mandamiento de Dios** e influyendo en muchos otros para que hicieran lo mismo. Sus manos podían haber estado lavadas y limpias, pero sus corazones no lo estaban. En consecuencia, tanto ellos como sus seguidores se dirigían al juicio eterno (cp. Mt. 23:15).

LA ILUSTRACIÓN

Porque Moisés dijo: Honra a tu padre y a tu madre; y: El que maldiga al padre o a la madre, muera irremisiblemente. Pero vosotros decís: Basta que diga un

hombre al padre o a la madre: Es Corbán (que quiere decir, mi ofrenda a Dios) todo aquello con que pudiera ayudarte, y no le dejáis hacer más por su padre o por su madre, invalidando la palabra de Dios con vuestra tradición que habéis transmitido. Y muchas cosas hacéis semejantes a estas. (7:10-13)

Después de poner al descubierto la duplicidad de los religiosos usando el texto de Isaías 29, Jesús dio a los hipócritas una ilustración para mostrarles lo que estaba diciendo. Volviendo a Éxodo 20:12 y 21:17, les recordó lo que **Moisés dijo: Honra a tu padre y a tu madre; y: El que maldiga al padre o a la madre, muera irremisiblemente.** Dios mismo había dado instrucciones a su pueblo de honrar, respetar y tratar bien a sus padres. No hacerlo era tanto una violación del quinto mandamiento como un delito digno de muerte.

Intrínseca en honrar al padre y a la madre está la responsabilidad de amarlos y respetarlos a lo largo de la vida, incluso ayudarles a suplir sus necesidades si llegan a no poder valerse por sí mismos. Pero la tradición rabínica había aumentado hasta el punto de socavar ese mandato bíblico. Descaradamente sugería que un hijo podía evitar la ayuda a sus padres diciéndoles simplemente: "Es mi ofrenda a Dios todo aquello con que pudiera ayudarte" (Mt. 15:5). Aunque los expertos religiosos sabían lo que Dios ordenó, ellos usaban la tradición para evitarla teniendo en la memoria grandes porciones de la ley mosaica. Entonces Jesús explicó: **Pero vosotros decís: Basta que diga un hombre al padre o a la madre: Es Corbán (que quiere decir, mi ofrenda a Dios) todo aquello con que pudiera ayudarte, y no le dejáis hacer más por su padre o por su madre.**

La palabra **Corbán** es un término hebreo que significa "dedicado a Dios", y se refería a ofrendas de dinero o bienes materiales que se habían prometido a Dios. En algún momento en la historia de Israel surgió una tradición que permitía a las personas declarar "Corbán" a sus posesiones, prometiendo, por consiguiente, que con el tiempo usarían esos recursos para propósitos sagrados. Incluso si los padres de un hombre le pedían ayuda económica, este tenía prohibido usar cualquier cosa que hubiera declarado que estaba "dedicada a Dios" con el fin de ayudarles. Así el sistema rabínico proveía a los hijos adultos un resquicio por medio del cual no tenían que ayudar a sus padres ancianos o necesitados, y sin embargo podían parecer adoradores leales que ofrendaban generosamente a Dios. Aunque una persona podía declarar todas sus posesiones como "Corbán", no se le exigía que las donara de inmediato al templo o la sinagoga. En su mayor parte, los bienes prometidos permanecían bajo su control. Es más, siempre que quisiera usarlos para sus propios propósitos podía revertir el juramento volviendo simplemente a decir "Corbán" para referirse a esos bienes. El sistema hipócrita promovido por los fariseos y escribas permitía a la gente mantener una apariencia exterior de dedicación a Dios mientras al mismo tiempo daban la espalda a sus padres.

Jesús finalizó su enfrentamiento con los fariseos y escribas emitiendo una condenación devastadora y total: "[Vosotros estáis] **invalidando la palabra de Dios con vuestra tradición que habéis transmitido. Y muchas cosas hacéis semejantes a estas.** El judaísmo de los fariseos y escribas era una religión antibíblica que invalidaba la Palabra de Dios. La verdadera fe del Antiguo Testamento se había perdido, empañada por capas de reglas y reglamentos rabínicos que los dirigentes religiosos judíos habían **transmitido.** El hecho de que hicieran **muchas cosas semejantes a estas** indica que la ilustración que Jesús usó con relación al "Corbán" era solo una de muchos ejemplos similares de corrupción e hipocresía dentro del sistema farisaico. Los fariseos y escribas de corazón perverso se las arreglaron para pervertir incluso las disciplinas más básicas, desde la conducta moral hasta la oración, el ayuno y las limosnas a los pobres (cp. Mt. 5:20; 6:1-6; 23:1-36). En respuesta, el Mesías repudió su falsa forma de judaísmo, enseñando que tales tradiciones no tienen sentido y que lo que Dios requiere es un corazón que le ame y que busque glorificarlo (cp. Mr. 12:29-30).

Aunque Jesús detestaba las tradiciones del judaísmo apóstata, cabe señalar que la tradición en sí no es intrínsecamente mala. Existen muchas tradiciones buenas que los creyentes han celebrado a lo largo de los siglos. Surgen grandes problemas cuando a esas tradiciones se les otorga una autoridad igual o incluso mayor que la Biblia. Cada vez que **la palabra de Dios** es invalidada por la **tradición,** como en el caso de los fariseos y escribas, resulta ser una abominación y un delito. Aquellos que de veras aman a Dios aprecian su Palabra y desean ardientemente someterse a sus mandamientos (cp. Jn. 14:15), incluso si hacerlo requiere romper con la tradición. No buscan ninguna autoridad superior que la Palabra de Dios.

Según un rabino que evaluó sinceramente el judaísmo de su época: "Hay diez partes de hipocresía en el mundo, nueve en Jerusalén y una en el resto del mundo" (citado en John A. Broadus, *Commentary on the Gospel of Matthew* [Philadelphia: American Baptist Publication Society, 1886], p. 335). La hipocresía no se limita al judaísmo antiguo, sino que sigue estando presente en varias formas en el cristianismo hoy, en el que prospera en ceremonias vacías, adoración superficial, doctrinas erróneas, oraciones mediocres, moralismo legalista, etc. Por definición propia, la hipocresía se ve bien por fuera, pero está corrompida por dentro.

La solución para la hipocresía es la misma que para cualquier otro pecado: arrepentimiento. Tal vez ningún ejemplo del Nuevo Testamento ilustra mejor esa verdad que el apóstol Pablo. Como fariseo, Pablo medía su condición espiritual en términos de mojigatería externa y reconocimientos religiosos. Cuando se convirtió en cristiano comprendió que esas cosas no tenían ningún valor. Así les explicó a los filipenses:

> *Aunque yo tengo también de qué confiar en la carne. Si alguno piensa que tiene de qué confiar en la carne, yo más: circuncidado al octavo día, del linaje de Israel, de la tribu de Benjamín, hebreo de hebreos; en cuanto a la ley, fariseo; en cuanto a celo, perseguidor de la iglesia; en cuanto a la justicia que es en la ley, irreprensible. Pero cuantas cosas eran para mí ganancia, las he estimado como pérdida por amor de Cristo. Y ciertamente, aun estimo todas las cosas como pérdida por la excelencia del conocimiento de Cristo Jesús, mi Señor, por amor del cual lo he perdido todo, y lo tengo por basura, para ganar a Cristo, y ser hallado en él, no teniendo mi propia justicia, que es por la ley, sino la que es por la fe de Cristo, la justicia que es de Dios por la fe; a fin de conocerle, y el poder de su resurrección, y la participación de sus padecimientos, llegando a ser semejante a él en su muerte, si en alguna manera llegase a la resurrección de entre los muertos (Fil. 3:4-11).*

Por la gracia de Dios, Pablo llegó a comprender lo que todo hipócrita religioso debería reconocer: que las obras de justicia propia son como trapos de inmundicia delante de un Dios santo (Is. 64:6). Pero la verdadera justicia está a nuestra disposición por medio de Jesucristo (Ro. 5:19; 2 Co. 5:21). Los que aceptan a Jesús mediante la fe que salva serán perdonados y transformados desde el interior (cp. Is. 1:18). Se convertirán en verdaderos adoradores (cp. Fil. 3:3). Pablo declaró en otra parte: "Si alguno está en Cristo, nueva criatura es; las cosas viejas pasaron; he aquí todas son hechas nuevas" (2 Co. 5:17).

La verdad sobre la impureza humana

25

Y llamando a sí a toda la multitud, les dijo: Oídme todos, y entended: Nada hay fuera del hombre que entre en él, que le pueda contaminar; pero lo que sale de él, eso es lo que contamina al hombre. Si alguno tiene oídos para oír, oiga. Cuando se alejó de la multitud y entró en casa, le preguntaron sus discípulos sobre la parábola. Él les dijo: ¿También vosotros estáis así sin entendimiento? ¿No entendéis que todo lo de fuera que entra en el hombre, no le puede contaminar, porque no entra en su corazón, sino en el vientre, y sale a la letrina? Esto decía, haciendo limpios todos los alimentos. Pero decía, que lo que del hombre sale, eso contamina al hombre. Porque de dentro, del corazón de los hombres, salen los malos pensamientos, los adulterios, las fornicaciones, los homicidios, los hurtos, las avaricias, las maldades, el engaño, la lascivia, la envidia, la maledicencia, la soberbia, la insensatez. Todas estas maldades de dentro salen, y contaminan al hombre. (7:14-23)

La idea de que los seres humanos son básicamente buenos persiste en el mundo a pesar de la evidencia constante y extendida de lo contrario. Los psicólogos populares y antropólogos seculares insisten en que la maldad no es inherente en las personas. En consecuencia, la culpa por el comportamiento destructivo se echa definitivamente sobre fuerzas externas y factores ambientales. "Otras personas son malas, pero yo no" parece ser la orgullosa excusa que forma fácilmente el corazón humano engañoso. Al no querer reconocer su propia culpa, a menudo los perpetradores afirman ser víctimas, y culpan de su conducta inmoral a padres, compañeros o circunstancias.

La comprensión bíblica de la naturaleza humana no podría ser más opuesta. Debido a que los seres humanos son pecadores (cp. Ro. 3:23), todos nacen con una naturaleza corrupta (cp. Sal. 51:5; Ro. 5:12, 19). El problema no está fuera de ellos, sino dentro de ellos. Según explica Jeremías 17:9, "engañoso es el corazón más que todas las cosas, y perverso". Los factores externos pueden proporcionar a las personas oportunidades únicas para manifestar su pecaminosidad, pero la corrupción ya existe en el interior. Todos los seres humanos son pecadores y culpables de delitos contra el hombre y contra Dios. Son malvados no debido a influencias externas, sino porque están llenos de orgullo, y "entonces la concupiscencia, después que ha concebido, da a luz el pecado" (Stg. 1:15).

Es obvio que los judíos de la época de Jesús no estaban afectados por las reflexiones de los psicólogos modernos. Sin embargo, igualmente malinterpretaron la verdad fundamental acerca de dónde se origina la corrupción y la contaminación. Al creer que la contaminación moral provenía de fuentes externas, desarrollaron un sistema elaborado de rituales y ceremonias externas que creyeron que los harían puros. Erróneamente supusieron que si parecían buenos por fuera al asistir a la sinagoga, cumplir la ley, y observar las tradiciones de los ancianos, Dios los consideraría justos por dentro (cp. Mt. 23:13-36; Fil. 3:4-6). En consecuencia, el judaísmo se convirtió en un caldo de cultivo para la hipocresía, la religión externa y el legalismo superficial.

En esta sección (Mr. 7:14-23), Jesús confrontó ese falso sistema expresando la diferencia entre las fuentes verdaderas y falsas de la corrupción. Es significativo que la palabra **contaminar** o **contamina** (del verbo griego *koinoō*, que significa corromper o hacer impuro) aparezca cinco veces en este pasaje (vv. 15 [dos veces], 18, 20, 23). Tras su enfrentamiento con los fariseos en cuanto a la autoridad de la tradición rabínica (vv. 1-13), Jesús continuó destruyendo la idea de que la corrupción moral se origina fuera de la persona. Al hacerlo también demostró que la limpieza espiritual no puede obtenerse por medio de rituales externos y ceremonias religiosas. El pasaje puede dividirse en dos partes, y cada una se concentra en la verdad acerca de la contaminación: Declaración de la verdad y explicación de la verdad.

DECLARACIÓN DE LA VERDAD

Y llamando a sí a toda la multitud, les dijo: Oídme todos, y entended: Nada hay fuera del hombre que entre en él, que le pueda contaminar; pero lo que sale de él, eso es lo que contamina al hombre. Si alguno tiene oídos para oír, oiga. (7:14-16)

A pesar de que Jesús había concluido su ministerio en Galilea, multitudes de personas todavía se acumulaban a su alrededor dondequiera que iba (cp. Mr. 6:56). Su popularidad provocó la ira de los dirigentes religiosos judíos, cuyo resentimiento era tan fuerte que lo único que los satisfaría era matarlo (cp. 3:6). En algún momento poco después de la primera alimentación milagrosa de miles (cp. 6:33-44), algunos fariseos y escribas viajaron de Jerusalén a Galilea para enfrentarse a Jesús (7:1-13). Este intercambio antagónico atrajo a un grupo de espectadores curiosos, que habrían quedado asombrados al oír a Jesús desafiar abiertamente en su cara la autoridad de los dirigentes religiosos (cp. 1:22;

Lc. 11:39-44). Después de concluido el enfrentamiento, Jesús, **llamando a sí a toda la multitud, les dijo: Oídme todos, y entended.** Al llamar a las personas a escuchar atentamente sus palabras, Jesús estaba haciendo más que solo pedir que le prestaran atención. Subrayaba el significado eterno de lo que estaba a punto de manifestar.

Al hablar de corrupción espiritual, Jesús explicó: **Nada hay fuera del hombre que entre en él, que le pueda contaminar.** La enseñanza del Señor era que las cosas externas, como alimentos comidos con manos ceremonialmente impuras (cp. 7:2), no son la fuente de impureza espiritual. Más bien, la contaminación que ofende a Dios es la realidad espiritual interna que tiene una fuente interna correspondiente. La contaminación pecaminosa no proviene del exterior del pecador, sino que está dentro de él. En el pasaje paralelo de Mateo 15:11, Jesús explicó que "lo que sale de la boca, esto [es lo que] contamina al hombre". La idea del Señor era que la contaminación moral no se evidencia por lo que entra en la boca del individuo, sino por lo que sale de ella (cp. Mt. 12:34; Lc. 6:45). La boca no es solo el lugar donde se manifiesta la miseria, sino que es la salida más rápida, inmediata y constante para la maldad interior (cp. Stg. 3:2-12). Proverbios 6:12 tipifica a un individuo malvado como "el que anda en perversidad de boca". Proverbios 15:28 agrega que "la boca de los impíos derrama malas cosas". Cuando Jesús habló de **lo que sale** del individuo estaba refiriéndose no solo a lo que la persona pronuncia, sino también a los deseos, pensamientos y actitudes detrás de sus palabras. Debido a que el corazón es malvado, es inevitable que broten deseos, palabras y acciones perversas. **Eso es lo que contamina al hombre.**

Las palabras de Jesús debieron sorprender a sus oyentes, todos los cuales se habían criado en un sistema que valoraba la moral y las ceremonias externas (cp. Mt. 6:1-6, 16-18). En realidad, el Señor no estaba presentando nuevas ideas, sino reiterando verdades del Antiguo Testamento que el pueblo judío debió haber conocido muy bien. Los judíos estaban familiarizados con pasajes que enseñaban que "Jehová no mira lo que mira el hombre; pues el hombre mira lo que está delante de sus ojos, pero Jehová mira el corazón" (1 S. 16:7; cp. 13:14; 1 R. 8:39; Pr. 21:2); y que "Jehová escudriña los corazones de todos, y entiende todo intento de los pensamientos" (1 Cr. 28:9; cp. 1 R. 8:61; 2 R. 20:3). Sin embargo, debido a sus propias tradiciones extrabíblicas habían llegado a preocuparse de una forma superficial de pureza que intrínsecamente era hipócrita porque ignoraba el corazón.

Es cierto que Dios mismo había prescrito en la ley mosaica algunos de los rituales y regulaciones de Israel. Ciertos alimentos estaban prohibidos (cp. Lv. 11:1-47), y ciertas cuestiones sanitarias (tales como lepra [13:11, 44-45], tocar un cuerpo muerto [21:1, 11], y la menstruación [15:19]) hacían a la persona ceremonialmente impura. No obstante, dichos aspectos tenían la intención de ser símbolos o ilustraciones de la verdadera naturaleza del corazón pecador del individuo y de su desesperada necesidad de limpieza divina. Que una persona que estaba ceremonialmente impura necesitara limpieza externa para participar en adoración pública proporcionaba una imagen poderosa del hecho de que todo pecador requiere perdón divino y limpieza interior antes de llegar a la presencia de Dios.

La realidad de que los rituales del Antiguo Testamento solo eran símbolos se resalta en particular en todo el libro de Hebreos. Al comentar sobre el sistema levítico, el autor explicó que el sacerdocio era una "figura y sombra de las cosas celestiales" (8:5); el sacrificio de toros y carneros prefiguraba la obra expiatoria final de Cristo (cp. He. 9:13-14); y el Lugar Santo en el tabernáculo era "símbolo para el tiempo presente, según el cual se presentan ofrendas y sacrificios que no pueden hacer perfecto, en cuanto a la conciencia, al que practica ese culto, ya que consiste sólo de comidas y bebidas, de diversas abluciones, y ordenanzas acerca de la carne, impuestas hasta el tiempo de reformar las cosas [hasta que apareció] Cristo" (9:9-11). Incluso la ley mosaica era "sombra de los bienes venideros, no la imagen misma de las cosas", porque la conformidad externa a ella "nunca puede, por los mismos sacrificios que se ofrecen continuamente cada año, hacer perfectos a los que se acercan" (10:1). La salvación requiere limpieza interna, de manera que el pueblo de Dios pueda acercarse "con corazón sincero, en plena certidumbre de fe, purificados los corazones de mala conciencia, y lavados los cuerpos con agua pura" (10:22).

Al igual que el sistema de sacrificios, la circuncisión también era un acto físico prescrito por Dios para simbolizar una realidad espiritual. Incluso cuando Israel entró a la tierra prometida, el Señor recordó al pueblo que tenía enfocada la mirada en la circuncisión de sus corazones:

> *Ahora, pues, Israel, ¿qué pide Jehová tu Dios de ti, sino que temas a Jehová tu Dios, que andes en todos sus caminos, y que lo ames, y sirvas a Jehová tu Dios con todo tu corazón y con toda tu alma; que guardes los mandamientos de Jehová y sus estatutos, que yo te prescribo hoy, para que tengas prosperidad?... Circuncidad, pues, el prepucio de vuestro corazón (Dt. 10:12-13, 16; cp. Jer. 4:4).*

Pablo reiteró esa verdad en Romanos 2:28-29:

> *No es judío el que lo es exteriormente, ni es la circuncisión la que se hace exteriormente en la carne; sino que es judío el que lo es en lo interior, y la circuncisión es la del corazón, en espíritu, no en letra; la alabanza del cual no viene de los hombres, sino de Dios.*

Después de todo, Abraham fue justificado por fe antes de ser circuncidado (cp. Ro. 4:1-12).

El Antiguo Testamento era claro: ninguna atención a ceremonias o rituales ordenados era agradable a Dios a menos que viniera de un corazón que lo amara con sinceridad (cp. Dt. 10:12; 11:13; 13:13; 26:16; 30:2, 6, 10; Jos. 22:5; 24:23; 1 S. 7:3; 12:20, 24; 1 R. 8:23; 2 Cr. 11:16; Is. 51:7; 57:15). La idea de que acciones externas (como ser circuncidados, observar leyes dietéticas, o realizar limpiezas ceremoniales) podían proveer salvación del pecado era totalmente ajena a la ley de Dios. A pesar de esa realidad, los judíos, aferrándose a su pecado con amor corrupto (cp. Jn. 3:19-20), llegaron a preocuparse con símbolos externos y a excluir la pureza interior. Hacerlo les permitió aparecer como religiosos, sin estar arrepentidos ni ser justos (cp. Is. 1:11-17; 29:13; Am. 5:21-24). Fingir mientras se aferraban a sus pecados hizo que cultivaran un sistema que floreció en hipocresía. Por eso Jesús dijo a los fariseos: "Sois semejantes a sepulcros blanqueados, que por fuera, a la verdad, se muestran hermosos, mas por dentro están llenos de huesos de muertos y de toda inmundicia. Así también vosotros por fuera, a la verdad, os mostráis justos a los hombres, pero por dentro estáis llenos de hipocresía e iniquidad" (Mt. 23:27-28; cp. Tit. 1:15-16). Para empeorar las cosas, los fariseos añadieron a la ley sus propias reglas y regulaciones de confección humana, eclipsando finalmente la verdad de la Palabra de Dios con tradiciones de hombres (cp. Mr. 7:8, 13). En vez de acercarse más a Dios, sus rituales y regulaciones extrabíblicos los alejaban de Él. Por último, al rechazar y crucificar al Hijo de Dios demostraron que amaban mucho más sus tradiciones que a Dios mismo.

Jesús protestó contra la religión superficial de ellos resaltando la necesidad de la verdadera justicia interior (cp. Mt. 5:6, 20-48; Lc. 18:9-14). Puesto que la fuente de la contaminación que tenían era espiritual e interior, no podía eliminarse por medio de lavamientos físicos y rituales externos. Fue este mismo asunto el que Jesús explicó a Nicodemo: "De cierto, de cierto te digo, que el que no naciere de agua y del Espíritu, no puede entrar en el reino de Dios. Lo que es nacido de la carne, carne es; y lo que es nacido del Espíritu, espíritu es" (Jn. 3:5-6). Nacer "de agua y del Espíritu" no era una referencia literal a lavarse, sino a limpieza espiritual (Ez. 36:24-27; cp. Nm. 19:17-19; Sal. 51:9-10; Is. 32:15; 44:3-5; 55:1-3; Jer. 2:13; Jl. 2:28-29), una realidad lograda por el Espíritu Santo en el momento de la conversión (cp. Tit. 3:4-7). Así como el nacimiento físico no puede producir vida espiritual, solo el Espíritu Santo puede incidir en la transformación regeneradora necesaria para entrar al reino de Dios. Los fariseos y escribas trataban de eliminar la corrupción espiritual a través de medios físicos, externos y ceremoniales. El resultado fue una fachada blanqueada que apenas ocultaba un corazón endurecido. Jesús les explicó: "¡Ay de vosotros, escribas y fariseos, hipócritas! porque limpiáis lo de fuera del vaso y del plato, pero por dentro estáis llenos de robo y de injusticia" (Mt. 23:25; cp. Lc. 16:15).

El versículo 16 añade la frase **si alguno tiene oídos para oír, oiga.** Algunas traducciones modernas ponen esa frase entre paréntesis porque no aparece en los manuscritos más antiguos y confiables del evangelio. Aunque Jesús usó esta frase en otras ocasiones (Mt. 11:15; 13:9, 43; Mr. 4:9, 23; Lc. 8:8; 14:35; cp. Ap. 3:6, 13, 22), la evidencia indica que no formaba parte del texto original.

EXPLICACIÓN DE LA VERDAD

Cuando se alejó de la multitud y entró en casa, le preguntaron sus discípulos sobre la parábola. Él les dijo: ¿También vosotros estáis así sin entendimiento? ¿No entendéis que todo lo de fuera que entra en el hombre, no le puede contaminar, porque no entra en su corazón, sino en el vientre, y sale a la letrina? Esto decía, haciendo limpios todos los alimentos. Pero decía, que lo que del hombre sale, eso contamina al hombre. Porque de dentro, del corazón de los hombres, salen los malos pensamientos, los adulterios, las fornicaciones, los homicidios, los hurtos, las avaricias, las maldades, el engaño, la lascivia, la envidia, la maledicencia, la soberbia, la insensatez. Todas estas maldades de dentro salen, y contaminan al hombre. (7:17-23)

Más tarde en ese día **cuando se alejó de la multitud,** Jesús y sus discípulos entraron a la **casa** donde supuestamente Él estaba posando, tal vez la vivienda de Pedro y Andrés en Capernaúm (cp. 1:29). Lejos de las multitudes, el Señor pudo comunicarse en privado con **sus discípulos,** quienes **le preguntaron sobre la parábola.** Según Mateo 15:12-14:

> *Entonces acercándose sus discípulos, le dijeron: ¿Sabes que los fariseos se ofendieron cuando oyeron esta palabra? Pero respondiendo él, dijo: Toda planta que no plantó mi Padre celestial, será desarraigada. Dejadlos; son ciegos guías de ciegos; y si el ciego guiare al ciego, ambos caerán en el hoyo.*

Que los fariseos y escribas se ofendieran por las palabras de Jesús no era ninguna sorpresa. Él a propósito asestaba golpes devastadores a aquella forma hipócrita de religión externa y santurrona que practicaban. Aunque se consideraban autoridades espirituales que representaban a Dios, en realidad eran guías ciegos que llevaban al pueblo por el sendero del infierno (cp. Mt. 23:15). Como falsos pastores, no podían ayudar a las personas a escapar del juicio porque ellos mismos un día iban a enfrentar juicio divino (cp. Ez. 34:2-10), siendo desarraigados como malezas y echados al fuego (cp. Mt. 13:40-42). Los líderes apóstatas de Israel estaban tan lejos de la salvación que Jesús les dijo a sus discípulos: "Dejadlos". Debido a que definitiva y voluntariamente habían rechazado a su Mesías, habían sido abandonados a juicio (cp. Mr. 3:28-29) y, por tanto, se les debía hacer caso omiso.

De acuerdo con Mateo 15:15, "Pedro, le dijo: Explícanos esta parábola". Es en este momento que la narración de Marcos retoma la historia. Jesús respondió y **les dijo: ¿También vosotros estáis así sin entendimiento?** La pregunta del Señor constituyó un suave reproche para sus discípulos. Se hallaban a menos de un año de la cruz, y seguían luchando con verdades básicas como la prioridad de justicia interior sobre el ritual externo. Es probable que los discípulos comprendieran algunos aspectos de la verdad que Jesús estaba revelando. Sin embargo, la enseñanza del Señor era tan opuesta a lo que les habían enseñado que inicialmente la encontraron difícil de aceptar.

Al reconocer la lucha en la que ellos se hallaban, con paciencia Jesús explicó la verdad que había detrás de la metáfora: **¿No entendéis que todo lo de fuera que entra en el hombre, no le puede contaminar, porque no entra en su corazón, sino en el vientre, y sale a la letrina?** Como suele ocurrir en la Biblia (p. ej., Dt. 6:5; Pr. 6:18; 22:15; Jer. 17:10; Ro. 1:21; 1 Co. 4:5; Ef. 1:18), el **corazón** no se refiere al órgano físico, sino al ser interior, el asiento del ser mental, emocional y espiritual del individuo. Abarca las actitudes, afectos, prioridades, ambiciones y deseos. El planteamiento del Señor era que algo físico y externo, como alimentos consumidos con manos sin lavar, no puede contaminar el ser interior porque se trata de algo físico, no de algo espiritual. La condición del corazón delante de Dios no la determina lo que la persona come.

La observación incidental de Marcos explica que al hacer esta declaración Jesús eliminó de raíz las leyes dietéticas del judaísmo, **haciendo limpios todos los alimentos.** No se trata de opciones culinarias, sino de la condición espiritual del núcleo del ser interior. Dada la relación cercana de Marcos con el apóstol Pedro (véase Introducción: Autor), tal vez el comentario de Marcos haya sido influenciado por la propia experiencia de Pedro en Jope (Hch. 10:15; cp. 1 Ti. 4:3).

En los versículos 17-23, Jesús pasó de la analogía física a expresar claramente la realidad espiritual. **Pero decía, que lo que del hombre sale, eso contamina al hombre.** La contaminación espiritual no viene del exterior, sino de la maldad que reside en todo ser humano. La fuente de toda perversidad es **de dentro,** porque **del corazón de los hombres, salen los malos pensamientos.** La palabra **pensamientos** (del término griego *dialogismos*) es una expresión general que se refiere al razonamiento o a la percepción interior. Debido a que el corazón es perverso, las intenciones, los designios, las ideas, los motivos, y las meditaciones también son depravadas (cp. Gn. 6:5; Ef. 2:1-3). Del pozo séptico del corazón corrupto fluyen palabras malévolas, acciones malignas y actitudes inicuas; el Señor enumeró seis de cada grupo. A los fariseos y escribas les encantaba producir listas legalistas de cosas externas que se debían hacer o evitar. En respuesta, Jesús expresó su propia lista que define la verdadera naturaleza de contaminación espiritual al delinear los tipos de maldad que viven en corazones corruptos y proceden de estos.

La lista que Jesús hace de seis acciones malignas representativas comienza con **adulterios** (una forma de *moicheia*), pecado sexual que viola el pacto matrimonial;

fornicaciones (una variante de la palabra griega *porneia*, de la que se deriva la palabra castellana "pornografía"), referencia general de pecado sexual. A continuación Jesús identifica **hurtos** (una forma de *klopē*; el verbo relacionado, *kleptō*, provee la base para la expresión castellana "cleptómano"); **homicidios** (una variante de *phonos*), denota la toma ilícita de la vida de otra persona; **avaricias** (una forma de *pleonexia*), referencia a deseos y conductas motivadas por codicia y envidia. Todas estas acciones están incluidas en la segunda mitad de los Diez Mandamientos (cp. Éx. 20:13-17; cp. Ro. 13:9), y los discípulos las habrían reconocido al instante como transgresiones flagrantes. (Según Mt. 15:19, Jesús también mencionó falsos testimonios en este contexto.) Completando esta categoría de malignidad, Jesús agregó **maldades** (una variante de *ponēria*), referencia general a iniquidad que abarca todo lo demás que viola la ley y la santa voluntad de Dios.

El Señor siguió denunciando otras actitudes inicuas representativas que yacen detrás de tales acciones malignas (cp. Mt. 5:21-37). Incluyen **engaño** (de la palabra griega *dolos*), significa astucia, mentira y artimaña; y **lascivia** (una forma de *aselgeia*), referencia a la lujuria desenfrenada de una mente sucia. La palabra **envidia** se traduce de dos expresiones griegas (variantes de *ophthalmos*, que significa "ojo", y *ponēros*, que significa "mal") y que podría traducirse literalmente como "mirada malvada". Jesús la usa aquí para describir miradas llenas de celos y odio. **Maledicencia** (una forma de *blasphēmia*) se refiere a vocabulario abusivo e injurioso hacia otros; **soberbia** (de la expresión griega *huperēphania*) describe sentimientos de superioridad, arrogancia y autopromoción. En la misma forma que la palabra "maldades" resume las acciones malignas en la lista de Jesús, **insensatez** (una variante de *aphrosunē*) abarca las actitudes anteriores que Él había expresado. Se trata de un término general para necedad y falta de sentido moral (cp. Pr. 13:16; 18:2; Ec. 10:1-3). A fin de garantizar que los discípulos entendieran perfectamente, Jesús reiteró la verdad de que **todas estas maldades de dentro salen, y contaminan al hombre.** No son las manos sin lavar lo que contamina a una persona, sino un alma sucia.

Ningún acto físico de limpieza ceremonial o ritual externo puede purificar un corazón depravado, del cual fluyen todas las acciones perversas y actitudes inicuas. Los pecadores deben adquirir una nueva naturaleza, un nuevo corazón. Solamente el Espíritu de Dios puede crear eso (cp. Jer. 31:33; Jn. 3:3-8). Al hablar del nuevo pacto, el Señor Dios prometió a los israelitas:

> *Esparciré sobre vosotros agua limpia, y seréis limpiados de todas vuestras inmundicias; y de todos vuestros ídolos os limpiaré. Os daré corazón nuevo, y pondré espíritu nuevo dentro de vosotros; y quitaré de vuestra carne el corazón de piedra, y os daré un corazón de carne. Y pondré dentro de vosotros mi Espíritu, y haré que andéis en mis estatutos, y guardéis mis preceptos, y los pongáis por obra (Ez. 36:25-27).*

Como nos indica la profecía de Ezequiel, la salvación requiere transformación interior: un corazón nuevo. El Nuevo Testamento identifica esa realidad como el milagro de la regeneración y el nuevo nacimiento (cp. Jn. 1:12-13; 3:3; Ef. 2:4-5; 5:26-27; Col. 2:13; Stg. 1:18; 1 P. 1:3, 23-25; 1 Jn. 2:29; 3:9; 4:7). El apóstol Pablo describe la regeneración con estas palabras:

> *[Jesús] nos salvó, no por obras de justicia que nosotros hubiéramos hecho, sino por su misericordia, por el lavamiento de la regeneración y por la renovación en el Espíritu Santo, el cual derramó en nosotros abundantemente por Jesucristo nuestro Salvador, para que justificados por su gracia, viniésemos a ser herederos conforme a la esperanza de la vida eterna (Tit. 3:5-7).*

La salvación no es proclamada "en base a obras", que incluyen obras morales, ceremonias religiosas y rituales externos. Más bien requiere un milagro interno por parte del Espíritu Santo quien, según su voluntad y poder soberanos, crea y limpia las almas de todos aquellos que mediante la fe aceptan a Jesucristo (Hch. 15:8-9; cp. Ro. 8:2).

Los fariseos y escribas no entendieron que su corrupción estaba dentro de ellos. Aunque parecían muy religiosos, su santurronería superficial era muy inadecuada (cp. Is. 64:6; Lc. 18:9-14; Fil. 3:4-9). Al igual que todos los pecadores, ellos necesitaban nuevos corazones que fueran regenerados por el Espíritu de Dios. Sin embargo, cuando Jesús denunció su hipocresía, ellos le rechazaron en su incredulidad, conspiraron para matarle (cp. Mt. 12:24; 26:4; Jn. 11:47-53), y cometieron suicido espiritual, no muy diferente de Judas Iscariote.

Los que endurecen sus corazones a las buenas nuevas del evangelio, como hicieron los fariseos y escribas, enfrentarán juicio eterno (cp. Ro. 1:21; 2:5; He. 3:15). Pero aquellos cuyos corazones han sido renovados por el poder de Dios (2 Co. 4:6; cp. Hch. 16:14) se han convertido en nuevas criaturas en Cristo (2 Co. 5:17; cp. Col. 3:10). Al ser aquellos "que tienen hambre y sed de justicia" (Mt. 5:6), se deleitan en guardar la Palabra de Dios en sus corazones (Sal. 119:11; cp. Dt. 6:6; Pr. 3:3; 22:17-18; Jer. 17:1) de tal modo que pueden servir al Señor en amorosa obediencia (Jn. 14:15; cp. Ro. 6:17; Ef. 6:6; 1 Jn. 5:3) y se aman "unos a otros entrañablemente, de corazón puro" (1 P. 1:22; cp. Jn. 13:34; Ro. 12:10; He. 13:1; 1 P. 2:17; 3:8). A pesar de que sus corazones se caracterizaron una vez por todo tipo de acciones y actitudes malvadas (cp. 1 Co. 6:9-11), ahora están divinamente facultados para vivir en una manera que agrada a Dios (cp. Ro. 6:17-18, 22; 13:11-14), mientras huyen "también de las pasiones juveniles, y [siguen] la justicia, la fe, el amor y la paz, con los que de corazón limpio invocan al Señor" (2 Ti. 2:22).

Alimento de la mesa del Maestro

26

Levantándose de allí, se fue a la región de Tiro y de Sidón; y entrando en una casa, no quiso que nadie lo supiese; pero no pudo esconderse. Porque una mujer, cuya hija tenía un espíritu inmundo, luego que oyó de él, vino y se postró a sus pies. La mujer era griega, y sirofenicia de nación; y le rogaba que echase fuera de su hija al demonio. Pero Jesús le dijo: Deja primero que se sacien los hijos, porque no está bien tomar el pan de los hijos y echarlo a los perrillos. Respondió ella y le dijo: Sí, Señor; pero aun los perrillos, debajo de la mesa, comen de las migajas de los hijos. Entonces le dijo: Por esta palabra, ve; el demonio ha salido de tu hija. Y cuando llegó ella a su casa, halló que el demonio había salido, y a la hija acostada en la cama. (7:24-30)

Debido a que Marcos escribió su evangelio para una audiencia gentil tuvo cuidado en resaltar el hecho de que el mensaje de salvación no estaba limitado a Israel, sino que se extendía a todo el mundo (cp. Mr. 13:10; 14:9; 16:15). Para los judíos del siglo I, esa idea era radical y revolucionaria. Incluso en la naciente iglesia muchos creyentes judíos batallaron inicialmente para aceptar la idea de que los gentiles podían salvarse sin convertirse primero al judaísmo (cp. Hch. 11:1-18; 15:1-11).

Los israelitas veían a los no judíos como marginados que estaban separados del reino y de los propósitos divinos (cp. Ef. 2:11-12). Como consecuencia, a los gentiles los consideraban inmundos, malditos y consignados al juicio divino. Los judíos suponían que solo ellos (junto con los prosélitos) podían recibir las bendiciones de la salvación porque formaban parte de la nación elegida de Dios. Esa perspectiva miope refleja una mala comprensión del Antiguo Testamento, el cual declaraba a Israel como un reino de sacerdotes (Éx. 19:6) que debía reflejar las bendiciones de la salvación a todas las familias de la tierra (cp. Gn. 12:3; 22:18; 26:4; 28:14). Dios quería que los judíos fueran sus testigos fieles para el mundo, de tal modo que las almas de toda nación se unieran a ellos para glorificarlo. Así lo explica el libro de los Salmos:

> *Dios tenga misericordia de nosotros, y nos bendiga; haga resplandecer su rostro sobre nosotros; para que sea conocido en la tierra tu camino, en todas las naciones tu salvación. Te alaben los pueblos, oh Dios; todos los pueblos te alaben. Alégrense y gócense las naciones, porque juzgarás los pueblos con equidad, y pastorearás las naciones en la tierra. Te alaben los pueblos, oh Dios; todos los pueblos te alaben. La tierra dará su fruto; nos bendecirá Dios, el Dios nuestro. Bendíganos Dios, y témanlo todos los términos de la tierra (Sal. 67:1-7; cp. 100:1-3).*

Por tanto, el pueblo de Israel estaba llamado a ser luz para las naciones, de modo que por medio de ellos los habitantes de toda la tierra cantarían alabanza a Dios y le darían gloria. Sumidas en idolatría e inmoralidad, las naciones del mundo debían saber acerca del único Dios verdadero (cp. Is. 45:5), sin el cual no podían ser salvos (Is. 43:11; cp. Jn. 14:6; Hch. 4:12).

El Señor Dios siempre quiso que el mensaje de la salvación se extendiera por todo el mundo, usando originalmente a Israel como el medio para ese fin (cp. Gá. 3:8). Por eso el evangelio fue dado primero a los judíos para que a través de ellos se pudiera extender a los gentiles (cp. Ro. 1:16). Tristemente, el Israel del Antiguo Testamento falló en cumplir con su papel misionero. Quizás ningún personaje bíblico ilustra mejor ese fracaso que el profeta Jonás, quien prefirió huir de Dios antes que predicar un mensaje de salvación a los ninivitas (cp. Jon. 4:1-3). En lugar de ver a las naciones vecinas con compasión, los israelitas despreciaron cada vez más a los extranjeros, tratándolos como enemigos y no como un campo misionero.

Todo eso cambió con la venida del Mesías. Así profetizó Isaías 49:6 con relación a la extensión del ministerio del Mesías: "Poco es para mí que tú seas mi siervo para levantar las tribus de Jacob, y para que restaures el remanente de Israel; también te di por luz de las naciones, para que seas mi salvación hasta lo postrero de la tierra". Unos capítulos antes el Señor se extendió más en la influencia global del Mesías:

> *...te sostendré por la mano; te guardaré y te pondré por pacto al pueblo, por luz de las naciones, para que abras los ojos de los ciegos, para que saques de la cárcel a los presos, y de casas de prisión a los que moran en tinieblas... Cantad a Jehová un nuevo cántico, su alabanza desde el fin de la tierra; los que descendéis al mar, y cuanto hay en él, las costas y los moradores de ellas. Alcen la voz el desierto y sus ciudades, las aldeas donde habita Cedar; canten los moradores de Sela, y desde la cumbre de los montes den voces de júbilo. Den gloria a Jehová, y anuncien sus loores en las costas (Is. 42:6-12).*

Donde la nación de Israel falló en ser testigo mundial, el Mesías triunfaría. Él sería la luz inagotable para las naciones, por lo que el mensaje de la salvación de Dios se extendería por todo el mundo.

Las profecías de Isaías se cumplieron claramente en la vida y el ministerio de Jesucristo. Aunque el enfoque de su ministerio terrenal se centró en la nación de Israel, su ofrecimiento de salvación se extendió a todos, ya fuera judío o gentil. Por ejemplo, Él mismo se reveló como el Mesías a una mujer samaritana marginada en Juan 4:26. Después de su muerte y resurrección, Jesús comisionó a sus seguidores a ser sus testigos "en Jerusalén, en toda Judea, en Samaria, y hasta lo último de la tierra" (Hch. 1:8; cp. Mt. 28:19-20). Por medio del poder del Espíritu Santo, los primeros cristianos influyeron en todo el mundo (cp. Hch. 17:6), por lo que la luz de la salvación se extendió hasta abarcar al mundo (cp. Mt. 5:14-16). El alcance global del evangelio tal vez se expresa más ricamente en Apocalipsis 5, un pasaje que describe a la Iglesia glorificada en el cielo. Allí los cuatro seres vivientes declaran al Cordero: "Tú fuiste inmolado, y con tu sangre nos has redimido para Dios, de todo linaje y lengua y pueblo y nación" (v. 9). Por toda la eternidad, los redimidos de todas las épocas y naciones glorificarán y adorarán a su Salvador.

El ministerio de salvación del Mesías hacia todo el mundo se ve de antemano en este texto (Mr. 7:24-30), cuando una mujer gentil de Tiro muestra su fe salvadora en el Señor Jesús. El pasaje puede organizarse bajo cinco encabezados: retiro de Jesús en el extranjero, petición ferviente de una mujer, réplica centrada de Jesús, respuesta llena de fe de la mujer y reacción favorable de Jesús.

RETIRO DE JESÚS EN EL EXTRANJERO

Levantándose de allí, se fue a la región de Tiro y de Sidón; y entrando en una casa, no quiso que nadie lo supiese; pero no pudo esconderse. (7:24)

Tras más de un año en Galilea, el extenso ministerio de Jesús allí había llegado a su fin. Aunque algunos creyeron, la mayoría del pueblo le rechazó (Jn. 6:66; cp. Mt. 11:20-24), incluso los habitantes de su pueblo natal de Nazaret (cp. Mr. 6:1-6). Los dirigentes religiosos judíos se habían vuelto cada vez más antagónicos (3:20-30) y trataban de matarlo (3:6; cp. Mt. 12:14). El rey Herodes, temeroso de que Jesús representara una amenaza para su poder político, también deseaba ejecutarlo (cp. Lc. 13:31). Consciente de la creciente oposición en su contra, y sabiendo que ya quedaban pocos meses para la cruz, Jesús salió de Galilea para estar más tiempo preparando a sus apóstoles. No se retiró por miedo (cp. Lc. 9:51; cp. 19:28), sino con el deliberado deseo de preparar a los doce para sus retos apostólicos futuros. En lugar de viajar al sur hacia Judea, donde sería imposible encontrar la privacidad que buscaba, el Señor se dirigió al norte. Marcos explica que Jesús, **levantándose de allí, se fue a la región de Tiro y de Sidón.**

La región de Tiro, situada al noroeste de Galilea, se refiere al territorio gentil de Fenicia, que hoy día se localiza en el sur del Líbano. En el relato paralelo,

Mateo también la identifica como "la región de Tiro y de Sidón" (Mt. 15:21; cp. Gn. 10:19; 49:13; Jos. 11:8; 1 R. 17:9). Tiro y Sidón eran ciudades costeras, localizadas a poco más de treinta kilómetros a lo largo de la costa este del mar Mediterráneo. Según Marcos 7:31, después de pasar un tiempo no especificado en esta región, Jesús viajó por Sidón antes de dirigirse al este y luego al sur a lo largo del lado oriental del mar de Galilea. Ante el rechazo de su propio pueblo, Jesús buscó reposo y reclusión en un lugar gentil. Alrededor de novecientos años antes el profeta Elías viajó a esta misma región durante la sequía de Israel, cuando el malvado rey Acab trataba de encontrarlo (cp. 1 R. 17:9; 18:10; Lc. 4:25-26).

Al llegar a la región de Tiro, Jesús, junto con los doce, entró **en una casa.** Que este fuera un trayecto privado lo indica el hecho de que **no** quería **que nadie lo supiese; pero no pudo esconderse.** Inevitablemente, como ocurría dondequiera que Jesús iba, la noticia de su llegada se extendía rápidamente. Incluso en medio de territorio gentil, como a cincuenta y cinco kilómetros al noroeste de Capernaúm, la gente había oído hablar de Él. De acuerdo con Marcos 3:8, habitantes "de los alrededores de Tiro y de Sidón" habían estado entre las multitudes que siguieron a Jesús durante su ministerio en Galilea (cp. Lc. 6:17). Sin duda regresaron a casa con informes de primera mano de los asombrosos milagros que habían presenciado. Como resultado, las noticias sobre Él se extendieron mucho más allá de las fronteras de Israel.

Aunque el Señor quería que este viaje fuera de descanso e instrucción privada para sus discípulos, también conocía la cita divina que le esperaba. Es más, ese encuentro planeado fue parte fundamental de la preparación de los apóstoles como testigos de Cristo. El encuentro con la mujer gentil proporcionó a los doce un ejemplo vívido de verdadera fe y un anticipo de lo que iba a venir, cuando comenzaran a llevar el evangelio hasta lo último de la tierra.

PETICIÓN FERVIENTE DE UNA MUJER

Porque una mujer, cuya hija tenía un espíritu inmundo, luego que oyó de él, vino y se postró a sus pies. La mujer era griega, y sirofenicia de nación; y le rogaba que echase fuera de su hija al demonio. (7:25-26)

Una mujer, cuya hija tenía un espíritu inmundo, luego que oyó decir que Jesús estaba cerca, **vino y se postró a sus pies.** Al parecer, ya antes había oído hablar de Él. Tal vez incluso había viajado a Galilea y presenció los milagros del Señor. De ser así, la mujer ya había visto el poder divino del Maestro para curar enfermedades y expulsar demonios. Al igual que muchos otros que con desesperación buscaban ayuda de Jesús, esta mujer se le acercó con humilde reverencia, cayendo delante de Él (cp. Mt. 17:14; Mr. 1:40; 5:22; Lc. 17:16; Jn. 11:32). Jesús regularmente curaba judíos. Sin embargo, Marcos explica que **la mujer era griega, y sirofenicia de nación.** Desde la perspectiva del judaísmo del siglo I, ella tenía todo en su contra. Primero, era una **mujer,** lo cual incluso entre los judíos significaba que se le veía como inferior al hombre. Segundo, **era griega,** es decir gentil. El adjetivo **sirofenicia** describía en esa época a las personas de esta región. Fenicia había sido anexada a Siria bajo un general romano llamado Pompeyo (aprox. 65 a.C.). Según Mateo 15:22, la mujer era descendiente de los cananeos, antiguos enemigos de Israel (cp. Éx. 23:23; Nm. 33:52-53; Dt. 7:2; 20:16-17). Tercero, ella venía de una región que estaba inmersa en la idolatría pagana y, sin duda, era adoradora de ídolos. Tiro y Sidón eran centros principales de adoración de Astarté, la diosa de la fertilidad, conocida como Astarot en el Antiguo Testamento (cp. Jue. 2:13; 10:6; 1 S. 7:3-4; 12:10; 31:10). En el pensamiento de los judíos, ningún rabino digno permitiría que un gentil, mucho menos una mujer idólatra, permaneciera en su presencia. El Señor quería mostrar a sus discípulos que el mensaje de salvación era para las naciones, las mismas que a ellos se les había enseñado que estaban fuera de la gracia y la bendición de Dios.

La mujer tenía un problema urgente, por lo que **le rogaba** a Jesús **que echase fuera de su hija al demonio.** Los demonios son ángeles caídos que actúan en el reino de las tinieblas. En este horrible caso un demonio estaba poseyendo cruelmente a una niña (cp. Mt. 15:22). (Para más información sobre posesión demoníaca, véase el capítulo 17 de esta obra). Como madre, el corazón de esta mujer estaba sufriendo por su hija. Con la vida y el hogar en un caos satánico, es probable que hubiera llevado a cabo cualquier ceremonia que creyera que podría apaciguar a sus dioses falsos, pero en vano. Cuando se hizo evidente que los ídolos de piedra no podían liberar a su hija (cp. Sal. 115:4-8; Is. 44:9-20), ella abandonó sus costumbres paganas. Apartándose de sus ídolos impotentes (cp. 1 Ts. 1:9), acudió a Jesús, confiando en que el Mesías de Israel pudiera rescatar a la niña.

El hecho de que la mujer le rogara a Jesús que la ayudara indica que no estaba dispuesta a renunciar. El amor por su hija, el horror del poder demoníaco en su casa, combinados con la confianza en el poder de Jesús, impulsaban la inquebrantable determinación de esta mujer. La sincera persistencia estaba acompañada por una actitud de arrepentimiento humilde. Como nos explica el relato paralelo en Mateo 15:22, la mujer "clamaba, diciéndole: ¡Señor, Hijo de David, ten misericordia de mí! Mi hija es gravemente atormentada por un demonio". Reconociendo su propia indignidad, al igual que el publicano en Lucas 18:13, suplicó misericordia basándose en la inherente bondad de Jesús, no en ella misma. Sus palabras a Jesús también se caracterizaron por reverencia y reconocimiento del papel mesiánico de Él. A pesar de que era gentil, lo reconoció como Señor y lo identificó con el título mesiánico de "Hijo de David" (cp.

Mt. 21:9). Las palabras de ella sugieren más que una familiaridad superficial con las creencias religiosas de la vecina nación de Israel, pues entendía correctamente quién era Jesús.

Mateo 15:23 indica que aunque la mujer siguió pidiendo de modo constante, en principio Jesús "no le respondió palabra". A primera vista, el silencio del Señor pudo parecer un poco sorprendente. Pero no estaba siendo grosero o indiferente. Más bien estaba ilustrando un punto espiritual esencial, tanto para ella como para los discípulos. El motivo por el que Jesús no le contestara de inmediato fue permitir que el robusto carácter de la fe de ella se pusiera en evidencia. Después de experimentar la fe superficial de muchos en Israel (cp. Jn. 2:24; 6:64, 66), el Señor encontró verdadera fe en una mujer gentil de la región de Tiro. Las barreras que Él había levantado no tenían la intención de apartarla, sino de mostrar la autenticidad de la fe de ella. A diferencia del joven rico, cuya fe se derrumbó cuando se le puso a prueba (cp. Mt. 19:16-22), la fe de esta mujer era inquebrantable. Que el Señor tuviera compasión de ella lo confirma el resto de esta narración (cp. Jn. 6:37).

RÉPLICA CENTRADA DE JESÚS

Pero Jesús le dijo: Deja primero que se sacien los hijos, porque no está bien tomar el pan de los hijos y echarlo a los perrillos. (7:27)

Los discípulos malinterpretaron el silencio de Jesús, supusieron que su negativa a responder indicaba que quería que la mujer se fuera. Al seguir ella suplicando, aumentó la frustración y la impaciencia de ellos. No solo que se trataba de una mujer gentil y fastidiosa, sino que su fuerte insistencia estaba llamando la atención en un momento en que ellos buscaban privacidad y aislamiento de las multitudes. Por tanto, según Mateo 15:23, "acercándose sus discípulos, le rogaron, diciendo: Despídela, pues da voces tras nosotros". La mujer les estaba causando molestia y ellos simplemente querían que se callara y se marchara. Sin embargo, el Señor quería enseñarles una valiosa lección acerca del carácter de la fe verdadera.

En respuesta a la petición de los discípulos, pero al alcance del oído de la mujer, Jesús "respondiendo, dijo: No soy enviado sino a las ovejas perdidas de la casa de Israel" (Mt. 15:24). Las palabras del Señor recordaron a los discípulos que la misión inicial de Jesús era el pueblo judío (cp. Jn. 4:22; Ro. 1:16; 15:8), y que todavía no había llegado el momento en que ellos fueran enviados como testigos a todo el mundo. La declaración del Señor también probó la fe de la mujer, ya que parecía como si Él no pudiera ayudarla porque era una gentil. Aquellos con una fe menor pudieron haberse enojado o alejarse abatidos. En vez de eso, "ella vino y se postró ante él, diciendo: ¡Señor, socórreme!" (Mt. 15:25). La frase "se postró" (de la expresión griega *proskuneō*) a menudo se traduce como "le adoró", y pone de relieve la actitud reverente hacia Jesús. Puesto que sabía que Jesús era su única esperanza, humildemente se negó a ser disuadida de haber acudido a Él (cp. Lc. 18:1-8).

Jesús siguió probando la fe de la mujer volviendo a demorar su respuesta. En esencia repitiendo lo que acababa de decir a los discípulos, **Jesús le dijo: Deja primero que se sacien los hijos, porque no está bien tomar el pan de los hijos y echarlo a los perrillos.** Con una sencilla analogía, el Señor reiteró que la prioridad de su ministerio era primero Israel. Una comida preparada para los hijos no se les debe dar a los perros. De igual manera, la prioridad del Mesías era predicar las nuevas del reino a los hijos de Israel (cp. Mt. 10:5-6; 15:24; Mr. 1:14-15; Jn. 1:11; Hch. 10:36). Aunque el evangelio se predicaría pronto en todas las naciones, esa expansión global estaba esperando la ascensión de Cristo y la llegada del Espíritu Santo (Mt. 28:18-20; Hch. 1:8; cp. Jn. 10:16; 11:51-52). El Nuevo Testamento usa dos palabras griegas distintas para **perrillos.** Una se refiere a los perros mestizos salvajes que vagaban en manadas por las calles buscando basura (cp. Mt. 7:6; Lc. 16:21; Fil. 3:2; 2 P. 2:22; Ap. 22:15). Los **perrillos** a los que se refiere aquí (de la palabra griega *kunarion*) eran diminutas mascotas caseras que la familia cuidaba. Por tanto, Jesús usó un término para perros que era menos duro del que los judíos del siglo I habrían aplicado a los gentiles. Aun así, la mujer entendió el planteamiento del Señor. El enfoque principal de Él estaba en alimentar a los hijos de Israel (cp. Jn. 6:35), y ella no estaba incluida.

RESPUESTA LLENA DE FE DE LA MUJER

Respondió ella y le dijo: Sí, Señor; pero aun los perrillos, debajo de la mesa, comen de las migajas de los hijos. (7:28)

El Señor sabía que la fe divinamente otorgada de ella (cp. Ef. 2:8-9) era genuina, y que no se desanimaría ni se disuadiría (cp. Lc. 13:24; 16:16). Más bien, en lugar de ofenderse, esta mujer reaccionó con inmutable confianza. Ampliando la analogía de Jesús, **respondió ella y le dijo: Sí, Señor; pero aun los perrillos, debajo de la mesa, comen de las migajas de los hijos.** La mujer reconoció su indignidad y su lugar como gentil. A diferencia de muchos de los judíos, que reaccionaron ante Jesús con orgullo farisaico, la actitud de la mujer era humilde y pobre de espíritu (cp. Mt. 5:3). Para ella, solamente **las migajas** eran suficientes. Una diminuta fracción del poder de Jesús podía curar a su hija y eso era lo único que buscaba. Aunque la prioridad de la misión terrenal de Jesús eran los hijos de Israel, las migajas del evangelio caían de la mesa para satisfacer a los humildes gentiles que tenían hambre de verdadera justicia (cp. Mt. 5:6). Los pactos, las Escrituras y el Mesías pudieron haberse dado en su totalidad a Israel (cp. Ro. 9:4-5), pero Dios quería que los gentiles recibieran el excedente (cp. Ro. 11:12). El mensaje de salvación que llegó primero a los judíos es el mismo mensaje del evangelio que fue y que sería dado a los gentiles. Las varias conversiones de gentiles en los evangelios son anticipos de la futura salvación de almas procedentes de todas las naciones.

La respuesta de la mujer, provocada por el Señor Jesús, expresó una calidad de fe que Él llamó "grande" (cp. Mt. 15:28). En una ocasión anterior, el Señor hizo un comentario similar acerca de un centurión romano que le pidió que sanara a su siervo: "Ni aun en Israel he hallado tanta fe" (Mt. 8:10; Lc. 7:9). En ambos casos fueron gentiles los que demostraron tan extraordinaria fe. Con la mujer en Tiro, el contexto sugiere que su fe era más que solo una creencia nominal en el poder sanador de Jesús. La humilde, reverente y persistente apelación a Cristo sugiere que Dios estaba obrando en el corazón de esta gentil, llevándola a la salvación (cp. Jn. 6:44). Su fe habría sido vacía e inútil si hubiera seguido estando en las deidades paganas de su cultura cananea. La verdadera fe pone su esperanza en el único Dios verdadero (cp. He. 11:1, 6) y fija "los ojos en Jesús, el autor y consumador de la fe" (12:2).

La grandeza de la fe de esta mujer se magnifica al compararla con lo poco que sabía. Nacida y criada en una cultura pagana, no participaba de la herencia privilegiada del pueblo judío. Estaba excluida del templo, del sistema expiatorio, e incluso de las Escrituras. Sin embargo, aunque solo había recibido un poco de revelación, creyó. La magnitud de su fe se evidencia en su disposición de volverse de las deidades paganas con las que creció y aceptar por fe a Jesucristo. Tal respuesta ofrece un marcado contraste con la de los dirigentes religiosos judíos que de manera arrogante condenaron a su propio Mesías como blasfemo (cp. Jn. 10:33), amigo de pecadores (cp. Lc. 7:34) y aliado de Satanás (cp. Mr. 3:22). En Mateo 11:21, Jesús hizo esta severa advertencia a los israelitas que le rechazaron: "¡Ay de ti, Corazín! ¡Ay de ti, Betsaida! Porque si en Tiro y en Sidón se hubieran hecho los milagros que han sido hechos en vosotras, tiempo ha que se hubieran arrepentido en cilicio y en ceniza". Aquí estaba una mujer pagana de la región de Tiro que demostró la veracidad de las palabras de Jesús. ¡Qué reproche fue para la nación apóstata de Israel que una gentil aceptara al Mesías cuando muchos judíos llenos de arrogancia moral le rechazaron (cp. Ro. 11:11)!

REACCIÓN FAVORABLE DE JESÚS

Entonces le dijo: Por esta palabra, ve; el demonio ha salido de tu hija. Y cuando llegó ella a su casa, halló que el demonio había salido, y a la hija acostada en la cama. (7:29-30)

Aunque Jesús prolongó su interacción con esta mujer, a fin de poner en evidencia la naturaleza de su fe verdadera, Él sabía desde el principio lo que correspondía hacer. El Señor nunca rechazó a nadie, judío o gentil, que acudiera a Él con fe sincera (Jn. 6:37; cp. Lc. 7:9; Jn. 4:39). Después de escuchar la respuesta, **le dijo: Por esta palabra, ve; el demonio ha salido de tu hija.** Debido a que la mujer poseía verdadera fe en Jesús, el proceso de ser probada tan solo fortaleció esa fe (cp. Ro. 4:20; 1 P. 1:7). La resolución de ella no titubeó, sino que se intensificó, y Jesús quedó sumamente complacido con la respuesta que le dio.

El Señor concedió la petición de la mujer expulsando el demonio de la hija. Él tenía tal dominio sobre el reino espiritual que no necesitó estar con la niña. Su poder era omnipresente, y el espíritu maligno fue obligado inmediatamente a salir. Al haber aceptado al Señor Jesús en fe, la mujer regresó a su hogar confiando en el poder divino. **Y cuando llegó ella a su casa, halló que el demonio había salido, y a la hija acostada en la cama.** El hecho de que la hija estuviera en cama sugiere tanto que se hallaba agotada debido a la lucha con el demonio (cp. Mr. 1:26; 9:20) como que por fin pudo descansar con tranquilidad ahora que el espíritu se había ido. Sin duda alguna, al igual que Jairo y su esposa durante la resurrección de su hija (cp. Mr. 5:42), o los muchísimos otros a quienes Jesús curó, esta mujer respondió con asombro lleno de alegría porque su hija había sido liberada.

La recuperación de la niña, aunque fue algo maravilloso, no es la enseñanza principal de este relato. Más bien, el enfoque se centra tanto en la sustancia de la fe de la mujer (caracterizada por humildad, arrepentimiento, reverencia y persistencia), como en el objeto de la fe de ella, es decir, el Señor Jesucristo. La historia de esta gentil es un magnífico ejemplo del hecho de que la verdadera fe salvadora renuncia a los ídolos, abandona el orgullo, y de modo reverente y persistente, suplica misericordia y gracia divinas (cp. Mt. 7:7). En algunas maneras ella es como Job, a quien Dios probó para demostrar la veracidad de su fe. La fe verdadera persiste y soporta hasta recibir la gracia que busca.

Hablar o no hablar 27

Volviendo a salir de la región de Tiro, vino por Sidón al mar de Galilea, pasando por la región de Decápolis. Y le trajeron un sordo y tartamudo, y le rogaron que le pusiera la mano encima. Y tomándole aparte de la gente, metió los dedos en las orejas de él, y escupiendo, tocó su lengua; y levantando los ojos al cielo, gimió, y le dijo: Efata, es decir: Sé abierto. Al momento fueron abiertos sus oídos, y se desató la ligadura de su lengua, y hablaba bien. Y les mandó que no lo dijesen a nadie; pero cuanto más les mandaba, tanto más y más lo divulgaban. Y en gran manera se maravillaban, diciendo: bien lo ha hecho todo; hace a los sordos oír, y a los mudos hablar. (7:31-37)

Estos versículos podrían presentarse con una adivinanza: ¿A quién se le permite hablar pero no puede, y puede hablar pero no se le permite? Esa enigmática pregunta encuentra su respuesta en este dramático relato.

Tras más de un año de ministrar en público en Galilea, Jesús lleva a sus discípulos a un lugar apartado para un tiempo de quietud e instrucción. Poco antes los doce habían afirmado que Él era el Hijo de Dios (Mt. 14:33), el único que hablaba palabras de vida eterna (Jn. 6:68). Había llegado el momento de que el Señor Jesús enfocara sus esfuerzos más intensamente en prepararlos para el ministerio después de su muerte y resurrección. Ellos serían enviados como la primera generación de predicadores del evangelio, encargados de llevar la verdad hasta los confines de la tierra (cp. Mt. 28:19; Hch. 1:8).

Jesús y sus discípulos se dirigieron primero hacia el noroeste, viajando fuera de Israel a la región de Tiro (el moderno Líbano). Allí se encontraron con una mujer gentil desesperada que buscaba la ayuda de Jesús, y en el proceso mostró verdadera fe en Él (cp. 7:24-30). La humilde persistencia de esta mujer proporcionó a los apóstoles una ilustración vívida de la futura obra misionera que tenían por delante. No pasaría mucho tiempo antes que pudieran ver a muchos gentiles mostrar de igual modo fe en Cristo a medida que el evangelio se extendía más allá de las fronteras de Israel (cp. Hch. 10:11-48; 11:1-18, 20-25).

Después de finalizada su estadía allí, Jesús y los doce volvieron **a salir de la región de Tiro,** y llegaron a través de **Sidón al mar de Galilea, pasando por la**

región de Decápolis. Al viajar en una ruta sinuosa, a fin de extender el tiempo con sus discípulos el Señor continuó en dirección hacia el norte a través de la ciudad de Sidón (ubicada en la costa mediterránea como a treinta y dos kilómetros de Tiro) antes de viajar hacia el este y luego al sur hasta su destino en la costa suroriental del lago de Galilea.

La región de Decápolis, localizada en la parte sureste del lago, era un área habitada por gentiles y estaba fuera del territorio de Herodes Antipas. El territorio abarcaba diez ciudades-estados (el nombre **Decápolis,** del griego *deka* ["diez"] y *polis* ["ciudad"], literalmente significa "diez ciudades"). Descubrimientos arqueológicos indican que estas poblaciones eran centros del paganismo griego, llenas de ídolos que honraban a deidades paganas como Zeus, Afrodita, Artemisa y Dionisio. Aunque la nación de Israel seguía siendo la prioridad de Jesús, su disposición de ministrar en esta región gentil, al igual que su interacción con la mujer de Tiro, mostraban el hecho de que el evangelio siempre tuvo como objetivo ser predicado en todo el mundo. (Para más información sobre este punto, véase el capítulo 26 de esta obra). Al viajar a Decápolis, Jesús regresó a los alrededores de Gerasa donde antes había sanado a un hombre poseído por una legión de demonios (cp. Mr. 5:1-20). A través del testimonio de este hombre (v. 20), junto con otros de Decápolis que habían viajado a Galilea para ver a Jesús (cp. Mt. 4:25), la noticia acerca del Señor ya se había extendido a esta región.

El tiempo de enseñanza del Señor con los doce concluyó cuando grandes multitudes volvieron a reunirse alrededor de Él. Mateo 15:29-31 presenta la escena:

> *Pasó Jesús de allí y vino junto al mar de Galilea; y subiendo al monte, se sentó allí. Y se le acercó mucha gente que traía consigo a cojos, ciegos, mudos, mancos, y otros muchos enfermos; y los pusieron a los pies de Jesús, y los sanó; de manera que la multitud se maravillaba, viendo a los mudos hablar, a los mancos sanados, a los cojos andar, y a los ciegos ver; y glorificaban al Dios de Israel.*

Aunque los habitantes de Decápolis adoraban ídolos, habían oído hablar del poder de Jesús y sabían que podía hacer lo que sus deidades paganas nunca habían hecho. En consecuencia acudieron a Él aquellos que estaban físicamente discapacitados, y los sanó de inmediato y por completo. Como era de esperar, "la multitud se maravillaba" (del griego *thaumazō,* que significa quedar conmovido) y comenzaron a glorificar al Dios verdadero. Es irónico que los dirigentes judíos de Israel que vieron los mismos milagros rechazaran a Jesús, acusándolo de actuar por el poder de Satanás (Mr. 3:22); los gentiles paganos de Decápolis reconocieron que el poder de Jesús venía de Dios. Por el momento, volviéndose de sus ídolos ofrecieron alabanza al Dios de Israel.

Es en ese contexto que tuvo lugar la escena que se describe en este pasaje (Mr. 7:31-37). Mientras que el pasaje paralelo en Mateo 15:29-31 proporciona una visión general de las curaciones de Jesús, Marcos es el único escritor del evangelio que incluye este encuentro. Inicialmente el hombre sordo descrito aquí no podía hablar, pero mediante el poder y la voluntad de Cristo pudo hacerlo. Por último, cuando el Señor le ordenó que se mantuviera callado, el hombre no pudo dejar de hablar.

INCAPACITADO PARA HABLAR

Y le trajeron un sordo y tartamudo, y le rogaron que le pusiera la mano encima. (7:32)

Amigos o familiares **le trajeron** a Jesús **un** hombre que era **sordo y tartamudo.** Tal vez su sordera era congénita o de mucho tiempo; sin poder oír desde niño fue incapaz de aprender a hablar, lo que resultó por consiguiente en un grave impedimento del habla. En el mundo de ese tiempo no existían remedios para tal condición. Los que padecían de tales impedimentos físicos eran condenados al ostracismo por la sociedad. Incluso a causa de la pérdida del oído y de los defectos del habla, a los sordos en Israel por lo general se les consideraba mentalmente discapacitados. Para colmo de males, los judíos alegaban que discapacidades como sordera o ceguera eran resultado directo del juicio de Dios por el pecado (cp. Jn. 9:1-2). El hecho de que este hombre viviera en una sociedad pagana probablemente significaba que el maltrato y el desprecio que soportó eran incluso peores.

No obstante, algunas personas se preocuparon lo suficiente por este hombre como para llevarlo ante Jesús, **y le rogaron que le pusiera la mano encima.** En este contexto el verbo **rogaron** (del griego *parakaleō*) significa "suplicar" o "implorar" con un sentido de urgencia. En su desesperación suplicaron por su amigo, quien no podía hablar por sí mismo, que Jesús le capacitara para oír. A menudo el Señor ponía las manos sobre las personas para en forma visual y tangible demostrar su poder a los que estaban sufriendo (cp. Mr. 1:31, 41; 5:41; 6:5; 8:22, 25). A diferencia de los fariseos y escribas, que se consideraban superiores al pueblo común, Jesús se mezclaba de buena gana con la gente y con buena disposición extendía su toque hacia los que estaban en necesidad. Al hacerlo mostraba su tierna compasión y preocupación personal. También manifestaba así que no tenía miedo a la profanación ceremonial. Jesús nunca quedó impuro por causa de aquellos a quienes tocó, sea que se tratara de un leproso (1:40-41), una mujer con flujo de sangre (5:25-34), un cadáver (5:41-42), o un gentil que padecía sordera. En lugar de quedar impuro por ellos, eran estos quienes quedaban limpios y restaurados por Jesús.

HABILITADO PARA HABLAR

Y tomándole aparte de la gente, metió los dedos en las orejas de él, y escupiendo, tocó su lengua; y levantando los ojos al cielo, gimió, y le dijo: Efata, es decir: Sé abierto. Al momento fueron abiertos sus oídos, y se desató la ligadura de su lengua, y hablaba bien. (7:33-35)

Respondiendo con misericordia como siempre hizo (cp. Mt. 9:36; 14:14; Mr. 1:41; 8:2, etc.), Jesús llevó al sordo **aparte de la gente.** En medio de la muchedumbre apremiante, con muchos otros esperando ser curados, el Señor Jesús puso su atención en un hombre desesperado a quien sin duda alguna habían hecho caso omiso y abandonado durante toda la vida. Hasta donde podía recordar, había sido despreciado, condenado al ostracismo y vilipendiado. Pero en ese momento recibió toda la atención y la compasión del Creador mismo.

En un acto de profunda bondad, el Señor comenzó a comunicarse en lenguaje de señas, usando gestos y señales no verbales. Jesús usó cuatro señales específicas para resaltar lo que quería hacer. Primero **metió los dedos en las orejas** del hombre para indicar que reconocía el problema físico del individuo. Jesús comprendió que el sordo no era un atrofiado mental ni poseído por demonios, como algunos pudieron haber pensado; simplemente no podía oír. El Señor usó un gesto simbólico para indicar que había diagnosticado correctamente el problema médico. Segundo, **escupiendo, tocó su lengua.** Jesús volvió a emplear un gesto físico para identificar la discapacidad de habla del hombre. Aunque en otras dos ocasiones usó saliva en sus curaciones (cp. Mr. 8:23; Jn. 9:6), esta obviamente no tenía poder. Sin embargo, los pueblos antiguos por lo general creían que la saliva tenía propiedades curativas. El hombre sordo habría entendido que el uso que Jesús hizo de saliva significaba que deseaba curarlo. Tercero, **levantando los ojos al cielo,** Jesús demostró que el poder creativo que ejercía provenía de Dios. Incluso como pagano, el hombre habría entendido lo que el Señor quiso decir al mirar al cielo. Cuarto, Jesús **gimió**, con lo que comunicó una sincera empatía por la prolongada agonía de la discapacidad de este sujeto. El gemido sincero proyectó visiblemente el dolor y la angustia en favor del hombre. Por tanto, con el uso de comunicación no verbal el Señor Jesús enseñó a este sordo acerca del poder y la compasión de Dios. El Hijo de Dios lo iba a curar, con poder que venía de lo alto, porque se interesaba profundamente en él.

Esas dos verdades maravillosas debieron haber llenado el corazón y la mente del hombre cuando ocurrió lo milagroso. Jesús **le dijo: Efata, es decir: Sé abierto.** Al usar el término arameo **Efata,** Marcos proporcionó una cita exacta de las palabras de Jesús, ya que el lenguaje que Él hablaba era el arameo. No obstante, Marcos lo tradujo de inmediato para sus lectores de habla griega: **Sé**

abierto. Con una orden del Creador encarnado, el hombre de inmediato quedó sanado en su órganos de audición y su lengua fue milagrosamente liberada para hablar. Según explica Marcos, **al momento fueron abiertos sus oídos, y se desató la ligadura de su lengua, y hablaba bien.** La palabra **ligadura,** de la expresión griega *desmon*, significa "atadura" o "cadenas". Era como si el habla hubiera estado aprisionada en el calabozo de la sordera. De inmediato fue liberada y el hombre pudo oír bien y hablar con claridad.

La magnitud del milagro fue más allá de la simple reparación de las facultades físicas del sordo. También recibió la capacidad de la milagrosa adquisición del lenguaje. No solo podía oír sonidos, sino que podía entender y articular palabras sin necesidad de ningún entrenamiento lingüístico o terapia de lenguaje. La palabra **bien** proviene del vocablo griego *orthōs*, que significa "derecho" o "recto". Los términos médicos castellanos "ortopedia" y "ortodoncia" se derivan de ese término griego. En un instante, Aquel que creó el mundo (Jn. 1:1-3), y que lo sustenta "con la palabra de su poder" (He. 1:3), de modo sobrenatural hizo posible que este hombre oyera y hablara con total fluidez. Al igual que todos los milagros que Jesús realizó, esta curación fue un acto de energía creativa divina por medio de su palabra, de igual modo que en el principio creó el universo (cp. Gn. 1:3, 6, 9, 14, 20, 24, 26).

INCAPACES DE NO HABLAR

Y les mandó que no lo dijesen a nadie; pero cuanto más les mandaba, tanto más y más lo divulgaban. Y en gran manera se maravillaban, diciendo: bien lo ha hecho todo; hace a los sordos oír, y a los mudos hablar. (7:36-37)

Sin duda, la reacción del hombre fue de exuberante alegría. Es natural que su impulso instantáneo fuera contar a todo el mundo lo que había ocurrido. Pero Jesús le dio instrucciones a él y a sus amigos de que guardaran silencio, un limitante inmenso a la luz de tal experiencia. Sin embargo, el Señor **les mandó que no lo dijesen a nadie.**

Mandó (del griego *diastellomai*) se refiere a una orden. Que Jesús mandara a este hombre que guardara silencio podría parecer extraño, no solo porque le acababa de otorgar la capacidad de hablar, sino también porque el Señor le había dicho antes al endemoniado gadareno que hiciera exactamente lo opuesto:

> *Mas Jesús no se lo permitió, sino que le dijo: Vete a tu casa, a los tuyos, y cuéntales cuán grandes cosas el Señor ha hecho contigo, y cómo ha tenido misericordia de ti. Y se fue, y comenzó a publicar en Decápolis cuán grandes cosas había hecho Jesús con él; y todos se maravillaban (Mr. 5:19-20).*

Podríamos preguntarnos por qué Jesús dio instrucciones al antiguo endemoniado de propagar la noticia acerca del Señor por toda la región de Decápolis, y que después le dijera al antiguo sordo que guardara silencio. Hubo una importante diferencia. El antiguo endemoniado fue el primer misionero a esa región gentil. Pero ahora, en gran parte mediante su testimonio, la noticia acerca del poder de Jesús para obrar milagros era muy conocida en toda la región, resultando en euforia generalizada. La situación había alcanzado proporciones épicas debido al gran entusiasmo de las multitudes difíciles de manejar. Al igual que en Galilea, el Señor no tenía deseos de echar más leña al fuego de las expectativas inherentemente materialistas y políticas que tenían acerca de Él (cp. Jn. 6:15).

Jesús también emitió órdenes similares otras veces (cp. Mt. 8:4; 9:30; 12:16; 17:9; Mr. 1:25, 34, 44; 3:12; 5:43; 7:36; 8:26, 30; 9:9; Lc. 4:41; 9:21). En ciertas ocasiones el Señor insistió en el silencio porque sabía que el reporte amplificaría el entusiasta fervor de las multitudes, lo cual solamente le obstaculizaría el ministerio (cp. Mr. 1:40-45; Jn. 6:14-15). Según se indicó antes, esa quizás era parte de la preocupación de Jesús esta vez puesto que enormes gentíos ya estaban acudiendo a Él en Decápolis (cp. Mr. 8:1-10). En otras ocasiones, la orden de silencio actuó como un acto de juicio sobre los incrédulos por empañar la verdad de aquellos que lo habían rechazado de modo permanente (cp. Lc. 9:21).

No obstante, la razón principal de que Jesús insistiera repetidas veces en este tipo de silencio se halla en Marcos 8:30-31. Después que los discípulos lo identificaran como el Mesías e Hijo de Dios (v. 29; cp. Mt. 16:18), "él les mandó que no dijesen esto de él a ninguno. Y comenzó a enseñarles que le era necesario al Hijo del Hombre padecer mucho, y ser desechado por los ancianos, por los principales sacerdotes y por los escribas, y ser muerto, y resucitar después de tres días". Al saber que su misión terrenal no se lograría hasta después de su muerte y resurrección, Jesús dio instrucciones incluso a sus propios discípulos de guardar silencio hasta después que la historia estuviera completa. Muchos a los que sanó lo conocían simplemente como un hacedor de milagros, pero Jesús había venido para un propósito mucho más glorioso (cp. Lc. 19:10). Un mensaje que resaltaba solo sus curaciones milagrosas sería inadecuado. El mensaje total acerca de Él debe incluir la verdad de que "Cristo murió por nuestros pecados, conforme a las Escrituras; y que fue sepultado, y que resucitó al tercer día, conforme a las Escrituras" (1 Co. 15:3-4).

Consciente de la euforia incontenible del gentío, el Señor repitió la orden, **pero cuanto más les mandaba, tanto más y más lo divulgaban.** A pesar de la orden repetida, el hombre y sus amigos, incapaces de contener su alegría, demostraron desobediencia. Lo irónico es que aunque Jesús había curado los oídos del hombre, este se negó a escuchar la orden del Señor. Es probable que la amonestación de Jesús también se dirigiera a los curiosos en la multitud que habían presenciado este asombroso milagro. Los discípulos también debieron haberse preguntado por qué Jesús daría tal orden. Tan solo más adelante llegarían a entender la historia total de la obra de Jesús, incluso su muerte y resurrección (cp. Mr. 9:32; Lc. 9:45; 18:34; Jn. 12:16).

Después de ver las milagrosas maravillas que Jesús hacía, incluso la transformación de este hombre sordo, las personas en la multitud **en gran manera se maravillaban.** La frase **en gran manera** viene del término griego *huperperissōs,* que significa "en grado sumo", "por sobre toda medida", o "de modo sobreabundante". **Maravillaban** se traduce de una forma de la palabra *ekplessō,* que significa "estar lleno de asombro", o coloquialmente, "desenchufársele la mente a alguien". La gente estaba totalmente impactada y era incapaz de contenerse. Por tanto, a pesar de la orden de Jesús de hacer lo contrario, extendieron la noticia por todas partes.

En medio de su entusiasmo, las personas exclamaron: **bien lo ha hecho todo; hace a los sordos oír, y a los mudos hablar.** El adverbio **bien** se traduce del término griego *kalōs,* que significa "rectamente", "correctamente" o "apropiadamente". La gente hablaba de la perfección de los milagros de Jesús. Él hacía a los ciegos ver, a los cojos caminar, **a los sordos oír, y a los mudos hablar.** Tales recuperaciones eran inmediatas, y la restauración total. Las sanidades de Jesús nunca fallaban; eran perfectas todo el tiempo.

La palabra **mudos** viene de la expresión griega *alalos*, que significa "sin habla". Se usa solo tres veces en los evangelios, todos en Marcos (cp. 7:37; 9:17, 25). Anteriormente, en el versículo 32, Marcos usa un término aún menos común para describir la condición de este hombre. La palabra "tartamudo" se traduce de una forma del vocablo griego *mogilalos*, y aparece solo aquí en el Nuevo Testamento. Es significativo que esa misma expresión aparezca solo una vez en la Septuaginta (la antigua traducción griega del Antiguo Testamento) en Isaías 35. Tal mensaje profético describe las maravillas del futuro reino milenial cuando Cristo regrese para reinar en la tierra: el desierto florecerá con hermosas flores (vv. 1-2), Israel y las naciones vecinas verán la gloria del Señor Dios (v. 2), los débiles y frágiles serán animados (v. 3), y los enemigos de Dios serán juzgados y los justos salvados (v. 4). Isaías escribe en tal contexto: "Los ojos de los ciegos serán abiertos, y los oídos de los sordos se abrirán. Entonces el cojo saltará como un ciervo, y cantará la lengua del mudo" (vv. 5-6). Aquí la palabra "mudo" (del término hebreo *'illem*) está traducida por una forma de la expresión griega *mogilalos* en la Septuaginta. Al usar ese mismo término raro Marcos relaciona su relato con la profecía de Isaías 35. Las sanidades que Jesús realizó, al igual que la cura de un sordo con tartamudez, fueron anticipos de las glorias del futuro reino mesiánico en que la muerte y la enfermedad disminuirán en gran manera (cp. Is. 29:18; 30:23; 32:14-15; 65:20).

Isaías 35:8-10 continúa su descripción del reino milenial con una hermosa imagen de los redimidos que morarán allí:

> *Y habrá allí calzada y camino, y será llamado Camino de Santidad; no pasará inmundo por él, sino que él mismo estará con ellos; el que anduviere en este camino, por torpe que sea, no se extraviará. No habrá allí león, ni fiera subirá por él, ni allí se hallará, para que caminen los redimidos. Y los redimidos de Jehová volverán, y vendrán a Sion con alegría; y gozo perpetuo será sobre sus cabezas; y tendrán gozo y alegría, y huirán la tristeza y el gemido.*

Aunque las personas que Jesús sanó físicamente durante su ministerio tenían razón para regocijarse, su exuberancia momentánea no puede compararse con el gozo eterno que espera a los que Él ha salvado espiritualmente, a quienes ha prometido cuerpos eternos glorificados (cp. Jn. 11:25-26; 1 Co. 15:20-28, 35-56). Durante el reino milenial (cp. Ap. 20:1-6), y luego para siempre en la nueva tierra (cp. Ap. 21:1-22:5), los redimidos se regocijarán en lo maravilloso de su completa salvación.

Al curar males temporales, el Señor Jesús dirigió al pueblo hacia algo más grandioso: la esperanza de vida eterna (cp. Jn. 5:40; 6:35; 10:10; 17:2-3). A través de Él son fácilmente asequibles el perdón de pecados y la reconciliación con Dios para todos los que creen en el evangelio, sean judíos o gentiles (cp. Ro. 1:16; 2 Co. 5:20-21; Gá. 3:28). Jesús es mucho más que un hacedor de milagros y el mayor de los maestros; Él es el único Salvador (Jn. 14:6; Hch. 4:12) que murió con el fin de pagar el precio por el castigo del pecado (cp. Is. 53:4-5; Ro. 4:25; Col. 2:13-14; 1 P. 3:18) y resucitó victorioso para demostrar su poder sobre la muerte (cp. Hch. 2:24; 17:31; Ro. 8:11; 1 Co. 15:20-22, 54-56). Quienes se arrepienten y creen en Él para salvación experimentarán por toda la eternidad el poder dador de vida de Jesucristo (cp. Jn. 4:14; 7:38; Ap. 7:17; 21:6). Espiritualmente, sus corazones pecaminosos son limpiados en el momento de la conversión (cp. Hch. 10:43; 15:9; Ro. 8:1; 2 Co. 5:17; Tit. 3:4-7). Físicamente, sus cuerpos resucitarán un día para nunca más volver a experimentar la enfermedad o la decadencia (cp. Jn. 5:28-29; 1 Co. 15:42-56; 2 Co. 5:1-4; Ap. 21:4). En ese estado de perfección glorificada, libres del pecado y de la enfermedad, adorarán para siempre a su Redentor y Rey (cp. Ap. 5:13; 19:1-6; 22:3-4).

Proveedor compasivo 28

En aquellos días, como había una gran multitud, y no tenían qué comer, Jesús llamó a sus discípulos, y les dijo: Tengo compasión de la gente, porque ya hace tres días que están conmigo, y no tienen qué comer; y si los enviare en ayunas a sus casas, se desmayarán en el camino, pues algunos de ellos han venido de lejos. Sus discípulos le respondieron: ¿De dónde podrá alguien saciar de pan a éstos aquí en el desierto? Él les preguntó: ¿Cuántos panes tenéis? Ellos dijeron: Siete. Entonces mandó a la multitud que se recostase en tierra; y tomando los siete panes, habiendo dado gracias, los partió, y dio a sus discípulos para que los pusiesen delante; y los pusieron delante de la multitud. Tenían también unos pocos pececillos; y los bendijo, y mandó que también los pusiesen delante. Y comieron, y se saciaron; y recogieron de los pedazos que habían sobrado, siete canastas. Eran los que comieron, como cuatro mil; y los despidió. Y luego entrando en la barca con sus discípulos, vino a la región de Dalmanuta. (8:1-10)

Poco después de la alimentación de los cinco mil (Mr. 6:35-44) y del sermón sobre el pan de vida (cp. Jn. 6:35, 51), el Señor salió de Galilea con el fin de tener un tiempo prolongado de formación privada con los doce. Él y sus discípulos fueron primero a la región de Tiro, donde Jesús ministró a una mujer sirofenicia que mostró gran fe en Él (7:24-30). Después viajaron al norte a través de Sidón, y luego al este y al sur hasta la región de Decápolis en la parte suroriental del lago de Galilea (v. 31). En total, el tortuoso recorrido a través de territorio gentil duró de dos a tres meses en que los doce recibieron una enseñanza personal de parte del Señor.

Durante ese tiempo los discípulos habrían estado muy conscientes de que no se hallaban en la tierra de Israel, una realidad ajustada a los propósitos de enseñanza de Jesús al comenzar a prepararlos para la Gran Comisión: ir por todo el mundo y predicar el evangelio a los habitantes de toda nación (Mt. 28:19-20; Hch. 1:8). Al igual que el renuente profeta Jonás, los israelitas de la época de Jesús despreciaban a los gentiles y no tenían deseos de que se salvaran. Sin duda alguna los discípulos se vieron afectados por el sesgo racial de su cultura (cp. Lc. 9:54). Ese prejuicio tan arraigado era lo opuesto al corazón de Dios, quien desde el decreto original en la eternidad quiso que el mensaje de salvación se propagara desde su pueblo elegido a todas las naciones (cp. Gn. 12:3). Era, pues, muy importante que los doce entendieran que el evangelio era un mensaje para todo el mundo.

El recorrido que hicieron por territorio gentil terminó en la región de Decápolis (Mr. 7:31), la cual bordeaba la costa suroeste del lago de Galilea. Los pobladores de esta región habían oído hablar de Jesús (cp. Mr. 5:20), de modo que cuando Él y sus discípulos llegaron, multitudes salieron a su encuentro en la ladera de una montaña cerca del lago (cp. Mt. 15:29). Allí Jesús curó a los enfermos que le llevaban, incluso cojos, lisiados, ciegos, sordos, mudos y muchos otros (v. 30; cp. Mr. 7:31-37). Como resultado, la multitud gentil "se maravillaba, viendo a los mudos hablar, a los mancos sanados, a los cojos andar, y a los ciegos ver; y glorificaban al Dios de Israel" (Mt. 15:31).

El suceso relatado en Marcos 8:1-10 culmina el viaje de Jesús por esas regiones gentiles. Este pasaje puede dividirse en cuatro partes: la misericordia compasiva del Señor, la consternación miope de los discípulos, la creación milagrosa de alimentos, y el cultivo del ministerio de los doce.

LA MISERICORDIA COMPASIVA DEL SEÑOR

En aquellos días, como había una gran multitud, y no tenían qué comer, Jesús llamó a sus discípulos, y les dijo: Tengo compasión de la gente, porque ya hace tres días que están conmigo, y no tienen qué comer; y si los enviare en ayunas a sus casas, se desmayarán en el camino, pues algunos de ellos han venido de lejos. (8:1-3)

La primera alimentación de miles (Mr. 6:35-44) se llevó a cabo en la parte noreste del lago de Galilea, cerca del tiempo de la fiesta de la Pascua (Jn. 6:4), cuando las colinas alrededor del lago se llenaban de hierba (cp. Mt. 14:19; Jn. 6:10). Habían pasado tal vez varios meses desde ese milagroso acontecimiento, algo que parece sugerido por la descripción en esta ocasión de las laderas como simple "tierra" (Mt. 15:35; Mr. 8:6). Bajo el calor intenso del verano la hierba verde de la primavera habría comenzado a marchitarse y morir.

Fue **en aquellos días** que **había una gran multitud, y no tenían qué comer.** Aquel gentío se sentía atraído a Jesús por los milagros que hacía (cp. Mt. 15:29-31; Mr. 7:31-37). Aunque eran gentiles de una región pagana, su respuesta fue de alabanza al Dios de Israel. A pesar de que Marcos informa de manera concisa que **había una gran multitud, y** que estas personas **no tenían qué comer,** esta ocasión no debe confundirse con la multitud judía anterior a la que Jesús alimentó cerca de Betsaida. (Para más información sobre la diferencia entre estos dos sucesos, véase el análisis a continuación).

Jesús llamó a sus discípulos, y les dijo: Tengo compasión de la gente. Aunque los escritores del evangelio declaran a menudo que Jesús sentía compasión hacia las personas (cp. Mt. 9:36; 14:14; 15:32; 20:34; Mr. 1:41; 6:34; Lc. 7:13), solo aquí y en el pasaje paralelo (Mt. 15:32), hablando en primera persona, declaró esto en cuanto a sí mismo. El verbo traducido **tengo compasión** (de la palabra griega *splanchnizomai*) literalmente significa "movérsele los intestinos a alguien", los órganos viscerales donde se tienen las sensaciones de dolor, por lo que los antiguos los consideraban como el asiento de las emociones. La idea era parecida a expresiones modernas como emoción "desgarradora" o sensación "en la boca del estómago". La palabra castellana **compasión** viene de un término del latín que significa "sufrir con", y transmite sentimientos de profunda simpatía, piedad y bondad hacia los que están dolidos.

A lo largo del Antiguo Testamento, Dios se reveló varias veces como el Dios de misericordia o compasión. En Éxodo 34:6, el Señor Dios declaró de sí mismo: "¡Jehová! ¡Jehová! fuerte, misericordioso y piadoso; tardo para la ira, y grande en misericordia y verdad". Moisés reiteró a los israelitas ese atributo divino en Deuteronomio 4:31: "Dios misericordioso es Jehová tu Dios; no te dejará, ni te destruirá, ni se olvidará del pacto que les juró a tus padres". El libro de Salmos repite esa verdad: "Misericordioso y clemente es Jehová; lento para la ira, y grande en misericordia" (Sal. 103:8; cp. 111:4). Aunque los israelitas demostraron ser infieles, "Jehová tuvo misericordia de ellos, y se compadeció de ellos y los miró, a causa de su pacto con Abraham, Isaac y Jacob; y no quiso destruirlos ni echarlos de delante de su presencia hasta hoy" (2 R. 13:23; cp. 2 Cr. 36:14; Neh. 9:17; Jl. 2:13). Así declaró el profeta Jeremías después de la caída de Jerusalén: "Por la misericordia de Jehová no hemos sido consumidos, porque nunca decayeron sus misericordias" (Lm. 3:22; cp. Mi. 7:19).

Puesto que Cristo es Dios, la misericordia divina caracterizó su vida. Jesús expresó cuidado misericordioso tanto para las necesidades espirituales de la gente (cp. Mt. 9:36; Mr. 6:34) como para sus aflicciones físicas (Mt. 14:14); Él extendió ese cuidado a judíos y a gentiles (cp. Mt. 8:5-13; 15:22-31; Mr. 7:31-37). En esta ocasión el Señor sintió compasión por esta multitud específicamente **porque ya** hacía **tres días que** estaban con Él **y no** tenían **qué comer.** En su deseo de oír la enseñanza de Jesús y presenciar sus milagros, la gente se negaba a ir a casa, aunque eso significara dormir afuera y perderse algunas comidas. Se sentían tan atraídos por el Señor Jesús que se olvidaron de comer. Él reconoció que tal vez ellos mismos ni siquiera se dieron cuenta. Hablándoles a sus discípulos, el Señor declaró: **Si los enviare en ayunas a sus casas, se desmayarán en el camino, pues algunos de ellos han venido de lejos.** La palabra **desmayarán** (del verbo griego *ekluō*) significa "debilitarse" o "colapsar", como una cuerda de arco que queda floja cuando se le suelta la tensión. Como sabía que la gente no había comido durante tres días, y que algunos de ellos estarían viajando largas distancias para regresar a casa, Jesús respondió con compasión.

LA CONSTERNACIÓN MIOPE DE LOS DISCÍPULOS

Sus discípulos le respondieron: ¿De dónde podrá alguien saciar de pan a éstos aquí en el desierto? Él les preguntó: ¿Cuántos panes tenéis? Ellos dijeron: Siete. (8:4-5)

Los **discípulos le respondieron** a Jesús preguntándole: **¿De dónde podrá alguien saciar de pan a éstos aquí en el desierto?** A primera vista los doce parecieron reaccionar casi en la misma forma de antes, durante la alimentación de los miles cerca de Betsaida (6:35-37). Por supuesto que ellos no habían olvidado lo que Jesús había hecho unos meses antes. ¿Por qué entonces hicieron casi la misma pregunta de antes? ¿No sabían que el Señor Jesús podía proveer como ya lo había hecho? La respuesta es que sí lo sabían. La pregunta se entiende mejor como un tipo de reconocimiento irónico del milagro anterior, y su propia admisión de que otra vez carecían de suficiencia o recursos para tan enorme necesidad. No tenían la intención de expresar dudas sobre el poder milagroso de Jesús, sino más bien deseaban resaltar el hecho de que si una multitud de esta magnitud iba a ser alimentada en ese lugar remoto, se requeriría otra creación de comida. La palabra traducida **saciar,** del verbo griego *chortazō*, obtiene su significado del mundo de la cría de animales que se refería al ganado comiendo hasta quedar totalmente lleno. Es la misma palabra usada para describir las multitudes satisfechas en Marcos 6:42.

Si los discípulos tuvieron alguna duda acerca de lo que estaba a punto de suceder, lo que cuestionaron no fue el poder de Jesús, sino su propósito. Esta multitud consistía de gentiles, personas fuera del pacto abrahámico a quienes los judíos consideraban impuros. Una cosa era que Jesús los sanara, pero crear alimentos para ellos iba un paso más allá. Comer con gentiles era algo que estaba prohibido para los judíos debido a las regulaciones rabínicas (cp. Hch. 10:28; 11:3; Gá. 2:18). Es comprensible que la idea quizás hubiera causado consternación entre los discípulos. Sin embargo, Jesús estaba enseñándoles una lección importante respecto a lo lejos que el evangelio se extendería. Por tanto, este milagro actuó como un clímax apropiado para el tiempo que Él y los doce pasaron viajando por territorio gentil.

A fin de resaltar la naturaleza milagrosa de lo que estaba a punto de hacer y quizás para recordar a los discípulos lo que había hecho antes, Jesús **les preguntó: ¿Cuántos panes tenéis? Ellos dijeron: Siete.** En el versículo 7, Marcos explica que "tenían también unos pocos pececillos". Antes de la anterior creación de comida para los miles, los discípulos encontraron cinco panes y dos peces (Mr. 6:41). En esta ocasión se las arreglaron para recoger siete panes y varios peces. Pan y pescado componían la comida típica para quienes vivían alrededor del lago. Es evidente que tan escasos alimentos no ayudaban mucho para alimentar a una multitud tan grande. Los apóstoles sabían eso, pero también conocían el poder de su Señor Creador.

LA CREACIÓN MILAGROSA DE ALIMENTOS

Entonces mandó a la multitud que se recostase en tierra; y tomando los siete panes, habiendo dado gracias, los partió, y dio a sus discípulos para que los pusiesen delante; y los pusieron delante de la multitud. Tenían también unos pocos pececillos; y los bendijo, y mandó que también los pusiesen delante. Y comieron, y se saciaron; y recogieron de los pedazos que habían sobrado, siete canastas. Eran los que comieron, como cuatro mil; y los despidió. (8:6-9)

Así como había hecho antes, Jesús **mandó a la multitud que se recostase en tierra,** tal vez en grupos de cien y de cincuenta (cp. Mr. 6:40) a fin de separarlos para la distribución de los alimentos. **Tomando los siete panes,** una forma de pan plano, **habiendo dado gracias, los partió.** Al dar gracias al Padre, Jesús no solo dio ejemplo de lo que significa depender de Dios para la provisión diaria (cp. Mt. 6:11), sino que también quiso indicar a la multitud de espectadores que el poder detrás del milagro era divino.

Sin ningún esfuerzo o tensión aparente, Jesús comenzó a dar pedazos de pan **a sus discípulos para que los pusiesen delante; y los pusieron delante de la multitud. Tenían también unos pocos pececillos; y los bendijo, y mandó que también los pusiesen delante.** Como ocurrió en la anterior provisión milagrosa, ninguna explicación natural es posible. Esta fue la creación espontánea y continua de pan y pescado por parte del mismísimo Creador de todas las cosas (cp. Jn. 1:3; Col. 1:16; He. 1:3). El Señor se mantuvo produciendo comida de la nada mientras los discípulos la distribuían a aquellos en la multitud hasta que todos fueron alimentados. Por supuesto, además de crear alimentos de manera milagrosa, Jesús pudo haberlos distribuido de modo sobrenatural a la gente; pero el Señor involucró a sus discípulos para permitirles participar en la expresión de la misericordia celestial. Tal participación también simbolizaba su papel futuro como mensajeros del evangelio vivificador que alimenta el alma. Pronto distribuirían el mensaje del pan de vida a todo el mundo.

Con la comida creada y distribuida, las personas **comieron, y se saciaron.** La palabra **saciaron** proviene del mismo término griego del versículo 4 e indica que las hambrientas personas, después de tres días sin comer, se dieron un banquete hasta quedar totalmente satisfechas. Cuando la comida se acabó, los doce **recogieron de los pedazos que habían sobrado, siete canastas.** Tal como habían hecho antes en la comida cerca de Betsaida, cuando recogieron doce canastas de alimentos (6:43), los discípulos recogieron lo que había sobrado. No se desperdició nada de comida. **Canastas** se traduce de una forma del término griego *spuris*, la misma palabra usada para describir la canasta en que bajaron a Pablo por el costado de un muro de Damasco (Hch. 9:25). Estas canastas eran diferentes de las pequeñas cestas (del griego *kophinos*) que los discípulos usaron en la ocasión anterior. Jesús distinguió más tarde entre las dos comidas milagrosas recordándoles a los discípulos las diferentes canastas que habían usado. En Marcos 8:18-20, Jesús les preguntó:

> *¿Teniendo ojos no veis, y teniendo oídos no oís? ¿Y no recordáis? Cuando partí los cinco panes entre cinco mil, ¿cuántas cestas [kophinos] llenas de los pedazos recogisteis? Y ellos dijeron: Doce. Y cuando los siete panes entre cuatro mil, ¿cuántas canastas [spuris] llenas de los pedazos recogisteis? Y ellos dijeron: Siete.*

Los diferentes tipos de cestas no son la única distinción entre esta alimentación milagrosa y la que ocurrió antes (en Marcos 6:35-44). Las localidades (Betsaida comparado con Decápolis); la audiencia (judíos comparado con gentiles); la cantidad de hombres presentes (cinco mil comparado con cuatro mil); la cantidad de tiempo que el gentío permaneció antes (un día comparado con tres días); y la cantidad de panes (cinco comparado con siete) todo eso fue diferente. Además, Jesús mismo distinguió entre los dos acontecimientos (Mr. 8:18-20); Mateo y Marcos narran ambos sucesos como dos milagros separados. Aunque algunos escépticos modernos sugieren que estos dos sucesos debieron haberse combinado, está claro que el texto bíblico no apoya esa idea.

El comentario de Marcos de que estuvieron allí **como cuatro mil** se refiere solo a la cantidad de hombres. El pasaje paralelo en Mateo 15:38 deja eso en claro: "Y eran los que habían comido, cuatro mil hombres, sin contar las mujeres y los niños". Con cuatro mil hogares representados, la multitud pudo haber sido fácilmente entre quince y veinte mil. Ni Mateo ni Marcos registran la respuesta de las personas, aunque es indudable que estaban eufóricas. Tal vez algunas de ellas quisieron hacer rey a Jesús, exactamente del modo en que el gentío había tratado de hacer cerca de Betsaida (cp. Jn. 6:15). Al igual que en esa ocasión, después de la comida Jesús terminó el asombroso hecho y **los despidió.**

CULTIVO DEL MINISTERIO DE LOS DOCE

Y luego entrando en la barca con sus discípulos, vino a la región de Dalmanuta. (8:10)

Después de tres días de intensa ministración, llena de sanidades milagrosas que culminaron con una comida sobrenatural, Jesús salió de la región de Decápolis para regresar a Galilea durante un corto tiempo. **Y luego entrando en la barca**

con sus discípulos, vino a la región de Dalmanuta. El pasaje paralelo en Mateo 15:39 identifica el destino que tuvieron como "la región de Magdala". Los dos relatos no son contradictorios, sino que usan dos nombres distintos para referirse a la misma región entre las ciudades de Magdala y Capernaúm. El regreso de Jesús a Galilea hizo que su recorrido por territorio gentil tuviera un círculo completo, desde Tiro, Sidón, Decápolis y de regreso a Galilea. La cruz estaba ahora a menos de un año de distancia, y no pasaría mucho tiempo antes de que Jesús llevara a cabo la transición del enfoque de su ministerio a Judea y Jerusalén.

Como se indicó anteriormente, el viaje de Jesús a tierras gentiles proporcionó a los doce un tiempo prolongado de capacitación personal y enseñanza fundamental. En el proceso recibieron preparación valiosísima en por lo menos cuatro aspectos. Primero, fueron expuestos a la persona divina de Jesús. Presenciaron su autoridad sobre los demonios (Mr. 7:29-30), su poder sobre la enfermedad (7:31-37), y su capacidad para crear comida de manera espontánea (8:1-9). Pudieron observar mientras personas con males incurables y discapacidades físicas (desde ceguera hasta parálisis y sordera) eran llevadas a Jesús quien las curaba inmediata y totalmente. Los discípulos entendieron que solo Dios podía ser la fuente de tal poder, por lo que confesaron a Jesús como el Hijo de Dios (cp. Mt. 14:33; 16:16).

Segundo, los discípulos aprendieron que la máxima prioridad en la vida es la adoración. Como Jesús había explicado antes a una mujer en Samaria: "Mas la hora viene, y ahora es, cuando los verdaderos adoradores adorarán al Padre en espíritu y en verdad; porque también el Padre tales adoradores busca que le adoren. Dios es Espíritu; y los que le adoran, en espíritu y en verdad es necesario que adoren" (Jn. 4:23-24). Durante el viaje que hicieron fuera de Galilea, los discípulos vieron desarrollarse este principio en un contexto gentil. Fue una mujer sirofenicia a quien Jesús elogió por su gran fe (Mt. 15:28). Y fueron las multitudes gentiles en la región de Decápolis las que presenciaron los milagros de Jesús "y glorificaban al Dios de Israel" (v. 31). Por el contrario, los dirigentes religiosos de Israel habían sustituido la adoración verdadera con religión insensible llena de reglas y restricciones rabínicas (Mr. 7:1-13). Es esencial reconocer esa diferencia.

Tercero, después de haber presenciado las dos comidas que Jesús milagrosamente creó, los discípulos comenzaron a entender los recursos divinos que tenían a su disposición. Aunque su fe todavía era débil a este respecto (cp. 8:16-21), era necesario que asimilaran la promesa de Mateo 6:31-33:

> *No os afanéis, pues, diciendo: ¿Qué comeremos, o qué beberemos, o qué vestiremos? Porque los gentiles buscan todas estas cosas; pero vuestro Padre celestial sabe que tenéis necesidad de todas estas cosas. Mas buscad primeramente el reino de Dios y su justicia, y todas estas cosas os serán añadidas.*

Los discípulos en sí mismos no tenían capacidad para alimentar gentíos hambrientos o dar vida espiritual a las almas perdidas. Pero Jesús sí. Sus recursos eran infinitos, su poder ilimitado, y su precisión providencial perfecta. Ellos simplemente debían depender de Él (cp. He. 13:5-6). Al hacerlos participar en la distribución de la comida a las multitudes, el Señor les proporcionó una ilustración vívida del inagotable cuidado de Dios que no fue diseñado especialmente para el cuerpo, sino para el alma.

Cuarto, los discípulos presenciaron la misericordia de Dios mostrada con gran poder hacia personas del siglo I a quienes por lo general los judíos trataban con desprecio y desdén. Tenía sentido para ellos que el Mesías realizara milagros para el pueblo de Israel; pero pensar que también expulsaría demonios, sanaría enfermedades y crearía alimentos para los gentiles representaba un importante cambio de paradigma. No obstante, esa era una lección muy importante que los discípulos necesitaban aprender, a medida que Jesús los preparaba para llevar el mensaje de salvación hasta lo último de la tierra. Así lo explica un comentarista:

> Desde los padres de la iglesia en adelante la Iglesia ha percibido correctamente que en la alimentación de los cuatro mil Jesús lleva pan salvador a los gentiles, igual que lo llevó antes a los judíos en la alimentación de los cinco mil. El viaje a regiones gentiles en 7:24—8:9 ha evidenciado que ellos no están más allá del alcance de la salvación ni habituados a ella. Al igual que el libro de Jonás, las tres historias en Marcos 7:24—8:9 revelan que los gentiles supuestamente extraños en realidad son sorprendentemente receptivos al mensaje de Dios por medio de Jesús. El viaje de Jesús a Tiro, Sidón y Decápolis demuestra que aunque los gentiles están condenados al ostracismo por parte de los judíos, no lo están por parte de Dios. Los improperios judíos contra los gentiles no reflejan un vituperio divino. Aquí hay una lección para el pueblo de Dios en toda época: que sus enemigos no están abandonados por Dios ni están más allá de la compasión de Jesús (James R. Edwards, *The Gospel according to Mark* [Grand Rapids: Eerdmans, 2002], p. 232).

Poco tiempo antes, el ministerio de Jesús en Galilea había terminado con miles de judíos siendo milagrosamente alimentados. De igual manera su recorrido por territorio gentil finalizó con la creación de una comida sobrenatural. Ambas ocasiones fueron anticipos de las glorias venideras del reino mesiánico, en el cual todos los redimidos, judíos y gentiles, participarán en el banquete de celebración del Cordero (cp. Ap. 19:9).

Como lo demostraron todos los milagros de Jesús, la naturaleza de Dios es cuidar de quienes están en necesidad. Siempre que Jesús curó una enfermedad, echó fuera un demonio, resucitó a la vida a una persona muerta, o alimentó a una multitud hambrienta, mostró la misericordia de Dios. Esa misericordia alcanzó su punto más alto en la cruz. Como lo manifestó el Señor mismo la noche antes de su muerte: "Nadie tiene mayor amor que este, que uno ponga su vida por sus amigos" (Jn. 15:13; cp. He. 2:17; 1 Jn. 3:16). Satisfacer el hambre física de la multitud después de tres días requirió compasión y poder sobrenatural, pero salvar sus almas por toda la eternidad requirió mucho más: sacrificio sobrenatural. Jesús fue de buena gana a la cruz para llevar el peso total del castigo divino por los pecados de todos los que habrían de creer en Él (cp. 2 Co. 5:21).

Ceguera espiritual

29

Vinieron entonces los fariseos y comenzaron a discutir con él, pidiéndole señal del cielo, para tentarle. Y gimiendo en su espíritu, dijo: ¿Por qué pide señal esta generación? De cierto os digo que no se dará señal a esta generación. Y dejándolos, volvió a entrar en la barca, y se fue a la otra ribera. Habían olvidado de traer pan, y no tenían sino un pan consigo en la barca. Y él les mandó, diciendo: Mirad, guardaos de la levadura de los fariseos, y de la levadura de Herodes. Y discutían entre sí, diciendo: Es porque no trajimos pan. Y entendiéndolo Jesús, les dijo: ¿Qué discutís, porque no tenéis pan? ¿No entendéis ni comprendéis? ¿Aún tenéis endurecido vuestro corazón? ¿Teniendo ojos no veis, y teniendo oídos no oís? ¿Y no recordáis? Cuando partí los cinco panes entre cinco mil, ¿cuántas cestas llenas de los pedazos recogisteis? Y ellos dijeron: Doce. Y cuando los siete panes entre cuatro mil, ¿cuántas canastas llenas de los pedazos recogisteis? Y ellos dijeron: Siete. Y les dijo: ¿Cómo aún no entendéis? Vino luego a Betsaida; y le trajeron un ciego, y le rogaron que le tocase. Entonces, tomando la mano del ciego, le sacó fuera de la aldea; y escupiendo en sus ojos, le puso las manos encima, y le preguntó si veía algo. Él, mirando, dijo: Veo los hombres como árboles, pero los veo que andan. Luego le puso otra vez las manos sobre los ojos, y le hizo que mirase; y fue restablecido, y vio de lejos y claramente a todos. Y lo envió a su casa, diciendo: No entres en la aldea, ni lo digas a nadie en la aldea. (8:11-26)

Desde la caída de Adán y Eva en pecado (Gn. 3:6-19), todo ser humano ha nacido espiritualmente ciego (cp. Ro. 1:21; 3:23). Los ojos de sus corazones están nublados por el pecado (cp. Ef. 4:17-18) y oscurecidos por Satanás (cp. 2 Co. 4:3-4), por lo que de modo natural aman las tinieblas y aborrecen la luz (Jn. 3:19-20). Incapaces de comprender la verdad (1 Co. 2:14), van tropezando por la vida buscando respuestas a tientas (cp. Hch. 17:27) mientras vagan en medio de la confusión moral y espiritual (Sal. 82:5; Pr. 4:19).

Para algunos, esta ceguera es temporal; pues por la gracia de Dios, sus mentes son iluminadas por el Espíritu Santo para ver la luz del evangelio y aceptar al Señor Jesucristo en fe salvadora (cp. Hch. 26:18; 1 Jn. 2:8). Jesús mismo lo explicó de este modo: "Yo, la luz, he venido al mundo, para que todo aquel que cree en mí no permanezca en tinieblas" (Jn. 12:46; cp. Jn. 1:9; 8:12; 9:5). La recepción de tal visión espiritual requiere una obra sobrenatural de parte de Dios (cp. Col. 1:13). El apóstol Pablo la comparó con el milagro de la creación: "Porque Dios, que mandó que de las tinieblas resplandeciese la luz, es el que resplandeció en nuestros corazones, para iluminación del conocimiento de la gloria de Dios en la faz de Jesucristo" (2 Co. 4:6). Al ser nuevas criaturas en Cristo (2 Co. 5:17), a los creyentes se les ha dado la mente de Cristo por la cual pueden entender y apropiarse de la verdad espiritual (1 Co. 2:10-16; Ef. 5:8; 1 Ts. 5:5). Tal comprensión solo es posible porque los ojos de sus corazones han sido iluminados (cp. Ef. 1:18).

Para muchos otros, su ceguera es permanente y eterna. Al negarse a aceptar al Señor Jesús en fe salvadora permanecen en la oscuridad total de la rebelión e incredulidad pecaminosas (cp. Jn. 1:4-5; 1 Jn. 2:9). Aunque pueden ser religiosos por fuera, en realidad son espiritualmente ignorantes y viven engañados (cp. Jn. 12:35). Los dirigentes religiosos judíos de la época de Jesús, por ejemplo, se consideraban los más iluminados de todos (cp. Jn. 9:41). Sin embargo, el Señor los condenó como "ciegos guías de ciegos" (Mt. 15:14). A pesar de que habían recibido las Escrituras del Antiguo Testamento y los pactos bíblicos, su ceguera espiritual era tan aguda que se negaron a recibir a su propio Mesías (Jn. 1:11).

Cuando los pecadores persisten en negar la verdad llega un momento en que Dios los entrega a las consecuencias de su incredulidad (Ro. 1:24, 28-32). Por tanto, son confirmados en su ceguera como un acto de juicio divino, y la verdad se esconde de ellos (cp. Mr. 4:12). Jesús se refirió a esta forma de ceguera cuando lloró sobre Jerusalén, "diciendo: ¡Oh, si también tú conocieses, a lo menos en este tu día, lo que es para tu paz! Mas ahora está encubierto de tus ojos" (Lc. 19:41-42). Debido a que los dirigentes religiosos no se arrepentirían, sino que más bien endurecieron continuamente sus corazones, cruzaron una línea de la que no podían arrepentirse una vez atravesada (cp. Mr. 3:28-30). Por ende, el juicio se volvió inevitable (cp. Lc. 19:43-44; Jn. 3:18).

Esta sección (Mr. 8:11-26) ilustra la diferencia entre los que tienen ceguera permanente y aquellos cuya ceguera solo es temporal. Por una parte, la falta de voluntad de los fariseos para recibir la verdad significó una condición terminal con consecuencias eternamente devastadoras. Por otra parte, los discípulos de Jesús aceptaron la verdad con deseo y entusiasmo. Aunque a veces lucharon por entender las realidades espirituales, su falta de claridad solo fue temporal. Por último, al curar a un hombre ciego, Jesús proporcionó una ilustración vívida de ceguera temporal y visión espiritual.

LA CEGUERA PERMANENTE DE LOS FARISEOS

Vinieron entonces los fariseos y comenzaron a discutir con él, pidiéndole señal del cielo, para tentarle. Y gimiendo en su espíritu, dijo: ¿Por qué pide

señal esta generación? De cierto os digo que no se dará señal a esta generación. (8:11-12)

Después de pasar un tiempo prolongado con sus discípulos en territorio gentil, viajando de Tiro (7:24-30) a Sidón (7:31) y a Decápolis (7:31-8:9), Jesús regresó a la región judía de Galilea (8:10). Al llegar a Dalmanuta en la región de Magdala (Mt. 15:39), que se encontraba en algún lugar a lo largo de la costa oeste del lago no muy lejos de Capernaúm, el Señor se encontró pronto por un grupo hostil de fariseos. Motivados por el rencor y la malicia, su único interés en Jesús era desacreditarlo y tramar su asesinato. La actitud amenazante que tenían estaba en marcado contraste con la de los gentiles, que habían recibido a Jesús y alabado a Dios a causa de Él (Mt. 15:31; Mr. 7:37).

En su enfrentamiento con Jesús, los fariseos mostraron tres características de quienes tienen ceguera espiritual permanente. Primero, encontraron un denominador común en su odio hacia la Luz. De acuerdo con el pasaje paralelo en Mateo 16:1, **los fariseos** que **vinieron** a encontrar a Jesús estaban acompañados por un grupo de saduceos. Bajo circunstancias normales, los fariseos y saduceos eran rivales irreconciliables (cp. Hch. 23:6-10). Los fariseos eran legalistas meticulosos que buscaban separarse de cualquier forma de contaminación moral o cultural. Celosos de proteger el judaísmo institucional de la influencia griega, elevaron las tradiciones rabínicas a un lugar de autoridad igual a las Escrituras (cp. Mr. 7:8, 13). (Para más información sobre los fariseos, véase el capítulo 7 de esta obra). Por el contrario, los saduceos no tenían en cuenta las tradiciones orales de los fariseos. Aunque hablaban de boca para afuera de la Torá, negaban doctrinas clave como la existencia de ángeles, la resurrección del cuerpo y la inmortalidad del alma (cp. Mr. 12:18; Hch. 4:1-2; 23:8). Generalmente aristocráticos, los saduceos (muchos de los cuales eran sacerdotes; cp. Hch. 4:1; 5:17) eran los guardianes de las normas y funcionamiento del templo, que incluían prácticas lucrativas (y corruptas) como el cambio de moneda y la venta de animales para el sacrificio (cp. Mr. 11:15-19; Jn. 2:14-17). A pesar de la significativa animosidad de unos con otros, los fariseos y los saduceos estaban unidos por su rechazo común al Salvador.

Impulsados por el odio mutuo hacia Jesús, los representantes de ambos grupos **comenzaron a discutir con él, pidiéndole señal del cielo.** Una superstición popular judía alegaba que los demonios podían imitar milagros terrenales (como las señales realizadas por los magos en la corte del faraón; Éx. 7:11-12, 22), pero solo Dios podía obrar maravillas en el cielo. Los líderes religiosos no podían negar que Jesús realizaba milagros en la tierra, pero insistían en que lo hacía mediante el poder de Satanás (cp. Mr. 3:22). En consecuencia, si Jesús era incapaz de realizar una señal milagrosa en los cielos, esto reafirmaría la aseveración que hicieron al pueblo de que Él no tenía autoridad de parte de Dios.

Es evidente que al demandar una **señal del cielo** no estaban nada más que poniendo una trampa, pues pretendían tentar a Jesús con la esperanza de que fallara y así desacreditarlo. Sin embargo, Jesús ya había proporcionado amplia evidencia para demostrar su poder divino (incluso señales celestiales; cp. Mr. 1:9-11; 4:39-41), pero ellos obstinadamente se negaron a creer en Él. Está claro que los dirigentes religiosos no necesitaban recibir más prueba para ver otro milagro; incluso si Jesús les hubiera concedido tal solicitud, la incredulidad de ellos habría permanecido inmutable (cp. Jn. 12:37-40). Entre los fariseos que interactuaron con Jesús, Nicodemo es el único ejemplo registrado de uno cuya fe en la salvación comenzó a cobrar vida cuando reconoció la verdad evidente de que el poder de Jesús era divino. Así le manifestó a Cristo: "Rabí, sabemos que has venido de Dios como maestro; porque nadie puede hacer estas señales que tú haces, si no está Dios con él" (Jn. 3:2). No obstante, la mayoría de los dirigentes religiosos rechazaron a Jesús de todos modos. No reconocieron que Jesús, el Hijo encarnado de Dios que se hallaba en medio de ellos, era en sí mismo la señal definitiva del cielo (cp. Jn. 8:23).

En esta y otras ocasiones los dirigentes religiosos exhibieron una segunda característica de ceguera espiritual permanente: respondieron a la luz adicional con más intenso rechazo. Los fariseos y saduceos no eran diferentes del faraón, quien con cada señal que Moisés realizaba, endurecía el corazón aún más (Éx. 8:32; 9:12, etc.). En lugar de responder en fe a la luz del Salvador, cayeron mucho más en las tinieblas. Jesús respondió de forma emocional a la decidida falta de fe de ellos **gimiendo en su espíritu.** Una forma simple de este mismo verbo se encuentra en Marcos 7:34, donde Jesús gimió en respuesta al sufrimiento de un hombre sordo y tartamudo. Aquí la forma compuesta expresa mucha mayor emoción. La ceguera voluntaria de los dirigentes religiosos quebrantó el corazón del Señor, haciéndole llorar más tarde por los habitantes de Jerusalén (Lc. 19:41).

Jesús reprendió la inexcusable incredulidad con una pregunta condenatoria. Les **dijo: ¿Por qué pide señal esta generación?** Mirando más allá de los fariseos y saduceos que estaban delante de Él, el Señor acusó a toda la generación de israelitas que seguían las enseñanzas apóstatas de estos dirigentes religiosos (cp. Mt. 16:4). Al igual que sus antepasados que cayeron en apostasía (cp. Dt. 32:20; Jue. 2:10-11) y persiguieron a los profetas (cp. Mt. 23:29-36), los judíos de la época de Jesús resultaron ser igualmente infieles. Su rechazo voluntario fue tal que ninguna señal los convencería de creer. Al ser confrontados por la Luz corrieron a meterse más profundamente en la oscuridad de sus tradiciones santurronas. Por tanto, no había ninguna razón para que Jesús realizara otro milagro, ya que este solamente les habría agravado su culpabilidad. La permanencia de la ceguera en ellos era tal que Jesús emitió un veredicto inalterable: **De cierto os digo que no se dará señal a esta generación.** El Señor no complacería las malvadas exigencias de incrédulos duros de corazón.

El pasaje paralelo en Mateo 16:1-4 amplía el relato de Marcos:

> *Vinieron los fariseos y los saduceos para tentarle, y le pidieron que les mostrase señal del cielo. Mas él respondiendo, les dijo: Cuando anochece, decís: Buen tiempo; porque el cielo tiene arreboles. Y por la mañana: Hoy habrá tempestad; porque tiene arreboles el cielo nublado. ¡Hipócritas! que sabéis distinguir el aspecto del cielo, ¡mas las señales de los tiempos no podéis! La generación mala y adúltera demanda señal; pero señal no le será dada, sino la señal del profeta Jonás. Y dejándolos, se fue.*

Debido a que los fariseos y saduceos insistieron en ver señal del cielo, Jesús usó una ilustración que involucraba los cielos para desenmascarar su insensatez. El método que usaban para predecir el clima mirando el color del cielo era primitivo y ordinario. Sin embargo, irónicamente eran mejores meteorólogos que teólogos. Podían reconocer que se avecinaba una tormenta por algo tan sutil como una tonalidad rojiza en la mañana, pero no reconocieron la venida del Mesías a pesar de la abundante evidencia que estaba justo delante de ellos. Si los innumerables milagros que Jesús ya había realizado no podían convencerlos, nada más lo haría (cp. Jn. 5:36; 10:37-38). La referencia que Jesús hizo de la señal de Jonás aludía a la muerte y resurrección del Señor (cp. Mt. 12:39-40), al testimonio definitivo de su poder y a su victoria sobre el pecado, la muerte y Satanás. Lamentablemente, sería rechazado de forma consciente por los líderes religiosos que sobornaron a los soldados romanos y les dieron instrucciones de propagar mentiras acerca de lo que realmente ocurrió en la tumba (cp. Mt. 28:11-15).

En medio de su endurecida obstinación, los dirigentes religiosos ilustraron una tercera característica de ceguera espiritual permanente: el persistente rechazo de la luz produce inevitablemente oscuridad eterna. El principio del versículo 13 explica las consecuencias terminales de la incredulidad deliberada: Jesús los dejó (cp. Mt. 16:4). Como sabía que los fariseos y saduceos no creerían, Él los abandonó a sus propios delirios de arrogancia moral (cp. Ro. 1:24, 26, 28). Ellos eran ciegos (Mt. 23:17, 19) y guías ciegos (v. 24) que llevaban a sus seguidores al infierno a sabiendas, negándose a creer (cp. Mt. 23:15). Las consecuencias de esa ceguera terminal fueron siempre irreversibles. Desde hacía mucho tiempo habían rechazado al Mesías (cp. Mr. 3:6, 22), y en consecuencia Él los rechazó. La Biblia describe de manera adecuada al infierno como "tinieblas de afuera" (Mt. 8:12; 22:13; 25:30) porque es un lugar de ceguera espiritual eterna. La trágica realidad es que todo el mundo está lleno de personas que han rechazado la luz, al igual que estos dirigentes religiosos apóstatas. Puesto que aman las tinieblas de su pecado (Jn. 3:19), un día serán lanzados a la oscuridad del castigo eterno.

Que Jesús dejara a los fariseos y saduceos significó más que una separación temporal. Este intercambio representó el conflicto final de Jesús con los dirigentes religiosos en Galilea. Una vez más intentaron ponerle una prueba que Él no superaría (cp. Dt. 6:16). Y una vez más fallaron y Jesús los reprendió por tener el corazón endurecido por la incredulidad. A partir de este momento los milagros del Señor, al igual que sus parábolas, estarían destinados sobre todo a sus discípulos, y no a los dirigentes religiosos o incluso las multitudes. Además, el ministerio público del señor en Galilea había llegado a su fin. Cuando más tarde Él hizo un viaje por la región, lo llevó a cabo en secreto (cp. Mr. 9:30). A los habitantes de Galilea se les había dado una gran oportunidad de arrepentirse y creer, pero no la aprovecharon (cp. Mt. 11:20-24). Después de haber sido finalmente rechazado por ellos, Jesús cambió su enfoque a Judea y Jerusalén, y en última instancia la cruz.

LA CEGUERA TEMPORAL DE LOS DISCÍPULOS

Y dejándolos, volvió a entrar en la barca, y se fue a la otra ribera. Habían olvidado de traer pan, y no tenían sino un pan consigo en la barca. Y él les mandó, diciendo: Mirad, guardaos de la levadura de los fariseos, y de la levadura de Herodes. Y discutían entre sí, diciendo: Es porque no trajimos pan. Y entendiéndolo Jesús, les dijo: ¿Qué discutís, porque no tenéis pan? ¿No entendéis ni comprendéis? ¿Aún tenéis endurecido vuestro corazón? ¿Teniendo ojos no veis, y teniendo oídos no oís? ¿Y no recordáis? Cuando partí los cinco panes entre cinco mil, ¿cuántas cestas llenas de los pedazos recogisteis? Y ellos dijeron: Doce. Y cuando los siete panes entre cuatro mil, ¿cuántas canastas llenas de los pedazos recogisteis? Y ellos dijeron: Siete. Y les dijo: ¿Cómo aún no entendéis? (8:13-21)

En contraste con los dirigentes religiosos judíos y la generación apóstata que representaban, un pequeño remanente de creyentes verdaderos vieron la luz y la siguieron (cp. Jn. 1:12). Ese grupo, conocido como discípulos (de la palabra griega *mathētēs*, que significa "aprendices"), incluía a los doce apóstoles y otros seguidores leales de Jesús. A diferencia de los fariseos, que amaban las tinieblas, los discípulos amaban la luz y buscaban la verdad. De buena gana rechazaron a los líderes religiosos ciegos para seguir a Jesús (cp. Mr. 10:28), porque sabían que Él es la Luz del mundo (cp. Mr. 8:29; Jn. 6:69).

Dejando atrás a los incorregibles fariseos y saduceos, Jesús y sus discípulos volvieron **a entrar en la barca, y se** fueron **a la otra ribera** del mar de Galilea, cruzando el lago hacia su costa nororiental. La partida de Jesús simbolizó una trágica realidad: Los dirigentes religiosos de Galilea habían rechazado la luz, y las tinieblas se asentaron porque la luz se había ido. Pero el Señor estaba acompañado por sus discípulos, aquellos que lo habían aceptado con fe salvadora. Aunque una vez habían sido espiritualmente ciegos como los fariseos, el velo sobre sus corazones se había levantado por medio de la regeneración divina para que pudieran creer (cp. 2 Co. 3:15-18). Aun así, continuó habiendo ocasiones en las que los discípulos no entendían lo que Jesús les enseñaba (cp. Mr. 9:32; Lc. 2:50; 9:45; Jn. 12:16; 14:9; 20:9). A diferencia de los líderes religiosos, la falta de claridad que los discípulos tenían sobre los asuntos espirituales era solo temporal.

En esta ocasión los discípulos demostraron su torpeza cuando a pesar del intercambio significativo que acababa de ocurrir, se preocuparon de lo mundano. Mientras cruzaban el lago y cada vez aumentaba más el hambre, se dieron cuenta de que **habían olvidado** llevar **pan, y no tenían sino un pan consigo en la barca.** La costa noreste cerca de Betsaida estaba menos poblada y bastante remota (cp. Mr. 6:35), y los discípulos se preguntaron dónde tendrían su próxima comida. Aunque llevaban mucho tiempo con Jesús, su manera de pensar aún funcionaba primariamente en un nivel natural.

No obstante, Jesús estaba centrado en asuntos de importancia eterna. A la luz del enfrentamiento con los líderes religiosos había importantes lecciones que los discípulos debían aprender. Sin hacer caso del hambre que ellos tenían, **él les mandó.** El verbo **mandó** (de la palabra griega *diastellomai,* que significa "ordenar" o "dictaminar"), que en el original está en tiempo imperfecto, indica que esta instrucción enfática de parte de Cristo era repetida y continua. La insistente advertencia del Señor para los discípulos fue: **Mirad, guardaos de la levadura de los fariseos, y de la levadura de Herodes.** El relato paralelo en Mateo 16:6 observa que la amonestación de Jesús también incluyó la levadura de los saduceos. **Levadura** se usa en las Escrituras para ilustrar influencia. Dado que una pequeña cantidad de levadura puede impregnar una cantidad grande de masa y hacer que se hinche, podía servir como un ejemplo adecuado de las influencias espirituales que producen grandes efectos, ya sean positivos (cp. Mt. 13:33; Lc. 13:21) o negativos, como en este pasaje.

Los fariseos, saduceos y herodianos comprendían tres grupos influyentes en el Israel del siglo I. Eran muy divergentes entre sí, pero todos ellos odiaban a Jesús (cp. Mt. 16:1; Mr. 3:6; Jn. 11:47-53), y cada uno representaba una grave amenaza espiritual para los discípulos. **La levadura de los fariseos** incluía tanto sus errores doctrinales como su hipocresía personal (cp. Lc. 12:1). Su sistema de obras de justicia externas y superficiales producían fraudes espirituales que parecían buenos por fuera pero por dentro estaban llenos de muerte e inmundicia (cp. Mt. 23:27). La levadura de los saduceos consistía de pragmatismo, racionalismo y materialismo. Su negación de verdades doctrinales clave como la resurrección del cuerpo y la inmortalidad del alma, además de su disposición de usar el templo para explotar económicamente al pueblo, hacían sus enseñanzas tan peligrosas como las de los fariseos (cp. Mt. 16:12). **La levadura de Herodes** se refería a la conducta depravada e inmoral que caracterizaba a Herodes Antipas y a todos los que le imitaban (cp. Mr. 6:21-28). Los herodianos eran laicos que abiertamente daban la bienvenida a las influencias inmorales de la cultura romana. Pero ese tipo de mundanalidad no tenía lugar entre los seguidores de Cristo (cp. 1 Jn. 2:15-17). Por tanto, la amonestación de Jesús proporcionaba una sombría advertencia contra las tentaciones siempre actuales del legalismo, la hipocresía, el racionalismo, el materialismo, la inmoralidad y la frivolidad.

Es increíble que los discípulos respondieran a la enseñanza de Jesús pensando solo en comida física. El Señor había estado usando lenguaje figurado para advertirles acerca de las influencias espirituales destructivas, pero ellos creyeron que estaba hablando de levadura literal (cp. Mt. 16:12). Con comida en sus mentes, **discutían entre sí, diciendo: Es porque no trajimos pan.** Aunque la cruz estaba a menos de un año de distancia, los seguidores de Jesús seguían estando más preocupados por realidades físicas que por verdades espirituales. En consecuencia, se perdieron por completo el significado de la instrucción del Señor. Al igual que en otras ocasiones, su respuesta demostró la debilidad de la fe que tenían (cp. Mt. 6:30; 8:26; 14:31). Aunque se les habían abierto los ojos para aceptar la verdad del evangelio, era evidente que aún les quedaban algunos elementos de embotamiento espiritual. **Entendiéndolo Jesús** mostró paciencia en su respuesta a los discípulos, aunque sin lugar a dudas entristecido por la majadería de ellos, **les dijo: ¿Qué discutís, porque no tenéis pan?** La naturaleza de la conversación de los discípulos evidenció cierto nivel de inmadurez, falta de entendimiento y fe débil.

Anteriormente, cuando Jesús explicó que enseñaría en parábolas a las multitudes, les declaró a sus discípulos: "A vosotros os es dado saber el misterio del reino de Dios; mas a los que están fuera, por parábolas todas las cosas; para que viendo, vean y no perciban; y oyendo, oigan y no entiendan; para que no se conviertan, y les sean perdonados los pecados" (Mr. 4:11-12). En esta ocasión Jesús convirtió esas declaraciones en preguntas retóricas que representaban una leve reprimenda para los discípulos: **¿No entendéis ni comprendéis? ¿Aún tenéis endurecido vuestro corazón? ¿Teniendo ojos no veis, y teniendo oídos no oís?** Ellos no estaban en la misma categoría de las multitudes incrédulas, pues se les había dado entendimiento espiritual y sus corazones no estaban endurecidos. Por eso no había excusa para la falta de percepción que mostraron.

Lo que menos debía preocupar a los discípulos era dónde encontrar comida. En dos ocasiones recientes habían presenciado cómo Jesús creó milagrosamente alimentos para miles de personas (Mr. 6:33-44; 8:1-10). A la luz de ese poder, ellos no tenían motivo para estar preocupados de lo que iban a comer. Entonces el Señor les recordó esta verdad preguntándoles: **¿Y no recordáis? Cuando partí los cinco panes entre cinco mil, ¿cuántas cestas llenas de los pedazos**

recogisteis? Y ellos dijeron: Doce. Y cuando los siete panes entre cuatro mil, ¿cuántas canastas llenas de los pedazos recogisteis? Y ellos dijeron: Siete. Puesto que se hallaban en la presencia del Creador, era evidente que no había necesidad de distraerse por una carencia de comida. Debían poner su enfoque en las lecciones espirituales vitales que Jesús estaba enseñándoles. Con gentileza y firmeza el Señor estaba llevando a sus discípulos hacia la verdad divina. Después de aclarar que Él no estaba hablando de pan literal, **les dijo: ¿Cómo aún no entendéis?** Mateo 16:12 indica que ellos finalmente entendieron.

Aunque los discípulos mostraron desconcierto en esta ocasión, su falta de comprensión espiritual no era permanente como la de los fariseos y saduceos. Un claro contraste puede verse entre unos y otros. Los dirigentes religiosos hallaron un fundamento común en su odio por Jesús; los discípulos estaban unidos en su amor por Él. Los fariseos y saduceos reaccionaron a luz adicional con mayor rechazo; los discípulos respondieron con un deseo más profundo de aprender más. Las tinieblas de los líderes se profundizaron, las de los discípulos se disiparon. Al persistir en su incredulidad, los dirigentes religiosos fueron abandonados por Jesús y en última instancia lanzados al infierno eterno. Al aceptar al Señor Jesús en fe que salva, los discípulos fueron aceptados por Él y en última instancia recibidos en el cielo eterno.

Por tanto, a pesar de las debilidades y deficiencias de los discípulos, el Señor estaba feliz de enseñarles. Mientras los dirigentes religiosos se mostraban cerrados a la revelación divina debido a su incredulidad, los seguidores de Jesús (en especial los doce) fueron los recipientes privilegiados de la constante enseñanza del Maestro. Incluso después de su muerte y resurrección, el Señor siguió enseñando por cuarenta días hasta que ascendió al cielo (Hch. 1:3). Aunque había dejado de estar físicamente presente con ellos, ya había prometido a los apóstoles que continuaría revelándoles verdad por medio del Espíritu Santo. La noche anterior a su muerte les declaró: "El Consolador, el Espíritu Santo, a quien el Padre enviará en mi nombre, él os enseñará todas las cosas, y os recordará todo lo que yo os he dicho" (Jn. 14:26). Más tarde añadió:

> *Aún tengo muchas cosas que deciros, pero ahora no las podéis sobrellevar. Pero cuando venga el Espíritu de verdad, él os guiará a toda la verdad; porque no hablará por su propia cuenta, sino que hablará todo lo que oyere, y os hará saber las cosas que habrán de venir. Él me glorificará; porque tomará de lo mío, y os lo hará saber. Todo lo que tiene el Padre es mío; por eso dije que tomará de lo mío, y os lo hará saber (Jn. 16:12-15).*

Esa revelación, dada por Cristo a los apóstoles por medio del Espíritu Santo (p. ej., "la doctrina de los apóstoles" en Hch. 2:42), está preservada para toda generación de creyentes en los escritos del Nuevo Testamento.

Aunque el Señor no ha dado nueva revelación desde la conclusión del canon del Nuevo Testamento y del fin de la era apostólica, a los creyentes se les ha dado la Biblia completa, la Palabra de Cristo (Col. 3:16), potenciada e iluminada por el Espíritu Santo (1 Co. 2:14-16; cp. Sal. 119:18). La revelación divina en las Escrituras es todo lo que necesitan para la vida y la piedad (cp. 2 Ti. 3:16-17; 2 P. 1:2-3). A medida que los creyentes se sumergen en la verdad de la Biblia, inevitablemente crecen en santificación (1 P. 2:1-3) y semejanza a Cristo (2 Co. 3:18). Fue el Espíritu quien inicialmente les abrió los ojos a la verdad, y es el Espíritu quien continúa explicando esa misma verdad de la Palabra de Dios en sus corazones (1 Jn. 2:27). Para los que conocen al Señor Jesús, cualquier confusión que podrían tener en esta vida solo es temporal. Un día entrarán a la luz eterna del cielo (cp. Ap. 21:23-25). Pablo les expresó así a los corintios: "Ahora vemos por espejo, oscuramente; mas entonces veremos cara a cara. Ahora conozco en parte; pero entonces conoceré como fui conocido" (1 Co. 13:12).

UNA ILUSTRACIÓN DE CEGUERA TEMPORAL

Vino luego a Betsaida; y le trajeron un ciego, y le rogaron que le tocase. Entonces, tomando la mano del ciego, le sacó fuera de la aldea; y escupiendo en sus ojos, le puso las manos encima, y le preguntó si veía algo. Él, mirando, dijo: Veo los hombres como árboles, pero los veo que andan. Luego le puso otra vez las manos sobre los ojos, y le hizo que mirase; y fue restablecido, y vio de lejos y claramente a todos. Y lo envió a su casa, diciendo: No entres en la aldea, ni lo digas a nadie en la aldea. (8:22-26)

Después de navegar a través del lago, Jesús y los discípulos alcanzaron su destino en la costa noreste. Llegaron **a Betsaida,** la ciudad natal de Pedro, Andrés, Felipe y posiblemente Natanael (cp. Jn. 1:44-45). La población de Betsaida estaba cerca del lugar donde Jesús alimentó cinco mil hombres además de mujeres y niños (Mr. 6:41-44), y es muy probable que muchos de los residentes locales fueran alimentados en esa comida. (Para más información sobre Betsaida, véase el capítulo 22 de esta obra).

Sin duda alguna la noticia de la llegada de Jesús se extendió rápidamente, y la gente comenzó a recibir sanidad de parte de Él. Entre las personas había familiares o amigos que **le trajeron un ciego** al Señor. Según fuentes judías, la ceguera estaba extendida en el mundo antiguo (cp. Lv. 19:14; 21:18; Dt. 27:18; 28:29; 2 S. 5:6, 8; Job 29:15), y Jesús curó una cantidad de ciegos a lo largo de su ministerio (Mt. 9:27-31; 11:5; 12:22; 15:30-31; 20:30-34; 21:14; Mr. 10:46-52; Lc. 4:18; 18:35-42; Jn. 9:1-12; cp. Is. 42:7). Quienes sufrían de ceguera estaban indefensos y reducidos a la mendicidad (cp. Mr. 10:46). Adicionalmente, al igual que otros con discapacidades o enfermedades debilitantes, se les consideraba malditos por Dios (cp. Jn. 9:1-2). Ese tipo de estigma hacía doblemente doloroso vivir con ceguera.

Los amigos o familiares que llevaron a este hombre ante Jesús **le rogaron que le tocase.** A menudo el Señor curaba personas, incluso a las que el sistema religioso judío consideraba intocables, tocándolas. Cuando la suegra de Pedro estuvo enferma con fiebre, Jesús "la tomó de la mano y la levantó" (Mr. 1:31). Cuando un leproso se postró delante de Él, el Señor "extendió la mano y le tocó" para curarlo (v. 41). Según Marcos 3:10, Jesús "había sanado a muchos; de manera que por tocarle, cuantos tenían plagas caían sobre él". En Marcos 5:23, Jairo imploró por su hija agonizante, pidiendo a Jesús que pusiera las manos sobre ella. En el camino, una mujer con una hemorragia incurable fue curada simplemente al tocar el borde del manto de Jesús (vv. 27-29). Incluso en la incrédula Nazaret, Jesús "sanó a unos pocos enfermos, poniendo sobre ellos las manos" (6:5). Marcos informó más adelante que "dondequiera que [el Señor] entraba, en aldeas, ciudades o campos, ponían en las calles a los que estaban enfermos, y le rogaban que les dejase tocar siquiera el borde de su manto; y todos los que le tocaban quedaban sanos" (6:56). La buena disposición de Jesús para tocar a enfermos y personas que estaban sufriendo demuestra su infinita bondad amorosa. A diferencia de los distantes líderes religiosos de Israel, quienes evitaban cualquier persona o cosa que pudiera causarles contaminación ceremonial, Jesús no se mantuvo a distancia de quienes sufrían. Él reflejó la compasión de Dios y demostró esa misericordiosa ternura por medio del toque personal.

Jesús respondió con misericordia divina a la difícil situación de este hombre. **Entonces, tomando la mano del ciego, le sacó fuera de la aldea.** Con gracia y ternura el Señor lo llevó a un lugar donde pudiera tener más privacidad. Este es uno de dos milagros (junto con la curación del sordo en 7:32-37) que solamente Marcos lo narra. Al igual que había hecho antes con el sordo (7:33; cp. Jn. 9:6), Jesús usó saliva para simbolizar la transferencia de poder sanador desde Él hasta el hombre. Obviamente, la saliva no fue alguna clase de poción mágica. El Señor nunca necesitó apoyo alguno para llevar a cabo sus milagros, pero simbolizó su poder curador para que un hombre ciego pudiera sentir la saliva en los ojos.

Y escupiendo en sus ojos, le puso las manos encima, y le preguntó si veía algo. Él, mirando, dijo: Veo los hombres como árboles, pero los veo que andan. El verbo traducido **mirando** (del griego *anablepō*) es el mismo verbo usado en otras partes para describir a quienes Jesús sanó de ceguera (cp. Mr. 10:51-52; Jn. 9:11, 15). El hecho de que el ciego viera **hombres** que parecían **como árboles, pero que andan** sugiere que las cosas que veía estaban muy desenfocadas. Entendió que podía ver a otras personas, pero estaban tan borrosas que era imposible distinguirlas de los árboles. (Los **hombres** que veía probablemente eran los discípulos que habían acompañado a Jesús y al ciego fuera de Betsaida). **Luego le puso otra vez las manos sobre los ojos, y le hizo que mirase; y fue restablecido, y vio de lejos y claramente a todos.** Por segunda vez Jesús tocó los ojos del hombre. En esta ocasión **le hizo que mirase** (del verbo griego *diaplebō*, que significa "ver a través" o "ver con una mirada penetrante"). La niebla desapareció. Su visión estaba bien enfocada, por lo que pudo ver todo con gran claridad.

Los modernos curanderos a veces alegan que este versículo apoya la noción de sanidades incompletas, pero es evidente que no es así. Ninguna de las curaciones del Señor resultó alguna vez en restauración parcial, imperfecta o gradual, ni hubo jamás un período necesario de recuperación. Este milagro no fue la excepción. En cuestión de segundos el hombre ciego pasó de ceguera debilitante a visión perfecta. Eso obviamente está muy lejos de la fraudulencia y el fracaso que caracterizan hoy a los autoproclamados curanderos. (Para un examen completo de la moderna curación por fe, véase el capítulo 8 de John MacArthur, *Fuego extraño* [Nashville: Grupo Nelson, 2013]).

A menudo Jesús instruía a quienes curaba a no contarle a nadie la experiencia que tuvieron. (Para más información sobre por qué el Señor hacía eso, véase el capítulo 18 de esta obra). Aquí volvió a hacerlo. Después de restaurar la vista del hombre, Jesús **lo envió a su casa, diciendo: No entres en la aldea, ni lo digas a nadie en la aldea.** En este caso la prohibición del Señor actuó como una confirmación de juicio divino. Al igual que los líderes religiosos apóstatas, los habitantes de Betsaida no tenían excusa para su incredulidad. Habían presenciado muchos milagros, pero no quisieron arrepentirse (Mt. 11:20-24). En consecuencia, el Señor emitiría una punzante reprimenda contra ellos:

> *¡Ay de ti, Corazín! ¡Ay de ti, Betsaida! que si en Tiro y en Sidón se hubieran hecho los milagros que se han hecho en vosotras, tiempo ha que sentadas en cilicio y ceniza, se habrían arrepentido. Por tanto, en el juicio será más tolerable el castigo para Tiro y Sidón, que para vosotras (Lc. 10:13-14).*

Al acompañar al hombre fuera de la ciudad y negarle la oportunidad de regresar y proclamar lo que sucedió, Jesús confirmó la permanencia de la incredulidad en Betsaida y del propio juicio divino. Al igual que los fariseos a quienes Jesús confrontó antes (Mr. 8:11-13), los habitantes de Betsaida estaban sentenciados a la ceguera espiritual eterna.

El relato de este milagro es tan sencillo que lo entiende un niño. Sin embargo, el entorno en que se ubica le da un significado importante. No es coincidencia que la curación de un hombre físicamente ciego siguiera de inmediato a la demostración de ceguera espiritual permanente por parte de los dirigentes religiosos (8:11-13), y de ceguera espiritual temporal por parte de los discípulos (8:14-21).

Este fue un milagro privado llevado a cabo por Jesús para sus discípulos, y les resaltó varias verdades importantes. Primera, actuó como una confirmación de la deidad de Jesús, ya que solo el poder divino podía abrir los ojos del ciego (cp. Sal. 146:8). En la siguiente sección de Marcos, tal vez volviendo a pensar en este milagro, Pedro confesó correctamente: "Tú eres el Cristo, el Hijo del Dios viviente" (Mt. 16:16; cp. Mr. 8:29). Segunda, proporcionó a los discípulos una visión del reino mesiánico futuro, cuando Cristo reinará desde Jerusalén por mil años (cp. Ap. 20:1-6). Durante ese tiempo la muerte y la enfermedad se reducirán en gran manera, incluso condiciones como la ceguera (cp. Is. 29:18; 35:5). Tercera, marcó un momento decisivo en el ministerio de Jesús, cuyo ministerio público en Galilea ya había terminado, y su enfoque estaba en preparar a sus discípulos. A partir de este momento en adelante, con la cruz a solo unos meses, Jesús comenzó a hablar sin rodeos a los doce discípulos acerca de su ya cercana muerte (cp. Mr. 8:31; 9:31; 10:32).

Por último, este milagro actuó como una ilustración para la ceguera espiritual temporal de los discípulos. Espiritualmente hablando, ellos habían estado una vez como ese hombre ciego. Al haberse criado en el judaísmo tradicional les habían enseñado a seguir la guía de fariseos y escribas ciegos (Mt. 23:16). Aun con la luz de las Escrituras del Antiguo Testamento (cp. Sal. 119:105), y las ventajas intrínsecas de ser parte de la nación escogida de Dios (cp. Ro. 3:2; 9:4-5), el entendimiento que tenían de la verdad espiritual se había desenfocado sin esperanzas por siglos de tradición rabínica e hipocresía religiosa. Todo eso cambió cuando conocieron al Salvador. El toque salvador de Jesús quitó el velo de oscuridad que una vez había cubierto sus corazones incrédulos (cp. 2 Co. 3:14-15). En un acto de misericordia divina, el Señor Jesús les dio milagrosamente ojos de fe, igual que hace con todo pecador a quien salva, a fin de que por primera vez pudieran comprender con claridad la verdad. Según lo describe el apóstol Juan, Jesús es "aquella luz verdadera, que alumbra a todo hombre, [que] venía a este mundo" (Jn. 1:9).

La suprema buena noticia y la mala 30

Salieron Jesús y sus discípulos por las aldeas de Cesarea de Filipo. Y en el camino preguntó a sus discípulos, diciéndoles: ¿Quién dicen los hombres que soy yo? Ellos respondieron: Unos, Juan el Bautista; otros, Elías; y otros, alguno de los profetas. Entonces él les dijo: Y vosotros, ¿quién decís que soy? Respondiendo Pedro, le dijo: Tú eres el Cristo. Pero él les mandó que no dijesen esto de él a ninguno. Y comenzó a enseñarles que le era necesario al Hijo del Hombre padecer mucho, y ser desechado por los ancianos, por los principales sacerdotes y por los escribas, y ser muerto, y resucitar después de tres días. Esto les decía claramente. Entonces Pedro le tomó aparte y comenzó a reconvenirle. Pero él, volviéndose y mirando a los discípulos, reprendió a Pedro, diciendo: ¡Quítate de delante de mí, Satanás! porque no pones la mira en las cosas de Dios, sino en las de los hombres. (8:27-33)

Ninguna pregunta es más importante que esta: "¿Quién es Jesucristo?". Su importancia es fundamental porque la manera en que las personas respondan al Señor Jesús determina el destino eterno al que se dirigen (Jn. 3:36; cp. Jn. 14:6; Hch. 4:12). Los que contestan esa pregunta de forma errónea enfrentarán el juicio divino (cp. Jn. 3:18; 1 Co. 16:22). Puede que vean a Jesús como un buen maestro, un ejemplo moral, o incluso un profeta humano; pero como demuestra este pasaje, esas descripciones son inadecuadas e incompletas.

La Biblia revela que Jesús fue mucho más que un maestro bondadoso o líder inspirador. Como declara Marcos en el principio de su evangelio, Jesús es el Cristo, el "Hijo de Dios" (Mr. 1:1). El Señor Jesús es el Mesías divino, Dios encarnado, de quien el apóstol Juan declaró:

> *En el principio era el Verbo, y el Verbo era con Dios, y el Verbo era Dios. Este era en el principio con Dios. Todas las cosas por él fueron hechas, y sin él nada de lo que ha sido hecho, fue hecho... Y aquel Verbo fue hecho carne, y habitó entre nosotros (y vimos su gloria, gloria como del unigénito del Padre), lleno de gracia y de verdad (Jn. 1:1-3, 14).*

En repetidas ocasiones y con claridad los cuatro evangelios reiteran el tema de que Jesús es el Mesías (p. ej., Mt. 1:18; 16:16; 23:10; 26:63-64; Mr. 1:1; 14:61-62; Lc. 2:11, 26; 4:41; 24:46; Jn. 1:17, 41; 4:25-26; 11:27; 17:3) y el Hijo de Dios (p. ej., Mt. 8:29; 27:43, 54; Mr. 3:11; 15:39; Lc. 1:35; 3:21-22; 4:41; 9:35; 22:70; Jn. 1:34, 49; 5:18; 10:30, 36; 11:4; 14:9-10; 19:7). Los relatos del evangelio se escribieron para demostrar esas dos verdades. Al hablar de lo que él mismo y los otros escritores del evangelio escribieron, Juan declaró: "Éstas [cosas] se han escrito para que creáis que Jesús es el Cristo, el Hijo de Dios, y para que creyendo, tengáis vida en su nombre" (Jn. 20:31; cp. 1 Jn. 5:20).

La pregunta fundamental de quién es Jesús es el meollo de este pasaje (Mr. 8:27-33). En este momento del ministerio del Señor, los doce habían estado con Él por más de dos años. La expectativa esperanzadora que ellos tuvieron desde el principio fue que Jesús era el Mesías y el Hijo de Dios. Después de conocer a Jesús, Andrés le contó a Pedro: "Hemos hallado al Mesías" (Jn. 1:41); Natanael exclamó igualmente: "Rabí, tú eres el Hijo de Dios; tú eres el Rey de Israel" (Jn. 1:49). Los discípulos conocían de igual modo el testimonio de Juan el Bautista, quien declaró que Jesús es el Hijo de Dios (Jn. 1:34) y el Cordero de Dios que quitaría el pecado del mundo (Jn. 1:29). Durante el transcurso del ministerio de Jesús, a los apóstoles les había asombrado la enseñanza llena de autoridad del Maestro (cp. Mr. 1:22, 27; Jn. 6:68), les había maravillado su poder divino (cp. Mr. 2:12; 4:41), quedaron conscientes de su propia pecaminosidad en contraste con la perfección divina de Jesús (Lc. 5:8; cp. Mr. 2:5-7). Solo unos meses antes, después que Jesús caminara sobre el agua y calmara al instante una violenta tormenta (Mr. 6:45-52), habían reaccionado adorándolo y exclamando: "Verdaderamente eres Hijo de Dios" (Mt. 14:33). Al día siguiente en que muchos de los seguidores de Jesús lo abandonaran (cp. Jn. 6:66), Pedro expresó en nombre de sus compañeros apóstoles: "Nosotros hemos creído y conocemos que tú eres el Cristo, el Hijo del Dios viviente" (Jn. 6:69).

Como demuestran estos ejemplos, el incidente narrado en estos versículos no fue la primera vez que los doce habían reconocido la deidad y la condición mesiánica del Señor Jesús (aunque es la primera vez que esa confesión se registra en el Evangelio de Marcos). Sin embargo, fue en esta ocasión (Mr. 8:29; cp. Mt. 16:16; Lc. 9:20) que los apóstoles, a través de su vocero Pedro, expresaron esa verdad con mayor convicción y confianza que nunca antes, haciéndolo en el contexto de la confusión generalizada entre las multitudes, y contribuyendo a que la hostilidad de los líderes religiosos de Israel se acrecentara. Lo que comenzó como una expectativa llena de esperanza se había convertido en una firme certeza. Este pasaje marca de modo apropiado la cima del Evangelio de Marcos y el apogeo de la capacitación que diera a los doce. El discipulado de ellos se había intensificado en los meses anteriores, cuando el Señor se aislaba cada vez más de las multitudes en Galilea para centrarse en instruir a sus apóstoles. Después de semanas de formación concentrada, este constituyó esencialmente su examen final.

Desde la perspectiva de Pedro y los demás discípulos, este pasaje también representa el supremo trauma emocional: lo más elevado seguido por lo más bajo. La confesión de Pedro acerca de Jesús marca la cima cristológica del Evangelio de Marcos, mientras que la posterior corrección que Pedro sufrió resultó ser la reprimenda más punzante que cualquier creyente puede alguna vez recibir.

LA BUENA NOTICIA: LA CONFESIÓN DE PEDRO

Salieron Jesús y sus discípulos por las aldeas de Cesarea de Filipo. Y en el camino preguntó a sus discípulos, diciéndoles: ¿Quién dicen los hombres que soy yo? Ellos respondieron: Unos, Juan el Bautista; otros, Elías; y otros, alguno de los profetas. Entonces él les dijo: Y vosotros, ¿quién decís que soy? Respondiendo Pedro, le dijo: Tú eres el Cristo. Pero él les mandó que no dijesen esto de él a ninguno. (8:27-30)

Después de su último milagro en Betsaida, la curación del hombre ciego (8:22-26), **Jesús y sus discípulos** viajaron hacia el norte del lago de Galilea, recorriendo cuarenta kilómetros **por las aldeas de Cesarea de Filipo,** localizada cerca de la antigua población israelita de Dan (cp. Jue. 20:1; 1 Cr. 21:2), más o menos entre sesenta y ochenta kilómetros al suroeste de Damasco. Situada al pie del monte Hermón, cerca de un gran manantial que alimenta el río Jordán, Cesarea de Filipo se llamaba originalmente Paneas (o Panias), por la deidad griega Pan (ser mitológico mitad cabra y mitad hombre famoso por tocar la flauta). Cuando Felipe el tetrarca heredó el territorio de su padre Herodes el Grande, amplió enormemente la ciudad. En el año 14 d.C. le cambió el nombre a Cesarea en honor a César Augusto. A fin de distinguirla de Cesarea marítima, ubicada al oeste de Jerusalén en la costa mediterránea, a la ciudad se le conocía como Cesarea Paneas o Cesarea de Filipo (llamada así en honor a Felipe el tetrarca). La ciudad en sí estaba poblada en su mayoría por gentiles y, por tanto, se encontraba llena de ídolos paganos. Al volver a viajar fuera de Galilea (cp. Mr. 7:24-8:10), Jesús y los apóstoles disfrutaron de un respiro de las multitudes agobiantes, del antagonismo de los dirigentes religiosos, y de la amenaza representada por Herodes Antipas (cp. Lc. 13:31). Marcos explica que mientras aún se hallaban **en el camino** hacia la región que rodea a Cesarea de Filipo, tuvo lugar la conversación relatada en estos versículos.

Según Lucas 9:18, Jesús había estado orando, como solía hacer (cp. Mt. 14:23; 19:13; 26:36, 39, 42, 44; Mr. 1:35; 6:46; 14:32, 35, 39; Lc. 3:21; 5:16; 6:12; 9:28-29; 11:1; 22:32, 41-45). Al regresar a donde estaban los discípulos les presentó un "examen final" que consistía solo de dos preguntas. La primera examinó la opinión humana en cuanto a la identidad de Jesús; la segunda se concentró en la realidad divina respecto a quién realmente es Él.

En primer lugar, **preguntó a sus discípulos, diciéndoles: ¿Quién dicen los hombres que soy yo?** Por **los hombres** (forma plural de la expresión griega *anthrōpos*, un término general para "gente" o "persona"), Jesús no se estaba refiriendo a los dirigentes religiosos, sino a los gentíos no comprometidos de individuos que se reunían para oírle enseñar y en especial para presenciar sus milagros (cp. Jn. 6:2). El pasaje paralelo en Lucas 9:18 usa la palabra *ochlos*, que significa "gentío" o "multitudes". Por supuesto, el Señor ya sabía qué pensaban las masas respecto a Él (cp. Jn. 2:24-25). Pero quería que los apóstoles apreciaran plenamente el contraste entre la percepción y la verdad.

En respuesta a la pregunta que les hizo, los discípulos contaron las variadas opiniones populares. **Ellos respondieron** que algunos, como Herodes Antipas, consideraban que Jesús debía ser **Juan el Bautista** resucitado de los muertos (Mr. 6:14-16). **Otros** suponían que Jesús era **Elías,** a quien Dios prometió enviar "antes que venga el día de Jehová, grande y terrible" (Mal. 4:5). **Y otros** creían que Él podría ser **alguno de los profetas,** como Jeremías, quien según la tradición judía iba a regresar con el arca del pacto en el establecimiento del reino del Mesías. A pesar de los innumerables y reconocidos milagros que Jesús había realizado, todos los cuales testificaban de Él (cp. Jn. 5:36; Jn. 10:37-38), las personas seguían sin creer en el Señor. Sabían que Él tenía poder divino y, por tanto, pensaron que era un profeta como Elías, Jeremías o Juan. Sin embargo, debido a que esperaban que la programación del Mesías incluyera ser un libertador militar que los liberaría de los ocupantes paganos de Roma y establecería un reino temporal y autónomo en Israel (cp. Jn. 6:14-15), no tuvieron la disposición de aceptarlo como el Mesías.

Después de oírles responder, Jesús siguió con una segunda, y más importante, pregunta. **Entonces él les dijo: Y vosotros, ¿quién decís que soy?** En todos los tres relatos que los evangelios hacen de este hecho, el pronombre **vosotros** es enfático (cp. Mt. 16:15; Lc. 9:20). Examinar la opinión de las multitudes pudo haber sido un ejercicio educativo para los discípulos, pero la pregunta complementaria de Jesús enfocó lo esencial del asunto. Nada era más importante que el modo en que contestaran.

Como todos los judíos del siglo I, los discípulos habían crecido esperando que el Mesías venciera a los enemigos de Israel y estableciera su reino en Jerusalén. Cuando se hizo evidente que los dirigentes religiosos habían rechazado a Jesús (p. ej., Mr. 3:6, 22), y que Él no usaría su poder milagroso para derrocar a Roma (cp. Jn. 6:15), los discípulos debieron haberse preguntado si realmente se trataba del Mesías. Esas mismas consideraciones hicieron que Juan el Bautista expresara similares reservas. Mateo informa: "Y al oír Juan, en la cárcel, los hechos de Cristo, le envió dos de sus discípulos, para preguntarle: ¿Eres tú aquel que había de venir, o esperaremos a otro?" (Mt. 11:2-3). El Señor respondió a Juan señalando sus milagros, que establecían claramente las credenciales mesiánicas de Jesús (cp. vv. 4-6). No obstante, según demuestra el ejemplo de Juan, hasta los más fieles israelitas lucharon por vencer sus ideas preconcebidas de lo que el Mesías sería y haría.

Sin embargo, en marcado contraste con la opinión popular de sus compatriotas, los discípulos expresaron lo que todo creyente sabe que es cierto (cp. Jn. 20:31*a*), y para demostrar eso fue escrito el Evangelio de Marcos (cp. Mr. 1:1): que Jesús es el Mesías y el Hijo de Dios. Hablando por el resto de los doce como a menudo hacía (p. ej., Mt. 15:15; 19:27; Jn. 6:68), **respondiendo Pedro, le dijo: Tú eres el Cristo.** La declaración completa del apóstol está registrada en Mateo 16:16: "Tú eres el Cristo, el Hijo del Dios viviente". Cabe destacar que esta es solamente la segunda vez en el evangelio de Marcos que se ha utilizado el título **Cristo** (*Christos,* la palabra griega para "Mesías"); la primera se encuentra en el primer versículo ("Jesucristo", 1:1). El término "Mesías", de la expresión hebrea *mashiach,* significa "el ungido" (cp. Lc. 4:18; Hch. 10:38; He. 1:9). Este era un título real que se usaba en el Antiguo Testamento para referirse a los reyes de Israel divinamente ungidos (cp. 1 S. 2:10; 2 S. 22:51), y que más tarde llegó a referirse específicamente al gran liberador y gobernante escatológico cuya venida anticipaban con gran anhelo los judíos (cp. Dn. 9:25-26; cp. Is. 9:1-7; 11:1-5; 61:1). Con claridad y convicción, y sin una sombra de duda o equivocación, Pedro proclamó que Jesús era el "Ungido" supremo de Dios, el Salvador del mundo. Después de más de dos años de seguir al Señor, ya habían desaparecido las dudas de los apóstoles acerca de quién era Jesús. Tanto la deidad del Señor como su condición mesiánica estaban firmemente ancladas en sus mentes. Sin duda, aún mostrarían momentos de frustración y debilidad (cp. Mr. 14:66-72); pero habían llegado a saber que Jesús era realmente el Mesías, el Hijo de Dios.

La firme convicción que llenaba sus corazones no era por su propio esfuerzo. Como respondió Jesús a Pedro: "Bienaventurado eres, Simón, hijo de Jonás, porque no te lo reveló carne ni sangre, sino mi Padre que está en los cielos" (Mt. 16:17). Los discípulos no podían atribuirse ningún mérito por este avance teológico de fe. Creían únicamente porque el Padre los había atraído (Jn. 6:44), el Hijo se les había revelado (Mt. 11:27), y el Espíritu les había abierto los ojos a la verdad (1 Co. 2:10-14; 2 Co. 3:15-18).

Con mentes llenas de fe y seguridad, los apóstoles estaban sin duda deseosos de propagar la noticia acerca de Jesús que Pedro acababa de expresar. **Pero** el Señor **les mandó que no dijesen esto de él a ninguno.** La palabra **mandó** (del verbo griego *epitimaō*) se refiere a una fuerte advertencia o severa amonestación (cp. Mr. 1:25; 3:12; 4:39; 9:25; 10:13, 48). En este caso la insistencia de Jesús en el silencio de ellos estaba motivada por más que un deseo de sofocar el entusiasmo desenfrenado de las multitudes (cp. Jn. 6:14-15). El Señor sabía que su obra aún no había terminado y, por tanto, el mensaje del evangelio todavía estaba incompleto (cp. 1 Co. 15:1-4). Hubiera sido prematuro para los apóstoles ir al mundo y predicar las buenas nuevas hasta después de la muerte y resurrección de Jesús (Mt. 28:19-20; Hch. 1:8). A fin de mostrar que esta era la motivación principal detrás de su advertencia, el Señor comenzó de inmediato a hablar sobre los sucesos de su pasión (Mr. 8:31; cp. Mt. 16:20-23; Lc. 9:21-22). (Para más estudio relacionado con la razón de que Jesús hiciera estas advertencias, véase el capítulo 18 de esta obra).

LA MALA NOTICIA: CONFRONTACIÓN DE PEDRO

Y comenzó a enseñarles que le era necesario al Hijo del Hombre padecer mucho, y ser desechado por los ancianos, por los principales sacerdotes y por los escribas, y ser muerto, y resucitar después de tres días. Esto les decía claramente. Entonces Pedro le tomó aparte y comenzó a reconvenirle. Pero él, volviéndose y mirando a los discípulos, reprendió a Pedro, diciendo: ¡Quítate de delante de mí, Satanás! porque no pones la mira en las cosas de Dios, sino en las de los hombres. (8:31-33)

Lo que menos esperarían oír los discípulos después de este gran momento de revelación y claridad fue un anuncio de muerte por parte de Jesús. Es comprensible que la declaración los devastara. Ellos sabían que Él era el Mesías, pero no podían comprender la idea de que tendría que padecer y morir.

Marcos observa que Jesús **comenzó a enseñarles** acerca de su muerte, indicando que desde este momento en adelante su muerte sería un tema reiterado de la instrucción que les daría (cp. Mt. 17:9, 12, 22-23; Mr. 9:31; 10:33, 45; Jn. 12:7). El título el **Hijo del Hombre,** un nombre que Jesús se aplicó más de ocho veces en los evangelios, designaba su divina condición mesiánica (Dn. 7:13; Hch. 7:56) y su humanidad (cp. Fil. 2:6-8; He. 2:17).

Mientras el Señor predecía lo que iba a ocurrir, explicó **que le era necesario padecer mucho.** Al usar la frase **le era necesario** Jesús indicó que los tormentos que soportaría eran parte inmutable del propósito que el Padre tenía para Él. Aunque en esta ocasión Pedro no captó esa verdad (cp. v. 32), más adelante llegaría a entender y proclamar claramente que Jesús fue "entregado [para ser crucificado] por el determinado consejo y anticipado conocimiento de Dios" (Hch. 2:23; cp. Lc. 22:22, 37; Hch. 3:18; 4:27-28; 13:27-29). La cruz no fue accidental; formó parte del plan divino de salvación desde el principio en la eternidad. Jesús mismo explicó en cuanto al propósito de su misión terrenal: "El Hijo del Hombre no vino para ser servido, sino para servir, y para dar su vida en rescate por muchos" (Mr. 10:45).

El sufrimiento que Jesús enfrentaría significaba que sería **desechado por**

los ancianos, por los principales sacerdotes y por los escribas, y ser muerto, y resucitar después de tres días. Los dirigentes religiosos de Israel rechazarían a su propio Mesías, haciéndole pasar por un juicio falso, entregándolo a los romanos, y organizando su ejecución con odio e injusticia. Aunque ya antes Jesús había hablado de su muerte, lo había hecho en forma velada. En Mateo 12:40 advirtió a los fariseos: "Como estuvo Jonás en el vientre del gran pez tres días y tres noches, así estará el Hijo del Hombre en el corazón de la tierra tres días y tres noches". De igual modo declaró a las autoridades del templo: "Destruid este templo, y en tres días lo levantaré" (Jn. 2:19). En esta ocasión se lo **decía claramente** a sus discípulos con un nivel de claridad que ni siquiera ellos podían malinterpretar (cp. Mr. 8:14-21).

La noticia dejó a los apóstoles tambaleándose. Ellos estaban convencidos de la persona divina de Jesús, pero ahora lidiaban con el plan divino. En su desconcierto no entendieron por completo, o malinterpretaron la parte acerca de la resurrección (cp. Jn. 20:9), pensando tal vez que Jesús estaba refiriéndose a la resurrección final en el último día (cp. Jn. 11:24). Los discípulos no tenían un paradigma en el cual el Mesías, el Ungido de Dios que traería salvación y bendición a Israel y el mundo, sería rechazado y asesinado por parte del mismo pueblo al que vino a salvar (Jn. 1:11). Al igual que la mayoría de sus compatriotas judíos, ellos habían heredado interpretaciones erróneas de pasajes conocidos del Antiguo Testamento que predecían que el Mesías debía padecer (cp. Sal. 16:10; 22:1, 7-8, 16-18; 69:21; Is. 50:6; Zac. 11:12-13; 12:10). Con relación a Cristo, Isaías profetizó siete siglos antes:

> *Despreciado y desechado entre los hombres, varón de dolores, experimentado en quebranto; y como que escondimos de él el rostro, fue menospreciado, y no lo estimamos. Ciertamente llevó él nuestras enfermedades, y sufrió nuestros dolores; y nosotros le tuvimos por azotado, por herido de Dios y abatido. Mas él herido fue por nuestras rebeliones, molido por nuestros pecados; el castigo de nuestra paz fue sobre él, y por su llaga fuimos nosotros curados. Todos nosotros nos descarriamos como ovejas, cada cual se apartó por su camino; mas Jehová cargó en él el pecado de todos nosotros. Angustiado él, y afligido, no abrió su boca; como cordero fue llevado al matadero; y como oveja delante de sus trasquiladores, enmudeció, y no abrió su boca. Por cárcel y por juicio fue quitado; y su generación, ¿quién la contará? Porque fue cortado de la tierra de los vivientes, y por la rebelión de mi pueblo fue herido. Y se dispuso con los impíos su sepultura, mas con los ricos fue en su muerte; aunque nunca hizo maldad, ni hubo engaño en su boca. Con todo eso, Jehová quiso quebrantarlo, sujetándole a padecimiento. Cuando haya puesto su vida en expiación por el pecado, verá linaje, vivirá por largos días, y la voluntad de Jehová será en su mano prosperada. Verá el fruto de la aflicción de su alma, y quedará satisfecho; por su conocimiento justificará mi siervo justo*

a muchos, y llevará las iniquidades de ellos. Por tanto, yo le daré parte con los grandes, y con los fuertes repartirá despojos; por cuanto derramó su vida hasta la muerte, y fue contado con los pecadores, habiendo él llevado el pecado de muchos, y orado por los transgresores (Is. 53:3-12).

A pesar de ese pasaje, los discípulos se sorprendieron por el anuncio de Jesús. Al resistir las palabras del Señor, Pedro pasó de ser un portavoz de Dios (Mt. 16:17) a ser vocero de Satanás. Según relata Marcos, **Pedro tomó aparte** a Jesús **y comenzó a reconvenirle.** Es increíble que un antiguo pescador tuviera la audacia de contradecir al Creador mismo, aquel a quien acababa de identificar como el Mesías e Hijo de Dios. En lugar de someterse al señorío soberano, Pedro confrontó a Jesús con una réplica áspera: "Señor, ten compasión de ti; en ninguna manera esto te acontezca" (Mt. 16:22). **Reconvenirle** se traduce de la misma palabra que Marcos usó antes para hablar de la severa amonestación de Jesús a los discípulos (v. 30). La expresión sugiere un nivel de juicio con autoridad de parte de un superior hacia alguien bajo su mando o supervisión. No solo que Pedro había elevado de manera presuntuosa su propia autoridad por sobre Jesús, sino que contradijo directamente los propósitos redentores de Dios. Lo que Jesús afirmó que debía llevarse a cabo, Pedro insistió con temeridad en que "no debía acontecer".

Si Pedro se había sorprendido por las anteriores palabras de Jesús acerca de sí mismo con relación a su muerte venidera, debió haberse estremecido totalmente por lo que el Señor acababa de expresarle. **Pero él, volviéndose y mirando a los discípulos, reprendió a Pedro, diciendo: ¡Quítate de delante de mí, Satanás! porque no pones la mira en las cosas de Dios, sino en las de los hombres.** Mateo 16:23 observa que Jesús también añadió: "Me eres tropiezo". El hecho de que Jesús se volviera hacia los doce para que oyeran sugiere que Pedro estaba expresando lo que todos ellos estaban pensando. Los apóstoles retrocedieron ante la idea de que su Señor padecería y moriría, aunque solo Pedro tuvo la temeraria osadía de confrontar realmente a Jesús al respecto. Por tanto, todos ellos debían oír la reprensión de Jesús. La palabra **reprendió** se traduce del mismo término que Marcos usa en la confrontación que Pedro le hiciera a Cristo en el versículo 32.

Las intenciones de Pedro podían parecer nobles a primera vista. Reaccionó de modo natural ante la idea de que el Señor y Mesías a quien amaba sería rechazado y asesinado. Es más, él y los otros apóstoles habían sacrificado mucho para seguir a Jesús (cp. Mt. 19:27). Además de las esperanzas que tenían en la gloria futura del reino, en el presente habían llegado a depender totalmente de Él. Le parecía imposible que pudieran quitarles a su Señor. Pero al reprender a Jesús, además de olvidarse del lugar que le correspondía, Pedro puso sus propios deseos por encima de los planes y propósitos de Dios. Al miope apóstol debía recordársele que los planes de Dios trascendían el razonamiento humano (cp. 1 Co. 1:18-31). Dios mismo lo explica de este modo: "Mis pensamientos no son vuestros pensamientos, ni vuestros caminos mis caminos, dijo Jehová. Como son más altos los cielos que la tierra, así son mis caminos más altos que vuestros caminos, y mis pensamientos más que vuestros pensamientos" (Is. 55:8-9; cp. Sal. 92:5-6; Ro. 11:33-36). Los discípulos aún no comprendían el plan de Dios, pero Jesús estaba actuando en perfecta conformidad con la voluntad del Padre (cp. Mr. 14:36; Jn. 4:34; 5:30; 6:38).

En respuesta, Jesús soltó una devastadora reprimenda que debió haber sacudido a Pedro como un golpe mortal: **¡Quítate de delante de mí, Satanás!** Al oponerse a los propósitos de Dios y pedir que Jesús evitara la cruz, el apóstol en realidad se había convertido en un vocero del diablo. El Señor entendía que el plan de redención y la senda a la gloria requerían sufrimiento y muerte (Fil. 2:8-11; He. 12:2). Por tanto, no cedería a ninguna tentación que prometía un reino sin la cruz (cp. Mt. 4:8-9). Se negó a poner un deseo de consolación personal por sobre la sumisión a su Padre celestial (cp. Lc. 22:42-44). Aunque el diablo tentó a Jesús intensamente en el desierto (Mr. 1:13), los ataques de Satanás no terminaron allí. Según Lucas 4:13, después de concluidos los cuarenta días Satanás "se apartó de él por un tiempo", lo que significa que buscaba continuamente la manera de tentar a Jesús (cp. He. 2:18; 4:15). La grave trasgresión de Pedro proporcionó tal oportunidad en esta ocasión. Como Satanás sabía que la cruz significaría su caída y derrota (cp. Gn. 3:15; Jn. 12:31; Col. 2:14-15; He. 2:14), intentó con todo su vigor hacer fracasar el plan de redención de Dios. Jesús nunca sucumbió a esas tentaciones (cp. He. 2:18; 4:15).

Pedro erró en gran manera ese día cerca de Cesarea de Filipo, pero pronto llegaría a entender y apreciar la cruz en profundidad. Menos de un año después, en el día de Pentecostés, se levantaría con valor en Jerusalén con los demás apóstoles y proclamaría el evangelio de un Mesías crucificado y resucitado (Hch. 2:22-24). Casi al final de su vida, escribiendo a los creyentes en Asia Menor, Pedro explicó el glorioso significado de la crucifixión: "También Cristo padeció una sola vez por los pecados, el justo por los injustos, para llevarnos a Dios, siendo a la verdad muerto en la carne, pero vivificado en espíritu" (1 P. 3:18; cp. 2:24). Lo que los discípulos consideraron la peor de las malas noticias ese día cerca de Cesarea de Filipo, en realidad fue la mejor noticia que el mundo haya recibido. Resultó ser el núcleo vital del evangelio. Al morir y resucitar, Jesucristo, el Hijo de Dios, pagó el castigo por el pecado y venció a la muerte para que todos los que creen en Él pudieran tener vida eterna (cp. Jn. 3:16; 6:40; Ro. 10:9-10; 2 Co. 5:20-21; 1 Ti. 1:15).

Perder la vida para salvarla 31

Y llamando a la gente y a sus discípulos, les dijo: Si alguno quiere venir en pos de mí, niéguese a sí mismo, y tome su cruz, y sígame. Porque todo el que quiera salvar su vida, la perderá; y todo el que pierda su vida por causa de mí y del evangelio, la salvará. Porque ¿qué aprovechará al hombre si ganare todo el mundo, y perdiere su alma? ¿O qué recompensa dará el hombre por su alma? Porque el que se avergonzare de mí y de mis palabras en esta generación adúltera y pecadora, el Hijo del Hombre se avergonzará también de él, cuando venga en la gloria de su Padre con los santos ángeles. (8:34-38)

Después de la gran confesión de Pedro sobre Jesús como el Mesías e Hijo de Dios (8:29; cp. Mt. 16:16), este pasaje reluce como la joya de una corona para la cual el resto de Marcos proporciona el escenario dorado. En este momento es cuando Jesús mismo, el evangelista divino, invita a todos los pecadores a aceptarle en fe salvadora y a seguirle como sus discípulos.

En contraste con las trivialidades centradas en el hombre, que impregnan el cristianismo contemporáneo y que hacen sentir bien, el evangelio predicado por Jesús fue un llamado aleccionador a la abnegación, el sufrimiento y la rendición absoluta. Los falsos evangelios atraen a sus oyentes con promesas de prosperidad material, sanidad física, éxito terrenal, autoestima y vida fácil. El verdadero evangelio asesta un golpe mortal a tales falsificaciones. El Señor Jesús llama a sus seguidores al quebrantamiento humilde, a una vida de sacrificio personal, y a la disposición de soportar dificultades por su causa.

Este breve pero fundamental sermón de Jesús se relata en los tres evangelios sinópticos (cp. Mt. 16:24-28; Lc. 9:23-27), y refleja la continua enseñanza sobre el carácter de la fe que salva y el costo del discipulado (cp. Mt. 10:32-33; Mr. 10:17-27, 39; Lc. 9:57-62; 12:51-53; 13:23-24; 17:33; Jn. 8:31; 12:24-25). Cuando los envió por toda Galilea, Jesús ya les había dicho a los doce (cp. Mr. 6:7-13):

> *El que ama a padre o madre más que a mí, no es digno de mí; el que ama a hijo o hija más que a mí, no es digno de mí; y el que no toma su cruz y sigue en pos de mí, no es digno de mí. El que halla su vida, la perderá; y el que pierde su vida por causa de mí, la hallará (Mt. 10:37-39).*

En una ocasión posterior el Señor retó de igual manera a una gran multitud a que considerara el costo de seguirlo: "El que no lleva su cruz y viene en pos de mí, no puede ser mi discípulo. Porque ¿quién de vosotros, queriendo edificar una torre, no se sienta primero y calcula los gastos, a ver si tiene lo que necesita para acabarla?" (Lc. 14:27-28). El evangelio que Jesús predicó no fue una apelación a las necesidades sentidas de las personas, ni un mensaje de creencia fácil. Su llamado fue a la entrega total y al compromiso sin reservas para con Él.

Esta porción concisa y poderosa de la Biblia se puede ordenar en tres encabezados: el principio del verdadero discipulado, la paradoja del verdadero discipulado y el castigo para el falso discipulado.

EL PRINCIPIO

Y llamando a la gente y a sus discípulos, les dijo: Si alguno quiere venir en pos de mí, niéguese a sí mismo, y tome su cruz, y sígame. (8:34)

El reconocimiento de que Jesús era el Mesías divino, como lo expresó Pedro en su confesión (8:29), representó para los apóstoles un momento eufórico de comprensión y claridad. Su gozo se eclipsó muy pronto por la noticia de que Jesús debía padecer y morir (v. 31). Los doce tuvieron dificultades para aceptar la idea de un Mesías sufriente, como lo evidencia la impetuosa reacción de Pedro (v. 32). En realidad estaban poniendo sus pensamientos en intereses humanos (v. 33), pensando únicamente en la gloria y las bendiciones para sí mismos en el reino mesiánico. Lo que no entendían era que el plan de redención de Dios requería un sacrificio por el pecado (cp. Is. 53:10-12; Jn. 1:29).

Tras explicar a los apóstoles que iba a morir, Jesús llamó **a la gente y a sus discípulos** y comenzó a revelar que cualquiera que quisiera ir **en pos de** Él enfrentaría sufrimiento y persecución. La naturaleza aleccionadora de las palabras de Jesús afirmó la fe de los apóstoles. Ellos ya habían experimentado el costo de dejar atrás familias, hogares y ocupaciones para seguir a Jesús (Mr. 10:28-30). La enseñanza que les dio en este pasaje refuerza el compromiso absoluto de ellos para con el Señor. Para los no creyentes en la multitud, las palabras de Jesús **venir en pos de mí** incluían una invitación a poner su fe en Él y unirse a los discípulos. Hacer eso les costaría todo. Según el Señor dejó en claro, la verdadera fe que salva se caracteriza por negarse a uno mismo, tomar la cruz, y obedecer sumisamente.

Negarse a uno mismo. Quien desea seguir a Cristo primero debe negarse **a sí mismo.** El verbo traducido **niéguese** (del griego *aparneomai*) es un término fuerte que significa "no tener relación con" o "repudiarse por completo". La misma palabra se usa para describir la negación que Pedro hiciera de Jesús (Mr. 14:30-31, 72) y la negación que Cristo hará en el cielo a quienes lo niegan delante de los hombres (Lc. 12:9). El planteamiento del Señor era que quienes deseaban seguirle debían estar dispuestos a negarse y renunciar a todo por causa de Jesús (cp. Mt. 13:44-46), pues deben abandonar tanto su justicia propia como su pecado y someter todas sus ambiciones e intenciones a Él.

Inherente en la realidad de negarse a uno mismo está la afirmación de que el pecador no puede ganar la entrada al cielo por medio de sus esfuerzos propios o sus logros religiosos. Para aquellos en la multitud aún atrapados en el legalismo de los fariseos y escribas, el llamado a negarse a sí mismos fue una orden de abandonar su sistema apóstata de fachada exterior, obras de justicia, e hipocresía (cp. Mt. 5:20-48). Ese fue el mismo mensaje que Jesús predicó en el Sermón del Monte, cuando insistió en que la salvación se concede a los que son pobres en espíritu (Mt. 5:3), es decir, quienes reconocen su bancarrota espiritual delante de un Dios santo (cp. Is. 64:6). La gracia no se extiende a aquellos que creen que están sanos, sino a los que saben que están enfermos (Mr. 2:17). No fue al fariseo seguro de sí mismo a quien Jesús declaró justo, sino al pecador avergonzado que se confesó indigno y clamó pidiendo misericordia (Lc. 18:14).

Los oyentes de Jesús debían reconocer que no merecían el favor de Dios por medio de la conformidad externa a los rituales y las tradiciones del judaísmo. Al no poder guardar la ley a la perfección (Stg. 2:10), lamentablemente no alcanzaron la norma de Dios en cuanto a perfección santa (Ro. 3:23) y, por tanto, merecieron condenación divina y muerte eterna (Ro. 6:23). Podían ser salvos solo si rechazaban los esfuerzos propios como indignos, y se aferraban al don de gracia que Dios les daba de justicia por medio de la fe en Cristo (cp. Ro. 3:24-28). Cuando el apóstol Pablo fue regenerado por Dios, condenó sus antiguas buenas obras como fariseo, calificándolas de inútiles (Fil. 3:3-8). Según explicó, la verdadera justicia no es la "propia justicia, que es por la ley, sino la que es por la fe de Cristo, la justicia que es de Dios por la fe" (v. 9). El pecador se niega a sí mismo cuando abandona la autosuficiencia y la confianza en sí mismo, y depende únicamente del poder y la misericordia de Cristo para salvación.

El llamado del evangelio a negarse a uno mismo también requiere arrepentirse del pecado y de la ambición egoísta (Lc. 5:32; 14:26; 24:47). Quienes siguen a Cristo deben hacerlo en las condiciones de Él, no con las de ellos. Deben estar dispuestos a romper completamente con su antigua manera de vivir (cp. Is. 55:6-7), a volverse de la falsedad a Dios (1 Ts. 1:9), y a abandonar los antiguos hábitos de su carne pecaminosa (Ro. 6:6; 7:18; Ef. 4:22; Col. 3:5). Todo lo que solían amar debe ser rechazado (1 Jn. 2:15-17; cp. Ro. 13:14), y después ser reemplazado con un amor total por su Maestro (Mt. 10:37; Jn. 8:42; 14:15, 23).

Por tanto, seguir a Cristo no solo requiere aceptarlo como Salvador, sino también sometérsele de todo corazón como Señor. En el momento de la salvación, aquellos que antes eran esclavos del pecado son transformados en esclavos de la justicia (Ro. 6:17-18) y de Cristo (1 Co. 7:22; 1 P. 2:16), de modo que los deseos, los propósitos, y la voluntad del Señor llegan a ser dominantes en sus vidas. La Palabra de Dios se convierte en orden y la gloria divina en la más exaltada ambición entre los que aceptan a Cristo (2 Co. 5:9). En consecuencia, los redimidos pueden declarar con Pablo: "Para mí el vivir es Cristo" (Fil. 1:21); y además: "Con Cristo estoy juntamente crucificado, y ya no vivo yo, mas vive Cristo en mí; y lo que ahora vivo en la carne, lo vivo en la fe del Hijo de Dios, el cual me amó y se entregó a sí mismo por mí" (Gá. 2:20; cp. 6:14).

Llevar la cruz. La persona que desea seguir a Cristo debe en segundo lugar tomar **su cruz.** La cruz en la época de Jesús no era el símbolo icónico y sentimental en que se ha convertido en más de dos milenios de historia. Para quienes vivieron en el siglo I, una cruz se entendía universalmente como un instrumento de ejecución, de igual modo que una silla eléctrica podría verse hoy. A diferencia de las formas actuales de ejecución, las cruces estaban diseñadas para prolongar la agonía de la muerte durante el mayor tiempo posible. Como instrumentos de tortura, vergüenza y ejecución, estaban reservadas para los peores malhechores y enemigos del estado. Los romanos crucificaban a sus víctimas en público, a lo largo de caminos, como un espantoso recordatorio de lo que les sucedía a quienes desafiaban la autoridad imperial del César. Cálculos sugieren que hasta treinta mil judíos fueron crucificados durante la época de Jesús. Por tanto, cuando el Señor usó una cruz para explicar el costo del discipulado, su audiencia sabía exactamente a qué se refería.

La enseñanza de Jesús era que quienes deseaban ser sus discípulos, en lugar de buscar prosperidad y comodidad debían estar dispuestos a soportar persecución, rechazo, dificultades y hasta martirio por el nombre de Cristo. Seguirlo significaba embarcarse en una senda de adversidad y maltrato. El Señor explicó más tarde a sus discípulos:

> *Si el mundo os aborrece, sabed que a mí me ha aborrecido antes que a vosotros. Si fuerais del mundo, el mundo amaría lo suyo; pero porque no sois del mundo, antes yo os elegí del mundo, por eso el mundo os aborrece. Acordaos de la palabra que yo os he dicho: El siervo no es mayor que su señor. Si a mí me han perseguido, también a vosotros os perseguirán; si han guardado mi palabra, también guardarán la vuestra. Mas todo esto os harán por causa de mi nombre, porque no conocen al que me ha enviado (Jn. 15:18-21; cp. Mt. 10:24-25).*

No todo creyente morirá como mártir, pero todo seguidor fiel de Jesús amará a Cristo de modo tan pleno que incluso la muerte no es un precio demasiado alto por el gozo eterno. Es inevitable que todos los creyentes sufran en algún grado porque el mundo aborrece a quienes pertenecen a Cristo (2 Ti. 3:12).

En consecuencia, tomar la cruz es una metáfora para estar dispuestos a pagar cualquier precio por el regalo glorioso de vida que Él ofrece (cp. 1 P. 4:12-14). La verdadera conversión hace que la persona vea al Señor Jesús y la esperanza del cielo como algo tan valioso que ningún sacrificio personal es demasiado. El apóstol Pablo lo explicó así a los creyentes en Corinto: "Esta leve tribulación momentánea produce en nosotros un cada vez más excelente y eterno peso de gloria; no mirando nosotros las cosas que se ven, sino las que no se ven; pues las cosas que se ven son temporales, pero las que no se ven son eternas" (2 Co. 4:17-18).

Los que inicialmente profesan a Cristo, pero no están dispuestos a sufrir por su nombre se exponen al hecho de no ser realmente sus discípulos. Según el Señor mismo explicara en la parábola de los terrenos: "estos son asimismo los que fueron sembrados en pedregales: los que cuando han oído la palabra, al momento la reciben con gozo; pero no tienen raíz en sí, sino que son de corta duración, porque cuando viene la tribulación o la persecución por causa de la palabra, luego tropiezan" (Mr. 4:16-17). Por el contrario, quienes soportan pruebas y dificultades por el honor de Cristo demuestran la autenticidad de su fe (1 P. 1:6-7).

Obediencia leal. En tercer lugar, como indica la palabra de Jesús **sígame,** el discipulado requiere obediencia leal y continua al Señor. El verbo traducido **sígame** (una forma del término griego *akoloutheō*) es el mismo que se encuentra en Juan 10:27, donde Jesús describe a los creyentes como su rebaño: "Mis ovejas oyen mi voz, y yo las conozco, y me siguen". Así como las ovejas se someten a la voz de su pastor, los verdaderos creyentes de Cristo se caracterizan por la amorosa obediencia a Él y a su Palabra. El Señor explicó a un grupo de "judíos que habían creído en él: Si vosotros permaneciereis en mi palabra, seréis verdaderamente mis discípulos" (Jn. 8:31)

Al final de su ministerio Jesús reiteró la verdad de que la fe en Él exige sumisión a Él. Con el uso de imágenes similares a este pasaje (Mr. 8:34-38), el Señor declaró: "El que ama su vida, la perderá; y el que aborrece su vida en este mundo, para vida eterna la guardará. Si alguno me sirve, sígame; y donde yo estuviere, allí también estará mi servidor. Si alguno me sirviere, mi Padre le honrará" (Jn. 12:25-26). La noche anterior a su muerte, en el aposento alto con sus discípulos, el Señor les recordó: "Si me amáis, guardad mis mandamientos" (Jn. 14:15), y "el que me ama, mi palabra guardará" (v. 23), y otra vez: "Vosotros sois mis amigos, si hacéis lo que yo os mando" (Jn. 15:14; cp. 14:21, 24; 15:10). Es evidente que Jesús consideraba una vida de obediencia como una realidad no negociable del verdadero discipulado.

El resto del Nuevo Testamento repite ese mismo hecho. Aunque los creyentes no son salvos en base a sus buenas obras (Ef. 2:8-9; Tit. 3:5-7), los que han sido salvados inevitablemente demostrarán el fruto de una vida justa (cp. Mt. 3:8;

Gá. 5:22-23). Por tanto, la obediencia se convierte en una prueba de fuego de la regeneración (cp. Lc. 6:43-45). Así lo explicó el apóstol Juan:

> *Y en esto sabemos que nosotros le conocemos, si guardamos sus mandamientos. El que dice: Yo le conozco, y no guarda sus mandamientos, el tal es mentiroso, y la verdad no está en él; pero el que guarda su palabra, en éste verdaderamente el amor de Dios se ha perfeccionado; por esto sabemos que estamos en él. El que dice que permanece en él, debe andar como él anduvo (1 Jn. 2:3-6; cp. 3:24; 5:3; 2 Jn. 6).*

Quienes viven en obediencia a Cristo demuestran que son realmente sus discípulos. Por el contrario, aquellos que sin arrepentirse persisten en pecar dan evidencia de que no pertenecen a Jesús (cp. 1 Jn. 3:4-10).

Es importante observar que negarse a sí mismo, tomar la cruz, y obedecer no son obras meritorias que de algún modo producen salvación. Tampoco incluyen una lista de pasos secuenciales que deben seguirse para ser salvos del pecado. Más bien, son características intrínsecas de la fe por arrepentimiento y del nuevo nacimiento, que constituyen el regalo de Dios (Ef. 2:8; 2 Ti. 2:25), impartidas por su Espíritu en el momento de la salvación. Dios transforma a aquellos que salva, dándoles un nuevo corazón (cp. Ez. 36:25-27), así que por amor al Salvador se niegan con anhelo a sí mismos, soportan el sufrimiento y se someten de modo obediente a la Palabra de Dios.

LA PARADOJA

Porque todo el que quiera salvar su vida, la perderá; y todo el que pierda su vida por causa de mí y del evangelio, la salvará. Porque ¿qué aprovechará al hombre si ganare todo el mundo, y perdiere su alma? ¿O qué recompensa dará el hombre por su alma? (8:35-37)

El Señor expuso la naturaleza del verdadero discipulado usando una paradoja: **Porque todo el que quiera salvar su vida, la perderá; y todo el que pierda su vida por causa de mí y del evangelio, la salvará.** Quienes no están dispuestos a rendir sus vidas a Cristo, eligiendo en lugar de eso aferrarse al pecado, a la ambición egoísta, y a ser aceptados por el mundo, un día perderán sus almas en la muerte eterna. Pero los que están dispuestos a abandonar todo por el nombre de Cristo recibirán vida eterna. Desde luego, Jesús no estaba sugiriendo que toda forma de sacrificio personal tiene valor espiritual o eterno, sino tan solo aquello que se hace **por causa de** Él **y del evangelio.**

En Mateo 13 el Señor ilustró este paradójico principio con dos parábolas acerca del reino de la salvación:

Además, el reino de los cielos es semejante a un tesoro escondido en un campo, el cual un hombre halla, y lo esconde de nuevo; y gozoso por ello va y vende todo lo que tiene, y compra aquel campo. También el reino de los cielos es semejante a un mercader que busca buenas perlas, que habiendo hallado una perla preciosa, fue y vendió todo lo que tenía, y la compró (Mt. 13:44-46).

Del mismo modo que alguien podría vender todo lo que posee para ganar algo de mayor valor, los creyentes están dispuestos a renunciar a todo para ganar a Cristo y la salvación que solo Él provee. El apóstol Pablo, hablando de las obras de justicia propia que abandonó por causa de Cristo, declaró: "Ciertamente, aun estimo todas las cosas como pérdida por la excelencia del conocimiento de Cristo Jesús, mi Señor, por amor del cual lo he perdido todo, y lo tengo por basura, para ganar a Cristo" (Fil. 3:8).

El Señor continuó planteando dos preguntas retóricas: **Porque ¿qué aprovechará al hombre si ganare todo el mundo, y perdiere su alma? ¿O qué recompensa dará el hombre por su alma?** Obtener todas las riquezas, el respeto y los honores religiosos que esta vida puede ofrecer, pero morir separado de Cristo, es ser eternamente pobre. El mundo y todo lo que contiene es pasajero (1 Jn. 2:17), y pronto será consumido por el fuego (2 P. 3:10-12). Pero el alma de toda persona vivirá para siempre. A los que aceptan gozosamente esa realidad les parece absurdo que alguien pudiera perder la eternidad en el cielo por unas cuantas décadas fugaces de autocomplacencia en esta vida. Sin embargo, eso es lo que la mayoría de personas hace (Mt. 7:13). Tal es el poder de la pecaminosidad humana (cp. Jn. 8:42-47).

En una ocasión distinta, el Señor Jesús ilustró esta verdad con una parábola acerca de un rico insensato que pensaba únicamente en el presente y que no planificó para la eternidad. Lucas informa:

También les refirió una parábola, diciendo: La heredad de un hombre rico había producido mucho. Y él pensaba dentro de sí, diciendo: ¿Qué haré, porque no tengo dónde guardar mis frutos? Y dijo: Esto haré: derribaré mis graneros, y los edificaré mayores, y allí guardaré todos mis frutos y mis bienes; y diré a mi alma: Alma, muchos bienes tienes guardados para muchos años; repósate, come, bebe, regocíjate. Pero Dios le dijo: Necio, esta noche vienen a pedirte tu alma; y lo que has provisto, ¿de quién será? Así es el que hace para sí tesoro, y no es rico para con Dios (Lc. 12:16-21).

Ganar el mundo entero pero rechazar a Cristo es perder el alma en el infierno. Pero renunciar a todo lo que este mundo ofrece por seguir a Cristo es ganar riquezas eternas (cp. Mt. 6:19-21).

EL CASTIGO

Porque el que se avergonzare de mí y de mis palabras en esta generación adúltera y pecadora, el Hijo del Hombre se avergonzará también de él, cuando venga en la gloria de su Padre con los santos ángeles. (8:38)

El propósito de la primera venida de Jesús fue padecer y morir como el único sacrificio por el pecado aceptable a Dios (Mr. 10:45). No obstante, según recordó a su audiencia, vendrá un día futuro en que regresará en triunfo y juicio como soberano único (cp. Ap. 19:11-16). Como Juez divino (Jn. 5:22), Jesucristo es quien determina el destino eterno de toda persona. **Porque el que** rechaza a Cristo y por tanto **se avergonzare de** Él **y de** sus **palabras,** será rechazado por Jesús en el juicio (cp. Mt. 10:32-33). En este contexto **avergonzare** (del verbo griego *epaischunomai*) significa despreciar, rechazar o negarse a aceptar. Las únicas personas que se salvarán son aquellas que se avergüenzan de sí mismas, pero que no se avergüenzan de Él.

Todo pecador debería estar totalmente avergonzado por la maldad de sus pensamientos, palabras y acciones, e incluso por el orgullo y la hipocresía de la arrogancia moral. Según se indicó antes, el evangelio llama a los pecadores a negarse a sí mismos y abandonar el pecado y la justicia propia. Los verdaderos creyentes se caracterizan por el quebrantamiento, la humildad y el dolor que lleva al arrepentimiento. Por el contrario, los no creyentes se avergüenzan, no de sí mismos, sino de Cristo. Les encanta el pecado, por lo que su "gloria es su vergüenza" (Fil. 3:19; cp. Jer. 6:15), su premio es la aprobación de este mundo (Jn. 12:43), y por tanto no están dispuestos a aceptar el sufrimiento intrínseco de seguir a Cristo. Además, no ven la necesidad del evangelio, pues piensan que pueden ganar el cielo mediante una justicia de su propia creación (cp. Ro. 10:3). En consecuencia, encuentran que el mensaje de la cruz es ofensivo y ridículo (1 Co. 1:18, 23).

Aunque el Señor Jesús merecía honor, gloria y adoración, fue rechazado por su propio pueblo (Jn. 1:11). La nación de Israel había esperado anhelante durante siglos la llegada del Señor. Pero cuando Él vino, los dirigentes religiosos y el pueblo se avergonzaron de su propio Mesías. El Señor se refirió a ellos (y a todas las personas similares a ellos) como **esta generación adúltera y pecadora.** Al usar tal descripción Jesús no se estaba refiriendo a adulterio literal, sino a la prostitución espiritual (cp. Is. 57:3-10; Ez. 16:35-36; Os. 2:13). El judaísmo del siglo I había reemplazado a la religión verdadera con tradiciones muertas y legalismo superficial. A pesar de que la nación ya no adoraba ídolos físicos, la religión farisaica había hecho un gran ídolo del sistema rabínico de ceremonias, tradiciones y rituales externos (Mr. 7:6-13; cp. Mt. 23:13-36).

Si alguien se avergüenza de Cristo en esta vida, al igual que hicieron los líderes apóstatas de Israel, **el Hijo del Hombre se avergonzará también de él, cuando venga en la gloria de su Padre con los santos ángeles.** Al usar imágenes del Antiguo Testamento que sus oyentes conocían muy bien, Jesús declaró el aterrador fin que espera a todos los que lo rechazan (cp. Mt. 25:31-46). En Daniel 7:9-14, el profeta relata una poderosa visión de ese juicio futuro:

> *Estuve mirando hasta que fueron puestos tronos, y se sentó un Anciano de días, cuyo vestido era blanco como la nieve, y el pelo de su cabeza como lana limpia; su trono llama de fuego, y las ruedas del mismo, fuego ardiente. Un río de fuego procedía y salía de delante de él; millares de millares le servían, y millones de millones asistían delante de él; el Juez se sentó, y los libros fueron abiertos. Yo entonces miraba a causa del sonido de las grandes palabras que hablaba el cuerno; miraba hasta que mataron a la bestia, y su cuerpo fue destrozado y entregado para ser quemado en el fuego. Habían también quitado a las otras bestias su dominio, pero les había sido prolongada la vida hasta cierto tiempo. Miraba yo en la visión de la noche, y he aquí con las nubes del cielo venía uno como un hijo de hombre, que vino hasta el Anciano de días, y le hicieron acercarse delante de él. Y le fue dado dominio, gloria y reino, para que todos los pueblos, naciones y lenguas le sirvieran; su dominio es dominio eterno, que nunca pasará, y su reino uno que no será destruido.*

Al utilizar el título **Hijo del Hombre** (designación que aplicó a sí mismo más que cualquier otra en los evangelios), Jesús se relacionó directamente con la visión de Daniel. En cumplimiento de esa profecía, un día el Señor Jesús regresará como Rey y Juez (Mr. 14:62). Volverá a la tierra en gloria para establecer su reino sobre todo el mundo. La dura cruz será reemplazada por un trono real. Cuando llegue ese día de juicio final, el Señor destruirá a sus enemigos (2 Ts. 1:7-10) y los arrojará al fuego eterno (cp. Ap. 14:10-11).

El regreso de Cristo es la bendita esperanza de los creyentes, una promesa consoladora que con anhelo desean que se cumpla (Tit. 2:11-14; Ap. 22:20). Mientras tanto, no se avergüenzan de Cristo ni de su Palabra (Ro. 1:16; Fil. 1:20; 2 Ti. 1:12; 1 P. 4:16). Tras haber abandonado el pecado y los esfuerzos personales, y habiendo aceptado totalmente al Señor Jesús en fe, reposan con confianza en el conocimiento de que están perdonados y son redimidos. La maravillosa realidad es que su Salvador tampoco se avergüenza de ellos. El libro de Hebreos revela que Jesús "no se avergüenza de llamarlos hermanos" (He. 2:11), y que "Dios no se avergüenza de llamarse Dios de ellos" (He. 11:16).

La seguridad del juicio final es una realidad aterradora para los incrédulos (He. 10:29-31). Como lo declaran las Escrituras: "Está establecido para los hombres que mueran una sola vez, y después de esto el juicio" (He. 9:27). En ese día los que se negaron a abandonar su pecado o que confiaron en sus propios esfuerzos de justicia serán irrevocable y eternamente condenados al infierno (cp. Mt. 7:21-23; cp. Ap. 20:11-15). Pero aquellos que obedecieron la invitación del evangelio y aceptaron al Señor Jesucristo en fe humilde y de arrepentimiento no serán avergonzados (Ro. 9:33). Al haber abandonado este mundo por causa de Cristo, vivirán con Él para siempre en el mundo venidero. Como lo prometió el Señor mismo al hablar de las glorias de la tierra nueva, "el que venciere heredará todas las cosas, y yo seré su Dios, y él será mi hijo" (Ap. 21:7).

El Hijo revelado

32

También les dijo: De cierto os digo que hay algunos de los que están aquí, que no gustarán la muerte hasta que hayan visto el reino de Dios venido con poder. Seis días después, Jesús tomó a Pedro, a Jacobo y a Juan, y los llevó aparte solos a un monte alto; y se transfiguró delante de ellos. Y sus vestidos se volvieron resplandecientes, muy blancos, como la nieve, tanto que ningún lavador en la tierra los puede hacer tan blancos. Y les apareció Elías con Moisés, que hablaban con Jesús. Entonces Pedro dijo a Jesús: Maestro, bueno es para nosotros que estemos aquí; y hagamos tres enramadas, una para ti, otra para Moisés, y otra para Elías. Porque no sabía lo que hablaba, pues estaban espantados. Entonces vino una nube que les hizo sombra, y desde la nube una voz que decía: Este es mi Hijo amado; a él oíd. Y luego, cuando miraron, no vieron más a nadie consigo, sino a Jesús solo. (9:1-8)

El momento supremo de testimonio en el Evangelio de Marcos llegó en la sección anterior cuando Pedro, en respuesta a la pregunta de Jesús: "Y vosotros, ¿quién decís que soy?", declaró: "Tú eres el Cristo" (8:29). Todo lo que vino en Marcos antes de la declaración de Pedro lleva a este momento supremo; todo lo que sigue después fluye de él. Reconocer que Jesús es "el Cristo [el Mesías], el Hijo del Dios viviente" (Mt. 16:16), es hacer el juicio correcto con relación a Él. En esta sección, la confesión de Pedro se confirma. Lo que afirmó por fe sería verificado mediante la transfiguración del Señor de tal modo que su gloria divina se haría visible.

Tan pronto como Pedro hizo su confesión, Jesús "comenzó a enseñarles que le era necesario al Hijo del Hombre padecer mucho, y ser desechado por los ancianos, por los principales sacerdotes y por los escribas, y ser muerto, y resucitar después de tres días" (v. 31). Horrorizado y consternado, Pedro, en su ignorancia, se atrevió a reconvenir al Señor (v. 32), y a cambio él fue duramente reprendido por Jesús. Le dijo de manera enérgica: "¡Quítate de delante de mí, Satanás! porque no pones la mira en las cosas de Dios, sino en las de los hombres" (v. 33).

Al igual que el resto del pueblo judío, la idea de un Mesías asesinado era incomprensible e inaceptable para los doce. Más tarde en el noveno capítulo,

El Señor **los llevó aparte solos a un monte alto** para orar (Lc. 9:28). Es probable que ese **monte** fuera el monte Hermón (de 3.088 metros de altura), la montaña más elevada en la vecindad de Cesarea de Filipo, donde se llevó a cabo la confesión de Pedro (Mr. 8:27). Algunos han sugerido que se trató del monte Tabor, pero este se encuentra demasiado al sur de la región de Cesarea de Filipo y no es una montaña alta, sino más bien una colina (tiene menos de setecientos metros de altura). En una discreta descripción de la revelación más sorprendente de Dios hasta ese momento, Marcos observa simplemente que Jesús **se transfiguró delante de ellos.** Sucedió mientras los discípulos dormían (Lc. 9:32), muy probablemente de tristeza ante la perspectiva de la muerte del Señor, como más tarde volvería a ser el caso en Getsemaní (Lc. 22:45).

Transfiguró se traduce de una forma del verbo *metamorphoō*, de la que se deriva la palabra "metamorfosis" en español. Aparece cuatro veces en el Nuevo Testamento, siempre en referencia a una transformación radical. Aquí y en Mateo 17:2 describe la transfiguración, mientras que en Romanos 12:2 y 2 Corintios 3:18 se refiere a la transformación que produce la salvación en las vidas de los creyentes. Por supuesto, la naturaleza de Cristo no podía cambiar, solo su apariencia. La gloria brillante de su naturaleza divina resplandeció a través del velo de su humanidad, "la apariencia de su rostro se hizo otra" (Lc. 9:29), "y resplandeció su rostro como el sol" (Mt. 17:2; cp. Ap. 1:16). Además del rostro de Jesús, **sus vestidos se volvieron resplandecientes, muy blancos, como la nieve, tanto que ningún lavador en la tierra los puede hacer tan blancos.** Mateo observa que "sus vestidos se hicieron blancos como la luz" (17:2), mientras que Lucas afirma que "su vestido [se volvió] blanco y resplandeciente [lit. destelló o brilló como un relámpago]" (9:29). Fue esa gloria radiante la que Pedro, Jacobo y Juan vieron cuando despertaron (Lc. 9:32).

Jesús había poseído gloria esencial desde la eternidad (Jn. 17:5), aunque velada hasta este momento. Su gloria se revelará plenamente a todo el mundo en el futuro, en que "aparecerá la señal del Hijo del Hombre en el cielo; y entonces lamentarán todas las tribus de la tierra, y verán al Hijo del Hombre viniendo sobre las nubes del cielo, con poder y gran gloria" (Mt. 24:30; cp. 25:31 y la descripción de ese acontecimiento en Ap. 19:11-16).

LA ASOCIACIÓN DE LOS SANTOS

Y les apareció Elías con Moisés, que hablaban con Jesús. (9:4)

Elías y **Moisés** existían como espíritus glorificados en el cielo (He. 12:23), en espera de la resurrección de sus cuerpos al final de la tribulación futura (Dn. 12:1-2), pero aparecieron en cuerpos visibles y gloriosos (Lc. 9:31). Es evidente que, o recibieron temporalmente esos cuerpos para esta ocasión, o Dios les otorgó temprano sus cuerpos resucitados permanentes. Por supuesto, los apóstoles no habrían reconocido a los dos hombres glorificados, por tanto ellos mismos debieron presentarse o los presentó el Señor.

Cuando los discípulos despertaron por completo (Lc. 9:32) se dieron cuenta de que Elías y Moisés **hablaban con Jesús** acerca de la muerte de Él (Lc. 9:31). Según se indicó antes, la muerte de Cristo es la verdad por la cual la transfiguración estaba destinada a preparar a los discípulos. Jesús iba a morir, pero eso no podía negar el plan de Dios y la gloria que había de venir. El testimonio de estos dos importantes hombres confirmó la realidad de que el Señor Jesús iba a morir.

Moisés fue el líder más honrado en la historia de Israel, que guió el éxodo de Egipto cuando Dios rescató del cautiverio a la nación. Aunque tenía la autoridad de un rey, nunca tuvo un trono. Actuó como profeta, proclamando la verdad de Dios a la nación, y como sacerdote, intercediendo delante de Dios a favor de su pueblo. Moisés fue el autor humano del Pentateuco, y el agente a través del cual Dios entregó su santa ley.

Si bien Moisés fue el dador de la ley, Elías fue su guardián principal y luchó contra toda violación de la misma. Batalló con valor y poderosas advertencias de juicio contra la idolatría de Israel. Su predicación fue validada por milagros (1 R. 17—19; 2 R. 1—2), como Moisés había hecho en Egipto y durante los cuarenta años de Israel en el desierto. No hubo legislador como Moisés ni profeta que se comparara con Elías. Ellos son los más confiables testigos del sufrimiento y la gloria de Cristo. Nada pudo haber dado a los apóstoles más seguridad y confianza en que la muerte de Jesús cumpliría el propósito de Dios que oírlo de labios de Moisés y Elías.

LA SUGERENCIA DE LOS DURMIENTES

Entonces Pedro dijo a Jesús: Maestro, bueno es para nosotros que estemos aquí; y hagamos tres enramadas, una para ti, otra para Moisés, y otra para Elías. Porque no sabía lo que hablaba, pues estaban espantados. (9:5-6)

Sin poder permanecer callado a pesar de la reciente reprimenda que recibió (Mr. 8:32-33), Pedro interrumpió la conversación entre Jesús, Moisés, y Elías, declarando: **Maestro, bueno es para nosotros que estemos aquí.** Mateo relata que Pedro se dirigió a Jesús como "Señor" (17:4); Lucas también se dirigió a Él como **Maestro** (9:33). El uso que Pedro hace de dos títulos da a entender que repitió su solicitud, y de lo abrumados y humillados que estaban él y los demás. El temor santo se mezcló con estimulante admiración en esta experiencia gloriosa e incomprensible. La sugerencia de Pedro, **hagamos tres enramadas, una para ti, otra para Moisés, y otra para Elías,** refleja el tenaz deseo del apóstol de que el sufrimiento de la cruz se evitara. Quiso que los tres permanecieran allí de modo permanente en sus estados gloriosos, y que establecieran el reino en el acto. Según el relato de Lucas, Pedro habló cuando Moisés y Elías comenzaron a apartarse, con lo que veía escaparse su sueño de ver el reino establecido, e hizo un último y desesperado intento por impedir que eso ocurriera. Sin embargo, **no sabía lo que hablaba, pues estaban espantados.** El temor de Pedro lo llevó a expresar lo que predominaba en su mente pues, según añade Lucas, no sabía lo que estaba diciendo (Lc. 9:33).

Varias cosas motivaron la sugerencia de Pedro. Todo el tiempo había querido ver el reino establecido, y la promesa de Jesús en el versículo 1: "De cierto os digo que hay algunos de los que están aquí, que no gustarán la muerte hasta que hayan visto el reino de Dios venido con poder", le había intensificado la esperanza de que pronto dicho reino se establecería. Tal esperanza alcanzó su nivel máximo cuando despertó para ver a Jesús en un estado transfigurado con Moisés y Elías presentes en forma glorificada. Sin duda alguna esos dos profetas guiarían al pueblo de Israel al reino, y Elías estaba asociado con la venida del reino (Mal. 3:1; 4:5-6; véase el estudio de 9:9-13 en el capítulo 33 de esta obra). Lo oportuno del momento de este suceso avivó las esperanzas de Pedro. La transfiguración se llevó a cabo en el mes de Tishrei, seis meses antes de la Pascua. En ese tiempo se estaba celebrando la fiesta de los tabernáculos (o enramadas), que conmemoraba la salida de Egipto. Pedro pudo haber razonado: ¿Habrá mejor momento para que el Mesías saque a su pueblo de la esclavitud del pecado y lo lleve a su reino justo, que durante la fiesta de los tabernáculos (Zac. 14:16-19)?

LA CORRECCIÓN DEL SOBERANO

Entonces vino una nube que les hizo sombra, y desde la nube una voz que decía: Este es mi Hijo amado; a él oíd. Y luego, cuando miraron, no vieron más a nadie consigo, sino a Jesús solo. (9:7-8)

Interrumpiendo la interrupción que Pedro les hiciera a Jesús, Moisés, y Elías, Dios llegó. **Entonces vino una nube** brillante, que señalaba la gloriosa presencia divina, y **les hizo sombra.** Cuando **desde la nube** salió **una voz que decía: Este es mi Hijo amado,** (Lc. 9:35; Mt. 17:5), **a él oíd,** los discípulos "se postraron sobre sus rostros, y tuvieron gran temor" (Mt. 17:6). La orden del Padre de que escucharan al Hijo fue un reproche directo para Pedro, y le ordenaba tanto a él como a los otros a permanecer en silencio y escuchar lo que Jesús tenía que decir en cuanto a su muerte.

Cuando el Padre terminó de hablar, "Jesús se acercó y los tocó, y dijo: Levantaos, y no temáis" (Mt. 17:7). **Y luego, cuando miraron, no vieron más a nadie**

consigo, sino a Jesús solo. El anticipo del reino había acabado; no se iba a establecer en ese momento. Lo que acababan de presenciar no fue una visión de la mente, sino una experiencia de la presencia real de Dios sin precedentes desde que Adán y Eva la percibieran en el huerto del Edén antes de la caída. Aunque no sin más dudas y malentendidos, los discípulos seguirían a Jesús hasta la cruz y después dedicarían el resto de sus vidas a predicar "a Cristo crucificado, para los judíos ciertamente tropezadero, y para los gentiles locura" (1 Co. 1:23; cp. 2:2; Gá. 3:1).

Al igual que su Señor, los cristianos padeceremos por causa del evangelio antes de experimentar la gloria del cielo, pues "es necesario que a través de muchas tribulaciones entremos en el reino de Dios" (Hch. 14:22). "Si... padecemos juntamente con él... juntamente con él [seremos] glorificados" (Ro. 8:17), porque "también todos los que quieren vivir piadosamente en Cristo Jesús padecerán persecución" (2 Ti. 3:12). Sin embargo, debemos gozarnos "por cuanto [somos] participantes de los padecimientos de Cristo, para que también en la revelación de su gloria [nos gocemos] con gran alegría" (1 P. 4:13), pues sabemos que "nuestra ciudadanía está en los cielos, de donde también esperamos al Salvador, al Señor Jesucristo; el cual transformará el cuerpo de la humillación nuestra, para que sea semejante al cuerpo de la gloria suya, por el poder con el cual puede también sujetar a sí mismo todas las cosas" (Fil. 3:20-21).

¿Cuándo viene Elías? 33

Y descendiendo ellos del monte, les mandó que a nadie dijesen lo que habían visto, sino cuando el Hijo del Hombre hubiese resucitado de los muertos. Y guardaron la palabra entre sí, discutiendo qué sería aquello de resucitar de los muertos. Y le preguntaron, diciendo: ¿Por qué dicen los escribas que es necesario que Elías venga primero? Respondiendo él, les dijo: Elías a la verdad vendrá primero, y restaurará todas las cosas; ¿y cómo está escrito del Hijo del Hombre, que padezca mucho y sea tenido en nada? Pero os digo que Elías ya vino, y le hicieron todo lo que quisieron, como está escrito de él. (9:9-13)

La característica distintiva de la verdadera Iglesia de Jesucristo es la proclamación de la cruz y la resurrección de Cristo. Eso ha sido así desde el principio, ya que esas dos verdades fueron el tema constante de los predicadores apostólicos que comenzó en el día de Pentecostés.

En Hechos 3:18 Pedro declaró al pueblo judío: "Dios ha cumplido así lo que había antes anunciado por boca de todos sus profetas, que su Cristo había de padecer". Pablo pasó tres días de reposo en Tesalónica "declarando y exponiendo por medio de las Escrituras, que era necesario que el Cristo padeciese, y resucitase de los muertos; y que Jesús, a quien yo os anuncio, decía él, es el Cristo" (Hch. 17:3). A los corintios escribió:

> *Porque la palabra de la cruz es locura a los que se pierden; pero a los que se salvan, esto es, a nosotros, es poder de Dios... Porque los judíos piden señales, y los griegos buscan sabiduría; pero nosotros predicamos a Cristo crucificado, para los judíos ciertamente tropezadero, y para los gentiles locura; mas para los llamados, así judíos como griegos, Cristo poder de Dios, y sabiduría de Dios (1 Co. 1:18, 22-24).*

La resurrección siguió necesariamente a la cruz. En su sermón en el día de Pentecostés, Pedro declaró lleno de valor: "A este Jesús resucitó Dios, de lo cual todos nosotros somos testigos" (Hch. 2:32). Los dirigentes religiosos judíos estaban "resentidos de que enseñasen al pueblo, y anunciasen en Jesús la resurrección de entre los muertos" (Hch. 4:2). En Hechos 4:33 Lucas observa que "con gran poder los apóstoles daban testimonio de la resurrección del Señor Jesús, y abundante gracia era sobre todos ellos". A los filósofos paganos en Atenas,

Pablo "les predicaba el evangelio de Jesús, y de la resurrección" (Hch. 17:18; cp. v. 32). En su juicio ante Agripa, Pablo testificó de su convicción acerca de "que el Cristo había de padecer, y ser el primero de la resurrección de los muertos, para anunciar luz al pueblo y a los gentiles" (Hch. 26:23). Resumiendo la importancia vital de la resurrección de Cristo, el apóstol escribió:

> *Pero si se predica de Cristo que resucitó de los muertos, ¿cómo dicen algunos entre vosotros que no hay resurrección de muertos? Porque si no hay resurrección de muertos, tampoco Cristo resucitó. Y si Cristo no resucitó, vana es entonces nuestra predicación, vana es también vuestra fe. Y somos hallados falsos testigos de Dios; porque hemos testificado de Dios que él resucitó a Cristo, al cual no resucitó, si en verdad los muertos no resucitan. Porque si los muertos no resucitan, tampoco Cristo resucitó; y si Cristo no resucitó, vuestra fe es vana; aún estáis en vuestros pecados. Entonces también los que durmieron en Cristo perecieron. Si en esta vida solamente esperamos en Cristo, somos los más dignos de conmiseración de todos los hombres. Mas ahora Cristo ha resucitado de los muertos; primicias de los que durmieron es hecho (1 Co. 15:12-20).*

No hay salvación aparte de esas dos realidades básicas, porque solamente "si confesares con tu boca que Jesús es el Señor, y creyeres en tu corazón que Dios le levantó de los muertos, serás salvo" (Ro. 10:9).

No obstante, antes de la cruz los seguidores de Cristo encontraron repulsiva, desagradable e inaceptable la idea de la muerte de Jesús. Cuando Él "comenzó a enseñarles que le era necesario al Hijo del Hombre padecer mucho, y ser desechado por los ancianos, por los principales sacerdotes y por los escribas, y ser muerto, y resucitar después de tres días... Pedro le tomó aparte y comenzó a reconvenirle" (Mr. 8:31-32). Como indicamos en el capítulo anterior de esta obra, en la transfiguración Pedro quería que el Señor pasara por alto la cruz y estableciera el reino de inmediato. Más tarde Jesús "enseñaba a sus discípulos, y les decía: El Hijo del Hombre será entregado en manos de hombres, y le matarán; pero después de muerto, resucitará al tercer día. Pero ellos no entendían esta palabra, y tenían miedo de preguntarle" (Mr. 9:31-32). Cuando se acercaban a Jerusalén para la Semana Santa, Jesús les dijo a los discípulos:

> *He aquí subimos a Jerusalén, y el Hijo del Hombre será entregado a los principales sacerdotes y a los escribas, y le condenarán a muerte, y le entregarán a los gentiles; y le escarnecerán, le azotarán, y escupirán en él, y le matarán; mas al tercer día resucitará (Mr. 10:33-34).*

Sin embargo, los apóstoles hicieron caso omiso a esa enseñanza y se mantuvieron enfocados en la gloria del reino, como indica la petición de Jacobo y Juan por lugares de prominencia en el reino (vv. 35-40). La transfiguración añadió a ese enfoque resuelto sobre el reino prometido porque Pedro, Jacobo y Juan vieron a Jesús en su gloria *shejiná* junto a Moisés y Elías en cuerpos glorificados.

En la manera de pensar de los discípulos no había lugar para un Mesías muerto y resucitado. Creían aquello que los escribas habían enseñado al pueblo y, por tanto, tenían la misma creencia que el pueblo. Según ellos, el Mesías vendría para vencer y juzgar a sus enemigos, para traer salvación al pueblo judío, y para elevar a Israel a la supremacía mundial. Después de destruir a todos los enemigos de Israel y de Dios, establecería su reino terrenal de justicia, paz y conocimiento. Él sería adorado, derramaría bendiciones divinas sobre el mundo, y aplastaría toda apariencia de maldad. Por tanto, cuando los discípulos oyeron a Jesús hablar repetidas veces de que iba a sufrir, ser arrestado, maltratado y asesinado, y que luego iba a resucitar, no podían aceptarlo. Esto era una piedra de tropiezo para ellos, un pensamiento aterrador y profundamente perturbador.

Sin embargo, cada vez se hacía más evidente para los seguidores de Cristo que las cosas no iban a ocurrir de acuerdo con sus expectativas y esperanzas mesiánicas. Los dirigentes judíos (que se suponía eran los mejor calificados para reconocer al Mesías) habían rechazado a Jesús (Jn. 7:48; 8:45-46) y lo buscaban para matarlo (Jn. 5:18; 7:1, 25; 11:53). La gente, aunque curiosa en cuanto e Él, en gran manera no estaba convencida ni convertida, por lo que instigó a uno de los seguidores de Jesús a preguntar: "Señor, ¿son pocos los que se salvan?" (Lc. 13:23). Muchos seguidores superficiales estaban abandonándolo, por no querer negarse a sí mismos, sufrir por causa del nombre de Jesús, y obedecer por completo (Lc. 9:23; cp. 6:46; Mt. 7:21; Jn. 6:66). La transfiguración ayudó a mitigar el impacto y la desilusión de los discípulos ante la posibilidad de la muerte del Señor, dándoles a tres de ellos un anticipo de la gloria venidera.

Este pasaje da a conocer que después de la transfiguración Jesús seguía comunicando a sus discípulos la importancia de su muerte. El pasaje contiene tres características: la prohibición de Cristo, las profecías de las Escrituras, y el anticipo de Juan el Bautista.

LA PROHIBICIÓN DE CRISTO

Y descendiendo ellos del monte, les mandó que a nadie dijesen lo que habían visto, sino cuando el Hijo del Hombre hubiese resucitado de los muertos. Y guardaron la palabra entre sí, discutiendo qué sería aquello de resucitar de los muertos. (9:9-10)

En el inicio de esta sección, Pedro, Jacobo y Juan estaban **descendiendo del monte** con Jesús. Acababan de tener la experiencia que los llenó de gozo santo y los llevó a postrarse sobre sus rostros (Mt. 17:6), abrumados por la gloriosa presencia de Dios (cp. Jue. 13:20-22; 1 Cr. 21:16; Ez. 1:28; 3:23; 43:3; Hch. 22:7; Ap. 1:17). Después que todo terminara, Jesús los tranquilizó de manera compasiva (Mt. 17:7) y los llevó a la parte baja **del monte.** Al bajar los tres discípulos intentaban procesar el significado de la majestuosa pero impresionante escena que acababan de presenciar. Sin habla al principio, aún estaban sobrecogidos de asombro y terror, no del todo diferente a Moisés, cuyo rostro brillaba después de ver la gloria de Dios (Éx. 34:29-30, 35). La fe de ellos en Jesús había sido confirmada por lo que habían visto y oído, y los convenció de que Él era el Mesías e Hijo de Dios. Nunca volverían a ser sacudidos en su confianza en cuanto a la identidad de Jesús. La fe de ellos sería probada por lo que le ocurrió a Él en su arresto, juicio y muerte, y de modo temporal lo abandonarían y negarían (Mr. 14:50, 66-72). Pero ninguna amenaza, desilusión, humillación, deshonra o sufrimiento de parte de Jesús o de ellos los haría dudar de que Él era el Mesías e Hijo de Dios.

Mientras Pedro, Jacobo y Juan descendían tal vez trataban de expresar sus respuestas cuando Jesús **les mandó que a nadie dijesen lo que habían visto, sino cuando el Hijo del Hombre hubiese resucitado de los muertos.** Tales órdenes del Señor de permanecer callados no eran desacostumbradas (cp. Mr. 5:43; 7:36; 8:30). Al igual que en esta ocasión, el propósito de estas órdenes era evitar la proclamación de un evangelio incompleto. La verdad central del evangelio es la muerte y resurrección de Jesucristo, no que Él sanara enfermos, resucitara muertos, o manifestara gloria divina. Difundir tales cosas pudo haber desviado la atención de las personas acerca del próximo sufrimiento de Cristo, y haber avivado las llamas de la expectativa mesiánica (cp. Jn. 6:14-15). Después que **el Hijo del Hombre hubiese resucitado de los muertos,** sería obvio que Él había venido para morir y, por tanto, vencer el pecado y la muerte, no a los romanos. A diferencia de otros a los que Jesús dio instrucciones similares (cp. Mr. 1:40-45; 7:36), los discípulos "callaron, y por aquellos días no dijeron nada a nadie de lo que habían visto" (Lc. 9:36).

Al instante los tres **guardaron entre sí la palabra** del Señor, **discutiendo qué sería aquello de resucitar de los muertos.** Desde luego, no es que no supieran qué era una resurrección. Ya habían visto a Jesús resucitar de los muertos a personas (Mt. 11:5; cp. Mt. 9:24-25; Lc. 7:14-15; Jn. 11:43-44) e incluso lo habían hecho ellos mismos (Mt. 10:8). Por el Antiguo Testamento, los discípulos también entendían que habría una resurrección general (Job 19:26-27; Dn. 12:1-2). El debate que estaban teniendo no era sobre la naturaleza de la resurrección en general, sino acerca de la resurrección de Jesús en particular. Estaban confundidos en cuanto a esa muerte y resurrección, que de ninguna manera encajaban en el punto de vista que tenían de la misión del Mesías. Tratar de comprender tales sucesos se convirtió en su tema de pensamiento, y en consecuencia en su tema de conversación. Los discípulos creían que esto ocurriría pronto, seguramente durante la vida de ellos, porque se les permitía hablar al respecto después que estas cosas ocurrieran. Estaban tratando de ajustar la muerte y resurrección de Jesús dentro de su creencia de que el reino era inminente, lo cual siguieron creyendo incluso después que estos acontecimientos se llevaran a cabo. En algún momento durante los cuarenta días entre la resurrección y la ascensión de Cristo, un tiempo que Él pasó "hablándoles acerca del reino de Dios" (Hch. 1:3), los discípulos le preguntaron con interés: "Señor, ¿restaurarás el reino a Israel en este tiempo?" (v. 6). Esa pregunta, aunque equivocada, era comprensible. Así escribí en mi comentario sobre ese versículo:

> Después de todo, aquí estaba el Mesías resucitado hablándoles acerca de su reino. Ellos no conocían ninguna razón para que el reino no se pudiera establecer de inmediato, puesto que la obra mesiánica señalaba que el final de la era había llegado. Se debe recordar que el intervalo entre las dos venidas del Mesías no se enseñó explícitamente en el Antiguo Testamento. Los discípulos en el camino a Emaús se desilusionaron en gran manera porque Jesús no redimió a Israel ni estableció su reino (Lc. 24:21). Además, los apóstoles sabían que Ezequiel 36 y Joel 2 relacionaban la venida del reino con el derramamiento del Espíritu que Jesús les acababa de prometer. Es comprensible que esperaran que la llegada del reino fuera inminente. Sin duda fue por este reino que habían esperado desde la primera vez que se unieron a Jesús. Habían experimentado una espiral de esperanza y duda que ahora sentían que podría acabar (John MacArthur, *Comentario MacArthur del Nuevo Testamento: Hechos* [Grand Rapids: Portavoz, 2014], p. 25).

LAS PROFECÍAS DE LAS ESCRITURAS

Y le preguntaron, diciendo: ¿Por qué dicen los escribas que es necesario que Elías venga primero? Respondiendo él, les dijo: Elías a la verdad vendrá primero, y restaurará todas las cosas; ¿y cómo está escrito del Hijo del Hombre, que padezca mucho y sea tenido en nada? (9:11-12)

Los discípulos aún no estaban listos para aceptar la necesidad del sufrimiento y la muerte de Cristo. Seguían confundidos y esperando la inmediata manifestación de la gloria del Señor y el establecimiento de su reino, lo cual supusieron que vendría inmediatamente después de su muerte y resurrección. Eso los llevó a preguntar a Jesús: **¿Por qué dicen los escribas** (los expertos en la ley) **que es necesario que Elías venga primero?**; es decir, antes de la venida del Mesías.

La pregunta era buena, basada en un entendimiento exacto del Antiguo Testamento. A través del profeta Malaquías, Dios expresó: "He aquí, yo envío mi mensajero, el cual preparará el camino delante de mí; y vendrá súbitamente a su templo el Señor a quien vosotros buscáis, y el ángel del pacto, a quien deseáis vosotros. He aquí viene, ha dicho Jehová de los ejércitos" (Mal. 3:1). En el antiguo Cercano Oriente los reyes y gobernantes eran precedidos por un heraldo, o precursor que era responsable de asegurarse que todo estaba preparado para la llegada del monarca. Isaías describe la obra de tal precursor en Isaías 40:3-4:

> *Voz que clama en el desierto: Preparad camino a Jehová; enderezad calzada en la soledad a nuestro Dios. Todo valle sea alzado, y bájese todo monte y collado; y lo torcido se enderece, y lo áspero se allane.*

Antes de la llegada del Mesías vendría un mensajero, "aquel de quien habló el profeta Isaías, cuando dijo: Voz del que clama en el desierto: Preparad el camino del Señor, enderezad sus sendas" (Mt. 3:3). Ese mensajero se identifica más en Malaquías 4:5-6 como "el profeta Elías" (v. 5).

Antes del día del Señor, del juicio final de los impíos y del establecimiento del reino, Elías vendrá. Él restaurará la nación llamando al pueblo al arrepentimiento, y el remanente creerá y escapará a la maldición. Elías reunirá al pueblo alrededor de la fe en el Dios verdadero y vivo (Mal. 4:6).

Los discípulos estaban convencidos de que Jesús era el Mesías. Pero siendo ese el caso, ¿dónde estaba Elías? ¿Por qué no estaba presente, realizando todos los deberes que según la tradición efectuaría a fin de preparar al pueblo para la venida del Mesías? ¿No debería él haber precedido la llegada del Señor? Jesús contestó: **Elías a la verdad vendrá primero, y restaurará todas las cosas.** Ellos tenían razón; Elías viene antes que el Mesías y le prepara **todas las cosas.**

No obstante, había algo que los discípulos pasaron por alto. Jesús preguntó: **¿y cómo está escrito del Hijo del Hombre** (título mesiánico tomado de Dn. 7:13), **que padezca mucho y sea tenido en nada?** Ellos le preguntaron cómo podía ser el Mesías si Elías no había venido; Él a su vez les preguntó cómo podía ser el Mesías si no padeciera de acuerdo con lo que el Antiguo Testamento predecía (cp. Sal. 22; 69; Is. 53; Zac. 12:10).

Ambas profecías se cumplirán; Elías vendrá, y el Mesías sufrirá, ya que "la Escritura no puede ser quebrantada" (Jn. 10:35).

EL ANTICIPO DE JUAN EL BAUTISTA

Pero os digo que Elías ya vino, y le hicieron todo lo que quisieron, como está escrito de él. (9:13)

La declaración definitiva de Jesús, **pero os digo que Elías ya vino,** debió haber sorprendido y desconcertado a los discípulos, dejándolos aún más confundidos de lo que ya estaban. Sin embargo, literalmente Elías no había regresado; el Señor se estaba refiriendo a aquel que vino "con el espíritu y el poder de Elías" (Lc. 1:17): Juan el Bautista. Hubo sorprendente similitudes entre los dos profetas, incluso su apariencia física (cp. 2 R. 1:8 con Mr. 1:6) y su predicación poderosa y tajante. No obstante, cuando los dirigentes judíos le preguntaron: "¿Eres tú Elías?". Juan contestó: "No soy" (Jn. 1:21).

Aunque ahora los discípulos se dieron cuenta de que Jesús se estaba refiriendo a Juan el Bautista (Mt. 17:13), Israel no había reconocido la importancia de Juan (Mt. 17:12) **y le hicieron todo lo que quisieron, como está escrito de él.** Los dirigentes religiosos lo rechazaron (Mt. 21:25; Lc. 7:33), y Herodes lo encarceló y lo mató (Mr. 6:17-29), suerte destinada para Elías (1 R. 19:1-10). Ninguna profecía específica del Antiguo Testamento predijo la muerte del precursor del Mesías, por lo que la frase **como está escrito de él** se entiende mejor como habiéndose cumplido típicamente en Juan.

Si Israel hubiera comprendido quién era Juan y hubiera aceptado su mensaje, él en realidad habría sido el Elías que había de venir (Mt. 11:14). Pero puesto que no sucedió así, Juan fue un anticipo de otro que vendrá en el espíritu y el poder de Elías antes de la segunda venida (posiblemente como uno de los dos testigos; cp. Ap. 11:3-12).

El patrón bíblico es claro. Elías fue rechazado y perseguido; el precursor del Mesías, quien vino con el espíritu y el poder de Elías, fue rechazado y asesinado, y el Mesías mismo fue rechazado y asesinado. Sin embargo, en el futuro el Elías profetizado vendrá, el Señor Jesucristo regresará, y el reino será establecido.

Todo es posible

34

Cuando llegó a donde estaban los discípulos, vio una gran multitud alrededor de ellos, y escribas que disputaban con ellos. Y en seguida toda la gente, viéndole, se asombró, y corriendo a él, le saludaron. Él les preguntó: ¿Qué disputáis con ellos? Y respondiendo uno de la multitud, dijo: Maestro, traje a ti mi hijo, que tiene un espíritu mudo, el cual, dondequiera que le toma, le sacude; y echa espumarajos, y cruje los dientes, y se va secando; y dije a tus discípulos que lo echasen fuera, y no pudieron. Y respondiendo él, les dijo: ¡Oh generación incrédula! ¿Hasta cuándo he de estar con vosotros? ¿Hasta cuándo os he de soportar? Traédmelo. Y se lo trajeron; y cuando el espíritu vio a Jesús, sacudió con violencia al muchacho, quien cayendo en tierra se revolcaba, echando espumarajos. Jesús preguntó al padre: ¿Cuánto tiempo hace que le sucede esto? Y él dijo: Desde niño. Y muchas veces le echa en el fuego y en el agua, para matarle; pero si puedes hacer algo, ten misericordia de nosotros, y ayúdanos. Jesús le dijo: Si puedes creer, al que cree todo le es posible. E inmediatamente el padre del muchacho clamó y dijo: Creo; ayuda mi incredulidad. Y cuando Jesús vio que la multitud se agolpaba, reprendió al espíritu inmundo, diciéndole: Espíritu mudo y sordo, yo te mando, sal de él, y no entres más en él. Entonces el espíritu, clamando y sacudiéndole con violencia, salió; y él quedó como muerto, de modo que muchos decían: Está muerto. Pero Jesús, tomándole de la mano, le enderezó; y se levantó. Cuando él entró en casa, sus discípulos le preguntaron aparte: ¿Por qué nosotros no pudimos echarle fuera? Y les dijo: Este género con nada puede salir, sino con oración y ayuno. (9:14-29)

La vida cristiana es una vida de fe. Pablo escribió a los corintios que como creyentes "por fe andamos, no por vista" (2 Co. 5:7). El apóstol declaró a lo gálatas: "lo que ahora vivo en la carne, lo vivo en la fe del Hijo de Dios" (Gá. 2:20). Fe es "la certeza de lo que se espera, la convicción de lo que no se ve" (He. 11:1), "pero sin fe es imposible agradar a Dios" (v. 6). Jesús le dijo a Tomás: "Porque me has visto, Tomás, creíste; bienaventurados los que no vieron, y creyeron" (Jn. 20:29), mientras que Pedro les recordó a sus lectores: "A quien amáis sin haberle visto, en quien creyendo, aunque ahora no lo veáis, os alegráis con gozo inefable y glorioso" (1 P. 1:8).

Los cristianos confían en Dios a quien no han visto, en Cristo a quien no han visto, y en el Espíritu Santo a quien no han visto; aceptan la muerte y resurrección que no han visto; confían en una justificación que no han visto; y esperan una vida eterna en un cielo que no han visto. Los creyentes son salvos por fe, santificados por fe, y mantienen la esperanza de gloria por fe. Esa fe no es perfecta, pero es suficiente... no debido a capacidad humana, sino porque es un regalo de Dios (Ef. 2:8-9). No se trata de una fe ciega, sino de una fe probada y anclada en el testimonio de la Palabra de Dios, la cual es "la palabra profética más segura" (2 P. 1:19; cp. Mt. 5:18; 24:35; Lc. 16:29-31) y "la palabra de su gracia, que tiene poder para sobreedificaros y daros herencia con todos los santificados" (Hch. 20:32).

Los discípulos habían caminado por vista durante más de dos años. Habían estado realmente en la presencia de Jesús el Hijo de Dios. Le habían visto reaccionar ante personas y situaciones, habían oído su enseñanza, y habían sido testigos de sus milagros. Habían vivido por vista; pero muy pronto tendrían que vivir por fe. Después de la muerte de Jesús, los discípulos tendrían siempre el recuerdo de lo que habían visto. Ese recuerdo sería enriquecido y reforzado por medio del Espíritu de Dios, permitiéndoles a ellos y sus colaboradores dejar constancia de lo que habían presenciado en los evangelios, y explicarlo con más detalle en las epístolas que escribieron. Pero Jesús ya no estaría físicamente presente con ellos. Les hablaría a través de su Palabra, la Biblia, y les daría poder en el Espíritu Santo.

A medida que el Señor se dirigía sin vacilar hacia Jerusalén y hacia su muerte, resurrección y ascensión, enseñaba a sus discípulos una serie de lecciones diseñadas como preparación para que ministraran en su ausencia. Esas lecciones estaban delimitadas por enseñanzas sobre la fe, de las cuales la que leemos en este pasaje fue la primera. El Señor también les enseñó acerca de la humildad, los agravios, la gravedad del pecado, el matrimonio y el divorcio, el lugar de los niños en el reino, las riquezas terrenales, la verdadera riqueza, el servicio sacrificial, y luego una lección final sobre la fe.

Jesús no estaba presente cuando comenzó este incidente, por lo que los discípulos fueron retados a caminar por fe, no por vista, y fallaron. Ellos estaban todavía en proceso de formación, caracterizado por falta de entendimiento y una fe superficial. En Marcos 8:17 el Señor los había reprendido: "¿No entendéis ni comprendéis? ¿Aún tenéis endurecido vuestro corazón?", y les reiteró en el versículo 21: "¿Cómo aún no entendéis?".

Mateo (17:14-20) y Lucas (9:37-45) también narran este incidente. El relato de Marcos es más detallado, quizás porque Pedro, la fuente de Marcos para gran parte del material de su evangelio y testigo presencial de este incidente, proporcionó muchos de los dramáticos detalles. Este episodio sucedió a continuación de la transfiguración, y los contrastes entre los dos sucesos son sorprendentes. La transfiguración sucedió en un monte; este incidente ocurrió abajo en el valle. En la transfiguración hubo gloria; aquí hubo sufrimiento. En la transfiguración Dios dominó el escenario; aquí fue Satanás quien lo hizo. En la transfiguración el Padre celestial fue complacido; en este incidente un padre terrenal estaba atormentado. En la transfiguración había un Hijo perfecto; aquí había un hijo perverso. En la transfiguración hombres caídos quedaron en santo asombro; en esta historia hubo un hijo caído en horror malvado.

Esta escena, una de las más impresionantes en el Nuevo Testamento, puede verse bajo cinco encabezados: posesión demoníaca, perversidad de los discípulos, súplica desesperada, poder divino y oración determinante.

POSESIÓN DEMONÍACA

Cuando llegó a donde estaban los discípulos, vio una gran multitud alrededor de ellos, y escribas que disputaban con ellos. Y en seguida toda la gente, viéndole, se asombró, y corriendo a él, le saludaron. Él les preguntó: ¿Qué disputáis con ellos? Y respondiendo uno de la multitud, dijo: Maestro, traje a ti mi hijo, que tiene un espíritu mudo, el cual, dondequiera que le toma, le sacude; y echa espumarajos, y cruje los dientes, y se va secando; (9:14-18*a*)

Después de la transfiguración, Jesús, Pedro, Jacobo y Juan bajaron del monte **a donde estaban** los otros nueve apóstoles y demás seguidores y **los discípulos** del Señor que se habían quedado en el valle. Tal como Moisés bajó de la presencia de Dios en el monte Sinaí ante el pueblo infiel de Israel, así también Jesús bajó de estar en la presencia de Dios en el monte de la transfiguración para encontrar personas sin fe que le esperaban. **Cuando llegó, vio una gran multitud** que se había reunido **alrededor de** los discípulos, esperando que Jesús estuviera con ellos. También había allí algunos **escribas** de la región vecina que como siempre estaban siguiéndole los pasos a Jesús, y buscando algo que pudieran usar para desacreditarlo (cp. 3:1-2; Lc. 11:53-54; 14:1). Puesto que el Señor no estaba allí, los escribas **disputaban con** los discípulos del Señor. Estos se hallaban solos, y como resultado las cosas no habían ido bien.

Cuando Jesús y los tres apóstoles llegaron al valle, las personas los divisaron al instante. **Y en seguida toda la gente, viéndole, se asombró, y corriendo a él, le saludaron.** La palabra griega traducida **asombró** es un fuerte término compuesto que ha llevado a algunos a especular que Jesús estaba transpirando un resplandor de su transfiguración (cp. Éx. 34:29-35). Sin embargo, ese no fue el caso, ya que habría contradicho la orden que les dio a los discípulos de no decir nada de lo que había ocurrido en el monte (cp. el estudio de Mr. 9:9 en el capítulo anterior de esta obra). A la luz de esa prohibición, Jesús nunca habría hecho evidente ese acontecimiento sobrenatural. La multitud estaba asombrada como siempre ocurría al estar en su presencia (cp. Mt. 9:33; 12:23; Mr. 2:12), porque Jesús era el hacedor de milagros, aquel que realizaba señales, maravillas y curaciones.

Al llegar en defensa de sus discípulos, Jesús **les preguntó: ¿Qué disputáis con ellos?** La palabra traducida **disputáis** se usa comúnmente para referirse a debates con los dirigentes religiosos judíos (cp. 8:11; 12:28; Hch. 6:9; 9:29). No contestaron ni los escribas (quizás porque tenían miedo de debatir con Jesús) ni los discípulos (a quienes evidentemente no les estaba yendo bien en el debate, y además no habían podido echar fuera el demonio).

Pero mientras ellos se quedaron en silencio, **uno de la multitud** le respondió. Un hombre llegó hasta donde Jesús y se postró de rodillas delante de Él (Mt. 17:14). A gritos para hacerse oír por sobre el ruido de la multitud (Lc. 9:38), exclamó: **Maestro,** Señor (Mt. 17:15), **traje a ti mi hijo** (Lucas observa que este era su único hijo, añadiendo sentimiento a la situación; Lc. 9:38), **que tiene un espíritu mudo, el cual, dondequiera que le toma, le sacude; y echa espumarajos, y cruje los dientes, y se va secando.** Aquí había una situación que los discípulos no habían podido manejar, lo cual los llevó a un vergonzoso silencio.

Los demonios han estado cumpliendo activamente las órdenes de Satanás desde la caída. Por lo general no hacen conocer su presencia, y prefieren más bien actuar de modo encubierto disfrazándose como ángeles de luz (cp. 2 Co. 11:14). Sin embargo, durante el ministerio terrenal de Jesús lanzaron un ataque total contra Él, manifestándose de modo más abierto y hasta cierto punto más a gusto que lo normal. Pero Jesús los desenmascaró, obligándolos a revelarse incluso cuando no estaban dispuestos a hacerlo.

Es probable que este demonio hubiera preferido haber permanecido en este muchacho sin ser descubierto. Aunque su padre había discernido que la condición del hijo era consecuencia de actividad demoníaca, otros pudieron haberle diagnosticado que tenía algún tipo de desorden mental. Es más, en el relato que Mateo hace de este incidente (17:15), el padre describió los síntomas de su hijo como los de un lunático (es decir, un epiléptico). Tales síntomas pudieron haberse derivado del maltrato físico que el demonio infligía a su desafortunada víctima. Lucas narra que el padre expresó que el demonio sacudía al muchacho, usando un verbo que podría traducirse "aplastar", "zarandear" o "romper en pedazos", para describir de manera vívida la violencia de los ataques del demonio sobre el hijo (Lc. 9:39).

PERVERSIDAD DE LOS DISCÍPULOS

y dije a tus discípulos que lo echasen fuera, y no pudieron. Y respondiendo él, les dijo: ¡Oh generación incrédula! ¿Hasta cuándo he de estar con vosotros? ¿Hasta cuándo os he de soportar? Traédmelo. (9:18*b*-19)

El fracaso de los **discípulos** en echar **fuera** del muchacho al demonio era sorprendente, ya que Jesús les había dado poder sobre los demonios (Mr. 6:7, 13). Aunque la multitud estaba compuesta en gran parte por gente que no creía en Jesús, y la fe del padre del chico era débil e incompleta, la amonestación del Señor, **¡Oh generación incrédula!** estaba dirigida sobre todo a los discípulos. Dicha amonestación da a conocer que la causa de que no pudieran expulsar al demonio fue su incapacidad de creer. La interjección **Oh** expresa emoción de parte de Jesús (cp. Lc. 13:34; 24:25), y revela que la fe débil de los discípulos le ocasionaba dolor.

El reproche fue duro; Lucas 9:41 agrega que Jesús también los llamó "generación perversa" (cp. Mr. 8:38; Dt. 32:5, 20). Después de todo el tiempo que habían pasado con Él, tal falta de confianza era inexcusable. El soliloquio de Jesús, **¿Hasta cuándo he de estar con vosotros? ¿Hasta cuándo os he de soportar?** fue una expresión de exasperación santa, al igual que sus reproches: "Hombres de poca fe" (Mt. 6:30; 8:26; 14:31; 16:8). Disponiéndose a hacer lo que los discípulos no pudieron conseguir, Jesús ordenó: **Traédmelo.**

SÚPLICA DESESPERADA

Y se lo trajeron; y cuando el espíritu vio a Jesús, sacudió con violencia al muchacho, quien cayendo en tierra se revolcaba, echando espumarajos. Jesús preguntó al padre: ¿Cuánto tiempo hace que le sucede esto? Y él dijo: Desde niño. Y muchas veces le echa en el fuego y en el agua, para matarle; pero si puedes hacer algo, ten misericordia de nosotros, y ayúdanos. Jesús le dijo: Si puedes creer, al que cree todo le es posible. E inmediatamente el padre del muchacho clamó y dijo: Creo; ayuda mi incredulidad. (9:20-24)

El padre del niño estaba a punto de conseguir lo que con tanta desesperación quería, mientras que el demonio obtendría lo que con desesperación no quería. En respuesta a la orden del Señor, le **trajeron** al chico. Entonces este comenzó a acercarse (Lc. 9:42), **y cuando el espíritu vio a Jesús, sacudió con violencia al muchacho, quien cayendo en tierra se revolcaba, echando espumarajos.**

Mientras esta peligrosa demostración del vil poder demoníaco se producía, **Jesús preguntó al padre** del muchacho: **¿Cuánto tiempo hace que le sucede esto?** Por supuesto, el Señor no le estaba pidiendo información que no tuviera, puesto que es omnisciente. Él quería sobrellevar el dolor del padre, hacer que le contara la desgarradora historia de la opresión demoníaca del joven. El padre no estaba acudiendo a una fuerza impersonal, sino a una persona. Los milagros de sanidad que Cristo realizó dejan ver la compasión de Dios, y también el hecho de que a Él le importan el dolor y el sufrimiento humano. Jesús permitió que este hombre sufriente abriera el corazón ante el Señor, quien mostraba comprensión y misericordia.

La respuesta **desde niño** indica que el muchacho había permanecido en este terrible estado toda la vida. La situación no se debía a algún pecado de parte del padre o el hijo, sino que era para la gloria de Dios (cp. Jn. 9:1-3). Y aunque el demonio había tratado **muchas veces** de matar al muchacho echándolo **en el fuego** (usado comúnmente para calentar y cocinar) **y en el agua** (como en pozos y estanques) **para matarle,** Dios lo preservó para este momento a fin de traerle gloria a su Hijo. La lucha desesperada del padre por impedir que el demonio matara al muchacho estaba a punto de terminar definitivamente.

Animado por la preocupación compasiva que el Señor mostró hacia el atribulado y maltratado joven, el padre le pidió de modo suplicante: **Si puedes hacer algo, ten misericordia de nosotros, y ayúdanos.** *Boētheō* (**ayúdanos**) literalmente significa "correr a auxiliar a quien clama pidiendo ayuda". La fe del hombre era débil e incompleta; correctamente percibía que Jesús estaba dispuesto a liberar al chico, pero no estaba seguro de que Él tuviera el poder para ayudarle. Estaba desesperado.

La respuesta de Jesús **si puedes creer** no era una duda, sino una exclamación de sorpresa. A la luz de su amplio ministerio de sanar enfermos y expulsar demonios, ¿cómo podía estar en duda su capacidad de expulsar a este? La declaración adicional **al que cree todo le es posible** es la lección que Jesús quería enseñar. Esta no era la primera vez que había hablado de la importancia de la fe (cp. Mr. 5:34-36; 6:5-6), ni sería la última (cp. Mr. 10:27; 11:22-24). La lección de que la fe es esencial para acceder al poder de Dios se aplicaba a todo el gentío incrédulo, al padre que estaba luchando por creer, y a los discípulos cuya fe era débil y vacilante. De manera especial los discípulos debían aprender esta lección, ya que después de la muerte de Cristo necesitarían acceso al poder divino a través de la oración de fe (Mt. 7:7-8; 21:22; Lc. 11:9-10; Jn. 14:13-14; 15:7; 16:24; 1 Jn. 3:22; 5:14-15).

Lleno de emoción, **inmediatamente el padre del muchacho clamó y dijo: Creo; ayuda mi incredulidad.** Fue sincero para admitir que aunque creía en el poder de Jesús, luchaba con la duda. Así como suplicó desesperado que Jesús librara a su hijo del demonio, así también rogó para que Jesús le ayudara a liberarse de su incredulidad. El Señor no está limitado por la fe imperfecta; hasta la fe más fuerte siempre está mezclada con una medida de duda.

PODER DIVINO

Y cuando Jesús vio que la multitud se agolpaba, reprendió al espíritu inmundo, diciéndole: Espíritu mudo y sordo, yo te mando, sal de él, y no entres más en él. Entonces el espíritu, clamando y sacudiéndole con violencia, salió; y él quedó como muerto, de modo que muchos decían: Está muerto. Pero Jesús, tomándole de la mano, le enderezó; y se levantó. (9:25-27)

Mientras Jesús hablaba con el padre del muchacho se extendió la noticia de que el Señor estaba allí. **Cuando Jesús vio que la multitud se agolpaba** decidió terminar la conversación y actuar. El Señor misericordioso quiso evitar mayor vergüenza al angustiado padre y al atormentado hijo. Además, su ministerio público había concluido y no le quedaba nada que demostrar, pues ya había dado completa evidencia de que Él era quien afirmaba ser. Su enfoque estaba ahora en instruir a sus discípulos.

Volviéndose al joven, Jesús **reprendió al espíritu inmundo** (una descripción de los demonios usada veintidós veces en el Nuevo Testamento, la mitad de ellas en Marcos), **diciéndole: Espíritu mudo y sordo, yo te mando, sal de él, y no entres más en él.** El demonio dejó de manera instantánea (Mt. 17:18) y permanente al endemoniado, pero no antes de una última y violenta protesta (cp. Mr. 1:25-26). **Entonces el espíritu, clamando y sacudiéndole con violencia, salió.** Exhausto y traumatizado por las violentas convulsiones, el muchacho **quedó como muerto, de modo que muchos** de los que estaban allí **decían: Está muerto. Pero Jesús,** lleno de ternura y clemencia, **tomándole de la mano, le enderezó** hasta ponerlo de pie. Entonces el joven **se levantó** y Jesús se lo devolvió a su padre (Lc. 9:42).

ORACIÓN DETERMINANTE

Cuando él entró en casa, sus discípulos le preguntaron aparte: ¿Por qué nosotros no pudimos echarle fuera? Y les dijo: Este género con nada puede salir, sino con oración y ayuno. (9:28-29)

Más tarde, cuando Jesús **entró en casa** (quizás en Cesarea de Filipo), **sus discípulos le preguntaron aparte: ¿Por qué nosotros no pudimos echarle fuera?** Ellos estaban desconcertados por su incapacidad de hacer eso en esta ocasión, ya que en el pasado habían tenido éxito en echar fuera demonios (Mr. 6:13). Jesús contestó: **Este género** (ya sea una referencia a un tipo particular de demonio, o a una clase de ser y, por tanto, una referencia a demonios en general) **con nada puede salir, sino con oración y ayuno.** La implicación es que envalentonados por sus éxitos anteriores, los discípulos dependieron de su propio poder y descuidaron la oración. La lección para ellos fue que la oración humilde y en dependencia es la vía que la fe toma hacia el poder de Dios.

El relato de Mateo añade que Jesús reprendió a los discípulos por la pequeñez de la fe que mostraban (17:20; cp. 6:30; 8:26; 14:31; 16:8; Lc. 12:28), revelando que fue esa debilidad la que les impedía orar. Pero si hubieran tenido fe del tamaño de una semilla de mostaza, habrían podido desatar el poder de Dios y vencer cualquier dificultad. La semilla de mostaza, la más pequeña usada en la agricultura en Israel, no representa cierto nivel de fe que deba alcanzarse, sino más bien le fe mínima que los creyentes ya tenían, tal como la ilustrada por el padre.

Jesús curó a muchos que no tenían fe, pero aquí el milagro está relacionado con la fe porque esa es la lección necesaria para los discípulos en el futuro. El poder les llegaría por creer en la oración. Esa fe débil del hombre fue suficiente para ejercer el poder de Dios sobre la situación del muchacho. Del mismo modo, basta una fe imperfecta pero persistente (cp. Lc. 11:5-10; 18:1-7). Aquellos que no piden son los que no reciben poder divino para vencer las dificultades de la vida (Stg. 4:2). El fracaso de los discípulos los preparó para esta valiosísima lección sobre la necesidad de la oración de fe persistente.

La virtud de ser el último 35

Habiendo salido de allí, caminaron por Galilea; y no quería que nadie lo supiese. Porque enseñaba a sus discípulos, y les decía: El Hijo del Hombre será entregado en manos de hombres, y le matarán; pero después de muerto, resucitará al tercer día. Pero ellos no entendían esta palabra, y tenían miedo de preguntarle. Y llegó a Capernaum; y cuando estuvo en casa, les preguntó: ¿Qué disputabais entre vosotros en el camino? Mas ellos callaron; porque en el camino habían disputado entre sí, quién había de ser el mayor. Entonces él se sentó y llamó a los doce, y les dijo: Si alguno quiere ser el primero, será el postrero de todos, y el servidor de todos. Y tomó a un niño, y lo puso en medio de ellos; y tomándole en sus brazos, les dijo: El que reciba en mi nombre a un niño como este, me recibe a mí; y el que a mí me recibe, no me recibe a mí sino al que me envió. Juan le respondió diciendo: Maestro, hemos visto a uno que en tu nombre echaba fuera demonios, pero él no nos sigue; y se lo prohibimos, porque no nos seguía. Pero Jesús dijo: No se lo prohibáis; porque ninguno hay que haga milagro en mi nombre, que luego pueda decir mal de mí. Porque el que no es contra nosotros, por nosotros es. Y cualquiera que os diere un vaso de agua en mi nombre, porque sois de Cristo, de cierto os digo que no perderá su recompensa. (9:30-41)

Como indicamos en el capítulo anterior de esta obra, los capítulos 9 y 10 del Evangelio de Marcos registran lecciones que Jesús enseñó a sus discípulos. Su ministerio público en Galilea había terminado, pero Él seguía ministrando en privado a los discípulos mientras se dirigían hacia Jerusalén. La primera de esa serie de lecciones fue sobre la importancia de la fe (véase el capítulo anterior de esta obra); esta segunda lección tiene que ver con la humildad.

La humildad no se considera una virtud en nuestra cultura orgullosa, egocéntrica y egoísta, como tampoco lo era en el mundo pagano de la época de Jesús. Por ejemplo Aristóteles, uno de los filósofos más influyentes del mundo antiguo, describió al orgullo como la corona de las virtudes (*Ética a Nicómaco,* 4.3). Todo corazón humano caído es un adorador incesante de sí mismo; la naturaleza humana caída está dominada por el orgullo.

Pero en un extraño giro, nuestra sociedad diagnostica la causa de los problemas de las personas como falta de orgullo o autoestima. Sin embargo, ese no es el caso. Nadie carece de autoestima; todo el mundo está consumido consigo mismo en un grado u otro. Diagnosticar la causa de todos los males humanos como una falta de autoestima lleva a las personas a ser más orgullosas de lo que son. Inflar el orgullo con el pretexto de promover la autoestima como un beneficio psicológico expone a la gente a devastadoras consecuencias de orgullo, que incluyen contaminación (Mr. 7:20-22), deshonra (Pr. 11:2; 29:23), contiendas (Pr. 28:25), y por sobre todo el juicio de Dios (Sal. 31:23; 94:2; Pr. 16:5, 18; Is. 2:12, 17; Lc. 1:51; Stg. 4:6; 1 P. 5:5).

Aunque la humildad es ajena a la naturaleza humana caída, es fundamental para la vida cristiana. El Señor exaltado, quien declaró: "El cielo es mi trono, y la tierra estrado de mis pies; ¿dónde está la casa que me habréis de edificar, y dónde el lugar de mi reposo?" (Is. 66:1), siguió diciendo: "Pero miraré a aquel que es pobre y humilde de espíritu, y que tiembla a mi palabra" (v. 2). El profeta Miqueas escribió: "Oh hombre, él te ha declarado lo que es bueno, y qué pide Jehová de ti: solamente hacer justicia, y amar misericordia, y humillarte ante tu Dios" (Mi. 6:8). En Lucas 14:11, Jesús advirtió: "Cualquiera que se enaltece, será humillado; y el que se humilla, será enaltecido". El apóstol Pablo instó a los creyentes: "Os ruego que andéis como es digno de la vocación con que fuisteis llamados, con toda humildad y mansedumbre, soportándoos con paciencia los unos a los otros en amor" (Ef. 4:1-2), y además los exhortó: "Nada hagáis por contienda o por vanagloria; antes bien con humildad, estimando cada uno a los demás como superiores a él mismo" (Fil. 2:3). En Colosenses 3:12 escribió: "Vestíos, pues, como escogidos de Dios, santos y amados, de entrañable misericordia, de benignidad, de humildad, de mansedumbre, de paciencia". Tanto Santiago (4:6) como Pedro (1 P. 5:5) observan que "Dios resiste a los soberbios, y da gracia a los humildes", y Santiago añadió la exhortación: "Humillaos delante del Señor, y él os exaltará" (4:10).

Al igual que todos los demás, los discípulos necesitaban aprender humildad porque también lidiaban con el orgullo, lo cual era exacerbado por su posición exaltada como los seguidores más cercanos del Mesías. Los dirigentes religiosos demasiado orgullosos eran tristemente malos ejemplos para que el pueblo de Israel lo siguiera. El ambiente cultural y religioso en que los discípulos vivían hacía aún más difícil su batalla con el orgullo.

La lección del Señor para los discípulos sobre la humildad les fue dada mediante un precepto y un ejemplo. Él no solo fue un ejemplo de humildad, sino que también dio a los discípulos enseñanza relacionada con ella.

UN EJEMPLO DE HUMILDAD

Habiendo salido de allí, caminaron por Galilea; y no quería que nadie lo supiese. Porque enseñaba a sus discípulos, y les decía: El Hijo del Hombre

será entregado en manos de hombres, y le matarán; pero después de muerto, resucitará al tercer día. Pero ellos no entendían esta palabra, y tenían miedo de preguntarle. (9:30-32)

El Señor Jesucristo se describió como "manso y humilde de corazón" (Mt. 11:29), y demostró esa humildad a lo largo de su vida, sobre todo al lavar los pies de los discípulos (Jn. 13:3-15). Resumiendo la humildad que Jesús mostró en su encarnación, Pablo escribió:

> *Haya, pues, en vosotros este sentir que hubo también en Cristo Jesús, el cual, siendo en forma de Dios, no estimó el ser igual a Dios como cosa a que aferrarse, sino que se despojó a sí mismo, tomando forma de siervo, hecho semejante a los hombres; y estando en la condición de hombre, se humilló a sí mismo, haciéndose obediente hasta la muerte, y muerte de cruz (Fil. 2:5-8).*

La "muerte de cruz" de Cristo es la expresión suprema de su humildad, y es el tema de los versículos 30-32. El escenario para la enseñanza del Señor relacionada con su muerte fue el viaje desde la región de Cesarea de Filipo, donde fue transfigurado (tal vez en el monte Hermón; véase el estudio de 9:2 en el capítulo 32 de esta obra) hasta Capernaúm, la sede de su ministerio en Galilea.

Mientras viajaban **por Galilea,** Jesús **no quería que nadie lo supiese.** Su ministerio público en esa región había terminado (véase el análisis de 9:25 en el capítulo anterior de esta obra), y ahora estaba centrado en la enseñanza privada de sus discípulos. Más tarde habría un breve ministerio público en Judea y Perea (Lc. 9:51—19:27; Jn. 7-11) e incluso un par de breves visitas de regreso a Galilea (p. ej., Lc. 17:11-37). Pero Galilea ya no sería su base de operaciones.

Como sucedió a menudo, el Señor **enseñaba a sus discípulos** que **El Hijo del Hombre** (título mesiánico tomado de Dn. 7:13) **será entregado en manos de hombres, y le matarán; pero después de muerto, resucitará al tercer día** (cp. 8:31; 9:12; 10:33-34). Esa era la verdad principal que debían entender, y que les costaba comprender o aceptar. Así como ocurría con sus compatriotas judíos (1 Co. 1:23), un Mesías crucificado era un tropiezo para los discípulos; un Mesías moribundo era totalmente incomprensible e inaceptable para ellos. Por eso Jesús los exhortó: "Haced que os penetren bien en los oídos estas palabras; porque acontecerá que el Hijo del Hombre será entregado en manos de hombres" (Lc. 9:44). Ellos debían escuchar con cuidado y entender lo que Él les estaba diciendo en cuanto a su muerte.

Entregado se traduce de una forma del verbo griego *paradidōmi*, que se usa reiteradamente en un sentido legal para describir que Jesús estaba siendo entregado para juicio y castigo (10:33; 15:1, 10, 15; Mt. 17:22; 20:18-19; 26:2; 27:2, 18, 26; Lc. 9:44; 18:32; 20:20; 23:25; 24:7, 20; Jn. 18:30, 35, 36; 19:16; Hch. 3:13). En términos humanos, los ancianos, los sumos sacerdotes, los escribas y el pueblo (cp. 8:31; Mt. 27:1-2; Hch. 3:13), Judas (Mt. 26:24) y Pilato (Mt. 27:26), todos ellos fueron culpables de entregar a Jesús a juicio y muerte. Pero en última instancia, Jesús fue "entregado por el determinado consejo y anticipado conocimiento de Dios" (Hch. 2:23).

No solamente los discípulos lidiaron con la realidad de que los judíos y los romanos matarían al Señor, sino también con la idea de que **después** que lo mataran Él resucitaría **al tercer día.** Ellos entendían el poder de Jesús sobre la muerte, pues lo habían visto resucitar personas. No obstante, la pregunta que debió haberlos atribulado fue que si Él moría, ¿quién lo iba a resucitar? Por tanto, **no entendían esta palabra.**

La incertidumbre en sus mentes acerca de la muerte y resurrección de Cristo, junto con su dolor (cp. Mt. 17:23), también hizo que los discípulos tuvieran **miedo de preguntarle** más información al respecto. Jesús eligió de modo compasivo no revelarles información que sabía que les devastaría la fe que tenían; en vez de eso, les veló "estas palabras... para que no las entendiesen" (Lc. 9:45).

INSTRUCCIÓN SOBRE LA HUMILDAD

Y llegó a Capernaum; y cuando estuvo en casa, les preguntó: ¿Qué disputabais entre vosotros en el camino? Mas ellos callaron; porque en el camino habían disputado entre sí, quién había de ser el mayor. Entonces él se sentó y llamó a los doce, y les dijo: Si alguno quiere ser el primero, será el postrero de todos, y el servidor de todos. Y tomó a un niño, y lo puso en medio de ellos; y tomándole en sus brazos, les dijo: El que reciba en mi nombre a un niño como este, me recibe a mí; y el que a mí me recibe, no me recibe a mí sino al que me envió. Juan le respondió diciendo: Maestro, hemos visto a uno que en tu nombre echaba fuera demonios, pero él no nos sigue; y se lo prohibimos, porque no nos seguía. Pero Jesús dijo: No se lo prohibáis; porque ninguno hay que haga milagro en mi nombre, que luego pueda decir mal de mí. Porque el que no es contra nosotros, por nosotros es. Y cualquiera que os diere un vaso de agua en mi nombre, porque sois de Cristo, de cierto os digo que no perderá su recompensa. (9:33-41)

Capernaúm, situada en la costa noroeste del lago de Galilea, fue la ciudad adoptada por Jesús para vivir (Mt. 4:13). Varios de los apóstoles también estaban relacionados con Capernaúm, incluso Pedro y Andrés (Mr. 1:21, 29), que se mudaron allí desde Betsaida (Jn. 1:44), Jacobo y Juan (Mr. 1:19-21), y Mateo, cuyo banco de cobrador de impuestos se hallaba cerca de la ciudad (Mt. 9:1, 9).

Cuando Jesús **estuvo en casa** (posiblemente de Pedro; véase el estudio de la casa de Pedro en el capítulo 36 de esta obra), **les preguntó** a los discípulos: **¿Qué disputabais entre vosotros en el camino?** La instrucción de Jesús a los discípulos resaltó cuatro efectos negativos del orgullo, y concluyó observando un efecto positivo de la humildad.

EL ORGULLO DESTRUYE LA UNIDAD

Mas ellos callaron; porque en el camino habían disputado entre sí, quién había de ser el mayor. (9:34)

Durante la larga caminata desde Cesarea de Filipo hasta Capernaúm, los discípulos habían estado teniendo un debate prolongado y acalorado. Al no querer admitir de qué habían estado hablando, **ellos callaron** avergonzados. La discusión había sido otro episodio en el largo debate acerca de **quién había de ser el mayor** (cp. 10:35-45), el cual continuó increíblemente en la Última Cena la noche antes de la muerte de Jesús (Lc. 22:24). Él acababa de hablarles de su humillación (vv. 30-32), pero ellos en lo único que parece podían pensar era en la propia exaltación.

No puede haber verdadera unidad entre gente orgullosa porque solamente las personas humildes aman. El enfoque constante de los discípulos en su propia gloria personal tuvo consecuencias de largo alcance:

> Se trataba de un hecho preocupante y potencialmente desastroso. Estos hombres eran la primera generación de predicadores del evangelio, y serían los líderes de la iglesia que pronto se iba a fundar. Con tanta responsabilidad y tanta oposición del mundo hostil debían estar unidos y apoyarse unos a otros. El peligro revelado aquí es que el orgullo arruina la unidad al destruir relaciones. Las relaciones se basan en amor sacrificial y servicio; en sometimiento desinteresado y en entrega a los demás. El orgullo, al ser centrado en el ego personal, es indiferente a otros. Más allá de eso, en última instancia lanza juicio y crítica, y es por tanto divisivo. Debido a eso, el orgullo es el destructor más común tanto de relaciones como de iglesias. Plagaba a la iglesia en Corinto, por lo que Pablo inquirió: "Pues habiendo entre vosotros celos, contiendas y disensiones, ¿no sois carnales, y andáis como hombres?" (1 Co. 3:3; cp. 2 Co. 12:20). Como el Señor sabía que el orgullo es la cuña que Satanás usa para dividir iglesias y destruir relaciones, les resaltó a los discípulos la crucial necesidad de humildad (John MacArthur, *Comentario MacArthur del Nuevo Testamento: Lucas* [Grand Rapids: Portavoz, 2016], estudio de Lucas 9:46*a*).

Según Pablo escribió a la iglesia en Filipos, los creyentes deben estar siempre "firmes en un mismo espíritu, combatiendo unánimes por la fe del evangelio" (Fil. 1:27).

EL ORGULLO ECHA A PERDER EL HONOR

Entonces él se sentó y llamó a los doce, y les dijo: Si alguno quiere ser el primero, será el postrero de todos, y el servidor de todos. (9:35)

Irónicamente, el orgullo impide a las personas obtener el honor que buscan. La gente orgullosa (incluso en el ministerio) lucha por alcanzar posición y trata de promocionarse, pero termina echando a perder el verdadero honor y a menudo acaba en humillación. El honor está reservado para los humildes. Al igual que muchos en nuestros días, los discípulos veían el orgullo espiritual como algo normal, deseable y legítimo. Después de todo, el orgullo caracterizaba a la mayoría de hombres reverenciados en Israel, los líderes religiosos que hacían "todas sus obras para ser vistos por los hombres... Pues [ensanchaban] sus filacterias, y [extendían] los flecos de sus mantos; y [amaban] los primeros asientos en las cenas, y las primeras sillas en las sinagogas, y las salutaciones en las plazas, y que los hombres los [llamaran]: Rabí, Rabí" (Mt. 23:5-7; cp. 6:1-5).

Jesús sabía en qué estaban pensando los discípulos (Lc. 9:47), aunque se negaran a expresarlo. **Entonces él se sentó,** como los rabinos solían hacer cuando enseñaban, **y llamó a los doce, y les dijo: Si alguno quiere ser el primero, será el postrero de todos, y el servidor de todos.** Si buscamos elogios, afirmación y exaltación de los hombres perdemos la verdadera recompensa (Mt. 6:1-5) que viene a quienes están dispuestos a ser los últimos, no a los que creen que tienen que ser los primeros.

EL ORGULLO RECHAZA LA DEIDAD

Y tomó a un niño, y lo puso en medio de ellos; y tomándole en sus brazos, les dijo: El que reciba en mi nombre a un niño como este, me recibe a mí; y el que a mí me recibe, no me recibe a mí sino al que me envió. (9:36-37)

El **niño** (tal vez uno de los hijos de Pedro, como algunos han sugerido) sirvió como una lección objetiva para la instrucción de Cristo. Jesús usó varias veces a infantes como ilustraciones de humildad, pues aún no han logrado o cumplido nada; no tienen poder u honor, sino que son débiles, dependientes y rechazados (los rabinos consideraban una pérdida de tiempo enseñar la Torá a un niño menor de doce años).

Los niños pequeños se pueden comparar con los creyentes; de ahí que Jesús dijera: **El que reciba en mi nombre a un niño como este, me recibe a mí; y el que a mí me recibe, no me recibe a mí sino al que me envió.** La profunda realidad es que la manera en que los cristianos tratan a sus compañeros creyentes es cómo tratan a Cristo. Por el contrario, aquellos que rechazan a otros creyentes lo rechazan a Él.

El relato de Mateo acerca de este incidente en el capítulo 18 desarrolla ese tema. Sin duda esperando que de una vez por todas Jesús resolviera la discusión que tenían sobre quién de ellos era el más grande, los discípulos le preguntaron: "¿Quién es el mayor en el reino de los cielos?" (v. 1). La respuesta del Señor fue sorprendente: "De cierto os digo, que si no os volvéis y os hacéis como niños, no entraréis en el reino de los cielos" (v. 3). Nada pudo haber estado más lejos de la perspectiva cultural y religiosa de los discípulos. Los religiosos sobresalientes y orgullosos, que esperaban recibir los lugares más altos de honra en el reino, ni siquiera entrarán en él. Por otra parte, aquellos con fe humilde como la de un niño serán los más grandes en el reino de los cielos (v. 4).

Pero lo que Jesús dijo a continuación fue aún más preocupante y sorprendente: "Cualquiera que haga tropezar a alguno de estos pequeños que creen en mí, mejor le fuera que se le colgase al cuello una piedra de molino de asno, y que se le hundiese en lo profundo del mar" (v. 6). Sería mejor padecer una muerte horrible que ofender a un creyente, uno en quien Cristo vive (Gá. 2:20) y que espiritualmente está unido a Él (1 Co. 6:17). Reforzando el cuidado de Dios por sus hijos, el Señor advirtió a sus oyentes: "Mirad que no menospreciéis a uno de estos pequeños; porque os digo que sus ángeles en los cielos ven siempre el rostro de mi Padre que está en los cielos" (v. 10). Todo el cielo está observando cómo son tratados los hijos de Dios.

EL ORGULLO CREA EXCLUSIVIDAD

Juan le respondió diciendo: Maestro, hemos visto a uno que en tu nombre echaba fuera demonios, pero él no nos sigue; y se lo prohibimos, porque no nos seguía. Pero Jesús dijo: No se lo prohibáis; porque ninguno hay que haga milagro en mi nombre, que luego pueda decir mal de mí. Porque el que no es contra nosotros, por nosotros es. (9:38-40)

Con la conciencia turbada por el reproche que el Señor hiciera de su orgullo, **Juan le respondió diciendo: Maestro, hemos visto a uno que en tu nombre echaba fuera demonios, pero él no nos sigue; y se lo prohibimos, porque no nos seguía.** El incidente al que él se refirió no está relatado en la Biblia, pero el exorcista estaba realmente echando fuera demonios, en contraste con los hijos de Esceva (Hch. 19:13-16; cp. Mt. 7:21-23). Aunque este hombre era un verdadero seguidor de Cristo, Juan y los otros trataron de impedirle lo que estaba haciendo **porque no** los **seguía;** en otras palabras, este individuo no formaba parte del grupo de ellos. **Pero Jesús dijo: No se lo prohibáis; porque ninguno hay que haga milagro en mi nombre, que luego pueda decir mal de mí.** Puesto que el hombre era un legítimo seguidor de Jesús, proclamaría la verdad acerca de Él.

Este pasaje muestra cuatro aspectos del discipulado radical: amor radical, pureza radical, sacrificio radical y obediencia radical.

AMOR RADICAL

Cualquiera que haga tropezar a uno de estos pequeñitos que creen en mí, mejor le fuera si se le atase una piedra de molino al cuello, y se le arrojase en el mar. (9:42)

Puesto que es celoso de la rectitud corporativa de su Iglesia, Jesús mandó amar a los demás creyentes a fin de evitar que caigan en el pecado. Dios siempre ha sido protector de su pueblo. Cuando hizo un pacto con Abraham, le manifestó: "Bendeciré a los que te bendijeren, y a los que te maldijeren maldeciré" (Gn. 12:3). "No toquéis, dijo [el Señor], a mis ungidos, ni hagáis mal a mis profetas" (Sal. 105:15). Al hablar a Israel en Zacarías 2:8, Dios comparó las agresiones hechas a su pueblo con que le pincharan el ojo a Él mismo: "El que os toca, toca a la niña de su ojo".

La verdad acerca de cómo los creyentes deben tratarse unos a otros se basa en el principio que el Señor expresó en Marcos 9:37: "El que reciba en mi nombre a un niño como este, me recibe a mí; y el que a mí me recibe, no me recibe a mí sino al que me envió". Según se indicó en la exposición de ese versículo en el capítulo 35 de esta obra, ya que el Señor vive en cada creyente, el modo en que alguien trata a un creyente es como trata a Cristo, y el modo en que alguien trata a Cristo es como trata a Dios. En el aposento alto en la víspera de la crucifixión, Jesús declaró a los discípulos: "De cierto, de cierto os digo: El que recibe al que yo enviare, me recibe a mí; y el que me recibe a mí, recibe al que me envió" (Jn. 13:20). Pablo recordó a los corintios que "el que se une al Señor, un espíritu es con él" (1 Co. 6:17) y declaró en Gálatas 2:20: "Con Cristo estoy juntamente crucificado, y ya no vivo yo, mas vive Cristo en mí; y lo que ahora vivo en la carne, lo vivo en la fe del Hijo de Dios, el cual me amó y se entregó a sí mismo por mí". En su camino a Damasco para perseguir cristianos, Pablo se encontró con Jesucristo resucitado y glorificado, quien le reclamó: "Saulo, Saulo, ¿por qué me persigues?" (Hch. 9:4; cp. 22:7-8; 26:14-15). En el juicio, el modo en que las personas trataron a los cristianos se considerará su forma de tratar a Cristo:

> *Entonces el Rey dirá a los de su derecha: Venid, benditos de mi Padre, heredad el reino preparado para vosotros desde la fundación del mundo. Porque tuve hambre, y me disteis de comer; tuve sed, y me disteis de beber; fui forastero, y me recogisteis; estuve desnudo, y me cubristeis; enfermo, y me visitasteis; en la cárcel, y vinisteis a mí. Entonces los justos le responderán diciendo: Señor, ¿cuándo te vimos hambriento, y te sustentamos, o sediento, y te dimos de beber? ¿Y cuándo*

te vimos forastero, y te recogimos, o desnudo, y te cubrimos? ¿O cuándo te vimos enfermo, o en la cárcel, y vinimos a ti? Y respondiendo el Rey, les dirá: De cierto os digo que en cuanto lo hicisteis a uno de estos mis hermanos más pequeños, a mí lo hicisteis. Entonces dirá también a los de la izquierda: Apartaos de mí, malditos, al fuego eterno preparado para el diablo y sus ángeles. Porque tuve hambre, y no me disteis de comer; tuve sed, y no me disteis de beber; fui forastero, y no me recogisteis; estuve desnudo, y no me cubristeis; enfermo, y en la cárcel, y no me visitasteis. Entonces también ellos le responderán diciendo: Señor, ¿cuándo te vimos hambriento, sediento, forastero, desnudo, enfermo, o en la cárcel, y no te servimos? Entonces les responderá diciendo: De cierto os digo que en cuanto no lo hicisteis a uno de estos más pequeños, tampoco a mí lo hicisteis. E irán éstos al castigo eterno, y los justos a la vida eterna (Mt. 25:34-46).

La verdad de que la manera en que se trate al creyente es como se trata a Cristo motivó la advertencia del Señor contra hacer **tropezar a uno de estos pequeñitos que creen en** Él. Está claro que esto no se refiere a niños físicos, según muestra la frase **que creen.** *Skandalizō* (**tropezar**) se refiere a hacer que alguien se equivoque por medio de tentación y caída, o hacer que peque (cp. su uso similar en 2 Co. 11:29). Los versículos 43, 45 y 47 de Marcos 9, junto con Mateo 5:29-30 y 1 Corintios 8:13, piden acciones drásticas para evitar caer en conductas pecaminosas que llevan a pecadores no regenerados al castigo eterno en el infierno.

La declaración de Jesús es que al que lleva a un creyente a pecar **mejor le fuera si se le atase una piedra de molino al cuello, y se le arrojase en el mar;** en otras palabras, es mejor tener una muerte horrible ahogado que hacer que otro cristiano peque. Esto debió haber sorprendido a los oyentes de Jesús. Sin embargo, según 1 Corintios 13, el amor no se complace en ver que alguien caiga en pecado; el amor "no se goza de la injusticia, mas se goza de la verdad" (v. 6). Pedro escribió que los cristianos deben tener entre sí "ferviente amor; porque el amor cubrirá multitud de pecados" (1 P. 4:8). Ese tipo de amor que lo abarca todo no lleva al pecado; lo cubre. El amor ferviente estimula a otros a la santidad. Piensa más elevadamente de los demás que de sí mismo, los eleva, los anima a la justicia (Fil. 2:3-4). Jesús exigió amor radical, el tipo de amor justo que nunca será causa de hacer pecar a otra persona.

Tal situación pecaminosa podría suceder en una de cuatro formas.

Primera, por tentación directa; es decir, al tentar abiertamente a alguien a pecar contra la ley de Dios. Eso podría implicar pecados específicos, tales como mentir, murmurar, engañar, robar o cometer pecados sexuales, o en términos más generales inducir a las personas a amar el mundo, o atraerlas a negocios o actividades impías. La esposa de Potifar "puso sus ojos en José, y dijo: Duerme conmigo" (Gn. 39:7). Salomón advirtió: "Hijo mío, si los pecadores te quisieren engañar, no consientas" (Pr. 1:10). Proverbios 7:6-23 relata la historia de una mujer descaradamente inmoral que sedujo a un joven insensato:

> *Porque mirando yo por la ventana de mi casa, por mi celosía, vi entre los simples, consideré entre los jóvenes, a un joven falto de entendimiento, el cual pasaba por la calle, junto a la esquina, e iba camino a la casa de ella, A la tarde del día, cuando ya oscurecía, en la oscuridad y tinieblas de la noche. Cuando he aquí, una mujer le sale al encuentro, con atavío de ramera y astuta de corazón. Alborotadora y rencillosa, sus pies no pueden estar en casa; unas veces está en la calle, otras veces en las plazas, acechando por todas las esquinas. Se asió de él, y le besó. Con semblante descarado le dijo: Sacrificios de paz había prometido, hoy he pagado mis votos; por tanto, he salido a encontrarte, buscando diligentemente tu rostro, y te he hallado. He adornado mi cama con colchas recamadas con cordoncillo de Egipto; he perfumado mi cámara con mirra, áloes y canela. Ven, embriaguémonos de amores hasta la mañana; alegrémonos en amores. Porque el marido no está en casa; se ha ido a un largo viaje. La bolsa de dinero llevó en su mano; el día señalado volverá a su casa. Lo rindió con la suavidad de sus muchas palabras, le obligó con la zalamería de sus labios. Al punto se marchó tras ella, como va el buey al degolladero, y como el necio a las prisiones para ser castigado; como el ave que se apresura a la red, y no sabe que es contra su vida, hasta que la saeta traspasa su corazón.*

Segunda, por tentación indirecta. En Efesios 6:4, Pablo advirtió a los padres: "No provoquéis a ira a vuestros hijos" con cosas como falta de atención, de afecto, de perdón, o de bondad, o por medio de expectativas despóticas.

Tercera, dando un ejemplo que lleve a otros a pecar. Pablo advirtió contra esa situación en Romanos 14:13, cuando escribió: "Así que, ya no nos juzguemos más los unos a los otros, sino más bien decidid no poner tropiezo u ocasión de caer al hermano". En el versículo 21 se refirió a ese principio: "Bueno es no comer carne, ni beber vino, ni nada en que tu hermano tropiece, o se ofenda, o se debilite". Por el contrario,

> *los que somos fuertes debemos soportar las flaquezas de los débiles, y no agradarnos a nosotros mismos. Cada uno de nosotros agrade a su prójimo en lo que es bueno, para edificación. Porque ni aun Cristo se agradó a sí mismo; antes bien, como está escrito: Los vituperios de los que te vituperaban, cayeron sobre mí (15:1-3).*

Por último, al no alentar a otros a la rectitud, haciendo caso omiso de la exhortación de Hebreos 10:24: "Considerémonos unos a otros para estimularnos al amor y a las buenas obras".

PUREZA RADICAL

Si tu mano te fuere ocasión de caer, córtala; mejor te es entrar en la vida manco, que teniendo dos manos ir al infierno, al fuego que no puede ser apagado... Y si tu pie te fuere ocasión de caer, córtalo; mejor te es entrar a la vida cojo, que teniendo dos pies ser echado en el infierno, al fuego que no puede ser apagado... Y si tu ojo te fuere ocasión de caer, sácalo; mejor te es entrar en el reino de Dios con un ojo, que teniendo dos ojos ser echado al infierno, donde el gusano de ellos no muere, y el fuego nunca se apaga. (9:43, 45, 47-48)

Esta enseñanza se relaciona íntimamente con la anterior. Los cristianos no pueden llevar a otras personas a la justicia a menos que ellos mismos sean justos; si el corazón de alguien es impuro llevará a otros a pecar. Por tanto, Jesús exigió un trato radical y severo con el pecado. Las consecuencias de no hacerlo son devastadoras, según observa el puritano inglés del siglo XVII, John Owen:

> Donde el pecado, a través de olvidarse de la humillación, consigue una victoria considerable, rompe los huesos del alma (Sal. 31:10; 51:8), y hace a la persona débil, enferma y lista para morir (Sal. 38:3-5), por lo que no puede levantar la mirada (Sal. 40:12; Is. 33:24); y cuando la pobre criatura recibe golpe tras golpe, herida tras herida, frustración tras frustración, y no despierta a una oposición vigorosa, ¿puede esperar todo menos que se endurezca por medio del engaño del pecado, y que su alma deba desangrarse (2 Jn. 8)? (Kelly M. Kapic y Justin Taylor, eds., *Overcoming Sin and Temptation* [Wheaton: Crossway, 2006], p. 54).

El relato del Antiguo Testamento en que Samuel corta en pedazos a Agag (1 S. 15:33) es una buena analogía de la necesidad de que los cristianos tomen medidas drásticas para derrotar el pecado que queda en sus vidas. Tal cosa se ordena explícitamente en el Nuevo Testamento. Pablo escribió: "Si vivís conforme a la carne, moriréis; mas si por el Espíritu hacéis morir las obras de la carne, viviréis" (Ro. 8:13). En Colosenses 3:5 agregó: "Haced morir, pues, lo terrenal en vosotros: fornicación, impureza, pasiones desordenadas, malos deseos y avaricia, que es idolatría". Los cristianos, "renunciando a la impiedad y a los deseos mundanos, [deben vivir] en este siglo sobria, justa y piadosamente" (Tit. 2:12). Pedro exhortó a sus lectores que se abstengan "de los deseos carnales que batallan contra el alma" (1 P. 2:11).

La mención de partes del cuerpo (**mano, pie, ojo**) resalta que la batalla contra el pecado incluye todos los aspectos de las vidas de los creyentes: qué hacen, a dónde van, y qué ven. Las referencias **al infierno** como la desastrosa alternativa indican que estas declaraciones constituyen llamados al arrepentimiento inicial

y a la fe en Jesucristo que acompaña a la salvación (cp. Stg. 4:8). Apremian a la gente a eliminar cualquier situación en sus vidas que sería un obstáculo para entrar a **la vida** eterna **en el reino de Dios**. Pero el tiempo presente del verbo traducido **fuere ocasión** (LBLA, "te es ocasión") en estos versículos indica que la lucha contra la tentación y el pecado es continua. No hay salvación aparte de un corazón que busca la justicia (Mt. 5:6). Pero ese compromiso inicial se convierte entonces en el patrón de vida del creyente (Ro. 13:14; 1 Co. 9:24-27; 2 Co. 7:1). Jesús exigió acción radical y severa contra todo lo que obstaculice la búsqueda de santidad, justicia y pureza durante la vida cristiana.

Por supuesto, la acción que Jesús tenía en mente aquí y en el lenguaje metafórico similar de Mateo 5:29-30 no fue mutilación física. Ascetas equivocados a lo largo de los siglos han supuesto ridículamente que la manera de derrotar al pecado era por medio de castrarse o mutilarse. Pero una persona con una mano, un pie o un ojo no es menos capaz de pecar, porque sin importar qué partes del cuerpo se pierdan, el pecado sigue permaneciendo en el corazón. Jesús afirmó:

> *Lo que del hombre sale, eso contamina al hombre. Porque de dentro, del corazón de los hombres, salen los malos pensamientos, los adulterios, las fornicaciones, los homicidios, los hurtos, las avaricias, las maldades, el engaño, la lascivia, la envidia, la maledicencia, la soberbia, la insensatez. Todas estas maldades de dentro salen, y contaminan al hombre (Mr. 7:20-23; cp. v. 15).*

Santiago añadió: "Cada uno es tentado, cuando de su propia concupiscencia es atraído y seducido. Entonces la concupiscencia, después que ha concebido, da a luz el pecado; y el pecado, siendo consumado, da a luz la muerte" (Stg. 1:14-15; cp. Pr. 4:23).

Gehenna (**infierno**) aparece doce veces en el Nuevo Testamento, y todas menos una las usa Cristo (vv. 43, 45, 47; Mt. 5:22, 29, 30; 10:28; 18:9; 23:15, 33; Lc. 12:5; cp. Stg. 3:6). Como indica la referencia **al fuego que no puede ser apagado,** *gehenna* siempre se refiere al infierno eterno, el lago de fuego, y no al lugar de los muertos en general, el cual se identifica con una palabra diferente: *hades.* El nombre *gehenna* se deriva del valle de Hinom del Antiguo Testamento, localizado exactamente al sur de Jerusalén (Jos. 15:8; 18:16; 2 R. 23:10; 2 Cr. 28:3; 33:6; Neh. 11:30; Jer. 7:31-32; 19:2, 6; 32:35). Allí el apóstata pueblo judío sacrificaba bebés a Moloc, el abominable y falso dios de los amonitas (1 R. 11:7), matándolos en la hoguera (2 R. 17:17; 21:6; Jer. 32:35), una costumbre atroz que Dios prohibió estrictamente (Lv. 18:21; 20:2-5) y condenó enérgicamente (Jer. 7:31-32; 32:35). Los malvados reyes Acaz (2 Cr. 28:3) y Manasés (antes de arrepentirse, 2 Cr. 33:6) sacrificaron a sus hijos en el valle de Hinom. A causa de esos sacrificios, al lugar llegó a conocérsele como Tofet, que se deriva de una palabra hebrea que

significa tambor. Es evidente que se tocaban tambores con fuerza para ahogar los gritos de los bebés que estaban quemando vivos. Como parte de sus reformas, el piadoso rey Josías destruyó ese lugar de sacrificio. El valle de Hinom se convirtió en el basurero de Jerusalén, donde ardía continuamente un fuego en medio de la basura. Se convirtió así en una ilustración gráfica del infierno eterno, un lugar **donde el gusano de ellos no muere, y el fuego nunca se apaga** (cp. Is. 66:24).

Estas palabras componen el llamado más fuerte al discipulado que nuestro Señor hiciera alguna vez, desafiando a todos los seres humanos ya sea a tratar de manera radical con el pecado, o a ser lanzados al foso de basura eterna del infierno, "las tinieblas de afuera" (Mt. 8:12), "el horno de fuego" (Mt. 13:42), donde "será el lloro y el crujir de dientes" (Mt. 22:13).

SACRIFICIO RADICAL

Porque todos serán salados con fuego, y todo sacrificio será salado con sal. (9:49)

El significado de este enigmático y difícil dicho puede entenderse mejor al examinar pasajes de las Escrituras en que sal y fuego se mencionan juntos. Esdras 6:9 y Ezequiel 43:23-24 relacionan a la sal y el fuego con sacrificios en el Antiguo Testamento. La sal, un conservante, se añadía a los sacrificios cuando se quemaban como un símbolo del pacto perdurable de Dios. En particular, aquí la ofrenda de cereales parece estar a la vista. En Levítico 2:13 Dios ordenó al pueblo de Israel: "Sazonarás con sal toda ofrenda que presentes, y no harás que falte jamás de tu ofrenda la sal del pacto de tu Dios; en toda ofrenda tuya ofrecerás sal".

La ofrenda de cereales, una de las cinco ofrendas del Antiguo Testamento junto con las ofrendas quemadas, de paz, por el pecado, y por la culpa, era una ofrenda de consagración que simbolizaba devoción total al Señor. Así como la sal simbolizaba la fidelidad perdurable de Dios, así también **todos** los creyentes deben hacer de sus vidas un sacrificio de largo plazo, perdurable y permanente a Dios: "Hermanos, os ruego por las misericordias de Dios, que presentéis vuestros cuerpos en sacrificio vivo, santo, agradable a Dios, que es vuestro culto racional" (Ro. 12:1).

OBEDIENCIA RADICAL

Buena es la sal; mas si la sal se hace insípida, ¿con qué la sazonaréis? Tened sal en vosotros mismos; y tened paz los unos con los otros. (9:50)

En la época anterior a la refrigeración la **sal** se consideraba **buena** porque era el conservante más ampliamente utilizado para los alimentos. Químicamente la sal (cloruro de sodio) es muy estable y no se degrada con facilidad. Pero a veces la sal recogida en los alrededores del Mar Muerto estaba contaminada con yeso. Si no se la procesaba correctamente podía perder su eficacia como conservante, y se volvía **insípida,** sin sabor alguno (Lc. 14:34). Puesto que no se le puede volver a convertir en **sal,** ese producto "ni para la tierra ni para el muladar es útil; [y por tanto] la arrojan fuera" (Lc. 14:35).

De ahí que el mandato de Jesús: **Tened sal en vosotros mismos,** sea un llamado a la obediencia radical, a una vida santa conservada por la justicia. Después el Señor ofreció a los discípulos una aplicación práctica directa al ordenarles: **tened paz los unos con los otros,** un reto adecuado para esos hombres orgullosos, egoístas y tan competitivos que constantemente discutían cuál de ellos era el más grande (cp. 9:34; Mt. 18:1-4; 20:20-24; Lc. 22:24).

Cuando los creyentes participan en el discipulado radicalmente amoroso, puro, sacrificial y obediente, serán testigos radicales. Los cristianos son la única "sal de la tierra" (Mt. 5:13). No existe ninguna otra influencia espiritual para ser modelos de la verdad que las vidas de los verdaderos discípulos de Jesucristo, que son conocidos por la naturaleza radical del discipulado que profesan.

La verdad en cuanto al divorcio

37

Levantándose de allí, vino a la región de Judea y al otro lado del Jordán; y volvió el pueblo a juntarse a él, y de nuevo les enseñaba como solía. Y se acercaron los fariseos y le preguntaron, para tentarle, si era lícito al marido repudiar a su mujer. Él, respondiendo, les dijo: ¿Qué os mandó Moisés? Ellos dijeron: Moisés permitió dar carta de divorcio, y repudiarla. Y respondiendo Jesús, les dijo: Por la dureza de vuestro corazón os escribió este mandamiento; pero al principio de la creación, varón y hembra los hizo Dios. Por esto dejará el hombre a su padre y a su madre, y se unirá a su mujer, y los dos serán una sola carne; así que no son ya más dos, sino uno. Por tanto, lo que Dios juntó, no lo separe el hombre. En casa volvieron los discípulos a preguntarle de lo mismo, y les dijo: Cualquiera que repudia a su mujer y se casa con otra, comete adulterio contra ella; y si la mujer repudia a su marido y se casa con otro, comete adulterio. (10:1-12)

El divorcio ha perdido todo su estigma negativo y se ha convertido en una opción ampliamente aceptada y popular en la sociedad. A medida que la Iglesia se deja moldear por la cultura, también el divorcio se vuelve cada vez más aceptado y común en ella. Sin embargo, puntos de vista relacionados con el divorcio abarcan toda la gama entre cristianos, desde permitirlo por cualquier razón hasta prohibirlo por cualquier razón. Pero quienes lo toleran se están convirtiendo en mayoría.

No obstante, el punto de vista de la Iglesia acerca del divorcio no debe basarse en las arenas movedizas de las normas sociales, sino en el fundamento de la verdad bíblica. La Biblia no es confusa en este asunto, ni son imprecisas las interpretaciones correctas, a pesar de lo que opinan algunos. Lo más importante no es lo que alguien dice acerca del divorcio, sino lo que Dios piensa al respecto. La respuesta bíblica a esa duda es directa y sin ambigüedades. En sus propias palabras Dios declaró la cuestión principal: "Yo aborrezco el divorcio" (Mal. 2:16, NVI).

La historia de Israel proporciona el telón de fondo para esa actitud divina.

Después de siglos de rebelión e idolatría, el devastador juicio de Dios cayó sobre Israel de tal modo que la nación sufrió setenta años de cautiverio en Babilonia. Cuando los judíos regresaron del exilio reconstruyeron Jerusalén y el templo, aunque su religión se había degenerado en simple ritualismo externo. Las actitudes que tenían hacia el Señor eran degradantes, injustas y duras de corazón. A pesar de su muestra externa de religión, sus corazones estaban llenos de pecado y desobediencia. La profecía de Malaquías, escrita después del regreso del exilio, acusó al pueblo por sus pecados en términos muy específicos y los llamó al arrepentimiento.

Al escribir más o menos al mismo tiempo, Nehemías identificó los mismos pecados que Malaquías vio y denunció. Uno de tales pecados que caracterizaban al Israel posterior a exilio era el matrimonio con mujeres paganas:

> *Vi asimismo [Nehemías] en aquellos días a judíos que habían tomado mujeres de Asdod, amonitas, y moabitas; y la mitad de sus hijos hablaban la lengua de Asdod, porque no sabían hablar judaico, sino que hablaban conforme a la lengua de cada pueblo. Y reñí con ellos, y los maldije, y herí a algunos de ellos, y les arranqué los cabellos, y les hice jurar, diciendo: No daréis vuestras hijas a sus hijos, y no tomaréis de sus hijas para vuestros hijos, ni para vosotros mismos. ¿No pecó por esto Salomón, rey de Israel? Bien que en muchas naciones no hubo rey como él, que era amado de su Dios, y Dios lo había puesto por rey sobre todo Israel, aun a él le hicieron pecar las mujeres extranjeras. ¿Y obedeceremos a vosotros para cometer todo este mal tan grande de prevaricar contra nuestro Dios, tomando mujeres extranjeras? Y uno de los hijos de Joiada hijo del sumo sacerdote Eliasib era yerno de Sanbalat horonita; por tanto, lo ahuyenté de mí. Acuérdate de ellos, Dios mío, contra los que contaminan el sacerdocio, y el pacto del sacerdocio y de los levitas (Neh. 13:23-29).*

Fue divorciarse de sus esposas judías para casarse con mujeres paganas gentiles lo que el Señor condenó por medio de Malaquías. Los sacerdotes encabezaban esta violación de la ley de Dios (Mal. 2:1), dando un ejemplo corrupto que el resto del pueblo siguió con facilidad (v. 8). El Señor les advirtió que el juicio seguiría a menos que se arrepintieran y se volvieran de sus caminos pecaminosos (vv. 2-13). Ellos habían profanado el templo casándose con idólatras paganas, y tratando de manera traicionera a sus esposas judías al violar el pacto matrimonial (v. 14). Esa historia motivó la declaración de Dios: "Yo aborrezco el divorcio" (v. 16, NVI).

En el inicio de esta sección, Jesús y los doce salieron de la casa en Capernaúm donde Él les había enseñado lo relacionado con la humildad y el discipulado radical (9:28-50). Al haber concluido el ministerio del Señor en Galilea se dirigieron **a la región de Judea,** donde Jesús ministró alrededor de seis meses.

Marcos (junto con Mateo) no registra el ministerio en Judea (aunque Lucas y Juan sí), sino que va directamente al ministerio posterior del Señor **al otro lado del Jordán** hacia el este, región conocida como Perea. Desde luego, el último destino de Jesús era Jerusalén y su muerte en la cruz. **Volvió** mucho **pueblo,** constituido por judíos que vivían en esa comarca y por gente de Galilea que viajaba a través de Perea con el fin de no pasar por Samaria, **a juntarse a él, y de nuevo les enseñaba** y sanaba **como solía** hacer (Mt. 19:2). Siguiéndole los pasos como era su costumbre, y buscando una oportunidad de desacreditarlo delante del pueblo, estaban los fariseos, sus enemigos acérrimos e implacables.

La enseñanza del Señor sobre el tema del divorcio, dada en el contexto de una discusión con los fariseos, puede examinarse bajo cuatro encabezados: el enfrentamiento, la clarificación, la contención y la aplicación.

EL ENFRENTAMIENTO

Y se acercaron los fariseos y le preguntaron, para tentarle, si era lícito al marido repudiar a su mujer. (10:2)

Los fariseos que **se acercaron** a Jesús **y le preguntaron, para tentarle, si era lícito al marido repudiar a su mujer** no estaban buscando la verdad. Ellos eran muy conscientes de la enseñanza del Señor sobre el tema, ya que la había declarado en público (cp. Mt. 5:31-32). Más bien estaban probándole con la esperanza de desacreditarlo delante del pueblo. Al igual que sus antepasados después del exilio, los dirigentes y el pueblo de la época de Jesús también veían el divorcio y el nuevo matrimonio como algo aceptable. La norma del Antiguo Testamento la había abandonado mucho tiempo atrás. En su lugar, un punto de vista complaciente defendido por el prominente rabino Hillel (aprox. 70 a.C.-10 d.C.) había hecho del divorcio algo fácil. De acuerdo con esa opinión, a un hombre se le permitía divorciarse de su esposa por cualquier cosa que ella hiciera que le desagradara a él, incluso asuntos tan triviales como quemar la comida, dejar que alguien le viera los tobillos, soltarse el cabello, hacer un comentario negativo de la suegra, o si todo lo demás fallaba, debido a que él había encontrado otra persona a la que prefería por sobre su esposa.

Los fariseos planeaban describir a Jesús como un intolerante e intransigente que identificaba al pueblo y a sus dirigentes como adúlteros. Esperaban que eso hiciera que el populacho se pusiera en su contra. Además, Perea estaba gobernada por Herodes Antipas, quien había encarcelado y, a petición de su esposa Herodías, también había ejecutado a Juan el Bautista por desaprobar su propio divorcio inmoral y nuevo matrimonio (Mr. 6:17-18). Razonaban que tal vez Herodes y Herodías harían lo mismo con Jesús si este se oponía públicamente al divorcio.

LA CLARIFICACIÓN

pero al principio de la creación, varón y hembra los hizo Dios. Por esto dejará el hombre a su padre y a su madre, y se unirá a su mujer, y los dos serán una sola carne; así que no son ya más dos, sino uno. Por tanto, lo que Dios juntó, no lo separe el hombre. (10:6-9)

Como analizaremos más adelante en este capítulo, Jesús hizo caso omiso de las enseñanzas y tradiciones rabínicas y fue directo al Antiguo Testamento. De este extrajo cuatro razones de por qué Dios aborrece el divorcio y de por qué es ilegal.

Primera, debido a que el matrimonio es una unión indisoluble entre un hombre y una mujer. Según Mateo 19:4, Jesús inició su respuesta con un agudo reproche al orgullo espiritual de los fariseos. "¿No habéis leído?". A pesar de la experiencia que alardeaban tener en la ley de Moisés, Jesús los acusó de ignorarla. Adán y Eva forman el modelo para el matrimonio, ya que **al principio de la creación, varón y hembra los hizo Dios.** El divorcio entonces era imposible, ya que no había otras personas con las cuales volver a casarse.

Segunda, debido a la fortaleza de la unión. La palabra hebrea traducida "unirá" en Génesis 2:24 denota el vínculo más fuerte posible y puede traducirse "aferrarse", "estrechar el agarre", "seguir de cerca", "asirse fuertemente", "adherirse" o "pegarse". En el matrimonio participan un hombre y una mujer que se relacionan de manera indisoluble, que están adheridos y que procuran con esfuerzo estar unidos en mente, voluntad, espíritu, cuerpo y emoción.

Tercera, debido a la inquebrantable unidad del vínculo matrimonial. Tan fuerte es la unión entre esposo y esposa que **los dos serán una sola carne; así que no son ya más dos, sino uno.** Esa unidad indivisible se ve más claramente en el producto de **los dos:** sus hijos. Romper el vínculo matrimonial también rompe el vínculo familiar, infligiendo daño adicional.

Por último, debido a que el matrimonio es obra de Dios. Todo matrimonio es un acto divino por el cual se concede a un hombre y una mujer la gracia común de una unión satisfactoria que produce hijos. Puesto que Dios es quien creó la sociedad, romper un matrimonio destruye algo que se ha hecho divinamente. **Por tanto,** Jesús ordenó: **Lo que Dios juntó, no lo separe el hombre.**

La revelación divina sobre el matrimonio y el divorcio era clara y sin ambigüedades. No ofrecía apoyo para el punto contemporáneo de vista de los judíos de que el divorcio era permisible por cualquier motivo. Varios principios relacionados se pueden notar aquí. Primero, el adulterio estaba prohibido (Éx. 20:14) y se castigaba con la muerte (Lv. 20:10). Segundo, el sexo premarital también era castigado (Lv. 19:20). Tercero, codiciar el cónyuge de otra persona estaba prohibido (Éx. 20:17; cp. Mt. 5:28).

Es el inevitable conflicto en el matrimonio lo que podría conducir al divorcio, hostilidad que se deriva de la caída y la maldición resultante en Adán (Gn. 3:17-19) y Eva (v. 16), y en sus descendientes. El hombre está maldito con relación a su trabajo, y la mujer está maldita en relación con la gestación de hijos y en someterse a su marido.

La maldición sobre la mujer en particular ofrece ayuda útil en cuanto a por qué hay conflicto en el matrimonio: "Tu deseo será para tu marido, y él se enseñoreará de ti". Esa no es una referencia a la normal atracción romántica, psicológica o emocional de la mujer por su esposo, puesto que forma parte de la maldición. La palabra hebrea traducida "deseo" solo se usa otra vez en el Pentateuco, en Génesis 4:7. Allí Dios advirtió a Caín: "El pecado está a la puerta; con todo esto, a ti será su deseo, y tú te enseñorearás de él". El mismo lenguaje se usa en la maldición sobre la mujer en 3:16: ella deseará controlar a su esposo, y él se enseñoreará de ella. Al comentar este versículo, John H. Sailhamer escribe:

> [La palabra hebrea traducida "deseo"] es algo "fuera de lo normal y sorprendente" (BDB, p. 1003). Aparte de 3:16, se da solo en Génesis 4:7 y Cantares 7:10. Su uso en Cantares muestra que "contentamiento" puede referirse a atracción física, pero en Génesis 4:7 "deseo" conlleva el sentido de ansias por vencer o derrotar al otro... El modo en que la totalidad de esta sección de la maldición... presagia las palabras del Señor a Caín en 4:7... "a ti será su deseo, y tú te enseñorearás de él" sugiere que el autor deseaba que los pasajes se leyeran juntos. De ser así, el sentido de "deseo" en 3:16 debería entenderse como el anhelo de la esposa de superar o tener ventaja sobre su esposo. Del mismo modo, el sentido de [la palabra hebrea] es como expresa la Nueva Versión Internacional: "Él te dominará". Dentro del contexto del relato de la creación en los capítulos 2 y 3, esta última declaración está en marcado contraste con la imagen del hombre y la mujer como "una sola carne"... y la imagen de la mujer como "ayuda idónea para él". La caída tiene su efecto en la relación de esposo y esposa ("Génesis", en Frank E. Gaebelein, ed. *The Expositor's Bible Commentary* [Grand Rapids: Baker, 1990], 2:58).

Antes de la caída, Adán y Eva no tenían desacuerdos, y se esforzaban por cumplir el mandato: "Fructificad y multiplicaos; llenad la tierra, y sojuzgadla, y señoread en los peces del mar, en las aves de los cielos, y en todas las bestias que se mueven sobre la tierra" (Gn. 1:28). Se complementaban mutuamente a la perfección y vivían juntos en armonía como corregentes de la creación.

Pero después que Satanás los tentara y cayeran, esa armonía perfecta quedó hecha añicos para ellos y para todas las demás parejas casadas que salieron de ellos. Por la maldición, las esposas tratan de ser independientes de la autoridad de sus esposos, de dominar en la relación, y de imponer su voluntad sobre sus esposos. A su vez los esposos, por la misma maldición, tratan de suprimir la rebelión de sus esposas contra su autoridad a menudo en una manera dura, descortés y autocrática. Este conflicto regular entre dos pecadores que viven juntos íntimamente puede producir animosidad que conduce al divorcio.

LA CONTENCIÓN

Él, respondiendo, les dijo: ¿Qué os mandó Moisés? Ellos dijeron: Moisés permitió dar carta de divorcio, y repudiarla. (10:3-4)

El Señor no solo aclaró la enseñanza bíblica sobre el divorcio, también retó la opinión antibíblica de los fariseos. Haciendo otra vez caso omiso de las adiciones rabínicas, Jesús volvió a señalar la enseñanza del Antiguo Testamento al preguntar: **¿Qué os mandó Moisés?** Ellos tenían lista una respuesta, ya que creían haber encontrado un pasaje en la ley que les apoyaba su punto de vista de que el divorcio era permisible por cualquier razón. Confiadamente le **dijeron** a Jesús: **Moisés permitió dar carta de divorcio, y repudiarla.** El pasaje en cuestión es Deuteronomio 24:1-4:

> *Cuando alguno tomare mujer y se casare con ella, si no le agradare por haber hallado en ella alguna cosa indecente, le escribirá carta de divorcio, y se la entregará en su mano, y la despedirá de su casa. Y salida de su casa, podrá ir y casarse con otro hombre. Pero si la aborreciere este último, y le escribiere carta de divorcio, y se la entregare en su mano, y la despidiere de su casa; o si hubiere muerto el postrer hombre que la tomó por mujer, no podrá su primer marido, que la despidió, volverla a tomar para que sea su mujer, después que fue envilecida; porque es abominación delante de Jehová, y no has de pervertir la tierra que Jehová tu Dios te da por heredad.*

Los fariseos se basaron en la palabra "indecente" y, según se indicó antes en este capítulo, ampliaron su significado prácticamente a cualquier cosa que quisieran.

Sin embargo, no se da en ninguna parte de este pasaje un mandato o permiso explícito para divorciarse; aquí solo se describe una situación en que un hombre se casa, decide que no le gusta su esposa, se divorcia de ella, y ella se casa con alguien más. El único mandato se halla en el versículo 4: En tales casos "no podrá su primer marido, que la despidió, volverla a tomar para que sea su mujer". Lejos de ordenar o incluso permitir el divorcio, este requerimiento simplemente prohíbe a un hombre volver a casarse con una mujer de la que se divorció, y que ha estado casada con alguien más. El pasaje reconoce y regula la realidad del divorcio sin condonarlo o condenarlo.

La palabra hebrea traducida "indecente" literalmente significa "desnudez", no en un sentido físico, sino en el sentido de algo vergonzoso. El mismo término se usa en Deuteronomio 23:14 para describir cosas en el campamento de Israel que el Dios santo no debía ver. La palabra no se refiere a adulterio, la única base bíblica para el divorcio, sino a conducta pecaminosa que no tiene que ver con adulterio. Describe situaciones que infringen la normal responsabilidad y conducta social en una cultura civilizada y, por tanto, irrespetuosa hacia otros. Sin duda la palabra no puede extenderse para que signifique cualquier cosa que a un hombre le disguste de su esposa, como los fariseos estaban haciendo.

LA APLICACIÓN

Y respondiendo Jesús, les dijo: Por la dureza de vuestro corazón os escribió este mandamiento... En casa volvieron los discípulos a preguntarle de lo mismo, y les dijo: Cualquiera que repudia a su mujer y se casa con otra, comete adulterio contra ella; y si la mujer repudia a su marido y se casa con otro, comete adulterio. (10:5, 10-12)

A pesar de que la ley decretaba que se debía ejecutar a los adúlteros, Dios tuvo misericordia en la aplicación de esa ley. Después de la aventura extramarital con Betsabé, "dijo David a Natán: Pequé contra Jehová. Y Natán dijo a David: También Jehová ha remitido tu pecado; no morirás" (2 S. 12:13). Durante la época de Cristo pocas personas eran ejecutadas por adulterio. No solo que al adulterio no se le castigaba con la muerte, sino que también los hombres se divorciaban de sus esposas a voluntad, engañándose todo el tiempo al creer que el Antiguo Testamento les permitía proceder así. El Antiguo Testamento reconoce el divorcio por razones de adulterio, y de modo compasivo Dios suspendió la sentencia de muerte para los adúlteros debido a **la dureza de corazón** de las personas, razón por la cual Moisés les **escribió este mandamiento.** Pero los fariseos, y otros más en la época de Cristo, estaban tan lejos de la norma divina para el matrimonio que se divorciaban de sus esposas por el más leve capricho.

De vuelta **en casa** en Perea donde se alojaban, **volvieron los discípulos a preguntarle de lo mismo,** buscando más clarificación. En respuesta, Jesús resumió de forma concisa la posición divina: **Cualquiera que repudia a su mujer y se casa con otra, comete adulterio contra ella; y si la mujer repudia a su marido y se casa con otro, comete adulterio.** Pero Dios sí permitió el divorcio en algunas circunstancias poco comunes. En Deuteronomio 7:1-3 Dios prohibió estrictamente a los israelitas que se casaran con la gente pagana de Canaán:

> *Cuando Jehová tu Dios te haya introducido en la tierra en la cual entrarás para tomarla, y haya echado de delante de ti a muchas naciones, al heteo, al gergeseo,*

al amorreo, al cananeo, al ferezeo, al heveo y al jebuseo, siete naciones mayores y más poderosas que tú, y Jehová tu Dios las haya entregado delante de ti, y las hayas derrotado, las destruirás del todo; no harás con ellas alianza, ni tendrás de ellas misericordia. Y no emparentarás con ellas; no darás tu hija a su hijo, ni tomarás a su hija para tu hijo.

No obstante, eso es precisamente lo que el pueblo hizo después del exilio (Esd. 9:1-2). Tras ser reprendido por Esdras,

entonces respondió Secanías hijo de Jehiel, de los hijos de Elam, y dijo a Esdras: Nosotros hemos pecado contra nuestro Dios, pues tomamos mujeres extranjeras de los pueblos de la tierra; mas a pesar de esto, aún hay esperanza para Israel. Ahora, pues, hagamos pacto con nuestro Dios, que despediremos a todas las mujeres y los nacidos de ellas, según el consejo de mi señor y de los que temen el mandamiento de nuestro Dios; y hágase conforme a la ley (10:2-3).

El resultado fue el divorcio en gran escala (vv. 5-44). Aunque Dios aborrece el divorcio, aborrece aún más la idolatría; el divorcio era un mal menor comparado con que Israel cayera en la falsa religión idolátrica que había motivado el exilio babilónico.

Israel cometió adulterio espiritual en su relación con Dios. Sin embargo, Dios fue fiel a su pacto con David y no se divorció de Judá (Is. 50:1), aunque habría un tiempo de separación. No obstante, el reino apóstata del norte (Israel) no fue gobernado por reyes de la línea de David, y después de esperar pacientemente a pesar de siglos de idolatría, el Señor se divorció de Israel por infidelidad espiritual (Jer. 3:8). José, un hombre justo, pudo legalmente haberse divorciado de María por la supuesta infidelidad de ella (un compromiso matrimonial judío, mucho más vinculante que el compromiso moderno, que solo podía terminarse por medio de un divorcio, Mt. 1:19). Esas dos ilustraciones demuestran que, como se indicó antes, el adulterio era la única causa de divorcio en el Antiguo Testamento.

El Nuevo Testamento también afirma que el adulterio es base para el divorcio. Aunque Marcos no menciona la llamada cláusula de excepción, Mateo sí lo hace (19:9; cp. 5:32). No obstante, el adulterio no tiene que terminar con un matrimonio (cp. la historia de Oseas y su esposa adúltera, Gomer, en el libro de Oseas). Pero que Dios perdone la vida a un adúltero no arrepentido no significa que penalice al cónyuge inocente de la persona. El Nuevo Testamento también revela que si un incrédulo se divorcia de un creyente, el último es libre para casarse otra vez (1 Co. 7:15).

Cuando comprendieron la gravedad de la relación matrimonial, "le dijeron sus discípulos [a Jesús]: Si así es la condición del hombre con su mujer, no conviene casarse" (Mt. 19:10). Eso podría ser cierto en teoría, pero en la práctica "no todos son capaces de recibir esto, sino aquellos a quienes es dado" (v. 11). No todos pueden vivir realizados en estado de soltería (1 Co. 7:9).

¿Qué hace que un matrimonio sea fuerte, que permanezca firme contra las presiones del divorcio? Esto dicen las inspiradas palabras del apóstol Pablo:

> *Así también los maridos deben amar a sus mujeres como a sus mismos cuerpos. El que ama a su mujer, a sí mismo se ama. Porque nadie aborreció jamás a su propia carne, sino que la sustenta y la cuida, como también Cristo a la iglesia, porque somos miembros de su cuerpo, de su carne y de sus huesos. Por esto dejará el hombre a su padre y a su madre, y se unirá a su mujer, y los dos serán una sola carne. Grande es este misterio; mas yo digo esto respecto de Cristo y de la iglesia. Por lo demás, cada uno de vosotros ame también a su mujer como a sí mismo; y la mujer respete a su marido (Ef. 5:28-33).*

Por qué Jesús bendijo a los niños

38

Y le presentaban niños para que los tocase; y los discípulos reprendían a los que los presentaban. Viéndolo Jesús, se indignó, y les dijo: Dejad a los niños venir a mí, y no se lo impidáis; porque de los tales es el reino de Dios. De cierto os digo, que el que no reciba el reino de Dios como un niño, no entrará en él. Y tomándolos en los brazos, poniendo las manos sobre ellos, los bendecía. (10:13-16)

Este incidente lo narran todos los tres evangelios sinópticos (cp. Mt. 19:13-15; Lc. 18:15-17). Aunque breve, el suceso es de gran importancia porque contesta la pregunta importante de qué sucede eternamente a los bebés o niños pequeños cuando mueren.

La respuesta de Jesús, que de los niños es el reino de Dios, era contraria a la opinión dominante del judaísmo apóstata de la época. Según el sistema de obras de justicia de los fariseos, los niños eran incapaces de entender y guardar la ley, o de realizar buenas obras que pudieran ganar la salvación. De ahí que era absurda la idea de que ellos pudieran entrar al reino.

Al identificar a los niños como parte de su reino a pesar de su incapacidad de hacer alguna cosa para ganar la salvación, Jesús hizo más que tan solo rechazar la sabiduría convencional de la época. Como cualquier realidad, la salvación de tales niños es una ilustración poderosa de la verdad bíblica de que dicha salvación solo se obtiene por gracia. Por tanto, el incidente está en marcado contraste con el que sigue a continuación en los tres evangelios sinópticos, es decir el encuentro del Señor con un joven rico (véase el capítulo 39 de esta obra). Dicho individuo parecía estar en el camino correcto hacia el reino. Era muy rico (Lc. 18:23), santurrón (Mr. 10:20), y religioso (Lucas lo llama un "principal" [Lc. 18:18], tal vez de una sinagoga local). Pero permanecía fuera del reino (Mt. 19:23), mientras que estos niños estaban adentro.

Este hecho fundamental puede verse bajo cuatro encabezados: la búsqueda de bendición, el agudo reproche, el cuidado especial y la analogía de la salvación.

LA BÚSQUEDA DE BENDICIÓN

Y le presentaban niños para que los tocase; (10:13*a*)

Por lo general, los padres judíos llevaban a sus **niños** ante los ancianos de la sinagoga local o ante prominentes rabinos para que pronunciaran bendiciones sobre ellos. De igual modo, el Antiguo Testamento registra las bendiciones paternales a los hijos por parte de Noé (Gn. 9:26-27), Isaac (Gn. 27:1-41) y Jacob (Gn. 49:28). Debido al gran afecto que Jesús tenía por los niños, a menudo los padres se los llevaban (cp. 9:36-37; Mt. 21:15-16). Sin embargo, su afecto por los niños no lo hacía sentimentalmente ingenuo respecto a ellos. El Señor entendía que los niños eran pecadores, y usó una historia acerca de muchachos irascibles y obstinados para reprender a los fariseos por el rechazo que le hicieran tanto a Él y como a Juan el Bautista (Mt. 11:16-19).

Paidia (**niños**) es un término general para hijos. No obstante, en su relato de este incidente Lucas usa una forma de la palabra *brephos,* que se refiere específicamente a bebés por nacer, recién nacidos, o pequeñitos (Lc. 18:15; cp. 1:41, 44; 2:12, 16; Hch. 7:19; 1 P. 2:2). Muchos padres en la gran multitud (Mt. 19:2), que veían el amor, el poder y la majestad del Señor, y que oían su predicación y enseñanza acerca del reino, la salvación y la vida eterna, le llevaban sus bebés a Jesús **para que los tocase.** Se trataba de padres que querían que sus hijos conocieran a Dios, que fueran parte de su reino, y que tuvieran vida eterna, como lo desea cualquier padre sensible. Ellos querían que Jesús orara por el bienestar espiritual de sus hijos, que Dios les mostrara favor.

EL AGUDO REPROCHE

y los discípulos reprendían a los que los presentaban. (10:13*b*)

Los discípulos, influenciados todavía por el sistema de obras de justicia en que se habían criado, no estaban de acuerdo con el entusiasta deseo de los padres de que Jesús bendijera a sus hijos. Los discípulos veían a los niños como poco más que interrupciones innecesarias al ministerio del Señor, y **reprendían** a los padres por molestar al Señor. **Reprendían** se traduce de una forma del verbo *epitimaō,* variante intensificada del verbo *timaō. Epitimaō* significa "censurar" o "regañar"; el sustantivo relacionado se traduce como "reprensión" en 2 Corintios 2:6. Marcos usa la palabra para describir la reprimenda de Jesús a los demonios (Mr. 1:25; 3:12; 9:25), y a una tormenta (4:39), la advertencia que hizo a los discípulos de que no revelaran que Él era el Mesías (8:30), la reprensión de Pedro a Jesús (8:32) y el posterior regaño del Señor a Pedro (8:33), y el reproche de la multitud a un hombre ciego que no cesaba de clamar a Jesús (10:48).

LA BENDICIÓN ESPECIAL

Viéndolo Jesús, se indignó, y les dijo: Dejad a los niños venir a mí, y no se lo impidáis; porque de los tales es el reino de Dios. (10:14)

Al ver **Jesús** el reproche excesivo de los discípulos a los padres, **se indignó.** El verbo traducido **indignó** también es una expresión fuerte que significa "enojado", "molesto" o "disgustado". Describe la reacción de los escribas y fariseos ante los muchachos en el templo que aclamaban a Jesús como el Mesías (Mt. 21:15), la reacción de los otros diez discípulos ante la petición de Jacobo y Juan por los principales lugares en el reino (Mr. 10:41), la reacción de algunos presentes cuando una mujer ungió a Jesús con un costoso perfume (Mr. 14:4), y la reacción de un líder de sinagoga cuando Jesús curó en el día de reposo (Lc. 13:14). El término indica que Jesús se molestó en gran manera con los discípulos por el modo en que trataron a los niños; pero no reprendió a los padres que le llevaban sus hijos. Los discípulos fueron el único objetivo del reproche del Señor, debido a sus erróneas suposiciones y malinterpretaciones de las Escrituras.

No se dice nada de la condición espiritual de los padres, o si eran creyentes o incrédulos. La fe de los niños también era el asunto aquí. Ellos no son por decisión propia incrédulos o creyentes conscientes; no pueden recibir ni rechazar la verdad de la salvación divina.

La respuesta del Señor para los discípulos fue enfática. **Les dijo: Dejad a los niños venir a mí, y no se lo impidáis.** El tiempo presente del verbo traducido **impidáis** indica que los discípulos debían seguir permitiendo que los padres y sus hijos tuvieran acceso a Cristo. Era esencial que a los niños se les dejara ir a Él porque, según se lo declaró a los discípulos, **de los tales es el reino de Dios** (la esfera de salvación). La declaración del Señor es incondicional; no hay advertencias, condiciones o restricciones adjuntas. Él no la aplica únicamente a los hijos de judíos fieles, a niños circuncidados (o bautizados), a niños elegidos, o solo a aquellos bebés presentes en esa ocasión particular. El uso que Lucas hace del término griego *toioutōn* (**de los tales**) en lugar de *toutois* ("de estos") indica que Jesús estaba refiriéndose a todos los que no pueden creer para salvación porque aún no han alcanzado la edad de responsabilidad personal (Lc. 18:16).

Es obvio que Jesús no pronunciaba bendición sobre personas fuera del reino de Dios, quienes pertenecen al reino de Satanás (Jn. 8:44; Col. 1:13; 1 Jn. 3:8) y están malditas. Los bebés, antes de llegar a la edad en que entiendan lo bueno y lo malo (que varía de niño en niño), están bajo el cuidado misericordioso y especial de Dios. Si mueren antes de ese tiempo, sus almas irán al cielo; una vez pasado ese punto, Dios los hará responsables por no arrepentirse y creer en el evangelio.

Desde luego, la consoladora verdad de que los niños pequeños que mueren irán al cielo no quiere decir que no sean pecadores, aunque no hayan escogido pecar de modo consciente. La Biblia es clara en que todo ser humano desde la caída ha nacido como pecador, heredando la naturaleza pecaminosa de Adán que se ha transmitido a todos sus descendientes (Ro. 5:12-21; cp. el trágico estribillo "y murió" en la genealogía registrada en Gn. 5). Esa naturaleza corrupta está presente desde la concepción. David escribió: "He aquí, en maldad he sido formado, y en pecado me concibió mi madre" (Sal. 51:5). Salmos 58:3 confirma esta realidad: "Se apartaron los impíos desde la matriz; se descarriaron hablando mentira desde que nacieron". En Génesis 8:21 Dios manifestó: "El intento del corazón del hombre es malo desde su juventud" (cp. Is. 48:8). Proverbios 22:15 observa que "la necedad está ligada en el corazón del muchacho". El mismo hecho de que los bebés pueden morir demuestra la realidad de que no son moralmente neutrales (la posición histórica del pelagianismo, semipelagianismo, y arminianismo), sino pecadores, ya que la muerte resulta del pecado, y es la paga del pecado para todo el mundo (Ro. 6:23).

Que todos los bebés sin excepción crecen hasta llegar a ser adultos pecadores ofrece prueba adicional de que son pecadores. En 1 Reyes 8:46 Salomón observó que "no hay hombre que no peque". David suplicó a Dios: "No entres en juicio con tu siervo; porque no se justificará delante de ti ningún ser humano" (Sal. 143:2). Salomón preguntó de manera retórica: "¿Quién podrá decir: Yo he limpiado mi corazón, limpio estoy de mi pecado?" (Pr. 20:9). En Eclesiastés 7:20 agregó: "Ciertamente no hay hombre justo en la tierra, que haga el bien y nunca peque". Dios dijo a través de Jeremías: "Engañoso es el corazón más que todas las cosas, y perverso; ¿quién lo conocerá?" (Jer. 17:9). Pablo afirmó la universalidad del pecado en la especie humana cuando escribió: "Como está escrito: No hay justo, ni aun uno; no hay quien entienda, no hay quien busque a Dios. Todos se desviaron, a una se hicieron inútiles; no hay quien haga lo bueno, no hay ni siquiera uno" (Ro. 3:10-12). La pecaminosidad no es una condición a la que las personas ingresan cuando pecan, sino en la que nacen y es la que las lleva a hacer lo malo. En otras palabras, los seres humanos no son pecadores porque pecan; pecan porque son pecadores. Por tanto, los bebés y los niños pequeños están en el reino de Dios únicamente por un acto de la gracia divina.

Sin embargo, no es cierto que esos niños tengan vida eterna y que luego la pierdan una vez que lleguen a la condición de responsabilidad, ya que por definición la vida eterna no puede ser menos que eterna (Jn. 3:15-16; 5:24; 6:40, 54; 10:28-29). En cambio, Dios los mantiene en una condición de gracia hasta que lleguen a la edad en que se vuelvan responsables delante de Él. Esa gracia temporal y condicional se volverá eterna para aquellos que mueran antes de llegar a ser responsables. La Biblia enseña que, a los ojos de Dios, a ellos se les ve como inocentes. Dios se refirió a los niños pequeños en Israel como aquellos "que no saben hoy lo bueno ni lo malo" (Dt. 1:39). Dios retuvo su juicio sobre Nínive en parte a causa de los niños que había en la ciudad que "no [sabían] discernir entre su mano derecha y su mano izquierda" (Jon. 4:11). Ya que no tienen suficiente edad para saber la diferencia entre lo correcto y lo incorrecto, los niños no son culpables por quebrantar la ley de Dios y son inocentes delante de Él (cp. Jer. 19:4-5, donde Dios se refirió a los niños sacrificados a Baal como inocentes y Ez. 16:21, donde los llamó "mis hijos"). Al explicar por qué Dios perdona compasivamente a tales niños, R. A. Webb escribió:

> Si un bebé muerto fuera enviado al infierno sin otra explicación que el pecado original, habría una buena razón para el juicio por parte de la Mente Divina, porque el pecado es una realidad. Pero la mente del niño sería un blanco perfecto en cuanto a la razón de su sufrimiento. Bajo tales circunstancias el infante conocería el sufrimiento pero no entendería la razón de tal dolor. No podría darse cuenta de por qué estaría tan horriblemente afectado, y en consecuencia todo el sentido y el significado de su sufrimiento, al ser para él un enigma consciente, la misma esencia del castigo estaría ausente y la justicia estaría desilusionada y engañada en su legitimación (*The Theology of Infant Salvation* [Richmond, Va.: Presbyterian Committee of Publications, 1907], p. 42).

En medio del sufrimiento, Job se lamentó:

> *¿Por qué no morí yo en la matriz, o expiré al salir del vientre? ¿Por qué me recibieron las rodillas? ¿Y a qué los pechos para que mamase? Pues ahora estaría yo muerto, y reposaría; dormiría, y entonces tendría descanso, Con los reyes y con los consejeros de la tierra, que reedifican para sí ruinas; O con los príncipes que poseían el oro, que llenaban de plata sus casas. ¿Por qué no fui escondido como abortivo, como los pequeñitos que nunca vieron la luz? Allí los impíos dejan de perturbar, y allí descansan los de agotadas fuerzas (Job 3:11-17).*

Tan intenso era el sufrimiento que Job deseó haber sido abortado o ser un niño que naciera muerto y entrara directamente al reposo celestial.

> Quizás el ejemplo más útil en el Antiguo Testamento acerca de la salvación de niños que mueren se halla en 2 Samuel 12. Después de los horribles pecados de David al adulterar con Betsabé y luego asesinarle el marido en un intento frustrado de encubrir su maldad, el rey fue reprendido por el profeta Natán. Después que David confesó su pecado (v. 13), Natán le aseguró el perdón de Dios, pero le informó que una de las consecuencias de su pecado era que su hijo con Betsabé moriría (v. 14).

> Durante siete días el consternado rey ayunó y oró por la vida de su hijo. Cuando percibió que el niño estaba muerto, "David se levantó de la tierra, y se lavó y se ungió, y cambió sus ropas, y entró a la casa de Jehová, y adoró. Después vino a su casa, y pidió, y le pusieron pan, y comió" (v. 20). Entonces "le dijeron sus siervos: ¿Qué es esto que has hecho? Por el niño, viviendo aún, ayunabas y llorabas; y muerto él, te levantaste y comiste pan" (v. 21). David explicó que mientras el niño aún estaba vivo había esperanza de que Dios se ablandara y la salvara la vida (v. 22). Pero después que el niño murió, no tenía más sentido seguir ayunando (v. 23).
>
> Entonces David manifestó confiadamente al final del versículo 23: "Yo voy a él, mas él no volverá a mí". El rey sabía que después de su propia muerte estaría en la presencia de Dios (cp. Sal. 17:15), y tenía la certeza de que se reuniría con su hijo en el cielo donde se le aseguraba consuelo y esperanza.
>
> Por el contrario, cuando su hijo adulto rebelde Absalón murió, David estuvo desconsolado (2 S. 18:33—19:4). Él sabía que después que muriera se reuniría con el hijo que tuvo con Betsabé. Pero también sabía que no había tal esperanza de una reunión después de la muerte con Absalón, el asesino (2 S. 13:22-33) y rebelde (John MacArthur, *Comentario MacArthur del Nuevo Testamento: Lucas* [Grand Rapids: Portavoz, 2016], estudio de Lucas 18:16).

La salvación de los bebés que mueren ha sido la enseñanza de la Iglesia durante siglos. El gran reformador Juan Calvino escribió:

> Esos niños no tienen todavía ningún entendimiento para desear la bendición de Dios; pero cuando se los presentan, con ternura y amabilidad él los recibe y los dedica al Padre por medio de un solemne acto de bendición... Excluir de la gracia de la redención a quienes tienen esa edad sería demasiado cruel... es arrogancia y sacrilegio alejar del redil del Señor a los que él quiere en su regazo, y cerrarles la puerta excluyendo como extraños a quienes Dios no consiente que se les prohíba llegar a él (*Commentary on a Harmony of Matthew, Mark, and Luke* [Edinburgh: Calvin Translation Society, 1845), 2:389, pp. 390-91).

Charles Hodge, el eminente teólogo del siglo XIX, escribió: "Él nos dice que de los tales [los niños] es el reino de los cielos, como si el cielo estuviera compuesto en gran medida por las almas de bebés redimidos" (*Systematic Theology* [reproducción, Grand Rapids: Eerdmans, 1979], 1:27). B. B. Warfield, el respetado teólogo del siglo XIX de Princeton, también sostuvo que la Biblia enseña la salvación de bebés:

El destino de los bebés está determinado independientemente de su decisión, por un decreto incondicional de Dios, retardado para su ejecución mediante ningún acto de sus propias voluntades. La salvación de los infantes se lleva a cabo por una aplicación incondicional de la gracia de Cristo para sus almas, a través de la operación inmediata e irresistible del Espíritu Santo antes y aparte de cualquier acción de sus propias voluntades… Y si la muerte en la infancia depende de la providencia de Dios, con seguridad es Él en su providencia quien selecciona esta enorme multitud para que sean partícipes de la salvación incondicional que ofrece… Esto no significa otra cosa sino que están incondicionalmente predestinados para salvación desde la fundación del mundo. Si tan solo un bebé que muriera en la infancia se salvara, todo el principio arminiano se negaría. Si todos los bebés que mueren son salvos, no solo la mayoría de los salvos, sino indudablemente la mayoría de la especie humana hasta ahora, habrán entrado a la vida por una senda no arminiana. (Citado en Loraine Boettner, *The Reformed Doctrine of Predestination* [Phillipsburg, N.J.: Presbyterian y Reformed, 1980], pp. 143-44; para un análisis adicional de la salvación de bebés, véase John MacArthur, *Seguro en los brazos de Dios* [Nashville: Grupo Nelson, 2015]).

LA ANALOGÍA DE LA SALVACIÓN

De cierto os digo, que el que no reciba el reino de Dios como un niño, no entrará en él. (10:15)

La salvación de niños es una analogía adecuada que demuestra que la salvación es totalmente por la gracia de Dios. Esto representa un golpe mortal a cualquier forma de legalismo, ya que esos niños obviamente no pueden hacer nada para merecer la salvación. La solemne declaración del Señor, **de cierto os digo, que el que no reciba el reino de Dios como un niño, no entrará en él,** fue un severo reproche al sistema legalista de obras de justicia de los fariseos y sus seguidores, y por extensión a todos los que confían en que sus buenas obras los salven.

Concluyendo el pasaje, el versículo 16 muestra que Jesús, tomando a los niños **en los brazos,** y **poniendo las manos sobre ellos, los bendecía.** En un gesto maravilloso narrado solo por Marcos, el Señor destacó el lugar especial que estos niños tienen en el reino. El verbo traducido **tomándolos en los brazos** es un verbo compuesto que significa "envolver con los brazos", del modo en que hacemos con un bebé. Jesús los abrazó y comenzó a bendecirlos uno por uno. El sentido del verbo traducido **bendecía** es que el Señor los bendijo fervientemente, orando por cada uno con las manos sobre ellos, una conocida postura de bendición. La aceptación del Señor describe la realidad de que la salvación solo es por gracia. La salvación de un niño que muere sin haber realizado obras meritorias es la ilustración más grande acerca de esa verdad bíblica fundamental. Cuando fallece un niño o alguien con la mente de un niño, Dios les aplica el sacrificio del Salvador, y son declarados y hechos justos en ese mismo instante.

La mayor bendición que los padres pueden otorgar a sus hijos es evangelizarlos en amor. Esa es su más alta prioridad como mayordomos de las vidas de sus hijos una vez que estos tengan la edad suficiente para entender y creer en el evangelio. La salvación de sus hijos es una obra soberana de Dios, pero los padres son los agentes por medio de los cuales se lleva a cabo esa obra divina. Ellos son los principales misioneros en las vidas de sus hijos.

La tragedia de un buscador egoísta

39

Al salir él para seguir su camino, vino uno corriendo, e hincando la rodilla delante de él, le preguntó: Maestro bueno, ¿qué haré para heredar la vida eterna? Jesús le dijo: ¿Por qué me llamas bueno? Ninguno hay bueno, sino sólo uno, Dios. Los mandamientos sabes: No adulteres. No mates. No hurtes. No digas falso testimonio. No defraudes. Honra a tu padre y a tu madre. Él entonces, respondiendo, le dijo: Maestro, todo esto lo he guardado desde mi juventud. Entonces Jesús, mirándole, le amó, y le dijo: Una cosa te falta: anda, vende todo lo que tienes, y dalo a los pobres, y tendrás tesoro en el cielo; y ven, sígueme, tomando tu cruz. Pero él, afligido por esta palabra, se fue triste, porque tenía muchas posesiones. Entonces Jesús, mirando alrededor, dijo a sus discípulos: ¡Cuán difícilmente entrarán en el reino de Dios los que tienen riquezas! Los discípulos se asombraron de sus palabras; pero Jesús, respondiendo, volvió a decirles: Hijos, ¡cuán difícil les es entrar en el reino de Dios, a los que confían en las riquezas! Más fácil es pasar un camello por el ojo de una aguja, que entrar un rico en el reino de Dios. Ellos se asombraban aun más, diciendo entre sí: ¿Quién, pues, podrá ser salvo? Entonces Jesús, mirándolos, dijo: Para los hombres es imposible, mas para Dios, no; porque todas las cosas son posibles para Dios. Entonces Pedro comenzó a decirle: He aquí, nosotros lo hemos dejado todo, y te hemos seguido. Respondió Jesús y dijo: De cierto os digo que no hay ninguno que haya dejado casa, o hermanos, o hermanas, o padre, o madre, o mujer, o hijos, o tierras, por causa de mí y del evangelio, que no reciba cien veces más ahora en este tiempo; casas, hermanos, hermanas, madres, hijos, y tierras, con persecuciones; y en el siglo venidero la vida eterna. Pero muchos primeros serán postreros, y los postreros, primeros. (10:17-31)

La Biblia enseña que los pecadores no buscan a Dios por sí mismos (Sal. 14:2-3). El Señor Jesucristo afirmó esa realidad cuando declaró: "Ninguno puede venir a mí, si el Padre que me envió no le trajere... Por eso os he dicho que ninguno puede venir a mí, si no le fuere dado del Padre" (Jn. 6:44, 65). El apóstol Pablo, reflexionando en las Escrituras del Antiguo Testamento, escribió: "No hay justo, ni aun uno; no hay quien entienda, no hay quien busque a Dios. Todos se desviaron, a una se hicieron inútiles; no hay quien haga lo bueno, no hay ni siquiera uno" (Ro. 3:10-12). Técnicas y estrategias de mercadeo ingeniosas no harán que pecadores superficiales y egocéntricos (que están "muertos en [sus] delitos y pecados", andando según "la corriente de este mundo, conforme al príncipe de la potestad del aire, el espíritu que ahora opera en los hijos de desobediencia", que llevan vidas controladas por "los deseos de [la] carne, haciendo la voluntad de la carne y de los pensamientos, y [que son] por naturaleza hijos de ira" [Ef. 2:1-3]) deseen la salvación por oír el evangelio. Esa es la obra de Dios. Solo Dios, por el milagro de la regeneración, permite que el pecador le busque mediante el arrepentimiento y la fe en el evangelio (cp. Jn. 3:1-8).

Aun así, la Biblia manda a los pecadores buscar a Dios, no ir tras el cumplimiento de sus propios deseos egoístas. Isaías declaró: "Buscad a Jehová mientras puede ser hallado, llamadle en tanto que está cercano" (Is. 55:6), y Dios dijo a los desobedientes israelitas: "Así dice Jehová a la casa de Israel: Buscadme, y viviréis" (Am. 5:4, 6). Quienes buscan de veras a Dios deben hacerlo en los términos de Él, no en los de ellos. Eso implica buscarlo de todo corazón y alma. Moisés expresó a los hijos de Israel: "Mas si desde allí buscares a Jehová tu Dios, lo hallarás, si lo buscares de todo tu corazón y de toda tu alma" (Dt. 4:29). En Jeremías 29:13 Dios mismo declaró: "Me buscaréis y me hallaréis, porque me buscaréis de todo vuestro corazón" (cp. 1 Cr. 28:9; Sal. 119:2, 10).

Por otra parte, los que van tras sus propios intereses egoístas en lugar de buscar a Dios son como el rey Roboam de Judá, quien "hizo lo malo, porque no dispuso su corazón para buscar a Jehová" (2 Cr. 12:14; cp. Sal. 10:4).

Este pasaje presenta a uno de esos buscadores egoístas. El incidente que se describe fue un verdadero encuentro entre un hombre joven acaudalado e influyente y Jesús; no se trata de una parábola o historia. La respuesta que le dio Cristo demuestra que el interés superficial en la vida eterna debe ser confrontado, no justificado. El hombre fue confrontado con la decisión entre él mismo y Dios; entre la satisfacción en esta vida y la realización en la vida venidera. El individuo no puso en duda la veracidad de lo que Jesús dijo. No anduvo con evasivas ni altercó; simplemente se alejó. Cuando se hizo evidente que lo que Jesús le estaba ofreciendo iba a costarle su orgullo y sus posesiones, el hombre decidió que el precio era demasiado alto, incluso por la vida eterna.

Al principio este individuo parecía ser el buscador ideal. A algunas personas se les debe convencer en cuanto a las verdades básicas de la enseñanza bíblica con relación a Dios, el cielo, el infierno, y la vida eterna. Al parecer, nada de ese preevangelismo fue necesario en este caso; es más, lo primero que el hombre hizo cuando se acercó a Jesús fue preguntarle cómo obtener vida eterna. El hombre parecía estar listo; según la metodología contemporánea de evangelización, Jesús debió haber usado un lenguaje apropiado y ofrecerle términos aceptables para llevar a este gran candidato a una oración de salvación. Sin embargo, Jesús no le exigió hacer una oración o la popular "decisión". Al contrario, le puso un tremendo obstáculo en el camino, obligándolo a decidir qué era más valioso para el hombre: Dios y la vida venidera, o la propia voluntad del individuo y las riquezas de esta vida actual. Tristemente, el hombre optó por seguir su propia voluntad y no la de Dios. El joven quería vida eterna, pero no lo suficiente como para abandonar su orgullo y sus posesiones. En vez de eso, quiso añadir en sus propios términos la vida eterna a lo que ya poseía.

Esta trágica historia de un hombre devoto por fuera, pero que no pasó la prueba más importante de su vida, se desarrolla en dos partes: el encuentro con Jesús, y la instrucción que el Señor dio a sus discípulos basándose en ese encuentro.

EL ENCUENTRO

Al salir él para seguir su camino, vino uno corriendo, e hincando la rodilla delante de él, le preguntó: Maestro bueno, ¿qué haré para heredar la vida eterna? Jesús le dijo: ¿Por qué me llamas bueno? Ninguno hay bueno, sino sólo uno, Dios. Los mandamientos sabes: No adulteres. No mates. No hurtes. No digas falso testimonio. No defraudes. Honra a tu padre y a tu madre. Él entonces, respondiendo, le dijo: Maestro, todo esto lo he guardado desde mi juventud. Entonces Jesús, mirándole, le amó, y le dijo: Una cosa te falta: anda, vende todo lo que tienes, y dalo a los pobres, y tendrás tesoro en el cielo; y ven, sígueme, tomando tu cruz. Pero él, afligido por esta palabra, se fue triste, porque tenía muchas posesiones. (10:17-22)

El encuentro sucede en el diálogo entre Jesús y este hombre.

LA PREGUNTA DEL BUSCADOR

Al salir él para seguir su camino, vino uno corriendo, e hincando la rodilla delante de él, le preguntó: Maestro bueno, ¿qué haré para heredar la vida eterna? (10:17)

Este incidente tuvo lugar en la parte sur de la región conocida como Perea, localizada al oriente del río Jordán. Jesús se estaba dirigiendo a Jerusalén (Mr. 10:32) por última vez, donde iba a morir y resucitar. Un día, **al salir él para seguir su camino** en esa región, sucedió algo inesperado (Mt. 19:16 inicia este relato con la frase griega *kai idou* ["entonces"]): **vino uno corriendo, e** hincó **la rodilla delante de** Jesús. Lo que hizo que tal situación fuera algo sorprendente, y hasta impactante, es la identidad del hombre. Mateo observa que era joven

(Mt. 19:20), Lucas añade que se trataba de un principal (probablemente el líder de una sinagoga [Lc. 18:18]), y los tres informan que el hombre era muy acaudalado (Mt. 19:22; Mr. 10:22; Lc. 18:23).

Varios aspectos de este hombre rico e influyente, que había logrado mucho según el sistema religioso de su época, habrían sorprendido a los espectadores. Primero, **vino corriendo** hasta donde Jesús. Los hombres de posición en Oriente Medio no corrían. Para correr era necesario recoger las largas túnicas usadas tanto por hombres como por mujeres, y dejando así las piernas al descubierto, lo que se consideraba poco digno y hasta vergonzoso. El individuo también hincó **la rodilla delante de** Cristo, asumiendo una postura humilde y de adoración en la presencia de alguien a quien el sistema religioso consideraba un falso profeta y trataban de matar. Además, el hombre se dirigió a Jesús de manera respetuosa como **Maestro bueno.**

Según se indicó en este mismo capítulo, este líder rico y joven parecía ser un candidato seguro. Él reconoció su necesidad, en contraste con el fariseo descrito en Lucas 18:9-14. A pesar de todos sus logros religiosos, este hombre estaba consciente de que no tenía vida eterna y que, por tanto, carecía de una esperanza segura en el cielo.

Además, con urgencia buscó la vida eterna que sabía que no poseía. Haciendo caso omiso de su reputación y dignidad, acudió con humildad a Jesús en público, a diferencia de Nicodemo (Jn. 3:2).

El joven también fue a ver a la persona correcta. A diferencia de muchos que en vano buscan la verdad espiritual en el maestro equivocado, la iglesia equivocada, o la religión equivocada, él vino ante el Señor Jesucristo, el único que es "el camino, y la verdad, y la vida" (Jn. 14:6; cp. 1 Jn. 5:20).

Por último, hizo la pregunta correcta: **¿qué haré para heredar la vida eterna?** De acuerdo con el sistema legalista de obras de justicia del que formaba parte, este joven estaba buscando conocimiento respecto a la buena obra definitiva que al final le permitiría obtener vida eterna. A pesar de todos sus logros religiosos, tenía en la mente un temor persistente de que aún carecía de salvación. Había una culpa insatisfecha, un anhelo frustrado, una duda dolorosa respecto a su relación con Dios. **Vida eterna** se refiere a calidad de vida, no a cantidad; no simplemente a vivir para siempre, sino más bien a poseer la misma vida de Dios, que de modo compasivo Él concede a los creyentes.

El problema fundamental de este hombre estaba en su mala interpretación y su mal uso de la palabra **bueno,** que usó libremente con relación a Cristo. Con este calificativo tan solo quiso elogiarlo como un buen **maestro,** es decir uno enviado por Dios (cp. Jn. 3:2). Del mismo modo, el individuo se consideraba sí mismo y a sus correligionarios igualmente de buenos. Teniendo eso en cuenta, el propósito de la pregunta con que le contestó Jesús resulta claro. El Señor no contestó como hizo a la pregunta parecida: "¿Qué debemos hacer para poner en práctica las obras de Dios?" (Jn. 6:28), manifestando: "Esta es la obra de Dios, que creáis en el que él ha enviado" (v. 29; cp. Hch. 16:31). El omnisciente Señor, que sabía lo que se hallaba en los corazones de los hombres (Jn. 2:25), no desafió a este religioso a creer, porque sabía que para escapar de la ira eterna primero debía confrontar el juicio por el pecado que se le avecinaba, así como la necesidad de arrepentimiento y perdón para recibir misericordia divina.

EL RETO DEL SALVADOR

Jesús le dijo: ¿Por qué me llamas bueno? Ninguno hay bueno, sino sólo uno, Dios. Los mandamientos sabes: No adulteres. No mates. No hurtes. No digas falso testimonio. No defraudes. Honra a tu padre y a tu madre. (10:18-19)

La respuesta del Señor, **¿Por qué me llamas bueno? Ninguno hay bueno, sino sólo uno, Dios,** desde luego que no fue una negación de su deidad. Aquello habría refutado sus afirmaciones explícitas en otras partes (p. ej., Jn. 5:17-18; 8:24, 58; 10:30-33). El propósito era reprender la inadecuada comprensión que este hombre tenía acerca de la palabra **bueno** y redefinirla en relación con Dios. **Bueno,** a diferencia de "malo" es algo absoluto, no relativo. Las personas pueden ser más o menos buenas o malas, pero solo Dios es absoluta, perfecta y eternamente bueno. Antes de que pueda presentárseles el evangelio, deben comprender que no son buenas a los ojos de Dios, y que ninguna cantidad de esfuerzo humano o de observancia religiosa puede hacerlas buenas (Ro. 3:20, 28; Gá. 2:16; Ef. 2:8-9; Fil. 3:9; 2 Ti. 1:9; Tit. 3:5).

"La ley a la verdad es santa, y el mandamiento santo, justo y bueno" (Ro. 7:12). La revelación divina en la ley demuestra y define la perfecta justicia, santidad y absoluta bondad de Dios, y es la norma a que no pueden ajustarse todos aquellos que quisieran alcanzar la salvación por su propia justicia (Mt. 5:48; cp. Lv. 11:45; 19:2; 1 P. 1:16). La ley muestra a los pecadores lo perfectamente bueno que es Dios, y lo totalmente malos que son ellos, produciendo culpa, temor, miedo, remordimiento y la inevitable realidad del juicio divino. Tal ley es "nuestro ayo, para llevarnos a Cristo, a fin de que fuésemos justificados por la fe" (Gá. 3:24). Pero al igual que el pueblo judío de la época de Jesús, este hombre había retorcido la ley como un medio para establecer su propia bondad y justicia (Ro. 9:30-32).

Antes de su conversión, el apóstol Pablo había sido muy parecido a este dirigente religioso. Fue "circuncidado al octavo día, del linaje de Israel, de la tribu de Benjamín, hebreo de hebreos; en cuanto a la ley, fariseo; en cuanto a celo, perseguidor de la iglesia; en cuanto a la justicia que es en la ley, irreprensible" (Fil. 3:5-6). Según escribió en Gálatas 1:13-14, Pablo era una estrella en ascenso en el judaísmo del siglo I: "Ya habéis oído acerca de mi conducta en otro tiempo en el judaísmo, que perseguía sobremanera a la iglesia de Dios, y la asolaba; y en el judaísmo aventajaba a muchos de mis contemporáneos en mi nación, siendo mucho más celoso de las tradiciones de mis padres". Sin embargo, cuando fue habilitado por el Espíritu de Dios para entender de veras la ley, Pablo pudo verse por lo que era:

> *¿Qué diremos, pues? ¿La ley es pecado? En ninguna manera. Pero yo no conocí el pecado sino por la ley; porque tampoco conociera la codicia, si la ley no dijera: No codiciarás. Mas el pecado, tomando ocasión por el mandamiento, produjo en mí toda codicia; porque sin la ley el pecado está muerto. Y yo sin la ley vivía en un tiempo; pero venido el mandamiento, el pecado revivió y yo morí. Y hallé que el mismo mandamiento que era para vida, a mí me resultó para muerte; porque el pecado, tomando ocasión por el mandamiento, me engañó, y por él me mató. De manera que la ley a la verdad es santa, y el mandamiento santo, justo y bueno. ¿Luego lo que es bueno, vino a ser muerte para mí? En ninguna manera; sino que el pecado, para mostrarse pecado, produjo en mí la muerte por medio de lo que es bueno, a fin de que por el mandamiento el pecado llegase a ser sobremanera pecaminoso (Ro. 7:7-13).*

La bondad de la naturaleza de Dios se revela en la ley, y cuando Pablo se juzgó a sí mismo contra la ley comprendió que para nada era justo, sino un pecador miserable. Él asemejó su mejor moralidad y religiosidad a la "basura" (Fil. 3:4-8).

El Señor entonces retó al hombre del que habla en esta sección, al igual que Pablo haría más tarde, a juzgarse por la ley y darse cuenta de que no era bueno. Jesús hizo que el individuo recordara que sabía **los mandamientos** y que era responsable de cumplirlos (Mt. 19:17). Luego le dio una lista de muestra: **No adulteres. No mates. No hurtes. No digas falso testimonio. No defraudes. Honra a tu padre y a tu madre.** Todos esos ejemplos menos uno fueron tomados de la segunda mitad de los Diez Mandamientos, que se ocupan de las relaciones humanas, a diferencia de los primeros cinco mandamientos que tienen que ver con la relación de una persona con Dios.

EL ENGAÑO DEL BUSCADOR

Él entonces, respondiendo, le dijo: Maestro, todo esto lo he guardado desde mi juventud. (10:20)

Lejos de sentirse condenado por su imposibilidad para alcanzar la perfección de la ley, este joven dirigente, al igual que sus compañeros religiosos, estaba convencido de que su observación de la ley reivindicaba su justicia personal. Su afirmación de que había **guardado** todas estas cosas **desde** su **juventud** hasta ese momento revelaba su total fracaso en entender realmente su pecaminosidad. Su fariseísmo lo había cegado a la revelación que la ley le hacía de su propio pecado (cp. Jer. 17:9). Para él, así como para los fariseos y rabinos, la ley tenía que ver únicamente con la conducta externa. Fue esa idea equivocada la que Jesús corrigió en el Sermón del Monte (Mt. 5:20-48). Si este joven hubiera entendido de veras la ley, al igual que Pablo llegó a comprenderla, se habría dado cuenta de que condenaba el odio, los pensamientos lujuriosos, la avaricia, las mentiras, y el deshonrar a sus padres que formaban parte del tejido de su miserable corazón. En lugar de guardar la ley como creía que estaba haciendo, la violaba a diario en su mente, lo cual es tan perverso como un comportamiento que no toma en cuenta la ley.

EL MANDATO DEL SALVADOR

Entonces Jesús, mirándole, le amó, y le dijo: Una cosa te falta: anda, vende todo lo que tienes, y dalo a los pobres, y tendrás tesoro en el cielo; y ven, sígueme, tomando tu cruz. Pero él, afligido por esta palabra, se fue triste, porque tenía muchas posesiones. (10:21-22)

Entonces Jesús, motivado por la compasión, **le amó, y le dijo: Una cosa te falta: anda, vende todo lo que tienes, y dalo a los pobres, y tendrás tesoro en el cielo; y ven, sígueme, tomando tu cruz.** Tanto el mandato del Señor como la respuesta del hombre, **pero él, afligido por esta palabra, se fue triste, porque tenía muchas posesiones,** exponen aún más su falla en guardar la ley. No solo que era un infractor del segundo de los Diez Mandamientos, sino que también era un transgresor de los primeros cinco. Era culpable de blasfemar de Dios al adorar a otro dios —su riqueza y sus posesiones— y Dios no tolera rivales. Jesús declaró: "Ninguno puede servir a dos señores; porque o aborrecerá al uno y amará al otro, o estimará al uno y menospreciará al otro. No podéis servir a Dios y a las riquezas" (Mt. 6:24). La riqueza terrenal y la satisfacción temporal eran el dios de este hombre.

Jesús le predicó la ley, pero no el evangelio. Los pecadores no están listos para las buenas nuevas del evangelio a menos que acepten la mala noticia de que la ley los condena como pecadores culpables. Como líder religioso altamente respetado, reverenciado y honrado, este individuo veía su prosperidad y su posición exaltada en la sinagoga como evidencia de que era bueno y de que Dios estaba complacido con él. No estaba dispuesto a reconocer que era pecador, afirmar que sus buenas obras no podían salvarle, aferrarse a la gracia y la misericordia de Dios, y someterse al señorío de Cristo. Tristemente, en la encrucijada de su destino eterno, frente a frente con el Salvador, tomó el camino ancho que lleva a la destrucción y rechazó el único camino angosto que lleva a la vida eterna.

LA INSTRUCCIÓN

Entonces Jesús, mirando alrededor, dijo a sus discípulos: ¡Cuán difícilmente entrarán en el reino de Dios los que tienen riquezas! Los discípulos se asombraron de sus palabras; pero Jesús, respondiendo, volvió a decirles: Hijos, ¡cuán difícil les es entrar en el reino de Dios, a los que confían en las riquezas! Más fácil es pasar un camello por el ojo de una aguja, que entrar un rico en el reino de Dios. Ellos se asombraban aun más, diciendo entre sí: ¿Quién, pues, podrá ser salvo? Entonces Jesús, mirándolos, dijo: Para los hombres es imposible, mas para Dios, no; porque todas las cosas son posibles para Dios. Entonces Pedro comenzó a decirle: He aquí, nosotros lo hemos dejado todo, y te hemos seguido. Respondió Jesús y dijo: De cierto os digo que no hay ninguno que haya dejado casa, o hermanos, o hermanas, o padre, o madre, o mujer, o hijos, o tierras, por causa de mí y del evangelio, que no reciba cien veces más ahora en este tiempo; casas, hermanos, hermanas, madres, hijos, y tierras, con persecuciones; y en el siglo venidero la vida eterna. Pero muchos primeros serán postreros, y los postreros, primeros. (10:23-31)

La lección que Jesús sacó de la trágica historia del joven rico profundiza la declaración que el Señor hace en Marcos 8:35: "Todo el que quiera salvar su vida, la perderá; y todo el que pierda su vida por causa de mí y del evangelio, la salvará". Ese hombre, que parecía estar buscando sinceramente la vida eterna, terminó perdiendo su alma eterna para siempre por su amor a sí mismo y a las riquezas terrenales. La instrucción del Señor se desarrolla en dos partes: La pobreza de las riquezas, y las riquezas de la pobreza.

LA POBREZA DE LAS RIQUEZAS

Entonces Jesús, mirando alrededor, dijo a sus discípulos: ¡Cuán difícilmente entrarán en el reino de Dios los que tienen riquezas! Los discípulos se asombraron de sus palabras; pero Jesús, respondiendo, volvió a decirles: Hijos, ¡cuán difícil les es entrar en el reino de Dios, a los que confían en las riquezas! Más fácil es pasar un camello por el ojo de una aguja, que entrar un rico en el reino de Dios. Ellos se asombraban aun más, diciendo entre sí: ¿Quién, pues, podrá ser salvo? Entonces Jesús, mirándolos, dijo: Para los hombres es imposible, mas para Dios, no; porque todas las cosas son posibles para Dios. (10:23-27)

Después de ver con tristeza cómo el joven rico se alejaba, **Jesús, mirando alrededor, dijo a sus asombrados discípulos: ¡Cuán difícilmente entrarán en el reino de Dios los que tienen riquezas! Más fácil es pasar un camello por el ojo de**

una aguja, que entrar un rico en el reino de Dios. A ellos les había sorprendido que el aparente buen candidato rechazara las condiciones de Jesús, se volviera abruptamente y se fuera. **Los discípulos se asombraron** aún más **de sus palabras** relacionadas con la dificultad de los ricos para entrar al reino. En la cultura en que se habían criado, según se observó antes, se suponía que la riqueza y el poder eran señales de bendición divina.

Por el contrario, entrar al reino es difícil para los ricos al menos por tres razones. Primera, la riqueza les da una falsa sensación de seguridad. Pablo ordenó a Timoteo: "A los ricos de este siglo manda que no sean altivos, ni pongan la esperanza en las riquezas, las cuales son inciertas, sino en el Dios vivo, que nos da todas las cosas en abundancia para que las disfrutemos" (1 Ti. 6:17).

Segunda, los ricos además están consumidos con las cosas del mundo, y donde se halla su tesoro también estará su corazón (Mt. 6:21). En 1 Timoteo 6:10 Pablo advirtió: "Raíz de todos los males es el amor al dinero, el cual codiciando algunos, se extraviaron de la fe, y fueron traspasados de muchos dolores". El apóstol Juan expresó una advertencia parecida:

> *No améis al mundo, ni las cosas que están en el mundo. Si alguno ama al mundo, el amor del Padre no está en él. Porque todo lo que hay en el mundo, los deseos de la carne, los deseos de los ojos, y la vanagloria de la vida, no proviene del Padre, sino del mundo (1 Jn. 2:15-16).*

Los que se aferran a la riqueza son como el rico insensato en la parábola de Jesús:

> *También les refirió una parábola, diciendo: La heredad de un hombre rico había producido mucho. Y él pensaba dentro de sí, diciendo: ¿Qué haré, porque no tengo dónde guardar mis frutos? Y dijo: Esto haré: derribaré mis graneros, y los edificaré mayores, y allí guardaré todos mis frutos y mis bienes; y diré a mi alma: Alma, muchos bienes tienes guardados para muchos años; repósate, come, bebe, regocíjate. Pero Dios le dijo: Necio, esta noche vienen a pedirte tu alma; y lo que has provisto, ¿de quién será? Así es el que hace para sí tesoro, y no es rico para con Dios (Lc. 12:16-21).*

Por último, los ricos tienden a ser egoístas y a buscar la realización y gratificación personal, al igual que el hombre rico en la historia del Señor, que ignoró por completo al mendigo necesitado sentado a su puerta (Lc. 16:19-31).

Sin embargo, esas razones psicológicas no son el planteamiento que el Señor hace aquí, ya que el rico de quien habló era un individuo religioso por fuera. De acuerdo con la teología simplista (y equivocada) del judaísmo del siglo I, la riqueza era una señal de la bendición de Dios. Por el contrario, se veía al pobre como maldito por Dios. Además, quienes eran acaudalados tenían los medios para comprar más sacrificios que aquellos que los pobres podían pagar. También podían darse el lujo de entregar más limosnas y dar más ofrendas que otras personas, y los judíos creían que dar limosnas era algo clave para entrar al reino. El libro apócrifo de Tobías declara: "Buena es la oración con ayuno; y mejor es la limosna con justicia que la riqueza con iniquidad. Mejor es hacer limosna que atesorar oro. La limosna libra de la muerte y purifica de todo pecado. Los limosneros tendrán larga vida" (Tob. 12:8-9 Biblia de Jerusalén; cp. Sab. 3:30). De modo que en el sistema religioso judío sería fácil para los ricos entrar al reino de Dios, no imposible.

No sorprende que **los discípulos se** asombraran **de** las **palabras** de **Jesús,** que les parecieron contradictorias. Su reacción indica que aún no se habían liberado por completo del sistema legalista en el que habían crecido. **Pero Jesús, respondiendo, volvió a decirles: Hijos, ¡cuán difícil les es entrar en el reino de Dios, a los que confían en las riquezas!** Lejos de bajar el tono de su declaración, el Señor la repitió y la amplió para incluir a todos, no solo a los ricos. Pasó entonces a enseñar un ejemplo de lo difícil que es entrar al reino de Dios:

En realidad es imposible para los ricos comprar su entrada al reino, como lo indica esta declaración proverbial: Porque es más fácil pasar un camello por el ojo de una aguja, que entrar un rico en el reino de Dios. Los persas hablaban de la imposibilidad usando un proverbio conocido que afirmaba que sería más fácil para un elefante pasar por el ojo de una aguja. Los judíos adoptaron el proverbio, sustituyendo un camello por un elefante, ya que los camellos eran los animales más grandes en Palestina.

Algunos, renuentes a enfrentar la cruda realidad que el dicho implica, han tratado de suavizarlo. Al percibir la similitud entre las palabras griegas *kamelos* (camello) y *kamilos* (una cuerda o cable largos), algunos sugieren que algún copista se equivocó al sustituir la primera por la última. Sin embargo, es poco probable que en todos los tres evangelios sinópticos se hubiera hecho el cambio de igual manera. Tampoco un escriba haría la declaración más difícil en lugar de la más fácil. Podría haber cambiado la redacción de "camello" a "cable", pero no de "cable" a "camello". Pero incluso una cuerda no podría atravesar el ojo de una aguja más de lo que podría hacerlo un camello. Otros imaginan que la referencia es a una pequeña puerta en el muro de Jerusalén por la que los camellos solo podrían entrar con gran dificultad. Sin embargo, no existe evidencia de que tal puerta existiera alguna vez. Tampoco ninguna persona con sentido común habría intentado obligar a un camello a pasar por tan pequeña portezuela aunque hubiera

> existido una; simplemente habría hecho que el animal entrara a la ciudad por una puerta más grande. El punto obvio de esa expresión pintoresca de exageración no es que la salvación sea difícil, sino más bien que es humanamente imposible para todo el mundo, por cualquier medio, incluso la riqueza (cp. Mr. 10:23-24). Los pecadores están conscientes de su culpa y su miedo, y por eso podrían anhelar una relación con Dios que les traería perdón y paz. Pero no pueden aferrarse a sus prioridades pecaminosas y su dominio propio, y creer que pueden llegar a Dios bajo sus propias condiciones. El hombre de esta historia ejemplifica esa realidad (John MacArthur, *Comentario MacArthur del Nuevo Testamento: Lucas* [Grand Rapids: Portavoz, 2016], estudio de Lucas 18:24-30).

Los discípulos **se asombraban aun más, diciendo entre sí: ¿Quién, pues, podrá ser salvo? Entonces Jesús, mirándolos, dijo** rotundamente: **Para los hombres es imposible, mas para Dios, no; porque todas las cosas son posibles para Dios** (cp. la frase similar usada en Lucas 1:37 para referirse al nacimiento virginal). Los pecadores no pueden salvarse por su propio poder, su propia voluntad, ni sus propios esfuerzos (Jer. 13:23); solo un acto soberano de Dios puede cambiar el corazón (Jn. 1:11-13; 3:3-8; 6:44, 65).

Cuando por la obra del Espíritu Santo los pecadores llegan al punto en que desean arrepentirse y ser salvos, después de haber reconocido su culpa, lo único que pueden hacer es clamar a Dios y pedirle que en su misericordia les perdone los pecados y los salve del juicio por medio de Jesucristo. La única súplica que pueden hacer, así como la del publicano arrepentido, es: "Dios, sé propicio a mí, pecador" (Lc. 18:13).

LAS RIQUEZAS DE LA POBREZA

Entonces Pedro comenzó a decirle: He aquí, nosotros lo hemos dejado todo, y te hemos seguido. Respondió Jesús y dijo: De cierto os digo que no hay ninguno que haya dejado casa, o hermanos, o hermanas, o padre, o madre, o mujer, o hijos, o tierras, por causa de mí y del evangelio, que no reciba cien veces más ahora en este tiempo; casas, hermanos, hermanas, madres, hijos, y tierras, con persecuciones; y en el siglo venidero la vida eterna. Pero muchos primeros serán postreros, y los postreros, primeros. (10:28-31)

Como **Pedro** señaló, a diferencia del joven rico y de muchos otros aspirantes a seguidores (cp. Jn. 6:66; Lc. 9:59-62), los discípulos lo habían **dejado todo y seguido** a Cristo. Mateo registra que Pedro siguió esa declaración con la pregunta: "¿Qué, pues, tendremos?" (Mt. 19:27). Entonces **respondió Jesús y dijo: De cierto os digo que no hay ninguno que haya dejado casa, o hermanos,**

o hermanas, o padre, o madre, o mujer, o hijos, o tierras, por causa de mí y del evangelio, que no reciba cien veces más ahora en este tiempo; casas, hermanos, hermanas, madres, hijos, y tierras, con las inevitables **persecuciones** que enfrentarán (Hch. 14:22). Todos los creyentes se convierten en parte de la Iglesia, el Cuerpo de Cristo. Aunque muchos pierden sus familias terrenales cuando se convierten en cristianos, descubren que han ganado la familia celestial y que llegan a tener gran cantidad de padres, madres, hermanos y hermanas en Cristo.

Ese cuidado mutuo ha caracterizado a la Iglesia de Jesucristo desde su comienzo en el día de Pentecostés. En su nacimiento, la Iglesia en parte se formó con peregrinos que habían llegado de asentamientos judíos fuera de Israel. Después de convertirse, los nuevos creyentes no quisieron volver a sus casas porque no había ninguna otra iglesia que la de Jerusalén. Se quedaron, algunos de ellos permanentemente, en las casas de los creyentes que ya estaban allí. Esos creyentes los alimentaron, los albergaron, los amaron, y cuidaron de ellos. Años más tarde, el apóstol Pablo viajaría por toda la región mediterránea recogiendo una ofrenda para llevar a la iglesia en Jerusalén, a fin de que esta pudiera seguir cuidando de las necesidades de los creyentes allí (2 Co. 8—9).

Pero no es solo en esta vida actual que quienes han dejado todo atrás para seguir a Cristo serán recompensados; **en el siglo venidero** serán bendecidos con **la vida eterna** en el cielo. En respuesta a la pregunta de Pedro con relación a él y sus compañeros apóstoles, Jesús contestó: "De cierto os digo que en la regeneración [el reino milenial], cuando el Hijo del Hombre se siente en el trono de su gloria, vosotros que me habéis seguido también os sentaréis sobre doce tronos, para juzgar a las doce tribus de Israel" (Mt. 19:28).

La declaración final del Señor, **pero muchos primeros serán postreros, y los postreros, primeros,** significa simplemente que todos terminarán también siendo poseedores de los tesoros del cielo (cp. Mt. 19:30-20:16).

El rico que rechazó a Cristo será espiritualmente pobre para siempre. Por otra parte, aquellos que dejan todo para seguirle recibirán riquezas eternas. Los que almacenan su tesoro en el cielo entienden la verdad expresada por el misionero y mártir Jim Elliot: "No es tonto quien da lo que no puede conservar para ganar lo que no puede perder" (Elisabeth Elliot, *Shadow of the Almighty* [Nueva York: Harper & Row, 1979], p. 247).

Predicción del sufrimiento mesiánico

40

Iban por el camino subiendo a Jerusalén; y Jesús iba delante, y ellos se asombraron, y le seguían con miedo. Entonces volviendo a tomar a los doce aparte, les comenzó a decir las cosas que le habían de acontecer: He aquí subimos a Jerusalén, y el Hijo del Hombre será entregado a los principales sacerdotes y a los escribas, y le condenarán a muerte, y le entregarán a los gentiles; y le escarnecerán, le azotarán, y escupirán en él, y le matarán; mas al tercer día resucitará. (10:32-34)

Uno de las falsas afirmaciones que hacen críticos y escépticos en un intento por desacreditar al Señor Jesucristo es que su muerte fue una desgracia inesperada y no planificada. Algunos sostienen que aunque Jesús tenía buenas intenciones, evaluó muy mal la disposición del pueblo de tolerar sus enseñanzas y fue demasiado lejos. Otros lo ven como un nacionalista equivocado cuyos intentos de iniciar una revolución contra Roma terminaron en desastre. Para otros, Jesús fue solo un fanático religioso más que, arrastrado por su propia popularidad, albergó delirios de grandeza. En cualquier caso, todos ellos aseguran que sin duda alguna las cosas no resultaron como Él había querido.

Nada podría estar más lejos de la verdad. Al contrario de haberle pillado por sorpresa, Jesús sabía desde el principio lo que iba a suceder. Cada aspecto de su muerte fue profetizado siete siglos antes de su nacimiento:

> *He aquí que mi siervo será prosperado, será engrandecido y exaltado, y será puesto muy en alto. Como se asombraron de ti muchos, de tal manera fue desfigurado de los hombres su parecer, y su hermosura más que la de los hijos de los hombres, así asombrará él a muchas naciones; los reyes cerrarán ante él la boca, porque verán lo que nunca les fue contado, y entenderán lo que jamás habían oído. ¿Quién ha creído a nuestro anuncio? ¿y sobre quién se ha manifestado el brazo de Jehová? Subirá cual renuevo delante de él, y como raíz de tierra seca; no hay parecer en él, ni hermosura; le veremos, mas sin atractivo para que le deseemos. Despreciado y desechado entre los hombres, varón de dolores, experimentado*

> *en quebranto; y como que escondimos de él el rostro, fue menospreciado, y no lo estimamos. Ciertamente llevó él nuestras enfermedades, y sufrió nuestros dolores; y nosotros le tuvimos por azotado, por herido de Dios y abatido. Mas él herido fue por nuestras rebeliones, molido por nuestros pecados; el castigo de nuestra paz fue sobre él, y por su llaga fuimos nosotros curados. Todos nosotros nos descarriamos como ovejas, cada cual se apartó por su camino; mas Jehová cargó en él el pecado de todos nosotros. Angustiado él, y afligido, no abrió su boca; como cordero fue llevado al matadero; y como oveja delante de sus trasquiladores, enmudeció, y no abrió su boca. Por cárcel y por juicio fue quitado; y su generación, ¿quién la contará? Porque fue cortado de la tierra de los vivientes, y por la rebelión de mi pueblo fue herido. Y se dispuso con los impíos su sepultura, mas con los ricos fue en su muerte; aunque nunca hizo maldad, ni hubo engaño en su boca. Con todo eso, Jehová quiso quebrantarlo, sujetándole a padecimiento. Cuando haya puesto su vida en expiación por el pecado, verá linaje, vivirá por largos días, y la voluntad de Jehová será en su mano prosperada. Verá el fruto de la aflicción de su alma, y quedará satisfecho; por su conocimiento justificará mi siervo justo a muchos, y llevará las iniquidades de ellos. Por tanto, yo le daré parte con los grandes, y con los fuertes repartirá despojos; por cuanto derramó su vida hasta la muerte, y fue contado con los pecadores, habiendo él llevado el pecado de muchos, y orado por los transgresores (Is. 52:13–53:12).*

Antes de que Jesús naciera, un ángel le manifestó a su padre José que María "dará a luz un hijo, y llamarás su nombre JESÚS, porque él salvará a su pueblo de sus pecados" (Mt. 1:21). Anticipándose a la cruz, Jesús declaró: "Ahora está turbada mi alma; ¿y qué diré? ¿Padre, sálvame de esta hora? Mas para esto he llegado a esta hora" (Jn. 12:27). Jesús se refirió a su muerte a lo largo de su ministerio:

> *Jesús les dijo: ¿Acaso pueden los que están de bodas ayunar mientras está con ellos el esposo? Entre tanto que tienen consigo al esposo, no pueden ayunar. Pero vendrán días cuando el esposo les será quitado, y entonces en aquellos días ayunarán (Mr. 2:19-20).*

> *De un bautismo tengo que ser bautizado; y ¡cómo me angustio hasta que se cumpla! (Lc. 12:50).*

> *Y les dijo: Id, y decid a aquella zorra [Herodes Antipas]: He aquí, echo fuera demonios y hago curaciones hoy y mañana, y al tercer día termino mi obra. Sin embargo, es necesario que hoy y mañana y pasado mañana siga mi camino; porque no es posible que un profeta muera fuera de Jerusalén (Lc. 13:32-33; cp. vv. 34-35).*

Pero primero es necesario que padezca mucho, y sea desechado por esta generación (Lc. 17:25).

En tres ocasiones en los evangelios sinópticos Jesús proporcionó a sus discípulos detalles específicos de su muerte (Mr. 8:31; cp. Mt. 16:21; Lc. 9:22; Mr. 9:31; cp. Mt. 17:22-23; Lc. 9:44). El actual pasaje y los relatos paralelos en Mateo y Lucas (Mt. 20:17-19; Lc. 18:31-34) relatan la última de esas tres predicciones.

La razón de que Jesús pudiera hacer predicciones específicas y exactas con relación a su muerte es doble: Primera, porque conocía perfectamente el Antiguo Testamento, y segunda, porque poseía conocimiento divino perfecto. Por tanto, la enseñanza de Jesús en esta ocasión se puede examinar bajo dos encabezados: Escrituras proféticas, y omnisciencia personal.

ESCRITURAS PROFÉTICAS

Iban por el camino subiendo a Jerusalén; y Jesús iba delante, y ellos se asombraron, y le seguían con miedo. Entonces volviendo a tomar a los doce aparte, les comenzó a decir las cosas que le habían de acontecer: (10:32)

Esta lección tuvo lugar mientras Jesús y sus discípulos, acompañados por una gran multitud (cp. Mt. 20:29), **iban por el camino subiendo a Jerusalén** por la vía de Jericó. Habían dejado el río Jordán, por donde habían vuelto a cruzar hacia Israel después de viajar al sur de Galilea a través de Perea (la región al este del Jordán), con el fin de no pasar por Samaria (cp. Jn. 4:9). **Jesús iba delante** de **ellos,** dirigiéndose de modo voluntario hacia la muerte. Con firme convicción caminaba delante de todos, arrastrando tras sí a sus preocupados, confundidos y desesperados seguidores que le acompañaban por la fuerza de su presencia. Los doce en particular estaban asombrados y temerosos, e incluso se mostraron fatalistas (cp. Jn. 11:15), pues según se indicó antes ya habían recibido instrucción de parte del Señor acerca de lo que iba a acontecer. Pero incluso el resto de los que **le seguían** tenían **miedo.** Estaban confundidos en cuanto a por qué aquel que fervorosamente esperaban que fuera el Mesías, se dirigía hacia el peligro mortal que le esperaba en Jerusalén.

Con el fin de prepararlos para lo que estaba por delante, **entonces** Jesús, **volviendo a tomar a los doce aparte, les comenzó a decir** una vez más **las cosas que le habían de acontecer.** Como resultó ser, tuvieron mucha dificultad en lidiar con la traición, el arresto, los juicios, la crucifixión y la muerte del Señor. Si no se les hubiera advertido, habría sido mucho más grande el nivel de duda y temor que hubieran experimentado. Pero cuando esos acontecimientos tuvieron lugar, el conocimiento de que estas cosas se desarrollaban tal como Jesús había predicho les aseguró que Dios estaba en control total.

Los doce estaban familiarizados con el Antiguo Testamento porque durante toda su vida lo habían oído leer y enseñar en las sinagogas. Pero bajo la influencia de la extraña y mística enseñanza propuesta por los fariseos y escribas, carecían de una comprensión verdadera acerca de la revelación. A lo largo de su ministerio Jesús había retado la mala interpretación rabínica del Antiguo Testamento (p. ej., Mt. 5:21-48; 15:2-6; Mr. 7:8-9; cp. Tit. 1:14; Mr. 7:7). Ahora, con su muerte inminente, el Señor intensificó su instrucción a los discípulos.

Lucas relata que Jesús les habló respecto a "todas las cosas escritas por los profetas acerca del Hijo del Hombre" (Lc. 18:31). Su muerte fue prometida en el Antiguo Testamento, no en términos vagos y generales, sino de manera muy específica.

Por ejemplo, el sistema de sacrificios, que fue iniciado (Gn. 3:21) y ordenado (Levítico) por Dios, necesariamente señalaba hacia un sacrificio final, según el escritor de Hebreos deja en claro:

> *Ofrendas y sacrificios que no pueden hacer perfecto, en cuanto a la conciencia, al que practica ese culto (He. 9:9).*

> *Porque la ley, teniendo la sombra de los bienes venideros, no la imagen misma de las cosas, nunca puede, por los mismos sacrificios que se ofrecen continuamente cada año, hacer perfectos a los que se acercan. De otra manera cesarían de ofrecerse, pues los que tributan este culto, limpios una vez, no tendrían ya más conciencia de pecado. Pero en estos sacrificios cada año se hace memoria de los pecado (He. 10:1-3).*

> *En esa voluntad somos santificados mediante la ofrenda del cuerpo de Jesucristo hecha una vez para siempre. Y ciertamente todo sacerdote está día tras día ministrando y ofreciendo muchas veces los mismos sacrificios, que nunca pueden quitar los pecados; pero Cristo, habiendo ofrecido una vez para siempre un solo sacrificio por los pecados, se ha sentado a la diestra de Dios (He. 10:10-12).*

Sin duda, Jesús también indicó que el Salmo 22 describía de modo gráfico los detalles de su muerte en la cruz, aunque la crucifixión se desconocía en Israel durante la época en que se escribió el salmo. Este empieza con las palabras que nuestro Señor pronunció en la cruz: "Dios mío, Dios mío, ¿por qué me has desamparado?" (v. 1; cp. Mt. 27:46). Los versículos 6-8 predicen las burlas y el desprecio acumulados sobre Jesús por parte de sus enemigos:

> *Mas yo soy gusano, y no hombre; oprobio de los hombres, y despreciado del pueblo. Todos los que me ven me escarnecen; estiran la boca, menean la cabeza, diciendo: Se encomendó a Jehová; líbrele él; sálvele, puesto que en él se complacía (cp. Lc. 23:35-39).*

El versículo 16 se refiere a sus atormentadores: "Horadaron mis manos y mis pies", una obvia referencia a la crucifixión.

Los versículos 14-17 describen el sufrimiento físico que el Señor soportó en la cruz:

> *He sido derramado como aguas, y todos mis huesos se descoyuntaron; mi corazón fue como cera, derritiéndose en medio de mis entrañas. Como un tiesto se secó mi vigor, y mi lengua se pegó a mi paladar, y me has puesto en el polvo de la muerte. Porque perros me han rodeado; me ha cercado cuadrilla de malignos; horadaron mis manos y mis pies. Contar puedo todos mis huesos; entre tanto, ellos me miran y me observan.*

Esta predicción extraordinariamente exacta relata incluso el detalle de que los verdugos se dividirían la ropa de Jesús: "Repartieron entre sí mis vestidos, y sobre mi ropa echaron suertes" (v. 18; cp. Lc. 23:34).

Sin duda alguna el Señor les habló de esa mayor profecía acerca de su nacimiento, vida, muerte, resurrección y gloria: Isaías 53. El Antiguo Testamento también predijo muchos otros detalles de la vida y el ministerio de Jesús, que incluyen:

Su entrada triunfal (Zac. 9:9; Mt. 21:4-5);
La ira de sus enemigos contra Él (Sal. 2:1-3; Hch. 4:25-28);
La deserción de sus amigos (Zac. 13:7; Mt. 26:31);
La traición que le harían por treinta monedas de plata (Zac. 11:12; Mt. 26:15);
Que sería levantado (una referencia a su muerte por crucifixión [Nm. 21:8-9; Jn. 3:14]);
Que ninguno de sus huesos sería quebrado (Éx. 12:46; Sal. 34:20; Jn. 19:31-37);
Que le darían a beber vinagre (Sal. 69:21; Mt. 27:34);
Que le perforarían el costado (Zac. 12:10; Jn. 19:34, 37);
Que aunque su sepultura sería asignada para estar con hombres malvados (según era común entre delincuentes crucificados), Él en realidad sería enterrado en la tumba de un hombre rico (Is. 53:9; Mt. 27:57-60);
Que resucitaría victorioso sobre la muerte (Sal. 16:10; Hch. 2:25-31);
Que ascendería al lugar de honor a la mano derecha del Padre (Sal. 110:1; Hch. 2:34-35).

Jesús "afirmó su rostro para ir a Jerusalén" (Lc. 9:51) con el propósito de cumplir todo lo que el Antiguo Testamento predijo con relación a su muerte, sepultura, resurrección y ascensión. Después de la resurrección, el Señor repasaría todas las profecías del Antiguo Testamento para volver a explicar las predicciones con su cumplimiento (Lc. 24:26-27, 32, 44-47). Fue entonces cuando sus discípulos entendieron de veras debido a que habían experimentado la verdad y porque "les abrió el entendimiento, para que comprendiesen las Escrituras" (Lc. 24:45).

OMNISCIENCIA PERSONAL

He aquí subimos a Jerusalén, y el Hijo del Hombre será entregado a los principales sacerdotes y a los escribas, y le condenarán a muerte, y le entregarán a los gentiles; y le escarnecerán, le azotarán, y escupirán en él, y le matarán; mas al tercer día resucitará. (10:33-34)

Además de la enseñanza del Antiguo Testamento ya indicada, Jesús tuvo conocimiento de los hechos que rodearon su muerte, que solo podría tener quien conociera el futuro. Esa es, sin embargo, otra demostración de su omnisciencia divina (cp. su conocimiento de los corazones de las personas [Jn. 2:24-25; cp. Lc. 6:8; 11:17]; el sitio exacto donde Pedro hallaría un pez con una moneda en la boca [Mt. 17:27; cp. Jn. 21:5-6]; que una mujer a quien acababa de ver por primera vez hubiera tenido cinco esposos [Jn. 4:18]; dónde se encontraba el potrillo en que cabalgaría en la entrada triunfal y qué dirían sus propietarios cuando los discípulos lo tomaran [Lc. 19:30-34]; que los discípulos encontrarían a un hombre con un cántaro de agua que les mostraría el lugar donde comerían la Última Cena [Lc. 22:10]; y que Jerusalén sería destruida cuatro décadas después [Lc. 21:20]).

Esta predicción de su muerte proporciona perspectiva adicional de la magnitud y la intensidad del sufrimiento de nuestro Señor. Por supuesto que los discípulos sabían que estaban subiendo a **Jerusalén** con el fin de celebrar la Pascua. Lo que aún no entendían totalmente era que Jesús sería el Cordero de Pascua, el último y aceptable sacrificio que satisfaría a Dios y pondría fin al sistema expiatorio simbólico. Una razón de que Jesús necesitaba explicarles esas verdades por anticipado es que el concepto de un Mesías que fuera a morir era totalmente extraño a lo que se les había enseñado durante toda su vida (cp. Lc. 9:44-45). Emil Schürer, el historiador del siglo XIX, resumió así las expectativas del pueblo judío con relación a la venida del Mesías y el establecimiento de su reino: Primero, la venida del Mesías estaría precedida por una época de tribulación. Segundo, en medio de la confusión aparecería un profeta como Elías que anunciaría la venida del Mesías. Tercero, el Mesías iba a establecer su reino glorioso y a reivindicar a su pueblo. Cuarto, las naciones se aliarían entre sí para luchar contra el Mesías. Quinto, el Mesías destruiría a todas esas naciones que irían a oponérsele. Sexto, Jerusalén sería restaurada y hecha nueva y gloriosa.

Séptimo, los judíos esparcidos por todo el mundo regresarían a Israel. Octavo, Israel se convertiría en el centro del mundo y todas las naciones estarían sometidas al Mesías. Por último, el Mesías establecería su reino, el cual sería un tiempo de paz, justicia, y gloria eterna (*A History of the Jewish People in the Time of Jesus Christ* [Nueva York: Scribners, 1896], 2:154-78). Tal perspectiva sobre la venida del Mesías no dejaba lugar para un Mesías muerto, o incluso resucitado.

El título mesiánico **Hijo del Hombre** (Dn. 7:13-14), que resaltaba la encarnación de Jesús, es la designación favorita de sí mismo, usada por Él ochenta y una veces en los evangelios. La naturaleza de su padecimiento como hombre puede examinarse bajo cinco encabezados.

Primero, el Hijo del Hombre sufriría deslealtad. Él fue traicionado y **entregado** a los dirigentes religiosos judíos por uno de los doce hombres que eran más cercanos al Señor. Aunque Salmos 41:9 predijo que el Mesías sería traicionado por un amigo, solo Jesús sabía que Judas Iscariote sería el traidor (Jn. 6:70-71). Judas traicionó a Cristo ante las autoridades judías por solo treinta monedas de plata, exactamente como predijeran las Escrituras (Zac. 11:12). Con cinismo y respeto fingido, y con un beso, señaló a sus captores quién era Jesús (Lc. 22:47-48).

Segundo, Jesús sufrió rechazo por parte de Israel (Jn. 1:1; cp. Is. 53:3) antes que nada de **los principales sacerdotes y los escribas.** Entre **los principales sacerdotes** se incluían el sumo sacerdote y todos los anteriores sumos sacerdotes que estaban vivos, el capitán del templo que servía como ayudante del sumo sacerdote, y otros varios sacerdotes de alto rango que supervisaban el trabajo de los sacerdotes comunes y corrientes. Los **escribas** eran los expertos en la ley rabínica y en el Antiguo Testamento. La mayoría de ellos eran fariseos, aunque algunos eran saduceos. Juntos conformaban la aristocracia religiosa de Israel. El pueblo también rechazó a Cristo delante de Pilato, gritando: "¡Sea crucificado!" (Mt. 27:22). Hasta los hombres más cercanos a Él lo abandonaron temporalmente cuando después de su arresto "todos los discípulos, dejándole, huyeron" (Mt. 26:56). Pero más profundamente, Jesús fue rechazado por el Padre, lo que hizo que clamara en la cruz: "Dios mío, Dios mío, ¿por qué me has desamparado?" (Mt. 27:46; cp. Sal. 22:1).

Tercero, Jesús padeció injusticia. Después de una serie de juicios ilegales, injustos y falsos, los líderes de Israel lo condenaron **a muerte, y** lo entregaron **a los gentiles.** Tras otra serie de juicios ante gobernantes gentiles Pilato y Herodes, a pesar de que estos en reiteradas ocasiones lo declararon inocente (cp. Lc. 23:4, 14-15, 22; Jn. 18:38; 19:4, 6), Jesús fue sentenciado a muerte (Mr. 15:15). La santa, justa y recta segunda persona de la Trinidad fue falsamente acusada de pecado (Jn. 9:24), sedición, insurrección (Lc. 23:13-14), y blasfemia (Mt. 9:3; 26:65; Jn. 10:33). Sus juicios fueron demostraciones monumentales de injusticia en todo sentido.

Cuarto, Jesús fue ridiculizado. Al inmaculado Hijo de Dios, en quien "habita corporalmente toda la plenitud de la Deidad" (Col. 2:9), durante sus juicios judíos lo escarnecieron, maltrataron y escupieron quienes lo estaban custodiando (Lc. 22:63), los miembros del sanedrín (Mt. 26:67-68), Herodes y sus soldados (Lc. 23:11), y los soldados de Pilato (Mt. 27:27-31). El ridículo continuó incluso mientras Él estaba en la cruz: "los gobernantes se burlaban de él, diciendo: A otros salvó; sálvese a sí mismo, si éste es el Cristo, el escogido de Dios" (Lc. 23:35). "Los soldados también le escarnecían, acercándose y presentándole vinagre, y diciendo: Si tú eres el Rey de los judíos, sálvate a ti mismo" (vv. 36-37). Incluso uno de los que crucificaron junto a Jesús "le injuriaba, diciendo: Si tú eres el Cristo, sálvate a ti mismo y a nosotros" (v. 39). Los insultos y el maltrato que había enfrentado durante todo su ministerio (cp. Jn. 9:28; 1 P. 2:23) se intensificaron en su muerte.

Quinto, Jesús padeció lesiones corporales. Lo golpearon en varias ocasiones mientras lo tenían bajo custodia. Luego, poco antes de la crucifixión, los romanos lo azotaron brutalmente con un látigo de múltiples correas en cuyo extremo tenían atados pedazos de vidrio, hueso, roca o metal. Tan grave era el daño causado por los azotes que provocaban la muerte a muchos de aquellos a quienes flagelaban.

Por último, los enemigos de Jesús le mataron. Fue ejecutado en la manera más horriblemente cruel que podamos imaginar: por crucifixión. Frederic Farrar escribió:

> En realidad una muerte por crucifixión parece incluir todo lo horrible y espantoso que el dolor y el fallecimiento pueden tener (mareo, calambres, sed, hambre, incapacidad para dormir, fiebre traumática, tétanos, publicidad de la vergüenza, prolongada continuación de tormento, horror de expectativa, mortificación de heridas no atendidas). Todo eso intensificado justo hasta el punto en que no puede soportarse en absoluto, pero detenido exactamente antes del punto en que le daría a la víctima el alivio de la inconciencia. La posición antinatural hacía doloroso todo movimiento; las venas laceradas y los tendones triturados palpitaban con incesante angustia; las heridas, inflamadas por estar expuestas, se gangrenaban poco a poco; las arterias, sobre todo de la cabeza y el estómago, se hinchaban y oprimían con sobrecarga de sangre; y mientras aumentaba toda variedad de sufrimiento gradualmente, a ello se añadía la intolerable punzada de una sed ardiente y horrorosa; y todas estas complicaciones físicas ocasionaban una agitación y ansiedad interior que hacía posible que la muerte misma (la muerte, el horrible enemigo desconocido, ante cuya aproximación el hombre por lo general se estremece al máximo) tuviera el aspecto de una libe-

ración emocionante y exquisita ("The Crucifixion A.D. 30", en Rossiter Johnson, Charles F. Horne y John Rudd, eds. *The Great Events by Famous Historians* [Project Gutenberg EBook, 2008], 3:47-48).

Tan intenso fue el dolor del Señor que el Nuevo Testamento a menudo se refiere a él en plural (p. ej., 2 Co. 1:5; Fil. 3:10; He. 2:10; 1 P. 1:11; 4:13; 5:1). Y siglos antes de que ocurrieran, Isaías 53 los describió en detalle como se indicó antes en este capítulo. El inmaculado Hijo de Dios padeció y murió para que su pueblo pudiera tener vida eterna. En palabras del apóstol Pedro,

> *Para esto fuisteis llamados; porque también Cristo padeció por nosotros, dejándonos ejemplo, para que sigáis sus pisadas; el cual no hizo pecado, ni se halló engaño en su boca; quien cuando le maldecían, no respondía con maldición; cuando padecía, no amenazaba, sino encomendaba la causa al que juzga justamente; quien llevó él mismo nuestros pecados en su cuerpo sobre el madero, para que nosotros, estando muertos a los pecados, vivamos a la justicia; y por cuya herida fuisteis sanados. Porque vosotros erais como ovejas descarriadas, pero ahora habéis vuelto al Pastor y Obispo de vuestras almas (1 P. 2:21-25; cp. 1:18-19; 3:18; Mt. 20:28; Jn. 10:15; Ro. 5:8-10; Ef. 5:2, 25; Tit. 2:13; 1 Jn. 3:16; Ap. 1:5; 5:9).*

La grandeza de la humildad 41

Entonces Jacobo y Juan, hijos de Zebedeo, se le acercaron, diciendo: Maestro, querríamos que nos hagas lo que pidiéremos. Él les dijo: ¿Qué queréis que os haga? Ellos le dijeron: Concédenos que en tu gloria nos sentemos el uno a tu derecha, y el otro a tu izquierda. Entonces Jesús les dijo: No sabéis lo que pedís. ¿Podéis beber del vaso que yo bebo, o ser bautizados con el bautismo con que yo soy bautizado? Ellos dijeron: Podemos. Jesús les dijo: A la verdad, del vaso que yo bebo, beberéis, y con el bautismo con que yo soy bautizado, seréis bautizados; pero el sentaros a mi derecha y a mi izquierda, no es mío darlo, sino a aquellos para quienes está preparado. Cuando lo oyeron los diez, comenzaron a enojarse contra Jacobo y contra Juan. Mas Jesús, llamándolos, les dijo: Sabéis que los que son tenidos por gobernantes de las naciones se enseñorean de ellas, y sus grandes ejercen sobre ellas potestad. Pero no será así entre vosotros, sino que el que quiera hacerse grande entre vosotros será vuestro servidor, y el que de vosotros quiera ser el primero, será siervo de todos. Porque el Hijo del Hombre no vino para ser servido, sino para servir, y para dar su vida en rescate por muchos. (10:35-45)

El orgullo es el pecado original que gobierna todos los corazones caídos. La Biblia enfatiza reiteradamente que Dios resiste a los soberbios y da gracia a los humildes. Proverbios 8:13 declara: "El temor de Jehová es aborrecer el mal", y luego enumera la arrogancia [orgullo] como el primer ejemplo de maldad. En primer lugar de una lista de siete cosas que Dios aborrece están "los ojos altivos [orgullosos]" (Pr. 6:16-17). Al respecto Isaías escribió:

> *La altivez de los ojos del hombre será abatida, y la soberbia de los hombres será humillada; y Jehová solo será exaltado en aquel día. Porque día de Jehová de los ejércitos vendrá sobre todo soberbio y altivo, sobre todo enaltecido, y será abatido... La altivez del hombre será abatida, y la soberbia de los hombres será humillada (Is. 2:11-12, 17).*

El Salmo 31:23 agrega que "Jehová… paga abundantemente al que procede con soberbia", y Proverbios 16:5 añade que "abominación es a Jehová todo altivo de corazón; ciertamente no quedará impune". El apóstol Juan advierte que "todo lo que hay en el mundo, los deseos de la carne, los deseos de los ojos, y la vanagloria de la vida, no proviene del Padre, sino del mundo" (1 Jn. 2:16).

Debido al peligro del orgullo, la Biblia manda evitarlo. En Romanos 12:16 Pablo escribió que "no [seamos] altivos". En Salmos 75:5 Dios ordenó: "No habléis con cerviz erguida".

La Biblia también registra las devastadoras consecuencias del orgullo. Los orgullosos renuncian a cualquier relación con Dios, quien "atiende al humilde, mas al altivo mira de lejos" (Sal. 138:6). Proverbios 11:2 declara: "Cuando viene la soberbia, viene también la deshonra". Los orgullosos "clamarán, y [Dios] no oirá, por la soberbia de los malos" (Job 35:12). Según Proverbios 16:18, "antes del quebrantamiento es la soberbia, y antes de la caída la altivez de espíritu" (cp. 15:25; 18:12). De igual modo, Proverbios 29:23 observa que "la soberbia del hombre le abate". Moisés advirtió a Israel:

> *Cuídate de no olvidarte de Jehová tu Dios, para cumplir sus mandamientos, sus decretos y sus estatutos que yo te ordeno hoy; no suceda que comas y te sacies, y edifiques buenas casas en que habites, y tus vacas y tus ovejas se aumenten, y la plata y el oro se te multipliquen, y todo lo que tuvieres se aumente; y se enorgullezca tu corazón, y te olvides de Jehová tu Dios, que te sacó de tierra de Egipto, de casa de servidumbre (Dt. 8:11-14).*

Pero Israel no hizo caso a la advertencia de Moisés. "En sus pastos se saciaron, y repletos, se ensoberbeció su corazón; por esta causa se olvidaron de mí" (Os. 13:6). En su Magnificat, María dijo que Dios "esparció a los soberbios en el pensamiento de sus corazones" (Lc. 1:51). Santiago (Stg. 4:6) y Pedro (1 P. 5:5) declararon que "Dios resiste a los soberbios, y da gracia a los humildes" (cp. Pr. 3:34).

Ejemplos de orgullo incluyen a los malvados en general (Ro. 1:30) y a falsos maestros en particular (1 Ti. 6:3-4), Ezequías (2 Cr. 32:25), Faraón (Neh. 9:10), Israel (Os. 5:5), Babilonia (Jer. 50:29), Nabucodonosor (Dn. 4:30; 5:20), Belsasar (Dn. 5:22-23), Edom (Abd. 3), y sobre todo, Satanás (Is. 14:12-14; Ez. 28:17; 1 Ti. 3:6).

Como un resumen de la enseñanza bíblica relacionada con el orgullo, Proverbios 21:4 expresa: "Altivez de ojos, y orgullo de corazón, y pensamiento de impíos, son pecado".

Por otro lado, la humildad es una virtud que Dios honra y bendice, y la Biblia ordena. Miqueas 6:8 pregunta de manera retórica: "¿Qué pide Jehová de ti: solamente hacer justicia, y amar misericordia, y humillarte ante tu Dios?". En Efesios 4:1-2 Pablo manda a los creyentes: "Os ruego que andéis como es digno de la vocación con que fuisteis llamados, con toda humildad". A los filipenses les escribió: "Nada hagáis por contienda o por vanagloria; antes bien con humildad, estimando cada uno a los demás como superiores a él mismo" (Fil. 2:3), y dio instrucciones parecidas en Colosenses 3:12: "Vestíos, pues, como escogidos de Dios, santos y amados, de entrañable misericordia, de benignidad, de humildad, de mansedumbre, de paciencia".

Pedro también hizo hincapié en la importancia de la humildad. En 1 Pedro 3:8 escribió: "sed todos de un mismo sentir, compasivos, amándoos fraternalmente, misericordiosos, amigables [humildes]", mientras en 5:5-6 añadió: "Todos, sumisos unos a otros, revestíos de humildad; porque: Dios resiste a los soberbios, y da gracia a los humildes. Humillaos, pues, bajo la poderosa mano de Dios, para que él os exalte cuando fuere tiempo".

Entre las muchas bendiciones concedidas a los humildes están la honra (Pr. 15:33; 18:12; 22:4; 29:23; Lc. 1:52; Stg. 4:10), la atención (Sal. 10:17), la instrucción (Sal. 25:9), la prosperidad (Sal. 37:11), la salvación (Sal. 76:9), la sabiduría (Pr. 11:2) y la comunión con Dios (Is. 66:2).

La humildad siempre caracteriza a los piadosos. Abraham se describió como "polvo y ceniza" (Gn. 18:27); Isaac estuvo dispuesto a permitir que fuera ofrecido como sacrifico a Dios (Gn. 22:1-18); Jacob declaró: "Menor soy que todas las misericordias y que toda la verdad" que Dios le había mostrado (Gn. 32:10). "Moisés era muy manso, más que todos los hombres que había sobre la tierra" (Nm. 12:3). Gedeón le dijo a Dios: "Ah, señor mío, ¿con qué salvaré yo a Israel? He aquí que mi familia es pobre en Manasés, y yo el menor en la casa de mi padre" (Jue. 6:15). La oración de alabanza que David elevó a Dios muestra su humildad:

> *Asimismo se alegró mucho el rey David, y bendijo a Jehová delante de toda la congregación; y dijo David: Bendito seas tú, oh Jehová, Dios de Israel nuestro padre, desde el siglo y hasta el siglo. Tuya es, oh Jehová, la magnificencia y el poder, la gloria, la victoria y el honor; porque todas las cosas que están en los cielos y en la tierra son tuyas. Tuyo, oh Jehová, es el reino, y tú eres excelso sobre todos. Las riquezas y la gloria proceden de ti, y tú dominas sobre todo; en tu mano está la fuerza y el poder, y en tu mano el hacer grande y el dar poder a todos. Ahora pues, Dios nuestro, nosotros alabamos y loamos tu glorioso nombre. Porque ¿quién soy yo, y quién es mi pueblo, para que pudiésemos ofrecer voluntariamente cosas semejantes? Pues todo es tuyo, y de lo recibido de tu mano te damos. Porque nosotros, extranjeros y advenedizos somos delante de ti, como todos nuestros padres; y nuestros días sobre la tierra, cual sombra que no dura. Oh Jehová Dios nuestro, toda esta abundancia que hemos preparado para edificar casa a tu santo nombre, de tu mano es, y todo es tuyo (1 Cr. 29:10-16).*

Juan el Bautista "predicaba, diciendo: Viene tras mí el que es más poderoso que yo, a quien no soy digno de desatar encorvado la correa de su calzado"

(Mr. 1:7). Ezequías (2 Cr. 32:26), Manasés (2 Cr. 33:12), Josías (2 Cr. 34:27), Job (Job 40:4; 42:6), Isaías (Is. 6:5), un centurión (Mt. 8:8), una mujer sirofenicia (Mt. 15:27), Pedro (Lc. 5:8) y Pablo (Hch. 20:19) son otros ejemplos notables de humildad.

Es paradójico que el ejemplo supremo de humildad sea el más digno de ser exaltado: el Señor Jesucristo. En Mateo 11:29, Él mismo se describió como "manso y humilde de corazón". Jesús fue modeló de humildad al lavar los pies de los discípulos (Jn. 13:14-15). Pero el ejemplo más profundo de la humildad de Cristo es su encarnación y su muerte expiatoria:

> *Haya, pues, en vosotros este sentir que hubo también en Cristo Jesús, el cual, siendo en forma de Dios, no estimó el ser igual a Dios como cosa a que aferrarse, sino que se despojó a sí mismo, tomando forma de siervo, hecho semejante a los hombres; y estando en la condición de hombre, se humilló a sí mismo, haciéndose obediente hasta la muerte, y muerte de cruz (Fil. 2:5-8).*

El orgullo es el pecado que define a la humanidad, y el origen de los demás pecados. Todas las tentaciones se basan en la satisfacción de los deseos propios, lo que es una expresión de orgullo y amor personal. Aunque los discípulos fueron redimidos y el Espíritu Santo estaba con ellos, y por tanto amaban a Jesús y creían en su reino, aún batallaban con el orgullo. Después de todo, eran hombres comunes y corrientes de origen humilde. La idea de ser elevados a una posición de honor más allá de cualquier cosa que ellos o alguien más en su nación había conseguido era muy embriagadora para ellos.

Por desgracia, la privilegiada comprensión que los doce tenían de la verdad espiritual (Mt. 13:11) no resultó en humildad; al contrario, les despertó su orgullo. El principio que el Señor les había dado en el versículo 31, "muchos primeros serán postreros, y los postreros, primeros", significaba que todos ellos eran iguales. Sin embargo, los discípulos seguían percibiéndose como superiores a los demás, según revela este incidente. La declaración de Pedro, "he aquí, nosotros lo hemos dejado todo, y te hemos seguido" (10:28; cp. Mt. 19:27), puso aún más al descubierto el orgullo colectivo de los doce. Se habían negado a sí mismos, habían dejado todo, y habían seguido a Jesús hacia lo desconocido. Ahora querían saber qué iban a recibir a cambio. En consecuencia, encontraron inquietante la enseñanza del Señor relacionada con su muerte (p. ej., 8:31; 9:31; 10:32-34), y ya no quisieron hablar de ese tema (cp. 9:32).

Este incidente, que manifestó el orgullo apostólico, es parecido al anterior en Marcos 9:33-37 y al posterior en Lucas 22:24-27. En esos otros dos incidentes los discípulos debatían sobre quién era el más grande entre ellos; aquí Jacobo y Juan supusieron que eran los más grandes y actuaron en conformidad. El incidente, y la posterior lección que Jesús enseñó a los doce, revela dos sendas discrepantes para la grandeza: la autopromoción y la negación de sí mismo. Una es según Dios, la otra pecaminosa. Una caracteriza al reino de Dios, la otra caracteriza al reino del mundo.

LA AUTOPROMOCIÓN

Entonces Jacobo y Juan, hijos de Zebedeo, se le acercaron, diciendo: Maestro, querríamos que nos hagas lo que pidiéremos. Él les dijo: ¿Qué queréis que os haga? Ellos le dijeron: Concédenos que en tu gloria nos sentemos el uno a tu derecha, y el otro a tu izquierda. Entonces Jesús les dijo: No sabéis lo que pedís. ¿Podéis beber del vaso que yo bebo, o ser bautizados con el bautismo con que yo soy bautizado? Ellos dijeron: Podemos. Jesús les dijo: A la verdad, del vaso que yo bebo, beberéis, y con el bautismo con que yo soy bautizado, seréis bautizados; pero el sentaros a mi derecha y a mi izquierda, no es mío darlo, sino a aquellos para quienes está preparado. Cuando lo oyeron los diez, comenzaron a enojarse contra Jacobo y contra Juan. Mas Jesús, llamándolos, les dijo: Sabéis que los que son tenidos por gobernantes de las naciones se enseñorean de ellas, y sus grandes ejercen sobre ellas potestad. (10:35-42)

Esta sección da a conocer tres características de la autopromoción: está motivada por ambición egoísta, revela un arrogante exceso de confianza, y da lugar a una competencia fea.

LA AUTOPROMOCIÓN ESTÁ MOTIVADA POR AMBICIÓN EGOÍSTA

Entonces Jacobo y Juan, hijos de Zebedeo, se le acercaron, diciendo: Maestro, querríamos que nos hagas lo que pidiéremos. Él les dijo: ¿Qué queréis que os haga? Ellos le dijeron: Concédenos que en tu gloria nos sentemos el uno a tu derecha, y el otro a tu izquierda. (10:35-37)

Como corresponde al sobrenombre "Hijos del trueno" que Jesús les pusiera (Mr. 3:17), **Jacobo y Juan,** los dos **hijos de Zebedeo,** eran hombres temerarios y audaces. Lucas 9:51-56 relata un incidente que pone al descubierto la personalidad apasionada y ardiente de estos dos apóstoles:

> *Cuando se cumplió el tiempo en que él había de ser recibido arriba, afirmó su rostro para ir a Jerusalén. Y envió mensajeros delante de él, los cuales fueron y entraron en una aldea de los samaritanos para hacerle preparativos. Mas no le recibieron, porque su aspecto era como de ir a Jerusalén. Viendo esto sus discípulos Jacobo y Juan, dijeron: Señor, ¿quieres que mandemos que descienda fuego*

del cielo, como hizo Elías, y los consuma? Entonces volviéndose él, los reprendió, diciendo: Vosotros no sabéis de qué espíritu sois; porque el Hijo del Hombre no ha venido para perder las almas de los hombres, sino para salvarlas. Y se fueron a otra aldea.

Junto con otro par de hermanos, Pedro y Andrés, Jacobo y Juan conformaban el círculo más íntimo de los doce, los más cercanos a Jesús. Solo Pedro, Jacobo y Juan tuvieron el privilegio de estar con Jesús en algunos de los acontecimientos clave del ministerio del Señor, entre ellos la transfiguración (Mt. 17:1), la resurrección de la hija de Jairo (Lc. 8:51), y el angustioso tiempo de oración de Jesús dentro del huerto de Getsemaní (Mr. 14:33). La privilegiada posición que tenían hizo que Jacobo y Juan se vieran como superiores a los ocho discípulos en los otros dos grupos, y posiblemente también a Pedro y Andrés.

Ellos además creían tener ventaja personal sobre el resto de los apóstoles en su petición de honor y gloria. Según el relato de Mateo acerca de este incidente, Jacobo y Juan estaban acompañados por su madre cuando acudieron a Jesús. Una comparación de los relatos de la crucifixión en Mateo, Marcos y Juan revela a cuatro mujeres que se mencionaron de manera especial: María la madre de Jesús, María mujer de Cleofas (y madre de Jacobo el hijo de Alfeo, y de su hermano José; cp. Mt. 27:56; Mr. 15:40), María Magdalena, y una cuarta descrita solo como "la hermana de su madre" (Jn. 19:25). Por proceso de eliminación, debió tratarse de Salomé (Mr. 15:40), la madre de los hijos de Zebedeo (Mt. 27:56) y hermana de María la madre de Jesús, y por tanto su tía. Jacobo y Juan jugaron con audacia la carta familiar al llevarla con ellos (Mt. 20:20), pensando en usarla como palanca en la petición que estaban a punto de hacerle a Jesús. Ella no pidió nada para sí misma, pues hallaría satisfacción a través de sus hijos y del honor que traerían a la familia.

Entonces Jacobo y Juan, con su madre, con gran descaro, **se acercaron** a **Jesús** y antes de hacer su solicitud le dijeron (Mt. 20:21): **Maestro, querríamos que nos hagas lo que pidiéremos.** Como niños que tratan de manipular a su padre, ellos pidieron al Señor que les concediera su petición antes de decirle de qué se trataba. Por supuesto, Jesús se negó a concederles la carta blanca de aprobación que buscaban. En cambio, **les dijo: ¿Qué queréis que os haga?** Repitiendo la solicitud inicial de su madre, **ellos le dijeron: Concédenos que en tu gloria nos sentemos el uno a tu derecha, y el otro a tu izquierda.** La petición de estos discípulos refleja la costumbre común de los antiguos gobernantes de poner en los máximos cargos a sus familiares y relacionados más íntimos, dándoles los lugares de honor a cada lado de ellos.

Esta petición tan llena de orgullo mostró que los dos no habían aprendido humildad durante todo el tiempo que habían estado con Jesús, incluso después de observar en Él el modelo perfecto de tal virtud. Jacobo y Juan también despreciaron de modo deliberado a los otros apóstoles como si estos últimos estuvieran por debajo del par de hermanos y fueran indignos del honor que merecían. Fueron manipuladores, pues estaban consumidos por una fuerte ambición de promoción personal, la expresión de lo cual revelaba la fea condición de sus corazones (cp. Mr. 7:21-22).

LA AUTOPROMOCIÓN REVELA UN ARROGANTE EXCESO DE CONFIANZA

Entonces Jesús les dijo: No sabéis lo que pedís. ¿Podéis beber del vaso que yo bebo, o ser bautizados con el bautismo con que yo soy bautizado? Ellos dijeron: Podemos. Jesús les dijo: A la verdad, del vaso que yo bebo, beberéis, y con el bautismo con que yo soy bautizado, seréis bautizados; pero el sentaros a mi derecha y a mi izquierda, no es mío darlo, sino a aquellos para quienes está preparado. (Mr. 10:38-40)

Como advertencia contra la magnitud e insensatez de la petición que los ignorantes hermanos estaban haciendo, **Jesús les dijo: No sabéis lo que pedís. ¿Podéis beber del vaso que yo bebo, o ser bautizados con el bautismo con que yo soy bautizado?** La copa (cp. Mt. 26:39; Jn. 18:11) y **el bautismo** (cp. Lc. 12:50) son referencias al sufrimiento del Señor. **Beber del vaso** es un modismo del Antiguo Testamento que quiere decir experimentar algo por completo, en este caso la ira de Dios (cp. Sal. 11:6; 75:8; Is. 51:17, 22; Jer. 25:15-17; 49:12). El planteamiento de Cristo es que la recompensa y el honor en el reino están en relación al grado de sufrimiento terrenal soportado.

Mostrando la misma confianza excesiva de Pedro cuando de manera rotunda insistió en que no negaría a Jesús (tanto en el aposento alto [Lc. 22:33; Jn. 13:37], como en Getsemaní [Mt. 26:33; Mr. 14:31]), Jacobo y Juan insistieron: **Podemos.** La respuesta que dieron dio a conocer que no comprendieron las repercusiones de lo que estaban pidiendo. Cuando llegara el momento de crisis, su confianza excesiva quedaría al descubierto, y huirían junto con el resto de los apóstoles (Mt. 26:56). Jesús siguió diciéndoles: **A la verdad, del vaso que yo bebo, beberéis, y con el bautismo con que yo soy bautizado, seréis bautizados; pero el sentaros a mi derecha y a mi izquierda, no es mío darlo, sino a aquellos para quienes está preparado.** Jacobo sería el primero de los doce en ser martirizado, ejecutado por Herodes Agripa I (Hch. 12:2); Juan sería el último, cerca del final del siglo I durante el reinado del emperador Trajano. Ellos padecerían, pero el Padre (Mt. 20:23) decidirá de forma soberana los lugares de honor en el reino. El reconocimiento de Jesús, **no es mío darlo,** afirma su sumisión al Padre durante la encarnación.

LA AUTOPROMOCIÓN DA LUGAR A UNA FEA COMPETENCIA

Cuando lo oyeron los diez, comenzaron a enojarse contra Jacobo y contra Juan. Mas Jesús, llamándolos, les dijo: Sabéis que los que son tenidos por gobernantes de las naciones se enseñorean de ellas, y sus grandes ejercen sobre ellas potestad. (10:41-42)

Después que ellos dieran su discurso, **los diez comenzaron a enojarse contra Jacobo y contra Juan.** El resto de los apóstoles estaban furiosos, no porque la flagrante manifestación de orgullo de los dos hermanos les ofendiera sus sensibilidades espirituales, sino por ser estos quienes se acercaron primero a Jesús. La egoísta competitividad de los doce sobrevivió hasta el mismo fin; incluso en la solemne ocasión de la Última Cena, "hubo también entre ellos una disputa sobre quién de ellos sería el mayor" (Lc. 22:24).

A fin de aprovechar esta pecaminosa actitud, Jesús reunió a los doce y les expresó: **Sabéis que los que son tenidos por gobernantes de las naciones se enseñorean de ellas, y sus grandes ejercen sobre ellas potestad.** Los apóstoles estaban influenciados por el estilo de liderazgo predominante del mundo, el cual veía cómo los **gobernantes de las naciones ejercen** su exaltada posición **sobre** sus súbditos. Los gobernantes eran y siguen siendo ambiciosos, autocráticos, se autopromocionan, son confiados, arrogantes, orgullosos, dictatoriales y dominantes.

El mundo siempre ha estado lleno de gente ambiciosa, que se cree suficiente en sí misma, que les gusta autopromocionarse, y que no conocen límites para su ambición. Muchos llegan a las alturas del poder. Motivados por corazones corruptos y orgullosos, buscan el poder a costa de los demás. La ambición, la confianza excesiva y la competitividad caracterizan la búsqueda mundanal de grandeza por medio de autopromoción.

LA NEGACIÓN DE UNO MISMO

Pero no será así entre vosotros, sino que el que quiera hacerse grande entre vosotros será vuestro servidor, y el que de vosotros quiera ser el primero, será siervo de todos. Porque el Hijo del Hombre no vino para ser servido, sino para servir, y para dar su vida en rescate por muchos. (10:43-45)

Continuando su lección, Jesús contrastó la grandeza de la senda mundana y de autopromoción con la verdadera grandeza en el reino de Dios. Declaró a los apóstoles: **Pero no será así entre vosotros, sino que el que quiera hacerse grande entre vosotros será vuestro servidor, y el que de vosotros quiera ser el primero, será siervo de todos.** Lo paradójico es que el sendero a la grandeza en el reino yace en la humilde negación personal; en ser un **servidor y siervo de todos.**

El deseo de recibir honra en el reino es un anhelo noble. Pablo escribió: "Por tanto procuramos también, o ausentes o presentes, serle agradables" (2 Co. 5:9). Para cumplir tal propósito declaró: "Golpeo mi cuerpo, y lo pongo en servidumbre, no sea que habiendo sido heraldo para otros, yo mismo venga a ser eliminado" (1 Co. 9:27). Casi al final de su vida, el apóstol escribió:

> *He peleado la buena batalla, he acabado la carrera, he guardado la fe. Por lo demás, me está guardada la corona de justicia, la cual me dará el Señor, juez justo, en aquel día; y no sólo a mí, sino también a todos los que aman su venida (2 Ti. 4:7-8).*

El apóstol Juan advirtió a los creyentes: "Mirad por vosotros mismos, para que no perdáis el fruto de vuestro trabajo, sino que recibáis galardón completo" (2 Jn. 8). Jesús manifestó: "He aquí yo vengo pronto, y mi galardón conmigo, para recompensar a cada uno según sea su obra" (Ap. 22:12).

Pero el camino hacia la grandeza en el reino yace en el servicio desinteresado. *Diakonos* (**servidor**) literalmente se refiere a quienes servían en las mesas (así se usa en Jn. 2:5, 9). *Doulos,* aunque a menudo se traduce "siervo" en biblias castellanas, en realidad significa esclavo (cp. John MacArthur, *Slave* [Nashville: Thomas Nelson, 2010]). El planteamiento del Señor es que los creyentes deben considerar a cada uno como su amo, y a sí mismos como esclavos para servir a todos.

El ejemplo perfecto de tan humilde servicio es el Señor Jesucristo, **el Hijo del Hombre.** A diferencia de los líderes del mundo, Él **no vino para ser servido, sino para servir;** no simplemente para ser Señor y Maestro, sino también para ser esclavo de su Padre y hacer su voluntad (Jn. 4:34; 17:4), y para servir a los pecadores por medio del sacrificio de sí mismo. Como se indicó antes, el ejemplo más profundo de humilde servicio y obediencia de Cristo para con el Padre es su muerte (Fil. 2:5-8), cuando dio **su vida en rescate** (*lutron;* precio pagado por un esclavo) **por muchos.** Después de hacer el más grande sacrificio, Jesús recibió el mayor de los honores:

> *Por lo cual Dios también le exaltó hasta lo sumo, y le dio un nombre que es sobre todo nombre, para que en el nombre de Jesús se doble toda rodilla de los que están en los cielos, y en la tierra, y debajo de la tierra; y toda lengua confiese que Jesucristo es el Señor, para gloria de Dios Padre (Fil. 2:9-11).*

En su muerte expiatoria y sustitutiva a favor de los pecadores, Jesús dio su vida para pagar a Dios en su totalidad el precio del pecado por todas las personas que serían salvadas a lo largo de la historia de la humanidad. La muerte de Cristo propició la ira de Dios y cumplió las demandas de su justicia por los elegidos, los redimidos. El único sacrificio del Hijo del Hombre pagó el rescate por los **muchos** que creen (Ro. 5:12-21; 1 Ti. 2:6; 1 P. 2:24).

El último milagro de misericordia

42

Entonces vinieron a Jericó; y al salir de Jericó él y sus discípulos y una gran multitud, Bartimeo el ciego, hijo de Timeo, estaba sentado junto al camino mendigando. Y oyendo que era Jesús nazareno, comenzó a dar voces y a decir: ¡Jesús, Hijo de David, ten misericordia de mí! Y muchos le reprendían para que callase, pero él clamaba mucho más: ¡Hijo de David, ten misericordia de mí! Entonces Jesús, deteniéndose, mandó llamarle; y llamaron al ciego, diciéndole: Ten confianza; levántate, te llama. Él entonces, arrojando su capa, se levantó y vino a Jesús. Respondiendo Jesús, le dijo: ¿Qué quieres que te haga? Y el ciego le dijo: Maestro, que recobre la vista. Y Jesús le dijo: Vete, tu fe te ha salvado. Y en seguida recobró la vista, y seguía a Jesús en el camino. (10:46-52)

Este pasaje representa un hito en el ministerio de nuestro Señor. Es la última de las curaciones de Jesús relatadas en el Evangelio de Marcos, y una de las últimas antes de su muerte (también sanó el oído del siervo del sumo sacerdote en Getsemaní [Jn. 18:10], y realizó curaciones en el templo después de expulsar a los comerciantes [Mt. 21:14]). Es también el penúltimo milagro narrado por Marcos (el último fue el marchitamiento de la higuera en Mr. 11:12-14, 20-21). El primer milagro de Jesús había tenido lugar en Caná, una aldea de Galilea cerca de Nazaret, donde el Señor convirtió agua en vino (Jn. 2:1-11); este se llevó a cabo en las cercanías de Jericó. Desde Nazaret en el norte de Galilea hasta Jericó en el sur de Judea, Jesús llenó Israel con un sinnúmero de milagros que mostraron de manera concluyente su poder absoluto sobre la naturaleza, la enfermedad y el reino demoníaco. Tales milagros demostraron tanto su deidad como su compasión. El último milagro, su resurrección de los muertos, aún estaba por llegar. Pero antes de ese último y más grande milagro, el Siervo del Señor se convertiría en el siervo sufriente; el Ungido llegaría a ser el rechazado, y el Señor soberano se convertiría en el Cordero expiatorio de Dios.

De acuerdo con el calendario divino, Jesús se hallaba en camino a Jerusalén por última vez (Mr. 10:32-34). La hora de las tinieblas había llegado para enfrentar el odio y la animosidad de los líderes religiosos de Israel, para ser rechazado por la nación, y para ser crucificado por los impíos romanos a instancias de los judíos, cumpliendo así con la voluntad del Padre. La multitud voluble que lo aclamó en la entrada triunfal, pocos días después pediría a gritos que lo ejecutaran. Israel descendería a las tinieblas espirituales del mayor período de apostasía en su historia, que vería a la nación ejecutar a su Señor y Mesías, y que continúa hasta el momento actual. Aunque la muerte de Cristo tuvo lugar según el plan predeterminado de Dios, esto no eliminó la culpabilidad de los que participaron (Hch. 2:23).

Después de la curación y salvación de los dos ciegos, y de la conversión de Zaqueo (Lc. 19:1-10) en las cercanías de Jericó, no hay registro de conversiones durante los últimos días del ministerio terrenal del Señor hasta que un malhechor y un centurión fueran redimidos en la cruz. Cabe señalar que todos estos cuatro hombres eran marginados despreciados: dos ciegos que se suponían que debido a sus pecados estaban bajo el juicio de Dios, un delincuente, y un soldado del odiado ejército romano de ocupación. Por tanto, la salvación de Zaqueo y de los dos ciegos (solo uno de ellos es mencionado por Marcos) es el último reflejo de luz antes del inicio del tenebroso sufrimiento de Cristo. El relato que Marcos hace de la curación de uno de los hombres ciegos puede dividirse en dos partes: la fe del ciego, y el poder del Salvador.

LA FE DEL CIEGO

Entonces vinieron a Jericó; y al salir de Jericó él y sus discípulos y una gran multitud, Bartimeo el ciego, hijo de Timeo, estaba sentado junto al camino mendigando. Y oyendo que era Jesús nazareno, comenzó a dar voces y a decir: ¡Jesús, Hijo de David, ten misericordia de mí! Y muchos le reprendían para que callase, pero él clamaba mucho más: ¡Hijo de David, ten misericordia de mí! (10:46-48)

Después de cruzar el río Jordán desde Perea, y volver a entrar en Israel, Jesús y quienes lo acompañaban **vinieron a Jericó.** Dirigiéndose al sur desde Galilea habían seguido el desvío a través de Perea, ubicada al este del Jordán, como solían hacer los habitantes de Galilea tratando de no viajar por Samaria (cp. Jn. 4:9). Desde Jericó emprenderían el arduo ascenso de seis horas de la empinada cuesta que lleva a Jerusalén.

Jericó se encontraba aproximadamente a veinticuatro kilómetros al noreste de Jerusalén y a ocho kilómetros al oeste del río Jordán. La floreciente ciudad de Jericó del Nuevo Testamento no estaba lejos de las ruinas de la ciudad del Antiguo Testamento (destruida durante la conquista original que Israel hiciera de la tierra). El hecho de que hubieran estas dos ciudades de Jericó en la época de Jesús podría explicar por qué Mateo y Marcos afirman que la curación tuvo lugar mientras Jesús estaba saliendo de Jericó (es decir, las ruinas de la ciudad del Antiguo Testamento), mientras que Lucas declara que este incidente ocurrió cuando el Señor se acercaba a Jericó (es decir, la ciudad del Nuevo Testamento). Dichas declaraciones también podrían significar simplemente que los hombres ciegos fueron sanados en alguna parte de las inmediaciones generales de Jericó.

Alfred Edersheim, el notable historiador del siglo XIX, ofreció una descripción vívida de cómo era **Jericó** en la época de Jesús:

> La ciudad antigua no ocupaba el lugar de la pobre aldea actual, sino que se hallaba como a media hora hacia el noroeste de ella, por la llamada Fuente de Eliseo. Una segunda fuente se levantaba más al noroeste. El agua de esos manantiales, distribuida por acueductos, ofrecía bajo un cielo tropical una fertilidad sin igual a la rica tierra a lo largo de la "llanura" de Jericó, la cual es de veinte o veintidós kilómetros de ancho... *Josefo* la describe como la región más rica de la nación, y la denomina un pequeño paraíso. Antonio había otorgado los ingresos de las plantaciones de bálsamo de esta llanura como un regalo imperial a Cleopatra, quien a su vez los vendió a Herodes. Allí crecían varios tipos de palmeras, sicómoros, cipreses, bálsamo myro, que producía aceite precioso, pero en especial la planta de bálsamo. Si a estas ventajas de clima, suelo y producción añadimos que era, por así decirlo, la entrada de Judea hacia el este, que yacía en el camino de caravanas de Damasco a Arabia, que era un gran centro comercial y militar, y por último, que su cercanía a Jerusalén convertía a Jericó en la última "estación" en el camino de los peregrinos festivos de Galilea y Perea, no habrá dificultad en entender tanto su importancia como su prosperidad.
>
> Podemos imaginarnos a nosotros mismo en la escena, como la contempló nuestro Señor esa tarde a inicios de la primavera. En realidad allí ya era verano porque, según nos narra *Josefo,* incluso en invierno los habitantes solo podían llevar la ropa más ligera de lino. Estamos acercándonos desde el Jordán. Está protegida por murallas, flanqueadas por cuatro fuertes. Estas murallas, el teatro, y el anfiteatro han sido construidos por Herodes; el nuevo palacio y sus espléndidos jardines son obra de Arquelao. Alrededor ondean bosquecillos de palmeras plumosas que brotan en majestuosa belleza; se extienden jardines de rosas, y especialmente dulces y aromadas plantaciones de bálsamo, las más grandes detrás de los jardines reales, de las cuales el perfume es transportado por el viento casi hasta el mar, y que han dado el nombre a la ciudad (Jericó, "la perfumada"). Es el Edén de Palestina, el lugar

> encantador del mundo antiguo. ¡Y cuán extrañamente se establece esta joya! En el fondo de este valle ahuecado los tortuosos vientos del Jordán pierden sus aguas en la masa viscosa del Mar del Juicio. El río y el Mar Muerto están casi equidistantes de la población, a poco menos de diez kilómetros. Al otro lado del río se levantan los montes de Moab, sobre los cuales yace la coloración púrpura y violeta. Hacia Jerusalén y al norte se extienden esas desnudas colinas de piedra caliza, escondite de ladrones a lo largo del desolado camino hacia Jerusalén. Allí, y en el vecino desierto de Judea, también están las solitarias moradas de los anacoretas [ermitaños], mientras por toda esta escena extrañamente variada ha sido arrojado el manto multicolor de un verano perpetuo. Y en las calles de Jericó se reúne una multitud abarrotada de peregrinos venidos de Galilea y Perea, sacerdotes que tienen aquí una "estación", comerciantes de todas las tierras que han venido a comprar o vender, o que forman parte del camino de las grandes caravanas de Arabia y Damasco; ladrones y anacoretas, fanáticos salvajes, soldados, cortesanos y publicanos atareados, porque Jericó era estación central para la recaudación de impuestos tanto sobre los productos nativos como los traídos desde el otro lado del Jordán (*The Life and Times of Jesus the Messiah* [repr., Grand Rapids: Eerdmans, 1971], 2:349-51; cursivas en el original).

No muy lejos de Jericó había una enorme formación rocosa que proyectaba su sombra por encima de la ciudad durante la puesta del sol. Algunos creían que en esta tierra dura, escarpada, estéril de acantilados y cañones profundos es donde el Señor fue tentado por Satanás.

La **gran multitud** que acompañaba a Jesús **y sus discípulos** habría atraído el interés de muchos de los habitantes de Jericó. Como siempre, Jesús era el centro del gran interés, tanto más ya que la noticia de la resurrección de Lázaro de los muertos a la vida había llegado colina abajo desde Betania.

En la multitud que se alineaba a lo largo del camino por el que Jesús caminaba estaba **Bartimeo el ciego** quien, como su nombre indica, era **hijo de Timeo,** junto con su desconocido compañero ciego. Que solo se nombre a Bartimeo sugiere que para cuando Marcos escribió su evangelio, el hombre había llegado a ser un personaje muy conocido en la iglesia primitiva. Bartimeo **estaba sentado junto al camino mendigando** por necesidad a la vista de la gente junto con su compañero.

La ceguera, común en el mundo antiguo (cp. Mt. 11:5; 15:30; 21:14), como siempre era causada por defectos de nacimiento, heridas o enfermedad. El mal era tan conocido para los oyentes de Jesús que Él lo usó para ilustrar la ignorancia espiritual (p. ej., Mt. 15:14; Lc. 4:18; 14:13). Los mendigos también eran numerosos en Israel (cp. Lc. 16:3; Hch. 3:2, 10). Los ciegos, así como todos aquellos con discapacidades, eran despreciados y estaban reducidos a la mendicidad (cp. Jn. 9:8), ya que se les consideraba pecadores bajo el juicio de Dios (Jn. 9:1-2). La referencia de Jesús a los fariseos como guías ciegos de los ciegos (Mt. 15:14; 23:16-24) fue, por tanto, un reproche muy severo para aquellos que despreciaban a los ciegos como malditos.

En respuesta a la pregunta de Bartimeo sobre qué estaba ocurriendo, los transeúntes le dijeron que Jesús y sus acompañantes pasaban por allí (Lc. 18:36). Bartimeo, **oyendo que era Jesús nazareno, comenzó a dar voces** (gr. *kradzō*; "clamar a voz en cuello", o "gritar" [cp. Mt. 21:9, 15; 27:23, 50; Mr. 3:11; 5:5; Jn. 1:15; 7:28], a veces, como aquí, pidiendo ayuda [p. ej., Mt. 14:30; 15:22; Mr. 9:24]) **y a decir: ¡Jesús, Hijo de David, ten misericordia de mí!** En lugar de referirse a Jesús como **nazareno,** asociándolo así con su pueblo natal de Nazaret (cp. Lc. 18:37), Bartimeo se dirigió a Jesús con el conocido título mesiánico **Hijo de David** (Mt. 1:1; 9:27; 12:23; 15:22; 21:9, 15; 22:42; cp. Ap. 22:16). Según 2 Samuel 7, el Mesías sería el hijo más importante de David, el heredero de su trono (cp. Mr. 11:10; Lc. 1:32). Sería el rey que llevaría a su cumplimiento todas las promesas hechas a Abraham y David. Jesús era descendiente de David, como lo eran su padre terrenal José, y su madre María (Mt. 1:6, 16, 20; Lc. 1:27; 2:4; 3:23-38).

La reiterada petición de Bartimeo a aquel que reconoció como el Mesías de Israel fue: **¡Ten misericordia de mí!** Esa era la súplica típica de los afligidos, pero para este hombre se trató más que de simples palabras; fue el clamor de su corazón. Él sabía que no merecía nada, porque según la teología judía, su ceguera era maldición de Dios sobre él por su pecado. Al pedir misericordia, una bondad inmerecida, el ciego reconoció que era un pecador. Su mente vio la luz antes que la vieran sus ojos.

El triste ruego de Bartimeo y sus clamores reiterados por misericordia no suscitaron simpatía de parte de la multitud. **Muchos** de ellos, incluso "los que iban delante" (es decir, que estaban encargados de controlar la multitud; Lc. 18:39), **le reprendían para que callase.** Pero su desdén hacia este mendigo marginado que se estaba convirtiendo en una molestia no puso ninguna limitación en él. Haciendo caso omiso de los intentos de la multitud de silenciarlo, y siendo seguramente atraído hacia Jesús por parte del Espíritu Santo, Bartimeo **clamaba mucho más** fuerte: **¡Hijo de David, ten misericordia de mí!**

EL PODER DEL SALVADOR

Entonces Jesús, deteniéndose, mandó llamarle; y llamaron al ciego, diciéndole: Ten confianza; levántate, te llama. Él entonces, arrojando su capa, se levantó y vino a Jesús. Respondiendo Jesús, le dijo: ¿Qué quieres que te haga? Y el ciego le dijo: Maestro, que recobre la vista. Y Jesús le dijo: Vete, tu fe te ha salvado. Y en seguida recobró la vista, y seguía a Jesús en el camino. (10:49-52)

Ahora el centro de atención del relato pasa del ciego y desesperado mendigo al Señor creador que tenía el poder sobrenatural para curarlo. **Entonces** como una muestra de la simpatía que caracterizaba sus sanidades para con los necesitados (cp. Mt. 9:36; 14:14; 15:32; Mr. 1:41; Lc. 7:13), **Jesús, deteniéndose, mandó llamarle.** La respuesta del Señor cambió la actitud del gentío hacia Bartimeo, al menos por el momento. Curiosos y con la esperanza de ver que Jesús hiciera otro milagro, **llamaron al ciego, diciéndole: Ten confianza; levántate,** el Mesías **te llama.**

Actuando en fe audaz, sin dudas ni vacilaciones, Bartimeo reaccionó de inmediato al llamado del Señor. **Entonces** el ciego, **arrojando su capa, se levantó y,** tal vez guiado por alguien de la multitud, **vino a Jesús.** Cuando Bartimeo se acercó, **Jesús, le dijo: ¿Qué quieres que te haga?** La pregunta del Señor revela una actitud muy distinta a la de Jacobo y Juan (véase la exposición de 10:35-45 en el capítulo anterior de esta obra). El Rey exaltado del cielo, el Hijo de Dios, la segunda persona de la Trinidad encarnada, se ofreció para servir a un pecador degradado, humilde, marginado e indigno.

Bartimeo respondió: **Maestro, que recobre la vista.** Al usar los términos **Maestro** ("mi amo") y "Señor" como narra Mateo (Mt. 20:33), él mismo se puso en sumisión a Jesús como su soberano. A diferencia de Jacobo y Juan, que creyeron que merecían exaltación, este ciego estaba consciente de que no merecía nada. Solo buscaba misericordia, recibir lo que no merecía. El hecho de haber pedido que recobrara **la vista** sugiere que no había nacido ciego.

Tras tocarle los ojos (Mt. 20:34) y de decirle: "Recíbela" (Lc. 18:42) **Jesús le dijo: Vete, tu fe te ha salvado.** El uso del verbo griego *sōzō* (**salvado**), que se usa a menudo en el Nuevo Testamento para referirse a la salvación (p. ej., Mt. 1:21; 19:25; Lc. 8:12; 9:24; 13:23; 19:10; Jn. 10:9; Hch. 2:21; 4:12; 16:30, 31; Ro. 5:9, 10; 10:9, 13; 1 Co. 1:18; Ef. 2:8; 1 Ti. 1:15; 2 Ti. 1:9; Tit. 3:5), en lugar de *iaomai* ("curar"), junto con el reconocimiento mesiánico que hicieran de Jesús, indica que Bartimeo y el otro ciego (Mt. 20:34) no solo recibieron sanidad física, sino también salvación eterna. **Y en seguida** "Bartimeo **recobró la vista,** junto con su compañero, **y** los dos hombres felices seguían **a Jesús en el camino,** otra señal de que además de la vista física, sus ojos espirituales fueron abiertos.

En este punto es útil tener en cuenta los seis rasgos que caracterizaron el ministerio de sanidad de Cristo.

Primero, Jesús curaba con una palabra, un toque, o algún otro gesto.

Segundo, Jesús curaba al instante. No hubo sanidades progresivas, en que las personas curadas mejoraran gradualmente. Los síntomas de la suegra de Pedro desaparecieron una vez que a la mujer le fue restaurada la salud por completo (Lc. 4:38-39). De igual modo, el criado del centurión "fue sanado en aquella misma hora" (Mt. 8:13); una mujer con flujo de sangre fue curada "en seguida" (Mr. 5:29); los diez leprosos fueron limpiados de su enfermedad tan pronto como salieron a presentarse ante los sacerdotes (Lc. 17:14); después que Jesús extendió la mano y tocó a otro leproso, "al instante la lepra se fue de él" (Lc. 5:13); cuando el Señor ordenó al paralítico en el estanque de Betesda, "levántate, toma tu lecho, y anda... al instante aquel hombre fue sanado, y tomó su lecho, y anduvo" (Jn. 5:8-9). Hay quienes sostienen que la curación que el Señor le hiciera al ciego en Betsaida (Mr. 8:22-25) fue un ejemplo de una sanidad progresiva. Pero la declaración del hombre, "veo los hombres como árboles, pero los veo que andan" (v. 24), simplemente definió su condición preexistente de ceguera. La verdadera curación fue instantánea (v. 25). Si las sanidades de Jesús no hubieran sido instantáneas, sus críticos pudieran haber afirmado que las personas mejoraron como resultado de procesos naturales.

Tercero, Jesús curaba totalmente. La suegra de Pedro recibió sanidad de todos sus síntomas y pasó de estar postrada a servir comida. Cuando Jesús curó a "un hombre lleno de lepra" (Lc. 5:12), "la lepra se fue de él" (v. 13). Lo mismo pasó con todas las sanidades de Jesús; El Señor mismo testificó: "Los ciegos ven, los cojos andan, los leprosos son limpiados, los sordos oyen" (Mt. 11:5).

Cuarto, Jesús curaba a todos. A diferencia de los falsos curanderos modernos, Él no dejaba atrás largas líneas de individuos decepcionados y angustiados que no fueron sanados. Mateo 4:24 declara con relación a Jesús: "Se difundió su fama por toda Siria; y le trajeron todos los que tenían dolencias, los afligidos por diversas enfermedades y tormentos, los endemoniados, lunáticos y paralíticos; y los sanó". De acuerdo con Mateo 12:15, "le siguió mucha gente, y sanaba a todos", mientras que Lucas 6:19 observa que "toda la gente procuraba tocarle, porque poder salía de él y sanaba a todos". Tan generalizadas eran las curaciones de Jesús que en realidad desterró la enfermedad de Israel durante los tres años de su ministerio.

Quinto, Jesús curaba enfermedades orgánicas, no dolencias vagas, ambiguas e invisibles tales como dolor en la parte baja de la espalda, palpitaciones de corazón, o dolores de cabeza. Por el contrario, con poder creativo, el Señor restauró plena movilidad en extremidades paralizadas, vista completa a ojos ciegos, audición total a oídos sordos, y limpió por completo piel leprosa. Jesús curaba "toda enfermedad y toda dolencia en el pueblo" (Mt. 4:23; cp. 9:35). Todas las curaciones de Jesús fueron señales tan innegables y milagrosas que hasta sus enemigos más acérrimos las admitieron (Jn. 11:47).

Por último, Jesús resucitó a personas muertas, no a quienes estaban en un coma temporal, o cuyos signos vitales fluctuaban durante una operación, sino a un joven en su ataúd mientras lo llevaban al cementerio (Lc. 7:11-15), a una muchacha cuya muerte fue evidente para todos (Mr. 5:22-24, 35-43), y a un hombre que había estado muerto durante cuatro días (Jn. 11:14-44).

No todos los que fueron testigos de este increíble milagro creyeron en Jesús, como hicieron los dos hombres ciegos, Sin embargo, no pudieron negar que habían presenciado un milagro. En consecuencia, "todo el pueblo, cuando vio aquello, dio alabanza a Dios" (Lc. 18:43; cp. Jn. 3:1-2).

Este pasaje es significativo por varios motivos. Primero, es un modelo de salvación antes de la cruz. Bartimeo entendió que era un pecador bajo el juicio de Dios, y necesitado de misericordia. Reconoció a Jesús como el Mesías que vino a salvar a su pueblo de sus pecados (Is. 53:5-6; Mt. 1:21), y también como su Señor soberano.

Segundo, la respuesta de Jesús muestra que Él no ignora a quienes claman a Él pidiéndole misericordia (Mt. 11:28; Jn. 6:37).

Tercero, Jesús es profundamente compasivo ante la súplica de pecadores heridos y perdidos.

Por último, aunque el Señor Jesús tiene poder absoluto sobre la enfermedad, no vino simplemente a curar enfermos, sino "a buscar y a salvar lo que se había perdido" (Lc. 19:10).

Falsa coronación del Rey verdadero

43

Cuando se acercaban a Jerusalén, junto a Betfagé y a Betania, frente al monte de los Olivos, Jesús envió dos de sus discípulos, y les dijo: Id a la aldea que está enfrente de vosotros, y luego que entréis en ella, hallaréis un pollino atado, en el cual ningún hombre ha montado; desatadlo y traedlo. Y si alguien os dijere: ¿Por qué hacéis eso? decid que el Señor lo necesita, y que luego lo devolverá. Fueron, y hallaron el pollino atado afuera a la puerta, en el recodo del camino, y lo desataron. Y unos de los que estaban allí les dijeron: ¿Qué hacéis desatando el pollino? Ellos entonces les dijeron como Jesús había mandado; y los dejaron. Y trajeron el pollino a Jesús, y echaron sobre él sus mantos, y se sentó sobre él. También muchos tendían sus mantos por el camino, y otros cortaban ramas de los árboles, y las tendían por el camino. Y los que iban delante y los que venían detrás daban voces, diciendo: ¡Hosanna! ¡Bendito el que viene en el nombre del Señor! ¡Bendito el reino de nuestro padre David que viene! ¡Hosanna en las alturas! Y entró Jesús en Jerusalén, y en el templo; y habiendo mirado alrededor todas las cosas, como ya anochecía, se fue a Betania con los doce. (11:1-11)

Este pasaje nos presenta la última semana de la vida y el ministerio público de nuestro Señor. La semana comenzó con su llegada a Jerusalén el décimo día del mes de Nisán, el primer mes del calendario judío, en el año 30 d.C. Esa era la semana de la Pascua; la entrada triunfal fue el lunes diez, y la Pascua siguió al viernes, el catorce del mes.

El título tradicional para el evento descrito en este pasaje, la entrada triunfal, no capta lo que estaba sucediendo. En ningún sentido terrenal, judío o celestial se trató de la coronación de Jesucristo. La delirante reacción de la multitud no fue una expresión de fe verdadera ni de alabanza por el Rey verdadero de Israel. No hubo formalidades asociadas con el suceso; no hubo dignatarios, emblemas de la realeza, ni fanfarria. Este hecho tampoco fue la coronación que Dios hiciera a su Hijo. A pesar de su apariencia externa, fue un acontecimiento diferente a cualquier otra coronación. Las coronaciones no son humildes, inesperadas, espontáneas, extraoficiales, o superficiales. Este suceso fue todo eso. Tampoco las verdaderas coronaciones se invierten unos pocos días después, en que quien fuera exaltado y alabado es rechazado y ejecutado. Aunque Jesús era el verdadero Rey del cielo, que merecía total exaltación, honor, adoración y alabanza, esta no fue una coronación verdadera; en realidad se trató de la falsa coronación del Rey verdadero.

La investidura oficial del Señor Jesucristo tiene lugar en dos etapas. La primera, su coronación celestial, se llevó a cabo en su ascensión cuando "se sentó a la diestra de la Majestad en las alturas" (He. 1:3; cp. 1:13; 8:1; 10:12; 12:2), y "Dios también le exaltó hasta lo sumo, y le dio un nombre que es sobre todo nombre" (Fil. 2:9). La segunda, la fase terrenal de su coronación ocurrirá en el futuro. El Señor Jesús regresará a la tierra, no montado en un pollino de asna, sino viniendo del cielo cabalgando sobre un caballo blanco seguido por los ejércitos celestiales (ángeles santos y personas redimidas), que también montarán caballos blancos (Ap. 19:11-15). Cuando Él llegue juzgará y destruirá a los impíos, y establecerá su trono en Jerusalén. Jesús reinará allí durante mil años en el reino milenial (Ap. 20:4) y más allá de eso por toda la eternidad en el cielo nuevo y la tierra nueva (Lc. 1:33; cp. Is. 9:7; Dn. 2:44).

El relato que Marcos hace de este acontecimiento comienza cuando Jesús y sus acompañantes **se acercaban a Jerusalén,** ascendiendo el empinado sendero que subía la colina desde Jericó. El ministerio público del Señor en Galilea, Judea y Perea había terminado, y su muerte estaba a poco más de una semana. La comitiva de personas con Jesús había aumentado después que dos acontecimientos sorprendentes hubieran ocurrido en las proximidades de Jericó: la curación y salvación de dos mendigos ciegos (véase la exposición de 10:46-52 en el capítulo anterior de esta obra) y la conversión del odiado y vilipendiado recaudador de impuestos Zaqueo (Lc. 19:2-9). Tales sucesos, junto con la reciente resurrección de entre los muertos que el Señor le hiciera a Lázaro, acentuaron la emoción y el entusiasmo de las multitudes cuando se dirigían a Jerusalén para celebrar la Pascua, el momento culminante del año judío.

No solo que esta supuesta coronación fue falsa, sino que también fue prematura. Antes de que Jesús venga a reinar tendría que morir (cp. el análisis de 10:32-34 en el capítulo 40 de esta obra). Hasta este momento Jesús no había permitido una declaración abierta y pública de que era el Mesías. Después de la afirmación de Pedro de que el Señor era "el Cristo, el Hijo del Dios viviente" (Mt. 16:16), Jesús "mandó a sus discípulos que a nadie dijesen que él era Jesús el Cristo" (v. 20). Tras el espectacular milagro de la alimentación de más de cinco mil en Galilea, el pueblo exclamó: "Este verdaderamente es el profeta que había de venir al mundo. Pero entendiendo Jesús que iban a venir para apoderarse de él y hacerle rey, volvió a retirarse al monte él solo" (Jn. 6:14-15), frustrándoles sus intenciones. El Señor sabía que cualquier aumento público significativo de su popularidad incrementaría la amenaza que representaba para los dirigentes judíos. Tal cosa podría haber provocado que ellos le llevaran a la muerte de modo prematuro.

No obstante, ya había llegado el momento en el plan divinamente determinado para que Jesús muriera. Por eso permitió tan masiva muestra de aclamación popular (algunos sugieren que pudieron haber participado cien mil personas en la procesión de la entrada triunfal), de modo que los líderes religiosos no tuvieron alternativa. La amenaza de una revuelta de parte de los aproximadamente dos millones de personas que inundaban a Jerusalén para la Pascua no se podía pasar por alto. Como los dirigentes religiosos sabían muy bien, esa situación provocaría una reacción de los romanos que resultaría en la destrucción de la nación y la pérdida de la propia posición privilegiada que ellos disfrutaban (Jn. 11:47-50).

LA LLEGADA FIEL

junto a Betfagé y a Betania, frente al monte de los Olivos, Jesús envió dos de sus discípulos, y les dijo: Id a la aldea que está enfrente de vosotros, y luego que entréis en ella, hallaréis un pollino atado, en el cual ningún hombre ha montado; desatadlo y traedlo. Y si alguien os dijere: ¿Por qué hacéis eso? decid que el Señor lo necesita, y que luego lo devolverá. Fueron, y hallaron el pollino atado afuera a la puerta, en el recodo del camino, y lo desataron. Y unos de los que estaban allí les dijeron: ¿Qué hacéis desatando el pollino? Ellos entonces les dijeron como Jesús había mandado; y los dejaron. Y trajeron el pollino a Jesús, y echaron sobre él sus mantos, y se sentó sobre él. (11:1*b*-7)

El sábado seis días antes de la Pascua (Jn. 12:1), Jesús llegó a los pequeños poblados de **Betfagé** (posiblemente "casa de los higos") y **Betania** (posiblemente "casa de los dátiles"), **frente al monte de los Olivos.** Al día siguiente, domingo, asistió a una cena en su honor en la casa de Simón el leproso en Betania (Mt. 26:6-13). Ese mismo día una "gran multitud de los judíos supieron entonces que él estaba allí, y vinieron, no solamente por causa de Jesús, sino también para ver a Lázaro, a quien había resucitado de los muertos" (Jn. 12:9).

La entrada de Cristo a Jerusalén se llevó a cabo al día siguiente (Jn. 12:12) de la semana de la pasión, no el domingo como los cristianos han creído de forma tradicional. Esta cronología elimina el problema de que los evangelios no tienen registro de las actividades de Jesús el miércoles, como sería el caso si la entrada triunfal hubiera sido el domingo. Es difícil explicar cómo se pudo haber omitido un día en el relato de la semana más trascendental de la vida de Cristo, sobre todo porque los acontecimientos de todos los demás días están cuidadosamente explicados.

Otra prueba de que la entrada triunfal fue el lunes viene del requerimiento de la ley de que los corderos de Pascua fueran seleccionados el día diez del primer mes (Nisán) y sacrificados el día catorce (Éx. 12:2-6). En el año en que nuestro Señor fue crucificado, el día diez de Nisán cayó el lunes de la semana de Pascua. Cuando entró a Jerusalén ese día Jesús llegó para cumplir el papel de Cordero elegido del Padre (Jn. 1:29, 36), de manera muy parecida y en el mismo día en que el pueblo judío escogía sus corderos de Pascua. Para completar el paralelismo, Cristo, el único sacrificio verdadero que quitó el pecado, murió el viernes, el día catorce de Nisán, con miles de otros corderos, cuya sangre no podía quitar el pecado (cp. He. 10:4).

Según esta cronología de la semana de la pasión, Jesús regresó a Betania el lunes por la noche después de la entrada triunfal, y volvió a entrar en Jerusalén el martes, cuando maldijo la higuera y limpió el templo. El miércoles participó en una controversia con los dirigentes de Israel, dio un sermón sobre su segunda venida, y Judas planeó traicionarlo. El jueves los discípulos del Señor se prepararon para la comida de Pascua, la cual celebraron en el aposento alto. Desde ahí el Señor y los discípulos fueron a Getsemaní, donde Él fuera traicionado y arrestado. Después de varios juicios delante del concilio y los gobernantes seculares Pilato y Herodes la noche del jueves y la madrugada del viernes, el Señor fue crucificado el viernes. El sábado estuvo en la tumba y el domingo volvió a la vida.

El lunes, el Señor **envió** a **dos de sus discípulos** (quizás Pedro y Juan; cp. Lc. 22:8), **y les dijo: Id a la aldea que está enfrente de vosotros** (tal vez Betfagé, ya que es probable que Jesús estuviera con María, Marta y Lázaro en Betania), **y luego que entréis en ella, hallaréis un pollino atado, en el cual ningún hombre ha montado; desatadlo y traedlo.** Los detalles de lo que los discípulos encontraron allí demuestran claramente la omnisciencia de Cristo (cp. Jn. 1:47-48; 2:25). Él les dijo que hallarían un asnillo (Jn. 12:14; cp. Zac. 9:9) o **pollino** (y su madre; Mt. 21:2) **atado.** Jesús no había estado en Betfagé, ni había enviado a alguien que hiciera arreglos para que el pollino estuviera disponible. El detalle de que el asnillo era uno **en el cual ningún hombre** había **montado** proporciona más prueba de la omnisciencia de Jesús, así como su conocimiento de que cuando desataran el pollino les preguntarían a los discípulos: "¿Por qué lo desatáis?" (Lc. 19:31). El Señor también sabía que cuando ellos contestaran que **el Señor lo necesita,** el propietario del animal (evidentemente un creyente en Jesús) y **los que estaban allí** les iban a permitir llevárselo.

Los acontecimientos se desarrollaron tal como el Señor omnisciente había anticipado. Los dos discípulos **fueron, y hallaron el pollino atado afuera a la puerta, en el recodo del camino, y lo desataron.** Según Jesús había predicho, **unos de los que estaban allí les dijeron: ¿Qué hacéis desatando el pollino?** Pero los discípulos **entonces les dijeron como Jesús había mandado; y los dejaron.** Los dos hombres **trajeron el pollino a Jesús** (probablemente de vuelta en Betania) **y echaron sobre él sus mantos,** formando una improvisada silla para que el Señor no tuviera que montar a pelo, y el Señor **se sentó sobre ella.**

Es cierto que David montó una mula (1 R. 1:33, 38, 44), que Salomón también montó en su coronación (1 R. 1:32-40). Pero al montar el pollino de asna, Jesús no estaba simplemente identificándose con la tradición davídica. En cambio, "todo esto aconteció para que se cumpliese lo dicho por el profeta, cuando dijo: Decid a la hija de Sion: He aquí, tu Rey viene a ti, manso, y sentado sobre una asna, sobre un pollino, hijo de animal de carga" (Mt. 21:4-5). Mateo estaba refiriéndose a una profecía dada siglos antes por Zacarías, quien escribió: "Alégrate mucho, hija de Sion; da voces de júbilo, hija de Jerusalén; he aquí tu rey vendrá a ti, justo y salvador, humilde, y cabalgando sobre un asno, sobre un pollino hijo de asna" (Zac. 9:9). Que Jesús montara mansamente el pollino de asna significa la realidad de que en su primera venida no vino a reinar, sino a morir.

Ese día Jesús cumplió otra profecía del Antiguo Testamento, la profecía de Daniel de las setenta semanas. Según varios eruditos (más notablemente Sir Robert Anderson [*El príncipe que ha de venir*] y Harold Hoehner [*Chronological Aspects of the Life of Christ*]) han demostrado, el día en que Jesús entró en Jerusalén fue la fecha exacta profetizada por Daniel siglos antes. La importancia de lo que estaba ocurriendo escapó en gran manera a los discípulos. Juan, mirando en retrospectiva a este suceso décadas más tarde, escribió: "Estas cosas no las entendieron sus discípulos al principio; pero cuando Jesús fue glorificado, entonces se acordaron de que estas cosas estaban escritas acerca de él, y de que se las habían hecho" (Jn. 12:16).

LA APROBACIÓN SIN FE

También muchos tendían sus mantos por el camino, y otros cortaban ramas de los árboles, y las tendían por el camino. Y los que iban delante y los que venían detrás daban voces, diciendo: ¡Hosanna! ¡Bendito el que viene en el nombre del Señor! ¡Bendito el reino de nuestro padre David que viene! ¡Hosanna en las alturas! (11:8-10)

A medida que Jesús se acercaba a Jerusalén, se intensificaba la emoción de la multitud. **Muchos** de los presentes **tendían sus mantos por el camino, y otros cortaban ramas de los árboles, y las tendían por el camino. Tender sus mantos por el camino** frente a Jesús era una forma habitual de expresar sumisión a un monarca. Era el reconocimiento de que el rey estaba por encima de las personas comunes y simbólicamente afirmaba que ellos estaban a sus pies. Al menos de manera superficial y momentánea la multitud estaba reconociendo a Jesús como el rey mesiánico. Las **ramas de** palmera (Jn. 12:13), que **otros** en el gentío habían cortado **de los árboles,** simbolizaban gozo y victoria. Según el libro apócrifo de 1 Macabeos, cuando en el período intertestamentario los judíos recuperaron Jerusalén de manos de los sirios, "entraron en ella... con aclamaciones y ramos de palma" (1 Mac. 13:51; cp. 2 Mac. 10:7 DHH).

El entusiasmo de la multitud provino en gran parte por "todas las maravillas que habían visto" (Lc. 19:37). Esos milagros incluían la reciente resurrección de los muertos de Lázaro que había estado cuatro días de muerto, y la curación de los dos ciegos en Jericó. Con expresiones de entusiasmo y esperanza, ellos **daban voces, diciendo: ¡Hosanna! ¡Bendito el que viene en el nombre del Señor! ¡Bendito el reino de nuestro padre David que viene! ¡Hosanna en las alturas!** La exclamación **Hosanna** ("Salva ahora") era un panegírico mesiánico, el cual Mateo vincula con el título mesiánico Hijo de David (Mt. 21:9, 15; cp. Mr. 12:35). Las expresiones **Bendito el que viene en el nombre del Señor** (cp. Sal. 118:26) y **Bendito el reino de nuestro padre David** también expresan alabanza y esperanza mesiánicas. La exclamación de la multitud, **¡Hosanna en las alturas!** era la suprema expresión de alabanza.

Sin embargo, el pueblo no estaba suplicando la salvación del pecado, sino que pedía bendición, prosperidad y liberación del dominio y la opresión romana. Buscaban el cumplimiento de todas las promesas relacionadas con el reino del Mesías. Y cuando Jesús no cumplió tales promesas, las cuales se cumplirán en su segunda venida, la aprobación sin fe de ellos se convertiría en rechazo hostil. Como ya se indicó, Jesús vino la primera vez para morir (10:32-34, 45). Tristemente, muchos que el lunes lo aclamaron eufóricos como el Mesías y gritaron alabanzas a Dios, el viernes pedirían a gritos su ejecución. Por tanto, compartirían la responsabilidad por la muerte de su Mesías, tal como Pedro declaró en su sermón el día de Pentecostés:

> *Varones israelitas, oíd estas palabras: Jesús nazareno, varón aprobado por Dios entre vosotros con las maravillas, prodigios y señales que Dios hizo entre vosotros por medio de él, como vosotros mismos sabéis; a éste, entregado por el determinado consejo y anticipado conocimiento de Dios, prendisteis y matasteis por manos de inicuos, crucificándole (Hch. 2:22-23).*

Aunque por el momento las esperanzas que los judíos tenían eran altísimas, su alabanza carente de fe no engañó a Jesús:

> *Y cuando llegó cerca de la ciudad, al verla, lloró sobre ella, diciendo: ¡Oh, si también tú conocieses, a lo menos en este tu día, lo que es para tu paz! Mas ahora está encubierto de tus ojos. Porque vendrán días sobre ti, cuando tus enemigos te rodearán con vallado, y te sitiarán, y por todas partes te estrecharán, y te derribarán a tierra, y a tus hijos dentro de ti, y no dejarán en ti piedra sobre piedra, por cuanto no conociste el tiempo de tu visitación (Lc. 19:41-44).*

Estos individuos lo rechazarían, y en respuesta Dios traería sobre ellos un juicio tan devastador a manos de los romanos, que daría como resultado la destrucción de la nación.

LA FATÍDICA EVALUACIÓN

Y entró Jesús en Jerusalén, y en el templo; y habiendo mirado alrededor todas las cosas, como ya anochecía, se fue a Betania con los doce. (11:11)

La decepcionante declaración de Marcos refuerza la realidad de que esta no fue una coronación verdadera. Al mismo tiempo anunció el asalto del Señor al templo, el cual se llevaría a cabo al día siguiente (martes). Al entrar **Jesús en el templo; y habiendo mirado alrededor** toda la corrupción que allí había, **como ya anochecía, se fue a Betania con los doce.**

Al igual que la voluble multitud, los pecadores se vuelven contra Jesús cuando Él no les satisface sus caprichos egoístas. Falsas coronaciones como la descrita en este pasaje se llevan a cabo todos los días. Falsos maestros sin escrúpulos prometen a sus engañados seguidores que Jesús los hará ricos, los curará, les cumplirá todos los sueños, y les concederá todo lo que desean. Cuando tales promesas antibíblicas, egoístas y centradas en el hombre no se cumplen, y en cambio a sus vidas vienen problemas, muchos se desilusionan y se vuelven contra Jesús. (Examino el peligro que representa el evangelio de la prosperidad en mis libros *Fuego extraño* [Nashville: Grupo Nelson, 2014] y *Los carismáticos* [El Paso: Casa Bautista de Publicaciones, 1995]).

Por otra parte, los redimidos reconocen a Jesús como su Rey soberano (Hch. 17:7; cp. Ap. 17:14; 19:16), digno de total sumisión (1 P. 3:15; cp. 2 Co. 4:5) y reverente adoración (Mt. 14:33; 28:9, 17; Lc. 24:52; Jn. 9:38; cp. He. 1:6). La suya es una verdadera coronación de Jesús; como expresara el escritor del conocido himno "Llévame al Calvario":

> Rey de mi vida, te corono ahora,
> Tuya sea la gloria.

Solo hojas

44

Al día siguiente, cuando salieron de Betania, tuvo hambre. Y viendo de lejos una higuera que tenía hojas, fue a ver si tal vez hallaba en ella algo; pero cuando llegó a ella, nada halló sino hojas, pues no era tiempo de higos. Entonces Jesús dijo a la higuera: Nunca jamás coma nadie fruto de ti. Y lo oyeron sus discípulos. Vinieron, pues, a Jerusalén; y entrando Jesús en el templo, comenzó a echar fuera a los que vendían y compraban en el templo; y volcó las mesas de los cambistas, y las sillas de los que vendían palomas; y no consentía que nadie atravesase el templo llevando utensilio alguno. Y les enseñaba, diciendo: ¿No está escrito: Mi casa será llamada casa de oración para todas las naciones? Mas vosotros la habéis hecho cueva de ladrones. Y lo oyeron los escribas y los principales sacerdotes, y buscaban cómo matarle; porque le tenían miedo, por cuanto todo el pueblo estaba admirado de su doctrina. Pero al llegar la noche, Jesús salió de la ciudad. Y pasando por la mañana, vieron que la higuera se había secado desde las raíces. Entonces Pedro, acordándose, le dijo: Maestro, mira, la higuera que maldijiste se ha secado. (11:12-21)

Este pasaje presenta un día monumental en la historia redentora. El martes de la Semana Santa el Señor Jesucristo, en un cambio total de sentido a las esperanzas y expectativas mesiánicas del pueblo judío, pronunció en esencia una maldición sobre el templo. Tal maldición, señalada como el juicio de Dios, incluía a los dirigentes religiosos judíos y a toda la nación. En un sorprendente giro de acontecimientos, Israel, la nación del pacto, elegida (Dt. 7:6; 14:2; 1 R. 3:8; Sal. 105:6; 135:4; Is. 44:1; Am. 3:2) y bendecida por Dios (Gn. 12:2-3; Nm. 22:12; Dt. 1:11; Sal. 33:12), fue maldecida por el Mesías de Dios debido a que le rechazaron. Ese rechazo culminaría el viernes cuando la multitud incitada por los dirigentes religiosos pidió la ejecución del Hijo de Dios.

La maldición que Jesús hiciera a la higuera, el único milagro destructivo narrado en los evangelios, es un símbolo anticipado de la cercana destrucción del templo. El asalto del Señor a este lugar y a los mercaderes que lo contaminaban es una predicción de la destrucción del templo. La maldición de la higuera y, por tanto, simbólicamente del templo, manifiesta el desagrado de Dios con el lugar, sus dirigentes y el pueblo que adoraba allí.

A lo largo de la historia de la nación, el templo había sido el centro de la vida religiosa de Israel. Durante siglos antes de la construcción del primer templo, la adoración de Israel ocurría alrededor del tabernáculo, el cual en realidad era un templo móvil (cp. Éx. 25-30; 35:30—40:38; Lv. 10:1-7). El primer templo fijo fue planeado por David (2 S. 7:1-11; 1 Cr. 22:1-19), quien compró el lugar en que se edificaría (monte Moriah [2 Cr. 3:1], donde siglos antes Dios le dijo a Abraham que ofreciera a Isaac [Gn. 22:2]), y fue construido por Salomón (1 R. 8:1-66). Tras siglos de apostasía y rebelión del pueblo, Dios retiró su presencia del templo (Ez. 9:3; 10:4, 18-19; 11:22-23), y fue destruido en el año 586 a.C. por el ejército del rey babilonio Nabucodonosor (2 R. 25:9; 2 Cr. 36:19; Is. 64:11).

Después de los setenta años de cautiverio babilónico, los exiliados que regresaron bajo el liderazgo de Zorobabel reconstruyeron el templo. Ese segundo templo no se acercaba en absoluto al esplendor del templo de Salomón. Más pequeño y menos adornado, hasta el punto que hizo llorar a los que tenían suficiente edad como para recordar el primer templo ((Esd. 3:12). Este segundo templo fue profanado durante el período intertestamentario por el diabólico gobernante seléucida Antíoco IV (Epífanes), según lo predicho en la profecía de Daniel (Dn. 11:31).

En el año 20 a.C. Herodes el Grande comenzó la restauración y expansión del templo de Zorobabel, un largo proceso (cp. Jn. 2:20) que continuó hasta el 64 d.C., solo seis años antes de que los romanos destruyeran el templo en el 70 d.C. A este templo reconstruido y ampliado se refiere este pasaje.

La historia del templo refleja la crónica de las apostasías de Israel, que culminó en el rechazo y la muerte del Mesías. Desde que los romanos destruyeran el templo de Herodes en el año 70 d.C. no se ha construido uno nuevo. Sin embargo, en el futuro habrá dos templos más. Uno será construido durante la tribulación, que el anticristo profanará (Mt. 24:15; 2 Ts. 2:4), y un último templo será construido durante el reino milenial (Ez. 40-43). En el estado eterno no habrá necesidad de templo, "porque el Señor Dios Todopoderoso es el templo de ella, y el Cordero" (Ap. 21:22).

Este pasaje, que anticipa la demolición del templo de Herodes, puede examinarse bajo dos encabezados: la maldición prevista y representada en analogía, y la maldición prevista y representada en acción.

LA MALDICIÓN PREVISTA Y REPRESENTADA EN ANALOGÍA

Al día siguiente, cuando salieron de Betania, tuvo hambre. Y viendo de lejos una higuera que tenía hojas, fue a ver si tal vez hallaba en ella algo; pero cuando llegó a ella, nada halló sino hojas, pues no era tiempo de higos. Entonces Jesús dijo a la higuera: Nunca jamás coma nadie fruto de ti. Y lo oyeron sus discípulos. (11:12-14)

El martes, **al día siguiente** de la entrada triunfal del lunes (véase la exposición de 11:1-11 en el capítulo anterior de esta obra), Jesús y los discípulos **salieron** de la casa de María, Marta y Lázaro en **Betania** para ir a Jerusalén. En el camino, Jesús **tuvo hambre.** Aunque se trataba de Dios encarnado, Jesús también era completamente hombre y por ende sujeto a las limitaciones del ser humano (cp. He. 2:14). No solo experimentó hambre de modo regular, como en esta ocasión y en la tentación (Mt. 4:2), sino también sed (Jn. 4:7) y cansancio (Mr. 4:38; Jn. 4:6). Tal vez el Señor no había desayunado antes de partir, posiblemente porque decidió pasar tiempo en oración. Él estaba consciente de que ese día iba a enfrentar una tarea formidable que requeriría fortaleza y energía, y de ahí que necesitara comida.

Y Jesús viendo de lejos una higuera que tenía hojas, fue a ver si tal vez hallaba en ella algo para comer. Las higueras se podían encontrar en todo Israel y se mencionan como cincuenta veces en las Escrituras. Era razonable que el Señor esperara encontrar frutos inmaduros en esta higuera, aunque **no era tiempo de higos.** A pesar de que la cosecha principal de higos era a finales del verano y en el otoño, higos pequeños pero comestibles (cp. Is. 28:4; Os. 9:10; Mi. 7:1) aparecían en primavera, más o menos en el tiempo de la Pascua, antes que las hojas. Ya que el árbol en cuestión tenía hojas, se esperaría que tuviera higos.

Pero a pesar del aspecto prometedor, el árbol era estéril. No tenía higos, **nada** más **hojas.** Al ver eso, **Jesús** pronunció esta maldición sobre **la higuera: Nunca jamás coma nadie fruto de ti.** Según el relato de Mateo, el Señor declaró: "Nunca jamás nazca de ti fruto" (Mt. 21:19); por tanto, nadie podría comer alguna vez de ella. Jesús pronunció una maldición (véase el estudio del v. 21 más adelante) sobre la higuera que la mató.

La higuera estéril ilustra gráficamente el simulacro vacío de adoración en el templo. Por medio del profeta Isaías, Dios, usando otra metáfora agrícola, pronunció un juicio parecido sobre Israel:

> *Ahora cantaré por mi amado el cantar de mi amado a su viña. Tenía mi amado una viña en una ladera fértil. La había cercado y despedregado y plantado de vides escogidas; había edificado en medio de ella una torre, y hecho también en ella un lagar; y esperaba que diese uvas, y dio uvas silvestres. Ahora, pues, vecinos de Jerusalén y varones de Judá, juzgad ahora entre mí y mi viña. ¿Qué más se podía hacer a mi viña, que yo no haya hecho en ella? ¿Cómo, esperando yo que diese uvas, ha dado uvas silvestres? Os mostraré, pues, ahora lo que haré yo a mi viña: Le quitaré su vallado, y será consumida; aportillaré su cerca, y será hollada. Haré que quede desierta; no será podada ni cavada, y crecerán el cardo y los espinos; y aun a las nubes mandaré que no derramen lluvia sobre ella. Ciertamente la viña de Jehová de los ejércitos es la casa de Israel, y los hombres de*

Judá planta deliciosa suya. Esperaba juicio, y he aquí vileza; justicia, y he aquí clamor (Is. 5:1-7).

Citando Isaías 29:13, Jesús condenó la hipocresía de los escribas y fariseos: "Hipócritas, bien profetizó de vosotros Isaías, cuando dijo: Este pueblo de labios me honra; mas su corazón está lejos de mí. Pues en vano me honran, enseñando como doctrinas, mandamientos de hombres" (Mt. 15:7-9; cp. 23:13-36).

La destrucción del templo no sucedería de inmediato; pero como enseña otra parábola en la que una higuera simbolizaba a Israel (Lc. 13:6-9), la paciente retención del juicio divino era temporal. No ocurriría sino cuatro décadas después, en el año 70 d.C., cuando el ejército romano bajo el mando de Tito Vespasiano saquearía Jerusalén y quemaría y derribaría el templo.

Mientras **sus discípulos** oían a Jesús hablar de la higuera recordaron sin duda lo que el Señor manifestó en Mateo 7:16-20, donde declaró que los falsos maestros son reconocidos por sus frutos. También pudieron haber recordado las palabras de Deuteronomio 28:15-68, donde Moisés advirtió las maldiciones que caerían sobre Israel si el pueblo desobedecía a Dios. A fin de cuentas, el templo y su infructuoso sistema religioso que representaba resultarían destruidos porque los dirigentes de Israel y el propio pueblo, "ignorando la justicia de Dios, y procurando establecer la suya propia, no se [habían] sujetado a la justicia de Dios" (Ro. 10:3).

LA MALDICIÓN PREVISTA Y REPRESENTADA EN ACCIÓN

Vinieron, pues, a Jerusalén; y entrando Jesús en el templo, comenzó a echar fuera a los que vendían y compraban en el templo; y volcó las mesas de los cambistas, y las sillas de los que vendían palomas; y no consentía que nadie atravesase el templo llevando utensilio alguno. Y les enseñaba, diciendo: ¿No está escrito: Mi casa será llamada casa de oración para todas las naciones? Mas vosotros la habéis hecho cueva de ladrones. Y lo oyeron los escribas y los principales sacerdotes, y buscaban cómo matarle; porque le tenían miedo, por cuanto todo el pueblo estaba admirado de su doctrina. Pero al llegar la noche, Jesús salió de la ciudad. Y pasando por la mañana, vieron que la higuera se había secado desde las raíces. Entonces Pedro, acordándose, le dijo: Maestro, mira, la higuera que maldijiste se ha secado. (11:15-21)

Para sorpresa y consternación de los israelitas, Jesús, en contra de las esperanzas y expectativas mesiánicas que tenían, no atacó a los opresores romanos, sino que en lugar de eso atacó el templo, a los dirigentes y a los adoradores. Cuando **vinieron a Jerusalén** el Señor y sus discípulos el martes por la mañana, Jesús entró **en el templo.** No obstante, no llegó para adorar. Como había hecho al inicio de su ministerio (Jn. 2:13-16), Cristo vino para declarar la intolerancia divina hacia las actividades religiosas que se efectuaban allí, y al menos por un día purgó de corrupción los atrios desalojando a los mercaderes que los profanaban. Entre estos dos ataques, Jesús confrontó regularmente la apostasía y la iniquidad de la religión de Israel y llamó a la nación a regresar a la verdadera adoración a Dios a través de la fe en Él (cp. Jn. 4:23-24). El pueblo de Dios lo conforman "los que en espíritu servimos a Dios y nos gloriamos en Cristo Jesús, no teniendo confianza en la carne" (Fil. 3:3).

Por supuesto, Jesús era totalmente consciente de las inquietantes realidades e injusticias que viciaban la cultura judía: los cobradores de impuestos que extorsionaban dinero al pueblo; el maltrato a los pobres y enfermos, cuyas condiciones eran juzgadas como el juicio divino por sus pecados; así como muchos otros males que requerían reforma social y acción política. Sin embargo, aunque estos problemas le molestaban, Jesús no encaró ninguno de ellos. Él nunca se desvió del tema de la adoración, el cual dominó su vida y ministerio. El arrepentimiento del individuo y su conocimiento salvador de Dios dominaron el propósito del Señor y, en última instancia, nada más podía encararse o corregirse hasta que eso se hiciera bien.

El juicio sobre la nación comenzó con el templo. *Hieros* (**templo**) es un término general para los terrenos del templo como un todo, el enorme complejo que podía acomodar a miles de adoradores. Dentro de esta superficie había varios atrios interiores situados unos dentro de otros. Los más interiores eran el lugar santo y el lugar santísimo, a los que se les designaba con una palabra diferente a templo (*naos*). El atrio exterior era el de los gentiles, más allá del cual se prohibía entrar a los gentiles bajo pena de muerte. Lo que estaba ocurriendo en el atrio de los gentiles era la más crasa corrupción en el nombre de Dios. Tal afrenta era blasfemia que llenó a Jesús de ira santa. La casa del Padre se había convertido en un centro de comercio, donde se compraban y vendían miles de animales y otros artículos necesarios para los sacrificios. Los cambistas de moneda también habían establecido tiendas allí. Proporcionaban un servicio necesario; el impuesto del templo solo podía pagarse usando monedas judías o de Tiro, por lo que los extranjeros debían cambiar su dinero por moneda aceptable. Pero debido a que los cambistas de dinero tenían un monopolio, otorgado por Anás y Caifás, cobraban tarifas exorbitantes por sus servicios.

Las operaciones en el atrio de los gentiles habían llegado a ser conocida como el bazar de Anás, llamado así por el codicioso sumo sacerdote ante quien Jesús sería juzgado primero después que le arrestaran en Getsemaní (Jn. 18:13-23). Aunque Anás había sido depuesto por los romanos, todavía conservaba el título de sumo sacerdote y ejercía enorme poder e influencia tras bastidores. Anás, junto con su yerno igualmente perverso, el actual sumo sacerdote Caifás, dirigían las operaciones comerciales del templo, adquiriendo gran riqueza en el proceso. Vendían franquicias a los mercaderes por exorbitantes precios y luego esquilmaban un enorme porcentaje de las utilidades que los vendedores recibían.

Todo esto se había combinado para convertir el templo de Dios en un lugar de abuso y extorsión. El sonido de la alabanza y las oraciones se había reemplazado por los berridos de los bueyes, los balidos de las ovejas, el arrullo de las palomas, y el regateo a gritos de los mercaderes y sus clientes. Lleno de ira santa ante la crasa profanación de la casa de su Padre, Jesús atravesó las instalaciones del templo hasta el atrio de los gentiles y **comenzó a echar fuera a los que vendían y compraban en el templo; y volcó las mesas de los cambistas, y las sillas de los que vendían palomas.**

Al instante el Señor Jesús convirtió el bazar de Anás en un completo caos. Amenazó a los mercaderes que huían mientras volcaba las mesas de los cambistas y enviaba las monedas rodando por el suelo, sin duda con los cambistas esforzándose por recuperarlas. También hizo rodar la sillas de los vendedores de palomas (Mt. 21:12) y los sacó asustados del templo. El Señor mostró el mismo celo que tuvo la primera vez que limpió el templo, lo cual habría hecho que sus discípulos recordaran Salmos 69:9: "Me consumió el celo de tu casa" (cp. Jn. 2:17).

Además de echar a los vendedores, Jesús también detuvo a la gente que usaba los terrenos del templo como un atajo para transportar mercancía hacia la ciudad, **y no consentía que nadie atravesase el templo llevando utensilio alguno** ni ningún tipo de mercancía. Esta fue una demostración asombrosa de singular autoridad y fuerza por parte del Señor, quien habría hallado significativa resistencia por parte de los vendedores. El suceso demuestra enfáticamente que el Señor detesta a quienes pervierten la adoración, en especial por codicia.

Marcos relata un breve extracto de lo que sin duda fue una larga exposición del Antiguo Testamento, observando que después de todo este furioso caos, Jesús **les enseñaba, diciendo: ¿No está escrito: Mi casa será llamada casa de oración para todas las naciones? Mas vosotros la habéis hecho cueva de ladrones.** La primera cita, **Mi casa será llamada casa de oración,** viene de Isaías 56:7, donde Dios declara: "Mi casa será llamada casa de oración para todos los pueblos". La oración es la esencia de la adoración, y el templo era donde estaban las personas que iban a tener comunión con Dios (Sal. 65:4) y a meditar en su majestad y gloria (Sal. 27:4). El templo no solo era para los judíos, sino también **para todas las naciones.**

No había ningún lugar donde un gentil prosélito fuera a adorar excepto en el templo, ya que no había templos fuera de Israel. Por ejemplo, Felipe se encontró con "un etíope, eunuco, funcionario de Candace reina de los etíopes, el cual estaba sobre todos sus tesoros, y había venido a Jerusalén para adorar" en el templo (Hch. 8:27). Salomón, en su oración de dedicación al templo, pidió a Dios:

"Que estén tus ojos abiertos de noche y de día sobre esta casa, sobre este lugar del cual has dicho: Mi nombre estará allí; y que oigas la oración que tu siervo haga en este lugar" (1 R. 8:29). Más adelante en su oración, Salomón extendió esa petición para incluir a los gentiles:

> *Asimismo el extranjero, que no es de tu pueblo Israel, que viniere de lejanas tierras a causa de tu nombre (pues oirán de tu gran nombre, de tu mano fuerte y de tu brazo extendido), y viniere a orar a esta casa, tú oirás en los cielos, en el lugar de tu morada, y harás conforme a todo aquello por lo cual el extranjero hubiere clamado a ti, para que todos los pueblos de la tierra conozcan tu nombre y te teman, como tu pueblo Israel, y entiendan que tu nombre es invocado sobre esta casa que yo edifiqué (vv. 41-43).*

Pero la bulliciosa y maloliente **cueva de ladrones** en que se había convertido el templo era la antítesis de un lugar donde pudiera llevarse a cabo la adoración tranquila, reflexiva y llena de oración. La comparación que Jesús hizo del templo con una cueva de ladrones es una referencia a Jeremías 7:11: "¿Es cueva de ladrones delante de vuestros ojos esta casa sobre la cual es invocado mi nombre? He aquí que también yo lo veo, dice Jehová". Los ladrones con frecuencia se escondían en cuevas, de las que salían para robar y saquear. En eso es lo que se había convertido el templo; en vez del más exaltado lugar de enseñanza, oración y adoración, era lo más bajo: un dominio de pillaje dirigido por ladrones.

No sorprende que los dirigentes religiosos se quedaran conmocionados e indignados por la devastación que Jesús por sí solo hiciera de la plaza de mercado en el templo. Por tanto, cuando **los escribas y los principales sacerdotes** oyeron lo que había acontecido, **buscaban cómo** matar a Jesús, **porque le tenían miedo, por cuanto todo el pueblo estaba admirado de su doctrina.** El odio que sentían se había acrecentado por la creciente popularidad de Jesús y sus continuas curaciones (Mt. 21:14) y enseñanza (Lc. 19:47). Temerosos de la amenaza que económicamente representaba para ellos y para el prestigio que tenían entre el pueblo (Jn. 11:48), intensificaron sus esfuerzos por destruirlo.

Marcos observa que **al llegar la noche, Jesús salió de la ciudad** en compañía de los doce para regresar a Betania (cp. Mr. 14:3). **Y pasando por la mañana** del miércoles en su camino de regreso a Jerusalén, **vieron que la higuera se había secado desde las raíces.** El comentario de Pedro, **Maestro, mira, la higuera que maldijiste se ha secado,** afirma que lo que maldice el Señor será devastado. La destrucción del corrupto sistema religioso centrado en el templo comenzó ese jueves, y se aceleraría dramáticamente el viernes cuando Dios rasgaría de arriba abajo el velo que separaba el lugar santo del lugar santísimo, y se completaría cuatro décadas más tarde por medio de los romanos.

Pero ese no es el final de la historia de Israel. Así preguntó Pablo de manera retórica en Romanos 11:1-2: "¿Ha desechado Dios a su pueblo? En ninguna manera. Porque también yo soy israelita, de la descendencia de Abraham, de la tribu de Benjamín. No ha desechado Dios a su pueblo, al cual desde antes conoció". Es cierto que "parte de Israel se ha endurecido, y así permanecerá hasta que haya entrado la totalidad de los gentiles" (v. 25). Pero en el futuro el remanente de los redimidos de Israel "mirarán a mí, a quien traspasaron, y llorarán como se llora por hijo unigénito, afligiéndose por él como quien se aflige por el primogénito" (Zac. 12:10), y "luego todo Israel será salvo" (Ro. 11:26). En ese momento los judíos serán miembros del Cuerpo de Cristo junto con los gentiles (1 Co. 12:13; Gá. 3:28; Ef. 2:11-16; Col. 3:11).

Necesidades para la oración eficaz

45

Respondiendo Jesús, les dijo: Tened fe en Dios. Porque de cierto os digo que cualquiera que dijere a este monte: Quítate y échate en el mar, y no dudare en su corazón, sino creyere que será hecho lo que dice, lo que diga le será hecho. Por tanto, os digo que todo lo que pidiereis orando, creed que lo recibiréis, y os vendrá. Y cuando estéis orando, perdonad, si tenéis algo contra alguno, para que también vuestro Padre que está en los cielos os perdone a vosotros vuestras ofensas. (11:22-25)

En este breve pasaje nuestro Señor les recordó a los discípulos la bondad que Dios demuestra al conceder acceso al poder celestial por medio de la oración. La lección tuvo lugar la mañana del miércoles de la Semana Santa mientras el Señor y los discípulos caminaban de Betania hasta Jerusalén. Según se indicó en el capítulo anterior de esta obra, en su camino de Betania a Jerusalén el día precedente (martes) Jesús había anticipado la destrucción futura del templo al maldecir a una higuera estéril (11:12-14).

La pregunta que surge es por qué el Señor insertaría una lección sobre la oración en este momento. Había, no obstante, una necesidad crucial para esa instrucción. En solo unos días Jesús, Dios en carne humana, ya no estaría físicamente presente con los discípulos. Y aunque Jesús resaltó varias veces la importancia de orar y les enseñó de modo específico los elementos de la oración (Mt. 6:9-13), su presencia con ellos había contenido la urgencia de sus propias vidas de oración. Había poca razón para que los discípulos pidieran a Dios en oración lo que podían pedir y recibir directamente de parte de Jesús. Él les aportaba la provisión, dirección, protección, corrección y la paciente instrucción que necesitaban.

Pero la experiencia conocida de la presencia de Jesús estaba a punto de cambiar de forma dramática para los discípulos. Ellos iban a pasar de tener presente a Cristo todo el tiempo a no tenerlo presente en absoluto. Llegarían a ser como los creyentes de las generaciones posteriores, que dependen únicamente de la oración con el fin de acceder al poder y la provisión de Dios para sus necesidades. Al igual que ellos, los discípulos se volverían totalmente dependientes de Aquel a quien no podían ver (cp. Jn. 20:29; 1 P. 1:8). Ese sería un cambio monumental en sus vidas, y necesitaban saber que su Señor Jesús los sustentaría por medio de la oración (Jn. 14:13-14; 15:16; 16:23-24, 26).

Esta importante lección revela cinco elementos que integran la oración eficaz: su componente histórico, teológico, espiritual, práctico y moral.

EL COMPONENTE HISTÓRICO DE LA ORACIÓN

En su camino de regreso a Betania la noche del martes en medio de la oscuridad, los discípulos no se dieron cuenta de que la higuera maldita había muerto. Sin embargo, cuando pasaban "la mañana [siguiente], vieron que la higuera se había secado desde las raíces" (11:20), y observaron lo que Pedro comentó: "Maestro, mira, la higuera que maldijiste se ha secado" (v. 21). El paso de ese comentario a la enseñanza del Señor sobre la oración parece de alguna manera abrupto. No obstante, el vínculo es que la maldición de la higuera demostró el poder del juicio divino. Pedro, junto con el resto de los discípulos, "decían maravillados: ¿Cómo es que se secó en seguida la higuera?" (Mt. 21:20). Querían saber cómo se produjo ese despliegue de poder de juicio divino. La respuesta del Señor fue que el poder venía de Dios (véase el análisis del v. 22 a continuación), y que ellos podían acceder a ese poder por medio de la oración.

La referencia de los discípulos al milagroso marchitamiento de la higuera ilustra el fundamento histórico de la oración eficaz. Dios, quien de modo milagroso puede afectar a un árbol, proveerá de manera poderosa para su pueblo. La confianza en la oración empieza al recordar cómo Dios ha mostrado su poder en el pasado. Habría poco motivo para pedir ayuda al Señor en el presente o el futuro si Él no hubiera demostrado su poder en el pasado. Más de una docena de veces en Deuteronomio, cuando Israel estaba a punto de entrar en Canaán, Moisés encargó al pueblo que recordara lo que Dios había hecho por ellos en el pasado (4:10; 5:15; 7:18; 8:2, 18; 9:7, 27; 15:15; 16:3, 12; 24:9, 18, 22). En Isaías 46:8-10 Dios desafió a Israel:

> *Acordaos de esto, y tened vergüenza; volved en vosotros, prevaricadores. Acordaos de las cosas pasadas desde los tiempos antiguos; porque yo soy Dios, y no hay otro Dios, y nada hay semejante a mí, que anuncio lo por venir desde el principio, y desde la antigüedad lo que aún no era hecho; que digo: Mi consejo permanecerá, y haré todo lo que quiero.*

En el Salmo 77:1-10 Asaf expresó su desesperación por el aparente abandono que Dios le había hecho. Pero en la segunda mitad del salmo el hombre se animó al recordar los actos pasados del poder de Dios:

> *Me acordaré de las obras de JAH; sí, haré yo memoria de tus maravillas antiguas. Meditaré en todas tus obras, y hablaré de tus hechos. Oh Dios, santo es tu camino; ¿qué dios es grande como nuestro Dios? Tú eres el Dios que hace maravillas; hiciste notorio en los pueblos tu poder. Con tu brazo redimiste a tu pueblo, a los hijos de Jacob y de José. Te vieron las aguas, oh Dios; las aguas te vieron, y temieron; los abismos también se estremecieron. Las nubes echaron inundaciones de aguas; tronaron los cielos, y discurrieron tus rayos. La voz de tu trueno estaba en el torbellino; tus relámpagos alumbraron el mundo; se estremeció y tembló la tierra. En el mar fue tu camino, y tus sendas en las muchas aguas; y tus pisadas no fueron conocidas. Condujiste a tu pueblo como ovejas por mano de Moisés y de Aarón (vv. 11-20).*

En el Salmo 105:5 el salmista pidió al pueblo de Dios: "Acordaos de las maravillas que él ha hecho, de sus prodigios y de los juicios de su boca". Abrumado y con desesperación debido a la persecución por parte de su enemigo, David declaró: "Me acordé de los días antiguos; meditaba en todas tus obras; reflexionaba en las obras de tus manos" (Sal. 143:5). El Antiguo y el Nuevo Testamentos, y la narración de la historia de la Iglesia redimida proporcionan una base sólida de confianza en que Dios oye y contesta las oraciones de su pueblo (cp. Ro. 15:4).

EL COMPONENTE TEOLÓGICO DE LA ORACIÓN

Respondiendo Jesús, les dijo: Tened fe en Dios. (11:22)

La respuesta del Señor, **tened fe en Dios,** al comentario de Pedro es un llamado a confiar en Dios y no dudar de Él (Mt. 21:20). El componente teológico de la oración no se relaciona con la naturaleza de la **fe** personal, sino con el carácter del **Dios** vivo. Tener una vida eficaz de oración requiere confiar en el poder, el propósito, la promesa, los planes, y la voluntad de Dios. La oración se enfoca en honrar el nombre de Dios, en el avance de su reino y en el cumplimiento de su voluntad (Mt. 6:9-10). Por el contrario, la oración egoísta no será contestada. Santiago advirtió: "Pedís, y no recibís, porque pedís mal, para gastar en vuestros deleites" (Stg. 4:3; cp. v. 15). En su primera epístola, el apóstol Juan hizo hincapié en que la oración debe ser coherente con la voluntad de Dios: "Esta es la confianza que tenemos en él, que si pedimos alguna cosa conforme a su voluntad, él nos oye" (1 Jn. 5:14; cp. Jn. 14:13-14).

En su carta a los filipenses, el apóstol Pablo dio un ejemplo de confianza en Dios por lo que Él ha hecho:

> *Quiero que sepáis, hermanos, que las cosas que me han sucedido, han redundado más bien para el progreso del evangelio, de tal manera que mis prisiones se*

han hecho patentes en Cristo en todo el pretorio, y a todos los demás. Y la mayoría de los hermanos, cobrando ánimo en el Señor con mis prisiones, se atreven mucho más a hablar la palabra sin temor (Fil. 1:12-14; cp. 1 P. 4:19).

La fidelidad de Dios al permitir el poderoso testimonio de Pablo en la Biblia a pesar de las circunstancias que el apóstol vivía animó a otros cristianos en Roma a confiar en Dios y a predicar valientemente el evangelio.

EL COMPONENTE ESPIRITUAL DE LA ORACIÓN

Porque de cierto os digo que cualquiera que dijere a este monte: Quítate y échate en el mar, y no dudare en su corazón, sino creyere que será hecho lo que dice, lo que diga le será hecho. (11:23)

Confiar en Dios no es solamente un ejercicio abstracto y teórico de una teología sistemática; es personal y práctico. La promesa del Señor en este versículo es sorprendentemente amplia y generosa. Está presentada por la frase **porque de cierto** (*amēn*), que como en este caso se usa más de cien veces en el Nuevo Testamento para dar énfasis. El término **cualquiera** se aplica al principio relacionado aquí para todos los creyentes.

El **monte** particular al que Jesús se refiere no se identifica. Pudo haber sido el Monte de los Olivos (desde el cual se ve el Mar Muerto) o el monte del templo (monte Moriah). Sin embargo, lo más probable es que la referencia fuera a un monte hipotético, no literal. Jesús no estaba refiriéndose a echar físicamente una montaña verdadera al mar como si eso pudiera ocurrir comúnmente. Nadie ha visto jamás que eso suceda por medio de la oración. La declaración de Jesús, **cualquiera que dijere a este monte: Quítate y échate en el mar, y no dudare en su corazón, sino creyere que será hecho lo que dice, lo que diga le será hecho,** era una hipérbole, una analogía o figura del lenguaje destinada a enseñar un principio espiritual. En la literatura judía extrabíblica, a los rabinos que demostraban una habilidad extraordinaria para solucionar problemas muy difíciles, a menudo los catalogaban como individuos que removían o desarraigaban montañas.

El planteamiento del Señor es que cuando un creyente enfrenta un problema abrumador que no tiene solución humana aparente, si **no dudare en su corazón, sino creyere que será hecho lo que dice, lo que** pida por medio de oración **le será hecho.** La duda a la que Jesús se refiere no es, como muchos falsos maestros aseguran, dudar de la fe de alguien. La fe en sí no tiene poder; simplemente accede al poder de Dios. La advertencia aquí es contra dudar de la naturaleza y del poder de Dios. Santiago escribe con relación a quien ora: "Pero pida con fe, no dudando nada; porque el que duda es semejante a la onda del mar, que es arrastrada por el viento y echada de una parte a otra. No piense, pues, quien tal haga, que recibirá cosa alguna del Señor. El hombre de doble ánimo es inconstante en todos sus caminos" (Stg. 1:6-8).

La fe que se requiere para activar el poder de Dios no tiene que ser una gran fe. La fe de Pedro era suficientemente fuerte para que pudiera salir de una barca en medio de una furiosa tormenta en el lago de Galilea (Mt. 14:29); pero su fe falló antes de llegar hasta Jesús (v. 30), lo que hizo que el Señor la llamara "poca fe" (v. 31). El padre de un muchacho endemoniado expresó duda en cuanto a si Jesús podía liberar a su hijo (Mr. 9:22). Después que Jesús le manifestara: "Si puedes creer, al que cree todo le es posible", reprendiéndole por tanto su débil fe (v. 23), "inmediatamente el padre del muchacho clamó y dijo: Creo; ayuda mi incredulidad" (v. 24). Esa fe débil e imperfecta fue suficiente; Jesús echó fuera el demonio del muchacho (vv. 25-27). El Señor también reprendió a los discípulos por tener poca fe en la provisión (Mt. 6:30; 16:8-10; Lc. 12:28), la protección (Mt. 8:26), y el poder de Dios (Mt. 17:20), así como en la propia habilidad de ellos para perdonar a otros (Lc. 17:5-6).

Nadie tiene una fe perfecta, sin mezcla de duda; pero incluso una fe débil pero en reverente confianza en la persona y el poder de Dios es suficiente para hacer descender el poder del cielo.

EL COMPONENTE PRÁCTICO DE LA ORACIÓN

Por tanto, os digo que todo lo que pidiereis orando, creed que lo recibiréis, y os vendrá. (11:24)

El componente práctico de la oración es obvio, pero necesario. A fin de recibir **todo lo que** Dios promete a través de la oración, primero es necesario pedirlo. Santiago lo expresó de manera simple: "No tenéis lo que deseáis, porque no pedís" (Stg. 4:2). Jesús manifestó en el Sermón del Monte:

> *Pedid, y se os dará; buscad, y hallaréis; llamad, y se os abrirá. Porque todo aquel que pide, recibe; y el que busca, halla; y al que llama, se le abrirá. ¿Qué hombre hay de vosotros, que si su hijo le pide pan, le dará una piedra? ¿O si le pide un pescado, le dará una serpiente? Pues si vosotros, siendo malos, sabéis dar buenas dádivas a vuestros hijos, ¿cuánto más vuestro Padre que está en los cielos dará buenas cosas a los que le pidan? (Mt. 7:7-11).*

Sin embargo, la promesa de Jesús, **todo lo que pidiereis orando, creed que lo recibiréis, y os vendrá,** no es una carta blanca que garantice el otorgamiento de todas la peticiones codiciosas y egoístas. Es verdad que Dios "no quitará el bien a los que andan en integridad" (Sal. 84:11). Pero esas promesas, y otras similares, son limitadas; todas las peticiones en oración deben ser coherentes con la voluntad de Dios. Después de reprender a los creyentes por no pedir a Dios lo que necesitan, Santiago advirtió: "Pedís, y no recibís, porque pedís mal, para gastar en vuestros deleites" (4:3). Jesús clamó al Padre en Getsemaní: "Abba, Padre, todas las cosas son posibles para ti; aparta de mí esta copa; mas no lo que yo quiero, sino lo que tú" (Mr. 14:36).

En varias ocasiones Jesús resaltó esa verdad a los apóstoles en el aposento alto:

> *Todo lo que pidiereis al Padre en mi nombre [es decir, consistente con su Persona y propósito], lo haré, para que el Padre sea glorificado en el Hijo. Si algo pidiereis en mi nombre, yo lo haré (Jn. 14:13-14).*
>
> *Si permanecéis en mí, y mis palabras permanecen en vosotros, pedid todo lo que queréis, y os será hecho (Jn. 15:7).*
>
> *No me elegisteis vosotros a mí, sino que yo os elegí a vosotros, y os he puesto para que vayáis y llevéis fruto, y vuestro fruto permanezca; para que todo lo que pidiereis al Padre en mi nombre, él os lo dé (Jn. 15:16).*
>
> *En aquel día no me preguntaréis nada. De cierto, de cierto os digo, que todo cuanto pidiereis al Padre en mi nombre, os lo dará. Hasta ahora nada habéis pedido en mi nombre; pedid, y recibiréis, para que vuestro gozo sea cumplido... En aquel día pediréis en mi nombre; y no os digo que yo rogaré al Padre por vosotros (Jn. 16:23-24, 26).*

Los creyentes son llamados a abrir sus corazones delante de Dios en oración persistente y apasionada (Sal. 62:8), pero tales oraciones siempre deben estar limitadas por el deseo de que se haga la voluntad de Dios, no la de ellos. Esas oraciones reconocen que la voluntad divina es más grande, más pura, más sabia, más generosa, más compasiva, y más clemente que cualquier cosa que ellos pudieran imaginar alguna vez.

EL COMPONENTE MORAL DE LA ORACIÓN

Y cuando estéis orando, perdonad, si tenéis algo contra alguno, para que también vuestro Padre que está en los cielos os perdone a vosotros vuestras ofensas. (11:25)

Esta verdad repite la enseñanza de Cristo en el Sermón del Monte (Mt. 6:14; Mr. 11:26 no aparece aquí en los primeros y más confiables manuscritos griegos del Nuevo Testamento, así que fue tomado prestado de Mt. 6:15 e insertado después por un escriba desconocido). Estar de pie era una postura común para orar (cp. Mt. 6:5; Lc. 18:11, 13), igual que de rodillas (2 Cr. 6:13; Sal. 95:6; Lc. 22:41; Hch. 20:36), postrado (Nm. 16:22; Jos. 5:14; 1 Cr. 21:16-17; Mt. 26:39), y con las manos extendidas o levantadas (Is. 1:15; Sal. 28:2; Lm. 2:19; 1 Ti. 2:8).

El mandato del Señor, **perdonad, si tenéis algo contra alguno,** expresa el componente moral de la oración. Perdonar a otros se requiere de los creyentes **para que también** su **Padre que está en los cielos** les **perdone** sus **ofensas.** El perdón al que se hace referencia aquí no es el perdón eterno que acompaña a la salvación, la cual no se basa en obras (Hch. 10:43; Ef. 1:7; cp. Ro. 3:23-24, 28; 5:1; Gá. 2:16; 3:11, 24; Tit. 3:7) y que no puede perderse. Como fue el caso en el Sermón del Monte (Mt. 6:14-15), aquí Cristo se refirió al perdón relacional de los pecados que son parte de la vida diaria de los creyentes y que interrumpe el goce de su comunión con el Señor. El lavamiento de pies que Jesús les hizo a los apóstoles en el aposento alto ilustra la diferencia:

> *Entonces vino a Simón Pedro; y Pedro le dijo: Señor, ¿tú me lavas los pies? Respondió Jesús y le dijo: Lo que yo hago, tú no lo comprendes ahora; mas lo entenderás después. Pedro le dijo: No me lavarás los pies jamás. Jesús le respondió: Si no te lavare, no tendrás parte conmigo. Le dijo Simón Pedro: Señor, no sólo mis pies, sino también las manos y la cabeza. Jesús le dijo: El que está lavado, no necesita sino lavarse los pies, pues está todo limpio; y vosotros limpios estáis, aunque no todos (Jn. 13:6-10).*

Horrorizado ante la idea de que el Señor Jesús, Dios en carne humana, realizara la tarea del más bajo de los esclavos al lavarle los pies, Pedro protestó. Pero cuando Jesús le dijo que esto era necesario para que tuviera parte con el Señor, Pedro, en su manera típicamente impetuosa, se fue al otro extremo. Le pidió a Jesús que le lavara todo el cuerpo, no simplemente los pies. Pero Jesús contestó que aquellos que habían sido bañados, es decir, quienes habían sido limpiados del pecado a través de la salvación eterna (cp. 1 Co. 6:11; Ef. 5:26; Tit. 3:5), solo necesitan lavarse los pies. La limpieza completa de los redimidos en la salvación no debe repetirse alguna vez. No obstante, los salvos aún necesitan la limpieza diaria de la santificación de la contaminación del pecado que permanece en ellos y que les atrae iniquidades.

Tratar de orar mientras se mantiene una actitud no perdonadora contra otra persona es contraproducente. Puesto que la Biblia manda a los creyentes: "Sed benignos unos con otros, misericordiosos, perdonándoos unos a otros, como Dios también os perdonó a vosotros en Cristo" (Ef. 4:32), no hacerlo es pecado. Y ya que el salmista escribió: "Si en mi corazón hubiese yo mirado (es decir, ver con buenos ojos y negarse a confesar y perdonar) a la iniquidad, el Señor no me habría escuchado" (Sal. 66:18), las oraciones de esa persona no serán oídas.

Las alternativas que los creyentes enfrentan son claras: guardar rencor o que sus oraciones no sean contestadas. Dicho de otro modo, no se puede aceptar el perdón total y compasivo de Dios y después no perdonar a otra persona (cp. Mt. 18:23-35).

Los discípulos captaron el mensaje de la importancia de la oración. Una vez que Jesús ascendiera al cielo cuarenta días después de su resurrección sucedió que:

> *Entonces volvieron a Jerusalén desde el monte que se llama del Olivar, el cual está cerca de Jerusalén, camino de un día de reposo. Y entrados, subieron al aposento alto, donde moraban Pedro y Jacobo, Juan, Andrés, Felipe, Tomás, Bartolomé, Mateo, Jacobo hijo de Alfeo, Simón el Zelote y Judas hermano de Jacobo. Todos éstos perseveraban unánimes en oración y ruego, con las mujeres, y con María la madre de Jesús, y con sus hermanos (Hch. 1:12-14).*

Esas oraciones serían contestadas en el día de Pentecostés, cuando el Espíritu Santo descendería sobre los apóstoles. Estos recibieron poder, predicaron el evangelio, miles se salvaron, y la Iglesia nació. Si la Iglesia ha de ver el poder de Dios manifestado en las vidas de sus miembros y en su ministerio corporativo debe orar "sin cesar" (1 Ts. 5:17).

Confrontación sobre la autoridad

46

Volvieron entonces a Jerusalén; y andando él por el templo, vinieron a él los principales sacerdotes, los escribas y los ancianos, y le dijeron: ¿Con qué autoridad haces estas cosas, y quién te dio autoridad para hacer estas cosas? Jesús, respondiendo, les dijo: Os haré yo también una pregunta; respondedme, y os diré con qué autoridad hago estas cosas. El bautismo de Juan, ¿era del cielo, o de los hombres? Respondedme. Entonces ellos discutían entre sí, diciendo: Si decimos, del cielo, dirá: ¿Por qué, pues, no le creísteis? ¿Y si decimos, de los hombres...? Pero temían al pueblo, pues todos tenían a Juan como un verdadero profeta. Así que, respondiendo, dijeron a Jesús: No sabemos. Entonces respondiendo Jesús, les dijo: Tampoco yo os digo con qué autoridad hago estas cosas. (11:27-33)

Este pasaje inicia el enfrentamiento final entre el Señor Jesucristo y los apóstatas dirigentes del sistema religioso de Israel, que comenzó el miércoles de la semana de pasión y culminó en la crucifixión el viernes. La fase inicial de esa confrontación se extiende hasta el final de Marcos 12.

Según los evangelios dejan en claro, los líderes judíos odiaban a Jesús por lo que Él decía en contra de la hipocresía y en contra del sistema legalista de obras de justicia al que servían (p. ej., Mt. 23:1-36; Mr. 12:1-12). Pero el reto que le hicieron y que este pasaje registra no fue provocado por lo que Jesús decía, sino por su comportamiento que les irritaba. El martes el Señor había atacado el templo, el cual con la insensible comercialización por parte de los sumos sacerdotes Anás y Caifás, simbolizaba la corrupta religión judía. Dicho incidente dio inicio a esta confrontación del miércoles de la Semana Santa.

Así como hicieran cuando Jesús expulsó del templo a los mercaderes oportunistas al inicio de su ministerio (Jn. 2:13-18), los dirigentes negaron su autoridad para lanzar este ataque sobre el templo. Las dos palabras griegas traducidas "autoridad" en el Nuevo Testamento revelan el alcance del dominio legítimo del Señor. *Dunamis* se refiere al poder o capacidad; *exousia* al derecho o privilegio.

LA CONFRONTACIÓN

Volvieron entonces a Jerusalén; y andando él por el templo, vinieron a él los principales sacerdotes, los escribas y los ancianos, y le dijeron: ¿Con qué autoridad haces estas cosas, y quién te dio autoridad para hacer estas cosas? (11:27-28)

Cuando el Señor y sus discípulos **volvieron entonces a Jerusalén** desde Betania el miércoles por la mañana, él comenzó a andar por los terrenos del **templo.** Como se señaló en la exposición de 11:15 en el capítulo 44 de esta obra, el templo abarcaba un enorme complejo de patios y edificaciones. Según había hecho en todo su ministerio, en un método típicamente rabínico de enseñanza, Jesús estaba **andando** entre las muchas personas arremolinadas en los atrios del templo (cp. Jn. 10:23) "enseñando... al pueblo... y anunciando el evangelio" (Lc. 20:1; cp. 4:18; 8:1; 19:47; Mt. 4:17; 11:1; Mr. 1:38-39; Jn. 18:20). El Señor ocupó el centro del escenario en el atrio del templo. Ese fue su salón de clases, su púlpito; fue el templo de Dios por último día, donde la verdad dominaría en el lugar de las mentiras.

Es probable que el mensaje de Cristo en esa ocasión fuera un resumen de lo que había enseñado a lo largo de su ministerio. Seguramente habló acerca de la desgracia del pecado y la locura de la religión falsa, hipócrita y legalista que no podía frenarlo, de la inutilidad de tratar de obtener la justicia por esfuerzos propios, y de la insensatez de las oraciones presuntuosas y obras religiosas superficiales realizadas para ser vistos por los hombres en lugar de ser vistos por Dios (cp. Mt. 6:1-5; 23:5-7). Su enseñanza debió haber incluido advertencias sobre lo inevitable del juicio divino y el infierno eterno, la necesidad de humildad, el quebrantamiento de espíritu y el corazón contrito y humillado; así como sobre la esperanza de reconciliación para todas las transgresiones, paz y reconciliación con Dios, basado todo esto en el amor compasivo de Dios por los pecadores, la promesa del perdón, la entrada al reino de la salvación, la vida eterna y la esperanza del cielo. Es probable que haya hablado de la falsa humildad y del peligro del orgullo espiritual, y sin duda les recordó a sus oyentes acerca del costo de seguirlo negándose a sí mismos (Lc. 9:23-24). Quizás su enseñanza también incluyó temas tales como la persecución y el sufrimiento que enfrentarían quienes se identificaban con él, la importancia de la Palabra de Dios, la honestidad, las verdaderas riquezas, el arrepentimiento, la fe, la gracia y la misericordia. En resumen, la enseñanza del Señor habría abarcado todo lo perteneciente a las buenas nuevas de la salvación.

La poderosa enseñanza de Cristo enfureció y perturbó a **los principales sacerdotes** (el sumo sacerdote actual y el anterior, además de otros sacerdotes de alto rango), **los escribas** (la mayoría fariseos) **y los ancianos.** Estos tres grupos dispares a menudo se mencionan juntos (cp. Mt. 27:41; Mr. 14:43; 15:1; Lc.

9:22; 22:66). Aunque en muchos asuntos no estaban de acuerdo entre sí, estaban totalmente de acuerdo en que debían eliminar a Jesús.

Tratando por todos los medios de silenciar a Jesús antes que Él los desacreditara más ante los ojos del pueblo, **vinieron a él y le dijeron: ¿Con qué autoridad haces estas cosas, y quién te dio autoridad para hacer estas cosas?** Esta pregunta no estaba motivada por la curiosidad; se trataba de un ataque (la palabra griega traducida "llegaron" o "*se le* enfrentaron" [LBLA] en Lucas 20:1 puede traducirse "lo asaltaron" [cp. Hch. 17:5]). Los líderes judíos enfrentaban un dilema. Por una parte, "los principales sacerdotes, los escribas y los principales del pueblo procuraban matarle [a Jesús]" (Lc. 19:47), pero "no hallaban nada que pudieran hacerle, porque todo el pueblo estaba suspenso oyéndole" (v. 48). Estos dirigentes se hallaban furiosos en su odio, pero paralizados en cuanto a cualquier acción contra Jesús, porque la enseñanza de Él había cautivado al pueblo.

Sin embargo, se negaban a renunciar a su plan de atrapar al Señor para desacreditarlo públicamente con la esperanza de que esa trampa pudiera ayudarles a conseguir apoyo para sus intentos asesinos. Como sabían que en el pasado Él había afirmado que su autoridad provenía directamente de Dios, supusieron que volvería a afirmar esta idea. Lo acusarían de blasfemia y exigirían su ejecución. No obstante, en realidad, ellos eran los blasfemos (Lc. 22:65).

LA RÉPLICA

Jesús, respondiendo, les dijo: Os haré yo también una pregunta; respondedme, y os diré con qué autoridad hago estas cosas. El bautismo de Juan, ¿era del cielo, o de los hombres? Respondedme. Entonces ellos discutían entre sí, diciendo: Si decimos, del cielo, dirá: ¿Por qué, pues, no le creísteis? ¿Y si decimos, de los hombres...? Pero temían al pueblo, pues todos tenían a Juan como un verdadero profeta. Así que, respondiendo, dijeron a Jesús: No sabemos. (11:29-33*a*)

La demoledora respuesta del Señor evadió el torpe intento de atraparlo, y en cambio Él los atrapó en un dilema ineludible. **Jesús, respondiendo, les dijo: Os haré yo también una pregunta; respondedme, y os diré con qué autoridad hago estas cosas.** Al responder una pregunta con otra, no estaba siendo ni grosero ni evasivo. Interactuar de esta manera era una costumbre rabínica aceptada, y diseñada para obligar al interlocutor a examinar el asunto en un nivel más profundo. En este caso, la pregunta del Señor desenmascaró la hipocresía de ellos. Como se indicó antes, ellos sabían que Él afirmaba que su autoridad provenía de Dios. No estaban buscando conocimiento, sino más bien tratando de hacer que Jesús repitiera esa afirmación en público para así poder acusarle de blasfemia.

La pregunta con que les contestó el Señor: **El bautismo de Juan, ¿era del cielo, o de los hombres? Respondedme,** puso a los jefes religiosos entre la espada y la pared. Juan el Bautista fue el precursor muy popular del Mesías, el profeta más grande que había vivido hasta su época. Fue elegido por Dios y ministraba en el desierto, predicando el arrepentimiento en preparación para el Mesías. La frase **el bautismo de Juan** se amplía hasta abarcar todo su ministerio: su predicación, su enseñanza, su llamado al pueblo a prepararse y arrepentirse, y principalmente su declaración de que Jesús era el Mesías. Cristo desafió a los dirigentes a que declararan si creían que el ministerio de Juan tenía origen divino o humano.

Ese reto cambió la situación de los atacantes del Señor y los puso en un gran dilema. **Entonces ellos** se retiraron temporalmente y **discutían** (dialogaban, debatían) **entre sí,** buscando inútilmente una manera de salir del problema. Por una parte, **si** decían **del cielo,** no tendrían respuesta para la inevitable pregunta que Cristo haría a continuación: **¿Por qué, pues, no le creísteis?** Tampoco estarían cómodos poniendo su sello oficial de aprobación en aquel quien no creyeron que fuera un profeta verdadero (Lc. 7:28-30), y quien públicamente los había denunciado:

> *Al ver él que muchos de los fariseos y de los saduceos venían a su bautismo, les decía: ¡Generación de víboras! ¿Quién os enseñó a huir de la ira venidera? Haced, pues, frutos dignos de arrepentimiento, y no penséis decir dentro de vosotros mismos: A Abraham tenemos por padre; porque yo os digo que Dios puede levantar hijos a Abraham aun de estas piedras. Y ya también el hacha está puesta a la raíz de los árboles; por tanto, todo árbol que no da buen fruto es cortado y echado en el fuego (Mt. 3:7-10).*

Pero por otro lado, no se atrevieron a contestar: **de los hombres,** porque **temían al pueblo, pues todos tenían a Juan como un verdadero profeta.** Negar la opinión popular de que Juan era un verdadero profeta habría tenido graves, y hasta fatales, consecuencias. Lucas narra que se dijeron unos a otros: "Y si decimos, de los hombres, todo el pueblo nos apedreará; porque están persuadidos de que Juan era profeta" (Lc. 20:6). Rechazar al verdadero profeta de Dios equivalía a rechazar y blasfemar al mismo Dios.

Ya que las dos únicas alternativas eran inaceptables para los dirigentes religiosos, solo se atrevieron a responder: **No sabemos.** Por tanto, alegar ignorancia fue un trago amargo para estos hombres orgullosos y egoístas, puesto que se veían a sí mismos como los expertos sin igual en asuntos teológicos y sabios en debates.

LA CONDENACIÓN

Entonces respondiendo Jesús, les dijo: Tampoco yo os digo con qué autoridad hago estas cosas. (11:33*b*)

Después de reducir a sus adversarios al silencio, Jesús dio fin al debate condenándolos. Había tenido directa comunicación con estos hombres. Después de tres años de enseñar y de realizar milagros para verificar sus afirmaciones (Jn. 5:36), el Señor había proporcionado amplia prueba de que era el Mesías. Ya no les daría más información. Habían rechazado la luz, y la luz se había apagado (cp. Jn. 12:35). Jesús no echaría más perlas a los cerdos (Mt. 7:6). La casa de ellos había quedado desolada (Mt. 23:37-38).

La paciencia de Dios tiene un límite, como señalo en otro volumen de esta serie:

> Aquellos que con dureza de corazón rechazan la luz finalmente serán abandonados a la oscuridad merecida. Dios aseguró del mundo anterior al diluvio: "No contenderá mi espíritu con el hombre para siempre, porque ciertamente él es carne; mas serán sus días ciento veinte años" (Gn. 6:3). En una oración de arrepentimiento, los exiliados que regresaron del cautiverio babilónico confesaron con relación a sus antepasados: "Les soportaste por muchos años, y les testificaste con tu Espíritu por medio de tus profetas, pero no escucharon; por lo cual los entregaste en mano de los pueblos de la tierra" (Neh. 9:30). Isaías añade: "Mas ellos fueron rebeldes, e hicieron enojar su santo espíritu; por lo cual se les volvió enemigo, y él mismo peleó contra ellos" (Is. 63:10). A través del profeta Jeremías, Dios le recordó al desobediente pueblo de Israel: "Porque solemnemente protesté a vuestros padres el día que les hice subir de la tierra de Egipto, amonestándoles desde temprano y sin cesar hasta el día de hoy, diciendo: Oíd mi voz... Por tanto, así ha dicho Jehová: He aquí yo traigo sobre ellos mal del que no podrán salir; y clamarán a mí, y no los oiré" (Jer. 11:7, 11). Lucas 19:41-42 declara que "cuando [Jesús] llegó cerca de la ciudad, al verla, lloró sobre ella, diciendo: ¡Oh, si también tú conocieses, a lo menos en este tu día, lo que es para tu paz! Mas ahora está encubierto de tus ojos".
>
> El mensaje compasivo y salvador del evangelio seguiría extendiéndose al pueblo, y miles se salvarían el Día de Pentecostés y más allá. Pero para los endurecidos dirigentes, la puerta de la oportunidad estaba cerrada (*Comentario MacArthur del Nuevo Testamento: Lucas* [Grand Rapids: Portavoz, 2016], estudio de Lucas 20:8).

La autoridad única que Jesús poseía para decir o hacer lo que Él quería fue delegada de manera asombrosa a los apóstoles. En Lucas 9:1 declara que "habiendo reunido a sus doce discípulos, les dio poder y autoridad sobre todos los demonios, y para sanar enfermedades". Tras tener esa autoridad delegada hablaban la misma verdad y ejercían el mismo poder que ejercía Jesús.

Hubo elementos únicos de esa autoridad dada solo a los apóstoles: señales, maravillas y milagros. Pero la autoridad para predicar la verdad se ha transmitido a todos los cristianos en la Biblia. Pablo escribió a Tito: "Esto habla, y exhorta y reprende con toda autoridad. Nadie te menosprecie" (Tit. 2:15). Aunque Tito no era apóstol, sin embargo se le ordenó predicar la sana doctrina con autoridad. Los creyentes también pueden confiadamente predicar con autoridad la verdad revelada de Dios.

La realidad más importante en este mundo perdido, caído y pecador es la verdad divina. La única manera en que la gente puede oírla es por medio de los creyentes, quienes son los instrumentos en los cuales Dios ha depositado su Espíritu y a quienes confió su Palabra. Pablo preguntó en Romanos 10:14: "¿Cómo, pues, invocarán a aquel en el cual no han creído? ¿Y cómo creerán en aquel de quien no han oído? ¿Y cómo oirán sin haber quien les predique?".

Jesús también prometió autoridad eterna a quienes estén en el reino futuro y glorioso: "Al que venciere y guardare mis obras hasta el fin, yo le daré autoridad sobre las naciones" (Ap. 2:26). La gloriosa realidad es que el Padre tiene toda autoridad, que Él la da al Hijo, y que el Hijo la delegará a los creyentes en el futuro.

La piedra angular rechazada

47

Entonces comenzó Jesús a decirles por parábolas: Un hombre plantó una viña, la cercó de vallado, cavó un lagar, edificó una torre, y la arrendó a unos labradores, y se fue lejos. Y a su tiempo envió un siervo a los labradores, para que recibiese de éstos del fruto de la viña. Mas ellos, tomándole, le golpearon, y le enviaron con las manos vacías. Volvió a enviarles otro siervo; pero apedreándole, le hirieron en la cabeza, y también le enviaron afrentado. Volvió a enviar otro, y a éste mataron; y a otros muchos, golpeando a unos y matando a otros. Por último, teniendo aún un hijo suyo, amado, lo envió también a ellos, diciendo: Tendrán respeto a mi hijo. Mas aquellos labradores dijeron entre sí: Este es el heredero; venid, matémosle, y la heredad será nuestra. Y tomándole, le mataron, y le echaron fuera de la viña. ¿Qué, pues, hará el señor de la viña? Vendrá, y destruirá a los labradores, y dará su viña a otros. ¿Ni aun esta escritura habéis leído: La piedra que desecharon los edificadores ha venido a ser cabeza del ángulo; el Señor ha hecho esto, y es cosa maravillosa a nuestros ojos? Y procuraban prenderle, porque entendían que decía contra ellos aquella parábola; pero temían a la multitud, y dejándole, se fueron. (12:1-12)

A lo largo de la historia, escépticos han afirmado que Jesús fue sorprendido por lo inesperado de su rechazo y muerte, y que Él fue una víctima involuntaria e inconsciente. Algunos de los que defienden esa opinión perniciosa y falsa imaginan que Jesús fue tan solo un sabio, un filósofo que enseñó moralidad y ética. Para otros, Jesús fue un revolucionario, un activista de la justicia social y política cuyo intento por incitar una revolución contra Roma terminó muy mal. Alegan que al no conseguir más que el antagonismo de las autoridades judías y romanas, Jesús fue ejecutado de modo involuntario.

Pero esa caricatura blasfema del Señor Jesucristo como un mártir bienintencionado pero equivocado existe solo en las mentes de "los que se pierden" (1 Co. 1:18). Jesús no fue una víctima. Ni los romanos ni los judíos tenían el poder para quitarle la vida. Cristo declaró: "Yo pongo mi vida, para volverla a tomar. Nadie me la quita, sino que yo de mí mismo la pongo. Tengo poder para ponerla, y tengo poder para volverla a tomar. Este mandamiento recibí de mi Padre" (Jn. 10:17-18). Lejos de ser una sorpresa, su muerte fue la misma razón por la que Cristo vino al mundo.

En total anticipación de su muerte, Jesús declaró: "Ahora está turbada mi alma; ¿y qué diré? ¿Padre, sálvame de esta hora? Mas para esto he llegado a esta hora" (Jn. 12:27; cp. Lc. 22:22). Marcos señala en 8:31 que Jesús "comenzó a enseñarles [a sus seguidores] que le era necesario al Hijo del Hombre padecer mucho, y ser desechado por los ancianos, por los principales sacerdotes y por los escribas, y ser muerto, y resucitar después de tres días".

Después de la transfiguración, cuando Jesús, Pedro, Jacobo y Juan descendían "del monte, les mandó que a nadie dijesen lo que habían visto, sino cuando el Hijo del Hombre hubiese resucitado de los muertos" (Mr. 9:9), afirmando, por tanto, que sabía que moriría y resucitaría. En el versículo 31 de ese mismo capítulo, Él "enseñaba a sus discípulos, y les decía: El Hijo del Hombre será entregado en manos de hombres, y le matarán; pero después de muerto, resucitará al tercer día" (cp. Mt. 26:2). Cuando Jesús y quienes lo acompañaban en su último viaje "iban por el camino subiendo a Jerusalén... Jesús... volviendo a tomar a los doce aparte, les comenzó a decir las cosas que le habían de acontecer: He aquí subimos a Jerusalén, y el Hijo del Hombre será entregado a los principales sacerdotes y a los escribas, y le condenarán a muerte, y le entregarán a los gentiles" (Mr. 10:32-33). En el versículo 45 añadió: "Porque el Hijo del Hombre no vino para ser servido, sino para servir, y para dar su vida en rescate por muchos" (cp. He. 2:14-15; 1 Jn. 3:5, 8). A Nicodemo le declaró: "Como Moisés levantó la serpiente en el desierto, así es necesario que el Hijo del Hombre sea levantado" (Jn. 3:14; cp. 8:28; 18:31-32).

En la Última Cena, Jesús dijo al traidor Judas Iscariote: "A la verdad el Hijo del Hombre va, según está escrito de él, mas ¡ay de aquel hombre por quien el Hijo del Hombre es entregado! Bueno le fuera a ese hombre no haber nacido" (Mt. 26:24). Después de la resurrección Jesús reprendió a los dos discípulos en el camino a Emaús por no saber lo que les había enseñado con relación a la propia muerte del Mesías: "¡Oh insensatos, y tardos de corazón para creer todo lo que los profetas han dicho! ¿No era necesario que el Cristo padeciera estas cosas, y que entrara en su gloria?" (Lc. 24:25-26). No mucho tiempo después les recordó a los once apóstoles restantes: "Así está escrito, y así fue necesario que el Cristo padeciese, y resucitase de los muertos al tercer día" (v. 46).

Los predicadores apostólicos también enseñaron que la muerte de Jesús se ajustó exactamente al plan de Dios. En el primer sermón cristiano jamás predicado, Pedro declaró con valentía: "A éste [Jesús], entregado por el determinado consejo y anticipado conocimiento de Dios, prendisteis y matasteis por manos de inicuos, crucificándole" (Hch. 2:23). Más adelante Pedro agregó: "Dios ha cumplido así lo que había antes anunciado por boca de todos sus profetas, que su Cristo había de padecer" (Hch. 3:18). Los apóstoles y los primeros creyentes oraron así: "Porque verdaderamente se unieron en esta ciudad contra tu santo Hijo Jesús, a quien ungiste, Herodes y Poncio Pilato, con los gentiles y el pueblo de Israel, para hacer cuanto tu mano y tu consejo habían antes determinado que sucediera" (Hch. 4:27-28). El apóstol Pablo declaró a aquellos reunidos en la sinagoga en Antioquía de Pisidia:

> *Porque los habitantes de Jerusalén y sus gobernantes, no conociendo a Jesús, ni las palabras de los profetas que se leen todos los días de reposo, las cumplieron al condenarle. Y sin hallar en él causa digna de muerte, pidieron a Pilato que se le matase. Y habiendo cumplido todas las cosas que de él estaban escritas, quitándolo del madero, lo pusieron en el sepulcro (Hch. 13:27-29).*

Jesús contó la parábola registrada aquí por Marcos el miércoles de la Semana Santa, después que la entrada triunfal el lunes hiciera ostensible su popularidad y que su ataque al templo el jueves demostrara su poder. A pesar de las muestras públicas de entusiasmo que la multitud le manifestara, el Señor sabía que era la voluntad del Padre que en dos días todos ellos se volvieran contra Él y que lo iban a crucificar. La maligna fuerza sobrenatural detrás de la muerte de Cristo sería el diablo (Lc. 22:53; Jn. 13:2). Las fuerzas humanas impulsoras detrás de la ejecución sería el odio intenso de los dirigentes religiosos judíos. A ellos les molestaba mucho la popularidad de Jesús, pues la veían como una grave amenaza para su propia popularidad, y por consiguiente para su influencia, poder y prestigio. También le aborrecían porque trastornó sus lucrativas operaciones comerciales en el templo.

El deseo de los líderes de asesinar a Jesús, y el entendimiento que Él tenía de su próxima muerte se juntan en esta parábola. El Señor los metió de manera magistral en esta dramática e inolvidable narración que representa gráficamente sus ansias perversas y asesinas, hasta que ellos mismos se inculparon. Mateo (21:28—22:14) relata tres parábolas que Jesús contó en esa ocasión; Marcos solo menciona esta. La historia atrapa a los dirigentes asesinos porque se halla diseñada para incitar la hostilidad de los oyentes contra los labradores y su comportamiento letal e indignante. Cuando los líderes religiosos hipócritas se enfurecieron por tan malvado comportamiento, se inculparon ellos mismos.

El relato que Marcos hace de este incidente se divide lógicamente en dos secciones: la parábola y la interpretación.

LA PARÁBOLA

Entonces comenzó Jesús a decirles por parábolas: Un hombre plantó una viña, la cercó de vallado, cavó un lagar, edificó una torre, y la arrendó a unos labradores, y se fue lejos. Y a su tiempo envió un siervo a los labradores, para que recibiese de éstos del fruto de la viña. Mas ellos, tomándole, le golpearon, y le enviaron con las manos vacías. Volvió a enviarles otro siervo; pero apedreándole, le hirieron en la cabeza, y también le enviaron afrentado. Volvió a enviar otro, y a éste mataron; y a otros muchos, golpeando a unos y matando a otros. Por último, teniendo aún un hijo suyo, amado, lo envió también a ellos, diciendo: Tendrán respeto a mi hijo. Mas aquellos labradores dijeron entre sí: Este es el heredero; venid, matémosle, y la heredad será nuestra. Y tomándole, le mataron, y le echaron fuera de la viña. ¿Qué, pues, hará el señor de la viña? Vendrá, y destruirá a los labradores, y dará su viña a otros. (12:1-9)

Al igual que todas las **parábolas** de Jesús, esta usa imágenes conocidas de la vida cotidiana para ilustrar un principio espiritual; se extrae de la conocida ilustración de Israel como una viña descrita en Isaías 5, de donde se cita directamente la afirmación **plantó una viña, la cercó de vallado, cavó un lagar, edificó una torre** (vv. 1-2). Este **hombre** del que habla la historia hizo todo lo posible para garantizar el éxito de su **viña.** Le quitó las piedras, y sin duda con ellas **la cercó** haciendo un **vallado** y **cavó** debajo del **lagar** un lugar dónde recoger el jugo al aplastar las uvas, y también **edificó una torre** que le sirviera como puesto de vigilancia, ofreciera albergue a los trabajadores, y proporcionara almacenamiento para semillas y herramientas.

Después de preparar bien la viña, el propietario **la arrendó a unos labradores, y se fue lejos.** Tales arreglos eran comunes; un propietario ausente alquilaba su propiedad a labradores por una parte que acordaban del producto de la cosecha, el cual recibiría después de la siega. Cuando llegó el tiempo inicial de la cosecha (que pudo haber sido hasta cinco años después de plantada la viña) **a su tiempo envió un siervo a los labradores, para que recibiese de éstos del fruto de la viña.** Este comportamiento era normal y esperado; el representante autorizado llegó de parte del dueño de la viña para recibir la cantidad debida bajo las condiciones del contrato.

Sin embargo, en una respuesta inesperada los labradores malvados se negaron a pagar al propietario de la viña la cuota acordada. En lugar de eso, **tomándole** con violencia al siervo, **le golpearon** (una forma del verbo *derō*; literalmente "le arrancaron la piel", lo cual describe de manera vívida la severidad de la golpiza), **y le enviaron con las manos vacías.** Esta acción habría afectado las sensibilidades de los oyentes de Cristo. Tan malvado comportamiento constituía una indignante crueldad y flagrante ingratitud, así como una violación clara de los términos del contrato que habían acordado.

Sin dejarse intimidar por el desvergonzado rechazo a pagar, el propietario de la viña **volvió a enviarles otro siervo** para cobrar lo adeudado. No obstante, no fue tratado mejor que el primero. Los labradores **le hirieron en la cabeza** (literalmente, "lo golpearon en la cabeza"; cp. la jerga contemporánea "le asestaron un porrazo en la cabeza"), **y también le enviaron afrentado** (de un verbo que también podría traducirse "le faltaron al respeto", o "lo deshonraron").

La violencia aumentó de modo dramático cuando el dueño de la viña envió un tercer criado, **y a éste mataron,** evidentemente a pedradas (cp. Mt. 21:35). En un impresionante despliegue de paciencia con los labradores hostiles y recalcitrantes, el propietario de la viña envió **a otros muchos** de sus siervos, pero los labradores respondieron **golpeando a unos y matando a otros. Por último,** en una demostración extraordinariamente generosa de paciencia y misericordia para con esos labradores homicidas, el dueño de la viña les hizo una apelación más para honrar lo que era correcto. **Teniendo aún** un representante más para enviar, **un hijo suyo, amado, lo envió también a ellos, diciendo: Tendrán respeto a mi hijo.** A menudo el Señor presentaba sorprendentes elementos en sus narraciones, y sin duda esta decisión habría sido una de ellas. Sus oyentes habrían esperado que el dueño de la viña reuniera una fuerza armada y, con el respaldo de las autoridades judiciales, ejerciera justicia ejecutando a quienes habían asesinado a sus siervos (cp. Gn. 9:6). Que en cambio enviara a su hijo les habría parecido sorprendente, inexplicable, inaceptable y hasta absurdo.

A pesar de que el dueño de la viña esperó que los labradores respetaran a su propio hijo, ese no fue el caso; ellos tenían otros planes. Al darse cuenta de la oportunidad que les estaban dando, **aquellos** malvados **labradores dijeron entre sí: Este es el heredero; venid, matémosle, y la heredad será nuestra.** Según la ley tradicional, la tierra que no era reclamada por tres años llegaba a ser propiedad de quienes la trabajaban. Ellos pensaron que si mataban al heredero, la tierra podría pertenecerles.

Tras elegir su atroz rumbo, los labradores tomaron medidas inmediatas. Se apoderaron del hijo, **le mataron** y despreciando incluso la decencia común de un entierro **le echaron fuera de la viña,** dejando que el cadáver fuera consumido como un animal atropellado. Este acto vil de asesinato causó total conmoción. Por eso, cuando Jesús preguntó a su audiencia: **¿Qué, pues, hará el señor de la viña?,** con noble indignación respondieron de inmediato: "A los malos destruirá sin misericordia, y arrendará su viña a otros labradores, que le paguen el fruto a su tiempo" (Mt. 21:41). Jesús estuvo de acuerdo en que el propietario de la viña vendría y destruiría **a los labradores, y** daría **su viña a otros,** afirmando así la reacción de los oyentes.

En este momento las repercusiones totales de la historia del Señor se instalaron con claridad en las mentes de los dirigentes y del pueblo. Se dieron cuenta de que Jesús los acababa de llevar a condenarse ellos mismos. Al ponerse del lado del dueño de la viña y condenar a los labradores habían dictado sentencia contra sí mismos (véase el análisis del v. 12 a continuación). Retractándose de su sentencia declarada por ellos mismos, exclamaron: "¡Dios nos libre!" (*mē genoito*; el término más fuerte de negación en el lenguaje griego) (Lc. 20:16).

LA INTERPRETACIÓN

¿Ni aun esta escritura habéis leído: La piedra que desecharon los edificadores ha venido a ser cabeza del ángulo; el Señor ha hecho esto, Y es cosa maravillosa a nuestros ojos? (12:10-11)

Lo que hizo que los dirigentes y el pueblo se retractaran horrorizados de su condenación a los labradores fue darse cuenta de lo que representaban los elementos en la historia de Cristo. El hombre que plantó y poseía la viña representa a Dios (cp. Is. 5:1-2); la viña representa a Israel (cp. Is. 5:7). Los labradores representan a los líderes judíos, que como mayordomos de la posesión de Dios eran responsables de cuidar a Israel. El viaje emprendido por el propietario representa la historia del Antiguo Testamento, comenzando con Abraham. Durante ese tiempo Dios entregó la ley a su pueblo y ordenó sacerdotes y escribas para que les enseñaran, por lo que debían obedecerle y adorarle de manera adecuada. La cosecha representa la época en que Dios esperaba ver el fruto espiritual que debió haber resultado de la comprensión de Israel y de la obediencia a la ley. En lugar del fruto de la adoración obediente y el amor por Dios, Israel solo produjo uvas sin ningún valor (Is. 5:4) de rebelión e injusticia.

Los siervos enviados por el propietario representan a los profetas del Antiguo Testamento desde Moisés hasta Juan el Bautista. Fueron enviados por Dios para denunciar el pecado de Israel y llamar a la nación al arrepentimiento, produciendo así una cosecha fructífera para honra y gloria de Dios.

Pero Israel maltrató y rechazó a tales predicadores enviados por Dios. El comentarista Alfred Plummer escribió:

> "La uniforme hostilidad" de reyes, sacerdotes y el pueblo hacia los profetas es una de las características más notables en la historia de los judíos. La cantidad de hostilidad varía, y se expresa en diferentes maneras, sobre todo en aumento de intensidad, pero siempre ha estado presente. Tan hondamente como los judíos lamentaron el cese de los profetas después de la muerte de Malaquías, también por lo general se opusieron a ellos, en tanto que les fueron enviados. Hasta que se retiró

el don, los judíos parecieron tener poco orgullo en esta gracia excepcional mostrada a la nación, y poco aprecio o agradecimiento por ella (*An Exegetical Commentary on the Gospel According to S. Matthew* [Nueva York: Scribner's, 1910], p. 297).

El apologista cristiano del siglo II, Justino Mártir, informa que Isaías fue aserrado por la mitad con una sierra de madera (*Diálogo con Trifón, un judío,* capítulo 120; cp. He. 11:37). Jeremías fue maltratado constantemente, acusado falsamente de traición (Jer. 37:13-16), arrojado en una cisterna (Jer. 38:9), y según la tradición, los judíos lo mataron a pedradas. Ezequiel enfrentó similar odio y hostilidad (cp. Ez. 2:6); Amós se vio obligado a huir para salvar la vida (Am. 7:10-13); Zacarías fue rechazado (Zac. 11:12), y a Miqueas lo abofetearon (1 R. 22:24). Tanto en el Antiguo Testamento (p. ej., Jer. 7:23-26; 25:4-6) como en el Nuevo Testamento (p. ej., Mt. 23:29-39; Lc. 6:22-23; 11:49; 13:34; Hch. 7:51-52) se reprende a Israel por rechazar y perseguir a los profetas.

Al crear esta fascinante parábola, Jesús dejó en claro a quienes deseaban matarle que sabía exactamente lo que estaban planeando hacer con Él. Cristo, el amado Hijo de Dios y el último mensajero (He. 1:1-2), fue representado en la parábola por el hijo del propietario. Así como el hijo del dueño de la viña no era un siervo, sino el hijo; así también Jesús no era simplemente otro profeta, sino el Hijo de Dios. Los dirigentes querían controlar la herencia (Israel en la narración). Por tanto, así como los labradores mataron al hijo del dueño y lo lanzaron fuera de la viña, así también los líderes religiosos rechazarían y sacarían a Jesús de la nación, entregándolo a los romanos que lo matarían fuera de Jerusalén. Los dirigentes judíos demostrarían ser "hijos de aquellos que mataron a los profetas" (Mt. 23:31); llenarían "la medida [de culpa de sus] padres" (v. 32) al matar tanto al Hijo de Dios como a los predicadores cristianos que proclamarían la verdad acerca de Él después de su muerte. En consecuencia, "sobre [ellos caería la culpa de] toda la sangre justa que se ha derramado sobre la tierra, desde la sangre de Abel el justo hasta la sangre de Zacarías hijo de Berequías, a quien [mataron] entre el templo y el altar" (v. 35).

La destrucción que el dueño de la viña hace de los rebeldes labradores describe el juicio de Dios sobre Israel en el año 70 d.C. Dios tuvo mucha paciencia con el pueblo desobediente y rebelde. Los juicios anteriores sobre la nación habían sido siglos atrás a manos de los asirios sobre el reino del norte (Israel) en el año 722 a.C., y a manos de los babilonios sobre el reino del sur (Judá) en el 586 a.C. La próxima destrucción de Israel y en especial de Jerusalén fue devastadora. Decenas de miles de judíos fueron asesinados, y miles más fueron vendidos como esclavos. El templo fue destruido, poniendo fin a todo el sistema religioso de sacrificios, sacerdotes, rituales y ceremonias que dependía del templo. Los dirigentes religiosos de la nación habían fallado totalmente en su mayordomía, la cual les fue quitada en un juicio devastador, igual que había sucedido siglos antes cuando los babilonios saquearon Jerusalén y destruyeron el templo.

No solo que la mayordomía que los dirigentes apóstatas ejercían sobre el pueblo de Dios les fue quitada, sino que también fue otorgada al grupo menos imaginable: los apóstoles. Esos doce despreciados galileos comunes y corrientes, sin formación en las escuelas rabínicas y fuera del sistema religioso, se convertirían en los recipientes y mayordomos de la revelación divina, la misma que iban a tener la posibilidad de difundir al mundo. Jesús ya les había concedido autoridad sobre los demonios y la enfermedad, y para proclamar el evangelio (Mr. 6:7, 12-13). La noche siguiente, en el aposento alto, les prometería la revelación divina a través del Espíritu Santo que les inspiraría a ellos y a sus colaboradores cercanos a escribir el Nuevo Testamento (Jn. 14:26; 15:26-27; 16:13-14). Por eso, cuando los miembros de la iglesia primitiva se reunían, ellos estudiaban la doctrina enseñada por los apóstoles (Hch. 2:42; cp. 1 Co. 4:1; Ef. 2:19-20; 3:1-5; 2 P. 3:2). Todos los que después creerían y predicarían la doctrina de los apóstoles siguen en esa línea.

Aunque la parábola había terminado, la muerte del Hijo no podía ser el fin de la historia. Para concluir, Jesús pasó de la metáfora de una viña a la de un edificio. Su pregunta, **¿Ni aun esta escritura habéis leído?** inculpaba a los dirigentes judíos por su ignorancia de las Escrituras, por no entender la enseñanza del Salmo 118:22 de que **la piedra que desecharon los edificadores ha venido a ser cabeza del ángulo; el Señor ha hecho esto, y es cosa maravillosa a nuestros ojos.** Aquel a quien habían rechazado se había convertido en la principal **cabeza del ángulo**, una referencia a la parte más importante de un edificio de piedra que establece la base y los ángulos correctos para todos los aspectos de su construcción. Jesús, la principal piedra angular en el reino eterno de Dios, sostiene toda la estructura y simetría del glorioso reino de salvación de Dios. Así declaró valientemente Pedro ante el sanedrín: "Jesús es la piedra reprobada por vosotros los edificadores, la cual ha venido a ser cabeza del ángulo" (Hch. 4:11; cp. Ef. 2:20; 1 P. 2:6-7).

Para los líderes de Israel en su ignorancia, la piedra no era suficientemente buena. Fue una piedra rechazada, inadecuada, imperfecta, inaceptable, que no debía ser la cabeza del ángulo, incapaz de sostener toda la estructura y simetría del glorioso reino de Dios. Pero estaban totalmente equivocados. Jesús es la piedra angular de Dios, el mismo de quien se dijo dos días antes en la entrada triunfal: "¡Bendito el que viene en el nombre del Señor!" (Mr. 11:9). Mateo añade al relato un mensaje final de parte del Señor: "Por tanto os digo, que el reino de Dios será quitado de vosotros, y será dado a gente que produzca los frutos de él. Y el que cayere sobre esta piedra será quebrantado; y sobre quien ella cayere, le desmenuzará" (Mt. 21:43-44). Esta fue una terrible reiteración de juicio aplastante. Fue también una profecía de la iglesia, el nuevo pueblo de Dios nacido en Pentecostés y compuesto de judíos y gentiles. ¿No tenía esto en mente el salmista cuando escribió: "De parte de Jehová es esto, y es cosa maravillosa a nuestros ojos. Este es el día que hizo Jehová; nos gozaremos y alegraremos en él"? (Sal. 118:23-24).

LA RESPUESTA

Y procuraban prenderle, porque entendían que decía contra ellos aquella parábola; pero temían a la multitud, y dejándole, se fueron. (12:12)

Furiosos, los dirigentes **procuraban** prender a Jesús, **porque entendían** a fin de cuentas **que decía contra ellos aquella parábola.** Pero la hora en el plan de Dios para que Jesús muriera estaba aún a dos días, de modo que no pudieron arrestarlo debido a que **temían a la multitud.** A diferencia de la mayoría de parábolas de Jesús, que ocultaban la verdad de los incrédulos (Mt. 13:10-13, 34-35), los oyentes entendieron el propósito de esta historia. Ellos sabían que sus antepasados habían perseguido y matado a los profetas, y que sus dirigentes trataban de matar a Jesús, pero aún no estaban listos para dejar de escucharlo (cp. Lc. 21:37-38). No obstante, incluso ellos pronto se volverían contra Él y clamarían al gobernador romano Pilato: "¡Sea crucificado!" (Mt. 27:22, 23) y: "Su sangre sea sobre nosotros, y sobre nuestros hijos" (v. 25).

Aunque los dirigentes religiosos dejaron a Jesús y **se fueron,** no tardarían en estar físicamente en su presencia (Mr. 12:13). Pero después de haber despreciado la parábola de juicio y de haber rechazado a la principal piedra angular, quedaron condenados de manera permanente. Como ocurrió con ellos, Jesús está para todas las personas, ya sea como la piedra de juicio para quienes lo rechazan (Lc. 20:18; Ro. 9:32-33a; 1 P. 2:7-8), o como la principal piedra angular del reino de la salvación de Dios para aquellos que creen en Él (1 P. 2:6; Ro. 9:33*b*).

Patología de un religioso hipócrita

48

Y le enviaron algunos de los fariseos y de los herodianos, para que le sorprendiesen en alguna palabra. Viniendo ellos, le dijeron: Maestro, sabemos que eres hombre veraz, y que no te cuidas de nadie; porque no miras la apariencia de los hombres, sino que con verdad enseñas el camino de Dios. ¿Es lícito dar tributo a César, o no? ¿Daremos, o no daremos? Mas él, percibiendo la hipocresía de ellos, les dijo: ¿Por qué me tentáis? Traedme la moneda para que la vea. Ellos se la trajeron; y les dijo: ¿De quién es esta imagen y la inscripción? Ellos le dijeron: De César. Respondiendo Jesús, les dijo: Dad a César lo que es de César, y a Dios lo que es de Dios. Y se maravillaron de él. (12:13-17)

La vida y las obras milagrosas del Señor Jesucristo demuestran su deidad de manera clara y convincente. Su nacimiento virginal llevó a una vida sin pecado que mostró a la perfección la misericordia, la compasión y el amor de Dios. El poder de Cristo sobre el reino demoníaco, la enfermedad, la muerte y el mundo natural, y el cumplimiento de las profecías del Antiguo Testamento fueron innegables. Incluso sus adversarios nunca negaron el poder sobrenatural, los milagros y la sabiduría inigualable del Señor (Mt. 7:28; Jn. 7:46). Tampoco negaron su vida sin pecado; el reto que les hizo: "¿Quién de vosotros me redarguye de pecado?" (Jn. 8:46) quedó sin respuesta.

Pero a pesar de que no podían negar la naturaleza sobrenatural de la vida y las obras de Jesús, los dirigentes religiosos judíos le odiaron y le rechazaron. Durante más de tres años, comenzando con el primer ataque que Él hiciera al templo (Jn. 2:13-20), le siguieron los pasos. Ellos eran los guardianes, aquellos que se suponía que pastoreaban al pueblo de Dios, y que perseveraban y enseñaban la verdad divina revelada en el Antiguo Testamento. No obstante, cuando vino Jesús, el Mesías prometido, en lugar de honrarle y aceptarle, trataron de destruirle y tuvieron éxito. En vez de su Señor y Rey, le vieron como el enemigo de la religión que enseñaban y creían, y de las tradiciones por las que vivían. Enfrentados con la decisión de arrepentirse y creer en Jesús, o eliminarle, los dirigentes religiosos escogieron lo último.

Por supuesto, Jesús era muy consciente del odio y la intención de matarlo que los líderes tenían. A menudo habló de eso con sus discípulos. A principios de ese miércoles de la semana de la pasión narró una parábola que hacía reflexionar sobre los dirigentes pasados de Israel por perseguir y asesinar a los profetas, y que acusaba al liderazgo actual por conspirar para matar al Hijo de Dios (véase la exposición de esa parábola en el capítulo anterior).

La entrada de Jesús en Jerusalén el lunes demostró su popularidad sin precedentes, por lo cual antes de que pudieran matarle, tenían primero la tarea de poner al pueblo contra Él. En una impresionante muestra de ingeniosa maldad lograron en pocos días manipular un cambio total de actitud del pueblo hacia Cristo. La misma multitud de la Pascua que el lunes había aceptado con mucho entusiasmo a Jesús como el Mesías, el viernes gritaría: "¡Crucifícale!" (Mr. 15:13-14).

A fin de causar la muerte del Señor Jesús, los dirigentes judíos no solo tenían que poner al pueblo contra Él, sino que también debían persuadir a los romanos de que lo ejecutaran. A fin de lograr ambas cosas, el sanedrín decidió tender tres trampas a Jesús; este pasaje relata la primera de ellas. Al hacerlo, los gobernantes de Israel revelaron los siniestros pecados de engaño que los dominaban, que incluían odio, orgullo, adulación, engaño, y por sobre todo su consumada hipocresía. Tres aspectos de esa hipocresía se destacan en este pasaje. Los hipócritas religiosos hacen torpes alianzas contra la verdad, dirán cualquier cosa para salirse con la suya, y pretenden falsamente buscar la verdad.

LOS HIPÓCRITAS RELIGIOSOS HACEN TORPES ALIANZAS CONTRA LA VERDAD

Y le enviaron algunos de los fariseos y de los herodianos, para que le sorprendiesen en alguna palabra. (12:13)

Con el propósito de atacar la verdad, Satanás puede organizar todas las variadas formas de religión falsa bajo su control, y la historia registra algunas de esas impías alianzas. Por otra parte, la verdad no puede aliarse con el error. Después de intrigar para eliminar a Jesús (Mt. 22:15) y de enviar "espías que se simulasen justos, a fin de sorprenderle en alguna palabra" (Lc. 20:20), el sanedrín originó su primera maquinación: **le enviaron algunos de los fariseos y de los herodianos, para que le sorprendiesen en alguna palabra.** La expresión griega traducida **sorprendiesen** aparece solo aquí en el Nuevo Testamento, y se refiere a un cazador que captura un animal o a un pescador que atrapa un pez. Estos hombres se hicieron pasar como emisarios y agentes del Dios vivo y verdadero, administradores de la verdad divina, y fieles pastores de Israel, mientras trataban de darle muerte al Hijo de Dios, el Mesías.

El plan que idearon fue obligar a que los romanos, sus odiados enemigos,

actuaran. Roma era muy sensible a las posibilidades de insurrección, en especial durante la temporada de Pascua con su gran entusiasmo y enormes multitudes, y se podía contar que ellos se moverían con fuerza contra todos los rebeldes. Si lograban atrapar a Jesús haciendo una declaración contra Roma podrían acusarlo ante el gobernador como un revolucionario político. Si lograban "entregarle al poder y autoridad del gobernador" (Lc. 20:20) lo desacreditarían a los ojos del pueblo. El arresto de Jesús demostraría que Él no tenía poder sobre los romanos, y que por tanto no podía liberar a Israel del férreo dominio de Roma, como esperaban que el Mesías hiciera.

Charles Dudley Warner, un escritor estadounidense del siglo XIX, escribió en cierta ocasión: "Los políticos hacen extrañas alianzas". Así también procede la religión falsa. **Los fariseos y los herodianos** eran antagonistas ideológicos que no podían haber sido más opuestos en sus puntos de vista políticos y religiosos. Los fariseos eran los defensores más extremos de la ley y de la conducta religiosa; los herodianos eran menos religiosos y violaban todo lo que era sagrado para los judíos. Los fariseos estaban más preocupados de la ley de Dios; los herodianos se preocupaban más de la ley de Roma. Los fariseos estaban más dedicados a Israel; los herodianos estaban más dedicados a Roma. Los fariseos eran intensamente religiosos; los herodianos eran intensamente políticos. En esencia, los herodianos eran aduladores del César y leales a la familia herodiana, en este caso a Herodes Antipas, el gobernante de Galilea y Perea. Antipas no era judío; era medio idumeo y medio samaritano. Después de la muerte de su padre Herodes el Grande nombraron gobernador a Antipas (bajo la autoridad y el consentimiento de Roma) de una porción del reino de su padre.

Aunque los fariseos despreciaban a los herodianos, sabían que estos podían ser útiles en su complot para eliminar a Jesús. Queriendo deshacerse de Jesús debido a las críticas devastadoras que Él hacía de la aberrante teología y de las vidas personales de ellos, sabían que los romanos no lo ejecutarían a causa de una disputa teológica con sus compañeros judíos. Galión, el procónsul de Acaya, ilustraría más tarde esa reticencia romana para intervenir en asuntos de teología judía. Cuando los judíos de Corinto acusaron al apóstol Pablo delante de Galión de persuadir "a los hombres a honrar a Dios contra la ley" (Hch. 18:13), este se negó a participar en el asunto:

> *Y al comenzar Pablo a hablar, Galión dijo a los judíos: Si fuera algún agravio o algún crimen enorme, oh judíos, conforme a derecho yo os toleraría. Pero si son cuestiones de palabras, y de nombres, y de vuestra ley, vedlo vosotros; porque yo no quiero ser juez de estas cosas (vv. 14-16; cp. 23:29; 25:18-20).*

Por tanto, los fariseos quisieron forzar a Jesús a hacer una declaración provocadora frente a los herodianos, quienes informarían de ello a los agentes de

Roma, Herodes y Pilato. Si manejaban bien la estratagema, los romanos siempre alerta a cualquier señal de rebelión podían morder el cebo para que arrestaran y ejecutaran a Jesús como una amenaza al poder de Roma. Ya conscientes de que Jesús había entrado a Jerusalén el lunes a la cabeza de decenas de miles de seguidores muy entusiastas, también sabían que el martes Jesús había arrojado del templo a los vendedores, y por tanto, ya estaban sin duda alertados contra Él como un alborotador potencial.

LOS HIPÓCRITAS RELIGIOSOS DIRÁN CUALQUIER COSA PARA SALIRSE CON LA SUYA

Viniendo ellos, le dijeron: Maestro, sabemos que eres hombre veraz, y que no te cuidas de nadie; porque no miras la apariencia de los hombres, sino que con verdad enseñas el camino de Dios. (12:14*a*)

A menudo los falsos religiosos recurren a la adulación como una estratagema para promover sus planes. Las sectas que niegan la verdad acerca del Señor Jesús afirman amarle y honrarle. Los miembros de esta delegación, enviada por el concilio, se acercaron a Jesús y con adulación se dirigieron a Él como **Maestro,** un término de honor reservado para los rabinos. Debió haber sido difícil para ellos dirigirse con tan honorable título a quien odiaban y cuya doctrina habían despreciado.

Pero lo que dijeron a continuación debió haber sido una mentira aún más dolorosa si hubieran tenido alguna conciencia funcional. **Sabemos que eres hombre veraz,** le dijeron. Lucas relata que incluso añadieron: "Sabemos que dices y enseñas rectamente" (*orthōs,* de donde se deriva la palabra castellana "ortodoxia", Lc. 20:21). Por supuesto, ellos no creían que Jesús enseñaba rectamente y que hablaba la verdad, o de lo contrario no se le hubieran opuesto con tanta saña. La realidad es que le veían como un engañador, mentiroso y farsante a quien debían acallar con la muerte. Sin embargo, la adulación de ellos tenía al menos dos propósitos astutos. Primero, fingían identificarse con gente que en su mayor parte sí creía que Jesús enseñaba la verdad. Los dirigentes religiosos querían convencer al pueblo de que ellos también eran verdaderos buscadores de la verdad. Segundo, y más importante, querían inflar el orgullo del Señor con la esperanza de que eso evitara que esquivara la pregunta que ellos estaban a punto de hacerle.

Pero no habían terminado de adular a Jesús. No solo afirmaron que Él era veraz, sino que también expresaron **que no** se cuidaba **de nadie.** El planteamiento de ellos era que Cristo estaba tan comprometido con la verdad que no se equivocaba ni cambiaba su mensaje basándose en opiniones humanas o en consecuencias negativas. Él **no** mira **la apariencia de los hombres.** Con gran descaro reforzaron su adulación anterior de que Jesús era veraz afirmando que **con verdad** enseñaba **el camino de Dios.** Todo eso que dijeron de Él era cierto, pero no creían ninguna de sus propias palabras. Tal es el engaño extremo de la falsa alabanza de los hipócritas. Irónicamente, Jesús no tardaría en demostrar su negativa imparcial de cuidarse de cualquier persona al emitir una denuncia mordaz y juicio de estos mismos hombres y de aquellos que los habían enviado (Mt. 23:1-36).

LOS HIPÓCRITAS RELIGIOSOS PRETENDEN FALSAMENTE BUSCAR LA VERDAD

¿Es lícito dar tributo a César, o no? ¿Daremos, o no daremos? Mas él, percibiendo la hipocresía de ellos, les dijo: ¿Por qué me tentáis? Traedme la moneda para que la vea. Ellos se la trajeron; y les dijo: ¿De quién es esta imagen y la inscripción? Ellos le dijeron: De César. Respondiendo Jesús, les dijo: Dad a César lo que es de César, y a Dios lo que es de Dios. Y se maravillaron de él. (12:14*b*-17)

Creyendo que habían atraído al pueblo y a Jesús hacia el engaño, los fariseos y los herodianos tendieron su trampa. Con fingida sinceridad y respeto por la respuesta de Jesús como alguien sincero, le preguntaron: **¿Es lícito** (según la ley divina) **dar tributo a César, o no? ¿Daremos, o no daremos?** En realidad solo estaban intentando desacreditarlo públicamente poniéndolo en un dilema ineludible. Esperaban que Jesús tuviera que contestar que los judíos no tenían que pagar el impuesto, porque hacerlo sería violar la ley de Dios. Ellos pagaban impuestos a la idólatra Roma no por elección, sino porque estaban obligados a hacerlo. Aborrecían a Roma y su presencia invasora en tierra judía. Debido a que creían que la tierra de Israel y todo en ella pertenecía a Dios, odiaban dar cualquier cosa a adoradores de ídolos paganos cuya presencia profanaba la tierra de Dios.

Entre los numerosos impuestos exigidos por Roma (p. ej., a importaciones, transporte, tierra, cosechas, etc.), el pago universalmente aborrecido por el pueblo judío era el **tributo** o impuesto de capitación. Este no era un gravamen sobre su tierra o sus bienes, sino sobre sus personas. Consistía en un denario (salario de un día para un trabajador común y corriente) por persona por año. Lo que hacía a este impuesto más detestable que los demás era su implicación de que el **César** era el dueño de los judíos, mientras que ellos eran verdadera posesión de Dios (cp. Jn. 8:33). Los habían hecho súbditos de otro dios, una violación del primer mandamiento (Éx. 20:3).

El problema de la tributación siempre había sido explosivo, y de vez en cuando el ardiente resentimiento de los judíos estallaba en abierta revolución.

En el año 6 d.C., un galileo llamado Judas, fundador de los zelotes (a los que había pertenecido el discípulo de Jesús llamado Simón; Mr. 3:18), dirigió una revuelta en Galilea en respuesta a un censo romano relacionado con la recaudación del impuesto de capitación (véase la referencia a esta revuelta en Hch. 5:37). Aunque la rebelión fue aplastada, y Judas y sus seguidores fueron exterminados, permaneció el resentimiento judío en contra de pagar impuestos a Roma. Finalmente, esto ayudaría a desatar la revuelta judía contra Roma en los años 66-70 d.C. que llevó a la devastación de Israel y la destrucción del templo de Jerusalén.

Dados tales antecedentes, si Jesús contestaba que no debían pagar impuestos, los herodianos le habrían visto como otro Judas de Galilea y habrían informado de la situación a los romanos. Por otra parte, si Jesús contestaba que debían pagar impuestos, el pueblo se habría vuelto contra Él y su popularidad se habría desplomado.

En este momento el enfoque del relato cambia de las taimadas manipulaciones del sanedrín a la sabiduría y el conocimiento infinito del Señor Jesucristo. Puesto que "él sabía lo que había en el hombre" (Jn. 2:25), percibió **la hipocresía de ellos,** comprendió "la astucia de ellos" (Lc. 20:23), y conoció "la malicia de ellos" (Mt. 22:18). En consecuencia, Jesús **les dijo: ¿Por qué me tentáis?** Mateo señala que el Señor añadió: "Hipócritas" (Mt. 22:18). Como ya se indicó, la delegación no se acercó a Jesús en busca de una respuesta a una pregunta sincera. No estaban buscando la verdad, sino que más bien trataban de atraparlo en tal manera que lo llevara a ser ejecutado.

La respuesta del Señor fue sencilla y profunda: **Traedme la moneda para que la vea.** Esto pudo haber hecho que tardaran algún tiempo en encontrar una moneda, ya que la mayoría de judíos se negaban a portarlas. Una moneda de un denario era de plata acuñada bajo la autoridad del emperador y equivalía a un día de salario para un soldado romano o un trabajador común y corriente (cp. Mt. 20:2). Un denario en la época de Jesús probablemente llevaba la imagen de Tiberio César, quien al haber sido el hijo adoptivo del emperador Augusto, era el hijo de un dios. Por tanto, los judíos consideraban las monedas como ídolos en miniatura, y portarlas era una violación a la prohibición de idolatría del segundo mandamiento (Éx. 20:4).

Ellos finalmente localizaron una moneda y **se la trajeron** a Jesús, sin duda esperando que Él la condenara, y por extensión que condenara al dios falso César, y declarara que la ley del Dios verdadero prohíbe pagarle tributo. Si el Señor respondía de esa manera esperada, los herodianos de inmediato le acusarían ante Pilato. El gobernador no tendría más alternativa que mandar arrestar a Jesús, desacreditándolo así ante los ojos de la población judía. Según se indicó anteriormente, el pueblo esperaba que el Mesías derrocara a los romanos, no que estos le capturaran.

Sin embargo, la réplica inesperada del Señor deshizo sus malvadas expectativas: **Dad a César lo que es de César, y a Dios lo que es de Dios.** La profundidad de esa declaración trascendental no debería ser eclipsada por su simplicidad. Jesús enseñó claramente que pagar impuestos a un gobierno secular es una obligación; el verbo traducido **dad** se refiere a devolver algo que se debe.

La Biblia enseña que el gobierno es una institución de Dios. En Romanos 13:1-7 Pablo escribió:

> *Sométase toda persona a las autoridades superiores; porque no hay autoridad sino de parte de Dios, y las que hay, por Dios han sido establecidas. De modo que quien se opone a la autoridad, a lo establecido por Dios resiste; y los que resisten, acarrean condenación para sí mismos. Porque los magistrados no están para infundir temor al que hace el bien, sino al malo. ¿Quieres, pues, no temer la autoridad? Haz lo bueno, y tendrás alabanza de ella; porque es servidor de Dios para tu bien. Pero si haces lo malo, teme; porque no en vano lleva la espada, pues es servidor de Dios, vengador para castigar al que hace lo malo. Por lo cual es necesario estarle sujetos, no solamente por razón del castigo, sino también por causa de la conciencia. Pues por esto pagáis también los tributos, porque son servidores de Dios que atienden continuamente a esto mismo. Pagad a todos lo que debéis: al que tributo, tributo; al que impuesto, impuesto; al que respeto, respeto; al que honra, honra.*

Pedro escribió acerca de esa misma verdad en su primera epístola:

> *Por causa del Señor someteos a toda institución humana, ya sea al rey, como a superior, ya a los gobernadores, como por él enviados para castigo de los malhechores y alabanza de los que hacen bien. Porque esta es la voluntad de Dios: que haciendo bien, hagáis callar la ignorancia de los hombres insensatos (1 P. 2:13-15).*

Someterse al gobierno también implica orar por quienes están en posiciones de autoridad, tal como Pablo escribiera a Timoteo: "Exhorto ante todo, a que se hagan rogativas, oraciones, peticiones y acciones de gracias, por todos los hombres; por los reyes y por todos los que están en eminencia, para que vivamos quieta y reposadamente en toda piedad y honestidad" (1 Ti. 2:1-2).

La autoridad civil es una expresión de la gracia común. No ha habido una legítima sociedad sacra desde el fin de la teocracia de Israel, y no la habrá hasta el reinado del Señor Jesucristo en la tierra en su reino milenial. Entre tanto no hay tal cosa como un gobierno cristiano o una nación cristiana. Pero incluso gobiernos seculares proporcionan muchos beneficios para sus ciudadanos. El poderío militar de los romanos proveía paz, seguridad y protección. Los caminos que construyeron y las redes de transporte que mantenían aceleraban el flujo de mercancías, lo que agregaba prosperidad a sus súbditos. Era justo y equitativo que esperaran que los servicios que los romanos suministraban fueran pagados por quienes se beneficiaban de ellos. El César tenía su competencia, y no pagarle lo que era debido constituía robo. Jesús afirmó el papel del gobierno en recaudar impuestos para su sostenimiento porque este es el medio ordenado por Dios para protección y bienestar del individuo. La única vez en que se puede desobedecer legítimamente al gobierno es cuando este ordena algo contrario a la ley de Dios, o prohíbe algo ordenado por esa ley.

De mucha mayor importancia que dar al César lo que es debido, es dar **a Dios lo que es de Dios.** Los líderes judíos se oponían a dar al César lo que se le debía, pero muchísimo peor es que no prestaran atención a dar lo que le correspondía a Dios. El ejemplo más inmediato y evidente de eso era que se negaran a honrar al Hijo de Dios, el Señor Jesucristo, a quien se le debe toda honra, ya que honrarlo es honrar a Dios (Jn. 5:23; cp. Mt. 17:5). Todas las personas deben obediencia al más grande mandamiento en la ley de Dios: "Amarás al Señor tu Dios con todo tu corazón, y con toda tu alma, y con toda tu mente y con todas tus fuerzas" (Mr. 12:30; véase la exposición de ese versículo en el capítulo 50 de esta obra).

El denario pertenecía al César y llevaba su imagen; las personas le pertenecen a Dios y llevan su imagen. La moneda se puede dar al César en obediencia a la ley temporal, pero la obediencia y la honra se deben dar a Dios a la luz de la ley divina.

El intento inicial del sanedrín por seducir a Jesús a caer en la trampa que le tendieran había fracasado de modo estrepitoso. Pero aunque **se maravillaron de él** debido a la profunda sabiduría en la simplicidad de la respuesta que les dio, ellos no tuvieron intenciones de reexaminar su obligación ante Dios. Al contrario, permanecieron en huraño silencio (Lc. 20:26), y se fueron derrotados de nuevo (Mt. 22:22).

Al final, ya que fracasaron en su intento de hacer que Jesús se incriminara por medio de la adulación, no les quedó otro recurso que recurrir a una indignante mentira. Él no diría nada que le acusara, por lo que le llevaron ante Pilato y "comenzaron a acusarle, diciendo: A éste hemos hallado que pervierte a la nación, y que prohíbe dar tributo a César, diciendo que él mismo es el Cristo, un rey" (Lc. 23:1-2). Tal obstinación pecaminosa reveló que al igual que todos los que persisten en la hipocresía religiosa, estos se encontraban en una condición espiritual sin esperanza, irremediable e irredimible.

Ignorancia bíblica en posiciones importantes

49

Entonces vinieron a él los saduceos, que dicen que no hay resurrección, y le preguntaron, diciendo: Maestro, Moisés nos escribió que si el hermano de alguno muriere y dejare esposa, pero no dejare hijos, que su hermano se case con ella, y levante descendencia a su hermano. Hubo siete hermanos; el primero tomó esposa, y murió sin dejar descendencia. Y el segundo se casó con ella, y murió, y tampoco dejó descendencia; y el tercero, de la misma manera. Y así los siete, y no dejaron descendencia; y después de todos murió también la mujer. En la resurrección, pues, cuando resuciten, ¿de cuál de ellos será ella mujer, ya que los siete la tuvieron por mujer? Entonces respondiendo Jesús, les dijo: ¿No erráis por esto, porque ignoráis las Escrituras, y el poder de Dios? Porque cuando resuciten de los muertos, ni se casarán ni se darán en casamiento, sino serán como los ángeles que están en los cielos. Pero respecto a que los muertos resucitan, ¿no habéis leído en el libro de Moisés cómo le habló Dios en la zarza, diciendo: Yo soy el Dios de Abraham, el Dios de Isaac y el Dios de Jacob? Dios no es Dios de muertos, sino Dios de vivos; así que vosotros mucho erráis. (12:18-27)

A lo largo de su historia el pueblo judío siempre ha creído en la resurrección, la cual veían desarrollarse en dos dimensiones. Creían que sería una restauración nacional de Israel, según se profetiza en la visión que tuvo Ezequiel acerca del valle de los huesos secos (Ez. 37:1-14; cp. Is. 26:19). Israel resucitaría a la prominencia política y el dominio político. Todas las promesas hechas a Abraham y David, junto con el resto de promesas del reino, se cumplirían. Coincidiendo con esa resurrección nacional se produciría el ascenso del Mesías, el Hijo de David, a quien veían como un conquistador militar y rey como David. La resurrección nacional bajo el Mesías haría emerger a Israel de la muerte a la vida y la gloria.

De su confianza en una resurrección personal el puedo judío sacó su visión de una resurrección nacional. Los escritos apócrifos del Antiguo Testamento expresan esa confiada esperanza, así como lo hace el Talmud. Un escrito apócrifo conocido indistintamente como el Apocalipsis de Baruc, o 2 Baruc, describe la tradicional creencia judía en la vida después de la muerte:

> Porque la tierra seguramente restaurará entonces a los muertos, [a los cuales recibe ahora a fin de preservarlos]. No habrá cambio en su forma, pero como los ha recibido así los restaurará, y como los liberó así también los resucitará. Porque entonces será necesario mostrar a los vivos que los muertos han vuelto a vivir, y que los que han partido han regresado (otra vez). Y ocurrirá que cuando hayan reconocido solidariamente a aquellos que ahora conocen, entonces el juicio será fuerte, y sucederán aquellas cosas de las que se habló. Y acontecerá, cuando ese día señalado haya pasado, que cambiará tanto el aspecto de quienes están condenados como la gloria de los que son justificados. Porque el aspecto de quienes ahora actúan malvadamente se volverá peor de lo que es, mientras sufran tormento. Además (en cuanto a) la gloria de aquellos que ya han sido justificados en mi ley, quienes han tenido entendimiento en su vida, y que han plantado en sus corazones la raíz de sabiduría; que entonces su esplendor será glorificado en cambios, y la forma de sus rostros se cambiará en la luz de su belleza, para que sean capaces de adquirir y recibir el mundo que no muere, el cual entonces se les ha prometido. Por sobre todo esto, los que vienen a continuación lamentarán, los que rechazaron mi ley y cerraron sus oídos para no oír sabiduría o recibir entendimiento. Por tanto, cuando vean a aquellos que ahora son exaltados, (pero) que luego serán más exaltados y glorificados que ellos, recibirán respectivamente trasformación, los últimos con el esplendor de ángeles, y los primeros se marchitarán aún más asombrándose ante las visiones y la contemplación de las formas. Porque primero verán y luego partirán para ser atormentados. Pero aquellos que han sido salvados por sus obras, y para quienes la ley ha sido ahora una esperanza, y el entendimiento una expectativa, y la sabiduría una confianza, a estos les aparecerán maravillas en su tiempo. Porque contemplarán el mundo que ahora les es invisible, y verán el tiempo que ahora les está oculto: y el tiempo ya no los envejecerá. Porque en las alturas de ese mundo morarán, y serán hechos como los ángeles, y serán hechos iguales a las estrellas, y serán cambiados en toda forma que deseen, de belleza en encanto, y de luz en el esplendor de la gloria (50:2-51:10).

Más importante aún, el Antiguo Testamento enseña que habrá una resurrección futura y corporal:

> *Yo sé que mi Redentor vive, y al fin se levantará sobre el polvo; Y después de deshecha esta mi piel, en mi carne he de ver a Dios; Al cual veré por mí mismo, y mis ojos lo verán, y no otro, aunque mi corazón desfallece dentro de mí (Job 19:25-27).*

Se alegró por tanto mi corazón, y se gozó mi alma; mi carne también reposará confiadamente; Porque no dejarás mi alma en el Seol, ni permitirás que tu santo vea corrupción. Me mostrarás la senda de la vida; en tu presencia hay plenitud de gozo; delicias a tu diestra para siempre (Sal. 16:9-11).

Pero Dios redimirá mi vida del poder del Seol, porque él me tomará consigo (Sal. 49:15).

Me has guiado según tu consejo, y después me recibirás en gloria (Sal. 73:24).

Si subiere a los cielos, allí estás tú; y si en el Seol hiciere mi estrado, he aquí, allí tú estás (Sal. 139:8).

Y muchos de los que duermen en el polvo de la tierra serán despertados, unos para vida eterna, y otros para vergüenza y confusión perpetua (Dn. 12:2).

Pero mientras que la mayoría de israelitas creían en una resurrección tanto nacional como personal, había una significativa excepción a la posición de la mayoría: los saduceos. Estos eran una de las cuatro sectas más importantes en el Israel del siglo I, junto con los fariseos, esenios (monjes ascetas) y zelotes (revolucionarios políticos dedicados al derrocamiento del dominio romano). De los cuatro, los saduceos y los fariseos eran los más influyentes.

Como ya se indicó, los **saduceos** se oponían directamente a la creencia judía común afirmando **que no hay resurrección.** Eso los llevó a una controversia teológica con los fariseos, ya que "los saduceos dicen que no hay resurrección, ni ángel, ni espíritu; pero los fariseos afirman estas cosas" (Hch. 23:8). Los saduceos rechazaban acertadamente el punto de vista literal de los fariseos acerca de la próxima vida, el cual no se basaba en la enseñanza del Pentateuco, sino en los demás libros, en la tradición y en la especulación. Por ejemplo, el consenso entre los fariseos era que las personas resucitarían con los mismos defectos, enfermedades, características y relaciones que tenían en el momento de sus muertes. Muchos también creían que todos los judíos resucitarían en Israel; algunos incluso sostenían que había túneles por sobre toda la tierra a través de los cuales los cuerpos de los judíos enterrados en otras partes rodarían hasta Israel.

Aunque pocos en cantidad, los saduceos tenían considerable influencia. Incluían a muchos de los dirigentes aristócratas, acaudalados e influyentes de Israel, entre ellos los sumos sacerdotes y los principales sacerdotes (cp. Lc. 19:47; 20:1, 19), y la mayor parte del sanedrín. Tener todas las posiciones de autoridad en el templo compensaba la falta de cantidades de los saduceos.

Políticamente, la más elevada agenda de los saduceos era la cooperación con

Roma. Ya que creían que la vida en este mundo es la única que hay, los saduceos buscaban poder, riquezas, posición y control. Si obtener esas cosas requería que cooperaran con sus amos romanos, estaban más que dispuestos a complacerlos. Su avenimiento a Roma hacía que fueran odiados por el pueblo en general. Los saduceos también dirigían las rentables operaciones comerciales localizadas en los terrenos del templo, y obviamente se enfurecieron con Jesús porque dos veces les interrumpió su lucrativa empresa. También temían que Él pudiera incitar una rebelión que les costaría sus posiciones privilegiadas, o que llevara incluso a la destrucción de la nación (cp. Jn. 11:47-50).

Teológicamente, los saduceos, aunque en cierto sentido eran liberales en su rechazo a la resurrección, a los ángeles, y a la era venidera, en otro sentido eran conservadores. Rechazaban las tradiciones orales y las prescripciones rabínicas que los fariseos aceptaban, y reconocían únicamente a las Escrituras como autorizadas. Además, los saduceos eran muy estrechos y estrictos, e interpretaban la ley mosaica de modo más literal que los demás. También eran más exigentes en los asuntos de la pureza ritual prescritos en la ley.

Los saduceos se aferraban a la primacía de la ley mosaica establecida en los cinco libros de Moisés: Génesis, Éxodo, Levítico, Números y Deuteronomio. Estaban convencidos de que el resto del Antiguo Testamento estaba subordinado a los escritos de Moisés, y que simplemente los complementaban. Sostenían que en ninguno de los cinco libros se enseña la resurrección y que, por tanto, cualquier escrito, incluso el resto del Antiguo Testamento, que pareciera enseñar la resurrección debía entenderse en una manera distinta. Siempre se oponían a quienes enseñaban la resurrección, no solamente a los fariseos, sino también a los predicadores apostólicos (Hch. 4:1-3; 5:17, 28).

De acuerdo con su negación de toda vida futura, los saduceos vivían el presente como si no hubiera futuro (cp. Is. 22:13; 1 Co. 15:32). Además, ya que eran aniquilacionistas y creían que el alma no sobrevivía a la muerte, creían que en última instancia no había castigo para la mala conducta ni recompensas por el buen comportamiento, lo cual los volvía religiosos y humanistas teístas. Por tanto, no tenían interés en la salvación personal por medio del Mesías. A pesar de que observaban meticulosamente la ley mosaica, incluso más que los fariseos, oprimían con crueldad al pueblo común. Se aprovechaban de sus posiciones de poder e influencia para consentirse a expensas de la población, que se convertía en víctima de ellos.

El ataque de Jesús a la teología de los fariseos y a la economía de los saduceos hizo que los dos grupos, separados por sus creencias, se unieran en su odio hacia el Señor. Los fariseos intentaban destruirlo atrapándolo en alguna declaración incendiaria antirromana (cp. Lc. 20:19-26), esperando que luego los romanos lo agarraran y ejecutaran. Por otra parte, los saduceos trataban de desacreditarlo a los ojos del pueblo como ignorante, haciéndole una pregunta que no pudiera responder. Decidieron tenderle una celada con un dilema absurdo relacionado con las relaciones matrimoniales después de una supuesta resurrección, una inquietud diseñada para hacer que la creencia en la resurrección pareciera absurda y que Jesús pareciera tonto.

El enfrentamiento entre los saduceos y el Hijo de Dios consta de dos puntos: el absurdo escenario propuesto por ellos, y la inteligente solución que en respuesta les dio Él. Los saduceos trataron de engañar a Jesús con un absurdo lógico que lo hiciera parecer ridículo ante el pueblo. En lugar de eso, fueron ellos quienes quedaron como los tontos y tristemente ignorantes tanto de la enseñanza de las Escrituras como del poder de Dios.

EL ESCENARIO ABSURDO

Maestro, Moisés nos escribió que si el hermano de alguno muriere y dejare esposa, pero no dejare hijos, que su hermano se case con ella, y levante descendencia a su hermano. Hubo siete hermanos; el primero tomó esposa, y murió sin dejar descendencia. Y el segundo se casó con ella, y murió, y tampoco dejó descendencia; y el tercero, de la misma manera. Y así los siete, y no dejaron descendencia; y después de todos murió también la mujer. En la resurrección, pues, cuando resuciten, ¿de cuál de ellos será ella mujer, ya que los siete la tuvieron por mujer? (12:19-23)

Al igual que los fariseos y herodianos (Mr. 12:13), los saduceos se dirigieron a Jesús de modo respetuoso delante del pueblo tratándole como **Maestro,** buscando continuar la adulación. También ellos levantaron expectativas entre el pueblo de que Él debía ser capaz de contestarles la pregunta. Si no podía hacerlo, eso entonces dejaría a Jesús como un maestro incompetente a quien, esperaban los saduceos, el pueblo abandonaría como falto de juicio y porque claramente no era el Mesías.

Como indica la declaración introductoria de ellos, **Moisés nos escribió que si el hermano de alguno muriere y dejare esposa, pero no dejare hijos, que su hermano se case con ella, y levante descendencia a su hermano,** la pregunta de ellos se relacionaba con la instrucción en cuanto al matrimonio levirato en Deuteronomio 25:5-6:

> *Cuando hermanos habitaren juntos, y muriere alguno de ellos, y no tuviere hijo, la mujer del muerto no se casará fuera con hombre extraño; su cuñado se llegará a ella, y la tomará por su mujer, y hará con ella parentesco. Y el primogénito que ella diere a luz sucederá en el nombre de su hermano muerto, para que el nombre de éste no sea borrado de Israel.*

El propósito del matrimonio levirato era conservar las herencias dentro de la tribu. Solo se aplicaba cuando el hermano sobreviviente era soltero; no debía divorciarse de su esposa existente, ni casarse con la esposa de su hermano fallecido además de la suya propia. El principio es anterior a la ley mosaica, según indica la historia de Onán (Gn. 38:6-10). Tal vez el ejemplo más extraordinario de matrimonio levirato en el Antiguo Testamento es el de Booz con Rut, la nuera viuda de su pariente Elimelec (Ruth 2:1; 4:1-13). La historia revela que cuando no había hermano sobreviviente que se casara con la viuda, otro pariente cercano asumiría la responsabilidad.

Los saduceos confrontaron a Jesús con una situación hipotética, diseñada para hacer que pareciera absurdo el excesivamente literal punto de vista de los fariseos y de Jesús sobre la vida después de la muerte:

> **Hubo siete hermanos; el primero tomó esposa, y murió sin dejar descendencia. Y el segundo se casó con ella, y murió, y tampoco dejó descendencia; y el tercero, de la misma manera. Y así los siete, y no dejaron descendencia; y después de todos murió también la mujer. En la resurrección, pues, cuando resuciten, ¿de cuál de ellos será ella mujer, ya que los siete la tuvieron por mujer?**

Ellos estaban seguros de que la incapacidad de Jesús de contestarles su pregunta cuidadosamente elaborada, pero absurda, destruiría cualquier idea de Él como Mesías ante los ojos del pueblo.

LA SOLUCIÓN INTELIGENTE

Entonces respondiendo Jesús, les dijo: ¿No erráis por esto, porque ignoráis las Escrituras, y el poder de Dios? Porque cuando resuciten de los muertos, ni se casarán ni se darán en casamiento, sino serán como los ángeles que están en los cielos. Pero respecto a que los muertos resucitan, ¿no habéis leído en el libro de Moisés cómo le habló Dios en la zarza, diciendo: Yo soy el Dios de Abraham, el Dios de Isaac y el Dios de Jacob? Dios no es Dios de muertos, sino Dios de vivos; así que vosotros mucho erráis. (12:24-27)

En lugar de titubear sobre cómo responder y luego fallar en dar una respuesta coherente como esperaban los saduceos, Jesús les contestó con otra pregunta que sirvió para condenar su ignorancia. Les preguntó: **¿No erráis por esto, porque ignoráis las Escrituras, y el poder de Dios?** La respuesta del Señor los puso patas arriba, metafóricamente hablando. Habían hecho la pregunta para revelar la supuesta ignorancia e incompetencia de Jesús. Pero la pregunta que les hizo no solamente los puso al descubierto como necios, sino también como descalificados para ser maestros, ya que demostraron falta de entendimiento tanto de **las Escrituras** como del **poder de Dios.**

Ignoráis se traduce de una forma del verbo *planaō*, que significa "errar", o "descarriarse" (la forma sustantiva de este verbo es la fuente de la palabra castellana "planeta"). Debido a la ignorancia respecto a **las Escrituras,** los saduceos se habían descarriado de la verdad y habían caído en el error. Además, la estructura gramatical de la frase, **no erráis por esto,** sugiere que no solo eran negativamente ignorantes, sino también positivamente renuentes. No tenían ni la capacidad ni la disposición para entender las Escrituras, una acusación que podría ser dirigida contra todos los falsos maestros.

Los saduceos no comprendían que las Escrituras enseñan la realidad de la resurrección (incluso en el Pentateuco, como Jesús demostró pronto). Por tanto, se deduce lógicamente que también fallaron en comprender la resurrección y el **poder** vivificante **de Dios**, lo cual se declara en la Biblia. Sin duda, el Dios que con su palabra dio vida al universo y a todos sus habitantes tiene el poder para resucitar de los muertos en la vida venidera. Al igual que todos los defensores de la religión falsa, ellos estaban espiritualmente muertos y ciegos a la verdad.

El fracaso de los saduceos en entender el poder de Dios sería equiparado más tarde por algunos que estaban perturbando a la iglesia en Corinto. Estos negaban la resurrección física del cuerpo y abogaban por una resurrección puramente espiritual, una enseñanza coherente con la filosofía griega de la época. En 1 Corintios 15:35-53, el apóstol Pablo les reprendió su insensatez:

> *Pero dirá alguno: ¿Cómo resucitarán los muertos? ¿Con qué cuerpo vendrán? Necio, lo que tú siembras no se vivifica, si no muere antes. Y lo que siembras no es el cuerpo que ha de salir, sino el grano desnudo, ya sea de trigo o de otro grano; pero Dios le da el cuerpo como él quiso, y a cada semilla su propio cuerpo. No toda carne es la misma carne, sino que una carne es la de los hombres, otra carne la de las bestias, otra la de los peces, y otra la de las aves. Y hay cuerpos celestiales, y cuerpos terrenales; pero una es la gloria de los celestiales, y otra la de los terrenales. Una es la gloria del sol, otra la gloria de la luna, y otra la gloria de las estrellas, pues una estrella es diferente de otra en gloria. Así también es la resurrección de los muertos. Se siembra en corrupción, resucitará en incorrupción. Se siembra en deshonra, resucitará en gloria; se siembra en debilidad, resucitará en poder. Se siembra cuerpo animal, resucitará cuerpo espiritual. Hay cuerpo animal, y hay cuerpo espiritual. Así también está escrito: Fue hecho el primer hombre Adán alma viviente; el postrer Adán, espíritu vivificante. Mas lo espiritual no es primero, sino lo animal; luego lo espiritual. El primer hombre es de la tierra, terrenal; el segundo hombre, que es el Señor, es del cielo. Cual el terrenal, tales también los terrenales; y cual el celestial, tales también los*

celestiales. Y así como hemos traído la imagen del terrenal, traeremos también la imagen del celestial. Pero esto digo, hermanos: que la carne y la sangre no pueden heredar el reino de Dios, ni la corrupción hereda la incorrupción. He aquí, os digo un misterio: No todos dormiremos; pero todos seremos transformados, en un momento, en un abrir y cerrar de ojos, a la final trompeta; porque se tocará la trompeta, y los muertos serán resucitados incorruptibles, y nosotros seremos transformados. Porque es necesario que esto corruptible se vista de incorrupción, y esto mortal se vista de inmortalidad.

Efectivamente, no era la realidad de la resurrección lo que era absurdo, sino la artificiosa inquietud de los saduceos. La respuesta a su pregunta es simple y directa: no hay matrimonio en el cielo. **Cuando** las personas **resuciten de los muertos, ni se casarán ni se darán en casamiento, sino serán como los ángeles que están en los cielos.** La tercera persona del plural se refiere a quienes viven en la época actual, a quienes Lucas en el relato paralelo describió usando el hebraísmo "hijos de este siglo" (Lc. 20:34; cp. 16:8). Igual que otras relaciones humanas, el matrimonio es solo para la vida actual. En el cielo no habrá necesidad de sexo, reproducción ni familias para mantener la población. Solo habrá una relación entre los santos glorificados: amor y gozo perfectos. Ya que ellos **serán como los ángeles que están en los cielos,** que son seres eternos y gloriosos que no se reproducen ni mueren, aquellos que viven eternamente en la presencia de Dios que "no pueden ya más morir" (Lc. 20:36) y, por tanto, no necesitan ser reemplazados. Tampoco habrá ninguna necesidad de relaciones maritales ni familiares para transmitirles la verdad y la justicia de generación en generación, puesto que todo el mundo estará en unión perfecta y santa con el Dios trino y unos con otros. Debido a la perfección eterna de cada persona, no habrá necesidad de compañeros de matrimonio para complementarse y completarse entre sí, como en esta vida hacen esposos y esposas.

La objeción errónea de los saduceos para la resurrección era irrelevante e indicativa de su ignorancia con relación a la vida en la era venidera. Después de haberla resuelto rápidamente, Jesús les refutó entonces la afirmación de que el Pentateuco no enseñaba la resurrección, poniendo una vez más al descubierto la inexcusable ignorancia de las Escrituras que tenían. **Pero respecto a que los muertos resucitan,** les dijo a estos individuos que se enorgullecían de sí mismos sobre su conocimiento de los escritos de Moisés, **¿no habéis leído en el libro de Moisés cómo le habló Dios en la zarza** (Éx. 3:6), **diciendo: Yo soy el Dios de Abraham, el Dios de Isaac y el Dios de Jacob? Dios no es Dios de muertos, sino Dios de vivos; así que vosotros mucho erráis.** En ese pasaje (Éx. 3:6) Dios usa el tiempo presente para decirle a Moisés: "Yo soy el Dios de tu padre, el Dios de Abraham, el Dios de Isaac, y el Dios de Jacob". No dijo, en tiempo pasado, "Yo fui", aunque todos los tres hombres ya habían muerto. Habría sido apropiado usar el tiempo pasado si esos tres hombres ya no existieran (cp. el uso similar del tiempo presente en relación con aquellos que habían muerto en Gn. 26:24; Éx. 3:15-16; 4:5). El Dios que declaró ser el Dios de Abraham, Isaac y Jacob no recibe adoración de personas que ya no existen; **Dios no es Dios de muertos, sino Dios de vivos.** Una vez más la errada confusión que los saduceos tenían de las Escrituras les había hecho vagar y extraviarse de la verdad (véase el estudio del v. 24 a continuación). Cabe destacar que el Señor mismo afirma la infalibilidad y exactitud de las Escrituras al hacer todo su planteamiento basado en el tiempo de un verbo. En Juan 10 presentó su caso basándose en una palabra (vv. 34-36), y declaró que "la Escritura no puede ser quebrantada" (v. 35) en ninguna parte, y ni siquiera puede ser quitada o alterada una palabra (cp. Mt. 5:17-18; 2 Ti. 3:15-17; 2 P. 1:20-21).

La verdad de la resurrección es una realidad consoladora para los cristianos. La tristeza, el sufrimiento y el pecado que caracterizan esta vida actual terminarán. Un día recibiremos un cuerpo glorificado, perfecto en todo, cuando Dios "transformará el cuerpo de la humillación nuestra, para que sea semejante al cuerpo de la gloria suya, por el poder con el cual puede también sujetar a sí mismo todas las cosas" (Fil. 3:21). Amaremos perfectamente a Dios y nos amaremos unos a otros, y seremos capaces de adorar a Dios en santa perfección. Tendremos conocimiento perfecto: "Ahora vemos por espejo, oscuramente; mas entonces veremos cara a cara. Ahora conozco en parte; pero entonces conoceré como fui conocido" (1 Co. 13:12). Estaremos perfectamente motivados a realizar un servicio perfecto en obediencia perfecta. Los redimidos nunca estarán agotados, cansados, aburridos, desanimados o desilusionados, sino que experimentarán para siempre un gozo que no disminuye, sin daño por ninguna tristeza o pena, porque "enjugará Dios toda lágrima de los ojos de ellos; y ya no habrá muerte, ni habrá más llanto, ni clamor, ni dolor; porque las primeras cosas pasaron" (Ap. 21:4; cp. Is. 25:8).

Amar a Dios

50

Acercándose uno de los escribas, que los había oído disputar, y sabía que les había respondido bien, le preguntó: ¿Cuál es el primer mandamiento de todos? Jesús le respondió: El primer mandamiento de todos es: Oye, Israel; el Señor nuestro Dios, el Señor uno es. Y amarás al Señor tu Dios con todo tu corazón, y con toda tu alma, y con toda tu mente y con todas tus fuerzas. Este es el principal mandamiento. Y el segundo es semejante: Amarás a tu prójimo como a ti mismo. No hay otro mandamiento mayor que éstos. Entonces el escriba le dijo: Bien, Maestro, verdad has dicho, que uno es Dios, y no hay otro fuera de él; y el amarle con todo el corazón, con todo el entendimiento, con toda el alma, y con todas las fuerzas, y amar al prójimo como a uno mismo, es más que todos los holocaustos y sacrificios. Jesús entonces, viendo que había respondido sabiamente, le dijo: No estás lejos del reino de Dios. Y ya ninguno osaba preguntarle. (12:28-34)

El amor a Dios es el fundamento de la vida cristiana, es la característica que define e identifica a un verdadero creyente. Los cristianos son aquellos que aman al Dios único y vivo; el Dios de los patriarcas; el "Dios y Padre de nuestro Señor Jesucristo" (Ro. 15:6; 2 Co. 1:3; 11:31; Ef. 1:3; 1 P. 1:3). La verdadera y eterna vida espiritual empieza amándolo de manera imperfecta en esta vida, y culmina amándole perfectamente en el cielo. El amor a Dios también es un mandato universal, y su desobediencia trae juicio divino y castigo eterno. El infierno estará poblado para siempre con aquellos que se negaron a amar a Dios.

La confrontación en estos versículos, al igual que los dos que la precedieron (véanse los capítulos 48 y 49 de esta obra), tuvieron lugar el miércoles de la Semana Santa. Todo ese día la presencia y la enseñanza del Señor había dominado los atrios del templo, donde el martes había expulsado a los vendedores corruptos que habían convertido al lugar en una cueva de ladrones.

Los dirigentes religiosos de Israel, en particular los saduceos, estaban indignados por el ataque del Señor a su templo. El sanedrín también estaba furioso con los ataques que Jesús hacía contra su aberrante teología y sistema religioso corrupto, y sentían celos de la popularidad que Él tenía entre el pueblo. Esa adulación había alcanzado su apogeo dos días antes, el lunes cuando Jesús entró en Jerusalén, aclamado como el Mesías por miles de personas.

Desesperados por matar a Jesús y acabar con la amenaza que representaba para la influencia y el poder que tenían, los miembros del concilio seguían esforzándose por desacreditarlo públicamente ante los ojos del pueblo. "Pero al buscar cómo echarle mano, temían al pueblo, porque éste le tenía por profeta" (Mt. 21:46; cp. Lc. 22:2, 6). Por tanto, necesitaban hallar la manera de cambiar la aprobación del pueblo hacia Jesús. Además, ya que al estar bajo la ocupación romana no tenían autoridad para ejecutar a alguien (Jn. 18:31), tenían que persuadir a los romanos de que Jesús era una amenaza para el César, con lo cual tendrían motivo para ejecutarlo.

A fin de lograr ese objetivo doble, el sanedrín intentó atrapar a Jesús con una serie de tres preguntas. Los dos primeros intentos, por parte de los fariseos y herodianos (Mr. 12:13-17), y de los saduceos (vv. 18-27), habían fracasado de modo vergonzoso. Este pasaje describe el tercer y último intento, que puede examinarse bajo cuatro títulos: la aproximación, la pregunta, la respuesta, y la reacción.

LA APROXIMACIÓN

Acercándose uno de los escribas, que los había oído disputar, y sabía que les había respondido bien, (12:28*a*)

La aparición de **uno de los escribas** inició la tercera ola de incursión del concilio contra Jesús. Es evidente que habían hecho una pausa para reagruparse después del fracaso de sus dos primeros intentos (cp. Mt. 22:34), pero ahora estaban listos para volver a la ofensiva. Que los miembros del sanedrín, como Mateo señala, se juntaran a una contra Jesús cumplió la profecía de Salmos 2:2: "Se levantarán los reyes de la tierra, y príncipes consultarán unidos contra Jehová y contra su ungido", según Hechos 4:25-28 revela:

> *[Señor] por boca de David tu siervo dijiste: ¿Por qué se amotinan las gentes, y los pueblos piensan cosas vanas? Se reunieron los reyes de la tierra, y los príncipes se juntaron en uno contra el Señor, y contra su Cristo. Porque verdaderamente se unieron en esta ciudad contra tu santo Hijo Jesús, a quien ungiste, Herodes y Poncio Pilato, con los gentiles y el pueblo de Israel, para hacer cuanto tu mano y tu consejo habían antes determinado que sucediera.*

Este escriba en particular, al igual que la mayoría de sus colegas, era un fariseo (Mt. 22:35; "intérprete de la ley" es otro título para "escriba", y Lucas se refiere a ellos como "doctores de la ley" en Lc. 5:17). Los **escribas** eran eruditos profesionales especializados en la interpretación y aplicación de la ley de Moisés, el Antiguo Testamento, y las regulaciones rabínicas. Se les dio el respetuoso título de rabinos ("grandes"), el cual apreciaban mucho (Mt. 23:6-7), aunque otros que enseñaban la Palabra de Dios también podrían recibir ese título (cp. Jn. 1:38, 49; 3:2; 6:25, donde se lo dan a Jesús). Se trataba de los intérpretes que eran los teólogos del sistema religioso que practicaban los fariseos.

Aunque enviado por el sanedrín en un intento por desacreditar a Jesús, este hombre parece haber sido más sincero en su averiguación que aquellos en las dos primeras delegaciones. Es evidente que escuchó al menos parte de la devastadora refutación que Jesús hizo al argumento de los saduceos acerca de la resurrección, ya que Marcos señala que después **que los había oído disputar,** reconoció **que** Jesús **les había respondido bien.** Marcos también narra que tras esa disputa, Jesús manifestó que este escriba "No [estaba] lejos del reino de Dios" (v. 34).

LA PREGUNTA

le preguntó: ¿Cuál es el primer mandamiento de todos? (12:28*b*)

A primera vista, la pregunta elaborada por el concilio parece inofensiva; a diferencia de sus dos primeros intentos de atrapar al Señor, la trampa potencial no es evidente. Sin embargo, la intención era simple. Los fariseos creían que el mensaje que Jesús predicaba era contrario a la enseñanza de la ley de Moisés. Aunque los fariseos y saduceos no estaban de acuerdo en si el resto del Antiguo Testamento eran Escrituras inspiradas, ambos grupos concordaban en que los cinco libros de Moisés sí lo eran. La pregunta definía bien algo en lo que todos podían estar de acuerdo.

El sanedrín esperaba que Jesús contestara dando un mandamiento que no se hallara en la ley de Moisés, y de esa manera se ponía a sí mismo por encima de ella. El pueblo reverenciaba a Moisés como el personaje más grande en el Antiguo Testamento. Él sacó a Israel del cautiverio en Egipto y lo guió por cuarenta años de vagar en el desierto hasta la frontera de la tierra prometida. Fue Moisés quien recibió la ley y quien la llevó al pueblo, y quien experimentó la presencia visible y gloriosa de Dios (Éx. 24:1-2): "Y hablaba Jehová a Moisés cara a cara, como habla cualquiera a su compañero" (Éx. 33:11; cp. Nm. 12:6-8; Dt. 34:10).

A los ojos del pueblo y de los dirigentes, Moisés era el personaje supremo en la historia nacional. Creían que nadie podía estar más cerca de Dios de lo que él estuvo y, por tanto, ninguna reflexión en la Palabra de Dios podía ser más pura y cierta que la que vino a través de Moisés. Si Jesús contestaba la pregunta del escriba poniéndose a sí mismo y a su enseñanza por encima de Moisés y de la ley que le fue dada por Dios, el concilio podía denunciarle como un hereje y desacreditarlo. Si ellos hubieran oído el Sermón del Monte habrían sabido que

Jesús negó explícitamente cualquier intento de alterar o suprimir cualquier cosa de las Escrituras del Antiguo Testamento:

> *No penséis que he venido para abrogar la ley o los profetas; no he venido para abrogar, sino para cumplir. Porque de cierto os digo que hasta que pasen el cielo y la tierra, ni una jota ni una tilde pasará de la ley, hasta que todo se haya cumplido (Mt. 5:17-18).*

La pregunta del escriba, **¿Cuál es el primer mandamiento de todos?** había sido muy analizada y debatida entre los rabinos, según se registra en los escritos rabínicos. Finalmente decidieron que había 613 leyes en el Pentateuco (los cinco libros de Moisés: Génesis, Éxodo, Levítico, Números y Deuteronomio). Llegaron a esa cantidad porque existían 613 letras en el texto hebreo de los Diez Mandamientos (en Números). Los rabinos fraccionaron esas leyes en 248 afirmaciones positivas y 365 prohibiciones negativas. Además las dividieron en leyes fuertes, que eran absolutamente vinculantes, y leyes suaves, que eran menos obligatorias. De por sí no había nada de malo en tal distinción; incluso Jesús hizo una división similar en la reprensión que les hizo a los fariseos registrada en Mateo 23:23: "¡Ay de vosotros, escribas y fariseos, hipócritas! porque diezmáis la menta y el eneldo y el comino, y dejáis lo más importante de la ley: la justicia, la misericordia y la fe. Esto era necesario hacer, sin dejar de hacer aquello". No obstante, los rabinos nunca pudieron llegar a un consenso en cuanto a qué leyes eran fuertes y cuáles eran suaves.

Este es el dilema que enfrentan todos los legalistas. Al saber que no era posible cumplir todas las 613 leyes, los rabinos se enfocaron en guardar las fuertes o más importantes (según las veían ellos). Esperaban en vano que al proceder así satisfaría a Dios. Pero incluso eso era una carga agobiadora e insoportable (Hch. 15:5, 10), por lo que constantemente trataban de reducir su lista de leyes fuertes a solo unas pocas leyes clave. Al no poder guardar ni siquiera estas pocas leyes, se enfocaron en cambio en guardar sus tradiciones hechas por hombres (cp. Mr. 7:5-13), que eran menos difíciles de observar. En su esfuerzo por atrapar a Jesús, el sanedrín llevó ese reduccionismo aún más lejos. De ahí que el escriba preguntara a Jesús cuál era el mandamiento más importante para Dios. Tal vez, al igual que otro legalista frustrado con quien Jesús se había topado (Mr. 10:17-22), este buscaba aquella buena acción esquiva que pudiera hacer para obtener vida eterna (Mt. 19:16).

LA RESPUESTA

Jesús le respondió: El primer mandamiento de todos es: Oye, Israel; el Señor nuestro Dios, el Señor uno es. Y amarás al Señor tu Dios con todo tu corazón,

y con toda tu alma, y con toda tu mente y con todas tus fuerzas. Este es el principal mandamiento. Y el segundo es semejante: Amarás a tu prójimo como a ti mismo. No hay otro mandamiento mayor que éstos. (12:29-31)

Como siempre, la respuesta del Señor fue perfecta y exacta. Al citar pasajes de Deuteronomio y Levítico que todos los judíos conocían, afirmó su total solidaridad con Moisés y con la verdad de la Palabra de Dios según Él mismo la había revelado.

El mandato que Jesús llamó como **el primer mandamiento de todos es: Oye, Israel; el Señor nuestro Dios, el Señor uno es. Y amarás al Señor tu Dios con todo tu corazón, y con toda tu alma, y con toda tu mente y con todas tus fuerzas,** es la verdad más básica y fundamental del Antiguo Testamento. Conocida como el Shemá (del verbo hebreo traducido "oye" que empieza en Dt. 6:4), aún la recitan a diario los judíos religiosos y forma parte de la adoración del día de reposo en la sinagoga.

Cuando el Shemá fue revelado, Moisés tenía unos ciento veinte años de edad. Se hallaba casi al final de su vida y estaba entregando otra vez la ley de Dios al pueblo judío. A causa del juicio de Dios por la desobediencia e incredulidad, el pueblo de Israel había vagado por cuarenta años en el desierto entre Egipto y Canaán. Durante ese tiempo había muerto toda la generación de israelitas desobedientes, incrédulos e idólatras que habían salido de Egipto en el éxodo. Una nueva generación que entraría y poseería la tierra prometida se había levantado. Deuteronomio relata una serie de mensajes que Moisés dio al pueblo, en que les recordaba lo que Dios requería de ellos. Más tarde escribió tales revelaciones (Dt. 31:9) para que generaciones posteriores pudieran tenerlas.

El tema de Deuteronomio se expresa en el capítulo 5, versículos 32 y 33:

> *Mirad, pues, que hagáis como Jehová vuestro Dios os ha mandado; no os apartéis a diestra ni a siniestra. Andad en todo el camino que Jehová vuestro Dios os ha mandado, para que viváis y os vaya bien, y tengáis largos días en la tierra que habéis de poseer.*

Sobre la base de ese tema, Moisés comenzó el capítulo 6 reiterando que su propósito era enseñar al pueblo la obediencia a Dios cuando entraran a la tierra prometida:

> *Estos, pues, son los mandamientos, estatutos y decretos que Jehová vuestro Dios mandó que os enseñase, para que los pongáis por obra en la tierra a la cual pasáis vosotros para tomarla; para que temas a Jehová tu Dios, guardando todos sus estatutos y sus mandamientos que yo te mando, tú, tu hijo, y el hijo de tu hijo, todos los días de tu vida, para que tus días sean prolongados (vv. 1-2).*

A continuación Moisés dio el motivo para esa obediencia en los versículos 4 y 5, los cuales Jesús citó en su respuesta al escriba. La obediencia no puede ser simplemente externa; debe ser interna, del corazón, motivada por un amor fiel hacia el único Dios verdadero. La palabra **amor** se traduce de una forma del verbo *agapaō*, que es el amor de la inteligencia, la voluntad, el propósito, la decisión, el sacrificio y la obediencia, no *phileō*, que es el amor de la atracción. El amor está relacionado con el temor a Dios (Dt. 6:2), quien es digno de toda devoción y todo afecto. Pero ese amor se basa en quién es Dios; es una respuesta al conocimiento genuino del Dios único y verdadero (cp. Fil. 1:9), el único que debe ser adorado (Éx. 20:3).

El Shemá requiere que Dios sea amado primero **con** todas nuestras facultades; eso es lo que se busca generalmente por estos elementos separados de la naturaleza humana. Se trata más de integridad que de rasgos individuales. Sin embargo, a cada uno puede dársele una sombra de definición. El **corazón** en el entendimiento hebreo es el centro de la identidad de una persona; es la fuente de todos los pensamientos, las palabras y las acciones. Por eso es que Proverbios 4:23 ordena: "Sobre toda cosa guardada, guarda tu corazón; porque de él mana la vida". El amor por Dios debe fluir de lo más profundo del ser de un individuo. **Alma** agrega las emociones. En Mateo 26:38 Jesús declaró: "Mi alma está muy triste, hasta la muerte", refiriéndose al alma como el asiento de la emoción. **Mente** abarca la voluntad, las intenciones, y los propósitos. **Fuerzas** se refiere a energía física y función. Lo intelectual, emocional, volitivo y todos los elementos físicos de la personalidad están implicados en amar a Dios. El amor verdadero por Dios es un amor inteligente, un amor emocional, un amor voluntario y un amor activo. En resumen, es un amor total e integral y una adoración singular. El amor incondicional de Dios por los creyentes no debe ser correspondido con una devoción a medias.

Hay recordatorios repetidos a lo largo de Deuteronomio para tal amor verdadero hacia Dios (cp. 11:13, 22; 13:1-4; 19:9; 30:6, 16, 20; cp. Jos. 22:5). Pero los dirigentes y el pueblo de Israel en la época de Jesús, así como ha ocurrido en toda su historia, estaban lejos de amar de verdad a Dios. Conscientes del Shemá y de los otros muchos mandamientos del Antiguo Testamento de amarlo, ellos no fueron capaces de hacerlo. Carente de obediencia interior, su religión había quedado reducida a rituales externos y legalistas. Por tal motivo, más tarde ese mismo miércoles Jesús denunciaría a los escribas y fariseos con un lenguaje fuerte, impactante y hasta aterrador:

> *¡Ay de vosotros, escribas y fariseos, hipócritas! porque limpiáis lo de fuera del vaso y del plato, pero por dentro estáis llenos de robo y de injusticia. ¡Fariseo ciego! Limpia primero lo de dentro del vaso y del plato, para que también lo de fuera sea limpio. ¡Ay de vosotros, escribas y fariseos, hipócritas! porque sois*

semejantes a sepulcros blanqueados, que por fuera, a la verdad, se muestran hermosos, mas por dentro están llenos de huesos de muertos y de toda inmundicia. Así también vosotros por fuera, a la verdad, os mostráis justos a los hombres, pero por dentro estáis llenos de hipocresía e iniquidad (Mt. 23:25-28).

Nadie puede amar perfectamente a Dios ni guardar su ley como Él exige, "porque no hay hombre que no peque" (1 R. 8:46); "no hay quien haga el bien" (Sal. 14:1); "no se justificará delante de [Dios] ningún ser humano" (Sal. 143:2); nadie puede decir: "Yo he limpiado mi corazón, limpio estoy de mi pecado" (Pr. 20:9); y "no hay hombre justo en la tierra, que haga el bien y nunca peque" (Ec. 7:20). La ley tampoco fue dada como un medio de salvación; es "nuestro ayo, para llevarnos a Cristo, a fin de que fuésemos justificados por la fe" (Gá. 3:24). El Shemá y el resto de disertaciones de Moisés en Deuteronomio deberían haber convencido a los hebreos de que nunca podrían guardar ese mandamiento por cuenta propia. Toda la nación debió haber gritado como lo hizo el publicano en Lucas 18:13: "Dios, sé propicio a mí, pecador"

Como se indicó antes, la cuestión de amar a Dios divide a todas las personas en dos categorías. En Éxodo 20:4-6 Dios declaró a Israel:

No te harás imagen, ni ninguna semejanza de lo que esté arriba en el cielo, ni abajo en la tierra, ni en las aguas debajo de la tierra. No te inclinarás a ellas, ni las honrarás; porque yo soy Jehová tu Dios, fuerte, celoso, que visito la maldad de los padres sobre los hijos hasta la tercera y cuarta generación de los que me aborrecen, y hago misericordia a millares, a los que me aman y guardan mis mandamientos.

En Deuteronomio 7:9-10, Moisés repitió el pronunciamiento de Dios:

Conoce, pues, que Jehová tu Dios es Dios, Dios fiel, que guarda el pacto y la misericordia a los que le aman y guardan sus mandamientos, hasta mil generaciones; y que da el pago en persona al que le aborrece, destruyéndolo; y no se demora con el que le odia, en persona le dará el pago.

Los creyentes, perdonados por no darle a Dios la devoción que merece, anhelan amar más a Dios (Neh. 1:5; Sal. 97:10; 1 Co. 2:9; 8:3) y al Señor Jesucristo (Jn. 8:42); los incrédulos no aman para nada a Dios (Jn. 15:23-25; 1 Co. 16:22).

El segundo mandamiento fundamental, inseparable del primero por ser un mandato de Dios que requiere la obediencia de amor a él, **es semejante: Amarás a tu prójimo como a ti mismo** (cp. Lv. 19:18). Los dos están vinculados, ya que "si alguno dice: Yo amo a Dios, y aborrece a su hermano, es mentiroso. Pues el que no ama a su hermano a quien ha visto, ¿cómo puede amar a Dios a quien no ha visto?" (1 Jn. 4:20). El mandato también incluye amar a los enemigos, así como Jesús enseñó en el Sermón del Monte (Mt. 5:43-47). Los arrogantes y orgullosos escribas, fariseos y saduceos no lo cumplían; no amaban a Dios ni a su prójimo (como lo ilustró Jesús en la parábola del buen samaritano). Este mandamiento no debe distorsionarse en un llamado al amor propio, el cual es natural; esa no es la intención. La enseñanza del Señor es que debemos tener el mismo amor y cuidado por semejantes, extraños y enemigos que tenemos por nosotros mismos.

Jesús escogió estos dos mandamientos porque **no hay otro mandamiento mayor que éstos.** En Mateo 22:40 agregó: "De estos dos mandamientos depende toda la ley y los profetas". Juntos resumen todos los Diez Mandamientos, los primeros cuatro que exigen características relacionadas con el amor a Dios, y los últimos seis que describen características de amor por el ser humano.

LA REACCIÓN

Entonces el escriba le dijo: Bien, Maestro, verdad has dicho, que uno es Dios, y no hay otro fuera de él; y el amarle con todo el corazón, con todo el entendimiento, con toda el alma, y con todas las fuerzas, y amar al prójimo como a uno mismo, es más que todos los holocaustos y sacrificios. Jesús entonces, viendo que había respondido sabiamente, le dijo: No estás lejos del reino de Dios. Y ya ninguno osaba preguntarle. (12:32-34)

La afirmación del escriba de que la respuesta de Jesús era correcta señalaba el fracaso del último intento del concilio por atrapar al Señor. Allí, en el atrio del templo, este hombre se dio cuenta de que la respuesta del Señor era correcta, y reconoció a Jesús como un maestro de la verdad. Lejos de ser el enemigo apóstata de Moisés, como el sanedrín le acusaba falsamente, Jesús estaba en perfecto acuerdo con él. Debido a que el escriba **había respondido sabiamente,** Jesús le dijo: **No estás lejos del reino de Dios.** Solo podemos esperar que, a diferencia del joven rico (Mr. 10:22), este escriba no le diera la espalda a la verdad y se alejara.

El intento del concilio de desacreditar y destruir al Hijo de Dios terminó en total fracaso, y después de este incidente, **ninguno osaba** hacerle más preguntas. Sin embargo, aún habría de llegar más enfrentamiento. En la siguiente sección del Evangelio de Marcos, Jesús tomaría la ofensiva y haría a los dirigentes religiosos una pregunta que no pudieron contestar.

Hijo de David, Señor de todo 51

Enseñando Jesús en el templo, decía: ¿Cómo dicen los escribas que el Cristo es hijo de David? Porque el mismo David dijo por el Espíritu Santo: Dijo el Señor a mi Señor: Siéntate a mi diestra, hasta que ponga tus enemigos por estrado de tus pies. David mismo le llama Señor; ¿cómo, pues, es su hijo? Y gran multitud del pueblo le oía de buena gana. (12:35-37)

Esta conversación breve pero muy impactante también tuvo lugar cuando Cristo se encontraba enseñando en el templo el miércoles de la Semana Santa. Trataba con la identidad del Señor e implicaba la pregunta más trascendental que alguna vez podría hacerse: "¿Quién decís que soy yo?" (Mt. 16:15). La respuesta que cada persona dé a esa pregunta determina su destino eterno.

Históricamente, los judíos veían al mesías tan solo como un hombre. Esperaban que fuera un gobernante terrenal de poder e influencia sin igual. Él conquistaría a los enemigos de Israel y cumpliría todas las promesas que se dieron a Abraham, que se repitieron a sus descendientes, y que reiteraban y expandían las promesas dadas a David acerca de un rey y un reino venideros. El mesías sería un hijo (descendiente) de David, e igual que él derrotaría a los enemigos de Israel y abriría la puerta del reino glorioso. El pueblo judío veía al mesías como el salvador de la nación como un todo, pero no como salvador de almas individuales. No creían (y siguen sin creer) que el mesías fuera Dios en carne humana.

Ese mismo miércoles por la mañana, los dirigentes del judaísmo exigieron saber de Jesús: "¿Con qué autoridad haces estas cosas, y quién te dio autoridad para hacer estas cosas?" (Mr. 11:28). Ese fue un indicio más de que ellos no creían que Él fuera el Mesías, a pesar de sus palabras (Jn. 7:46) y obras (Jn. 5:36; 10:25, 32-33; 14:11). Por el contrario, odiaban a Jesús porque atacaba su teología, les reprendía por su hipocresía, trastornaba sus operaciones comerciales en el templo, y por la amplia influencia que Él tenía, todo lo cual los rebajaba ante los ojos del pueblo. También odiaban a Jesús porque los denunciaba en público, y puso al descubierto su corrupción e hipocresía, presentándoles la visión divina de la verdadera religión que estaba en oposición a la de ellos. Sin embargo, y lo más importante, le odiaban y trataban de matarle como un blasfemo porque Él afirmaba ser Dios encarnado (cp. Jn. 5:18; 8:40, 58-59; 10:31-33).

Desesperados por eliminar a Jesús, los miembros del sanedrín habían hecho tres intentos de atraparlo, destruirlo o desacreditarlo (Mr. 12:13-33). Él había frustrado tales intentos y, en el proceso, los humilló hasta el punto de que no se atrevieron a humillarse más haciéndole más preguntas (Mr. 12:34). En este pasaje el Señor invirtió la situación y les planteó una pregunta que ellos fueron incapaces de responder. De modo conveniente, esta última conversación con los dirigentes religiosos de Israel se enfocó en la identidad de Jesús como el Mesías. La conversación épica consistió de tres aspectos: la invitación final, la equivocación final, y la exposición final.

LA INVITACIÓN FINAL

Enseñando Jesús en el templo, decía: ¿Cómo dicen los escribas que el Cristo es hijo de David? (12:35)

Jesús comenzó el debate con los dirigentes religiosos judíos mientras enseñaba **en el templo,** haciéndoles una pregunta que muy probablemente había sido motivada por la declaración del Señor al escriba en Marcos 12:34: "No estás lejos del reino de Dios". Se trató también de una invitación final a ese hombre y al resto de escribas, fariseos y saduceos de aceptarle como Mesías, Hijo de Dios, y Salvador.

A pesar de todo el rencor y odio que estos líderes le tenían a Jesús, y de la superficialidad, la vacilación y la indecisión de las multitudes, Jesús siguió siendo un evangelista compasivo. El Hijo de Dios no se complace en la muerte de los malvados (Ez. 18:23; 33:11), cuya destrucción le llevó a llorar (Lc. 19:41-44).

No todos los miembros del concilio, los escribas, fariseos y sacerdotes eran igualmente malvados, ni todos habían rechazado permanentemente a Cristo. Es más, al menos dos de los miembros de este organismo, José de Arimatea (Mr. 15:43) y Nicodemo (Jn. 3:1), se hicieron seguidores de Jesús (aunque en secreto; cp. Jn. 19:38), como indica su disposición de enterrar el cuerpo del Señor (Jn. 19:38-39; a José se le llama explícitamente discípulo de Jesús en Mt. 27:57). Hechos 6:7 relata que después de la resurrección de Cristo, "muchos de los sacerdotes obedecían a la fe". La pregunta del Señor dirigió una última apelación evangelística a aquellos que pudieron haber estado receptivos al evangelio. Su pregunta no fue como las que le hicieron los emisarios del sanedrín, que tenían motivos perversos y la intención de atrapar y destruir; la pregunta de Jesús era un ofrecimiento de salvación.

Según el relato paralelo de Mateo 22:41-46, Jesús comenzó preguntando a los dirigentes religiosos: "¿Qué pensáis del Cristo? ¿De quién es hijo?". Ellos respondieron: "De David". Cuando Marcos retoma la conversación, Jesús se volvió a sus discípulos y a la multitud reunida en el patio del templo y les preguntó: **¿Cómo**

dicen los escribas que el Cristo es hijo de David? La implicación de la pregunta del Señor es: ¿cómo pueden ellos decir que el Mesías no es más que el descendiente humano de David? Esto desenmascaró el punto de vista erróneo que tenían de que el mesías no sería nada más que un militar y líder político poderoso, que liberaría a Israel de sus enemigos y establecería el reino prometido.

LA EQUIVOCACIÓN FINAL

La respuesta dada por las élites religiosas, "de David" (Mt. 22:42), a la pregunta de Jesús, ¿de quién es hijo el Mesías? era correcta. El Antiguo Testamento enseña claramente que ese sería el caso. En 2 Samuel 7:12-14, Dios prometió a David:

> *Y cuando tus días sean cumplidos, y duermas con tus padres, yo levantaré después de ti a uno de tu linaje, el cual procederá de tus entrañas, y afirmaré su reino. Él edificará casa a mi nombre, y yo afirmaré para siempre el trono de su reino. Yo le seré a él padre, y él me será a mí hijo. Y si él hiciere mal, yo le castigaré con vara de hombres, y con azotes de hijos de hombres.*

En el Salmo 89 Dios declaró:

> *Hice pacto con mi escogido; juré a David mi siervo, diciendo: Para siempre confirmaré tu descendencia, y edificaré tu trono por todas las generaciones... Una vez he jurado por mi santidad, y no mentiré a David. Su descendencia será para siempre, y su trono como el sol delante de mí. Como la luna será firme para siempre, y como un testigo fiel en el cielo (vv. 3-4, 35-37; cp. Am. 9:11; Mi. 5:2).*

Esa era también la creencia popular judía en la época de Jesús. Mateo 9:27 relata: "Pasando Jesús de allí, le siguieron dos ciegos, dando voces y diciendo: ¡Ten misericordia de nosotros, Hijo de David!" (cp. 20:30-31). Después que el Señor sanara a un hombre ciego y mudo, "toda la gente estaba atónita, y decía: ¿Será éste aquel Hijo de David?" (Mt. 12:23). Mateo 15:22 señala que incluso "una mujer cananea que había salido de aquella región clamaba, diciéndole: ¡Señor, Hijo de David, ten misericordia de mí! Mi hija es gravemente atormentada por un demonio". El gentío frenético en la entrada triunfal de Cristo "aclamaba, diciendo: ¡Hosanna al Hijo de David! ¡Bendito el que viene en el nombre del Señor! ¡Hosanna en las alturas!" (Mt. 21:9).

Las genealogías de Jesús ofrecen prueba irrefutable de que Él era descendiente de David. José, su padre terrenal, (Mt. 1:1-17) y María su madre (Lc. 3:23-38) eran descendientes directos de David, por lo que Jesús también lo era. Su afirmación de ser descendiente de David podía ser fácilmente verificada.

Los registros genealógicos estaban cuidadosamente preservados en el templo y sin duda fueron examinados por el sanedrín. Si el Señor no hubiera sido descendiente de David, su afirmación habría demostrado ser falsa. Que ninguno de sus adversarios desafiara alguna vez la ascendencia davídica de Jesús brinda prueba convincente de su validez.

LA EXPOSICIÓN FINAL

Porque el mismo David dijo por el Espíritu Santo: Dijo el Señor a mi Señor: Siéntate a mi diestra, hasta que ponga tus enemigos por estrado de tus pies. David mismo le llama Señor; ¿cómo, pues, es su hijo? Y gran multitud del pueblo le oía de buena gana. (12:36-37)

La creencia de los escribas de que el mesías sería el hijo de David era correcta, pero incompleta. Según se indicó anteriormente, ellos enseñaban que el mesías sería tan solo un gobernante humano poderoso y triunfante que traería la prominencia prometida a Israel. Sin embargo, la exposición que Jesús hiciera de Salmos 110:1 revela lo inadecuado de esa creencia. El Salmo 110 es un salmo mesiánico, citado varias veces en el Nuevo Testamento. Pedro lo utilizó en Hechos 2:34-35, así como lo hizo el escritor de Hebreos (He. 1:13; 10:13), mientras que el apóstol Pablo lo citó en 1 Corintios 15:25. El versículo 1 demuestra que el mesías no podía ser un simple ser humano, ya que David se refirió a él como su Señor.

El sencillo argumento de Jesús fue tan poderoso y convincente que cuando se volvió ampliamente conocido después que se escribió el Nuevo Testamento, muchos judíos, a fin de evitar esa obvia realidad, negaron el punto de vista histórico de que el Salmo 110 era mesiánico. En lugar de eso sostuvieron que se refería a Abraham, Melquisedec o al líder judío intertestamentario Judas Macabeos. Eruditos liberales modernos que niegan la deidad de Cristo y la infalibilidad de la Biblia han sostenido que David simplemente se equivocó al ver al mesías como su Señor. No obstante, todos esos argumentos requieren que se rechace la verdad revelada de que **el mismo David** llamó al mesías su **Señor** debido a revelación hecha **por el Espíritu Santo.**

Además, Dios declaró al Señor de David: **Siéntate a mi diestra, hasta que ponga tus enemigos por estrado de tus pies.** Elevar al Mesías a su **diestra,** una referencia a la posición divina de poder (cp. Éx. 15:6; Sal. 20:6; 44:3; 60:5; 89:13), simboliza que Él es coigual con el Padre en rango y autoridad, y esencialmente reafirma su deidad. El gobierno del Mesías será absoluto, cuando Dios **ponga** a sus **enemigos por estrado de** sus **pies,** la misma frase que escriben tanto Mateo (Mt. 22:44) como Lucas (Lc. 20:43). La referencia es a la ejecución de los enemigos del Mesías, tal como lo ilustra un incidente en Josué 10:24-26:

> *Y cuando los hubieron llevado a Josué, llamó Josué a todos los varones de Israel, y dijo a los principales de la gente de guerra que habían venido con él: Acercaos, y poned vuestros pies sobre los cuellos de estos reyes. Y ellos se acercaron y pusieron sus pies sobre los cuellos de ellos. Y Josué les dijo: No temáis, ni os atemoricéis; sed fuertes y valientes, porque así hará Jehová a todos vuestros enemigos contra los cuales peleáis. Y después de esto Josué los hirió y los mató, y los hizo colgar en cinco maderos; y quedaron colgados en los maderos hasta caer la noche.*

El Antiguo Testamento revela, pues, no solo la humanidad del Mesías Jesús como el hijo de David, sino también su deidad como el Señor de David, exaltado a la diestra del Padre. He aquí la verdad incomprensible e infinita de que Jesucristo es totalmente Dios y totalmente hombre.

La humanidad de Cristo se revela claramente en la Biblia. Él "era del linaje de David según la carne" (Ro. 1:3), y "crecía en sabiduría y en estatura, y en gracia para con Dios y los hombres" (Lc. 2:52). "Así que, por cuanto los hijos participaron de carne y sangre, él también participó de lo mismo" (He. 2:14). El escritor de Hebreos también señala que Jesús "debía ser en todo semejante a sus hermanos, para venir a ser misericordioso y fiel sumo sacerdote en lo que a Dios se refiere, para expiar los pecados del pueblo" (He. 2:17). Jesús soportó las limitaciones físicas del ser humano. Sintió hambre (Mt. 4:1-2), sed (Jn. 4:7) y cansancio (Jn. 4:5-6; cp. Mt. 8:23-24). También experimentó el amplio espectro de emociones humanas, incluido el gozo (Lc. 10:21), el dolor (Mt. 26:37), el amor (Jn. 11:5, 36; 15:9), la compasión (Mt. 9:36), el asombro (Lc. 7:9) y el enojo (Mr. 3:5).

Pero la deidad de Jesús también se hizo evidentemente clara en la Biblia:

> Juan 1:1 declara que "el Verbo [Jesús; cp. v. 14] era Dios". Él tomó para sí mismo el nombre sagrado de Dios (YHWH; Éx. 3:14) cuando dijo a sus adversarios: "De cierto, de cierto os digo: Antes que Abraham fuese, yo soy" (Jn. 8:58). La realidad de que los dirigentes judíos (a diferencia de los sectarios modernos) entendieron claramente lo que Jesús quiso decir es evidente por la reacción que mostraron: tratar de apedrearlo por blasfemia (v. 59; cp. Lv. 24:16). En Juan 10:30, Jesús afirmó ser la misma esencia de Dios el Padre. Una vez más los judíos intentaron apedrearlo por blasfemia, porque "siendo hombre [Jesús mismo se hace] Dios" (v. 33). Cuando Tomás se dirigió a Él como Dios (Jn. 20:28), Jesús aceptó tal afirmación de su deidad y alabó la fe del apóstol (v. 29). Filipenses 2:6 declara que Jesús existió "en forma de Dios" (es decir, que es Dios por naturaleza), y Colosenses 2:9 añade que "en él habita corporalmente toda la plenitud de la Deidad". Tito 2:13 lo llama "nuestro gran Dios y Salvador", y 2 Pedro 1:1 lo menciona como "nuestro Dios y

Salvador". En Hebreos 1:8 Dios el Padre dijo a Jesús: "Tu trono, oh Dios, por el siglo del siglo".

Muchos nombres o títulos usados en el Antiguo Testamento para referirse a Dios se usan en el Nuevo Testamento para referirse a Cristo:

- YHWH (cp. Is. 6:5, 10 con Jn. 12:39-41; Jer.23:5-6)
- Pastor (cp. Sal. 23:1 con Jn. 10:14)
- Juez (cp. Gn. 18:25 con 2 Ti. 4:1, 8)
- Santo (cp. Is. 10:20 con Hch. 3:14; cp. Sal. 16:10 con Hch. 2:27)
- Primero y Último (cp. Is. 44:6; 48:12 con Ap. 1:17; 22:13)
- Luz (cp. Sal. 27:1 con Jn. 8:12)
- Señor del día de reposo (cp. Éx. 16:23, 29; Lv. 19:3 con Mt. 12:8)
- Salvador (cp. Is. 43:11 con Hch. 4:12; Tit. 2:13)
- YO SOY (cp. Éx. 3:14 con Jn. 8:58)
- Traspasado (cp. Zac. 12:10 con Jn. 19:37)
- Poderoso Dios (cp. Is. 10:21 con Is. 9:6)
- Señor de señores (cp. Dt. 10:17 con Ap. 17:14)
- Alfa y Omega (cp. Ap. 1:8 con Ap. 22:13)
- Señor de gloria (cp. Sal. 24:10 con 1 Co. 2:8)
- Redentor (cp. Is. 41:14; 48:17; 63:16 con Ef. 1:7; He. 9:12)

Jesucristo posee los incomunicables atributos de Dios (aquellos que son únicos en Dios y que no tienen analogía en el hombre):

- Eternidad (Mi. 5:2; Is. 9:6)
- Omnipresencia (Mt. 18:20; 28:20)
- Omnisciencia (Mt. 11:23; Jn. 16:30; 21:17)
- Omnipotencia (Fil. 3:21)
- Inmutabilidad (He. 13:8)
- Soberanía absoluta (Mt. 28:18)
- Gloria (Jn. 17:5; 1 Co. 2:8; cp. Is. 42:8; 48:11)

Jesucristo también hizo las obras que solo Dios puede hacer:

- Crear (Jn. 1:3; Col. 1:16)
- Tener providencia (sustentar la creación) (Col. 1:17; He. 1:3)
- Dar vida (Jn. 5:21)
- Perdonar pecados (Mr. 2:7, 10)
- Hacer que su Palabra permanezca para siempre (Mt. 24:35; cp. Is. 40:8)

Por último, Jesucristo aceptó adoración, aunque enseñó que solo a Dios se le debe adorar (Mt. 4:10), y la Biblia registra que tanto hombres (Hch. 10:25-26) como ángeles (Ap. 22:8-9) se negaron a que los adoraran:

- Mateo 14:33
- Mateo 28:9
- Juan 5:23
- Juan 9:38

(véase también Fil. 2:10 [cp. Is.45:23], He. 1:6)

Otra manera de demostrar la deidad de Cristo es hacer la pregunta: "Si Dios se convirtiera en hombre, ¿cómo esperaríamos que fuera?".

En primer lugar, si Dios se convirtiera en hombre esperaríamos que no tuviera pecado, porque Dios es absolutamente santo (Is. 6:3). Así es Jesús. Ni sus más acérrimos enemigos pudieron contestar el reto que Él lanzó: "¿Quién de vosotros me redarguye de pecado?" (Jn. 8:46). Jesús es "santo, inocente, sin mancha, apartado de los pecadores, y hecho más sublime que los cielos" (He. 7:26).

Segundo, si Dios se convirtiera en hombre esperaríamos que sus palabras fueran las más grandiosas jamás pronunciadas, porque Dios es omnisciente, es perfectamente sabio, y tiene dominio infinito de la verdad y la capacidad de expresarla perfectamente. Las palabras de Jesús demostraron todo eso. Los alguaciles enviados a arrestarlo informaron a sus superiores: "¡Jamás hombre alguno ha hablado como este hombre!" (Jn. 7:46; cp. Mt. 7:28-29).

Tercero, si Dios se convirtiera en hombre esperaríamos que demostrara poder sobrenatural, porque Dios es todopoderoso. Jesús controló la naturaleza, caminó sobre el agua, sanó enfermos, resucitó muertos, dominó el reino de Satanás y los demonios, evitó de manera sobrenatural a quienes intentaron matarlo, y realizó milagros demasiado numerosos para ser contados (Jn. 21:25).

Cuarto, si Dios se convirtiera en hombre esperaríamos que ejerciera profunda influencia sobre la humanidad. Jesús lo hizo. Él cambió el mundo como nadie más en la historia.

Quinto, si Dios se convirtiera en hombre esperaríamos que manifestara el amor, la gracia, la bondad, la compasión, la justicia, el juicio y la ira de Dios. Jesús lo hizo.

Jesucristo fue en todo sentido la exacta representación de la naturaleza de Dios (He. 1:3) (*Comentario MacArthur del Nuevo Testamento: Lucas* [Grand Rapids: Portavoz, 2016], estudio de Lucas 20:42-44).

La conclusión de este pasaje es decepcionante y trágica. Desde las majestuosas alturas de la profunda sabiduría de Jesús, y de la magistral exposición del Salmo 110 que demuestra la deidad del Señor, el lector se sumerge en las profundidades del rechazo motivado por odio de parte de los endurecidos dirigentes de la nación, así como de la apatía de la **gran multitud del pueblo,** que simplemente **le oía de buena gana,** pero que dos días después pediría a gritos su ejecución. Algunos le odiaron, otros fueron entretenidos por Él. Al parecer, ninguno de ellos se postró en la presencia del todopoderoso Dios encarnado para arrepentirse y confesarle como Señor y Salvador.

Es más, las respuestas empeorarían mucho más dos días después. Judas, quien sin duda alguna estaba presente, vendería a Jesús a sus enemigos por el precio de un esclavo, consciente todo el tiempo de que ellos buscaban matar a su Mesías. Dichos enemigos, los abanderados del judaísmo, llevarían a cabo una serie de juicios simulados y de manipulaciones que dejaron convencidos a los romanos de que Jesús debía ser ejecutado. La misericordiosa invitación final que Cristo les hizo, y el intento de anularles su última equivocación con una exposición final de un texto pertinente del Antiguo Testamento, solo aumentaron la culpa de ellos. Estaban tan decididos en su odio y tan ciegos por las tinieblas de su pecado, que no pudieron ver la Luz del mundo cuando Jesús estuvo delante de ellos.

La religión y sus víctimas 52

Y les decía en su doctrina: Guardaos de los escribas, que gustan de andar con largas ropas, y aman las salutaciones en las plazas, y las primeras sillas en las sinagogas, y los primeros asientos en las cenas; que devoran las casas de las viudas, y por pretexto hacen largas oraciones. Estos recibirán mayor condenación. Estando Jesús sentado delante del arca de la ofrenda, miraba cómo el pueblo echaba dinero en el arca; y muchos ricos echaban mucho. Y vino una viuda pobre, y echó dos blancas, o sea un cuadrante. Entonces llamando a sus discípulos, les dijo: De cierto os digo que esta viuda pobre echó más que todos los que han echado en el arca; porque todos han echado de lo que les sobra; pero ésta, de su pobreza echó todo lo que tenía, todo su sustento. (12:38-44)

A diferencia de muchos en la Iglesia de hoy que promueven la tolerancia de los falsos maestros en nombre del amor y la unidad, los escritores de la Biblia los denunciaron firmemente y advirtieron el extremo peligro que estos individuos representan. Las Escrituras no apoyan la tolerancia para estos emisarios siempre presentes de Satanás, el padre de mentiras (Jn. 8:44), que se disfrazan como ministros de justicia (2 Co. 11:13-15). En lugar de eso estos escritores denunciaron a los falsos maestros, usando expresiones llamativas y gráficas. Los describieron como ciegos ignorantes, perros mudos que no pueden hablar, soñolientos y echados que gustan de dormir (Is. 56:10), necios e insensatos (Os. 9:7), hombres prevaricadores (Sof. 3:4), lobos rapaces (Mt. 7:15; Hch. 20:29), ciegos guías de ciegos (Mt. 15:14; cp. 23:16), hipócritas (Mt. 23:13), insensatos (v. 17), sepulcros blanqueados llenos de toda inmundicia (v. 27), serpientes, generación de víboras (v. 33), ladrones y salteadores (Jn. 10:8), esclavos de sus propios apetitos (Ro. 16:18), charlatanes que falsifican la Palabra de Dios (2 Co. 2:17), falsos apóstoles, obreros fraudulentos (2 Co. 11:13), siervos de Satanás (v. 15), proveedores de un evangelio diferente (Gá. 1:6-8), perros, malos obreros (Fil. 3:2), enemigos de la cruz de Cristo (Fil. 3:18), envanecidos que nada saben (1 Ti. 6:4), hombres corruptos de entendimiento y privados de la verdad (v. 5), hombres que se desviaron de la verdad (2 Ti. 2:18), cautivos del diablo (v. 26), engañadores (2 Jn. 7), hombres impíos (Jud. 4), y animales irracionales (v. 10). La Biblia también declara un juicio severo contra ellos (Dt. 13:5; 18:20; Jer. 14:15; Gá. 1:8-9; Ap. 2:20-23).

En agudo contraste con los defensores de la tolerancia para quienes enseñan que Dios acepta personas de cualquier religión, la Biblia enseña lo contrario. Por ejemplo, solo en el libro de Proverbios aparecen las siguientes condenas para los incrédulos malvados: "Abominación son a Jehová los perversos de corazón" (Pr. 11:20). "El sacrificio de los impíos es abominación a Jehová" (Pr. 15:8). "Abominación es a Jehová el camino del impío" (Pr. 15:9). "El que aparta su oído para no oír la ley, su oración también es abominable" (Pr. 28:9).

La razón para esas advertencias tan fuertes y enfáticas de la Biblia contra los falsos maestros es el extremo desastre que traen a las almas eternas de la gente. Descarrían a muchos de la verdad de la Palabra de Dios (Is. 3:12; 9:16; Jer. 14:13; 23:26-27, 32; 50:6; Mt. 23:13, 15; 24:4-5, 24; Lc. 11:46, 52; Ro. 16:17-18; Col. 2:4, 8, 18; 1 Ts. 2:14-16; 2 Ti. 3:13; Tit. 1:10; 2 Jn. 7), sobre todo en relación con la necesidad de arrepentimiento del pecado (Jer. 6:14; 8:11; 23:21-22; Lm. 2:14; Ez. 13:10, 16, 22). Alejan a las personas de la senda estrecha de la salvación del evangelio que lleva a vida eterna en el cielo, y las dirigen por el camino ancho que lleva a la condenación eterna en el infierno (Mt. 7:13-15; cp. 2 P. 2:1-3; Jud. 4-16).

En el Israel del tiempo de Cristo los promotores de falsedades satánicas eran los mismos encargados de proteger la verdad de Dios y enseñarla al pueblo: escribas, fariseos, saduceos, sacerdotes y otros dirigentes religiosos. Aunque el pueblo los veía como pastores devotos, respetados y responsables del pueblo de Dios, en realidad andaban en busca de popularidad, poder, prestigio y, sobre todo, dinero (Mi. 3:5; Lc. 16:14; 2 P. 2:1-3, 14). Ellos afirmaban adorar y honrar a Dios, pero estaban tratando de asesinar al Hijo de Dios. Ese objetivo unió a estos grupos diversos, que a menudo diferían entre sí. Su verdadero padre era el diablo (Jn. 8:44).

Jesús había enseñado al pueblo en los atrios del templo todo ese día miércoles de Semana Santa. Según se indicó en capítulos anteriores, durante ese tiempo el sanedrín, que era el concilio gobernante de Israel, había hecho tres últimos asaltos desesperados, tratando de llevar a cabo la ejecución del Señor (véanse los capítulos 48-50 de esta obra). Él les frustró los tres intentos, y después los confrontó con una pregunta que llevó a demostrar su deidad basado en el Salmo 110 (véase el capítulo 51 de esta obra). Sin duda, muchos de los que estaban reunidos allí en las áreas circundantes del templo aplaudieron que el martes Jesús echara del templo a los mercaderes corruptos. También quedaron ciertamente impresionados con las respuestas que Él dio a quienes intentaron atraparlo, y la pregunta que les hizo como réplica.

Jesús dirigió a sus discípulos la enseñanza en este pasaje (Lc. 20:45). Tras su última confrontación con los líderes religiosos (12:35-37), el Señor no volvería a decirles nada más hasta su juicio. Y aunque el gentío también le estaba escuchando, el enfoque de Cristo en este texto estuvo en sus discípulos.

El pasaje podría ser estudiado mediante cuatro encabezados: la advertencia, la caracterización, la condena y el caso.

LA ADVERTENCIA

Y les decía en su doctrina: Guardaos de los escribas, (12:38*a*)

En este tiempo final de enseñanza pública de **su doctrina,** Jesús **les decía** a sus discípulos: **Guardaos de los escribas.** Como correspondía, en consonancia con lo que había sido un tema importante en todo su ministerio (cp. Mt. 7:15-20; 15:14; 16:6), lo único que quedaba para este mensaje final era una condena a los apóstatas hipócritas, en particular a los **escribas,** que se autoproclamaban expertos en la ley y los escritos rabínicos (Mt. 22:35; Lc. 7:30; 10:25; 11:45-46, 52; 14:3; cp. 5:17). Ya que la mayoría de escribas eran fariseos, se encuentran incluidos en esta denuncia y advertencia.

El mensaje del Señor es una enérgica condena para todos los que tienen un punto de vista corrupto de la Biblia, de Cristo, y del evangelio. A diferencia de muchos en la Iglesia hoy, Jesús tuvo cero tolerancia por los falsos maestros. (Para mayor análisis de este tema, véanse mis libros *Verdad en guerra* [Nashville: Grupo Nelson, 2011] y *El Jesús que no puedes ignorar* [Nashville: Grupo Nelson, 2010]).

Escuchar que Jesús denunciaba a los escribas debió impactar a quienes lo oían, ya que los debieron haber tenido en alta estima. Según la tradición judía, Moisés recibió la ley y la entregó a Josué, que la pasó a los ancianos, y estos la transfirieron a los profetas, quienes la dieron a los escribas. La Mishná, codificación de las leyes orales declara: "Es más condenable transgredir las palabras de los escribas que las de la Torá [los cinco libros de Moisés]" (citado en Alfred Edersheim, *The Life and Times of Jesús the Messiah* [Grand Rapids: Eerdmans, 1974], 1:625 n. 1). Los escribas eran reverenciados como guardianes de la ley y protectores del pueblo. En teoría, ellos definían la ley para el pueblo y se atenían a todas sus normas, prometiendo que la obediencia a la ley traía bendición. En realidad eran hipócritas, hijos del averno que hacían a sus discípulos dos veces más hijos del infierno de lo que ellos eran (Mt. 23:15).

LA CARACTERIZACIÓN

que gustan de andar con largas ropas, y aman las salutaciones en las plazas, y las primeras sillas en las sinagogas, y los primeros asientos en las cenas; que devoran las casas de las viudas, y por pretexto hacen largas oraciones. (12:38*b*-40*a*)

Después de advertir a los discípulos y a la multitud, Jesús dio a conocer cinco ejemplos de la hipocresía de ellos.

Primero, les encantaba **andar con largas ropas.** Estas eran largas vestimentas externas, costosas y muy adornadas. En sus bordes estaban las borlas requeridas (Nm. 15:38-40; cp. Mt. 9:20), las cuales los escribas agrandaban en una grandiosa exhibición de supuesta piedad (Mt. 23:5).

Segundo, ellos deseaban **las salutaciones en las plazas.** Sus ropas extravagantes los distinguían como escribas para que todos supieran quiénes eran. No saludarlos respetuosamente con honor era considerado una afrenta muy grave. Sus afectados títulos dignificados por los cuales esperaban que los reconocieran, tales como "rabino", significaban que eran los expositores e intérpretes de la ley de Dios (Mt. 23:7), "padre" (Mt. 23:9), es decir fuente de vida y verdad espiritual, y "maestro" (Mt. 23:10), como corresponde a quienes determinaban dirección e incluso destino.

Tercero, en su arrogante orgullo y ansias de atención y adulación, los escribas buscaban ansiosamente **las primeras sillas** (es decir, las más prominentes e importantes) **en las sinagogas** (aquellas en el escenario elevado al frente) **y los primeros asientos en las cenas** (los más cerca del anfitrión), práctica orgullosa a la cual el Señor se refirió en Lucas 14:7-11.

Mientras que los tres primeros ejemplos revelaban el orgullo obsesivo de los escribas, el siguiente era mucho más siniestro. En flagrante desprecio de la repetida enseñanza del Antiguo Testamento (p. ej., Éx. 22:22; Dt. 10:18; 14:29; 24:17-21; 27:19; Sal. 68:5; 146:9; Pr. 15:25; Is. 1:17; Jer. 22:3; Zac. 7:10), su insaciable codicia los llevaba a aprovecharse de los miembros más indefensos de la sociedad y a devorar **las casas de las viudas.** Los escribas consumían los limitados recursos de aquellos que tenían menos. Abusaban de la hospitalidad de estos, les estafaban sus fincas, administraban mal sus propiedades, y les quitaban sus casas dadas en prenda por deudas que nunca podían cancelar (cp. Darrell L. Bock, *Luke 9:51-24:53,* The Baker Exegetical Commentary on the New Testament [Grand Rapids: Baker, 1996], 1643). Al igual que hacían con todos los que estaban atrapados en ese falso sistema religioso, los escribas también exigían que las viudas les dieran dinero para comprar las bendiciones de Dios.

Finalmente, **por pretexto** (para guardar las apariencias) hacían **largas oraciones** públicas con el fin de mostrar su supuesta santidad y devoción a Dios. Jesús ordenó: "Cuando ores, no seas como los hipócritas; porque ellos aman el orar en pie en las sinagogas y en las esquinas de las calles, para ser vistos de los hombres; de cierto os digo que ya tienen su recompensa" (Mt. 6:5). Él contó una parábola en la que un "fariseo, puesto en pie, oraba consigo mismo de esta manera: Dios, te doy gracias porque no soy como los otros hombres, ladrones, injustos, adúlteros, ni aun como este publicano" (Lc. 18:11). Sin embargo, no fue el arrogante fariseo santurrón, sino el quebrantado, humillado y arrepentido recaudador de impuestos quien fue justificado (v. 14). Las oraciones de los escribas, al igual que el resto de su religión, no eran sino una farsa; un acto fingido; un espectáculo externo; "vanas repeticiones" (Mt. 6:7) diseñadas no para honrar a Dios, sino para exaltarse ellos mismos.

LA CONDENA

Estos recibirán mayor condenación. (12:40*b*)

En lugar de recibir recompensas divinas por su religión santurrona y promovida por ellos mismos como esperaban los escribas, **estos recibirán** todo lo contario: **mayor condenación.** Es una triste realidad que aquellos que conocen la verdad y la rechazan recibirán castigo más severo que los que nunca la han oído. El escritor de Hebreos preguntó: "¿Cuánto mayor castigo pensáis que merecerá el que pisoteare al Hijo de Dios, y tuviere por inmunda la sangre del pacto en la cual fue santificado, e hiciere afrenta al Espíritu de gracia?" (He. 10:29). El juicio sobre los dirigentes religiosos de Israel se intensificaría debido no solo a que a sabiendas rechazaron la verdad, sino también a que llevaron a otros por el mal camino. Por eso, y por los muchos otros pecados de los escribas, Jesús pronunció sentencia sobre ellos en Mateo 23:

> *Mas ¡ay de vosotros, escribas y fariseos, hipócritas! porque cerráis el reino de los cielos delante de los hombres; pues ni entráis vosotros, ni dejáis entrar a los que están entrando (v. 13).*
>
> *¡Ay de vosotros, escribas y fariseos, hipócritas! porque recorréis mar y tierra para hacer un prosélito, y una vez hecho, le hacéis dos veces más hijo del infierno que vosotros (v. 15).*
>
> *¡Ay de vosotros, guías ciegos! que decís: Si alguno jura por el templo, no es nada; pero si alguno jura por el oro del templo, es deudor (v. 16).*
>
> *¡Ay de vosotros, escribas y fariseos, hipócritas! porque diezmáis la menta y el eneldo y el comino, y dejáis lo más importante de la ley: la justicia, la misericordia y la fe. Esto era necesario hacer, sin dejar de hacer aquello (v. 23).*
>
> *¡Ay de vosotros, escribas y fariseos, hipócritas! porque sois semejantes a sepulcros blanqueados, que por fuera, a la verdad, se muestran hermosos, mas por dentro están llenos de huesos de muertos y de toda inmundicia (v. 27).*
>
> *¡Ay de vosotros, escribas y fariseos, hipócritas! porque edificáis los sepulcros de los profetas, y adornáis los monumentos de los justos, y decís: Si hubiésemos vivido*

en los días de nuestros padres, no hubiéramos sido sus cómplices en la sangre de los profetas (vv. 29-30).

Después, resumiéndolo todo, el Señor les declaró: "¡Serpientes, generación de víboras! ¿Cómo escaparéis de la condenación del infierno?" (v. 33).

EL CASO

Estando Jesús sentado delante del arca de la ofrenda, miraba cómo el pueblo echaba dinero en el arca; y muchos ricos echaban mucho. Y vino una viuda pobre, y echó dos blancas, o sea un cuadrante. Entonces llamando a sus discípulos, les dijo: De cierto os digo que esta viuda pobre echó más que todos los que han echado en el arca; porque todos han echado de lo que les sobra; pero ésta, de su pobreza echó todo lo que tenía, todo su sustento. (12:41-44)

La historia toma un giro al parecer extraño cuando después de un día agotador, **estando Jesús sentado delante del arca de la ofrenda, miraba cómo el pueblo echaba dinero en el arca.** A primera vista, la inclusión de esta historia acerca de una viuda y su ofrenda es desconcertante. La sección anterior terminó con una advertencia de juicio (v. 40) y la siguiente sección reanuda ese tema (13:1ss). Universalmente a esta mujer se la presenta como un modelo de generosidad obediente y fiel frente al horrible trasfondo de la actuación fingida y corrupta de los dirigentes religiosos de Israel.

Esta perspectiva no solo es extraña al contexto, sino también que si la viuda está enseñando una lección sobre dar, ¿cuál es esa lección? En ese punto crucial no hay aquí un acuerdo entre los comentaristas. Se han presentado varias opciones. Algunos sostienen que la historia enseña que la generosidad no debe medirse por la cantidad que se da, sino por lo que el dador conserva. Otros insisten en que la generosidad debe medirse por el nivel de abnegación del dador, como lo refleja el porcentaje de los recursos de la persona que estaba dando. Otra opinión es que el valor de las dádivas se relaciona directamente con la actitud con que se dan. ¿Fue dada la ofrenda con humildad desinteresada como una expresión de amor y devoción a Dios? Al haber dado todo lo que poseía, la viuda tenía la menor cantidad posible después de su ofrenda. Por tanto, ella debió haber tenido la actitud más agradable a Dios. Según ese punto de vista parecería que la ofrenda que más le agrada a Dios es todo lo que se posee.

Sin embargo, todas esas ideas abusan de la narración. Jesús no sacó ningún principio acerca de la conducta de la mujer. El texto no relata que condenara a los ricos por su generosidad, o que elogiara a la viuda por la de ella. No hizo ningún comentario con relación a la verdadera naturaleza de la acción, a la actitud, o al espíritu con que la mujer dio la ofrenda. Tampoco se instruyó a los discípulos a seguir ese ejemplo; es más, la narración no deja en claro que ella conociera de veras a Dios o que creyera en Cristo. Ya que Jesús no hizo ningún planteamiento en cuanto a la generosidad por el acto de la mujer, esta historia no puede interpretarse apropiadamente como algún tipo de lección sobre mayordomía.

Lo que está claro del pasaje es que la viuda no es la heroína de la historia, sino la víctima, engañada para hacerle entregar todo lo que tenía por la falsa promesa del legalismo judío de que hacer eso le traería bendición. Esta mujer es un ejemplo trágico de cómo el sistema religioso corrupto maltrataba a las viudas, y eso es lo que relaciona este pasaje con los pasajes de juicio que lo preceden y lo siguen.

Al final de un largo y agotador día de ministrar, Jesús se sentó **delante del arca de la ofrenda.** El **arca** estaba ubicada en el atrio de las mujeres, que se encontraba abierto a todo el pueblo judío. Consistía de trece receptáculos en forma de trompeta dentro de los cuales la gente depositaba sus ofrendas. Mientras estaba sentado allí observando, el Señor **miraba cómo el pueblo echaba dinero en el arca.** Debió haberle dolido y enojado mucho ver al pueblo sacrificando su dinero a este despreciable, apóstata y corrupto sistema de religión falsa, bajo la equivocada suposición de que hacer eso agradaría a Dios y traería bendición divina.

Jesús observó que **muchos ricos** (la palabra griega se refiere a aquellos que están plenamente abastecidos y que tienen suficiente) **echaban mucho** dinero. Estas personas tenían mucho y podían dar grandes cantidades, y por tanto se creía erróneamente que poseían una situación provechosa para entrar al reino de Dios (véase la exposición de 10:25 en el capítulo 39 de esta obra). La atención de Jesús se enfocó sobre todo en **una viuda pobre** que **echó dos blancas** (la denominación más pequeña de la moneda judía), las cuales equivalían a **un cuadrante** (la sexagésima cuarta parte de un denario; un denario equivalía al salario de un día para un trabajador común y corriente).

Aprovechando la oportunidad para usar como ejemplo la situación de la mujer, Jesús, **llamando a sus discípulos, les dijo: De cierto os digo que esta viuda pobre echó más que todos los que han echado en el arca; porque todos han echado de lo que les sobra; pero ésta, de su pobreza echó todo lo que tenía, todo su sustento.** Proporcionalmente ella **echó más que todos los que han echado en el arca.** Los ricos dieron **de lo que les** sobraba; por otra parte, la viuda **de su pobreza echó todo lo que tenía, todo su sustento.** Aquí estaba una mujer que había sido devorada por el falso sistema religioso, que la había dejado totalmente indigente y la despojó de todo **su sustento.**

Lejos de ver la generosidad de ella como un modelo para los creyentes, Jesús estaba enojado con el sistema religioso que prácticamente le había quitado a esta mujer hasta el último centavo. En la siguiente sección (13:1ss), Marcos relata la respuesta de Jesús, quien pronunció sentencia contra ese sistema apóstata.

La sombría realidad de los últimos días 53

Saliendo Jesús del templo, le dijo uno de sus discípulos: Maestro, mira qué piedras, y qué edificios. Jesús, respondiendo, le dijo: ¿Ves estos grandes edificios? No quedará piedra sobre piedra, que no sea derribada. Y se sentó en el monte de los Olivos, frente al templo. Y Pedro, Jacobo, Juan y Andrés le preguntaron aparte: Dinos, ¿cuándo serán estas cosas? ¿Y qué señal habrá cuando todas estas cosas hayan de cumplirse? Jesús, respondiéndoles, comenzó a decir: Mirad que nadie os engañe; porque vendrán muchos en mi nombre, diciendo: Yo soy el Cristo; y engañarán a muchos. Mas cuando oigáis de guerras y de rumores de guerras, no os turbéis, porque es necesario que suceda así; pero aún no es el fin. Porque se levantará nación contra nación, y reino contra reino; y habrá terremotos en muchos lugares, y habrá hambres y alborotos; principios de dolores son estos. Pero mirad por vosotros mismos; porque os entregarán a los concilios, y en las sinagogas os azotarán; y delante de gobernadores y de reyes os llevarán por causa de mí, para testimonio a ellos. Y es necesario que el evangelio sea predicado antes a todas las naciones. Pero cuando os trajeren para entregaros, no os preocupéis por lo que habéis de decir, ni lo penséis, sino lo que os fuere dado en aquella hora, eso hablad; porque no sois vosotros los que habláis, sino el Espíritu Santo. Y el hermano entregará a la muerte al hermano, y el padre al hijo; y se levantarán los hijos contra los padres, y los matarán. Y seréis aborrecidos de todos por causa de mi nombre; mas el que persevere hasta el fin, éste será salvo. (13:1-13)

Aunque el Señor Jesús fue enviado "a las ovejas perdidas de la casa de Israel" (Mt. 15:24), su pueblo elegido lo rechazó de manera voluntaria. Así lo explicó el apóstol Juan: "A lo suyo vino, y los suyos no le recibieron" (Jn. 1:11). Jesús respondió al incrédulo Israel pronunciando juicio divino sobre la nación apóstata (Mt. 12:41-42; cp. 11:20-24). Por una parte, la obstinada rebelión judía hizo llorar al Señor (cp. Lc. 13:34-35; 19:41-44), sin embargo, también le provocó justa indignación (cp. Mr. 3:5). Varias veces reprendió a los dirigentes religiosos por su hipocresía y dureza de corazón, haciéndolo abierta y severamente (cp. Mt.

15:3-9; 22:18; 23:13-29; Mr. 7:1-8; Lc. 12:1), y advirtió a sus discípulos que evitaran la influencia farisea (Mr. 8:15; cp. Mt. 16:6, 11). Dos veces en su ministerio, al principio (Jn. 2:13-22) y al final (Mr. 11:15-17), Jesús asestó un golpe en el centro del judaísmo corrupto al atacar las operaciones de obtención de dinero del templo, acusando a los implicados de convertir la casa de Dios en una cueva de ladrones. Pero en lugar de arrepentirse, los líderes religiosos acordaron maliciosamente matar a su propio Mesías (Mr. 11:18).

El segundo de dichos ataques al templo ocurrió en el martes de la Semana Santa (Mr. 11:15-19). Los acontecimiento relatados en este pasaje (13:1-37) tuvieron lugar la noche siguiente, después de un día de intensiva predicación en el temporalmente purgado templo el miércoles (cp. 11:20-12:44). El jueves Jesús celebraría la Pascua con sus discípulos y establecería la nueva ordenanza de la Cena del Señor; el viernes sería crucificado; y el domingo resucitaría de los muertos.

Cuando Jesús salió de los atrios del templo el miércoles hizo un pronunciamiento de juico sobre el judaísmo apóstata (13:2). Luego, mientras se hallaba sentado en el Monte de los Olivos, mirando hacia el monumental edificio que se había convertido en el símbolo de esa apostasía, les explicó a sus discípulos lo que debía ocurrir antes del final de la era y del establecimiento de su reino terrenal (vv. 5ss). La extensa instrucción que Jesús ofreció en Marcos 13:5-37 (y en los pasajes paralelos de Mt. 24:4—25:46 y Lc. 21:8-36) es conocida como el discurso del Monte de los Olivos, llamado así porque fue sobre esa colina al este del templo que el Señor entregó a sus discípulos una imagen panorámica de los eventos futuros.

El pueblo judío de la época de Jesús esperaba que la llegada del Mesías marcara el inicio inmediato de su reino, destrozando el yugo del imperialismo romano y subyugando a los enemigos de Israel. Cuando Juan el Bautista apareció en el desierto declarando que el reino del cielo estaba a la mano (Mt. 3:2), el pueblo acudió lleno de entusiasmo para oírle predicar. Su interés aumentó más cuando Jesús, aquel a quien Juan identificara como el Mesías, inauguró su ministerio público enseñando con autoridad (cp. Mr. 1:21-22), echando fuera demonios (1:23-27), y sanado todo tipo de enfermedad y sufrimiento (cp. 1:34; 3:10). Varios años después, cuando Jesús entró en Jerusalén montado sobre el pollino de un asna, las multitudes no pudieron contener su euforia (Mr. 11:1-10). Con gritos de júbilo proclamaron que Él era el mesiánico Hijo de David prometido (Mt. 21:9) que restauraría las glorias del reino davídico (Mr. 11:10).

Dichas expectativas entusiastas eran compartidas por los discípulos de Jesús, quienes de igual modo "pensaban que el reino de Dios se manifestaría inmediatamente" (Lc. 19:11). Puesto que sabían que Jesús era el Mesías (cp. Mr. 8:29) y el Hijo de Dios (cp. Mt. 14:33; 16:16), sus corazones sin duda palpitaron con anticipación cuando oyeron los gritos de la gente durante la entrada triunfal de

Jesús en Jerusalén. Todo parecía estar programado para marcar el inicio del reino mesiánico. Pero los discípulos pasaron por alto la necesidad esencial de la muerte y resurrección de Jesús, aunque Él les había hablado de esto en varias ocasiones. Puesto que no les gustaba oír hablar de esa realidad, ellos no entendieron lo que les estaba diciendo (cp. Mr. 9:32; Lc. 9:45; 18:34; Jn. 12:16). Los discípulos debieron haberse quedado sorprendidos al oír a Jesús explicar que Él también se iba, y que pasaría un prolongado período antes de que regresara para establecer su reino en Jerusalén y gobernar sobre el mundo (Lc. 19:11-27; cp. Hch. 1:6-7).

En este pasaje (Mr. 13:1-13) el Señor Jesús describió proféticamente las características de lo que ocurriría durante ese tiempo intermedio entre su primera venida y su regreso. Al sondear esa historia futura describió cinco realidades venideras: la destrucción del templo, el engaño de muchos, la devastación de la tierra, la angustia de la persecución, y finalmente la liberación de los creyentes verdaderos.

LA DESTRUCCIÓN DEL TEMPLO

Saliendo Jesús del templo, le dijo uno de sus discípulos: Maestro, mira qué piedras, y qué edificios. Jesús, respondiendo, le dijo: ¿Ves estos grandes edificios? No quedará piedra sobre piedra, que no sea derribada. (13:1-2)

Después de participar en un día completo de enseñar en el templo, dar su instrucción final al pueblo (cp. 12:1-37), y lanzar una mordaz denuncia a los dirigentes religiosos (12:38-40; cp. Mt. 23:13-38), el Señor se marchó del templo, se dirigió al este, y salió de Jerusalén por la puerta oriental (cp. 11:19). Cuando **Jesús** salía **del templo uno de sus discípulos** se volvió para mirar y **le dijo: Maestro, mira qué piedras, y qué edificios.** Ubicado en la cima de la meseta sobre el valle del Cedrón al este de la ciudad, el templo y sus edificios circundantes se erguían como una de las maravillas arquitectónicas del mundo antiguo. Construido de piedra blanca pulida, con su muro oriental cubierto de oro, la estructura principal del templo brillaba a la luz del atardecer como si fuera una enorme joya. El impresionante complejo del templo contenía numerosos pórticos, columnas, patios y atrios que permitían a decenas de miles de adoradores congregarse y presentar sus ofrendas y sacrificios. Su construcción había comenzado casi cinco décadas antes, bajo la dirección de Herodes el Grande, y aún seguían trabajando en él cuarenta años más tarde cuando fue totalmente destruido por los romanos.

La enorme magnitud del templo de piedra de Herodes, combinada con su magnificencia y esplendor, hacía difícil imaginar que un edificio como ese sería destruido. Pero **Jesús, respondiendo, le dijo: ¿Ves estos grandes edificios? No quedará piedra sobre piedra, que no sea derribada.** En realidad, la belleza externa del templo era un monumento a la religión apóstata, no muy diferente a un sepulcro blanqueado (cp. Mt. 23:27). En el exterior su mármol pulido resplandecía, pero el interior se caracterizaba por la creciente fetidez de la corrupción, la hipocresía y el corazón endurecido por la incredulidad de los dirigentes religiosos del judaísmo y de quienes los seguían. En consecuencia, la copa de la furia de Dios sería derramada, el templo sería destruido, y la casa de Israel quedaría desolada (cp. Mt. 23:38).

En el año 70 d.C. las palabras de Jesús se cumplieron de manera literal y exacta cuando Dios llevó a Jerusalén el ejército romano bajo el mando de Tito Vespasiano para destruir la ciudad y todo el complejo del templo. Como instrumentos humanos de la ira divina, los romanos prendieron enormes hogueras que hicieron que las piedras se desmoronaran por el intenso calor. Para cuando terminaron de desmantelar el templo, y tras tomar todo el oro y lanzar los escombros restantes al valle del Cedrón, lo único que quedó fueron enormes piedras de cimientos que formaban zapatas para el muro de contención debajo del monte del templo, elementos que no eran parte de la estructura misma del templo. Tal como el Señor predijera con perfecta exactitud, el templo y sus edificios circundantes fueron totalmente demolidos bajo el juicio de Dios.

EL ENGAÑO DE MUCHOS

Y se sentó en el monte de los Olivos, frente al templo. Y Pedro, Jacobo, Juan y Andrés le preguntaron aparte: Dinos, ¿cuándo serán estas cosas? ¿Y qué señal habrá cuando todas estas cosas hayan de cumplirse? Jesús, respondiéndoles, comenzó a decir: Mirad que nadie os engañe; porque vendrán muchos en mi nombre, diciendo: Yo soy el Cristo; y engañarán a muchos. (13:3-6)

Después de haber atravesado el valle del Cedrón y de ascender al Monte de los Olivos, Jesús y los discípulos se volvieron para mirar el conjunto del templo. Entonces Él **se sentó en el monte de los Olivos, frente al templo. Y Pedro, Jacobo, Juan y Andrés le preguntaron aparte.** Estos dos pares de hermanos componían el círculo más íntimo de discípulos de Jesús. Tras oír la profecía de la destrucción del templo estaban ansiosos por saber más acerca de lo que el futuro deparaba. Por tanto le preguntaron: **Dinos, ¿cuándo serán estas cosas? ¿Y qué señal habrá cuando todas estas cosas hayan de cumplirse?** Según el pasaje paralelo en Mateo 24:3, la pregunta completa fue: "Dinos, ¿cuándo serán estas cosas, y qué señal habrá de tu venida, y del fin del siglo?". Como indica el relato de Mateo, la pregunta era más que una simple indagación sobre la cercana ruina y carnicería en el templo. Ellos querían saber acerca del fin de la era actual.

Como ya se indicó, los discípulos (al igual que otros judíos del siglo I) preveían una sola venida del Mesías. Pero Dios quiso que el Mesías viniera dos veces, una como el Siervo Sufriente (cp. Is. 53:1-12) y otra como el Rey conquistador (cp. Ap. 19:11-19), con un largo período transcurrido entre las dos venidas. A fin de ayudarles a entender esa realidad, Jesús dio a sus discípulos una respuesta detallada a la pregunta que le formularon. Es más, la respuesta que se encuentra en Marcos 13 (y en los pasajes paralelos en Mt. 24—25 y Lc. 21) constituye la más larga de las dada por Jesús a cualquier pregunta que le hicieran, y de las que tenemos constancia. Es claro que el Señor quiso que sus discípulos captaran esa verdad de tan vital importancia.

El versículo 5 marca el comienzo del discurso real del Monte de los Olivos, en el cual Jesús explicó lo que acontecería en todo el mundo, con un énfasis particular en los sucesos que precederán inmediatamente a su regreso a la tierra. Después de haber predicho la inminente demolición del templo y sus operaciones (v. 2), Jesús cambió su enfoque al futuro lejano en los versículos 5-37. Algunos intérpretes (que niegan la existencia de un futuro reino terrenal) insisten en que todo lo que Jesús profetizó en el discurso del Monte de los Olivos se cumplió en el año 70 d.C., en el tiempo de la destrucción del templo. Pero tal concepto es insostenible por una serie de razones. Primera, el hecho de que Jesús usara la figura de dolores de parto (13:8; cp. 1 Ts. 5:3) indica que estaba hablando del fin de la era de la Iglesia, no del principio. Después de todo, los dolores de parto no se producen a lo largo del embarazo, sino solo al final. Ya que la destrucción del templo ocurrió al inicio de la historia de la Iglesia, la figura de los dolores de parto no se podía aplicar a ese hecho. Segunda, el Señor indicó que "es necesario que el evangelio sea predicado antes a todas las naciones" (v. 10), algo que claramente no había sucedido en el año 70 d.C. Tercera, Jesús habló de "la abominación desoladora" (v. 14), la profanación final del anticristo en el templo durante un período justo antes de la segunda venida (cp. Dn. 9:27; 11:31; 2 Ts. 2:4; para más detalles, véase, John MacArthur, *La Segunda Venida* [Grand Rapids: Portavoz, 1999]). Dicho acontecimiento no se llevó a cabo en el año 70 d.C., y en realidad aún no ha ocurrido. Cuarta, el Señor también habló de que "aquellos días serán de tribulación cual nunca ha habido desde el principio de la creación que Dios creó, hasta este tiempo, ni la habrá" (v. 19). Esas palabras no pueden referirse a la destrucción en el año 70 d.C., ya que hablan de un tiempo en que la calamidad sobre la tierra será peor de lo que alguna ha sido en toda la historia de la humanidad, incluso durante la época del diluvio (cp. v. 20; cp. Mt. 24:38). Por último, Jesús identificó señales celestiales que acompañarían el final de la época, incluso el oscurecimiento del sol y la luna, y la caída de las estrellas del cielo (vv. 24-25). Obviamente, tales catástrofes cósmicas aún no han ocurrido. Jesús advirtió que cuando sucedan, los que estén vivos en ese tiempo reconocerán que Él está a punto de regresar (v. 29). Según explicó, la generación que experimente dichos sucesos del fin de los tiempos será la misma generación que esté viva en la segunda venida (v. 30), queriendo decir que todos los cataclismos finales sobre la tierra ocurrirán en el lapso de una sola generación. Puesto que nada remotamente parecido a una conmoción universal y cósmica de la magnitud descrita en el discurso del Monte de los Olivos ocurrió en el año 70 d.C., ni aún en la historia de la tierra, el cumplimiento específico de estos juicios universales aún debe estar en el futuro.

En respuesta a la pregunta de los discípulos, el Señor delineó algunos dolores específicos de parto, o señales de advertencia, que precederán su regreso. Primero, **Jesús, respondiéndoles, comenzó a** explicarles que el mundo será sometido a implacable engaño por medio de fraudes espirituales. Les dijo: **Mirad que nadie os engañe; porque vendrán muchos en mi nombre, diciendo: Yo soy el Cristo; y engañarán a muchos.** El imperativo **mirad** se traduce de una forma de la palabra griega *blepō*. En este contexto significa más que solo "echar una mirada"; lleva la sensación de "tengan cuidado" o "presten atención". En los versículos 22-23 Jesús repitió la misma advertencia: "Porque se levantarán falsos Cristos y falsos profetas, y harán señales y prodigios, para engañar, si fuese posible, aun a los escogidos. Mas vosotros mirad; os lo he dicho todo antes". Los seguidores de Jesús debían tener cuidado con los falsos maestros (cp. 2 Ti. 3:13; 2 P. 2:1-3; 1 Jn. 4:1-3), para que no fueran engañados. Aunque ha habido muchos mesías ficticios y falsos profetas a lo largo de la historia, antes y después del tiempo de Cristo, su cantidad aumentará en gran medida al final de la era. Su obra de engaño prefigura la del último falso maestro que se revelará durante la época de la tribulación: el anticristo (cp. Dn. 8:23; 11:36; 2 Ts. 2:3; Ap. 11:7; 13:1-10). A pesar de que engañará a muchos (cp. 2 Ts. 2:3-4), el anticristo será incapaz de engañar aun a los escogidos (cp. Jn. 10:3-5).

LA DEVASTACIÓN DEL MUNDO

Mas cuando oigáis de guerras y de rumores de guerras, no os turbéis, porque es necesario que suceda así; pero aún no es el fin. Porque se levantará nación contra nación, y reino contra reino; y habrá terremotos en muchos lugares, y habrá hambres y alborotos; principios de dolores son estos. (13:7-8)

Al seguir expresando los dolores de parto que precederán su regreso, Jesús describió la devastación global que vendrá como resultado de los conflictos humanos y de los desastres naturales. **Guerras y rumores de guerras** entre naciones y reinos han sido una realidad en toda generación, incluso la actual. Sin embargo, en armonía con la analogía de Cristo acerca del aumento de sufrimientos, estas catástrofes aumentarán en magnitud e intensidad casi al final de esta era. Por malas que esas realidades sean, los creyentes **no** deben asustarse **porque es necesario que** todo **suceda** según el plan soberano de Dios para el mundo, **pero** ese **aún no es el fin.** Todavía hay más por venir. Según explicó

Jesús, **se levantará nación contra nación, y reino contra reino.** No obstante, esas conflagraciones, por frecuentes o intensas que sean, solo presagian el conflicto culminante cuando las naciones del mundo se concentren en Israel y Cristo regrese para liberar a su pueblo y establecer su reino (cp. Dn. 7:24; 9:27; 11:40-45; Zac. 14:2-3). Esa batalla final, conocida como Armagedón (llamada así porque gran parte de la lucha se llevará a cabo en la planicie de Meguido, como a cien kilómetros al norte de Jerusalén), se describe en Apocalipsis 16 y 19. Cuando el Señor Jesús regrese en victoria destruirá a sus enemigos (cp. 2 Ts. 1:7-10; Ap. 19:17-21) y lanzará al anticristo al lago de fuego (Ap. 19:20).

Además de las angustias de las guerras, **habrá terremotos en muchos lugares.** En su relato paralelo Lucas narra que estos sismos serán "grandes terremotos" (Lc. 21:11). A lo largo de la historia humana se han registrado muchos terremotos poderosos. Pero serán eclipsados por los enormes estremecimientos que ocurrirán durante la tribulación. El libro del Apocalipsis relata uno de tales sismos:

> *Miré cuando abrió el sexto sello, y he aquí hubo un gran terremoto; y el sol se puso negro como tela de cilicio, y la luna se volvió toda como sangre; y las estrellas del cielo cayeron sobre la tierra, como la higuera deja caer sus higos cuando es sacudida por un fuerte viento. Y el cielo se desvaneció como un pergamino que se enrolla; y todo monte y toda isla se removió de su lugar (Ap. 6:12-14).*

Un terremoto posterior, registrado en Apocalipsis 11:13, destruirá la décima parte de Jerusalén, matando a siete mil personas. Pero el terremoto más devastador en toda la historia del mundo está profetizado algunos capítulos después:

> *Entonces hubo relámpagos y voces y truenos, y un gran temblor de tierra, un terremoto tan grande, cual no lo hubo jamás desde que los hombres han estado sobre la tierra. Y la gran ciudad fue dividida en tres partes, y las ciudades de las naciones cayeron; y la gran Babilonia vino en memoria delante de Dios, para darle el cáliz del vino del ardor de su ira. Y toda isla huyó, y los montes no fueron hallados (Ap. 16:18-20).*

Tal conmoción global alterará en gran medida la topografía de la tierra y su organización geopolítica. Pero es una parte necesaria del juicio de Dios sobre el mundo al final de la era.

Además de guerras y terremotos, también **habrá hambres y alborotos** a lo largo de la historia, una realidad que prefigura otra vez la devastación final del mismo fin. Durante la tribulación, el hambre contribuirá a miles de millones de muertes cuando la cuarta parte de la población mundial perezca (cp. Ap. 6:5-6, 8). Los varios desastres naturales que son parte del juicio de Dios durante ese tiempo tumultuoso, incluso el envenenamiento de un tercio de los suministros de agua potable del mundo (Ap. 8:11), afectarán gravemente la vegetación y los ecosistemas del planeta. El resultado será una pérdida masiva de vidas humanas.

Cuando el Señor delinea la realidad de futuros terremotos, guerras y hambres, que prefiguran los desastres de la tribulación final, añade: **principios de dolores son estos.** La metáfora de dolores de parto, una referencia a las contracciones experimentadas por una mujer al dar a luz, la empleaban a menudo escritores judíos de la antigüedad para referirse al final de los tiempos (cp. 1 Ts. 5:1-3). Inicialmente, las contracciones de una madre embarazada son separadas y de algún modo suaves. Pero en el momento del parto se acercan más y se intensifican tanto en frecuencia como en severidad. Los desastres que actualmente caracterizan la historia humana solo son anticipos de las cosas mucho más horribles que vienen. Son suaves comparadas con la devastación total que resultará del juicio de Dios al final de la era.

LA ANGUSTIA DE LA PERSECUCIÓN

Pero mirad por vosotros mismos; porque os entregarán a los concilios, y en las sinagogas os azotarán; y delante de gobernadores y de reyes os llevarán por causa de mí, para testimonio a ellos. Y es necesario que el evangelio sea predicado antes a todas las naciones. Pero cuando os trajeren para entregaros, no os preocupéis por lo que habéis de decir, ni lo penséis, sino lo que os fuere dado en aquella hora, eso hablad; porque no sois vosotros los que habláis, sino el Espíritu Santo. Y el hermano entregará a la muerte al hermano, y el padre al hijo; y se levantarán los hijos contra los padres, y los matarán. (13:9-12)

Jesús ya había advertido a sus discípulos acerca de la angustia que enfrentarían por serle fiel. En Mateo 10:16-17 les declaró: "He aquí, yo os envío como a ovejas en medio de lobos; sed, pues, prudentes como serpientes, y sencillos como palomas. Y guardaos de los hombres, porque os entregarán a los concilios, y en sus sinagogas os azotarán". La noche siguiente (el jueves de la Semana Santa), cuando se reunirían en el aposento alto, el Señor reiteraría esa misma advertencia. Hablando de quienes los perseguirían, manifestó a sus discípulos: "Os expulsarán de las sinagogas; y aun viene la hora cuando cualquiera que os mate, pensará que rinde servicio a Dios. Y harán esto porque no conocen al Padre ni a mí" (Jn. 16:2-3).

En esta ocasión el Señor explicó que sus seguidores serían maltratados y atacados por adversarios tanto judíos como gentiles. Al referirse a la persecución judía advirtió: **Pero mirad por vosotros mismos; porque os entregarán a los concilios, y en las sinagogas os azotarán.** Las cortes de Israel se reunían en sinagogas, donde los casos eran tratados por jueces locales y a menudo los castigos tomaban la forma de azotes (cp. Hch. 5:40; 2 Co. 11:24) y encarcelamiento

(Hch. 5:18; 8:3). El verbo **entregarán** se traduce de una forma de la expresión griega *paradidōmi*, usada aquí en un sentido técnico que significa "ser arrestados" y puestos en custodia. El libro de Hechos registra muchos casos en que los creyentes en la iglesia primitiva enfrentaron persecución de adversarios judíos (cp. 3:12-26; 4:1-3; 5:18; 6:8-11; 7:57-60; 8:1-3; 9:23-24, 29; 12:1-3; 13:6-8, 45; 14:2, 19; 17:5, 13; 18:6, 12-16; 19:8-9; 20:3, 19; 21:27-32; 23:12-22; 25:2-3; 28:23-28; cp. 2 Co. 11:24, 26). Sin embargo, los seguidores de Jesús no solo soportarán oposición de judíos incrédulos. El Señor expandió su explicación hasta incluir autoridades gentiles: **Y delante de gobernadores y de reyes os llevarán por causa de mí, para testimonio a ellos.** Ningún personaje del Nuevo Testamento ilustra esa realidad mejor que el apóstol Pablo, quien fue encarcelado por los romanos en varias ocasiones (cp. Hch. 16:23-24; 22:24-29; 23:10, 18, 35; 24:27; 28:16-31; 2 Ti. 1:8; cp. 2 Co. 11:25; 1 Ts. 2:2) y fue llevado varias veces a juicio delante de gobernantes gentiles (Hch. 16:19-22; 18:12-16; 21:31-33; 22:24-29; 24:1-22; 25:1-12, 21; 26:1-32; 2 Ti. 4:16-17).

A lo largo de la historia de la Iglesia, incluso hasta el momento actual, incontable cantidad de cristianos siguen los pasos de Pablo y los demás apóstoles al soportar fielmente sufrimiento y maltrato por el nombre del Señor Jesucristo. Así le dijo Pablo a Timoteo: "También todos los que quieren vivir piadosamente en Cristo Jesús padecerán persecución" (2 Ti. 3:12). El libro de Apocalipsis revela que la peor persecución en la historia ocurrirá justo antes que el Señor regrese, cuando la animosidad hacia Dios y el evangelio aumente bajo el liderazgo del último y más influyente anticristo. En esa época muchos morirán por el nombre de Cristo. El apóstol Juan narra en Apocalipsis 6:9-11 una visión de esos creyentes martirizados:

> *Cuando abrió el quinto sello, vi bajo el altar las almas de los que habían sido muertos por causa de la palabra de Dios y por el testimonio que tenían. Y clamaban a gran voz, diciendo: ¿Hasta cuándo, Señor, santo y verdadero, no juzgas y vengas nuestra sangre en los que moran en la tierra? Y se les dieron vestiduras blancas, y se les dijo que descansasen todavía un poco de tiempo, hasta que se completara el número de sus consiervos y sus hermanos, que también habían de ser muertos como ellos (Ap. 6:9-11; cp. 7:9-10, 14).*

A pesar de la satánica oposición y persecución que los creyentes han soportado en el pasado y que enfrentarán en el futuro, el Señor promete que el mensaje de salvación por gracia mediante la fe en el Señor Jesucristo continuará extendiéndose por todo el mundo. Así lo explicó Él: **Y es necesario que el evangelio sea predicado antes a todas las naciones** antes que llegue el fin (cp. Mt. 24:14). Dos mil años en la historia de la Iglesia, a pesar de graves ataques el evangelio se ha extendido hasta lo último de la tierra; y continúa, en una escala nunca antes imaginada, alcanzando las regiones más remotas del globo. Incluso en el período de la tribulación, cuando la Iglesia haya sido arrebatada y el anticristo ocasione estragos, el Señor levantará sus testigos en el mundo, entre ellos a 144.000 judíos creyentes (Ap. 7:4-8; 14:1-5), a los dos testigos resucitados (Ap. 11:1-13), a un ángel del cielo que proclamará continuamente las buenas nuevas de salvación (Ap. 14:6-7), así como a los creyentes regenerados de toda nación (Ap. 7:9-10).

A la luz de la persecución venidera, Jesús hizo a sus seguidores una promesa personal: **Pero cuando os trajeren para entregaros, no os preocupéis por lo que habéis de decir, ni lo penséis, sino lo que os fuere dado en aquella hora, eso hablad; porque no sois vosotros los que habláis, sino el Espíritu Santo.** Los pasillos de la historia de la Iglesia están llenos de ejemplos de personas para quienes esa promesa se ha cumplido, cuando el Espíritu de Dios fortaleció a los creyentes a fin de que enfrentaran a sus adversarios con extraordinario aplomo, constancia y fidelidad. Tal fidelidad comenzó con Pedro y Juan, quienes después de ser arrestados por predicar en el templo se dirigieron al sanedrín con valor y confianza sobrenaturales (Hch. 4:13). Esteban asimismo se paró sin miedo delante del concilio judío, al mismo borde de una muerte segura a manos de una turba violenta (Hch. 7:1-53). El mismo Pablo hizo muchas elocuentes defensas del evangelio cuando compareció ante gobernadores y reyes. Su capacidad para soportar con valentía por el nombre de Cristo y el evangelio en esos momentos fue posible por el poder divino. Así le explicó Pablo a Timoteo, después de comparecer a juicio delante del emperador romano Nerón: "El Señor estuvo a mi lado, y me dio fuerzas, para que por mí fuese cumplida la predicación, y que todos los gentiles oyesen. Así fui librado de la boca del león" (2 Ti. 4:17).

En el versículo 12 Jesús añadió que la persecución que sus seguidores enfrentarían, a lo largo de la historia de la Iglesia y en la tribulación final, se originaría a menudo de parte de miembros de sus propias familias. Les declaró a sus discípulos: **Y el hermano entregará a la muerte al hermano, y el padre al hijo; y se levantarán los hijos contra los padres, y los matarán.** Aquellos que siguen a Cristo deben estar dispuestos a soportar persecución incluso de sus más íntimos amigos y familiares. Según indicó el Señor, esa persecución podrá ser tan intensa que dará como resultado la muerte. Pero ni siquiera la muerte puede detener la expansión del evangelio. A lo largo de la historia el Señor ha usado la ejecución indebida de cristianos como testimonio poderoso para el mundo que observa. Y lo volverá a hacer en la tribulación (cp. Ap. 11:7-13). Apropiadamente la palabra castellana "mártir" viene del vocablo griego *marturion*, que significa "testigo" o "testimonio". Todos los que han sacrificado sus vidas por el nombre de Cristo, a través del poder reanimador del Espíritu, han muerto como testigos de la preciosidad de la verdad gloriosa del evangelio para los que han sido objeto del poder de esta verdad.

LA LIBERACIÓN DE LOS CREYENTES

Y seréis aborrecidos de todos por causa de mi nombre; mas el que persevere hasta el fin, éste será salvo. (13:13)

El mundo odia a los creyentes porque odia al Señor Jesús. Así lo explicó Él mismo: **seréis aborrecidos de todos por causa de mi nombre.** En Juan 7:7, Jesús dijo del mundo: "A mí me aborrece, porque yo testifico de él, que sus obras son malas". Motivados por su enemistad hacia el mensaje de condenación del Señor por los pecados que los incrédulos cometen, estos atacan a quienes le pertenecen. Jesús amplió esta realidad en el aposento alto:

> *Si el mundo os aborrece, sabed que a mí me ha aborrecido antes que a vosotros. Si fuerais del mundo, el mundo amaría lo suyo; pero porque no sois del mundo, antes yo os elegí del mundo, por eso el mundo os aborrece. Acordaos de la palabra que yo os he dicho: El siervo no es mayor que su señor. Si a mí me han perseguido, también a vosotros os perseguirán; si han guardado mi palabra, también guardarán la vuestra (Jn. 15:18-20).*

La advertencia del Señor fue dada junto con una promesa: **mas el que persevere hasta el fin, éste será salvo.** Algunos han interpretado de manera incorrecta esta frase como enseñanza de que la salvación puede ganarse por medio de perseverancia. Pero eso haría que la salvación estuviera supeditada a las buenas obras, planteamiento que el Nuevo Testamento niega repetidamente (cp. Hch. 15:1-11; Ro. 3:19-28; 11:6; Gá. 2:16; Ef. 2:8-9; Fil. 3:7-11; Tit. 3:5). Otros sostienen que este versículo implica que los creyentes verdaderos pueden perder su salvación, pero esa idea también es rechazada claramente en la Biblia (cp. Jn. 6:37, 40; 10:27-29; 17:11; 1 Co. 1:8; 1 Ts. 5:23-24; Ro. 8:30-39). En realidad, Jesús simplemente estaba reiterando el hecho de que aquel que soporta el sufrimiento por causa de Cristo demuestra por esa misma resistencia que es un verdadero creyente (cp. Jn. 8:31; 1 Co. 15:1-2; Col. 1:21-23; He. 2:1-3; 3:14; 4:14; 6:11-12; 10:39; 12:14; Stg. 1:2-4), y que como tal **será salvo.** Por el contrario, aquel que deserta cuando llega la persecución pone de manifiesto que en primer lugar nunca tuvo verdadera fe salvadora (cp. Mr. 4:16-17; 1 Jn. 2:19).

Motivados por su amor por Cristo, los discípulos verdaderos padecen de buena gana por causa de Él, considerando un gozo hacerlo (cp. Hch. 5:41), sabiendo que su padecimiento será recompensado un día en el cielo por Aquel que primero los amó (cp. 2 Co. 4:16-18). Según se indicó antes, la capacidad de soportar que tengan los creyentes no viene de su propia voluntad, sino del poder interior del Espíritu Santo, quien les permite estar firmes en medio de la adversidad. Por tanto, pueden hacer frente a las dificultades con inquebrantable determinación, armados con una fe divinamente otorgada (Ef. 2:8-9) que se aferra firmemente a la promesa de que Dios preservará y protegerá a quienes le pertenecen (cp. Ro. 5:8-10; Fil. 1:6; 2 Ti. 1:12; He. 7:25; 1 P. 1:3-8; Jud. 24).

Solamente aquel que posee esa genuina fe salvadora, la cual por su naturaleza soporta **hasta el fin, éste será salvo** para disfrutar las glorias eternas del cielo. En este contexto la salvación se extiende más allá del momento de la conversión hasta la finalización de la obra salvadora de Dios en la vida de los creyentes, mientras los libra del actual sistema perverso y los introduce en su reino eterno. La perspectiva pletórica de esperanza de cada cristiano se refleja en las palabras del apóstol Pablo, quien exclamó casi al final de su vida: "Y el Señor me librará de toda obra mala, y me preservará para su reino celestial. A él sea gloria por los siglos de los siglos. Amén" (2 Ti. 4:18).

Incluso durante el período de tribulación, cuando la persecución mortal contra los creyentes alcance su apogeo, aquellos que pertenecen de veras a Cristo perseverarán, aunque muchos se convertirán en mártires. En una espectacular imagen de fidelidad y subsiguiente recompensa, el libro del Apocalipsis describe con estas palabras a los santos de la tribulación:

> *Yo le dije: Señor, tú lo sabes. Y él me dijo: Estos son los que han salido de la gran tribulación, y han lavado sus ropas, y las han emblanquecido en la sangre del Cordero. Por esto están delante del trono de Dios, y le sirven día y noche en su templo; y el que está sentado sobre el trono extenderá su tabernáculo sobre ellos. Ya no tendrán hambre ni sed, y el sol no caerá más sobre ellos, ni calor alguno; porque el Cordero que está en medio del trono los pastoreará, y los guiará a fuentes de aguas de vida; y Dios enjugará toda lágrima de los ojos de ellos (Ap. 7:14-17).*

A pesar del engaño, los desastres y la angustia que vienen, las palabras del Señor aseguran a sus discípulos que no todos desertarán. El evangelio prevalecerá. Durante el resto de la historia, e incluso en el período final de tribulación, Dios estará obrando en los corazones de sus elegidos: salvándolos del pecado, fortaleciéndolos para el servicio y preservándolos para gloria (cp. Mr. 13:20). Por tumultuoso que el mundo se vuelva, la cadena redentora de Romanos 8 nunca puede romperse:

> *Y a los que predestinó, a éstos también llamó; y a los que llamó, a éstos también justificó; y a los que justificó, a éstos también glorificó... Por lo cual estoy seguro de que ni la muerte, ni la vida, ni ángeles, ni principados, ni potestades, ni lo presente, ni lo por venir, ni lo alto, ni lo profundo, ni ninguna otra cosa creada nos podrá separar del amor de Dios, que es en Cristo Jesús Señor nuestro (Ro. 8:30, 38-39).*

La tribulación futura 54

Pero cuando veáis la abominación desoladora de que habló el profeta Daniel, puesta donde no debe estar (el que lee, entienda), entonces los que estén en Judea huyan a los montes. El que esté en la azotea, no descienda a la casa, ni entre para tomar algo de su casa; y el que esté en el campo, no vuelva atrás a tomar su capa. Mas ¡ay de las que estén encintas, y de las que críen en aquellos días! Orad, pues, que vuestra huida no sea en invierno; porque aquellos días serán de tribulación cual nunca ha habido desde el principio de la creación que Dios creó, hasta este tiempo, ni la habrá. Y si el Señor no hubiese acortado aquellos días, nadie sería salvo; mas por causa de los escogidos que él escogió, acortó aquellos días. Entonces si alguno os dijere: Mirad, aquí está el Cristo; o, mirad, allí está, no le creáis. Porque se levantarán falsos Cristos y falsos profetas, y harán señales y prodigios, para engañar, si fuese posible, aun a los escogidos. Mas vosotros mirad; os lo he dicho todo antes. (13:14-23)

La segunda venida de Jesucristo es uno de los temas más fascinantes y emocionantes de la Biblia, y tanto cristianos como incrédulos deben considerar con mucho cuidado sus consecuencias eternas. Para los creyentes, el regreso del Señor es el cumplimiento de la promesa de Dios y de la esperanza que tienen. Aquellos que aman al Señor Jesús están constantemente "aguardando la esperanza bienaventurada y la manifestación gloriosa de [su] gran Dios y Salvador Jesucristo" (Tit. 2:13), sabiendo que serán recompensados por Él (cp. 1 P. 5:4) y que permanecerán para siempre en su presencia (1 Ts. 4:17). Por tanto, la idea del regreso del Señor debería llenarlos de gozo y anticipación. Por el contrario, para los incrédulos la segunda venida se presenta como una aterradora promesa del juicio divino que espera a todos los que rechazan al Señor Jesús (2 Ts. 1:9-10). En su regreso Cristo no solo recogerá a los suyos y les dará la bienvenida en su reino eterno, sino que también destruirá a sus enemigos y los lanzará al infierno eterno (cp. Mt. 25:31-46). Esa realidad debería obligar a los no creyentes a reconocer que "el mundo pasa, y [también] sus deseos" (1 Jn. 2:17), y que solo aquellos que invocan el nombre del Señor y ponen su fe en Él, serán salvos del castigo eterno (cp. Ro. 10:9-13).

En Marcos 13:14-23 el Señor Jesús continúa su descripción de las circunstancias catastróficas que precederán su regreso y el establecimiento de su monarquía milenial. Jesús enseñó estas verdades mientras estaba con sus discípulos en el Monte de los Olivos. Fue la noche del miércoles de la semana de la pasión. Al día siguiente celebraría la comida de Pascua con ellos. El viernes moriría en la cruz, y el domingo resucitaría de la tumba.

Las actividades del Señor el miércoles empiezan con un día lleno de enseñanza en el atrio del templo. Después de la declaración de juicio sobre el edificio mismo y sobre el pueblo comprometido en la forma apóstata de religión que esta construcción albergaba (v. 2), Jesús salió de Jerusalén con sus discípulos. Atravesaron la puerta oriental, cruzaron el valle del Cedrón y subieron la cuesta del Monte de los Olivos. Desde allí pudieron volver la mirada para observar las piedras de mármol que todavía brillaban en el resplandor desvanecedor de la noche. La anterior declaración de juicio del Señor sobre esa gran maravilla hizo que surgiera una pregunta en las mentes de Pedro, Andrés, Santiago y Juan. Estos le preguntaron a Jesús en privado: "¿Cuándo serán estas cosas?" (v. 4). Los discípulos de Jesús querían saber no solo respecto a la futura demolición del templo, sino también acerca de las señales del fin de los tiempos (cp. Mt. 24:3). En respuesta a su inquietud, el Señor pronunció un discurso en cuanto a su regreso. Conocido como el discurso del Monte de los Olivos, es la respuesta más larga registrada en los evangelios a alguna pregunta que se le hiciera (cp. Mt. 24:4-25:46; Lc. 21:8-36). La contestación de Jesús predijo los acontecimientos que iban a suceder en el mundo antes de su regreso, aunque no especificó el tiempo exacto en que esas catástrofes irían a ocurrir (cp. Hch. 1:7).

Como se ve en la exposición de 13:5-13 en el capítulo anterior de esta obra, Jesús examinó primero los cataclismos que marcarán el inicio del período de tribulación final, siete años específicos de horrible retribución divina, profetizados en Daniel 9:27 y detallados en Apocalipsis 6-16. (Para más información sobre la tribulación según se describe en el libro del Apocalipsis, véase John MacArthur, *Porque el tiempo sí está cerca* [Grand Rapids: Portavoz, 2009]). Con el uso de la metáfora de los dolores de parto, el Señor explicó que el fin de la era se caracterizará por falsos maestros, falsos mesías, guerras, rumores de guerras, terremotos, hambres y violenta persecución contra creyentes. Aunque similares realidades devastadoras siempre han sido parte de la atribulada historia de la tierra, su frecuencia y gravedad aumentarán de modo rápido y dramático en el mismo fin cuando se inicie el juicio final. Las aflicciones que este mundo ha experimentado hasta el momento actual son simples anticipos de la destrucción sin precedentes que ocurrirá en los meses anteriores al regreso del Hijo de Dios.

La Biblia describe la tribulación como un tiempo de devastación universal en que la ira de Dios se desatará sobre toda la tierra (cp. Dn. 9:27; Ap. 6-16). También será una época de maldad absoluta, ya que el normal poder restrictivo del Espíritu Santo en contra del mal se habrá retirado (2 Ts. 2:7) y a la actividad demoníaca se le permitirá que aumente (Ap. 9:1-6). Aunque la Iglesia ya habrá sido arrebatada al cielo (cp. Jn. 14:1-3; 1 Co. 15:51-52; 1 Ts. 4:15-18; Ap. 3:10), la buena noticia de salvación seguirá siendo predicada a los incrédulos por medio del testimonio de 144.000 judíos redimidos (Ap. 7), de dos testigos poderosos (Ap. 11), de un ángel que volará en medio del cielo (Ap. 14:6), y de una cantidad innumerable de gentiles que aceptarán el evangelio durante ese tiempo (Ap. 7:9-10). (Para una explicación y defensa del arrebatamiento de la Iglesia antes de la tribulación, véase *Comentario MacArthur del Nuevo Testamento: 1 y 2 Tesalonicenses, 1 y 2 Timoteo, Tito* [Grand Rapids: Portavoz, 2012,] cap. 11).

En esta sección (13:14-23) el Señor continuó analizando la futura tribulación, enfocándose específicamente en la segunda mitad de esa época. A medida que describe dichos sucesos identifica la perversión del anticristo, el pánico de la gente, y la protección para los escogidos.

LA PERVERSIÓN DEL ANTICRISTO

Pero cuando veáis la abominación desoladora de que habló el profeta Daniel, puesta donde no debe estar (el que lee, entienda), (13:14*a*)

Después de describir los dolores iniciales de parto, Jesús cambió su enfoque a un hecho importante que notificará a todo el mundo que ha llegado el período final de tribulación: verán **la abominación desoladora de que habló el profeta Daniel, puesta donde no debe estar.** En el relato paralelo de Mateo, Jesús observa que **la abominación desoladora** estaba "en el lugar santo" (Mt. 24:15). Marcando el punto medio de la tribulación (cp. Dn. 9:27), ese detestable suceso activará las calamidades más intensas de juicio divino, desatando un tiempo que Jesús describió como la "gran tribulación" (Mt. 24:21).

La palabra traducida **abominación** (del término griego *bdelugma*; junto con sus equivalentes hebreos *shiqquwts* y *tow`ebah*) se refiere a lo que es detestable, sucio, inmoral, blasfemo y abominable para Dios (p. ej., Lv. 18:22-29; Dt. 22:5; 25:13-16; 1 R. 11:5-7; 14:24; 2 R. 16:3; Pr. 11:1; 12:22; 15:8-9; 20:23; Jer. 16:18). Se usaba a menudo en referencia a la idolatría y costumbres de adoración pagana (p. ej., Dt. 7:25; 27:15; 32:16; Is. 44:19; Ez. 5:11; 7:20; 18:12). El libro del Apocalipsis describe la maldad de la ciudad de Babilonia (17:4-5). Apocalipsis 21:27 promete que no se le permitirá la entrada al cielo al "que hace abominación".

El libro de Daniel menciona tres veces **la abominación desoladora** (9:27; 11:31; 12:11). En Daniel 11:31 el término se usa para describir la perversión histórica de Antíoco IV, el rey seléucida que controló a Israel del 175-165 a.C. Llamándose a sí mismo "Teos Epífanes", que significa "dios manifestado", Antíoco profanó el templo en Jerusalén sacrificando un cerdo sobre el altar, obligando a los sacerdotes a comer la carne, y erigiendo un ídolo de Zeus dentro de sus muros. Antíoco oprimía al pueblo judío con despiadado desenfreno, asesinando a miles y vendiendo a muchos más en esclavitud. Los libros apócrifos intertestamentarios de 1 y 2 Macabeos detallan las atrocidades cometidas por Antíoco y la habilidad del pueblo judío para derrocarlo y purificar el templo.

Sin embargo, la profanación del templo por parte de Antíoco IV fue solo un presagio de la futura perversión del anticristo. Daniel 9:27 y 12:11 describen ese acontecimiento de los últimos tiempos, ubicado en el punto medio de la séptima semana de Daniel, cuando el anticristo establezca su trono en un templo reconstruido en Jerusalén y declare ser Dios. Después de fingir ser un pacificador al hacer un pacto con Israel, el anticristo se volverá contra los judíos masacrándolos y profanando el templo por un período de tres años y medio (cp. Ap. 11:2; 12:1). También les hará la guerra a los creyentes (Ap. 13:7), sean judíos o gentiles, matando a muchos que mostrarán fe inquebrantable en el Señor Jesucristo (cp. Ap. 6:9-11).

Durante ese tiempo el anticristo blasfemará abiertamente de Dios, elevándose "contra todo lo que se llama Dios o es objeto de culto; tanto que se sienta en el templo de Dios como Dios, haciéndose pasar por Dios" (2 Ts. 2:4; cp. Ap. 13:15). Este individuo es un "inicuo cuyo advenimiento es por obra de Satanás, con gran poder y señales y prodigios mentirosos, y con todo engaño de iniquidad para los que se pierden, por cuanto no recibieron el amor de la verdad para ser salvos" (2 Ts. 2:9-10). Mientras que Antíoco IV erigió un ídolo de Zeus en el templo, el anticristo final se exaltará como Dios y exigirá la adoración de todo pueblo de la tierra (cp. Ap. 13:7-8). Su blasfema religión será promovida por el último falso profeta, quien realizará grandes milagros por medio del poder de Satanás a fin de engañar al mundo (Ap. 13:11-15; cp. 2 Ts. 2:9-10).

Como se indicó en capítulos anteriores de esta obra, las advertencias dadas por Cristo en el discurso del Monte de los Olivos no estaban destinadas específicamente para los doce, sino para creyentes que estarán vivos al final de la era cuando estas cosas ocurran. Esa interpretación la refuerza la exhortación **el que lee, entienda.** Esto no es para los discípulos oyentes, sino para lectores futuros de la Biblia. En los años inmediatamente anteriores a la segunda venida las personas leerán las palabras de Jesús y, al darse cuenta de que están en medio de la tribulación final, se prepararán para entender y soportar las pruebas de esas dificultades incomparables.

EL PÁNICO DE LAS PERSONAS

entonces los que estén en Judea huyan a los montes. El que esté en la azotea, no descienda a la casa, ni entre para tomar algo de su casa; y el que esté en el campo, no vuelva atrás a tomar su capa. Mas ¡ay de las que estén encintas, y de las que críen en aquellos días! Orad, pues, que vuestra huida no sea en invierno; (13:14*b*-18)

El pueblo judío será particularmente atacado durante la tribulación final. La instrucción de Jesús para aquellos que un día experimentarán los sucesos que apuntan directamente hacia Israel es simple y clara: ¡Salgan de inmediato! Cuando se lleve a cabo la profanación del futuro templo de Jerusalén por parte del anticristo, **entonces los que estén en Judea huyan a los montes.** La única reacción segura a la abominación de desolación es escapar de Jerusalén con urgencia, porque la inminente masacre será muy severa. Al ser los más cercanos al templo, quienes vivan en Jerusalén y Judea en esa época se encontrarán en el más grande peligro por parte del anticristo. A pesar de que hará valer su dominio sobre el mundo entero, su ira se dirigirá especialmente al pueblo judío, junto con los creyentes en todas partes. La palabra **huyan** (una forma del verbo griego *phuegō*) se relaciona con el vocablo castellano "fugitivo". A la luz de la inminente amenaza, la única esperanza para los residentes de Jerusalén será abandonar la ciudad y esconderse en los montes.

Al describir estos acontecimientos de los últimos tiempos, el profeta Zacarías declaró que un tercio de la población judía que viva en Judea en esa época sobrevivirá (Zac. 13:8-9). Aquellos que logren escapar llegarán a la fe salvadora al haber sido refinados por Dios mediante la persecución que el anticristo les infligirá. Como Dios mismo ha prometido, en ese tiempo "invocará mi nombre, y yo le oiré, y diré: Pueblo mío; y él dirá: Jehová es mi Dios" (v. 9*b*).

La furia del anticristo contra Israel producirá un holocausto mucho más grave que el ataque romano a Jerusalén en el 70 d.C. Aunque es verdad que muchos de los habitantes de Jerusalén huyeron a los montes cuando los ejércitos de Roma atacaron, su escape solo presagió la huida futura que se llevará a cabo en el mismísimo fin. En el año 70 d.C. no se cumplieron importantes detalles del discurso del Monte de los Olivos y de otras profecías bíblicas, tales como la destrucción de las naciones que atacan a Jerusalén (Zac. 12:8-9), el regreso visible de Cristo (Zac. 14:1-11; Mr. 13:24-27; Hch. 1:9-11), el juicio de las naciones por parte del Señor Jesús (cp. Mt. 25:31-46), y el establecimiento de su reino terrenal en Jerusalén por mil años (Ap. 20:4-6). Esas profecías no cumplidas indican que los horrores descritos por Jesús en estos versículos son futuros y no pueden referirse a ese evento del siglo I.

Volviendo a resaltar la urgencia de esa situación futura, Jesús añadió: **El que esté en la azotea, no descienda a la casa, ni entre para tomar algo de su casa.** El creciente peligro será tan grande que no habrá tiempo que perder, ni siquiera para entrar a la casa a recoger pertenencias personales. En el antiguo Israel la mayoría de casas se construían con un tejado plano que actuaba como una terraza exterior, con escaleras que llevaban al exterior de la casa. En horas de la noche la gente a menudo se reunía en sus tejados para refrescarse del día y disfrutar el clima más fresco. Jesús advirtió que cualquier persona que se halle en su azotea cuando oiga acerca de la abominación desoladora debe huir al instante de la ciudad. Ni siquiera debería tomar algunos breves minutos para recoger algo del interior de la casa, ya que el peligro aumentará de manera exponencial con cada instante que pase. Por esa misma razón, **el que esté en el campo, no vuelva atrás a tomar su capa.** Debe dejarla atrás y huir. Quienes no puedan realizar un rápido escape, como **las que estén encintas** y **las que críen,** se hallarán en una posición sumamente precaria **en aquellos días.** Su imposibilidad de moverse rápidamente aumentará el riesgo de captura y muerte. Sin embargo, aquellos que son parte del remanente elegido de Dios estarán protegidos por Él mientras van a esconderse.

En comparación con otros lugares del mundo, los inviernos en Israel por lo general son suaves, aunque de vez en cuando cae nieve en Jerusalén. (En promedio, la ciudad experimenta una tormenta importante de nieve cada pocos años). No obstante, cuando Jesús instó: **Orad, pues, que vuestra huida no sea en invierno,** su planteamiento era simplemente que cualquier obstáculo, incluso un clima inclemente, haría lento el escape de quienes intenten huir. Puesto que la amenaza será tan grande, cualquier dificultad —incluyendo frío, lluvia o nieve— aumentará el peligro.

LA PROTECCIÓN PARA LOS ESCOGIDOS

porque aquellos días serán de tribulación cual nunca ha habido desde el principio de la creación que Dios creó, hasta este tiempo, ni la habrá. Y si el Señor no hubiese acortado aquellos días, nadie sería salvo; mas por causa de los escogidos que él escogió, acortó aquellos días. Entonces si alguno os dijere: Mirad, aquí está el Cristo; o, mirad, allí está, no le creáis. Porque se levantarán falsos Cristos y falsos profetas, y harán señales y prodigios, para engañar, si fuese posible, aun a los escogidos. Mas vosotros mirad; os lo he dicho todo antes. (13:19-23)

Como ya se indicó, la abominación desoladora marcará el punto medio de la tribulación final de siete años. La segunda mitad de ese período de amargura (llamada por Jesús la "gran tribulación" en Mt. 24:21) será incluso más grave que los primeros tres años y medio. En realidad, **aquellos días serán de tribulación cual nunca ha habido desde el principio de la creación que Dios creó, hasta este tiempo, ni la habrá.** En ningún momento de la historia del planeta, incluso durante la conmoción del diluvio universal, ha habido una época más catastrófica de la que ocurrirá en el mismo final. Obviamente, como se indicó antes, la descripción que Jesús hace no puede aplicarse a la destrucción de Jerusalén en el año 70 d.C., como algunos suponen. En Apocalipsis 6—16 el apóstol Juan señala los horrores sin igual que caracterizarán el final, cuando la ira de Dios se derrame sobre toda la tierra. Los juicios que marcan la segunda mitad del período de tribulación incluyen lo siguiente: un gran terremoto devastará la tierra (Ap. 6:12-17); granizo y fuego consumirán la tercera parte de la vegetación del planeta (8:6-7); la tercera parte del océano se convertirá en sangre (8:8-9); la tercera parte del agua dulce se envenenará (8:10-11); la tercera parte del sol, la luna y las estrellas se oscurecerá (8:12); innumerables demonios serán liberados de la esclavitud para aterrorizar a la humanidad (9:1-12); la tercera parte de la población de la tierra morirá (9:13-21); otro gran terremoto acabará con siete mil personas (11:13); llagas incurables ocasionarán gran dolor a la gente (16:2); todo el mar se convertirá en sangre y todas las criaturas marinas morirán (16:3); los ríos se convertirán en sangre (16:4); la tierra experimentará calor extremo (16:8-9); oscuridad envolverá al mundo (16:10-11); el río Éufrates se secará (16:12); y un terremoto final y universal causará enormes cambios a la apariencia del planeta (16:17-21). Es evidente que acontecimientos catastróficos de esa magnitud y sucesión nunca han ocurrido en la historia humana. Esperan su cumplimiento en los últimos días, justo antes del regreso de Cristo y el establecimiento de su reino milenial.

Como Jesús pasó a explicar, **si el Señor no hubiese acortado aquellos días, nadie sería salvo; mas por causa de los escogidos que él escogió, acortó aquellos días.** El juicio de Dios sobre la tierra, incluso su venia para permitir la furia del anticristo contra los judíos y los santos, hará de la gran tribulación una época de terror sin precedentes. Es más, será tan insoportable que Dios mismo la acortará. El verbo **acortó** (una forma del término griego *koloboō*) significa "acabar de manera abrupta" o "detener instantáneamente". En lugar de someter a la tierra a un período prolongado ya sea de juicio divino o de tiranía satánica, Dios ha predeterminado poner fin a la devastación antes de que toda la especie humana sea destruida. En consecuencia, limitará la gran tribulación a un período de tres años y medio (Dn. 7:25; 12:7; Ap. 11:2; 12:14; 13:5).

Los escogidos puede referirse a creyentes en general (cp. Ap. 17:14) o a la nación de Israel específicamente (cp. Is. 45:4), ya que Dios preservará un remanente de redimidos, de judíos y gentiles. Si él no pusiera un súbito final al salvaje ataque del anticristo sobre los creyentes, ninguno de los escogidos sobreviviría. Sin embargo, Dios ha prometido proteger a los suyos. Aunque algunos serán martirizados, muchos serán preservados como un remanente terrenal. Cuando Cristo regrese, serán ellos quienes pueblen el reino terrenal del Señor. (Para más información sobre la enseñanza de la Biblia relacionada con el reino milenial, véase John MacArthur y Richard Mayhue, eds., *Christ's Prophetic Plans* [Chicago: Moody, 2012]).

Jesús siguió advirtiendo a esa generación futura que durante aquellos días acortados **si alguno os dijere: Mirad, aquí está el Cristo; o, mirad, allí está, no le creáis. Porque se levantarán falsos Cristos y falsos profetas.** Debido al caos y a las catástrofes que caracterizarán la gran tribulación, mentirosos y engañadores religiosos se aprovecharán del terror y la desesperación de la gente. Su mensaje de engaño satánico hará que muchas personas crean a ellos, porque **harán señales y prodigios.** Pero aunque tratarán de **engañar, si fuese posible, aun a los escogidos,** no podrán hacerlo. Los escogidos de Dios están siempre asegurados personalmente por Él, así que es imposible quitarlos de su mano o de la mano del Hijo (Jn. 10:28-29).

Las palabras de Jesús destacan la relación entre la responsabilidad humana y la soberanía divina. Por una parte, a los creyentes se les ordena no ser engañados por falsos profetas, sino soportar hasta el final (Mr. 13:13). Después de todo, han sido debidamente advertidos. Así declaró Jesús: **Mas vosotros mirad; os lo he dicho todo antes.** Por otra parte, también se les asegura que debido a que son escogidos es imposible que los engañen y que pierdan el regalo de la salvación (cp. Jn. 6:37, 40; 17:11; 1 Co. 1:8; 1 Ts. 5:23-24; Ro. 8:30-39). Los verdaderos creyentes conocen la voz de su Pastor (Jn. 10:27-29) y rechazarán todas las demás (Jn. 10:5). Después de haber sido llamados a depositar su confianza en el Señor, pueden estar seguros de que Él los mantendrá a salvo hasta que reciban las glorias eternas del cielo (cp. 2 Ti. 4:18).

Por horrible que sea el terror de esos últimos días, no durará indefinidamente. Según revela el pasaje siguiente (Mr. 13:24-27), el Señor Jesús sigue explicando que regresará a la tierra para derrotar al anticristo y rescatar a los escogidos (cp. Ap. 19:11-21). Tal es la sustancia de la esperanza cristiana (Fil. 3:20; 1 Ts. 4:13-18; Tit. 2:11-14). Aunque la gran tribulación ocurrirá, en última instancia la historia humana no concluirá en agitación y calamidad, sino en triunfo y victoria. Cuando el Señor Jesucristo regrese establecerá su espléndido reino milenial sobre la tierra, donde los santos serán exaltados con Él, como declara el libro del Apocalipsis:

> *Y vi tronos, y se sentaron sobre ellos los que recibieron facultad de juzgar; y vi las almas de los decapitados por causa del testimonio de Jesús y por la palabra de Dios, los que no habían adorado a la bestia ni a su imagen, y que no recibieron la marca en sus frentes ni en sus manos; y vivieron y reinaron con Cristo mil años... Bienaventurado y santo el que tiene parte en la primera resurrección; la segunda muerte no tiene potestad sobre éstos, sino que serán sacerdotes de Dios y de Cristo, y reinarán con él mil años (Ap. 20:4, 6).*

El regreso de Cristo 55

Pero en aquellos días, después de aquella tribulación, el sol se oscurecerá, y la luna no dará su resplandor, y las estrellas caerán del cielo, y las potencias que están en los cielos serán conmovidas. Entonces verán al Hijo del Hombre, que vendrá en las nubes con gran poder y gloria. Y entonces enviará sus ángeles, y juntará a sus escogidos de los cuatro vientos, desde el extremo de la tierra hasta el extremo del cielo. De la higuera aprended la parábola: Cuando ya su rama está tierna, y brotan las hojas, sabéis que el verano está cerca. Así también vosotros, cuando veáis que suceden estas cosas, conoced que está cerca, a las puertas. De cierto os digo, que no pasará esta generación hasta que todo esto acontezca. El cielo y la tierra pasarán, pero mis palabras no pasarán. Pero de aquel día y de la hora nadie sabe, ni aun los ángeles que están en el cielo, ni el Hijo, sino el Padre. Mirad, velad y orad; porque no sabéis cuándo será el tiempo. Es como el hombre que yéndose lejos, dejó su casa, y dio autoridad a sus siervos, y a cada uno su obra, y al portero mandó que velase. Velad, pues, porque no sabéis cuándo vendrá el señor de la casa; si al anochecer, o a la medianoche, o al canto del gallo, o a la mañana; para que cuando venga de repente, no os halle durmiendo. Y lo que a vosotros digo, a todos lo digo: Velad. (13:24-37)

El regreso del Señor Jesucristo representa el apogeo de la historia humana. Es la esperanza bienaventurada (Tit. 2:12-13), el anhelo sincero (2 Ti. 4:8), y la expectación anhelante (1 Co. 1:7; 1 Ts. 1:10) de todo creyente. Aunque la muerte lleva de inmediato a los redimidos a la presencia de su Salvador (2 Co. 5:8), la gloriosa resurrección del cuerpo espera el día futuro en que el Señor Jesús vendrá para llevar a su esposa al cielo (1 Co. 15:51-54; cp. 1 Ts. 4:13-18; 1 Jn. 3:2). Entonces seguirá en la tierra el período de siete años. Después de ese tiempo de juicios épicos y salvación, el Señor regresará a este mundo con sus santos arrebatados y glorificados, junto con los ángeles, para destruir a sus enemigos y establecer su reino prometido.

Así como la primera venida de Jesús fue un evento histórico, su segunda venida tendrá el lugar en un tiempo señalado por Dios en la historia real. Sin embargo, a diferencia de su primera venida, el Señor no vendrá como un bebé humano en un establo; aparecerá de repente en deslumbrante gloria divina en el cielo para que todo el mundo lo vea. Jesús explicó estas profecías a sus discípulos en el discurso del Monte de los Olivos (Mt. 24:4-25:46; Mr. 13:5-37; Lc. 21:8-36), en el que habló de las señales (o dolores de parto) que precederían a su venida futura y el final de la era, como se analizó en los capítulos anteriores de esta obra.

Era la noche del miércoles de la semana de pasión. Durante la mayor parte del día Jesús había estado enseñando en el templo (Mr. 11:27—12:44). Mientras salía de los amplios atrios del templo y atravesaba el valle del Cedrón hasta el Monte de los Olivos, explicó a sus discípulos que las magníficas edificaciones que tanto admiraban serían destruidas como un acto de juicio de Dios sobre la apóstata nación de Israel (cp. 13:2). Al oírle decir eso, cuatro de los discípulos (Pedro, Jacobo, Juan y Andrés) le preguntaron en privado: "Dinos, ¿cuándo serán estas cosas? ¿Y qué señal habrá cuando todas estas cosas hayan de cumplirse?" (v. 4). La pregunta iba más allá de la destrucción del templo hasta abarcar la segunda venida del Señor y el final de la era (cp. Mt. 24:3). Puesto que sabían que Jesús era el Mesías (cp. Mr. 8:29), se preguntaron de manera natural cuándo se establecería su reino mesiánico. Nuestro Señor les contestó explicándoles que podría pasar un período intermedio antes de que el reino terrenal comenzara (cp. Lc. 19:11-27). Según Jesús explicó usando la analogía de crecientes dolores de parto, devastadores sucesos se intensificarán a lo largo de la historia de la tierra, alcanzando su apogeo durante el período de tribulación final, justo antes de la segunda venida (cp. 13:14-23; cp. Dn. 9:27).

En este pasaje (13:24-37), después de examinar los acontecimientos que se narraron antes, el Señor se enfocó directamente en su regreso en gloria. Para hacerlo, habló primero a sus discípulos de la aparición espectacular que Él haría. Después les dio una sencilla analogía para ilustrárselo. Tercero, subrayó la autoridad soberana de su Palabra en predecir el futuro. Por último, Jesús emitió una sombría advertencia para aquellos que estarán vivos en la tierra al momento de su regreso.

LA APARICIÓN ESPECTACULAR DE CRISTO

Pero en aquellos días, después de aquella tribulación, el sol se oscurecerá, y la luna no dará su resplandor, y las estrellas caerán del cielo, y las potencias que están en los cielos serán conmovidas. Entonces verán al Hijo del Hombre, que vendrá en las nubes con gran poder y gloria. Y entonces enviará sus ángeles, y juntará a sus escogidos de los cuatro vientos, desde el extremo de la tierra hasta el extremo del cielo. (13:24-27)

Cuando el Señor describió su segunda venida, prestó particular atención a cuatro aspectos de su regreso: la secuencia, la escenificación, las señales y los santos.

La secuencia. Después de advertir a sus discípulos respecto a la abominación desoladora en el templo (v. 14) y el terrible holocausto que seguirá (vv. 15-23),

Jesús explicó que **en aquellos días, después** que termine **aquella tribulación,** Él regresará. A la luz del contexto, **aquellos días** solo pueden referirse a los tres años y medio de la gran tribulación que seguirá a la profanación que el anticristo hará del templo en Jerusalén (13:14-19; cp. Mt. 24:21; Ap. 6-19). Los días finales en la tierra se caracterizarán por inmoralidad desenfrenada, devastación sin precedentes y violencia implacable (hacia todos los creyentes y también hacia el pueblo judío) bajo la influencia satánicamente inspirada del anticristo y sus fuerzas. Solo cuando la tribulación termine y sus juicios estén agotados, el Señor regresará para conquistar a sus enemigos y establecer su reino y gobierno terrenal.

La escenificación. La tónica general cósmica para el momento culminante de la historia será oscuridad total, después que Dios extinga el sol, la luna y las estrellas (cp. Zac. 14:6-7), que más tarde se volverán a encender durante el reino milenial (cp. Is. 30:26). Como Jesús explicó, al final del período de tribulación **el sol se oscurecerá, y la luna no dará su resplandor, y las estrellas caerán del cielo.** Cuando Aquel que "sustenta todas las cosas con la palabra de su poder" (He. 1:3) quite esa energía sustentadora, **las potencias que están en los cielos serán conmovidas,** lo que indica que las órbitas de las estrellas y los planetas se saldrán de su curso y los cuerpos cósmicos empezarán a destruirse. Sin embargo, Dios no permitirá que el universo se desintegre por completo; Él lo preservará para el establecimiento del dominio de Cristo.

Al predecir estos traumáticos acontecimientos, Jesús repitió las palabras de la profecía del Antiguo Testamento. Así exclamó el profeta Isaías en su libro:

> *He aquí el día de Jehová viene, terrible, y de indignación y ardor de ira, para convertir la tierra en soledad, y raer de ella a sus pecadores. Por lo cual las estrellas de los cielos y sus luceros no darán su luz; y el sol se oscurecerá al nacer, y la luna no dará su resplandor. Y castigaré al mundo por su maldad, y a los impíos por su iniquidad... y la tierra se moverá de su lugar, en la indignación de Jehová de los ejércitos, y en el día del ardor de su ira (Is. 13:9-13; cp. 24:1-6, 23; 34:1-6).*

Unos cien años antes de Isaías, el profeta Joel asimismo declaró:

> *Delante de él temblará la tierra, se estremecerán los cielos; el sol y la luna se oscurecerán, y las estrellas retraerán su resplandor. Y Jehová dará su orden delante de su ejército; porque muy grande es su campamento; fuerte es el que ejecuta su orden; porque grande es el día de Jehová, y muy terrible; ¿quién podrá soportarlo? El sol se convertirá en tinieblas, y la luna en sangre, antes que venga el día grande y espantoso de Jehová (Jl. 2:10-11, 31; cp. 3:15).*

Otros profetas predijeron de igual modo los devastadores sucesos que ocurrirán durante la gran tribulación (cp. Ez. 38:19-23; Hag. 2:6-7; Sof. 1:14-18; Zac.

14:6). Las palabras de Jesús corresponden exactamente a lo que el Antiguo Testamento prometió que se llevaría a cabo durante el día escatológico del Señor en que Él establecerá su gloria ante el mundo que observa.

En respuesta a estos acaecimientos cósmicos, los incrédulos que estén vivos en la tierra reaccionarán en terror y confusión. Según explica el relato paralelo de Lucas, el Señor agregó que habrá "en la tierra angustia de las gentes, confundidas a causa del bramido del mar y de las olas; desfalleciendo los hombres por el temor y la expectación de las cosas que sobrevendrán en la tierra; porque las potencias de los cielos serán conmovidas" (Lc. 21:25-26). Los habitantes del mundo serán conmocionados en extremo, algunos sin duda alguna traumatizados a muerte debido al temor insoportable por lo que les está sucediendo.

La señal. Contra la total oscuridad de ese momento, de manera repentina y vibrante "el Señor Jesús [se manifestará] desde el cielo con los ángeles de su poder, en llama de fuego" (2 Ts. 1:7-8). Su presencia será inconfundible, y todo el mundo será testigo de su aparición (Ap. 1:7). Los discípulos le habían preguntado a Jesús: "¿Cuándo serán estas cosas" (Mt. 24:3). Según les explicó Jesús, la ira de Dios será liberada para que el mundo quede repleto con desastres naturales y crisis provocadas por el hombre, todo lo cual es un anticipo de la devastación futura y universal del período de tribulación final que precede inmediatamente a la segunda venida. Pero la señal definitiva será Jesús mismo, cuando aparezca en esplendor espectacular y sin menguar (cp. Mr. 9:3). Exactamente como ascendió hace dos mil años, un día descenderá a esta tierra (cp. Hch. 1:9-11). **Entonces** todos en el mundo **verán al Hijo del Hombre, que vendrá en las nubes con gran poder y gloria.** Al describir ese acontecimiento futuro, Jesús tomó prestado el lenguaje de Daniel 7:13-14, donde el profeta Daniel declaró:

> *He aquí con las nubes del cielo venía uno como un hijo de hombre, que vino hasta el Anciano de días, y le hicieron acercarse delante de él. Y le fue dado dominio, gloria y reino, para que todos los pueblos, naciones y lenguas le sirvieran; su dominio es dominio eterno, que nunca pasará, y su reino uno que no será destruido.*

Viniendo en las nubes como sobre una carroza divina (cp. Sal. 104:3; Is. 19:1), el Hijo del hombre aparecerá **con gran poder y gloria,** regresando para establecer su reino y destruir a los impíos. Ese día el cielo se abrirá para revelar al Rey conquistador. En lugar de montar el humilde potrillo de una burra, como hizo en su entrada terrenal a Jerusalén (Mr. 11:7-10), estará sentado como el Soberano eterno sobre un corcel blanco real.

El apóstol Juan describió con estas palabras la majestad y el poder del regreso de Jesús:

> *Entonces vi el cielo abierto; y he aquí un caballo blanco, y el que lo montaba se llamaba Fiel y Verdadero, y con justicia juzga y pelea. Sus ojos eran como llama de fuego, y había en su cabeza muchas diademas; y tenía un nombre escrito que ninguno conocía sino él mismo. Estaba vestido de una ropa teñida en sangre; y su nombre es: EL VERBO DE DIOS. Y los ejércitos celestiales, vestidos de lino finísimo, blanco y limpio, le seguían en caballos blancos. De su boca sale una espada aguda, para herir con ella a las naciones, y él las regirá con vara de hierro; y él pisa el lagar del vino del furor y de la ira del Dios Todopoderoso. Y en su vestidura y en su muslo tiene escrito este nombre: REY DE REYES Y SEÑOR DE SEÑORES. Y vi a un ángel que estaba en pie en el sol, y clamó a gran voz, diciendo a todas las aves que vuelan en medio del cielo: Venid, y congregaos a la gran cena de Dios, para que comáis carnes de reyes y de capitanes, y carnes de fuertes, carnes de caballos y de sus jinetes, y carnes de todos, libres y esclavos, pequeños y grandes. Y vi a la bestia, a los reyes de la tierra y a sus ejércitos, reunidos para guerrear contra el que montaba el caballo, y contra su ejército. Y la bestia fue apresada, y con ella el falso profeta que había hecho delante de ella las señales con las cuales había engañado a los que recibieron la marca de la bestia, y habían adorado su imagen. Estos dos fueron lanzados vivos dentro de un lago de fuego que arde con azufre. Y los demás fueron muertos con la espada que salía de la boca del que montaba el caballo, y todas las aves se saciaron de las carnes de ellos (Ap. 19:11-21).*

Con perfecta justicia y absoluta autoridad, el Señor Jesús dictará sentencia contra sus enemigos (2 Ts. 1:7-10; cp. Is. 11:4; 63:1-4; Ap. 1:16), incluido el anticristo a quien lanzará dentro del lago de fuego (Ap. 19:20). Satanás será atado por un período de mil años (20:1-3), y empezará el reino milenial de Cristo (20:4-6). Sentado al fin en su trono celestial, el Señor Jesús gobernará de modo unilateral y perfecto a las naciones como su único Soberano y Rey (cp. Sal. 2:8-9; Ap. 12:5).

Los santos. En su regreso, el Señor estará acompañado por "sus santas decenas de millares" (Jud. 14), un ejército celestial que incluirá tanto ángeles (Mt. 24:31; 25:31; Mr. 8:38; 2 Ts. 1:7) como santos glorificados (Col. 3:4; 1 Ts. 3:13; Ap. 19:14). La Iglesia, que fuera arrebatada antes del inicio de los siete años de tribulación (cp. Jn. 14:1-3; 1 Co. 15:51-52; 1 Ts. 4:15-18; Ap. 3:10), será parte del séquito que acompaña a Cristo en su triunfo. (Para un análisis sobre el tiempo del arrebatamiento de la Iglesia a la luz del Sermón del Monte, véase *Comentario MacArthur del Nuevo Testamento: Lucas* [Grand Rapids: Portavoz, 2016], cap. 88).

Una vez vencidos los enemigos de Cristo, **entonces enviará sus ángeles, y juntará a sus escogidos de los cuatro vientos, desde el extremo de la tierra hasta el extremo del cielo.** Con el toque de "gran voz de trompeta" (Mt. 24:31), esos creyentes que estén vivos en la tierra, tras haber llegado a la fe salvadora durante la tribulación y haber sobrevivido, serán recogidos y reunidos de todos los lugares del mundo. Su número incluirá los 144.000 judíos que fueron protegidos de manera sobrenatural durante la tribulación (Ap. 7:4-8; 14:1-5), junto con infinidad de convertidos, tanto judíos (Zac. 12:10-11; cp. Is. 59:20; Ro. 11:25-26) como gentiles (cp. Ap. 7:9). Al nunca haberse puesto de rodillas ante el anticristo, sino por el contrario haber permanecido fieles al único Señor verdadero, serán recompensados por su Rey y recibidos en su reino majestuoso (cp. Lc. 21:28). Junto con todos los redimidos de todas las épocas, todos los escogidos serán congregados alrededor de Cristo. Reunidos **desde el extremo de la tierra hasta el extremo del cielo,** entrarán al gozo perpetuo del reino donde reinarán con Cristo por mil años (Ap. 20:3-6; cp. Mt. 8:11; Lc. 13:29; 1 Co. 6:2-3), después de los cuales seguirán experimentando por siempre las glorias de la vida eterna en la tierra nueva (cp. Ap. 21:1-22:5).

LA SENCILLA ANALOGÍA DE CRISTO

De la higuera aprended la parábola: Cuando ya su rama está tierna, y brotan las hojas, sabéis que el verano está cerca. Así también vosotros, cuando veáis que suceden estas cosas, conoced que está cerca, a las puertas. De cierto os digo, que no pasará esta generación hasta que todo esto acontezca. (13:28-30)

Jesús continuó con una sencilla ilustración para enfatizar la respuesta adecuada a sus palabras de advertencia. Les dijo a sus discípulos: **De la higuera aprended la parábola.** El imperativo **aprended** se traduce de una forma del verbo griego *manthanō*, que transmite la idea de aceptar algo como cierto y aplicarlo a nuestra vida. Las higueras, abundantes en Israel, se usaban comúnmente como ilustraciones (cp. Jue. 9:7-15; Jer. 24:1-10; Os. 9:10; Jl. 1:4-7; Mt. 7:16; Lc. 13:6-9). Justo el día anterior el Señor había utilizado de manera similar una higuera a fin de dilucidar una importante verdad espiritual para los discípulos (Mr. 11:12-14). Esa higuera particular tenía hojas pero no fruto, por lo que era una ilustración adecuada de la apóstata nación de Israel, que estaba adornada con atavíos religiosos (igual que hojas) pero permanecía espiritualmente estéril e infructuosa. Para ilustrar el juicio divino que caería sobre la incrédula nación, el Señor pronunció una maldición sobre esa higuera, y esta murió al instante.

En esta ocasión Jesús volvió a mencionar una higuera para darles una enseñanza distinta. El relato paralelo en Lucas 21:29 señala que Jesús añadió: "Y todos los árboles", lo que indica que su ilustración no se aplicaba exclusivamente a higueras, sino a cualquier árbol de hoja caduca. Así lo explicó el Señor: **Cuando ya su rama está tierna, y brotan las hojas, sabéis que el verano está cerca.** Ya que era primavera, la época en que a los árboles de hoja caduca les brotaban nuevas flores, la evidencia de esa verdad habría estado por todas partes para los discípulos.

La conocida analogía fue explicada con el fin de ilustrar características del regreso del Señor: **Así también vosotros, cuando veáis que suceden estas cosas, conoced que está cerca, a las puertas.** De la misma manera que podemos predecir la llegada del verano basándonos en que en primavera aparecen hojas en los árboles, así también los creyentes del fin de la era podrán anticipar el regreso de Cristo cuando presencien **estas cosas,** es decir los acontecimientos catastróficos que Jesús les acababa de predecir y que marcarían la tribulación futura.

El pronombre **vosotros** no se refiere directamente a los discípulos. Al igual que los profetas del Antiguo Testamento, que solían hablar en segunda persona al profetizar sucesos lejanos (cp. Is. 33:17-24; 66:10-14; Zac. 9:9), el Señor habló como si estuviera dirigiéndose directamente a quienes estén vivos durante el período futuro de tribulación (cp. Mr. 13:14-23). A ellos es a quienes el Señor declaró: **De cierto os digo, que no pasará esta generación hasta que todo esto acontezca.** A pesar de que esa frase ha sido objeto de mucha especulación y debate, su significado es en realidad bastante sencillo a la luz del contexto. **Esta generación** se refiere a la generación que entra al período de tribulación, que será la misma generación viva al regreso de Cristo. Para afirmar esa verdad de otra manera, puesto que la tribulación cubre siete años que culminan con la segunda venida, es evidente que una sola generación experimentará todo esto.

Como se explicó en los capítulos anteriores, la generación a la que Jesús estaba refiriendo no puede ser la de los doce o la generación de judíos que vivieron durante el siglo I. Aunque esa generación de judíos presenció la destrucción del templo en el año 70 d.C., no puede ser la descrita en el versículo 30 porque no experimentó las catástrofes sin precedentes de la gran tribulación (vv. 19, 24-25) ni fue testigo del regreso visible de Jesucristo (v. 26). Dichos sucesos, y la generación que estará viva cuando ocurran, se hallan todavía en el futuro.

LA AUTORIDAD SOBERANA DE CRISTO

El cielo y la tierra pasarán, pero mis palabras no pasarán. (13:31)

El Señor hace hincapié en la seguridad absoluta de su promesa profética diciéndoles a sus discípulos que aunque **el cielo y la tierra pasarán,** sus palabras a este respecto **no pasarán.** La declaración de Jesús resalta dos realidades teológicas fundamentales, a saber: que este mundo es temporal y que su Palabra es infalible.

La Biblia es clara en que esta tierra no es un planeta permanente. Así se lo recordó el apóstol Pedro a sus lectores:

> *Pero el día del Señor vendrá como ladrón en la noche; en el cual los cielos pasarán con grande estruendo, y los elementos ardiendo serán deshechos, y la tierra y las obras que en ella hay serán quemadas. Puesto que todas estas cosas han de ser*

> *deshechas, ¡cómo no debéis vosotros andar en santa y piadosa manera de vivir, esperando y apresurándoos para la venida del día de Dios, en el cual los cielos, encendiéndose, serán deshechos, y los elementos, siendo quemados, se fundirán! Pero nosotros esperamos, según sus promesas, cielos nuevos y tierra nueva, en los cuales mora la justicia (2 P. 3:10-13; cp. 1 Jn. 2:17).*

El apóstol Juan describe igualmente la destrucción de este universo actual con estas palabras: "Y vi un gran trono blanco y al que estaba sentado en él, de delante del cual huyeron la tierra y el cielo, y ningún lugar se encontró para ellos" (Ap. 20:11; cp. 21:1; Is. 65:17; 66:22). Los cielos y tierra actuales serán reemplazados con "un cielo nuevo y una tierra nueva" (Ap. 21:1), que constituirá el hogar eterno de los redimidos.

En contraste con la naturaleza temporal de este mundo, las palabras de Cristo nunca pasarán. El Señor Jesús utilizó esta misma expresión en el Sermón del Monte, cuando dijo a sus oyentes: "De cierto os digo que hasta que pasen el cielo y la tierra, ni una jota ni una tilde pasará de la ley, hasta que todo se haya cumplido" (Mt. 5:18). En Lucas 16:17 manifestó igualmente a los fariseos: "Más fácil es que pasen el cielo y la tierra, que se frustre una tilde de la ley". El cielo y la tierra pasarán algún día, pero no antes de que todo lo dicho en la Biblia se haya cumplido perfectamente.

Como Jesús recordara a sus discípulos, su Palabra es permanente y no puede fallar (cp. Is. 40:8; Col. 3:16). No puede quebrantarse (Jn. 10:35), sino que permanece para siempre (Sal. 19:9) porque es completamente verdad (Jn. 17:17). Igual que aquel que declara: "Anuncio lo por venir desde el principio" (Is. 46:10), La Palabra de Dios siempre obtendrá lo que Él desea (Is. 55:11). Su Palabra es tan inmutable e inexpugnable como su divino Autor. Nada puede agregársele o quitársele (cp. Dt. 4:2; Mt. 5:18; Lc. 16:17; Ap. 22:18-19). Por tanto, lo que el Señor ha dicho en cuanto a su regreso y al final de los tiempos es verdad inalterable. Ocurrirá exactamente como dijo que sería, porque sus palabras no pueden fallar.

LA SOLEMNE ADVERTENCIA DE CRISTO

Pero de aquel día y de la hora nadie sabe, ni aun los ángeles que están en el cielo, ni el Hijo, sino el Padre. Mirad, velad y orad; porque no sabéis cuándo será el tiempo. Es como el hombre que yéndose lejos, dejó su casa, y dio autoridad a sus siervos, y a cada uno su obra, y al portero mandó que velase. Velad, pues, porque no sabéis cuándo vendrá el señor de la casa; si al anochecer, o a la medianoche, o al canto del gallo, o a la mañana; para que cuando venga de repente, no os halle durmiendo. Y lo que a vosotros digo, a todos lo digo: Velad. (13:32-37)

Para los creyentes actuales la revelación que la Biblia hace de los últimos tiempos es verdad prometedora; pero para las personas vivas cuando estos hechos futuros sucedan, esta profecía adquiere extrema urgencia. Tal como Jesús declara cuatro veces en los últimos versículos de Marcos 13, la gente en esa generación deberá estar alerta (vv. 33, 34, 35, 37). Cuando vean las señales que el Señor describe, deben reconocer que su regreso es inminente.

Aunque será precedida por señales visibles, el momento exacto de la segunda venida no será revelado a nadie. Jesús explicó: **Pero de aquel día y de la hora nadie sabe, ni aun los ángeles que están en el cielo, ni el Hijo, sino el Padre.** A pesar de que este instante es fijo en el plan del Padre (Hch. 1:7), la declaración categórica del Señor excluye la posibilidad de que alguien pueda predecir con seguridad el regreso de Cristo. La naturaleza definitiva y completa de la afirmación de Jesús indica que todos los que de manera impertinente establecen una fecha para la segunda venida están delirando o siendo intencionalmente engañosos, en especial si los acontecimientos de la tribulación no han comenzado.

Al incluirse en esa declaración, como quien no sabe el tiempo exacto de su regreso, el Señor Jesús no estaba negando su deidad (cp. Jn. 1:1, 14). Más bien, estaba reconociendo las limitaciones autoimpuestas sobre su naturaleza divina. En su humillación, Dios el Hijo restringió de modo voluntario el ejercicio de sus prerrogativas y atributos divinos (cp. Fil. 2:6), sometiendo el uso de las mismas a la voluntad del Padre (Jn. 4:34; 5:30; 6:38) y a la dirección del Espíritu (cp. Jn. 1:45-49). Aunque demostró conocimiento y entendimiento sobrenatural en muchas ocasiones a lo largo de su ministerio (cp. Jn. 2:25; 13:3), el Señor limitó su omnisciencia a lo que el Padre le revelara (Jn. 15:15; cp. Lc. 2:52). Después de su resurrección, Jesús retomó el pleno conocimiento que poseía desde la eternidad pasada como el segundo miembro de la Trinidad (cp. Mt. 28:18; Jn. 21:17; Hch. 1:7, 24; 1 Co. 4:5; Ap. 22:7, 12, 20).

Dirigiéndose todavía a la generación futura que presenciará las señales del fin de los tiempos, el Señor emitió esta advertencia: **Mirad, velad y orad; porque no sabéis cuándo será el tiempo** (cp. Lc. 12:40). Puesto que nadie más que el Dios trino sabrá el momento exacto de la venida de Cristo, los creyentes que estén vivos durante la tribulación deberán estar en vigilancia constante (cp. Lc. 12:39; 2 P. 3:10; Ap. 16:15). De igual manera, a todos los creyentes de cada generación se les debe enseñar a esperar con impaciencia el arrebatamiento de la Iglesia (cp. 1 Ts. 1:10), que sucederá antes del inicio de la tribulación.

Jesús ilustró lo inesperado de la segunda venida explicando: **Es como el hombre que yéndose lejos, dejó su casa, y dio autoridad a sus siervos, y a cada uno su obra, y al portero mandó que velase.** La analogía de Jesús presenta al dueño de una propiedad que se fue de la casa para viajar durante un período no especificado. Antes de partir confió a cada uno de sus criados deberes específicos que les ordenó realizar mientras se hallara de viaje. Se esperaba que ellos realizaran esas tareas con una actitud de diligencia y vigilancia, sabiendo que el regreso a casa por parte de su amo podía ocurrir en cualquier momento.

La implicación para los creyentes durante la tribulación futura es: **Velad, pues, porque no sabéis cuándo vendrá el señor de la casa; si al anochecer, o a la medianoche, o al canto del gallo, o a la mañana; para que cuando venga de repente, no os halle durmiendo.** Al igual que porteros cumplidores, ellos deben mantenerse en constante vigilia y así estar preparados para recibir a su Amo cuando llegue. La vigilancia romana de doce horas entre las 6:00 de la tarde y las 6:00 de la mañana consistía de cuatro períodos de tres horas. A esos intervalos se les identificaba por lo general cuando terminaban: **anochecer** a las 9:00 de la noche, **medianoche** a las 12:00 en punto, el **canto del gallo** a las 3:00 de la madrugada, y **la mañana** a las 6:00 de la mañana. El planteamiento de Jesús fue que su regreso podía ocurrir en cualquier momento, incluso en medio de la noche. En consecuencia, los creyentes que estén vivos en esos días finales deben vigilar contra toda tentación hacia cualquier complacencia, distracción o letargo espiritual (cp. Ro. 13:11-13), caracterizándose por la vigilancia.

Repitiendo ese encargo con urgencia, el Señor advirtió otra vez: **Y lo que a vosotros digo, a todos lo digo: Velad.** En el pasaje paralelo de Lucas 21:34-36, Jesús explicó más:

> *Mirad también por vosotros mismos, que vuestros corazones no se carguen de glotonería y embriaguez y de los afanes de esta vida, y venga de repente sobre vosotros aquel día. Porque como un lazo vendrá sobre todos los que habitan sobre la faz de toda la tierra. Velad, pues, en todo tiempo orando que seáis tenidos por dignos de escapar de todas estas cosas que vendrán, y de estar en pie delante del Hijo del Hombre.*

Tales palabras incluyen una invitación a la salvación, a través de la fe en el Señor Jesucristo, para esa generación futura que esté viva durante la gran tribulación. Solo aquellos que resistan las tentaciones del mundo (que incluyen glotonería, embriaguez y los afanes de esta vida) y pongan su fe en el Salvador evitarán la destrucción eterna de la sentencia de Dios y serán recibidos para siempre en la gloriosa presencia de Cristo.

Así que en respuesta a la pregunta de los discípulos acerca del fin de los tiempos, el Señor Jesús explicó que regresaría después de un prolongado período de historia mundial, el cual culminará en un tiempo final y catastrófico de tribulación mundial. Jesús previno cuidadosamente a la generación futura que presenciará tales sucesos finales, que incluyen el surgimiento del anticristo y su profanación del templo, de que el final está cerca.

Aunque los sucesos predichos en el discurso del Monte de los Olivos aún son futuros, su verdad sirve para enseñar a cada generación de creyentes a lo largo de la historia de la Iglesia. Por una parte, sirve como un recordatorio vívido de que las cosas de este mundo son temporales (cp. 2 P. 3:11-13; 1 Jn. 2:15-17; 3:2-3), y que los redimidos son ciudadanos de un reino eterno que se ha de manifestar en la tierra cuando el Señor venga en gloria (Fil. 3:20-21; He. 11:16). Por otra parte, proporciona una motivación convincente para que los creyentes proclamen el maravilloso evangelio de Cristo a aquellos que están pereciendo, a fin de que puedan salvarse del inminente juicio de Dios (cp. 2 Co. 5:20-21; 2 P. 3:14-15).

Actores en el drama de la cruz

56

Dos días después era la pascua, y la fiesta de los panes sin levadura; y buscaban los principales sacerdotes y los escribas cómo prenderle por engaño y matarle. Pero estando él en Betania, en casa de Simón el leproso, y sentado a la mesa, vino una mujer con un vaso de alabastro de perfume de nardo puro de mucho precio; y quebrando el vaso de alabastro, se lo derramó sobre su cabeza. Y hubo algunos que se enojaron dentro de sí, y dijeron: ¿Para qué se ha hecho este desperdicio de perfume? Porque podía haberse vendido por más de trescientos denarios, y haberse dado a los pobres. Y murmuraban contra ella. Pero Jesús dijo: Dejadla, ¿por qué la molestáis? Buena obra me ha hecho. Siempre tendréis a los pobres con vosotros, y cuando queráis les podréis hacer bien; pero a mí no siempre me tendréis. Esta ha hecho lo que podía; porque se ha anticipado a ungir mi cuerpo para la sepultura. De cierto os digo que dondequiera que se predique este evangelio, en todo el mundo, también se contará lo que ésta ha hecho, para memoria de ella. Entonces Judas Iscariote, uno de los doce, fue a los principales sacerdotes para entregárselo. Ellos, al oírlo, se alegraron, y prometieron darle dinero. Y Judas buscaba oportunidad para entregarle. El primer día de la fiesta de los panes sin levadura, cuando sacrificaban el cordero de la pascua, sus discípulos le dijeron: ¿Dónde quieres que vayamos a preparar para que comas la pascua? Y envió dos de sus discípulos, y les dijo: Id a la ciudad, y os saldrá al encuentro un hombre que lleva un cántaro de agua; seguidle, y donde entrare, decid al señor de la casa: El Maestro dice: ¿Dónde está el aposento donde he de comer la pascua con mis discípulos? Y él os mostrará un gran aposento alto ya dispuesto; preparad para nosotros allí. Fueron sus discípulos y entraron en la ciudad, y hallaron como les había dicho; y prepararon la pascua. (14:1-16)

La muerte y resurrección de Jesucristo siempre ha sido el punto fundamental del cristianismo, la clave de la salvación y el núcleo del evangelio. La cruz representa la cúspide de la historia redentora, la ratificación del nuevo pacto, la expiación final del pecado, la personificación de la misericordia divina, el objeto necesario de la fe salvadora, y la única esperanza de vida eterna. Es allí donde la justicia perfecta de Dios se encuentra con su gracia inmerecida y con su sabiduría infinita. Reconociendo su importancia sin igual, el apóstol Pablo declara que él solo se gloriaría "en la cruz de nuestro Señor Jesucristo" (Gá. 6:14). Así se lo expresó después a la iglesia en Corinto: "Nosotros predicamos a Cristo crucificado" (1 Co. 1:23), y "me propuse no saber entre vosotros cosa alguna sino a Jesucristo, y a éste crucificado" (2:2; cp. Gá. 6:14).

Como el tema central de las Escrituras, la muerte sustitutiva de Jesús se vislumbra varias veces a todo lo largo del Antiguo Testamento: en el liberador prometido de Génesis 3:15; en el animal que Dios mató con el fin de hacer vestiduras para Adán y Eva (3:21); en el sacrificio aceptable ofrecido por Abel (4:4); en el carnero trabado en un zarzal que tomó el lugar de Isaac en el monte Moriah (22:13); en los corderos de Pascua que fueron sacrificados en Egipto (Éx. 12:6); en todo el sistema de sacrificios levíticos (cp. He. 10:1-13); en la serpiente de bronce levantada en el desierto para sanidad (Nm. 21:8-9; cp. Jn. 3:14-15); y en el concepto de un pariente-redentor (cp. Rt. 4:14). La cruz también fue anunciada por profetas como David (Sal. 22:1-18), Isaías (Is. 53:1-12), Daniel (Dn. 9:27), y Zacarías (Zac. 12:10). En armonía con sus predecesores, Juan el Bautista, el último de los profetas del antiguo pacto, declaró de Jesús: "He aquí el Cordero de Dios, que quita el pecado del mundo" (Jn. 1:29).

La cruz sigue siendo central en el Nuevo Testamento, donde es el objetivo esencial de los cuatro evangelios (Mt. 26:47—27:58; Mr. 14:43—15:45; Lc. 22:47—23:52; Jn. 18:2—19:38). El libro de los Hechos sigue la proclamación de la cruz a través del mundo, a medida que el evangelio resonaba desde Jerusalén y Judea hasta Samaria y lo último de la tierra (Hch. 1:8; cp. 2:23; 5:30; 10:39; 13:29). Las epístolas están llenas de la teología profunda de la cruz y de sus repercusiones prácticas para los creyentes (cp. 1 Co. 1:17-18; Gá. 6:14; Ef. 2:16; Col. 2:14; He. 12:2; 1 P. 2:24, etc.). En su resumen arrollador y profético del futuro, el libro del Apocalipsis igualmente recuerda el Calvario y describe al Señor Jesús como el Cordero perfecto que fue inmolado para hacer posible la redención por su sangre (5:6, 12; cp. 13:8).

La cruz es el tema central de la sección final del Evangelio de Marcos (capítulos 14—16). Desde el discurso en el Monte de los Olivos (13:5-37), en el cual Jesús predijo la gloria de su segunda venida, la narración pasa a centrarse en la sagrada culminación de su primera venida. El personaje central en el desarrollo del drama de la cruz es indiscutiblemente el Señor Jesucristo. Pero a medida que el relato se desarrolla (en 14:1-16), Marcos presenta un completo elenco de personajes adicionales, cada uno de los cuales jugó un papel vital en ese acontecimiento culminante. Incluye a Dios el Padre, los enemigos acérrimos de Jesús, sus amorosos amigos, su falso discípulo traidor, y sus fieles seguidores.

EL PADRE

Dos días después era la pascua, y la fiesta de los panes sin levadura; (14:1*a*)

Aunque no se nombra directamente en este pasaje, Dios el Padre estuvo claramente en acción como el director divino tras bastidores, organizando soberanamente todo lo que le ocurría al Hijo de acuerdo con su predeterminado plan de redención. La participación providencial del Padre está implícita en la declaración de apertura, en que Marcos explica que **dos días después era la pascua, y la fiesta de los panes sin levadura.** Lejos de ser circunstancial, dicho marcador cronológico demuestra que el programa divino se estaba ejecutando exactamente según lo planificado. En esa Pascua específica, en el mismo año que el profeta Daniel había anunciado (Dn. 9:25-26), en el mismo día y a la misma hora en que estaban matando los corderos de Pascua en el templo, el Padre había dispuesto que el inmaculado Cordero de Dios fuera inmolado.

La **pascua** se celebraba cada año en el día catorce del mes judío de Nisán (a finales de marzo o principios de abril). Conmemoraba la noche en Egipto en que el ángel de la muerte pasó por sobre las casas de los israelitas que habían matado un cordero y rociado su sangre sobre los umbrales y los dinteles (Éx. 12:22-23). **La fiesta de los panes sin levadura** comenzaba al día siguiente y duraba toda una semana (desde el quince hasta el veintiuno de Nisán). Conmemoraba la salida de los israelitas de Egipto, y se le dio el nombre por el pan plano que el pueblo hebreo llevó consigo durante su precipitado escape (Dt. 16:3). Debido a que las dos celebraciones estaban tan estrechamente entrelazadas, con el tiempo la Pascua y la fiesta de los panes sin levadura llegaron a ser términos intercambiables (cp. Mt. 26:17; Lc. 22:1). Juntas conforman una de las tres fiestas principales de Israel, a más de Pentecostés (conocido en el Antiguo Testamento como la fiesta de las semanas; cp. Éx. 34:22; Hch. 2:1) y la fiesta de los tabernáculos o de las tiendas (Lv. 23:33-43; Dt. 16:16; 2 Cr. 8:13).

El hecho de que la Pascua estuviera a solo **dos días** indica que todavía era miércoles. Jesús sabía, en armonía con el plan perfecto del Padre, que había llegado el momento de su muerte (cp. Mt. 26:18, 45; Mr. 14:35; Jn. 12:23; 13:1; 17:1). En el relato paralelo de Mateo, Jesús les dijo a sus discípulos: "Sabéis que dentro de dos días se celebra la pascua, y el Hijo del Hombre será entregado para ser crucificado" (26:2). El Señor había hablado de su muerte en varias ocasiones anteriores (Mr. 8:31; 9:31; 10:33; 12:7; cp. Mt. 27:63), demostrando que durante todo su ministerio estuvo actuando de acuerdo con una programación ordenada y controlada de manera sobrenatural, a fin de cumplir el propósito definitivo de su venida: "Dar su vida en rescate por muchos" (Mr. 10:45).

Durante los anteriores tres años y medio del ministerio de Jesús, sus adversarios habían tratado varias veces de quitarle la vida (Mr. 3:6; Lc. 4:28-30; 19:47-48;

Jn. 5:18; 7:1, 25, 32, 45-46; 10:31). Aun siendo un bebé, ya el rey Herodes trató de asesinarlo en una matanza de bebés varones (cp. Mt. 2:13-21). Pero esos intentos no tuvieron éxito porque no se ajustaban al diseño del Padre. Debido a que Jesús actuaba en total sumisión a su Padre (cp. Jn. 4:34; 5:30; 6:38; Fil. 2:8), no entregaría su vida hasta que hubiera llegado el momento apropiado (cp. Jn. 7:6, 8, 30). Así lo explicó en Juan 10:17-18: "Yo pongo mi vida, para volverla a tomar. Nadie me la quita, sino que yo de mí mismo la pongo. Tengo poder para ponerla, y tengo poder para volverla a tomar". Más tarde, cuando Pilato afirmó que tenía autoridad para matar a Jesús, el Señor le informó al gobernante pagano: "Ninguna autoridad tendrías contra mí, si no te fuese dada de arriba" (Jn. 19:10-11).

El plan redentor del Padre era que el Hijo muriera en un tiempo preciso en una fecha específica. Por eso Jesús pudo decir a sus discípulos la noche antes de su muerte: "El Hijo del Hombre va, según lo que está determinado" (Lc. 22:22). Casi dos meses después Pedro repitió esas palabras en el Día de Pentecostés, diciéndole a la multitud que Jesús fue "entregado por el determinado consejo y anticipado conocimiento de Dios" (Hch. 2:23; cp. 1 P. 1:19-20). El Señor Jesús fue al Calvario como el perfecto cordero pascual (cp. 1 Co. 5:7), de acuerdo con el calendario predeterminado por su Padre (cp. 1 P. 1:19-20), exactamente como los profetas del Antiguo Testamento predijeron que sucedería (Hch. 3:18; cp. 8:32-35). Su muerte no fue un accidente imprevisto, según afirman algunos escépticos (véase el capítulo 47 de esta obra). Al contrario, como ya se indicó, logró el mismo propósito para el cual Él había sido enviado (cp. Jn. 3:14-16).

Desde un punto de vista humano, la crucifixión de Cristo representa un fallo sin precedentes de la justicia porque Él era perfectamente inocente en todos los aspectos. El Señor Jesús fue falsamente acusado y erróneamente condenado en un grado infinitamente mayor que cualquier otra persona en toda la historia. No obstante, la justicia de Dios estaba en acción en ese acto atroz de injusticia humana. El suceso más perverso jamás perpetrado por hombres pecadores fue al mismo tiempo un acto de amor infinito realizado por un Dios santo. El Padre castigó al Hijo por pecados que no cometió (cp. Is. 53:10-12), para que los pecadores pudieran ser revestidos de una justicia que nunca podrían ganar (cp. 2 Co. 5:21). Al igual que una dote pagada por una novia, la cruz fue el medio por el cual el Señor Jesús compró pecadores "de todo linaje y lengua y pueblo y nación" (Ap. 5:9), a fin de que pudiera "purificar para sí un pueblo propio" (Tit. 2:14). Todo esto se llevó a cabo en armonía con el plan perfecto y eterno de redención del Padre.

LOS ENEMIGOS

y buscaban los principales sacerdotes y los escribas cómo prenderle por engaño y matarle. Y decían: No durante la fiesta para que no se haga alboroto del pueblo. (14:1*b*-2)

En el plano divino, Dios el Padre estuvo obrando de manera soberana para llevar a cabo sus propósitos redentores por medio de la muerte de su Hijo. Pero esa realidad no exonera las acciones malvadas de aquellos que, en el plano humano, organizaron la crucifixión de Jesús. Motivados por orgullo, envidia e incredulidad obstinada, los dirigentes religiosos judíos totalmente culpables habían rechazado de modo voluntario a su Mesías y trataban activamente de destruirlo (cp. Jn. 1:11). El miércoles de la semana de pasión de Jesús, al parecer a la misma hora en que les hablaba a sus discípulos acerca de las glorias de su segunda venida, los dirigentes religiosos judíos se juntaron para conspirar el asesinato de Cristo.

Según el texto paralelo en Mateo 26:3, esta reunión de **los principales sacerdotes y los escribas** se llevó a cabo en el patio de la casa del sumo sacerdote Caifás. En representación de los estamentos más antiguos de la élite religiosa de Israel, **los principales sacerdotes y los escribas** varias ocasiones se mencionan juntos en los evangelios (cp. 14:43; 15:1; Mt. 27:41; Lc. 9:22; 22:66). **Los principales sacerdotes** eran principalmente saduceos. Entre ellos se incluía el sumo sacerdote, el jefe de los alguaciles del templo (que asistía al sumo sacerdote), y otros sacerdotes de alto rango. **Los escribas,** en su mayoría fariseos, eran expertos tanto en la ley del Antiguo Testamento como en la tradición rabínica. Junto con los fariseos y saduceos conformaban el liderazgo apóstata de Israel, y el Señor Jesús advirtió a sus discípulos que evitaran las costumbres hipócritas de estos dirigentes religiosos (cp. Mt. 16:6).

Su reunión tenía un solo propósito: buscar **cómo** prender a Jesús **por engaño y matarle.** Poco tiempo antes, después de la resurrección de Lázaro, los líderes religiosos habían organizado una reunión similar. Juan 11:47-52 relata los detalles de ese suceso:

> *Entonces los principales sacerdotes y los fariseos reunieron el concilio, y dijeron: ¿Qué haremos? Porque este hombre hace muchas señales. Si le dejamos así, todos creerán en él; y vendrán los romanos, y destruirán nuestro lugar santo y nuestra nación. Entonces Caifás, uno de ellos, sumo sacerdote aquel año, les dijo: Vosotros no sabéis nada; ni pensáis que nos conviene que un hombre muera por el pueblo, y no que toda la nación perezca. Esto no lo dijo por sí mismo, sino que como era el sumo sacerdote aquel año, profetizó que Jesús había de morir por la nación; y no solamente por la nación, sino también para congregar en uno a los hijos de Dios que estaban dispersos.*

Los líderes de los saduceos y de los fariseos tenían miedo de que la popularidad de Jesús con el pueblo pudiera hacer estallar una revuelta (cp. Mr. 11:9-10; Jn. 6:15), provocando una respuesta militar de Roma y haciéndoles perder sus posiciones privilegiadas de autoridad. (El sanedrín, el concilio gobernante judío, estaba compuesto por saduceos y fariseos, y actuaba bajo la jurisdicción y tolerancia del gobierno romano). Al ser quienes controlaban las operaciones del templo, los principales sacerdotes y en especial los saduceos odiaban a Jesús porque Él había limpiado dos veces el templo, interrumpiéndoles gravemente sus lucrativas operaciones de grandes ingresos (Mr. 11:15-18; cp. Jn. 2:13-16). Los escribas y fariseos, por otra parte, detestaban a Jesús porque les denunció abiertamente su elaborado sistema de legalismo, hipocresía y tradición antibíblica (Mr. 3:4; 7:1-13; cp. Mt. 23:1-36). Aunque los saduceos y los fariseos representaban sectas rivales con importantes diferencias, su oposición al Señor Jesús los unió.

En sus intrigas contra Jesús trataron de arrestarlo en secreto para no contrariar a las multitudes entre las que Él todavía era muy popular (cp. Mr. 11:8-10). Al parecer, el plan que maquinaron fue apoderarse de Jesús en secreto y luego esperar para asesinarlo a que la fiesta hubiera terminado y los centenares de miles de peregrinos judíos que estaban de visita en Jerusalén para celebrar la Pascua hubieran regresado a casa. Por eso ***decían: No durante la fiesta para que no se haga alboroto del pueblo.***

Desde la perspectiva de los líderes religiosos, la Pascua era el peor momento para matar a Jesús. Con gran impaciencia querían esperar hasta después que las festividades hubieran terminado. Pero sus planes malignos no podían posponer lo que Dios el Padre había designado de modo providencial. Durante los tres años y medio anteriores hubo muchas ocasiones en que en un arrebato de violencia quisieron asesinar al Señor, pero resultaron frustradas. En este momento sus fríos cálculos los llevaron a posponer la muerte. Una vez más esto no sucedió porque no eran ellos quienes tenían el control. Cuando al final lograron su objetivo de crucificar a Jesús, lo hicieron en el momento exacto que precisamente querían evitar. Es evidente que sus planes fueron reemplazados por las providencias soberanas de Dios (cp. Pr. 19:21).

LOS AMIGOS

Pero estando él en Betania, en casa de Simón el leproso, y sentado a la mesa, vino una mujer con un vaso de alabastro de perfume de nardo puro de mucho precio; y quebrando el vaso de alabastro, se lo derramó sobre su cabeza. Y hubo algunos que se enojaron dentro de sí, y dijeron: ¿Para qué se ha hecho este desperdicio de perfume? Porque podía haberse vendido por más de trescientos denarios, y haberse dado a los pobres. Y murmuraban contra ella. Pero Jesús dijo: Dejadla, ¿por qué la molestáis? Buena obra me ha hecho. Siempre tendréis a los pobres con vosotros, y cuando queráis les podréis hacer bien; pero a mí no siempre me tendréis. Esta ha hecho lo que podía; porque se ha anticipado a ungir mi cuerpo para la sepultura. De cierto os digo que

dondequiera que se predique este evangelio, en todo el mundo, también se contará lo que ésta ha hecho, para memoria de ella. (14:3-9)

Marcos interrumpe la narración en este punto con una escena retrospectiva del sábado anterior, seis días antes del viernes de Pascua (Jn. 12:1), cuando el Señor llegó a **Betania** justo al este de Jerusalén (Mr. 11:1; cp. Mt. 21:1). En marcado contraste con los dirigentes religiosos que odiaban a Jesús y querían matarlo, la mujer que aparece en esta breve anécdota exhibió profundo y sacrificial amor por su Salvador. Aunque este episodio se encuentra fuera de orden cronológico, su tema encaja bien en la sección final del Evangelio de Marcos, donde el enfoque está en los preparativos para la muerte de Cristo. Se trata de una ventana de amor en medio de una pared de odio.

El escenario de este breve relato fue la **casa de Simón el leproso,** donde Jesús y sus discípulos estaban cenando (cp. Jn. 12:2). Simón obviamente había sido curado, pues de lo contario no habría podido organizar una cena de gala. Los leprosos eran marginados sociales a los que no se les permitía ninguna interacción con las personas (cp. Lv. 13:45-46). Puesto que la lepra era incurable en el mundo antiguo, es casi seguro que Simón había sido curado milagrosamente por Jesús (cp. Mr. 1:40-45; Lc. 17:11-19). Esta cena era una forma en que Simón demostraba su agradecimiento al Señor. De acuerdo con Juan 12:1-3, María, Marta y Lázaro también asistieron.

Mientras Jesús estaba **sentado a la mesa** con sus discípulos, una posición acostumbrada para comer en el Israel del siglo I, **vino una mujer** a quien Juan 12:3 identifica como María, la hermana de Marta y Lázaro. Poco tiempo antes María había observado cómo Jesús resucitó a su hermano Lázaro de entre los muertos (Jn. 11:32-45). Ella siempre había estado particularmente atenta a la enseñanza de Jesús (cp. Lc. 10:39), y en esta ocasión al parecer reconoció la realidad de la inminente muerte del Señor mejor que cualquiera de los doce.

Llena de humilde reverencia, María se acercó a Jesús **con un vaso de alabastro de perfume de nardo puro de mucho precio; y quebrando el vaso de alabastro, se lo derramó sobre su cabeza.** Las acciones de ella, que sin duda sorprendieron a los demás invitados a la cena, fueron un acto inmenso de amor y adoración por su Señor. A María no le preocupó en absoluto el costo del perfume, ni le importó la manera en que las demás personas fueran a reaccionar. Su único deseo era expresar honra y adoración a Cristo ungiéndole la cabeza con un perfume de mucho precio. (Cabe destacar que este episodio no debe confundirse con los acontecimientos relatados en Lucas 7:36-50, donde una mujer diferente en Galilea ungió de igual modo los pies de Jesús. Para mayor información sobre aquel relato, y su distinción de este, véase *Comentario MacArthur del Nuevo Testamento: Lucas* [Grand Rapids: Portavoz, 2016], cap. 47).

Un típico **vaso de alabastro,** tallado de una variedad fina de mármol egipcio, tenía un cuello largo con una pequeña abertura de la que podían salir pequeñas gotas de líquido. Pero María no limitó su expresión de alabanza a unas pocas gotas del valioso perfume. Más bien rompió el frasco, aumentando el valor de su ofrenda a Cristo, y comenzó efusivamente a derramar su aromático contenido sobre la cabeza de Jesús. El pasaje paralelo en Juan 12:3 indica que también derramó algo del perfume sobre los pies de Jesús, y entonces "los enjugó con sus cabellos". Juan señala además que la cantidad de perfume que María usó fue una libra romana, que corresponde aproximadamente a doce onzas modernas. El fragante aceite de **nardo,** extraído de una planta originaria de la India septentrional, debía importarse recorriendo la enorme distancia hasta Israel a un gran costo. Que María usara **nardo puro** significa que no estaba diluido, identificándolo como aún más costoso. El resultado de la generosa ofrenda a Jesús fue que "la casa se llenó del olor del perfume" (Jn. 12:3).

La escena fue impresionante y dramática, y la reacción de los demás invitados a la cena fue variada. **Y hubo algunos que se enojaron dentro de sí, y dijeron: ¿Para qué se ha hecho este desperdicio de perfume?** Aunque ni Marcos ni Mateo mencionan los nombres de los críticos, el relato de Juan explica que el principal instigador fue Judas. Así narra Juan 12:4-6:

> *Y dijo uno de sus discípulos, Judas Iscariote hijo de Simón, el que le había de entregar: ¿Por qué no fue este perfume vendido por trescientos denarios, y dado a los pobres? Pero dijo esto, no porque se cuidara de los pobres, sino porque era ladrón, y teniendo la bolsa, sustraía de lo que se echaba en ella.*

Mientras el aroma del perfume de María llenaba el salón, Judas, y al parecer **algunos** otros de los discípulos a quienes este logró convencer en el momento, **se enojaron dentro de sí** con ella. Se indignaron insistiendo en que el fragante aceite se había desperdiciado, pudiendo **haberse vendido por más de trescientos denarios,** una considerable cantidad de dinero, **y haberse dado a los pobres**. (Un denario equivalía a un día de salario de un trabajador común, por lo que esta esencia representaba casi el salario de un año para un obrero común). Por supuesto, Judas no tenía verdadero interés en los pobres. Él era un ladrón que había estado malversando el dinero de los demás discípulos. Quería que el perfume se vendiera, no para que el dinero pudiera ser donado a los pobres, sino para poder robárselo.

Qué contraste entre Judas y María. Judas estaba lleno de amargura y odio hacia Jesús, queriendo solo conseguir todo lo que pudiera y buscar activamente un momento oportuno para traicionarlo (véase el estudio correspondiente al v. 11 más adelante). Pero María, motivada por agradecimiento y amor hacia Jesús, quiso darle todo lo que podía, y con gran entusiasmo buscó una oportunidad para demostrar su actitud de adoración sincera. A pesar de la protesta de

Judas, las acciones de María simbolizaban el afecto que caracteriza a todos los que aman de veras al Señor Jesucristo. Ella no podía limitar su acto de generosa devoción.

Pero Jesús corrigió la indignación equivocada de los discípulos diciéndoles: **Dejadla, ¿por qué la molestáis? Buena obra me ha hecho.** El comportamiento de la mujer constituyó un hermoso acto de bondad y adoración. No fue en absoluto un desperdicio. Con una referencia a Deuteronomio 15:11, el Señor recordó a los discípulos: **Siempre tendréis a los pobres con vosotros, y cuando queráis les podréis hacer bien.** Pero el tiempo que le quedaba con ellos era muy corto, por lo que también les recordó: **pero a mí no siempre me tendréis.** El claro planteamiento era que la prioridad de los discípulos debía haber sido adorarlo como estaba haciendo María. La adoración es siempre la máxima prioridad. Aunque amar al prójimo y cuidar de los pobres es noble y necesario, amar al Señor es más importante (cp. Mr. 12:30-31). Esa era una verdad especialmente conmovedora a la luz de los acontecimientos que debían ocurrir en los seis días siguientes. Jesús sería crucificado menos de una semana después. Teniendo eso en cuenta, este no era un momento de caridad, sino de adoración.

María tenía las prioridades correctas. Al igual que en una ocasión anterior, había "escogido la buena parte" (Lc. 10:42). A diferencia de los doce, que procedieron de manera inconsciente, María al parecer tenía algún entendimiento de la inminente muerte de Jesús. En consecuencia, Él dijo de ella: **Esta ha hecho lo que podía; porque se ha anticipado a ungir mi cuerpo para la sepultura.** Aunque María no podía hacer nada para evitar la muerte de su Salvador, sí podía demostrarle su amor en una forma generosa y sacrificial. Como el Señor conocía su corazón, la elogió a causa de tal expresión de adoración. Así lo explicó Jesús: **De cierto os digo que dondequiera que se predique este evangelio, en todo el mundo, también se contará lo que ésta ha hecho, para memoria de ella.** Aunque han transcurrido dos milenios, el testimonio de la adoración sacrificial de María sigue en pie como un monumento perpetuo de su amor por Cristo. Ese gesto sincero (mirar hacia la muerte, sepultura y resurrección de Cristo) es un ejemplo convincente del tipo de alabanza desinteresada y generosa que honra al Salvador.

EL FALSO DISCÍPULO

Entonces Judas Iscariote, uno de los doce, fue a los principales sacerdotes para entregárselo. Ellos, al oírlo, se alegraron, y prometieron darle dinero. Y Judas buscaba oportunidad para entregarle. (14:10-11)

Ningún nombre en toda la historia humana es más infame que **Judas Iscariote.** A pesar de que era **uno de los doce,** que estuvo constantemente en la presencia de Jesús por más de tres años, desperdició esa única oportunidad privilegiada y a cambio optó por entregar al Hijo de Dios a sus asesinos. Judas era el único miembro de los doce discípulos que no era de Galilea. **Iscariote** significa "hombre de Queriot", que quiere decir que provenía de ese pueblo ubicado casi cuarenta kilómetros al sur de Jerusalén. Aunque siguió a Jesús por motivos egoístas y materialistas, se las arregló para engañar a los demás discípulos hasta el punto de que ninguno de ellos sospechó que se trataba de un hipócrita y traidor (cp. Jn. 13:22). Sin embargo, Judas no podía engañar al Señor Jesús, quien conocía desde el principio la condición del corazón malvado de Judas, incluso refiriéndose a él como un diablo (Jn. 6:64, 70-71).

Después de la cena del sábado en Betania, **Judas Iscariote fue a los principales sacerdotes para** poner en acción un plan y traicionar a Jesús, entregándoselos. Los dirigentes religiosos **al oírlo, se alegraron, y prometieron darle dinero.** Por treinta monedas de plata (Mt. 26:15), el precio de un esclavo (cp. Éx. 21:32), sobornaron a un Judas ansioso por vender a su Maestro. A partir de ese momento, a lo largo de toda la semana de pasión de Jesús, el traidor **buscaba oportunidad para entregarle.** Judas sabía que la principal oportunidad vendría cuando Jesús estuviera separado del gentío (Lc. 22:6), cuando podría ser arrestado en privado. Aunque los otros discípulos no eran conscientes de los desviados planes de Judas, el Señor sabía exactamente lo que el traidor estaba tramando. Así les dijo Jesús en el aposento alto: "No hablo de todos vosotros; yo sé a quienes he elegido; mas para que se cumpla la Escritura: El que come pan conmigo, levantó contra mí su calcañar" (Jn. 13:18).

Debido a que Judas había endurecido su corazón contra Jesús, Dios lo entregó a Satanás (cp. 1 Co. 5:5). Por eso Lucas 22:3 declara: "Y entró Satanás en Judas" (cp. Jn. 13:27). El príncipe de las tinieblas actuó por medio de este hipócrita no regenerado que, al igual que los dirigentes religiosos, él mismo era un hijo del diablo (Jn. 8:44; cp. Lc. 22:53). Irónicamente, al incitar a Judas a traicionar a Jesús, Satanás provocó su propio hundimiento (cp. 1 Jn. 3:8); la aparente victoria del diablo en realidad significó su derrota final (He. 2:14; cp. Gn. 3:15). Ya antes durante el ministerio de Cristo, Satanás había influido en que Pedro tratara de convencer a Jesús de que evitara por completo la cruz (cp. Mr. 8:32-33). Quizás ahora, al igual que los líderes religiosos, Satanás esperaba interrumpir la programación de Dios demorando la crucifixión hasta después de la Pascua. Pero cualesquiera que fueran los motivos de Satanás, sus acciones no pudieron anular la voluntad soberana de Dios (Lc. 22:31; cp. Job 1:12; 2:6).

Es devastador saber que el traidor del Mesías podía venir de entre los doce. Pero por impensable que esto pudiera parecer, Dios tenía todo el control. Inspirado por Satanás, el traidor estaba en realidad cumpliendo profecía bíblica específica (cp. Sal. 41:9; 55:12-14; Zac. 11:12-13; cp. Mt. 27:3-10). Así lo declaró

Jesús en su oración sacerdotal: "Yo los guardaba en tu nombre; a los que me diste, yo los guardé, y ninguno de ellos se perdió, sino el hijo de perdición, para que la Escritura se cumpliese" (Jn. 17:12). Hasta la traición de Judas fue parte del plan eterno de salvación. (Para un análisis adicional de las acciones malvadas de Judas a la luz de la soberanía de Dios, véase el capítulo 57 de esta obra).

LOS SEGUIDORES

El primer día de la fiesta de los panes sin levadura, cuando sacrificaban el cordero de la pascua, sus discípulos le dijeron: ¿Dónde quieres que vayamos a preparar para que comas la pascua? Y envió dos de sus discípulos, y les dijo: Id a la ciudad, y os saldrá al encuentro un hombre que lleva un cántaro de agua; seguidle, y donde entrare, decid al señor de la casa: El Maestro dice: ¿Dónde está el aposento donde he de comer la pascua con mis discípulos? Y él os mostrará un gran aposento alto ya dispuesto; preparad para nosotros allí. Fueron sus discípulos y entraron en la ciudad, y hallaron como les había dicho; y prepararon la pascua. (14:12-16)

En el versículo 12, la narración avanza al jueves de la semana de la pasión de Jesús, **el primer día de la fiesta de los panes sin levadura, cuando sacrificaban el cordero de la pascua.** Como sabía que la hora de su muerte estaba cerca (Mt. 26:18), el Señor puso en acción un plan que le permitiría celebrar la Pascua con sus discípulos. Tal vez fue al principio de ese día que **sus discípulos le dijeron: ¿Dónde quieres que vayamos a preparar para que comas la pascua?**

El Señor respondió la pregunta en una manera que sin duda los dejó perplejos. Pero la respuesta enigmática era necesaria debido a la traición de Judas. Si este descubría dónde Jesús y los discípulos estarían esa noche, sin duda alguna habría alertado a los dirigentes religiosos, permitiéndoles arrestar a Jesús durante la cena de Pascua. Pero eso habría sido prematuro. Por eso, a fin de mantener a Judas ignorante del lugar, el Señor hizo arreglos con el fin de observar la Pascua en una ubicación secreta, conocida solo por Él. De acuerdo con su plan, **envió dos de sus discípulos,** a quienes Lucas identifica como Pedro y Juan (Lc. 22:8), **y les dijo: Id a la ciudad.** Las posteriores instrucciones de Jesús fueron intencionalmente vagas, sin mencionar lugares o nombres, para que Judas no tuviera ningún conocimiento previo de dónde iría a estar Jesús esa noche. Solamente Pedro y Juan descubrirían la ubicación de antemano, donde al parecer se quedaron para terminar los preparativos necesarios. Los restantes discípulos no sabían dónde se llevaría a cabo la cena hasta que llegaron a la casa más tarde esa noche, lo que dejó a Judas sin oportunidad de informar del lugar a los enemigos de Cristo. Ellos no supieron hasta después que Jesús desenmascaró y despidió a Judas (cp. Jn. 13:27-30).

Tal como Jesús explicó el plan clandestino, Pedro y Juan debían llegar a Jerusalén y hallar a **un hombre que** llevaba **un cántaro de agua.** El hombre (que sin duda se trataba de un criado) se destacaría por estar realizando una tarea hogareña que normalmente en el Israel del siglo I hacían las mujeres. Los dos discípulos recibieron esta orden: **seguidle, y donde entrare, decid al señor de la casa: El Maestro dice: ¿Dónde está el aposento donde he de comer la pascua con mis discípulos? Y él os mostrará un gran aposento alto ya dispuesto; preparad para nosotros allí.** El propietario a quien los discípulos debían encontrar era al parecer un familiar de Jesús, ya que simplemente le dijeron que **el Maestro** los había enviado.

Es evidente que el Señor había preestablecido esto, física o sobrenaturalmente. Fuera como fuera, ya sabía que un salón grande estaba amueblado y listo para que Él y sus discípulos comieran juntos la cena. Después de recibir las instrucciones, **fueron sus discípulos y entraron en la ciudad, y hallaron como les había dicho; y prepararon la pascua.** Los preparativos necesarios para la cena de Pascua incluían llevar el cordero al templo para ser sacrificado, conservar parte de la carne asada para comerla esa noche, y obtener otros ingredientes requeridos para la fiesta, que incluían pan sin levadura, vino y hierbas amargas.

Jesús sabía que era fundamental que celebrara la Pascua con sus discípulos esa noche (Lc. 22:15) porque durante esa última cena transformaría la celebración de Pascua en la Cena del Señor, la cual conmemoraría su muerte en la cruz (Lc. 22:20). En lugar de representar los corderos que se sacrificaron en Egipto, ahora el pan y la copa significarían el cuerpo y la sangre del Cordero expiatorio de Dios (cp. 1 Co. 11:23-26). Además de celebrar la Cena del Señor, Jesús también les dio a los discípulos palabras vitales de promesa y esperanza para fortalecerlos porque Él pronto moriría (cp. Jn. 13-17).

La celebración que Jesús hizo de la Pascua la noche antes de su muerte plantea una pregunta importante: ¿Cómo celebraría la Pascua el jueves por la noche cuando los corderos pascuales se sacrificaban el viernes? La respuesta está en el hecho de que en Israel del siglo I la cena de Pascua se comía regularmente en dos noches. Los de Galilea la observaban la noche del jueves, mientras que los de Judea la celebraban el viernes. En consecuencia, Jesús pudo comer la Pascua con sus discípulos el jueves por la noche y aún morir como el Cordero de Pascua el viernes por la tarde.

Como lo expliqué en mi comentario al Evangelio de Juan:

> Existe una discrepancia aparente en este punto entre la cronología de Juan y la de los evangelios sinópticos. Los segundos declaran que la Santa Cena fue la cena de Pascua (Mt. 26:17-19; Mr. 14:12-16; Lc. 22:7-15). Sin embargo, Juan 18:28 registra: "[Los líderes judíos] llevaron a Jesús de casa de Caifás al pretorio. Era de mañana [el viernes,

el día de la crucifixión], y ellos no entraron en el pretorio para no contaminarse, y así poder comer la pascua". Más aún, de acuerdo con Juan 19:14 el juicio y crucifixión de Jesús ocurrió en "la preparación de la pascua", no el día después de comer la cena de Pascua. Así, la crucifixión del Señor ocurrió al tiempo que se sacrificaban los corderos de Pascua (cp. 19:36; cp. Éx. 12: 46; Nm. 9:12). Entonces, el reto es explicar cómo Jesús y los discípulos pudieron haber comido la cena de Pascua el jueves por la noche si los líderes judíos aún no la habían comido la mañana del viernes.

La respuesta está en entender que los judíos tenían dos métodos diferentes para contar los días. Las fuentes antiguas judías sugieren que los judíos del norte de Israel (incluida Galilea, de donde eran oriundos Jesús y la mayoría de los doce) contaban los días de salida del Sol a salida del Sol. Al parecer, la mayoría de los fariseos también usaba ese método. Por otra parte, los judíos de la región sur contaban los días de ocaso a ocaso. Esto incluiría a los saduceos (quienes vivían por necesidad en los alrededores de Jerusalén por su relación con el templo). Sin duda, aunque a veces es confuso, el método dual de contar los días habría tenido beneficios prácticos en la Pascua, pues permitía celebrar la fiesta en dos días consecutivos. Eso habría facilitado las condiciones de la Jerusalén abarrotada, especialmente en el templo, donde no tendrían que matarse todos los corderos el mismo día.

Así, no hay contradicción entre Juan y los sinópticos. Como Jesús y los doce eran galileos, habrían considerado que el día de Pascua era desde la salida del Sol del jueves hasta la salida del Sol del viernes. Habrían comido su cena de Pascua el jueves en la noche. Sin embargo, los líderes judíos (los saduceos) la habrían tenido desde el ocaso del jueves hasta el ocaso del viernes. Habrían comido su cena de Pascua el viernes por la noche (*Comentario MacArthur del Nuevo Testamento: Juan* [Grand Rapids: Portavoz, 2011], p. 522). (Para un análisis más detallado de este tema, véanse Harold W. Hoehner, *Chronological Aspects of the Life of Christ* [Grand Rapids: Zondervan, 1977], pp. 74-90; y Robert L. Thomas y Stanley N. Gundry, *A Harmony of the Gospels* [Chicago: Moody, 1979], pp. 321-22).

En el desarrollo del drama de la cruz participaron muchos actores: desde líderes religiosos antagónicos como Caifás hasta adoradores devotos como María, discípulos volubles como Judas, y seguidores fieles como Pedro y Juan. Sin embargo, un examen de estos personajes humanos en última instancia señala hacia Dios el Padre, cuya mano organizó de manera soberana todos los detalles según su plan perfecto (cp. Hch. 2:23; 3:18; 4:28). En su crucifixión, el

Señor Jesús no fue la víctima. Al contrario, fue el Hijo de Dios victorioso que de modo sumiso y con propósito obedeció a su Padre celestial

> *hasta la muerte, y muerte de cruz. Por lo cual Dios también le exaltó hasta lo sumo, y le dio un nombre que es sobre todo nombre, para que en el nombre de Jesús se doble toda rodilla de los que están en los cielos, y en la tierra, y debajo de la tierra; y toda lengua confiese que Jesucristo es el Señor, para gloria de Dios Padre (Fil. 2:8b-11).*

La nueva Pascua

57

Y cuando llegó la noche, vino él con los doce. Y cuando se sentaron a la mesa, mientras comían, dijo Jesús: De cierto os digo que uno de vosotros, que come conmigo, me va a entregar. Entonces ellos comenzaron a entristecerse, y a decirle uno por uno: ¿Seré yo? Y el otro: ¿Seré yo? Él, respondiendo, les dijo: Es uno de los doce, el que moja conmigo en el plato. A la verdad el Hijo del Hombre va, según está escrito de él, mas ¡ay de aquel hombre por quien el Hijo del Hombre es entregado! Bueno le fuera a ese hombre no haber nacido. Y mientras comían, Jesús tomó pan y bendijo, y lo partió y les dio, diciendo: Tomad, esto es mi cuerpo. Y tomando la copa, y habiendo dado gracias, les dio; y bebieron de ella todos. Y les dijo: Esto es mi sangre del nuevo pacto, que por muchos es derramada. De cierto os digo que no beberé más del fruto de la vid, hasta aquel día en que lo beba nuevo en el reino de Dios. Cuando hubieron cantado el himno, salieron al monte de los Olivos. (14:17-26)

Casi mil quinientos años después que Dios estableciera la primera Pascua la noche en que el pueblo hebreo fue liberado de la esclavitud en Egipto, Jesús y sus discípulos fueron a un aposento alto en Jerusalén donde celebraron la última comida de Pascua divinamente autorizada. En su lugar, el Señor instituyó una nueva conmemoración que apuntaba hacia sí mismo y su obra en la cruz. Mientras que la antigua Pascua conmemoraba la liberación temporal de Israel de la esclavitud en Egipto, la nueva Pascua celebraba una redención infinitamente más grande del poder y el castigo del pecado. En una sola comida de Pascua, la noche antes de su muerte el Señor Jesús concluyó la antigua celebración e instituyó la nueva. Tomó partes de esa última fiesta de Pascua y las redefinió como elementos de su Santa Cena.

Durante los siglos de historia del Antiguo Testamento se sacrificaron millones de corderos como parte de la celebración anual de la Pascua. Cada uno de esos animales sacrificados simbolizaba la realidad de que la liberación de la ira divina requiere la muerte de un sustituto inocente. Pero ninguno de tales sacrificios podía expiar realmente el pecado (cp. He. 10:4). Esta Pascua sería diferente, porque en ella se inmolaría el último sacrificio, concretamente el Cordero de Dios (1 Co. 5:7; cp. Jn. 1:29) hacia quien señalaban todos los demás. Él es el único sacrificio satisfactorio para Dios como ofrenda por el pecado.

Temprano ese jueves, Jesús envió a Pedro y Juan a Jerusalén con el fin de que hicieran los preparativos para la comida de Pascua (cp. Lc. 22:8). Esa noche el resto de los doce junto con Jesús se le unieron en un aposento alto para celebrar la última Pascua e inaugurar la primera Cena del Señor.

LA ÚLTIMA PASCUA

Y cuando llegó la noche, vino él con los doce. Y cuando se sentaron a la mesa, mientras comían, dijo Jesús: De cierto os digo que uno de vosotros, que come conmigo, me va a entregar. Entonces ellos comenzaron a entristecerse, y a decirle uno por uno: ¿Seré yo? Y el otro: ¿Seré yo? Él, respondiendo, les dijo: Es uno de los doce, el que moja conmigo en el plato. A la verdad el Hijo del Hombre va, según está escrito de él, mas ¡ay de aquel hombre por quien el Hijo del Hombre es entregado! Bueno le fuera a ese hombre no haber nacido. (14:17-21)

La celebración de la Pascua comenzó **cuando llegó la noche,** que empezaba después de la puesta del sol y terminaba en algún momento posterior a la medianoche (cp. Éx. 12:8-14). Jesús y sus discípulos llegaron en la tarde a un sitio conocido solo por Él. Era necesario el secreto para evitar que Judas avisara la ubicación del lugar a las autoridades religiosas, a fin de que Jesús pudiera lograr todo lo que era necesario antes de su arresto y ejecución. El Señor explicó a los doce: "¡Cuánto he deseado comer con vosotros esta pascua antes que padezca!" (Lc. 22:15). Tales palabras expresan la profunda emoción que el Señor agregó a la última Pascua con sus discípulos. En aquella comida daría fin a todo un sistema complejo e inauguraría uno nuevo, mientras que también les daría a sus seguidores las instrucciones adicionales que tanto necesitaban oír en las horas antes de la cruz.

Como se indicó antes, Jesús ya había enviado a Pedro y Juan por delante de los demás, con la misión de preparar todo para la cena de Pascua. El comentario de Marcos de que Jesús **vino con los doce** es sin duda una referencia general a los apóstoles, que simplemente significa que el Señor llegó con los otros diez para unirse a Pedro y Juan.

De acuerdo con las costumbres judías del siglo I, Jesús y los discípulos **se sentaron** a comer **a la mesa,** recostados sobre cojines con las cabezas hacia la mesa y los pies extendidos fuera de ella. La primera Pascua en Egipto fue consumida a toda prisa. Dios dio estas instrucciones a los israelitas: "Y lo comeréis así: ceñidos vuestros lomos, vuestro calzado en vuestros pies, y vuestro bordón en vuestra mano; y lo comeréis apresuradamente; es la Pascua de Jehová" (Éx. 12:11). Pero a lo largo de los siglos la celebración de Pascua se había vuelto un acontecimiento prolongado, que permitía a los participantes quedarse mucho tiempo durante la cena igual que el Señor y los discípulos hicieron en esta ocasión. Esta última Pascua duró el tiempo suficiente para que Jesús lavara los pies de los discípulos, confrontara a Judas Iscariote, consumieran la comida de Pascua, instituyera la Cena del Señor, y diera a los discípulos una buena cantidad de instrucción adicional (cp. Jn. 13-16).

La Pascua consistía de algunas características. La fiesta comenzaba con una oración de acción de gracias por la liberación, protección y bondad de Dios. La oración inicial era seguida por las primeras cuatro copas de vino tinto diluido. A continuación venía un lavado ceremonial de manos, que representaba la necesidad de santidad y limpieza del pecado. Fue tal vez en este punto de la comida, en el mismo instante en que debían haber estado reconociendo su pecaminosidad, que los doce empezaron a debatir quién entre ellos era el más grande (Lc. 22:24). Jesús respondió lavándoles los pies y enseñándoles una lección inolvidable acerca de la humildad (cp. Jn. 13:3-20).

La ceremonia de lavado de manos era seguida por el consumo de hierbas amargas que simbolizaban la dura esclavitud y la aflicción que el pueblo hebreo soportó mientras era esclavo en Egipto. Junto con las hierbas amargas también se rompían panes planos que distribuían y sumergían en una pasta espesa hecha a base de frutas y nueces. El consumo de las hierbas amargas era seguido por el canto de los dos primeros salmos del Hallel, y la bebida de la segunda copa de vino. El Hallel (Sal. 113-18) consistía de himnos de alabanza y es la palabra de la cual se deriva el término "aleluya" (que significa "alaba al Señor"). En este momento el jefe de la familia también explicaba el significado de la Pascua.

A continuación se servía el cordero asado y el pan sin levadura. Después de otro lavado de manos el jefe de familia distribuía trozos de pan para ser comidos con el cordero sacrificado. Una vez terminado el plato principal se degustaba una tercera copa de vino. A fin de completar la ceremonia tradicional, los participantes cantaban el resto del Hallel (Sal. 115-18), y finalmente bebían la cuarta copa de vino.

En algún punto de la celebración, **dijo Jesús: De cierto os digo que uno de vosotros, que come conmigo, me va a entregar.** La palabra **entregar** (una forma del verbo griego *paradidōmi*) significa "delatar", y se usaba a menudo para describir a malhechores que eran arrestados o a prisioneros que eran entregados para ser castigados. Aunque en varias ocasiones Jesús había predicho su muerte, anteriormente no les había explicado a los discípulos que sería traicionado por uno de ellos.

Las palabras de Jesús repiten las de David quien, después de ser traicionado por alguien en quien confiaba, exclamó:

Porque no me afrentó un enemigo, lo cual habría soportado; ni se alzó contra mí el que me aborrecía, porque me hubiera ocultado de él; Sino tú, hombre, al parecer íntimo mío, mi guía, y mi familiar; Que juntos comunicábamos dulcemente los secretos, y andábamos en amistad en la casa de Dios (Sal. 55:12-14).

En el Salmo 41:9, David lamentó de igual modo: "Aun el hombre de mi paz, en quien yo confiaba, el que de mi pan comía, alzó contra mí el calcañar". El dolor de David fue causado por la traición de su consejero Ahitofel, quien se unió a la rebelión de Absalón contra David (cp. 2 S. 16:15—17:3). En una cultura en que comer juntos se consideraba una señal de amistad, traicionar a alguien mientras se comía con el traidor empeoraba la traición, haciéndola aún más despreciable (Jn. 13:18).

Por supuesto, Jesús sabía quién era el que le iba a traicionar ya que conocía lo que había en el corazón de todos (Jn. 2:24), incluso las malvadas intenciones de Judas (Jn. 6:70-71; 13:11). Sin embargo, los demás discípulos no sospechaban nada. Judas era tan hábil en ocultar su falsedad que le confiaron la tesorería, aun cuando les estaba robando dinero (cp. Jn. 12:6). En su ignorancia lo consideraban un hombre íntegro.

Cuando los discípulos oyeron la sorprendente declaración de que uno de ellos traicionaría a su Maestro, **comenzaron a entristecerse, y a decirle uno por uno: ¿Seré yo? Y el otro: ¿Seré yo?** La palabra **entristecerse** (del verbo griego *lupeō*) significa estar afligido, triste y muy apenado. Mateo 26:22 explica que ellos estaban "entristecidos en gran manera". Con la obvia excepción de Judas (cp. Mt. 26:25), los discípulos creían realmente en Jesús y no podían creerlo cuando se les informó que uno de ellos era un traidor. Las preguntas que hicieron eran sinceras, tanto por la desconfianza de sí mismos como por el afecto sincero hacia Cristo. Quizás después que el Señor los reprendiera por ser orgullosos (cp. Jn. 13:5-20) se habían sensibilizado a la maldad potencial de sus propios corazones.

El momento en que los discípulos estaban comiendo las hierbas amargas junto con el pan mojado en la pasta de frutas y nueces, Jesús **les dijo: Es uno de los doce, el que moja conmigo en el plato.** Es probable que alrededor de la mesa hubiera varios cuencos para sumergir en ellos el pan, con Judas al parecer sentado cerca de Jesús y compartiendo el mismo cuenco con Él. Según parece, los discípulos no entendieron completamente la respuesta de algún modo enigmática del Señor. Como lo explica el apóstol Juan en su relato paralelo, ellos continuaron confundidos en cuanto a la identidad del traidor de Jesús.

A éste, pues, hizo señas Simón Pedro, para que preguntase quién era aquel de quien hablaba. Él entonces, recostado cerca del pecho de Jesús, le dijo: Señor, ¿quién es? Respondió Jesús: A quien yo diere el pan mojado, aquél es. Y mojando el pan, lo dio a Judas Iscariote hijo de Simón. Y después del bocado, Satanás entró en él. Entonces Jesús le dijo: Lo que vas a hacer, hazlo más pronto. Pero ninguno de los que estaban a la mesa entendió por qué le dijo esto. Porque algunos pensaban, puesto que Judas tenía la bolsa, que Jesús le decía: Compra lo que necesitamos para la fiesta; o que diese algo a los pobres. Cuando él, pues, hubo tomado el bocado, luego salió; y era ya de noche (Jn. 13:24-30).

Por despreciable e insensato que Judas era, estando motivado por sus propios deseos carnales, no podía frustrar ni alterar el plan de Dios. Es más, los designios malignos del traidor fueron estratégicamente establecidos por Dios dentro de sus propósitos redentores. Así continuó explicando Jesús: **A la verdad el Hijo del Hombre va, según está escrito de él.** Todo lo que estaba a punto de sucederle a Jesús había sido predestinado por Dios y anunciado en las Escrituras (cp. Hch. 2:23). Detalles acerca del sufrimiento y la crucifixión fueron predichos en pasajes del Antiguo Testamento como Salmos 22, Isaías 53, y Zacarías 12. Por eso Pablo pudo decir a los corintios: "Cristo murió por nuestros pecados, conforme a las Escrituras; y que fue sepultado, y que resucitó al tercer día, conforme a las Escrituras" (1 Co. 15:3). El plan había sido determinado en la eternidad pasada (cp. Ap. 13:8) y registrado en el Antiguo Testamento. Jesús no fue a la cruz como una víctima indefensa, sino como el obediente Hijo que estaba cumpliendo la palabra y la voluntad del Padre (cp. Mt. 26:54; Lc. 24:44; Fil. 2:8).

Es importante señalar que aunque Dios utilizó a Judas para lograr sus propósitos, Judas seguía siendo personalmente culpable por sus acciones perversas. Jesús siguió explicando: **mas ¡ay de aquel hombre por quien el Hijo del Hombre es entregado!** En su providencia soberana, Dios pasa por encima de las decisiones pecaminosas de las personas, como las de Judas, para los propios fines y la gloria divina (cp. Gn. 50:20; Ro. 8:28). Pero esa realidad no las exonera de su maldad. La palabra **ay** es más que una advertencia; es un pronunciamiento divino de juicio y condenación. A través de su rechazo voluntario de Cristo, prefiriendo traicionarlo a creer en Él, Judas condenó su alma al infierno eterno (cp. Jn. 17:12).

Jesús continuó con una aleccionadora declaración: **Bueno le fuera a ese hombre no haber nacido.** Al igual que todos los que rechazan a Cristo, Judas sería condenado para siempre. Después de haber tenido el privilegio definitivo de ser uno de los discípulos de Jesús, Judas sería castigado de acuerdo con las medidas más extremas (cp. Lc. 12:47-48). La retribución eterna que le esperaba y que espera a todos los incrédulos es tan grave que sería infinitamente mejor nunca haber existido. El autor de Hebreos describe las terribles consecuencias que esperan a todos los que exhiben tan obstinada incredulidad:

¿Cuánto mayor castigo pensáis que merecerá el que pisoteare al Hijo de Dios, y tuviere por inmunda la sangre del pacto en la cual fue santificado, e hiciere

afrenta al Espíritu de gracia? Pues conocemos al que dijo: Mía es la venganza, yo daré el pago, dice el Señor. Y otra vez: El Señor juzgará a su pueblo. ¡Horrenda cosa es caer en manos del Dios vivo! (He. 10:29-31).

LA PRIMERA CENA DEL SEÑOR

Y mientras comían, Jesús tomó pan y bendijo, y lo partió y les dio, diciendo: Tomad, esto es mi cuerpo. Y tomando la copa, y habiendo dado gracias, les dio; y bebieron de ella todos. Y les dijo: Esto es mi sangre del nuevo pacto, que por muchos es derramada. De cierto os digo que no beberé más del fruto de la vid, hasta aquel día en que lo beba nuevo en el reino de Dios. (14:22-26)

Después que Judas se fuera (Jn. 13:30-31), y que quedaran solamente los once fieles, Jesús transformó la Pascua en la Cena del Señor (también llamada Mesa del Señor o Comunión) y con ello marcó la transición del antiguo pacto al nuevo. Las palabras de Jesús registradas en este pasaje marcaron el final de las ceremonias, los sacrificios y los rituales del Antiguo Testamento (cp. Mr. 15:38). Todos los símbolos del antiguo pacto señalaban hacia Cristo; en su muerte estos fueron cumplidos y reemplazados a la perfección.

Que **Jesús** dijera estas cosas **mientras comían** sugiere que esto sucedió en momentos que se servía el cordero asado. En medio de la celebración de la Pascua, el único y verdadero Cordero de Pascua (1 Co. 5:7) **tomó** un poco del **pan** plano, crujiente sin levadura, lo **bendijo** dando gracias a su Padre (cp. Mt. 14:19; 15:36), **y lo partió y les dio** a sus discípulos. Mientras les entregaba un pedazo de pan a cada uno de los once, les decía: **Tomad, esto es mi cuerpo.** Comer pan sin levadura no solo simbolizaba la apresurada salida que los israelitas hicieron de Egipto (Dt. 16:3), sino que también representaba su separación de las influencias corruptoras del pecado, la idolatría y la mundanalidad (que eran simbolizadas por la levadura). En la Cena del Señor a ese mismo pan se le dio un nuevo significado. Sirvió como representación del cuerpo de Cristo, el cual pronto se ofrecería como el sacrificio por el pecado para aplacar al Padre. El partimiento del pan no significaba la naturaleza de la muerte de Jesús, ya que ninguno de sus huesos fueron rotos durante su ejecución (Jn. 19:36; cp. Éx. 12:46; Sal. 34:20). Más bien, el hecho de que a cada uno de los discípulos se le diera un pedazo del mismo pan simbolizó la unidad que tenían en Cristo (cp. 1 Co. 12:12-27). De acuerdo con el pasaje paralelo en Lucas 22:19, Jesús añadió: "Que por vosotros es dado; haced esto en memoria de mí" (cp. 1 Co. 11:24). Tales palabras indican que el Señor quiso que su Cena la observaran sus seguidores como una conmemoración perpetua de la muerte de Cristo.

Al igual que con muchas doctrinas, la Iglesia Católica Romana ha pervertido la Cena del Señor en la práctica extraña de la transubstanciación, en la que la sustancia del pan y la copa supuestamente se transforman en el verdadero cuerpo y la verdadera sangre de Jesucristo. Pero Jesús no estaba hablando de modo literal cuando dijo del pan: **esto es mi cuerpo.** Similares malinterpretaciones de las palabras de Jesús incitaron a los líderes judíos a ridiculizarlo cuando describió su cuerpo como un templo (Jn. 2:19-21), e hizo que muchos discípulos superficiales lo abandonaran cuando se llamó a sí mismo el Pan de Vida (Jn. 6:35, 48-66). En la misma forma que Jesús se refirió a sí mismo como una puerta (Jn. 10:9) y una vid (Jn. 15:1, 5), las palabras de Jesús en el aposento alto deben entenderse en un sentido figurado.

Después de distribuir el pan, el Señor Jesús instituyó el segundo elemento de su Cena. **Y tomando la copa, y habiendo dado gracias, les dio; y bebieron de ella todos.** El verbo traducido **habiendo dado gracias** es una forma de la palabra griega *eucharisteō,* de la que proviene la palabra castellana "eucaristía". ("Eucaristía" es un título histórico para la Cena del Señor del que en gran medida la Iglesia Católica Romana se ha apropiado y al que ha corrompido). Esta habría sido la tercera copa de la comida de Pascua, seguida por el plato principal. Que **bebieron de ella todos** demuestra que Jesús quiso que todos los creyentes participaran de ambos elementos de la Cena del Señor (cp. 1 Co. 10:16, 21; 11:28).

Después de beber de la copa, Jesús **les dijo: Esto es mi sangre del nuevo pacto, que por muchos es derramada.** Así como el pan simbolizó su cuerpo, también la copa simbolizó su sangre. Para que un pacto se estableciera debía haber derramamiento de sangre (una referencia a la muerte, cp. He. 9:16-20). Pero a diferencia de los sacrificios de animales requeridos por los pactos con Noé (Gn. 8:20), Abraham (Gn. 15:10) y Moisés (Éx. 24:5-8; Lv. 17:11), el nuevo pacto (Lc. 22:20) requirió que la preciosa sangre del Cordero inmaculado de Dios fuera derramada en muerte para el beneficio eterno de los muchos a quienes Él redimiría (cp. Is. 53:12). Mateo 26:28 agrega la razón de que la sangre de Cristo debía derramarse "para remisión de los pecados" (cp. He. 9:22; 1 P. 1:2).

El Señor Jesús murió en la cruz como el sustituto perfecto, llevando la culpa de todos los que eligen creer en Él (2 Co. 5:21). Él soportó el castigo de la ira de Dios, satisfizo la justicia divina, y ratificó el nuevo pacto de perdón y salvación (Jer. 31:34). (Para un análisis detallado del nuevo pacto, véase *Comentario MacArthur del Nuevo Testamento: 2 Corintios* [Grand Rapids: Portavoz, 2015], caps. 7 y 8). La muerte de Jesús constituyó el pago definitivo, por lo que ya no hay necesidad de más sacrificios de animales (cp. He. 10:4-12). Eso se demostró claramente al rasgarse el velo que cerraba la entrada al lugar santísimo (Mt. 27:51), y la promesa del Señor con relación a la total destrucción del templo en el año 70 d.C. (cp. Mr. 13:1-3).

Jesús concluyó la celebración inaugural de la Cena del Señor con una promesa para sus discípulos: **De cierto os digo que no beberé más del fruto de la vid, hasta aquel día en que lo beba nuevo en el reino de Dios.** El **fruto de la vid** era un coloquialismo judío que se refiere al vino; en este contexto se refiere específicamente al vino tinto diluido de la comida de Pascua. Antes esa misma noche Jesús también les había expresado: "Os digo que no la comeré más [la Pascua], hasta que se cumpla en el reino de Dios" (Lc. 22:16). Tales palabras aseguraron a los discípulos que Él regresaría (cp. Jn. 14:3), y que un día volvería a celebrar la Pascua con ellos en su reino milenial (cp. Ez. 45:18-25). Hasta que regrese, los creyentes deben seguir celebrando la Cena conmemorativa del Señor (cp. 1 Co. 11:23-24). De ahí que la celebración regular de la Comunión no solo recuerda la muerte de Cristo, sino que también espera con anhelante anticipación su venida. La noche anterior Jesús había instruido a sus discípulos acerca de su regreso y del final de la era (cp. Mr. 13:24-27). Ahora, la noche antes de su muerte les aseguró que la cruz no representaba el final de la historia.

Cuando la celebración de la Pascua concluyó, Jesús y los discípulos entonaron un último himno, probablemente el último salmo del tradicional Hallel (Sal. 118). Es difícil imaginar una bendición más apropiada, ya que el estribillo repetido de Salmos 118 es que la misericordia de Dios es para siempre (vv. 1-3, 29). Ningún estribillo pudo haber sido más apropiado al tener en cuenta la inminencia de la cruz. Aunque el Mesías sería rechazado y asesinado por los dirigentes religiosos de Israel (cp. v. 22), Él resucitaría victorioso al tercer día.

Marcos concluye su narración del aposento alto observando simplemente que **cuando hubieron cantado el himno, salieron al monte de los Olivos.** Allí Jesús oró fervientemente a su Padre porque la voluntad de Dios se cumpliera. Pronto el Cordero de Dios sería arrestado y condenado injustamente (1 P. 1:19; 2:21-24). El momento más importante en la historia de la redención estaba a solo unas cuantas horas.

La agonía de la copa

58

Entonces Jesús les dijo: Todos os escandalizaréis de mí esta noche; porque escrito está: Heriré al pastor, y las ovejas serán dispersadas. Pero después que haya resucitado, iré delante de vosotros a Galilea. Entonces Pedro le dijo: Aunque todos se escandalicen, yo no. Y le dijo Jesús: De cierto te digo que tú, hoy, en esta noche, antes que el gallo haya cantado dos veces, me negarás tres veces. Mas él con mayor insistencia decía: Si me fuere necesario morir contigo, no te negaré. También todos decían lo mismo. Vinieron, pues, a un lugar que se llama Getsemaní, y dijo a sus discípulos: Sentaos aquí, entre tanto que yo oro. Y tomó consigo a Pedro, a Jacobo y a Juan, y comenzó a entristecerse y a angustiarse. Y les dijo: Mi alma está muy triste, hasta la muerte; quedaos aquí y velad. Yéndose un poco adelante, se postró en tierra, y oró que si fuese posible, pasase de él aquella hora. Y decía: Abba, Padre, todas las cosas son posibles para ti; aparta de mí esta copa; mas no lo que yo quiero, sino lo que tú. Vino luego y los halló durmiendo; y dijo a Pedro: Simón, ¿duermes? ¿No has podido velar una hora? Velad y orad, para que no entréis en tentación; el espíritu a la verdad está dispuesto, pero la carne es débil. Otra vez fue y oró, diciendo las mismas palabras. Al volver, otra vez los halló durmiendo, porque los ojos de ellos estaban cargados de sueño; y no sabían qué responderle. Vino la tercera vez, y les dijo: Dormid ya, y descansad. Basta, la hora ha venido; he aquí, el Hijo del Hombre es entregado en manos de los pecadores. Levantaos, vamos; he aquí, se acerca el que me entrega. (14:27-42)

Durante sus treinta y tres años sobre la tierra, el Señor Jesús experimentó varias veces los sufrimientos y tentaciones de esta vida (cp. He. 4:15). Isaías 53:3 predijo que el Mesías sería un "varón de dolores". El Nuevo Testamento no relata alguna vez en que Jesús riera, pero sí narra ocasiones en que experimentó tristeza y llanto. Lamentó la ceguera espiritual del pueblo y sus dirigentes (Mr. 8:12, 18), le entristeció el sufrimiento físico de los enfermos y discapacitados (Mr. 7:34; cp. Mt. 14:14; 20:34), y lloró ante la tumba de un amigo amado (Jn. 11:35). Con percepción divina (cp. Jn. 2:25), el Señor Jesús presenció el sufrimiento inherente de un mundo corrompido por el pecado, la enfermedad y la muerte. Su comprensión del sufrimiento de otros le movió a compasión (cp. Mr. 1:41;

6:34; 8:2). Juan 11:33 describe la emoción del Señor: "Jesús entonces, al verla [a María] llorando, y a los judíos que la acompañaban, también llorando, se estremeció en espíritu y se conmovió". Esta intensa sensación fue el resultado de la muerte de Lázaro, el dolor de María y Marta, la realidad de la incredulidad de Israel, y la comprensión de la influencia del pecado y la muerte en la historia de la humanidad.

Ese dolor intenso por el pecado fue similar al dolor, al desasosiego y a la gran angustia que experimentó en el huerto de Getsemaní. La profundidad de su agonía en esas horas iniciales de la mañana antes de la cruz, fue infinitamente más grande que todo lo que alguien hubiera experimentado jamás en la historia humana. El inmaculado Cordero de Dios (1 P. 1:19) pronto sería separado de su Padre celestial (Mr. 15:34) y quebrantado bajo la ira divina (Is. 53:10) con el fin de llevar los pecados de otros (2 Co. 5:21). Ninguna agonía podía ser más grande que saber que pronto bebería la copa del juicio de Dios contra el pecado (cp. Mt. 20:22; Jn. 18:11).

El jueves por la noche Jesús y sus discípulos celebraron tanto la última Pascua como la primera Comunión en un aposento alto en Jerusalén (Mr. 14:12-26). Es probable que la comida de Pascua durara entre cinco y seis horas, desde el anochecer (como a las 6:00 de la tarde) hasta no mucho antes de la medianoche. Una vez terminada, Jesús y los once salieron de la ciudad, atravesaron el valle del Cedrón, y llegaron al Monte de los Olivos (v. 26). Este fue el lugar donde poco más de veinticuatro horas antes Jesús había dado instrucciones a sus discípulos acerca de las glorias de su segunda venida. Ahora, casi a medianoche de la madrugada del viernes, enfrentaría la insoportable agonía de su inminente crucifixión.

Cinco aspectos del sufrimiento del Señor se destacan en este pasaje (Mr. 14:27-42): su predicción traumática, su aflicción trascendente, su petición dolorosa, su exhortación tierna, y su sumisión triunfante.

LA PREDICCIÓN TRAUMÁTICA DEL SEÑOR

Entonces Jesús les dijo: Todos os escandalizaréis de mí esta noche; porque escrito está: Heriré al pastor, y las ovejas serán dispersadas. Pero después que haya resucitado, iré delante de vosotros a Galilea. Entonces Pedro le dijo: Aunque todos se escandalicen, yo no. Y le dijo Jesús: De cierto te digo que tú, hoy, en esta noche, antes que el gallo haya cantado dos veces, me negarás tres veces. Mas él con mayor insistencia decía: Si me fuere necesario morir contigo, no te negaré. También todos decían lo mismo. (14:27-31)

Según Marcos 14:26, Jesús y los once salieron del aposento alto una vez terminada la Pascua y caminaron hacia el Monte de los Olivos. Al salir de Jerusalén por la puerta oriental habrían atravesado el valle del Cedrón, cruzando el arroyo que aún fluía con agua de las últimas lluvias del invierno. Durante la Pascua el agua en el arroyo se mezclaba con la sangre de los corderos sacrificados en el templo, un recordatorio vívido del último sacrificio que el mismo Hijo de Dios haría pronto. Cuando comenzaron a ascender el Monte de los Olivos, Jesús y sus discípulos básicamente siguieron la misma ruta que David, descalzo y llorando, había tomado un milenio antes cuando huyó de su hijo traidor Absalón (2 S. 15:30).

Antes de llegar a su destino en el huerto de Getsemaní, el Señor hizo a sus discípulos una traumática predicción, explicándoles que les faltaría el valor y que le abandonarían. Los discípulos protestaron con vehemencia ante tal idea, pero sus palabras demostraron en última instancia que eran mucho más valerosas que sus acciones posteriores. En solo unas pocas horas se cumpliría todo lo que Jesús predijo acerca de ellos.

Aunque la debilidad de los discípulos queda claramente al descubierto en estos versículos (vv. 27-31), el texto también revela varias verdades maravillosas respecto al Señor Jesús: su fiel resistencia frente al sufrimiento brilla con fuerza contra la tónica general de la fragilidad y el fracaso de ellos. La ignorancia, la cobardía, la debilidad y el orgullo de los discípulos sirven para resaltar el carácter majestuoso de Jesús, manifestando en vívido contraste el conocimiento, el valor, el poder y la humildad del Señor.

Su conocimiento. Ante la ignorancia y la duda de los discípulos, el Señor Jesús mostró conocimiento sobrenatural y certeza inquebrantable frente al sufrimiento. Debido a que poseía conocimiento divino del futuro, había previsto tanto la traición de parte de Judas (Mr. 14:18-21) como la posterior dispersión de los demás discípulos (cp. Mt. 26:56). En consecuencia, **Jesús les dijo: Todos os escandalizaréis de mí esta noche.** El verbo griego traducido **escandalizaréis** (una forma de *skandalizō*, que significa abandonar) indica que los once pronto le dejarían. Sin embargo, a diferencia de Judas Iscariote, la deserción de ellos solo sería temporal. El conocimiento perfecto del Señor no solo incluía una comprensión de lo que iba a ocurrir en el futuro, sino también un entendimiento pleno de la voluntad de su Padre. Por tanto, aunque Jesús sabía que iba a ser arrestado y abandonado por sus seguidores, no retrocedió ante lo que su Padre le había pedido llevar a cabo.

Su valor. El Señor subrayó su predicción traumática citando palabras de la profecía bíblica. **Escrito está** era una fórmula común para presentar contenido del Antiguo Testamento (cp. Mr. 1:2; 7:6; 9:13; 14:21, 27). Citando a Zacarías 13:7, Jesús continuó: **Heriré al pastor, y las ovejas serán dispersadas.** Al aplicarse estas palabras a sí mismo como el pastor, y a sus discípulos como las ovejas, Jesús aseguró a sus seguidores que ni siquiera sus defectos trastornarían los propósitos de Dios. La deserción que harían había sido anticipada por el profeta Zacarías cientos de años antes. Jesús sabía que Él sería herido mientras ellos se dispersarían atemorizados, pero que incluso la determinación de Él no vacilaría frente al abandono y la muerte. El denodado valor de Jesús está en marcado contraste con la cobardía desorientada de sus discípulos.

Su poder. Mirando más allá de la cruz hacia su resurrección, el Señor animó a sus discípulos asegurándoles que el abandono de ellos no sería permanente. Aunque le abandonarían, Él volvería a reunirlos. Así se los dijo: **Pero después que haya resucitado, iré delante de vosotros a Galilea.** A lo largo de su ministerio, Jesús afirmó varias veces el poder de resurrección (Jn. 2:19-21; 5:28-29; 6:40; 11:25-27), prometiéndoles a los discípulos que después de la muerte resucitaría de nuevo (cp. Mt. 16:21; 17:9, 23; 20:18-19). Ese poder divino ofrecía un agudo contraste con la evidente debilidad de ellos.

La promesa del Señor de que iría **delante de** los discípulos a **Galilea** se cumplió exactamente después de la resurrección (cp. Mt. 28:7, 10, 16-17). Fue en Galilea que el Cristo resucitado volvió a resaltar su poder divino cuando comisionó a los apóstoles con estas palabras:

> *Toda potestad me es dada en el cielo y en la tierra. Por tanto, id, y haced discípulos a todas las naciones, bautizándolos en el nombre del Padre, y del Hijo, y del Espíritu Santo; enseñándoles que guarden todas las cosas que os he mandado; y he aquí yo estoy con vosotros todos los días, hasta el fin del mundo (Mt. 28:18-20).*

Su humildad. A pesar de la clara predicción del Señor, **Pedro le dijo** lleno de orgullo: **Aunque todos se escandalicen, yo no.** En su excesiva confianza, el estridente discípulo declaró impetuosamente que su valor no le fallaría. Poco tiempo antes, cuando aún estaban en el aposento alto durante la cena de Pascua, el Señor lanzó a Pedro una advertencia parecida. Lucas relata esa conversación anterior, comenzando con las palabras de Jesús:

> *Simón, Simón, he aquí Satanás os ha pedido para zarandearos como a trigo; pero yo he rogado por ti, que tu fe no falte; y tú, una vez vuelto, confirma a tus hermanos. Él le dijo: Señor, dispuesto estoy a ir contigo no sólo a la cárcel, sino también a la muerte. Y él le dijo: Pedro, te digo que el gallo no cantará hoy antes que tú niegues tres veces que me conoces (Lc. 22:31-34).*

Esa misma noche, mientras caminaban hacia el huerto de Getsemaní, el obstinado orgullo de Pedro volvió a negarse a reconocer la posibilidad de alguna debilidad.

En respuesta al descarado exceso de confianza de su discípulo, volvió a decirle **Jesús: De cierto te digo que tú, hoy, en esta noche, antes que el gallo haya cantado dos veces, me negarás tres veces.** De los cuatro escritores, solo Marcos explica que el gallo cantaría dos veces, un detalle añadido que de ninguna manera se contrapone con los demás relatos de los evangelios. (Para una armonía de los relatos del evangelio con relación a las negaciones de Pedro, véase John MacArthur, *Una vida perfecta* [Nashville: Grupo Nelson, 2014], pp. 437-44). El "canto del gallo" representaba la tercera vigilia de la noche, que terminaba a las 3:00 a.m., como a la hora en que los gallos típicamente comienzan a cantar en las horas antes del amanecer. Tal vez fue cerca del amanecer cuando Jesús le dijo estas palabras a Pedro, mientras caminaban hacia el huerto de Getsemaní. En cuestión de horas, antes de la salida del sol el viernes por la mañana, Pedro negaría al Señor tres veces, exactamente como Jesús predijo (cp. Mr. 14:66-72).

Negándose a recibir la advertencia del Señor, Pedro **con mayor insistencia decía: Si me fuere necesario morir contigo, no te negaré.** Aunque la enfática declaración de lealtad a Cristo era noble, la falta de voluntad para escuchar la amonestación de Jesús no lo fue. El discípulo seguro de sí mismo estaba cegado por el orgullo y el exceso de confianza. Pronto ilustraría las palabras de Proverbios 16:18: "Antes del quebrantamiento es la soberbia, y antes de la caída la altivez de espíritu" (cp. Pr. 11:2; 29:23). Aunque sin duda el miembro más extrovertido de los discípulos, Pedro no estaba solo en sus jactanciosas protestas. Con exceso de confianza, según relata Marcos, **también todos decían lo mismo.**

El orgullo de los once contrastaba fuertemente con la mansedumbre del Señor Jesús, a medida que Él entraba al momento de su más grande humillación (cp. Fil. 2:5-11). Más tarde ese día iba a morir en una cruz para llevar los pecados de ellos, incluso el necio orgullo que exhibieron en ese momento, junto con los pecados de todos los que creerían en Él. Después de la resurrección, de modo compasivo Jesús restauraría a Pedro y a los otros, comisionándolos al ministerio de completa dedicación y a la obra misionera (cp. Jn. 21:15-17; Hch. 1:8).

LA AFLICCIÓN TRASCENDENTAL DEL SEÑOR

Vinieron, pues, a un lugar que se llama Getsemaní, y dijo a sus discípulos: Sentaos aquí, entre tanto que yo oro. Y tomó consigo a Pedro, a Jacobo y a Juan, y comenzó a entristecerse y a angustiarse. Y les dijo: Mi alma está muy triste, hasta la muerte; quedaos aquí y velad. (14:32-34)

Al llegar finalmente a su destino en la ladera occidental del Monte de los Olivos, Jesús y los discípulos **vinieron, pues, a un lugar que se llama Getsemaní,** que significa "prensa de aceite". El huerto privado (Jn. 18:1) tal vez pertenecía a algún acaudalado seguidor de Jesús que con gusto lo puso a su disposición. Debido a la cercanía a Jerusalén, el refugio aislado fue usado de manera regular por el Señor y sus discípulos como un lugar para descansar y escapar de la bulliciosa ciudad (cp. Jn. 18:2).

El huerto probablemente estaba rodeado por una cerca o muro con una puerta de entrada. Cuando llegaron al lugar, Jesús **dijo a sus discípulos: Sentaos aquí, entre tanto que yo oro.** Dejando a ocho de los once cerca de la entrada para vigilar y orar (cp. Lc. 22:40), el Señor se adentró en el interior del huerto, llevando **consigo a Pedro, a Jacobo y a Juan.** Estos tres, que junto con Andrés componían el círculo más íntimo de los doce, fueron los testigos privilegiados de la gloria celestial de Jesús en la transfiguración (Mr. 9:2). Ahora iban a presenciar las agonías del sufrimiento terrenal de Jesús en el huerto de Getsemaní. En esta ocasión el Señor enseñaría a Pedro, Jacobo y Juan una lección importante acerca de su propia fragilidad y de la necesidad esencial de orar frente a la tentación. Como los líderes de los apóstoles, transmitirían a los demás lo que aprendieron en esta ocasión.

Al anticipar lo que pronto tendría lugar, Jesús **comenzó a entristecerse y a angustiarse.** La palabra **entristecerse** (una forma del verbo griego *ekthambeō*) significa preocuparse o asombrarse. **Angustiarse** (del vocablo griego *adēmoneō*) es un término fuerte que indica grave desasosiego y agonía. Esta fue la tristeza más profunda que Jesús experimentara alguna vez (cp. Jn. 11:33). La intensidad del dolor era tan grande que Él mismo estaba sorprendido.

La causa principal de esa angustia no era el rechazo de Israel, la deserción de Judas, o el abandono de los discípulos. Tampoco fue la injusticia de los dirigentes religiosos, las burlas de los soldados romanos, y ni siquiera la inminente realidad de la muerte física. Todas esas consideraciones, por dolorosas u horribles que debieron haber sido, fueron secundarias. La agonía y el asombro que llenaron a Jesús en el huerto estaban mucho más allá de esas cosas. Su dolor estaba alimentado en primer lugar por el horrible reconocimiento de que pronto se convertiría en el portador del pecado y el objeto de la ira divina (2 Co. 5:21). Por primera vez en toda la eternidad experimentaría la separación de su Padre (Mr. 15:34; cp. Hab. 1:13), y sería molido por Él como expiación por los pecadores (Is. 53:10). Esa realidad era casi demasiada para que incluso Jesús sobreviviera. Entonces **les dijo** a su discípulos: **Mi alma está muy triste, hasta la muerte; quedaos aquí y velad.** El adjetivo griego *perilupos* (**muy triste**) transmite la idea de estar rodeado por la pena y la aflicción. La ola de angustia que inundó la mente de Jesús era tan intensa que casi lo mata, haciendo que sus capilares subcutáneos se dilataran y se rompieran hasta que su sudor era como gotas de sangre (Lc. 22:44).

LA PETICIÓN DOLOROSA DEL SEÑOR

Yéndose un poco adelante, se postró en tierra, y oró que si fuese posible, pasase de él aquella hora. Y decía: Abba, Padre, todas las cosas son posibles para ti; aparta de mí esta copa; mas no lo que yo quiero, sino lo que tú. (14:35-36)

Como se indicó antes, la aflicción y el dolor que Jesús experimentó en el huerto desafían toda comprensión, porque se trató de una lucha sobrenatural. Fuera de la cruz misma, este fue el apogeo de su sufrimiento. Fue en Getsemaní que Jesús experimentó su mayor momento de tentación, mientras contemplaba la copa de la ira divina que pronto se derramaría sobre Él. La batalla que enfrentó allí fue mucho más intensa que su anterior encuentro con el diablo en el desierto (Mt. 4:1-11; Mr. 1:12-13; Lc. 4:1-13). De igual modo excedió la tentación que enfrentó en Marcos 8:32-33, cuando Pedro se convirtió en un vocero de Satanás al tratar de persuadir a Jesús de que evitara la cruz.

Alrededor de la medianoche, horas antes de su muerte, el Hijo de Dios soportó el último intento de Satanás de disuadirlo de ir a la cruz (cp. Lc. 22:53), siendo tentado a poner su propia voluntad humana por sobre la de su Padre celestial. Si el diablo hubiera triunfado, Jesús no habría logrado los propósitos redentores de Dios. Su misión mesiánica habría terminado en fracaso; la Palabra de Dios sería falsa; el evangelio no tendría sentido; el cielo estaría vacío; y Satanás habría reclamado la victoria. Como sabía lo que estaba en riesgo, Jesús clamó fervientemente a su Padre celestial. **Yéndose un poco adelante** de donde Pedro, Jacobo y Juan se quedaron (cp. Lc. 22:41), el Señor **se postró en tierra, y oró.** A diferencia de los discípulos, que se quedaron dormidos en lugar de mantenerse vigilantes, Jesús respondió a cada embestida de tentación con intensos períodos de prolongada oración (cp. vv. 35, 39; cp. Mt. 26:39, 42, 44). El autor de Hebreos explica que Jesús ofreció "ruegos y súplicas con gran clamor y lágrimas" (He. 5:7).

El contenido de la petición dolorosa de Jesús fue **que si fuese posible, pasase de él aquella hora** de angustia y muerte. Al anticipar su sufrimiento, Jesús preguntó al Padre si podía evitarse la cruz dentro del marco de los propósitos redentores de Dios. (Las palabras de la petición de Jesús se registran en el versículo siguiente). **Y decía: Abba, Padre.** Según hacía constantemente cuando oraba, Jesús se dirigió a Dios como su Padre celestial (cp. Mt. 6:9; 11:25; Lc. 23:34, 46; Jn. 5:18; 17:1, 5, 11, 21, 24, 25). **Abba** es un término arameo de cariño e intimidad, y básicamente equivale a las palabras castellanas "papá" o "papito" (cp. Ro. 8:15; Gá. 4:6). El uso que Jesús hace del término refleja la seriedad y la sinceridad de su sentida súplica.

En su oración Jesús comenzó por reconocer la omnipotencia de su Padre, diciendo: **todas las cosas son posibles para ti.** Tal como el Señor lo expresó, nada está fuera del poder, el privilegio y la prerrogativa que Dios tiene para hacer las cosas. Sin embargo, Jesús también sabía que Dios nunca actúa en contra de su carácter, su propósito, o su Palabra. Es evidente que no le estaba pidiendo al Padre que violara su plan redentor o que se retractara de sus promesas. Al contrario, la petición de Cristo fue una consulta sobre si la redención podría lograrse o no a través de algún otro medio. La súplica de Jesús no fue una señal de debilidad, sino la respuesta totalmente esperada de aquel cuyo carácter puro y sin pecado retrocedió necesaria y rigurosamente ante la idea de llevar el pecado y la culpa de la humanidad, y de padecer el juicio iracundo de Dios. Si no hubiera reaccionado de ese modo habrían surgido dudas acerca de su santidad absoluta, por lo que Jesús rogó al Padre: **aparta de mí esta copa.** En el Antiguo Testamento, la **copa** se usaba a menudo como metáfora para la ira de Dios (cp. Sal. 11:6; 75:8; Is. 51:17, 22; Jer. 25:15-17; 49:12; Lm. 4:21; Ez. 23:31-33; Hab. 2:16; Zac. 12:2). En la cruz, Jesús bebería la copa de la ira divina contra el pecado (Jn. 18:11).

Aunque el horror le hizo clamar que evitara la cruz, el Señor fue totalmente sumiso a la voluntad de su Padre (cp. Mt. 6:10). Por tanto, expresó su resolución triunfal con estas palabras: **mas no lo que yo quiero, sino lo que tú.** Sumisión a la voluntad del Padre había caracterizado toda la vida y ministerio de Jesús (cp. Jn. 4:34; 5:30; 6:38-40; 12:49; 14:31; 17:8); también caracterizaría su muerte. Sabiendo en última instancia que la cruz era esencial para los propósitos redentores de Dios (cp. Mr. 8:31; 9:31-34; Lc. 9:22, 44; Jn. 12:32), Jesús se rindió por completo al Padre, de manera voluntaria "haciéndose obediente hasta la muerte, y muerte de cruz" (Fil. 2:8).

LA TIERNA EXHORTACIÓN DEL SEÑOR

Vino luego y los halló durmiendo; y dijo a Pedro: Simón, ¿duermes? ¿No has podido velar una hora? Velad y orad, para que no entréis en tentación; el espíritu a la verdad está dispuesto, pero la carne es débil. Otra vez fue y oró, diciendo las mismas palabras. Al volver, otra vez los halló durmiendo, porque los ojos de ellos estaban cargados de sueño; y no sabían qué responderle. Vino la tercera vez, y les dijo: Dormid ya, y descansad. (14:37-41*a*)

En medio de su lucha agonizante, Jesús **vino luego** compasivamente hasta donde se hallaban Pedro, Jacobo y Juan, **y los halló durmiendo; y dijo a Pedro: Simón, ¿duermes? ¿No has podido velar una hora?** Lucas explica que la razón del cansancio que experimentaban no solo era fatiga (debido a lo avanzado de la hora), sino que estaba agravado por la tristeza y la desolación (Lc. 22:45). Al darse cuenta de que su Señor estaba a punto de morir, y tras ser advertidos de que lo abandonarían, los discípulos fueron vencidos por el agotamiento del dolor. Aun así, su tristeza no era excusa. En una noche tan crucial debieron haber hecho todo lo que fuera necesaria para permanecer alerta, como Jesús les había instruido que hicieran (v. 34).

Al dirigírsele como **Simón,** y no por el nuevo nombre Pedro (cp. Mt. 16:18), Jesús pudo haber estado resaltando la fragilidad del apóstol en ese momento. Sin embargo, a la luz de todo lo que estaba sucediendo, el reproche del Señor fue particularmente suave y compasivo. Incluso en medio de la profunda agonía que lo embargaba, el Señor estaba preocupado de veras por estos hombres. Que no pudieran permanecer vigilantes durante **una hora** sugiere que Jesús había estado orando aproximadamente ese tiempo. Llegó y los despertó, no para avergonzarlos, sino para exhortarlos con ternura: **Velad y orad, para que no entréis en tentación** (cp. Mt. 6:13). La orden de Jesús, **velad,** significa mantenerse alerta, no solo física, sino también espiritualmente (cp. Ro. 13:11-13), permaneciendo vigilantes frente al ataque espiritual. El mismo Pedro escribió muchos años después de aprender su lección en Getsemaní: "Sed sobrios, y velad; porque vuestro adversario el diablo, como león rugiente, anda alrededor buscando a quien devorar" (1 P. 5:8).

La instrucción del Señor de velar y orar era necesaria porque, según explicó, **el espíritu a la verdad está dispuesto, pero la carne es débil.** Si ellos iban a superar la debilidad de su carne no redimida necesitaban mucho confiar en el poder divino. Los discípulos sin duda alguna querían permanecer alerta. Igualmente deseaban mantenerse fieles a Cristo, insistiendo que nunca lo abandonarían (cp. vv. 27-31). No obstante, aunque tenían buenas intenciones, en ambos casos sucumbieron a la carne (cp. Ro. 7:15-23).

Otra vez Jesús se **fue y oró, diciendo las mismas palabras** registradas en el versículo 36. El pasaje paralelo en Mateo 26:42 explica: "Otra vez fue, y oró por segunda vez, diciendo: Padre mío, si no puede pasar de mí esta copa sin que yo la beba, hágase tu voluntad". Después de un segundo período de intensa súplica con su Padre celestial, Jesús volvió a ver a sus discípulos. **Otra vez los halló durmiendo, porque los ojos de ellos estaban cargados de sueño.** Por segunda vez Jesús los despertó, tal vez repitiéndoles las preguntas que les había hecho antes (v. 37). Reconociendo que no podían darle una excusa válida, **no sabían qué responderle.**

Entonces Jesús fue a orar por tercera vez (cp. Mt. 26:44). Al igual que el apóstol Pablo en 2 Corintios 12:8, quien oró tres veces porque le fuera quitado el aguijón en la carne, el Señor Jesús le suplicó a su Padre tres veces que le quitara la copa de sufrimiento. Una vez concluida la tercera oleada de tentación, el sumiso Hijo de Dios emergió triunfante de la batalla, completamente resuelto en su determinación de confiar en la voluntad del Padre. El tentador había sido vencido, y Jesús permaneció en perfecta armonía con su Padre celestial. Cuando el señor derrotó a Satanás en el desierto, Dios envió ángeles para que le sirvieran (Mt. 4:11); en esa ocasión fue igualmente enviado un ángel del cielo (Lc. 22:43). Ahora que había terminado esta última tentación, Jesús estaba listo para soportar la cruz.

Mientras tanto, los discípulos habían vuelto a quedarse dormidos. Entonces Jesús **vino la tercera vez, y les dijo: Dormid ya, y descansad.** En medio del cansancio de su carne, Pedro, Jacobo y Juan fueron incapaces de mantenerse vigilantes, incluso después que Jesús los despertara y exhortara dos veces. Cuando debieron haber estado en oración preparándose para la venidera confrontación, se hallaban durmiendo. Ahora había llegado el momento y estaban mal preparados.

LA TRIUNFANTE SUMISIÓN DEL SEÑOR

Basta, la hora ha venido; he aquí, el Hijo del Hombre es entregado en manos de los pecadores. Levantaos, vamos; he aquí, se acerca el que me entrega. (14:41*b*-42)

Después de rendirse de modo total y sin reservas a su Padre celestial durante esas horas de oración, Jesús salió triunfante de Getsemaní en su compromiso de hacer todo lo que el Padre le pedía que hiciera. De ahí que pudiera decir a los discípulos: **Basta, la hora ha venido.** Toda tentación con el fin de que evitara la cruz ya había pasado; había llegado el momento de que el Mesías cumpliera su misión terrenal como el Cordero de Dios que quitaría los pecados del mundo (Jn. 1:29; cp. Is. 53:10-12).

Para gran sorpresa de sus somnolientos discípulos, el Señor anunció: **he aquí, el Hijo del Hombre es entregado en manos de los pecadores.** Un turba hostil, dirigida por Judas Iscariote (Jn. 18:3) y compuesta por una compañía de soldados romanos (que ascendía a seiscientos hombres), los alguaciles del templo, y miembros antagónicos del sanedrín, estaba en camino para poner a Jesús bajo custodia. Ya sea que Él los viera acercarse de manera física, o que simplemente supiera de ellos por medio de su omnisciencia divina, Jesús reconoció que sus enemigos ya casi habían llegado al huerto.

En lugar de retroceder en temor y tratar de esconderse, Jesús fue con valentía a encontrarse con sus atacantes. Mirando a Pedro, Jacobo y Juan, quienes por fin estaban despiertos en este momento, Jesús declaró: **Levantaos, vamos; he aquí, se acerca el que me entrega.** Después de haberse confiado "al que le podía librar de la muerte" (He. 5:7) y resucitarlo de la tumba (Ro. 1:3-4; 6:4), el Señor no mostró ningún temor frente a la muerte. La copa de la ira divina estaba en su mano, pero esta ya no temblaba. Gotas de sangre, sudor y lágrimas aún eran visibles en su frente cuando dio la orden triunfal de salir a encontrarse con el enemigo. En lugar de huir de la cruz, Jesús se dirigió hacia ella con resuelta confianza. Su muerte en el Calvario constituía su acto definitivo de obediencia a la voluntad de su Padre (cp. Fil. 2:8; He. 12:2).

Al comentar sobre la sumisión triunfante en Getsemaní, Charles Spurgeon, el predicador británico del siglo XIX, declaró:

> Ningún sonido de clarín, ni explosión de cañón, izada de banderas, o aclamación de multitudes anunció alguna vez una victoria como la

obtenida por nuestro Señor en Getsemaní. Él ganó allí la victoria sobre todos los sufrimientos que se le vinieron encima, y todas las tristezas que pronto lo envolvieron como enormes olas del Atlántico. Allí ganó la victoria sobre la muerte, y más aún sobre la ira de Dios que estaba a punto de padecer al máximo por el bien de su pueblo. Allí hay verdadero valor, allí hay heroísmo al máximo, allí está la declaración del Conquistador invencible que clama: "No lo que yo quiero, sino lo que tú". Con la perfecta resignación de Cristo también estuvo su firme determinación. Él había llevado a cabo la obra de redención de su pueblo, y saldría adelante a través de ella hasta poder expresar triunfantemente en la cruz: "Consumado es" (Charles Spurgeon, "Christ in Gethsemane", *The Metropolitan Tabernacle Pulpit* [Pasadena, TX: Pilgrim Publications, 1979], 56:152).

La suprema traición 59

Luego, hablando él aún, vino Judas, que era uno de los doce, y con él mucha gente con espadas y palos, de parte de los principales sacerdotes y de los escribas y de los ancianos. Y el que le entregaba les había dado señal, diciendo: Al que yo besare, ése es; prendedle, y llevadle con seguridad. Y cuando vino, se acercó luego a él, y le dijo: Maestro, Maestro. Y le besó. Entonces ellos le echaron mano, y le prendieron. Pero uno de los que estaban allí, sacando la espada, hirió al siervo del sumo sacerdote, cortándole la oreja. Y respondiendo Jesús, les dijo: ¿Como contra un ladrón habéis salido con espadas y con palos para prenderme? Cada día estaba con vosotros enseñando en el templo, y no me prendisteis; pero es así, para que se cumplan las Escrituras. Entonces todos los discípulos, dejándole, huyeron. Pero cierto joven le seguía, cubierto el cuerpo con una sábana; y le prendieron; mas él, dejando la sábana, huyó desnudo. (14:43-52)

Fue en el huerto de Getsemaní, poco después de la medianoche de la mañana del viernes, que el Señor Jesús soportó la tentación final (14:32-42). Fue también allí que experimentó la máxima traición. Impasible en su obediente sumisión a la voluntad del Padre (v. 36), el fiel Hijo de Dios fijó resueltamente el rostro hacia la cruz. No se ocultó ni intentó escapar cuando los soldados llegaron para arrestarlo. Al contrario, de manera valiente les salió al encuentro (v. 42), sabiendo que habían sido guiados por el traidor.

El arresto del Señor Jesús puso en marcha una rápida serie de acontecimientos que culminaron en su crucifixión más tarde ese mismo día. En cuestión de pocas horas Jesús fue juzgado ante varios magistrados, incluso el sanedrín judío (Mr. 14:53-65; cp. Lc. 22:66-71; Jn. 18:13-27), el gobernador romano Pilato (Mr. 15:1-15; cp. Jn. 18:29-19:16), y Herodes Antipas, el tetrarca de Galilea (Lc. 23:6-12). Tras ser sentenciado a muerte, Jesús fue torturado por soldados romanos (Mr. 15:16-19), le hicieron desfilar por las calles hasta el Gólgota (15:20-23), y después le ejecutaron clavándole en una cruz de madera (15:24-37). Aproximadamente a las tres de esa tarde, el Varón de Dolores estaba muerto tras haber completado su obra expiatoria como el único y suficiente Cordero de Pascua (Is. 53:10-12; Mr. 15:37; Lc. 23:44-46; Jn. 19:30).

Los sucesos de la semana de pasión de Jesús culminaron en su crucifixión. El lunes entró a la ciudad de Jerusalén en triunfo, mientras las multitudes se alineaban en las calles para aclamarlo como el mesiánico Hijo de David (Mr. 11:1-11). El martes llegó al templo y denunció su corrupción expulsando la gran proliferación de vendedores y cambistas de moneda que habían convertido la casa del Padre en una cueva de ladrones (11:15-18). El miércoles regresó al templo, enseñando al pueblo y predicando contra la traición espiritual de los dirigentes religiosos (11:27—12:44; cp. Mt. 23:1-39). Esa noche contestó las preguntas de sus discípulos relacionadas con la segunda venida y los últimos tiempos (13:5-37).

Mientras tanto, los líderes religiosos, temerosos de la popularidad de Jesús e indignados por sus acciones en contra de ellos, maquinaron destruirlo (14:1-2; cp. 11:18). Al reconocer que debían capturarlo lejos de las multitudes, se pusieron eufóricos cuando uno de los doce apareció inesperadamente y se ofreció a llevarlos hasta Él en un lugar privado (14:10-11). A cambio de traicionar a Jesús, los religiosos de élite pagaron a Judas treinta monedas de plata, el precio tradicional de un esclavo (Éx. 21:32).

El jueves por la noche Jesús celebró la última Pascua con sus discípulos, habiendo enviado antes a Pedro y a Juan para que prepararan la cena en un lugar secreto del que Judas no estuviera enterado. Fue allí, en un aposento alto, que Jesús instituyó la Cena del Señor y les dio a sus discípulos las palabras finales de instrucción y ánimo antes de su muerte (cp. Jn. 13–17). En medio de la celebración de la Pascua, Jesús desenmascaró al traidor (Mr. 14:18), Judas, quien siendo poseído por Satanás, salió de inmediato para llevar a cabo sus planes malvados (Jn. 13:27; cp. Lc. 22:3).

Tarde el jueves por la noche o muy temprano el viernes por la mañana, Jesús y los once discípulos restantes salieron de Jerusalén y caminaron hasta el huerto de Getsemaní, ubicado en el Monte de los Olivos (Mr. 14:26, 32). Fue allí, mientras los discípulos dormían, que Jesús entró en tres prolongados períodos de intensa comunión con su Padre celestial (14:35-40). Cuando el Señor terminó de orar por tercera vez, Judas y las fuerzas hostiles que lo acompañaban llegaron para arrestarlo (vv. 41-42).

Tras salir del aposento alto después de oscurecer (Jn. 13:30), Judas fue a buscar a los jefes del judaísmo con quienes ya había acordado traicionar a Jesús (Mt. 26:3-16). Una fuerza considerable de alguaciles del templo y de soldados romanos fue reunida a toda prisa, la cual Judas llevó luego al lugar donde sabía que Jesús estaría (Lc. 22:39; Jn. 18:2). Un huerto privado aislado en la noche fuera de la ciudad y separado de las multitudes les proporcionó la oportuna situación para arrestar a su presa, al mismo tiempo que así evitaron la conmoción o el riesgo de un motín.

El drama desarrollado alrededor del arresto del Señor incluyó varios personajes clave: la multitud hostil, el traidor hipócrita, el discípulo impulsivo y los apóstoles cobardes. Pero en esa noche histórica, en medio del tumulto y la oscuridad, la sosegada majestad y la serenidad triunfante de Cristo brillaron de manera tan resplandeciente como siempre.

LA MULTITUD HOSTIL

Luego, hablando él aún, vino Judas, que era uno de los doce, y con él mucha gente con espadas y palos, de parte de los principales sacerdotes y de los escribas y de los ancianos. (14:43)

Para el Señor, las horas pasadas en el huerto de Getsemaní (desde tarde en la noche del jueves hasta el amanecer de la mañana del viernes) habían estado repletas de agonizante oración y preparación espiritual. También fueron horas de sueño irresponsable por parte de los discípulos. Cuando el Señor los despertó la tercera vez, les declaró: "Dormid ya, y descansad. Basta, la hora ha venido; he aquí, el Hijo del Hombre es entregado en manos de los pecadores. Levantaos, vamos; he aquí, se acerca el que me entrega" (14:41-42). El momento de la traición y el arresto había llegado. Marcos explica: **Luego, hablando él aún, vino Judas** al huerto junto con las tropas de arresto. El aislamiento plácido de la noche fue abruptamente interrumpido por la repentina aparición de la turba amenazante.

La idea de que el traidor del Mesías viniera del círculo de sus apóstoles fue tan sorprendente que los cuatro escritores del evangelio declaran explícitamente con una medida de incredulidad que Judas **era uno de los doce** (Mt. 26:14, 47; Mr. 14:10, 20, 43; Lc. 22:47; Jn. 6:71; cp. 18:1-11); como si de otra manera sería imposible de creer. Al haber formado parte de ese grupo íntimo que acompañó a Jesús a lo largo de su ministerio, el privilegio que Judas tuvo fue incomparable, lo cual hizo que la tragedia de su vida tampoco tuviera precedentes. Por varios años este discípulo estuvo expuesto diariamente a los milagros y la enseñanza de Cristo, pero dio la espalda a todo eso, prefiriendo vender al Hijo de Dios por dinero.

Cuando el traidor **vino** al huerto, llegó **con él mucha gente con espadas y palos.** A diferencia de las multitudes de individuos que aclamaran a Jesús como el Mesías solo pocos días antes en la entrada triunfal (Mr. 11:8-10), este numeroso grupo estaba compuesta por hombres armados que habían venido a arrestarlo. La turba hostil incluía dirigentes religiosos antagónicos (Lc. 22:52), alguaciles (miembros de la guardia judía del templo, cp. Jn. 7:32, 44-46), y una compañía de soldados romanos de la legión estacionada en el Fuerte Antonia en Jerusalén (Jn. 18:3, 12). Puesto que temían a las multitudes, y que necesitaban el permiso y la ayuda de Roma para ejecutar a Jesús, los gobernantes judíos solicitaron la ayuda de las tropas romanas. Después que los judíos los convencieran de que Jesús era un revolucionario peligroso como Barrabás (Mr. 15:7), los romanos llegaron con una abrumadora demostración de fuerza. Con todos sus hombres, una compañía constaba de seiscientos a mil soldados, aunque un grupo más pequeño de doscientos soldados (conocido como manípulo) pudo haber sido enviado en esta ocasión. Las **espadas** cortas de doble filo de los romanos, junto con los **palos** de madera de los alguaciles del templo, sugerían que esta multitud estaba bien entrenada y bien armada. Según Juan 18:3, también portaban antorchas y linternas.

Marcos identifica a los organizadores de esta fuerza militar como **los principales sacerdotes y los escribas y los ancianos.** Estos grupos representantes del sanedrín (la Corte Suprema judía, compuesta de setenta y un miembros) estaban a menudo en desacuerdo entre sí (cp. Hch. 23:6-10). Sin embargo, sus intereses convergieron en su deseo de eliminar a Jesús y la amenaza que representaba para ellos. Junto con el sumo sacerdote, **los principales sacerdotes**

> incluso anteriores poseedores del cargo de sumos sacerdotes... el jefe de los alguaciles del templo, el mayordomo del templo, y los tres tesoreros del templo. Los "ancianos" representaban a las familias laicas más influyentes en Jerusalén, y parecen haber sido principalmente ricos terratenientes. Los jefes de los sacerdotes y los ancianos constituían la antigua clase dominante en Jerusalén, con inclinaciones saduceas, que aún mantenían el equilibrio de poder en el sanedrín. El tercer grupo, los representantes de los escribas, constaba principalmente de intérpretes de la ley procedentes de la clases medias que tendían a ser fariseos en sus convicciones (William L. Lane, *The Gospel According to Mark,* New International Commentary on the New Testament [Grand Rapids: Zondervan, 1974], pp. 531-32).

Los líderes representativos de los saduceos y de los fariseos estaban motivados por varios factores. Primero, temían que la popularidad sin precedentes de Jesús diera inicio a una revolución (cp. Mr. 11:9-10; Jn. 6:15), haciendo que Roma tomara medidas y, por tanto, pusiera en peligro sus posiciones delegadas de autoridad (cp. Jn. 11:47-53). Segundo, debido a que controlaban el templo, los jefes de los sacerdotes y los saduceos se ofendieron especialmente cuando Jesús expulsó a los numerosos vendedores y cambistas durante la abarrotada semana de Pascua, una hazaña que Él llevó a cabo al principio (Jn. 2:13-16) y al final (Mr. 11:15-18) de su ministerio. Tercero, los dirigentes religiosos también se resintieron profundamente con el reto público que Jesús les hizo al sistema antibíblico de tradición rabínica que representaban (Mr. 3:6; 7:1-13; cp. Mt. 23:1-36). Celosos del poder milagroso que Él tenía, temerosos de su influencia con el pueblo, e indignados por sus enseñanzas y acciones con autoridad, los saduceos y los fariseos se vieron unidos por un enemigo común.

EL TRAIDOR HIPÓCRITA

Y el que le entregaba les había dado señal, diciendo: Al que yo besare, ése es; prendedle, y llevadle con seguridad. Y cuando vino, se acercó luego a él, y le dijo: Maestro, Maestro. Y le besó. Entonces ellos le echaron mano, y le prendieron. (14:44-46)

En la humillación de su encarnación, Jesús se parecía y se vestía como cualquier otro judío del siglo I. Nada en su aspecto físico lo distinguía como divino (cp. Is. 53:2). En consecuencia, en medio de la noche habría sido difícil para los soldados diferenciar a Jesús de sus discípulos. A fin de identificar a qué persona arrestar, **el que le entregaba les había dado señal, diciendo: Al que yo besare, ése es; prendedle, y llevadle con seguridad.** En la antigua cultura del Oriente Medio, el beso era una señal de respeto, afecto y homenaje. De las variadas formas en que un beso se podía dar (tales como en los pies, la mano, o el borde de ropa), Judas eligió besar a Jesús en la mejilla, un acto que simbolizaba amistad íntima y afecto mutuo. El hecho de que Judas traicionara al Señor mediante una acción que normalmente expresaba devoción y amor deja al descubierto las despreciables profundidades de la hipocresía y la traición.

Y cuando vino al huerto, inspirado por Satanás y motivado por la codicia, Judas **se acercó luego a** Jesús, **y le dijo: Maestro, Maestro. Y le besó.** Según el pasaje paralelo en Lucas 22:47-48, cuando Judas estaba a punto de besarlo, Jesús le hizo la aleccionadora pregunta: "Judas, ¿con un beso entregas al Hijo del Hombre?" (Lc. 22:48). La palabra griega *kataphileō* (**le besó**) es un verbo intensificado que significa mostrar afecto continuo o besar con fervor (cp. Lc. 7:38, 45; 15:20; Hch. 20:37). La implicación es que Judas prolongó su dramática demostración de afecto falso por Jesús haciendo que durara el tiempo suficiente para que los soldados identificaran su objetivo.

Jesús, desde luego, no fue sorprendido por el acto de traición de Judas. El Señor lo había predicho antes, declarando que de este modo habría de cumplirse la profecía bíblica (Mr. 14:20-21). Después de dejar que Judas le besara, Jesús simplemente le dijo al traidor hipócrita: "Amigo, ¿a qué vienes?" (Mt. 26:50). En ese momento los soldados **le echaron mano, y le prendieron,** atándole (Jn. 18:12) para escoltarlo de regreso a Jerusalén. Jesús no ofreció resistencia ni demostró ira o ansiedad (cp. 1 P. 2:23). Al contrario, siguió poniendo su inquebrantable confianza en el cuidado providencial de su Padre celestial.

Marcos no nos dice más sobre lo que le ocurrió a Judas Iscariote después de ese momento en Getsemaní. Mateo relata la trágica desaparición del traidor:

> *Entonces Judas, el que le había entregado, viendo que era condenado, devolvió arrepentido las treinta piezas de plata a los principales sacerdotes y a los ancianos, diciendo: Yo he pecado entregando sangre inocente. Mas ellos dijeron: ¿Qué nos importa a nosotros? ¡Allá tú! Y arrojando las piezas de plata en el templo, salió, y fue y se ahorcó (Mt. 27:3-5).*

El libro de los Hechos señala aún más que cuando Judas se colgó, la cuerda se rompió y el cuerpo se reventó al caer sobre las rocas abajo (Hch. 1:18-19). Aunque murió de una manera espantosa, el suicidio de Judas solo fue el inicio de sus tormentos, ya que entró a la eternidad como un enemigo no arrepentido del Hijo de Dios (cp. Mr. 14:21). Como el discípulo que traicionó al Mesías, Judas es la personificación de la oportunidad y el privilegio desperdiciados en toda la historia humana. Su deplorable traición, su suicidio frustrado, y la horrible entrada al castigo eterno se destacan como una seria advertencia para todos aquellos que pisotean al Hijo de Dios (He. 10:29).

EL DISCÍPULO IMPULSIVO

Pero uno de los que estaban allí, sacando la espada, hirió al siervo del sumo sacerdote, cortándole la oreja. (14:47)

Al ver arrestado a Jesús, los discípulos preguntaron: "Señor, ¿heriremos a espada?" (Lc. 22:49). **Pero** en lugar de esperar una respuesta, **uno de los que estaban allí, sacando la espada** de manera impulsiva, **hirió al siervo del sumo sacerdote, cortándole la oreja.** Juan 18:10 identifica a ese discípulo como Pedro, y al siervo del sumo sacerdote como Malco. Pedro utilizó una de las dos espadas que los discípulos tenían en su poder para defensa de emergencia y autoprotección (Lc. 22:38). Sin lugar a dudas apuntándole a la cabeza, el pescador erró el golpe y solo hirió una oreja cuando Malco se agachó (cp. Lc. 22:50).

Es probable que la acción imprudente de Pedro estuviera motivada por un deseo de su parte de demostrar su inquebrantable valor y lealtad a Jesús (cp. Mr. 14:29; Lc. 22:33). El hombre estaba también envalentonado por la dramática demostración del poder de Cristo, solo momentos antes cuando toda la multitud cayó a tierra en respuesta a la declaración divina de Jesús: "Yo soy" (Jn. 18:4-6). Pero el Señor puso un final abrupto a la heroica impetuosidad de Pedro. Sabiendo que el reino de la salvación no avanza por la fuerza (Jn. 18:36), Jesús lanzó una orden directa a Pedro y a los otros discípulos: "Basta ya; dejad" (Lc. 22:51). Entonces, en un acto no correspondido de compasión y poder divino, el Señor tocó la oreja de Malco y de manera milagrosa la restauró.

Jesús procedió a dar a Pedro tres razones para no usar la espada ese día. Primera, el discípulo impulsivo debía aprender que "todos los que tomen espada, a espada perecerán" (Mt. 26:52). El planteamiento del Señor es que quienes participan en matanzas ilegales son culpables de asesinato, y el asesinato es un delito capital que merece la pena de muerte (cp. Gn. 9:6). Como asesinos, los que matan a espada algún día enfrentarán la espada del verdugo (Ro. 13:4). Si Pedro hubiera tenido éxito en matar a Malco o a alguien más en la multitud esa noche, habría sido justamente arrestado y juzgado por asesinato.

Segunda, Pedro debía reconocer que si Jesús hubiera querido ayuda militar, al instante pudo haber convocado legiones poderosísimas de ángeles. No necesitaba que discípulos adormilados (y sus pequeñas armas) le defendieran. Así le preguntó el Señor a Pedro: "¿Acaso piensas que no puedo ahora orar a mi Padre, y que él no me daría más de doce legiones de ángeles?" (Mt. 26:53). Una legión romana la constituían hasta seis mil soldados. Si un solo ángel mató a 185.000 soldados en una sola noche (2 R. 19:35), doce legiones de ángeles (72.000 ángeles) representaban un poder inimaginable.

Tercera, el imprudente apóstol debía entender que cualquier defensa por parte de Jesús y sus seguidores en ese momento en realidad se habría opuesto a lo que la profecía del Antiguo Testamento había declarado que debía ocurrir. Por eso el Señor le preguntó a Pedro: "¿Pero cómo entonces se cumplirían las Escrituras, de que es necesario que así se haga?" (Mt. 26:54). Lo que Jesús estaba diciendo era que su sufrimiento lo habían anunciado siglos antes los profetas. Las acciones de Pedro pudieron haber parecido bienintencionadas, pero en realidad estaba peleando contra la misma Palabra de Dios.

EL CRISTO GLORIOSO

Y respondiendo Jesús, les dijo: ¿Como contra un ladrón habéis salido con espadas y con palos para prenderme? Cada día estaba con vosotros enseñando en el templo, y no me prendisteis; pero es así, para que se cumplan las Escrituras. (14:48-49)

Con la mirada puesta en la formidable, bien armada, y muy entrenada fuerza que se había reunido para arrestarlo, **Jesús les dijo** a los dirigentes judíos que se hallaban delante de Él (Lc. 22:52): **¿Como contra un ladrón habéis salido con espadas y con palos para prenderme?** En medio del caos, Jesús permaneció con majestuosa calma, haciéndoles una pregunta razonable a sus captores. Puesto que no se trataba de un delincuente violento, ¿por qué fue necesario llevar una excesiva fuerza militar para aprehenderlo? Un **ladrón** (del sustantivo griego *lēstēs*) normalmente se refería a un bandido o forajido armado que se resistiría con violencia al arresto e intentaría escapar. Pero Jesús no se había escondido de ellos, por lo que siguió declarando: **Cada día estaba con vosotros enseñando en el templo, y no me prendisteis.** Ningún lugar en Jerusalén era más público que

el templo. La afirmación de Jesús puso al descubierto la hipocresía y la cobardía de ellos. Si en verdad Él representaba la peligrosa amenaza para Roma de la cual lo acusaban (Jn. 19:12), ¿por qué no lo arrestaron en el templo a inicios de esa semana? La pregunta del Señor desenmascaró el temor que tenían de que el pueblo, apasionado con Jesús, se volviera contra ellos (Lc. 22:2). Para evitar la posibilidad de una reacción pública esperaron arrestarlo fuera de la ciudad, al amparo de la oscuridad, y acompañados de fuerza militar.

Aunque esto no reducía la culpa de las malas acciones de los dirigentes judíos, el Señor reconoció que los acontecimientos que rodearon su arresto se estaban llevando a cabo **para que se** cumplieran **las Escrituras.** Todo estaba resultando de acuerdo con la perfecta programación del Padre. Incluso en la hostilidad que le mostraban a Cristo, los líderes apóstatas de Israel estaban cumpliendo el plan redentor de Dios como lo predijeron los profetas del Antiguo Testamento (cp. Sal. 41:9; 55:12-14; Is. 53:3, 7-8, 12; Zac. 11:12; 13:7) y el mismo Jesús (cp. Mr. 8:31; 9:31; 10:32-34). Con el fin de cumplir sus propósitos eternos, Dios usó las perversas maquinaciones de estos apóstatas (cp. Gn. 50:20).

Por muchos soldados que los acompañaran, los dirigentes judíos no pudieron haberse apoderado de Jesús a menos que Él mismo se entregara a la custodia de ellos. A todo lo largo del ministerio de Jesús, sus enemigos habían tratado varias veces de quitarle la vida (cp. Mr. 3:6; Lc. 4:28-30; 19:47-48; Jn. 5:18; 7:1, 25, 32, 45-46; 10:31), pero sin éxito porque esos intentos no estaban en armonía con el plan del Padre. El Señor Jesús entregaría su vida, pero no hasta que hubiera llegado la hora (cp. Jn. 7:6, 8, 30; 19:10-11). Así declaró en Juan 10:17-18: "Yo pongo mi vida, para volverla a tomar. Nadie me la quita, sino que yo de mí mismo la pongo. Tengo poder para ponerla, y tengo poder para volverla a tomar". Incluso en su muerte, todo lo que Jesús hizo estaba bajo el control y en perfecto acuerdo con la voluntad del Padre (cp. Jn. 4:34; 5:30; 6:38; Fil. 2:8).

LOS APÓSTOLES COBARDES

Entonces todos los discípulos, dejándole, huyeron. Pero cierto joven le seguía, cubierto el cuerpo con una sábana; y le prendieron; mas él, dejando la sábana, huyó desnudo. (14:50-52)

Después de una exhibición inicial de bravuconería en que Pedro hizo relampaguear la espada, **todos los** once **discípulos** dejaron a Jesús, y **huyeron.** Ya antes el Señor les había dado instrucciones de mantenerse velando y orando (14:38; cp. Lc. 22:40), pero en lugar de eso se quedaron dormidos. Cuando llegó el momento de la tentación, estaban mal preparados. De ahí que todos reaccionaran con temor. Tal como el Señor había anunciado que harían (cp. 14:27), los discípulos huyeron rápidamente de la escena, dándose cuenta de que Cristo no estaba dispuesto a oponerse a sus atacantes, y que si se quedaban, ellos también serían arrestados (cp. Jn. 18:8).

Marcos culmina su relato del arresto de Jesús en el huerto con un sorprendente ejemplo de la cobardía de un hombre. He aquí el informe: **Pero cierto joven le seguía, cubierto el cuerpo con una sábana; y le prendieron; mas él, dejando la sábana, huyó desnudo.** Debido a que este detalle es exclusivo al Evangelio de Marcos, algunos intérpretes han sugerido que tal vez el joven era el mismo Marcos. Pero nada en el texto indica de quién se trataba, lo que hace de los intentos por identificarlo algo totalmente especulativo. Está claro que la identidad del hombre es irrelevante para el propósito de Marcos de incluir este asombroso detalle en su registro histórico.

Es probable que el propósito de Marcos haya sido destacar el total aislamiento que Cristo experimentó en ese momento. Las grandes multitudes que le habían oído enseñar en el templo no podían verse por ninguna parte. La única multitud que se reunió alrededor de Él esa noche fue para tomarlo cautivo. Sus apóstoles, que cada uno de ellos prometió que nunca lo abandonaría, lo habían abandonado por completo. Incluso un espectador no identificado, **cierto joven** que pudo haberse despertado por el alboroto que los soldados causaron, y que después de levantarse y cubrirse **con una sábana** salió a investigar, huyó desnudo en la noche dejando la sábana atrás. Cuando todos los demás huyeron, el Señor no hizo ningún intento de escapar. El Varón de Dolores quedó solo, rodeado solamente por sus oponentes. Desde Getsemaní fue escoltado de vuelta a Jerusalén, a la casa del sumo sacerdote, donde en poco tiempo comenzaría un simulacro de juicio contra Él (14:53).

Aun en su captura, Jesús avanzó hacia la cruz con triunfante confianza. Sabía que los propósitos redentores de Dios se cumplirían. Las profecías del Antiguo Testamento acerca de la traición y el abandono ya habían acontecido (cp. Sal. 41:9; 55:12-14; Zac. 11:12; 13:7). Ese día se cumplirían otras profecías más, mientras Él mismo se ofrecía como el sacrificio definitivo por el pecado (cp. He. 7:27). Sin embargo, aunque los soldados le habían arrestado y atado (Jn. 18:12), el Señor Jesús fue de manera voluntaria, motivado por amor obediente a su Padre, por amor salvador a sus redimidos, y por la búsqueda constante de su propia gloria (He. 12:2).

El fracaso total de la justicia 60

Trajeron, pues, a Jesús al sumo sacerdote; y se reunieron todos los principales sacerdotes y los ancianos y los escribas. Y Pedro le siguió de lejos hasta dentro del patio del sumo sacerdote; y estaba sentado con los alguaciles, calentándose al fuego. Y los principales sacerdotes y todo el concilio buscaban testimonio contra Jesús, para entregarle a la muerte; pero no lo hallaban. Porque muchos decían falso testimonio contra él, mas sus testimonios no concordaban. Entonces levantándose unos, dieron falso testimonio contra él, diciendo: Nosotros le hemos oído decir: Yo derribaré este templo hecho a mano, y en tres días edificaré otro hecho sin mano. Pero ni aun así concordaban en el testimonio. Entonces el sumo sacerdote, levantándose en medio, preguntó a Jesús, diciendo: ¿No respondes nada? ¿Qué testifican éstos contra ti? Mas él callaba, y nada respondía. El sumo sacerdote le volvió a preguntar, y le dijo: ¿Eres tú el Cristo, el Hijo del Bendito? Y Jesús le dijo: Yo soy; y veréis al Hijo del Hombre sentado a la diestra del poder de Dios, y viniendo en las nubes del cielo. Entonces el sumo sacerdote, rasgando su vestidura, dijo: ¿Qué más necesidad tenemos de testigos? Habéis oído la blasfemia; ¿qué os parece? Y todos ellos le condenaron, declarándole ser digno de muerte. Y algunos comenzaron a escupirle, y a cubrirle el rostro y a darle de puñetazos, y a decirle: Profetiza. Y los alguaciles le daban de bofetadas. (14:53-65)

El libro de Deuteronomio contiene la instrucción final de Moisés a los israelitas cuando estos se disponían a entrar en la tierra prometida. Su tema principal es muy claro: si ellos respondían al Señor Dios en amor y obediencia, experimentarían la bendición divina; pero si no lo hacían, recibirían juicio divino. Al conquistar Canaán y establecer su nueva nación debían recordar que solo si seguían los estatutos de Dios podían cultivar una sociedad que prosperaría y florecería.

Parte de esa instrucción resalta la responsabilidad de las personas de gobernarse en una manera que fuera justa y recta. En Deuteronomio 16:18-20, Moisés explicó:

Jueces y oficiales pondrás en todas tus ciudades que Jehová tu Dios te dará en tus tribus, los cuales juzgarán al pueblo con justo juicio. No tuerzas el derecho; no hagas acepción de personas, ni tomes soborno; porque el soborno ciega los ojos de los sabios, y pervierte las palabras de los justos. La justicia, la justicia seguirás, para que vivas y heredes la tierra que Jehová tu Dios te da.

A lo largo de la historia de Israel se hizo un esfuerzo concertado para mantener ese imperativo divino. Para la época del ministerio de Jesús en el siglo I, el pueblo judío había desarrollado un sofisticado sistema de jurisprudencia basado en los principios esbozados en la ley mosaica. Se enorgullecían en mantener una sociedad justa y equitativa, regulada por un sistema de tribunales y jueces.

Un concilio o corte local se podía establecer en cualquier ciudad que tuviera al menos ciento veinte hombres que fueran cabezas de sus casas. Cada concilio, conocido como sanedrín (del término griego *sunedrion*, que significa "sentados juntos"), proporcionaba gobierno legal a su comunidad. Estos concilios locales se componían de veintitrés hombres, a menudo extraídos del liderazgo de la sinagoga. Un número impar de miembros del concilio aseguraba que siempre que votaran sobre un asunto, o decidieran un veredicto en un juicio, hubiera una decisión mayoritaria.

El tribunal supremo de Israel estaba localizado en Jerusalén y se reunía a diario en el templo, excepto el día de reposo y otros días santos. Conocido como el gran sanedrín, consistía de setenta y un miembros, incluido el sumo sacerdote (que presidía el concilio) y representantes de los jefes de los sacerdotes, ancianos y escribas. También fue conocido como "los ancianos del pueblo" (Lc. 22:66; cp. Hch. 22:5) o "los ancianos de los hijos de Israel" (Hch. 5:21), el gran sanedrín era el más poderoso organismo legislativo y judicial judío. A pesar de haber sido fundado sobre los principios establecidos en la ley mosaica, para la época de Cristo el gran sanedrín se había vuelto bastante corrupto tanto en lo religioso como en lo político. El nepotismo, la prominencia social, y las consideraciones políticas (incluso los intereses egoístas de Herodes y los romanos) influían mucho en quién era nombrado para el concilio, incluso en quien desempeñaba el cargo de sumo sacerdote.

Basado en las estipulaciones expresadas en el Antiguo Testamento, el sistema legal judío proveía varias protecciones a quienes acusaban de un delito: un juicio público celebrado durante las horas del día, una oportunidad adecuada para tener una defensa, y el rechazo de cualquier acusación a menos que estuviera apoyada por el testimonio de por lo menos dos testigos. El perjurio (dar falso testimonio) se tomaba muy en serio (cp. Éx. 20:16). Si una persona acusaba falsamente a otra de un delito, el castigo para ese delito debía promulgarse contra el perjuro. Deuteronomio 19:16-19 explica:

Cuando se levantare testigo falso contra alguno, para testificar contra él, entonces los dos litigantes se presentarán delante de Jehová, y delante de los sacerdotes y

> *de los jueces que hubiere en aquellos días. Y los jueces inquirirán bien; y si aquel testigo resultare falso, y hubiere acusado falsamente a su hermano, entonces haréis a él como él pensó hacer a su hermano; y quitarás el mal de en medio de ti.*

Además, en casos en que se dictaba pena de muerte, las personas que testificaban contra el acusado tenían que infligir los primeros golpes de ejecución (Dt. 17:7). Puesto que la forma judía de castigo capital era el apedreamiento, esto significaba que el testigo tenía que lanzar las primeras piedras. Hacerlo aseguraba que el testigo tenía una conciencia clara en respaldar su testimonio y sus palabras con acciones.

En casos de pena capital, la ley judía establecía que debía transcurrir todo un día entre el anuncio del veredicto de culpabilidad y la ejecución de la sentencia de muerte. Durante ese período intermedio se pedía a los miembros de la corte que ayunaran y tomaran tiempo para reflexionar serenamente en el veredicto que habían dado. La demora también permitía que se encontrara más testimonio o evidencia. En consecuencia, los juicios no se llevaban a cabo el día anterior a una fiesta en que no era permitido ayunar. Cuando funcionaba según sus reglamentos y regulaciones, el sistema judío de jurisprudencia era misericordioso y justo. Pero en el juicio de Jesús el gran sanedrín dejó a un lado casi cada uno de sus propios estatutos.

El juicio de Jesús incluyó dos fases principales: la judía y la gentil, y cada una de ellas constó de tres partes. Al ser juzgado por las autoridades religiosas (el juicio judío), Jesús compareció ante Anás (Jn. 18:13-24), luego ante Caifás y el sanedrín (Mr. 14:53-65; cp. Mt. 26:57-68; Lc. 22:54), y entonces ante el sanedrín por segunda vez después del amanecer (Lc. 22:66-71). De ahí fue enviado a las autoridades seculares (el juicio romano), donde compareció ante Pilato (Mr. 15:1-5; cp. Mt. 27:11-14; Lc. 23:1-5; Jn. 18:28-38), luego ante Herodes Antipas (Lc. 23:6-12), y entonces otra vez ante Pilato (Mr. 15:6-15; cp. Mt. 27:15-26; Lc. 23:13-25; Jn. 18:33-19:16).

En esta sección Marcos se enfoca en la segunda parte del juicio judío, cuando Jesús fue injustamente condenado por Caifás y el sanedrín. Todo lo que ocurrió esa noche fue un fracaso total de la justicia. Que hombres malvados condenaran falsamente al perfecto Hijo de Dios convirtió su actuación en la máxima injusticia. En clara violación de la ley mosaica, el juicio a Jesús se llevó a cabo en privado, en la noche, lejos del templo, y solo horas antes de que comenzara la Pascua. Sus enemigos presentaron acusaciones sin testigos creíbles, no dieron oportunidad a una defensa apropiada, pronunciaron un veredicto ilegítimo, y buscaron ejecución inmediata el mismo día. Desde la lectura de cargos hasta el interrogatorio a testigos y la sentencia, nada sobre los procedimientos fue legal o justo.

INSTRUCCIÓN ILEGAL DE CARGOS

Trajeron, pues, a Jesús al sumo sacerdote; y se reunieron todos los principales sacerdotes y los ancianos y los escribas. Y Pedro le siguió de lejos hasta dentro del patio del sumo sacerdote; y estaba sentado con los alguaciles, calentándose al fuego. (14:53-54)

Después de haber sido arrestado en el huerto de Getsemaní mucho antes del amanecer, **Jesús** fue llevado en medio de la oscuridad para ser juzgado en la casa del **sumo sacerdote.** Ya habían determinado un veredicto de culpabilidad antes de que el juicio comenzara (cp. Jn. 11:50), haciendo del procedimiento una simple formalidad, en la cual **se reunieron todos los principales sacerdotes y los ancianos y los escribas** con el fin de condenarlo.

Aunque los evangelios sinópticos no lo registran, Juan indica que Jesús fue llevado primero a Anás, un anterior sumo sacerdote, antes que a Caifás y el sanedrín. Así lo explica Juan: "Entonces la compañía de soldados, el tribuno y los alguaciles de los judíos, prendieron a Jesús y le ataron, y le llevaron primeramente a Anás; porque era suegro de Caifás, que era sumo sacerdote aquel año" (Jn. 18:12-13). A pesar de que Anás había servido antes como sumo sacerdote (del 6-15 d.C.), tras ser retirado por Roma debido a razones desconocidas, siguió ejerciendo una importante influencia en esta época a través de su yerno Caifás, quien sirvió como sumo sacerdote desde el 18 al 36 d.C. En un momento u otro, cinco de los hijos de Anás ejercieron el cargo de sumo sacerdote, además de su yerno. Como una mafia familiar del siglo I, Anás y sus hijos controlaban las lucrativas operaciones del templo, que incluían cambio de moneda y venta de animales para el sacrificio, que llegó a estar tan asociado con él que recibió notoriamente el apodo de Bazar de Anás. Jesús interrumpió la empresa corrupta cuando sin ayuda evacuó el templo a principios de esa semana (Mr. 11:15-18).

Mientras los miembros del sanedrín se reunían en la casa de Caifás, quizás ubicada detrás del patio de la residencia de Anás, Jesús comparecía ante el exsumo sacerdote para ser interrogado y procesado. Juan 18:19-24 describe tal escena con estas palabras:

> *El [ex] sumo sacerdote preguntó a Jesús acerca de sus discípulos y de su doctrina. Jesús le respondió: Yo públicamente he hablado al mundo; siempre he enseñado en la sinagoga y en el templo, donde se reúnen todos los judíos, y nada he hablado en oculto. ¿Por qué me preguntas a mí? Pregunta a los que han oído, qué les haya yo hablado; he aquí, ellos saben lo que yo he dicho. Cuando Jesús hubo dicho esto, uno de los alguaciles, que estaba allí, le dio una bofetada, diciendo: ¿Así respondes al sumo sacerdote? Jesús le respondió: Si he*

hablado mal, testifica en qué está el mal; y si bien, ¿por qué me golpeas? Anás entonces le envió atado a Caifás, el sumo sacerdote.

Está claro que el único interés de Anás en Jesús era crear evidencia falsa con la que pudiera fabricar un caso contra Él. Las preguntas dirigidas a Jesús no pretendieron encubrir la verdad, sino atraparlo para que Él mismo se incriminara. Según observó el Señor en su respuesta, si Anás quería realmente saber la verdad pudo descubrirla fácilmente preguntando a cualquiera de las innumerables miles de personas que habían oído enseñar a Jesús. El ministerio del Señor había sido asunto de interés público. Además, las palabras de Jesús recordaron a Anás que legalmente debía llamar testigos si quería levantar cargos contra el Señor. La respuesta de Jesús no fue incorrecta ni inadecuada; pero puso al descubierto las corruptas intenciones de Anás, lo que incitó a uno de los alguaciles que estaban cerca a tomar represalias con violencia por el agravio.

Aunque Anás tenía muchas razones para odiar a Jesús, en especial porque había trastornado las operaciones del templo en dos ocasiones (Jn. 2:13-17; Mr. 11:15-18), no pudo encontrar nada por lo cual acusarlo de un delito capital. Al no tener cargos oficiales que presentar, debieron haber liberado a Jesús. En lugar de eso, Anás lo envió a Caifás y al sanedrín para el siguiente intento de inventar un delito digno de muerte. Para ese momento todo el concilio se hallaba reunido en casa de Caifás.

Marcos interrumpe la narración en este punto con un comentario entre paréntesis sobre **Pedro.** Desgarrado por sentimientos mezclados de temor y lealtad, el expescador **siguió de lejos** a Jesús, y llegó precisamente **hasta dentro del patio del sumo sacerdote** (cp. Jn. 18:15-16). Con la esperanza de permanecer en el anonimato mientras **estaba sentado con los alguaciles, calentándose al fuego,** Pedro se puso en una posición precaria. Pronto le reconocieron como uno de los discípulos de Jesús, y a medida que las preguntas comenzaron a acumularse, la valentía de Pedro se erosionó hasta la negación (cp. 14:66-72).

TESTIMONIOS ILEGALES

Y los principales sacerdotes y todo el concilio buscaban testimonio contra Jesús, para entregarle a la muerte; pero no lo hallaban. Porque muchos decían falso testimonio contra él, mas sus testimonios no concordaban. Entonces levantándose unos, dieron falso testimonio contra él, diciendo: Nosotros le hemos oído decir: Yo derribaré este templo hecho a mano, y en tres días edificaré otro hecho sin mano. Pero ni aun así concordaban en el testimonio. (14:55-59)

Al no haber podido incriminar a Jesús, Anás lo envió a la casa de Caifás donde todo el sanedrín estaba reunido. Aún no se había hecho ninguna acusación oficial contra el Señor, ni se había presentado ninguna evidencia creíble de una violación. A sabiendas que debían acusarle antes de poder condenarle, **los principales sacerdotes y todo el concilio buscaban testimonio contra Jesús, para entregarle a la muerte.** Marcos tal vez destacó a **los principales sacerdotes** porque estos eran los mayores instigadores en el caso contra Jesús, llevando a **todo el concilio** en su intento de condenarle y matarle.

Según la ley judía, al sanedrín no se le permitía iniciar acusaciones. Solo podían investigar y adjudicar los casos que les presentaban. Sin embargo, en el juicio a Jesús los miembros del concilio actuaron ilegalmente como fiscales en busca de algún motivo para acusarle, **pero no lo hallaban.** A pesar de que **muchos decían falso testimonio contra él,** estando dispuestos a mentir para fabricar un delito capital (Mt. 26:59), **sus testimonios no concordaban.** En lugar de demostrar la culpabilidad de Jesús, las historias contradictorias que inventaron solo resaltaron el marcado contraste entre la inocencia del Señor y la flagrante corrupción de todos los que hablaban.

Finalmente encontraron dos mentirosos dispuestos (Mt. 26:60) que, **levantándose, dieron falso testimonio contra él, diciendo: Nosotros le hemos oído decir: Yo derribaré este templo hecho a mano, y en tres días edificaré otro hecho sin mano.** Al tergiversar las palabras que el Señor había pronunciado tres años antes (en Jn. 2:19), estos falsos testigos afirmaron que Jesús amenazó destruir el templo actual (cp. v. 20). Desde luego, el Señor había estado refiriéndose a su cuerpo y al hecho de que resucitaría después de tres días (cp. vv. 21-22). Una vez más, las acusaciones contra Él eran confusas. Según explica Marcos, **ni aun así concordaban en el testimonio.**

Esa noche en la casa de Caifás, en evidente violación de Deuteronomio 19, el sanedrín trató de construir un caso contra Jesús basado por completo en mentiras. Puesto que Jesús no tenía pecado, ningún testimonio verdadero podría haberse originado que lo incriminara justamente. No obstante, ni siquiera recurriendo a testimonios malévolos de perjuros, sus enemigos no podían coordinar un caso contra el Señor.

INTERROGATORIO ILEGAL

Entonces el sumo sacerdote, levantándose en medio, preguntó a Jesús, diciendo: ¿No respondes nada? ¿Qué testifican éstos contra ti? Mas él callaba, y nada respondía. (14:60-61*a*)

Los reiterados esfuerzos por inventar un caso contra Jesús habían fallado hasta que dos testigos concordaron en afirmar que Jesús amenazó con destruir el templo. Al oírles el testimonio, Caifás atacó de súbito. **Entonces el sumo sacerdote, levantándose en medio, preguntó a Jesús, diciendo: ¿No respondes nada?**

¿Qué testifican éstos contra ti? Debido a que era inocente, Jesús sabía que no era necesario responder. Por tanto **él callaba, y nada respondía.** El silencio del Señor era de integridad, inocencia y majestuosa tranquilidad. Se negó a dar a estos burlescos procedimientos alguna apariencia de legitimidad. Además, el Señor conocía las palabras de Isaías 53:7, que profetizaban del Mesías: "Angustiado él, y afligido, no abrió su boca; como cordero fue llevado al matadero; y como oveja delante de sus trasquiladores, enmudeció, y no abrió su boca". El silencio de Jesús estaba en evidente contraste con las mentiras que reverberaban en toda la corte.

A pesar de estar motivados por puro odio y maldad, y de usar medios ilegales e injustos para condenar al Hijo de Dios, los dirigentes judíos estaban sin embargo cumpliendo los propósitos redentores del Padre celestial. Su maldad extrema sería utilizada para magnificar la justicia perfecta de Dios (cp. Gn. 50:20; Ro. 8:28). Poco tiempo antes, cuando el sanedrín había conspirado para asesinar al Señor, Caifás había dicho ante el concilio:

> *Vosotros no sabéis nada; ni pensáis que nos conviene que un hombre muera por el pueblo, y no que toda la nación perezca. Esto no lo dijo por sí mismo, sino que como era el sumo sacerdote aquel año, profetizó que Jesús había de morir por la nación; y no solamente por la nación, sino también para congregar en uno a los hijos de Dios que estaban dispersos (Jn. 11:49-52).*

Dios convirtió las malignas palabras de Caifás en una profecía acerca de la naturaleza sustitutiva de la muerte de Jesús. Según demuestra ese ejemplo, todo lo que los enemigos del Señor hicieron para hacerlo sufrir fue usado realmente por Dios con el fin de cumplir su plan eterno de salvación (cp. Hch. 2:22-24; 4:27-28; 5:30-31; 13:26-33).

SENTENCIA ILEGAL

El sumo sacerdote le volvió a preguntar, y le dijo: ¿Eres tú el Cristo, el Hijo del Bendito? Y Jesús le dijo: Yo soy; y veréis al Hijo del Hombre sentado a la diestra del poder de Dios, y viniendo en las nubes del cielo. Entonces el sumo sacerdote, rasgando su vestidura, dijo: ¿Qué más necesidad tenemos de testigos? Habéis oído la blasfemia; ¿qué os parece? Y todos ellos le condenaron, declarándole ser digno de muerte. Y algunos comenzaron a escupirle, y a cubrirle el rostro y a darle de puñetazos, y a decirle: Profetiza. Y los alguaciles le daban de bofetadas. (14:61*b*-65)

Furioso por el silencio de Jesús, el sumo sacerdote continuó el ataque a Jesús con preguntas acusatorias. **El sumo sacerdote le volvió a preguntar, y le dijo: ¿Eres**

tú el Cristo, el Hijo del Bendito? El **Bendito** era una referencia a Dios el Padre. Según el pasaje paralelo en Mateo 26:63, Caifás acentuó su pregunta invocando a Dios mismo: "Te conjuro por el Dios viviente, que nos digas si eres tú el Cristo, el Hijo de Dios". En su descaro y arrogancia, el sumo sacerdote exigió hipócritamente la verdad de parte de Jesús mientras perpetuaba mentiras contra Él.

Sin embargo, esta fue la primera pregunta legítima planteada a Jesús en todo el juicio. Era una indagación directa que pedía una respuesta veraz. Por supuesto, el Señor entendió que Caifás estaba esperando atraparlo en una declaración que el concilio considerara como blasfemia. El sumo sacerdote sabía que Jesús había afirmado en varias ocasiones ser el Mesías (cp. Lc. 4:18-21; Jn. 4:25-26; 5:17-18; 8:58) y el Hijo de Dios, haciéndose igual a Dios (Jn. 5:18; 8:16-19; 10:29-39). Esperaba engatusar a Jesús para que repitiera esa afirmación delante del sanedrín.

El Señor Jesús sabía exactamente lo que estaba sucediendo. Pero en lugar de esquivar el tema o permanecer en silencio, respondió con una declaración audaz e inequívoca tanto de su condición mesiánica como de su deidad. Refiriéndose al Salmo 110:1 y Daniel 7:13-14, **Jesús le dijo: Yo soy; y veréis al Hijo del Hombre sentado a la diestra del poder de Dios, y viniendo en las nubes del cielo.** El título **Hijo del Hombre** era una conocida designación para el Mesías (Dn. 7:13-14), y **diestra del poder** era un título figurado para Dios (cp. Hch. 2:33; 7:55). Con serena majestad, Jesús enfrentó a sus acusadores y les anunció que Él era su Mesías y su Juez divino. Aunque podían matarle ese día, resucitaría de nuevo y ascendería a la mano derecha de su Padre. Y aunque ellos pudieran juzgarle con injusticia, Él los juzgaría eternamente con justicia perfecta (cp. Jn. 5:22).

Jesús sabía que su declaración sellaría su muerte. Pero estaba listo. Después de haber soportado la agonía de la tentación en el huerto de Getsemaní, ya había determinado someterse a la voluntad del Padre todo el trayecto hacia la cruz (cp. Mr. 14:36). Fingiendo estar ofendido, Caifás reaccionó a las palabras de Jesús **rasgando su vestidura,** un símbolo de justa indignación. En general los judíos rasgaban sus vestiduras como una expresión de inmenso dolor (cp. Gn. 37:29; Lv. 10:6; Job 1:20; Hch. 14:14). Según Levítico 21:10, al sumo sacerdote se le prohibía rasgar su vestidura, aunque el Talmud se lo permitía en casos en que Dios era blasfemado. Por fuera, Caifás fingió honrar a Dios rasgándose la ropa en horror y conmoción por la supuesta blasfemia de Jesús. Pero por dentro al hipócrita sumo sacerdote le importaba un bledo honrar a Dios. Estaba feliz por haber encontrado finalmente un medio por el cual condenar al Dios encarnado.

Lleno de regocijo por su aparente victoria, **entonces el sumo sacerdote dijo: ¿Qué más necesidad tenemos de testigos?** Su pregunta retórica indicaba que el caso estaba cerrado y el veredicto determinado. Los miembros del sanedrín tenían por fin lo que necesitaban para apoyar delante del pueblo la sentencia que habían predeterminado ejecutar. Ya no se necesitaban testigos que pudieran ponerse de acuerdo en una acusación contra Jesús. La segunda pregunta de Caifás exigía un veredicto inmediato: **Habéis oído la blasfemia; ¿qué os parece?** El Antiguo Testamento identificaba **blasfemia** como una desafiante irreverencia a Dios (cp. Lv. 24:10-23), y la enseñanza era: "El que blasfemare el nombre de Jehová, ha de ser muerto" (v. 16). Que un simple hombre reclamara igualdad con Dios se consideraba justamente una blasfemia (cp. Jn. 5:18). Pero la sentencia que Caifás pedía era ilegal porque Jesús no era culpable de **blasfemia.** Las palabras del Señor eran absolutamente ciertas. Él era el Mesías, el Hijo de Dios, Aquel que había venido del cielo. En realidad, el sumo sacerdote y los demás miembros del concilio eran los blasfemos (cp. Lc. 22:65).

Normalmente una decisión en el sanedrín seguía un proceso ordenado, en el cual los miembros emitían sus votos uno por uno, empezando con los más jóvenes para que no pudieran ser indebidamente influenciados por los miembros más antiguos. Los votos eran cuidadosamente tabulados por un escriba. Pero en esta noche el concilio estaba caracterizado por una mentalidad de turba en la que **todos ellos le condenaron, declarándole ser digno de muerte.** (Cabe señalar que José de Arimatea, a quien Lucas 23:50-51 señala como miembro del sanedrín que no aprobó la condena a Jesús, al parecer no estaba presente para esta parte de los procedimientos).

El sanedrín sabía que debían obtener la ayuda de Roma para ejecutar a Jesús. Debido a que una afirmación de igualdad con Dios no era un delito que los romanos consideraban digno de muerte, los dirigentes judíos habían inventado nuevas acusaciones en las que Roma estaría interesada. Cuando más tarde llevaron a Jesús ante Pilato alegaron que el Señor era culpable de fomentar una insurrección contra el imperio. Así le dijeron al gobernador: "A éste hemos hallado que pervierte a la nación, y que prohíbe dar tributo a César, diciendo que él mismo es el Cristo, un rey" (Lc. 23:2). Una vez más inventaron una mentira descarada con el fin de ver a Jesús condenado y ejecutado.

Los miembros del sanedrín respondieron a la supuesta blasfemia de Jesús declarando en tono chillón que Él era digno de muerte. En su ira y odio, **algunos comenzaron a escupirle, y a cubrirle el rostro y a darle de puñetazos, y a decirle: Profetiza.** Revelando su verdadera decadencia, la corte suprema de Israel se sumió en el caos y recurrió al vergonzoso maltrato físico. El acto de escupir era para los judíos la forma más detestable de insulto personal (cp. Nm. 12:14; Dt. 25:9). Llevando las cosas más lejos, le vendaron los ojos a Jesús para golpearle con los puños. La burla sarcástica, **profetiza,** expresaba su irreverente mofa de la omnisciencia divina de Jesús. El pasaje paralelo en Mateo 26:68 proporciona una declaración más completa del burlesco escarnio: "Profetízanos, Cristo, quién es el que te golpeó". Desde luego, Jesús sabía exactamente quién lo estaba golpeando. Pero no dijo nada, Después que se cansaran de las burlas y el maltrato, volvieron a llevar a Jesús ante la guardia del templo. **Los alguaciles** lo recibieron continuando con el patrón de maltrato, pues **le daban de bofetadas.**

El ultraje que Jesús padeció a manos de ellos cumplió exactamente lo que Él les había dicho antes a sus discípulos:

> *El Hijo del Hombre será entregado a los principales sacerdotes y a los escribas, y le condenarán a muerte, y le entregarán a los gentiles; y le escarnecerán, le azotarán, y escupirán en él, y le matarán; mas al tercer día resucitará (Mr. 10:33-34).*

Como se indicó anteriormente, el Señor comprendió que las acciones malvadas de estos hombres serían usadas por Dios para lograr sus propósitos redentores.

Caifás y sus compañeros miembros del concilio pudieron haber juzgado a Jesús una noche, pero ellos estarán delante del glorioso trono divino para enfrentar juicio eterno (He. 9:27). Al igual que ellos, todo pecador que rechaza a Cristo un día enfrentará el castigo por su incredulidad (cp. Mt. 23:15). No obstante, fue por el bien de los pecadores que Jesús soportó esas mismas hostilidades, para que todos los que le acepten en fe salvadora puedan escapar a ese juicio y recibir vida eterna (cp. Jn. 3:15-18; 11:25-26). Así lo explicó el apóstol Pedro en su primera epístola:

> *Cuando le maldecían, [Jesús] no respondía con maldición; cuando padecía, no amenazaba, sino encomendaba la causa al que juzga justamente; quien llevó él mismo nuestros pecados en su cuerpo sobre el madero, para que nosotros, estando muertos a los pecados, vivamos a la justicia; y por cuya herida fuisteis sanados (1 P. 2:23-24).*

La negación de Pedro: Advertencia sobre la confianza en uno mismo

61

Estando Pedro abajo, en el patio, vino una de las criadas del sumo sacerdote; y cuando vio a Pedro que se calentaba, mirándole, dijo: Tú también estabas con Jesús el nazareno. Mas él negó, diciendo: No le conozco, ni sé lo que dices. Y salió a la entrada; y cantó el gallo. Y la criada, viéndole otra vez, comenzó a decir a los que estaban allí: Este es de ellos. Pero él negó otra vez. Y poco después, los que estaban allí dijeron otra vez a Pedro: Verdaderamente tú eres de ellos; porque eres galileo, y tu manera de hablar es semejante a la de ellos. Entonces él comenzó a maldecir, y a jurar: No conozco a este hombre de quien habláis. Y el gallo cantó la segunda vez. Entonces Pedro se acordó de las palabras que Jesús le había dicho: Antes que el gallo cante dos veces, me negarás tres veces. Y pensando en esto, lloraba. (14:66-72)

Aunque los creyentes son nuevas criaturas en Cristo (2 Co. 5:17), entienden que su carne (cuerpo y mente) aún está caída (Ro. 7:18; Gá. 5:17-21). Ellos han experimentado la redención de sus almas, pero no todavía en sus cuerpos (Ro. 8:23). Por eso el viejo hombre y la corrupción que aún queda deben morir continuamente (Ro. 8:13; Col. 3:5-10). Aunque el espíritu regenerado desea ir en pos de la justicia, la carne es propensa a la debilidad y el pecado (cp. Mr. 14:38). Como lo expresó el apóstol Pablo: "¡Miserable de mí! ¿quién me librará de este cuerpo de muerte?" (Ro. 7:24).

La Biblia enseña que todos los hombres y mujeres, como miembros de la humanidad caída, son débiles, pecadores y corruptos (cp. Ro. 3:23). En la conversión, los creyentes son regenerados por medio del poder del Espíritu Santo (Tit. 3:3-7; cp. Jn. 3:3-8), de modo que los deseos, las aspiraciones y los anhelos cambian para reflejar la nueva creación (2 Co. 5:17). Sin embargo, todavía tienen que luchar con la condición caída del pecado remanente, armándose para la incesante batalla espiritual (Ef. 6:12-17; cp. Ro. 13:12; 2 Co. 10:3-4).

No reconocer al enemigo interior pone a los creyentes en peligro. Pablo explicó esa precaria realidad a los corintios: "Así que, el que piensa estar firme, mire que no caiga" (1 Co. 10:12). Al igual que soldados vigilantes, los cristianos deben estar en guardia constante, no solo contra Satanás y el mundo, sino también contra los deseos residentes de la carne (cp. 1 Jn. 2:15-17). Aquellos que se vuelven orgullosos y con exceso de confianza se hacen un blanco fácil para el enemigo (cp. 1 P. 5:5-8). En este pasaje (Mr. 14:66-72) Pedro sirve como un ejemplo de alguien que cae cuando con osadía pensó que podía resistir.

Los relatos del evangelio describen a Pedro como un verdadero creyente que amaba profundamente al Señor Jesús. Después de dejar todo atrás (Mr. 10:28), siguió al Salvador, prestó oído a su predicación, fue testigo de sus milagros, y le aceptó en fe salvadora. Fue Pedro quien expresó. "Señor, ¿a quién iremos? Tú tienes palabras de vida eterna. Y nosotros hemos creído y conocemos que tú eres el Cristo, el Hijo del Dios viviente" (Jn. 6:68-69). Más tarde con entusiasmo le dijo a Jesús: "Tú eres el Cristo, el Hijo del Dios viviente" (Mt. 16:16). En el aposento alto, cuando Jesús le dijo a Pedro que si no le lavaba los pies no tendría parte en Él, Pedro respondió a toda prisa: "Señor, no sólo mis pies, sino también las manos y la cabeza" (Jn. 13:9). Entre los discípulos, ninguno fue más expresivo en cuanto a su amor por Cristo que Pedro (cp. Mr. 14:29).

No obstante, en la misma noche en que Judas traicionó a Jesús, Pedro le negó. Se trató de una negación repetida que estuvo ocurriendo en un período de dos horas, probablemente entre la una y las tres de la mañana. Mientras Jesús era juzgado ante Anás y Caifás, Pedro estaba afuera en el patio donde insistió en que él no conocía a Jesús. El Señor se quedó en silencio delante de sus acusadores, abriendo la boca solo para hablar la verdad aunque sabía que le iba a costar la vida (14:62). Qué contraste con Pedro, quien lleno de miedo seguía diciendo mentiras para protegerse.

Por un lado, la historia del fracaso de Pedro sirve como un recordatorio aleccionador de la debilidad de la carne y las graves consecuencias del pecado a pesar de las mejores intenciones. Por otro lado, también es un estímulo para los creyentes con relación al perdón de Dios. Aunque la iniquidad de Pedro fue grave y flagrante, no le llevó más allá de las riquezas de la misericordia, la gracia y la restauración divina. El relato de las negaciones de Pedro destaca su insensata confianza, su cobarde fracaso y su ferviente arrepentimiento.

SU INSENSATA CONFIANZA

Las semillas del fracaso de Pedro se sembraron horas antes de que entrara al patio del sumo sacerdote y comenzara a negar a su Señor. Ya en el aposento alto y en el huerto, el apóstol exhibió señales de exceso de confianza y orgullo que le prepararon para una caída (cp. Pr. 16:18). Se jactó demasiado, escuchó muy poco, oró poco, actuó muy rápido, y llegó demasiado lejos.

Pedro se jactó demasiado. Cuando Jesús y los discípulos comían la cena de Pascua, el Señor le dijo a Pedro: "Simón, Simón, he aquí Satanás os ha pedido para zarandearos como a trigo; pero yo he rogado por ti, que tu fe no falte; y tú, una vez vuelto, confirma a tus hermanos" (Lc. 22:31-32). Pedro respondió a esa advertencia sombría, no con sinceridad, humildad, desconfianza en sí mismo, e introspección en oración, sino jactándose de su valor: "Señor, dispuesto estoy a ir contigo no sólo a la cárcel, sino también a la muerte" (v. 33). En camino al huerto de Getsemaní, cuando Jesús le repitió una advertencia parecida, Pedro volvió a contestar con seguridad petulante: "Aunque todos se escandalicen, yo no" (Mr. 14:29); y una vez más: "Si me fuere necesario morir contigo, no te negaré" (14:31). Nublado por su propia autosuficiencia, Pedro se creyó espiritualmente invencible e incapaz de ser desleal con Cristo.

Pedro escuchó muy poco. El orgullo de Pedro no solo le cegó la mente, sino que también le ensordeció los oídos. En lugar de escuchar de veras a Jesús, hizo caso omiso a las reiteradas advertencias del Señor. Pedro entendía que Jesús era el Hijo de Dios (Mt. 16:16), y que conocía todas las cosas (cp. Jn. 21:17), pero en esta ocasión se negó a prestar atención a sus palabras. Cuando Jesús les dijo a los once: "Todos os escandalizaréis de mí esta noche" (Mr. 14:27), y después le dijo individualmente a Pedro: "De cierto te digo que tú, hoy, en esta noche, antes que el gallo haya cantado dos veces, me negarás tres veces" (14:30), el terco discípulo cerró los oídos y hasta comenzó a debatir con Jesús y a contradecirle en lo que el Señor mismo acababa de manifestar (14:31).

Pedro oró poco. Cuando Jesús y los discípulos llegaron al huerto, el Señor les dio estas instrucciones específicas: "Orad que no entréis en tentación" (Lc. 22:40; cp. Mt. 6:13). Este era el momento de que Pedro y los otros apóstoles se prepararan para los acontecimientos traumáticos que estaban a punto de suceder. Sin embargo, cuando debió haber estado clamando por ayuda al cielo, Pedro estaba durmiendo. Como lo relata Marcos:

> *Vino luego y los halló durmiendo; y dijo a Pedro: Simón, ¿duermes? ¿No has podido velar una hora? Velad y orad, para que no entréis en tentación; el espíritu a la verdad está dispuesto, pero la carne es débil. Otra vez fue y oró, diciendo las mismas palabras. Al volver, otra vez los halló durmiendo, porque los ojos de ellos estaban cargados de sueño; y no sabían qué responderle. Vino la tercera vez, y les dijo: Dormid ya, y descansad (14:37-41a).*

Pedro perdió la lucha personal en la oscuridad del huerto cuando, en lugar de recurrir al poder divino, durmió confiadamente. En consecuencia, al llegar la tentación en el fragor de la batalla, el hombre estaba muy mal preparado.

Pedro actuó muy rápido. Los adormecidos discípulos despertaron al sonido de soldados que se aproximaban, ¡y observaron aterrados cómo aquel que ellos creían un discípulo verdadero traicionaba a Jesús con un beso! En un momento de excesiva valentía, Pedro esgrimió impetuosamente la espada contra la multitud que le rodeaba (Mr. 14:47; cp. Jn. 18:10). Actuando aún en la fortaleza de su carne, y queriendo demostrar sus anteriores declaraciones de lealtad a Cristo, no esperó instrucciones de Jesús. Por el contrario, atacó, logrando cortarle la oreja al criado del sumo sacerdote. En cierto nivel, el intento de Pedro de defender a Jesús con una espada pudo parecer noble. No obstante, como Jesús le explicó en Mateo 26:52-54, las acciones impulsivas del discípulo en ese momento fueron imprudentes (v. 52), innecesarias (v. 53) y en realidad contrarias a la Palabra de Dios que había profetizado que el Mesías debía padecer (v. 54). Además, tal acción pudo haber resultado en sentencia de muerte para Pedro (vv. 51-52). Es lamentable que tal actitud temeraria siguiera caracterizando a Pedro durante las horas posteriores.

Pedro le siguió de lejos. Lucas 22:54 explica que cuando los soldados llevaron otra vez a Jesús a la casa del sumo sacerdote, "Pedro le seguía de lejos". El apóstol se vio atrapado entre la fe y el temor, la lealtad y el terror, el valor y la cobardía. Tenía curiosidad por ver qué le acontecería a Jesús; pero no el suficiente arrojo para permanecer con Él. Por tanto, Pedro entró a la residencia del sumo sacerdote para observar el juicio, pero con la esperanza de mezclarse y de que nadie lo identificara. Su deseo de permanecer en el anonimato lo llevaría a su perdición. Quedándose a distancia, el apóstol se expuso a una situación espiritualmente precaria para la que estaba muy mal preparado.

SU COBARDE FRACASO

Estando Pedro abajo, en el patio, vino una de las criadas del sumo sacerdote; y cuando vio a Pedro que se calentaba, mirándole, dijo: Tú también estabas con Jesús el nazareno. Mas él negó, diciendo: No le conozco, ni sé lo que dices. Y salió a la entrada; y cantó el gallo. Y la criada, viéndole otra vez, comenzó a decir a los que estaban allí: Este es de ellos. Pero él negó otra vez. Y poco después, los que estaban allí dijeron otra vez a Pedro: Verdaderamente tú eres de ellos; porque eres galileo, y tu manera de hablar es semejante a la de ellos. Entonces él comenzó a maldecir, y a jurar: No conozco a este hombre de quien habláis. Y el gallo cantó la segunda vez. (14:66-72*a*)

Como lo predijo Zacarías 13:7, ante el arresto de Jesús los once discípulos reaccionaron huyendo en la noche (Mr. 14:50). El Señor fue llevado primero a la casa de Anás, un exsumo sacerdote y patriarca de la familia sacerdotal (Jn. 18:13-24). A pesar de que le habían destituido del cargo más o menos en el año 15 d.C., Anás fue reemplazado por varios de sus hijos en sucesión. Su yerno Caifás (quien se desempeñó como sumo sacerdote del 18-36 d.C.) ocupaba el cargo en el tiempo del arresto de Jesús, y permitía que Anás ejerciera influencia continua como sumo sacerdote emérito. El sumo sacerdocio fue originalmente diseñado como una posición de por vida (cp. Nm. 35:28), pero en la época del Nuevo Testamento hubo cambios constantes. Desde Herodes el Grande hasta la destrucción de Jerusalén en el año 70 d.C., hubo casi treinta hombres en ese cargo, lo que refleja la corrupción y el control por parte de los romanos.

Los relatos de los evangelios sugieren que Anás y Caifás vivían en la misma gran propiedad. En el Israel del siglo I era común que varias generaciones de una familia vivieran juntas, y la mansión del sumo sacerdote era suficientemente grande para acomodar a Anás y los miembros de su familia extendida, incluso Caifás. Las grandes casas en el antiguo Israel estaban diseñadas como enormes rectángulos de varios pisos alrededor de un patio interior de tamaño considerable. Dentro de la mansión, Anás y Caifás habrían tenido viviendas separadas, o "casas", mientras compartían el mismo patio interior. De ahí que la referencia al patio de Caifás (Mt. 26:57-58) y el patio de Anás (Jn. 18:15-16) se refiera a la misma ubicación. Para ir de la residencia de Anás a la de Caifás, Jesús atravesó el patio común entre las distintas alas de la propiedad (cp. Jn. 18: 24). Fue aquí, en la casa del sumo sacerdote, que ocurrieron todas las negaciones de Pedro.

Las negaciones de Pedro en esas horas nocturnas aparecen registradas en los cuatro evangelios, una comparación de los cuales revela que ocurrieron en tres episodios separados en que en cada incidente participaron varias acusaciones rápidas de parte de espectadores y repetidos renunciamientos de parte del apóstol cobarde. El hecho de que los escritores de los evangelios resalten aspectos diferentes de las negaciones de Pedro, de ningún modo pone en tela de juicio la confiabilidad histórica. Más bien, los detalles de cada relato armonizan perfectamente para pintar una sola imagen desgarradora de la experiencia de Pedro en esa noche dramática. (Para una armonía de las negaciones de Pedro, véase John MacArthur, *Una vida perfecta* [Nashville: Grupo Nelson, 2014], secciones 182, 184).

A la casa del sumo sacerdote, rodeada por un muro, se habría entrado desde la calle por una puerta que daba a un corredor que llevaba al patio interior. Debido a que Pedro era desconocido para la familia del sumo sacerdote, no se le habría permitido entrar de no haber sido por "el discípulo que era conocido del sumo sacerdote, [quien] habló a la portera, e hizo entrar a Pedro" (Jn. 18:16; cp. v. 15). Tradicionalmente, al otro discípulo se le ha identificado como Juan, el discípulo amado (Jn. 13:23-24) que escribió el cuarto evangelio. El Nuevo Testamento no ofrece indicación de qué sucedió con Juan esa noche, después que ayudara a Pedro a entrar. El enfoque de la narración sigue siendo **Pedro,** quien una vez atravesada la puerta estuvo **abajo, en el patio.**

Al principio, Pedro estuvo en secreto calentándose junto al fuego, tratando de mezclarse con los alguaciles de la guardia del templo y los miembros del personal de la casa, cuando de repente fue reconocido. **Vino una de las criadas del sumo sacerdote,** la misma criada que le había abierto la puerta a Pedro (cp. Jn. 18:15-17), **y cuando vio a Pedro que se calentaba,** se quedó **mirándole** fijamente (Lc. 22:56). Toda esa semana Jesús y sus discípulos habían frecuentado el templo. Quizás fue allí donde esta criada había visto a Pedro. O tal vez se le despertaron las sospechas al abrir inicialmente la puerta para que Pedro pudiera entrar (cp. Jn. 18:17). Reconociéndolo como un discípulo de Jesús, la criada le **dijo: Tú también estabas con Jesús el nazareno.** Puesto que las palabras de ella varían ligeramente en los diversos relatos del evangelio, es probable que la mujer declarara la misma acusación básica en varias ocasiones, repitiéndola en voz tan alta que todo el grupo acurrucado alrededor del fuego la oyó (cp. Mt. 26:70).

Las acusaciones de la muchacha tomaron por sorpresa a Pedro, cuya respuesta inmediata puso al descubierto su vulnerabilidad. Al verse pillado completamente por sorpresa, Pedro entró en pánico y lo **negó, diciendo: No le conozco, ni sé lo que dices.** Los otros escritores del evangelio señalan que Pedro también declaró: "Mujer, no lo conozco" (Lc. 22:57); y cuando ella lo acusó de ser discípulo de Jesús, él añadió: "No lo soy" (Jn. 18:17). En un momento de debilidad, el excesivamente confiado apóstol quedó abatido por las sencillas preguntas de una humilde criada. Avergonzado y deseoso de escapar, Pedro abandonó el fuego **y salió a la entrada,** el corredor que conducía de vuelta a la calle. Allí, en la entrada, esperaba recuperar la compostura y mantener su anonimato.

Entonces **cantó el gallo.** Algunas traducciones en español (como la Nueva Versión Internacional) no tienen esta frase, la cual quizás no sea parte del Evangelio de Marcos original, ya que no se encuentra en los manuscritos más antiguos. Es probable que algún escriba la haya insertado más tarde tratando de explicar el posterior comentario de Marcos de que un gallo cantó por segunda vez (v. 72). Si esta vez cantó un gallo, al parecer Pedro no estuvo consciente de ello, ya que según parece esto no tuvo ningún efecto en sus acciones.

La escapada de Pedro a la puerta de entrada tuvo corta duración. Un poco más tarde (Lc. 22:58) fue reconocido otra vez cuando se hallaba en el corredor. **Y la criada, viéndole otra vez, comenzó a decir a los que estaban allí: Este es de ellos.** En esta ocasión a la muchacha se le unieron en sus afirmaciones al menos otros dos criados, una mujer (Mt. 26:71) y un hombre (Lc. 22:58). Asaltado por el coro de acusaciones, y sintiendo la mirada de espectadores adicionales, **negó otra vez** que conocía a Jesús. A diferencia de la primera vez, este acto de cobardía de Pedro fue premeditado, ya que no fue pillado desprevenido como había sucedido antes. En lugar de reconocer la verdad, Pedro se volvió aún más vehemente, desconociendo rotundamente "con juramento" cualquier asociación con Jesús, y manifestando: "No conozco al hombre" (Mt. 26:72).

A pesar de las acusaciones y las preguntas que le estaban dirigiendo, Pedro decidió permanecer en la casa del sumo sacerdote, quizás por curiosidad para averiguar qué estaba sucediéndole a Jesús. **Poco después** (Lc. 22:59 informa que esto sucedió "como una hora después") Pedro fue confrontado por tercera vez, ahora por un grupo de **los que estaban allí,** quienes entonces **dijeron otra vez a Pedro: Verdaderamente tú eres de ellos; porque eres galileo, y tu manera de hablar es semejante a la de ellos.** El acento galileo de Pedro le había desenmascarado (Mt. 26:73). Además, un hombre del grupo le reconoció del huerto de Getsemaní. Así informa Juan: "Uno de los siervos del sumo sacerdote, pariente de aquel a quien Pedro había cortado la oreja, le dijo: ¿No te vi yo en el huerto con él?" (Jn. 18:26). Una vez más el renuente discípulo se vio acorralado por todos lados.

La última negación que Pedro hiciera de Cristo fue la más vehemente y expresiva de todas. **Entonces él comenzó a maldecir, y a jurar: No conozco a este hombre de quien habláis.** El verbo **maldecir** (de la palabra griega *anathematizō*, de la cual se deriva el término castellano "anatematizar") indica que Pedro pronunció una maldición de juicio divino sobre su propia cabeza si estaba mintiendo. El verbo **jurar** (una forma de *omnuō*) hace referencia a una promesa solemne de veracidad. Lo que comenzó como una reacción instintiva a la indagación de una criada se había convertido en una diatriba premeditada de engaño dogmático y deslealtad, enfatizada con maldiciones y juramentos que resonaron por todo el patio.

Así como Jesús había anunciado (Mr. 14:30), tan pronto como terminó este tercer episodio, al instante **el gallo cantó la segunda vez.** (Marcos es el único escritor del evangelio que señala que el gallo cantó dos veces, un detalle agregado que en ninguna forma contradice los demás relatos del evangelio). Para este momento el juicio a Jesús en la casa de Caifás había concluido. El Señor había sido acusado falsamente, le habían declarado culpable de blasfemia, y se habían burlado de Él y lo habían golpeado tanto los miembros del sanedrín como los alguaciles del templo (14:56-65). En ese mismo instante es probable que lo estuvieran llevando al otro lado del patio. Según Lucas 22:61, justo después que el gallo cantara, "vuelto el Señor, miró a Pedro". La penetrante mirada de Cristo atrajo la atención de Pedro, le perforó el alma, y le quemó profundamente la conciencia. Al instante el corazón y la mente del discípulo se inundaron de sentimientos de culpa, remordimiento y vergüenza. Se trató de una mirada que seguramente nunca olvidaría.

SU FERVIENTE ARREPENTIMIENTO

Entonces Pedro se acordó de las palabras que Jesús le había dicho: Antes que el gallo cante dos veces, me negarás tres veces. Y pensando en esto, lloraba. (14:72*b*)

Bajo la mirada de su Señor, **Pedro** sintió el peso total de su pecado y **se acordó de las palabras que Jesús le había dicho: Antes que el gallo cante dos veces, me negarás tres veces.** Había hecho exactamente lo que Jesús dijo que haría. Los arrogantes alardes de unas cuantas horas antes (cp. Mr. 14:31) habían demostrado ser falsos. Él había sido desleal, desobediente y deshonesto. Pero aunque le había fallado el valor, no sucedió así con la fe (Lc. 22:32). A diferencia de Judas, quien sintió remordimiento y se suicidó (Mt. 27:3-10), Pedro sintió remordimiento y se arrepintió (cp. 2 Co. 7:10). Profundamente condenado y destrozado por sus acciones, salió corriendo del lugar de la escena (Lc. 22:62) **y pensando en esto, lloraba** amargamente (Mt. 26:75). Lloró con lágrimas de ferviente contrición después de severa debilidad y fracaso.

Aunque Pedro pecó en gran manera, su verdadero carácter no se ve en sus negaciones, sino en su arrepentimiento, comenzando con sincera tristeza. Él había descubierto la corrupción de su propia carne incluso frente a sus mejores intenciones. Pero los fracasos de Pedro no son el final de la historia. Evidencia de la autenticidad de su fe puede verse casi de inmediato. Fueron Pedro y Juan quienes salieron corriendo hacia la tumba vacía (Jn. 20:2-10). Pedro fue uno de los primeros en ver a Cristo resucitado (cp. 1 Co. 15:5). Él estaba con los discípulos cuando se reunieron en el aposento alto (Jn. 20:19-20) y salió para Galilea a esperar al Señor según les instruyó (Mt. 28:10; cp. Jn. 21:1-11). Y fue allí, en Galilea, que Pedro fue totalmente restaurado al ministerio por el Señor Jesús. Juan 21:15-17 lo relata de este modo:

> *Cuando hubieron comido, Jesús dijo a Simón Pedro: Simón, hijo de Jonás, ¿me amas más que éstos? Le respondió: Sí, Señor; tú sabes que te amo. Él le dijo: Apacienta mis corderos. Volvió a decirle la segunda vez: Simón, hijo de Jonás, ¿me amas? Pedro le respondió: Sí, Señor; tú sabes que te amo. Le dijo: Pastorea mis ovejas. Le dijo la tercera vez: Simón, hijo de Jonás, ¿me amas? Pedro se entristeció de que le dijese la tercera vez: ¿Me amas? y le respondió: Señor, tú lo sabes todo; tú sabes que te amo. Jesús le dijo: Apacienta mis ovejas.*

De manera reiterada y firme, Pedro había negado al Señor Jesús en tres ocasiones separadas. Por tanto Jesús preguntó tres veces a Pedro en cuanto al amor que le tenía. Por cada episodio de negación, a Pedro se le dio una oportunidad de afirmar su devoción a Cristo.

Increíblemente, el hombre lleno de miedo que negó al Señor Jesús se convertiría en el ferviente predicador del libro de los Hechos, anunciando valientemente el evangelio el día de Pentecostés (Hch. 2:14-40), menos de dos meses después del devastador colapso de valor que relata este pasaje. Jesús había profetizado que Pedro, después que fuera restaurado, fortalecería a sus hermanos creyentes (cp. Lc. 22:32). Esa promesa se cumplió, no solo en Hechos (cp. Hch.

4:14-31), sino también años después cuando Pedro explicó a los cristianos perseguidos en Asia Menor que la verdadera fe no puede fallar, incluso cuando se prueba severamente (cp. 1 P. 1:6-7).

En medio de sus fracasos Pedro aprendió que el orgullo y el exceso de confianza vuelven espiritualmente débil al creyente. Pero Dios concede la victoria a aquellos que son humildes, dependientes de Él, y que están vigilantes frente a la tentación (cp. 2 P. 3:17-18). Así lo explicó el apóstol perdonado en 1 Pedro 5:5-8:

> *Igualmente, jóvenes, estad sujetos a los ancianos; y todos, sumisos unos a otros, revestíos de humildad; porque: Dios resiste a los soberbios, y da gracia a los humildes. Humillaos, pues, bajo la poderosa mano de Dios, para que él os exalte cuando fuere tiempo; echando toda vuestra ansiedad sobre él, porque él tiene cuidado de vosotros. Sed sobrios, y velad; porque vuestro adversario el diablo, como león rugiente, anda alrededor buscando a quien devorar.*

Pilato ante Jesús

62

Muy de mañana, habiendo tenido consejo los principales sacerdotes con los ancianos, con los escribas y con todo el concilio, llevaron a Jesús atado, y le entregaron a Pilato. Pilato le preguntó: ¿Eres tú el Rey de los judíos? Respondiendo él, le dijo: Tú lo dices. Y los principales sacerdotes le acusaban mucho. Otra vez le preguntó Pilato, diciendo: ¿Nada respondes? Mira de cuántas cosas te acusan. Mas Jesús ni aun con eso respondió; de modo que Pilato se maravillaba. Ahora bien, en el día de la fiesta les soltaba un preso, cualquiera que pidiesen. Y había uno que se llamaba Barrabás, preso con sus compañeros de motín que habían cometido homicidio en una revuelta. Y viniendo la multitud, comenzó a pedir que hiciese como siempre les había hecho. Y Pilato les respondió diciendo: ¿Queréis que os suelte al Rey de los judíos? Porque conocía que por envidia le habían entregado los principales sacerdotes. Mas los principales sacerdotes incitaron a la multitud para que les soltase más bien a Barrabás. Respondiendo Pilato, les dijo otra vez: ¿Qué, pues, queréis que haga del que llamáis Rey de los judíos? Y ellos volvieron a dar voces: ¡Crucifícale! Pilato les decía: ¿Pues qué mal ha hecho? Pero ellos gritaban aun más: ¡Crucifícale! Y Pilato, queriendo satisfacer al pueblo, les soltó a Barrabás, y entregó a Jesús, después de azotarle, para que fuese crucificado. (15:1-15)

La galería de canallas en el drama que se desarrolla en el asesinato de Jesús incluye a un traidor codicioso llamado Judas, a los hipócritas sumos sacerdotes Anás y Caifás, y a Herodes Antipas, un tirano ruin. A esa lista hay que agregar el nombre de Poncio Pilato, un vacilante político pagano. Estos individuos componen el notorio reparto de conspiradores que en un nivel humano efectuaron la injusta ejecución del Hijo de Dios.

Sin embargo, desde la perspectiva divina, Dios fue el verdadero poder en acción para llevar a su Hijo a la cruz (cp. Hch. 4:27-28). Cuando Pilato preguntó a Jesús: "¿No sabes que tengo autoridad para crucificarte, y que tengo autoridad para soltarte? Respondió Jesús: Ninguna autoridad tendrías contra mí, si no te fuese dada de arriba" (Jn. 19:10-11*a*). Según indican las palabras de Jesús, Dios el Padre estaba obrando de manera soberana para lograr sus propósitos salvadores a pesar de las malvadas intrigas de hombres perversos (cp. Gn. 50:20). Pedro repitió esa verdad el día de Pentecostés, explicando que Cristo fue "entregado por el determinado consejo y anticipado conocimiento de Dios" (Hch. 2:23*a*; cp. Lc. 22:22; Hch. 3:18; 1 P. 1:20). De acuerdo con el plan divino de salvación, el Hijo de Dios sería aplastado como sustituto expiatorio elegido por el Padre, cargando con la ira del Padre y, en consecuencia, reconciliando a los pecadores con Dios (Is. 53:5, 11; 2 Co. 5:19-21).

Después de apresar a Jesús como a la una de la madrugada del viernes, los jefes religiosos judíos le llevaron a la casa del sumo sacerdote donde fue interrogado primero por Anás (Jn. 18:19-24), y luego juzgado delante de Caifás y el sanedrín (Mr. 14:55-65). Cuando los miembros del concilio no pudieron conseguir un testimonio coherente contra Jesús, recurrieron a acusaciones de blasfemia y posteriormente le condenaron a muerte. El juicio ante Caifás pudo haber terminado como a las tres de la madrugada, a la hora en que también terminaron las negaciones de Pedro (cp. 14:66-72). Durante las dos horas siguientes Jesús habría permanecido preso en poder de los alguaciles del templo, quienes continuamente se burlaban de Él y lo maltrataban (cp. v. 65).

Al amanecer, cerca de las 5:00 a.m., se convocó de nuevo el sanedrín. Según Marcos explica, **muy de mañana** se reunieron en **consejo los principales sacerdotes con los ancianos, con los escribas y con todo el concilio.** Como sabían que la ley judía exigía que todos los juicios se llevaran a cabo durante las horas del día, y queriendo conservar una apariencia de legalidad, el concilio creó un apresurado simulacro de juicio para condenar oficialmente a Jesús (Lc. 22:66-71). La ley judía requería que pasara todo un día entre la sentencia y la ejecución, a fin de permitir que apareciera nueva evidencia o testigos. Pero en su afán corrupto por acelerar la muerte de Jesús, los miembros del sanedrín hicieron deliberadamente caso omiso al debido proceso de su propio sistema legal.

El breve **consejo** del concilio constituyó la tercera y última fase de la parte judía del juicio a Jesús, y sentó las bases para que los romanos participaran. Asimismo la farsa de juicio romano constó de tres fases. Primera, Jesús fue interrogado por el gobernador de Judea, Poncio Pilato. Luego fue enviado brevemente a Herodes Antipas, el tetrarca y cliente romano de Galilea y asesino de Juan el Bautista. Después que Herodes se burlara de Jesús y lo maltratara, lo envió de vuelta a Pilato donde enfrentó la sentencia final.

LA PRIMERA FASE ROMANA: DELANTE DE PILATO

llevaron a Jesús atado, y le entregaron a Pilato. Pilato le preguntó: ¿Eres tú el Rey de los judíos? Respondiendo él, le dijo: Tú lo dices. Y los principales sacerdotes le acusaban mucho. Otra vez le preguntó Pilato, diciendo: ¿Nada respondes? Mira de cuántas cosas te acusan. Mas Jesús ni aun con eso respondió; de modo que Pilato se maravillaba. (15:1*b*-5)

El sanedrín sabía que necesitaba el permiso de Roma para decretar legalmente una sentencia de ejecución. Por tanto, **llevaron a Jesús atado, y le entregaron a** Poncio **Pilato,** el prefecto (o gobernador) romano de Judea. Tras ser nombrado por el emperador Tiberio en el año 26 d.C., Pilato era responsable de comandar el ejército romano, de recaudar impuestos y de decidir sobre ciertos asuntos legales. Aunque a menudo era brutal e impulsivo, a veces Pilato también mostraba debilidad e indecisión. Nada seguro se sabe acerca de la vida de Pilato antes de ser nombrado gobernador. No obstante, de su permanencia en Judea dan testimonio varias fuentes extrabíblicas, que incluyen a Tácito, Josefo, Filón y la piedra de Pilato (descubierta en 1961 en Cesarea) en la cual aparecen inscritos los nombres de Tiberio y Pilato.

En algún momento poco después del amanecer, Jesús fue llevado a la sala de juicio de Pilato, el pretorio, probablemente localizado en la fortaleza Antonia exactamente al norte del templo. Su residencia oficial estaba en Cesarea Marítima, sobre la costa mediterránea, pero se hallaba en Jerusalén para la Pascua. Juan 18:28 muestra la hipócrita duplicidad de los dirigentes religiosos cuando llegaron al cuartel de Pilato: "Llevaron a Jesús de casa de Caifás al pretorio. Era de mañana, y ellos no entraron en el pretorio para no contaminarse, y así poder comer la pascua". Es increíble que los jefes de los sacerdotes y los escribas se negaran de manera santurrona a entrar a una residencia gentil por temor a quedar ceremonialmente inmundos; sin embargo, no tuvieron reparos en mentir con la finalidad de asesinar al Hijo de Dios (cp. Éx. 20:13, 16). (Al ser de Galilea, Jesús y sus discípulos ya habían celebrado la Pascua la noche anterior. Para una explicación de los tiempos distintos en que judíos de Galilea y de Judea celebraban la Pascua, véase el capítulo 57 de esta obra).

El cuarto evangelio da una idea general de la situación:

> *Entonces salió Pilato a ellos, y les dijo: ¿Qué acusación traéis contra este hombre? Respondieron y le dijeron: Si éste no fuera malhechor, no te lo habríamos entregado. Entonces les dijo Pilato: Tomadle vosotros, y juzgadle según vuestra ley. Y los judíos le dijeron: A nosotros no nos está permitido dar muerte a nadie; para que se cumpliese la palabra que Jesús había dicho, dando a entender de qué muerte iba a morir (Jn. 18:29-32).*

Está claro que los miembros del sanedrín no querían que Pilato actuara como juez, sino como verdugo. Ya habían declarado culpable a Jesús; solo necesitaban que el gobernador romano aprobara y ejerciera su poder de pena capital. Aunque en ocasiones el sanedrín ejecutaba personas sin obtener permiso oficial (Hch. 6:12-15; 7:54-60; cp. 23:12-15), el perfil público de Jesús era demasiado alto para que el concilio judío cargara con ese riesgo. Los principales sacerdotes y los escribas buscaban evitar aparecer como responsables por la muerte, echándole la culpa a Roma en caso de que hubiera represalias por parte del pueblo (cp. Mt. 21:46; Mr. 12:12; Lc. 20:19).

Cabe señalar que Dios requirió la participación de Roma en el cumplimiento de la profecía bíblica. La cruz fue prefigurada en el Antiguo Testamento (Dt. 21:22-23; Nm. 21:5-9; Sal. 22:1, 12-18; Is. 53:5; Zac. 12:10) y explícitamente predicha por Jesús en los evangelios (cp. Mt. 20:18-19; Jn. 12:32). El pueblo judío no usaba la crucifixión como forma de ejecución (tradicionalmente efectuaban la pena capital por apedreamiento, cp. Jos. 7:25; Hch. 7:58), como lo hacían los romanos.

A fin de hacer parecer a Jesús como un revolucionario (y, por tanto, como una amenaza para Roma), los dirigentes judíos le acusaron de engañar a la nación, prohibiendo al pueblo pagar impuestos y afirmando ser un rey que amenazaba al César (Lc. 23:2). Tales acusaciones, de ser ciertas, habrían constituido delitos graves contra el gobierno romano. Pero Jesús no se había sublevado. Nunca apoyó la rebelión, y ni siquiera la desobediencia civil contra Roma (cp. Mt. 5:21). Al contrario, instruyó a sus oyentes a pagar sus impuestos (Lc. 20:21-25), y evitó a quienes trataban de hacerle rey por la fuerza (cp. Jn. 6:15). Aunque Jesús es el Rey de reyes y establecerá su reino terrenal en el futuro (Ap. 19:15), no tenía intención de pelear contra el gobierno imperial romano o incitar a sus siervos a hacerlo (Jn. 18:36; cp. Mt. 26:52-54).

Como gobernador de Judea, estando en Jerusalén durante la Pascua a fin de mantener el orden y la paz, Pilato debió haber estado consciente de quién era Jesús y de todo lo que había hecho en la ciudad esa semana, desde la entrada triunfal hasta la limpieza del templo. La compañía romana que arrestó a Jesús después de la medianoche en la madrugada del viernes no habría sido enviada sin el conocimiento o el permiso de Pilato. Aun así, el gobernador romano nunca creyó que Jesús representara una grave amenaza política, como el sanedrín alegaba.

De pie ante el gobernador, con el rostro golpeado y sangrando y las vestiduras manchadas de mugre, sudor y sangre, el Varón de Dolores no parecía ser un rey (cp. Is. 53:3). Incrédulo, **Pilato le preguntó: ¿Eres tú el Rey de los judíos?** A pesar de que las palabras del gobernador destilaban burla y sarcasmo, Jesús respondió de manera directa y sincera. **Respondiendo él, le dijo: Tú lo dices.** El breve resumen de Marcos acerca del intercambio entre Jesús y Pilato se complementa con detalles del Evangelio de Juan:

> *Entonces Pilato volvió a entrar en el pretorio, y llamó a Jesús y le dijo: ¿Eres tú el Rey de los judíos? Jesús le respondió: ¿Dices tú esto por ti mismo, o te lo han dicho otros de mí? Pilato le respondió: ¿Soy yo acaso judío? Tu nación, y los principales sacerdotes, te han entregado a mí. ¿Qué has hecho? Respondió Jesús: Mi reino no es de este mundo; si mi reino fuera de este mundo, mis servidores pelearían*

para que yo no fuera entregado a los judíos; pero mi reino no es de aquí. Le dijo entonces Pilato: ¿Luego, eres tú rey? Respondió Jesús: Tú dices que yo soy rey. Yo para esto he nacido, y para esto he venido al mundo, para dar testimonio a la verdad. Todo aquel que es de la verdad, oye mi voz. Le dijo Pilato: ¿Qué es la verdad? Y cuando hubo dicho esto, salió otra vez a los judíos, y les dijo: Yo no hallo en él ningún delito. Pero vosotros tenéis la costumbre de que os suelte uno en la pascua. ¿Queréis, pues, que os suelte al Rey de los judíos? (Jn. 18:33-39).

El gobernador romano era un agnóstico que cuestionó la misma esencia de la realidad. No obstante, a pesar de sus dudas y mofas, está claro que Pilato no creyó que Jesús fuera culpable de ningún delito capital (cp. Mt. 27:19, 24; Mr. 15:14; Lc. 23:14-15; Jn. 18:38; 19:4, 6). Las conclusiones oficiales del magistrado romano exoneraban a Cristo de cualquier culpa, pues repetidas veces dijo que no hallaba ninguna culpa en Él.

Al oír las conclusiones de Pilato, **los principales sacerdotes acusaban mucho** a Jesús, insistiendo: "Alborota al pueblo, enseñando por toda Judea, comenzando desde Galilea hasta aquí" (Lc. 23:5). Pero Jesús se negó a responder a las falsas acusaciones (Mt. 27:12-14). **Otra vez le preguntó Pilato, diciendo: ¿Nada respondes? Mira de cuántas cosas te acusan.** La ira desenfrenada y el engaño de los judíos estaban en marcado contraste con el majestuoso silencio del Señor Jesús. Aunque le lanzaban mentiras de manera implacable y vehemente, **Jesús ni aun con eso respondió; de modo que Pilato se maravillaba.** El término **maravillaba** (del verbo griego *thaumazō*) significa "asombrarse" o "estar admirado". Para sorpresa de Pilato, a pesar de que a Jesús le estaban acusando falsamente de graves delitos, Él no ofrecía testimonio de defensa propia. La inocencia de Cristo ya había sido declarada por parte del gobernador romano (Lc. 23:4; Jn. 18:38), haciendo innecesaria cualquier defensa adicional. Además, su silencio cumplía las palabras de la profecía del Antiguo Testamento (Is. 42:1-2; 53:7).

LA SEGUNDA FASE ROMANA: DELANTE DE HERODES ANTIPAS

Cuando los líderes religiosos mencionaron Galilea en medio de sus feroces diatribas contra Jesús (Lc. 23:5), Pilato "preguntó si el hombre era galileo. Y al saber que era de la jurisdicción de Herodes, le remitió a Herodes, que en aquellos días también estaba en Jerusalén" (vv. 6-7). Con la esperanza de recibir ayuda en cuanto a decidir qué hacer con Jesús, Pilato contactó con el tetrarca de Galilea que igualmente había llegado a Jerusalén para la Pascua.

Herodes Antipas, hijo de Herodes el Grande (cp. Mt. 2:1, 19), era un monarca regional que gobernaba sobre Galilea y Perea, bajo la jurisdicción de Roma. Cuando Herodes el Grande murió (en 4 a.C.), su territorio fue dividido entre varios de sus hijos, incluso Antipas. A su hermano Arquelao (cp. Mt. 2:22) le dieron los territorios sureños de Judea, Samaria e Idumea. Pero debido a su crueldad e incompetencia, Arquelao fue depuesto por Roma en el año 6 d.C., y reemplazado con una serie de gobernadores, uno de los cuales fue Poncio Pilato. Las regiones norteñas de Traconite e Iturea pasaron a Felipe el Tetrarca (Lc. 3:1), el medio hermano de Antipas.

Que Herodes Antipas era malvado y libertino queda ilustrado en Marcos 6:14-29. Tras divorciarse ilegalmente de su primera esposa, Antipas sedujo a la esposa de su medio hermano Herodes II (también conocido como Herodes Felipe I, para no ser confundido con Felipe el tetrarca) y se casó con ella. Puesto que la mujer también era sobrina de Herodes, su matrimonio con Herodías era tanto adúltero como incestuoso. Cuando Juan el Bautista confrontó audazmente la unión ilícita, Antipas hizo encarcelar al fiel profeta y más adelante, durante una fiesta, mandó que lo decapitaran.

Cuando Herodes Antipas oyó hablar de Jesús llegó a temer supersticiosamente que pudiera tratarse realmente de Juan el Bautista que había resucitado de los muertos para tratar de vengarse. El interés inicial que tuvo en Jesús fue motivado entonces por un deseo de matarle en caso de que aquello fuera cierto (Lc. 13:31-33). Pero el Señor había eludido a propósito las garras de Herodes, lo que significaba que esta fue la primera vez que Herodes veía a Jesús cara a cara. Lucas relata el encuentro en su evangelio:

> *Herodes, viendo a Jesús, se alegró mucho, porque hacía tiempo que deseaba verle; porque había oído muchas cosas acerca de él, y esperaba verle hacer alguna señal. Y le hacía muchas preguntas, pero él nada le respondió. Y estaban los principales sacerdotes y los escribas acusándole con gran vehemencia. Entonces Herodes con sus soldados le menospreció y escarneció, vistiéndole de una ropa espléndida; y volvió a enviarle a Pilato. Y se hicieron amigos Pilato y Herodes aquel día; porque antes estaban enemistados entre sí (Lc. 23:8-12).*

Cuando por fin Herodes conoció a Jesús no quedó impresionado. Al darse cuenta de que no era Juan en forma resucitada, el déspota regional rápidamente pasó del temor a la curiosidad y el ridículo. Dio instrucciones a sus soldados de vestir a Jesús con un deslumbrante manto real, tratando al Hijo de Dios como un rey simulado y convirtiendo todo el asunto en una broma extraña para su propia diversión depravada. Herodes devolvió entonces a Jesús ante Pilato sin añadir acusaciones, afirmando así la inocencia del Señor a pesar de las incesantes denuncias de los principales sacerdotes y los escribas. Así como los saduceos y fariseos se unieron en su odio hacia Jesús, los antiguos enemigos Herodes y Pilato se volvieron amigos ese día, hallando terreno común en su desdeñoso desprecio por el Varón de Dolores.

LA TERCERA FASE ROMANA: DE NUEVO ANTE PILATO

Ahora bien, en el día de la fiesta les soltaba un preso, cualquiera que pidiesen. Y había uno que se llamaba Barrabás, preso con sus compañeros de motín que habían cometido homicidio en una revuelta. Y viniendo la multitud, comenzó a pedir que hiciese como siempre les había hecho. Y Pilato les respondió diciendo: ¿Queréis que os suelte al Rey de los judíos? Porque conocía que por envidia le habían entregado los principales sacerdotes. Mas los principales sacerdotes incitaron a la multitud para que les soltase más bien a Barrabás. Respondiendo Pilato, les dijo otra vez: ¿Qué, pues, queréis que haga del que llamáis Rey de los judíos? Y ellos volvieron a dar voces: ¡Crucifícale! Pilato les decía: ¿Pues qué mal ha hecho? Pero ellos gritaban aun más: ¡Crucifícale! Y Pilato, queriendo satisfacer al pueblo, les soltó a Barrabás, y entregó a Jesús, después de azotarle, para que fuese crucificado. (15:6-15)

Cuando Herodes envió de nuevo a Jesús ante Pilato, el gobernador romano se vio en una difícil situación política. Aunque sabía que Jesús era inocente y quería preservar la justicia, le preocupaba que fuera a ofender a los dirigentes judíos. La permanencia de Pilato como gobernador había estado plagada de equivocaciones descaradas que enfurecieron a sus súbditos. Cualquier incidente más probablemente daría como resultado su destitución por parte de Roma, poniendo de este modo fin a su carrera política.

La insensatez de Pilato comenzó cuando permitió que sus soldados entraran a Jerusalén portando banderas y estandartes con la imagen del César. Los judíos consideraron tales imágenes como idolátricas. El pueblo, indignado por las acciones irreverentes de Pilato, se desplazó hasta el cuartel general del gobernador en Cesarea para quejarse. Tras cinco días de protestas, Pilato finalmente accedió a reunirse con ellos en el anfiteatro. En lugar de oír sus quejas los rodeó con sus soldados y los amenazó con matarlos allí mismo si no cesaban en las manifestaciones. Los judíos se negaron a dar marcha atrás, descubriéndose el cuello como señal de su disposición de morir. Pilato se dio cuenta de que no podía llevar a cabo su fanfarronería, ya que una masacre de esa magnitud habría encendido una revuelta mayor. Humillado, accedió a regañadientes a retirar las imágenes.

En otra ocasión posterior Pilato tomó fondos sagrados de la tesorería del templo para construir un acueducto en Jerusalén. Cuando el pueblo se amotinó en respuesta, el gobernador mandó a sus soldados disfrazarse de civiles y los envió a la multitud, ordenándoles atacar a los que protestaban con espadas y palos. Lucas 13:1 hace referencia a una ocasión similar en la que los soldados de Pilato masacraron a un grupo de judíos galileos mientras estos ofrecían sacrificios en el templo. Esa brutalidad sirvió para alimentar el resentimiento del pueblo hacia Pilato.

Otro conflicto estalló cuando Pilato insistió en poner escudos cubiertos de oro en honor a Tiberio César en el palacio de Herodes en Jerusalén. Una vez más los judíos se sintieron muy ofendidos al ver los escudos como algo idólatra, y pidieron a Pilato que los retirara. Este se negó obstinadamente. Por último, una delegación judía viajó a Roma y apeló directamente al César, quien se indignó por las insensibles provocaciones que Pilato hacía al pueblo y le ordenó retirar los escudos.

En el momento del juicio a Jesús, Pilato ya se había puesto en una precaria situación política. Era probable que si el César recibía otro mal informe sobre él, esto significara su salida del poder. Cuando los líderes judíos le dijeron a Pilato: "Si a éste sueltas, no eres amigo de César" (Jn. 19:12), él entendió con claridad que lo estaban amenazando. Años más tarde, aproximadamente en el 36 d.C., Pilato volvió a equivocarse cuando con gran imprudencia ordenó a sus tropas que emboscaran a un grupo de samaritanos adoradores. Cuando el pueblo de Samaria se quejó al inmediato superior de Pilato, el delegado oficial romano en Siria, Pilato fue llamado a volver a Roma. Después de eso poco se sabe de él. Según la tradición, cayó en desgracia y fue desterrado a la Galia, donde finalmente se suicidó.

En el juicio a Jesús, Pilato trató de mantener un poco de justicia haciendo una última apelación al concilio judío, explicándoles que ni él ni Herodes habían hallado culpa alguna en Jesús (cp. Lc. 23:14-15). Pilato sabía que no había argumentos por los cuales ejecutar al galileo. En consecuencia, incluso ofreció castigar injustamente a Jesús con la esperanza de que un pequeño derramamiento de sangre apaciguara a los vengativos acusadores (v. 16). Pero ellos no se aplacarían a menos que Jesús fuera crucificado.

Con la esperanza de lograr una salida, Pilato apeló a una tradición anual de la Pascua. Marcos explica: **Ahora bien, en el día de la fiesta les soltaba un preso, cualquiera que pidiesen.** Cada año el gobernador, por decisión popular, otorgaba amnistía a un delincuente sentenciado como una forma de cultivar buena voluntad y demostrar la misericordia romana. Pilato creyó que la multitud seleccionaría a Jesús, resolviendo así el dilema. La otra opción era un individuo violento **que se llamaba Barrabás,** un ladrón (Jn. 18:40) e insurrecto **preso con sus compañeros de motín que habían cometido homicidio en una revuelta** (cp. Lc. 23:18-19). Es probable que el madero en que clavaran a Jesús, colocado entre los dos ladrones, estuviera inicialmente destinado a Barrabás. Irónicamente, el nombre **Barrabás** significa "hijo del padre". Aquí un infractor de la ley, hijo de un padre humano, estaba siendo ofrecido al pueblo en el lugar del inmaculado Hijo del Padre divino.

Pilato se alegró de complacer a **la multitud** cuando esta **comenzó a pedir**

que hiciese como siempre les había hecho. Consciente de la popularidad de Jesús desde unos cuantos días antes (Mr. 11:8-10), el gobernador confió en que el populacho no escogería a Barrabás. El plan de Pilato era sencillo: cuando el gentío escogiera a Jesús, no habría nada que el concilio judío pudiera hacer. El gobernador preservaría la justicia y al mismo tiempo conseguiría el favor del pueblo. Por tanto, **Pilato les respondió diciendo: ¿Queréis que os suelte al Rey de los judíos?** Al llamar a Jesús el Rey de los judíos, Pilato buscó de modo intencional desairar a los dirigentes religiosos (cp. Jn. 19:21), **porque conocía que por envidia le habían entregado los principales sacerdotes** a Jesús. El gobernante reconoció que la motivación que los llevaba a tratar de ejecutar a Jesús no tenía nada que ver con lealtad a Roma, y sí tenía todo que ver con salvaguardar la influencia y el prestigio que disfrutaban entre el pueblo. Insensibles ante cualquier opción e impulsados por celos y orgullo, rechazaron a su propio Mesías, el Hijo de Dios, porque les puso al descubierto su hipocresía, les desafió su autoridad y les amenazó su religión y poder. En pocas palabras, Él realizó milagros que ellos no podían hacer; proclamó la verdad que ellos no tenían; y Él provenía de Dios y ellos no.

En medio del drama en ciernes, Pilato recibió un mensaje inesperado de su esposa. Mateo 27:19 narra el peculiar incidente: "Y estando él sentado en el tribunal, su mujer le mandó decir: No tengas nada que ver con ese justo; porque hoy he padecido mucho en sueños por causa de él". El temor, manifestado en una vívida pesadilla, llevó a la esposa de Pilato a enviar una advertencia urgente a su esposo. (Tal vez ella había estado despierta la noche anterior cuando los soldados de su esposo fueron enviados a arrestar a Cristo, lo cual hizo que tuviera ansiedad mientras dormía). Aunque en última instancia Pilato hizo caso omiso a las palabras de su esposa, la aterrada advertencia fue otro testimonio de la inocencia del Señor Jesús.

Mientras Pilato consideraba la intensa preocupación de su esposa, **los principales sacerdotes se** movían en medio del gentío, y de este modo **incitaron a la multitud para que les soltase más bien a Barrabás** en lugar de Jesús. En consecuencia, cuando Pilato les planteó la pregunta exclamaron acerca de Jesús: "¡Fuera con éste, y suéltanos a Barrabás!" (Lc. 23:18). **Respondiendo Pilato, les dijo otra vez: ¿Qué, pues, queréis que haga del que llamáis Rey de los judíos?** El gobernador estaba indudablemente sorprendido por tan despiadada respuesta. Aunque las multitudes del lunes expresaron entusiasta apoyo por Jesús, los miembros de esta turba del viernes **volvieron a dar voces: ¡Crucifícale!"**. Incrédulo, **Pilato les decía: ¿Pues qué mal ha hecho?** La respuesta del populacho fue fuerte, incesante e implacable. **Ellos gritaban aun más: ¡Crucifícale!**

A medida que el gentío empezaba a alborotarse (cp. Mt. 27:24), la creciente presión sobre Pilato se volvía abrumadora. Otro levantamiento pondría fin a su carrera política, y la única manera de acallar las demandas de esa gentuza enfurecida era sentenciar a muerte a Jesús. Usando una costumbre judía (Dt. 21:1-9) para simbolizar su renuencia a concederles su petición, el gobernador "tomó agua y se lavó las manos delante del pueblo, diciendo: Inocente soy yo de la sangre de este justo; allá vosotros" (Mt. 27:24). Varias veces había declarado la inocencia de Cristo, y ahora Pilato intentaba mantener la suya propia. En realidad fue chantajeado y resultó culpable de pervertir deliberadamente la justicia en aras de la conveniencia política. A diferencia de Pilato, los miembros del iracundo gentío reconocieron gustosamente su culpabilidad en la muerte de Cristo. "Y respondiendo todo el pueblo, dijo: Su sangre sea sobre nosotros, y sobre nuestros hijos" (Mt. 27:25; cp. Hch. 2:22-23). Es increíble que al mismo tiempo en que la nación estaba preparándose para recordar la misericordia y la bondad de Dios por medio de la Pascua, el pueblo estuviera pidiendo a gritos la muerte del Hijo de Dios, y deseara responsabilizarse de ese delito.

La fase final del juicio romano a Jesús concluyó con un titubeante político cediendo a las violentas exigencias de una turba alborotadora. **Y Pilato, queriendo satisfacer al pueblo, les soltó a Barrabás, y entregó a Jesús, después de azotarle, para que fuese crucificado** (15:15). Los azotes solían darlos con un instrumento conocido como flagelo, que consistía de un mango de madera con largas correas de cuero adheridas. Las correas, a las que incrustaban afilados trozos de hueso y metal, estaban diseñadas para rasgar la carne hasta los huesos. La víctima era atada a un poste con los brazos extendidos por encima de la cabeza y las piernas suspendidas del suelo a fin de que el cuerpo se habituara. Cuando el látigo destrozaba la espalda, los músculos se laceraban, las venas se cortaban, y los órganos internos quedaban al descubierto. Planeada para acelerar la muerte en la cruz, la flagelación en sí a veces era fatal. Después de soportar tan debilitante forma de tortura, el Señor Jesús fue entregado **para que fuese crucificado.**

Con una frase final Pilato condenó a Jesús a una forma cruel de ejecución. Aunque parecía como si Cristo estuviera en juicio delante de Pilato, en realidad el gobernador romano estaba en juicio delante del Hijo de Dios (cp. Jn. 5:22-30; Hch. 10:42; Ro. 2:16; 2 Ti. 4:1, 8). A pesar de no tener conciencia espiritual, Pilato expresó la última pregunta que todo ser humano debe contestar: "¿Qué, pues, queréis que haga del que llamáis Rey de los judíos?" (Mr. 15:12). El destino de cada individuo está determinado por lo que hace con Jesucristo, el Rey de reyes. Quienes le rechazan enfrentarán juicio eterno (He. 6:2), pero todos los que le aceptan como Señor y Salvador serán rescatados de la ira divina y recibirán salvación (Ro. 10:9). Trágicamente, para Pilato y sus cómplices conspiradores, su endurecido antagonismo y su incredulidad sellaron su destrucción eterna.

Escarnio vergonzoso de Jesucristo

63

Entonces los soldados le llevaron dentro del atrio, esto es, al pretorio, y convocaron a toda la compañía. Y le vistieron de púrpura, y poniéndole una corona tejida de espinas, comenzaron luego a saludarle: ¡Salve, Rey de los judíos! Y le golpeaban en la cabeza con una caña, y le escupían, y puestos de rodillas le hacían reverencias. Después de haberle escarnecido, le desnudaron la púrpura, y le pusieron sus propios vestidos, y le sacaron para crucificarle. Y obligaron a uno que pasaba, Simón de Cirene, padre de Alejandro y de Rufo, que venía del campo, a que le llevase la cruz. Y le llevaron a un lugar llamado Gólgota, que traducido es: Lugar de la Calavera. Y le dieron a beber vino mezclado con mirra; mas él no lo tomó. Cuando le hubieron crucificado, repartieron entre sí sus vestidos, echando suertes sobre ellos para ver qué se llevaría cada uno. Era la hora tercera cuando le crucificaron. Y el título escrito de su causa era: EL REY DE LOS JUDÍOS. Crucificaron también con él a dos ladrones, uno a su derecha, y el otro a su izquierda. Y se cumplió la Escritura que dice: Y fue contado con los inicuos. Y los que pasaban le injuriaban, meneando la cabeza y diciendo: ¡Bah! tú que derribas el templo de Dios, y en tres días lo reedificas, sálvate a ti mismo, y desciende de la cruz. De esta manera también los principales sacerdotes, escarneciendo, se decían unos a otros, con los escribas: A otros salvó, a sí mismo no se puede salvar. El Cristo, Rey de Israel, descienda ahora de la cruz, para que veamos y creamos. También los que estaban crucificados con él le injuriaban. (15:16-32)

Aunque insoportable, el sufrimiento físico experimentado por Jesús no fue lo que hizo única su muerte. Decenas de miles murieron por crucifixión a manos de los persas, griegos y romanos desde el siglo IV a.C. hasta la muerte de Jesús. La corona de espinas, los azotes cargados de fragmentos, los clavos de hierro, y la cruz de madera, todo eso le infligió un dolor indescriptible. Incluso la noche antes de su muerte no fue la idea de la tortura corporal lo que le traumatizó en el huerto; en lugar de eso, fue la anticipación de saber que pronto bebería toda la copa de la ira divina por los pecados de todos los que Dios ha elegido para salvación (cp. Mr. 14:33-37).

Los cuatro evangelios son bastante moderados en su descripción de los tormentos físicos que Cristo soportó. En una época en que la crucifixión era una forma común de pena capital, las descripciones detalladas de sus horrores eran innecesarias porque la vista de esa tortura se grababa en los recuerdos de todo el mundo. En lugar de eso, lo que resaltaron los escritores del Nuevo Testamento es la burla irreverente hecha a Jesús a lo largo de su juicio y ejecución. Desde el patio de Caifás hasta el pretorio de Pilato y la cruz misma, el Hijo de Dios fue tratado varias veces con desprecio y burlas sin límites. La blasfema crueldad de los enemigos de Jesús se halla en marcado contraste con la infinita misericordia y gracia de Dios, que permitió a su Hijo padecer indescriptible humillación y muerte a fin de salvar a pecadores, incluso a blasfemos y asesinos (1 Ti. 1:12-15; cp. Hch. 2:36-38; 3:14-16; 4:10-12).

Tal como se indicó en los capítulos anteriores, el juicio de Jesús constó de dos partes, una judía y otra romana, cada una de las cuales incluyó tres fases. Durante la parte judía de su juicio el Señor fue interrogado por Anás (Jn. 18:19-24), sometido a juicio por Caifás (Mr. 14:55-65), y luego condenado oficialmente por el sanedrín después del amanecer la mañana del viernes (Mr. 15:1; Lc. 22:66-71). El juicio romano comenzó con Pilato (Mr. 15:1-5), quien en varias ocasiones declaró que Jesús era inocente (cp. Mt. 27:19, 24; Mr. 15:14; Lc. 23:14-15; Jn. 18:38; 19:4, 6). Al saber que Jesús era de Galilea, Pilato lo envió a Herodes, quien tenía jurisdicción allí. El ruin gobernador vistió al Señor con un manto real para burlarse de Él antes de devolvérselo a Pilato (Lc. 23:8-12). En un intento por liberarlo, Pilato invocó su costumbre anual de buena voluntad durante la Pascua de conceder perdón a un delincuente condenado por elección popular (Mr. 15:6-10). La turba, agitada por los escribas y fariseos, exigió que Jesús fuera crucificado y que un asesino insurrecto llamado Barrabás fuera liberado (vv. 11-13). El gobernador, incapaz de pacificar a la furiosa multitud, capituló y envió a Jesús a ser flagelado en preparación para su ejecución (v. 15).

Al describir la crucifixión de Cristo en esta sección (15:16-32), Marcos se centra en los blasfemos burladores que ridiculizaron al Señor Jesús mientras era llevado del pretorio de Pilato a la cruz. En el contexto de la parodia cómica de los soldados y el desdén de los participantes, el sufriente Salvador es visto sin gloria soportando el castigo por el pecado en obediencia a la voluntad de su Padre (cp. Fil. 2:8).

LA PARODIA DE LOS SOLDADOS

Entonces los soldados le llevaron dentro del atrio, esto es, al pretorio, y convocaron a toda la compañía. Y le vistieron de púrpura, y poniéndole una corona tejida de espinas, comenzaron luego a saludarle: ¡Salve, Rey de los judíos! Y le golpeaban en la cabeza con una caña, y le escupían, y puestos de

de crucificar? Respondieron los principales sacerdotes: No tenemos más rey que César (vv. 13-15).

Los líderes espirituales de Israel que se proclamaban a sí mismos representantes de Dios, en un giro trágico, declararon lealtad a un emperador pagano e hijo del diablo mientras que al mismo tiempo pedían a gritos la muerte del Mesías e Hijo de Dios.

Marcos retoma el relato en este punto, explicando: **Después de** haber **escarnecido** de nuevo a Jesús, **le desnudaron la púrpura, y le pusieron sus propios vestidos, y le sacaron para crucificarle.** La ley mosaica requería que las ejecuciones se realizaran fuera de la ciudad (Nm. 15:35), razón por la cual Jesús fue sacado por las puertas de Jerusalén.

EL CASTIGO DEL SALVADOR

Y obligaron a uno que pasaba, Simón de Cirene, padre de Alejandro y de Rufo, que venía del campo, a que le llevase la cruz. Y le llevaron a un lugar llamado Gólgota, que traducido es: Lugar de la Calavera. Y le dieron a beber vino mezclado con mirra; mas él no lo tomó. Cuando le hubieron crucificado, repartieron entre sí sus vestidos, echando suertes sobre ellos para ver qué se llevaría cada uno. Era la hora tercera cuando le crucificaron. (15:21-25)

Como prisionero condenado a muerte, a Jesús se le exigía cargar su cruz (es decir, el pesado travesaño horizontal) hasta el lugar de la ejecución. Lo llevó por una distancia (Jn. 19:17), quizás hasta la puerta de la ciudad, pero finalmente fue incapaz de continuar al estar debilitado por no haber dormido, por la pérdida de sangre, y por las graves heridas que le infligieran durante la flagelación.

A fin de mantener en movimiento la procesión, los soldados romanos **obligaron a uno que pasaba** a prestar el servicio de cargar la cruz del condenado. De forma espontánea seleccionaron de entre la multitud a **Simón de Cirene, que venía del campo, a que le llevase la cruz.** La ciudad portuaria de **Cirene** estaba localizada en la costa norte de África en la actual Libia. Era un dinámico centro de comercio y también contaba con una numerosa población judía (cp. Hch. 2:10; 6:9). Simón, al igual que muchos otros, era un peregrino judío que había viajado a Jerusalén para observar la Pascua.

La elección que los soldados hicieron de Simón podría parecer accidental, pero en realidad no fue así. La mano invisible de Dios estaba soberanamente en acción, usando de manera providencial las acciones estúpidas de los soldados romanos para llevar a la fe salvadora a este desventurado transeúnte (cp. Jn. 6:44). Marcos identifica a Simón como el **padre de Alejandro y de Rufo,** una referencia sin explicación que indica que los lectores de Marcos conocían a los hijos de Simón. Ya que Marcos escribió para creyentes gentiles en Roma, seguramente Alejando y Rufo eran miembros activos de la iglesia en esa ciudad. Tal conclusión la apoya la mención que Pablo hace de Rufo y su madre (la esposa de Simón) en Romanos 16:13. De modo admirable, el hombre que cargó la cruz de Jesús llegó a aceptarlo en fe salvadora, al igual que su esposa e hijos.

Mientras le escoltaban hacia el lugar de la crucifixión, el Señor ofreció un último mensaje público. Como Lucas explica:

> *Y le seguía gran multitud del pueblo, y de mujeres que lloraban y hacían lamentación por él. Pero Jesús, vuelto hacia ellas, les dijo: Hijas de Jerusalén, no lloréis por mí, sino llorad por vosotras mismas y por vuestros hijos. Porque he aquí vendrán días en que dirán: Bienaventuradas las estériles, y los vientres que no concibieron, y los pechos que no criaron. Entonces comenzarán a decir a los montes: Caed sobre nosotros; y a los collados: Cubridnos. Porque si en el árbol verde hacen estas cosas, ¿en el seco, qué no se hará? (Lc. 23:27-31).*

La sombría respuesta de Cristo a estas mujeres lloronas (probablemente plañideras profesionales, cp. Marcos 5:38-40) sirvió como una advertencia profética de la destrucción que vendría sobre Jerusalén en el año 70 d.C. Más allá de eso, sus palabras también anticiparon la venidera devastación de la gran tribulación que ocurrirá al final de la era (cp. Mr. 13:6-37).

Finalmente la procesión llegó a su destino, donde los soldados **llevaron** a Jesús **a un lugar llamado Gólgota, que traducido es: Lugar de la Calavera.** Localizado fuera de las puertas de la ciudad (cp. He. 13:12), junto a un camino importante (para que las víctimas crucificadas fueran visibles a los transeúntes), y posiblemente sobre una colina, el **Gólgota** tal vez era un sitio donde con regularidad se realizaban crucifixiones. El nombre arameo significa literalmente **Calavera;** y es equivalente al latín *calvaria*, de donde se deriva la palabra "Calvario". Algunos estudiosos creen que al lugar se le dio su nombre porque estaba ubicado en la cima de una colina que parecía una calavera. Otros han sugerido que las calaveras de las víctimas crucificadas eran dejadas en el suelo, aunque parece poco probable que el pueblo judío hubiera tolerado tal costumbre (cp. Nm. 19:11). Cualquiera que fuera el actual origen del nombre, Gólgota era un lugar intrínsecamente vinculado con una muerte horrible y muy pública.

Antes de clavar a Jesús a la cruz y de levantarla, los soldados **le dieron a beber vino mezclado con mirra; mas él no lo tomó.** El relato paralelo de Mateo explica que "después de haberlo probado, no quiso beberlo" (Mt. 27:34). **Mirra** era un narcótico que también se usaba como aceite de unción (Éx. 30:23) y perfume (Sal. 45:8; Pr. 7:17; Mt. 2:11; Jn. 19:39). Basándose en Proverbios 31:6, los judíos tenían la costumbre de ofrecer a las víctimas de crucifixión un tipo de medicamento para amortiguar el dolor (cp. Sal. 69:21). Pero Jesús, queriendo mantenerse totalmente consciente mientras completaba su obra expiatoria, se negó a beberlo.

Marcos expresa lo que sucedió a continuación con una frase muy sencilla: **Cuando le hubieron crucificado.** Una forma conocida de ejecución en el mundo antiguo, la crucifixión no necesitaba descripción adicional para que la audiencia original de Marcos entendiera sus horrores. El escritor romano Cicerón la describe como "el más cruel y horrible de los castigos". Al parecer originaria de Persia, la crucifixión fue usada más tarde por los romanos como un medio brutal de dar muerte a sus víctimas a la vez que disuadía a otros aspirantes a delincuentes. Se calcula que para la época de Cristo, Roma había crucificado a más de treinta mil personas solo en Israel. Después de la caída de Jerusalén en el año 70 d.C., se mataron a tantos judíos rebeldes por crucifixión que los romanos se quedaron sin madera para hacer cruces.

A las víctimas de crucifixión las azotaban primero (cp. Mr. 15:15), de lo que resultaban graves heridas y gran pérdida de sangre que aceleraban la muerte en la cruz. Aun así, la crucifixión era una forma prolongada de morir diseñada para inducir el máximo sufrimiento y dolor. Cuando el delincuente condenado llegaba al lugar de la ejecución, le obligaban a ponerse de espaldas y le clavaban a la cruz mientras esta yacía en tierra. Los clavos, que medían hasta dieciocho centímetros de largo y se asemejaban a los modernos clavos de ferrocarril, eran enterrados en las muñecas (en lugar de las palmas de las manos) para que apoyaran todo el peso del cuerpo desplomado. Los pies de la víctima eran luego asegurados con un solo clavo, con las rodillas dobladas a fin de que pudiera empujarse hacia arriba para así poder respirar. Los clavos rompían los nervios en muñecas y pies, produciendo tremendos espasmos de dolor a lo largo de las piernas y los brazos traspasados de la víctima.

A continuación levantaban lentamente la cruz hasta dejarla en posición vertical. La base caía luego en su lugar dentro de un profundo hoyo, entrando con un golpe tan resonante que enviaba sacudidas insoportables de dolor por todo el cuerpo de la víctima. Aunque las heridas de los clavos ocasionaban grave agonía, no tenían la intención de causar la muerte. La causa normal de la muerte era sofocación lenta. La posición colgada del cuerpo contraía el diafragma, y hacía imposible respirar. A fin de obtener aire, la víctima tenía que empujar el cuerpo hacia arriba poniendo el peso en las heridas de los clavos en pies y muñecas, y rozarse la espalda lacerada contra la áspera madera de la cruz. Cuando la víctima se cansaba experimentaba espasmos musculares, quedando abrumada por el dolor; su capacidad para respirar se obstaculizaba cada vez más. Como resultado se le acumulaba dióxido de carbón en el torrente sanguíneo, que finalmente le provocaba la muerte por asfixia. Si era necesario, los soldados aceleraban la asfixia de la víctima rompiéndole las piernas (cp. Jn. 19:31-32).

(Para más detalles sobre las agonías de la crucifixión, véase John MacArthur, *El asesinato de Jesús* [Grand Rapids: Portavoz, 2005], cap. 10).

Después de asegurar a Jesús en la cruz, los soldados **repartieron entre sí sus vestidos, echando suertes sobre ellos para ver qué se llevaría cada uno.** La vestimenta judía tradicional incluía una prenda interior, una prenda exterior (o túnica), un cinturón, sandalias y una prenda para cubrir la cabeza. Aunque Marcos no especifica cómo fue dividida la ropa de Jesús, el Evangelio de Juan proporciona algunos detalles más:

> *Cuando los soldados hubieron crucificado a Jesús, tomaron sus vestidos, e hicieron cuatro partes, una para cada soldado. Tomaron también su túnica, la cual era sin costura, de un solo tejido de arriba abajo. Entonces dijeron entre sí: No la partamos, sino echemos suertes sobre ella, a ver de quién será. Esto fue para que se cumpliese la Escritura, que dice: Repartieron entre sí mis vestidos, y sobre mi ropa echaron suertes. Y así lo hicieron los soldados (Jn. 19:23-25).*

Una vez distribuida la ropa entre sí como fue profetizado (cp. Sal. 22:18), los soldados pusieron vigilancia alrededor de la cruz. El escuadrón, conocido como un *cuaternio* porque constaba de cuatro guardias, estaba obligado a permanecer allí hasta que la víctima crucificada muriera, manteniendo alejado a cualquiera que tratara de rescatar o aliviar el sufrimiento del delincuente condenado.

Marcos señala que **era la hora tercera** (o 9:00 de la mañana; el método judío de calcular las horas del día comenzaba a las 6:00 de la mañana) **cuando crucificaron** a Jesús. La declaración en Juan 19:14, de que era "como la hora sexta" cuando Pilato sentenció a Jesús temprano esa mañana, no contradice lo que Marcos afirma aquí. Juan estaba utilizando el método romano de calcular las horas, el cual empezaba contando las horas a la medianoche. En consecuencia, la hora sexta en el Evangelio de Juan se refería a las 6:00 de la mañana, tres horas antes de que Jesús fuera clavado a la cruz.

Justo la noche anterior Jesús había estado celebrando la cena de Pascua con sus discípulos en el aposento alto. Los acontecimientos de su muerte sucedieron muy rápidamente; pero ocurrieron según la programación predeterminada de Dios en que el Cordero de Dios celebraría una última cena con sus discípulos el jueves en la noche, y luego moriría al mismo tiempo que los corderos pascuales estaban siendo sacrificados el viernes por la tarde.

LOS PARTICIPANTES BURLONES

Y el título escrito de su causa era: EL REY DE LOS JUDÍOS. Crucificaron también con él a dos ladrones, uno a su derecha, y el otro a su izquierda. Y se cumplió la Escritura que dice: Y fue contado con los inicuos. Y los que pasaban

le injuriaban, meneando la cabeza y diciendo: ¡Bah! tú que derribas el templo de Dios, y en tres días lo reedificas, sálvate a ti mismo, y desciende de la cruz. De esta manera también los principales sacerdotes, escarneciendo, se decían unos a otros, con los escribas: A otros salvó, a sí mismo no se puede salvar. El Cristo, Rey de Israel, descienda ahora de la cruz, para que veamos y creamos. También los que estaban crucificados con él le injuriaban. (15:26-32)

Por sobre la cabeza de la víctima crucificada sujetaban a la cruz una tabla de madera que daba conocer los delitos cometidos. En el caso de Jesús, **el título escrito de su causa era: EL REY DE LOS JUDÍOS.** Una comparación de los cuatro evangelios da a conocer que la inscripción completa fue: "Este es Jesús de Nazaret, el Rey de los judíos". Fue "escrito en hebreo, en griego y en latín" (Jn. 19:20). Esa no fue la acusación que los dirigentes judíos querían que Pilato escribiera (v. 21), pero él se negó a cambiarla (v. 22), viéndola como un medio de venganza contra los principales sacerdotes y escribas que lo habían chantajeado para que condenara a un hombre inocente (cp. Lc. 23:4, 14, 15, 22).

Durante el trascurso del juicio de Jesús, los líderes judíos habían lanzado al menos siete acusaciones contra Él (cp. Mr. 15:4). Primero alegaron que era una amenaza para destruir el templo (Mr. 14:58); segundo, que era un malhechor (Jn. 18:30); tercero, que estaba pervirtiendo a la nación (Lc. 23:2); cuarto, que estaba prohibiendo al pueblo pagar impuestos (Lc. 23:2); quinto, que estaba afirmando ser un rey que amenazaba al César (Lc. 23:2); sexto, que estaba agitando al pueblo y fomentando una insurrección (Lc. 23:5); y por último, que se consideraba el Hijo de Dios (Jn. 19:7). De estas acusaciones, solamente la última se basaba en la realidad. Jesús afirmó de veras ser el Hijo de Dios porque lo era (cp. Mr. 1:1). Pero en la distorsionada percepción del sanedrín, esa afirmación representaba blasfemia, un delito capital (Lv. 24:16; Mr. 14:63-64). Sin embargo, de las acusaciones que Pilato pudo haber enumerado, intencionalmente seleccionó aquella que sabía que iba a ser más ofensiva.

Quizás queriendo provocarlos aún más, Pilato hizo crucificar al "Rey de los judíos" como un delincuente común junto **a dos ladrones** de baja calaña; estos fueron ejecutados **uno a su derecha, y el otro a su izquierda.** El término traducido **ladrones** (de la palabra griega *lēstēs*) indica que estos hombres no eran atracadores de poca monta, sino bandidos feroces que saqueaban y robaban, dejando a su paso una estela de violación y desolación. Pudieron haber participado en la rebelión asesina dirigida por Barrabás (cp. Lc. 23:19), por lo cual los habían sentenciado a muerte. La declaración en el versículo 28 (**Y se cumplió la Escritura que dice: Y fue contado con los inicuos**) no se encuentra en los manuscritos más antiguos, por lo que tal vez no fue parte del evangelio original de Marcos, razón por la cual las traducciones modernas la colocan entre corchetes. Sin embargo, es cierto que la predicción que se hace en Isaías 53:12

en cuanto al Siervo sufriente encuentra su cumplimiento aquí. Cualesquiera que fueran los motivos de la decisión de Pilato para ejecutar a Jesús junto con delincuentes, concordó perfectamente con la profecía del Antiguo Testamento (cp. Hch. 4:27-28).

Además del dolor agonizante de la cruz estaba la vergüenza y la desgracia de ser ejecutado públicamente en una forma tan degradante (cp. He. 12:2). Todo acerca de la crucifixión estaba diseñado para humillar y degradar a sus víctimas, enviando un mensaje claro en cuanto a las consecuencias de ser enemigos de Roma. Además, los judíos consideraban maldito por Dios a cualquiera que colgara de un árbol o una cruz (Dt. 21:23; Is. 53:4, 10; Gá. 3:10-13), lo cual acentuaba el desprecio que tenían por quienes eran crucificados (cp. 1 Co. 1:23).

Aquellos en la turba que horas antes pedían a gritos la muerte de Jesús (15:13-14) se unieron a los líderes religiosos en seguirlo hasta el sitio de la ejecución. Mientras **pasaban injuriaban** al Señor, **meneando la cabeza,** un gesto de odio y burla (cp. 2 R. 19:21; Sal. 22:7; 44:14; 109:25; Jer. 18:16; Lm. 2:15). Repitiendo las falsas acusaciones levantadas contra Jesús delante del sanedrín (Mr. 14:58; cp. Jn. 2:19), las personas, muchas de las cuales lo habían alabado cuando entró a Jerusalén el lunes (Mr. 11:8-10), se burlaron de Él el viernes **diciendo: ¡Bah! tú que derribas el templo de Dios, y en tres días lo reedificas, sálvate a ti mismo, y desciende de la cruz.** Sus gritos de desprecio evidenciaron la volubilidad asombrosa y perversa de sus corazones incrédulos (cp. Jn. 2:24-25; 6:66).

Después de instigar la crucifixión como el Señor predijo que ocurriría (Mr. 8:31; 14:43), las autoridades judías siguieron avivando las llamas de odio y maltrato. Así lo explica Marcos: **De esta manera también los principales sacerdotes, escarneciendo, se** regodeaban **unos a otros,** junto **con los escribas,** en representación del liderazgo del sanedrín. El pasaje paralelo en Lucas 23:35 declara: "Y aun los gobernantes se burlaban de él". La palabra "burlaban" literalmente significa levantar la nariz en actitud de desprecio (cp. Mt. 27:41). El hostigamiento que le hacían a Jesús había comenzado en la casa del sumo sacerdote (Mr. 14:55, 65) y continuó incluso después que fuera clavado a la cruz. El maltrato al Mesías fue anunciado por David en Salmos 22:7-8: "Todos los que me ven me escarnecen; estiran la boca, menean la cabeza, diciendo: Se encomendó a Jehová; líbrele él; sálvele, puesto que en él se complacía". Con un tono de desprecio lleno de satisfacción, **se decían unos a otros: A otros salvó, a sí mismo no se puede salvar.** Sus burlas desdeñosas no eran una admisión de la capacidad de Cristo para salvar, sino más bien una sarcástica negación del poder divino que Jesús tenía. Se burlaban: ¿Cómo pudo afirmar que salvó a otros cuando ni siquiera puede rescatarse Él mismo? Ellos sabían de los milagros de Jesús, los cuales no pudieron negar (Jn. 11:47). Pero a pesar de las maravillosas obras que hizo, voluntariamente se negaron a creer en Él (cp. Jn. 5:36; 10:38). Aunque los burladores pretendieron que sus palabras fueran un insulto, sin darse cuenta dieron con una profunda verdad del evangelio: es porque el Señor Jesús se negó sumisamente a librarse de la cruz que puede salvar a otros del pecado y la muerte (cp. Mr. 10:45; Ro. 5:19; Fil. 2:8; He. 2:9-10; 5:7-8).

Continuando con su diatriba de maltrato verbal, los dirigentes religiosos gritaban: **El Cristo, Rey de Israel, descienda ahora de la cruz, para que veamos y creamos.** Deliberadamente hicieron caso omiso a los innumerables milagros que Jesús había realizado a lo largo de su ministerio, y afirmaron que creerían si Él realizaba solo un milagro más (cp. Mr. 8:11-12). Pero esa declaración no era más que una burla hipócrita y sarcástica. Después de la muerte de Jesús, su cuerpo fue bajado de la cruz y colocado en una tumba. Cuando resucitó de los muertos al tercer día, exactamente como había anunciado que haría, los principales sacerdotes y los escribas siguieron sin creer (cp. Lc. 16:30-31). Más bien, sobornaron a los soldados romanos para que esparcieran mentiras acerca de lo que había sucedido, afirmando que los discípulos robaron el cuerpo de Jesús (Mt. 28:11-15). Ningún milagro los habría persuadido que creyeran. Ellos amaban demasiado su pecado.

Por increíble que parezca, **también los que estaban crucificados con él le injuriaban.** Los dos ladrones a cada lado de Jesús se unieron a la turba hostil en las burlas hacia el Hijo de Dios, aunque estaban siendo justamente ejecutados en la misma forma. Según explica el pasaje paralelo en Mateo 27:44, con las mismas palabras que oían a los líderes y a los canallas que los rodeaban, "le injuriaban también los ladrones que estaban crucificados con él". Sin duda alguna los endurecidos delincuentes estaban acostumbrados a vejar y maltratar a otros. A pesar de estar enfrentándose a sus muertes inminentes, se unieron a las burlas blasfemas contra el Hijo de Dios.

LA SÚPLICA DE UN PECADOR

Como se indicó al inicio de este capítulo, fue contra ese siniestro contexto de odio venenoso que se mostró la gracia y la misericordia de Dios. El Padre pudo haber destruido en el acto a los blasfemos y rescatar a su Hijo de la cruz. Por el contrario, se complació en quebrantarlo y darle muerte (Is. 53:10), a fin de que pudiera rescatar del pecado y la destrucción eterna a muchos de esos mismos blasfemos, junto con innumerables más.

De los ladrones que se burlaban de Jesús, uno de ellos se convirtió ese día en un trofeo de la gracia de Dios. Lucas narra el dramático relato:

> *Y uno de los malhechores que estaban colgados le injuriaba, diciendo: Si tú eres el Cristo, sálvate a ti mismo y a nosotros. Respondiendo el otro, le reprendió, diciendo: ¿Ni aun temes tú a Dios, estando en la misma condenación? Nosotros, a la verdad, justamente padecemos, porque recibimos lo que merecieron nuestros*

hechos; mas éste ningún mal hizo. Y dijo a Jesús: Acuérdate de mí cuando vengas en tu reino. Entonces Jesús le dijo: De cierto te digo que hoy estarás conmigo en el paraíso (Lc. 23:39-43).

De los soldados que lo maltrataban, un centurión no tardaría en comprender: "Verdaderamente este hombre era Hijo de Dios" (Mr. 15:39). De las personas en la turba que se burlaban de Jesús, muchos creerían en el día de Pentecostés y en las semanas y meses siguientes (cp. Hch. 2:37-38, 41; 4:4; 6:1). Incluso Hechos 6:7 informa que "muchos de los sacerdotes [de Israel] obedecían a la fe".

El apóstol Pablo fue un exfariseo que con gran violencia persiguió a la iglesia por antagonismo hacia el Señor Jesús. No obstante, Dios por su gracia transformó a ese perseguidor blasfemo en un valeroso misionero. Así explicó el mismo Pablo a Timoteo:

Doy gracias al que me fortaleció, a Cristo Jesús nuestro Señor, porque me tuvo por fiel, poniéndome en el ministerio, habiendo yo sido antes blasfemo, perseguidor e injuriador; mas fui recibido a misericordia porque lo hice por ignorancia, en incredulidad (1 Ti. 1:12-13, 15).

La salvación del blasfemo Pablo, al igual que de todo pecador, solo es posible porque el Señor Jesús "llevó él mismo nuestros pecados en su cuerpo sobre el madero" (1 P. 2:24). En consonancia con su propósito eterno de redención, Dios el Padre "por nosotros lo hizo pecado, para que nosotros fuésemos hechos justicia de Dios en él" (2 Co. 5:21). Debido al sacrificio sustitutivo de Jesús, todos aquellos que ponen su fe en Él serán salvos de la ira divina y recibirán vida eterna (cp. Jn. 20:31; Ro. 10:9-10; Hch. 16:31).

Dios visita el Calvario

64

Cuando vino la hora sexta, hubo tinieblas sobre toda la tierra hasta la hora novena. Y a la hora novena Jesús clamó a gran voz, diciendo: Eloi, Eloi, ¿lama sabactani? que traducido es: Dios mío, Dios mío, ¿por qué me has desamparado? Y algunos de los que estaban allí decían, al oírlo: Mirad, llama a Elías. Y corrió uno, y empapando una esponja en vinagre, y poniéndola en una caña, le dio a beber, diciendo: Dejad, veamos si viene Elías a bajarle. Mas Jesús, dando una gran voz, expiró. Entonces el velo del templo se rasgó en dos, de arriba abajo. Y el centurión que estaba frente a él, viendo que después de clamar había expirado así, dijo: Verdaderamente este hombre era Hijo de Dios. También había algunas mujeres mirando de lejos, entre las cuales estaban María Magdalena, María la madre de Jacobo el menor y de José, y Salomé, quienes, cuando él estaba en Galilea, le seguían y le servían; y otras muchas que habían subido con él a Jerusalén. (15:33-41)

El asesinato de Jesús constituye en toda la historia humana el acto más blasfemo de maldad alguna vez cometido, cuando hombres perversos sometieron a Dios el Hijo a humillación, tortura y muerte (cp. Hch. 3:14-15). Melitón de Sardes, el padre de la iglesia del siglo II, expresó esa asombrosa realidad con estas conmovedoras palabras:

> Aquel que colgó la tierra en el espacio, fue Él mismo colgado; aquel que fijó los cielos fue fijado con clavos; el que creó la tierra debió aguantar sobre un árbol; el Señor de todo fue sometido a ignominia en un cuerpo desnudo. ¡Dios lo entregó a la muerte!… A fin de que no se le pudiera ver, las luminarias se apagaron y el día se oscureció, porque mataron a Dios, quien colgaba desnudo de un árbol… Este es Aquel que hizo el cielo y la tierra, y que en el principio, junto con el Padre, formó al hombre; quien fue anunciado por medio de la ley y los profetas; quien tomó una forma corporal en la virgen; quien fue colgado de un árbol (Melitón, 5, *Ante-Nicene Fathers* [repr., Peabody, MA: Hendrickson Publishers, 2012], VIII:757).

Por increíble que parezca, a pesar de sus crímenes atroces los perpetradores no fueron consumidos al instante por la ira divina. Sin que ellos lo supieran, el asesinato de Jesús era necesario en el divino plan eterno de redención (cp. Fil. 2:6-8). El Padre reemplazó soberanamente las acciones perversas de hombres pecadores para lograr sus propósitos salvadores (Hch. 4:27-28; cp. Gn. 50:20).

Por tanto, cuando Dios llegó al Calvario no lo hizo para proteger a su Hijo de los malhechores, sino para castigarlo a favor de ellos. Así profetizó Isaías del Mesías: "Jehová quiso quebrantarlo, sujetándole a padecimiento" a fin de que como "fruto de la aflicción de su alma", pudiera justificar a muchos llevándoles sus iniquidades (Is. 53:10-11; cp. Zac. 12:10). El Justo fue sacrificado como sustituto por los injustos (1 P. 3:18), convirtiéndose en maldición por pecadores para que pudiera redimirlos del castigo para los violadores de la ley, lo cual es muerte eterna (Gá. 3:13).

La presencia del Padre en el Calvario fue muy evidente durante las últimas tres horas de la crucifixión de Jesús, el período descrito en estos versículos (Mr. 15:33-41). En esta sección Marcos describe la consumación del sufrimiento del Salvador, la confesión de un soldado maravillado y la confusión de los simpatizantes leales de Cristo.

CONSUMACIÓN DEL SUFRIMIENTO DEL SALVADOR

Cuando vino la hora sexta, hubo tinieblas sobre toda la tierra hasta la hora novena. Y a la hora novena Jesús clamó a gran voz, diciendo: Eloi, Eloi, ¿lama sabactani? que traducido es: Dios mío, Dios mío, ¿por qué me has desamparado? Y algunos de los que estaban allí decían, al oírlo: Mirad, llama a Elías. Y corrió uno, y empapando una esponja en vinagre, y poniéndola en una caña, le dio a beber, diciendo: Dejad, veamos si viene Elías a bajarle. Mas Jesús, dando una gran voz, expiró. Entonces el velo del templo se rasgó en dos, de arriba abajo. (15:33-38)

Los versículos 33-38 describen el momento culminante de la historia de salvación: la muerte expiatoria del Señor Jesucristo. Su obra sacrificial de redención fue planeada por Dios en la eternidad pasada (Tit. 1:2; 1 P. 1:18-21; cp. Ef. 1:4; 2 Ti. 1:9) y se celebrará en el cielo durante la eternidad futura (Ap. 5:6-12; cp. 22:3). Fue allí, en el Calvario, que el esperado por mucho tiempo y aceptable Cordero de Dios murió para satisfacer la justicia divina al pagar por completo el castigo por el pecado de todos los que creerían en Él (cp. Col. 2:14).

Según el cálculo judío del tiempo (que comenzaba a contar las horas desde la salida del sol, como a las 6:00 de la mañana), **cuando vino la hora sexta,** era mediodía y Jesús ya llevaba en la cruz como tres horas (cp. Mr. 15:25). Los

Dejad, veamos si viene Elías a bajarle. La burla ingrata de estos pecadores formó un horrible trasfondo para la obra salvadora de llevar el pecado. Como escribió el profeta Isaías siete siglos antes:

> *Despreciado y desechado entre los hombres, varón de dolores, experimentado en quebranto; y como que escondimos de él el rostro, fue menospreciado, y no lo estimamos. Ciertamente llevó él nuestras enfermedades, y sufrió nuestros dolores; y nosotros le tuvimos por azotado, por herido de Dios y abatido. Mas él herido fue por nuestras rebeliones, molido por nuestros pecados; el castigo de nuestra paz fue sobre él, y por su llaga fuimos nosotros curados (Is. 53:3-5).*

Aun después de soportar la tortura física de la cruz y los tormentos infinitos del juicio divino, Jesús demostró que estaba mentalmente alerta y físicamente fuerte cuando emitió **una gran voz.** Su vida no terminó gradualmente debido al agotamiento; más bien la entregó de manera voluntaria (Jn. 10:17-18). Juan 19:30 relata que después que le ofrecieron la bebida de vinagre, el Señor Jesús gritó: "Consumado es". La obra de redención se había logrado y el sufrimiento se había completado. Entonces pronunció una última oración: "Padre, en tus manos encomiendo mi espíritu" (Lc. 23:46), y entonces **expiró.**

La muerte de Jesús, como sacrificio perfecto por el pecado, marcó el final del sistema expiatorio del Antiguo Testamento con todos los elementos que lo acompañaban (He. 10:4-10; cp. Ro. 14:1-6; Col. 2:16-17). Dios selló esa culminación con una señal dramática: **el velo del templo,** la enorme cortina que de manera permanente separaba al lugar santísimo del santuario exterior (cp. Éx. 26:31-33; 40:20-21; Lv. 16:2; He. 9:3), **se rasgó** milagrosamente **en dos, de arriba abajo.** Por casi mil quinientos años solo el sumo sacerdote podía entrar al lugar santísimo, y solo durante un breve período una vez al año en el día de la expiación. En ese momento él rociaba sangre sobre el propiciatorio, en lo alto del arca del pacto, para significar que debía hacerse el sacrificio requerido para expiar los pecados del pueblo.

El velo que cerraba el paso al lugar santísimo servía como un recordatorio continuo de la separación que el pecador tiene de la santa presencia de Dios. Ningún sacrificio animal abrió alguna vez esa cortina. No obstante, la tarde de ese viernes, en el mismo instante en que los sacerdotes en el templo sacrificaban corderos para la Pascua, Dios demostraba que por medio del sacrificio del Cordero de Dios la obra de expiación simbolizada por muerte de animales había concluido. La barrera hacia Dios había sido retirada de forma permanente. El acceso a la presencia de Dios ahora estaba abierto a través de la obra consumada de Cristo (cp. He. 4:16). En ese momento el antiguo pacto terminó, y el nuevo pacto fue ratificado. Aunque el edificio del templo sobreviviría otros cuarenta años (siendo destruido en el 70 d.C., cp. Mr. 13:2), la muerte de Cristo hizo inmediatamente obsoletos los sacrificios, los rituales, las ceremonias y las prácticas de adoración (cp. Jn. 4:21-24; He. 9:11-14; 10:19).

La hora exacta de la muerte del Señor Jesús fue acompañada por otros dos milagros: un poderoso terremoto seguido por un anticipo de la resurrección. Ambos sucesos los relata el Evangelio de Mateo. Después que el velo en el templo se rasgó de arriba abajo, "la tierra tembló, y las rocas se partieron; y se abrieron los sepulcros, y muchos cuerpos de santos que habían dormido, se levantaron; y saliendo de los sepulcros, después de la resurrección de él, vinieron a la santa ciudad, y aparecieron a muchos" (Mt. 27:51-53). Terremotos, al igual que tinieblas, se asocian a menudo en las Escrituras con la presencia de Dios (cp. Éx. 19:18; 1 R. 19:11-12; Sal. 18:7; 68:8; Is. 29:6; Nah. 1:5; Zac. 14:5; Ap. 16:18). Asimismo, el poder de resucitar muertos le pertenece solo a Él (cp. Jn. 5:21; Hch. 2:24; 3:15; 5:30; Ro. 8:11; 1 Co. 6:14; 2 Co. 4:14; Gá. 1:1). Estas dos señales milagrosas anunciaron la resurrección de Jesús (que fue igualmente acompañada por un gran terremoto, Mt. 28:2) y demostró la verdad de que la vida después de la muerte solo es posible debido a la victoria de Cristo sobre el pecado en la cruz (cp. 1 Co. 15:26; 2 Ti. 1:10; He. 2:14).

De modo que la presencia de Dios el Padre se mostró poderosamente a través de cuatro milagros extraordinarios: una tenebrosa oscuridad que cubrió la tierra, el velo del templo que se rasgó en dos, un terremoto suficientemente poderoso para partir rocas, y la resurrección de muchos santos del Antiguo Testamento. En el monte Sinaí la presencia de Dios fue igualmente acompañada por tempestuosa oscuridad y un terremoto (cp. Éx. 19:18). Pero a diferencia del Sinaí, donde la ley y sus castigos fueron entregados, en el Calvario la ley y sus castigos fueron perdonados por el mismo Dador divino de la ley a todos los que creen en la persona y la obra del Hijo de Dios (cp. Ro. 8:3-4).

CONFESIÓN DE UN SOLDADO MARAVILLADO

Y el centurión que estaba frente a él, viendo que después de clamar había expirado así, dijo: Verdaderamente este hombre era Hijo de Dios. (15:39)

Como oficial del ejército romano, al **centurión** le habían puesto a cargo de la crucifixión de Jesús. Él y sus hombres (los centuriones mandaban a cien soldados) pudieron haber participado en el arresto de Jesús, como parte de la compañía romana que acompañó a Judas y a los dirigentes religiosos (Jn. 18:3). Es posible que también fueran testigos del juicio delante de Pilato. Quizás el centurión estaba escuchando cuando el Señor explicó al gobernante que Él realmente era un rey, pero que su reino no era de este mundo (18:36-37). O tal vez oyó a los líderes religiosos quejarse de que Jesús afirmaba ser el Hijo de Dios (19:7). El aguerrido soldado de élite seguramente habría notado cómo Pilato declaró en repetidas ocasiones que Jesús era inocente y que, no obstante, lo condenó a muerte de todos modos.

Debido a que era el líder del pelotón de ejecución, sin duda alguna el centurión participó en la brutal flagelación de Jesús. Después él y sus hombres se unieron a las burlas de su prisionero mientras le colocaban una corona de espinas en la cabeza, le ponían una áspera capa sobre los lacerados hombros, y le ponían en la mano un cetro simulado. En el lugar de la ejecución, fue el escuadrón del centurión el que clavó las manos y los pies de Jesús a la cruz, el que se repartió su ropa echando suertes, y el que repitió los abucheos y las burlas de la turba hostil. Los soldados romanos apostados en el Gólgota quizás no entendían plenamente por qué los dirigentes judíos odiaban tanto a Jesús, pero de todos modos se sumaron a las burlas brutales.

Durante las seis horas anteriores el pelotón de ejecución había mantenido obediente vigilancia sobre Jesús y los dos malhechores. Puesto que **estaba frente a** Jesús, el centurión debió haber oído las palabras que el Señor pronunciara desde la cruz. Observó cómo Jesús respondió a las burlas y al desprecio de sus enemigos pidiendo al Padre que los perdonara. Escuchó cómo el Señor extendió la esperanza del cielo a un malhechor culpable que antes se había burlado de Él. Desde el mediodía hasta las 3:00 de la tarde, el centurión hizo guardia en medio de la inexplicable y amenazadora oscuridad. Cuando por fin las tinieblas desaparecieron, el hombre oyó el triunfante grito de Jesús: "Consumado es", y vio **que después de clamar había expirado.** Aunque es muy probable que hubiera participado en innumerables ejecuciones, el hombre nunca antes se había topado con alguien como esta víctima, que sufriera con tal dignidad y que muriera con tan triunfante autoridad. Entonces se produce el violento terremoto. Cuando el centurión sintió el temblor de tierra ya no pudo contener más su asombro. Hablando por sí mismo y por los demás soldados (cp. Mt. 27:54), **dijo: Verdaderamente este hombre era Hijo de Dios.** Cabe destacar que esta es la primera vez en el Evangelio de Marcos que un ser humano hizo tal confesión (cp. Mr. 1:1). El Padre la expresó en el bautismo de Jesús (1:11) y en la transfiguración (9:7). Los demonios la hicieron en varias ocasiones (3:11; 5:7). Pero Marcos no registra esa confesión de labios de un ser humano hasta aquí al final de su evangelio. Puesto que escribió para una audiencia romana, Marcos a propósito hizo hincapié en la salvación de los gentiles (cp. Mr. 7:24-36), incluyendo el culminante reconocimiento de la deidad de Jesús por parte de un soldado romano pagano. El relato paralelo en Lucas 23:47 agrega que "cuando el centurión vio lo que había acontecido, dio gloria a Dios, diciendo: Verdaderamente este hombre era justo". Su exclamación adoradora fue tanto una afirmación de la inocencia de Jesús como también una declaración de su justicia divina.

Desde el malhechor crucificado hasta este centurión pagano, los trofeos de la gracia divina se exhibieron incluso en medio del sufrimiento y la muerte de Jesús. Uno de ellos era un delincuente y el otro un soldado, y ambos fueron blasfemos que se burlaron del Hijo de Dios y le persiguieron. No obstante, en su infinita misericordia Dios extendió la mano y los rescató eternamente, concediéndoles salvación por medio de Aquel cuya crucifixión estaban presenciando. Estas repentinas conversiones demuestran que ni siquiera los peores pecadores y blasfemos están más allá del alcance del amor soberano y el favor inmerecido de Dios (cp. 1 Ti. 1:12-15).

CONFUSIÓN DE LAS SIMPATIZANTES LEALES

También había algunas mujeres mirando de lejos, entre las cuales estaban María Magdalena, María la madre de Jacobo el menor y de José, y Salomé, quienes, cuando él estaba en Galilea, le seguían y le servían; y otras muchas que habían subido con él a Jerusalén. (15:40-41)

En contraste con el centurión, quien pasó de confusión a creer, la fe de los seguidores de Jesús estuvo mezclada con tristeza y confusión. El Evangelio de Juan indica que **algunas** de las **mujeres,** junto con el apóstol Juan, inicialmente se reunieron al pie de la cruz (Jn. 19:25-27). Tal vez sin poder soportar de cerca la vista del sufrimiento de Jesús, se alejaron y siguieron **mirando de lejos.** Ellas amaban mucho a Jesús y creían de corazón en Él, pero estaban desconcertadas, desanimadas y devastadas por la escena de la muerte del Señor.

Marcos identifica a tres de estas mujeres, empezando con **María Magdalena,** de la que Jesús había expulsado siete demonios (Lc. 8:2). Esta mujer era del pueblo de Magdala, cerca de Capernaúm en la orilla occidental del lago de Galilea. El hecho de que María fuera conocida por su lugar de origen, y no por el nombre de su esposo o sus hijos, podría indicar que no estaba casada. Una segunda mujer llamada **María** fue distinguida como **la madre de Jacobo el menor y de José.** (El nombre "María", derivado del nombre hebreo Miriam, era muy popular en Israel del siglo I. Al menos seis mujeres en el Nuevo Testamento tuvieron ese nombre, entre ellas María la madre de Jesús; María Magdalena; María de Betania, la hermana de Marta y Lázaro; María la madre de Jacobo y José; María la madre de Juan Marcos; y María de Roma, mencionada en Ro. 16:6). **Jacobo el menor** era uno de los doce, y también se le llama el hijo de Alfeo (cp. Mt. 10:3; Hch. 1:13). En Juan 19:25 se identifica a María como "María mujer de Cleofas", al parecer una variante de Alfeo. **Salomé** era la esposa de Zebedeo (cp. Mt. 27:56), la madre de Jacobo y Juan (Mr. 10:35), que también eran apóstoles de Jesús. Según Juan 19:25, Salomé era hermana de María, la madre de Jesús.

Aunque estas mujeres aparecen en los cuatro evangelios (Mt. 27:55-56; Mr. 15:40-41; Lc. 23:49; Jn. 19:25-26), no se menciona que los apóstoles estuvieran presentes en el Calvario, excepto Juan (Jn. 19:26-27). La obvia implicación es que mientras diez de los once discípulos se dispersaron y se escondieron, estas mujeres llegaron audazmente a mostrar su valerosa y compasiva lealtad a Cristo. Ellas habían seguido a Jesús **cuando él estaba en Galilea,** durante el segundo año de su ministerio público de predicación y milagros. Desde ese tiempo en adelante ellas **le seguían y le servían.** El modo imperfecto de los verbos **seguían** y **servían** indica acción continua por un período prolongado. Estas fieles seguidoras de Jesús trataban continuamente de aprender de Él mientras que también buscaban servirle y apoyarle (cp. Lc. 8:2-3). Es del verbo griego *diakoneō* (**servían**) que se derivan las palabras castellanas "diácono" y "diaconisa". En el Evangelio de Marcos, solo de dos grupos de individuos se dice que ministraron a Cristo: los ángeles (1:13), y estas mujeres de Galilea que se habían unido a **otras muchas que habían subido con él a Jerusalén.**

A pesar de que no estaban facultadas para hacer milagros o predicar como los apóstoles, las mujeres eran representantes de los valiosos fieles que no abandonaron a su Señor ni siquiera en su muerte. Su lealtad quedó recompensada tres días después. El domingo por la mañana ellas fueron las primeras en enterarse de la gloriosa resurrección del Señor (cp. Mr. 16:1-8; Jn. 20:11-18; Mt. 28:8-10). Pero la tarde del viernes mientras contemplaban la cruz se vieron en medio de la conmoción, la angustia y el desconcierto. Este no era el final que ellas habían anticipado. Mientras el resto de personas de la multitud que miraba boquiabierta regresaba a Jerusalén "golpeándose el pecho", en contrición superficial por la muerte del obrador de milagros (Lc. 23:48), las pocas fieles observaban desde la distancia con pesadumbre y dolor (v. 49).

Pero las profundidades de la desilusión y el lamento del viernes no durarían mucho tiempo. Jesús resucitaría de nuevo el domingo por la mañana, justo como había prometido en varias ocasiones (Mr. 8:31; 9:31; 10:34). Como se lo recordó el ángel a las mujeres cuando llegaron a la tumba vacía: "No está aquí, pues ha resucitado, como dijo" (Mt. 28:6). En su muerte, el Señor Jesús llevó el castigo por el pecado; en su resurrección venció el poder de la muerte. Ambos aspectos son esenciales para el evangelio (1 Co. 15:3-4), y es necesario creerlos para poder ser salvos (Ro. 10:9).

Al hablar de lo milagroso de la expiación substitutiva de Cristo, que fue lograda por Dios en el Calvario, un escritor cristiano anónimo del siglo II escribió esto:

> [Dios] mismo se separó de su propio Hijo como rescate por nosotros, el santo por el transgresor, el inocente por el malo, el justo por los injustos, lo incorruptible por lo corruptible, lo inmortal por lo mortal. Porque, ¿qué otra cosa aparte de su justicia podía cubrir nuestros pecados? ¿En quién era posible que nosotros, impíos y libertinos,

fuéramos justificados, salvo en el Hijo de Dios? ¡Oh dulce intercambio, oh creación inescrutable, oh beneficios inesperados; que la iniquidad de muchos fuera escondida en un Justo, y la justicia de uno justificara a muchos que eran inicuos! (*Epístola a Diogneto,* 9.2-5, http://escrituras.tripod.com/Textos/Diogneto.htm).

Cómo enterró Dios a su Hijo

65

Cuando llegó la noche, porque era la preparación, es decir, la víspera del día de reposo, José de Arimatea, miembro noble del concilio, que también esperaba el reino de Dios, vino y entró osadamente a Pilato, y pidió el cuerpo de Jesús. Pilato se sorprendió de que ya hubiese muerto; y haciendo venir al centurión, le preguntó si ya estaba muerto. E informado por el centurión, dio el cuerpo a José, el cual compró una sábana, y quitándolo, lo envolvió en la sábana, y lo puso en un sepulcro que estaba cavado en una peña, e hizo rodar una piedra a la entrada del sepulcro. Y María Magdalena y María madre de José miraban dónde lo ponían. (15:42-47)

En su primera carta a los corintios el apóstol Pablo identifica tres hechos históricos que conforman la esencia del evangelio: "Que Cristo murió por nuestros pecados, conforme a las Escrituras; y que fue sepultado, y que resucitó al tercer día, conforme a las Escrituras" (1 Co. 15:3-4). Como demuestran esos versículos, un hecho de fundamental importancia yace entre la crucifixión y la resurrección del Señor. La sepultura de Jesús se relata en los cuatro evangelios (cp. Mt. 27:57-66; Mr. 15:42-47; Lc. 23:50-56; Jn. 19:38-42), resaltando su importancia como aquello que afirmó la deidad de Cristo y la veracidad de la Biblia. Aunque la sepultura de Jesús puso la obra de Dios en asombrosa exhibición al mostrar lo maravilloso de la providencia divina, no incluyó milagros como los que acompañaron a la crucifixión y la resurrección (cp. Mt. 27:45, 51-53; 28:2-6).

Las Escrituras afirman en reiteradas ocasiones la absoluta soberanía de Dios sobre toda persona y todo suceso en el universo, explicando que Él ordena todas las cosas y hace que ocurran (cp. 1 Cr. 29:11-12; Job 23:13; Sal. 115:3; 135:6; Pr. 21:30; Is. 46:9-10; Dn. 4:34-35; Ef. 1:11). Aunque Dios ha intervenido raras veces en la historia por medio de milagros (como las doce plagas en Egipto o la separación del mar Rojo), de modo providencial Él siempre actúa organizando procesos y acontecimientos naturales a fin de lograr sus propósitos. Los milagros son raros e implican una suspensión temporal de las leyes de la naturaleza, pero la providencia es constante (cp. Jn. 5:17) e incalculablemente más compleja.

Puesto que Dios es todopoderoso, omnisciente y omnisapiente, ha predeterminado todo y puede dirigir cada parte de su creación (incluso hasta sucesos que parecen fortuitos, cp. Sal. 103:19; Pr. 16:33) a fin de lograr de manera exacta y completa todo lo que ha planeado y prometido hacer. De modo soberano coordina una cantidad casi infinita de contingencias y supervisa el comportamiento de todas sus criaturas, para que todas las cosas, incluso las decisiones y las acciones de las personas, se alineen con los divinos propósitos perfectos (cp. Ro. 8:28). Sin embargo, Él no es el origen de ningún pecado (Stg. 1:13), ni la responsabilidad humana se elimina ni disminuye.

Muchos lugares en la Biblia ilustran la providencia divina en acción, resaltando el control y el poder de Dios sobre los deseos y las decisiones de las personas (cp. 1 S. 2:6-9; Job 5:12; Sal. 33:10; 76:10; Pr. 16:9; 19:21; 20:24; Is. 8:9-10; Jer. 10:23; Fil. 2:13). Vez tras vez Dios se mueve de manera providencial en los corazones de los hombres, incluso en reyes injustos, con el fin de conseguir los propósitos divinos (Pr. 21:1; cp. Dt. 2:30; Jos. 11:18-20; 2 S. 17:14; 1 R. 12:15; 1 Cr. 5:26). Fue la mano providencial de Dios la que supervisó las acciones malvadas de los hermanos de José para que este fuera exaltado a una posición de liderazgo en Egipto (Gn. 39:2-3, 23; 45:7-8; 50:20). La providencia divina motivó que el faraón endureciera su corazón para que la gloria de Dios se demostrara en la liberación de Israel de la esclavitud (cp. Éx. 14:4; Ro. 9:17-18). La obra providencial de Dios impulsó a que el gobernador pagano Ciro permitiera que los judíos regresaran a casa después de setenta años de cautiverio (Esd. 1:1-4; cp. Is. 44:28—45:5). Y la providencia puso a Ester en una posición de influencia en Persia para que su pueblo no padeciera genocidio (Est. 4:14).

La providencia divina se ve de igual modo a lo largo de la vida y el ministerio del Señor Jesús, según lo evidencian numerosas profecías cumplidas (cp. Mt. 1:21-23; 2:15, 17, 23; 26:56; 27:9-10; Mr. 14:49; Lc. 22:37; 24:44; Jn. 13:18-19; Hch. 1:16; 3:18). Incluso antes que Jesús naciera Dios indujo de modo providencial a César Augusto a decretar la realización de un censo (Lc. 2:1) que obligó a José y María a viajar a Belén para que la profecía del Antiguo Testamento pudiera cumplirse (Mt. 2:5-6; cp. Mi. 5:2). Y después que Jesús murió, la providencia de Dios manejó de igual manera los acontecimientos para que su entierro se realizara conforme a lo planificado. La voluntad de Dios se estaba cumpliendo con exactitud en la sepultura del Hijo.

Desde los soldados indiferentes hasta los santos amorosos y los religiosos vengativos, todos los personajes humanos que participaron en el entierro de Jesús fueron motivados por deseos, emociones y responsabilidades personales. Pero aunque las palabras y los hechos eran propios de ellos, Dios lo controló todo para que las decisiones que tomaron obraran hacia el cumplimiento de la profecía bíblica y con exactitud se obtuvieran los propósitos divinos.

había condenado erróneamente, y le había sentenciado ilegalmente a muerte. Sin embargo, a diferencia de la mayoría de sus compañeros en el sanedrín, José era un "varón bueno y justo" (Lc. 23:50), que había llegado a la fe salvadora en el Señor Jesús. A pesar de que José era miembro del sanedrín, Lucas 23:51 clarifica que "no había consentido" con el malévolo trato que los dirigentes religiosos le habían dado a Jesús, probablemente señalando que José no estuviera presente cuando se llevó a cabo el juicio a Cristo (cp. Mr. 14:64-65).

Mateo y Juan describen a José como "discípulo de Jesús" (Mt. 27:57; Jn. 19:38), señalando que se trataba de un creyente verdadero **que también esperaba el reino de Dios.** José entendió las promesas de salvación del Antiguo Testamento y había llegado a la convicción de que el Señor Jesús era realmente el rey mesiánico. Sin embargo, mantuvo en secreto sus opiniones con relación a Jesús "por miedo de los judíos" (Jn. 19:38). José debió haberse sentido gozoso a principios de esa semana cuando Jesús entró a la ciudad en medio de los gritos de expectativa mesiánica del pueblo (Mr. 11:8-10). Al día siguiente, cuando el Señor atacó la corrupción del templo (11:15-18), el discípulo secreto habría aprobado tal hecho como un acto justo de limpieza. Con anhelo esperaba que Jesús fuera el comienzo de las promesas del Antiguo Testamento relacionadas con el reino mesiánico; pero cuando Cristo fue crucificado, esas expectativas se transformaron en angustia.

Después de ser declarado muerto, el cuerpo de una víctima crucificada era bajado de la cruz y desechado en una de dos maneras: o entregándolo a los miembros de la familia de la víctima, si lo solicitaban, o lanzándolo apresuradamente a una tumba común, o incluso al basurero. Con las mujeres que todavía permanecían junto a la cruz (cp. Mr. 15:40, 47), y los apóstoles que habían huido (excepto Juan, que estaba cuidando de la madre de Jesús, cp. Jn. 19:26-27), la petición para reclamar el cuerpo de Jesús llegó de un lugar inesperado. José de Arimatea, motivado por amor y simpatía hacia su Señor, **vino y entró osadamente a Pilato, y pidió el cuerpo de Jesús.** El verbo *tolmaō* (**entró osadamente**) significa "atreverse" o "ser audaz". José entendió que esta acción provocaría la ira de los demás miembros del concilio porque su lealtad a Jesús quedaría al descubierto.

Después que los líderes religiosos le pidieran a Pilato que se asegurara de que las víctimas crucificadas fueran bajadas de la cruz antes que comenzara el día de reposo (Jn. 19:31), y tras ordenar a sus soldados que aceleraran la ejecución (v. 32), el gobernador romano aún estaba esperando la confirmación cuando José llegó. Por tanto, **Pilato se sorprendió de que** Jesús **ya hubiese muerto; y haciendo venir al centurión, le preguntó si ya estaba muerto. E informado por el centurión** que Jesús ya había fallecido, le **dio el cuerpo a José.** Al tener el permiso, el de Arimatea regresó al sitio de la crucifixión para disponer el cuerpo sin vida del Señor.

En el nivel humano, José (a quien Mt. 27:57 señala como rico) estuvo claramente motivado por un deseo de honrar a Jesús. Él quería verlo sepultado de manera adecuada y que no fuera lanzado a una tumba común. Pero en el nivel humano, Dios estaba manejando las acciones de José para cumplir la profecía bíblica. En Isaías 53:9, el profeta predijo del Siervo Sufriente: "Y se dispuso con los impíos su sepultura, mas con los ricos fue en su muerte". No habría sido posible entender plenamente las implicaciones de esa profecía hasta después que Jesús murió. Solo entonces quedó en claro que, aunque los romanos planearon desechar el cuerpo como si se tratara de un delincuente común, el Mesías sería realmente sepultado en la tumba de un hombre prominente y rico.

Dios también estuvo en el entierro, obrando para asegurarse de que todo ocurriera según la programación divina. El momento era crucial, de tal modo que el cuerpo de Jesús estaría en la tumba al menos en parte de tres días diferentes, tal como había anunciado (cp. Mt. 12:40; 16:21; 17:23; 20:19). A fin de asegurar tal realidad, Dios impulsó a los líderes religiosos a pedir que los cuerpos fueran bajados el viernes, y motivó a que Pilato les concediera la solicitud. Entonces animó a José a ser valiente y pedir el cuerpo de Jesús, y volvió a actuar para que el gobernador le otorgara el permiso. Por tanto, Dios permitió que José asegurara, transportara, preparara y enterrara el cuerpo de Jesús, y a que hiciera todo eso antes que comenzara el día de reposo a fin de que Cristo estuviera en la tumba el viernes.

Los judíos no embalsamaban, lo cual explica por qué José **compró una sábana,** "se llevó el cuerpo de Jesús" (Jn. 19:38), y **lo envolvió en la sábana.** El cuerpo fue envuelto usando tiras de tela que estaban llenas de especias aromáticas a fin de combatir los olores causados por la descomposición. En la preparación del cuerpo de Jesús para la sepultura, José no estuvo solo. El apóstol Juan informa:

> *También Nicodemo, el que antes había visitado a Jesús de noche, vino trayendo un compuesto de mirra y de áloes, como cien libras. Tomaron, pues, el cuerpo de Jesús, y lo envolvieron en lienzos con especias aromáticas, según es costumbre sepultar entre los judíos (Jn. 19:39-40).*

Nicodemo, el prominente maestro judío que se reunió con el Señor durante la noche a inicios del ministerio de Jesús (Jn. 3:1-21), también era miembro del sanedrín (Jn. 7:50). Al igual que José, había recibido la fe para aceptar a Jesús como Señor. Su deseo de honrar a Cristo en su sepelio lo indica la cantidad de especias que compró.

Después de concluidos los preparativos para el entierro, José **puso** el cuerpo de Jesús **en un sepulcro que estaba cavado en una peña.** Mateo explica que se trataba de la propia tumba del fariseo convertido (Mt. 27:60); y Juan observa que estaba ubicada en un huerto cerca del Gólgota (Jn. 19:41-42). Tanto en el antiguo Israel como en otros lugares era común que las tumbas se volvieran a usar. El cuerpo se descomponía hasta que solo quedaban los huesos, que luego se juntaban en un osario y así la tumba volvía a estar disponible. Pero José colocó a Jesús en una tumba en la que nunca habían puesto ningún cadáver (Lc. 23:53; Jn. 19:41). A fin de mantener alejado a cualquier intruso no deseado, fueran animales o ladrones de tumbas, José **hizo rodar una piedra a la entrada del sepulcro.** En armonía con la voluntad de Dios, todo esto se llevó a cabo antes de la puesta del sol del viernes.

Algunas de las mujeres que habían estado observando la crucifixión desde una distancia (v. 40), entre ellas **María Magdalena y María madre de José** (y tal vez otras de Galilea, Lc. 23:55), todavía estaban junto a la cruz cuando José llegó para reclamar el cuerpo de Jesús. El texto no indica si las mujeres conocían o no a José o si le ayudaron tanto a él como a Nicodemo en el entierro del Maestro. Cualquiera que fuera el caso, lo siguieron y **miraban dónde ponían** a Jesús.

Cualquier afirmación escéptica de que las mujeres fueron a la tumba equivocada el domingo por la mañana se disipa fácilmente por el hecho de que ellas habían visto la tumba el viernes por la noche. Además, tanto José como Nicodemo conocían cuál era la tumba correcta, así como también lo sabían los hostiles dirigentes religiosos (cp. Mt. 27:66). Si las seguidoras de Jesús hubieran ido erróneamente a una tumba equivocada que hubiera estado vacía, sus enemigos pudieron haberles señalado fácilmente la tumba correcta que aún seguiría estando ocupada. Que no lo hicieran demuestra que ellos sabían que las mujeres habían ido a la ubicación correcta y que Jesús no estaba allí.

Las mujeres observaron que el cuerpo de Jesús fue enterrado en la tumba antes de regresar a sus casas esa noche. Cuando el sol comenzó a ponerse el viernes, ellas estaban empezando a preparar sus propias mezclas de especies con las cuales planeaban volver a la tumba de Jesús después del día de reposo (Lc. 23:56; 24:1). Pero cuando llegaron a la tumba el domingo por la mañana harían un asombroso hallazgo.

LOS RELIGIOSOS VENGATIVOS

Es evidente que Dios tenía el poder y el control de las acciones tanto de los indiferentes soldados de Pilato como de los amorosos seguidores de Jesús. También Dios estaba llevando a cabo sus propósitos a través de sus enemigos, los odiosos dirigentes religiosos.

El Evangelio de Mateo relata una reunión entre los líderes religiosos y Pilato que se llevó a cabo al día siguiente, durante el día de reposo.

> *Al día siguiente, que es después de la preparación, se reunieron los principales sacerdotes y los fariseos ante Pilato, diciendo: Señor, nos acordamos que aquel*

> *engañador dijo, viviendo aún: Después de tres días resucitaré. Manda, pues, que se asegure el sepulcro hasta el tercer día, no sea que vengan sus discípulos de noche, y lo hurten, y digan al pueblo: Resucitó de entre los muertos. Y será el postrer error peor que el primero. Y Pilato les dijo: Ahí tenéis una guardia; id, aseguradlo como sabéis. Entonces ellos fueron y aseguraron el sepulcro, sellando la piedra y poniendo la guardia (Mt. 27:62-66).*

Conscientes de las predicciones hechas por Jesús durante su ministerio (cp. Mt. 12:38-40), a los dirigentes religiosos les preocupaba que los discípulos robaran el cuerpo para hacerlo parecer que había resucitado de los muertos. A fin de evitar esa posibilidad, aseguraron la tumba apostando una guardia y poniendo un sello (que es probable que Pilato se los hubiera entregado y que significaba protección romana) en la piedra. En realidad, los desorganizados discípulos que desertaron (cp. Mr. 14:50) no tenían tales intenciones. Que no esperaban que Jesús resucitara de los muertos se ve en el hecho de que huyeron para esconderse, temerosos de que a continuación las autoridades religiosas fueran tras ellos (Jn. 20:19). Además, si hubieran falsificado la resurrección robando el cuerpo de Jesús, los discípulos nunca habrían entregado sus vidas como mártires por lo que hubieran sabido que fue un fraude (cp. 1 Co. 15:14-19).

La intención de los líderes religiosos era evitar un engaño. Pero sin saberlo, sus acciones antagónicas validaron, en la providencia de Dios, la verdad de la resurrección de Jesús. Debido a que los enemigos de Cristo sellaron la tumba y la pusieron bajo la guardia romana, hicieron imposible que el cuerpo de Jesús fuera retirado, a menos que Él sí resucitara de los muertos. Aunque más tarde los dirigentes afirmaron que los discípulos robaron el cuerpo (Mt. 28:11-14), sus alegaciones fueron falsificadas por sus propias acciones. Las medidas de seguridad que pusieron alrededor de la tumba aseguraron que los discípulos no pudieran haber robado el cuerpo de Jesús.

Los numerosos detalles y contingencias que rodearon la sepultura de Jesús demuestran vívidamente la extraordinaria naturaleza de la supervisión divina. Los indiferentes soldados, los amorosos seguidores y los hostiles líderes religiosos, todos ellos actuaron según sus propios motivos y deseos. No obstante, sea que fueran apáticos, compasivos o antagónicos hacia Jesús, sus acciones cumplieron la voluntad predestinada y soberana de Dios. En consecuencia, las piernas del Mesías no fueron quebradas; su costado fue perforado; estuvo con un hombre rico en su sepultura; su cuerpo permaneció en la tumba por tres días; y su sepulcro fue sellado y protegido por sus enemigos, lo que hizo imposible que los discípulos hubieran robado el cuerpo, afirmando por ende la verdad de la resurrección. La mano invisible de Dios dejó sus huellas en cada detalle, cumpliendo a la perfección la profecía bíblica y afirmando además la condición mesiánica del Hijo, el Señor Jesús (cp. Mr. 1:1).

Asombro ante la tumba vacía

66

Cuando pasó el día de reposo, María Magdalena, María la madre de Jacobo, y Salomé, compraron especias aromáticas para ir a ungirle. Y muy de mañana, el primer día de la semana, vinieron al sepulcro, ya salido el sol. Pero decían entre sí: ¿Quién nos removerá la piedra de la entrada del sepulcro? Pero cuando miraron, vieron removida la piedra, que era muy grande. Y cuando entraron en el sepulcro, vieron a un joven sentado al lado derecho, cubierto de una larga ropa blanca; y se espantaron. Mas él les dijo: No os asustéis; buscáis a Jesús nazareno, el que fue crucificado; ha resucitado, no está aquí; mirad el lugar en donde le pusieron. Pero id, decid a sus discípulos, y a Pedro, que él va delante de vosotros a Galilea; allí le veréis, como os dijo. Y ellas se fueron huyendo del sepulcro, porque les había tomado temblor y espanto; ni decían nada a nadie, porque tenían miedo. (16:1-8)

La resurrección no es tan solo un componente del evangelio, es el acontecimiento principal. Se trata del glorioso elemento central de la redención divina, la piedra angular de la promesa del evangelio, y la garantía de la vida eterna para aquellos que creen. La resurrección no es el epílogo o la posdata de la vida de Cristo, sino es el punto culminante de su obra expiatoria.

La muerte del Señor Jesús en el Calvario es absolutamente central para el evangelio (cp. 1 Co. 15:3); pero sin la resurrección, la cruz no tendría sentido y no habría esperanza de salvación del pecado. Pablo les dijo a los corintios: "Si Cristo no resucitó, vana es entonces nuestra predicación, vana es también vuestra fe... y si Cristo no resucitó, vuestra fe es vana; aún estáis en vuestros pecados" (vv. 14, 17). No obstante, debido a que Él resucitó (v. 20), los creyentes tienen esperanza tanto para esta vida como para la venidera (cp. v. 19). La iglesia se reúne el domingo, no el viernes, porque la resurrección se presenta como la validación del viernes santo. Por la resurrección, Dios hizo valer la obra de su Hijo en la cruz (Hch. 17:31), afirmando de manera definitiva que la justicia divina ha sido totalmente satisfecha y propiciada por Dios a través de la muerte expiatoria de Jesús (cp. Ro. 4:25; 1 P. 2:24).

El evangelio no se limita a prometer a los creyentes que sus pecados han sido perdonados, también confirma que, al haber sido justificados en Cristo, un día recibirán un cuerpo glorificado en resurrección en el cual morarán para siempre en la presencia del Señor (cp. 1 Co. 15:35-58; 1 Ts. 4:13-18; 1 Jn. 3:2). Esa promesa se encuentra en la realidad histórica de la resurrección del Señor Jesús (1 Co. 15:20-23), la cual demuestra su poder sobre la muerte (cp. Jn. 11:25-26; He. 2:14-15). En consecuencia, la "resurrección de vida" (Jn. 5:29) hecha posible por Cristo (Jn. 14:19; Ro. 4:25; 1 P. 1:3; 3:21) ha sido la esperanza del pueblo de Dios en todas las épocas (Job 14:14; 19:25-26; Dn. 12:2; Hch. 24:15) y el sello distintivo de la predicación del Nuevo Testamento (cp. Hch. 2:24; 4:2; 10:38-40; 13:27-30; 17:31; Ro. 6:4; 2 Co. 4:14; Ef. 1:20; 1 P. 1:3).

Los cuatro evangelistas se combinan para informar de las características que rodean la resurrección de Jesús. Aunque cada autor revela elementos únicos que se aplican a la narración (un hecho que contradice la idea crítica moderna de que los escritores de los evangelios copiaron de una fuente común), armonizan perfectamente porque comparten un común Autor divino (cp. Jn. 14:26; 2 Ti. 3:16; 2 P. 1:21). Cada uno de los evangelios explica que Jesús murió en la cruz la tarde del viernes y que fue enterrado esa misma noche (Mt. 27:47-61; Mr. 15:33-47; Lc. 23:44-56; Jn. 19:28-42). Él permaneció en la tumba todo el día sábado. Pero temprano en la mañana del domingo, cuando las mujeres llegaron para ungir el cuerpo con especias de sepultura, la tumba estaba vacía. La confusión de ellas se convirtió en asombro cuando un ángel se les apareció y les explicó que Jesús estaba vivo. Después de eso, el Señor mismo comenzó a aparecerse a sus seguidores. (Para una armonía de los relatos de los evangelios sobre las apariciones de Jesús posteriores a la resurrección, véase John MacArthur, *Una vida perfecta* [Nashville: Grupo Nelson, 2014]).

Una característica se halla visiblemente ausente de todos los cuatro relatos: una descripción de la resurrección misma. Los autores bíblicos no dan detalles de lo que sucedió en ese momento crucial en que el cuerpo muerto de Jesús volvió a surgir con vida. Por el contrario, se enfocan en las secuelas de la resurrección usando un lenguaje discreto para describir la extraordinaria escena. Un comentarista lo explica de este modo:

> Ninguno de los escritores [de los evangelios] incluye un relato de la verdadera resurrección de entre los muertos que Jesús experimentó, y todos suponen que esto se llevó a cabo en algún momento antes del hallazgo de la tumba vacía. El escenario para el hallazgo es extraordinariamente práctico... No es el producto de una epopeya histórica, mucho menos un relato de magia y milagro, y sin embargo lo que subyace es un acontecimiento más allá de la comprensión humana: el Jesús que ellos habían contemplado agonizante y siendo enterrado

> unas cuarenta horas antes ya no estaba muerto, sino resucitado... Es en esta incongruente combinación de lo cotidiano con lo incomprensible que muchos han encontrado uno de los aspectos más poderosos y convincentes de los relatos del NT, no de la resurrección de Jesús (porque no hay ninguno), sino de cómo los primeros discípulos descubrieron que Él había resucitado (R. T. France, *The Gospel of Mark*, New International Greek Testament Commentary [Grand Rapids: Eerdmans, 2002], p. 675).

De los cuatro evangelios, el relato de Marcos es el más conciso, en conformidad con el estilo de ritmo rápido de su historia. Aunque breve, su demostración de la realidad acerca de la resurrección de Jesús es más que suficiente. El relato de Marcos ofrece tres aspectos de evidencia para presentar su caso: el testimonio de la tumba vacía, el testimonio de los ángeles y el testimonio de los testigos presenciales.

EL TESTIMONIO DE LA TUMBA VACÍA

Cuando pasó el día de reposo, María Magdalena, María la madre de Jacobo, y Salomé, compraron especias aromáticas para ir a ungirle. Y muy de mañana, el primer día de la semana, vinieron al sepulcro, ya salido el sol. Pero decían entre sí: ¿Quién nos removerá la piedra de la entrada del sepulcro? Pero cuando miraron, vieron removida la piedra, que era muy grande. Y cuando entraron en el sepulcro, (16:1-5*a*)

Los judíos señalizaban sus días con la puesta del sol en lugar de la medianoche, por eso **el día de reposo** concluía la tarde del sábado como a las 6:00 de la tarde. Pero la declaración de Marcos, **cuando pasó,** hace mucho más que simplemente transmitir la hora de la resurrección de Jesús (cp. Mr. 16:2). También constituye un marcador teológico que indica que el día mismo de reposo ahora era obsoleto porque había comenzado una nueva época de historia redentora. Ninguna observancia del día de reposo ha sido divinamente autorizada u ordenada desde la resurrección (cp. Col. 2:16-17). Al igual que la Pascua, que terminó cuando Jesús instituyó la Cena del Señor como la nueva fiesta conmemorativa de su muerte (Mr. 14:22-25), el día de reposo fue reemplazado por el día del Señor para conmemorar su resurrección cada primer día de la semana (cp. Hch. 20:7; 1 Co. 16:2; Ap. 1:10).

Una vez transcurrido el último día de reposo, **María Magdalena, María la madre de Jacobo, y Salomé** entraron en acción para completar lo que prepararon el viernes por la noche (Lc. 23:56; Jn. 19:39-40). **Compraron especias aromáticas** adicionales **para ir a ungirle.** Los demás evangelistas explican que

Juana y otras mujeres también estaban allí (Lc. 24:10; cp. 15:41), incluso María, la madre de Jesús (Jn. 19:26). Estas mujeres habían seguido a Jesús en Galilea y estuvieron presentes en la cruz (cp. Mr. 15:40-41). Al menos dos de ellas observaron cómo el viernes José de Arimatea y Nicodemo envolvían el cuerpo de Jesús con especias para su sepultura (Jn. 19:39; cp. Mr. 15:46). Sin embargo, ellas quisieron preparar sus propias especias para ungir a su Señor. Es comprensible que desearan una última oportunidad para demostrar su amor. Debido a que el pueblo judío no embalsamaba los cuerpos de sus muertos, la unción era una práctica que surgía de la necesidad de mitigar el fuerte olor de un cuerpo en descomposición.

Los israelitas no tenían nombres para los días de la semana, sino que simplemente los numeraban, culminando en el séptimo día, el día de reposo. **Muy de mañana, el primer día de la semana,** que era domingo, las mujeres **vinieron al sepulcro,** una vez que **ya** había **salido el sol.** Mateo explica que ellas llegaron "al amanecer" (Mt. 28:1); y Lucas, "muy de mañana" (24:1). Las varias descripciones reflejan las maneras diferentes en que los escritores de los evangelios describen la misma hora del día: la transición entre noche y día justo cuando el sol comenzaba a levantarse. Según el relato de Juan, María Magdalena llegó primero a la tumba, evidentemente caminando por delante de sus compañeras y llegando "siendo aún oscuro" (Jn. 20:1). Las demás mujeres la seguían, llegando a la tumba poco después cuando el sol comenzaba a aparecer en el horizonte.

Cuando María llegó y vio la piedra removida se consternó y al instante supuso que alguien había robado el cuerpo de Jesús. En medio de su pánico huyó para contárselo a Pedro y Juan. La posibilidad de que Jesús hubiera resucitado no pasó por su mente, según lo evidencian las palabras que dijo a los dos apóstoles: "Se han llevado del sepulcro al Señor, y no sabemos dónde le han puesto" (Jn. 20:2).

Las otras mujeres que iban detrás de María se **decían entre sí** a medida que se acercaban al huerto: **¿Quién nos removerá la piedra de la entrada del sepulcro?** Ellas sabían que José había asegurado la tumba con una piedra grande y pesada (Mr. 15:46) y se preguntaban cómo podrían removerla. Puesto que el viernes fue la última vez que alguna de ellas había visto la tumba, no eran conscientes de que los dirigentes religiosos la hubieran sellado el sábado y hubieran puesto un destacamento de soldados romanos para protegerla (cp. Mt. 27:62-66). Tampoco eran conscientes del terremoto localizado que se produjo temprano esa mañana, ni de la llegada del ángel que hizo rodar la piedra y dejó pasmados a los soldados (Mt. 28:2-4), quienes en última instancia salieron huyendo (v. 11). Para cuando las mujeres llegaron a la tumba, los soldados habían desaparecido y la entrada a la tumba estaba abierta.

Para sorpresa de las mujeres, **cuando miraron, vieron removida la piedra, que era muy grande.** Es importante tener en cuenta que la razón por la que el ángel quitó la piedra no fue para dejar salir a Jesús. En su cuerpo resucitado el Señor podía atravesar paredes sin necesidad de una puerta (cp. Lc. 24:31; Jn. 20:19). Más bien fue para dejar que las mujeres entraran, ya que ellas no habrían podido quitar solas la pesada piedra. **Y cuando entraron en el sepulcro** y lo vieron vacío (Lc. 24:3), su primer pensamiento, al igual que María Magdalena, fue que seguramente alguien había robado el cuerpo de Jesús. Que no estaban esperando una resurrección se indica por el hecho de que habían llegado a la tumba con especias de sepultura, una acción innecesaria si hubieran creído que Jesús estaba vivo. Pronto descubrirían la maravillosa verdad.

La evidencia de la resurrección empieza con el hecho simple pero concluyente de que la tumba de Jesús estaba vacía. Los soldados romanos sabían que estaba vacía (Mt. 28:11), al igual que los dirigentes religiosos judíos (v. 13), las mujeres (Lc. 24:3; Jn. 20:2), Pedro y Juan (Jn. 20:6-7), y otros como José de Arimatea. Es importante señalar que los enemigos de Jesús no rebatieron la tumba vacía. Por el contrario, trataron de explicarla sobornando a los soldados para que mintieran y dijeran que los discípulos habían robado el cuerpo (Mt. 28:12-15). En realidad, que la tumba estuviera vacía no tuvo nada que ver con los desorganizados y atemorizados discípulos (cp. Mr. 14:50; Jn. 20:19), y sí tuvo todo que ver con que Jesús resucitara triunfante de los muertos, tal como Él había prometido que iba a hacer (cp. Mt. 12:40; Mr. 8:31; 9:31; 10:33-34; Lc. 13:32; 18:33; Jn. 2:19).

EL TESTIMONIO DE LOS ÁNGELES

vieron a un joven sentado al lado derecho, cubierto de una larga ropa blanca; y se espantaron. Mas él les dijo: No os asustéis; buscáis a Jesús nazareno, el que fue crucificado; ha resucitado, no está aquí; mirad el lugar en donde le pusieron. (16:5*b*-6)

En un instante las mujeres pasaron de la perplejidad al terror, cuando la penumbra de la mañana fue abruptamente disipada por el brillo deslumbrante de **un joven** (un ángel que se apareció en forma humana, Mt. 28:5; Jn. 20:12; cp. Gn. 18:2; 19:1-5; Dn. 10:16). **Sentado al lado derecho, cubierto de una larga ropa blanca,** la resplandeciente apariencia del ángel (Mt. 28:3; Lc. 24:4; cp. Mt. 17:2; Hch. 1:10; Ap. 19:14) lo identificó sin lugar a dudas como un mensajero del cielo. Lucas (24:4) y Juan (20:12) indican que en realidad eran dos ángeles (tal vez para cumplir el requisito bíblico de varios testigos, cp. Dt. 19:15). Debido a que solo uno de los ángeles habló, Marcos y Mateo solamente lo mencionan a él. (Los escritores de los evangelios manejan de igual modo los relatos de dos endemoniados en Gadara, donde solo uno de ellos habló [cp. Mt. 8:28-29; Mr. 5:2, 7; Lc. 8:27-28], y de dos ciegos cerca de Jericó, donde solo Bartimeo habló [Mt. 20:30; Mr. 10:46; Lc. 18:38]).

Como es lógico, cuando las mujeres vieron a los ángeles, **se espantaron.** El verbo griego *ekthambeō* (**se espantaron**) indica que ellas estaban aterradas y aturdidas, cayendo con el rostro en tierra (Lc. 24:5; cp. Dn. 8:15-18; 10:9; Lc. 1:12; 2:9; Hch. 10:3-4; Ap. 22:8). Sin embargo, a diferencia de los soldados romanos que se derrumbaron como muertos (Mt. 28:2-4), las mujeres recibieron esperanza y consuelo de parte de los mensajeros celestiales. Fueron ángeles los que trajeron nuevas de gran gozo en el nacimiento de Jesús (Lc. 2:10-15), y los que anunciaron la maravillosa realidad de la resurrección.

Consciente de que las mujeres estaban aterradas, el ángel **les dijo: No os asustéis; buscáis a Jesús nazareno, el que fue crucificado.** La identificación que el ángel hizo de Jesús no dejó dudas de que ellas habían ido a la tumba correcta. El mensajero celestial siguió explicando: Él **ha resucitado, no está aquí.** La forma indefinida pasiva del verbo griego *egeirō* (**ha resucitado**) se traduciría más exactamente "ha sido resucitado" (cp. Hch. 2:24, 32; 3:15, 26; 4:10; 5:30; 10:40; 13:30, 33, 34, 37; Ro. 4:24-25; 6:9; 7:4; 8:34; 10:9; 1 Co. 6:14; 15:4, 12-20; 2 Co. 4:14; Ef. 1:20; Col. 2:12; 1 Ts. 1:10; 1 P. 1:21). Aunque Jesús mismo poseía la autoridad para entregar su vida y para tomarla de nuevo (Jn. 10:18), el Nuevo Testamento también enseña que fue resucitado por el poder del Padre (Ro. 6:4; Gá. 1:1; 1 P. 1:3) y del Espíritu Santo (Ro. 8:11). Esa realidad no es contradictoria, sino que más bien afirma la unidad de Dios dentro de la Trinidad, ya que cada miembro de la Divinidad participó en la resurrección (igual que ocurrió en la creación, cp. Gn. 1:1-3; Jn. 1:1-3).

Según Lucas 24:5, el ángel también preguntó a las mujeres: "¿Por qué buscáis entre los muertos al que vive?". Ese leve reproche en forma de pregunta les recordó que debieron haber anticipado la resurrección de Jesús, ya que Él lo había prometido a lo largo de su ministerio (Lc. 24:6; cp. Mt. 16:21; 17:22-23; 20:17-19; 26:2; 27:63). No obstante, no fue hasta después que el ángel explicara lo que había acontecido que "ellas se acordaron de sus palabras" (Lc. 24:8).

Cuando se recuperaron de la sorpresa inicial, las mujeres fueron dirigidas por el ángel a examinar **el lugar en donde pusieron** el cuerpo de Jesús. Cuando Pedro llegó a la tumba más tarde esa mañana, "vio los lienzos puestos allí, y el sudario, que había estado sobre la cabeza de Jesús, no puesto con los lienzos, sino enrollado en un lugar aparte" (Jn. 20:6-7). Las mujeres habrían visto las mismas mortajas sin tocar, excepto por el sudario que estaba puesto a un lado. Así como Jesús no necesitaba que le retiraran la piedra para salir de la tumba, tampoco necesitaba que lo desenvolvieran. Su glorificado cuerpo resucitado dejó atrás en la tumba las mortajas en perfecto estado.

Como emisario de Dios (cp. Lc. 1:19, 38; He. 1:14; 2:2), el anuncio del ángel representó el testimonio del mismo Padre. Esta fue la explicación autorizada del cielo de por qué la tumba estaba vacía. También fue la primera declaración del evangelio posterior a la resurrección. Como observa un escritor:

> El anuncio del emisario divino establece una inseparable continuidad entre el Jesús histórico y el Jesús resucitado. Aquel a quien el ángel les invita a conocer es aquel a quien ellas han conocido. El anuncio del ángel es literalmente el evangelio, las buenas nuevas, y el lugar en que el evangelio se predicó por primera vez es la tumba vacía que recibió y entregó al Crucificado (James R. Edwards, *The Gospel According to Mark,* Pillar New Testament Commentary [Grand Rapids: Eerdmans, 2002], p. 494).

EL TESTIMONIO DE LOS TESTIGOS PRESENCIALES

Pero id, decid a sus discípulos, y a Pedro, que él va delante de vosotros a Galilea; allí le veréis, como os dijo. Y ellas se fueron huyendo del sepulcro, porque les había tomado temblor y espanto; ni decían nada a nadie, porque tenían miedo. (16:7-8)

Una tercera línea de evidencia para la resurrección viene del testimonio de los testigos presenciales a quienes se les apareció el Cristo resucitado. Es a esta línea de evidencia a la que el Nuevo Testamento apela en primer lugar (cp. Hch. 1:3; 2:32; 3:15; 5:32; 10:39; 13:31; 1 Co. 15:3-8). Debido a que los apóstoles (junto con muchos otros) habían visto al Señor resucitado, padecieron de buena gana por su nombre (cp. Hch. 5:30-32, 41; Fil. 3:10). Si la resurrección hubiera sido una falsificación, ellos nunca habrían dado sus vidas como mártires por lo que hubieran sabido que era una mentira.

Hablando en nombre de Dios, el ángel instruyó a las mujeres: **id, decid a sus discípulos, y a Pedro, que él va delante de vosotros a Galilea; allí le veréis, como os dijo.** A Pedro se le señala en este caso no solo porque era el líder de los discípulos, sino para tranquilizarle a la luz de sus recientes negaciones (Mr. 14:66-72). Con estas palabras del ángel, la perplejidad y el pánico de las mujeres se transformaron en proclamación. La verdad se les había sido revelado, ahora debían declararla a los discípulos.

En respuesta, **ellas se fueron huyendo del sepulcro, porque les había tomado temblor y espanto.** El término *tromos* (**temblor**) habla de estremecimiento físico causado por gran temor, y *ekstasis* (**espanto**) es la expresión griega de la que se deriva la palabra castellana "éxtasis". Atónitas por la noticia que acababan de recibir, inmediatamente fueron a buscar a los discípulos, sin decirle **nada a nadie** más a lo largo del camino. La realidad de que ellas **tenían miedo** (una forma del verbo griego *phobeō,* del que se deriva la palabra castellana "fobia") no provenía de la amenaza de sufrir daño, sino de una sensación de desconcierto y asombro. Mateo explica que el temor que tenían estaba mezclado con gozo por darse cuenta de que Jesús estaba vivo (cp. Mt. 28:8).

Después que las mujeres hubieron salido, Pedro y Juan llegaron a la tumba vacía (Jn. 20:3-9; cp. Lc. 24:12). María Magdalena también regresó a la tumba después que Pedro y Juan se marcharon (Jn. 20:10). Esta vez ella también vio a los ángeles (v. 12) y se encontró con el mismo Señor resucitado, creyendo inicialmente que se trataba solo del jardinero (vv. 14-18). Jesús también se apareció al resto de las mujeres mientras iban por el camino para encontrarse con los discípulos. Mateo relata ese alegre encuentro:

> *Entonces ellas, saliendo del sepulcro con temor y gran gozo, fueron corriendo a dar las nuevas a sus discípulos. Y mientras iban a dar las nuevas a los discípulos, he aquí, Jesús les salió al encuentro, diciendo: ¡Salve! Y ellas, acercándose, abrazaron sus pies, y le adoraron. Entonces Jesús les dijo: No temáis; id, dad las nuevas a mis hermanos, para que vayan a Galilea, y allí me verán (Mt. 28:8-10).*

Cuando las mujeres, incluso María Magdalena (cp. Jn. 20:18), hallaron a los discípulos y les informaron de lo que había sucedido, al principio los once se negaron a creerles la noticia (Lc. 24:10-11). Su falta de fe los hizo lentos para responder al mandato de Jesús de ir a Galilea. No fue hasta después que el Cristo resucitado se les apareció varias veces en Jerusalén (cp. Lc. 24:13-32; Jn. 20:19-31) que al fin estuvieron dispuestos a dirigirse hacia Galilea (Mt. 28:7, 16).

Cuando Jesús prometió reunirse con sus discípulos en Galilea (Mt. 28:10), no estaba diciendo que su primera aparición después de la resurrección sería allí, sino que su aparición suprema (a cientos de sus seguidores al mismo tiempo) se llevaría a cabo en Galilea. En Judea se les apareció a María Magdalena (Jn. 20:11-18), a las otras mujeres (Mt. 28:8-10), a Pedro (Lc. 24:34), a los dos discípulos en el camino a Emaús (Lc. 24:15), a diez de los apóstoles en el aposento alto (Jn. 20:19), y a todos los once incluido Tomás ocho días más tarde (Jn. 20:26). Cuando los apóstoles llegaron a Galilea, Jesús se apareció a siete de ellos en la orilla del lago (Jn. 21:1-25). Después se apareció a más de quinientos discípulos (1 Co. 15:6) en un monte, donde comisionó a los apóstoles a llevar el evangelio hasta lo último de la tierra (cp. Mt. 28:16-17). En algún momento Jesús también se le apareció a su medio hermano Jacobo (1 Co. 15:7), y luego una última vez a los once apóstoles en el Monte de los Olivos, justo antes de su ascensión al cielo (Hch. 1:4-11). Apariciones adicionales parecen indicarse en Hechos 1:2-3 donde Lucas afirma de los apóstoles: "Después de haber dado mandamientos por el Espíritu Santo a los apóstoles que había escogido; a quienes también, después de haber padecido, se presentó vivo con muchas pruebas indubitables, apareciéndoseles durante cuarenta días y hablándoles acerca del reino de Dios". El Antiguo Testamento requería el testimonio de dos o tres testigos para corroborar un acontecimiento (Dt. 19:15). Pero Dios se aseguró de que la resurrección se verificara en muchas ocasiones por centenares de testigos, quienes habían visto personalmente al Cristo resucitado. La realidad de la resurrección —afirmada por el testimonio colectivo de la tumba vacía, los ángeles y los testigos presenciales— demuestra que Jesús es quien asegura ser.

Marcos empieza su registro histórico declarando que Jesús es "Jesucristo, Hijo de Dios" (Mr. 1:1). Todo a lo largo de su evangelio confirma ese hecho, pero la resurrección lo prueba más allá de cualquier duda. Jesús es el Mesías divino, el Salvador de pecadores, el Hijo de Dios y el Señor sobre todas las cosas (cp. Fil. 2:10-11).

El reconocimiento intelectual del hecho histórico de la resurrección de Jesús es necesario para ser salvos, pero en sí no basta para salvar. Romanos 10:9 requiere: "Si confesares con tu boca que Jesús es el Señor, y creyeres en tu corazón que Dios le levantó de los muertos, serás salvo". La fe que salva va más allá de la afirmación mental de los hechos; agarra el corazón con amor por Cristo y somete la voluntad en obediencia a Él como Señor soberano.

Para los creyentes, el temor a la muerte se elimina y la esperanza de gloria se asegura por medio de la resurrección de Jesús. Él ha vencido la tumba y prometido la misma victoria a todos los que le aceptan en fe salvadora (cp. 1 Co. 15:54-57). D. Martyn Lloyd-Jones lo explicó así a su congregación un domingo de Pascua:

> Esta mañana al echar una mirada a este mundo malo y pecador no me deprimo, porque no espero nada mejor de él. Cualquier cosa que pudiera estar contra mí, cualquier cosa que pudiera estar ocurriendo en mi propio cuerpo, eso es lo que debo esperar a causa del pecado. Pero aunque yo muera, resucitaré de nuevo. Le veré cara a cara. Le veré como Él es, y seré como Él, igual que Él en un cuerpo glorificado, con todo poder renovado. Y estaré viviendo en un reino que es incorruptible e inmaculado, un reino que nunca se desvanecerá.
>
> Esa es la esperanza viva de la resurrección. Ese es el mensaje de este Domingo de Resurrección. Y esa esperanza es absolutamente segura y está garantizada. La resurrección misma lo garantiza todo. Todo enemigo ha sido destruido. Cristo los ha vencido uno por uno.
>
> Cristo es nuestro Precursor (He. 6:20). Él ha ido a preparar un lugar para nosotros, y vendrá de nuevo para recibirnos en sí mismo (Jn. 14:2b-3). "Reinaremos con él como reyes y sacerdotes". "Juzgaremos al mundo". Incluso "juzgaremos a los ángeles". Esa es la garantía de Cristo, y nada puede detenerla. ¿Puede la muerte? Por supuesto que no, ¡porque Él ya venció a la muerte! ¿Puede el diablo? No, Cristo ha vencido al diablo. ¿Puede el infierno? ¡No!, ¡no! "¿Dónde está, oh muerte, tu aguijón? ¿Dónde, oh sepulcro, tu victoria?... Mas gracias sean dadas

a Dios, que nos da la victoria por medio de nuestro Señor Jesucristo" (1 Co. 15:55, 57). La resurrección de Cristo anuncia que Él ha vencido a todo enemigo. Ha conquistado todo adversario. Se ha levantado triunfante de la tumba. Ni la muerte ni la vida, ni el infierno ni todo lo demás pueden evitar o demorar la venida de su reino en toda su gloria. Solo Él es Rey de reyes y Señor de señores (D. Martyn Lloyd Jones, "A Living Hope of the Hereafter", en *Classic Sermons on the Resurrection of Christ,* ed. Warren W. Wiersbe [Peabody, MA: Hendrickson Publishers, 1991], pp. 48-49).

Final perfecto para el Evangelio de Marcos

67

Habiendo, pues, resucitado Jesús por la mañana, el primer día de la semana, apareció primeramente a María Magdalena, de quien había echado siete demonios. Yendo ella, lo hizo saber a los que habían estado con él, que estaban tristes y llorando. Ellos, cuando oyeron que vivía, y que había sido visto por ella, no lo creyeron. Pero después apareció en otra forma a dos de ellos que iban de camino, yendo al campo. Ellos fueron y lo hicieron saber a los otros; y ni aun a ellos creyeron. Finalmente se apareció a los once mismos, estando ellos sentados a la mesa, y les reprochó su incredulidad y dureza de corazón, porque no habían creído a los que le habían visto resucitado. Y les dijo: Id por todo el mundo y predicad el evangelio a toda criatura. El que creyere y fuere bautizado, será salvo; mas el que no creyere, será condenado. Y estas señales seguirán a los que creen: En mi nombre echarán fuera demonios; hablarán nuevas lenguas; tomarán en las manos serpientes, y si bebieren cosa mortífera, no les hará daño; sobre los enfermos pondrán sus manos, y sanarán. Y el Señor, después que les habló, fue recibido arriba en el cielo, y se sentó a la diestra de Dios. Y ellos, saliendo, predicaron en todas partes, ayudándoles el Señor y confirmando la palabra con las señales que la seguían. Amén. (16:9-20)

Esta sección final del Evangelio de Marcos no se encuentra en los manuscritos antiguos más confiables, y ha causado mucha consternación innecesaria en algunos círculos. Estudiantes cuidadosos que han hecho un estudio serio de la transmisión del texto bíblico prácticamente están todos de acuerdo en que los versículos 9-20 son una anotación al margen, una adición posterior de un escriba anexada al texto original inspirado. En realidad, esos últimos doce versículos muestran las características de un intento por cubrir una imperfección percibida. Esa sección no encaja en el estilo y la estructura del resto de Marcos.

Y sin embargo, sin esos versículos de cierre el Evangelio de Marcos parece concluir temprano y a toda prisa, con la descripción que hace Marcos de la huida temerosa de los discípulos de la tumba vacía. El ángel en la tumba es el único que incluso menciona la resurrección (v. 6). Y las palabras últimas del versículo 8 informan que los discípulos "ni decían nada a nadie, porque tenían miedo". Sin los versículos 9-20, el final de Marcos parece abrupto e incompleto. Sabemos que no es el final de la historia. ¿Por qué habría Marcos de detenerse allí?

Antes de analizar la respuesta a esa pregunta es necesario considerar la confiabilidad del texto bíblico y por qué la presencia de variaciones en algunos manuscritos bíblicos no constituye una amenaza a la autoridad, confiabilidad e infalibilidad de las Escrituras.

Ningún libro antiguo se ha preservado mejor a través de los siglos que la Biblia. A modo de comparación, pensemos en las *Historias* de Heródoto, de las que han sobrevivido ocho manuscritos, el más antiguo fechado aproximadamente mil trescientos años después del original. De *Las Guerras de las Galias,* de César, se han descubierto tan solo diez copias manuscritas, la más antigua de las cuales está a mil años de separación de su autor. Asimismo solo existen ocho manuscritos sobrevivientes de la *Historia de la guerra del Peloponeso,* de Tucídides, todos ellos fechados más de trece siglos después del original. Muchos ejemplos similares pueden darse, desde los escritos de Aristóteles hasta Tácito, pero el planteamiento sigue siendo el mismo: Cuando se trata de la preservación de manuscritos antiguos, ningún otro texto se acerca a los escritos de las Escrituras. En las palabras del renombrado erudito F. F. Bruce, "No existe un cuerpo de literatura antigua en el mundo que cuente con tan gran cantidad de buen testimonio textual como el Nuevo Testamento" (F. F. Bruce, *The Books and the Parchments* [Old Tappan, NJ: Revell, 1963], p. 178).

La segunda obra mejor atestiguada de la antigüedad es la *Ilíada* de Homero, de la que se han encontrado 643 ejemplares sobrevivientes. Pero incluso la evidencia de los manuscritos de la *Ilíada* está muy por debajo de la de la Biblia. Los manuscritos griegos antiguos del Nuevo Testamento se calculan en más de cinco mil, que van desde pequeños fragmentos de papiro hasta códices completos que contienen todos los veintisiete libros. Algunos de esos manuscritos están solo a una distancia de veinticinco a cincuenta años de los escritos originales. Cuando se incluyen traducciones antiguas (como latín y etíope), la cantidad de manuscritos se multiplica a casi veinticinco mil. Otros testimonios vienen de los padres de la iglesia antes de Nicea, cuyos escritos contienen cerca de treinta y dos mil citas o alusiones al texto del Nuevo Testamento (cp. Josh McDowell, *Nueva evidencia que demanda un veredicto* [El Paso Tx.: Mundo Hispano, 2004], pp. 54-63). En su soberana providencia, el Espíritu de Dios preservó gran cantidad de testimonios antiguos del texto bíblico para que después de dos mil años los creyentes puedan estar seguros de la fidelidad de sus ejemplares de las Escrituras.

La ciencia de la crítica textual analiza y compara antiguos manuscritos bíblicos para determinar los contenidos de los escritos originales. Antes de la invención de la imprenta alrededor del año 1450, los manuscritos bíblicos se copiaban totalmente a mano, y estos a veces contenían errores de los escribas. Pero a través del cuidadoso proceso de análisis textual, tales errores y embellecimientos pueden identificarse y corregirse al comparar el manuscrito en cuestión con otros manuscritos más antiguos. Puesto que muchos manuscritos del Nuevo Testamento han sobrevivido, los eruditos bíblicos pueden determinar el texto original con un grado sumamente alto de exactitud (cp. Archibald T. Roberston, *An Introduction to the Textual Criticism of the New Testament* [Nashville: Broadman, 1925], p. 22). Tal erudición textual ofrece a los creyentes de hoy día gran confianza en la integridad de sus biblias, porque no solo identifica lo que fue original al texto, sino que también pone al descubierto errores o alteraciones.

Todo esto tiene una influencia directa en la última sección del Evangelio de Marcos porque demuestra que estos versículos (16:9-20), conocidos como el "final largo" de Marcos, sin duda alguna no formaron parte del texto original divinamente revelado. Al igual que el conocido relato en Juan 7:53—8:11, este pasaje se insertó en el evangelio en una fecha posterior. La evidencia externa (de los manuscritos griegos, las primeras versiones y los padres de la iglesia) y la evidencia interna (del pasaje mismo) ponen su autenticidad en duda, razón por la cual las modernas traducciones castellanas ponen estos versículos entre corchetes.

En cuanto a la evidencia externa, los manuscritos más antiguos y más importantes del Nuevo Testamento no contienen esta sección. Por ejemplo, los famosos códices Sinaítico y Vaticano del siglo IV concluyen el Evangelio de Marcos en 16:8. Al resumir la evidencia externa, William Lane explica:

> Al testimonio de los dos pergaminos más antiguos, el Códice Vaticano (B) y el Códice Sinaítico (א), podría añadírsele las minúsculas 304 y 2386. La ausencia de los versículos 16:9-20 en el ms. [manuscrito] Latino Antiguo *k*, en el Siríaco Sinaítico, en varios mss. [manuscritos] armenios, en los mss. georgianos Adysh y Opiza y en una cantidad de mss. etíopes proporciona una amplia gama de apoyo a la originalidad del final abrupto... Además, una cantidad de mss. que sí los contienen poseen escolios [notas al margen] que indican que no los tienen las copias griegas más antiguas (p. ej. 1, 20, 22, 137, 138, 1110, 1215, 1216, 1217, 1221, 1582), mientras que en otros testimonios la sección final está marcada con asteriscos u otras marcas, los signos convencionales usados por los escribas para marcar un agregado espurio a un texto literario. La evidencia no permite otra suposición que la de que desde el principio Marcos circuló con el final abrupto en 16:8 (William L. Lane, *The Gospel According to Mark,* The New International Commentary on the New Testament [Grand Rapids: Eerdmans, 1974], p. 601. Véase también R. T. France, *The Gospel of Mark,* The New International Greek Testament Commentary [Grand Rapids: Eerdmans, 2002], pp. 685-86).

Además, algunos manuscritos contienen un final diferente, conocido como el "final más corto" (cp. el estudio más adelante). El hecho de que varios posibles finales para el Evangelio de Marcos circularan en los primeros siglos de la historia de la iglesia arroja más dudas sobre la autenticidad del final más largo.

Evidencia de los padres de la iglesia también pesa en contra de la autenticidad del final más largo. El historiador de la iglesia Eusebio de Cesarea (aprox. 265-340), junto con el traductor bíblico Jerónimo (aprox. 347-420), explican que casi todos los manuscritos griegos disponibles en su época omitieron los versículos 9-20. Aunque algunos de los padres de la iglesia (como Ireneo y Taciano) muestran una familiaridad con el final más largo, otros (tales como Clemente de Alejandría, Orígenes y Cipriano) parecen no ser conscientes de su existencia.

Con relación a la evidencia interna del pasaje en sí, varios factores arrojan más dudas sobre su autenticidad como parte del evangelio original de Marcos. Primero, la transición entre el versículo 8 y el versículo 9 es torpe y desarticulada. La conjunción **pues** (de la palabra griega *de*) sugiere continuidad con la narración precedente, pero el enfoque del versículo 9 cambia abruptamente a María Magdalena en lugar de seguir con un debate de las mujeres a la que se refiere el versículo 8. Además, sería extraño para Marcos esperar hasta el final de su relato para presentar a **María Magdalena,** como si fuera la primera vez (observando que ella fue la mujer **de quien** Jesús **había echado siete demonios**) cuando ya la había mencionado tres veces en el contexto anterior (Mr. 15:40, 47, 16:1). Una similar falta de ilación se relaciona con Pedro, quien se destaca en el versículo 7 pero que no se lo vuelve a mencionar en los versículos 9-20. El "final más corto" (que circuló como una alternativa al final más largo, y que a veces se combinaron) intenta rectificar tales incongruencias resaltando tanto a Pedro como a las otras mujeres. Declara: "Ellas refirieron brevemente a los compañeros de Pedro lo que se les había anunciado. Luego, el mismo Jesús hizo que ellos llevaran desde oriente hasta poniente el mensaje sagrado e incorruptible de la salvación eterna". Pero este final más corto tiene evidencia aún más débil para apoyarlo que el final más largo. Además, según observa un comentarista, "se lee como un intento inicial de ordenar cabos sueltos; la última cláusula en particular no parece pertenecer a Marcos en su expresión" (R. Alan Cole, *The Gospel According to Mark* [Grand Rapids: Eerdmans, 1989], p. 334).

Segundo, el vocabulario, el estilo y la estructura del final más largo no es coherente con el resto del Evangelio de Marcos. Hay dieciocho palabras en esta sección que no se usan en ninguna parte de Marcos. Por ejemplo, el título "el Señor" que se usa aquí (v. 19) no se utiliza en ninguna otra parte del relato de Marcos (cp. James R. Edwards, *The Gospel According to Mark,* Pillar New Testament Commentary [Grand Rapids: Eerdmans, 2002], pp. 498-99). Las diferencias obvias en estos versículos del resto de la narración de Marcos han llevado a la mayoría de estudiosos a concordar con la conclusión de C. E. B. Cranfield, quien escribe: "El estilo y vocabulario evidentemente no son de Marcos" (*The Gospel According to Saint Mark* [Nueva York: Cambridge University Press, 1972], p. 472).

Tercero, la inclusión de señales apostólicas no encaja en la forma en que los otros tres evangelios concluyen sus relatos de la resurrección y la ascensión de Jesucristo. Aunque muchas de las señales mencionadas en esta sección igualan porciones del libro de los Hechos (cp. Hch. 2:4; 9:17; 10:46; 28:8), es evidente que algunas no tienen apoyo bíblico, tales como tomar **en las manos serpientes** venenosas (aunque tal vez basándose vagamente en la experiencia de Pablo en Hch. 28:3-5) o beber **cosa mortífera** (cp. Walter W. Wessel y Mark L. Strauss, "Mark", en *The Expositor's Bible Commentary*, ed. Tremper Longman III and David E. Garland [Grand Rapids: Zondervan, 2010], IX:988).

La evidencia externa e interna demuestra de manera conclusiva que los versículos 9-20 no fueron originalmente parte del relato inspirado de Marcos. Aunque por lo general resumen verdades enseñadas en otras partes del Nuevo Testamento, siempre deberían evaluarse a la luz del resto de las Escrituras. Ninguna doctrina o práctica debería establecerse en base solamente a estos versículos. Los predicadores de los Apalaches que manipulan serpientes proporcionan un excelente ejemplo de los errores que pueden surgir al aceptar estos versículos como autorizados.

Sin embargo, saber que Marcos 16:9-20 no es original debería dar a los creyentes más confianza en la exactitud del Nuevo Testamento, no menos. Como ya se indicó, la ciencia del análisis textual hace posible que eruditos bíblicos identifiquen los pocos pasajes que no eran parte del original. Tales sitios se marcan claramente en las traducciones modernas, haciendo fácil para los estudiantes de la Biblia identificarlos. En consecuencia, los creyentes pueden abordar el resto del texto con la garantía establecida de que la Biblia que tienen en las manos refleja exactamente el original.

La realidad de que estos versículos no fueron parte del Evangelio de Marcos original hace surgir al menos dos preguntas que deben responderse. Primera: ya que Marcos no escribió esta sección, ¿quién la escribió? Y segunda: si la narración de Marcos termina en 16:8, ¿por qué concluyó su evangelio de manera tan abrupta?

¿DÓNDE SE ORIGINÓ ESTA SECCIÓN?

Puesto que la narración de Marcos concluye de golpe en 16:8, y debido a que no incluye la historia posterior a la resurrección que se encuentra en los otros tres evangelios, algunos de los primeros cristianos al parecer sintieron que estaba incompleto. En consecuencia, en algún momento en la primera mitad del siglo

II el contenido de los versículos 9-20 se añadió para dar al relato de Marcos una conclusión más plenamente desarrollada. En las palabras de un comentarista:

> Casi todos los estudiosos creen que los versículos 9-20 comenzaron a añadirse en algún momento del siglo II o más tarde por parte de escribas que trataron de hacer que Marcos se pareciera más a los otros evangelios. Con el paso del tiempo esos versículos se convirtieron en el final de Marcos en la gran masa de manuscritos griegos, y se consideraron popularmente como una parte genuina del Evangelio. Sin embargo, los más antiguos y mejores manuscritos griegos no contienen estos versículos, y el testimonio de los "padres" iniciales de la iglesia (en los primeros cuatro siglos) indica que estos versículos eran conocidos solo en algunas copias de Marcos y no se les consideraba originales en el libro (Larry W. Hurtado, *Mark,* Understanding the Bible Commentary [Grand Rapids: Baker, 2011], pp. 287-88).

Nadie sabe qué escriba o escribas fueron los que añadieron los versículos 9-20. Pero es obvio de dónde obtuvieron su material. Un estudio del final más largo evidencia que la mayor parte de su contenido fue resumido o tomado prestado de otros lugares en el Nuevo Testamento, como demuestra la siguiente comparación versículo por versículo:

> *(Mr. 16:9-10)* ***Habiendo, pues, resucitado Jesús por la mañana, el primer día de la semana, apareció primeramente a María Magdalena, de quien había echado siete demonios. Yendo ella, lo hizo saber a los que habían estado con él, que estaban tristes y llorando.***
>
> *(Jn. 20:1) El primer día de la semana, María Magdalena fue de mañana, siendo aún oscuro, al sepulcro; y vio quitada la piedra del sepulcro.*
>
> *(Lc. 8:2) María, que se llamaba Magdalena, de la que habían salido siete demonios.*
>
> *(Jn. 20:17-18) Jesús le dijo: No me toques, porque aún no he subido a mi Padre; mas ve a mis hermanos, y diles: Subo a mi Padre y a vuestro Padre, a mi Dios y a vuestro Dios. Fue entonces María Magdalena para dar a los discípulos las nuevas de que había visto al Señor, y que él le había dicho estas cosas.*
>
> *(Mr. 16:11)* ***Ellos, cuando oyeron que vivía, y que había sido visto por ella, no lo creyeron.***

(Lc. 24:10-11) Eran María Magdalena, y Juana, y María madre de Jacobo, y las demás con ellas, quienes dijeron estas cosas a los apóstoles. Mas a ellos les parecían locura las palabras de ellas, y no las creían.

(Mr. 16:12-13) ***Pero después apareció en otra forma a dos de ellos que iban de camino, yendo al campo. Ellos fueron y lo hicieron saber a los otros; y ni aun a ellos creyeron.***

(Lc. 24:13-35) Y he aquí, dos de ellos iban el mismo día a una aldea llamada Emaús, que estaba a sesenta estadios de Jerusalén. E iban hablando entre sí de todas aquellas cosas que habían acontecido. Sucedió que mientras hablaban y discutían entre sí, Jesús mismo se acercó, y caminaba con ellos... Entonces les fueron abiertos los ojos, y le reconocieron; mas él se desapareció de su vista... Y levantándose en la misma hora, volvieron a Jerusalén, y hallaron a los once reunidos, y a los que estaban con ellos, que decían: Ha resucitado el Señor verdaderamente, y ha aparecido a Simón. Entonces ellos contaban las cosas que les habían acontecido en el camino, y cómo le habían reconocido al partir el pan.

(Mr. 16:14) ***Finalmente se apareció a los once mismos, estando ellos sentados a la mesa, y les reprochó su incredulidad y dureza de corazón, porque no habían creído a los que le habían visto resucitado.***

(Lc. 24:36-40) Mientras ellos aún hablaban de estas cosas, Jesús se puso en medio de ellos, y les dijo: Paz a vosotros. Entonces, espantados y atemorizados, pensaban que veían espíritu. Pero él les dijo: ¿Por qué estáis turbados, y vienen a vuestro corazón estos pensamientos? Mirad mis manos y mis pies, que yo mismo soy; palpad, y ved; porque un espíritu no tiene carne ni huesos, como veis que yo tengo. Y diciendo esto, les mostró las manos y los pies.

(Mr. 16:15) ***Y les dijo: Id por todo el mundo y predicad el evangelio a toda criatura.***

(Mt. 28:19-20) Por tanto, id, y haced discípulos a todas las naciones, bautizándolos en el nombre del Padre, y del Hijo, y del Espíritu Santo; enseñándoles que guarden todas las cosas que os he mandado; y he aquí yo estoy con vosotros todos los días, hasta el fin del mundo.

(Mr. 16:16) ***El que creyere y fuere bautizado, será salvo; mas el que no creyere, será condenado.***

(Jn. 3:18) El que en él cree, no es condenado; pero el que no cree, ya ha sido condenado, porque no ha creído en el nombre del unigénito Hijo de Dios (cp. v. 36).

(Mr. 16:17) ***Y estas señales seguirán a los que creen: En mi nombre echarán fuera demonios; hablarán nuevas lenguas.***

(Hch. 2:43) Y sobrevino temor a toda persona; y muchas maravillas y señales eran hechas por los apóstoles (cp. 4:30; 5:12; 2 Co. 12:12).

(Hch. 16:18) Y esto lo hacía por muchos días; mas desagradando a Pablo, éste se volvió y dijo al espíritu: Te mando en el nombre de Jesucristo, que salgas de ella. Y salió en aquella misma hora.

(Hch. 2:4) Y fueron todos llenos del Espíritu Santo, y comenzaron a hablar en otras lenguas, según el Espíritu les daba que hablasen.

(Mr. 16:18) ***tomarán en las manos serpientes, y si bebieren cosa mortífera, no les hará daño; sobre los enfermos pondrán sus manos, y sanarán.***

(Hch. 28:3-5) Entonces, habiendo recogido Pablo algunas ramas secas, las echó al fuego; y una víbora, huyendo del calor, se le prendió en la mano... Pero él, sacudiendo la víbora en el fuego, ningún daño padeció.

(Mr. 16:19-20) ***Y el Señor, después que les habló, fue recibido arriba en el cielo, y se sentó a la diestra de Dios. Y ellos, saliendo, predicaron en todas partes, ayudándoles el Señor y confirmando la palabra con las señales que la seguían.***

(Lc. 24:51-53) Y aconteció que bendiciéndolos, se separó de ellos, y fue llevado arriba al cielo. Ellos, después de haberle adorado, volvieron a Jerusalén con gran gozo; y estaban siempre en el templo, alabando y bendiciendo a Dios (cp. Hch. 1:9).

(He. 1:3) habiendo efectuado la purificación de nuestros pecados por medio de sí mismo, se sentó a la diestra de la Majestad en las alturas (cp. Hch. 2:33; 5:31; 7:55).

(He. 2:3-4) ¿cómo escaparemos nosotros, si descuidamos una salvación tan grande? La cual, habiendo sido anunciada primeramente por el Señor, nos fue confirmada por los que oyeron, testificando Dios juntamente con ellos, con

señales y prodigios y diversos milagros y repartimientos del Espíritu Santo según su voluntad.

El resultado en Marcos 16:9-20 es un mosaico conciso extraído de varios textos del Nuevo Testamento (especialmente los otros evangelios y Hechos). Según se demostró antes, el contenido del final más largo por lo general refleja verdades bíblicas, con las notables excepciones de la manipulación de serpientes y la bebida de veneno (v. 18), que no tiene precedentes bíblicos. También hay que destacar que el versículo 16 no enseña la necesidad del bautismo para salvación, ya que la segunda mitad del versículo clarifica que la condenación es por incredulidad, no por no bautizarse. Más allá de esos puntos de clarificación, no se justifica una exposición de estos versículos, ya que no son originales al relato inspirado de Marcos. A pesar de que reflejan tradiciones de la historia de la iglesia primitiva, no son parte de la infalible y autorizada Palabra de Dios.

¿POR QUÉ EL EVANGELIO DE MARCOS TERMINA TAN ABRUPTAMENTE?

Aunque la mayoría de estudiosos están de acuerdo en que los versículos 9-20 no son originales del Evangelio de Marcos, difieren en si Marcos pretendió que su narración terminara con el versículo 8. Aquellos que creen que el evangelista escribió más allá del versículo 8 insisten en que su final original se perdió y sigue perdido. Pero esa afirmación es totalmente especulativa, ya que ninguna evidencia histórica sugiere que alguna vez existiera tal final. Un mejor enfoque es ver al versículo 8 como el verdadero final del Evangelio de Marcos. Después de todo, es el final que en su providencia soberana el Espíritu Santo eligió preservar para que posteriores generaciones de cristianos lo leyeran. Por tanto, sin importar las intenciones del autor humano, el plan de Dios era claramente terminar el evangelio con el versículo 8: **Y ellas se fueron huyendo del sepulcro, porque les había tomado temblor y espanto; ni decían nada a nadie, porque tenían miedo.**

El trauma dramático de lo que las mujeres experimentaron es captado por Marcos con cuatro descripciones. Primera, ellas tuvieron **temblor** (de la palabra griega *tromos*), que significa que estaban físicamente estremeciéndose en respuesta a la noticia del ángel (cp. vv. 6-7). Segunda, se llenaron de **espanto** (del término griego *ekstasis*, del que se deriva la palabra castellana "éxtasis"). Tercera, se quedaron atónitas en silencio, y no **decían nada a nadie.** Por último, tuvieron **miedo** (una forma del verbo griego *phobeō*, del que proviene la palabra castellana "fobia"). Abrumadas por la impactante y maravillosa realidad de la resurrección, la tumba vacía dejó a las mujeres temblorosas y mudas. Esto tuvo el mismo efecto en Marcos. Qué oportuno que el final fuera tan dramático y poderoso que ni las mujeres ni el narrador pudieron hablar.

El final de Marcos es repentino pero no incompleto. La tumba estaba vacía, el anuncio angelical explicó que Jesús había resucitado, y varios testigos confirmaron esos acontecimientos. El propósito del Evangelio de Marcos era demostrar que Jesús es el Cristo, el Hijo de Dios (1:1). Tras referirse ampliamente a ese punto, ya no se necesitaban pruebas. Para el final de la narración de Marcos, la declaración del centurión parado ante la cruz resuena en la mente de cualquier lector sincero: "Verdaderamente este hombre era Hijo de Dios" (15:39). En realidad, el repentino final de Marcos es congruente con la abrupta naturaleza del inicio, en que se salta el nacimiento de Cristo y comienza directamente con el ministerio de Juan el Bautista. Esto también se ajusta al estilo entrecortado y al repetido uso de la expresión "y luego" para hacer avanzar rápidamente la narración (cp. 1:10, 12, 18, 20, 21, 28, 29, 30, 42, 43; 2:8, 12; 3:6; 4:5, 15, 16, 17, 29; 5:2, 29, 30, 42; 6:25, 27, 45, 50, 54; 7:25; 8:10; 9:15, 20, 24; 10:52; 11:2, 3; 14:43, 45, 72; 15:1).

El versículo 8 concluye con una nota sorprendente, con las palabras **porque tenían miedo.** Las mujeres no tenían temor por su seguridad. Al contrario, estaban experimentando asombro confuso mezclado con profunda alegría (cp. Mt. 28:8) ante la idea del Salvador resucitado. Entonces el Evangelio de Marcos termina con una nota de asombro, temor y admiración acerca del Señor Jesucristo. Ese mismo tema impregna su relato del evangelio (cp. James H. Brooks, *Mark*, New American Commentary [Nashville: Broadman, 1991], p. 274). En 1:22, como respuesta a la instrucción de Jesús, las multitudes "se admiraban de su doctrina". Después que Él echara fuera un espíritu inmundo, "todos se asombraron" (1:27). Cuando curó a un paralítico, todos aquellos que presenciaron el milagro "se asombraron, y glorificaron a Dios, diciendo: Nunca hemos visto tal cosa" (2:12). Sus discípulos "temieron con gran temor" (4:41) después que Jesús calmara instantáneamente una tormenta en el mar de Galilea. Cuando los residentes de Gadara observaron el comportamiento tranquilo del hombre a quien el Señor liberara de una legión de demonios, "tuvieron miedo" (5:15). La mujer que fue curada de su hemorragia de doce años se postró delante del Señor, "temiendo y temblando, sabiendo lo que en ella había sido hecho" (5:33). Jairo y su esposa, después de presenciar la resurrección de su hija, "se espantaron grandemente" por Jesús (5:42). Después que Él caminara sobre el agua y calmara la tormenta, los discípulos en la barca "se asombraron en gran manera, y se maravillaban" por lo que el Señor había hecho (6:51). En la transfiguración, Pedro, Jacobo y Juan "estaban espantados" (9:6). La multitud "se asombró" por la presencia del Señor (9:15); sus discípulos "tenían miedo de preguntarle" acerca del sufrimiento que Jesús había profetizado (9:32); ellos "se asombraron" cuando el Señor confrontó al joven rico (10:24); y cuando hicieron su viaje final a Jerusalén, "Jesús iba delante, y ellos se asombraron, y le seguían con miedo" (10:32). Aun los enemigos de Jesús se asombraron de Él, incluso los principales sacerdotes y los escribas (11:18; 12:17) y Pilato, el gobernador romano (15:5). Después de todas esas referencias, no es una sorpresa que las mujeres experimentaran igualmente "temor" y "espanto" cuando descubrieron la tumba vacía (16:5) y oyeron la sorprendente noticia de la resurrección de Jesús (16:8).

A lo largo de su evangelio, Marcos resaltó de forma consistente eventos clave en la vida del Señor Jesús haciendo hincapié en el asombro que evocaba en los corazones y en las mentes de los demás. Marcos simplemente pasa de un punto de asombro acerca de Cristo al siguiente. Por eso la narración termina donde debería acabar. Culmina con asombro y perplejidad ante la resurrección del Salvador crucificado (cp. Jn. 20:31). Al hacerlo así deja al lector en una posición de asombro, reverencia y adoración, centrada en el glorioso tema del evangelio: el Señor Jesucristo, el Hijo de Dios.

Bibliografía

Brooks, James A. *Mark.* New American Commentary. Nashville: Broadman & Holman, 1991.

Cole, R. Alan. *The Gospel According to St. Mark.* Tyndale New Testament. Grand Rapids: Eerdmans, 1961.

Cranfield, C. E. B. *The Gospel According to Saint Mark.* Cambridge Greek Testament Commentary. Nueva York: Cambridge University Press, 1972.

Edwards, James R., *The Gospel According to Mark.* Pillar New Testament Commentary. Grand Rapids: Eerdmans, 2001.

France, R. T. *The Gospel of Mark.* New International Greek Testament Commentary. Grand Rapids: Eerdmans, 2002.

Garland, David E. *Mark.* NIV Application Commentary. Grand Rapids: Zondervan, 1996.

Grassmick, John D. "Mark", en John F. Walvoord y Roy B. Zuck, eds., *Bible Knowledge Commentary*, vol. 2. Wheaton: Victor Books, 1985.

Hendriksen, William. *El Evangelio según Marcos.* Grand Rapids: Libros Desafío, 1998.

Hiebert, D. Edmond. *Mark: A Portrait of the Servant.* Chicago: Moody, 1974.

Horne, Mark. *The Victory According to Mark.* Moscow, ID: Canon Press, 2003.

Hughes, R. Kent. *Mark: Jesus, Servant and Savior.* Preaching the Word Commentary. Westchester, IL: Crossway, 1989.

Lane, William L. *The Gospel According to Mark.* New International Commentary on the New Testament. Grand Rapids: Eerdmans, 1974.

Paisley, Harold. *Mark: What the Bible Teaches.* Kilmarnock, Escocia: John Ritchie, 1984.

Stein, Robert H. *Mark.* Baker Exegetical Commentary. Grand Rapids: Baker Academic, 2008.

Swete, Henry B. *Commentary on Mark.* Reimpresión; Grand Rapids: Kregel, 1977.

Taylor, Vincent. *The Gospel According to St. Mark.* Nueva York: St. Martin's Press, 1966.

Wuest, Kenneth S. *Mark in the Greek New Testament.* Grand Rapids: Eerdmans, 1957.

EDITORIAL
PORTAVOZ

NUESTRA VISIÓN

Maximizar el efecto de recursos cristianos de calidad que transforman vidas.

NUESTRA MISIÓN

Desarrollar y distribuir productos de calidad —con integridad y excelencia—, desde una perspectiva bíblica y confiable, que animen a las personas a conocer y servir a Jesucristo.

NUESTROS VALORES

Nuestros valores se encuentran fundamentados en la Biblia, fuente de toda verdad para hoy y para siempre. Nosotros ponemos en práctica estas verdades bíblicas como fundamento para las decisiones, normas y productos de nuestra compañía.

Valoramos la excelencia y la calidad
Valoramos la integridad y la confianza
Valoramos el mérito y la dignidad de los individuos y las relaciones
Valoramos el servicio
Valoramos la administración de los recursos